F. 1009.

1948

DE L'USAGE

DES FIEFS

ET AUTRES DROITS

SEIGNEURIAUX.

F. 1009
1.

DE L'USAGE
DES FIEFS
ET AUTRES DROITS
SEIGNEURIAUX.

Par Meſſire DENIS DE SALVAING, Seigneur de Salvaing
& de Boiſſieu , Conſeiller du Roy en ſes Conſeils , & Premier
Preſident en ſa Chambre des Comptes en Dauphiné.

DERNIERE ÉDITION.

REVUE, CORRIGE'E ET AUGMENTE'E.

A GRENOBLE,

Chez ANDRE' FAURE, Imprimeur ordinaire du Roy, Ruë du
Palais.

M. DCC. XXXI.

AVEC PRIVILEGE DU ROY.

ELEGIA
AUTHORIS
DE SEIPSO.

QUÆ noftræ feries, quæ fint difcrimina vitæ ,
  Accipe qui venies poft mea fata nepos.
Gens mihi Patricio Salvagnia nobilis ortu ,
  Quæ tulit illuftres inclita Marte viros.
Glorior infigni meritis me patre creatum ;
  Arciaca mater nobilitate fuit. *Natales.*
Excepit fuperas ortum fub luminis auras
  Multiplici r utilans turre Voræa domus.
Salve terra parens , noftris quoque debita fedes
  Offibus , Allobrogis cultior ora plagæ.
Otia tu noftris præbes optata Camœnis,
  Dum Fora clamofis litibus orba filent.
Prima fuit teneræ delecta Vienna juventæ ;
  Edocuit Latios prima Vienna fonos.
Hinc mihi digreffo princeps Academia ceffit ;
  Quâ pater auguftas Sequana voluit aquas. *Inftitutio.*
Hîc mihi per Sophiam licuit fpatiarier omnem ;
  Doctáque Socraticæ per monumenta domus.
Dum novus incaluit pubenti corpore fanguis ,
  Et fuit in rofeo vividus ore color.
Aufus ego bifidi riguum fuperare cacumen
  Montis , & Aonias follicitare Deas , *Amor Poë-feos.*
Hîc ego fub dia captavi fomnia lauro ,
  Hîc mea Pegafeus proluit ora liquor.
Tunc me Pierides vatem dixere puellæ ,
  Implexas ederâ circumeunte comas.
Ex illo Clarii me ludit amabilis æftus
  Numinis , & cytharæ blandus inefcat amor.
Quid ni ? Patricios etiam , Proceréfque Senatus
  Non puduit Phœbi mollia caftra fequi.
Annon Pibracii , Faííque , gravéfque Thuani
  Interdum Latiis concinuere modis. *Vidus Fa-ber , Pibra-cius , Bar-*

meus ; Ja-
cobus & Ca-
rolus Faii
Spoferi, Chri-
ftophorus &
Jacobus Au-
guftus Thua-
nis, Michaël
Hofpitalius
Francie
Cancella-
vius, Bel-
laius & Tur-
nonius Car-
dinales.

Divinufque fenex fortitus ab hofpite nomen,
  Confpicuus ceræ quem decoravit honos.
Ballajufque decus vatum, quos inclyta vidit
  Purpureos inter Roma federe Patres.
Tu quoque Turnoni fumpto moderamine Regni
  Diceris Afcræa te recreaffe lyra.
Mille alios patriis illuftria nomina Faftis
  Caftalio juvit fonte levare fitim.
Me quoque principibus permiftum vatibus inter
  Juverit illuftres nomen habere choros.
Sed minor afflavit lenti me numinis ardor;
  Sat fuerit longè lumina tanta fequi.

Septem Mi-
racula Del-
phinatus.

Primus ego patriæ cecini Miracula terræ,
  Quà nulli veterum femita trita fuit.
Formofam querulis celebravi cantibus Idam ;
  Nec fuit in noftris clarior ulla plagis.

Amores.

Ida, fatebor enim, poftquam me cepit ocellis,
  Non libertatis fpes fuit ulla mihi.
Mene etiam placito juvenum pugnare furori?
  Quid facerem? Deus eft imperiofus Amor.
Me tamen interea per Grajos hofpita fines
  Virgineâ duxit Calliopea manu.
Scilicet hinc largè præceptâ divite gazâ

Studium lin-
gua Graca.

  Par fuit eloquiis utraque lingua meis.
Interdum licuit convertere Græca Latinis,
  Et Graiis Latios confociare fonos.

Dionifius
Pétavius
focietate Je-
fu Grecarum
litterarum
Profeffor Lu-
tetie anno
1618.
Commenta-
rius in Ovi-
dii libellum
in Ibin obf-
curiffimum.

Quas tibi rettulerim grates facunde Petavi,
  Cecropios haufi cujus ab ore fonos.
Eduxi latebris Ibin, falebrifque remotis
  Quà plano docui tramite lector eat.
Ars quoque detinuit mirâ dulcedine captum
  Stemata Nobilium quæ generofa docet.
Hanc ego reftitui denfa caligine tectam,
  Et quæ defuerant nomina vera dedi.
Dein me facra Themis tenero fubduxit Amori,
  Subduxit Phœbo, delitiifque meis.
Scindebant dubiam ftudia in contraria mentem
  Bellicus hinc Mavors, inde verenda Themis.
Certè ego vix primâ fparfus lanugine malas
  In caftris merui Mars animofe tuis.
Invitum rapuit tandem, fic fata ferebant,
  Me Toga ; Majores emicuere Sago.
Pœnituit cultum ftudiis ignobilis oti
  Seria Pieriis pofthabuiffe jocis.

Claudius
Expillius

Tu fuafor doctis E X P I L L I cognite libris,
  Purpureæ quondam gloria prima togæ ?

Tu gravibus vacuam mentem quorum indiget ufus,
  Hortatus monitis utiliora fequi ?
Jus dixi populis quorum fata nomine Grajo.
  Hinc Dracus, hinc Ifaræ nigra fluenta lavant.
Attrivítque meas infanis litibus aures
  Tantifper quæruli garrula turba fori.
Aufonias donec me Rex legavit ad oras ,
  Et Comitem CREQUI me tibi magne dedit.
Audiit orantem celebri me Roma Senatu ,
  Chriftiadum mulces dum LODOICE Patrem.
Hinc ego Reginam Pelagi fum miffus ad Urbem,
  Hadriacas latè quæ moderatur aquas.
Ut redii functus delato munere , facri
  Pars ego Confilii quantulacunque fui.
Nunc fuprema tenet Rationum Curia Fifci,
  Curia præclaris confpicienda viris.
Regia quos inter nulla me laude priorem
  Gratia præcipuum juffit habere locum.
Hîc ftatuere mihi fedes immota quietas
  Fata , nec ulteriùs tendere vota finunt.
Dùm tamen à Faftis licuit ceffare diebus
  Claufáque Jufticio conticuere Fora.
Edocui dubios patrio fermone clientes ,
  Quæ Dominis effent debita jura fuis.
Eloquar an fileam ? Mufis licet omnia fari ,
  Nec vetat ingenuus dicere vera pudor.
Ipfe triumphator gentis LODOICUS Iberæ ,
  Alloquiis vifus fæpe favere meis.
Ne quoque privatis voluit CHRISTINA beare
  Colloquiis , Gothicæ Regia Virgo plagæ.
Nec te fubticeam Francorum fumma RICHELI
  Gloria , fpes olim præfidiûmque meum.
Nec te Sicaniis MAZARINE parentibus orte ,
  Quo pax Europæ conciliante data eft.
Ah ! placidum liceat traducere leniter ævum
  Inter amicitiæ pectora fida facræ ,
Tres mihi talis amor fraterno fœdere junxit ,
  Qualis in Ægida Pirithoóque fuit.
TE BOFFINE facri vindex acerrime Fifci ,
  Téque Senatorum docte PONATE decus.
Te quoque BOCHAGI Themidis fanctiffime cultor,
  Cui fuit Hyblæis illita lingua favis.
De tribus incolumis fuperas , longóque fuperfis
  Tempore pars animæ magna PONATE meæ.
Bis celebratus Hymen nobis & tæda jugalis ,
  Nec tamen hæc multa prole beata fuit.

Christina de Salvaing uxor Caroli Marchionis de Saffenage fato functa Gratianopoli 24. Januarii, anno 1668.

Nata mihi fuerat felici fœdere juncta
　Præcipuâ claro nobilitate viro.
Qui Saffenagiis latè dominator in oris
　Castra per innumeros missa tuetur avos.
Abstulit hanc Lachesis primævo flore juventæ :
　Perculit heu quantus viscera nostra dolor.
O felix anima , & cœlestibus addita Divis,
　Intuitu pasci quam juvat usque Dei :
Intereà variè distracto Cynthius aurem
　Vellit , & immemorem non sinit esse sui.
O mihi florentes annos , si Phœbe referres ,
　Intermissa diù sumpsero plectra lubens.
Posthabitóque Foro cursus iterabo relictos :
　Irrita vota quidem ; sed tamen illa placent.
Quin subeunte juvat senio dare vela retrorsum ;
　Aonios lusus dedidicisse juvat.
Jam celeris vitæ bis sex ego lustra peregi,
　Effœto gelidus corpore sanguis habet.
Est etiam Musis ætas sua , tempore longo
　Desuetam tremulo pollice pulso chelyn.
Vos procul ite novem , quondam mea cura , puellæ.
　Una mihi posthac ritè colenda TRIAS.

TABLE
DES
CHAPITRES.

PREMIERE PARTIE.

TABLE

DES CHAPITRES.

DE L'USAGE
DES FIEFS,
ET AUTRES DROITS
SEIGNEURIAUX.

CHAPITRE PREMIER.

Remarques touchant le Dauphiné, servant de Preface aux Chapitres suivant.

'USAGE des Droits Seigneuriaux eſt ſi controverſé en Dauphiné, qu'ayant pris ſoin d'en faire quelques recherches pour mon inſtruction particuliere, je ne les ai pû refuſer à l'utilité publique. Mon deſſein n'eſt pas d'en faire un Traité général ; ce ſeroit cou- rir ſur le marché de ceux qui ont plus de loiſir que moi. Je me contenterai de choiſir les plus notables queſtions, ſelon qu'elles ſe preſenteront à ma plume. Quelqu'autre y ajoûtera ce qui eſt échappé à ma connoiſſance. Et parce que c'eſt un ſujet où l'Hiſtoire a quelque part, j'eſtime que ceux qui s'y plaiſent trouveront des en- droits qui ne ſeront pas indignes de leur curioſité ; mais avant que de toucher à la matiere du Palais, il me ſemble que je dois faire par forme de Preface quelques remarques du même Pays, qui ne ſeront pas inutiles au ſujet que je traite. Ce qui m'obligera de dire quelque choſe des anciens Peuples qui l'ont habité, & des Princes auſquels il a été ſoûmis. L'on ne peut bien ſçavoir le droit & l'uſage d'un Pays, que l'on ne ſçache ſous quelle domination il a été. *Turpe eſt, inquit*

I. Partie. A

noster Mucius, jus ignorare in quo versamur, sed multò turpiùs est nos & in patria & domi peregrinos videri, dit Fr. Balduinus au Livre qu'il a fait de l'Alliance de l'Histoire avec la Jurisprudence.

Le Dauphiné, dont le Plat Pays a fait autrefois partie de la Province Viennoise, & les Montagnes de celles des Alpes Maritimes, a eu pour habitans divers Peuples, dont le nom s'est conservé dans les Geographes anciens, & dans l'inscription du Trophée des Alpes, qui fut érigé à l'honneur d'Auguste, près des murailles de Suze, où elle se voit encore aujourd'hui, telle que Pline la rapporte liv. 3. chap. 20. Ceux du haut & bas Viennois entre le Rhône & l'Izere, s'appelloient *Allobroges*, qui est cette Isle où vint Annibal, ayant remonté le Rhône, suivant la remarque de Cluverius excellent Geographe, qui a fait voir en sa description des Alpes, que dans Polybe & dans Tite-Live, au lieu *d'Arar*, il faut lire *Izara*, & que ce n'est pas l'endroit où est Lyon, qu'ils ont entendu, mais que c'est le Pays qui est entre le Rhône & l'Izere en forme de Peninsule. C'est là qu'Annibal termina le different qui étoit entre deux freres, pour la Principauté des Allobroges, qu'il adjugea à l'aîné nommé Brancus. *Regni certamine ambigebant fratres. Major & qui prius imperitarat Brancus nomine, minore à fratre & cœtu juniorum, qui jure minus, vi plus poterat, pellebatur ; Hujus seditionis peropportuna disceptatio cum ad Annibalem rejecta esset, Arbiter Regni factus, quod erat Senatus, Principumque sententia futurum, Imperium majori restituit,* dit Tite-Live liv. 21. Ptolemée au lieu *d'Allobroges* les appelle *Allobryges*, Polybe, Plutarque, Appian, Dion : *Allobriges*, ce qui n'est pas une remarque nouvelle. C'est Stephanus qui la fait en ces termes : Ἀλλόβρυγες, ἔθνος δυνατώτατα Γαλατικὸν, ὡς Ἀπολλόδωρος. Πολύβιος και διὰ τ̃ I αὐτὺς καλεῖ Ἀλλόβρυγας. Χάραξ δὲ διὰ τὃ O μικρὃ Ἀλλόβρογας. Οἱ πλεῖυς δὲ διὰ τὃ I. C'est à dire, *Les Allobryges sont des Peuples très valeureux des Gaules, ainsi qu'Apollodorus écrit ce mot. Polybe les appelle Allobriges par I. Charax par O, Allobroges, neanmoins la plûpart les nomment par I.* Quoy qu'il en soit, j'estime que les Allobroges sont ainsi nommez d'un ancien terme Celtique, *Briga & Broga*, qui signifie un Pont, à cause de plusieurs Villes qu'ils avoient sur le Rhône & sur l'Izere, ne plus ne moins que *Nitiobriges, Latobrigi, Samarobriga, Langobriga, Augustobriga, Juliobriga, Neutobriga*, & plusieurs autres. En effet, l'on dit en la haute Allemagne, *cine Brucke*, en la basse, *Brugge*, en Angleterre *Brigde*, pour signifier un Pont, d'où Cluverius conjecture qu'ils sont appellez Allobroges, comme qui diroit *Albrigger*. Cette Etymologie a plus d'apparence que celle que lui donne l'ancien Scholiaste de Juvenal sur la Satyre 8. Isaac Pontanus en son Glossaire Celtique, & M. Bochart, homme de rare doctrine liv. 1. des Colonies des Phœniciens chap. 42.

Le Diois, avec une partie des Baronies du Gapençois & du Graisivodan, depuis l'Izere jusqu'à l'ancien lit du Drac, étoit habité des Vocontiens, dont les Villes Capitales étoient Vaizon au Comtat, & Luc à deux lieües de Die. La fatalité de la derniere merite d'être remarquée, pour avoir été fubmergée après avoir été brûlée, & qu'ainfi le feu & l'eau ont fait leurs efforts l'un après l'autre pour la faire périr. Tacite raconte au premier livre de fon Hiftoire, que Fabius Valens ayant pris le parti de Vitellius, pour lequel il menoit en Italie quarante mille hommes de l'Armée de la Baffe Allemagne, choifis d'entre toutes les Legions, il ravagea le bas Viennois & le Diois, où il marchoit lentement, & faifoit racheter fon paffage à la campagne & aux Villes à des conditions honteufes, fe payant de violemens & d'adulteres quand on manquoit d'argent, jufques là qu'il mit le feu dans Luc, qu'il ne fit point ceffer qu'on ne lui eût apporté la fomme qu'il demandoit. Les termes de Tacite font beaux. *Lento deinde agmine per fines Allobrogum & Vocontiorum ductus exercitus, ipfa itinerum fpatia, & ftativorum mutationes* (ce font les Etapes) *venditante duce fœdis pactionibus adverfus poffeffores agrorum, & Magiftratus Civitatum, adeò minaciter, ut Luco, Municipium id Vocontiorum eft, faces admoverit, donec pecuniâ mitigaretur, quoties pecunia materia deefet & ftupris & adulteriis exorabatur.* Enfin cette Ville-là étant une Etape de l'Armée Romaine, reçût divers outrages de la fortune, qui lui firent perdre peu à peu fon ancien luftre, jufqu'à ce qu'un éclat de rocher ayant bouché le lit d'une petite Riviere qui l'artofoit, fit un lac qui l'a fubmergée, où l'on voit encore aujourd'hui les mazures dans les grandes fechereffes. En forte que ce n'eft plus qu'un Village qui a fait long-temps une partie du patrimoine de la Maifon des Ifoardz qui étoit confiderable dans le Diois. C'eft dans le Pays Vocontien que Pline dit liv. 2. chap. 58. qui a pour titre, *De lapidibus è cœlo cadentibus,* qu'il avoit vû une pierre laquelle étoit tombée du Ciel. *Ego ipfe vidi in Vocontiorum agro paulo ante delatum.*

Le Valentinois a été la demeure des Segalauniens, dont le nom s'eft confervé au Bourg de Saillans, Saint Paul trois Châteaux des Tricaftins; ceux du Territoire de Meüillon s'appelloient *Medulli,* ceux d'alentour Sigoyer *Sicorii,* de Corp & du Champfor *Tricorii,* de Chorges *Caturiges,* d'Oifans *Uceni,* de Goncelin *Garoceli.* Le Briançonnois faifoit la plus grande partie du Royaume de Cottius, qui a donné le nom aux Alpes Cottiennes, qui s'étendent entre le Midy & le Septentrion depuis le Mont Vifo jufques au Montcenis; entre le Levant & le Couchant depuis Suze jufqu'à Embrun. Voici le témoignage qu'Ammian Marcellin rend à la mémoire de ce Cottius dans fon liv. 15. *Hujus fepulcrum Reguli, quem itinera ftruxiffe retulimus, Segufione eft mœnibus proximum, manefque ejus ratione geminâ religione coluntur; quod jufto moderamine rexerat fuos, & afcitus in focietatem rei Romanæ quietem Genti præftitit fempiternam.*

Et comme les Pays changent de nom de temps en temps par divers accidens, une partie du Dauphiné fut comprife fous celui de *Sabaudia,* ou plûtôt *Sapaudiâ,* que la Savoye a retenu, comme il fe juftifie non feulement de la Notice de l'Empire, qui met Grenoble & Embrun *in Sapaudia,* mais auffi du Teftament de Charlemagne, qui comprend le Dauphiné sous le nom de *Sabaudia*, par le partage qu'il assigne à Loüis son fils. De sorte que ceux-là se trompent qui croyent que ce soit un nouveau nom : Car outre ces deux témoignages, Ammian Marcellin s'est servi du même nom dans cette belle description qu'il a faite du cours du Rhône liv. 15. suivant la correction d'Henry Valois son dernier Commentateur. *A Penninis alpibus effusiore copia fontium Rhodanus fluens & proclivi impetu ad planiora digrediens proprio agmine ripas occultat, & paludi sese ingurgitat nomine Lemanno, eamque intormeans, nusquam aquis miscetur externis, sed altrinsecus summitates undæ præterlabens segnioris, quæritans exitus, viam sibi impetu veloci molitur, unde sine jactura rerum per Sapaudiam fertur & Sequanos, longéque progressus Viennensem latere sinistro perstringit, dextro Lugdunensem : Et emensus spatia flexuosa Ararim (quem Sauconam appellant) inter Germaniam primam fluentem, suum in nomen asciscit. Qui locus exordium est Galliarum, exindeque non millenis passibus, seu leugis itinera metiuntur. Hinc Rhodanus aquis advenis locupletior, vehit grandissimas naves, ventorum flatu jactari sæpius assuetas, finitisque intervallis, quæ ei natura præscripsit, spumeus Gallico mari concorporatur per patulum sinum, quem vocant ad Gradus, ab arelate octavo decimo ferme lapide disparatum.* Et Prosper Aquitanus, qui vivoit il y a plus de mil ans, a écrit dans sa Chronique, que la vingtiéme année de l'Empire de Théodose, la Savoye fut partagée entre les Bourguignons & ses anciens Habitans par Ætius Patrice des Gaules. Ainsi le Dauphiné faisoit autrefois partie de l'ancien Royaume de Bourgogne. Depuis il tomba sous la domination des Roys d'Arles ou de Provence, & de la Bourgogne Trans-jurane. Mais pendant le Regne de Raoul le Faineant, & les Guerres qui survinrent après son décès entre ses Successeurs, les Comtes d'Albon qui n'étoient que de simples Gouverneurs, se rendirent proprietaires de leur Comté ; qu'ils affermirent peu à peu, tant par le consentement des Peuples, que par les concessions des Empereurs, dont ils avoient recherché l'alliance, & entre autres Guigues neuviéme du nom, qui épousa Beatrix de Montferrat, fille de Guillaume Marquis de Montferrat, proche parente de l'Empereur Frederic I. Barberousse.

Les Registres de la Chambre des Comptes ne remontent point au-dessus de Guigues surnommé le Gras, qui vivoit l'an 1070. & fut inhumé dans l'Eglise du Prieuré de S. Robert prés de Grenoble, qu'il avoit fondé. Mais André du Chêne, dans l'Histoire Genéalogique de nos Dauphins, a découvert un autre Guigues plus ancien, Comte d'Albon & de Grenoble, qui prit l'habit de Moine à Cluny, au-dessus duquel David Blondel, *in Assertione Genealogia Francica Tab.* 73. a ressuscité la mémoire de deux autres Guigues consecutifs : Après lui Samuel Guichenon au livre cinquiéme de l'Histoire Généalogique de la Maison Royale de Savoye Table 11. a tiré de l'oubli le nom de deux autres Guigues Comtes d'Albon & de Grenoble, dont le premier vivoit l'an 940. avec Fredeburge sa femme. Et en dernier lieu Nicolas Chorier, qui travaille curieusement à l'Histoire de Dauphiné, a remarqué un autre Guigues plus ancien.

La maison de ces Comtes eſt tombée deux fois en quenoüille, la premiere en la perſonne de Beatrix, fille de Guigues neuviéme, laquelle fut mariée en premieres nôces avec le ſecond fils de Raymond cinquiéme Comte de S. Gilles, qui fut après Comte de Toulouſe, & de Conſtance fille du Roy Loüis le Gros. Quelques Auteurs l'Appellent Alberic Taillefer, les autres Alphonſe. Mais je trouve dans un Acte de la Chambre des Comptes de Grenoble, qu'il s'appelloit Guillaume Taillefer. Ce dernier nom de Taillefer lui fut donné ſans doute en mémoire d'un de ſes Ancêtres, nommé comme lui Guillaume Taillefer Comte de Toulouſe, pere de Pons troiſiéme, ſans que l'on ſçache pourquoy ce dernier fut appellé Taillefer; mais il eſt croyable que ce fut pour quelque action ſemblable à celle d'un autre Guillaume Taillefer Comte d'Angoulême, qui fut ainſi nommé, *quod loricatum Normannum in luctamine enſe proprio, nomine Cotto, duriſſimo per media pectoris & ventris ſecuit una tantum percuſſione*, comme nous liſons dans les fragmens de l'Hiſtoire d'Aquitaine que Pithou a fait imprimer. Mr. Catel qui a fait l'Hiſtoire des Comtes de Toulouſe, n'a pas ſçû que Beatrix eut épouſé ce Taillefer. J'ay dit qu'il étoit ſecond fils de Raymond V. parce que celui-cy laiſſa trois fils de la Reine Conſtance. Raymond qui lui ſucceda au Comté de Toulouſe, Taillefer & Baudoin, duquel Guillaume de Puylaurens en ſa Chronique a écrit, qu'ayant pris le party de Simon Comte de Montfort, contre Raymond ſon frere, celui-cy l'ayant eu en ſon pouvoir par trahiſon, le fit pendre à un arbre dans Montauban.

Beatrix ayant ſurvêcu Taillefer, qui mourut ſans enfans, pendant la vie de ſon pere, ſe remaria l'an 1184. dans Saint Gilles, avec Hugues troiſiéme Duc de Bourgogne, Prince du Sang Royal, qui renvoya ſa premiere femme, Alix de Lorraine, ſous pretexte de parentée, quoy qu'il eut eu d'elle Eudes troiſiéme, qui lui ſucceda au Duché, & Alexandre, pour épouſer Beatrix d'Albon, à cauſe des grandes Terres qui lui appartenoient. C'eſt de lui que le Sire de Joinville écrit, *qu'il fut moult bon Chevalier de ſa main & Chevaleureux, mais il ne fut oncques tenu à Sage ne à Dieu, ne au Monde*. Ce qui fit dire au Roy Philippes, *qu'il pouvoit bien être appellé Preux-homme, parce qu'il étoit preux & hardy de ſon corps, mais non pas Preud'homme, parce qu'il n'aimoit Dieu aucunement & ne craignoit point à mépriſer envers lui*. C'eſt pourtant le même Hugues qui fonda l'an 1172. la Sainte Chapelle de Dijon, *pour être*, dit la Charte, *le chef de la Duché & la Tour du ſalut des Ducs*. Du Bouchet en la Généalogie de la Maiſon de Coligny, & après lui Juſtel en l'Hiſtoire de la Maiſon d'Auvergne, page 158. ont dit que la même Beatrix prit une troiſiéme alliance de mariage avec Hugues Seigneur de Coligny, mais cela n'eſt pas; car elle mourut à Vizille, où elle fit ſon Teſtament le mois de Décembre 1228. dans lequel elle prend cette qualité: *Ego B. Duciſſa Burgundiæ, Viennæ & Albonii Comitiſſa*, ſans faire mention d'Hugues Seigneur de Coligny, ny d'aucuns Enfans qu'elle eût eu de lui, & voulut être enterrée dans l'Abbaye des

Ayes, à trois lieuës de Grenoble, fondée par Marguerite de Bourgogne son Ayeule paternelle, Princesse de Sainte vie, que Thomassin, & après lui du Chêne ont mal nommée Melcide ou Mahault, car son Epitaphe & sa Vie écrite par Guillaume Chanoine de Nôtre-Dame de Grenoble, qui étoit contemporain, justifient qu'elle s'appelloit Marguerite, & qu'elle étoit fille d'Etienne surnommé Tête-Hardie Comte de Bourgogne, & Niéce du Pape Calixte II.

Hugues Duc de Bourgogne fut la Tige de la seconde Race des Comtes d'Albon, qui finit en la personne d'Anne fille de Guigues dixiéme; qui fut héritiere de Jean premier son frere, décedé sans lignée. Elle épousa Humbert de la Tour quatriéme fils d'Albert Seigneur de la Tour du Pin, qui fut pere de Jean deuxiéme; & celuicy de Guigues onziéme l'un des plus vaillans Princes de son temps, qui fut marié avec Izabeau de France, fille puisnée de Philippes le Long Roy de France & de Navarre, & de Jeanne de Bourgogne; mais la recherche qu'il fit de cette Princesse eut une avanture qui est rapportée dans les vieilles Chroniques de Savoye, & dans l'Histoire de Guillaume Paradin, sans que les Historiens de France en ayent dit mot, quoy qu'elle soit assez mémorable : Voicy ce que dit Paradin liv. 2. ch. 119. où il raconte la Bataille de Varey, qui fut gagnée par le Dauphin Guigues l'an 1325. *Le Dauphin à cette raison ne faillit à user de son avantage, & avec un Escadron de gens de Cheval entra emmy ses Ennemis faisant grand massacre. Cependant le Comte Edoüard fut conseillé par ses plus speciaux Serviteurs de soy retirer hors de la foule pour se mettre à sauveté; Mais ainsi qu'il se sequestroit de la presse à petite Compagnie, il fut connu d'un Chevalier du Dauphiné qu'on nommoit Auberjon de Mailles : (Il y a erreur dans les impressions où il est appellé de Malays : C'étoit un Gentilhomme du Graisivodan, dont les Ancêtres avoient pris le nom d'une Maison appellée de Mailles, située à Morestel, au-dessus de Goncelin, & l'on trouve dans les Registres de la Chambre des Comptes l'hommage du même Auberjon de Mailles, qui porte la qualité de Chevalier) lequel se vint ruer sur ledit Comte, & le constitua son Prisonnier. Mais parce qu'il ne le pouvoit garder seul, le Seigneur de Tournon, qui apperçût que ledit Comte se combattoit avec Auberjon, se voulant défaire de lui, y accourut avec sa Troupe, & arrêterent eux deux le Comte Prisonnier, lequel comme il se mettoient en devoir de le désarmer & lui ôter son Armet, le jeune Seigneur Hugues de Bocsozel (un Manuscrit de Langes ajoûte que ce fut par commandement de son pere Messire Guillaume Bocsozel qui commanda à son fils, ou de recourir son Seigneur, ou de demeurer mort ou pris avec lui) accompagné du Seigneur d'Entremont, le recourut d'entre les mains d'Auberjon & du Seigneur de Tournon, lequel se voyant sa proye lever d'entre les mains, s'écria à haute voix que l'on lui donna secours, même envoya un Trompette à Messire Albert Seigneur de Sassenage, lui dire qu'il picquât hâtivement avec sa Troupe, pour aider à reconquerre le Comte de Savoye leur Prisonnier que l'on leur avoit arraché de leur puissance; mais le Seigneur de Sassenage portant grande amitié & benevolence au Comte Edoüard, fit l'oreille sourde, seignant être empêché contre ses Ennemis, dont fut recouru le Comte de Savoye, & mmené à sauveté par ses Gens. On a fait entendre qu'un peu de temps auparavant, ledit Sassenage étant Ambassadeur en France avec charge de demander une fille du Roy en mariage, pour Monsieur le Dauphin son Seigneur, tomba en un grand inconvenient & danger de sa vie, pour avoir tué le Seigneur Aigreville Grand Maître d'Hôtel de France, qui avoit répondu audit de Sassenage, que le Roy n'étoit deliberé de donner sa fille à un tel Pourceau, comme étoit le Dauphin son Maître, pour laquelle réponse ledit Grand Maître avoit été mis à mort : à cette cause le Roy indigné commanda très-expressément, punition fut faite de ce meurtre, & eût eu le Seigneur de Sassenage la tête tranchée, n'eût été le Comte Edoüard de Savoye, qui lors étant à la Cour de France, le fit sauver, & lui donna le moyen d'éviter la fureur du Roy. Ainsi le Seigneur de Sassenage ne voulant être ingrat à l'endroit de celui dont il tet la vie, donna aussi moyen au Comte Edoüard de se sauver de la Bataille, n'est nul plaisir perdu entre les gens de bien & de vertu; ny tant petit compagnon qui quelquefois ne fasse bien besoin aux Grands Princes; ainsi Dieu le permet pour l'entretenement des Petits avec les Grands. Un Manuscrit de Lane ajoûte qu'Auberjon fut tué à cette recourse, & que Bocsozel & Entremont ant fait passer le Pont d'Ain au Comte de Savoye, retournerent au conflit ils demeurerent prisonniers. La fin de la Bataille fut que le Comte Edoüard vec toute son Armée qu'il estimoit invincible, fut chassé & défait, toutes ses riches Tentes & tout le Bagage pillé & butiné. Le Dauphin Guigues étant au-essus de ses affaires par le moyen de cette grosse Victoire, & ayant fourni le Château de Varey de vivres & Garnison, se retira en ses Païs avec grand nombre e Prisonniers, entre lesquels étoient Messire Robert de Bourgogne, le Comte 'Auxerre, & le Sire de Beaujeu qui se porta ce jour fort vaillamment en Baille, & fut prins aussi alors Amé de Challant Seigneur de Fenix en Piémont, ls de ce Godefroy de Challant Gouverneur de Gènes & Senateur de Rome, qui avoit épousé une Dame de la Maison de Flise des Comtes de Lavanie, de laquelle il eut entre autre enfans cet Amé qui fut fait Chevalier à la susdite Bataille, & duquel est si specialement fait mention pour raison de l'authorité qu'il eut de son temps, même en la Maison de Savoye, ainsi que sera dit cy-près.*

Le même Dauphin suivit le Roy Philippes de Valois en Flandres, ù il eut grande part au gain de la journée de Montcassel, commanant le septiéme Bataillon à douze Bannieres. Mais quelque temps après, la Guerre s'étant ralumée entre lui & Amé Comte de Savoye, il ssiegea le Château de la Perriere, assis en la Parroisse de Saint Gilin de az, à trois lieües de Grenoble, sur la vûë du grand chemin de Voepe à Saint Laurens du Pont; & s'étant approché de la Place pour la econnoître, il fut blessé d'un trait d'Arbalête, dont il mourut dans Tente le 26. d'Août 1333. Æneas Sylvius, qui fut dépuis Pape, nommé Pie II. dans son Histoire de Boheme chap. 33. raconte une chose digne de remarque sur le sujet de la mort de ce Dauphin. Jean Roy de Boheme, qui étoit en Italie, menant une Armée au secours du Dauphin contre le Comte de Savoye, Charles son fils, qui dépuis fut Empereur IV. du nom, fit un fonge, qu'il voyoit un jeune Homme de bonne mine enlevé par des gens de Guerre, & porté en un lieu éminent, où il fut dépoüillé, & en même temps fait Eunuque. Dequoy Charles étonné, demanda la caufe de ce traitement, & le nom du coupable à un autre jeune Homme d'une beauté plus qu'humaine, qui avoit commandé l'exécution. La réponfe fut que c'étoit le Dauphin qu'on avoit puni du fupplice que meritoient fes Adulteres. Charles fit part du fonge au Roy fon Pere, & le pria de ne point fatiguer fon Armée pour aller fecourir le Dauphin, qui fans doute étoit mort. Le Roy n'en fit que rire, & continuant fa marche à deux journées de-là il reçût la nouvelle que le Dauphin avoit été tué d'un trait d'Arbalête devant un Château qu'il avoit affiegé. Ce qui donna fujet à Charles de fonder une Eglife au lieu où il avoit eu cette Vifion. Il importe de voir les termes d'*Æneas Sylvius* : *Unum & triginta annos agebat Carolus tum filius ejus ex Elizabetha conjuge natus. Is vivente patre apud Tartaros feliciter dimicavit, Civitates Lombardiæ à patre acceptas armis tutatus eft. Pugnavit adolefcens cùm Veronenfibus ; eos prælia fudit. In ea pugna bis equo dejectus, non dubitavit tertium confcendere, facinoraque fortiffimi militis edere. Ferunt eum juveniliter lafcivientem cum Parmæ ageret, alienos thoros non paucos polluiffe, neque increpatum à patre abftinuiffe, fuiffe per idem tempus Delphino Franciæ cum Principe Sabaudiæ bellum, cui cum rogatus Joannes auxilium ferre ftatuiffet, nocte quæ decretum iter præceffit, vifum in fomnis Carolo Juvenem formâ confpicuum, militari manu raptum, eminentique loco, unde videri ab omnibus poffet, veftimentis exutum, moxque virilia ei exfecta. Carolo ex proximo adolefcente, qui fpeciem fupra humanam venerabilis adftabat, eaque fic geri mandaverat, quifnam hic Juvenis effet tam crudeliter acceptus, & cur eo fupplicio afficeretur, interroganti refponfum datum, Delphinum effe Regis Franciæ primogenitum, qui talibus modis acciperetur, fic plectendos effe, qui aliena matrimonia violarent. Experectum Carolum fummo manè patri fomnium recitaffe, rogaffeque ne fruftra exercitum fatigaret, Delphinum enim non egere auxilio, quem interemptum effe non dubitaret : Contempfiffe patrem verba filii, fomniumque nihil effe ponderis refpondiffe, duorumque dierum itinere cùm exercitu profectum, certum accepiffe nuncium, Delphinum in obfidione ejufdem Caftelli, fagitta in incertum miffa, confoffo inguine expiraffe, copias ejus diffipatas effe, Carolum in Villa Tarenti Parmenfis agri, quo in loco vifum viderat, in honorem Beatæ Virginis Mariæ Collegiatam Ecclefiam erexiffe, magnificèque dotaffe, quæ adhuc extat. Patronus ejus eft Præcentor Ecclefiæ Pragenfis, quemadmodum ejufdem Caroli Literæ atteftantur, quas nos vidimus, legimufque.*

Æneas Sylvius a pourtant fait deux mécontes en cette Rélation : l'un d'avoir donné la qualité de fils aîné de France à ce Dauphin, qui fut tué feize années devant le tranfport de Dauphiné, & l'autre d'avoir écrit que fon Armée fut débandée : car au contraire, elle donna le lendemain un furieux affaut au Château, qu'elle raza rez-piez rez-terre, après avoir tué tous les Affiegez, fuivant le témoignage des Hiftoriens de Savoye.

Guigues eut pour succeſſeur Humbert II. ſon frere, Prince ambitieux, inquiet, & peu fortuné. Il ajoûta aux Titres de ſes Ancêtres celui de Duc de Champſor, dont je n'ay pû trouver l'origine, de Prince Briançonnois, de Marquis de Cezane, & quelques autres qualitez dont nuls de ſes Prédeceſſeurs n'avoient uſé devant lui. Pierre Duc de Bourbon le qualifie, *Haut, Excellent & Magnifique Prince,* dans la procuration qu'il paſſà pour le Mariage de Jeanne ſa fille aînée avec le même Humbert, dont je parleray cy-deſſous : Il eut même la vanité de faire ériger ſes Etats en Royaume, ſous le nom de Royaume de Vienne, dont il obtint les Patentes expediées au Château de la Balme en Viennois, de Loüis Comte d'Ottingen, au nom de Loüis de Baviere Empereur, le 15. Avril 1335. dont il y a deux Originaux en la Chambre des Comptes. Mais elles demeurerent ſans effet, ſans qu'il en ait jamais pris le Titre, ſoit qu'il crût de ne pouvoir pas ſoûtenir la dignité Royale, ſoit qu'il apprehenda de n'être pas reconnu pour Roy, du Pape & des autres Princes Souverains, ſoit enfin qu'il ſe défia du pouvoir de Loüis de Baviere, qui fut après dépoſé de l'Empire. Néanmoins Humbert embellit toûjours le revers de ſon Sceau de la figure de la Ville de Vienne, quoy que le Comté de Vienne fut diviſé en trois parts ; l'une qui fut donnée à l'Egliſe de Vienne par Raoul dernier du nom, Roy de Bourgogne ; l'autre poſſedée par les Comtes d'Albon & de Graiſivodan, depuis le tranſport qui en fut fait à Guigues VIII. par Berthold Duc de Zeringen, dont je feray mention ſur une autre rencontre ; & la troiſiéme, tenuë par les Comtes de Mâcon ; ce qui obligea le même Humbert d'acquerir de Guillaume de Vienne, Seigneur de Saint George, tout le droit qu'il prétendoit au Comté de Vienne, comme étant iſſu des Comtes de Mâcon.

Ce fut lui qui établit à Grenoble un Conſeil reſident, ſous le nom de Conſeil Delphinal, que Loüis XI. étant Dauphin érigea dépuis en Parlement l'an 1453. Et ne ſe voyant point d'enfans de Marie de Baux, fille de Bertrand de Baux Comte de Monteſcayeux & d'Andrie, & de Beatrix de Sicile, qu'il avoit épouſée dès l'an 1332. devant qu'il fut Dauphin de Viennois, il ſe diſpoſa par l'entremiſe du Pape Clement VI. de paſſer un Acte le 23. Fevrier 1343. avec le Roy Philippes de Valois, par lequel il tranſportoit ſes Etats, en cas qu'il vint à mourir ſans enfans, à Philippes fils puiſné du Roy, ou à l'un des fils de Jean Duc de Normandie ſon fils aîné, à condition que celui qui ſeroit Dauphin, & ſes Succeſſeurs, s'appelleroient Dauphins de Viennois, & porteroient les Armes de Dauphiné écartellées avec celles de France, & que le Dauphiné ne pourroit être uni au Royaume de France, que l'Empire ne le fut auſſi : Ce qui a fait dire à la Gloſe de la Pragmatique Sanction au Proëme, ſur le mot *Delphinatum,* que le Dauphiné n'eſt pas du Royaume, quoy qu'il ſoit inſeparable du Royaume, à quoy ſe trouve conforme *Fr. Ripa. lib. 1. Reſponſ. cap. 21. Fr. Marc. parte 2. deciſ. 300.* Charles du Moulin ſur la Coûtume de Paris *tit. 1. num. 113.* Chopin fur celle d'Anjou. De forte qu'il ne faut pas s'étonner fi les Conftitutions féodales de Empereurs ont été reçûës en Dauphiné, comme je diray plus particulierement au Chapitre fuivant.

Il ajoûta quelques autres conditions & entre autres, que le Dauphin feroit tenu de garder *à perpetuité toutes les libertez, Franchifes, Privileges, bons Us & bonnes Coûtumes de Dauphiné, &c. Et fpecialement que les prochains du lignage mâle ou femelle, en montant ou en defcendant, & le collateral auffi Nobles & non Nobles, fuccedent fans Teftament ou par Teftament eux ou autres felon la difpofition du Teftateur, tant en Fief, Arriere-Fief, Nobles ou autres, comme en autres chofes.* Qui eft ce me femble le premier Titre déclaratif de la patrimonialité des Fiefs quant à la fucceffion.

Deux années après, fçavoir l'an 1345. le même Dauphin Humbert fut inftitué par le Pape, Capitaine Général du Saint Siége, & Chef de l'Armée Chrêtienne contre les Infidéles : Ce qui l'obligea de paffer en Afie, où il ne fit rien qui ait merité les éloges de l'Hiftoire.

A fon retour étant veuf de Marie de Baux, il y eut des Pactes de Mariage entre lui & Jeanne de Bourbon, jeune Princeffe d'onze à douze ans, Fille aînée de Pierre Duc de Bourbon, qui furent arrêtés à Lyon le 24. de Juin 1348. par l'entremife de Joffrey Evêque de Carpentrás, & de Guillaume Evêque de Perigueux, Nonces du Pape, entre Guy Comte de Forêts & quelques autres, ayans charge du Dauphin, & Albert Loup Chevalier, Porteur de la Procuration de Pierre de Bourbon.

Les conditions furent que la Princeffe Jeanne feroit conduite à Vienne le premier d'Août fuivant pour la confommation du Mariage, que le Duc fon Pere lui conftitueroit en dot cent mille Florins d'or de Florence, payables à Vienne trois jours devant l'accompliffement du mariage, qu'il lui donneroit dix mille Florins d'or de Joyaux, que le Dauphin affigneroit à la Princeffe pareille fomme de dix mille Florins d'or de Doüaire.

Ces pactes furent ratifiées à Cremieu par le Dauphin, fous quelque changement peu confiderable, par le Duc à Paris, & par la Princeffe dans le Château de Belle-perche fur Allier, qui avoit été bâti cent ans auparavant par un fameux Docteur Regent en Droit, Pierre de Belleperche, qui lui donna fon nom. C'eft le même Docteur dont il nous refte quelques Ecrits qui ont été admirez de Bartole, & des autres Jurifconfultes Italiens, & qui par fon merite fut élû Doyen de l'Eglife de Paris, & dépuis Evêque d'Auxerre.

La Pefte étant furvenüe dans le Lyonnois & dans le Viennois, fervit de pretexte au Duc pour éloigner l'exécution de ces Pactes, du confentement du Dauphin, qui s'étant apperçû que c'étoit plûtôt un changement qu'un retardement, fit une déclaration par Acte public du 1. Décembre de la même année 1348. à Jaques de Perruche Chevalier Agent du Duc qu'il avoit beaucoup de déplaifir que le Duc

& la Duchesse n'eussent pas executé leurs promesses, concernant le mariage de la Princesse leur fille avec lui : qu'après avoir accordé à leur priere tous les délais qu'ils lui avoient demandez, il avoit fait sçavoir au Roy, & à eux par Hugues de Mâcon, de l'Ordre des Freres Prêcheurs, qu'il ne prétendoit pas d'être lié passé la Fête de Saint André : que néanmoins il conserveroit toûjours les sentimens d'affection qu'il avoit pour le Duc, dont il lui donneroit des preuves dans les rencontres. Cet Acte fut fait à Romans en presence d'André Evêque de Rhodez, de François de Pruna Chancelier de Dauphiné, d'Amblard Seigneur de Beaumont, d'Amedée de Rossillon Conseigneur du Bouchage, d'Aymon de Chissé, de Nicoud de Gland Chevaliers, & de Pierre Durand Jurisconsulte, Tresorier de Dauphiné.

J'ay fait toutes ces remarques, parce que nul Historien ne les a faites. Ce sont les Registres de la Chambre des Comptes qui en font foy, dans les Protocols de Pilati.

Le veritable sujet de l'inexécution de ces Pactes, fut que le Roy Philippes de Valois jetta les yeux sur la Princesse Jeanne de Bourbon pour son petit Fils Charles, qui fut depuis Roy V. du nom, soit à cause des qualitez avantageuses de sa personne, soit qu'il eut dessein de rompre son mariage avec le Dauphin pour acquerir ses Etats. Tellement que c'est à tort que Paul Æmile & quelques autres Historiens blâment le Roy Charles V. de ce qu'il n'avoit pas épousé Marguerite héritiére de Flandres & d'Artois, qui fut mariée à Philippes de Bourgogne son frere, comme s'il avoit préferé la beauté de la Princesse de Bourbon au bien & à l'accroissement de son Etat, puis qu'au contraire la rupture du mariage du Dauphin avec cette Princesse, produisit l'effet du Transport de Dauphiné, & que la consideration du temps & de l'âge de Marguerite de Flandres justifient que Charles n'avoit pû l'épouser, comme fit vingt ans après Philippes son frere.

Le Dauphin étant resolu de quitter le Monde à l'exemple de quelques-uns de ses Prédecesseurs, fit à Romans le 14. Mars 1349. divers Reglemens pour le Gouvernement de ses Etats, qu'on appelle Libertez Delphinales, dans lesquels il y a quelques articles touchant les Fiefs, dont je parleray dans les rencontres ; Et le 16. de Juillet de la même année, il transporta purement tous les Païs de son obéissance à Charles fils aîné de Jean, qu'il mit en possession en lui baillant l'Epée ancienne de Dauphiné, la Banniere de Saint George, Enseigne des Dauphins, avec un Sceptre & un Anneau, & prit ensuite l'Habit des Freres Prêcheurs à la persuasion du Pere Jean Birel Chartreux, qu'il aimoit beaucoup, & fut Prieur des Jacobins de Paris ; puis le Pape Clement le créa Patriarche d'Alexandrie & Administrateur perpetuel de l'Archevêché de Rheims. Enfin étant à Clermont en Auvergne il mourut le 22. de May 1356. Son corps fut apporté à Paris & inhumé dans l'Eglise des Jacobins devant le grand Autel.

Et parce que le Dauphiné étoit une des sept Provinces dépendantes du Royaume d'Arles, comme a remarqué entr'autres Coccinius *lib. de Imperii translatione.* Charles V. prit séance dans la Diete de Metz en 1356. parmi les Princes de l'Empire, s'il est vray ce qu'en dit Paul Vindek en son Commentaire *de Principum Electorum origine :* Et vingt-deux ans après Charles IV. Empereur étant à Paris, établit par une Bulle d'or du mois de Janvier 1378. Charles Dauphin fils aîné du Roy Charles V. son Neveu qui a depuis été Charles VI. Vicaire Général de l'Empire dans le Dauphiné de Viennois, & les Dioceses de Valence & de Die : Et par la même Bulle que Aventinus *in Annalibus Boïorum lib. 7.* dit avoir vûë dans la Bibliotheque de S. Victor de Paris, il rendit le même Dauphin capable d'exercer le Vicariat, encore qu'il n'eut que dix ans. Ce qui a fait dire contre la verité à Théodoricus à Niem, qui écrivoit l'an 1407. en son livre intitulé *Nemus unionis*, *Tractatu 6. cap. 33. & lib. 2. de Schismate cap. 25.* que l'Empereur avoit donné le Dauphiné au Roy de France ; *sub colore quod Primogenitus Regis Franciæ dictum Principatum tanquam Vassallus Imperii teneret in feudum, & inde Delphinus vocaretur.*

Quelques Empereurs suivants, ont essayé de faire des Actes de Souveraineté dans le Dauphiné, & entr'autres Sigismond, qui passant en France, fit publier en Dauphiné, que tous ses Vassaux eussent à lui faire le devoir dans la Pentecôte, ce qui obligea le Dauphin d'envoyer à la Cour au mois de Juin 1417. pour avoir avis sur cette prétention, qui fut de dilayer, & de lui offrir le devoir raisonnable, & de s'informer cependant quels devoirs étoient dûs à l'Empire à cause du Dauphiné, pour après en faire raison. Il donna aussi, étant à Chambery des Lettres de Noblesse à un Dauphinois, qui furent verifiées par le Conseil Delphinal, à la charge de la Finance au profit du Dauphin.

Et même le Grand Chancellier de l'Empereur Charles V. soûtint en la Conference de Calais de l'an 1521. que le Roy François I. le devoit reconnoître pour Souverain, à cause de la Provence & du Dauphiné, comme membres du Royaume d'Arles, à quoy le Chancellier de France ne manqua pas de replique. Et depuis encore les mêmes instances furent faites lors du Traité de Madrid, comme il se voit dans les Regiftres du Parlement de Paris.

Mais comme le Royaume d'Arles commença de se dissiper par les Censures Ecclesiastiques contre les Empereurs Frideric I. & Frideric II. qui donnerent sujet à divers Comtes de s'affranchir de la sujection de l'Empire, & que les droits de ceux-cy furent presque en même temps réünis à la Couronne de France, la prétention des Empereurs s'est évanoüie, sans qu'il en ait été fait mention dans les Traitez qui ont été faits entre nos Roys & les Empereurs, quoy que l'Archevêque de Treves prenne le Titre d'Archichancellier des Gaules & du Royaume d'Arles. Elle s'est, dis-je évanoüie, soit à cause que les Domaines qui sont confondus dans celui de la Couronne, prennent la nature de la masse où ils sont incorporez, & qu'ainsi nos Roys, qui sont Empereurs dans leur Royaume, & ne reconnoissent que

Dieu

Dieu seul au-deſſus d'eux, éteignent tous droits de Féodalité, ſoit parce que les droits de la Couronne ont été mieux éclaircis, qu'ils n'étoient du temps de nos Peres, & qu'on ait reconnu, que non-ſeulement le Royaume d'Arles n'a jamais eu de fondement ſolide, mais auſſi que c'eſt une uſurpation faite ſur le Roy Loüis III. Carloman, Charles le Simple, & les autres Roys de la Maiſon de Charlemagne, par Boſon Roy d'Arles, Raoul I. Roy de la Bourgogne Transjurane, & enſuite par les Empereurs d'Allemagne, depuis le tranſport qui en fut fait à Henry fils de l'Empereur Conrard le Salique, par Rodolfe III. qui mourut l'an 1032.

Quant à ce que Bodin au livre 1. de ſa Republique, chap. 9. & après lui quelques autres, ont écrit que le Roy Philippes de Valois avoit achetté d'Henry V. Empereur, la Souveraineté de tout le Royaume d'Arles pour trois cent mille marcs d'argent, il a été ſuffiſamment refuté par M^r. du Puy dans ſes Recherches du Domaine du Roy, pag. 740. Néanmoins toutes les conceſſions qui ont été faites par les Empereurs & les precedens Roys d'Arles ſont authoriſées par le temps, comme il a été jugé depuis peu par Arrêt du Conſeil donné en faveur de l'Archevêque de Vienne, ſur le ſujet des Terres de Revel &. de Genas. Et en effet, les plus ſpecieux droits du Temporel des Egliſes dépendantes du Royaume d'Arles, les anciens Privileges des Villes, les Peages & les autres Droits féodaux des Hauts-Juſticiers, ſont émanez des Empereurs. De ſorte que cette uſurpation ne doit être alleguée qu'à l'égard de l'Empire, pour l'indépendance de la Provence & du Dauphiné, depuis que ces deux Provinces ont été réünies à la Couronne.

C'eſt pourtant une erreur, de croire que le Droit Romain n'ait été reçû en Dauphiné que depuis le temps qu'il fut ſoûmis aux Empereurs d'Allemagne. Il y a été reçû depuis la conquête du Païs des Allobroges par les Romains, qui étoient en coûtume de donner leurs Loix aux Païs qui étoient ſoûmis à leur obéiſſance ; ce qui fait dire à Crictógnat, dans le ſeptiéme des Commentaires de Ceſar, *Reſpicite finitimam Galliam, quæ in Provinciam redaƈta, jure & legibus commutatis ſecuribus ſubjeƈta, perpetua premitur ſervitute.* La Gaule Narbonnoiſe dont le Dauphiné fait partie, eſt la quatriéme qui fut reduite en Province, comme il eſt dit en la Loy 2. §. 32. D. *de origine Juris*: Et même le Viennois fut gratifié des immunitez du Droit Italique, ſuivant le témoignage du Juriſconſulte Paulus en la Loy 8. *De Cenſibus Lugdunenſes Galli*, dit-il, *item Viennenſes in Narbonenſi Juris Italici ſunt*; Nous dirons en un autre endroit ce que c'eſt que le Droit Italique.

Au reſte, les anciens Comtes d'Albon & de Graiſivodan, prirent le nom de Dauphins en mémoire de l'un d'eux (ce fut Guigues VIII. fils de Guigues le Gras) qui reçût au Baptême celui de Dauphin environ l'an 1130. & qui pourtant ne laiſſa pas de s'appeller auſſi Guigues comme ſes Prédeceſſeurs, ſuivant la Coûtume de ce temps-là parmi les Grands ; qui portoient ſouvent deux noms ; l'un qui leur

J. Partie.   B

étoit propre & particulier, & l'autre en mémoire de leurs Ancêtres, dont il se trouve de frequens exemples dans l'Histoire du moyen âge. Et de ce nom de Baptême il s'en est fait un de Maison, ne plus ne moins qu'en celle des Dauphins d'Auvergne, comme il est arrivé à beaucoup de Maisons illustres du Royaume. Finalement, d'un nom de Maison, il s'en est fait un de Dignité, dont il est fait mention par Joan. Raynaudus *in cap. Imperialem. ſ. præterea Ducatus. num. 7. de Prohibita feudi alienatione per Fridericum.* Par *Jacobinus de Sancto Georgio. Tractatu de Feudis, in verbo Marchio, num. 10.* & par Henry de Rosontall. *cap. 2. Contluſ. 1.* qui mettent, *inter Regales dignitates Ducatum, Marchionatum, Comitatum, Principatum, Delphinatum, Vicecomitatum, Baroniam.*

Tellement que Dauphin de Viennois veut dire la même chose que Prince de Viennois, suivant quoy Théodoricus à Niem, au lieu sus allegué, appelle le Dauphiné *Nobilem Principatum,* & pourtant les Freres des Dauphins qui n'avoient point de part à la Principauté, n'ont pas laissé de porter le même nom, mais au genitif pour désigner leur Maison, au lieu que les Dauphins le portoient au nominatif. Ainsi Guy Dauphin, Baron de Montauban, Frere de Jean II. Dauphin de Viennois, est nommé *Guido Delphini* ou *Dalphini,* dans les Patentes données à Thebes au mois d'Avril 1314. par lesquelles l'Armée Chrétienne qui prend cette qualité, *Nos Universitas fidelis Francorum Exercitus in partibus Imperii Romanæ existentis,* investit ce Guy en la personne de Raynaud d'Alanc son Procureur, du Royaume de Salonice, occupé par les Infidéles: Ce qui fut fait par la remission d'une Verge d'argent, comme il est porté par les Patentes scellées, *Bullis pendentibus assuetis B. Georgii & Regali,* dont nul Autheur que je sçache n'a fait mention.

Et ce nom de Dauphin a donné sujet à ces Princes de prendre pour Armes d'or au Dauphin vif d'azur, qui sont les mêmes que portoit Ulysse, à cause de quoy Lycophron l'appelle Δελφινόσημον, dont Plutarque rend la raison dans son Traité, où il examine quels animaux usent plus de la raison, ou les terrestres ou les aquatiques. Au lieu que les anciens Comtes d'Albon portoient un Château la colice baissée, comme il se justifie par beaucoup de sceaux qui sont dans la Chambre des Comptes de Grenoble, & entr'autres par celui qui est pendant au testament de Beatrix, heritiere des Comtez d'Albon, de Graisivodan & de Vienne, du mois de Decembre 1228. Car la perdrix que Paradin donne aux Comtes d'Albon, est une pure supposition.

On a trouvé à propos de mettre icy tout au long les Libertés Delphinales, le Transport du Dauphiné & la Confirmation de ce Transport dont il est parlé dans ce Chapitre, avec quelques Remarques curieuses.

Statutum solemne Humb. Dalphini quo continentur Franchesiæ & Privilegia Dalphinatûs, tam antiqua quàm de novo concessa.

IN nomine, &c. Noverint universi quòd anno à Nativit. millesimo tercentes. quadragesimo nono, Indictione secunda; die quarta-decima mensis Martii, anno Pontificatûs SS. P. & D. Clementis digna Dei Providentia Papæ sexti anno VII. Illustris Princeps Dom. Humbertus Dalphinus Vienn. constitutus propter ea quæ sequuntur, coram me Humberto Pilati Notario & Testibus infrà scriptis, ipse si quidem Dom. Dalphinus liberalitatis patrocinio, & gratitudinis adminiculo non indignè, sicut asserit stimulatus, in sua mentis intelligentia. commemorans quibus & quantis Prælati, & aliæ Ecclesiasticæ personæ, Barones, & Bannereti, Proceres, Nobiles, Valvassores & Franchi, Universitates, Communitates, & cœteri subditi Dalphinatûs, universaliter universi, & singulariter singuli, erga ipsum Dom. & prædecess. ejusdem reverentiis & obedientiis debitis, & fidelitatibus illibatis; nec minùs circà protectionem honoris, nominis & jurium Dalphinatûs, ut veri pugiles, videlicet Prælati; & cœteri Ecclesiastici Consiliis opportunis, alii verò etiam Consiliis & bellicosa frequenter certamine, curis sollicitis claruerunt; Volens eos & eorum singulos in suis bonis, antiquis usibus & consuetudinibus, privilegiis, & libertatibus etiam amplioribus, futuris & perpetuis temporibus confoveri: & ne forsan success. ambitiosæ desiderationis eventus, aut sinistrorum interpretum intellectus ipsos usus, consuetudines, privilegia, & libertates variet, dirimat, seu novis & perniciosis inventionibus deviet à luminibus claritatis prædictis, & aliis Prælatis, Baronibus, Banneretis, Proceribus, Nobilibus, Valvassoribus, & Franchis, Universitatibus, Communitatibus, & cœteris subditis Dalphinatûs, & aliarum Terrarum ipsius Dom. Dalphini, & hæredibus & successor. eorumdem, & mihi Notario suprà & infrascripto tanquam publicæ personæ stipulanti & recipienti, nomine ipsorum & omnium & singulorum quorum interest & interesse poterit in futurum, prout eos & eorum singulos universaliter & singulariter tangunt, & tangere poterunt infrà scripta; consideratione præmissorum & in remissio-

1349.
Carta General. Dalph. ad ann. 1349.

B iij

nem peccatorum fuorum, & prædeceff. fuorum, illorum maximè quæ in facto monetarum, exactionibus Gabellarum, &
Foggagiorum & in dampnis datis Terræ fuæ, quandò ibant
vel revertebantur cavalgatæ, feu in comeftionibus factis per
eum, & prædeceff. fuos, aut familiares, canes, venatores,
equos, fomerios, falcones, vel garciones eorum in Ecclefiis,
Abbatiis, Prioratibus, & aliis Domibus Ecclefiafticis, aut aliis
quibuflibet Dalphinatus, & aliarum Terrarum dicti Domini
Dalphini hactenus incurrerunt, fecit, dedit, donavit, conceffit & declaravit pro fe & fucceforibus fuis in perpetuum declarationes, privilegia, libertates, immunitates,
franchefias, conceffiones & gratias, quæ & prout inferiùs continentur.

I. ART. Imprimis voluit & declaravit præfatus Dominus
nofter Dalphinus pro fe & fuis perpetuò fucceff. quibufcumque,
quòd, quotiens, & quandocumque, ac quovis tempore ipfum
vel fucceff. fuos mandare continget ad fe venire Barones feu
alios Nobiles Dalphinatûs, aut aliarum Terrarum fuarum pro
cavalgatis aut aliis negotiis ipfius Dalphinatûs feu Terrarum
aliarum dicti Dom. Dalphini vel alia caufa quacumque, ipfe
Dom. Dalphinus & fucceff. fui eifdem Baronibus & Nobilibus
mandatis & venientibus, veniendo, ftando & redeundo, ga-
gia debita, jufta & confueta folvere teneantur.

II. Item, quod quotiens & quandocumque ipfum Dom.
Dalph. vel fucceff. ejufdem continget cavalgatas mandare, fi ex
quo Barones, Nobiles, vel alii mandati pro dictis cavalgatis
recefferint de eorum Domibus eundo ad dictas cavalgatas, vel
indè redeundo quocumque cafu fortuito fine lata culpa eorum,
amiferint equum roncinum vel fomerium qualitercumque, ipfe
Dom. Dalphinus & fucceffores ejufdem teneantur & debeant
dictum equum roncinum, feu fomerium emendare.

III. Item, fi & quandocumque continget aliquem ex eis
emere equum pro guerra Dalphinali, quòd qualitercumque ipfe
equus moreretur etiam in ftabulo, dùm tamen fine dolo &
fraude, & fine lata culpa illius cujus effet, ipfe Dom. Dalphinus & fucceffores fui emendare debeant dictum equum.

IV. Item, quòd fi quocumque tempore pro guerra dicti
Dom. Dalph. vel fucceforum fuorum aut aliàs mandati per
Dom. Dalphinum vel ejus Baillivum, Barones, Nobiles vel alii
fubditi Dalphinatus, feu aliarum Terrarum fuarum per inimicos
Dalphinales eorum aliquis vel aliqui capiantur, ipfe Dom. Dal-

phinus & successores sui ipsum captum vel captos redimere teneantur & ab inimicis totaliter liberare, & tunc captivi qui caperentur de inimicis Dalphinalibus, per subditos Dalphinatûs quoscunque ad ipsum Dom. Dalphinum successores suos debeant pertinere.

V. Item, cùm ipse Dom. Dalphinus, ut asserebat à subditis suis de datis & clamis majoris Curiæ Vienn. & aliis, quæ à paucis temporibus levari consueverunt in aliis Curiis Dalphinatûs, & cæterarum Terrarum multas habuerit quærimonias & querelas, asserentibus subditis ipsas datas & clamas in modicum ipsius Dom. Dalphini commodum cedere, & in maximum detrimentum ac exhæredationem eorum, ipse Dom. Dalphinus datas ipsas & clamas Curiæ Viennensii & alias quascumque à paucis temporibus levari consuetas, ubicumque & in quacumque Curia sui Dalphinatûs & aliarum Terrarum suarum leventur, remisit, amovit, quittavit & totaliter revocavit.

VI. Item voluit, declaravit & ordinavit ipse Dom. Dalphinus numerum Maigneriorum seu servientum Curiæ in quibuscum Curiis, Castris & Terris ipsius Dom. Dalphini & successorum suorum, moderari & moderatum teneri, secundùm quod ipse Dom. Dalphinus alias in suis statutis & ordinationibus ordinavit, ne propter multitudinem ipsorum Maigneriorum graventur nimis subditi Dalphinatûs.

VII. Item, quòd Maignerii vel alii Officiales Dalphinales in Domibus Baronum seu aliorum Nobilium Dalphinatûs, seu aliarum Terrarum suarum pignorare non possint nec debeant infrà Domos ipsas, quandiù pignora sufficientia ipsorum pignorandorum extra Domos eorum poterunt reperiri ad evitandum scandala quæ inde possent forsitan evenire.

VIII. Item, quòd deinceps in quacunque Curia Dalphinatûs vel alibi, infrà Dalphinatum, seu Terras ipsi Dalphinatui mediatè vel immediatè subjectas, nulla publicentur vel publicari debeant Testamenta nuncupativa, nec ad id quispiam compellatur, nisi dumtaxat in casu quo hæres universalis institutus ipsum peteret publicari Testamentum nuncupativum, in quo esset scriptus & institutus hæres.

IX. Item, voluit & concessit dictus Dom. Dalph. quòd ordinationes alias factæ per eum, super moderamine sigillorum & scripturarum Notariorum Curiarum quarumcumque & Terrarum suarum renoventur, & in firmam observantiam teneantur.

X. Item, omnes & singulas Gabellas novas, ubicumque in Dalphinatu, & aliis Terris suis per eum vel præcedessores suos, seu alias personas quascumque introductas & impositas quoquo modo, à tempore foelicis recordationis Dom. Humberti Dalphini Vienn. avi paterni dicti Dom. Humberti præsentis citrà, ipse Dom. Dalph. abstulit, amovit, quittavit & totaliter revocavit, nolens quòd ex nunc in anteà, dictæ Gabellæ novæ aliqualiter exigantur, antiquis dumtaxat Gabellis & pedagiis in suis antiquis & bonis usibus & vigoribus permansuris ; & ne fiat ignorantia, sivè error, quæ fuerint antiquæ vel novæ Gabellæ, voluit ipse Dom. Dalphinus & ordinavit, quòd super hoc inquisitio, informatio & declaratio fiant & commissio certis personis, quæ eas habeant declarare.

XI. Item, voluit quòd deinceps perpetuò fiat moneta certa & durabilis, secundùm quod pro utilitate patriæ meliùs poterit ordinari, & quòd ipse Dom. Dalph. seu successi. ejusd. deinceps, non recipiant nec recipere possint modo quocumque, pro dominio & Seigneuria, suis in monetis cudendis quibuscumque, perpetuis temporibus, nisi dumtaxat unum grossi. turonensem argenti pro qualibet marcha argenti fini, quam operari & cudi contingit in eisdem monetis.

XII. Item, voluit quòd Barones, Nobiles & alii Dalphinatûs & aliarum Terrarum suarum, in possessionibus & rebus quæ tenentur & moventur, aut tenebuntur in posterum de Dominio & Emphiteosi eorumdem, habeant & habere possint primam cognitionem, si querelantes de & super ipsis rebus seu possessionibus, velint primò ad eos recurrere, & quòd ipsis querelantibus possint dare Judices non suspectos. Et pro censibus eorum pignorare Emphiteotas in Domibus eorum vel extrà, & fructus excrescentes in ipsis rebus emphiteotecariis pro suis censibus saisire, & ipsas res emphiteotecarias pronunciari facere cecidisse in commissum per Judices non suspectos.

XIII. Item, voluit & ordinavit Dom. Dalph. Barones, Nobiles, & alios quoscumque subditos Dalphinatûs, & aliarum Terrarum suarum, non teneri nec debere sequi ipsum Dom. Dalph. nec successores ejusdem, nec trahi posse extra limites Dalphinatûs, pro guerra quacumque, nisi pro guerra Dalphinali, sine eorum speciali voluntate pariter & consensu, nec ad id compelli posse quomodolibet in futurum.

XIV. Item, quòd si contingeret guerram moveri, inter Barones seu alios Nobiles Dalphinatûs aut aliarum Terrarum subjectarum Dom. Dalph. quod de ipsa guerra, offensis vel forefactis provenientibus ex eadem, non inquiratur nec inquiri possit ex Officio Curiæ Dalphinalis, nisi primitus de ipsa guerra seu de offensis vel de forefactis non faciendis per dictam Curiam Dalphinalem, specialis inhibitio facta esset, post autem ipsam inhibitionem specialem factam per Curiam Dalphinalem possit ipsa Dalphinalis Curia, ex Officio Curiæ, & alias inobedientes & contra facientes inquirere & punire.

XV. Item, quòd quicumque subditi Dalphinatûs, & aliarum Terrarum Dom. Dalph. subjectarum, possint, & sibi liceat in quacumque parte Dalphinatûs, & aliarum Terrarum prædict. quilibet in re sua propria dumtaxat, facere Domos fortes pro libito voluntatis, dummodo dictæ Domus non fiant in locis esponderiis, seu limitrophis, tali etiam conditione abjecta, quòd illæ Domus construendæ fortes non possint accipi vel recognosci per illos quorum erunt, de feudo alicujus Dom. vel personæ, nisi priùs præsentatæ fuerint Dom. Territorii in quo dictæ Domus fuerint, ita quòd ille Dominus Territorii habeat prærogativam, ut possit habere dictam Domum vel ejus feudum, ante omnes alias personas, pro eodem pretio quo Dom. ipsius Domus, si ipsam Domum venderet aut recognoscere vellet ab alio de ea legitime & sine fraude inveniret.

XVI. Item, quòd nulla inquisitio contra ipsos subditos Dalphinatûs, aut aliarum Terrarum suarum fieri debeat, neque fiat, in non notoriis criminibus, nisi appareat legitimus accusator vel denunciator; & eo casu reddi debeant articuli inquisitionis prædictæ accusato, antequam respondere quomodolibet compellatur; exceptis tamen gravioribus criminibus, in quibus possit quandocumque, contra quemcumque inquiri, ex Officio Curiæ Dalphinalis; quæ quidem graviora voluit ipse Dom. Dalph. intelligi secundum leges, & etiam declarari.

XVII. Item, quòd prædicti subditi Dalphinatûs, aut aliarum Terrarum suarum, pro aliqua inquisitione contra eos fienda, trahi non debeant neque possint extra Judicaturam Dalphinalem sub qua deliquissent, nisi tamen ipse Dom. Dalphinus, vel success. sui, coram se vel coram Consilio assistante eisdem, infra Dalphinatum ipsos vocare vellent & trahere, contra quos esset dicta inquisitio facienda.

XVIII. Item, voluit quòd omnes homines ligii Ecclesiarum, Nobilium, & valvassorum non debeant neque possint compelli ad faciendum Dom. corvatas, neque ad solvendum tallias eidem Domino Dalphino, vel succeff. suis, nisi pro necessitate vel utilitate publica locorum in quibus ipsi homines habitant aut habitabunt temporibus profuturis.

XIX. Item, quòd nec ipsi homines, nec alii quicumque homines, seu subditi Dalphinatûs, aut aliarum Terrarum Dom. Dalphini teneantur ad aliquas stabilitas; imò ab eis sunt quitti & immunes, prout aliàs ipse Dom. Dalphinus ipsas stabilitas remisit, secundùm quòd continetur in Instrumentis aliàs receptis & confectis per me Notarium infrà scriptum.

XX. Item, voluit Dom. Dalph. quòd quandocunque & quotiens per ipsum Dom. Dalph. seu succeff. ejusdem continget cavalgatas mandari, mandentur & requirantur Barones & Nobiles Dalphinatûs & aliarum Terrarum suarum per proprias litteras Dom. gratiosè, non autem sub poenis vel mulctis, nisi hoc esset quòd mandarentur pro celeri succursu Terræ, Castri aut aliorum Jurium Dalphinatûs, aut nisi contumaciter recusarent venire.

XXI. Item, quòd si Dom. Dalph. vel aliquis ex succeff. suis vellet quocunque tempore, aliquam Villam francham facere, homines quicumque Ecclesiarum, vel Nobilium Dalphinatûs, aut alterius Terræ suæ, in franchesiis dictæ Villæ nequaquam recipi debeant vel admitti, nisi priùs facta fuerit emenda competens ipsis Ecclesiis vel Nobilibus quorum homines reciperentur, aut recipi peterentur in franchesiis ante dictis.

XXII. Item, quòd Barones & Nobiles, & cœteri Dalphinatûs & aliarum Terrarum dicto Dom. immediatè subjectarum, res quas tenent à Dom. Dalphino, & tenebunt à suis succeff. in feudum, possint aliis personis dare & tradere impunè in emphiteosim, sub certo censu, vel in feudum, sine requisitione dicti Dom. Dalphini, vel succeff. suorum, dummodò prædicti sic dantes, vel tradentes dictos census seu feudum à Dom. Dalphino, qui nunc est, & pro tempore fuerit, recognoscant, & hoc, salvo specialiter & excepto, quòd Castra, Villas, Loca vel Jurisdictiones, quæ à dictis Dom. Dalphinis tenerentur in feudum, aliis personis in emphiteosim & in feudum nullatenùs dare possint, nisi de ipsorum Dom. Dalphinorum expressa procederet voluntate.

XXIII. Item, quòd quicumque seu aliqui Maignerii vel familiares Curiæ Dalphinalis non possint nec debeant infrà Castra, Villas seu Mandamenta Baronum, Banneretorum, aut aliorum Nobilium Dalphinatûs, habentium Jurisdictionem, merum & mixtum Imperium limitata , quamcumque executionem facere , nisi ipsis Dom. Locorum , & Jurisdictionis , infrà quæ dictam executionem ipsi Maignerii facere vellent , primitùs modo debito requisitis , vel nisi ipsi Dom. in justis requisitionibus sibi factis exequendis manifestè existerent negligentes , ita quòd de negligentia appareret vel constaret per testes , instrumenta , vel litteras , non autem per solam relationem Maigneriorum vel familiarum qui dictam executionem facere niterentur.

XXIV. Item , quòd bona quorumcumque dampnatorum , seu dampnandorum imposterùm per Curiam Dalph. seu per Curiam cujuscumque Baronis , vel Bannereti , aut alterius Dalphinatûs , vel alterius Terræ dicti Dom. Dalphini subjecti , Jurisdictionem habentis non applicentur , nec applicari fisco valeant , nec quomodolibet confiscari , nisi hæresis & Lesæ Majestatis , & aliis à Jure permissis casibus , in quibus sunt & esse debent dampnatorum bona Curiæ confiscanda.

XXV. Item , quòd ipse Dom. Dalph. vel success. ejusdem , vel quivis Officialis ipsorum , aut Barones , Bannereti , vel alii subditi Dalphinatûs , aut aliarum Terrarum suarum Jurisdictionem habentes , non possint nec sibi liceat mulierem quamcumque , cujuscumque status vel conditionis existat Dalphinatûs , vel eidem mediatè aut immediatè subjectam , vel ejus parentes aut amicos directè vel indirectè compellere per pœnas vel mulctas , aut aliis viribus cohactivis ad maritandum cum quocumque homine , nisi quatenùs de ipsius mulieris processerit voluntate.

XXVI. Item , ordinationes & declarationes olim habitas atque factas in pactionibus primis habitis inter Sereniss. Principem , & Dom. Philippum Dei gratia Francorum Regem , & dict. Dom. Dalphinum suprà successione Dalphinatûs , & aliarum Terrarum suarum , quo ad successiones bonorum & hæreditatum subjectorum ipsius Dalphinatûs , & cæterarum Terrarum dicto Dom. Dalphino subjectarum , concessit iterum ipse Dom. Dalphinus quantum in eo est , dictis subditis Dalphinatûs , prout in dictis pactionibus continetur , hoc adjecto quòd omnia feuda & retrofeuda Dalphinatûs præsumantur & intelligantur esse antiqua , nisi ipse Dom. Dalphinus , vel success. sui ipsa vel aliqua ex ipsis clarè ostenderent esse nova.

XXVII. Item , quòd ipse Dom. Dalph. vel success. ejusdem , per se ipsos , aut Castellanos , vel Officiales eorum , seu per alias interpofitas perfonas non poffint, nec debeant levare, vel retinere victualia quæcumque in Dalphinatu, pro provifione Hofpitii vel cavalgatis ipforum Dominorum, aut alias quovis modo, nifi pro jufto pretio quo dicta victualia eo tunc communiter venderentur, & nifi primitùs de dicto pretio illis quorum effent dicta victualia, realiter per folutionem, aut refponfionem, fufficientem idoneæ perfonæ, quæ fe obligaret de folvendo unum infrà menfem proximum dictum pretium poft acceptionem dictorum victualium cautum effet, ita quòd effent creditores contenti.

XXVIII. Item, voluit idem Dom. Dalphinus quittas effe, & quittavit pariter & remifit gardas quafcumque & garderios, facientes dictas gardas, quas & quos habet, in Caftris, Villis, feu Mandamentis Baronum & Banneretorum quorumlibet à decem annis citrà receptas, dummodò, & non aliàs, ipfi Barones & Bannereti gardas etiam & garderios hominum dicti Dom. Dalphini & aliorum quorumcumque Dalphinatûs fubditorum, quittent fimiliter & remittant. Promittens ipfe Dom. Dalph. deinceps nullas gardas, vel garderios recipere de Hominibus Baronum vel Banneretorum quorumlibet Dalphinatûs; vel aliarum Terrarum fuarum, nifi de Dominorum immediatorum illorum garderiorum qui fe vellent in Dalphinali garda ponere, procederet voluntate.

XXIX. Item, quòd omnes & finguli Barones, Bannereti, & alii fubditi Dalphinatûs, & aliarum Terrarum fuarum habentes Caftra, Loca, Villas & Jurifdictiones limitatas in Dalphinatu prædicto, aut aliqua ejus parte, vel in aliis Terris fuis cum mero & mixto Imperio, habeant & habere debeant cognitionem & punitionem quarumcumque offenfarum vel criminum committendarum feu committendorum quandocumque, ubicumque & per quamcumque perfonam, & quocumque loco infrà Jurifdictionem eorum committantur, quicumque fit delinquens vel committens, & in quocumque loco, & in quacumque perfona, infrà tamen Diftrictum & Jurifdictionem, ipforum deliquerit, & quòd punitio fiat per Curiam & Officiales eorum; & ad voluntatem eorum, nec prætextu alicujus rei, feu alio colore quæfito vel privilegio, poffit Curia dicti Dom. Dalphini fuperior manus imponere, & quòd ipfi, & quilibet eorum & eorum hæredes & fuccesf. de prædictis poffint infrà diftrictum, & Jurifdictionem fuam punire collegia & monopolia illicita, & cætera crimina enormia; five omnia prædicta, vel alia crimina vel delicta committantur in Ecclesiis, Cimeteriis, locis sacris, & aliis privilegiatis, & itineribus, & viis publicis, & in personis privilegio Cleri privilegiatis, sivè in ripariis, nemoribus, furnis, molendinis, & tabernis, sivè pecunialis fiat punitio, sivè corporalis, ad ipsos Barones & Banneretos & alios Jurisdictionem habentes & suos hæredes & succeff. pertineat punitio pleno jure, prout infrà Districtum & Jurisdictionem eorumdem committentur seu perpetrabuntur crimina vel delicta, & delinquentes in eorum Jurisdictione & Districtu, si infrà Jurisdictionem Dalphinalem reperiantur, quòd requisiti dicti Dom. Dalphini Officiales per ipsos, vel eorum alterum ad quem spectabit, vel eorum Officiales, ipsos remittere incontinenti teneantur & debeant eisdem Baronibus, Banneretis, vel aliis Nobilibus, vel eorum Officialibus requirentibus, absque dilatione, seu mora, & alterius expectatione mandati, facta sibi fide summaria, prout exiget justitia de commissis, exceptis tamen à prædicto Capitulo & qualibet ejus parte, omnibus & singulis Officialibus Dom. Dalphini, & exceptis familiaribus Hospitiorum Dom. Dalphini & Dominæ Dalphinæ, in quibus nullam habeant Jurisdictionem vel punitionem, ubicumque delinquant, dicti Barones, Bannereti vel alii Jurisdictionem habentes nec eorum succeff.

Verùm si ipsi Officiales delinquant infrà Jurisdictionem & Districtum dict. Baronum, & Banneretorum, aut aliorum Jurisdictionem habentium ut suprà, in notoriis excessibus vel atrocioribus criminibus, eos capere possint dicti Barones, Banneti vel alii & Curia sua, & captos remittere Curiæ Dom. Dalphini pro justitia facienda, exceptis etiam hominibus ligiis Dom. Dalphini sibi immediatè subjectis, undecumque sint & ubicumque consistant, in quibus etiam nullam habeant punitionem, si & quando eos delinquere contingeret in regaliis prædictis, & si contingeret homines dicti Dom. Dalphini delinquere infrà Jurisdictionem & Districtum dict. Baronum, Banneretorum, aut aliorum Jurisdictionem habentium ut suprà, extrà Regalias, & post delictum commissum, ad Regalias vel locum Regaliorum confugerint possit eos capere Curia dictorum Baronum, & aliorum prædict. in dictis locis Regaliarum, & punire de commissis extrà ipsas, ac si in loco delicti capti essent, & etiam exceptis Officialibus dict. Baronum, Banneretorum, & aliorum habentium Jurisdictionem ut suprà, & suorum succeff. delinquentium in suis Officiis & circa illa, ita quòd eorum punitio ad

Dom. Dalphinum & ejus Curiam pertineat, fi infrà fex menfes à tempore delicti commiffi numerandos, Officialem fic delinquentem de delicto dicti Barones aut alii prædicti non correxerint, & punierint, ita quòd pars læfa non conqueratur exin-
dè, hoc etiam adjecto quòd fi homines dicti Dom. Dalphini
delinquerent in pedagio dictorum Baronum, Banneretorum;
aut aliorum habentium Jurifdictionem ut fuprà, non folvendo,
vel rixando in pedagiatores eorum, exercentes Officium fuum
pedagii, tunc ad ipfos pertineat punitio hujufmodi hominum
Dom. Dalphini delinquentium in eifdem.

XXX. Item, voluit Dom. Dalph. quòd ipfe, vel fucceffores fui nova non poffint facere, vel conftruere molendina in
parte aliqua Dalphinatûs, feu aliarum Terrarum fuarum, in
præjudicium aliorum qui ab antiquo in locis illis molendina
confueverunt habere, & fuper his bonæ Dalphinatûs confuetudines obferventur.

XXXI. Item, quòd omnes & finguli Barones, & Nobiles
Dalphinatûs, & aliarum Terrarum fuarum poffint impunè venari in Dalphinatu, & aliis Terris dicti Dom. Dalphini, & in
ipfius Dom. Dalphini nemoribus & foreftis, exceptis foreftis de
Clay & de *Planafie*, & garenis cuniculorum & leporum quibufcumque.

XXXII. Item, conceffit ipfe Dom. Dalph. quòd ipfe, vel
fucceff. ejufdem, feu alius pro eis, non poffint nec debeant pro
quocumque cafu accipere equos, roncinos vel fommerios quarumcumque perfonarum Ecclefiafticarum, aut nobilium Dalphinatûs, feu aliarum Terrarum fuarum, nifi quantum de ipforum procederet voluntate.

XXXIII. Item, ipfe Dom. Dalph. benevolentia ductus erga quofcumque fuos fubditos Dalphinatûs, & aliarum Terrarum fuarum, ex certa fcientia, & de gratia fpeciali, omnes &
fingulas appertiones, & commiffiones feudorum, retrofeudorum, & rerum quarumcumque emphiteotecariarum fibi com-
petentium, quocumque titulo, feu caufa, etiam fi manu mortua, vel aliàs reperiantur, aut reperiri poffint apperta vel commiffa eidem Dom. Dalphino, ufque ad diem hodiernam, de
quibus non effet ad executionem deventum, fivè eidem fint
adjudicata, fivè non, exceptis illis quæ in cafu vel propter caufam proditionis effent, vel effe reperirentur commiffa, remifit
& quittavit omnibus & fingulis fuis fubditis antedictis, & mihi Notario infrafcripto tanquam publicæ perfonæ ftipulanti &

recipienti,

recipienti, nomine omnium & fingulorum quorum intereft vel interefle poterit quoquo modo.

XXXIV. Item, quòd à præceptis vel pœnarum impofitionibus Caftellanorum, vel Maigneriorum, aut aliorum Officialium Baronum, feu Banneretorum Dalphinatûs, & alterius Terræ fuæ appellari non poffit ad Curiam Dalphinalem, nifi primitùs requifitis ipfis Baronibus vel Banneretis, de revocandis præceptis, vel pœnarum impofitionibus ipforum Caftellanorum, vel aliarum Officialium, quæ proceffiffent aut dicerentur minus juftè proceffiffe.

XXXV. Item, quòd fi quotienfcunque ipfe Dom. Dalphinus, vel fucceffores ejufdem, aut alius quivis pro eo, voluerint contra quemcumque fuum fubditum, aliquam caufam civilem, realem vel criminalem movere, feu etiam mixtam, reus trahi non poffit nec debeat quoquo modo ad quodcumque forum, nifi dumtaxat coram Judice ordinario illius Judicaturæ, fub qua deget reus ipfe, feu fub qua res fita erit, fi quæftio realis fuerit, vel coram Commiffario fpeciali deputato per Dom. Dalphinum qui nunc eft, & pro tempore fuerit, & ille deputatus cognofcere non poffit nifi in Judicatura Rei & ad expenfas Domini & non Rei, nifi tamen ipfe Dom. Dalphinus, vel fucceff. fui coram fe perfonaliter, vel coram Confilio eidem affiftente infrà Dalphinatum vellent dictum reum evocare, & examinare, aut examinari facere dictam caufam.

XXXVI. Item, quòd pro quacunque occupatione rerum, vel Jurium Dalphinalium facta, feu facienda, per quofcunque fuos fubditos, per viam inqueftæ, vel aliàs, nifi dumtaxat via ordinaria non poffit procedi quomodolibet contrà eos.

XXXVII. Item, quia Gratianop. Civitas locus infignis, & communis eft toto Dalphinatui inter cæteros Dalphinatûs; ibique Sedes Appellationum effe confuevit pro majori parte temporibus retroactis, voluit Dom. Dalphinus quòd dicta Sedes Judicaturæ majorum Appellationum Dalphinatûs, fit & effe debeat perpetuis temporibus in Civitate prædicta; in qua Judex qui nunc eft, & fucceffores fui qui pro tempore fuerint, fuper caufis Appellationum debeant & teneantur, & non alibi continuò refidere.

XXXVIII. Item, quia Baronia Terræ Fucigniaci ab alia Terra Dalphinatûs diftat, guerrarum temporibus, multis Dalphinatûs hoftibus interjectis, propter quod dictam Terram exeundi, & redeundi ad ipfam Nobilibus & aliis fubditis Dalphinalibus dic-

I. Partie.   C

tæ Terræ difficilis & periculofus eft aditus & egreffus, voluit ipfe Dom. Dalphinus quòd in dicta Baronia fiat & ponatur perpetuis temporibus Judex Appellationum, qui de caufis Appellationum evenientibus in dicta Terra cognofcat, & illic refideat continuò, quodque pro caufis Appellationum, vel alia quacumque civili vel criminali, quicumque homines dictæ Terræ extrahi non poffent, conveniri vel citari per ipfum Dom. Dalphinum, vel fucceff. ejufdem, aut quofvis Officiales eorum extrà dictam Terram, nifi dumtaxat pro Dalphinalibus cavalgatis; & fi quovis modo aliàs per Dom. Dalphinum, vel alium ejus nomine citarentur, parere non teneantur impunè, fecundùm quod in aliis eorum libertatibus continetur. Voluit etiam idem Dom. Dalphinus quòd dicta Baronia Terræ Fucigniaci cum fuis nobilitatibus, Juribus & pertinentiis, illius qui Dalphinus fuerit Vienn. perpetuis temporibus debeat remanere, & quòd ipfe Dom. Dalphinus, vel fucceff. fui, dictam Baroniam, feu aliquam partem, dignitatem, aut Caftra ejufdem non poffint ab illo qui Dalphinus fuerit feparare, nec in alium quemcumque transferre quovis modo, titulo, five caufa.

XXXIX. Item, quòd fi & quandocumque guerram fore contingeret inter Dalphinatum Vienn. & Sabaudiæ Comitatum, Dalphinus qui tunc fuerit teneatur & debeat Judicem Appellationum conftituere, & creare in Baroniis Terræ Turris, & Vallis-Bonæ, qui Judex de caufis Appellationum pendentium, eo tunc, coram majore Judice Appellationum Dalphinatûs, & etiam de novis Appellationibus emergentibus, dicta guerra durante, cognofcere habeat, quandiù dicta guerra duraverit & non ultrà.

XL. Item, quòd ipfe Dom. Dalphinus vel fucceff. fui, deinceps non poffint nec debeant mittere vel ponere pro fejorno equos, roncinos, canes venaticos, venatores, familiares, feu alios garciones eorum in domibus Religioforum, vel aliarum perfonarum Ecclefiafticarum, aut aliorum quorumcumque Dalphinalium fubditorum, nifi hoc facerent ad expenfas & cum expenfis ipfius Dom. Dalphini, vel fucceff. fuorum; & fi contrarium facere attemptarent, licitum fit unicuique ipfos non admittere, imò poffint eos repellere & expellere licitè & impunè.

XLI. Item, quòd per quamcumque Curiam Dalphinalem non fiant amodò nec fieri debeant, neque poffint inventaria bonorum quorumcumque fubditorum Dalphinalium morien-

tium, nisi ad requestam hæredum vel substitutorum aut Executorum illorum morientium, ubi Testamento facto illos contingeret mori, vel nisi ad requisitionem propinquorum, vel qui
haberent ab intestato succedere, aut propinquorum pupilli vel
pupillorum, qui deberent succedere mortuo intestato, vel in
aliis casibus in Jure expressis, quacumque consuetudine contraria non obstante, prædicta concedens ipse Dom. Dalphinus
dummodò Bannereti Dalphinatûs in Terris suis faciant illud
idem.

XLII. Item, cùm pro parte Dalphinalium subditorum sup-
plicatum fuerit ipsi Dom. Dalphino, quòd contrà aliquem Dalphinalem subditum de ipso Dalphinatu oriundum non possit
inquiri directè vel indirectè, ex Officio Curiæ Dalphinalis, super crimine usurarum, & quòd bona morientium non possint
vel debeant ex causa prædicta quovis modo saisiri, capi vel ar-
restari per ipsam Curiam Dalphinalem, voluit & concessit ipse
Dom. Dalphinus quòd servetur super hoc Jus commune.

XLIII. Item, quòd postquam aliquis Nobilis Dalphinatûs,
aut aliarum Terrarum suarum, semel fecerit homagium & recognitionem Dom. Dalphino qui nunc est, vel successoribus suis,
pro feudis quæ tenet vel tenebit, ipsa feuda vel retrofeuda
committi vel aperiri non possint, esto quòd successoribus Dalphinis
homagium & recognitionem non fecerit, nisi ita esset, quòd
Nobilis ille qui homagium fecisset, requisitus per Dom. successorem
homagium & recognitionem facere contumaciter recusaret;
hoc concedens ipse Dom. Dalphinus dictis Nobilibus, si ipsi
hæc idem concedent, & ita utentur, hominibus eorumdem;
aliàs autem illos qui prædicta non concederent hominibus suis,
aut aliter hoc casu uterentur, in eis gaudere non vult, sed eos
excludit præsenti privilegio, ipsum cassans & irritans quoad
illos.

XLIV. Item, quòd quicumque Nobiles Dalphinatûs &
aliarum Terrarum suarum possint conducere tempore Guerræ
& alio quocumque amicos suos per Dalphinatum impunè,
dummodò de ipsis conducendis, videlicet de certis personis
non esset facta prohibitio nominatim, & dummodò ipsi conducti non vadant ad procurandum dampnum vel dedecus Dom.
Dalphini, vel sui quomodolibet Dalphinatûs.

XLV. Item, quòd de quocumque delinquente infrà Jurisdictionem alicujus subditi Dalphinatûs, vel aliarum Terrarum
suarum limitatam cum mero & mixto Imperio, si ipse delin-

quens reperiatur infrà Jurifdictionem Curiæ Dalphinalis , fiat
remiffio & fieri debeat fecundùm formam Juris, illi penes quem
vel in cujus Jurifdictione deliquerit , per Caftellanos feu alios
Officiales Dalphinatûs , fub quorum adminiftratione reperietur, ·
facta informatione fummaria , ab ipfis Officialibus Dalphinalibus de delicto.

XLVI. Item , quòd Maignerii feu Bannerii Curiæ Dalphinatûs banneare non poffint nec debeant in feudis, in quibus habent banna & habere confueverunt valvaffores feu alii Nobiles
Dalphinatûs.

XLVII. Item , quòd omnes & fingulæ libertates , privilegia
& immunitates per eum & predecess. fuos univerfaliter aut particulariter conceffæ & conceffa Civitatibus , Villis, Locis, Terris , Baroniis , Marchiis , Bayllivatibus aut perfonis fingularibus
Dalphinatûs , feu aliarum Terrarum fuarum eifdem univerfaliter
univerfis , & fingulariter fingulis , fecundùm quod conceffæ
funt, in omnibus & fingulis fuis Capitulis & claufulis integra-
litet obferventur , eafque & ea ipfe Dom. Dalphinus per fe ,
hæredes & fuccess. fuos promifit & convenit integraliter & inviolabiliter obfervare.

XLVIII. Item , quòd cœteri boni ufus & bonæ confuetudines Dalphinatûs & aliarum Terrarum fuarum cuftodiantur ,
& augmententur , mali autem ufus & malæ confuetudines tol-
lantur.

XLIX. Item , quòd quicumque Judices & Procuratores
Dalphinatus & aliarum Terrarum fuarum , creati & impofterum creandi , non teneant nec tenere poffint Officia Judicaturæ
vel procurationis in una Judicatura , vel in quocumque loco
continuè , nifi per duos annos dumtaxat , & cum amoti fuerint ab ipfis Officiis, non refumantur , nec poffint admitti feu
reduci , de quinque annis proximè fequentibus quoque modo.

L. Item , ipfe Dom. Dalphinus per fe & fuccess. fuos remifit, quittavit totaliter & reliquit ubicumque Terrarum & Locorum Dalphinatûs & Terrarum fuarum perpetuò, omnem manum mortuam , & omne Jus , actionem & requifitionem ,
quòd & quæ fibi competebant , aut competere poterant in Barones , & Banneretos , Nobiles , Valvaffores , & alios quoflibet
fubditos Dalphinatûs , & Terrarum fuarum quarumcumque ,
feu in eorum bonis & hæreditatibus quibufcumque , ubicumque fint , occafione manûs mortuæ , volens & ordinans quòd
eodem modo Barones , Banneretí , Nobiles , Valvaffores , &

alii fubditi Dalphinatûs, & aliarum Terrarum fuarum, quittent & remittant, & remittere debeant & teneantur perpetuò hominibus & fubditis eorumdem manum mortuam quamcumque, & omne Jus fibi competens & competiturum occafione manus mortuæ, adversùs eorum homines, feu fubditos, feu bona eorum, aliàs, nifi prædictam quittationem & remiffionem facerent, aut fi ulteriùs dicta manu mortua uterentur, illi fic utentes & nolentes quittare dictam manum mortuam, nequaquam gaudeant nec gaudere poffint præfenti privilegio remiffionis manus mortuæ; fed ab eo totaliter fint excepti, fi & quandocumque cafus forfan contingeret in eofdem aut fuccef.

LI. Item, quòd quicumque Barones, Bannereti, Nobiles & Valvaffores totius Dalphinatûs & cujuflibet ejus partis, & aliarum Terrarum fuarum teneantur & debeant eorum homines & fubditos tractare, fovere, & manutenere perpetuò fub & in confimilibus libertatibus, privilegiis, & immunitatibus quæ & quales per ipfum Dom. Dalphinum fuperiùs funt conceffæ; & fi forfan aliqui fint, vel pró tempore fuerint ex ipfis Baronibus, Banneretis, Valvafforibus vel aliis Nobilibus fupradictis, qui fuos homines, & alios eis immediatè fubjectos tractare nollent, vel non tractarent, foverent & manutenerent in libertatibus, privilegiis & immunitatibus antedictis, vel confimilibus eis, illi Barones, Bannereti, Nobiles, vel Valvaffores prædicta facere recufantes, aut contrarium quomodolibet facientes, nullo modo gaudeant nec utantur, nec gaudere vel uti poffint privilegiis, libertatibus & declarationibus antedictis, illis videlicet quibus fuos homines & fubditos nollent vel non paterentur uti, imò ipfi exempti fint & privati, nec ad eos prædicta privilegia, libertates & declarationes quibus fuos ut prædicitur homines & fubditos uti non peterentur, aliqualiter fe extendant.

Et ut prædictæ libertates, franchefiæ, gratiæ, conceffiones, declarationes & privilegia perpetuis temporibus meliùs & firmiùs obferventur, voluit quòd quandocumque & quotienfcumque in futurum novus Dalphinus vel fucceffor veniet ad fuccef-fionem vel regimen Dalphinatûs, antequàm ad homagia feu recognitiones feudorum Dalphinalium recipienda feu recipiendas quovis modo procedat, & antequàm aliqualiter aliquam fingularem perfonam vel Univerfitatem compellere poffit ad præftandum & faciendum fibi homagia, fidelitates feu recognitiones, jurare debeat primitùs ad Sancta Dei Evangelia, per eum corporaliter manutacta, in manibus RR. PP. Dom. Epifcopi Gra-

C iij

tianopolitani vel Abbatis Sancti Antonii Vienn. & Vicariorum
suorum, servare, custodire & attendere inviolabiliter præmissas
omnes & singulas declarationes & franchesias, concessiones, libertates & gratias & privilegia suprascripta, in omnibus & singulis clausulis & capitulis eorumdem; & si ita esset quòd in
principio regiminis ut prædicitur, ad debitam requisitionem Baronum, Nobilium vel Universitatum Dalphinatus, seu dictorum Dom. Prælatorum vel Vicariorum suorum, prædictum Sacramentum facere recusaret, eo casu Barones, Nobiles, Universitates quicumque Dalphinatûs & cujuslibet ejus partis, &
aliarum Terrarum suarum eidem novo Dom. successuro, vel
Officialibus suis obedire minimè teneantur impunè, donec prædictum Sacramentum præstiterit, & fecerit publicè, & per publicum instrumentum.

Item, quòd omnes & singuli Baillivi, Judices, Procuratores & Castellani Dalphinatûs & aliarum Terrarum suarum,
qui nunc sunt, & qui de cœtero fient & ordinabuntur de novo,
teneantur & debeant ac efficaciter sint adstricti jurare ad Sancta
Dei Evangelia præmissas libertates & franchesias, immunitates & declarationes omnes & singulas, in singulis earum clausulis & capitulis tenaciter custodire, & inviolabiliter observare,
& si modo debito requisiti quilibet eorum dictum Sacramentum facere & præstare publicè recusarent, impunè non pareatur cuilibet recusanti; & si, quòd absit, aliqui ex dictis Officialibus prædictas libertates, privilegia, concessiones & declarationes in toto vel in parte quomodolibet violaret, vel infrin-
geret quoquo modo, ubi convictus erit dictus Officialis de violatione prædicta, teneatur & debeat expensas factas per Barones, Banneretos, Valvassores, Nobiles, Universitates seu singu-
lares personas prosequentes ipsum Officialem de dicta violatione
resarcire & solvere, & ad hoc per suum superiorem viriliter compellatur, & nihilhominùs idem Officialis violator dictarum libertatum de perjurio puniatur. Quæ omnia universas & singula suprascripta dictus Dom. Humb. Dalph. pro se, hæredibus
& successf. suis promisit per pactum expressum solemni stipulatione vallatum, & juravit tactis per eum corporaliter Sacro-
sanctis Dei Evangeliis, obligando etiam bona sua mihi Humberto Pilati supra & infrascripto Notario publico, tanquam
personæ publicæ, præsenti, stipulanti & solemniter recipienti,
nomine, vice & ad opus omnium & singulorum quorum interest, intererit, & interesse poterit quomodolibet in futurum,

rata, grata, valida atque firma perpetuis temporibus habere, tenete, attendere & inviolabiliter observare, nunquam per se vel per alium contrà facere vel venire, nec alicui contravenienti seu venire volenti consentire, seu per quod contrà veniatur, dare Consilium, auxilium vel juvamen directè vel indirectè, publicè vel occultè, renuntians dictus Dom. Dalph. ex certa scientia & per juramentum suum in hoc facto, omni exceptioni Juris & facti, omnique privilegio, auxilio, &c. de quibus omnibus & singulis suprascriptis, ipse Dom. Dalphinus voluit & præcepit expressè per me Notar. infrascriptum fieri Baronibus, Banneretis, Nobilibus, Valvassoribus, Universitatibus & singularibus personis Dalphinatûs habere volentibus simul vel separatim, etiam de singulis clausulis & articulis supradictis, tot quot habere voluerint publica Instrumenta. Acta fuerunt hæc apud Romanis in Domo dicti Dom. Dalphini, quæ fuit olìm Berthoni de Moloco, præsentibus RR. in Christo PP. Dom. Henrico de *Villars* Lugdun. & Bertrando de Capella Viennensi Archiepiscopis, ac Joanne de Chisiaco Episcopo Gratianop. vocatis & rogatis Testibus ad præmissa, &c. Exped. H. P.

Donatio inter vivos pura & irrevocabilis de toto Dalphinatu, Carolo primogenito Joann. Ducis Normandiæ, per Humbertum Dalphinum.

Philippus D. G. Francor. Rex & Joann. ejus primogenitus Dux Normandiæ, & Aquitaniæ, Comesque Pictav. Andegav. & Cenoman. & Humbertus Dalph. Vienn. Principes seculi; regimini rei publicæ præsidentes, præsertim jure hæreditatis vel naturæ, sic decet subjectos complecti in visceribus caritatis, & studiosè curare, ut protecti clipeo justitiæ vivere valeant sub fœdere tranquillitatis & pacis, nec solum providere congruit præsentibus, sed posteris & futuris, ut in concordia & unitate maneant, divisiones, scandala & discordiarum futura pericula removendo ab ipsis, nihil enim in Republica concordia utilius, nihil unitate beatius, quæ in se ipsa divisa ad desolationis ruinam labitur, & unitate subnixa felicibus incrementis undique prosperatur, &c. Sanè præmissis in animo recensitis, nos Dalphinus Vienn. præf. pridem attendentes, sicut Divinæ placuit voluntati, cui nemo potest resistere, nos sobole carere legitima, nobis in Dalphinatu præd. necnon in aliis Ter-

1349.
Carta Général. Dalph. ad ann. 1349.

ris noftris & Domaniis fucceffura, per quam poffet cultus juftitiæ, bonum pacis, & concordiæ unitas in dictis Terris & Domaniis noftris confervari, formidantes quòd nifi Spiritus almi
gratia, qui nunquam ceffat à benedictionibus, nobis de prole
legitima provideret, vel fuper hoc aliàs ordinaretur, proindè
poft deceffum noftrum dict. Dalphinatûs, Terræ fubditi, &
vaffalli noftri ad divifiones defolabiles, periculofas & toti patriæ perniciofas turbationes, proh dolor! devenirent, poft multas cogitationes profundas, quibus viis poffet fuper hiis falubriùs provideri, demum in Domino, ad quem totam fpem
noftram referimus, confidentes quòd ejus auxiliante gratia, fub
favore & protectione illuftriff. Principis Dom. Regis Franciæ &
pofteritatis fuæ, Dalphinatûs, Terræ, fubditi & vaffalli noftri
à præd. fcandalis, adverfitatibus, & periculis, fub potenti bra-
chio & manu forti poffent quietiùs, & utiliùs præfervari, &
fub cultu juftitiæ, tranquillitatis & pacis falubriùs gubernari.
Advertentes etiam nexus fanguinis & affinitatis, qui dict. Dom.
Regem, liberos ipfius, & nos, ex diverfis lineis proximis con-
jungere dignofcuntur, habita deliberatione matura, de confenfu Prælatorum, Baronum, Nobilium & aliorum prudentium
fidelium fubditorum noftrorum, certas conventiones & pacta,
cum dicto Dom. Rege, & Dom. Joanne ejus primogenito,
Normandiæ & Aquitaniæ Duce, jam dudum feciffe recoluimus,
per quas Dom. Philippo dicti Dom. Regis fecundò genito, &
in cafu in quo donatio in perfonam ipfius non poffet habere effectum per mortem, vel aliud impedimentum legitimum alteri
ex filiis dicti Dom. Joannis primogeniti, quem ipfe Dominus
Rex vel Dux præfatus, feu eorum fucceff. Reges Franciæ duxe-
rint eligendum, dedimus, ceffimus & tranftulimus in perpetuum hæreditario jure, in poffeffione & proprietate, donatione
irrevocabili facta folemniter inter vivos, noftrum præd. Dalphinatum de Viennefio, Ducatum Campifauri, Principatum
Briançonefii, Marchionatum Cefanæ, Comitatum Vienn. Comitatum Albonis, Comitatum Graifivodani, Comitatum Ebre-
dunefii, Comitatum Vapincefii, Baroniam Turris, Baroniam
Vallis-Bonæ, Baroniam Fucigniaci, Baroniam Medullionis, &
Baroniam Montis-Albani; & generaliter omnes Terras, Comitatus, & Baronias ad nos quomodolibet pertinentes & pertinere
debentes, cum fuis juribus, honoribus, & pertinentiis univerfis; fi & in cafu quo nos decedere contingeret fine hæredibus
mafculis aut femellis de proprio corpore noftro legitimè pro-

creatis; & fi hæredem vel hæredes nos, ut præmittitur, habere contingeret, eo fimiliter cafu, quo hæres vel hæredes decederent fine hærede vel hæredibus ex fe legitimo matrimonio procreatis. Et demùm de voluntate dicti Dom. Regis paterna provifione, fic inter liberos difponentis, ex certis & legitimis caufis ipfum & nos ad hæc inducentibus, attendentes tranflationem, ceffionem & donationem Dalphinatûs ac Terrarum aliarum prædictarum, ficut præmittitur factas, meliùs & utiliùs cedere in perfonam dicti Dom. Joannis primogeniti, & hæredum fuorum, donationem & ceffionem de omnibus prædictis factas, ut præfertur, & ipfum Dalphinatum cum omnibus Terris prædictis, in eundem Dom. Joannem & hæredes fuos tranftulimus, & de ipfis eidem ceffionem, & tranflationem fecimus efficaces, fub certis modis & formis in prima donatione contentis, idem etiam Dom. Rex in dictum primogenitum tranftulit provifione paterna, quidquid ipfe vel Dom. Philippus præd. fuper hiis poterat reclamare. Virtute quarum conventionum loca & Caftra dict. Terrarum Baillivis & Caftellanis tradita, ad utilitatem ejufdem Dom. Regis, & dicti Dom. Joannis in cafu exiftentis conditionis, & in eundem cafum juramenta à fidelibus præftita fuerunt de dictis conventionibus fideliter obfervandis, prout hæc & alia in Litteris figillis Dominorum Regis & Ducis prædictorum & noftris figillatis, necnon & Inftrumentis publicis fuper iis confectis feriofiùs continetur.

Cœterum poft præmiffa fic acta, multis meditationibus habitis circa regimen nobis commiffum, & onera gravia, attenta noftri corporis valetudine, importabilia, quæ noftræ dignitati incumbunt, Divina, ut firmiter credimus gratia infpirante; attendentes quoniam Deo fervire regnare eft, celfiorem & nobiliorem fore gradum cœleftis militiæ, quàm terrenæ; in ftatu vitæ contemplativæ, tanquam fecuriori, relictis activæ periculis, propofuimus & eligimus Deo famulari, & in facris Ordinibus Deo propitio miniftrare, unde cùm fimus ex caufa præd. extrà omnem fpem procreandæ fobolis conftituti, & fic fruftrà expectaretur eventus, cujus idem fequeretur effectus, idcircò, nos, qui quantò plus in fubditorum commoditatibus meditamur, tantò magis pro ipforum procuranda tranquillitate attendimus, penfata noftræ Reipublicæ utilitate, & fubjectorum, in quorum quiete quiefcimus, pro ipforum procuranda falute multas noctes tranfivimus infomnes, fucceffionem dicti Dalphinatûs, & conventionum præd. effectum infaillibilem accelerare

defirabiliter cupientes affectantéfque fummè noftris temporibus
fuccefforis ad votum gaudio perfrui, & felicis regiminis noftræ
Reipublicæ vifione lætari, firmiter fperantes in Domino, quòd
ficut ipfa accelerationis caufa à Spiritu Sancto eft, ita ab ipfo
bonorum omnium auctore effectus acceleratus procedat, Dalphinatum, Ducatum, Principatum, Marchionatum, Comitatus, Baronias & Terras præd. ex nunc purè & fimpliciter, non
expectato alicujus conditionis eventu, in cariff. confanguineum
noftrum Carolum dicti Dom. Joannis primogenitum, dignum
duximus cedere & transferre, & fuper hiis animi noftri fecre-
tum dictis Dom. Regi & Duci fecimus revelari, ut fuper hoc
fuum præftarent affenfum, mediantibus retentionibus & conventionibus infrafcriptis. Præmiffa quoque Prælatis, Baronibus, Nobilibus & Confiliariis noftris expofuimus, ut tutiùs
fierent de ipforum confilio & affenfu.

Et nos Rex & Dux præfati, advertentes quoniam fcriptum
eft, diliges proximum tuum ficut te ipfum, quòd non folùm
decet Regiam Majeftatem, & curam regiminis nobis à Deo
commiffi, Regni noftri & fubditorum pacem & tranquillitatem
diligere, fed proximorum & vicinorum Regni noftri, potiffi-
mè dicti Dom. Dalph. & Dalphinatûs ipfius incolarum, qui
femper hactenùs erga Regnum noftrum & Coronam ipfius fide-
liffimè fe gefferunt, pacem & corcordiam confervare; attendentes infuper fidelitatis, generis, & amoris vincula tàm for-
tia, quibus nos & dictus confanguineus nofter conjungimur
invicem, & quæ retroactis temporibus, inter nos & prædeceff.
noftros, ipfumque & anteceffores fuos indiffolubiliter viguiffe
nofcuntur, laudabile piæ devotionis propofitum cariff. confanguinei noftri Dalphini præd. in Domino commendantes, nolentes fpiritum quo in eis agitur extinguere, ficuti nec debemus,
imò potiùs volentes ipfum in fuo Sancto propofito & devoto fa-
vorabiliter confovere, & eidem in fuis piis votis quantum poffumus complacere; ipfius confanguinei noftri fupplicationibus
pulfati frequenter, & finaliter inclinati; dictas ceffionem &
tranflationem ad votum fuum factas, ad opus & utilitatem
dicti Caroli acceptandas duximus, conventiones & pacta cum
eo fecimus & inuimus, facimus & inimus ad fines prædictos,
fub modis & formis inferiùs annotatis.

Imprimis nòs Humbertus Dalph. præd. ex caufis præd. &
pluribus aliis ad hoc nos inducentibus, Dalphinat. noftrum
Vienn. noftrofque Ducat. Campis-Auri, Principat. Briançone-

fii, Marchion. Cefanæ, Comit. Vienn. Comit. Albonis, Comit. Graifivodani, Comit. Ebred. & Comit. Vapinc. ac Baron. Turris, Baron. Vallis-Bonæ, Baron. Fucigniaci, Baron. Medullionis, & Baron. Montis-Albani, & generaliter & fpecialiter omnes & fingulas alias Terras, Comitatus, & Baronias noftros & noftras, cum omnibus & fingulis aliis juribus, actionibus, requifitionibus, & fucceffionibus nobis competentibus, & competituris, quovis modo, ubicumque & quocumque titulo five caufa, in poffeffione & plena proprietate, fine aliqua fructûs vel ufufructûs retentione, cum omni dominio utili & directo, omnibus actionibus perfonalibus, realibus, mixtis, utilibus & directis, nobis pro his & ratione horum, & alia ratione quacumque competentibus & competituris impofterum, nec non cum mero mixto Imperio, & omnimoda Jurifdictione, exitibus, redditibus, & regalium Juribus, proventibus, Jurifdictionibus, homagiis, & vaffallis, Caftris & Caftellaniis, Mandamentis, & Villis, fuperioritatibus, & reffortis, fervitiis, & garenis. & cum omnibus aliis Juribus, honoribus, oneribus, utilitatibus, nobilitatibus, & aliis pertinentiis univerfis, licèt effent majores expreffatis, ad nos pertinentibus, ratione dictarum Terrarum, feu alia quacumque ex caufa, vel pertinere valentibus quomodolibet in futurum, dictorum Dom. Regis & Ducis pluries & cum inftantia expreffa requifito confenfu, & demum obtento, in dictum Carolum primogenitum dicti Dom. Ducis, perpetuò, purè & fimpliciter, nec expectato alicujus conditionis eventu, ex nunc cedimus, & transferimus, & eidem præmiffa omnia donamus & quittamus, donatione irrevocabili, facta folemniter inter vivos, nihilomninò in eifdem, præter omnia infrafcripta, penitùs retinentes, falvis & refervatis nobis dumtaxat illuftri præeminentia & honore dignitatis & nominis Dalphinalis, fine adminiftratione quacumque. Ita quòd Prælati, Nobiles, & Populares nobis, quandiù vixerimus, tanquam antiquiori Dalphino, teneantur honorem & reverentiam exhibere, & dicto Carolo ficut juniori Dalphino, dignitate Dalphinali cum adminiftratione, nomine & effectu infignito, in omnibus obedire; Volentes quòd à fidelibus Prælatis, Baronibus, & aliis Nobilibus, Vaffallis & feudatariis noftris quibufcumque Dalphinatûs & aliarum Terrarum præd. juramenta, fidelitates, homagia, & recognitiones recipiat, & fimili modo juramenta folita à Villis, Communitatibus, Confulibus, & aliis fubditis noftris; necnon à Baillivis, Caftellanis, Judicibus, & Officiariis quibufcumque; præcipientes infuper omnibus prædictis quòd dicta homagia, juramenta, recognitiones eidem Carolo faciant, & eidem in omnibus obediant, fine alterius expectatione mandati, fuper quibus fidelitatibus, juramentis, homagiis, recognitionibus & fubjectionibus, ipfos & eorum fingulos, faciendo, dicta juramenta, homagia, recognitiones & fidelitates dicto Carolo, ab omni vinculo quo fuper hoc nobis tenebantur aftricti, abfolvimus & quittamus, falvo tamen nobis quòd Nobiles feudatarii feu vaffalli noftri, propter reliquias præcedentis Dominii, præftando homagia, fidelitates & recognitiones prædictas, perfonam noftram & fidelitatem nobis debitam excipiant & excipere valeant; qua tamen exceptione uti non poterunt nec debebunt, nec nos poterimus nec debebimus, contrà dict. Carolum juniorem Dalphinum, nec contrà jura fua, fed fi aliquid haberet facere contra nos, vel nos contrà ipfum, ea occafione qua vellemus vel niteremur, quod abfit, adversùs contenta in præfentibus, vel aliqua eorumdem aliquid attemptare, feu in aliquo contraïre, tenentur & tenebuntur, ipfum etiam contrà nofmet juvare, & fibi fidelitatis debitæ fervitium, non obftante exceptione prædicta, integraliter exhibere. Volumus etiam & præcipimus omnibus noftris Officialibus fupradictis, & aliis quibufcumque fub virtute præftiti juramenti & fub pœna proditionis, quatenùs omnia loca, Villas, oppida, tenementa, baftimenta, fructus, redditus, exitus & proventus Dalphinatùs & Terrarum præd. & omnia alia ad præmiffa pertinentia eidem Carolo vel ejus certo mandato pure & libere tradant, deliberent & expedient ad plenum, omni conditione ceffante realiter & de facto. Noftræ tamen intentionis exiftit quòd dicti Caftellani & Officiales teneant dicta Officia nomine dicti Caroli, donec eifdem fatisfactum fuerit de debitis quæ fibi debentur, pro quibus habent dicta Officia, vel alia fibi fuerint Officia competentia realiter affignata, nec propter hoc differant juramenta præftare prædicta; & nos eidem Carolo ex nunc deliberamus per præfentes ad plenum poffeffionem vacuam omnium & fingulorum præmifforum, conftituentes ex nunc nos fuo & præcario nomine præmiffa omnia & fingula poffidere. Volentes infuper & expreffe concedentes, quòd realiter, corporaliter & de facto poffit intrare, nancifci & apprehendere per fe vel per alium, tanquam verus Dom. & poffeffor, poffeffionem vel quafi omnium prædictorum.

Retinemus

Retinemus tamen & nobis fpecialiter refervamus perpetuò &
hæreditariè Manerium feu Caftrum , & fortalitium Caftri de
Bello-vifu in Royanis, ficut fe comportat , pro Monafterio vel
quod nobis placuerit faciendo , cum viridariis & plateis antè
dictum Caftrum , & circumquaque ufquè ad rivum propin-
quum fubtus dictum Caftrum , necnon ufum ad chalfagium
noftrum & fucceſſorum noftrorum habitantium in dicto Caftro, & ad ædificandum & reparandum ædificia dicti Caftri ,
& pro palitiis faciendis pro claudendis terris & poſſeſſionibus
noftris ; & etiam pro palis pro vineis erigendis & fuftinendis ,
& pro pontibus , & aliis novis ædificiis faciendis , raſſurnis
etiam , atque calce , & aliis noftris ufibus quibufcumque , in
forefta de Claifio. Et quòd omnes & fingulas poſſeſſiones acquifitas & acquirendas per nos in mandamento dicti Caftri , fine tamen homagiis , Jurifdictione , & Nobilitate quacumque ,
amortizare poſſimus , retinemus etiam Jurifdictionem , redditus,
exitus & proventus ejufdem Caftri de Bellovifu nobis ad vitam
dumtaxat.

Hoc ampliùs nobis retinemus Caftra & loca de Balma , &
de Quiriaco , cum omnimoda Jurifdictione , redditibus & proventibus univerfis ad dicta Caftra & loca quomodolibet pertinentibus , tenenda à nobis vita noftra durante tantùm.

Rurfùs nobis fpecialiter refervamus Jurifdictionem omnimodam , altam , mediam & baſſam , in & fuper omnes verè do-
mefticos , & familiares noftros ; ità quòd poſſimus Jurifdictionem omnimodam in eos exercere , in quocumque cafu civili
vel criminali , quotiens cafus continget , quandiù vitam duxerimus in humanis , necnon autoritatem & poteftatem plenariam remittendi , & quittandi medietatem mulctarum , & condemnationum pecuniarum , quæ fient in dicto Dalphinatu
afcendentium ufquè ad fummam x. lib. Vienn. & infrà defcen-
dendo dumtaxat , maximè benemeritis & miferabilibus perfonis , prout nobis rationabiliter videbitur faciendum ; ità quòd
poft mortem noftram prædicta omnia & fingula nobis , ut prædicitur , ad vitam noftram retenta , ad Carolum Dalph. fucceſ-
forem noftrum , ficut verum Dominum & proprietarium , fine
diminutione quacumque liberè revertantur.

Retinemus infuper nobis perpetuò & hæreditariè , in dicto
Dalphinatu IV. millia flor. valoris annui , quos eftimamus communi eftimatione MM. CCC. lib. bonor. Vienn. de redditibus
aſſiſis ad antiquam aſſiſiam ; in Valvaſſoria , fine Jurifdictione

I. Partie. D

quacumque, pro quibus retinemus declaratè & fpecificè infrafcripta, videlicet in Caftellania Vifiliæ de filigine cenfuali c.
fextaria, ad rationem fextarium de iii. fol. ix. den. valent
xviii. lib. xv. fol. groffo turonenfi pro xvii. den. computato.

Item, de avena cenfuali cccc. fextaria, ad rationem fextarium de ii. fol. vi. den. valent. L. lib. Item, de denariis censûs L. lib.

Item, in Caftellania Oyfentii de filigine cenfûs, c. fextaria,
ad rationem de iii. fol. ix. den. valent xviii. lib. xv. fol.
Item, de ordeo & avena cenfuali cc. fext. ad rationem fextarium de ii. f. vi. d. valent xxv. lib. Item, de mutonibus
cxxxviii. ad rationem pro quolibet mutone de xv. fol. &
vii. den. valent cvii. lib. x. f. vi. den. Item, de cibornis
cenfual. xxxviii. cibornos, duas partes unius quartarii, &
feptimam pàrtem unius ciborni, ad rationem pro quolibet de
viii. fol. vi. den. valent xvi. lib. iiii. fol. ix. den. & piĉt.
Item, de cafeis cenfual. xxv. quintalia, ad rationem pro quintali
de xvii. f. valent xxi. lib. & v. f. Item, de Gallinis cenfual.
cxx. ad rationem pro qualibet de vi. den. val. Lx. fol.

Item, de denariis cenfual. ccc. libr.

Item, in Caftellania Triviarum de frumento cenfuali c. fext.
ad rationem, fextarium de iv. f. valent xx. libr. Item, de filigine cenfuali x. fextaria, ad rationem fextarium de iii. f.
valent xxx. f. Item, de avena cenfuali Lx. fext. ad rationem
fextarium de ii. f. vi. den. valent vii. lib. x. f. Item, de Gallinis cenfual. xx. valent x. f. Item, de denariis cenfual. Lx. lib.

Item, in Caftellania Alavardi, &c.

Item, in Caftellania Moreftelli in Grayfivodano, &c.

Item, in Caftellania Gratianopolis de denariis cenfual. videlicet defuper operatoriis & fcamnis mali-confilii, cenfu furni,
confulatu, banno vini, pondere & menfuris bladorum, rivagio
& aliis fervitiis & cenfibus minutis Lx. lib.

Item, in Caftellania Parifiùs, &c.

Item, in Caftellania de Clufa, &c.

Item, in Caftellania de Mura, &c.

Item, in Caftellania Belli-Montis, &c.

Item, in Caftellania Corvi, &c.

Item, in Caftellania Buxeriæ, &c.

Item, in Caftellania Cornillonis in Graifivodano de frumento cenfuali Lx. fextaria, ad rationem fextarium de v. fol. valent xv. lib. Item, de fabis cenfualib. x. fext. ad rationem fext.

de iv. fol. valent xL. fol. Item, de avena censuali cc. sextaria, ad rationem sext. de ii. fol. vi. den. valent xxv. lib. Item, de vino censuali xx. sommatas, ad rationem pro sommata de v. fol. valent c. fol. Item, de Gallinis censualib. xx. valent x. fol. Item, de Pollatis censualib. xx. valent v. fol. Item, de denariis censualib. L. lib.

Item, in Castel. Montis-Bonoudi de frumento censuali CLX. sext. ad rationem sext. de v. fol. valent xL. lib. Item, de avena censuali cxx. sextaria, ad rationem sextarium de ii. fol. vi. den. valent xv. lib. Item, de vino censuali c. sextaria, ad rationem sextarium de ii. f. vi. den. valent xii. lib. x. fol. Item, de Gallinis censualib. c. valent L. fol. Item, de nucleis censualib. .. viii. fol. ix. den. Item, de pipere censuali vi. lib. ad rationem, lib. de iii. fol. valent xviii. fol. Item, de denariis censualib. vi. lib.

Item, in Castellania Sancti Boneti de siligine censuali cx. sextaria ad rationem sextarium de iii. fol. valent xviii. lib. vi. fol. viii. d. Item, de avena censuali cxx. sextaria, ad rationem sextarium de ii. fol. ii. den. valent xiii. lib. Item, de gallinis censualib. Lx. valent xxx. fol. Item, de cera censuali viii. lib. valent ix. fol. xi. d. Item, de pipere censuali una lib. valet iii. fol. Item, de denariis censualibus Lxxx. libr.

Item, in Castellania Montis-Orserii, &c.

Item, in Castellania Sancti Nazarii, &c.

Item, in Castellania Cabeoli de frumento censuali Lxxx. sextaria ad rationem sextarium de iv. fol. vi. den. valent xviii. lib. Item, de Gallinis censualibus Lxxx. valent xL. fol. Item, de cuniculis censualibus xx. ad rationem pro quolibet de xii. den. valent xx. fol. Item, de denariis censualibus xxx. lib.

Item, in Castellania Pisanczonii, &c.

Item, in Castellania Sancti Marcellini, &c.

Item, in Castellania Villæ-Novæ Roybonis, &c.

Item, in Castellania Sancti Stephani, &c.

Item, in Castellania Belli-Ripparii, &c.

Item, in Castellania Morasii, &c.

Item, in Castellania Vallis, &c.

Item, in Castellania Rupis de Clivo, &c.

Item, in Castellania Peirini, &c.

Item, in Castellania Sancti Donati, &c.

D ij

Item, in Caftellania Belli-Visûs in Royanis, &c.

Item, in Caftellania Yferonis, &c.

Item, in Caftellania Crimiaci, &c.

Item, in Caftellania Quiriaci, &c.

Item, in Caftellania Balmæ, &c.

De quibus quidem MM. CCC. lib. Vienn. retentis, MM. lib. ex nunc affignavimus, incorporavimus novo Monafterio faciendo in dicto Caftro de Bellovifu. Ita quòd pro illis MM. ille qui præerit in dicto Monafterio, & fui perpetuò fucceffores teneantur & debeant præftare Sacramentum fidelitatis, & eas recognofcere dicto Carolo & fucceforibus fuis Dalphinis Vienn.

Et nos Rex Francorum & Joannes ejus primogenitus prædicti, vice verfa confiderantes liberalitates, & mutuam affectionem nobis, & dicto filio noftro Carolo per dictum chariffimum confanguineum noftrum exhibitas, & nolentes eas fine aliqua retributione vel remuneratione relinquere, ficut nec debemus, nos Rex prædictus damus, concedimus, & donamus eidem Dalphino C. M. flor. auri folvend. videlicet XX. M. ftatim in apprehenfione poffeffionis prædicti Dalphinatûs, & alia LXXX. M. per quatuor annos immediatè fequentes, videlicet quolibet anno revoluto XX. M. tradenda & convertenda prout inferiùs declaratur.

Volumus præterea & confentimus nos Rex & Dux prædicti, quòd idem Humbertus Dalphinus confanguineus nofter chariffimus habeat, & recipiat ad opus fuum C. M. flor. auri, à chatiff. Fratre noftro Duce Borbonefii, quæ idem Dux dare promifit in dotem Carolo filio noftro præd. pro & cum filia fua Joanna primogenita ejus, ratione contractûs matrimonii inter ipfos, cum beneplacito Dei & Sanctæ Matris Ecclefiæ celebrandi, quæ eidem Dalphino prædictus Dux folvet, & folvere tenebitur, prout inferiùs continetur.

Infuper tenemur & bona fide promittimus nos Rex prædictus loco X. M. lib. reddituialium, quas in prioribus Conventionibus factis de quibus fuprà fit mentio, idem Dalphinus retinuerat perpetuò fuper Dalphinatu prædicto, videlicet Caftra & in Caftris Quiriaci, Crimiaci, Sabloneriarum, Balmæ, & quidquid habebat in Infula Charufii, Sancti Donati, Belle-Gardiæ, Montis-Fortis, Montis-Bonoudi, Montis-Floriti, Vifiliæ, Muræ, Corvi, Belli-Montis, Vallis-Putæ, Caftillionis, Salanchiæ, Avifani, Nyonis, Miribelli, ac feudorum de Vinfobris, Podii Hugonis, Rupis-Acutæ, Sancti Marcellini & Sancti Mauritii ad faciendum suam omnimodam voluntatem ; ad finem ut dictus Dalphinatus magis integer conservetur, eidem Dalphino tradere & assignare in Senescallia Belli-Cadri, IV. M. flor. auri annui redditûs & perpetui ad faciendum suam omnimodam voluntatem, ultrà duo mil. ccc. lib. Vienn. quas suprà retinuit, & specificavit in Dalphinatu præd. pro IV. M. flor. valoris annui, quibus mediantibus nos Dalphinus præd. renunciamus omninò retentioni dictorum X. M. lib. annui redditûs, & Castrorum, Villarum & locorum prædictorum, nobis cum eis & pro eis retentorum, de quibus superiùs, & in primis Conventionibus est expressum, & omni juri nobis competenti & competituro virtute retentionis prædictæ, ratis manentibus illis, quæ forsan post dictam retentionem transtulerimus & alienaverimus de præmissis, seu aliis juribus Dalphinatûs.

Præterea ultrà X. M. lib. annui redditûs ad vitam, quas idem Dalphinus recipit in Senescalliis Belli-Cadri & Ruthenensi, ratione Conventionum priorum, de quibus suprà fit mentio, nos Rex prædictus tenemur, & promittimus bona fide eidem assignare in dictis Senescalliis, alia X. M. lib. redditûs annui percipiendarum ab eo, quandiù vitam duxerit in humanis ; si verò assignatio X. M. lib. jam facta dicto Dalphino plenaria non fuerit, volumus quòd suppleatur integraliter in Ruthen. Belli-Cadri & Carcassonensi Senescalliis antedict. percipiatque per manus suas vel Thesaurariorum suorum, eo modo quo jam percepit assignata.

Actum est etiam inter nos, & expresse ad invicem concordatum, quòd dictus Carolus filius noster, & successores ejusdem debita dicti Dalphini, & prædecessorum suorum, ac clamores & forefacta solvet, & solvere tenebitur ; & restitutionem facere malè ablatorum. Volumus tamen quòd super his stetur cognitioni, seu ordinationi Executorum dicti Dalphini, vel quatuor ex ipsis. Et ad satisfactionem faciendam debitorum pauperibus personis, & debitorum dubiorum vel incertorum dicti Dalph. ponentur in manibus Executorum ejusdem, quolibet anno decem millia flor. usque ad perfectam solutionem hujusmodi debitorum.

Verùm nos Humbertus Dalphinus prædictus advertentes, quòd dictus Carolus successor noster sine gravi damno, debita nostra, clamores, & forefacta ac prædecess. nostrorum non

posset, ità celeriter ficut defideramus exfolvere, confiderantes
etiam gravia onera, & innumerabilia quæ dicto Regi occafione guerrarum, fuarum incumbunt, ipfumque relevare, & dictum fuccefforem noftrum exonerare, noftræque faluti de celeri
remedio providere, quantum poffumus defiderabiliter cupientes, volumus, ordinamus & concedimus, quòd C. M. flor.
nobis per chariffimum confanguineum noftrum Ducem Borbonefii folvenda, ut prædictum eft, Executores noftri recipiant,
prout idem Dux, fimul & eodem contextu folvere promifit;
fi verò, quòd abfit, fimul & eodem contextu folvere non poffit abfque fui gravi difpendio, nolentes propter hoc prædicta
dimittere imperfecta, volumus, concedimus & confentimus,
quòd folvendo dictis noftris Executoribus, in apprehenfione reali poffeffionis Dalphinatûs L. M. flor. refidua L. M. flor. folvat
& folvere teneatur ad quinque annos immediatè fequentes,
videlicet anno quolibet X. M. ità tamen quòd de dictis L. M.
per dictos quinque annos folvendis, dictis Executoribus noftris,
certam & realem affignationem & fecuritatem idoneam, quæ
fufficere debeat, faciat & facere teneatur, ita quòd advenien-
tibus terminis, folutio abfque impedimento fiat anno quolibet
de decem millibus flor. prout fuperius eft expreffum. Eo verò cafu quo dictum matrimonium non fieret, præfatus Dom.
Rex dicta C. M. flor. folvere teneatur & debeat dictis Executoribus noftris, videlicet in dicta apprehenfione poffeffionis realis dicti Dalphinatûs L. M. cœtera verò L. M. folvet ad quinque annos immediatè fequentes, videlicet anno quolibet X. M.
& de hoc faciat & facere teneatur affignationem realem & fecuritatem, de quibus fuerimus contenti, & eo cafu dos ex alio
matrimonio dicti Caroli procedens, ad utilitatem dicti Dom.
Regis cedat.

Infuper de XX. M. flor. nobis folvendis in ipfa apprehenfione
poffeffionis dicti Dalphinatûs, per dictum Dom. Regem pro
prima folutione de fumma aliorum C. M. flor. ut prædicitur,
volumus & confentimus V. M. folvi & tradi noftris Executoribus antedictis. Cœterum volumus quod dicti Executores noftri
recipiant refidua LXXXX. mil. debita, de dictis C. M. in quatuor ultimis folutionibus fuperiùs defignatis.

Præterea volumus & concedimus quòd XX. M. lib. turon.
quarum jam partem percepimus, & refiduum nobis ad vitam
noftram debet affignari in Regno, folvantur & perveniant, fi
necefle fuerit in manibus dictorum Executorum noftrorum per

quinque annos futuros proximos, ita tamen quòd post obitum nostrum dictæ quinque perceptiones xx. m. lib. turon. seu id quod de his perceptum esset per dictos Executores nostros, de quibus constabit per litteras quatuor ipsorum Executorum, in integrum solvatur & restituatur hæredibus nostris, seu causam habituris à nobis, in quos ordinaverimus per annuas solutiones, & perceptiones xx. m. lib. turon. ita quòd infrà quinquennium proximum post dictum nostrum obitum, seu infrà tantum tempus quantò percepissent dicti Executores, facta fide de dictis solutionibus perceptis, solutio & restitutio integralis fiat.

Hoc addito quòd dicti Executores nostri de prædictis, quibuscumque pecuniis ad eorum manus perventuris, ut suprà, primò satisfaciant creditoribus non habentibus assignationes certas à nobis, vel prædecessoribus nostris, de eorum creditis, & reliquis consequenter. Ulteriùs pro x. m. flor. & in solutum eorum, quæ debent poni in manibus Executorum nostrorum, pro debitis pauperum, & incertis ac dubiis, ut suprà scribitur, ex nunc tradimus & assignamus in manus Executorum nostrorum omnes, & singulos redditus, exitus & proventus totius Bailliviatûs, singulorum Castrorum & locorum Briançonesii, & Castellaniæ Oysentii, exceptis redditibus nobis in dictis Bailliviatu & Castellania Oysentii ad hæreditatem retentis superiùs declaratis, levandos & percipiendos per dictos Executores nostros usque ad satisfactionem plenariam prædict.

Promittimus etiam nos Rex & Dux prædicti curatores & facturos cum effectu quòd idem Carolus prædictus filius noster homagia & recognitiones debitas faciat Prælatis, Ecclesiis & Capitulis, & servabit & servare promittet ipsis Prælatis & patriæ Nobilibus & aliis subditis ejusdem inviolabiliter bonos usus, consuetudines, libertates suas & privilegia eisdem à dicto Dalphino, vel suis prædecessoribus, tam ab antiquo, quàm de novo concessa, secundùm continentiam eorumdem, ipsaque per suas litteras solemniter confirmabit. Donationes quoque per dictum Dalphinum factas Ecclesiis, Monasteriis & aliis piis locis secundùm conventiones primò habitas confirmabit, quæ omnia & singula nos etiam tenore præsentium confirmamus. De doario autem seu dotalitio charissimæ consanguineæ nostræ Beatricis de Hungaria Matris dicti Dalphini mm. flor. volumus & concedimus dictam consanguineam nostram suum dotalitium prædictum percipere pacificè & quietè, ipsius vita durante, omni contradictione cessante, in locis & rebus infrascriptis, videlicet.

In Castellania Avalonis c. sext. valent ad rationem sext. de
vii. sol. & vi. d. xxxvii. lib. x. sol. Item, de avena cens.
lx. sext. ad rationem sext. de iii. sol. ix. den. valent xi. lib.
v. sol. Item, de denariis censual. xxx. lib.

Item, in Castellania Bellæ-Combæ, &c.

Item, in Castellania Vorapii de frum. cens. x. sext. ad rationem sext. de x. sol. valent c. sol. Item, de avena censuali
xxx. sext. ad rationem sext. de v. sol. valent vii. lib. x. sol.
Item, de vino censuali decem sommatas ad rationem sommatam de v. sol. valent l. sol. Item, de melle census unam sommatam, valet x. sol. Item, de pipere censual. unam libram
valet ii. s. xi. den. Item, de Gallinis census sexdecim, valent viii. sol. Item, de pullis census xl. valent x. sol. Item,
de denariis censual. xxx. lib.

Item, in Castellania de Izellis, &c.

Item, in Castellania de Ripis, &c.

Item, in Castellania de Pineto, &c.

Item, in Castellania Belli-Visûs, &c.

Item, in Castellania Albæ-Ripæ, &c.

Item, in Castellania Turris-Pini, &c.

Item, in Castellania Sancti Andreæ de Briordo, &c.

Item, in Castellania Sancti Saturnini de Cucheto, &c.

Item, in Castellania Burgondii, &c.

Item, in Castellania Sancti Laurentii, &c.

Item, in Castellania de *Lueis*, &c.

Item, in Castellania Visiliæ, &c.

Item, in Castellania Oysentii, &c.

Item, in Castellania Curnillionis in Triviis, &c.

Item, in Castellania de Mura, &c.

Item, in Castellania Belli-Montis, &c.

Item, in Castellania Corvi, &c.

Item, in Castellania Curnillionis in Graisivodano, &c.

Item, in Castellania Montis-Bonodi ad rationem, sext. frum.
de vi. gross. sext. vini de iii. gross. sextar. ordei & avenæ de
iii. gross. cxl. flor. auri, & tres gross. turon. arg. Summa
hujus valoris annui m. c. xxix. flor. auri, & vii. gross. turon.
arg. cum dimidio. Et est summa universalis omnium præd.
pro dicta consanguinea nostra, matre dicti Dalphini retentorum,
reductis redditibus ad valorem annuum mm. flor. auri, & absque eo quòd dictus Carolus, vel alius pro ipso, ipsam in dicto
dotalitio impediat quomodolibet vel molestet. Quæ omnia &

singula præmissa nos Rex, Joannes Dux, & Dalph. Humbertus, tactis corporaliter Evangeliis Sacros. promittimus & juramus, quatenùs quemlibet nostrûm tangit, solemni stipulatione invicem adhibita, tenere, adimplere & inviolabiliter observare & in nullo contravenire, nec venientibus contrà, præstare auxilium vel assensum sub quovis colore, quacumque occasione vel causa, clàm vel palàm, tacitè vel expresè, directè vel per obliquum, renunciantes omni deceptioni, &c.

Promittimus etiam nos Rex & Dux prædicti, facturos & curaturos quòd idem Carolus filius noster jurabit ad Sancta Dei Evangelia prædicta servare & implere quatenùs ipsum tangere potest, & in nullo contravenire in futurum; intentionis tamen nostræ existit, quòd si forsan præsentes donationes, translationes, conventiones & alia suprascripta, propter aliquod impedimentum Juris vel facti, non possint suum sortiri effectum, quod absit, conventiones anteà habitæ inter nos, præsertim per quas in dictum Joannem Ducem dictum Dalphinatum & alias Terras transtulimus sub certis conditionibus & modis, sine novatione aliqua in suo robore permaneant inconcussæ, quodque in casu quo præsentes, suum effectum completum haberent, aliæ prædictæ conventiones in suo robore permaneant sine aliqua novatione, in aliis in quibus per præsentes non est eis derogatum expresè.

Volumus etiam & ordinamus nos Rex, Dux & Dalphinus prædicti communi consensu, quòd Cancellarius, Judex major Appellationum Dalphinatûs, & cœteri quicumque Consiliarii ac familiares domestici nostri Dalph. præd. quos duxerimus nominandos, in eo statu & gradu in quo sunt, nobiscum sint & remaneant quandiù vixerint & legaliter se habuerint cum dicto Carolo filio nostro, quàm cito possessionem apprehenderit Dalphinatûs, & quòd etiam dictus Carolus habeat & recipiat in socios secum, illos de Baronibus Dalphinatûs, quos nos dictus Dalphinus duxerimus nominandos.

Volumus etiam quòd R. in Christo P. D. Henricus de *Villars* Archiepiscopus & Comes Lugdun. sit & maneat cum plenaria potestate, sicut aliàs eidem concessimus nos dictus Dalphinus, Vicarius quandiù vixerit Dalphinatûs; protestantes nos Dalphinus præd. solemniter & expresè, quod nisi omnia & singula præd. nobis completa & attenta fuerint integraliter & perfectè per dictos Dom. nostro Regem & Ducem quo ad ea quæ per eos complenda & attendenda sunt hinc ad Festum dedicationis Beati Michaëlis proximè futurum , præfentes Conventiones nullius fint ex tunc efficaciæ vel valoris , nec nos fimus proptereà ligati quomodolibet vel adftricti , aliis verò præcedentibus Conventionibus inter nos & dictos Dom. noftros Regem & Ducem inhitis , in earum pleno robore nihilominùs permanfuris , & nos Rex & Dux præfati confentimus proteftationi prædictæ , quòd ut firmum & ftabile perpetuò perfeveret noftra præfentibus litteris fecimus apponi figilla. Datum Romanis penultima die Martii , anno Nativit. Dom. M. CCC. XLIX. fecundùm morem Patriæ Dalphinalis.

Confirmation du dernier Acte de Tranfport des Etats du Dauphin , en faveur de Charles fils aîné du Duc de Normandie , avec l'Inveftiture du même par l'Epée , le Sceptre , & la Banniere de Dauphiné.

1349.
Reg. Pilati
ad Ann.
1349. Guy
3. f. 5.

EN nom de nôtre Seigneur Jefus-Chrift Amen. Sçachant tuit prefent & avenir que en l'an d'icelui nôtre Seigneur 1349. l'Indiction feconde , le XVI. jour du mois de Juillet du Pontificat de nôtre Saint Pere le Pape Clement VI. l'an VIII. pardevant nous Notaires publiques , & les Témoins cy-deffous efcrits. Noble , Haut & Puiffant Prince Meffire Humbert Dalphin de Viennois , confeffa & afferma que par certaines convenances faites entre li d'une part , & très-Haut & très-Puiffant Prince Monfeigneur Philippe par la grace de Dieu Roy de France , & Meff.' Jean fon ainfnez fils Duc de Normandie , & de Guienne , Comte de Poitou , d'Anjou & du Mayne , & leur genz par eaux députez d'autre part , faites à Romans ou mois de Mars derrierement paffé , le Dalphin deffufdit avoit ceffié & tranfporté dès-lors par titre de donnoyfon faite irrevocablement & folemnellement , entre vis purement & fimplement & à perpetuité en Charles Monfieur fils ainfné dudit Monfieur le Duc de Normandie , le Dalphiné de Viennois , la Duchié de Champfour , le Prince de Briançonoys , la Marquifé de Sefane , la Conté de Vienne , la Conté d'Albon , la Conté de Grayfivodan , la Conté d'Embrunoys , la Conté de Gapençoys , la Baronie de la Tour , la Baronie de Valboyne , la Baronie de Fucignie , la Baronie de Meullion , la Baronie de Montalban , & generalement & fpecialement toutes fes autres Terres, Contés & Baronies & autres quelcunques avecques touz leurs droiz & nobleffes , vaffauls & homaiges , Jurifdictions hautes & baffes , meres mixtes imperes , fans riens y retenir , fauf aucunes refervations par li faites contenuës expreffement , es Lettres fur ce faites , & que dès lors ils tranfpourra audit Charles , fayfine & proprieté pleine fanz retention aucune d'ufufruit , & touz droiz & actions qui li pouvoient com-

peter pour le temps prefent ou avenir, pour caufe des choufes def-
fufdictes, & dés-lors fe eftablit & conftituit poffeffour en nom precaire dudit Charles, de toutes les choufes deffufdites, & veuft & confentit que touz les Vaffauls defdites terres, de quelque état que ils
feuffent, feiffent les homaiges à quoy ils font tenuz, & les Baillifs,
Chaftelains & autres Officiers, Villes, Confuls, Communes feiffent
les feremens, reconnoiffances & feaultez accouftumez audit Charles,
& en faifant lefdiz homaiges, feremens, feautez & recognoiffances
audit Charles, les quitta & abfoult d'iceaulz dés lors, fi come on dit
toutes ces choufes plus plenierement apparoir par les Lettres faites fur
lefdites convenances fcellées des Sceaulz de nofdiz Seigneurs Roy,
Duc & Dauphin. Et comme pour caufe de certaines choufes qui
étoient encore à accomplir audit Dalphin, ledit Dalphin euft encore
retenu de fait lefdites Terres & parceu les fruiz jufques au jour-duy,
fanz ce que ledit Charles en euft encores receu les foy & homaiges,
ne apprehendé la poffeffion corporele defdites Terres. Finalement
ledit Dalphin voulant accomplir & mettre à effet réelement & de
fait les convenances deffufdites felon leur teneur en la maniere qu'il
étoit tenus, comme il deift les choufes qui li devoient eftre faites avant
l'apprehenfion de la poffeffion li eftre faites & accomplies, defqueles
il fe tient pour bien content, & en quitte lefdiz nos Seigneurs Roy
& Duc & touz ceauls à qui quittance en appartient, excepté de quatre mille florins de rente qui li font à affeoir ou Royaume de France,
& certaines confirmations du Roy noftre Seigneur, & autres choufes
qui li doivent eftre faites, fi come l'en dit eftre contenu en certaines
Lettres fur ce faites, eftabliz en fa perfonne par devant nous Tabel-
lions & les Tefmoigns ci-deffous efcripz, fe deffaifit & deveftit réelment, corporelment & defait defdiz Dalphiné, Duchié, Prince,
Contez, Baronies, & de toutes fes autres Terres, Seigneuries & No-
bleces, & en faifit & (a) veftit réelment, corporelment & de fait
ledit Charles prefent & acceptant, pour li & fes hoirs & fucceffeurs,
prefent ledit Monfieur le Duc fon pere, & à ce confentant, & tranf-
pourta encore oudit Charles, fes hoirs, fucceffeurs, & ceauls qui auront caufe de li, perpetuelment & heritablement en faifine & en proprieté plaine, ledit Dalphiné & toutes les autres Terres deffus nomées,
& touz les droits & actions qu'il povoit avoir pour caufe de ce, fauves audit Dalphin toutes les refervations & retenuës par li faites parmi les convenances deffufdites, & par quelcunques autres convenances ou Lettres particulieres jufques au jour-duy faites. Et en figne
defdites faifine & deffaifine, bailla audit Charles l'efpée ancienne du
Dalphiné, & la Banniere Saint George, qui funt anciennes enfeignes
des Dalphins de Viennois, & un ceptre, & un anel, & veult que
dorefnavant ledit Charles foit tenuz & reputez en nom & en effet vrai
Dalphin de Viennois: Renonciant expreffément à tout droit de faifine & de proprieté, & à touz autres droits qu'il pourroit avoir & reclamer oudit Dalphiné & és autres Terres deffufdites, fauves fes refer-

vations autrefois faites, & voult & commanda que tous ses Baillifs &
Chaftelains & auttes Officiers, Contes, Barons & autres vaſſauls,
Nobles & non Nobles, Communes, Conſuls, Citéez, Villes popu-
laires, & generalement touz ses Subgiez faſſent, ſelon la forme &
teneur desdites convenances, les ſeremens, reçonnoiſſances, foy &
homaiges audit Charles en quoy ils étoient tenuz audit Dalphin, &
les en abſout & quitta pleinement en les faiſant audit Charles, &
voult & commanda que ils obeïſſent audit Charles comme à leur vray
Seigneur & vray Dalphin, ainſi comme ils faiſoient par avant &
étoient tenuz audit Monſieur Humbert Dalphin, & jura tenir & garder les chouſes deſſuſdites ſanz james venir encontre par quelque voye
que ce ſoit. Et feut acourdé expreſſément que par ce nulle novation
ne ſoit faite des convenances auttefoiz faites, ne d'aucune d'icelles,
& que par ce ils ne entent à departir de la deſſaiſine & ſaiſine autrefois faites par li des chouſes deſſuſdites à Romans, ſelon ce que
contenu eſt és convenances, mais les entent par cette preſente deſſaiſine à corroborer, confermer & mettre à execution & effet, en la
maniere que tenuz étoit. Et a voulu & accourdé que de ce ſoient
faites Lettres & inſtrumenz les meilleurs que on pourra, par les Saiges
du Conſeil d'une partie & d'autre, & feront ſcellez des Sceaulz deſ-
diz Meſſieurs le Duc & Dalphin. Et parmi ce ledit Dalphin renon-
cia à une proteſtation faite par li, es convenances faites à Romans par
laquelle il proteſta que ſe les chouſes qui li devoient être faites n'eſ-
toient accomplies dedanz la Saint Michiel prochain venuent, icelles
convenances feuſſent nulles. Ces chouſes furent faites à Lyon ſur le
Roſne, en la Maiſon des Freres Preſcheurs, en la Chambre & en la
preſence dudit Monſieur le Duc, preſenz les Teſmoings à ce appellez & priez, c'eſt aſſavoir Reverenz Peres Meſſ. Henry de Villars Ar-
chevefque de Lyon, Jean de Chiſſié Eveſque de Graignoble, Jean
Revol Eveſque d'Orenge, Jean Abbé de Ferrieres, & haux, puiſſanz
& nobles hommes Meſſ. Pierre Duc de Bourbonnois, Jehan Conte
d'Armignac, Jehan Conte d'Auceurre, Aymar Conte de Valentinoys
& de Dyois, Jaque de Bourbon, Hugues de Geneve Seigneur d'Anton, Aymar de Poitiers Seigneur de Veyne, Humbert Seigneur de
Villars, Guillaume Flote Seigneur de Revel, Jehan Seigneur de Tray-
nel, Roger Seigneur de Hangeſt, Raoul Seigneur de Cagny, Yvon
Seigneur de Garancieres, Guis de Lens, Albert Loup, Amblart Seigneur de Beaumont, Amé de Rouſſillion Seigneur du Boſchage, François de Teys Seigneur de Thorayne, François de Parme Seigneur d'Aſ-
premont Chancelier du Dalphinel, Robert de Lorris & Jean Richier
Chevaliers; Maiſtre Pierre de la Foreſt Chancelier de Normandie,
Maiſtre Symont de Lengres Maiſtre en Theologie, Guillaume Fornier
Secreſtain de Geneve Procureur de Monſieur le Dalphin en Cour de
Rome, & pluſieurs autres. Et je Jehan Chaillon du Dioceſe d'Or-
lians, de l'autorité Apoſtolique & Imperial publique Notaire, ai eſté
preſent quant ces chouſes furent faites, &c. Et je Humbert Pilat de

la

la Buxere Clerc de la Dyocefe de Graignoble, de l'autorité Apoftoli-
que Imperial & Royal, ai efté prefent.

(a) *Saifit & veftit.*] Ces termes font remarquables, *Humbert fe deffaifit & deveftit des Dalphiné... & de toutes fes autres Terres... & en faifit
& veftit réelment, corporelment & de fait ledit Charles prefent & acceptant
pour li & fes hoirs & fuccefeurs*; & plus bas, *tranfporta encore ou dit
Charles fes hoirs, fuccefeurs & ceux qui auront caufe de li perpetuellement &
beritablement en faifine & en proprieté plaine ledit Dalphiné.* On a voulu
entendre par ces mots, *Succefeurs & ceux qui auront caufe de lui*, les
premiers nez de France, qui reprefentent plus particulierement le Dauphin Charles, & plûtôt ce femble comme Dauphin que comme Roy,
puis qu'il ne le fut que long-tems après. On s'eft perfuadé que la
condition en faveur du premier né étoit tacitement renfermée dans
ces paroles; & quoi qu'elle ne fût pas litteralement exprimée, que
l'intention du Donnateur ne s'y faifoit pas moins appercevoir. En
effet on a confideré depuis, les premiers fils de France comme Succefeurs des Princes Dauphins; ils en ont toûjours porté le Titre. Cependant s'il faut chercher l'interpretation des Claufes qu'on vient de
rapporter dans l'execution qu'elles ont eu, il femble qu'il n'y a point
eu d'ufage conftant qui puiffe fervir de regle fur ce point. Les Rois
ont quelque-fois cedé le Dauphiné à leurs fils aînez pour y exercer
tous les droits de la Souveraineté, quelquefois ils en ont joüi par eux-
mêmes & fe font contentez de leur en donner le Titre. Les divers
exemples que l'Hiftoire en fournit, font connoître qu'ils en ont ufé,
comme ils le jugeoient à propos pour le bien de leurs affaires, &
qu'ils ne fe font pas crus obligez à fuivre fur cela d'autres Loix que
celles de leur volonté. Suivant la Claufe cy-deffus exprimée, qui eft
entierement relative aux Traitez precedens, il femble que les Roys
eux-mêmes ne rempliffent pas moins les conditions du tranfport que
leurs fils aînez, puis qu'ils font également Succefeurs & ayant Caufe
du Dauphin Charles & de fes Succefeurs.

On trouve dans les Regiftres de la Chambre une Confultation du
tems de Loüis XI. fur tous les Cas qui peuvent fe prefenter touchant
la Succeffion des Dauphins dans la Maifon de France. Elle ne laiffe
rien à défirer fur l'explication de cette Claufe. J'ai crû la devoir rapporter icy.

Pour ce que, par ayanture fur la Succeffion du Dauphiné au tems " *Regeft. int.*
avenir fe pourroient élever aucunes queftions, lefquelles fe pourroient " *Thomaffin*
clarifier par les cas & queftions qui s'enfuivent. " *fol. 25. &*
" *feqq. 1456.*

Premierement je propofe que le Roy aye plufieurs Enfans mâles "
& femelles, & qu'il meure delaiffée une feule fille, je demande fi "
cette fille fuccedera au Dauphiné, & femble à correction que non, "
car le vouloir & intention de Meffire Humbert qui fit le Tranfport "
étoit, que nulle fille fuccedat: Car audit Tranfport toûjours parle, "
que doivent fucceder les fils, parce qu'il tranfporta le Dauphiné "

I. Partie. E

„ audit Roy Philippe, ou à son fils aîné, ou à un de ses fils ou de
„ leurs Successeurs Roys de France. Or est vray que audit Royaume
„ ne succedent point les filles comme dit est dessus, & par ainsi la
„ fille aussi ne peut succeder au Dauphiné qui est inseparablement
„ joint à la Couronne.

„ Item, je mets avant comme dessus, que le Roy aye plusieurs
„ fils, je demande s'il lui est loisible d'élire pour Dauphin celui qu'il
„ lui plaira & semble que oüi, car ainsi le contient le Transport ;
„ parce qu'il dit, que ledit Messire Humbert donna au Roy Philippe
„ le Dauphiné ou à son fils aîné ou à un de ses fils ou de leurs Suc-
„ cesseurs Roys, que le Roy ou ses Successeurs Roys voudront élire.
„ Il semble à correction que le contraire soit verité. Car la princi-
„ pale intention dudit Messire Humbert étoit que son Dauphiné de-
„ meurât à la Couronne de France comme plus puissante à laquelle
„ a accoûtumé de succeder l'aîné fils, & n'a point été vû encore le
„ contraire. Et pour ce audit Transport se contient & est parlé de
„ l'aîné fils du Roy Philippe, ou de l'aîné fils dudit aîné fils du Roy
„ Philippe, pour ce que ledit aîné fils du Roy Philippe devoit être
„ Roy, ainsi le Roy ne peut élire pour Dauphin, ou pour avoir &
„ tenir l'administration du Dauphiné que son aîné fils, selon regle
„ commune & coûtume ; Car faut toûjours que le Dauphiné revien-
„ ne à la Couronne par la mort de l'aîné fils, comme appert par ce
„ que sera dit cy-dessoubs.

„ Item, parce que maintenant dit est, faut mettre avant un autre
„ cas. Le Roy a baillé l'administration de Dauphiné à son aîné fils.
„ Celui fils Dauphin a plusieurs autres fils, & a plusieurs autres Sei-
„ gneuries, je demande, si le Dauphin peut bailler le nom, les ar-
„ mes, & l'administration du Dauphiné à son fils aîné, & semble de
„ premiere face que oüy : Car ce n'est point contre ledit Transport
„ qui parle de l'aîné fils du Roy.

„ Il n'est point contre ledit Transport si l'aîné fils de l'aîné fils du
„ Roy est Dauphin, ne pour ce, ne se separe point le Dauphiné de
„ la Couronne, car quand le Roy seroit mort, l'aîné fils de son aîné
„ fils demoura Dauphin. Il semble à correction le contraire ; car
„ par ledit Transport il faut que celui qui sera Dauphin soit Roy ou
„ son aîné fils, comme plus prochain de la Couronne, afin que le
„ Dauphiné ne éloigne la Couronne, mais incontinant que le Roy
„ est mort, son aîné fils Dauphin est Roy, & s'appelle Roy & Dau-
„ phin, & ainsi est accoûtumé de faire depuis ledit Transport jus-
„ ques-cy, comme sera declaré en son lieu.

„ Or mettons un autre cas, le Dauphin aîné fils du Roy a des
„ enfans, puis est Roy, & lui étant Roy, a d'autres enfans, je de-
„ mande lequel fils aîné de ce Roy sera Dauphin, ou l'aîné fils qu'il
„ a eu lui étant Dauphin, ou l'aîné fils qu'il a eu lui étant Roy.

„ Item, l'on pourroit demander, lequel doit l'on tenir pour vray
„ Seigneur & Proprietaire du Dauphiné, ou le Roy ou son aîné fils,

& femble que c'eſt ſon aîné fils par la vertu du Tranſport, qui par- "
le toûjours de l'aîné fils du Roy, & car ainſi eſt accoûtumé, que "
incontinant que le premier fils du Roy eſt né, l'on l'appelle Dau- "
phin & lui baille l'on le Nom & les Armes de Dauphiné, & en a "
le Roy l'adminiſtration juſqu'à-ce que ſon fils ſoit en âge d'avoir "
lad. adminiſtration, au contraire ſemble que le Roy eſt vrai Sei- "
gneur de Dauphiné, car par ledit Tranſport, il eſt joint & uni in- "
ſeparablement à la Couronne, & faut que toûjours retourne à la "
Couronne, parce que eſt dit audit Tranſport, ou de leurs Succeſ- "
ſeurs Roys de France, & ainſi a été gardé & obſervé depuis ledit "
Tranſport juſqu'à maintenant, comme apperra par ce que ſera "
dit. "

Item, on pourroit demander, ſi Monſieur le Dauphin à qui le "
Roy a baillé & tranſporté l'adminiſtration du Dauphiné, peut ledir "
Dauphiné aliener ou aucune choſe d'icelui entant qu'il touche le Do- "
maine ; & ici peut l'on faire les Argumens comme deſſus, & ſi le "
Roy qui eſt Proprietaire ne le peut faire, encore moins le peut fai- "
re ſon aîné fils, qui n'en eſt que Adminiſtrateur. "

L'on pourroit faire une autre queſtion s'il eſt vray que par ledit "
Tranſport, & ſelon la teneur d'icelui, l'aîné fils doive être toûjours "
Dauphin, & ſemble que nenni, car jaçoit ce que au commence- "
ment ledit Tranſport faſſe mention de l'aîné fils, toutefois il ne par- "
le que de l'aîné fils du Roy Philippe, appellé Jean Duc de Nor- "
mandie, & en tirant outre ne parle plus de l'aîné fils, mais ſeule- "
ment dit, ou un des fils dudit Duc ou de leurs Succeſſeurs Roys de "
France, que ledit Roy Philippes ou ledit Duc, ou leurs Succeſſeurs "
Roys de France voudront élire. Il ſemble à correction le contraire, "
car par ledit Tranſport le Dauphiné doit toûjours & inſeparable- "
ment retourner à la Couronne, or eſt ainſi parce que dit eſt, que "
ladite Couronne doit venir à l'aîné fils, préſupoſé qu'il ſoit tel qu'il "
doit être pour y venir ; & en éliſant un autre pour Dauphin il éloi- "
gneroit le Dauphiné de la Couronne, qui ne ſe peut faire par ledit "
Tranſport, ainſi faut que l'aîné fils ſoit toûjours Dauphin, & les "
paroles dudit Tranſport qui diſent, tel qu'il voudra élire, le Tranſ- "
port le déclare, quand il dit pour être Succeſſeur au Royaume qui "
appartient à l'aîné fils comme dit eſt, &c. Dieu doint grace toû- "
jours à l'aîné fils de ladite Chreſtienne Maiſon de France. "

Eſt aſſavoir que depuis ladite tranſlation juſqu'à preſent a été ac- "
coûtumé & tenu, & encore ſe tient que incontinent que le premier "
fils du Roy a été né on lui a baillé le Titre & le Nom du Dauphi- "
né, mais toûjours l'adminiſtration demeure au Roy, & ſe dit Roy "
de France Dauphin de Viennois juſqu'à ce qu'il baille l'adminiſtra- "
tion à ſon premier fils, & eſt grand honneur au Pays du Dauphi- "
né, que un ſi grand Roy ſe daigne nommer Dauphin & porter le "
Titre de la dignité Dalphinale & les Armes, & jaçoit ce qu'il aye "
en ſa Seigneurie de plus grandes dignitez ſans comparaiſon, toute- "

,, fois il n'en porte point le Nom ne le Titre , mais au regard de
,, toutes les Dignitez seulement se nomme Roy de France.

,, Item , est assavoir que pour ce que Messieurs les Dauphins de
,, France ne font point de résidence au Pays du Dauphiné pour gar-
,, der ledit Transport & promesses faites d'un côté & d'autre , qui
,, contiennent entre les autres choses ; que nul homs ou Subjets du
,, Dalphiné & Terres nommées audit Transport pour choses qui soient
,, assises hors du Dauphiné , ou pour contrait ou meffait hors dudit
,, Royaume , ne puissent être traits, ne convenus en aucune Cour du-
,, dit Royaume se non en cas que remission se dût faire par raison
,, tant seulement ; fut advisé pour le bien aussi du Pays que Messieurs
,, les Dauphins fairoient un Chef d'Office principal par dessus tous les
,, autres , qui s'appelleroit Gouverneur du Dauphiné , auquel les Sub-
,, jets auroient recours en tous leurs affaires , exceptez les cas cy-des-
,, sous reservés ; lequel Office seroit baillé à un Notable & Prud'hom-
,, me Chevalier qui fairoit residence audit Dalphiné , qui en l'absence
,, de Monsieur le Dauphin auroit toute puissance & autorité, excepté
,, en trois cas , c'est assavoir en cas de crime de Leze-Majesté , en
,, alienation de Patrimoine , & en donation & distribution des Finan-
,, ces , excepté en petites sommes à employer à ce que toucheroit le
,, Gouvernement & entretenement du Pays.   Et fut fait aussi & advi-
,, sé que ledit Gouverneur se gouverneroit par l'avis & déliberation
,, du Conseil du Dauphiné , & est, & a toûjours été ledit Conseil Lieu-
,, tenant dudit Gouverneur , ou nom duquel se font oudit Conseil
,, toutes Lettres , Provisions & autres necessaires tant pour le fait de
,, la Police que autres touchant le Gouvernement du Pays, & sem-
,, bleroit de premiere face que plus authentique chose seroit & de
,, plus grande crainte si les Lettres se faisoient au nom de Messieurs
,, les Dauphins comme se fait en Provence.

Comme il étoit porté par les Actes du Transport que le Nom & les
Armes des Dauphins seroient conservées par ceux qui leur succederoient à perpetuité, & que leur Etat quoi que faisant dès-lors partie
du Royaume de France seroit possedé separément & à Titre different
par leurs Successeurs, à moins que l'Empire ne se trouva réüni en
leur personne.   On ne peut douter que les Roys n'ayent eu en vûë
de se conformer à cette disposition.   C'est par cette raison que dans
leurs Déclarations & autres Lettres expediées pour le Dauphiné, ils
n'ordonnent l'exécution de leur volonté qu'en qualité de Dauphins,
& sous le Sceau & les Armes des anciens Princes de ce nom.   Aussi
leurs Ordonnances , quoy que générales pour tout le Royaume ne
sont reçûës dans cette Province que comme dans un Etat separé sous
le Titre & avec les Armes de Dauphin de Viennois, & lors qu'elles
portent ces Caracteres particulier de l'autorité du Prince.

CHAPITRE II.

Que les Fiefs de Dauphiné sont regis par le Droit écrit des Fiefs, excepté les cas où la Coûtume y a dérogé.

C'EST une maxime reçûë de tous les Feudistes, que la Coûtume est la regle principale des Fiefs. C'est pourquoy nous lisons dans les Mélanges Historiques de Pierre de Saint Julien, liv. 4. chap. 5. que le Parlement de Paris *se trouvant très-empêché de la difference des Fiefs, & de la varieté de leurs droits, n'avoit eu honte d'appeller au Conseil le Sire de Montmorency, premier Baron de l'Isle de France ; Pere de Monsieur le Connétable, premier Duc dudit lieu, & le Sire de Châteauroux, pour ce qu'ils entendoient fort bien la pratique des Fiefs, d'autant qu'ils avoient grand nombre de Vassaux sous eux.* Car les Fiefs devant leur origine aux Saxons, aux Normans, aux Gots, aux Vandales, la chacune de ces Nations a eu son usage particulier, qui s'est diversifié par le mélange du Droit Municipal des Païs de leur conquête. En Italie même les Milanois, les Cremonois, les Plaisantins, avoient des usages differents, comme il se voit *lib. 1. tit. 27. §. lib. 2. tit. 32. & tit. 40.* Et parce que le Dauphiné reconnoissoit la Souveraineté de l'Empereur comme faisant partie du Royaume d'Arles & de la Bourgogne Transjurane, il a reçû le Droit des Fiefs recuëilli par Obertus de Orto, & par Gerarder Niger, Consuls de Milan sous Frideric I. Barberousse, qu'on appelle *Usus feudorum*, qui est la plus ancienne redaction de Coûtume qui ait été faite, dont Radevicus fait mention liv. 2. chap. 7. en ces termes, où il parle du même Empereur. *Ad ultimum de jure feudorum, quod apud Latinos scripto nundum sufficienter expressum fuerat, & pene omnes eam beneficiorum justitiam in injustitiam converterant, leges promulgavit.* Et quoy qu'à parler proprement ce ne soit qu'une rapsodie confuse, pleine de redites & de contrarietez, tant elle ressent la qualité de sa matiere, & l'ignorance de son temps, si est-ce qu'elle tient lieu de Droit commun des Fiefs dans tous les Païs qui ont été soûmis à l'Empire, même la Coûtume de Bar-le-Duc art. 1. dit *que tous les Fiefs tenus du Duc de Bar en son Bailliage dudit Bar, sont Fiefs de danger, rendables à lui à grande & petite force sur peine de commise, & se gouvernent & reglent selon les Loix & Coûtumes Imperiales ez cas où il n'y a Coûtumes particulieres contraires audit Bailliage.* Ce qui a fait dire à Guy Pape il y a près de deux cens ans, quest. 197. que les Livres des Fiefs sont observés en Dauphiné comme le Droit Ecrit, à la reserve des cas où la Coûtume y a dérogé. Ce que du Moulin même a reconnu tit. 1. des Fiefs n. 213. où parlant de la Coûtume générale du Royaume il dit : *Non obstant dicta Guidonis Papæ, quia pro-*

cedunt in Delphinatu qui non est de regno, nec legibus & Consuetudinibus Regni regitur, licet Regno inseparabiliter accedat, ut ponit gloss. Pragm. in præm. in ver. Delphinatum. Et istud apertè sentit Guido Papa in Cons. 215. col. 2. Ubi ponit veram responsionem ad dicta Joan. Fabri dicens, quod Faber loquitur de consuetudine patriæ, de qua est oriundus, videlicet de Regno Franciæ, cujus Regni consuetudo non extenditur ad Delphinatum, & alia loca quæ non sunt de regno. Tum Regio illa Delphinatus vicina est Insubribus, ubi conscripti sunt & vigent usus illi feudorum, & ubi sunt ditiones feudaliter moventes à Delphinatu, ut Marchionatus Saluciarum; Mais la Coûtume a adouci peu à peu la rigueur de l'ancien Droit des Fiefs en Dauphiné.

Je trouve qu'il s'y est fait deux changemens principaux. Le premier, que les Fiefs ont été reduits à l'instar du patrimoine : Ce qui ne s'est fait que peu à peu, comme je viens de dire ; car nous apprenons d'un article des Libertez Delphinales concedées par Hum-

Page 21. art. 26.

bert dernier Dauphin, le 14. de Mars 1349. que ce Prince déclare que tous les Fiefs de Dauphiné sont présumés anciens, si le Dauphin ne fait apparoir clairement qu'ils sont nouveaux ; *quod omnia & singula feuda & retrofeuda Dalphinatus presumantur & intelligantur esse antiqua, nisi ipsi Dominus Dalphinus vel successores sui ipsa vel aliqua ex ipsis clarè ostenderent esse nova.* Ceux qui sont versez en la connoissance des Fiefs, sçavent qu'il y a de la difference entre le Fief nouveau & le Fief ancien. Le nouveau prend son origine en la personne du premier Vassal, l'ancien, que les Constitutions féodales appellent paternel, vient d'un ascendant : Quelques Docteurs pourtant mettent de la difference entre le Fief ancien & le Fief paternel ; le nouveau ne passe point en la personne des Collateraux ; l'ancien est tellement affecté à la posterité de sa tige, qu'il passe d'une ligne à l'autre, tant qu'elle dure, par un droit réel & graduel, c'est-à-dire aux mâles, sinon que les filles soient comprises en l'inféodation : Le nouveau peut être alienné du consentement seul du Seigneur ; l'ancien ne le peut être que du consentement du Seigneur, & de tous ceux ausquels il est affecté. Et de là naissent plusieurs difficultez qui servent de matiere à diverses questions des Feudistes, lesquelles ont donné sujet à cet article des Libertez Delphinales ; suivant quoy la plûpart des anciens hommages portent la reconnoissance *in feudum antiquum,* dont la nature dépendoit des conditions de l'investiture. Quelquefois le Fief étoit affecté aux seuls mâles suivant sa vraye nature ; par la défaillance desquels les Dauphins ont souvent demandé le retour du Fief, quelquefois les filles, & même les personnes inhabiles étoient admises à la succession. Ainsi dans le Protocol de Pilati de 1342. fol. 74. du quatriéme cayer, Aynard de Rossillon, reconnoît en faveur d'Humbert Dauphin le Château de Montbreton, *quod quidem, ut asservit, habet & habere debet alias naturam paterni feudi, nobilis & antiqui, in quo per viam testamenti possint & debeant succedere quicunque liberi & heredes masculi & femina, agnati, cognati, ascendentes & descendentes, habiles & inhabiles de per-*

fonis , & ab inteftato fuccedere poffint & debeant in eodem omnes illi qui de jure poffunt & debent in hujufmodi feudis fucceffionem habere. Et quoy que le Fief nouveau foit celui *quod de novo conceffum , five infeudatum fuit in perfonam primi invefliti à quo initium cepit ,* comme il eft défini par les Docteurs , fi eft-ce qu'il peut être concedé *jure feudi antiqui ,* & alors il prend la nature & les avantages du Fief ancien. De même étant concedé *in feudum novum ,* il en conferve la nature , non-feulement en la perfonne du premier Vaffal , mais auffi en celle de tous les defcendans : Ce qui s'appelle par les Docteurs *Feudum ex pacto & providentia novum ,* comme l'autre , *Feudum ex pacto & providentia antiquum ,* comme il eft amplement traité par Thomas de Martinis *Tractatu de generibus & qualitatibus feudorum.* Ainfi la Tranfaction paffée entre Humbert Dauphin & Felife veuve de Difderon de Parifet , & Philippe leur fille , du 11. Decembre 1342. qui eft dans le même Protocol de Pilati , porte que le Dauphin leur remet le Donjon & le Château de Parifet qui lui étoit retourné par le décès de François fils de Difderon, *ita tamen quod dictus Donjonus & Caftrum de Parifius cum pradictis omnibus juribus & pertinentiis fuis , qua olim dictus Difderonus poffederat , & dictus Francifcus poffidebat tempore mortis fua & habere debebat , deinceps perpetuò fint , remaneant , & teneantur de feudo novo & reddibili , & in feudum novum & reddibile , & de , & fub homagio ligio corporali dicti Domini Dalphini & fuccefforum fuorum , &c.*

L'on revoquoit même en doute que les Fiefs puffent être chargés de la reftitution des dotes fans le confentement du Seigneur , fuivant le §. *donare. Qualiter olim poterat feudum alienari. lib. 2.* Sur quoy la Glofe remarque la difference qui eft en cela entre le Vaffal & l'affranchi , qui pouvoit diminuer la legitime dûë au Patron en faveur du dot de fa fille. Ce qui obligea François Sire de Saffenage , d'obtenir des Lettres Patentes du Roy Charles VI. du 22. Septembre 1386. pour charger fes Fiefs de la reftitution de dix mille florins d'or , conftituez en dot à Alix de Châlon fa femme , de la Maifon des Comtes de Bourgogne. Les termes font tels : *Et pource ledit expofant fe doute que bonnement fans nôtre authorité , congé & licence , il ne puiffe charger les Fiefs & Terres qu'il tient de nous , à caufe de nôtredit Dauphiné de la reftitution dudit dot , jaçoit ce qu'icelui dot ne lui ait pas encore été payé ne délivré , fi comme il dit , requerant fur ce nôtre provifion. Nous ces chofes confiderées , & que ledit Expofant & fes Prédeceffeurs ont grandement , loyaument, & à très-grands frais fervi Nous & nos Prédeceffeurs au fait de nos Guerres , & qu'il Nous eft venu fervir en nôtre prefent voyage d'Angleterre , à icelui Expofant , Nous de grace fpeciale , avons donné & donnons par ces prefentes , congé de charger fon Fief du Pont de Royans , & les autres Terres qu'il tient de Nous , à caufe de Nôtredit Dauphiné , de la reftitution dudit dot , ou de ce qu'il en aura reçu , en cas que ladite reftitution auroit lieu , & auffi dudit Douaire , en tant qu'à nous touche & peut toucher.* Ces Lettres fe trouvent au Regiftre de la Chambre des Comptes , intitulé *Regiftrum Literarum Officiorum ab anno* 1305. *fol.* 79.

Et encore du temps de Guy Pape, les Fiefs n'étoient reputez patrimoniaux que pour la maniere de fucceder *quoad modum fuccedendi*,
& non *quoad modum alienandi*, comme lui même l'affure en fes Confeils 214. & 215. & en fes Décifions Delphinales Queft. 162. où il
dit qu'il fut arrêté par le Parlement que le Vaffal ne peut aliener le
Fief en tout ou en partie fans le confentement du Seigneur, *quod fi
vendat Domino irrequifito, cadit ipfo jure à feudo, & aperitur feudum Domino.*
Et quelquefois il arrivoit que le Seigneur refufoit fon agrément, dont
il fe trouve un exemple en la perfonne de Noble Jean Joannin, lequel ayant acheté fous le bon plaifir du Roy une portion de la Terre
de Chechiliane en Triéves, de Meffire Guillaume de Morges, Seigneur de l'Efpine, le Confeil Delphinal fit refus de l'inveftir, jufques
à ce que le Gouverneur de Dauphiné qui étoit abfent, en eut pris
connoiffance, à caufe que la Terre venduë fe mouvoit du Roy, *in
feudum ligium, nobile & antiquum, & taliter conditionatum, quod transferri non poffit in alias perfonas, nifi de cognatione dicti Guillelmi*, fuivant
l'Arrêt du 1. Avril 1382. qui eft en la Chambre des Comptes au Regiftre intitulé *Compofitiones*, cotté par E. de l'étage 37.

Mais aujourd'huy les Fiefs font purement Patrimoniaux, tant pour
l'alienation que pour la fucceffion, par la Coûtume qui n'a point
d'autre Titre qu'elle même, & par conféquent cette diverfité de Fief
ancien, & de Fief nouveau, n'eft plus en ufage. J'ay pourtant vû
dans les Regiftres de la Chambre des Comptes deux ou trois Actes
d'inféodations paffées par Humbert Dauphin *in feudum novum*, à la
charge que le Fief feroit regi par le Droit écrit des Fiefs, avec renonciation expreffe à la Coûtume de Dauphiné. Je laiffe le foin à
ceux qui poffedent ces Fiefs de fe garantir des effets de cette claufe.
Le plus ancien Arrêt que j'aye vû contre le Commis du Fief alié né
fans le confentement du Seigneur, eft celui du 25. Septembre 1514.
qui fut obtenu par Jean & Pierre Roziers de l'Albenc, recourans de
l'Arrêt donné contre leur Pere le dernier Juillet 1475. dont Guy Pape fait mention en fon Confeil 216. contre le Procureur Général du
Roy, qui foûtenoit l'obfervation du §. *Callidis. de Prohibit. feudi alienat. per Fredericum.*

Le fecond changement notable qui s'eft fait à l'ancien droit des
Fiefs, c'eft que le fervice militaire des Vaffaux n'eft à prefent dû
qu'au Souverain, comme je feray voir feparément. Ce qui fait ceffer tant de queftions qui font traitées par les Docteurs, touchant l'af-
fiftance que le Vaffal doit à fon Seigneur.

Ces deux changemens ont été fuivis de quelques autres moins confiderables. Par exemple le Vaffal eft obligé par la regle des Fiefs de
prêter le ferment de calomnie plaidant contre fon Seigneur. Le Vaffal
par le même Droit des Fiefs ne peut accufer fon Seigneur, ny porter
témoignage contre lui, principalement en affaire criminelle, fur peine de la perte de fon Fief, *lib. 2. tit. 33. de Confuetidine recti feudi.* Afflictus *decif. Neapolit.* 265. Et parce que l'Edit du Prêteur ne permet-

toit pas aux affranchis de faire appeller leur Patron en jugement fans permiffion, quelques uns, comme le Speculateur, Zazius, Alexander, Jafon, Everardus, Hartmannus, ont étendu cet Edit aux Seigneurs de Fief. A quoy j'ajoûte que par la Doctrine des Feudiftes, le Vaffal doit perdre fon Fief s'il plaide en qualité d'Avocat pour la partie adverfe de fon Seigneur, comme traite Afflictus en la même Décifion 265. num. 46. & Zazius *in Epitome feud. parte 10.* Mais aujourd'huy tous ces Droits honorifiques des Seigneurs, & ces anciennes marques de refpect qui leur étoit rendu par les Vaffaux, font indiftinctement abolis par la pratique de France. Et en effet, il fut jugé par Arrêt du Parlement de Paris de l'an 1384. rapporté par Jean Galli *queft. 23.* que l'Avocat pouvoit licitement plaider contre fon Seigneur de Fief, quand il feroit queftion d'autre chofe que du Fief dont il releve, & qu'il ne s'agiroit de la vie ou de la reputation du Seigneur. J'ajoûte encore que le Seigneur pauvre doit être nourri par fon Vaffal, à l'exemple de l'affranchi qui étoit obligé de fournir les alimens à fon Seigneur, s'il en faut croire le Speculateur qui traite la queftion au long *in §. 1. verfic. fed nunquid Dominus tit. Qui filii fint legitimi,* & Bartole fur la Loy 6. §. 1. D. *de liber. agnofc.* Ce qui n'eft pas non-plus de l'ufage de France.

Et à dire le vray, les Fiefs n'ont plus qu'une ombre d'honneur, & quelques profits aux cas portez par les Titres, ou reçûs par la Coûtume. Ce ne font que des fqueletes dépoüillées des nerfs qui les foûtenoient, & les faifoient mouvoir autrefois.

CHAPITRE III.

Que les Fiefs de Dauphiné font de danger & de profit.

IL y a trois principales fortes de Fiefs que la Coûtume a reçûës en France. Les Fiefs d'honneur; les Fiefs de profit; les Fiefs de danger. Les premiers font ceux qui ont tellement confervé la nature de leur origine qu'ils doivent au Seigneur que la bouche & les mains, fans aucune charge de lods, de quints, de rachat ni d'autre profit quelconque, étant certain que la première conceffion des Fiefs étoit gratuite, & n'avoit pour objet que l'honneur & le bienfait, à caufe dequoy les mots de *Beneficium* & de *Feudum* font fynonímes parmi les Feudiftes. Même du temps de nos Peres les grands Fief étoient appellez *Honores,* & les Vaffaux *Honorati,* dont j'ay rapporté plufieurs exemples ailleurs. Et pour cette raifon Bodin en fa Republique, & Cafeneuve en fes Inftructions pour le Franc-Alleu de Languedoc, eftiment que les Timars des Turcs, qui font une efpece de Fief, tirent leur étymologie de τιμαὶ *honorer.* Tels font les Fiefs

de l'une & de l'autre Bourgogne, du Lyonnois, de Forêts, du Bau-
jolois, du Mâconnois, de l'Auvergne, de l'Armaignac, qui font
exempts de lods & de reliefs en cas de vente & de mutation. Tels
font auffi les Fiefs des Lombards, dont les Livres ne font aucune mention de profits de Fiefs.

Les Fiefs de profit font ceux qui font fujets aux Droits utiles envers
le Seigneur, comme font les lods & ventes, quints, requints, plait
ou rachat. Surquoy je feray cette remarque en paffant, que la plûpart des Coûtumes n'employent les mots de lods & ventes que pour les
héritages cenfuels & roturiers, & qu'elles ufent de celui de quint pour
les Féodaux, à caufe qu'aux Provinces de Coûtume le Seigneur prend
communément le cinquiéme denier du prix de la vente du Fief, &
en quelques unes le cinquiéme du quint, qu'on appelle requint. Mais
dans celles qui font régies par le Droit écrit, le mot de Lods ne convient pas moins aux Fiefs & aux héritages Nobles qu'à ceux de Roture, comme le mot Grec εισδεχτμα dont fe fert Leon dans fa Novelle
13. peut être appliqué à tous les profits de Fiefs & d'Emphyteofe,
quoyque du temps de cet Empereur les Fiefs ne fuffent pas encore
connus dans l'Empire Romain. J'ay dit en quelque autre endroit que
les Fiefs n'ont reçû l'ufage des Lods à l'exemple de l'Emphyteofe, que
lors qu'ils ont été reduits à l'inftar du patrimoine, pour tenir lieu du
Commis, qui étoit déclaré quand le Vaffal alienoit fon Fief fans le
confentement du Seigneur.

Les Fiefs de danger font ceux qui obligent l'Acquereur ou l'Héritier collateral, de faire la foy & hommage avant que d'en prendre
poffeffion à peine du commis. Ce qui leur a donné le nom de Fiefs
de danger. Je ne fçay que trois Coûtumes en France où ces fortes de
Fiefs foient en ufage. Bourgogne ch. des Fiefs art. dernier. Bar art. 1.
& la Prevôté de Vaucouleur au Bailliage de Chaumont en Baffigny,
comme il eft porté par l'art. 56. de la même Coûtume de Chaumont,
qui les définit ainfi : *Au Bailliage de Chaumont n'y a aucun Fief de dan-*
ger, finon en la Prevôté de Vaucouleur, où il y a des Fiefs de danger, qui
font de telle nature, que le Vaffal ne fe peut ou doit mettre aufdits Fiefs fans
avoir fait les foy & hommage au Seigneur, dont lefdits Fiefs font tenus &
mouvants, & en fon refus au Souverain, ou qu'il eût par fouffrance ou autre-
ment, congé ou permiffion du Seigneur feodal pour foy mettre en poffeffion dudit
Fief de danger. Toutefois fi le Seigneur dont eft mouvant ledit Fief étoit ab-
fent, en ce cas ledit Vaffal fe doit transporter fur le lieu dont ledit Fief eft
mouvant, & illec faire fes offres aux perfonnes de fes Officiers ; & s'il n'y a
Officiers, ledit Vaffal pourra faire fes offres en la prefence de deux Notaires,
devant la place ou maifon dont eft mouvant ledit Fief ; en ce non compris les
Fiefs du Roy ; car en ce cas ledit Vaffal eft tenu d'aller au Roy, ou à fes Offi-
ciers, ayans puiffance de le recevoir ; & fi ledit Vaffal fe mettoit en poffeffion
de fondit Fief de danger, autrement que deffus eft dit, il commet fon Fief, fi
tant n'etoit qu'il lui fut échû ou advenu de pere ou de mere, &c. Le Procès verbal de la Coûtume de Troye fur l'art. 37. explique le Fief de

danger presque en mêmes termes, après avoir dit qu'il n'y en a point au Bailliage de Troye. Cujas fait aussi mention des mêmes Fiefs sur le premier livre des Fiefs tit. 2. *Hodiè moribus Galliæ receptum est*, dit-il, *posse omnino jus feudi sine voluntate Domini à Vassallo cedi & vendi alteri ; qua ratione vulgò dicitur feuda patrimonii jure censeri. Ceditur cum suâ causâ ; nam emptor fidem & hominium debet, quod nisi profiteatur intra constituta tempora, Dominus fructus suos facit, vel quibusdam locis feudum Domino aperitur, cujus generis feudum dicitur*, Fief de danger, *quod ejus amittendi Vassallo periculum immineat, nisi maturè fidem & hominium exhibuerit.* Ant. Dominicy *de Prærogativa Allodiorum cap. 16. n. 8.* a confondu *les Fiefs de danger* avec *les Fiefs rendables*, dont je parlerai en son lieu, quand il dit ; *Feuda etenim ex antiquo Francorum ritu erant temporaria, modò sunt perpetua, nisi sint* Fiefs de danger, *quorum possessores simplicem custodiam habent, eamque deponere tenentur cum primùm à Domino fuerint interpellati. Hujusmodi sunt Castra quæ reddi debent, sive ad parvam sive magnam vim ut habent veteres chartæ.* Le Parlement de Dijon, conformément à l'article sus-allegué de la Coûtume de Bourgogne, a déclaré la commise de la Terre de Poligny au profit de Loüis d'Antienville-Bourdillon Marquis d'Espoisses, sur Françoise de Rouvray veuve du sieur de Chansigny par Arrêt du 5. de Mars 1635. au rapport de Monsieur Jaquotot Doyen du Parlement. Les Fiefs des Lombards sont aussi de danger, puisqu'ils tombent en commis s'ils sont alienez sans la permission du Seigneur, & que le nouveau Vassal est obligé de prendre investiture dans l'an & jour sur la même peine du commis.

De sorte que du temps de nos ancêtres, que les Constitutions feodales étoient observées à la rigueur, les Fiefs étoient purement d'honneur & de danger, mais à present qu'ils sont patrimoniaux, ils sont de danger & de profit. Ce qui est particulier en Dauphiné.

Ce sont, dis-je, Fiefs de danger, en ce que le Vassal commet son Fief s'il refuse de faire la Foy & Hommage, après avoir été düement contumacé, la saisie feodale qui ne regarde que les fruits n'étant pas de l'usage de Dauphiné, comme je ferai voir à la suite.

Ils sont aussi Fiefs de profit par la Coûtume qui les a rendus sujets aux droits de Lods. *De consuetudine generali præsentis patriæ Delphinatus, Sabaudiæ & certarum aliarum patriarum circumvicinarum Dominus percipere & habere consuevit Laudimia ab emptore, etiam rei feudalis pro investitura ad instar rei emphyteuticariæ,* dit Guy Pape quest. 415. n. 3. Neanmoins si l'infeodation ou les Hommages ensuivis justifient que le Fief soit d'honneur, pour avoir été concedé ou reconnu *in feudum honoris, in feudum honoratum, in feudum honorificum*, & que le Seigneur ne soit pas en possession d'en prendre des Lods, j'estime qu'il a conservé sa premiere nature, & que par conséquent il doit être exempt de Lods, parce que c'est une maxime en matiere feodale, que la teneur de l'investiture déroge à la Coûtume, mais cette sorte de Fief est rare en Dauphiné.

CHAPITRE IV.

De la forme des Hommages.

I L y a plus de trois cens ans que Guillaume Durand, surnommé Speculator, à cause de son Livre intitulé *Speculum
Juris*, a remarqué *tit. de Feudis*, que les François appellent Hommage, ce que les Italiens nomment Vaſſelage.
Et en effet, l'on ne trouve point le mot d'Hommage dans
tous les Livres des Fiefs, mais seulement celui de fidelité, qui n'a pas
tant d'énergie que l'autre. L'Hommage lie plus étroitement la foy du
Vaſſal, comme étant le plus humble devoir qu'il puiſſe rendre au
Seigneur, par lequel celui qui le rend devient homme de celui qui
le reçoit, c'eſt-à-dire, qu'il ſoûmet ſa perſonne à ſon Seigneur. *Puiſque l'homme eſt reçû en hommage*, dit Bouteiller en la Somme rural tit.
8 3. *il eſt franc homme au Seigneur, & tient de lui ligement & ſans moyen,
lui doit foy & toute loyauté, ne autre ne lui doit être en plaid ne en collation.*
C'eſt pourquoi Monſieur le Maître en ſon Traité des Regales chap. 6.
1 3. & 14. fait voir la difference qu'il y a entre l'hommage & le ſerment de fidelité que les Evêques font au Roy. Ainſi le Pape Adrian
ſoûtenoit à l'Empereur Frideric I. que les Evêques d'Italie ne lui doivent point d'Hommage. *Epiſcopi Italiæ ſolum Sacramentum fidelitatis ſine
hominio facere debere Domino Imperatori, id eſt, ſine perſonarum ſubjectione*,
comme nous liſons dans Radevic livre 2. au chap. du Pape Adrian.
Ainſi l'on apprend de Sigebert ſur l'an 1176. que le Roy d'Ecoſſe fit
Hommage lige au Roy d'Angleterre, & qu'il conſentit que tous les
Evêques, les Abbez, les Comtes, les Barons en fiſſent autant : *Epiſcopi
verò & Abbates*, dit-il, *homagium non fecerunt, ſed Sacramento ſe conſtri-
xerunt, &c.* Ceux qui ſont verſez en l'Hiſtoire ſçavent les ſuites fu-
neſtes de ces deux vers fataux qui furent mis au bas d'un tableau,
après que le Pape Adrian eut couronné l'Empereur Frideric I. dans
S. Jean de Latran, comme écrit le même Radevic liv. 1. chap. 10.

> *Rex venit antè fores, jurans prius Urbis honores :*
> *Rex homo fit Papæ, ſumit quò dante coronam.*

Ainſi Raymond de Agiles en ſon Hiſtoire de la Guerre ſainte, écrit
que Raymond de S. Gilles Comte de Touloūſe jura la fidelité à Alexius
Empereur de Conſtantinople, mais qu'il refuſa de lui faire Hommage.
Il y a quelques Fiefs en Dauphiné, mais en petit nombre, qui ſont
reconnus ſans charge d'Hommage, comme la Maiſon forte de Mo-
larrond, ſituée en la Parroiſſe de S. Jean de Vellane, Mandement du
Pont de Beauvoiſin, qui fut reconnuë avec quelques autres droits le
16. Juin 1379. au profit du Dauphin, par Meſſire Guigues de Paladru Seigneur de Montferrat, *in feudum nobile, paternum & antiquum
absque*

absque onere Homagii, suivant la Reconnoissance qui s'en trouve dans le troisiéme Livre de Jean Micoleti page 152.

C'est avec raison que du Moulin dit sur l'article 3. de la Coûtume de Paris, que l'Hommage dans sa propre signification ne doit appartenir qu'au Souverain, & que la Coûtume usant du mot d'Hommage, se doit seulement entendre d'une simple prestation de fidelité.

J'ay remarqué tout cela pour faire voir que l'Hommage est quelque chose de plus que le serment de fidelité : Neanmoins il y a des Hommages sans charge de serment, comme celui dont parle Albert Crantzius, *Vandal. lib. 12. cap. 26. Hamburgum vetus & honoratum oppidum, quod Comitibus Holsatiæ ab olim paruit, Regi Danorum tum Holsatiam tenenti, Homagium præstare deposcitur, Ostendere cives Indulta ab olim sua, & observantiam supra hominum memoriam longævam, quod sujectionem suam fidelibus verbis non Sacramentis firmare consuescent. Urgebat diù Rex non esse Homagium sine juramento, & quomodo possent esse sine Homagio subditi : Illi permodestè reddidere, Homagium esse fidelitatis exhibitionem sivè juramento, sivè verbis constantibus & fide bonâ præberetur. Orare ne urgerentur à suis discedere consuetudinibus honestis; Rex humanissimus placatus acquievit.* A quoi l'on peut rapporter ce que Valere Maxime écrit de Xenocrate liv. 2. chapitre dernier, qui fut crû des Areopagites sans faire serment, quoi qu'il ne lui eût pas été permis de mentir. Il y a même des Fiefs qui ne sont point obligez à la prêtation de foy, *lib. 2. tit. 3. & tit. 10. & tit. 24. §. 2. & tit. 47.* A cause de quoi les Feudistes, & entre autres Jacobinus de sancto Georgio, *Tract. de Feudis. verbo, in feudum num. 29.* Parmi les differentes sortes de Fiefs, n'ômettent pas celles des Fiefs jurables & des Fiefs non jurables, mais ces derniers ne sont pas de vrais Fiefs, ce sont de ceux que les Docteurs appellent impropres & irreguliers.

De sorte que l'Hommage étant un Acte de respect & de reverence envers le Seigneur, il est bien juste qu'il se fasse avec quelque solemnité qui marque sa nature, dont la forme est differente, selon la Coûtume des Lieux qui doit être observée. Celle de Berry tit. des Fiefs art. 3. veut que le Vassal qui ne trouve point le Seigneur ni personne de sa part au lieu du Fief dominant, fasse le devoir en baisant le verroüil de la porte, à l'exemple de Prusias Roy de Bithynie, qui entrant au Senat de Rome baisoit le seüil de la porte, & s'appelloit esclave du Senat, encore qu'il ne fût ni sujet, ni tributaire, ni en la protection des Romains. Et comme la forme qui est prescrite par l'infeodation doit être suivie, il y a des Fiefs qui sont sujets à des devoirs bizarres, selon le caprice du Seigneur dont ils sont procedez, qui s'est trouvé d'humeur plaisante, ou qui a crû de rendre son Vassal plus soûmis par des conditions extravagantes. Tel est un Fief du Païs du Maine, à cause duquel le Vassal est obligé pour toute prêtation de foy & devoir Seigneurial, de contrefaire l'yvrogne, & de dire une chanson gaillarde à la Dame de Levaray, & ensuite de courir la quintaine à la maniere des Païsans, & de jetter son chapeau ou une

I. Partie.   F

perche en courant, pour raifon de quoi y ayant eu procès au Parlement de Paris entre Jean des Vaux Seigneur de Levaray & Guillaume de Megaudais Chevalier de l'Ordre fon Vaffal, celui-ci foûtenant que la charge du Fief étoit peu convenable à fa qualité de Chevalier, & qu'étant de la nature de celles que Papinian appelle *ineptas voluntates*, *l. fervo alieno D. de leg. 1.* elle devoit être anéantie ou changée en une autre plus décente; il y eut Arrêt du 11. Septembre 1587. par lequel les Gentilshommes proprietaires de ce Fief furent à l'avenir déchargez de ce devoir, en le faisant rendre par une perfonne de condition roturiere. Tels ont été quelques Fiefs du Baron de Moncontour, auquel le nouveau Vaffal devoit prefenter une alloüette liée fur un char à bœufs, jufques à ce que *par* Arrêt du même Parlement ce devoir fut changé en une redevance en argent. Il n'en eft point de fi ridicule, ni de fi peu honnête que celui qui étoit tenu en Angleterre par un Baudoin, pour lequel *debuit facere*, portoit le titre; *die Natali Domini fingulis annis coram Domino Rege Angliæ unum faltum, unum fuffletum, & unum bombulum*, que Cambdenus in Britannia explique de cette forte, *ut faltaret, buccas cum fonitu inflaret, & ventris crepitum ederet*.

Je ne fçai fi l'on doit croire ce que les Annales de Normandie racontent de Charles le fimple Roy de France, qui exigea de Raoul Duc de Normandie qu'il lui baifa les pieds au lieu de la bouche. *Et quand Raoul vint faire fon Hommage*, ce font les termes du ch. 25. *il ne fe daigna baiffer, mais prit le pied du Roy, & le leva fi haut, que le Roy cheut, dont il fourdit grand risée.* Albertus Crantzius *libro 2. Norman. cap. 27.* écrit la même chofe, excepté qu'il dit, que le Duc refufa de faire un Hommage civil, mais qu'il le rendit par Procureur, qui mordit le pied du Roy dont il fut renversé. *Ubi in Regium confpectum pervenit Robertus, aderant ex Francis Regi blandientes, qui hortarentur Robertum procumbere, Regiáque ofculo veftigia honorare. Horrebat liber animus & Dux invictus fervile minifterium. Alium ex inftantibus officio Vicarium dedit : Rex illi pedem protendit. Erat is Carolus fimplex Balbi filius; Ille mordicus apprehenfo pede, Regem refupinat : Indignati nonnulli ex Francis intumuere. Alii altius fecum populi libertatem & ferocitatem reputantes Regem placavere.*

Je laiffe le difcours de ces devoirs infolites & pleins d'abfurdité, dont je n'ai point vû d'exemple parmi les Fiefs de Dauphiné, pour m'arrêter à ceux dont la forme eft raifonnable. La plus commune parmi les François & les Allemans, c'eft que le Vaffal met les mains jointes entre celles du Seigneur, & qu'il lui prefente la bouche pour recevoir un baifer en figne de confiance & d'amitié reciproque. C'eft ainfi que Taffilon Duc de Bavieres fit Hommage au Roy Pepin. *More Francico*, dit Aymoin liv. 4. chap. 64. *In manus Regis in Vaffalicum manibus fuis femetipfum commendàvit, fidelitatemque Pipino Regi juravit.* Ceux qui ont lû nos Annaliftes, n'ignorent pas que *commendare* veut dire la même chofe que faire Hommage. Les exemples de cette forme font infinis, mais comme la prefentation des mains jointes eft un acte de grande foûmiffion, Edoüard III. Roy d'Angleterre, étant venu à

Amiens pour faire Hommage au Roy Philippes de Valois, refuſa de joindre les mains entre celles de Philippes, & s'en retourna en Angleterre, où il fut ſix mois à conteſter la forme de l'Hommage avec les Ambaſſadeurs de France, & aſſembla même ſes Etats pour y prendre une reſolution. Enfin la forme fut convenuë en cette ſorte par Traité de l'an 1331. que le Roy d'Angleterre auroit les mains jointes entre celles du Roy de France, & que celui qui parleroit pour Sa Majeſté, diroit au Roy d'Angleterre : *Vous devenez homme lige du Roy de France qui ici eſt, comme Duc de Guienne & Pair de France, Comte de Ponthieu & de Montreüil, & lui promettez foy & loyauté porter. Dites, voire ; & le Roy d'Angleterre dira, voire : Alors le Roy de France recevra le Roy d'Angleterre à la Foy & à la bouche.* C'eſt ce que le Pape Adrian reprochoit à Frideric Barberouſſe dans une de ſes Lettres, qui ſe trouve dans Nauclerus, & dans l'Appendice de Radevic. *Ab Epiſcopis Homagium requiris, fidelitatem exigis, & manus eorum ſacratas manibus tuis innectis.*

Bouteiller en la Somme Rural tit. 82. preſcrit ainſi la forme de l'Hommage. *La maniere, dit-il, de faire Hommage, ſi eſt cette, premierement l'homme mis au net, c'eſt-à-dire, chaperon abattu, & ſans couteau qui porte deffenſe, & en pur le corps, c'eſt-à-dire, ſans manteau, à l'enſeigne franche, que l'homme eſt tout preſt de eſter en droit par ſon Seigneur, ſi meſtier étoit. Doit l'homme joindre ſes deux mains en nom d'humilité, & mettre ez deux mains de ſon Seigneur en ſigne que tout lui voüe & promet foy.* Et l'ancien Coûtumier & Uſage du Châtelet de Paris porte que le Vaſſal doit être à genoux, nuë tête, ſans manteau, ceinture, épée, ni éperons, ſuivant quoi nous apprenons de l'Hiſtoire de France que le Roy Loüis XI. ayant pris Bologne en fit Hommage à Nôtre-Dame, déceint & à genoux, & pour droit & devoir donna un cœur d'or fin peſant deux mille écus d'or, qu'il fit mettre devant l'Image, & ordonna qu'à l'avenir ſes ſucceſſeurs Rois de France tiendroient le Comté de Bologne de Nôtre-Dame, à laquelle ils feroient Hommage en l'Egliſe de la même Ville à chaque mutation de Roy, & lui payeroient un cœur d'or du poids de deux mille écus d'or.

La Coûtume de Paris article 63. à laquelle quelques autres ſont conformes, oblige le Vaſſal de mettre un genoüil en terre, tête nuë, ſans épée & éperons. Mais du Moulin eſtime que c'eſt devant le Roy ſeul, que le Vaſſal doit mettre le genoüil en terre, diſant que c'eſt un excès d'ambition en ceux qui prétendent que leurs Vaſſaux leur doivent l'Hommage à genoux. Neanmoins les Seigneurs inferieurs exigent la même ſoûmiſſion ſi la Coûtume ou le Titre leur en attribuënt le droit, quoi qu'à dire le vrai, cette ſorte de reſpect ne ſoit dû aux Souverains qu'à cauſe qu'ils repreſentent la puiſſance de Dieu en terre. Et à ce propos je me reſſouviens de la penſée d'Eguinarius Baro, Gentilhomme Breton, & grand Juriſconſulte, qui dit en la Preface de ſon Livre DE NOBILITATE, que Dieu a donné le monde aux hommes à titre de Fief, pour lequel on lui doit Hommage par l'adoration, & les droits & devoirs par les premices & les oblations dont il a fait tranfport aux Levites & aux Prêtres qui fervent à fes Autels.

En Dauphiné la forme de l'Hommage eft differente felon la qualité du Vaffal. S'il eft Noble il fait le ferment debout, & baife le Seigneur à la bouche : C'eft pourquoi tous les anciens Hommages portent ces mots, *ftando pedes more Nobilium, atque oris ofculo interveniente.* S'il eft roturier il met deux genoux en terre & baife le Seigneur au pouce, ce qui me femble particulier au Dauphiné. Il y avoit du temps de nos Peres une troifiéme condition de ceux qu'on appelloit hommes francs, qui étoit metoyenne entre celle des Nobles & Roturiers ; Ceux-là baifoient l'anneau que portoit le Seigneur, ou le deffus de fa main, comme juftifie l'article 35. de la Tranfaction paffée l'an 1343. entre Humbert dernier Dauphin, & les Communautez du Briançon-nois, aux termes fuivans. *Præterea idem Dominus Delphinus uberiori fa-vore & gratia profequendo dictos homines fuos fideles Briançonefii, voluit, ftatuit, & conceffit, quod omnes homines prædicti, & quarumlibet Univerfi-tatum prædictarum ex nunc in antea in perpetuum Franchi atque Burgenfes nuncupentur, & deinceps præftare debeant Homagia eorum, ofculando Domi-num Delphinum cui ea præftabunt in annullo vel dorfo manus fuæ, ficut Fran-chi, non autem in pollicibus ficut faciunt populares.* Mais la Chambre des Comptes ne pratique plus cette forte d'Hommage, qu'à l'égard des Briançonnois.

De quelque condition que foit le Vaffal, il doit être tête nuë, & mettre fes mains entre celles du Seigneur, promettant de lui être fi-delle, & de s'acquitter de tous les devoirs d'un bon Vaffal, fuivant l'ancienne & nouvelle forme de fidelité, dont l'ancienne contient fix chofes, *Incolume*, que le texte du chapitre unique *de Forma fidelitatis lib. 2.* interprete, que le Vaffal n'apportera aucun dommage à fon Seigneur en fon corps. *Tutum*, qu'il ne lui nuira point en revelant fes fecrets, ou fes forces, au moyen defquelles il peut être en feureté. *Honeftum*, qu'il ne lui nuira point en fa Juftice, ni aux autres caufes qui concernent l'honnêteté. *Utile*, de ne lui apporter dommage en fes biens. *Facile vel poffibile*, de ne faire que le bien qui étoit facile au Seigneur lui foit rendu difficile, & de ne lui rendre impoffible ce qui lui étoit poffible. Le même texte ajoûte qu'il ne fuffit pas au Vaf-fal d'éviter le mal de fon Seigneur, mais qu'il eft auffi tenu de pro-curer fon bien ; & pour cet effet, de l'affifter de fon confeil & de fon aide. Et quoique ces fix chofes foient affez mal conçûës, enforte qu'Hotoman les qualifie, *Bardis Longobardifque hominibus dignas*, fi eft-ce qu'elles font fpecifiées dans tous les anciens Hommages. Mais aujourd'hui le premier Prefident de la Chambre des Comptes, rece-vant les Hommages, fe contente de prendre le ferment du Vaffal, qu'il accomplira tout le contenu aux Chapitres de l'ancienne & nou-velle forme de fidelité, fans en fpecifier la teneur.

Il n'y a que l'hommage feul du Comte de Clermont, premier Ba-ron de Dauphiné, qui foit accompagné d'une folemnité particuliere. Car en qualité de Capitaine général, & de Grand Maître hereditaire de Dauphiné, il doit faire la Foy & Hommage tenant en la main droite une épée nue avec une verge blanche, qui sont les marques de ces deux Offices, & en la gauche une lance, où pend un guidon armoyé des Armes de Dauphiné, dont le droit est fondé sur un Acte passé l'an 1340. entre Humbert Dauphin & Aynard de Clermont, par lequel le Dauphin donne à Aynard en reconnoissance de son merite, & des témoignages qu'il a reçûs de sa volonté liberale & gratuite, la Terre de Clermont en Trieves, sous le titre de Vicomté, le créant lui & ses successeurs en la même Terre de Clermont en Trieves, & en celle de Clermont en Viennois, Souverain Capitaine de Dauphiné, & Grand Maître de l'Hôtel du Dauphin ; à la charge que toutes les fois que le Dauphin, ou son fils aîné seroit fait Chevalier, le Vicomté porteroit l'épée devant lui, & qu'aux jours de Chevalerie, & de mariage, & autres Fêtes solemnelles, il serviroit à cheval ou à pied, selon que la Fête le requerroit, pour raison de quoi il prendroit deux plats & quatre assiettes d'argent de seize marcs, & si la Fête duroit plus d'un jour, un plat de quatre ou cinq marcs chaque jour.

Ensuite de cet Acte trois Hommages ont été prêtez de ces deux dignitez à nos Rois ou à leurs Fils aînez, par les Seigneurs de Clermont, & un quatriéme en la Chambre des Comptes, moi Président, le 21 Fevrier 1646. avec la solemnité sus-énoncée. Ce qui n'est à present qu'un titre d'honneur sans fonction des Charges.

L'Hommage du Seigneur de Sassenage, qui est le second Baron de Dauphiné, n'a rien de particulier en la forme, mais il est obligé de reconnoître en Fief du Dauphin, tout ce qu'il possede en la Baronnie de Sassenage, & tout ce que lui & ses successeurs y acquerront à l'avenir, ensuite des pactes & conventions qui furent passées entre Humbert Dauphin premier du nom, & François Seigneur de Sassenage, par lesquels le Dauphin s'obligea pour lui & ses Successeurs de n'acquerir jamais rien dans la Terre de Sassenage par quelque genre d'acquisition qui pût être dit ou pensé ; *sivè ex causâ & industria hominis, seu voluntate :* à la charge que le Seigneur de Sassenage tiendroit en Fief du Dauphin tout ce qu'il possédoit alors en la Terre de Sassenage, & tout ce que ses successeurs y acquerroient à l'avenir. Ce qui fut confirmé par Humbert II. dernier Dauphin, en faveur de Henry de Sassenage, non seulement pour la Terre de Sassenage, mais aussi pour celles du Pont en Royans, de Chastellus, de Rancurel, de S. André, de Laborel, moyennant six cens florins d'or, qui furent touchez par le Dauphin, à la charge que ce droit negatif seroit tenu en Fief du Dauphin. Droit vrayement honorable dans une Maison de Gentilhomme, puisque s'il venoit à échoir au Roy quelque Aubaine ou confiscation dans ces Terres-là, Sa Majesté comme étant tenuë des faits & promesses des anciens Dauphins, seroit obligée de les remettre au Seigneur à prix raisonnable, sans les pouvoir retenir.

CHAPITRE V.

Si l'Hommage est dû à mutations de toutes mains. Et de l'usage du Commis en cas de negligence.

IL est certain que l'inveſtiture doit être demandée, & le ſerment de fidelité prêté ſans interpellation dans l'an & le jour de l'ouverture du Fief, à toute mutation de Seigneur & de Vaſſal majeur de quatorze ans, à faute dequoy le Fief eſt commis ſuivant les Conſtitutions féodales des Lombards. *lib. 2. tit. 22. ſ. 1. quæ fuit prima cauſa benef. amitt. lib. 2. tit. 40. & tit. 55. ſ. 3. de prohibita Feudi alienatione per Fridericum.* Ce qui a donné ſujet à ces Vers du Poëte Guntherus, qui floriſſoit du temps de la redaction des mêmes Coûtumes *lib. 8. Ligurini, ſive de rebus geſtis Friderici I.*

> *Succeſſor Feudi totum ſi fortè per annum*
> *Atque diem, tacto primæ jam tempore pubis.*
> *Sive dolo, ſeu deſidia, ſeu mente ſuperba.*
> *Spreverit à Domino feudalia poſcere jura*
> *Perdat, & hæc Dominus proprios aſſumat in uſus.*

Néanmoins la mutation arrivant de la part du Seigneur, ce terme de l'an & jour ſe devoit regler par la raiſon du Droit, c'eſt-à-dire, depuis le temps que le Vaſſal avoit ſçû la mutation *l. 2. D. quis ord. in poſſeſſ. & l. 2. C. qui admitt. ad bon.* comme a très bien remarqué F. Hottoman ſur le Titre ſuſdit, *quo tempore miles, &c.* Cela s'eſt pratiqué rigoureuſement en Dauphiné, juſques à ce que les Libertez Delphinales concedées par Humbert dernier Dauphin y ont rapporté ce temperament, que le Vaſſal qui a fait une fois hommage, que l'on appelle en terme de Fief, l'ancien Vaſſal, n'encourt point la peine du Commis faute de l'avoir fait au nouveau Seigneur, qu'après en avoir été requis. Voicy l'article. *Item conceſſit & declaravit ipſe Dominus Delphinus, quod poſtquam aliquis nobilis Delphinatus aut aliarum terrarum ſuarum ſemel fecerit homagium & recognitionem Domino Delphino qui nunc eſt, vel ſucceſſoribus ſuis pro Feudis quæ tenent vel tenebant ab eis, ipſa Feuda vel retrofeuda committi vel aperiri non poſſint, eſto quod ſucceſſoribus Delphinis homagium & recognitionem non fecerint ; niſi ita eſſet quod ille Nobilis qui homagium feciſſet requiſitus per Dominum ſucceſſorem homagium & recognitionem facere contumaciter recuſaret. Hoc concedens ipſe Dominus Delphinus dictis Nobilibus ſi ipſi & illi qui hoc idem concedent, & ita utentur hominibus eorumdem. Alias autem illos qui prædicta non concederent hominibus ſuis, aut aliter hoc caſu uterentur in eis gaudere non vult, ſed eos excludit præſenti privilegio ipſum caſſans & irritans quoad illos.*

Et c'eſt proprement ce que les Coûtumes de France diſent, que le Vaſſal veille quand le Seigneur dort ; mais avec cette difference, que par les Coûtumes la Contumace du Vaſſal eſt punie de la perte des fruits, & par le droit des Fiefs de la propriété. A cauſe de quoy la Saiſie féodale qui ne regarde que les fruits, n'eſt pas connuë du droit des Fiefs, ny par conſéquent reçuë en Dauphiné, comme je feray voir en une queſtion ſeparée.

Ainſi la mutation arrivant du côté du Vaſſal, l'hommage doit être fait par le nouveau Vaſſal ſans interpellation. Et la mutation arrivant du côté du Seigneur, l'ancien Vaſſal n'eſt obligé de le faire, s'il n'en eſt interpellé. En quoy la Coûtume d'Amiens art. 22. eſt plus favorable, par laquelle l'hommage une fois fait par le Vaſſal durant ſa vie ne ſe doit réïterer par le même Vaſſal ſi bon ne lui ſemble, quelque mutation qui arrive de la part du Seigneur. Les Coûtumes de France ne donnent au Vaſſal que 40. jours pour faire ſes offres, qui eſt une commune obſervance par tout le Royaume, dit Boyer ſur l'ancienne de Berry art. 7.

Mais depuis les Libertez Delphinales & même depuis le temps de Guy Pape & de François Marc, la Coûtume a fort adouci la rigueur du Commis, qui n'a plus de lieu par la negligence du Vaſſal, qu'il n'ait été contumacé par Jugement. L'an & jour eſt un terme favorable au Vaſſal qui ne peut être contraint de venir à foy & hommage avant ce temps-là. Mais l'on n'obſerve plus que le Fief tombe en Commis ſi l'hommage n'eſt fait dans l'an & jour, comme il ſe pratiquoit encore du temps de Guy Pape & de François Marc. Le commis eſt une peine odieuſe & contraire à la patrimonialité des Fiefs que la Coûtume n'a retenu que pour la punition de la derniere Contumace, ou de la felonie du Vaſſal. Et quoy que par le Droit des Fiefs le Vaſſal qui déſavoüe ſon Seigneur perde le Fief, *lib. 2. tit. 26. §. 5. ſi de feudo defuncti, &c. & tit. 34. §. 1. de l. Lotharii.* A quoy la maxime de France eſt conforme, *qui Fief nie Fief perd.* Si eſt-ce que le Parlement de Grenoble ne ſuit pas cette rigueur. Il eſt en coûtume de preſcrire un terme au Vaſſal, dans lequel il faſſe la foy & hommage, à peine du Commis, comme la Cour l'a déclaré par Arrêt donné de l'avis des Chambres ſur la Requête du Procureur Général du Roy le 16. Décembre 1649. que je rapporteray au long ſur une autre rencontre. Ce qui ſe fait principalement en faveur du nouveau Vaſſal, c'eſt-à-dire, de celui qui n'a point encore prêté d'hommage, qu'on préſume avoir eu juſte cauſe d'ignorance & de doute *l. qui in alterius 42. ff. de reg. jur.* Et même le texte du Titre ſus allegué *ſi de feudo defuncti, &c. §. 21.* dit que l'ignorance du Vaſſal doit être favoriſée; & que s'il doute il peut répondre douteuſement. *Vaſſallus feudum quod ſciens abnegavit, amittit. Ignoranti verò ſubvenitur. Quòd ſi dubitet dubitanter reſpondere debet.* C'eſt pourquoy le Parlement ſe contente d'uſer de commination. L'Arrêt d'Audiance du 14. Décembre 1606. condamne le Seigneur de Tolignan de faire hommage en perſonne au Comte de Grignan, du Château vieux & de la moitié de la Juriſdiction de Tolignan, dans ſix ſemaines, autrement le délay paſſé qu'il fera pourvû fur le droit Commis, ainfi qu'il appartiendra. J'en ay vû quelques autres prefque en mêmes termes. Au refte le Seigneur ne le peut mettre en poffeffion du Fief fans connoiffance de caufe, & qu'ainfi le Commis n'ait été déclaré par Jugement, comme a remarqué Guy Pape queft. 107. où il dit qu'encore que la Glofe *in l. fin. c. de jure emphyt. dicat quod Dominus directus poteft de jure propriâ autoritate capere poffeffionem rei commiffæ propter ceffationem folutionis canonis aut alias, cum ipfo jure talis res emphyteutiaria cadit in commiffum, tamen de ftilo Curiæ Parlamenti fervatur quod non poteft, nifi priùs declaratione commiffi factâ per Judicem competentem parte vocatâ & auditâ; alias reftitueretur tanquam fpoliatus in fua priftina poffeffione emphyteuta; quia poteft moram purgare, quod facere non poffet fi Dominus caperet rem propriâ autoritate parte non vacatâ.* Et dans la queftion 164. *Vaffallus fi non præftiterit fidelitatem Domino infrà annum & diem cadit in commiffum non ipfo jure, fed per Sententiam.* Mais avant qu'il y ait lieu de le déclarer, les anciens du Palais eftiment que le Seigneur doit contumacer fon Vaffal par trois dénonciations, avec un intervale fuffifant de l'une à l'autre, à la forme du *§. Eft & alia lib. 2. tit. 24. Quæ fuit prima caufa beneficii amittendi lib. 2.* ce qui eft tiré du Droit Civil *l. ad perempto 68. D. de Judiciis. l. properandum 11. C. eodem l. reum confentantum 8. C. Quomodo & quand. jud.* C'eft ainfi qu'il fut pratiqué par feu Meffire Claude Frere, premier Prefident au Parlement de Grenoble, l'un des plus habiles hommes de fon temps, après qu'il eut fait donner Arrêt confirmatif de la Sentence du Víbailly de Grefivodan, par laquelle la Dame du Touvet avoit été condamnée de lui faire hommage comme Seigneur de Beaumont. Mais elle fatisfit à la troifiéme interpellation. En effet, il n'y a point d'exemple en Dauphiné depuis cent ans que le Fief foit tombé en Commis faute d'hommage. Quelquefois pourtant la trop grande Contumace du Vaffal oblige la Cour de donner un délay peremptoire, paffé lequel le Commis eft adjugé. Ainfi Meffire Charles de la Baume de Suze fut condamné par Arrêt du 14. Août 1642. de faire hommage à l'Evêque de S. Paul de la Terre de Baumes, dans trois mois au jour qui lui feroit affigné, & à faute d'y fatisfaire dans ce délay, le Fief fut déclaré réüni à la Menfe Epifcopale.

CHAPITRE VI.

Si l'Hommage doit être fait au lieu de la demeure du Seigneur, ou en celui du Fief dominant.

LA queftion n'eft pas fans difficulté, fi l'Hommage doit être fait au lieu de la demeure du Seigneur, ou en celui du Fief dominant. Les Feudiftes foûtiennent que le Vaffal eft obligé d'aller en la Maifon du Seigneur, qui même peut affigner un lieu pour y recevoir le ferment de fidelité qui lui eft dû, pourveu qu'il n'y ait point de peril. *Sed & Dominus locum tutum, non eum in quo peftis graffatur, aut fimile periculum metuendum, pro recognitione faciendâ, affignare tenetur, alioqui enim non effet adftrictus accedere Vaffallus, fed poffet fe fe offerre quod in loco tuto debita obire promptus ac paratus fit.* dit Roffentall. *Tractatu totius juris Feudalis. cap. 6. concluf. 56. num. 7.* C'eft auffi l'opinion de Laudenfis *c. 1. num. 28. Quo tempore Miles.* de Zafius *p. 7. num. 5.* de Vultejus *cap. 7. num. 103.* de Scraderus *p. 6. c. 3. num. 38.* où il conclud la même chofe *fi Dominus degat in loco inhonefto.* Et même Jaques Ardifo grand Feudifte, eftime que fi le Seigneur n'eft pas au lieu de fa demeure ordinaire, le Vaffal le doit aller chercher, pourveu qu'il ne foit pas fi loin qu'il ne s'y puiffe aifément tranfporter, ce qui dépend des circonftances du lieu, du temps, & de la qualité de la perfonne, par la Loy *continuus. §. fi ita D. de verb. fignif.* A quoy fe trouvent conformes Alvarotus, Præpofitus *in cap. 1. Quæ fuit prima caufa.* Ainfi la Coûtume d'Orleans *art. 35.* & celle de Montargis *art. 11.* obligent le Vaffal en cas de faifie d'aller trouver le Seigneur en fon Domicile, pourveu qu'il foit à dix lieuës prés du Fief dominant, autrement il fuffit au Vaffal de faire fes offres au lieu du Fief dominant.

Au contraire, la plûpart des Coûtumes n'obligent le Vaffal que d'aller au Fief dominant, & d'y faire fes offres en l'abfence du Seigneur, fuivant la forme qu'elles prefcrivent, ne plus ne moins que le Seigneur n'eft tenu de recevoir la foy de fon Vaffal qu'au même lieu, comme difent Paris *art. 64.* Melun *art 23.* Sens *art. 182.* Bourbonnois *art. 378.* La raifon femble être prife de la Loy *quod nifi D. de operis libertor. Ex Provinciis Libertum Romam debere venire ad reddendas operas Proculus ait. Sed qui dies interea ceßerint, dum Romam venit, Patrono perire, dummodo Patronus tanquam vir bonus ac diligens paterfamilias Romæ moretur. Cæterum fi vagari per Orbem terrarum velit, non effe injungendam neceffitatem Liberto, ubicumque eum fequi.* C'eft à caufe du Fief fervant, que l'hommage eft dû par le Vaffal au Seigneur du Fief dominant. Or quand il eft queftion des droits d'un héritage, il faut s'adreffer au lieu où il eft affis *l. dies §. toties D. de damno infecto.* Et même Chopin fur la Coûtume d'Anjou. *1. p. cap. 2. tit. 5. num. 5.* eftime que fi la maifon Seigneuriale eft ruinée, le Vaffal fe doit prefenter au lieu de fon ancienne fituation. *Cliens fcifcitabatur, vetufta extet aliquod dominici prædii veftigium, terrena moles aut faxum eminentius, eo extante ibidem pro more loci munus obibit clientelare, fin minus Patronum vocabit in juridiciale fuperioris Domini forum.* Néanmoins du Moulin fur Paris *art. 63. num. 7.* eft d'avis que lors qu'il ne refte marque quelconque de l'ancienne maifon Seigneuriale, ny que nul autre nouvelle ne la reprefente, le Vaffal eft exempt de fe tranfporter fur le Fief dominant, & qu'il lui fuffit de s'adreffer à la perfonne de fon Seigneur pour lui faire fes offres. Et Mafuer en fa Pratique *art. 1. & 2. tit.*

des Fiefs, dit qu'il a été jugé par le Parlement de Paris „que si le Seigneur refuse mal à propos le Vassal qui lui fait ses offres, il peut être contraint par le Magistrat de le recevoir à hommage dans une Ville Royale, sans que le Vassal soit tenu de retourner au lieu Seigneurial. Je laisse à part l'opinion particuliere de Pontan sur la Coûtume de Blois *tit. 5. art. 54.* qui ne tient pas la prestation de l'hommage valable, quand même il seroit à la personne du Seigneur, si c'est hors du lieu dont le Fief est mouvant, comme étant un devoir mêlé de réalité & de personnalité.

Quant à l'usage de Dauphiné je n'ay point vû d'Arrêt qui l'ait déclaré, celui de Comps ayant été donné pour un autre sujet. Mais puisque le droit des Fiefs y est observé, j'estime qu'il faut suivre la Doctrine des Feudistes, qui oblige le Vassal d'aller chercher le Seigneur, pourveu qu'il ne soit pas trop éloigné. C'est avec raison qu'Arnaud le Feron a dit sur la Coûtume de Bourdeaux *Tit. de Feudis. §. 5.* que le Vassal seroit trop délicat, s'il faisoit difficulté d'aller trouver le Seigneur en quelque lieu voisin du Fief dominant. *Quis ferat,* dit-il, *delicatum Clientem qui vicinum locum in quo Patronus diversatur adire noluerit; Aut quis è Provincia in Provinciam quærendum esse dicat. Absens etiam jure quærendus est: Idque pro intercapedine locorum, longinquis brevibusque excursionibus boni viri arbitrio existimandum.* Certes si la demeure du Seigneur est trop éloignée, ou qu'elle soit incertaine, *non tenetur Vassallus Domini terga sequi, nec volare si Dominus volat,* comme dit Balde *in cap. 1. Quo tempore miles §. nisi justa.* Et en ce cas il me semble qu'il suffit au Vassal de faire ses offres au Fief dominant, & de les notifier aux Officiers du Seigneur.

L'on peut rapporter à ce sujet l'exemple de l'Archevêque de Mayence, lequel en qualité de Doyen du College Electoral; & comme Grand Chancellier de l'Empire en Allemagne, a seul droit de convoquer les Electeurs ses Collegues pour l'Election du Roy des Romains futur Empereur, & le nommer le jour de l'ouverture de la Diete Electorale, & qui pour cet effet envoye ses Lettres par un Gentilhomme de sa Cour, accompagné d'un Secretaire ou d'un Notaire qui dresse le Procès-verbal de la reddition. Mais il n'est point obligé de les dresser qu'au lieu de la résidence ordinaire des Electeurs, sçavoir celles de l'Archevêque de Treves à la Ville de Treves, celles de l'Archevêque de Cologne à Bonne, celles du Duc de Bavieres à Munich, celles du Duc de Saxe à Dresde, celles du Marquis de Brandebourg à Berlin, & celles du Comte Palatin à Heildelberg, si ce n'est que par civilité il les veüille faire chercher au lieu où ils se trouvent, comme a remarqué le Resident de Brandebourg dans son Discours Historique de l'Election de l'Empereur *chap. 18. page 438.* Nous lisons dans Cuspinian *in Austria,* que l'Empereur Frideric accorda au Duc d'Austriche *ne pro conducendis Feudis requirere seu accedere debeat Imperatorem extra metas Austriæ, & in Terra Austriæ ei debeant sua Feuda conferri per Imperium & locari.*

CHAPITRE VII.

Si l'Hommage se peut faire par Procureur en Dauphiné, contre la volonté du Seigneur, sans excuse legitime.

J'AY vû souvent mettre en doute par les anciens du Palais, si le Seigneur peut contraindre son Vassal de lui faire hommage en personne sans excuse legitime. Là question merite que les raisons de part & d'autre soient rapportées. Ceux qui tiennent l'affirmative se fondent, I. Sur ce que la prestation de l'hommage est un Acte de respect & de reconnoissance envers le Seigneur, qui semble être méprisé si le Vassal refuse de s'acquitter en personne de son devoir. *Quæritur*, dit Balde sur la Loy. *1. ff. de rer. divis. num. 56. an juramentum fidelitatis possit præstari per nuncium vel procuratorem. Et credo quod non, quia habet annexam reverentiæ exhibitionem, quæ in præsentia personarum fieri debet, sicut si tenetur Dominum associare, non poterit mittere procuratorem.* II. Que le serment de fidelité qui est accompagné de solemnité regarde de plus près la conscience, & qu'un tiers ne peut bien jurer en l'ame d'un autre, suivant le chap. *Veritas. Extra. de Jurejurando.* III. Qu'il est d'un Vassal comme de ceux dont parle la Loy 60. *C. de Decurion. lib. 10. Nullus qui nexu generis Curiæ tenetur obnoxius, per substitutam quancumque personam Curiales impleat functiones, sed ipse per se debitum patriæ munus exolvat, etsi spectabili dignitate decoratus sit, nisi hoc ei speciali beneficio sit concessum.* IV. Qu'il importe au Seigneur de connoître son Vassal nouveau. Ce qui a fait dire à Pontan sur la Coûtume de Blois art. 52. que l'hommage *præsentiam personarum requirit, verbis inter se se conferre; Siquidem quando persona est de forma actus, nunquam à forma receditur.* Et à du Moulin sur celle de Paris §. 28. n. 4. Tit. 1. Que le serment de cette nature est personalissime, puis qu'il ne passe pas même en la personne du fils héritier, qui est obligé de le renouveller de son chef. Ainsi Joan. Faber écrivoit il y a plus de trois cens ans sur la Loy 3. *C. de jure emphy. ut Vassallus personaliter fidem præstet.* Et quelque temps après Joan. Galli Avocat du Roy au Parlement de Paris *quæst. 301. quod consentientibus ambobus Domino & Vassallo, recipi potest & dari homagium per procuratorem.* D'où il s'ensuit que l'hommage ne peut être fait par Procureur que du consentement du Seigneur : C'est aussi l'opinion de Mr. le Maître au Traité des Amortissemens chap. 6. sur la fin. De Bodin en sa Republique livre 1. chap. 9. Et généralement de tous les Docteurs François, ce qui se trouve déclaré formellement *in cap. unico §. verum quando Abbatissa & §. seq. versic. Episcopus autem. De statu regular. in 6.* où il est dit, que si le Fief tenu par une Abbesse est de la mouvance d'un Evêque ou de quelqu'autre Ecclesiastique, l'Abbesse ou la Prieure doit être reçûë à faire hommage par Procureur ; & s'il est mouvant de quelque Prince ou Seigneur seculier qui ne la veüillent pas recevoir par Procureur, elle doit sortir du Monastere avec une compagnie honnête, & y retourner incontinent après avoir fait l'hommage, *sic quod in fraudem residentia sive mora claustralis nihil fiat omninò.* Surquoy Did. Covarruvias *in cap. Quamvis. De pactis parte 1. §. de juramenti interpretatione n. 19.* fonde son avis que le serment de fidelité peut être fait par Procureur *modò Dominus ipse non contradicat.* Et suivant cette maxime, nous lisons dans Antonin Archevêque de Florence Part. 3. Tit. 20. chap. 8. §. 3. que le Roy Philippes de Valois fit signifier par une Ambassade solemnelle à Edoüard III. Roy d'Angleterre qu'il eût à venir en France, lui faire hommage du Duché de Guienne, & que le Roy d'Angleterre lui ayant envoyé son frere Aymon pour y satisfaire, le Roy Philippes II. le refusa. Ainsi les Traitez de Paix qui ont été faits entre nos Roys & ceux d'Angleterre des années 1259. 1303. 1330. portent par des articles exprès, que le Roy d'Angleterre viendroit en personne faire la foy & hommage lige. Ainsi le Roy Charles VIII. refusa l'argent que Loüis Sforce Gouverneur de Lombardie lui envoya ; pour obtenir de Sa Majesté que son Neveu le Duc de Milan fut reçû à lui faire hommage, par Procureur du Duché de Gennes. Et en effet toutes les Coûtumes de France, à la reserve de celle de Chauny seule, en ont ainsi disposé. Et tel est aussi l'usage des Fiefs de Saxe comme a remarqué Hartmannus Pistoris *lib. 2. Quæstionum juris. quæst. 47. n. 59.* Et pour ce qui regarde le Dauphiné, qu'il a été jugé de la sorte par deux Arrêts, l'un donné en Audiance le 14. Décembre 1606. entre le Comte de Grignan demandeur, & le Seigneur de Tolignan défendeur. Et l'autre du 14. Août 1642. entre Messire François Ademar de Monteil de Grignan, Evêque de Saint Paul Trois-Châteaux demandeur, & Charles de la Baume de Suze Seigneur de Baumes défendeur, au rapport de M. de Ponnat. A quoy l'on peut ajoûter l'Arrêt qui se trouve dans les Registres du Parlement de Paris du 9. Decembre 1486. par lequel il fut dit, que le Marquis de Salusses seroit reçû de grace à faire hommage au Roy comme Dauphin de Viennois par Procureur, s'il plaisoit à Sa Majesté, à la charge qu'il viendroit en personne le plûtôt qu'il pourroit. Ce qui n'eut pas été ordonné si l'usage de Dauphiné permettoit au Vassal de faire son devoir par Procureur, puisque le Marquisat de Salusses est un Fief mouvant du Dauphiné.

Au contraire, l'on dit pour la negative, qu'il n'y a point d'Acte qui ne puisse être fait par Procureur avec un pouvoir special, s'il n'y a défense expresse de la Loy. Qu'il y a de la difference *inter legis actionem & actum legitimum*, comme a remarqué Fr. Hotoman en ses Commentaires *De regulis juris*, & en ses Disputations des Fiefs chap. 13. en ce que *legis actio per procuratorem & nuncium peragi non potest, qua de causa neque adoptio neque arrogatio peragi inter absentes potest l. post mortem*

tem ff. de adoption, neque hæreditas, per procuratorem acquiri l. per procuratorem ff. de acquir. hered. Actus verò legitimi peragi per internuntium possunt, ut deductio uxoris in domum ; Item repudium & divortium. Et l'on ne peut pas dire que l'hommage doive être consideré comme une action de la Loy, parce qu'il s'ensuivroit que la presence du Vassal seroit absolument necessaire. Ce qui semble avoir été l'opinion de Balde au lieu sus allegué. Mais il s'est contrarié lui même en d'autres endroits, car il dit sur le Titre, *Quo tempore miles. s. nisi justa, num. 6.* que si le Vassal est absent, & qu'il ne puisse pas aller commodément vers le Seigneur, il peut faire le serment de fidelité par Procuration. Et sur la Loy 1. *s. ne autem C. de caduc. tollend.* il passe plus outre en ces termes. *Sed nunquid juramentum fidelitatis debet quis præstare personaliter, & videtur quod sic, quia habet hanc formam quod tactis Scripturis. Dic quod etiam per procuratorem potest jurare, quia investitura & fidelitas est istius naturæ.*

C'est une maxime certaine en matiere de Fiefs, qu'ils doivent être regis par la Coûtume des lieux où ils sont assis, ce qui a fait dire à Pistoris au lieu sus-allegué, & à Hermanus Vulteius *lib. 1. de Feudis cap. 7.* que la resolution de la question presente dépend de la Coûtume des lieux. Ainsi les Coûtumes de Rheims, de Châlons, & de Vermandois, admettent le Vassal à faire hommage par Procureur, si le Seigneur ne le reçoit en personne, contre la maxime de du Moulin sur la Coûtume de Blois, que *juramentum recipere reale est, præstare personale videtur.* Par celles de la Marche & de Bourbonnois, il n'y a que le Duc seul, qui est à present le Roy, qui puisse commettre à la reception de la foy & hommage de ses Vassaux, les autres Seigneurs les doivent recevoir en personne. Ainsi la Coûtume de Chauny seule art. 103. oblige le Seigneur de recevoir son Vassal à relever & droiturer, & de prendre le serment de fidelité par Procureur, quoy qu'il n'allegue point d'excuse, pourveu qu'il ait procuration expresse.

Et à l'égard du Dauphiné, le Droit des Fiefs par lequel il est regi, admet le Procureur tant de la part du Seigneur, que de celle du Vassal, *lib. 2. tit. 4. Per quos fiat Investitura. Sed utrum,* dit le Texte, *ipse vel alius pro te Investituram faciat, vel suscipiat, parum interesse putamus. Potest enim hoc negotium & per Procuratorem ab utraque parte expediri.* Ce qui est confirmé par le Prevôt de Milan *s. omnes col. ult. de Feudo defuncti.* En quoy le Fief est different de l'Emphyteose, dont la mise en possession ne peut être faite que par le Seigneur même, *l. ult. s. penult. C. de jure emphyt.* Et pour faire voir que le consentement du Seigneur n'est pas sous-entendu, Cujas sur le même Titre reconnoît la difference de la plûpart des Coûtumes de France, avec celle des Lombards, sur le sujet de la question presente. Voicy comme il parle. *Et plerumque Consuetudines Regionum exigunt, ut ipsemet Vassallus veniat Domino postulante, & ut per alium non aliter juret, quam si & per alium Dominus faciat Investituram, sed hoc Jure secus est.* François Hotoman sur le même Titre, *Per quos fiat Investitura. Feudum per Procuratorem*

& dari & accipi hoc Jure potest. Jure Gallico nisi Dominus consenserit, non potest. Du Moulin sur la Coûtume de Paris §. 67. n. 1. *Nota quod quamvis secundùm usus Insubriæ compilatos per Obertum possit Vassallus petere renovationem Investituræ & fidelitatem præstare per Procuratorem speciale mandatum habentem, ut in Usibus feudor. &c. Tamen de Consuetudine nostra, quæ est ferè generalis in toto hoc Regno non licet fidelitatem præstare vel offerre per Procuratorem etiam speciale vel singulare mandatum habentem, nisi ex causa justi aut rationabilis impedimenti, & ita ferè invaluit ubique rationabilis usus.* Il a dit *ferè* & Cujas *plerumque*, parce que la Coûtume de Chauny est conforme au Droit des Fiefs, ou plûtôt à la disposition du Droit commun, qui permet de faire par autruy ce qu'on ne veut faire par soy-même, excepté peu de cas prohibez par la Loy. Bodin liv. 1. chap. 9. Rat sur la Coûtume de Poitou art. 114. Chopin sur celle d'Anjou liv. 2. tit. 1. Tronçon sur celle de Paris art. 67. & plusieurs autres Commentateurs des Coûtumes remarquent aussi cette difference. Je sçay bien qu'il y a quelques Feudistes qui ont exigé la personne du Vassal, quand elle est requise par le Seigneur, mais l'opinion commune est contraire. François Sonsbeck *in Commentariis ad Usus feudorum p. 7. n. 25.* refute ouvertement celle de Paul de Castre en son Conseil 424. A quoy j'ajoûte Henry de Rossentall grand Feudiste *Tractatu totius juris Feudalis cap. 6. concl. 37.* où il rapporte les divers sentimens des Docteurs, & conclud par le sien en ces termes. *Verum quia omnis generis juramenta & actus paucis admodum exceptis à Procuratore cum speciali mandato ab illa constituto expediri possunt, neque in hoc nostro casu id reperitur prohibitum, existimarem indifferenter; Domino, etiam invito, Procuratorem cum speciali mandato admittendum & audiendum esse, nisi fortasse Dominus ex causa aliqua probabili Vassalli personam requireret.* La raison de cette limitation *nisi fortasse*, est tirée de Balde en ses Conclusions féodales, & de Jacobinus de Sancto Georgio. *Tractatu de Feudis in verbo. Qui quidem investiti n. 12.* qui l'appelle *stupendum dictum Baldi.* A sçavoir que *Dominus non cogitur acceptare Procuratorem, si dicat quod vult videre Vassallum per vultum, quia fortè habet eum suspectum, & vult eum admonere & terrere.* Ce qui cesse aujourd'huy que les Fiefs sont patrimoniaux, & qu'ils ne doivent le service militaire qu'au Souverain, comme je feray voir ailleurs. De sorte que le §. *verum quando Abbatissa*, ne regarde que les Coûtumes qui exigent la personne du Vassal, & nullement celles qui lui permettent de faire hommage par Procureur, contre la volonté du Seigneur, comme Chauny, où la personne n'est pas de la forme de l'Acte non plus qu'en Dauphiné. Il en est de même de l'opinion de Joannes Faber, de Joan Galli, de Mr. le Maître & de Bodin. Il est vray que la prestation de foy, & le serment de fidelité consiste en l'exhibition d'honneur & de reverence que le Vassal doit à son Seigneur, ce qui peut être executé par Procureur ayant mandement special, *unde nascitur actio quod jussu. Parum enim abest quin & ipse contraxisse videatur qui jussit l. 1. ff. quod jussu.* Et d'autant plus que les Fiefs sont plus réels que personnels. C'est le Fief ser-

vant qui doit au Fief dominant , *veluti quædam fpecies fervitutis realis , quæ rei à re debetur. l. 1. ff. de fervit. ruft. præd.* Qui eft la raifon dont fe fert Joannes Brechæus fçavant homme fur la Coûtume de Tours au chap. *Comment hommage fe doit offrir à fon Seigneur.* Où il dit. *Sed quærat forfitan aliquis , an per Procuratorem & mandato ejus rei ergo concepto poffit Clientulus Patrono fuo fidem obfequiùmque præftare : Ac vice verfa an compelli poffit ipfe Patronus Clientulum ut admittat. Equidem legibus Feudorum id ipfum Clientulis eft integrum.* Et peu après. *Quandoquidem hujus neceffitudinis contrahenda in rem magis Clientelarem , quam in perfonam Clientis & concepta & fcripta cenfetur effe , ac poffeffio ipfa , non etiam poffeffor eo fœdere auctoratus eft.* Car fi le Vaffal aliene fon Fief , en même inftant il eft quitte envers le Seigneur du ferment de fidelité. Qu'eft-ce qui lie plus étroitement que le Mariage , & néanmoins il peut être contracté par Procureur ?

La folemnité dont l'Acte de preftation d'hommage eft accompagné, n'a rien d'incompatible avec la perfonne d'un Procureur , non plus que l'Acte de divorce , *qui certis verbis & folemnitate peragebatur l. 1. ff. de divortio. Et tamen per internuncium fieri poterat l. ff. 2. eodem.* Quant au chapitre *Veritatis ,* la commune refolution des Docteurs eft telle , *in c. ut circa de elect. in 6.* & de Covarruvias au lieu fus allegué , *ut fi lex exigat in aliquo actu proprium alicujus juramentum poffit tunc juramentum per Procuratorem habentem fpeciale mandatum præftari , modo, is actus ejus conditionis fit , quod per alium geri poffit.* L'Arrêt donné pour le Marquifat de Saluffes ne peut fervir de préjugé qu'en des Fiefs de même nature ; parce que les Principautez & les autres grandes Seigneuries fe reglent par d'autres maximes que celles des Fiefs inferieurs. Et c'eft proprement de ceux-là qu'il faut entendre le dire de Balde , que le Seigneur n'eft point obligé de recevoir un Procureur , s'il veut voir le vifage de fon Vaffal , parce que peut-être il le tient fufpect , ou qu'il le veut intimider. Et en effet le fujet du tit. IX. de Bodin liv. 1. n'eft que du Prince tributaire ou féudataire , pour fçavoir s'il eft veritablement Souverain. Auffi ufe-t'il de ces termes , *que le Seigneur féodal a notable interêt , que la perfonne d'un grand Seigneur qui lui doit hommage ne foit changée pour un faquin.* C'eft , dis-je , de ces grands Fiefs que Pontan eut eu raifon de dire que la conference du Seigneur & du Vaffal eft neceffaire. Mais ce raifonnement ne peut être appliqué aux petits Fiefs qui ne tiennent prefque rien de leur ancienne nature ; & qui à dire le vray confiftent plus aux profits cafuels qu'à l'honneur , comme en leur établiffement ils ne confiftoient qu'en l'honneur fans profit.

Il ne refte qu'à répondre à l'objection des deux Arrêts contraires du Parlement de Grenoble. L'on voit par les Plaidoyers de celui du 14. Décembre 1606. que le Comte de Grignan ne mettoit pas en doute la Coûtume de Dauphiné , mais qu'il foûtenoit que la preftation perfonnelle avoit été continuée l'efpace de trois cens ans , qui étoit une prefcription fuffifante pour lui acquerir le droit fans titre de ce devoir perfonnel. Néanmoins ce ne fut pas le feul fondement de l'Arrêt. Je me ressouviens d'avoir oüi dire à quelques-uns des Juges, que le principal motif fut que le Comté de Grignan, qui est le Fief dominant, est assis en Provence, où la Coûtume requiert la personne du Vassal. Parce que c'est une maxime générale en matiere féodale, que lors qu'il s'agit de profits de Fief, la Coûtume du lieu où le Fief servant est situé, doit être suivie ; mais quand il est question de la forme de l'hommage ; il se faut regler suivant la Coûtume du Fief dominant, ainsi que l'a remarqué du Moulin sur la Coûtume de Vermandois art. 114. & presque tous les Commentateurs des Coûtumes, & qu'il a été jugé par Arrêt du Parlement de Paris du 27. Août 1604. rapporté par Loüet en la lettre C. num. 49.

Quant à l'Arrêt de l'Evêque de S. Paul, j'ay appris de Mr. de Ponnat, Rapporteur du Procès, qu'il fut donné sur trois motifs. Le premier que l'hommage étant dû à un Evêque, l'Eglise seroit méprisée en sa personne ; si le Vassal faisoit refus de la sienne. Même que les Fiefs des Evêchez ont été concedez afin que les Vassaux fussent les défenseurs de leurs droits, & que leur personne honora la solemnité de leur advenement par la prestation de foy. A cause dequoy plusieurs Evêques ont un nombre de Barons pour Vassaux qui sont obligez à certains devoirs en la ceremonie de leur premiere entrée en la Ville Episcopale, que Sinesius Epist. 57. appelle ἐπιβατήριον Ἐπισκόπε. Ainsi les Evêques d'Autun, de Rennes & de Nevers ont quatre Barons qui sont tenus de les porter par la Ville à leur premiere entrée, ayant les premiers rangs entre la Noblesse. Et même par eux il y a certains degrez de préeminence. Ce qui a quelque raport avec la condition de certains Fiefs des Lombards, dont-il est fait mention *lib. 2. tit. 2. ſ. 3. Quid sit Investitura feudi Videlicet ut Vassallus in Festivis diebus vadat cum uxore Domini ad Ecclesiam.* Le second motif fut que depuis l'Inféodation de la Terre de Baumes tous les hommages avoient été faits en personne ; même par Mre. Pierre Gruel President unique au Parlement de Grenoble, comme il appert du vû de l'Arrêt. Le troisiéme que les conditions de la premiere Investiture justifioient qu'on ne s'étoit pas reglé suivant la Coûtume générale de Dauphiné, en ce que le Vassal est obligé de prêter le serment de fidelité à genoux, au lieu qu'en Dauphiné, les Nobles sont en Coûtume de la prêter debout. Ainsi par les circonstances de ces deux Arrêts l'on voit clairement qu'ils ne peuvent être tirez à conséquence que dans leur espece. Au contraire il a été jugé dans l'individu de la question, que le Vassal a le choix de faire hommage en personne ou par Procureur spécialement fondé, par Arrêt du 15. May 1607. donné entre Messire Jean-Baptiste Escalin des Aymars Baron de la Garde, demandeur, & Jeanne Allian Dame du Poet, défenderesse, dont voicy le fait. La Dame du Poet avoit été condamnée de faire hommage au Baron de la Garde de la Terre de la Bâtie-Roland, par Arrêt du 15. Juillet 1605. en exécution duquel elle offrit d'y satisfaire par Procureur suivant le Droit des Fiefs & la Coûtume de Dauphiné. Le Baron de la

Garde exigea que ce fut en perſonne, & allegua l'Arrêt du Comte de Grignan. Sur cette conteſtation la Cour ordonna qu'elle paſſeroit reconnoiſſance & feroit hommage en perſonne, ou par Procureur ſpecialement fondé. Mais il en eſt autrement ſi l'Infeodation oblige le Vaſſal à la preſtation de l'hommage en perſonne. J'eſtime qu'il eſt à propos de rapporter un Extrait de ces deux Arrêts à la ſuite de ce Chapitre.

L'ARREST DU COMTE DE GRIGNAN.

ENTRE *Meſſire Loüis-François Ademar de Monteil, Comte de Grignan, demandeur en Requête tendante à preſtation d'hommage d'une part ; Et Meſſire Charles de Monteynard, Seigneur de Tolignan, defendeur d'autre.*

*Maître Moret Avocat plaidant pour ledit Sieur Comte de Grignan, aſſiſté de **** ſon Procureur, a dit, que la preſtation perſonnelle a été continuée l'eſpace de trois cens ans, qui eſt une preſcription ſuffiſante pour lui acquerir droit ſans titre de ladite preſtation perſonnelle ; & pour lever tout ombrage de l'inimitié alleguée, qui eſt impertinente, ledit Sieur Comte de Grignan offre de bailler en ôtage ſes enfans, juſques à ce que ledit hommage ait été fait, perſiſtant audit hommage en perſonne dans le Château de Grignan, dans la quinzaine, après laquelle ledit Château-vieux de Tolignan demeurera acquis par Commis à ſa partie.*

*Maître Romme Avocat dudit Sieur de Tolignan, aſſiſté de **** ſon Procureur, a dit, que ſa Partie ne dénie point l'hommage, par le moyen dequoy il eſt relevé du droit de Commis, ains ſeulement la forme d'icelui ; & ſoûtient être loiſible de le faire en perſonne, ou par Procureur à ſon choix.*

LA COUR enterinant, quant à ce, la Requête du Demandeur, ordonne que dans ſix ſemaines, pour tous délays, le Defendeur fera hommage au Demandeur, en perſonne, du Château-vieux, enſemble de la moitié de la Juriſdiction de Tolignan, à la forme des precedens hommages, autrement ledit délay paſſé, ſera pourvû ſur le droit de Commis ainſi qu'il appartiendra, dépens compenſez. Fait à Grenoble en Parlement, le quatorziéme du mois de Décembre, mil ſix cens ſix.

L'ARREST DU BARON DE LA GARDE,
contraire au precedent.

ENTRE *Meſſire Jean-Baptiſte Eſcalin des Aymars, Seigneur & Baron de la Garde, Demandeur en exécution d'Arrêt du 15. Juillet 1605. d'une part, & Dame Jeanne Alian, Dame du Poet, Defendereſſe d'autre.*

Vû par la Cour l'Arrêt donné entre ledit Sieur de la Garde & la Dame du Poet, pour raiſon de la Terre de la Bâtie-Roland, par lequel ladite Dame du

Poet est condamné à payer audit Sieur de la Garde les Lods de l'acquisition
faite par le feu Sieur du Poet son mary, de la Terre & Jurisdiction de la
Bâtie-Roland, ensemble à passer audit Sieur de la Garde nouvelle reconnoissance d'icelle Terre, suivant & à la forme des hommages & reconnoissances
anciennes, les dépens de l'instance compensez, & autrement comme est porté
par ledit Arrêt du 3 5. Juillet 1 6 0 5. Acte de sommation faite en exécution
dudit Arrêt par ledit Sieur de la Garde à ladite Dame du Poet du 1 9. Septembre année susd. de payer les susdits Lods adjugez à raison du quart denier,
tant du prix de l'acquisition d'icelle Terre, revenant à six mille neuf cens huitante écus, qu'aussi du prix porté par la Transaction faite entre ledit feu Sieur
du Poet, & le Sieur d'Autichamp, pour raison de l'acquisition de ladite Terre, montant ledit prix trois mille trois cens trente écus, ensemble de venir en
propre personne en la Baronie de la Garde, & dans le Château dudit lieu,
pour reconnoître & faire hommage audit Seigneur de la Garde de l'entiere
Jurisdiction de ladite Terre de la Bâtie, offrant ledit Sieur de la Garde de
passer Investiture de ladite Terre à ladite Dame ; protestant en cas de refus
du droit de Commis contre ladite Dame, & de tous dépens, dommages &
intérêts. Réponse faite à ladite sommation par ladite Dame contraire à icelle,
par laquelle elle offre pour l'authorité du susdit Arrêt, sauf toutefois de se pourvoir contre icelui par les voyes ordinaires, de reconnoître ladite Terre de la
Bâtie Roland à la forme des reconnoissances précedentes, qui lui seront exhibées,
même conformément à la reconnoissance de feu Imbert de Beaumont du 1 9.
Aoùt 1 4 2 0. lors possesseur de ladite Terre, au profit de Messire Loüis Ademar
de Monteil Baron de la Garde, ensemble de payer les Lods pour raison dudit
Château de la Bâtie & son parcours, separation faite des rentes, Domaines
& autres devoirs compris en l'acquisition dudit feu Sieur du Poet, laquelle reconnoissance & payement de Lods elle offre faire par Procureur, protestant en
cas de refus de tous dépens, dommages & intérêts. Requête presentée par
ledit Sieur de la Garde à la Cour du 5. Novembre an susdit, sur laquelle a été
ordonné commandement être fait à ladite Dame, de passer ladite reconnoissance, & payer les susdits Lods demandez. Exploit de commandement fait à ladite Dame, en exécution dudit Decret, laquelle a répondu qu'elle persiste en
la réponse par elle faite au susdit Acte de sommation ; Et en cas que ledit Sieur
Baron de la Garde passât plus outre, déclaroit ladite Dame qu'elle s'opposoit à ses
Exécutions, Gagement & Inquants des choses saisies à ladite Dame du Poet du
1 7. Novembre an susdit. Requête de ladite Dame du Poet à la Cour, tendante à
cassation des susdites exécutions, comme faites au préjudice de son opposition, &
pour choses non liquidées. Apointement du dernier Juillet 1 6 0 6. accordé par
le Procureur dudit Sieur de la Garde, portant cassation & revocation desdites
exécutions, avec dépens, dommages & intérêts, & restitution des choses saisies.
Acte d'investiture du 1 9. Aoùt 1 4 2 0. passée à Imbert de Beaumont par feu
Messire Loüis Ademar de Monteil de ladite Terre de la Bâtie Roland. Acquisition de ladite Terre de la Batie au profit dudit feu Sieur du Poet, au prix de
six mille neuf cens huitante écus du 2 4. Juin 1 5 9 1. Transaction passée pour
raison de ladite Terre, entre ledit Sieur du Poet, & ledit Sieur d'Autichamp
le 1 1. Juin 1 5 9 4. par laquelle ledit Sieur d'Autichamp remet & transporte

audit Sieur du Poet tous & uns chacuns les droits qu'il avoit sur ladite Terre, moyennant le prix de trois mille trois cens trente écus. Investiture passée par la Chambre des Comptes de ce Païs au profit dudit Sieur de Beaumont du 15. Juillet 1545. à l'occasion des Vingtains, tâches & rentes de ladite Terre de la Bâtie liquidez au quatrième denier. Instrumens de ventes produits par ladite Dame du Poet, pour montrer qu'il y a plusieurs Terres de nouveau acquises & unies à ladite Terre de la Bâtie-Roland du 22. Décembre 1573. Sommaire emprise faite par ladite Dame du Poet du 5. Janvier 1601. par laquelle il appert que le Moulin, qui est audit lieu de la Bâtie, n'est bannier que depuis que ledit feu Sieur du Poet avoit acquis ladite Terre. Dénombrement des Terres qui souloient appartenir au feu Sieur de Chabrillan, situées audit lieu de la Bâtie. Albergement passé par Noble Arthaud de Beaumont au profit de Pierre Romesses des Terres y mentionnées. Arrêt de la Chambre des Comptes de ce Païs du 19. Juillet 1592. par lequel les Lods de l'acquisition faite par ledit feu Sieur du Poet de ladite Terre de la Bâtie-Roland, ont été liquidez à mille cent cinquante-trois écus vingt sols, à raison du sixième denier. Sommaire emprise faite à la Requête de ladite Dame du Poet du 6. Janvier 1607. sur la bannalité du Four qui est audit lieu de la Bâtie-Roland, & sur le payement des tâches & vingtains des grains croissans audit lieu. Dénombrement baillé en ladite Chambre des Comptes par ledit feu Sieur du Poet, des droits, rentes & revenus Seigneuriaux qu'il percevoit en ladite Terre du 5. Février 1596. Ecritures du Sieur de la Garde, signées Barin. Ecritures de ladite Dame du Poet, signées Moret, responsives aux Ecritures dudit Sieur de la Garde. Dénombrement des biens Nobles que possedoit dans la Sénéchaussée de Valentinois Noble François de Moreton du 28. Mars 1540. Rôlle des Terres que ladite Dame du Poet possede à present audit lieu de la Bâtie-Roland, qui souloient appartenir aux Particuliers dudit lieu, & qui sont à present jointes & unies aux Grangeages de ladite Seigneurie. Dénombrement baillé par Jean de Beaumont de ladite Terre de la Bâtie-Roland au Sénéchal de Valentinois. Extrait d'Arrêt de la Cour du 14. Decembre 1606. par lequel le Sieur de Tolignan a été condamné à prêter hommage en personne au Comte de Grignan, du Château-vieux & moitié de la Jurisdiction de Tolignan, à la forme des précedens hommages. Autres Ecritures dudit Sieur Baron de la Garde, signées Barin & Romme, dûement communiquées, par lesquelles pour les raisons y contenuës, il soutenoit être bien fondé à demander à ladite Dame du Poet reconnoissance & hommage en propre personne du Château & Fief de ladite Terre de la Bâtie-Roland, & de tous les droits & revenus en dépendans, même du Vingtain des fruits que ladite Dame perçoit audit lieu, comme aussi de demander payement des Lods, non-seulement du prix porté par l'acquisition du feu Sieur du Poet de ladite Terre ; mais aussi du prix porté par la Transaction faite pour raison de ladite Terre, entre ledit feu Sieur du Poet, & le Sieur d'Autichamp, & ce à raison du quatrième denier, puisque ledit feu Sieur du Poet par le susdit dénombrement baillé à ladite Chambre des Comptes avoit déclaré, qu'en cas d'alienation des fonds se mouvans de son Fief, il percevoit les Lods à raison du quatrième denier. Ecritures de ladite Dame du Poet dûement communiquées, signées Manou & Robert, par lesquelles elle soûtenoit n'être tenu de reconnoître sans exhibition des précedentes reconnoissances, & hommages, & en tout cas ne devoit reconnoître que le Château dudit lieu de la Bâtie & son parcours par Procureur, & ne devoit reconnoître les Vingtains, ains au Roy seul, & ne pouvoit être tenu au payement des Lods, que du prix porté par l'acquisition dudit feu Sieur du Poet, non de celui porté par la susdite Transaction, pour ne contenir vente ny alienation, & à raison du sixiéme denier, suivant le susdit Arrêt de liquidation fait par ladite Chambre des Comptes, ne faisant apparoir ledit Sieur Baron de la Garde d'aucun titre, possession, ou coûtume des lieux circonvoisins, pour les percévoir à ladite Cotte du quatriéme denier, & production des parties selon leurs Inventaires dûëment communiquez, & tout ce qui fait à voir.

La Cour faisant droit sur les fins & conclusions respectivement prises par les parties, a condamné la Défenderesse à passer reconnoissance, & faire hommage en personne, ou par Procureur à ce specialement fondé, audit Demandeur du Château & Fief de la Terre de la Bâtie-Roland, & droits en dépendans mentionnez, tant en l'achat fait de ladite Terre par feu Noble Loüis de Blain Sieur du Poet le 24. Juin 1591. que des rentes & devoirs Seigneuriaux qu'il percevoit en ladite Terre ; Ensemble à payer les Lods du prix porté par ledit achat. A débouté ledit Demandeur des Lods par lui demandez de la somme de dix mille livres contenuë en la Transaction faite par ledit de Blain avec Noble Gaspard de Beaumont Sieur d'Autichamp le 11. Juin 1594. dépens compensez. Et quant à la reconnoissance du Vingtain demandée par ledit Demandeur, & payement des Lods cy-dessus adjugez à la Cotte du quatriéme denier, a appointé les parties contraires ; seront faits plus amples de huitaine en huitaine, à iceux répondront dans la huitaine après, autrement forclos, sur les mêts informeront dans le mois consecutif par Maître Philippes Roux Conseiller du Roy ceans, lequel est à ces fins commis : Et pour le surplus, se retireront au Greffe pour se regler de tous les délays de la cause, jusques à appointement en Droit. Et cependant par provision & sans préjudice du Droit des Parties au principal, a condamné ladite Défenderesse à payer les Lods cy-dessus adjugez, à raison du sixiéme denier, dépens pour ce regard reservez. Fait en Parlement le 15. May 1607.

CHAPITRE VIII.

Du Fief rendable.

LE Fief rendable que les Titres Latins appellent *Feudum reddibile*, a été fréquent en Dauphiné, mais je vois peu de personnes qui en sçachent la nature & l'usage. Ceux-là se trompent qui le prennent pour un Fief de retour, c'est-à-dire, qui est reversible au Seigneur par le décés du Vassal sans posterité. C'est un

Fief à la conceſſion duquel le Seigneur s'eſt reſervé le pouvoir de s'en
ſervir en cas de guerre ou d'autre neceſſité, ſelon la condition de l'Inveſtiture, comme il eſt expliqué par Tiberius Decianus, *Conſ. 58.*
num. 40. & 41. vol. 2. & après lui par Henry de Roſentall. *Tracta-*
tu de Feudis cap. 1. concluſ. 78. où il dit qu'il s'appelle en Allemagne.
Ein offen hauſſ. Quando nempè alicui aliquod Caſtrum aut Arx ea conditione
infeudatur, ut Domino ſemper ad nutum pateat, ac illi cum ſuis liber eò ſit
acceſſus; Vel ut Vaſſallus illud Domino tempore belli contra hoſtes, aut omnes
accommodare, & interim eo carere teneatur. Et ſolent ſerè ſemper certa pacta
& conditiones adjici, quibus Domino tradit & Vaſſallo reſtitui debeant; Que
feuda in cæteris rectam naturam habent, exceptis ſolùm iis quæ in Inveſtitu-
ris variata reperiuntur; Et videtur quidem nulla alia ex iis quæ in Inveſtitu-
ris præter hanc reddibilitatem deberi ſervitia. Suivant quoy le premier article de la Coûtume de Bar, qui eſt la ſeule qui en fait mention,
porte *que tous les Fiefs tenus du Duc de Bar en ſon Bailliage de Bar, ſont*
Fiefs de danger, rendables à lui à grande & petite force, ſur peine de com-
miſe. Mais comme la qualité de rendable n'eſt pas naturelle aux Fiefs,
& qu'elle deſcend des pactions de l'Inveſtiture, elle ſe trouve quelquefois exceptée dans les Actes d'hommage, comme en celui qui fut
fait l'an 1230. par Guigues Dauphin à l'Archevêque de Lyon des
Terres d'Annonay & d'Argental, qu'il reconnut *in feudum francum ſine*
reddibilitate.

Quelques-uns l'appellent Fief de retraite, à cauſe que le Vaſſal eſt
obligé d'y recevoir le Seigneur, & de lui donner retraite lors qu'il en
a beſoin. Ainſi Berthold Duc de Bourgogne reſerva ſa retraite en la
Ville de Vienne, par la donation qu'il en fit l'an 1155. à Guigues
Dauphin, Comte d'Albon, du conſentement de l'Empereur Frideric
I. contenant cette clauſe. *Tu verò mihi hominium faciens vice verſa pro-*
miſiſti, quod quotieſcumque mihi neceſſitas incubuerit in eadem me Civitate re-
cipias. Depuis laquelle donation les Dauphins ont pris la qualité
de Comtes de Vienne, comme j'ay fait voir ailleurs. La même reſerve fut faite par Hugues Duc de Bourgogne, & par Beatrix Comteſſe
d'Albon ſa femme, au Tranſport qu'ils firent le 7. de Novembre
1189. du Fief de Morges, qu'Arnaud & Pierre de Morges tenoient
d'eux, à Raymond Beranger, pour le prix de ſix vingt marcs d'argent, qui devoient être employez à la dépenſe du voyage que le Duc
alloit faire à Hieruſalem. La clauſe eſt en ces termes. *Pro hoc verò*
feudo tu & ſucceſſores tui nobis & ſucceſſoribus noſtris in illa parte Caſtri reci-
pere & adjuvare, & fideliter cuſtodire debetis. Nos autem quandiu in Caſtro
fuerimus, tibi vel hominibus tuis damna minimè faciemus. Ainſi l'on voit
au Treſor des Chartes du Roy, Layette intitulée *Bourgogne,* n. 23. un
Acte de l'an 1197. par laquelle Eſtienne Comte d'Auxonne reconnoît à Eudes Duc de Bourgogne, la Ville d'Auxonne avec le Château
jurable & rendable à ſa Requête, en ſorte que le Duc & les ſiens
in eodem Caſtro receptaculum haberent.

Quelquefois l'obligation de rendre le Fief étoit indéfinie, & ne dé-

pendoit que de la volonté du Seigneur, comme il se trouve au Chartulaire de Champagne une Charte du mois de Septembre 1229. rapportée par André du Chesne page 173. des preuves de l'Histoire de
Vergy, par laquelle Ponce de Mont-Saint Jean reconnoît une Maison
forte à Thibaud Comte de Champagne & de Brie, jurable & rendable
à grande & à petite force, *quam citò, quandocumque & quotiescumque ab
ipso vel ipsius mandato, & ab haredibus ejus, vel ipsorum mandato fuerit requisitus ad parvam vim & ad magnam.*

Quelquefois aussi le temps de garder le Fief étoit limité, comme
nous lisons dans la même Histoire de la Maison de Vergy page 107.
qu'Hugues de Vergy après avoir eu de grandes Guerres avec Eudes
III. Duc de Bourgogne, jura de lui rendre d'oresnavant son Donjon
ou Château de Vergy, toutes les fois qu'il en seroit requis, avec
pouvoir de le garder l'espace de quatorze jours pour la necessité de
ses affaires, lequel temps expiré, le Duc le remettroit entre ses mains
au même état qu'il lui auroit été livré, si les Abbez de Cisteaux &
de Bussiere ne jugeoient qu'il eut un évident besoin de le retenir davantage, en récompense dequoy le Duc lui donna la Seigneurie de
Mirebeau, avec la garde de Fleury, & tout ce qu'il possedoit à Bar-
ges, à Savooges & à Courcelles. De plus, il promit de lui donner
la Senéchaussée de Bourgogne, quand Gaucher de Châtillon ne l'auroit plus, dont il y eut un Acte passé à Cisteaux l'an 1097.

Il se trouve pareillement en la Coûtume de Bassigny le Lorrain à
Gondrecourt la Marche, arrêté par le Duc de Lorraine le dix-neuvié-
me de Novembre mil cinq cens quatre-vingt, que tout Vassal du Duc
est tenu de lui prêter ses Châteaux & Forteresses, pour un temps,
pour la conservation de sa vie ou de son Pays.

Mais en Dauphiné, l'Usage le plus commun de la Reddibilité, c'est
qu'à l'ouverture du Fief par le decès du Seigneur ou du Vassal, la
banniere de celui-là se mettoit au plus haut du Donjon ou de la
principale Tour du Château, où elle demeuroit arborée un jour, ou
plus long-temps, selon qu'il étoit convenu par l'Infeodation pour marque de Superiorité, comme si le Fief étant ouvert retournoit à son
Seigneur. Ce que les titres Latins appellent *pro bona Seignoria*, ou *pro
bono Dominio*. Cela se justifie par un grand nombre d'Hommages, &
entr'autres par celui qui fut prêté le 9. de Novembre 1340. à Humbert Dauphin, comme Baron de Meüillon, par Guillaume de Besignan, à cause du Château de Besignan qu'il reconnut en Fief franc,
noble, ancien & rendable, *qua quidem Reddibilitas*, porte l'Acte reçû
par Humbert Pilati, *sic intelligitur & declaratur, videlicet quod in mutatione Domini, ac etiam in mutatione Vassalli, Dominus Delphinus & successores sui in dicto Feudo possint & debeant ponere & poni facere vexillum
suum in signum majoris dominii, & tenere ibidem dictum vexillum per unam
diem naturalem dumtaxat, qua die elapsa amovere debeant dictum vexillum,
& reddere & restituere Turrim Domino dicti Castri.* Il se justifie encore
par l'Hommage qui fut fait le 28. de Juillet 1249. à Charles Dauphin

de Viennois par Raymond de Baux Prince d'Orenge, des Châteaux de Montbruilon, de Curviere & de Novefan, qu'il reconnut *in Feudum francum & nobile, Reddibile tamen, quod naturam habeat antiqui Feudi Reddibilis, quæ Reddibilitas sic intelligitur, videlicet quod quotiescunque Dominus Delphinus vel sui guerram haberent, vel habere timerent verisimilibus conjecturis ad ejus requisitionem eidem reddi debeant dicta Castra, & ea tenere possint guerra durante cum expensis dicti Domini Delphini, nihil accipienda de redditibus, vel exitibus, vel aliis juribus dictorum Castrorum, & guerra sopita ipsa Castra dicto Domino Principi reddere teneatur. Si verò Dominus Princeps pro bono dominio ipsi Domino Delphino redderet ipsa Castra, tunc dictus Dominus Delphinus cum expensis dicti Domini Principis ipsa debeat custodire. Et in qualibet mutatione Domini & Vassalli, etiam dicta Castra redduntur Domino Delphino & suis tenenda per tres dies duntaxat cum vexillo Delphinali nihil de bonis dictorum Castrorum accipiendo ut supra.* Comme il se voit dans l'Acte reçû par le même Pilati. A quoi j'ajoûte la Procedure qui fut faite l'an 1443. pour la Reddibilité des Fiefs de Virieu, de Paladru, du Passage, de Monferra & d'Hauterive, par le décès d'Aymar Vicomte de Clermont, que j'ay trouvée dans les Registres de la Chambre des Comptes. Je la rapporterai au long au bas de ce chapitre, pour plus d'éclaircissement de cet usage.

Voilà ce qui m'a semblé devoir être remarqué sur le sujet des Fiefs rendables dont l'ancienne pratique a cessé depuis deux cens ans, qu'il ne s'en trouve point d'exemple dans la Chambre des Comptes, parce qu'en effet tous les Châteaux & les Maisons fortes font aujourd'hui rendables au Souverain, quand il en a besoin. Et quant aux Seigneurs de Fiefs, comme ils n'usent plus du pouvoir qu'ils s'attribuoient autrefois, de faire la guerre de leur propre authorité, ils n'ont pas droit non plus d'exercer en ce cas la reddibilité de leurs Fiefs. Et pour ce qui regarde le droit honorifique d'arborer la banniere du Seigneur au plus haut du Château feodal, à chaque ouverture de Fief, il n'est plus en usage depuis que les Fiefs ont été faits purement patrimoniaux en Dauphiné. Ce qu'ils n'étoient pas au dessus de cent cinquante ans que pour les droits successifs, comme j'ai fait voir ailleurs.

PROCEDURE DE FIEF RENDABLE.

IN nomine Domini Amen. Noverint universi & singuli "
præsentes, pariterque futuri, hoc præsens verum & publi- "
cum Instrumentum inspecturi, visuri, lecturi, ac etiam audi- "
turi, quod anno Salutiferæ Incarnationis ejusdem Domini "
millesimo quatercentesimo trigesimo tertio, & die quinta "
mensis Octobris vigore quarumdam Litterarum Commissionis "
à spectabili & magnifico viro Domino Radulpho Domino de "

„ Gaucourt Confiliario & Cambellano Regio, Gubernatore
„ Delphinatus emanatarum, quarum tenor talis eft. Radulphus
„ Dominus de Gaucourt Confiliarius & Cabellanus Regius, Gu-
„ bernator Delphinatus dilecto noftro Caftellano Turris Pini, aut
„ ejus Locumtenenti Salutem. Quia nuper Magnificus vir Do-
„ minus Aymarus Vicecomes & Dominus Clarimontis quon-
„ dam, qui Caftra fua & loca ac Terras Viriaci, Paladruti,
„ Paffagii & Altæ Ripæ de feudo, ac homagium Domini &
„ Caftri Montis Ferrati de retrofeudo reddibili Domini noftri
„ Delphini Viennenfis, & fub homagio ligio tenebat & poffi-
„ debat, viam univerfæ carnis fuerit ingreffus. Eapropter inftan-
„ te Advocato Fifcali, & Procuratore Generali Delphinali pro
„ jure & intereffe dicti Domini noftri Delphini naturam feudi
„ & homagiorum inde hactenus tam per dictum Dominum
„ Clarimontis quondam, quàm ejus prædeceffores præftitorum
„ etiam infequentes, vobis tenore præfentium præcipimus, com-
„ mittimus, & mandamus quatenus ad dicta Caftra & loca
„ Viriaci, Paladruti, Montisferrati, Paffagii & Altâ Ripæ, ac
„ etiam Baftidæ Diviffini vos perfonaliter transferentes in ipfis
„ locis & Caftris videlicet in Donjonis & altiori loco eorun-
„ dem, & magis apparenti Bannerias Delphinales Armis Delphi-
„ nalibus depictas, quas cum præfentibus vobis tranfmittimus
„ nomine & authoritate Delphinali, fcilicet in quolibet loco
„ & Donjono unam ponatis & affigatis, ibidem tenendam
„ & remanendam nomine Delphinali fpatio trium dierum na-
„ turalium in SIGNUM REDDIBILITATIS, DOMINIIQUE
„ DIRECTI ET SUPERIORITATIS, & alias donec aliud à
„ nobis habueritis in mandatis, præcipientes propterea & man-
„ dantes univerfis & fingulis Officiariis, Jufticiariis & fubdi-
„ tis dictorum locorum, quatenus in præmiffis & circa ea
„ vobis pareant, obediant efficaciter & intendant, & de iis
„ quæ circa præmiffa egeritis, ac debita executione præfen-
„ tium fieri faciatis publica inftrumenta in Camera Com-
„ putorum reportanda & reponenda ad æternam rei me-
„ moriam. Datum Gratianopoli die feptima menfis Septem-
„ bris, anno Domini millefimo quatercentefimo tricefimo ter-
„ tio, per Dominum Gubernatorem ad relationem Confilii,
„ quo erant Domini Stephanus Guillonis legum Doctor Præfi-
„ dens, Stephanus Durandi, Mathæus Thomaffini Licentiati in
„ legibus, Joannes de Marolio, Ludovicus Porterii Auditores
„ Computorum, Joannes de Barra Thefaurarius, & Judices
                                        Appellationum,

Appellationum, & Grayfivodani, Joannes Pavioti. Nobilis "
& potens vir Dominus Joannes de Torchifellone Miles, "
Caftellanus Delphinalis dicti loci Turris Pini, & Commiffa- "
rius ad infra fcripta peragenda deputatus fe perfonaliter tranf- "
tulit à dicto loco Turris Pini apud Viriacum, videlicet ad "
Caftrum ejufdem loci Viriaci, & in executionem prædicta- "
rum Litterarum Dominicalium, quandam banneriam Armis "
dicti Domini noftri Delphini depictam in Donjono dicti "
Caftri, videlicet in fummitate & altiori loco magnæ Turris "
rotundæ dicti Caftri à parte Solis ortus exiftentis & fituatæ "
pofuit & affixit, tenendam ibidem & remanendam nomine "
Delphinali fpatio trium dierum naturalium in SIGNUM RED- "
DIBILITATIS, DOMINIIQUE DIRECTI ET SUPERIORITATIS, "
& alias donec & quoufque per præfatum Dominum Guber- "
natorem, ejufque venerabile Confilium Delphinale fupra fcrip- "
tum aliud fuper præmiffis fuerit ordinatum juxta formam "
& tenorem dictarum Dominicalium Litterarum, & hoc in "
præfentia Nobilium & potentium virorum Caroli de Claro- "
monte Militis Domini Valliferræ, Antonii de Claromonte "
Domini Monteyfonis, Petri Revoiriæ Domini Domeyffini, "
Aymari de Claromonte, Amedei Afterii, Falconeti Moyrodi "
Domicellorum, necnon difcretorum virorum Domini Guillo- "
nis Peroneti Prefbyteri, Claudii Gauterii Notarii, Petri Chal- "
les, & Jacobi Parifeti famuli dicti Caftellani teftium in præ- "
miffis adftantium. Poftque anno & die prædictis dictus Caftel- "
lanus & Confiliarius acceffit à dicto loco Viriaci apud Pala- "
drutum, videlicet ad Caftrum dicti loci, & in eodem Caf- "
tro, videlicet in fummitate & altiori loco cujufdam turris "
exiftentis fupra portale dicti Caftri, à parte occidentali fituatæ "
pofuit & affixit nomine Delphinali quandam aliam Banne- "
riam dictis armis Delphinalibus depictam, ibidem tenendam "
& remanendam nomine Delphinali prædicto in SIGNUM "
REDDIBILITATIS, ET DOMINII DIRECTI AC SUPERIORITA- "
TIS fpatio trium dierum naturalium, & donec aliud fuerit "
ordinatum ut fupra, præfentibus Nobili Aymaro Maleti, "
aliàs Caffolat Caftellano dicti loci, Joanne Rivati, Stephano "
Carton, Petro du Chano, Perro Pivaz Mandamenti dicti loci, "
& dicto Jacobo Parifeti famulo dicti Caftellani & Commif- "
farii teftibus ad præmiffa vocatis. Subfequefiter eifdem anno "
& die fupranominatus Caftellanus & Commiffarius virtute "
dictæ fuæ Commiffionis greffus fuos direxit à dicto Caftro "

„ Paladruti apud Montemferratum, videlicet ad Caftrum dicti
„ loci Montisferrati, in ipfoque Caftro, videlicet in Donjono
„ & fummitate magnæ turris dicti Caftri à parte Occidentali fi-
„ tuatæ; quandam aliam Banneriam Delphinalem prædictis
„ Armis Delphinalibus depictam nomine & authoritate Delphi-
„ nali prædicta pofuit & affixit, ibidem permanendam nomine
„ Delphinali prædicto per tempus & tempora fupra defignata
„ in SIGNUM REDDIBILITATIS, ET DOMINII DIRECTI ut fupra,
„ præfentibus Nobilibus viris Aymaro de Paladruto Domino
„ dicti loci, Carolo ejufdem Domini filio, Durando de Ar-
„ mex, Joffredo de Aleva donato, & dicto Jacobo Parifeti
„ teftibus in præmiffis adftantibus. Succeffivè verò anno præ-
„ dicto, & die fexta dicti menfis Octobris fæpè dictus Caftella-
„ nus & Commiffarius exequendo prædictam fuam Commif-
„ fionem acceffit apud Paffagium, & defectu alicujus Caftri,
„ five domus in eodem loco Domino dicti loci non pertinen-
„ tis, quandam aliam Banneriam dictis Armis Delphinalibus
„ depictam authoritate Delphinali prædicta pofuit, & affixit
„ in quadam magna pertica, quam plantavit in quadam pla-
„ tea prope Cœmeterium dicti loci fituata, in qua Curia ejuf-
„ dem loci teneri confuevit, & bona de pignore capta vendi,
„ inquantari, & fubhaftari confueverunt, in platea prædicta
„ tenendam & permanendam nomine Delphinali prædicto in
„ SIGNUM REDDIBILITATIS, DOMINIIQUE DIRECTI & SUPE-
„ RIORITATIS per tempus fuperius præfixum præfentibus No-
„ bili Joanne Hermerati, alias Prat, Guyoneto Cayoudi, Pe-
„ tro Borgeyfii, Joanne Troillati, Moneto Juliani, & dicto
„ Jacobo Parifeti teftibus in præmiffis adftantibus. Deinde
„ anno & die prædictis fæpè dictus Caftellanus & Commiffa-
„ rius fe perfonaliter tranftulit à dicto loco Paffagii apud Bafti-
„ dam Diviffini, videlicet ad Caftrum dicti loci, causâ præ-
„ dictam fuam Commiffionem exercendi; Sed cum ipfe Caf-
„ tellanus & Commiffarius fuit ante portam dicti Caftri, ipfe
„ dictam portam reperit claufam, & cùm ipfe Caftellanus &
„ Commiffarius fortiter in dicta porta clamavit, petendo aper-
„ tionem dicti Caftri fibi fieri, causâ dictas Dominicales Litteras
„ executioni debitæ demandandi, quidam homo vocatus Petrus
„ Moreni, qui infrà dictum Caftrum Baftidæ Diviffini erat ve-
„ lut cuftos dicti Caftri, ut dicebat, pro & nomine Nobilis
„ viri Jacobi de Claromonte filii & hæredis Domini Joannis
„ de Claromonte donati & Militis quondam, eidem Caftellano

& Commiſſario duxit reſpondendum, quod dictum Caſtrum "
Baſtidæ non tenetur de aliquo feudo, nec retrofeudo Domini "
Clarimontis quondam in dictis Dominicalibus litteris nomi- "
nati, ſed movetur & tenetur per ſe de feudo reddibili, & "
directo dominio Domini noſtri Delphini, & de ipſo Caſtro "
tale fecit homagium ligium Domino noſtro Delphino, ſeu "
ejus venerabili Conſilio Delphinali dictus quondam Dominus "
Joannes de Claromonte pater dicti Nobilis Jacobi, & ſucceſ- "
ſivè dictus Nobilis Jacobus à modico tempore citrà, propter "
quod ipſe Petrus Moreni nullos penuncellos, ſive Bannerias "
Delphinales ad cauſam contentorum in dictis Dominicalibus "
litteris ſupra ipſum Caſtrum apponi permittet, quoniam dictus "
Nobilis Jacobus de Claromonte, ſic eidem Petro inhibuit & "
deffendit ; Et licet dictus Caſtellanus & Commiſſarius trina "
voce præcepiſſet, & injunxiſſet prædicto Petro Moreni, & "
ſub pœna, vice qualibet, centum marcarum argenti fini Do- "
mino noſtro Delphino applicanda, quatenus dictam portam "
Caſtri, eidem Caſtellano aperiret, cauſa dictas Bannerias Del- "
phinales in Donjono, & ſummitate magnæ turris dicti Caſtri "
apponendi juxtà formam dictæ Commiſſionis, dictus Petrus "
Moreni hoc facere renuit, & recuſavit, reſpondendo ut ſu- "
prà, & quæ ſuprà ; præſentibus Peroneto Richardi, Petro "
Boduini, & dicto Jacobo Pariſeti teſtibus ad hæc vocatis. "
Præterea Anno ſæpè dicto, & die duodecima menſis prædicti "
Octobris ſuprà nominatus Caſtellanus & Commiſſarius virtute "
jam dictæ ſuæ Commiſſionis acceſſit perſonaliter à Villa Turris "
Pini apud Altamripam, videlicet ad Caſtrum dicti loci, in "
ipſóque Caſtro, videlicet in Donjono & altiori loco magnæ "
turris quadratæ dicti Caſtri à parte Orientali exiſtentis & ſi- "
tuatæ, quandam Banneriam Armis Delphinalibus depictam "
in SIGNUM REDDIBILITATIS, DIRECTIQUE DOMINII ET "
SUPERIORITATIS, nomine & authoritate Delphinali poſuit & "
affixit, ibidem tenendam & permanendam nomine Delphi- "
nali per tempus & tempora in prædictis Dominicalibus Lit- "
teris deſignata juxta formam, ſeriem & tenorem dictarum "
Dominicalium Litterarum. De quibus omnibus præmiſſis, & "
quolibet præmiſſorum dictus Caſtellanus & Commiſſarius no- "
mine Delphinali prædicto petiit ſibi fieri per me Notarium "
publicum ſubſcriptum, publicum inſtrumentum, ſive publica "
inſtrumenta dictanda, corrigenda, reficienda, & de novo, "
ſi opus fuerit, regroſſanda Juriſperitorum conſilio, facti ta- "

„ men fubftantia in aliquo non mutata.　Acta & data fuerunt
„ hoc anno, diebus & locis quibus fuprà, præfentibus in dicta
„ ultima executione. facta in Caftro Altæripæ, Nobilibus viris
„ Domino Guillelmo de Caftellario Milite, Petro de Caftellario
„ filio dicti Militis, venerabili & Religiofo viro Fratre Joanne
„ de Ligier, Priore Prioratus dicti loci Altæripæ, Stephano
„ Hugonis fartore habitatore de Romanis, & dicto Jacobo Pa-
„ rifeti teftibus ad hæc vocatis fpecialiter & rogatis.

„ Ego verò Henricus de Turre Pini, Viennenfis
„ Diœcefis Clericus, Notarius authoritate Imperiali publicus,
„ Curiæque Delphinalis majoris Viennefii & Terræ Turris ju-
„ ratus præmiffis omnibus & fingulis, dum fic, ut præmitti-
„ tur, per dictum Nobilem Caftellanum & Commiffarium age-
„ rentur & fierent, unà cum prænominatis teftibus præfens &
„ perfonaliter interfui, de ipfifque notas recepi, ex quibus hoc
„ præfens, verum & publicum inftrumentum manu mei fide-
„ lis coadjutoris aliis Delphinalibus negotiis occupatus fcriptum
„ & groffatum extraxit, fignóque meo magno fignavi fideliter,
„ & tradidi requifitus in robur & teftimonium fingulorum
„ præmifforum.

CHAPITRE IX.

Que le Vaffal qui avouë le Roy au préjudice du Seigneur immediat, ne commet fon Fief.

C'EST une chofe conftante, que le Vaffal qui défavouë fon Seigneur, commet fon Fief, fi par l'évenement du pro- cès il fe trouve qu'il l'ait mal défavoüé. Ce qui eft non feu- lement décidé par le Droit des Fiefs *lib. 2. tit. 26. §. 5. fi de feudo defuncti, &c. Et tit. 34. §. 5. de lege Lotharii.* Mais encore par toutes les Coûtumes de France, dont il s'eft fait une maxime, qui Fief nie, Fief perd. Neanmoins elle ne doit être entenduë que de celui qui dénie abfolument la feodalité, foûtenant que fon heritage eft de franc-aleu ; ou de celui qui défavoüe mal à propos fon veritable Sei- gneur, & en avoüe un autre que le Roy ; parce que c'eft une préro- gative accordée aux Vaffaux, qui fe difent tenir du Roy, de n'encou- rir pas le Commis vers leur veritable Seigneur, fuivant la pratique ancienne de France, atteftée par Mazuer grand Praticien *tit. des Fiefs art. item le Vaffal.* Par le Grand Coûtumier *liv. 2. tit. des délits,* en ces termes. *Le Vaffal qui avouë nôtre Sire le Roy pour fon Seigneur, fuppofé* qu'il ne le soit pas, ne perd son Fief pour cela. Par Boërius sur l'ancienne Coûtume de Bourges tit. 4. des Fiefs §. 11. & 13. sur la fin, où il dit. *Nota quod si Vassallus advohet Regem Franciæ in Dominum, licet non sit, non perdit feudum de Consuetudine, secus si alium Dominum, negando suum verum Dominum.* Par Tullus sur la Coûtume de Chartres *tit. de Souffrance art. 43.* Par Chopin sur celle d'Anjou *liv. 1. art. 6.* & par Delommeau en ses Maximes du Droit François *liv. 2. chap. 9.* dont un ancien Autheur de Pratique rapporte un Arrêt du Parlement de Paris. *Item,* dit-il, *si aucun entre en la foy & hommage pour le Roy pour aucun Fief, lequel Fief soit ou doive être tenu d'aucun autre Seigneur, & jaçoit qu'en Parlement ait été dit & prononcé, icelui Vassal devoir retourner & revenir, & tenir Fief sans moyen, le Seigneur ne devra pas pour ce pour-suivre icelui Vassal, afin qu'il soit privé de son Fief : Car pour raison dudit aveu fait au Roy, aucun droit n'est pour ce acquis au Seigneur, & si ne porte, ni fait aucun préjudice au Vassal : Mais autre chose seroit, si ledit Vas-sal l'eût avoüé à tenir d'autre Seigneur que le Roy. Ainsi fut-il jugé en Par-lement.* Il a été de même jugé par Arrest donné en la Chambre de l'Edit de Paris, au rapport de M. Magdeleine le 21. Août 1649. entre Messire Charles Descoubleau Marquis de Sourdis, & René Par-rain, qui est rapporté par du Fresne au Journal des Audiances liv. 5. chap. 42. & par Brodeau sur la Coûtume de Paris art. 43. n. 18.

La raison est, que le Roy étant la source de tous les Fiefs, celui qui le veut reconnoître pour Seigneur, ne fait rien qui puisse être pris pour désaveu, puisqu'il tient de Sa Majesté mediatement ou imme-diatement. Il est vrai que cette raison déplaît à Ferron sur la Coûtu-me de Bordeaux *tit de Feudis §. 3. in fine.* Et qu'il y a quelques Coû-tumes, sçavoir Châlons *art. 199.* Reims *art. 127.* Vermandois *art. 198.* Ribemont *art. 29.* & Saint Qentin *art. 80.* qui disent que le Vassal est tenu formellement d'avoüer, ou désavoüer le Seigneur de Fief, & qu'il ne suffit pas d'avoüer le Roy, ou autre Seigneur Feodal, encore que le Fief du Vassal fut un Arriere-Fief du Seigneur avoüé.

Mais en Dauphiné, la pratique ancienne & générale de France, est d'autant plus suivie, que le Commis n'y est point déclaré qu'en punition de la derniere contumace du Vassal, après avoir été com-miné par Jugement : comme j'ay fait voir au Chapitre 5.

CHAPITRE X.

Que la Saisie feodale n'est pas de l'usage de Dauphiné.

J'AY déja dit en quelques rencontres, que la Saisie féodale n'est pas de l'usage de Dauphiné, dont les Fiefs sont régis par les Coûtumes Féodales des Lombards, qui ne la connoissent pas. Il y a des textes formels, qui ne permettent pas que le Vassal soit spolié sans connoissance de cause. Au livre 1. tit. 22. §. 3. *Quo tempore Miles Investituram petere debeat*, il est dit. *Sancimus ut nemo Miles ejiciatur de possessione sui Beneficii, nisi convicta culpa, quæ sit laudanda per judicium Parium suorum.* Ce qui est confirmé au liv. 2. tit. 26. §. 5. *Si de Feudo defuncti contentio sit inter Dominum & agnatos Vassalli*, qui porte que si le Vassal désavoue sciemment le Fief, ou partie du Fief, ou la condition du Fief, & qu'après il se trouve qu'il l'ait mal désavoüé, il doit être spolié. *Vassallus, si Feudum vel Feudi partem, aut Feudi conditionem ex certa scientia inficiatur, & inde convictus fuerit, eo quod abnegavit Feudum ejus, vel conditionem expolietur.* Et de là il s'ensuit, qu'il ne peut être spolié, qu'après avoir été convaincu d'avoir mal désavoüé. Même pendant la contention qui est entre le Seigneur & les parens de l'ancien Vassal pour la qualité du Fief, ceux-ci doivent être maintenus en la possession du Fief. *Si de Feudo defuncti Militis sit contentio inter Dominum & agnatos defuncti, Domino novum Feudum, agnati verò paternum esse contendentibus, agnati in possessione Feudi de quo quæritur, constituendi sunt. Eo facto super principali quæstione cognoscendum est. Utroque autem deficiente in probatione, electio jurisjurandi agnatis danda est*, suivant la disposition du §. 1. du même titre. *Si de Feudo defuncti, &c.* Et même avant que le Vassal soit puni de la contumace, il doit être cité par trois diverses fois, avec un intervalle de temps suffisant, ainsi qu'il est déclaré par le §. 2. tit. *Quæ fuit prima causa Beneficii amittendi* lib. 2. *Est & alia ingratitudo notanda. Si Dominus Investituram pollicendo, Vassalli fidelitatem petierit, & illo non præstante, Dominus tribus vicibus convenienti tempore interposito, forte septem dierum spatio ad Curiam suam super hoc reclamaverit, & Vassallus tribus vicibus citatus à suis Paribus jurare noluerit, &c.* A quoi se trouve conforme le Titre 22. §. *de Milite Vassallo, qui contumax est*, du même livre, excepté qu'il donne pour chaque intervale dix jours au lieu de sept.

En un mot, il n'y a pas un texte dans les Livres des Fiefs, qui permette au Seigneur de saisir le Fief avant que le Vassal ait été condamné par la Cour des Pairs, c'est-à-dire, des Convassaux, & Compagnons de Fief, qui sont obligez de tenir la Cour du Seigneur, & de juger les causes Féodales, comme nous remarquerons plus amplement en quelque autre endroit. Mais cette Jurisdiction des Pairs n'est plus en usage.

Et en effet la Contumace du Vassal est punie du Commis, qui est une peine bien differente de celle de la saisie féodale, en ce que celle-cy ne touche qu'aux fruits du Fief, que le Seigneur fait siens, tandis que le Vassal dort, sans que la proprieté lui puisse être acquise par quelque espace de temps que ce soit, suivant l'art. 12. de la Coûtume de Paris : Et au contraire le Commis acquiert au Seigneur la proprieté du Fief. Ce qui est de la pratique du Dauphiné, attestée par Guy Pape *quæst.* 164. & en son Conseil 215. n. 3.

Cette difference est remarquée par François Hotoman en son Com-

mentaire fur le 5. fus allegué *Eft & alia ingratitudo* ; où il le dit en
ces termes. *Huic autem Juri contrarii funt complures Gallorum Mores, apud
quos pervulgatum boc proverbium eft. Tant que le Seigneur dort, le Vaffal
veille. Quando Dominus dormit, Vaffallus vigilat, id eft, quandiu Patronus Vaffallo non denunciat, ut fidelitatem & hominium juret, Vaffallus poteft
fruΣus percipere.* Elle eft auffi remarquée par TOURNET fur le premier
article de la Coûtume de Paris.

Il eft vray que par la même Coûtume de Paris art. 45. à laquelle
plufieurs autres font conformes, fi le Seigneur a mis en fa main le
Fief qu'il dit être mouvant de lui par faute d'homme, & le Vaffal
le défavouë, ou dénie le Seigneur, le Vaffal doit joüir du Fief pendant le Procès. La raifon eft que le défaveu ôte au Seigneur tout
fondement de faifie, laquelle n'eft appuyée que fur la qualité de Seigneur Féodal, qui lui eft déniée, & par conféquent la faifie demeure en fufpens, fans produire aucun effet, jufques à ce que cette qualité foit adjugée à celui qui la prétend ; Cependant le Vaffal demeure en la joüiffance & poffeffion de fon Fief, en laquelle il étoit lors
de la faifie ; fans que pour avoir la maintenuë il foit tenu de donner
caution pour la reftitution des fruits, en cas de fuccombance, & alors
le Seigneur doit communiquer fon Titre, & ayant juftifié fa qualité,
le Vaffal commet fon Fief.

Mais quelques Coûtumes, comme Vermandois art. 200. Rheims
art. 128. Châlons art. 200. ufent d'un plus grand tempérament, en
ce que le Seigneur eft obligé de communiquer fon Titre avant que le
Vaffal foit tenu d'avoüer ou défavoüer fon Seigneur, afin qu'il appren-
ne fon devoir ; & qu'il n'avouë autre que fon vray Seigneur.

Par celle d'Anjou le Seigneur ne peut commencer par la faifie du
Fief mouvant de lui, ny le mettre en fa main ; s'il n'a été reconnu
par fon Vaffal depuis trente ans, & n'a eu nouvel aveu ny dénombrement fuivant les articles 181. & 391. lui étant inhibé de procéder
par faifie s'il n'eft fondé en Titres folemnels & authentiques, par les
art. 103. & 177. comme il eft plus particulierement remarqué par
Choppin fur la même Coûtume liv. 2. tit. 1. n. 9.

Par les Conftitutions Féodales, & par l'ufage de Dauphiné, le Seigneur n'ufe point de faifie, foit avant ou après la communication de
fon Titre. Il vient par action pour avoir déclaration du Commis,
qui ne s'acquiert pas de pur droit ; Il faut qu'il y en ait Jugement qui
le déclare, parce que le Fief ne fe commet point fans connoiffance
de caufe, *Vaffallus*, dit Guy Pape en fa queftion 164. *fi non præftiterit fidelitatem Domino infrà annum & diem cadit in commiftum, non ipfo jure, fed per Sententiam :* Comme j'ay remarqué plus au long au Chapitre 5.

Il me fuffira d'alleguer un Arrêt du Confeil Delphinal, pour juftifier cet ufage. Charles de Poitiers étoit en demeure de faire hommage à Loüis XI. pour lors Dauphin de Viennois, & Comte de Valentinois, des Terres de Saint Valier, & de quelques autres Fiefs mou-

vans du Comté de Valentinois. Le Procureur Général donne Requête au Conseil Delphinal , déduit les Titres de la mouvance, énonce
la négligence du Vassal , demande que les Fiefs soient déclarés ouverts
& commis. Le Vassal avoüe le Seigneur , offre l'hommage, excuse
sa demeure sur les Ambassades qu'il avoit euës à Genes , en Aragon ,
& vers le Pape Nicolas pour le Dauphin , allegue quelques autres défenses. Par Arrêt du 3. Juillet 1452. les Terres de S. Valier, de
Miribel , de Piegros , Chastel-Arnaud , la Maison forte du Bouchet ,
& la Parerie de Saint Medard , sont déclarées commises : Et quant
aux Terres mentionnées au Traité fait entre le Dauphin , & Loüis de
Poitiers , Charles de Poitiers est absous de la demande du Commis.
*Causis ex Processu resultantibus & apparentibus Nos ad hæc justè moventibus
dicimus & pronunciamus ac declaramus Castra & loca Sancti Valerii , de
Miribello in Valle Cleriaci Viennensis Diœcesis , Podii-grossi , Castri Arnaudi
Diensis Diœcesis , domum fortem de Bocheto , & Pareriam loci Sancti Medar-
di in libello partis Delphinalis mentionata & declarata cum suis juribus &
pertinentiis universis esse , ac esse debere aperta & commissa Domino nostro
Delphino Comiti Valentinensi & Diensi , eisdem dictum Dominum Carolum de
Pictavia fore privandum , & quatenus opus est , hac nostra Sententia priva-
mus , eademque dicto Domino nostro esse per dictum Carolum eum expedienda ,
& restituenda , ipsumque ad hæc in personam Joannis Guigonis ejus Procuratoris
ad hoc assignati licet absentis ac Procuratorem ipsum nomine Procuratorio jam
dicto dicta nostra diffinitiva Sententia condemnando. Quo verò ad Castra ,
loca , & Mandamenta virtute Accordii inter Regem tunc Delphinum & Dominum Ludovicum de Pictavia Militem quondam patrem dicti Domini Caroli
facti ipsi Domino Ludovico expedita , in præfato libello mentionata , dictum
Dominum Carolum in personam ejus Procuratoris , & è contrà absolvimus &
reddimus absolutum , non intendentes per hæc juribus dicto Domino nostro etiam
virtute Accordii prædicti competentibus in aliquo derogare.*

L'on voit par là que le Procureur Général proceda par action,
qu'il fonda sa demande par l'employ des Titres , que le Vassal ne fut
point dépoüillé qu'après la déclaration du Commis. Cet Arrêt se
trouve dans la Chambre des Comptes, au Registre intitulé *Sextus
liber Copiarum Viennesii & Valentinesii* cotté *GG.* depuis lequel la rigueur
du Commis a été fort adoucie, suivant la nature des Fiefs, *quorum
origo est quædam benignitas & gratiositas*, comme dit Paul de Castre
Consil. 311. *vol.* 1. *ideóque erga Vassallum potius debet servari æquitas , quam
Juris rigor*, inquit Baldus *Consil.* 429. *incip. quidam Nobilis*. Et en effet,
Loüis XI. usa d'indulgence envers Charles de Poitiers.

Il semble que la peine du Commis soit d'elle-même plus rigoureuse , que celle de la saisie Féodale : mais l'usage de Dauphiné l'a renduë plus douce, en ce que le Vassal n'est point dépoüillé de la joüissance du Fief, tandis que le Seigneur l'instruit, & qu'il n'encourt
point la peine du Commis, qu'il ne soit déclaré sur sa contumace.

Et à la verité le Droit public de la Province resiste à la saisie Féodale , puis qu'étant un Païs de Franc-aleu , qui établit la liberté na-

turelle des héritages, & rejette la preuve de la fujection fur celui qui
la prétend, il faut fe pourvoir par action & non par faifie, fuivant
les Lettres Patentes des Roys Charles V. & Charles VI. qui font partie des Statuts Delphinaux, & l'Arrêt du Confeil Delphinal du 4.
Avril 1369. regiftré en la Chambre des Comptes, qui annullent &
revoquent les Saifies qui avoient été faites à la Requête des Procureurs
Fifcaux, comme contraires aux Libertez, & à l'ufage de Dauphiné,
en conformité defquels le Parlement en a donné un Arrêt général de
l'avis des Chambres le 16. Décembre 1649. qui déclare toutes
faifies Féodales, nulles & abufives, contraires à l'ufage de la Province, finon qu'autrement il eut été convenu par les Actes d'Inféodation & Inveftiture primitive, faifant défenfes à tous Juges d'en décerner aucune Commiffion, & à tous Huiffiers & Sergens de les exploiter, à peine de cinq cens livres d'amende, fauf aux Seigneurs Haut-
Jufticiers de fe pourvoir par action pour l'adjudication des hommages
par eux prétendus, & la déclaration du Commis, à faute de leur être
faits les foy & hommages dûs par leurs Feudataires dans le temps qui
leur aura été prefcrit. Ce qui fut confirmé par un autre Arrêt du
27. Novembre 1653. que j'eftime devoir mettre au long au bas de ce
Châpitre.

ARREST DE LA COUR DE PARLEMENT DE Dauphiné des 16. Décembre 1649. & 27. Novembre 1653. concernant le Franc-Alleu de ladite Province, & la Saifie Féodale.

SUR la Requête prefentée à la Cour par le Procureur "
Général du Roy, par laquelle il auroit remontré, que "
bien que cette Province de Dauphiné foit Païs de Franc-Al- "
leu, auquel tous les fonds & héritages, cenfes & autres droits "
de quelque nature qu'ils foient, font reputez & prefumez "
francs & libres de leur nature, & en conféquence exempts "
d'Hommages, Lods & Ventes & autre fervitude, s'il n'y a "
Titre au contraire, ou poffeffion équivalente à Titre; néan- "
moins quelques Seigneurs Haut-Jufticiers fe prévalans de l'au- "
torité qu'ils ont dans leurs Terres, contraignent leurs Jufti- "
ciables à leur reconnoître des Directes univerfelles fans aucun "
Titre, & par un autre abus font proceder à des faifies Féo- "
dales qui n'ont jamais été pratiquées en cette Province, & "
font contraires à fes droits & libertez, confirmées en ce point "
par les Lettres Patentes des Roys Charles V. & VI. qui tien- "
nent lieu de Statut à ladite Province: Et d'autant que des "

„ Jugemens particuliers ne pourront pas arrêter cet abus, con-
„ cluoit à ce qu'il plût à la Cour par un Arrêt général décla-
„ rer quel est l'usage de ladite Province ; & ce faisant, dire &
„ déclarer tous les fonds & héritages assis en cette Province,
„ censes & autres droits de quelque nature qu'ils soient, être
„ francs & allodiaux de leur nature, & en conséquence exempts
„ de lods, ventes & autres servitudes, s'il n'y a Titre au con-
„ traire : Et en outre déclarer toutes saisies Féodales nulles,
„ abusives, & contraires à l'usage de cette Province, sinon
„ qu'autrement eut été convenu par les Actes d'Inféodation &
„ Investitures primitives ; Qu'inhibitions & défenses soient fai-
„ tes à tous Juges d'en décerner aucunes Commissions, & à
„ tous Huissiers & Sergens de les exécuter, à peine de cinq
„ cens livres d'amende, sauf aux Seigneurs Féodaux de se pour-
„ voir par action pour l'adjudication des hommages par eux
„ prétendus, & la déclaration du Commis, à faute de leur
„ être faits les foy & hommage dans le temps qui leur aura été
„ prescrit, & ordonner que ledit Arrêt sera publié en Audian-
„ ce, & envoyé par tous les Siéges Royaux, & autres accoû-
„ tumez, pour y être publié à la diligence de ses Substituts, qui
„ en avertiront la Cour dans la huitaine, à peine de suspension
„ de leurs Charges.

„ Veu ladite Requête du 9. Décembre 1649. signée du
„ Faure Procureur Général : Oüi le rapport des Commissaires
„ députez par la Cour, qui ont conferé avec les Commissaires
„ de la Chambre des Comptes, & verifié les Regiftres d'icelle.

„ La Cour de l'avis des Chambres faisant droit sur ladite
„ Requête, déclare les fonds & héritages assis en Dauphiné,
„ censes & autres droits, de quelque nature qu'ils soient, être
„ francs & allodiaux de leur nature, & en conséquence exempts
„ d'hommages, lods & ventes, & autre servitude, s'il n'y a
„ Titre au contraire, ou possession équivalente à Titre ; sans
„ toutefois que les Ecclesiastiques & Haut-Justiciers soient obli-
„ gez de produire plus d'une reconnoissance, ainsi qu'il a été
„ usé cy-devant, suivant les Arrêts & Reglemens de la Cour :
„ déclare en outre toutes saisies Féodales nulles & abusives, &
„ contraires à l'usage de cette Province, sinon qu'autrement eût
„ été convenu par les Actes d'Inféodation & Investiture primiti-
„ ve : Fait défenses à tous Juges d'en décerner aucune Commis-
„ sion, & à tous Huissiers & Sergens de les exploiter, à pei-
„ ne de cinq cens livres d'amende, sauf ausdits Seigneurs Haut-

Jufticiers de fe pourvoir par action pour l'adjudication des "
hommages par eux prétendus, & la déclaration du Commis, "
à faute de leur être fait les foy & hommage dûs par leurs "
Feudataires dans le temps qui leur aura été prefcrit. Ordon- "
ne que le prefent Arrêt fera lû & publié en Audiance, & "
envoyé en tous les Siéges Royaux, & autres de ce Reffort, "
pour y être pareillement publié à la diligence des Subftituts "
dudit Procureur Général, qui en avertiront la Cour dans la "
quinzaine, à peine de fufpenfion de leurs Charges. FAIT & "
publié à Grenoble en Parlement le 16. Décembre 1649. "
Signé BAUDET. "

EXTRAIT DES REGISTRES DU PARLEMENT.

SUR la Requête prefentée à la Cour par le Syndic de "
l'Abbaye de S. Antoine en Viennois, tendante à ce que "
le motif de fon Arrêt du 16. Décembre 1649. donné les "
Chambres affemblées, & conferé avec la Chambre des Comp- "
tes de cette Province fur le fujet du Franc-Alleu, foit en- "
voyé à Sa Majefté par fon Procureur Général ; & cependant "
pour faire ceffer les oppreffions que caufent les faifies Féoda- "
les inufitées en cette Province, que ledit Arrêt fera de nou- "
veau publié, pour être obfervé felon fa forme & teneur ; & "
en conféquence, que les défenfes & inhibitions portées par "
icelui, feront iterativement faites à tous les Seigneurs Hauts- "
Jufticiers & Féodaux d'y contrevenir, à tous Juges d'en don- "
ner les Commiffions, & à tous Huiffiers & Sergens de les "
exécuter, fous les peines y portées, & autres arbitraires. "

VEU ladite Requête & Conclufions du Procureur Géné- "
ral, figné GALLE Avocat Général. "

LA COUR de l'avis des Chambres, enterinant ladite Re- "
quête, ordonne que les motifs de fon Arrêt du 16. Décem- "
bre 1649. feront envoyez au Roy par fon Procureur Géné- "
ral en ladite Cour : Et cependant que ledit Arrêt qui décla- "
re tous les héritages de la Province, cenfes, & autres droits "
quelconques francs & allodiaux felon leur nature, s'il n'y a "
Titre au contraire, ou poffeffion équivalente à Titre, & les "
faifies Féodales contraires à l'ufage de la Province, fera exé- "
cuté felon fa forme & teneur, & de nouveau publié en Au- "
diance, & envoyé en tous les Siéges Royaux & autres de ce "

„ Reſſort, pour être pareillement publié à la diligence des Subſ-
„ tituts dudit Procureur Général, qui certifiera la Cour dans la
„ quinzaine, à pene de ſuſpenſion de leur Charge. FAIT à
„ Grenoble en Parlement le 27. Novembre 1653. BAUDET.

CHAPITRE XI.

*Que le Vaſſal n'eſt point obligé de ſuivre ſon Seigneur à la
Guerre autre que le Souverain, ny d'en reconnoître le droit
nonobſtant la condition de l'Inveſtiture, & l'obligation contenuë aux anciens Hommages.*

PARMY les droits qui ſont reſervez à la Couronne, il n'en
eſt point ſans doute de ſi important que celui de faire la
Guerre, à cauſe du trouble qu'elle fait à l'Eſtat dont elle
peut cauſer la ſubverſion. C'eſt un privilege qu'a le Souverain de ſe faire juſtice lui même & d'être Juge en ſa propre cauſe,
qui eſt la marque la plus illuſtre de l'honneur qu'il a d'être l'Image
de Dieu. Le ſeul port des Armes à l'inſçû du Prince n'étoit pas même permis par la Conſtitution de Valentinian, laquelle eſt rapportée
ſous le Titre. *Ut Armorum uſus inſcio Principe interdictus ſit. lib. XI. Cod.*
Car c'eſt ainſi que ce Titre doit être entendu. Néanmoins la Nobleſſe de France qui a toûjours eu l'inclination guerriere, s'eſt autrefois perſuadée qu'elle avoit droit de faire la Guerre, & de démêler ſes
querelles par les Armes ſans la permiſſion du Roy. Abus qui s'au-
thoriſa principalement ſous les premiers Capets juſques à Loüis VIII.
qui le fit ceſſer pendant ſon Regne, mais après ſon décès la Nobleſſe
s'éforça de le rétablir durant la minorité de Saint Loüis, & prit les
Armes contre la Reine Blanche ſa mere, ſous prétexte de maintenir
ſes anciennes Coûtumes. Enfin le Roy Philippes le Bel l'abolit entierement par une Ordonnance de l'an 1306. *non obſtante*, dit-elle,
contraria conſuetudine, quæ potius corruptela cenſetur.
Et pourtant, il ſe trouve dans la Chambre des Comptes de Nevers, une Charte de Loüis Hutin ſon fils de l'an 1316. dont Coquille fait mention dans l'Hiſtoire de Nivernois page 122. & dans
ſon Inſtitution au droit François, où il traite du droit de Royauté,
ſur la plainte qui fut faite par la Nobleſſe de Nivernois & de Don-
ziois, de ce que les Gens du Roy la troubloient au droit qu'elle avoit
de faire la Guerre de ſa propre authorité : Et par cette Charte, il fut
ordonné qu'il ſeroit enquis ſur la verité de l'ancienne Coûtume, pour
en reparer la nouvelleté. Le même abus eſt encore en Angleterre,
comme a remarqué le Roy Jacques dans ſon *Baſilicom Doron part. 2.*
où il dit que les Gentils-hommes ont la vanité de croire que le Roy

leur

leur est obligé, s'ils accordent à sa prière quelques jours de surséance l'un à l'autre. Ce qu'il charge son fils de ne souffrir pas, comme étant obligés naturellement à l'obéïssance des Loix, & à maintenir la paix dans l'Etat, au peril même de leur vie.

Quant au Dauphiné, qui ne recevoit pas les Ordonnances de France, comme ayant ses Princes particuliers, & faisant partie du Royaume d'Arles, ou de Bourgogne, qui comprenoit autrefois le Dauphiné, la Savoye, la Provence, le Comté de Bourgogne & les Suisses; la Noblesse y a été si jalouse de la conservation de ce droit, qu'elle en a desiré la declaration dans les Libertez Delphinales, concedées par Humbert Dauphin, le 14. de Mars 1349. & confirmées par les Rois Charles V. & Charles VI. J'en trouve deux articles exprès. L'un en ces termes. *Item quod si contingeret guerram moveri inter Barones, seu alios Nobiles Delphinatus, & aliarum Terrarum Domino Delphino subjectarum, quod de ipsa guerra, offensis vel forefactis provenientibus ex eadem, non inquiratur, nec inquiri possit ex officio Curiæ Delphinalis, nisi primitus de ipsâ guerrâ, seu offensis vel forefactis faciendis per dictam Delphinalem Curiam speciali inhibitio facta esset. Post autem inhibitionem specialem factam per dictam Curiam Delphinalem, possit ipsa Delphinalis Curia ex officio Curiæ vel aliàs inobedientes & contra facientes inquirere & punire.* L'autre en cette sorte. *Item voluit, concessit & declaravit ipse Dominus Delphinus, quod quicunque Nobiles Delphinatus & aliarum Terrarum suarum possint conducere tempora guerræ & alio quocunque amicos suos per Delphinatum impunè, dummodo de ipsis conducendis, videlicet de certis personis non esset facta prohibitio nominatim, & dummodo ipsi conducti non vadant ad procurandum damnum vel dedecus domini Delphini vel sui quomodolibet Delphinatus.* Ce qui est aussi remarqué par Aymarus Falco dans son Histoire Antoniane *parte 3. cap. 25.* où il parle d'une Transaction passée entre Aynard de Château-neuf & Aymon de Montany, dernier Maître de l'Hôpital de Saint Antoine, en la presence d'Humbert Dauphin de l'an 1292. *Eo autem ipso tempore,* dit-il, *viri generis nobilitate clari in ea Viennensi Provincia, etiam inscio Principe bellum indicere, armáque impune sumere poterant: Necdum etenim tanta erat erga Principes his in partibus obedientia.* Ainsi nous apprenons des Registres de la Chambre des Comptes, qu'il y eut une guerre opiniâtre entre les Aynards & les Allemans, sous Humbert dernier Dauphin, qu'il eut de la peine à faire cesser. Qu'il y en eut une autre où la plus grande partie de la Noblesse étoit interessée, entre Joffrey Seigneur de Clermont, & Aymard Seigneur de Vinay, qui jurerent une tréve pour quelque temps, par ordre d'Aymard de Poitiers Comte de Valentinois & Diois, Gouverneur de Dauphiné, dont il y eut un Acte solemnel du 21. Avril 1356. fait à Romans dans le Convent des Freres Mineurs, en presence d'Hugues de Geneve Seigneur d'Anton, de Berenger de Montaut Archidiacre de Lodeve, de François de Pruna Seigneur d'Aspremont Chancellier de Dauphiné, d'Odobert Seigneur de Châteauneuf, d'Aynard, Seigneur d'Anjou, d'Antoine Seigneur de Chandieu, & d'Humbert Richard Seigneur de

S. Pris Chevaliers. Lequel Acte se trouve dans le Protocol de Pilati, de la même année 1356. Et la memoire s'est conservée d'un combat signalé, qui fut fait entre les Berengers & les Artauds, dans un champ qui est entre le Bourg de Mens en Trieves, & le Village de Villars Julien, où la tradition du Pays porte qu'il demeura plus de deux cens hommes sur la place.

De là procedoient les alliances & les ligues offensives & défensives qui se faisoient entre les Gentilshommes qualifiez, dont j'ay vû beaucoup d'exemples, & entre autres deux. L'une qui est en original dans la Chambre des Comptes, dont Christofle Justel fait mention dans l'Histoire d'Auvergne page 162. entre Albert Seigneur de la Tour & de Coligny, Aynard Seigneur de Clermont, Artaud Seigneur de Rossillon, Raymond Seigneur de Meüillon, Hugues de Salvaing Seigneur de Boissieu (c'étoit mon huitiéme ayeul,) Aynard Seigneur de Châteauneuf, Guigues Alleman Seigneur de Vaubonnois, Guigues Berenger Seigneur de Morges, & l'Evêque de Valence, qui promettent de s'assister à la guerre les uns les autres envers tous & contre tous, excepté ceux qui sont nommez au Traité qui en fut fait le mois de Juillet 1266. L'autre qui est dans les Archives de la Maison de Sassenage de l'an 1279. entre Disdier de Sassenage, Guillaume Artaud Seigneur d'Aix, Aynard de la Tour Seigneur de Vinay, Raymond de Montauban, Gillet Alleman, Guiguonnet Alleman, François & Hugues de Sassenage, & Lantelme de Saint-Quentin, dont j'ay rapporté l'extrait au bas de ce chapitre, pour la satisfaction de ceux qui sont curieux de semblables choses. A quoi j'ajoûte le Traité qui fut fait entre Guillaume de Rossillon Evêque de Valence & de Die, & Albert de Sassenage Chevalier, par lequel celui-ci promet d'assister & défendre en personne les Eglises de Valence & de Die contre tous, excepté le Dauphin, (*quod dicta Ecclesia eumdem habeant perpetuum defensorem & adjutorem*) moyennant deux cens livres de rente annuelle, & quelques autres avantages. Et reciproquement l'Evêque s'oblige d'assister Albert contre tous, & particulierement contre Aymard de Poitiers Comte de Valentinois, dont il y eut un Acte du 4. Septembre 1329. qui est inseré au long dans l'Histoire des Evêques de Valence & de Die page 140.

Le Dauphin même fit une semblable alliance avec Artaud Seigneur de Rossillon, Guigues de Rossillon Seigneur d'Anjou, Guigues Alleman Seigneur de Vaubonnois, Jean de Montsabin, Raymond de Meüillon le jeune, & l'Evêque de Valence, *super eo quod unus tenebatur sequi alterum de guerra*, comme porte le Traité qui en fut fait l'an 1298. lequel est énoncé dans le Registre de la Chambre des Comptes, intitulé, *Inventarium Judicaturæ Valentinensis fol. 24. de l'étage 37.* Et dans le même Registre il est aussi fait mention d'une confederation faite le 8. Septembre 1308. entre Humbert Dauphin, Jean Dauphin Comte de Gap, & Guy Dauphin d'une part, & Drodon Seigneur de Beauvoir de Marc, & Guigues son fils d'autre part, pour s'assister &

défendre les uns les autres contre le Comte de Savoye, & toutes autres personnes.

Et à dire le vrai, cette Province a été long-temps dans une espece d'Anarchie. C'étoit une portion du Royaume d'Arles, où les Comtes d'Albon qui prirent le nom de Dauphins, & les Comtes de Valentinois & de Diois s'étoient acquis la principale autorité, soit par usurpation, ou par concession des Empereurs qui ne s'y étoient réservé que quelques droits de Souveraineté.

Néanmoins il y avoit des Seigneurs qui ne voulurent jamais se soûmettre à ceux-là, & qui par conséquent résisterent long-temps à leur puissance, témoin l'Acte qui fut passé l'an 1291. entre Aynard Seigneur de Clermont, & Amé Comte de Savoye, par lequel ce Comte s'obligeoit d'assister à grande & à petite force Aynard & ses successeurs, au Château de Clermont, contre tous ceux avec lesquels ils seroient en guerre, & particulierement contre le Dauphin & le Seigneur de Breslieu, comme Aynard de son côté promettoit d'assister le Comte contre tous, excepté l'Archevêque de Vienne & l'Evêque de Clermont. Témoin encore une Bulle de Frideric I. Barberousse du 7. d'Août 1178. qui est en original dans la Chambre des Comptes, par laquelle cet Empereur considerant la Noblesse illustre, & la fidelité de Raymond de Meüillon, veut que lui & ses successeurs relevent immediatement de l'Empire, sans que nul autre prenne aucune Jurisdiction sur eux, ni sur leurs Vassaux, à peine de quarante livres d'or.

Je trouve aussi que l'an 1030. le Royannois étoit possedé en titre de Principauté par un Seigneur du lieu, nommé Ismidon, comme justifie une Charte d'Artaldus Evêque de Grenoble, qui appelle le Royanois *Principatum Ismidonis.* Et cette indépendance a duré jusqu'au dernier Avril 1339. qu'Henry Berenger Seigneur du Pont en Royans, issu en ligne masculine d'Ismidon, se rendit Vassal d'Humbert Dauphin II. du nom, pour les causes contenuës dans la Transaction passée entre eux dans le Palais Episcopal du Pont de Sorgues; mais comme ce fut un Acte forcé, trois jours auparavant le même Henry fit une protestation secrette à Avignon dans l'Hôtel du Dauphin, en presence d'un Notaire & de deux Gentils-hommes, contenant que la succession d'Albert Seigneur de Sassenage lui étant échûë, le Dauphin avoit mis sous sa main la Baronie de Sassenage; qu'il faisoit garder par Guillaume Grinde Chevalier, & par Raymon Falaveau Jurisconsulte; qu'il avoit suivi le Dauphin plusieurs jours pour en avoir la délivrance; que pour l'obtenir il étoit contraint de consentir à diverses conditions désavantageuses, & entr'autres de reconnoître en Fief du Dauphin le Château du Pont de Royans, *quod hæc faceret coactus per ipsum Dominum Delphinum, quia aliter non posset expedire dictam Terram Cassenatici ob malitiam dicti Domini Delphini, cui modo aliquo resistere non posset;* que par conséquent il n'entendoit pas de se faire aucun préjudice ni aux siens. Néanmoins le Transport de Dauphiné ayant été fait peu d'années après aux Fils aînez de nos Rois, cette proteſtation eſt demeurée ſans effet.

De ſorte qu'il ne faut pas s'étonner ſi pendant cette eſpece d'Anarchie la Nobleſſe de Dauphiné s'eſt attribué le pouvoir de faire la guerre pour la défenſe de ſes droits. Cette licence a duré juſques au temps de Loüis XI. qui l'abolit étant Dauphin par des Patentes expreſſes du 10. Decembre 1471. qui ſont dans la Chambre des Comptes au livre intitulé, *Liber Curiæ fol. 34.* & au huitiéme *Memorialium fol. 76.* aux termes qui ſont couchez enſuite de ce Chapitre.

Or du temps qu'il étoit permis à la Nobleſſe de prendre les armes de ſon autorité, les Vaſſaux que les Livres des Fiefs appellent *conſortes & conjuges* du Seigneur, comme étans compagnons de ſa fortune, étoient obligez de l'accompagner à la guerre, & de ſuivre ſa Banniere ſelon la condition & la valeur de leurs Fiefs, qui n'étoient concedez qu'à cette fin là dans leur premiere origine. A cauſe de quoi les Moines & les Clercs étoient incapables de les tenir, *eo quod deſiit eſſe Miles ſeculi, qui factus eſt Miles Chriſti,* dit le texte au tit 21. liv. 2. *de Vaſſallo Milite qui arma bellica depoſuit.* De même les roturiers, les muets, les ſourds, les aveugles, & les femmes auſſi, s'il n'y avoit paction contraire & que le Fief fût feminin. D'où vient que le terme de *Miles* & celui de *Vaſſallus* ſont ſinonymes dans les Livres des Fiefs. Et même Hotoman eſtime que le mot de Fief ne dérive pas du Latin *fides* ou *fidelitas,* comme a crû Obertus, mais d'un ancien terme Allemand *feed* qui ſignifie guerre, d'où eſt tiré celui de *feida & diffidare* pour *défi & défier* qui ſe trouve ſi ſouvent dans les Loix Lombardes.

Et parce que le ſervice que les Vaſſaux faiſoient à leurs Seigneurs les rendoit experimentez au fait de la guerre ; de là vient que nos Ancêtres uſoient du mot de *Vaſſal* pour ſignifier un vaillant homme, & de *vaſſelage* pour vaillance, de quoi nous avons un beau paſſage dans Hincmar Evêque de Reims, au Livre qu'il a fait contre ſon Neveu, chap. 58. *Multi te apud plurimos dicunt de fortitudine & agilitate tui corporis & de præliis, atque ut noſtratium lingua dicitur, de Vaſſaticis frequenter ac libenter ſermonem habere.* L'ancienne Chronique de Flandres chap. 18. *Et fit moult de beaux vaſſelages au vivant de ſon pere.*

Ainſi tous les anciens Hommages portent l'obligation du ſervice militaire qui s'appelloit *le ſervice d'Oſt,* & en quelques lieux *Cavacalta,* qui a donné ſujet au Livre d'Antonius Borrinius Lecteur Feudiſte à Padoüe *de Servitis Vaſſallorum ſive Cavalcata.* Cela ſe pratiquoit encore du temps de Bouteiller, qui dit en la Somme rural tit 83. *que ſi le Seigneur ſemond ſon homme de Fief d'aller en l'Oſt où le Seigneur ſoit, ſi l'homme défaut il eſt à LX. livres, & autrefois l'avoit ſemons de rechef pour un Oſt, & l'homme demeura encore en défaut, il perdroit le Fief; & ſelon aucuns il y auroit trois ſemonces.* Et parce que les Vaſſaux étoient convoquez par le Ban du Seigneur, c'eſt-à-dire par la proclamation qu'il en faiſoit faire ; de là vient le mot de Banniere, ſous laquelle ils ſe devoient ranger, & celui de Seigneur Banneret qui avoit un nombre suffisant de Vassaux pour lever Banniere. De là vient aussi l'origine du Cry de guerre pratiqué par nos Ancêtres, qui n'étoit autre chose que le mot du Prince ou du Seigneur pour rallier ses Vassaux sous sa Banniere en la mêlée du combat, dont l'usage est fort ancien, car Suger Abbé de Saint Denis, Orderic Moine de Saint Euroul, & Gasse Chanoine de Bayeux, qui vivoient il y a plus de cinq cens ans, témoignent dans leurs Histoires que nos Rois crioient aux batailles *Montjoye*, qui signifie *Mon Dieu*, ou selon que d'autres ajoûtent *Montjoye Dieu ayde*, & quelquesfois *Montjoye S. Denis*. Et ceux d'Angleterre *Royaux*, comme nous apprenons d'un passage de Mathieu Paris *in Henrico III. Quasi pro Edicto frequenter proclamanta, alta & reboante voce, eodem Constantino, Montis gaudium; Adjuvet Dominus, & Dominus noster Ludovicus. Et au même endroit. Et facto congressu acclamatum est terribiliter; Ad arma, ad arma; hinc, Regales Regales, inde, Montis gaudium, Montis gaudium, scilicet utris Regis insigne.* Nos Dauphins crioient, *S. George.* Et quant aux Seigneurs ils avoient communément pour Cry de guerre le nom de leur famille ou de leur principale Terre, comme nous lisons dans le Roman de Jean de Saintré Chambellan du Roy Jean, qui rapporte les Noms, les Armes & le Cry des Seigneurs qui allerent en Prusse, que les Seigneurs de Clermont, de Sassenage, de Châteauneuf, de Maubec crioient Clermont, Sassenage, Châteauneuf, Maubec. La modestie ne me doit pas empêcher de dire que mes Ancêtres avoient pour Cry *A Salvaing le plus gorgias*, comme a remarqué Petra Santa Romain *libro de Insignibus*, & quelques autres qui ont traité cette matiere. Froissart Vol. 2. chap. 116. fait mention du Cry des Seigneurs particuliers en ces termes. *Et quand ils viendront, nous crierons nos Crys, tous d'une voix, chacun son Cry, ou le Cry de son Seigneur, à qui il est, jaçoit ce que tous les Seigneurs ne soient pas icy. Par icelles voix & Crys nous les esbahirons, & puis frapperons à eux de grande volonté.* Il est superflu que j'en dise davantage sur ce sujet.

Mais aujourd'hui c'est au Roy seul à qui le service militaire est dû : C'est lui seul qui peut declarer & faire la guerre, dont le droit ne descend point du Thrône. Aujourd'hui les Vassaux ne marchent plus en guerre sous leurs Seigneurs de Fiefs qui n'ont aucun pouvoir sur eux au fait de la guerre, mais sous la conduite de ceux qui commandent les Armées Royales. L'Arriereban qui est la seule marque de cette ancienne obligation des Fiefs se publie de l'Ordonnance des Baillifs & des Senéchaux Royaux, ou des Gouverneurs des Provinces. Ce qui rend inutiles parmi nous tant de questions qui sont traitées par les Feudistes touchant le service militaire que le Vassal devoit autrefois à son Seigneur.

C'est ainsi qu'Argentré l'a remarqué sur la Coûtume de Bretagne art. 311. n. 5. en ces mots : *In hoc permissio continetur de juvando Domino ex forma Fidelitatis, nisi quod de armis juramento olim continueba-*

I iij

tur nunc eximi folet, propterea quod nemini cuiquam jus eft arma movendi de quo art. 56. diximus. Etfi veteribus formulis ufitatum Vaffallos juramento obfequii armati obftringi folere pro fe & Vaffallis fuis, ita ut fuis Vaffallis ftipati ad obfequum venirent : Avec deux, trois & quatre Chevaliers d'Oft, felon la qualité de leurs Fiefs & de leurs Vaffaux. *Quo tempore mirum non erat Vaffallos de armato obfequio promittere. Nunc recta & immediatè omnes Vaffalli pro Feudis fuis ab obfequia Regis citantur, tant en proche qu'en Arrierefief.* La même remarque eft faite par du Moulin fur la Coûtume de Paris *glof. 6. in verbo, mouvant de lui, n. 14.* par Coquille en fon Inftitution au Droit François *Tit. du* DROIT *de Royauté.* Par Loyfeau en fon Traité des Seigneuries chap. 4. par Godet fur la Coûtume de Châlon Art. 208. par Buridan fur celle de Vermandois Art. 39. 157. par Tronçon fur celle de Paris Art. 40.

Cela pourtant n'empêche pas le payement de la fubvention qui eft dûë par quelques Vaffaux au Seigneur qui va à la guerre pour le fervice du Souverain, mais il faut qu'il y ait titre. C'eft un droit que les anciens titres appellent *l'Ayde de l'Oft*, qui a du rapport avec celui qui eft appellé par les Feudiftes *Hoftenditiæ*, dont il eft fait mention *lib. 2. de Feudis tit. 40.* où il eft ainfi défini. *Hoftenditiæ dicuntur adjutorium, quod faciunt* DOMINIS *Romam cum Rege in hoftem ire pergentibus Vaffalli qui cum eis non vadunt.*

LIGUE OFFENSIVE ET DEFFENSIVE,

ENTRE LES GENTILS-HOMMES NOMMÉS

EN L'ACTE SUIVANT.

„ NOVERINT univerfi præfentes litteras infpecturi quòd
„ Nobiles viri Dominus Difderius de Caffenatico Vica-
„ rius Romanenfis, Guillelmus Artaudi Dominus de Ays, Ey-
„ nardus de Turre Dominus de Vinay, Reymundus de Mon-
„ tealbano, Giletus Alamanni, & Guigonetus Alamanni, Fran-
„ cifcus & Hugo de Caffenatico, & Lantelmus de Sancto
„ Quintino fecerunt pacta & conventiones juramento vallatas
„ ad invicem in hunc modum, quòd unus teneatur deffende-
„ re & juvare alium in guerris & caufis contra omnes perfo-
„ nas, exceptis dominis ipforum quibus tenetur ex fidelitate,
„ & fpecialiter excepto Domino Joanne Delphino : Ita fcilicet,
„ quòd fi unus prædictorum habeat guerram vel caufam contra
„ quemcumque exceptis Dominis prædictis, omnes alii præ-

dicti & quilibet eorum teneantur ipfum juvare & deffende- "
re , & in expenfis quas fecerit contribuere pro rata ; Et fi fu- "
per prædictis inter prædictos vel alteros prædictorum de Vien- "
nefio & Grayfivodano controverfia orta fuerit , de dicta con- "
troverfia ftare & obedire dicto & ordinationi Nobilis Viri "
Odonis Alamanni & Aynardi de Turre prædicti , fi verò in- "
ter Nobiles prædictos de Vapicefio oriretur quæftio fuper præ- "
dictis ; teneantur ftare & obedire fuper dicta difcordia feu "
quæftione dicto & ordinationi Domini Bertrandi de Meolon "
Domini de Barreto & Jordani de Rofans. Item fuit deduc- "
tum in pactis & conventionibus prædictis quòd prædicti No- "
biles quos fibi viderint expedire. Item fuit deductum in dic- "
tis pactis & conventionibus , quòd fi alter dictorum Nobi- "
lium veniret vel faceret contra prædicta vel aliquid prædicto- "
rum , confitetur fe ipfo facto proditorem erga alios prædic- "
tos , & omnes alii prædicti tenentur impugnare & guerrare "
illum contra facientem vel contra venientem , donec cum "
prædictis concors effet. In cujus rei teftimonium nos omnes "
prædicti figilla noftra præfentibus litteris duximus apponenda. "
Datum Gratianopoli die Lunæ poft Purificationem Beatæ Ma- "
riæ , anno Domini millefimo ducentefimo feptuagefimo nono. "

1. Sigillum Difderii de Caffenatico , avec les Armes de Saffe- "
 nage , fçavoir , burelé de dix pieces au Lyon brochant fur "
 le tout. "

2. S. Guillelmi Artaudi Dom. de Ays , avec les Armes des "
 Artauds ; qui eft un Château. "

3. S. Aynardi de Turre Domini de Vinay , avec les Armes "
 de la Maifon de la Tour , fçavoir une Tour avec un "
 avant-mur. "

4. S. Reymundi de Montealbano , avec les Armes qui font "
 trois Châteaux. "

5. S. Gileti Alamanni. Les Armes ne peuvent être reconnuës, "
 à caufe que le Sceau eft demi rompu.

6. S. Guigoneti Alamanni. Le Sceau eft perdu. "

7. S. Francifci de Caffenatico. Le Sceau eft auffi perdu. "

8. S. Hugonis de Caffenatico , avec une Aigle pour Armes , "
 qui font celles d'Aymonette de Salvaing fa femme , fui- "
 vant la coûtume de ce temps-là , que les Cadets prenoient "
 les Armes de leurs femmes. "

9. S. Lantelmi de Sancto Quintino , avec les Armes qui font "
 parties d'une Aigle & d'une face de fix pieces. "

DE GUERRA NON FACIENDA NON OBSTANTE LIBERTATE.

„ LUDOVICUS Regis Francorum Primogenitus , Delphi-
„ nus Viennensis , Comesque Valentinensis & Diensis.
„ Universis & singulis hujusmodi Litteras inspecturis , visuris ,
„ lecturis, ac etiam audituris sit notum. Quia teste Justinia-
„ no non erubescimus , ut si quæ à Prædecessoribus nostris vel
„ nobis sancita aut confirmata emendationem pro tempore ne-
„ cessariam exigant , eis ipsis competentem imponamus correc-
„ tionem utilitati & quieti subditorum nostrorum prospicientes,
„ omnemque cum Dei auxilio agentes providentiam , ut sub-
„ diti ab ejus clementia nobis traditi in pace ac tranquillitate
„ vivant , & ab omni bello civili & nefando congressu justitiæ
„ viribus potius quàm viis facti legibus vetitis innitentes de cœ-
„ tero abstineant. Attendentes igitur quod olim per bonæ
„ memoriæ Prædecessorem nostrum Humbertum Delphinum
„ fuit inter alia Statuta per eumdem facta in nostra Patria Del-
„ phinali concessum & confirmatum certis respectibus & consi-
„ derationibus eum ad hoc moventibus & necessitatibus tunc
„ forte urgentibus. Quod de guerris , discordiis , & debatis ,
„ quas & quæ contingeret oriri & fieri inter Nobiles Patriæ
„ Delphinatus , post dicta Statuta nulla fieret ex officio inquisi-
„ tio seu persecutio , neque tales inquietarentur illo prætextu ,
„ nisi prius , de guerra vel debato non fiendo foret facta inhi-
„ bitio specialis , prout latiùs in eodem Statuto inter Libertates
„ Delphinales inserto continetur. Cujusquidem Statuti prætex-
„ tu cum plures expost exhortæ fuerint rixæ , portus armorum ,
„ violentiæ, insultus, aliíque gravissimi excessus , ex quibus om-
„ nibus conflari poterunt scandala non modica , aliaque ad Rei-
„ publicæ & Justitiæ , Superioritatisque nostræ maximam læsio-
„ nem vergentia contingerent in futurum , verisimiliter similia
„ vel pejora , nisi per nos super hoc de remedio provideretur
„ opportuno ; Volentes hujusmodi abusionibus providere , &
„ latissimam viam delinquendi hujus Statuti occasione præclu-
„ dere , subditosque nostros sub bonis Legibus , Statutis & Or-
„ dinationibus in bona politia convenientibus vivere , hoc con-
„ sultissimo Edicto statuimus & Ordinamus , prædictum Statu-
„ tum seu Libertatem , quæ magis corruptela quam libertas

dici debet, cum ejus viribus caffari & annullari, quod & "
per præfentes caffamus & annullamus. Ea propter dilectis & "
fidelibus noftris Gubernatori aut ejus Locumtenenti, Genti- "
bufque Confilii noftri Gratianopoli refidentis, ac etiam om- "
nibus aliis Jufticiariis & Officiariis noftris tam Delphinalibus "
prædictorum Comitatuum & cuilibet ipforum prout ad eum "
pertinuerit in folidum tenore præfentium præcipimus & man- "
damus, quatenus omnibus fubditis noftris fub pœna confif- "
cationis & aliis pœnis à jure ftatutis & in hoc cafu fpectan- "
tibus inhiberi faciant, ne de cœtero unus contra alium occa- "
fione affumpta prorumpat ad guerram, vel diffidentias in for- "
ma hoftilitatis, congregationemque Gentium armorum fa- "
ciant, & quas pœnas contra facientes ipfo facto incurrere "
decernimus, prædictis Statuto, Libertate aut confuetudine "
non obftantibus. Mandantes ulterius hujufmodi noftram Conf- "
titutionem, Legem & Ordinationem per omnia loca infig- "
nia Delphinatus & Comitatuum noftrorum publicari atque "
inter Statuta Delphinatus regiftrari ad perpetuam memoriam. "
Volentes infuper tranfcripto feu vidimus hujufmodi Littera- "
rum tantam fidem adhiberi, quanta adhiberetur præfenti ori- "
ginali. Quod ut firmum ftabileque fit, Sigillum noftrum "
præfentibus duximus apponendum. Datum in Turre Pini, "
die decima Decembris. Anno Domini 1451. Per Dominum "
Delphinum in fuo Magno Confilio. I. de Bucoiron. Anno "
1425. 5. Martii retrofcriptæ Litteræ voce tubæ in Platea "
Mali Confilii Gratianopoli fuerunt publicatæ. MOLENA. "

CHAPITRE XII.

Que fignifient ces mots dans les anciens hommages, fequi &
juvare Dominum de Placito?

L eft peu d'hommages réels au deffus de trois cens ans, qui
n'obligent le Vaffal outre le fervice militaire, *fequi & juvare*
Dominum de Placito ou bien *facere Placitum.* Je le trouve
ainfi dans une Tranfaction paffée entre Humbert Dauphin
& Henry Seigneur de Saffenage, du dernier Avril 1339. *Et fuit actum*
& conventum inter dictas partes & in pactum expreffè deductum, quod dic-
tus Dominus Henricus & fui hæredes & fucceffores perpetuò teneantur de Caftris

& Terra prædictorum locorum, hominibus suis & subditis sequi & juvare dictum Delphinum Viennensem, hæredes & successores suos de Placito & guerra contra omnes alios natos & nascituros. Ainsi l'hommage qui fut fait le 28. Juillet 1349. par Raymond de Baux Prince d'Orange à Charles Dauphin fils aîné du Roy Jean, des Terres de Montbruison, de Curnieres, & de Novesan, à cette clause. *Et quod dictus Dominus Princeps & sui dictum Dominum Delphinum & suos, hæredes & successores juvare debeant perpetuò de Placito & de guerra contra omnes homines Mundi morituros & nascituros nemine excepto.* Les Regiſtres de la Chambre des Comptes fourniſſent une infinité de ſemblables hommages. Ce qui merite d'être éclairci pour l'intelligence des Titres Féodaux. Et pour cet effet, il faut rechercher ce que c'eſt que *Placitum*, à qui les Annaliſtes François & Allemans donnent un autre ſens que celui qu'il a dans la pureté de Langue Latine.

Ils entendent par le mot de *Placitum*, l'Aſſemblée des Etats Généraux, comme fait un Poëte Saxon contemporain de l'Empereur Arnoux *lib. 1. de Geſtis Caroli Magni.*
——————*Conventum Placiti generalis habere.*
Cum Ducibus ſe velle ſuis denunciat illic.

L'Auteur du Livre intitulé *Geſta Dagoberti Regis cap. 40. Conſilio divinitus inſpirato, convocatis filiis, omnibuſque totius Regni Primatibus X. Kal. Junias in Palatio Bigargio Placitum Generale inſtituit.* Les exemples en ſont infinis parmi les Ecrivains du moyen âge.

Caſeneuve en ſon Traité des Etats Généraux de Languedoc, eſtime que ce mot prend ſon origine de ce qu'au Prologue de la Loy Salique, dont la Commiſſion fut donnée à quatre grands Perſonnages, il eſt dit. *Placuit & convenit inter Francos & eorum Proceres, ut propter ſervandum inter ſe pacis ſtudium, omnia incrementa veterum rixarum reſecare deberent,* & que de ces mots, *placuit & convenit,* eſt venu que durant les deux premieres Lignées de nos Roys, l'Aſſemblée générale des Etats a été ordinairement appellée *Placitum & Conventus.* Mais je trouve plus vray-ſemblable la conjecture de François Hotoman, ſur le Titre des Fiefs, qui dérive *Placitum* de la diction Allemande *Plats,* qui ſignifie une Place, à cauſe que les François avoient accoûtumé de tenir leurs Etats en raſe campagne, comme il ſe pratiquoit autrefois à Rome dans le Champ de Mars, & qu'il ſe pratique encore en Pologne pour une marque de la liberté de l'Aſſemblée. Et cette Campagne s'appelloit auſſi par les François, le Champ de Mars, ſoit en l'honneur du Dieu de la guerre, ainſi que l'écrit Hincmar Archevêque de Rheims en la Vie de S. Remy. *Tranſacto anno Chludovicus Rex, ut omnium armorum nitorem videret, omnem Exercitum juſſit cum armorum apparatu venire ſecundum morem in Campum Martium; Sic enim Conventum illum vocabant à Marte, quem Pagani belli Deum credebant.* Et en effet les François y paroiſſoient en bataille rangée; Ce que les Gaulois pratiquoient auſſi, comme remarque Ceſar au Livre 5. *de Bello Gallico,* où il appelle leur Aſſemblée *Concilium armatum.* Soit parce que les

Etats se tenoient le premier jour du mois de Mars, ainsi que nous l'apprenons des Annales de Mets, qui parlant de Pepin Maire du Palais sur l'an 691. disent. *Singulis annis in Kalendis Martii generale cum omnibus Francis, secundum piscorum consuetudinem, Concilium agebat.* Mais Pepin son petit fils premier Roy de la seconde lignée ayant changé la tenuë des Estats au premier de May, le lieu de l'Assemblée fut appellé depuis *Campus Maii*, & par corruption *Campus Magii*, *Campus Madii*, ou *Campus Madius* suivant la remarque d'une ancienne Chronique de France. *Evoluto igitur anno, commoto omni Exercitu Francorum, usque Aurelianis veniens, ibi Placitum suum Campo Maii (quod ipse primus pro Campo Martio pro utilitate Francorum instituit) tenent.* D'autres Annales qui sont imprimées dans le second Tome du Recuëil des Historiens François par André du Chêne, DCCLV. *Venit Thassila ad Martis Campum, & mutaverunt Martis Campum in mense Maio.*

Le lieu le plus celebre où les François & les Allemans tenoient leurs Plaits, c'est la Plaine de Roncaille, le long du Pau, près de Plaisance, dont il est fait mention si souvent dans les Livres des Fiefs, & principalement liv. 2. tit. 52. §. 5. où l'Empereur Lothaire parle en ces termes. *Dum apud Roncaliam secundum antiquorum Imperatorum consuetudinem pro justitia & pace Regni componenda consideremus.* Et tit. 55. *Dum ex prædecessorum nostrorum more universali Curiæ Roncaliæ pro Tribunali sederemus.* Otho Frisingensis en parle de cette sorte liv. 2. chap. 2. *Indè Castra movens in Campo Roncaliæ super Padum non longè à Placentia, mense Novembri recedit. Est autem consuetudinis Regum Francorum, que & Theutonicorum, ut quotiescunque ad sumendam Romani Imperii Coronam militem ad transalpinandum coegerint, in prædicto Campo mansionem faciant. Ibi ligno in altum porrecto, scutum suspenditur, universorumque Equitum agmen Feuda habentium ad excubias proxima nocte Principi faciendas per Curiæ Præconem exposcitur; quod sectantes qui in ejus Comitatu fuerint, singuli singulos Beneficiatos suos per præcones exposcunt. At sequenti die quicumque nocturnis vigiliis defuisse deprehensus fuerit, demuo ad præsentiam Regis, aliorúmque Principum, vel virorum illustrium evocatur; sicque omnes omnium Beneficiati, qui sine honâ voluntate Dominorum suorum domi remanserunt, in Feudis condemnatur. Hunc morem Principe secuto, non solum Laïcorum Feuda, sed & quorundam Episcoporum, id est, Hartuici Bremensis, & Ulrici Hamberstatensis Regalia personis tantum, quia nec personis, sed Ecclesiis perpetualiter à Principibus tradita sunt, adjudicata fuere.* La même chose est rapportée par le Poëte Guntherus au Livre 2. de son Poëme intitulé *Legurinus*, où il fait la description de cette Plaine, que Radevicus au commencement du Livre 2. appellé *Campestria Roncaliæ*, lors qu'il dit *Jam dies Placiti affuit, qui Romanum Principem ad Campestria Roncaliæ, sicut conventum, invitabat.* Et ensuite elle fut nommée la Cour des François, comme justifie une Ordonnance de Charles le Gros, qui oblige les Vassaux d'accompagner leur Seigneur aux Plaits de Roncaille, & d'y paroître en équipage de guerre, sur peine de privation de leurs Fiefs. *Cuicumque secundum hanc legem expeditio imperetur, si ad Curiam*

Gallorum, hoc est, in Campum, qui vulgò Rougalle dicitur, Dominum suum non comitetur; & ibi cum militari apparatu non repræsentetur, Feodo præter hos qui cum gratia Dominorum suorum remanserunt, in conspectu nostro absque spe recuperationis privetur. Et en ces Plaits ou Assemblées générales, on déliberoit des affaires importantes de l'Etat : A quoy F. Hotoman *cap. 11. Franco-Gallia*, & après lui Maran en ses Discours Politiques de la Justice chap. 1. rapportent la clause ordinaire que nos Roys mettent dans leurs Edits. *Car tel est Nôtre plaisir*, laquelle, disent-ils, ne se doit pas entendre d'un plaisir volontaire & particulier, fondé en la seule opinion du Prince, mais que cette maniere de parler tirée de la Latine, *Quia tale est nostrum Placitum*, ne veut dire autre chose, sinon qu'après avoir meurement déliberé sur le sujet, on s'est porté à cette resolution, comme à la meilleure & à la plus saine, arrêtée dans les Etats, & par l'avis de plusieurs. *Latina consuetudine*, dit Hotoman, *Placitum id propriè dicitur quod re in multorum consilio quæsita, & deliberata tandem inter ipsos convenit.* Ainsi les Maximes de chaque Science s'appellent *Placita*, dont il me suffira d'alleguer une autorité tirée de Pline liv. 29. chap. 1. où parlant du Medecin Thessalus fort celebre sous Neron, qui renversoit toutes les opinions reçuës par les Medecins de son temps, il use de ces termes. *Eadem ætas Neronis Principatu ad Thessalum transilivit delentem cuncta majorum Placita, & rabie quadam in ævi sui Medicos perorantem.* Les Grecs disent aussi τα αρεσκοντα, témoin le Livre de Plutarque, περὶ τῶν ἀρεσκόντων τοῖς φιλοσόφοις. *de Placitis Philosophorum.*

Néanmoins je croirois plûtôt que la clause des Edits, *Car tel est nôtre plaisir*, est la marque d'une puissance absoluë & Monarchique, pour imprimer aux sujets l'obéïssance qu'ils doivent à l'autorité Souveraine : Et c'est ainsi que les Jugemens des Romains étoient conçûs, comme nous voyons dans la Loy 40. D. *de Pœnis*, tirée des Decrets de Paulus. *Metrodorum, cum hostem fugientem sciens susceperit in Insulam deportari, Philocteten quod occultari eum non ignorans diu dissimulaverit, in Insulam relegari placet.* Le Jugement de mort qui fut donné par Galienus Maximus Proconsul, contre S. Cyprian, est en ces termes, qui sont rapportez par S. Augustin, *Sermone de S. Cypriano. In Tascium Cyprianum gladio animadverti placet.* Les Apôtres même en ont usé de la sorte en leur premier Concile, quand ils ont dit, ἔδοξενῖς Ἀποστόλοις *placuit Apostolis.* Ce qu'on a reçû pour un Formulaire aux Conciles suivans, où les Evêques opinent par le mot *placet.* Et en effet les déliberations du Senat, & les Ordonnances des Souverains s'appelloient *Placita Senatus, Placitum Principum.* Ce qui a fait croire à Guillaume Budé sur les Pandectes, à Joachim Perion *lib. 3. de Linguæ Gallicæ origine*, & à Gerardus Vossius *lib. de Vitiis sermonis*, que le mot d'*Arrest* est emprunté du Grec ἄρεστον qui veut dire la même chose que *Placitum.*

Or du temps que les Vassaux étoient obligez d'accompagner leurs Seigneurs aux Plaits, soit en la Plaine de Roncaille ou ailleurs, c'étoit une charge du Fief, *sequi & juvare Dominum de Placito*, qui

a

a passé du premier titre d'Inféodation aux Hommages suivans.

Et comme les Plaits généraux se tenoient pour les interêts de l'Etat, les Seigneurs en tenoient aussi de particuliers, où les Pairs de Cour & hommes de Fiefs étoient obligez d'assister pour leur donner avis & conseil en Justice, & juger avec eux les causes Féodales; ce que la Coûtume d'Amiens Art. 186. appelle *servir les Plaits de son Seigneur Feodal*, celle de Peronne Art. 65. 78. 79. *faire le service des Plaits*, & celle de S. Quentin *faire le service de Cour & de Plaits*. De là est venu qu'on a usé du même mot *Placitum* pour dire un procès; comme a fait Otho Frisingensis *lib. 1. cap. 41.* d'où s'est formé le verbe *placitare*, qui se trouve dans la Donation faite par Charlemagne au Monastere de Wormes en ces termes, qui sont rapportez par Nauclerus. *Si Advocatus in prædicta Villa placitare voluerit, ut non pluribus, quam triginta equis ad placitandum veniat.* Il se trouve aussi dans Gofridus Abbé de Vendôme *lib. 2. Epist. 24.* & dans tous les Autheurs du même temps. Ce qui détruit la conjecture de Joachim Perion qui dérive nôtre *plaider* du Grec πληκτίζεσται *disceptare*. De sorte que *Placitum habere* dans cette Loy de Charlemagne. *Ut nullus ebrius suam causam in Mallo possit conquirere, nec testimonium ferre, nec Placitum Comes habeat nisi jejunus,* signifie la même chose que *Forum agere.* Et dans la Loy des Frisons *interpellare in Placito,* veut dire assigner en Jugement, Voici les termes Tit. 24. *Dicat ille qui homicidam interpellavit, se in Placito publico interpellare velle, & ita faciat. Interpellent eum in Placito coram Judicibus.* Dans ce même sens le Moine Marculfe dit en ses Formules liv. 1. chap. 37. *Ad quod Placitum veniens memoratus ille, ibi in Palatio nostro per triduum seu amplius, ut lex habuit, Placitum suum custodisset, & memoratus ille abjectus sit, vel solsatis sit, ipse nec venisset ad Placitum, nec ulla sunnia nuntiasset.* Ensuite le Jugement même a été appellé *Placitum,* dont les exemples sont infinis. Il me suffira d'alleguer un passage du Synode de Tours chap. 35. *pro quolibet Placito vel Judicio à qualibet persona munera exigere.* Ainsi nous lisons dans les Capitulaires, *Placitum Comitis, Placitum Centenarii.* Enfin ce mot est pris generalement *pro die dicta, in qua quid agendum gerendumve sit, inter partes pactum conventum fuerit,* comme l'explique Monsieur Bignon sur le passage sus-allegué de Marculfe. Tellement que *Placitum Legatis dare,* signifie donner Audiance aux Ambassadeurs dans Gregoire de Tours liv. 6. chap. 37. comme il veut dire une Conference dans la Chronique de Fredegarius Scholasticus chap. 37. *Unde Placitum inter hos duos Reges, ut Francorum Judicio finiretur, in Saloissa Castro instituunt.* Dans celle de Frodoardus en l'an 945. *Igitur circa Missam Sancti Joannis Hugo Dux Placitum suum cum Rege per Sequestres habuit, in quo nihil certum de pace inter ipsos componenda gestum.* Dans Ives de Chartres Epist. 105. *Placitum inter Regem Anglorum & Comitem Normanorum.* On appelloit même *Placita,* les Actes qu'on faisoit, de quelque nature d'affaires que ce fût. *Nec judicii modo, sed cujuslibet negotii causa conventus agerent, & conventiones ipsas, transactionesque rerum, quarum causa convenerant Placita*

I. Partie. K

vocabant, comme dit le P. Sirmond en ſes Notes ſur l'Epiſt. 36. liv. 3. de l'Abbé Goffridus.

Le Plait Seigneurial, que les Titres Latins appellent *Placitum*, dont j'ay fait un Traité particulier, eſt un droit qui n'a rien de commun avec le ſujet de ce Chapitre.

Il a été neceſſaire que je fiſſe toutes ces remarques pour l'intelligence d'un mot qui eſt fréquent dans les Actes d'hommage. Aujourd'hui les Pairs de Cour n'aſſiſtent plus aux Plaits du Seigneur, pour juger les queſtions Féodales, comme ils faiſoient du temps de nos Ancêtres; de ſorte que la clauſe du ſervice des Plaits ne ſe met plus dans les Actes d'hommage, non plus que celle du ſervice militaire.

CHAPITRE XIII.

Si le Vaſſal peut preſcrire ſa liberté contre le Seigneur, par le droit des Fiefs, & par l'Uſage du Dauphiné.

CETTE queſtion eſt aſſez importante pour être examinée à fonds. Mais afin de luy donner tout l'éclairciſſement neceſſaire j'eſtime qu'il la faut traiter premierement en général, & aprés dans l'Uſage particulier de Dauphiné, qui a ſes maximes ſpeciales en fait de directes.

En général, il eſt certain qu'en tous les Livres des Fiefs, il n'y a point de texte formel qui decide la preſcription ou l'impreſcriptibilité du Fief entre le Seigneur & le Vaſſal. Ce que François Duaren a remarqué dans ſes Commentaires *in conſuetudines Feudorum cap. 16. n. 5.* où il dit. *Moribus noſtris* (c'eſt-à-dire de France) *pro Vaſſallo vel Domino nulla præſcriptio locum habet; ſed hoc Jure Longobardico non videtur mihi definitum.* Il eſt vrai qu'il y a deux diſpoſitions en d'autres cas, d'où quelques Feudiſtes induiſent l'impreſcriptibilité de la foi par le Vaſſal. L'une tirée du liv. 2. tit. 28. §. dont voici les termes. *Adhæc quantocumque ſteterit Vaſſallus, quod Domino non ſervierit, ſecundùm uſum Mediolanenſium Beneficium non amittit, niſi ſervitium facere tenuerit.* L'autre eſt tiré du même livre *tit 55. de prohibita Feudi alienat. per Frederic.* Par laquelle l'alienation du Fief, ſans la permiſſion du Seigneur, eſt declarée nulle & invalide; *nullius temporis præſcriptione impediente.* A quoi ſe rapporte le titre 49. liv. 4. *de Capitulis Conradi Regis factis in Roncalia.* ſuivant le recüeil fait par Cujas. *Ut liceat Dominus omnes alienationes Feudi factas nulla præſcriptione obſtante revocare.* Ce qui a fait conclurre à François Hotoman, *Diſputatione de Feudis, c. 3. quod ſi alienare Vaſſallo non licet, ut neque illi liceat pati Feudum præſcribi.* Mais comme ces diſpoſitions reçoivent diverſes explications, ſuivant les diverſes ſortes de preſcriptions, ainſi que je dirai cy-aprés, ceux qui tiennent ce parti-là manquans d'une autorité formelle , font contraints de recourir aux raifons qui peuvent être reduites à quatre.

La premiere eft celle qu'apporte Duaren au lieu fus-allegué ; qu'il eft de la nature du Fief , *ut obfequium præftetur cum opus fuerit, fed hoc fervitium eft incertum, & in arbitrium* Domini *collatum eft , ut cum opus eft id poftulet : Ergo natura ejus non patitur, ut locum habeat præfcriptio.* C'eft ce que difent les Auteurs François, que le Vaffal ne prefcrit point fa liberté par quelque temps que le Seigneur ait dormi fans faire renouveller l'hommage , parce que c'eft un droit de faculté libre, qui eft exempt de prefcription, & que pour prefcrire il eft neceffaire qu'il y ait quelque acte contraire pour conftituer le Vaffal en poffeffion ou quafi poffeffion de liberté ; autrement l'ancienne caufe de poffeffion eft cenfée durer fuivant la loi *qui bona* D. *de acquir. poffeß.* La feule ceffation du Vaffal ne pouvant priver le Seigneur de fa poffeffion de Feudalité , d'autant que la ceffation ne caufe pas du trouble, comme dit Joan. Faber *in ff. retinendæ , Inftitut. de Interdictis.*

La feconde ; que le domaine direct & la proprieté du Fief demeurant au Seigneur , & le Vaffal n'ayant que la fimple jouïffance & le domaine utile , il ne peut changer la caufe de fa poffeffion , puis que *non fibi fed alteri poffidet , quæ caufa præfcriptionem impedit ,* fuivant la loi *malè agitur. C. de præfcript. 3 o.vel. 4 o. annor.* En forte que Balbus dit après quelques autres en fon Traité des Prefcriptions *4. parte 4. partis principalis n. 4.* que l'Emphyteote ne peut jamais prefcrire le domaine direct *etiamfi mille annis poffederit,* s'il n'y a interverfion de poffeffion , *quam tamen non poteft intervertere fola animi deftinatione, fed opus eft quod factum interveniat.* A quoi fe trouve conforme Joan. Faber *ad leg. cum notiffimi C. de præfcript. 3 o. vel. 4 o. annor.* où il dit que le titre contient en foi *perpetuam & indefinentem interruptionem , adeo ut nullis fæculis poffit præfcribere , qui alieno nomine poffidet.*

La troifiéme ; que le Seigneur & le Vaffal ne doivent prefcrire l'un contre l'autre , à caufe de la mutuelle & reciproque obligation de fidelité de l'un envers l'autre , qui eft la feule raifon qu'allegue la Coûtume de Berry tit. 12. art. 3. & celle de Troyes art. 23.

La quatriéme ; que le droit de Fief eft un droit de fujetion & de fuperiorité, qui ne tombe pas en prefcription par la loi *comperit. C. de præfcript. 3 o.vel 4 o. annor.* fuivant quoi toutes les Coûtumes de France n'admettent point de prefcription entre le Seigneur & le Vaffal ; dont quelques-unes fe contentent de dire fimplement qu'il n'y a prefcription ; les autres ajoûtent , par quelque laps de tems que ce foit , & quelques autres s'expliquent ainfi, encore que ce fut par cent ans , & plus, comme Paris art. 12. Orleans art. 86. Reims art. 133. Mante art. 23. Montfort art. 8. Melun art. 102. Auxerre art. 77. & même le Languedoc & la Provence , qui font regis par le Droit écrit, ne reconnoiffent point de prefcription pour les droits Seigneuriaux , s'il n'y a eu contradiction.

Au contraire , ceux qui tiennent que le Vaffal prefcrit fa liberté, fe fondent fur un texte du livre 4. des Fiefs tit. 87. du recuëil de Cujas. *An præfcriptione Feudum acquiratur,* qui commence par cet Axiome , *In Beneficiis ut in cæteris contractibus præfcriptiones currere fatis humanum & ra-*

tioni congruum videtur. Et quoi que le sujet de ce titre-là soit different, & qu'il regarde seulement celui *qui Feudum alienum bona fide ab aliquo justa traditione acceperit*, si est-ce qu'il est aisé de voir que cette proposition a été faite comme une Maxime, & une Regle du Droit Féodal, en ce qu'elle est donnée pour fondement de la resolution, & de la consequence qui en est tirée.

Et pour réponse aux dispositions sus-alleguées, touchant la prohibition d'aliener le Fief, il suffit de dire que ceux qui ont écrit sur les Livres des Fiefs, & entre autres Cujas sur le titre 49. liv. 4. & sur la Constitution de Frederic *de Feudis non alienandis lib.* 5. & Godefroi sur le titre 55. liv. 2. *de prohibita Feudi alienatione* n'expliquent ces mots, *nullius temporis præscriptione impediente*, & les autres semblables que de la prescription, *longi temporis*, à l'exclusion même de celle de trente ans, laquelle suffit, *etiam citra bonam fidem*. Et avant eux la Glose avoit donné la même interpretation : Tant il est vrai que les prescriptions ont passé jusques aux Fiefs des Lombards : mais cette raison cesse aujourd'hui, que tous les Fiefs sont reduits à l'instar du patrimoine, d'où l'on peut tirer un argument *à contrario sensu*, que si le Fief eût été imprescriptible, quand il ne tomboit pas en commerce, il a été prescriptible dès qu'il a été confondu avec les biens patrimoniaux ; comme en effet ayant pris la nature de patrimoine, il est susceptible de tous les accidens ausquels le patrimoine est sujet, *ne unum & idem diverso jure censeatur*. Et en verité, puis que l'alienation du Fief est permise, c'est une consequence que la prescription l'est aussi, *siquidem potestas alienationis præsupponit potestatem præscriptionis*, *l. alienationis verbum, D. de verbor. signif*. Et même l'on peut dire que la consequence tirée de l'alienation à la prescription est toûjours infaillible, en sorte que ce qui peut être aliené, peut être prescript, *sed non è converso*, y ayant beaucoup de cas ausquels la prescription a lieu, non l'alienation, & entr'autres celui de la Loi *si fundum D. de fundo dotali :* Et c'est par ces deux raisons principalement, que Chassenée & ses adherans admettent la prescription en matiere de Fiefs, laquelle n'est autre chose que l'acquisition qui se fait par l'usage.

Quant à la premiere raison de Duaren, qu'il est de la nature du Fief qu'il soit servi, cela est vrai tandis que *prædium Feudi jure possidetur*, mais à mesure qu'il reprend sa liberté naturelle, l'obligation du service cesse, puis que du Fief il en est fait un Alleu. Aussi le même Duaren excepte la prescription de cent ans, comme je ferai voir à la suite : Et quoi que le droit de Fief puisse être poursuivi ou delaissé à volonté, ce n'est pas à ce cas qu'il faut appliquer le Theoreme du Droit, que les actes de faculté libre sont imprescriptibles, parce qu'autrement il n'y auroit point d'action qui fut sujette à prescription, puis qu'il seroit au pouvoir de celui à qui elle appartient de la poursuivre ou de la délaisser. C'est un Theorme que les Docteurs ont tiré de la loi *Viam D. de via publica, & itinere publico reficiendo*. Mais il ne doit être entendu que de la pure faculté, que les Grecs appellent ἐυχέρεία, laquelle descend du droit de nature, ou du droit public, *& in meris facultatis finibus abstracta* *à jure privato consistit*, & non de la faculté qui a pour fondement la convention. L'une s'appelle *mera facultas*. L'autre n'est pas proprement une faculté, mais un droit particulier. *Nec verò facultas jus ullum proprium, aut privatum cujusque præsupponit, nullam præexistentiam commercii aut contractus, nec uni alicui acquirit, sed multis & omnibus ut à communi natura, & uni non ut uni, sed ut inter multos. At jus à commerciis & privatis cujusque commodis tribuitur*, comme raisonne excellemment Argentré *Consultatione 11.* En sorte que la pure faculté ne peut être venduë, cedée ni aliénée en quelque maniere que ce soit, *nec in privatum jus transire, aut commercio subjici*, ainsi que dit le même Argentré sur la Coûtume de Bretagne art. 266. n. 5. Et au contraire, *jus privatum* tombe en commerce. D'où l'on infere que *meræ facultati nunquam præscribitur, juri præscribitur.* A cause dequoi la faculté de remeré *toties quoties* est sujete à la prescription de trente ans, suivant la commune opinion des Docteurs, reçûë de tous les Parlemens de France, parce que cette faculté n'est autre chose qu'un droit, *quod in stipulationem deductum est proprio & privato cujusque commodo.* Et de-là il s'ensuit que le droit de Fief *non competit ut facultas, sed ut jus*, qui doit être sujet à prescription comme toutes les choses, *quæ in jus transierunt*, & que rien n'en est exempt que les choses qui de leur nature, ou par la défense de la loi fondée en cause publique, sont absolument inalienables, *quæ Lege, Consuetudine, Statuto alienari prohibeantur, maximè ex publicis & legalibus causis usucapi non posse propter prohibitionem Legis, quæ commercium prohibet, & potentiam removet ab agente.*

Pour la seconde raison tirée de la loi *malè agitur. C. de præscript. 30. vel 40. annor.* l'on répond qu'elle n'a rien de commun avec la question presente, en laquelle il ne s'agit pas d'une possession pareille à celle du possesseur à titre de precaire, & de celui qui possede *titulo conductionis*, qui est le cas de cette loi-là, parce que l'un & l'autre *sunt meri detentores, unde non dantur eis Interdicta possessoria*, comme dit Cujas *lib. 9. Observat. cap. 33.* Aussi n'ont-ils qu'une simple joüissance *ad tempus*, revocable *ad nutum precario dantis aut locatoris.* Au contraire, le Feudataire est perpetuel possesseur de son Fief, dont il peut disposer tout ainsi que du reste de son patrimoine.

Et quant à la raison qui est empruntée de l'Emphyteose dont Rofrerius est Auteur, allegué par Guillaume Durant *tit. de Emphyteusi*, il y a de celebres Docteurs qui restraignent ces mots de la Loy *cum notissimi C. de præscript. 30. vel 40. annor. per quadraginta annos vel quoscumque alios annos*, à la prescription centenaire, & Panormitanus in cap. *ad audientiam n. 18. de præscription.* assure que la liberté contre la cense & la Seigneurie directe, s'acquiert par prescription contre le Souverain même, parce que tel droit n'est dû, à cause de la Souveraineté. Et à ce propos Mr. le President Expilly a dit judicieusement ch. 182. de ses Arrêts, qu'il ne faut pas s'amuser à la subtilité de quelques Docteurs, qui disent que *Emphyteuta non possidet dominium directum*; car il faut tenir, ajoûte-t'il, que nul ne l'a possedé, puisque durant cent ans nul ne s'en est servi, & que s'il y a eu un Seigneur direct autre-

Vide Pline apud Gomez. tom. 1. cap. 9. n. 27. page 110. Barry tom. 2. pag. 74.

fois, il s'en est départi, l'a quitté & remis par un si long silence, ou l'a perdu par oubli, ou pour ne s'en être servi, ou pour ne l'avoir au moins fait reconnoître. Et c'est ainsi qu'il se pratique en Dauphiné, comme il sera representé cy-dessous.

Et bien qu'il y ait correspondance de foy entre le Seigneur & le Vassal, qui sont appellez à cause de cela *Conjuges*, si est-ce que la différence y est très-grande, en ce que le Seigneur ne doit à son Vassal que la bien-veillance & la protection, & le Vassal doit à son Seigneur la reverence, l'honneur & le service, auquel il est obligé par son Investiture : Le Seigneur ne fait point de serment à son Vassal, comme le Vassal le fait à son Seigneur. Il est permis au Seigneur d'appeller en duel son Vassal, mais non pas au Vassal d'appeller son Seigneur, dit Andreas de Ysernia *in cap. 1. §. ult. de alienatione feudi paterni, & in cap. 1. §. si Miles de pace tenenda*. Le Vassal confisque son Fief au profit du Seigneur pour les offenses qui sont exprimées par le Droit des Fiefs, mais si le Seigneur offense son Vassal, il perd seulement le droit de Feodalité, comme remarque le même Ysernias *in cap. Domino. Si de feudo fuerit controversia inter Dominum & agnatos in Feudo*. Ce qui a fait dire à Chopin sur la Coûtume d'Anjou liv. 2. art. 4. qu'en plusieurs articles du Droit des Fiefs, la condition des Vassaux est pire que celle des Seigneurs. De là vient la maxime, qu'un Seigneur de beurre mange un Vassal d'acier, & en effet, le Fief *est quasi servitus quædam*, dit la Glos. *in l. si usufructus legatus in princip. D. de usufructu*, & plusieurs autres Docteurs citez par du Moulin *in verbo. Le Fief glos. s. n. 1.* pour raison de quoi il est appellé servant. De sorte que la bien-veillance reciproque du Seigneur & du Vassal n'empêche pas que celui-ci ne puisse acquerir sa liberté par une possession immemoriale.

Quant à la Loy *comperit C. de præscript. 30. vel 40. annor.* elle ne parle que des droits qui sont dûs *in signum subjectionis & Superioritatis universalis*, & non pas de ceux qui sont dûs *in recognitionem dominii directi*, comme l'a fort bien interpreté Bartole sur la même Loy, & Cujas ne l'explique aussi en sa Consultation 54. que des tributs publics, dont les héritages ne peuvent être exempts par quelque temps que ce soit, ainsi que nous verrons ci-dessous. Or il s'agit en la question que nous traitons d'un droit prétendu par un particulier, qui ne se peut servir du privilege, & de la prérogative, qui appartient au Souverain, n'y ayant que le cas de cette Loy *comperit*, qui excepte le Prince de la regle générale des prescriptions, ausquelles par le Droit Romain il est sujet en tout autre cas, & notamment *in rebus quas possidet ut privatus*.

Quelques Interprêtes des Coûtumes, & entre autres Boërius sur l'ancienne de Bourges tit. des Prescriptions art. 4. & Pyrrus sur l'ancienne d'Orleans tit. des Prescriptions art. 4. disent à la verité que le sens est imprescriptible, *quia præstatur in signum subjectionis, seu recognitionis Superioritatis, honoris & dignitatis*. Mais pourtant il y a six

Coûtumes, où il eſt ſujet à la preſcription de trente ans, qui ſont Tours tit. 19. art. 209. Loudunois chap. 20. art. 3. Bourbonnois chap. 3. art. 22. la Marche chap. 13. art. 91. Auvergne ch. 17. art. 22. Nivernois chap. 2. art. 22. Et parmi les Docteurs François Mazuer excellent Praticien tit. 22. des Preſcriptions n. 9. parle en ces termes. *Item per lapſum triginta annorum cenſus ſeu quævis annua præſtatio præſcribitur etiam adverſus Principem, ſeu Eccleſiam, etiam quocumque privilegio non obſtante.* Et Sainſon qui a été Preſident unique au Parlement de Grenoble, ſur la Coûtume ancienne de Tours tit. des preſcriptions art. 2. *Eſt ergo verum quod iſtæ actiones pro cenſu & renda primæva competentes non minori ſpatio triginta annorum tolluntur, ſed iſto tempore tolluntur non ipſo Jure, ſed ope exceptionis.* Ce qui fait voir que la raiſon alleguée par Boërius & par Pyrrhus, n'eſt pas reçûë par tout. Il n'y a que les droits appartenans au Souverain, *in ſignum univerſalis dominii,* qui ſoient exempts de preſcription, comme il a été dit ci-deſſus ; mais il n'en eſt pas de même *in iis quæ competunt inferiori Domino, etiam in ſignum ſubjectionis & Superioritatis,* ſuivant la diſtinction que font les Docteurs, ainſi qu'on peut voir dans Balbus, *Tract. de Præſcript. 2. part. 1. part. princip. quæſt. 1. n. 3. 4. 5.* & dans Mathias Colerus *ad cap. cum non liceat. n. 9. de præſcript.* Suivant cela, Cujas a dit au lieu que je raporteray cy-après, *Semper excipio niſi alius Mos, aliáve Lex Regionis aut Municipii fuerit,* & du Moulin ſur le §. 12. du titre des Fiefs, que la Coûtume de Paris ne prend ſa force que d'elle-même, étant corrective du Droit commun, ſans laquelle *indiſtinctè locus eſt præſcriptioni.* Et même en ce cas il demeure d'accord que la preſcription centenaire ou immemoriale doit avoir lieu.

C'eſt pourquoi les plus celebres Docteurs ne doutent point que le Vaſſal ne preſcrive ſa liberté par le ſilence d'un ſiécle, dont la vieilleſſe enſevelit toutes choſes, & qui ayant force de titre, ne permet pas qu'on remuë les cendres dont il a couvert ce qui l'a devancé. C'eſt un temps qui termine la plus longue vie des hommes; *Seculum,* dit Varron lib. 5. de Lingua Latina, *ſpatium annorum centum vocarunt, dictum à ſene, quod longiſſimum ſpatium, ſeneſcendorum hominum id putarunt.* Et par conſequent il eſt raiſonnable qu'il termine leurs ſoins, & affranchiſſe leurs poſſeſſions de toutes recherches. Je me contenterai de rapporter le témoignage de quelques-uns des principaux d'entre les Italiens & les François qui ont traité la même queſtion.

Petrus Nicolaus Mozzius Maceratenſis, *Tractatu de Feudis C. Ex quibus cauſis Feudum amittatur & finiatur n. 162.* preſque ſur la fin de ſon Traité, en parle de cette ſorte. *Sexto finitur ex præſcriptione ſive curſu centum annorum ; nam curſus tanti temporis inducit præſumptum privilegium, ita quod præſumuntur homines liberati argumento l. hoc jure §. ductus aquæ D. de aquâ quotid. & eſt. c. ſuper quibuſdam. 5. preterea de verbor. ſignif.*

Antonius Borrinius Lecteur Feudiſte à Turin *Tractatu de Servitiis Vaſſallorum ſive Calvacata,* imprimé à Pavie 1609. *parte 5. cap. 2. §. 8.* après avoir rapporté les diverſes opinions des Docteurs, uſe de ces termes. *In præscriptione cujus initii memoria non extet in contrarium , non videtur ponendâ difficultas quin admittatur , quando generaliter in omnibus illam procedere, vimque privilegii , pacti , ac tituli habere omnes consentiunt.*

Joan. Ferrarius *in Collectaneis in Usus feudorum lib. 6. c. 4. verb. præscriptione s in fine ,* dit la même chose , *in specie libertatis præscribendæ.*

Quant aux Jurisconsultes François , il semble qu'après Charles du Moulin, François Duaren, & Jaques Cujas , il est inutile d'en rechercher d'autres.

Or du Moulin sur l'ancienne Coûtume de Paris, qui n'exprimoit pas la prescription de cent ans , comme a fait la nouvelle , *in verbo præscription.* §. *1.2. n. 14.* l'a declaré en termes exprés quand il a dit. *Tertio limito textum nostrum , & hæc est sola , propria & adæquata limitatio , cæteræ potiùs sunt declarationes , ut non procedat in præscriptione centum annorum sivè temporis immemorialis s siquidem hujusmodi præscriptio habet vim constituti vulg. l. hoc jure.* §*. ductus aquæ. D. de aqua quotid. & ast. Unde nunquam censetur exclusa etiam per legem prohibitivam , & per universalia negativa & geminata verba omnem quamcumque præscriptionem excludentia.*

Duranus *in Consuetudines Feudales cap. 16.* s'en est expliqué de même en cette sorte. *Præterea nec loquimur de præscriptione centum annorum , quæ possessio est immemorabilis , cum inter Vassallum & Dominum præscriptionem vetari dicimus s neque hæc præscriptio unquam excluditur his verbis , præscriptione non obstante , c. super quibusdam de verbor. signific. l. hoc jure* §*. ductus aquæ D. de aqua quotid. & ast. Talis enim consuetudo habetur pro pacto , & pactum valeret, si convenisset inter Dominum & Vassallum , ut hoc Jure non uterentur.*

Cujas en sa Consultation 54. semble donner au Fief des bornes au dessous de cent ans, par le raisonnement qu'il fait en cette maniere; *Ac primum quæritur an obligatio Feuda tempore sublata sit , & dicerem sublatam esse ex Constitutione Friderici , qui videtur idem jus dedisse Neapolitanis , quod cæteri qui in Orbe suo erant sequebantur , relata in Constitutionibus Neapolitanis 3. tit. 38. quæ dum ait Domino jus suum persequenti Feudi nomine nihil obstare præscriptionem triginta annorum , satis indicat obstare quadraginta annorum , quia ubi illa cessat , hæc non cessat l. omnes C. de præscript. 30. vel. 40. annor. & multo magis obstare centum aut 200. annorum præscriptionem. Nam quod dicitur in l. 5. C. de apoch. public. & Nov. 30. nullam temporis prolixatam publico nocere , hoc dicitur tantum de locis publicis , veluti Foro , Circo , campo publico , Æde sacra quæ mores Civitatum usibus privatis exemerunt. Alias enim jus publicum 40. annorum præscriptione tollitur d. l. omnes. Item quod dicitur in l. comperit C. eodem , est tantùm de tributis aliisque pensitationibus publicis , quibus prædia nullo temporis spatio redduntur immunia , non de alio jure publico Principali sive Fiscali , non de jure Feudi. Semper excipio , nisi alius mos , aliáve lex Regionis , aut Municipii fuerit.*

Peut-on alleguer des authoritez plus illustres que celles-là , ausquelles fut conforme l'Arrêt du Parlement de Paris donné au rapport de Monsieur de Hellin , par lequel il fut jugé qu'au Païs de Droit écrit la foy & hommage se peut prescrire par temps immémoral , comme a remarqué Pierre Pithou très habile Homme , sur la Coûtume de Troyes art. 23.

Mais comme la matiere des Droits Seigneuriaux est conduite par la Coûtume , je passe à celle de Dauphiné , où il est certain que l'Emphiteote prescrit la franchise du fonds par sa possession libre & paisible de cent ans.   En sorte que le fonds reprend sa condition naturelle sans être sujet au Droit de cens , ny de Lods ; tant pour le passé que pour l'avenir.   Ce qui a lieu même aux cenfes dépendantes du Domaine du Roy , suivant la Déclaration de Henry II. dont je feray plus ample mention dans un Chapitre separé.   Et cela étant, il s'ensuit que le Vassal peut aussi prescrire sa liberté par un même espace de temps , par le rapport qui est entre le Fief & l'Emphiteose, qui est tel en beaucoup de cas, que l'argument de l'un à l'autre est reçû par les Docteurs quand il n'y a pas diversité de raison , ou disposition contraire en l'un des deux , comme il est traité par Jason *in l. 1. C. de jure Emphyt.* Nicol. Everaldus *in Locis legalibus. loco 12.* & par plusieurs autres.

Et en effet la seule , vraye & fondamentale raison qui a porté quelques Docteurs à soûtenir l'imprescriptibilité de la foy , & hommage, c'est que le Vassal *non sibi possidet , sed Domino ,* qu'il est garde & usufruitier de l'héritage Féodal , qui est la même raison sur laquelle ils fondent l'imprescriptibilité de l'Emphyteose.   Et néanmoins on a reçû en Dauphiné la prescription centenaire contre le Seigneur direct. Le propre de l'un & de l'autre naturellement est la reconnoissance vers le Seigneur ; en l'une, par la prestation du cens , en l'autre par le serment de fidelité.   Suivant cela Gabriël du Pineau sur l'art. 440. de la Coûtume d'Anjou , avoüe qu'il est sans apparence de dire , que l'un soit plûtôt prescriptible que l'autre.   Que si l'argument est valable du Fief au cens , dont parle du Pineau , à plus forte raison l'est-il du Fief à l'Emphyteose, qui a plus de convenance avec le Fief , que n'a pas le cens usité en France.   J'ay marqué ailleurs la différence de l'un & de l'autre.

Cette liberté que le Vassal acquiert , est l'ouvrage de la possession paisible, que le Jurisconsulte Paulus en la Loy *si inter extraneos D. de donation. inter virum & uxorem ,* appelle le suffrage du temps , dont les rides doivent être respectées.   Et si l'Empereur Theodose le jeune s'attribuë la gloire d'avoir été le premier Autheur de la prescription de trente ans.   Si Flavius Nicetius grand Personnage , est loüe par Sidonius Apollinaris en son Epître à Naumatius livre 8. Epist. 6. de l'avoir publié & mise en usage le premier dans les Gaules.   *Hanc intra Gallias ,* dit-il *, ante nescitam primus , quem loquimur , Orator indidit profecutionibus , edidit Tribunalibus , prodidit partibus , addidit titulis.* Si l'Empereur Anastase a tellement relevé la prescription de quarante ans , qu'il a déclaré éteint & aboli tout Droit public & particulier , & défendu d'en mouvoir action.   *Nullum Jus privatum vel publicum , in quacumque causa , vel in quacumque persona , quod prædictorum annorum curriculo extinctum est jugi silentio moveatur ;* dit la Loy *omnes C. de præscript. 30.* *&c.* laquelle n'excepte que *functiones seu civilem canonem , vel aliam*

quampiam collationem, comme étant dûs pour marque de la Souveraineté. Si enfin Ciceron liv. 2. de ses Offices, loüe si hautement le
Jugement donné par Aratus Sicyonien, qui ne voulut point troubler
une joüissance de cinquante ans, quoy qu'elle fut injuste, & au préjudice des legitimes Proprietaires, par la raison excellente qu'il en
rend en ces termes : *Quinquaginta annorum possessiones movere, non nimis
æquum putabat, propterea quod tam longo spatio multa hæreditatibus, multa
emptionibus, multa dotibus tenebantur sine injuria.* Quel effet doit être
celui de la prescription centenaire, laquelle a force de Titre, & n'est
jamais censée excluse par Loy, par Statut, ou par Coûtume, qui ordonne quelque chose, nonobstant toute prescription. Et même la
franchise qui excede la mémoire des Hommes ne s'acquiert pas tant
jure præscriptionis, quàm præsumptione justitiæ, comme parle très à propos
du Moulin.

La dixme entiere ne peut être prescrite, mais comme elle pouvoit
être inféodée avant le Concile de Latran, qui fut tenu sous Alexandre III. l'an 1179. la pratique de France est telle, que si l'on n'a
pas le Titre de l'Inféodation, il le faut alleguer avant le Concile, &
pour Titre mettre en fait & verifier la possession immémoriale, comme assûrent tous les Docteurs François. C'est la force de la possession
immémoriale, suivant quoy Balde sur la Loy *cum de in rem verso D.
de usufructu,* & sur la Loy *si certis annis C. de pactis,* dit qu'il faut
alleguer le Titre, mais qu'il suffit de le prouver par cette sorte de possession. Ainsi le Vassal mettant en fait qu'il a Titre pour l'exemption
de l'hommage, & pour tout Titre alleguant sa possession immémoriale de franchise, n'est-il pas fondé sur les maximes du Droit ? Puis
qu'un Vassal peut être affranchi de l'hommage par le Seigneur *sivè
pacto, sivè causis illis quibus Dominus proprietatem Feudi committit,* faut-il
qu'il en garde le Titre à perpetuité ? N'est-il pas raisonnable qu'il y
ait un temps qui le fasse présumer ? Et seroit-il juste qu'un Seigneur
eut plus de privilege pour son Fief, que le Roy pour les Cenfes de
son Domaine, & que l'Eglise pour ses Dixmes qui en sont le vray
patrimoine ?

Un si long espace de temps pendant lequel diverses ouvertures de
Fief sont arrivées par les mutations de Vassal & de Seigneur, sans que
le Fief ait été servi, ny que le Seigneur ait interpellé son Vassal,
justifie assez que c'est une interversion tacite *quasi gravior negligentia
Domini, majorque recusatio tacita Vassalli resultet,* suivant le doute que forme Henry de Rosentall *Tractatu totius Juris Feudalis cap. 6. concluf. 82.*
en ses Annotations *lit. G.* qu'il finit par ces mots, *cogitet Lector de his.*
La prescription est la peine de ceux qui negligent leurs droits, ou a
pour fondement le tacite consentement qui est presumé par le laps du
temps *l. cum post. D. de jure dotium.*

Ce qui a lieu principalement si les mutations ont été sujettes à des
profits de Fief qui n'ayent point été payez, comme si c'est à titre de
vente, d'échange, ou de donation ; pour raison de quoy les lods ou demy

lods font dûs, parce qu'en ce cas l'acquereur à titre fingulier a poffedé la chofe fans charge de Fief, fuivant l'avis de Coquille, à qui le Barreau de Paris a donné l'Epithete de judicieux, fur la Coûtume de Nivernois art. 13. où il dit. *Mais fi c'étoit un acquereur à titre fingulier, qui ait acquis fans charge de Fief, & lui & fes fuccesseurs ayent poffedé allodialement par cent ans ou temps immemorial, je croy que les fuccesseurs pourroient avoir preferit, car en eux défaut la qualité de Vaffal, laquelle qualité conferve la poffeffion du Seigneur Feodal.* Et quoy qu'il excepte les heritages qui ont quelque marque de Nobleffe, comme Juftice, Château, Maifon forte, avec ample territoire & cenfives, cette limitation ne peut être appliquée en Dauphiné, où il y a des Franc-aleux Nobles. Quoy qu'il en foit Coquille convient de la prefcription centenaire à l'égard des heritages qui font d'une autre nature, comme une maifon fimple, une terre, un pré.

Même Ubertinus ancien Docteur, eftime qu'en ce cas la prefcription de trente ans eft fuffifante, ainfi qu'il eft allegué par Joan. Andreas *in Addit. ad Speculatorem*, & par le Panormitanus *fuper tertia fecunda. de præfcriptionibus. n. 17.* Voici comme en parle le dernier. *Sed juxta prædicta quæro de notabili quæftione, numquid Vaffallus poffit præfcribere libertatem & directum dominium Feudi 30. annis, non ferviendo. Hæc fuit quæftio Ubertini ut recitat Joannes Andreas in Addit. Speculatoris. Pro Vaffallo facit l. omnes C. de præfcript. 30. annorum. In contrarium facit quod nunquam interpellavit jus Domini dicendo eum non fuum Dominum, & fic non potuit fibi mutare poffeffionis caufam l. cum nemo C. de acquir. poffeff. Dicebat Ubertinus poffe diftingui an deberet Vaffallus dare certas penfiones Domino, puta tenere equum pro Feudo, & tunc fit imputandum Domino quod illas non exegit. Si autem erat Feudum honorificum, non eft quod poffit Domino imputari, qui nihil potuit exigere, & hoc fatis fibi placet. Vel diftingue fecundum eum, an infra illud tempus 30. annorum Dominus habuerit negotia ad quæ Vaffalli effent vocandi; & verifimile effet, quod Dominus hunc vocaffet, fi Vaffallus fuiffet, vi in militia, & in uxore ducenda & fimilibus. In talibus enim fi aliis euntibus ifte non fuit, interpellaffe videtur jus Domini, & fic poffet libertatem præfcribere: Nam & libertas fervi, fi mala fides non obftat, longo tempore præfcribitur. C. de præfcript. longi temporis. l. 1. & 2. Hæc dicta fatis mihi placent, dum Vaffallus fit in fide bona, ut puta quod credebat, id non effe feudum, quia alteri fucceffit.* Il eft aifé de juger par-là qu'Ubertinus & Panormitanus n'auroient pas hefité au fait de la prefcription centenaire, qui n'exige pas la bonne foi de celui qui prefcrit, non plus que le fçû de celuy contre qui on prefcrit, comme l'affeure Jafon *in l. imperium. col. 8. de Jurifdict. omn. Judic.* De même Balbus *Tract. de Præfcript. 4. part. princip. quæft. 12. n. 13.* dit nettement que le Vaffal *poteft præfcribere libertatem & directum dominium Feudi 30. annis non ferviendo*, fi pendant ce temps-là le cas eft arrivé auquel le Seigneur pouvant exiger les fervices & devoirs dont le Vaffal luy eft obligé, il les a néanmoins negligez. Et c'eft auffi l'opinion de Chaffanée fur la Coûtume de Bourgogne *tit. des fiefs. §. 1. verbo. dedans l'an & jour n. 14. 15. 16.* Et d'effet le Seigneur Feo-

dal ayant poffedé la chofe infeodée *tanquam fuam* par l'efpace de trente ans, eft cenfé avoir acquis le domaine utile, & l'avoir confolidé
avec le direct, ainfi qu'enfeigne Godefroy fur le §. *fi quis per 30.
annos tit. fi de feudo defuncti*, *&c.* De même faut-il dire que le Vaffal
ayant le domaine utile peut prefcrire le domaine direct par la nature des
correlatifs.

L'Ufage de Dauphiné a reçû la prefcription centenaire en faveur
du Vaffal contre le Seigneur, ainfi que l'attefte en fon Plaidoyé 27.
n. 10. & 21. Monfieur Expilly qui étoit fort verfé en la pratique de
fon Pays, comme ayant été fameux Avocat au Parlement de Grenoble; Procureur Général en la Chambre des Comptes, Avocat Général & Prefident au même Parlement, & qui a vû fix impreffions
du Recuëil de fes Plaidoyers, & des Arrefts du Parlement, qu'il re-
vit & augmenta en la foixante quatorziéme année de fon âge.

Et avant luy Guy Pape a reconnu la prefcription des hommages en
fa queftion 313. où il dit *Franci homines dicuntur dupliciter. Uno modo
qui liberi funt à præftatione alicujus homagii, fic quod tali conditioni nunquam
fuerunt adftricti. Inftit. de Ingenuis in princ. Vel fi fuerint adftricti, qui pacto
feu remiffione, aut Principis Refcripto, vel prefcriptione fuerunt à tali conditione liberati.* Ce qu'il reconnoît auffi dans fon Confeil 213. n. 5.

Le même ufage fe juftifie auffi par une Tranfaction du 17. Juillet 1526. paffée entre Geofroy de Montchenu Seigneur de Châteauneuf de Galavre, & René de Baternay Baron du Bouchage &
d'Anton, fur ce que le Seigneur de Château-neuf demandoit au Seigneur de Baternay l'hommage de la Terre de Baternay, enfuite de plufieurs hommages rendus aux Seigneurs de Château-neuf. A quoy celui-cy oppofoit la prefcription centenaire; & fur la replique du Seigneur de Château-neuf, que les actes d'hommage portoient foûmiffion à la Cour du Bailliage de Saint Marcelin, dont le Stil n'admet
point de prefcription; cette Tranfaction intervint, par laquelle le Seigneur de Baternay fut liberé à perpetuité de la foy & hommage prétendu, moyennant la fomme de trois cens foixante dix écus d'or, qui
fut donnée au Seigneur de Château-neuf. Voici le narré de l'acte que
j'ay tiré des Regiftres de la Chambre des Comptes. *In nomine Domini
amen. Univerfis & fingulis præfentibus & futuris ferie præfentium notum fit
& manifeftum, quod cum queftio & differentia effent, majoréfque oriri in futurum fperarentur per & inter Nobilem & potentem virum Gaufridum de
Montecanuto Dominum Caftrinovi Galabri & de Rateriis ex una, & magnificum & potentem Dominum Renatum de Baternay, Dominum & Baronem Ba-
roniarum Bochagii & Antonis, Dominiúmque locorum Sancti Donati, Charmes, de Baternay & Margefti, feu Nobilem Scutiferum Philibertum Gafte,
Dominum Albipini Tutorem & Curatorem ipfius magnifici Domini Bochagii fub-
ftitutum ex altera partibus, fuper eo quod dictus Nobilis & potens Gaufridus
de Montecanuto Dominus Caftrinovi Galabri dicebat & afferebat Caftrum, Territorium & Mandamentum de Baternay effe de Homagio ipfius Domini, qui
propterea petebat, quod dictus magnificus Dominus Renatus de Baternay Dominus*

minus modernus & poffeffor dicti Castri de Baternay faceret & præstaret dicto Domino Castrinovi Galabri homagium de dicto Castro de Baternay juxtà formam recognitionum fuorum prædeceſſorum. Adverfus quæ præmiſſa dicebat & replicabat dictus magnificus Dominus Renatus de Baternay organo & voce dicti Domini Albipini ejus Tutoris fubftituti ; quod ipfe Dominus de Baternay non tenetur nec debet facere nec præstare dicto Domino Castrinovi Galabri ipfum homagium, attento maximè quod non fuit factum nec præftitum, centum anni præterierunt pluri falvo, in tantum quod dictus Dominus Renatus de Baternay fuit & eft tutus præscriptione nedum triginta annorum, verum quinquaginta & centum pluri falvo, de qua quidem præscriptione dictus magnificus Renatus de Baternay organo dicti Domini Albipini opponit : Replicante dicto Domino Castrinovi Galabri, dicente quod fi conftet de antiqua recognitione per prædeceſſores ipfius Domini facta ; quod illud homagium nunquam præscribitur, attenta fubmiſſione in ipfa recognitione contenta & defcripta, quæ eft ad Curiam Baillivatus Sancti Marcellini ; quæ fubmiſſio nunquam præscribit. Pluráque alia dicebant & proponebant hinc dicta inde partes. Tandem verò dictæ partes nolentes, ut dicebant, de & fuper præmiſſis ulterius inter fe litigare, fed potius ad bonam pacem devenire, litiumque anfractus & expenfas evitare de & fuper debatis, quæstionibus & demandis prædictis & omnibus dependentiis emergentibus ex connexis ex eifdem. Hinc propterea fuit & eft quod Anno Domini milleſimo quingenteſimo viceſimo fexto, & die decima feptima menſis Julii, &c. L'on voit par cet Acte que du temps de nos Peres, la prefcription de cent ans paſſoit pour un Droit conftant en matiere de Fief, puis que le Seigneur de Châteauneuf ne repliquoit autre chofe pour la couvrir, que la foûmiſſion au Stil rigoureux de Saint Marcellin, qui ne reçoit point de prefcription comme il eft notoire. Sans doute il auroit dit que les hommages font imprefcriptibles de leur nature, fi le Droit de la Province n'y eût refifté.

Cela fe juftifie encore par l'Arreft conventionnel donné entre l'Archevêque & le Chapitre de Vienne, & N. François de Corbeau pour l'hommage de la Terre de Vauferre du 8. Aoûft 1570. par le Veu duquel il appert que l'Archevêque & le Chapitre répondans à la prefcription alleguée par le Sieur de Corbeau, ne dirent pas que la foy & hommage ne tombe jamais en prefcription, mais *qu'elle ne pouvoit avoir lieu, parce que depuis le temps des inftrumens de reconnoiſance & hommages, n'étoit advenu le cas d'alienation de la Jurifdiction de Vauferre, pour pouvoir demander d'en prendre Inveftiture & payement de lods.* Ainfi les Seigneurs du Fief convenoient que s'il y eût eu des mutations fujettes à lods, le droit de Fief eût été prefcrit. Mais le principal motif de l'Arreft fut qu'en l'année 1495. Loüis de Clermont faifant hommage au Roy des Terres de Clermont, de Vauferre, & de Virieu, avoit refervé par exprés l'hommage deu à l'Archevêque & au Chapitre de Vienne, comme il eft énoncé dans l'employ de leurs titres ; De forte qu'il n'y avoit point de prefcription jufques en 1570. puis que Loüis de Clermont avoit reconnu la Féodalité, & que par confequent il n'avoit pas eu la volonté d'en intervertir le droit, ny d'acquerir fa liberté par prefcription, à la nature de laquelle il faisoit un acte contraire, suivant l'excellente présomption de la loy *Merito D. pro socio.*

J'ajoûte un autre Arrêt du même Parlement. Loüis de Grolée de Meüillon Marquis de Bressieu, demandoit à Aymar de Gotefrey, Gentil-homme de la même Terre, deux hommages ; l'un personnel, que les Titres appellent *de corpore* ; l'autre réel, à cause de la Châtelenie de Bressieu, inféodée par ses Prédecesseurs. La demande étoit fondée sur deux hommages, dont le dernier étoit du 4. Juillet 1493. & sur le Titre même de l'Inféodation de l'an 1402. Le refus d'Aymar de Gotefrey n'avoit pour fondement que la prescription de cent ans, qui faisoit présumer le Titre de la franchise. Par Arrêt du premier Fevrier 1634. donné au rapport de Mr Philippes Roux, très-habile Conseiller, il fut ordonné, *que dans la quinzaine, sauf & sans préjudice des fins de non-recevoir avancées par ledit de Gotefrey, & d'y être fait droit, voire par un préalable s'il y échoit, ledit de Grolée déduira & articulera plus amplement ses Titres, pour y être répondu par ledit de Gotefrey dans la quinzaine suivante, autrement sont de ce faire forclos, pour ce fait être pourvû ainsi qu'il appartiendra.* Si l'hommage n'étoit sujet à la prescription centenaire en Dauphiné, sans doute le Parlement eût débouté le Défendeur de ses fins de non-recevoir, au lieu de les reserver comme il a fait, puis qu'il y avoit des hommages précedens, & qu'il apparoissoit du Titre primitif du Fief.

Il ne reste qu'à refuter quelques Arrêts nouveaux qui pourroient être alleguez contre la prescription des Fiefs. Le premier qui l'a revoquée en doute dans le Dauphiné, c'est feu Mr Frere premier Président au Parlement de Grenoble, qui demandant l'hommage comme Seigneur de Beaumont, de la Terre du Touvet, à Dame Virgine de Monteynard, ensuite des anciens hommages, employoit contre la prescription une interpellation faite par le Seigneur de Beaumont à Guigues Guiffrey Seigneur du Touvet, Capitaine de soixante Hommes d'armes, & Gouverneur de Turin & de Piémont, sous le Roy François I. comme il sortoit des Etats, à cause de la difficulté qu'il y avoit de la faire en sa personne, ou en son Domicile ; & en tout cas il soûtint l'imprescriptibilité du Fief par le Vassal ; Surquoy il y eut Sentence du Vibailly de Gresivodan du cinquiéme Juillet mil six cens vingt-six, confirmée par Arrêt du 15. Décembre de la même année, portant déboutement des fins de non-recevoir avancées par la Dame du Touvet. Mais j'ay sçû des Juges que le seul motif de ce Jugement fut l'interpellation qui avoit interrompu la prescription. Et tant s'en faut que ce soit un préjugé pour l'imprescriptibilité du Fief, qu'au contraire cette interpellation justifie le Droit & l'Usage de la Province, parce qu'elle ne fut faite par le Seigneur de Beaumont, que pour arrêter le cours de la prescription centenaire qui étoit sur le point d'être acquise.

L'Arrêt du 23. Mars 1635. donné en faveur de Noble Charles des Alrics Seigneur de Vinsobre, contre les Conseigneurs de la même

Terre, ne peut être allegué à ce fujet, puifque les Actes énoncés dans le Vû, juftifient qu'il n'y avoit point de prefcription. Et en effet, le difpofitif ne fait point de mention des fins de non-recevoir.

La Sentence du Vibailly de Grefivodan du 20. May 1651. confirmée par Arrêt conventionnel du 7. Fevrier 1652. en faveur de Magdelaine de Plouvier, Dame de Beaumont, a eu pour fondement l'hommage réciproque refultant du premier Titre de l'an 1352. entre les mêmes perfonnes, fçavoir Artaud de Beaumont pour la Maifon forte de la Frete à Amblard de Beaumont, & du même Amblard à Artaud de Beaumont, pour les cenfes & autres biens appartenans à Amblard, depuis le lieu des Aymes jufques à Bellecombe : Enforte qu'ils étoient reciproquement Vaffaux l'un de l'autre : D'où l'on infera l'impreféríptibilité, puifque l'un ne pouvoit acquerir prefcription contre l'autre, fans qu'elle refléchit contre foy-même. Ce qui obligea le Seigneur de la Maifon forte de la Frete, de confentir à ce Jugement, parce qu'en même temps il avoit pour Vaffal une perfonne de qualité.

Je ne diray rien de l'Arrêt du 26. Janvier 1643. donné contre le Sieur du Mas ; ny de celui du 16. Décembre de la même année 1643. contre le Sieur de Blanieu, parce que c'eft une chofe notoire, qu'ils ont été donnés fur le confentement des parties, quoy qu'ils foient couchez comme contradictoires.

Je n'ay pas vû les pieces fur lefquelles eft intervenu l'Arrêt du 6. Août 1648. qui adjuge à la Dame de Breffieu l'hommage d'une partie de la Terre de Lentiou ; mais j'eftime qu'il a eu fa raifon particuliere.

Le feul Arrêt qui peut être objecté, c'eft celui du 15. Juillet 1647. par lequel N. Loüis de Dorne fut condamné de faire hommage au Chapitre de Saint Chef du Château de Montcara qu'il avoit acquis, à la forme des précedens hommages qui excedoient cent ans, & néanmoins il fut déchargé des Lods prétendus par le Chapitre. Ce qui fut confirmé par autre Arrêt du 15. Septembre 1653. au rapport de Monfieur de Ponat, très habile Confeiller, fur la Requête civile du Chapitre. Soit que le Parlement jugea que c'étoit un Fief d'honneur, qui n'étant point fujet au droit de Lods, comme j'ay fait voir dans mon Traité du Plait Seigneurial queftion 14. ne le devoit pas être à prefcription ; foit qu'il eut pour motif que ce qui n'eft pas de la fubftance du Fief comme les Lods peut être indubitablement prefcrit par le Vaffal contre le Seigneur, *ut puta certas & fpeciales libertates prafcribere poteft, puta cum Feudum vendit, ut nulla Domino debeantur laudimia; vel non ad rationem quinti denarii*, comme dit excellemment Pontanus fur la Coûtume de Blois tit. 4. art. 37. J'ay fçû néanmoins des Juges qu'il ne s'en falut que d'une voix que le Défendeur ne fut abfous de l'hommage par le premier Arrêt, & que s'il eut pris une Requête civile comme l'avoit fait le Chapitre, il l'auroit été fans doute.

Et en effet le Parlement ayant donné des Commiffaires de toutes les Chambres l'an 1649. pour conferer fur l'ufage de la Province avec ceux que la Chambre des Comptes avoit nommez de son côté, parmi lesquels j'eu l'honneur de me trouver, ils demeurerent convenans de la prescription centenaire en matiere de Fief aussi bien que d'Emphyteose.

Je sçay bien qu'on m'objecte à moy même une Inféodation que j'ay passée l'an 1647. à Noble Humbert de Chaponay Conseiller du Roy au Parlement de Grenoble, de la Terre de Saint Bonnet au Bailliage de Saint Marcellin, sous plusieurs conditions, parmi lesquelles celle-cy se trouve exprimée, que le Vassal ne pourra jamais prescrire la foy par aucun espace de temps, même par celui de cent ans ; Mais sans examiner si des Particuliers peuvent renoncer à la prescription qui est de Droit public, c'est une maxime en matiere Féodale que la teneur de l'Investiture déroge à la Coûtume, & que la convention fait une espece de Fief que les Féudistes appellent *Feudum ex pacto & providentia*, suivant quoy je me suis reservé plusieurs Droits qui ne sont pas de l'usage des Fiefs de Dauphiné ; & après les avoir specifiez, cette clause y est ajoûtée, *& pour le surplus le Fief suivra la nature de ceux qui sont assis en la Province de Dauphiné, pour être reglé par la disposition des Coûtumes féodales selon qu'elles sont en usage dans ladite Province.*

Il n'y a que les Fiefs mouvans de la Couronne qui soient exempts de la prescription centenaire, parce qu'ils appartiennent proprement à l'Etat, auquel il importe d'avoir des Vassaux qui sont attachez au Souverain par un double lien de fidelité, celui de la naissance & celui du Fief. Ce qui se justifie par la Déclaration du Roy Henry II. du 15. Janvier 1555. touchant le Franc-aleu de Dauphiné, dont le narré commence ainsi. *Les Gens des trois Etats de nôtre Païs de Dauphiné nous ont en nôtre Conseil Privé fait exposer & entendre, que combien que ledit Païs ait toûjours été régy & gouverné par disposition de Droit écrit, par lequel tous héritages sont présumez libres hormis les Jurisdictions & Justices tenuës & mouvans de nous s'il n'aparoissoit dûëment des charges, devoirs ou redevances dont ils sont chargez, ce néanmoins, &c.* Il est dit *tenuës & mouvans de nous*, tant pour exclurre les Fiefs qui sont mouvans d'autres que de Sa Majesté, que parce qu'il y a des Terres en Justice, mais en petit nombre, qui sont tenuës en Franc-aleu, ce que la Coûtume de Troyes appelle *Franc-aleu Noble.*

Tellement que si c'est un Arrierefief du Roy qui soit compris dans les aveus & dénombremens du Vassal immediat de Sa Majesté, l'Arriere-vassal prescrit sa liberté par cent ans contre son ancien Seigneur, & devient Vassal immediat du Roy. Ainsi le Seigneur de Nerpoz ayant cessé d'être Vassal du Seigneur de Vinay l'est devenu de Sa Majesté. Ainsi le Seigneur de Baternay dont j'ay parlé cy-dessus s'étant liberé de l'hommage du Seigneur de Chasteauneuf de Galavre, est devenu Vassal immediat du Roy. Ainsi le Seigneur de Tolignan qui relevoit autre-fois du Comte de Grignan ne reconnoit plus que Sa Majesté. Il y a plusieurs autres exemples qu'il seroit trop long de rapporter.

Mais si ce n'est pas un Arrierefief, c'est-à-dire qu'il ne soit pas compris dans les aveus & dénombremens donnez au Roy , le Vaſſal par l'eſpace de cent ans preſcrit la liberté entiere , & ſon heritage ceſſant d'être Fief devient allodial : car c'eſt une Maxime reçûë de tous les Feudiſtes , & mêmes des Interprétes du Droit François , que le Vaſſal de mon Vaſſal n'eſt pas mon Vaſſal ſi je ne le juſtifie , par l'argument de la loy, *nam ſocii D. pro ſocio.*

J'ajoûte avant que finir cette queſtion , que le Vaſſal a denié l'hommage ſur l'interpellation du Seigneur , & qu'aprés le deſaveu trente ans ſe ſeroient écoulez ſans que l'interpellation ait été pourſuivie ; il n'y a point de doute qu'il preſcrit le droit de Fief comme je diray plus particulierement au chap. 15.

Voilà qu'elle a été la Juriſprudence de nos Ancêtres, qu'on ne peut changer ſans introduire un nouveau Droit qui eſt toûjours ſuivy d'inconveniens. Et à ce propos je me reſſouviens de ce qui eſt rapporté par Valere Maxime liv. 2. chap. 7. parlant de Marſeille. *Cæterum à condita Urbe gladius eſt ibi, quo noxii jugulantur , rubigine quidem exeſus , & vix ſufficiens miniſterio ; ſed index in minimis quoquò rebus omnia antiquæ conſuetudinis.*

CHAPITRE XIV.

Que les cenſes directes , même celles qui dépendent du Domaine du Roy, ſont ſujettes à la preſcription de cent ans par l'uſage du Dauphiné.

C'EST une Maxime conſtante en Dauphiné , que l'Emphyteote preſcrit contre le Seigneur direct par l'eſpace de cent ans. En ſorte que le fonds Emphyteutique reprend ſa condition naturelle ſans être ſujet au droit de cens & de lods tant pour l'avenir que pour le paſſé , dont Monſieur Expilly chap. 183. rapporte ſix Arreſts du Parlement de Grenoble. Auſquels fut conforme celui qui fut donné le 4. d'Aouſt 1633. en faveur de François Perrin Procureur au Bailliage de Greſivodan contre Meſſire Pierre Scarron Evêque de Grenoble, qui fut debouté de ſa Requête par fins de non recevoir , nonobſtant la faveur de l'Egliſe , l'Edit de Melun , & l'Enquête rappotée de l'enlevement & incendie des papiers pendant les troubles de la Religion. Et cela eſt ſi notoire qu'il n'eſt point de Villageois , quelque groſſier qu'il ſoit , à qui l'on demande une reconnoiſſance nouvelle , qui ne s'informe ſi le titre en vertu duquel on la demande , eſt au deſſous de cent ans.

A quoy n'eſt contraire la Loy *cum notiſſimi. C. de præſcript.* 30. *vel.* 40. *annor.* qui n'admet point de preſcription en matiere d'Emphyteoſe *per*

L iij

quadraginta annos , vel quoſcumque alios annos ; parce que c'eſt une Regle certaine que lors qu'il ſe trouve quelque cas dans la Loi , dont la preſ-cription eſt ſpecialement prohibée , encore qu'il ſoit dit , *nonobſtant toutes preſcriptions ,* ſi eſt-ce que la centenaire n'y eſt jamais compriſe ſui-vant la reſolution de la Gloſe *in Authen. Ut de cætero commutat. non fiant. verbo. præſcriptione ,* laquelle eſt ſuivie de tous les Docteurs. La raiſon eſt que cette ſorte de preſcription a force de conſtitut , de privilege & de vray titre ; qu'elle a ſon fondement en la Loy , & que même elle tient lieu de Loy , *vetuſtas ſemper pro lege habetur* dit la Loy *2. D. de aqua, & aqua pluv. arc.* Ainſi la Loy faiſant preſumer par un ſi long eſpace de temps , qu'il y a eu titre entre les parties , cette preſomption *eſt Juris & de Jure , non admittens probationem in contrarium.* A cauſe de quoy Panormitanus *in cap. ſuper quibuſdam. §. præterea. Extra. de verbor. ſignific.* ne fait pas difficulté de ſoûtenir , qu'au moyen de cette preſcription *ea etiam acquiruntur & præſcribuntur quæ alias de ſui natura ſunt impræſcriptibilia.* Et à la verité , *Quid non longa dies , quid non conſumitis anni.* Le nom-bre centenaire eſt un nombre parfait qui borne & enferme toutes choſes , ſur le ſujet duquel S. Auguſtin a fait un ſi beau diſcours liv. 20. de la Cité de Dieu. chap. 7.

Monſieur Expilly a paſſé plus outre au même chap. 183. n. 11. où il ſoûtient que le tiers poſſeſſeur preſcrit la directe par trente ou qua-rante ans , ce qu'il fonde ſur la Loy *cum nemo C. de acquir. poſſeſſ.* & ſur l'authorité de pluſieurs Docteurs , parmi leſquels Anton. Faber *C. de præſcript. 30. &c. Definit. 19.* raiſonne de cette ſorte. *Dominus directus contra extraneum amittit ſuam poſſeſſionem civilem , quam ſolam habet , per de-cennium quaſi per oblivionem , ſcilicet durante decennio nulla currit præſcriptio, poſſeſſione civili exiſtente penes Dominum directum per illud tempus ; ſed lapſo decennio incipit currere præſcriptio longiſſimi temporis contra Dominum di-rectum.*

Mais c'eſt contre l'uſage du Dauphiné , qui ne met point de diſtin-ction pour ce regard entre l'heritier du Reconnoiſſant & le tiers poſſeſ-ſeur. En l'un & en l'autre il faut cent ans pour preſcrire , ſinon qu'il y ait eu contradiction.

On a ſeulement douté , ſi les cenſes dependantes du Domaine du Roy ſont ſujettes à la même preſcription de cent ans , dont il ſemble que nos Ancêtres ont été perſuadez juſqu'à François I. qui fit une Or-donnance du dernier de Juin 1539. verifiée au Parlement de Paris le 3. de Juillet ſuivant , laquelle exclut nommément la preſcription de cent ans.

Ce qui eſt fondé ſur ce que le Domaine eſt le dot de la Couronne; qu'il a le même privilege que les choſes ſaintes & ſacrées , qui ne peuvent être alienées ny par conſequent preſcrites ; que les Rois mêmes s'obligent par le Serment qu'ils font à leur Sacre de le mainte-nir & le conſerver de toute leur puiſſance.

Néanmoins Baquet excellent Praticien & très-verſé en la connoiſ-ſance des droits de la Couronne , au Traité qu'il a fait de Desherance chap. 7. n. 7. & 8. dit que cette Ordonnance de François I. n'a jamais été suivie , *neque in consulendo neque in judicando*. Et mêmes Monsieur le Bret liv. 3. chap. 2. de la Souveraineté du Roy , advoüe qu'elle est en apparence trop rude , voire inhumaine , mais puisque la Loy est écrite , & que sa rigueur se recompense par l'utilité que le public en reçoit , il semble qu'on est tenu de l'observer. Quelques autres reprennent Bacquet de ce qu'il a dit.

La question s'étant presentée au Parlement de Grenoble entre Demoiselle Anne Ollier de Montjeu Tutrice de N. Charles Emanuel de Combourfier , appellante de la Sentence du Vibailly de Gap , qui l'avoit deboutée par fin de non recevoir d'une part ; & André Torres intimé d'autre : Il y eut Arrest du 27. Juillet 1626. infirmatif de la Sentence pour ce qui regardoit les fins de non recevoir. Ce qui a fait le sujet du chap. 217. du Recüeil de Monsieur Expilly , où il dit que l'Ordonnance de François I. fut verifiée au Parlement de Grenoble l'an 1540. mais je ne l'ay sçû trouver dans les Registres.

Depuis cet Arrest on a trouvé dans les mêmes Registres une Declaration du Roy Henry II. du 15. Janvier 1555. verifiée le 14. d'Aoust 1556. laquelle confirme l'usage de la Province pour la prescription centenaire contre Sa Majesté , dont je rapporteray l'extrait au bas de ce chapitre.

De sorte que la même question ayant été traitée au Parlement entre Jean Gay Fermier des droits du Roy dans la Terre de Vif , appellant de la Sentence du Vibailly de Gresivaudan , portant deboutement de sa demande par fin de non recevoir , fondées sur prescription centenaire d'une part , & N. Jacques Armand Seigneur de Gresse intimé d'autre , il y eut Arrest de l'avis des Chambres le 27. Aoust 1654. aux termes suivans.

La Cour de l'avis des Chambres a mis l'appellation au néant sans amende ; Ordonne que ce dont a été appellé sortira son plein & entier effet : A renvoyé la cause & parties au Juge duquel est appel pour mettre sa Sentence à execution ainsi qu'il verra à faire , dépens de l'instance d'appel compensez : Ordonne aussi que la Declaration du Roy Henry II. donnée à Blois le 15. de Janvier 1555. concernant la prescription centenaire , verifiée le 14. d'Aoust 1556. sera suivie & executée selon sa forme & teneur , & à ces fins de nouveau publiée en Audience. Fait à Grenoble en Parlement le 27. Aoust 1654.

Et en effet c'est l'ancien usage de la Province , fondé sur une belle & sainte maxime du Droit Romain. *Fiscus utatur jure privati* , dont nos Loix font mention en divers lieux. Ce qui a fait dire à Theodose & à Valentinian en la Loy derniere *C. de Theodos. de Appellat. Salva Majestatis nostra reverentia , Jus nobis cum privatis non dedignamur esse commune.* Et parmi les éloges qu'Ammian Marcellin donne à l'Empire de Julien au livre 25. de son Histoire , celuy-cy est l'un des principaux *Æquata Fisci jura cum privatis.*

Ce qui ne s'entend pas des Droits qui appartiennent au Souverain pour marque de la Souveraineté , comme font les tributs qui sont incommunicables aux Particuliers, que la Loy *comperit. C. de præscript. 30. vel 40. ann.* déclare impreſcriptibles, comme j'ay remarqué plus amplement au chapitre précédent, mais ſeulement de ceux où il uſe *jure privati*, comme ſont les Cenſes & autres Droits ſemblables, ſuivant la diſtinction que fait Guy Pape en ſa Queſtion 416. *Cum quæritur an & qualiter præſcribantur contra Fiſcum, dic aut loquimur, de jure Superioritatis & ſimilibus, & talia non præſcribuntur aliquo tempore, ut C. de præſcript. 30. vel 40. annor. l. comperit. Aut quæritur de rebus ſeu juribus quæ Princeps poſſidet ut privatus, videlicet fundum, vel domum, aut annuum cenſum, & hoc caſu ſunt Gloſſæ contrariæ, quia una Gloſſa dicit, quod talia præſcribuntur centum annis in Authent. de non alienand. aut permutand. rebus Eccleſiæ. §. ſi minus, col. 2. Sed Henricus Bohic in c. ſi diligenti. Extra de præſcript. dicit dictam Gloſſam non eſſe veram, quia imò credit ipſe Henr. Bohic. quod talia præſcribuntur 40. annis, ut in dicta l. comperit. Et ita dicit ipſe tenere Gloſſam in §. res Fiſci. Inſtit. de uſucapion. Ita etiam videtur ſentire Cynus in d. l. comperit. Et pro hac ultima parte fuit concluſum in Camera Concilii per Dominos de Parlamento, de Anno 1460. de Menſe Junio, &c.*

C'eſt auſſi l'opinion de Balde & d'Angellus *in l. 3. C. Communia de uſucap.* de Panormitanus *in cap. ad Audientiam n. 18. de præſcript.* & généralement de tous les Docteurs. Enſorte que Mr Loüet *tit. C. n. 21.* rapportant les Arrêts du Parlement de Paris qui ont jugé que le cens n'eſt point preſcriptible par cent ans, même en Païs de Droit écrit, uſe de ces termes, *quæ eſt nova Juriſprudentia, contra communem Doctorum ſententiam,* qui n'improuvent telle preſcription centenaire, ſinon *in juribus Superioritatis, in quibus nec conventio nec præſcriptio cadit.* Mais cette nouvelle Juriſprudence dont parle Mr Loüet n'a pas été reçüe en Dauphiné.

DECLARATION D'HENRY II.
POUR LA PRESCRIPTION CENTENAIRE.

HENRY par la grace de Dieu Roy de France, Dauphin "
de Viennois, Comte de Valentinois & Diois. A nos "
Amez & Féaux Conſeillers les Gens tenans Nôtre Parlement "
de Dauphiné, Salut & Dilection. Pour ce qu'au moyen "
de ce que nos Avocat & Procureur en Nôtredite Cour ont "
puis aucun temps mis en fait preſcription centenaire ne de- "
voir avoir lieu ès droits, choſes & matieres eſquelles aurions "
interêt, & que par tel fait, Ordonnance ou Loy nouvelle, "
nos biens Amez les Gens des trois Etats de nôtre Païs de Dau- "
phiné ſe ſentiroient grandement grevés, & que ſur ce ſe pour- "
roient mouvoir pluſieurs differens & débats; voulans y ob- "

vier, nous avons déclaré & déclarons nôtre vouloir & inten- "
tion avoir été & être que telles contentions & procez soient "
jugez, décidez & terminez selon le Droit, & ainsi que par "
cy-devant a été accoûtumé : Voulans & vous mandans que "
Nôtre presente Déclaration, vouloir & intention vous obser- "
viez, gardiez & entreteniez, fassiez observer, garder & en- "
tretenir de point en point selon sa forme & teneur, cessant "
& faisant cesser tous troubles & empêchemens au contraire ; "
Car tel est Nôtre plaisir. Donné à Blois le quinziéme jour "
de Janvier, l'An de Grace mil cinq cens cinquante-cinq, & "
de Nôtre Regne le neuviéme. *Signé*, Par le Roy Dauphin "
en son Conseil. HURAULT. Et scellé à simple queuë en "
Cire rouge. "

Après que lecture a été faite des Lettres Patentes du Roy "
contenans Déclaration sur prescription centenaire. "

La Cour ordonne que sur le repli desdites Lettres sera mis, "
lûës, publiées & enregistrées ce requerant le Procureur des "
Etats de ce Païs, & à ce consentant le Procureur Général "
du Roy, sauf le cas occurrent de restitution en entier être "
pourvû par la Cour comme elle verra être à faire par raison. "
FAIT à Grenoble en Parlement le quatorziéme d'Août, l'An "
mil cinq cens cinquante six. "

ARREST DONNÉ CONTRE L'EVESQUE DE
Grenoble pour la Prescripcion centenaire.

ENTRE Messire Pierre Scarron Evêque & Prince de "
Grenoble, Demandeur en Requête tendante à passation "
de nouvelle Reconnoissance & payement de Lods d'une part, "
& François Perrin Procureur héreditaire au Bailliage de Gre- "
sivaudan Défendeur d'autre. Vû par la Cour une reconnois- "
sance passée au profit dudit Sieur Evêque de la Maison dont "
s'agit par Guillaume Gallifet en l'année 1517. & le 20. May, "
au bas de laquelle est un Exploit de Commandement fait "
à la Requête dudit Sieur Evêque audit Perrin possesseur mo- "
derne de ladite Maison, de passer nouvelle Reconnoissance "
& payer les Lods de son acquisition contenant assignation de "
comparoir ceans par Clavel Sergent Royal le 13. de Juillet "
1632. Reconnoissance passée de ladite Maison en faveur du- "
dit Evêque de Grenoble par Antoine Ginet de l'an 1469. "
tenuë pour vidimée & reconnuë par Decret du 20. Fevrier "

„ dûëment fignifié. Ecritures dudit Demandeur contenans fa
„ demande, concluans à ce que ledit Défendeur foit condamné
„ à paffer nouvelle reconnoiffance de ladite Maifon, & à payer
„ les Lods de fon acquifition, figné Bois, dûëment communi-
„ quée. Appointement de répondre à ladite demande & contre-
„ dire les Actes autrement forclos, le Procès en Droit tenu pour
„ figné par Décret du 9. Décembre dite année 1632. dûëment
„ fignifié. Sommation faite par le Procureur dudit Défendeur
„ à celui dudit Sieur Demandeur, d'en venir en Audiance fur
„ les fins de non-recevoir fondées fur prefcription plus que cen-
„ tenaire. Plufieurs Requêtes prefentées par ledit Défendeur,
„ portans d'en venir en Conference & Audiance. Ordonnan-
„ ce du Commiffaire de la caufe du 14. Janvier dite année
„ 1532. portant que les parties fe pourvoiront à la Cour pour
„ leur être pourvû d'Audiance fur les fins de non-recevoir avan-
„ cées par ledit Défendeur. Lettres Royaux obtenuës par ledit
„ Sieur Demandeur de la grande Chancellerie de France du
„ 12. de Fevrier 1624. par lefquelles il eft relevé de toutes
„ prefcriptions defquelles il lui pourroit être oppofé, foit fur
„ le laps du temps ou autrement, figné par le Roy Dauphin
„ en fon Confeil. *Roffeau.* dûëment fcellées. Extrait figné Bau-
„ det Secretaire en ladite Cour, de Lettres Royaux obtenuës
„ de Sa Majefté par les Abbé & Religieux de S. Antoine en
„ Viennois, pour femblable fait que les précedens du 11. de
„ Mars 1619. employé par ledit Sieur Demandeur, & com-
„ muniqué le 11. du mois de Fevrier 1633. Ecritures dudit
„ Demandeur contenans employ defdits Actes, & refponfives
„ aux fins de non-recevoir avancées par le Défendeur con-
„ cluant à fes dernieres fins fignées Bois, & dûëment commu-
„ niquées. Arrêt rendu ceans en Audiance le 14. Mars der-
„ nier portant appointement en Droit. Arrêt de ladite Cour
„ entre le Chapitre S. Antoine de Viennois Demandeur en paf-
„ fation de Reconnoiffance & payement de Lods, & Pierre de
„ Griefat deffendeur, par lequel les Demandeurs auroient été débou-
„ tez de leur demande autre chofe n'apparoiffant par fins de non-
„ recevoir du 20. Décembre 1623. dûëment communiqué au
„ Procureur dudit Sieur Demandeur. Ecritures dudit Perrin
„ Défendeur commençans, Maître, &c. Signées Chaleon
„ auffi communiquées. Lettres Royaux obtenuës de la Chan-
„ cellerie de cette Province, par le Doyen & Chanoines de
„ Nôtre Dame de Grenoble, aux fins d'être relevez de toutes

prefcriptions qui leur pourroient. être oppofées pour le temps "
incouru pendant les Guerres & Troubles depuis 1562. juf- "
ques en 1602. icelles du 18. Décembre 1619. fignées Gal- "
bert dûëment fcellées. Deux Enquêtes faites à la Requête du- "
dit Chapitre fur les pilleries, incendie & enlevement de leurs "
papiers contenans la dépofition de plufieurs Témoins fignées, "
Baudet Secretaire & Commiffaire de l'année 1621. avec le "
Verbal dudit Baudet Secretaire du 3. d'Avril dite année 1621. "
Arrêt du Confeil de Sa Majefté entre lefdits Doyen & Cha- "
noines de Nôtre Dame de Grenoble Demandeurs d'une part, "
& Meffire Laurens Prunier premier Prefident fcéans, le Sieur "
Confeiller le Maître & autres, portant renvoy de ladite cau- "
fe fcéans, à la charge de juger fuivant l'Edit de Melun en "
datte du 5. de Janvier ditte anné 1621. employé par ledit "
Sieur Demandeur, tenu pour communiqué par Decret du 8. "
Juillet dernier dûëment fignifié. Ecritures dudit Demandeur "
contenans employ defdites pieces fignées, Bois, commençans, "
Pour, &c. dûëment communiquées. Les Inventaires de pro- "
duction defdites pieces, fignés Bois & Perrin, remifes au Gref- "
fe le 27. Juin & 11. Juillet ditte année 1633. refpective- "
ment communiqués : Et tout confideré, Oüy le Commiffaire, "
LA COUR a débouté ledit Demandeur de fa Requête par "
fins de non-recevoir, dépens compenfés. FAIT à Grenoble "
en Parlement le 4. Août 1633. "

CHAPITRE XV.

Qu'il fuffit de trente ans après le defaveu du Vaffal ou de l'Emphy-
teote pour prefcrire une directe.

JE viens de dire aux Chapitres precedens que par l'ufage de
Dauphiné toute directe fe prefcrit par l'efpace de cent ans.
Mais fi la poffeffion du Seigneur eft intervertie par le refus
& le defaveu du Vaffal ou de l'Emphyteote, il n'eft point
de doute qu'il fuffit de trente ans ; parce que deflors ils ont commencé
de poffeder *nomine fuo non alieno*, comme parle la Loy *Quod meo. D. de*
acquir. vel amitt. poffeff. Et ce defadveu étant une intervention du droit
du Seigneur, elle leur acquiert la poffeffion de liberté, fuivant la doctrine de la Glofe *in l. cum notiffimi. C. de prefcript.* 30. *vel* 40. *ann. verbo,*

conductori. in fine. de Guy Pape , *Singulari 942.* d'Anton. Thesaurus Decis. 279. n. 6. A quoy se trouvent conformes les Docteurs du Droit François & Coûtumier , & entre autres Boërius sur la Coûtume de Bourges *tit. des Prescriptions. §. 4. verbo. Item.* Coquille en son Institution au Droit François tit. des Fiefs. pag. 38. Buridan sur la Coûtume de Vermandois art. 212. Voire mêmes c'est la disposition formelle de celle de Bourbonnois art. 387. & de Nivernois *tit. des Fiefs art. 14.* en ces termes. *Neanmoins en chacun desdits deux cas , le contredisant Seigneur ou Vassal respectivement : prescrit par l'espace de trente ans , à compter du jour de la contradiction toleree.*

CHAPITRE XVI.

Si le Roy peut prescrire la mouvance de l'arriere-fief contre le Vassal immediat.

'E s t une Maxime de tous les Feudistes , qu'un Seigneur peut prescrire par trente ans une mouvance Feodale contre un autre Seigneur , & la disposition y est exprese dans la Coûtume de Nivernois tit. des Fiefs art. 15. d'Estampes art. 25. de Berry tit. des Prescriptions art. 9. d'Auvergne chap. 17. art. 13. de Reims art. 134.

Mais l'on peut mettre en doute si le Seigneur Suzerain , ou le Roy qui est le Seigneur Superieur , peuvent prescrire la directe de l'Arriere-fief contre leur Vassal immediat. Ce qui est amplement traité par Monsieur Expilly en son Plaidoyé 27. où il soûtient l'affirmative. La raison est que la consolidation du domaine utile au domaine direct, d'où l'utile est originairement émané , est favorable, & que rien n'est si facile & si naturel que le retour des choses à leur principe & premier être ; principalement si c'est à la Couronne que la mouvance retourne , puis qu'elle est la vive source , & la cause premiere & universelle de tous les Fiefs du Royaume. Ce qui fait que le Vassal qui avoüe sans fraude & sans calomnie de tenir du Roy au prejudice du Seigneur immediat, n'encoure pas la peine du desaveu , qui est la perte du Fief , suivant les authoritez que j'ay rapportées au chap. IX.

Et à cela n'est contraire la Maxime du droit François,que le Seigneur ne peut jamais prescrire le Fief contre son Vassal, laquelle n'est entenduë qu'au seul cas de la saisie Feodale , où le Seigneur possede *jure Feudi* , & en qualité de gardien & de dépositaire de la proprieté du Fief , jusques à ce qu'il ait été servi & reconnu par son Vassal ; quoy qu'il fasse les fruits siens en haine de la contumace ; en sorte qu'il ne peut changer la cause de sa possession ; & toutes les fois que le Vassal

se

se met à son devoir, il a droit de rentrer dans le Fief, comme il fut jugé par cet Arrest celebre du 21. Avril 1551. donné pour le Comté de Clermont, en faveur de la Reine Catherine de Medicis, après trois cens ans & plus de la saisie Féodale, qui est rapporté par du Luc livre 9. titre 5. & par tous les autres qui ont traité la question.

Mais quand le Seigneur possede à autre titre que celui de la saisie Féodale, il use du Droit commun de la prescription contre son Vassal, comme fait reciproquement le Vassal contre le Seigneur, suivant l'excellente distinction que fait du Moulin & les autres Docteurs François, sur la Coûtume de Paris art. 12. qui restraint l'imprescriptibilité de la part du Seigneur, au seul cas de la saisie faite à sa requête.

Ainsi la difficulté n'est qu'à sçavoir le temps qui est necessaire au Roy, pour prescrire la mouvance d'un Arriere-fief ; Surquoy je fais cette distinction.

Si le Roy n'est entré en possession de la Féodalité que par des Actes de foy & hommage sans profit de Fief, il faut qu'il y ait cent ans pour l'acquerir au préjudice du Seigneur mediat qui a negligé son droit parce qu'autrement elle pourroit être clandestine ; mais par un si long espace de temps le Seigneur mediat *quasi non utendo totum jus respuisse videtur* : Et en ce cas il y a deux prescriptions ; l'une qui est acquise à l'Arriere-vassal pour être dans l'hommage du Roy, & l'autre qui est acquise à Sa Majesté, dont le Fief s'est approché comme de son centre.

La question s'étant presentée au Parlement de Paris en la premiere des Enquêtes, fut decidée à l'avantage du Roy, pour une mouvance Féodale dépendante du Duché d'Orleans. Le Seigneur de Poinville avoit fait saisir féodalement le Seigneur de la Roussiere, & soûtenu contre luy qu'il étoit de sa mouvance, pour la preuve dequoy il rapportoit les aveux donnez par ses Predecesseurs aux Ducs d'Orleans, il y avoit plus de deux cens ans, dans lesquels aveux le Seigneur de la Roussiere étoit compris entre les Vassaux. Celuy-cy répondoit que ses Predecesseurs ayant fait foy & hommage au Roy, depuis cent ans, il étoit devenu Vassal de Sa Majesté. Le Seigneur de Poinville repliquoit, qu'étant Vassal du Roy la prescription n'avoit pû courir contre luy. Monsieur le Duc d'Orlans & Mr le Procureur Général du Roy étant intervenu en la cause, soûtinrent que le Roy avoit pû prescrire la mouvance. Ce qui fut jugé de la sorte. La même question est traitée par Charondas en ses Réponses du Droit François liv. 2. chap. 2. où il rapporte l'Arrest donné en faveur de Sa Majesté. C'est aussi par ce moyen-là que la Terre de Dinteville en Champagne a passé de la mouvance du Baron de la Ferté en celle du Roy.

Le Parlement de Toulouse l'a jugé de même par deux Arrêts ; l'un donné entre la Dame d'Aurade & le Seigneur d'Audefie ; L'autre du 28. Juillet 1644. confirmatif de la Sentence donnée par la Chambre des Requêtes en faveur de Dame Marguerite de Narbonne Dame de Gouchas, & du Procureur Général du Roy, contre

I. Partie. M

Meſſire Jean Phebus de Rocheċhoüard , Baron de Faudoas , par lequel le Procureur Général a été maintenu au droit d'hommage de la Terre de Gouchas.

Mais s'il y a eu mutation à titre particulier de vente , ou à autre titre , pour raiſon dequoy les lods ayent été payez au Roy , & l'hommage fait à Sa Majeſté par la tolerance du Seigneur mediat qui l'a ſçû, ou qui vray ſemblablement l'a pû ſçavoir , pour êtré voiſin du Fief ſervant , ou autrement , ſuivant la loy derniere D. *Quis ordo in honor. poſſeſſ.* il ſuffit de trente ans pour acquerir la preſcription , *nam qui non prohibet quod prohibere poteſt pro conſentiente habetur.*

Il eſt vray que la Coûtume de Nivernois exige qu'il y ait deux diverſes ouvertures avec ſaiſies réelles & dûëment notifiées. Voicy comme elle parle art. 13. des Fiefs. *Un tiers peut preſcrire la directe du Fief contre le Seigneur Feodal par l'eſpace de trente ans contre laïcs , & quarante ans contre l'Egliſe , pourveu qu'il y ait eu deux diverſes ouvertures avec ſaiſies réelles & dûëment notifiées.* Et Berry art. 9. des Preſcript. dit que les trente ans commencent depuis la premiere exploitation de Fief. Mais Eſtampes , Reims , & Auvergne diſent ſimplement , qu'un Seigneur peut preſcrire le droit de Fief contre un autre Seigneur.

Et comme la ſaiſie Féodale n'eſt pas de l'Uſage de Dauphiné , l'Inveſtiture priſe du Roy , le payement des lods , & l'hommage fait à Sa Majeſté , qui ſont des Actes publics & ſolemnels doivent faire le même effet pour donner lieu à la preſcription , puis que la poſſeſſion du Seigneur en eſt intervenuë. *Re alii tradita & vendita , tunc ſanè intervertitur poſſeſſio,* dit Cujas *in l. cum notiſſimi. C. de Præſcript.* 30. &c. *verſic. & ita Dominus.*

CHAPITRE X.

Si c'eſt improprement & par abus que les Seigneurs qualifient du nom de Sujets les habitans de leurs Terres.

J E ſçay bien que les Gens du Roy ſe ſont formaliſés quelquefois dans les Audiances , quand les Avocats plaidant pour des Haut-juſticiers , ont donné le nom de *Sujets* aux habitans de leurs Terres , par cette raiſon que le Roy ſeul a des Sujets dans ſon Royaume ; que c'eſt une entrepriſe ſur l'authorité Royale qui n'eſt pas moins incommunicable qu'independante , & qu'ainſi la Couronne s'y trouve notablement intereſſée , en ce que les peuples qui ne fondent leur jugement que ſur les apparences , étant qualifiez ſujets d'un Seigneur particulier, ſe croyent tellement attachez de reſpect & d'obeïſſance à ſes volontez , qu'ils ſuivent le parti qu'il prend , mêmes contre le Souverain. Et suivant cela , quelques-uns de nos Docteurs François taxent d'usurpation , & de nouveauté l'emploi de ce mot-là.

Néanmoins il est certain que l'usage en est fort ancien , puis qu'il se trouve dans les Capitulaires de Charlemagne liv. 2. ch. 39. où ce grand Prince deffend aux Seigneurs & aux Prelats , de maltraiter leur sujets. *Jubens ,* dit Ansegisus , *omnibus Dominis & Prælatis sivè Ecclesiasticis sivè Laïcis , ut clementer & misericorditer tractent subjectos , sivè in exigendis operis , sivè in aliis debitis, scientes fratres suos esse , & unum secum patrem habere Dominum , cum clament omnes. Pater noster qui es in cœlis.* Le Pape Innocent III. qui vivoit l'an 1208. use de même terme *in cap. dilecti 4. Extr. de Arbitr.* où il dit qu'en France par la Coûtume générale , *fœminæ præcellentes in subjectos suos ordinariam jurisdictionem habent.* Et Messire Jean des Mares Avocat du Roy sous Charles V. & Charles VI. n'en a point fait de scrupule en divers lieux de ses Decisions. Voicy comme il est écrit en la 271. *Un sujet peut poursuivre son Seigneur hors de sa Cour en trois cas : En cas d'appellation , d'abus de justice, & d'injure ou d'excez. Car il n'est mie à presumer que loi fait justice , quand il lui fait injure.* Jean Bouteiller Conseiller au Parlement de Paris en la Somme Rural qu'il a commencé d'écrire l'an 1460. liv. 1. tit. 86. & ailleurs , donne aussi le nom de sujets aux justiciables des Seigneurs. Ainsi Guy Pape Conseiller au Parlement de Grenoble , & contemporain de Bouteiller , nomme souvent , *subditos Bannaretorum.*

Et pour nous approcher des temps que nos Rois ont été fort jaloux de leur authorité , & que les droits de la Couronne ont été mieux éclaircis, non seulement la Coûtume de Paris, redigée par de grands hommes en l'art. 71. & generalement toutes les autres du Royaume se font servi du même mot , mais aussi les Edits & les Ordonnances de nos Rois. Celle de Loüis XII. donnée à Blois en Mars 1498. art. 139. est en ces termes. *Pource que souvent advient que les Comtes , Barons, Chevaliers , Gentils-hommes & autres ayant Terres , hommes & sujets en nôtre Royaume , Païs & Seigneuries se travaillent journellement de lever sur leursdits hommes & sujets & autres leurs voisins, plusieurs sommes de deniers , quantité de grains , &c.* François I. en ses Ordonnances de l'an 1525. chap. 12. art. 21. *Défendons aux Seigneurs qui ont plusieurs Seigneuries & Justices diverses & separées de tirer & faire tirer par leurs Juges en Justice les sujets d'une jurisdiction à l'autre.* Celles de Charles IX. aux Estats d'Orleans de l'an 1560. art. 106. à Amboise 1572. art. 10. d'Henry III. aux Estats de Blois de 1579. art. 283. & quelques autres usent du même mot. De sorte que ce n'est pas une nouveauté, ny une entreprise sur la Souveraineté de parler comme font les Ordonnances & les Edits de nos Rois.

Et en effet , le Roy est proprement & par excellence Seigneur de tout son Royaume. C'est à luy qu'on peut appliquer dans l'étenduë de ses Estats , ce que l'Empereur Antonin disoit de soy en la loy *αξιώσις D. de lege Rhodia de jactu. ἐγὼ μὲν τῦ κοσμυ κύριος. Ego quidem*

*Mundi Dominus.*C'eſt par cette raiſon-là qu'il s'appelle *Sire*,& qu'en la premiere &ſeconde Race,& bien avant dans la troiſiéme il eſt nommé *Senior*,
c'eſt-à-dire *Seigneur*.Ainſi dans les Capitulaires de Charles le Chauve, qui
furent envoyez aux François & aux peuples d'Aquitaine,il eſt dit.*Mandat
vobis noſter Senior , quia ſi aliquis talis eſt , cui ſuus Senioratus non placet ,
&c.* où le mot de *Senior* veut dire le Roy , & *Senioratus* la Royauté.
Les exemples en ſont infinis dans les Autheurs & les Chartres de ce
temps-là.

Et néanmoins le titre & la qualité de *Seigneur* & de *Sire* ne laiſſe pas
d'être communiquée à ceux-là qui ont des Terres & des Vaſſaux.
Ainſi le terme du ſujet à proprement parler , a ſa Relation à la Souveraineté. *Subditi eſtote Regi tanquam præcellenti , & Magiſtratibus tanquam
ab eo miſſis,* dit S. Paul. Et quand il eſt employé à l'égard des Haut-
juſticiers , c'eſt par reflexion à la juſtice & aux droits Seigneuriaux, auſquels les habitans de leurs Terres ſont ſujets.

Si la Couronne ſe trouvoit intereſſée à l'uſage de ce mot-là , il
ſemble qu'elle ne le ſeroit pas moins à celui *d'hommes & de Vaſſaux* ,
& au ſerment de fidelité qu'on prête aux Seigneurs Féodeaux,
puïs qu'il n'appartient qu'à elle d'avoir des hommes , & de recevoir d'eux le ſerment de fidelité, & que nos Rois ont toûjours preferé le titre de *Reges Francorum* à celuy de *Reges Franciæ.* Le ſerment
de fidelité que les Vaſſaux prêtent aux Seigneurs de Fief , avoit fait une
ſi grande playe à la Monarchie ſous les premiers Rois de la troiſiéme
Race , qu'on lit avec étonnement le chap. 50. des Ordonnances que
fit Saint Loüis l'an 1270. avant que d'aller à ſon Expedition du Levant,
qui eſt en ces termes. *Se li Sires à ſon hom lige,& li dit ; venes vous en ô moy,
car je vueil guerroyer le Roy mon Seigneur , qui ma veé (* c'eſt-à-dire refuſé *)
le Jugement de ſa Cour , li hom doit reſpondre en telle maniere à ſon Seigneur ,
Sire , je iray volontiers ſçavoir au Roy ſe il eſt ainſi que vous dites. Adonc il
doit venir au Roy , & doit dire , Sire , mes Sires dit que vous l'y avez veé le
Jugement de vôtre Cort ; & pource ſuis-je venu à vôtre Cort pour en ſçavoir
la verité : Car mes Sires m'a ſemons que je aille en guerre en contre vous.Et ſe li Roy
li dit que il ne fera ia nul Jugement en ſa Cort. Li hom en doit tantôt aller à
ſon Seigneur. Et ſes Sires le doit pourveoir de ſes deſpen. Et s'il ne s'en voloit
aller o luy , il en perdroit ſon Fié par droit. Et ſe li Roy avoit répondu, je
feray droit volontiers à vôtre Seigneur en ma Cort , li hom devroit venir à ſon
Seigneur & dire : Sire , le Roy m'a dit que il vous fera volontiers droit en ſa
Cort. Et ſi le Sires dit , je n'entrerré jamais en ſa Cort , mais venez-vous en o
moy , ſi comme je vous ay ſemons. A doncques porroit bien dire li hom , je n'i-
ray pas ; pource n'en perdroit il ja par droit ne Fié , ne autre choſe.* La qualité de *ſujets* qu'on donne aux juſtitiables des Seigneurs, a-t'elle jamais
fait une ſi grande bleſſure à l'authorité Royale , qu'avoit fait celle *d'hommes & de Vaſſaux* par le ſerment de fidelité qu'ils prêtent aux Seigneurs
de Fief?

CHAPITRE XVIII.

Que signifient ces mots dans les anciens Titres , fine mefacere, & fine fidem mentiri.

CETTE façon de parler *fine mefacere & fine fidem mentiri*, eft affez fréquente dans les Actes qui fe paffoient du temps de nos Ancêtres entre le Seigneur & le Vaffal , l'intelligence de laquelle dépend de la foy qu'ils fe doivent l'un à l'autre, qui eft fi effentielle au Fief, que fans elle il n'eft pas Fief. Le Vaffal doit la reverence & le fervice au Seigneur , & le Seigneur doit la protection à fon Vaffal. Si celui-cy manque de fidelité envers le Seigneur, il commet fon Fief aux cas exprimés par les Livres des Fiefs , ou par la Coûtume : Si le Seigneur viole fa foy , & qu'il vexe intolerablement le Vaffal au lieu de le proteger , ce qui s'appelle *méfaire & mentir fa foy* , il perd le droit de Fief. *Dominus vicem Fideli fuo reddere debet; quod fi non fecerit , meritò cenfebitur malefidus* , dit le texte des Fiefs liv. 2. tit. 6. Il eft vray que dans la relation qui eft entre le Seigneur & le Vaffal, la condition n'en eft pas égale , parce que fuivant ce que dit Budée *in Forenf. p. 141. Patrocinii & Clientelæ relatio atque neceffitudo lege Fiduciaria , condita eft illa quidem primùm contractàque , fed impari conditione. Nam Patronus , ut beneficus auctorque neceffitudinis , tanquam è loco fuperiore cum Cliente fuo agit , & jure Imperii Mancipiique majoris.* Mais quant à la foy , elle doit être reciproque.

Tellement que fi le Seigneur avoit quelques interêts civils à démêler avec fon Vaffal , par exemple , s'il lui avoit prêté quelque fomme de deniers , ou qu'il fe fut rendu plege & caution pour lui , celui-cy confentoit par ftipulation expreffe , que le Seigneur s'en prit au Fief mouvant de lui *fine mefacere & fine fidem mentiri* , ce qu'ils difoient autrement *fine læfione fidei , fine tranfgreffione fidei , falva fide*, pour éviter le foupçon que le Seigneur eut menti fa foy en faififfant le Fief. Ainfi l'on trouve dans le Cartulaire de la Bibliotheque de Monfieur de Thou un Acte de l'an 1228. par lequel Erard de Brenne Seigneur de Rameru promet à Thibaut Comte de Champagne fon Seigneur, de l'indemnifer du cautionnement qu'il a fait pour lui ; & où il manqueroit, confent qu'il fe prenne à fes biens fans méfaire & mentir fa foy , *quod fi deficerem in aliquo , quod abfit , de iftis conventionibus tenendis , in quibus ego teneor Thethaldo Comiti prænotato , quod ipfe licenter fine mefacere , & fine fidem mentiri, poffet capere de rebus meis ubicumque eas invenerit, & eas in manu fua tamdiù tenere , quod ego compleviffem eidem conventiones fuperiùs annotatas , & quod ego fuper eifdem eum feciffem in bona pace remanere.* Il y en a beaucoup d'autres exemples tirés du même Cartulaire, & de celui de Champagne qui font rapportez par Monfieur Chantereau le Fevre dans les preuves *du Traité des Fiefs* aux pages 38. 44. 45. 47. 48. 95. En voicy un de Dauphiné que j'ay extrait des Archives de Monfieur les Marquis de Saſſenage.

Ego G. de Roino notum facio univerſis præfentes Litteras infpecturis, quod ego N. viro G. Domino Caſſenatici teneor dare plenam garantiam de duobus mille ſolidis Viennenſis moneta, pro quibus ipſe Dominus G. ad preces meas ſe responſorem conſtituit erga illuſtrem virum A. Dalphinum Comitem Vienna & Albonis pro ſolvenda dote Beatricis ſororis meæ. Conceſſi propterea quod ſi per ſatisdationem ſupradictam præfatus G. Dominus Caſſenatici damnum aliquod incurreret in futurum, ipſe Dominus inde ſe capiat ad feodum quod de ipſo teneo ſine mefacere & ſine fidem mentiri. In cujus rei teſtimonium præfentem Chartam fieri volui, & ſigilli mei munimine roborari. Actum Gratianopoli, Anno ab Incarnatione Domini M. CC. VII. Die Lunæ ante Purificationem B. Mariæ.

C'étoit un ſi grand crime du temps de nos Ancêtres d'être *parjure de foy mentie*, que S. Loüis dit en ſes Ordonnances chap. 196. que *c'eſt grand pechié mortier, comme déſavoüer ſon Seigneur. Car l'en en pert l'Ame & ſon Domaine*. Et à ce propos il ſe trouve un beau diſcours dans le Roman de Lancelot du Lac, qui eſt fait par un ancien Chevalier, quoy qu'il eut été mal traité par le Roy Claudas dont il ne laiſſe pas de parler avec beaucoup de reſpect, & entre autres il dit que *puiſque Chevalier fait féauté & hommage, il doit garder celui à qui il l'a faite, comme ſon corps de tous perils, partant ſçachent tous les Chevaliers que je voy cy, qu'ils ont à garder, & défendre le corps du Roy Claudas comme le leur, pour la féauté & hommage qu'ils lui ont faite. Et je ne ſçay, ne ne connois plus laide déloyauté, que d'être déloyal à ſon Seigneur. Mais ſi le Seigneur méprend envers ſon homme, il l'en doit mettre à raiſon par ſes Semblances* (ce ſont les Pairs de Cour) *par termes d'une quarantaine. Et s'il n'en peut avoir droit, ne raiſon ; ſi lui rende ſa féauté & hommage devant ſes Pers, non mie en recelé, car choſe aperte porte témoignage de loyauté, & choſe muſſée ſignifie felonnie & mauveſtie. Et ſe le Sire ne ſe veut en aucune maniere amender vers ſon homme, dés que ſon hommage aura guery, il ſe peut forfaire & du ſien prendre: Mais garde foy de ſon corps occire, ne à mort juger : Car il ne doit pas en ſes mains mort recevoir, ſe encontre lui ne fait trahiſon ; Et qui autrement eſpand le ſang de ſon Seigneur, il eſt traître & parjure de foy mentie.* C'eſt en la premiere partie f. 19. de ce Roman, dont un Moine eſt Auteur, qui témoigne par ce diſcours qu'il étoit verſé en la connoiſſance des droits Féodaux. Et de toutes les Nations, la Françoiſe a toûjours eu la reputation d'être la plus fidelle à ſa parole, ſuivant le bel éloge que lui donne Jule Ceſar Scaliger *Exercitat.* 167. *Sect. 1*. où il dit, *Omnium Gentium atque Nationum Galli fide ſunt maximè integra & conſtanti.* Mais aujourd'huy que la diſcipline des Fiefs eſt preſque toute anéantie, la foy réciproque du Seigneur & du Vaſſal eſt mal gardée.

CHAPITRE XIX.

Des concessions faites en Accroissement de Fief.

AU temps de nos Ancêtres que les Fiefs étoient en vigueur, c'est-à-dire aux Siécles onziéme, douziéme, & treziéme, les Seigneurs Feodaux voulans reconnoître les services qu'ils avoient reçûs de leurs Vassaux, & le gratifier d'un nouveau bienfait, avoient accoûtumé de leur faire quelque concession en accroissement de Fief, qu'ils appelloient *in augmentum Feudi*, quelquefois liberalement, quelquefois aussi moyenant une somme d'argent. Et cette concession étoit incorporée au Fief principal, dont elle faisoit partie, nonobstant qu'il n'en fut point fait de mention dans les Actes d'hommage suivans. L'usage en a été frequent en Dauphiné sous les anciens Princes ; mais il me suffira d'en rapporter deux exemples. L'un tiré d'un Acte du 5. May 1334. qui est dans la Chambre des Comptes, dans les Protocols d'Humbert Pilati, par lequel Humbert II. dernier Dauphin donne à Amblard de Beaumont, Docteur des Loix, *en Augmentation du Fief de Beaumont*, tout ce qui lui appartenoit dans la Paroisse du Touvet, pour le tenir en toute Justice haute, moyenne & basse.

L'autre est tirée d'un Acte du 10. Janvier 1343. par lequel le même Dauphin fait diverses concessions à Henri Seigneur de Sassenage *en augmentation de Fief*, & entre autres qu'Henri puisse établir un Juge d'Appeaux dans ses Terres de Sassenage, de Veurey, du Pont en Royans, de Rancurel & de Labourel : Et ce qui me semble très-specieux, c'est que le Dauphin s'oblige pour luy & ses successeurs de n'acquerir jamais rien dans les mêmes Terres sous quelque titre, cause, raison, couleur & pretexte que ce soit. Quod si à l'avenir il y est contrevenu en quelque maniere, il declare le tout nul & de nul effet : Et en cas qu'il luy fut donné ou legué quelque chose, *infra Castra, vel Mandamenta seu Territoria supra dicta, teneatur ex pacto ipse Dominus Delphinus illud dimittere dicto Domino Cassenatici pretio competenti.* Pour raison de quoy le Dauphin reçut d'Henri six cens florins d'or de poids Delphinal, comme j'ay déja remarqué au chapitre IV. Et en même tems Henri reconnut en Fief du Dauphin tous les droits & privileges mentionnez en l'Acte d'Infeodation, qui merite d'être veu du Lecteur, tel qu'il est en la Chambre des Comptes au registre intitulé, *Nota Guigonis Frumenti*, cotté *B. Cayer 34.* Il porte que les Predecesseurs d'Henri de Sassenage joüissoient déja de quelques-uns de ces privilege, parce qu'il y avoit précédemment des conventions passées entre Humbert I. Dau-

phin, Anne Dauphine fa femme , & François de Saſſenage de l'an
1297. par leſquelles le Dauphin & la Dauphine s'obligent pour eux
& leurs ſucceſſeurs de n'acquerir jamais rien dans la Terre de Saſſenage par aucun genre d'acquiſition qui pût être dit ou penſé ; Et ce
privilege fut non ſeulement confirmé & donné *in Augmentum Feudi*
par Humbert II. à Henri de Saſſenage, mais auſſi étendu aux autres
Terres mentionnées au dernier Acte de l'an 1343.

„ IN nomine Domini ; Amen. Noverint univerſi & ſinguli
„ præſentes & futuri , quod anno Nativitatis ejuſdem Do-
„ mini milleſimo tercentiſimo quadrageſimo tertio , Indictione
„ undecima & die decima menſis Januarii, Pontificatus Sanctiſ-
„ ſimi Patris & Domini , Domini Clementis Papæ Sixti anno
„ primo , conſtitutis propter ea quæ ſequuntur , illuſtri Principe
„ DOMINO HUMBERTO DELPHINO Viennenſi ex una parte , &
„ Nobili & potenti viro DOMINO HENRICO DE CASSENATICO
„ DOMINO CASSENATICI ET DE PONTE ex altera, coram me
„ Notario & teſtibus infraſcriptis ; Præfatus Dominus Delphinus
„ ſciens & ſpontaneus , conſiderans & attendens quod præde-
„ ceſſores dicti Domini Caſſenatici de infraſcriptis privilegia &
„ libertates obtinebant, ipſique privilegiis & libertatibus infra-
„ ſcriptis vel conſimilibus utebantur , volens eumdem dominum
„ Caſſenatici & de Ponte præſentem & reverenter poſtulantem
„ proſequi ſpeciali gratia & favore , voluit idem Dominus Del-
„ phinus & expreſsè conceſſit pro ſe & ſuis hæredibus & ſucceſ-
„ ſoribus & *in Augmentum Feudi* prædicto Domino Caſſenatici
„ & de Ponte præſenti ſolemniterque ſtipulanti & recipienti ad
„ opus ſui & ſuorum hæredum & ſucceſſorum perpetuò, quod
„ nunquàm de cætero homines ipſius Domini Henrici ; hære-
„ dum & ſucceſſorum ſuorum , vel homines hominum ſuorum
„ de ejus Feudo vel Retrofeudo præſentes & futuri habitantes
„ nunc vel in poſterùm infrà Caſtra , Mandamenta , Territoria
„ vel Juriſdictionem Caſtrorum , Mandamentorum & Territo-
„ rium de Ponte in Royanis ; de Rancullero, de Caſtellus , Caſ-
„ ſenatici , de Veurcy, Laborelli & Terræ Domini Sancti An-
„ dreæ in Royanis , ſive ex cauſa ſucceſſionis ſive ex alio quovis
„ titulo obvenerit ipſa Terra dicto Domino Henrico, ſalvo ſem-
„ per ipſi Domino Delphino jure ſibi competente vel competitu-
„ ro in dicta Terra Domini Sancti Andreæ , citari teneantur ,
„ pignorari, moleſtari ; capi vel detineri poſſint vel debeant,

neque eorum bona per aliquam ex Delphinalibus Curiis præ- "
textu vel occafione alicujus contractus vel quafi, facti, vel ce- "
lebrati aut faciendi, vel celebrandi per dictos homines fuos "
præfentes, vel futuros, five aliqui ex iis in Civitate Gratiano- "
politana vel alibi in toto Delphinatu & omni Terra dicti Do- "
mini Delphini, propria ipfius, vel communi, vel aliàs fibi "
fubjecta; Et quod pœnæ, mulctæ feu contumaciæ aliquæ pro- "
pterea non imponantur per dictum Dominum Delphinum feu "
ejus Officiales, vel imponi poffint vel valeant, nec fiant ali- "
quo modo, & facta, factæ feu impofitæ, nulla fit ipfo Jure "
& ipfo facto. Et quod Curia dicti Domini Delphini nullam re- "
miffionem occafione prædictorum petere poffit de dictis homi- "
nibus à dicto Domino Caffenatici & de Ponte, hæredibus vel "
fucceforibus feu Officialibus fuis; Curiæ dicti Domini Caffe- "
natici & fucceflorum fuorum dimittantur; ita quod ipe Do- "
minus Caffenatici, vel ejus Curia faciat & reddat juftitiam "
de eifdem nullo ab aliis impedimento præftando, nifi ubi & "
in cafu tantùm quod dictus Dominus Caffenatici vel ejus Curia "
effet remiffus, vel remifla fuper hoc vel etiam in defectu, de quo de- "
fectu primò & legitimè cognitum fit in Curia dicti Domini Del- "
phini vocatis dicto Domino Caffenatici & ipfius Officialibus qui "
exinde dicerentur remiffi vel etiam defectivi, vel nifi ipfi homines, "
vel aliqui ex eis fe fubmiferint in contractibus, vel quafi, ju- "
rifdictioni, vel coertioni alicujus Curiæ Delphinalis. Præterea "
voluit, ordinavit, & exprefsè conceffit dictus Dominus Del- "
phinus pro fe & fuis hæredibus & fucceforibus ad folemnem "
inftantiam, preces ac requifitionem humilem dicti Domini "
Caffenatici & de Ponte, quod idem Dominus Caffenatici & de "
Ponte hæredes & fucceflores fui perpetuò habeant & habe- "
re poffint & debeant, ac facere & creare Judicem primarum "
appellationum in Terra ipfius Domini Caffenatici & locis "
fuis fupradictis, ita quod ab Ordinationibus, pronuntiationi- "
bus, cognitionibus, definitionibus, vel interlocutoriis aut de- "
finitivis Sententiis, pœnarum impofitionibus, mulctis feu aliis qui- "
bufcumque præceptis vel mandatis ipfius Domini Caffenatici "
ejufque Judicis & Officialium fuorum quorumcumque vel fub- "
ditorum fuorum præfentium & futurorum ad dictum Judi- "
cem primarum appellationum creandum per ipfum Domi- "
num Caffenatici, hæredes & fucceffores ejufdem & non ad "
alium pro gradu primæ appellationis appelletur, aliis appella- "
tionibus, fecunda videlicet, tertia & ultima femper & per- "

,, petuò ipfi Domino Delphino, ejus hæredibus & fucceſſoribus
,, reſervatis. Etiam conceſſit & convenit per pactum expreſ-
,, ſum ſolemni ſtipulatione vallatum præfatus Dominus Delphinus
,, pro ſe & ſuis hæredibus & fucceſſoribus, quod infrà Mandamen-
,, ta, & Territoria Caſſenatici & de Ponte, & aliorum Caſtrorum
,, prædictorum & cujuſlibet ipſorum aliquo modo, titulo, cauſa
,, vel ratione, colore vel prætextu non acquiret Feuda, Retro-
,, feuda Cenſus vel alia Uſagia . . . . nec aliquos homines vel
,, perſonas recipiet de cætero in garda ſua, nec Garderios te-
,, nebit niſi duntaxat antiquos jam receptos, nec aliquas gar-
,, das recuperabit, niſi antiquas modo aliquo in prædictis Feudis,
,, vel Retrofeudis Domini Caſſenatici prædicti, vel ſuorum, &
,, ſi contra hoc fieret proceſſu temporis quoquomodo, id ex
,, nunc dictus Dominus Delphinus pro ſe & ſuis decernit & de-
,, claravit nullius eſſe efficaciæ vel valoris, & haberi pro non facto,
,, & quod quatenus contrarium fieri mandaretur, non credatur
,, ſeu pareatur impunè ; Convento & ordinato ſolemni ſtipula-
,, tione vallato inter dictum Dominum Delphinum ex una parte
,, & dictum Dominum Caſſenatici ex altera ; quòd in caſu quo
,, ipſi Domino Delphino daretur vel legaretur aliquid infrà
,, Caſtra vel Mandamenta, ſeu Territoria ſupradicta, teneantur
,, ex pacto ipſe dominus Delphinus illud dimittere dicto Domino
,, Caſſenatici pro pretio competenti, ſalvo in prædictis omni-
,, bus & ſingulis dicto Domino Delphino jure Superioritatis, &
,, Reſſorti ac dependentium & emergentium ex eiſdem ; Confi-
,, tens ipſe Dominus Delphinus ſe habuiſſe & recepiſſe realiter à
,, præfato Domino Caſſenatici occaſione conſenſionis prædictorum
,, ſexcentum florenos auri ponderis Delphinalis, de quibus ip-
,, ſum Dominum Caſſenatici, hæredes & ſucceſſores ſuos quitavit
,, tenore præſentis Inſtrumenti ; Et fuit conventum, pactum &
,, ordinatum inter partes prædictas, quòd dictus Dominus Caſſe-
,, natici, hæredes & ſucceſſores ſui perpetuò prædicta ſibi nunc
,, conceſſa per dictum Dominum Delphinum teneant in Feu-
,, dum à dicto Domino Delphino modo & forma quibus ipſe
,, Dominus Caſſenatici ab eodem Domino Delphino tenet reliqua
,, Feuda ſua, ita quod idem Dominus Caſſenatici & de Ponte
,, ibidem confeſſus fuit ac ſe & ſuos hæredes & ſucceſſores conſ-
,, tituit tenere prædicta omnia & ſingula de Feudo dicti Domini
,, Delphini, hæredum & ſucceſſorum ſuorum & promiſit bona fide
,, dictus Dominus Delphinus pro ſe & ſuis hæredibus & ſucceſſori-
,, bus dicto Domino Caſſenatici præſenti & recipienti ad opus

fui & fuorum , ac fuprà Sancta Dei Evangelia ab eodem Do-"
mino Delphino corporaliter tacta juravit & fub obligatione"
omnium bonorum fuorum prædicta omnia & fingula per "
eum conceffa , declarata & ordinata femper & perpetuò ra-"
ta , grata & firma habere & tenere & numquam contra fa-"
cere , vel venire in judicio , vel extrà judicium , Juris vel fac-"
ti aliqua ratione , neque contra venienti feu venire volenti "
confentire. Renuncians dictus Dominus Delphinus omnibus & "
fingulis Juris exceptionibus & cautelis quibus poffet ipfe; vel "
fui contra prædicta vel aliqua de prædictis facere vel venire "
aut in aliquo fe tueri , & fpecialiter Juri dicenti generalem "
renuntiationem non valere nifi præcefferit fpecialis ; Et de "
prædictis dicti Dominus Delphinus & Dominus Henricus vo-"
luerunt, petierunt & requifierunt per me Notarium infrà-"
fcriptum fieri cuilibet eorum unum vel plura & tot quot ha-"
bere voluerint ejufdem tenoris publica Inftrumenta , quod "
poffit dictari ut melius poterit ad confilium venerabilium vi-"
rorum Domini Jacobi Brunerii legum Profefforis , Cancella-"
rii Dephinalis , & Raymundi Falavelli Jurifperiti , Confilia-"
riorum dicti Domini noftri Delphini electorum à partibus præ-"
dictis , facti tamen fubftantia non mutata. Acta fuerunt "
hæc apud Valentiam in carteria publica antè portum Rho-"
dani , præfentibus Nobili & potenti viro Domino Amblardo "
de Briordo Domino Serratæ Milite , venerabilibus viris præ-"
dictis Dominis Jacobo Brunerii , Reymundo Falavelli ac Fran-"
cifco de Cagnio Jurifperitis , Jacobo de Dya, dicto Cappo "
& Joaquino de Rivagio vocatis teftibus fpecialiter ad præmif-"
fa. Et ego Guigo Frumenti de Gratianopoli publicus Apofto-"
lica, Imperiali, Domini Francorum Regis & Delphinali auto-"
ritatibus Notarius præmiffis omnibus interfui unà cum teftibus "
prædictis , hocque Inftrumentum indè recepi rogatus, fcrip-"
fique propria manu fideliter & figno meo confueto præfig-"
navi. "

Nos verò Humbertus Delphinus Viennenfis prædictus "
ad majus robur , fidem & teftimonium contentorum in præ-"
fenti publico Inftrumento hic Sigillum noftrum in præfenti du-"
ximus apponendum. "

CHAPITRE XX.

Si le droit de prélation Féodale a lieu en Dauphiné, sans être exprimé dans les titres.

I L y a trois fortes de Droit de prélation en matiere Seigneuria-le. Le Féodal, le Cenfuel, l'Emphyteutique. Je les nomme par l'ordre de dignité, & non par celuy de l'origine, étant certain que l'Emphyteofe eft plus ancienne que le Fief. Celle-là eft du Droit Romain, celui-ci du Droit François. Le Féodal n'eft pas feule-ment de la nature des Fiefs de France, où il a été reçû de toutes les Coûtumes, mais il fut auffi de la difpofition des Lombards au temps qu'il étoit permis aux Vaffaux d'aliener la moitié de leurs Fiefs, fans le confentement des Seigneurs, comme il fe voit au *ſ. Porro. tit. 9. Qualiter olim poterat Feudum alienari. lib. 2.* Ce que les Ordonnances de Lothaire II. & de Frederic I. rendirent inutile par la défenfe qu'elles portent d'aliener les Fiefs, fans la permiffion du Seigneur, jufqu'à ce qu'ayant été faits patrimoniaux en la plus grande partie de l'Europe, il a été jufte de faire revivre l'ancien droit de prélation.

Le Cenfuel eft de la pratique de France aux Coûtumes qui en dif-pofent, comme Senlis, Valois, Clermont, Berry, Nivernois, l'une & l'autre Bourgògne ; Car celle de Paris & quelques autres ne l'ont point reçû. La difference du Cens & de l'Emphyteofe eft affez connuë de ceux qui fçavent que le Cens de l'ufage de France eft purement du Droit François & Coûtumier, inconnu des Romains, & que le titre du Code *Sinè cenfu vel reliquis fundum comparari non poſſe*, ne regar-de que les tributs publics & les redevances du Fifque, pour marque de la Seigneurie univerfelle & Souveraine de l'Etat fur les terres con-quifes. De forte que c'eft improprement que la preftation Emphy-teutique eft appellée Cens en Dauphiné. Je ne parleray donc point du Retrait Cenfuel, puis que le Cens françois n'eft pas de l'ufa-ge de Dauphiné.

L'Emphyteutique eft ordonné par la loi finale, *C. de jure Emphyt.* & dans fa vraye fignification il eft different du Féodal, en ce qu'il a lieu dès que l'Emphyteote s'eft déterminé de vendre, & avant que la vente foit confommée : Au contraire, le Féodal n'a lieu qu'après la vente parfaite & confommée ; comme je remarquerai ailleurs.

La premiere queftion qui fe prefente, c'eft de fçavoir fi le droit de prélation Féodale eft reçû en Dauphiné fans ftipulation expreffe. Guy Pape dit en fa queft. 415. n. 2. *Si Dominus vult retinere jure pra-lationis pro eodem pretio rem feudalem, poteft de Confuetudine generali pra-fentis patria Delphinatus.* Vrevin remarque fur la Coûtume de Chauny

art.

art. 115. que Guy Pape ne dit pas que le Seigneur puisse retirer par la nature & qualité des Fiefs, ou par les Loix des Lombards, mais *de Consuetudine generali Patria*, rapportant cette faculté à l'usage & Coûtume du Païs, & non au Droit général. J'estime pourtant que la Coûtume a eu pour fondement l'usage des Lombards mentionné au §. *Porrò*.

Quoi qu'il en soit, plusieurs de ceux qui sont versez en la pratique du Palais soûtiennent que depuis le temps de Guy Pape, le droit de prélation en matiere Féodale n'est plus de l'Usage de Dauphiné sans stipulation. Que François Marc qui vivoit il y a plus de cent cinquante ans, en a parlé douteusement *Parte 2. Quest. 2. n. 2.* Que le Parlement l'a jugé ainsi pour l'emphytéose par Arrest du 7. Juillet 1628. confirmatif de la Sentence du Vibailli de Vienne, donné entre N. Pierre de Gumin & Benoît Carre, dont je ferai plus ample mention dans le Chapitre suivant, & que cet Arrêt par identité de raison doit servir de Préjugé pour les Fiefs. Qu'il est arrivé de ce droit là comme du Commis, qui avoit encore lieu du temps des mêmes Docteurs Guy Pape & François Marc par la cessation du payement de la cense durant trois années, & néanmoins il est certain qu'il est entierement aboli *per non usum.* Que ce droit de prélation ou retrait Féodal n'est pas essentiel aux Fiefs, ni même de l'usage de tout le Royaume, puis qu'il y a d'anciens Statuts à Cahors dont parle Benedicti *in cap. Raymutius, verbo, & uxorem nomine Adelasiam, n. 296.* contre la pratique du Retrait Féodal. *In præsenti Civitate Cadurci*, dit-il, *est Consuetudo quod Domini Feudales uti non possunt jure prælationis ; & idem servatur Tolosæ per totam Vicariam.* Que le Païs de Foix & d'Armagnac, le Comté de Bigorre, le Vicomté de Marsan, ne l'ont jamais reçû. Qu'en Limosin où le Droit écrit est observé, il a été mis en controverse si les Seigneurs de Fief avoient droit de Retrait Féodal ; comme a remarqué Choppin sur la Coûtume d'Anjou *Partie 2. Quest. 2.* Qu'en Lyonnois, Forests & Beaujolois, il a été fort long-temps inconnu. Tellement qu'on ne peut appliquer aux Fiefs de Dauphiné qui se gouvernent par les Coûtumes des Lombards, ce que dit du Moulin sur la Coûtume de Paris. §. 20. *glos. 4. in verbo. le Fief tenu. n. 8.* & ailleurs sur les Coûtumes de la Marche, de Xaintonge, & de Lodunois, que le Retrait Féodal n'est point exorbitant *cum sit connaturalis ipsi Feudo, originaliter illi inexistens à prima constitutione Feudorum ;* puis que les premieres concessions des Fiefs ne permettoient pas aux Vasseaux de les aliener sans le consentement des Seigneurs. Ce sont les raisons de ceux qui combatent le retrait Féodal sans titre.

Au contraire, l'on dit pour l'affirmative, que les Fiefs ayant été reduits à l'instar du Patrimoine il a falu qu'on fit revivre l'ancien usage dont il est parlé au §. *Porrò. Sivè de bona sivè de prava consuetudine quæramus, concessa erat Domino pro æquali pretio, nisi hoc beneficium amiserit per refutationem, vel annali silentio ex quo sciverit computando.* Ce qui se trouve en mêmes termes dans Bartholomeus Baraterius qui vi-

I. Partie.　　　　　　　　　　　　　　　　　N

voit l'an 1442. en son Traité des Fiefs, intitulé. *Libellus Feudorum reformatus, tit. 2.* dont l'intelligence dépend de l'usage different des Villes de la Lombardie, selon l'humeur differente des peuples qui les habitoient. La Coûtume de Milan qui permettoit au Vassal la libre-disposition du Fief entier, sans le consentement du Seigneur, est appellée *prava Consuetudo.* Celle qui permettoit l'alienation de la moitié tant seulement *bona consuetudo.* Et celle qui la deffendoit absolument, soit en tout ou en partie, *optima Consuetudo.* En l'une & en l'autre des deux premieres le droit de prélation étoit pratiqué en remboursant l'acquereur du prix entier de la vente : Mais *in optima Consuetudine*, le droit de Commis étoit acquis au Seigneur, sans aucun remboursement du prix. De sorte que le Retrait Féodal est une faculté subrogée au lieu de l'ancienne prohibition d'aliener le Fief. A quoi l'on ajoûte qu'il n'est rien de si favorable que la réünion du Domaine utile au Domaine direct, & qu'aussi Balde sur le même *ſ. Porrò,* dit que si quelque Statut ou Coûtume permet au Vassal la vente du Fief, sans faire mention du droit de prélation, qu'il est néanmoins tacitement entendu, *videbitur jus illud reservatum, ex quo non reperitur ademptum.* Que Guy Pape rend témoignage de la Coûtume de Dauphiné, contre laquelle il n'a point été donné d'Arrest en matiere Féodale, pour justifier un usage contraire depuis son temps. Que celui du 7. Juillet 1628. doit être restraint à la seule Emphiteose, dont l'origine n'est pas noble comme celle du Fief, qui à cause de sa nature est declaré exempt des tailles en quelque main qu'il passe, par le Reglement général donné entre les trois Ordres de Dauphiné, pour la réalité des tailles, le 24. Octobre 1639. Que l'Emphiteose ne consiste qu'en droits utiles, & le Fief en droits honorifiques, à la reserve des lods & du plait. Que s'il n'y a point d'exemple depuis fort long-temps que les Seigneurs Féodaux ayent usé de ce droit-là, c'est parce qu'ils ont mieux aimé les lods, ou qu'ils ont été dans l'impuissance de l'exercer, comme il est assez ordinaire parmi la Noblesse ; & que d'ailleurs il y a fort peu de Seigneuries en Dauphiné qui ayent des Fiefs, excepté l'Eglise, à qui le droit de prélation est controversé, à cause de sa qualité de main-morte, comme il sera traité dans un chapitre separé. Tellement que si les Seigneurs Féodaux étoient obligez de justifier leur droit par stipulation, il y en a peu qui puissent produire les titres primitifs, dans lesquels mêmes il ne seroit pas mentionné, puis qu'il est de la Coûtume.

En un mot, que ce n'est pas une simple faculté personnelle, mais un droit réel & patrimonial, qui est mis entre les droits utiles & profitables du Fief, quoy que non exprimé par les Usages des lieux, ny reservé par les Investitures, comme ayant été introduit depuis que les Vassaux ont eu la liberté de disposer de leurs Fiefs, & d'en user à l'instar de leur patrimoine. Ainsi de moi je suis plus touché des raisons de l'affirmative. Mais comme je vois que les anciens du Palais n'en sont pas d'accord, & que François Marc en a parlé douteusement, il en faut attendre la resolution du Parlement en quelque rencontre.

CHAPITRE XXI.

*Que le droit de prélation Emphiteutique est abrogé en Dauphiné,
s'il n'y a stipulation.*

'A Y déja remarqué par occasion , que le droit de prélation en matiere Feodale est different de celui que la Loi
de Justinian au Code *de jure Emphyt.* donne au Seigneur direct pour l'Emphytéose , en ce que le Féodal n'a lieu qu'a-
prés la vente parfaite & consommée , d'où vient qu'il est appellé par
les Coûtumes *Retrait* , & au contraire l'Emphyteutique a lieu dés que
l'Emphyteote se dispose de vendre , & avant que la vente soit accomplie ; parce qu'aprés la consommation de la vente , si le Seigneur direct n'y a consenty , le droit de prélation fait place au Commis. La
Loi veut que l'Emphyteote ayant pris resolution de vendre , avertisse
le Seigneur de son intention , avant que de passer outre à la vente ;
& lui donne connoissance du prix qu'il en trouve , pour être preferé,
s'il veut faire la même condition , & en suite qu'il attende sa réponse pendant deux mois ; que s'il ne satisfait à cette obligation , le fonds
Emphyteutique tombe en Commis , *& non amplius agetur de prælatione,
sed de Commisso,* comme dit du Moulin sur la Coûtume de Paris §. 20.
sur le mot. Le Seigneur Féodal. n. 24. Mais aprés les deux mois passez ,
l'Emphyteote par le refus du Seigneur , dispose du fonds , comme
bon luy semble. *Sin autem duorum mensium spatium fuerit emensum , (* ce
sont les termes de la loi finale *) & Dominus hoc facere noluerit , licentia
Emphyteutæ detur , ubi voluerit, & sine consensu Domini meliorationes suas
vendere.* Cette difference a été remarquée par Cujas sur la même loi ,
où il dit. *Habet Dominus jus προτιμήσεος in Emphyteusi , in Feudo jus Re-
tractus.*

Mais aujourd'hui l'Emphyteote se peut joüer de son fonds à l'ins-
çû du Seigneur , sans peril du Commis , qui est abrogé. De là vient
que ce droit de prélation a cessé d'être en usage , s'il n'est stipulé dans
les Reconnoissances , auquel cas il est conventionel & non pas legal.
*Nam secuta venditione & alienatione , nusquam cautum reperias , ut
liceat Domino uti jure prælationis , & emptori rem auferre pretio
ipsi restituto. Jus enim ablationis dicendum illud fuisset , non prælationis ,*
comme dit Monsieur Faber *C.de jure Emphyt.Definit.48.* Ainsi depuis que
l'Emphyteose a pris la nature du patrimoine , l'obligation d'aller au
Seigneur a passé de la personne du vendeur , à celle de l'acheteur, qui
lui doit exhiber son titre , payer les lods , & prendre son Investiture , laquelle ne peut être refusée. Mais ce n'est pas en cela seulement
que le Droit commun a reçû du changement, puis qu'au lieu de la cin-

quantiéme partie du prix ordonnée par la loi de Juſtinian, pour le droit de lods, les Seigneurs ont accoûtumé de prendre la ſixiéme ou quatriéme partie, quelques-uns le tiers, & quelques autres la moitié, dont l'excez eſt bien éloigné de l'intention de cet Empereur qui l'avoit reglé à la cinquantiéme, *ne avaritia tenti Domini magnam molem pecuniarum propter hoc efflagictent*, comme il parle en la même loi. De ſorte que cet excés recompenſe bien la perte du droit de prélation. Et en effet, l'intereſt public qui a ſoûmis l'Emphyteoſe au commerce, a dû par conſequent abroger le droit de prélation, pour la liberté des hommes, qui ſans cela ne voudroient pas appliquer leurs ſoins & leurs induſtrie à faire un marché en faveur d'un autre, puiſque une grande partie des fonds eſt Emphiteutique; Ce qui n'étoit pas du temps de Juſtinian, qu'à peine l'Emphyteoſe étoit connuë, & que peu de temps auparavant, l'Empereur Zenon en avoit fait un contract particulier, qui eſt le raiſonnement de Mr Faber en la Definition ſus-alleguée. Et ſans doute l'utilité publique a fait que la Coûtume de Paris & pluſieurs autres, ont rejetté le droit de retenuë aux heritages Cenſuels.

Suivant quoi Charondas en ſes réponſes du Droit François, Reſp. 11. dit qu'il a été ſouvent jugé, tant en la Coûtume de Meaux, qu'en autres ſemblables que le Seigneur Cenſuel ne peut retenir un heritage par Retrait Seigneurial, s'il n'y a convention expreſſe ou Coûtume au contraire, parce que le Retrait Seigneurial de ſa nature s'entend principalement pour le regard des Fiefs, & que les héritages roturiers n'y ſont de leur condition ſujets & aſſervis.

L'on ne doute plus en Dauphiné que le droit de prélation en matiere d'Emphyteoſe, ne ſoit abrogé s'il n'eſt exprimé dans les titres, depuis l'Arrêt qui fut donné contre Noble Pierre de Gumin ſieur de la Murete, à qui le Juge de la Terre de Clermont avoit adjugé le droit de prélation par Sentence du 26. Juin 1623. contre Benoît Carre acquereur d'un fonds mouvant de la directe du Sieur de Gumin. Carre appella pardevant le Vibailly de Vienne, qui par Sentence du 15. de Juin 1622. reforma celle du Juge de Clermont, & debouta le ſieur de Gumin du droit de prélation, dont celui-ci ayant appellé au Parlement il y eut Arrêt du 7. de Juillet 1628. confirmatif de la Sentence du Vibailly de Vienne.

Il y avoit un Arrêt precedent donné le 3. de Juillet 1627. entre les Conſuls de Saint Paul Trois Châteaux, & Meſſire Antoine du Cros Evêque & Comte de Saint Paul, par lequel l'Evêque, autre choſe n'apparoiſſant de ſa part, fut debouté du droit de prélation qu'il avoit pretendu, nonobſtant qu'il eût ſoûtenu que lui & les precedens Evêques étoient en poſſeſſion immemoriale d'uſer de ce droit.

Ces Prejugés ont été ſuivis d'un autre remarquable en ſes circonſtances. Noble Jean de Villars Prieur Commandataire de Nôtre-Dame de Beaumont voulut exercer le droit de prélation ſur quelques fonds de ſa directe acquis par Antoine la Blache, partie deſquels avoit été reconnuë avec le droit de prélation, partie non ; mais le Proëme des Reconnoiſſances en faiſoit mention. Par Arreſt du Parlement du 24. de Juillet 1653. donné au rapport de Monſieur de Ponat, il fut dit ; *Et au ſurplus concernant le droit de prélation pretendu par ledit de Villars contre ledit la Blache, lui a permis d'exercer ledit droit pour raiſon des fonds mentionnez en l'acte du 29. Juillet 1538. auquel ledit droit de prélation eſt ſtipulé. Et pour les autres fonds ; autre choſe n'apparoiſſant, en a debouté ledit de Villars &c.* Cet Arrêt a jugé deux choſes. L'une que de pluſieurs fonds qui ont été reconnus à un même Seigneur direct le droit de prélation ne peut être exercé que ſur les articles où il a été ſtipulé, quoi que dépendans d'un même Terrier. Et l'autre qu'il ne ſuffit pas que le Proëme ou Préambule des Reconnoiſſances en faſſe mention, parce que les Notaires ſont en coûtume de le faire à leur fantaiſie, & le plus ſouvent ils l'empruntent de quelque Terrier ancien qui leur ſert de patron pour mettre à la tête de toutes les Reconnoiſſances qu'ils renouvellent. C'eſt un Acte fait ſans témoins, qui contient en général divers droits que le Seigneur peut prendre, à quoi le chacun des Emphyteotes ne ſe trouve pas obligé. Je dis plus, que la relation au Proëme n'oblige à rien, quoi que la Reconnoiſſance porte que la lecture en a été faite à l'Emphyteote, qui ne croit pas de s'obliger qu'à ce qui eſt exprimé par ſa Reconnoiſſance particuliere. *Quidquid aſtringendæ obligationis eſt, id niſi palam verbis exprimitur, omiſſum intelligendum eſt,* dit la Loi 99. D. verb. obligat. Autrement il ſeroit au pouvoir du Notaire d'étendre plus ou moins les devoirs d'une directe par une énonciation vague & captieuſe. En un mot l'Emphyteote ne ſigne point ce Préambule, qui par conſequent n'eſt pas valable & ne peut faire foi, ſuivant l'avis de Claude Henris en ſon Recüeil d'Arrêts liv. 3. chap. 3. queſt. 19. qui a pour titre. *Du Préambule des Terriers, & s'il eſt obligatoire.*

C'eſt auſſi enſuite d'une ſtipulation expreſſe que l'Arrêt du 1. Fevrier 1634. donné au rapport de Monſieur Philippes Roux, entre Meſſire Loüis de Grolée de Meüillon Marquis de Breſſieu & les habitans de la Terre de Breſſieu, declare *le droit de prélation appartenir audit de Grolée en cas de vente ou alienation des fonds ſe mouvans de ſon Fief & directes comme auſſi pour tous les autres qui ne ſe trouveront aſſervis à autres directe qu'à celle dudit de Grolée poſſedez par les roturiers & taillables du Mandement de Breſſieu, pour être par lui exercé dans ſix mois après la notification à lui faite, ou à ſes fermiers deſdites ventes & alienations.* Cet Arrêt a cela de remarquable, qu'il n'aſſujettit au droit de prélation que les fonds poſſedez par les roturiers & taillables, parce que les Gentils-hommes ne l'avoient pas reconnu.

Je parlerai en ſon lieu du droit de prélation pretendu par les Seigneurs Hauts-juſticiers ſur les Maiſons fortes bâties dans leurs Terres, ſuivant un article des Libertez Delphinales.

L'Arrêt de Breſſieu mentionné au Chapitre precedent, touchant le
Droit de Prélation & autres Droits Seigneuriaux.

„ENTRE Meſſire Loüis de Grolée, de Meüillon Sei-
„ gneur & Marquis de Breſſieu, Serres Ribiers, & autres
„ Places appellant de certains chefs de la Sentence Arbitrale
„ du dixiéme Janvier 1630. concernant le droit de Prélation
„ droit de Vintain du ſegle , droit de Fenage , Herbage, &
„ Paillage , d'une part ; & les Conſuls , manans & habitans
„ du Mandement de Breſſieu , intimés d'autre. Et entre leſdits
„ Conſuls, manans & habitans dudit Breſſieu demandeurs en
„ enterinement de Lettres Royaux du 26. Mai 1630. pour être
„ reçûs appellans de la ſuſdite Sentence Arbitrale pour le chef
„ concernant le ſuſdit droit de Prélation ; Bannalité du Four
„ & Moulin , droit de Vintain du ſegle , Fenage, Herbage, &
„ Paillage , Corvées , & Civerages , & droit de Guet pour la
„ garde du Château de Breſſieu d'une part , & ledit Meſſire
„ de Grolée de Meüillon intimé & défendeur d'autre. Et entre
„ Noble Aymar de Gotefrey ſieur de Poiſieu auſſi appellant
„ de la ſuſdite Sentence Arbitrale , en ce qu'on a declaré la
„ Bannalité du Four & Moulins , droit de Prélation de tous
„ les fonds de la Terre de Breſſieu , & pluſieurs autres réde-
„ devances au profit dudit de Grolée d'une part , & ledit de
„ Grolée de Meüillon intimé d'autre. Et entre ledit de Gotefrey,
„ Noble Jacques de Blan Sieur de Blanville , Jean Vallet , An-
„ toine Neſmoz , & François Salcet Marcon , intervenans en
„ l'appellation interjetée par leſdits Conſuls de Breſſieu , de
„ ladite Sentence Arbitrale d'une part , & ledit de Grolée de
„ Meüillon défendeur d'autre. Et entre ledit de Gotefrey deman-
„ deur en Requête répondüe le 14. Avril 1601. tendant à
„ maintenüe,& reïntegrande pour les choſes mentionnées en ladite
„ Requête , & défendeur en preſtation de pretendus homma-
„ ges d'une part , & leſdits de Grolée & de Gotefrey reſpec-
„ tivement défendeurs d'autre.
„ VEU , &c.

„ LA Cour enterinant les Lettres Royaux deſdits Conſuls ,
„ manans & habitans de Breſſieu , les a reçûs appellans de
„ lad. Sentence Arbitrale dont s'agit , & faiſant droit ſur les

appellations tant dudit de Grolée de Meüillon , Gotefrey , "
que defdits Confuls , en ce qui concerne le droit de Prélation "
Vintain du fegle , Herbage , Fenage , Paillage , & corvées "
demandés par ledit de Grolée , a mis lefdites appellations "
& ce dont a été appellé au néant , & par nouveau jugement "
declare ledit droit de Prélation appartenir audit de Grolée , en "
cas de vente & alienation des fonds fe mouvans de fon Fief "
& directe , comme auffi pour tous les autres qui ne fe trou- "
veront affervis à autre directe , qu'à celle dudit de Grolée pof- "
fedés par les roturiers , & taillables dudit Mandement de Bref- "
fieu , pour être par lui exercé dans cinq mois après la notifica- "
tion à lui faite , ou à fes Fermiers defdites ventes & aliena- "
tions. Comme auffi ladite Cour declare appartenir audit de "
Grolée ledit droit de Fenage , Herbage , & Paillage , pour "
être par lui perçû & exigé , fuivant l'ufage , & coûtume fur "
les taillables dudit Mandement de Breffieu , fors & excepté "
fur les habitans du Bourg dudit Breffieu , & hommes dudit "
de Gotefrey. A reduit les trois corvées adjugées audit de "
Grolée par la Sentence Arbitrale pour le bétail de tirage à "
deux , non compris toutefois aufdites corvées les hommes du- "
dit de Gotefrey , & autres affranchis par lefdites Libertés des "
années 1288. & 1336. Et quant au droit de Guet , & de "
Civerage , a mis les appellations au néant fans amende ; Or- "
donne que ce dont a été appellé fortira effet. Declare néant- "
moins ladite Cour , que pour chacune pointe ou couple de "
mulets , ou chevaux employés au labourage , ledit Civerage "
fera payé pour une pointe ou couple de bœuf tant feule- "
ment ; demeurant néantmoins les hommes dudit de Gotefrey "
exempts dudit Civerage , & les habitans dudit Bourg de Bref- "
fieu. A debouté ledit de Grolée du Vintain du fegle par lui "
demandé : Et avant faire droit fur l'appellation interjettée par "
ledit de Gotefrey & les Confuls de Breffieu , enfemble fur l'in- "
tervention defdits intervenans , concernant la Bannalité Uni- "
verfelle des Fours , & Moulins , demandée par ledit de Gro- "
lée , ordonne que dans la quinzaine ledit de Grolée répondra , "
& conteftera aux faits avancés par ledit de Gotefrey , & au- "
tres intervenans , & contredira particulierement les Titres & "
autres Actes par eux communiqués dans la quinzaine fui- "
vant , & dans le même delai icelui de Grolée communique- "
ra tous les Titres , & autres Actes defquels il fe prétend ai- "
der , autrement font de ce faire refpectivement forclos : Et en "

„cas de deny verifieront leurs faits padevant Maître Philippes
„Roux Confeiller du Roy céans , lequel eft à ces fins commis,
„pour les Enquêtes vûës & rapportées être fait droit ainſi
„qu'il écherra. Et en ce qui concerne l'Inſtance de maintenuë
„intentée par ledit de Grolée pour le fait des hommages
„demandés audit de Gotefrey, ordonne que dans la quinzaine,
fauf & fans préjudice des fins de non recevoir avancées par le-
„dit de Gotefrey , & d'y être fait droit , voire par préalable
„s'il y échoit , ledit de Grolée déduira , & articulera plus
„amplement ſes titres , pour y être répondu par ledit de Gotefrey
„dans la quinzaine ſuivant , autrement ſont de ce faire forclos,
„pour ce fait être pourvû ainſi qu'il appartiendra , les deux
„tiers des dépens entre ledit de Grolée & Conſuls de Breſſieu
„compenſés , l'autre tiers , enſemble les dépens concernans les
„intervenans reſervés, excepté la moitié de ceux dudit de Go-
„tefrey , eſquels ledit de Grolée eſt condamné. Donné à
„Grenoble en Parlement le premier jour du mois de Fevrier 1634.

L'Arrêt du Prieur de Nôtre-Dame de Beaumont, concernant le droit de Prélation.

„ENTRE Noble Aymé de Saillans ſieur de Courbe-
„ville appellant de la Sentence donnée par le Lieutenant
„en la Judicature de Valence le 12. Decembre 1648. & au
„principal défendeur en Requête preſentée audit Lieutenant
„par Noble Jean de Villars Prieur Commendataire du Prieuré
„de Nôtre-Dame de Beaumont en Valentinois , le 19. Mars
„1647. tendante à proteſtation de nouvelle Reconnoiſſance,
„payement de lods & arrerages de rentes évoqué pardevant
„la Cour d'une part , & ledit de Villars intimé & demandeur
„d'autre. Et entre ledit de Villars demandeur en Requête
„d'aſſiſtance de cauſe du 20. Mars 1652. d'une part , & les
„Conſuls de Beaumont défendeurs d'autre. Et entre Antoine La
„Blache Conſeigneur de Combovin demandeur en Requête
„du 23. Janvier 1653. aux fins d'être reçû intervenant au
„Procès, & incidemment défendeur en Requête dudit de Vil-
„lars tendante à ce qu'il lui ſoit permis d'uſer du droit de Pré-
„lation ſur les biens acquis par ledit la Blache d'une part,& le-

dit de Villars défendeur, & respectivement demandeur esdites qualités d'autre.

VEU, &c.

LA Cour a mis l'appellation au néant sans amende, de- " clare que ce dont a été appellé a dû sortir effet, & paf- " fant outre au principal, attendu les offres & déclarations " respectivement faites par les parties dans le Procès, a con- ". damné ledit de Saillans à passer nouvelle Reconnoissance au pro- " fit dudit de Villars, des Rentes, & Censes qu'il accorde n'ê- " tre prescrites, & de payer les arrerages d'icelles pour vingt- " neuf années, pour celles qui n'excederont cinq sols, & pour " neuf années pour celles qui excedent ladite somme, confor- " mement aux Arrêts & Reglemens de la Cour, ensemble à " payer le Plait, les lods & arriere-lods, & même les mi-lods " pour raison des échanges, autre chose n'apparoissant de sa " part, le tout avec interêts dés l'interpellation : Luy enjoint " à ces fins d'exhiber les Contracts des acquisitions des fonds af- " servis ausdites Rentes, pour être reglé desdits lods, eu égard " aux totales sommes portées par lesdits Contracts d'acquisi- " tions, tant dudit de Saillans, que de ses auteurs, & où il ne " feroit ladite exhibition, lesdits lods seront estimés par Experts " dont les Parties conviendront, ou à faute d'en convenir qui " seront pris d'Office par le Commissaire Rapporteur du Pro- " cès, lequel est à ces fins commis, & pour l'entiere execution " . de l'Arrêt ; nonobstant opposition ou appellation quelconque " & sans préjudice d'icelles. Et quant aux Rentes que ledit de " Saillans prétend être prescrites, avant que de faire droit or- " donne que dans trois mois il communiquera l'état & denom- " brement des biens énoncés ausdits Contracts des aliénations " du temporel des Ecclesiastiques du 16. Octobre 1566. au- " trement à faute d'y satisfaire dans ledit délai, dès-à-present " comme pour lors l'a condamné à reconnoître lesdites Rentes, " payer les arrerages, & le courant d'icelles à la forme des Ar- " rêts & Reglemens de la Cour, ensemble le Plait & les lods, " & interêts d'iceux dès l'interpellation. Declare le present " Arrêt executoire contre les Consuls de Beaumont, & autres " possesseurs desdits fonds asservis ausdites Rentes, suivant les " Traités & conventions du 13. Mars 1652. Et au surplus " concernant le droit de Prélation prétendu par ledit de Villars " contre ledit la Blache, lui a permis d'exercer ledit droit pour "

taison des fonds mentionnés en l'Acte du 29. Juillet 1538. "
auquel ledit droit de Prélation est stipulé ; Et pour les autres "
fonds autre chose n'apparoissant en a debouté ledit de Villars, "
& a condamné ledit de Saillans aux dépens de l'Instance jus- "
ques au 10. Mars 1653. les autres entre les parties compensés. "
Donné à Grenoble le 24. Juillet 1653.

CHAPITRE XXII.

Si le droit de prélation est cessible ou non.

CETTE question a été long-temps agitée en France avant
que d'être resoluë, comme enfin elle l'a été par les Coûtumes ou par les Parlemens qui ont pris parti, mais differemment. Du Moulin sur la Coûtume de Paris §. 20. glos. 1. in verbo. le Seigneur Feodal. n. 20. & sequent. l'a jugé très-difficile. Hæc est
valdè dubia & argumentosa quæstio, dit-il, & à nemine adhuc, quod
sciam tractata, nec Jure Consuetudine apertè decisa. Et après l'avoir
amplement traitée à diverses reprises, il resout que le Retrait Féodal
ne peut être cedé par le Seigneur, à qui seul il est octroyé pour la
réünion & consolidation du Fief servant au Fief dominant, comme
de la partie au total qui est favorable. Il est même si persuadé, &
pour ainsi dire, si jaloux de cette opinion, qu'il l'a soûtenuë fortement en toutes les rencontres qui se sont presentées sur les Coûtumes d'Anjou, de Bourbonnois, d'Auvergne, de la Marche, de
Lodunois, disant qu'aux Coûtumes où le contraire est decidé, error
est & ambitio conscribentium & ignavia assistentium. Et telle est aussi l'o-
pinion de Petrus Jacobi ancien Docteur François originaire d'Auvergne, qui vivoit sous Philippes le Bel, & sous Philippes de Valois
tit. de action. in rem pro re Emphyt. col. 9. vers. quid si directus. de Cynus, Albericus, Salicetus, Paulus de Castro in l. ad officium. in fine
C. Communi divid. de Boërius in Consuetudines Bituricenses. tit. de retentione rei Feud. §. 1. d'Aymon ancien Commentateur de la Coûtume
d'Auvergne sur l'art. 20. du tit. des Emphytéoses, & de plusieurs autres qui sont alleguez par Tiraqueau en son Traité de Retractu, &
généralement de tous les Docteurs Feudistes. Nullum enim scribentium
adhuc reperi, dit du Moulin n. 22. qui teneat pro parte affirmativa.

Au contraire Guy Coquille en quatre endroits, sçavoir sur la Coûtume de Nivernois tit. des Fiefs. art. 35. tit. de doüaire. art. 9. en son
Institution au Droit François tit. des Fiefs & en ses Questions & Réponses sur les articles des Coûtumes Quest. 37. dit que la commune
opinion du Palais est aujourd'hui, que la retenuë Féodale ou censuelle peut être cedée à un tiers par le Seigneur, parce que ce droit-
là ne lui est pas octroyé précisément en faveur de la réünion &

confolidation du domaine direct, mais auffi parce que le Seigneur a interêt de n'avoir pas un Vaffal ou un Cenfier, qui lui foit défagréable, & que par la faculté du Retrait il peut éluder la fraude qui lui peut être faite pour fes droits par la vente du Fief, ou de l'héritage cenfuel à vil prix, fous une fecrete convention d'indemnifer le Vendeur. D'où il conclut que le Retrait procedant de la premiere conceffion, c'eft un droit *in re; non in rem*, qui étant foncier & domanial peut être par conféquent exercé par le Seigneur pour le mettre en commerce, & fe prévaloir du bon marché pour en tirer du profit.

Cette opinion a été fuivie parmi les Décifionaires de Loüet tit. R. n. 3. de Monfieur le Bret liv. 5. Decif. 12. parmi ceux qui ont fait des Traitez de Bacquet tit. des Droits de Juftice chap. 12. n. 9. de Grimaudet en fon Traité des Retraits liv. 1. chap. 8. d'Imbert en fon Enchiridion fur le mot *cedant*. de Loyfel en fes Inftitutes Coûtumieres liv. 3. tit. 5. de Bafmaifon au Traité de l'Origine des Fiefs chap. 12. parmi les Interprêtes des Coûtumes de Choppin fur la Coûtume d'Anjou liv. 1. art. 4. l'Eftat fur celle de Poitou art. 351. Pithou & le Let fur Troyes art. 162. Ragueau fur Berri chap. 13. art. 1. Coüart fur Chartres art. 61. Ferron fur Bourdeaux tit. des Fiefs. art. 7. de Charondas, Tronçon & Brodeau fur Paris art. 20. 22. & 81. parmi d'autres Scholiaftes de François Bofquet. *Notis ad Epift. Innocentii III. lib. 3. Regeft. 14. Epift. 52. pag. 219.*

Suivant quoi le Parlement de Paris a donné plufieurs Arrêts, en forte qu'à prefent l'on n'en doute plus en la plufpart des Parlemens de France, qui fe fondent fur la Maxime que le droit de Retenuë *eft in fructu*, & par conféquent ceffible. Et même les Coûtumes d'Auvergne chap. 21. art. 20. de Bourbonnois art. 457. Melun art. 164. la Marche art. 280. Mante art. 78. y font formelles. Ce qui eft auffi declaré par les Statuts de Provence faits par Jean d'Anjou fils de René Roi de Sicile l'an 1456. *Jus retinendi jure prælationis & laudandi cedi poteft.*

Néanmoins il y a quelques Coûtumes qui difent par difpofition expreffe que le Seigneur Féodal ne peut retenir finon pour réünir à fon Fief, comme Vitry art. 38. Touraine art. 181. 188. Lorris tit. des Fiefs. art. 5. Chartres art. 65. Et fuivant cette opinion le Parlement de Grenoble eft en coûtume de le juger par l'argument de la Loy derniere §. *fed ne hac occafione. C. de jure Emphyt. & J. de cætero in Authent. Ut de cætero non fiant commutat.* comme l'affeuré Guy Pape en fait d'Emphytéofe. Queft. 411. & après lui François Marc *Parte 1. quæft. 368. n. 13. & Parte 2. quæf. 2. n. 6.* où il dit que ce droit eft perfonnel *& affixum offibus.* Auffi tous ceux qui ont traité la queftion reconnoiffent l'ufage du Parlement de Grenoble qui avoit pris parti fur le fentiment des Docteurs avant qu'elle eut été refoluë en celui de Paris, où elle a été long-temps en branle comme avoüe Coquille en fa Queftion 37. fus alleguée. Ce qui a lieu même à l'égard de femblables dons & ceſſions que le Roi fait. A quoi n'eſt contraire l'Arrêt du Parlement de Grenoble du 24. Juillet 1490. donné en faveur de Guillaume de Poitiers Seigneur de Clerieu, contre Jaques de Beaumont Seigneur de Saint Quentin, parce que le Roi repreſentant le Comte de Valentinois avoit la faculté de rachat perpetuel de la Terre de Chantemerle, comme juſtifie le Veu de l'Arrêt.

Il ſemble en effet que le Retrait Féodal ne doit pas être moins inceſſible, que le Lignager, & qu'il y a pareille raiſon pour l'un que pour l'autre, quoi que diſe Monſieur le Bret au lieu ſus allegué. Celui-ci eſt introduit pour le rétour de l'heritage en la famille ; l'autre pour le réünir au Fief d'où il eſt parti, ſuivant le raiſonnement de Berault ſur l'art. 494. de la Coûtume de Normandie, qui ſe range à l'opinion de du Moulin : Et de là il s'enſuit que le Seigneur peut être contraint de jurer s'il eſt en volonté de retenir pour ſoy le Fief, *non autem tenetur affirmare, quod non intendit unquam in futurum alienare ; hoc enim eſſet captioſum & præjudicans juri & facultati libera in re ua*, dit le même du Moulin au §. 20. n. 31.

Le Parlement de Grenoble n'eſt pas le ſeul qui rejette la ceſſion du droit de Prélation. Celui de Touloue en uſe de même ; comme nous apprenons de la Roche Flavin en ſon Recüeil d'Arrêts chap. 13. des droits Seigneuriaux. art. 1. où il allegue un Arrêt du 2. Aouſt 1572. par lequel un Seigneur fut obligé de jurer s'il vouloit retenir pour ſoy. Cambolas dit auſſi que le droit de Prélation ne peut être cedé, liv. 3. chap. 10. n. 2. de ſes Déciſions notables ; quoi que Maynard s'embarraſſe dans une diſtinction qu'il fait, liv. 8. chap. 20.

Telle eſt la varieté des Coûtumes reçües entre les hommes, que les mêmes choſes ne ſont pas à tous ny en tous Païs également unes, & comme dit Manile.

Sic alias aliud terras ſibi vindicat aſtrum :
Idcircò in varias leges variáſque figuras
Diſpoſitum eſt genus humanum.

CHAPITRE XXIII.

Si le Roy & l'Engagiſte de ſon Domaine peuvent exercer le droit de Prélation.

HOPPIN au 3. livre du Domaine de France tit. 23. n. 5. & encore en ſes Commentaires ſur la Coûtume d'Anjou liv. 1. chap. 4. n. 12. dit que c'eſt une obſervance commune & générale des Siéges de France que le Roy n'uſe jamais du Retrait féodal en ſa perſonne, afin que les fiefs ne ſoient unis & incorporez

au

au Domaine de la Couronne ; mais que Sa Majesté cede & transporte son droit à un Particulier *ut gratiorem sibi Clientem eligat, quàm emptorem.* Ce qui est confirmé par Monsieur le Bret en ses Décisions liv. 5. Décis. 14. par Gabriel du Pineau sur l'art. 347. de la Coûtume d'Anjou, par Charondas liv. 7. de ses Réponses. chap. 104. & par Bodin en sa Republique liv. 5. chap. 3. où il dit, *qu'il n'est pas permis au Roy d'avoir par Retrait Féodal les Terres qui relevent de lui sans moyen ; car il pourroit aussi se faire Seigneur proprietaire de tous les héritages de ses sujets.* Cela a été jugé par Arrêt du 15. May 1533. & avant eux Mazuer excellent Praticien *tit. de locato. n. 7. in fine.* Benedictus *ad cap.* Raymutius. *verbo. & uxorem nomine Adelasiam. n. 857.* & le Speculateur *tit. de Feudis quæst. 40.* ont tenu la même maxime. Suivant quoi Loysel en ses Institutes Coûtumieres liv. 3. tit. des Retraits art. 11. établit cette Regle du Droit François que *le Roy n'a droit de Retrait Seigneurial ; Aussi n'en peut-on user contre lui ; mais bien a retenuë par droit de bien-seance.*

Cette Regle est un effet de la Politique de nos Ancêtres, qui ont considéré que si le Roy avoit indéfinitivement l'exercice du Retrait Féodal, il pourroit arriver par succession de temps que tous les Fiefs de son Royaume tenus nuëment de Sa Majesté seroient réünis à son Domaine, & qu'ainsi la Noblesse ne les possedant plus seroit déchargée du service militaire, ou du moins elle seroit dans l'impuissance de les rendre.

Néanmoins Monsieur le Maître au Traité des Fiefs, chap. 5. Papon liv. 11. tit. 5. Arrêt 10. Ragueau sur la Coûtume de Berry tit. 13. art. 1. raportent les exemples des Retraits exécutez par nos Rois. Ce qui a fait dire à Brodeau sur la Coûtume de Paris art. 20. n. 8. que ce seroit un Paradoxe de soûtenir que le Roy, ou Messieurs les Procureurs Généraux dans le Ressort des Parlemens ne puissent pas user du droit de retenuë Féodale ; soit à l'égard des grandes Terres & Fiefs qualifiez, portans Titre de dignité, tenus nuëment & immédiatement de la Couronne, où autres qu'il lui plaît de réünir, Sa Majesté ne pouvant jamais être désagréée. Et ensuite il s'étonne de la proposition mise en avant par le Docte Loysel.

Et avant lui Bacquet au Traité des Droits de Justice chap. 12. n. 6. dit qu'il n'y a Loy, Ordonnance ni Coûtume qui prohibe au Roy la rétention par Retrait Féodal.

Quant à l'usage de Dauphiné, François Marc en parle douteusement en ses Décisions *prima parte. quæst. 368. n. 15.* en ces termes. *Et præmissa procedunt cessante Consuetudine. Sed aliqui volunt prætendere, quod de Consuetudine in hac Patria Dominus noster Delphinus non utitur jure prælationis contra suos subditos : Sed quia Consuetudo est facti, & indiget probatione, ideò super hoc me refero veritati.*

Il est pourtant certain que les Dauphins, & après eux nos Rois qui les representent ont usé de ce droit-là quand il leur a plû, dont nous avons des exemples dans les Registres de la Chambre des Comptes,

I. *Partie.* O

qui ont donné sujet à la remarque faite dans le Repertoire général de la même Chambre, intitulé *Pantheon* sur la lettre P. que *Dominus noster Delphinus utitur jure prælationis.*

Aussi n'est-il par juste que le Roi fût de pire condition que ses sujets Seigneurs de Fiefs. Et puis qu'il peut acquerir à titre d'achat, & par tout autre genre d'acquisition ; qu'il unit quelquefois à son Domaine les Fiefs qui lui sont confisquez, il semble qu'il n'y a pas difference de raison qu'il ne puisse user du Retrait Seigneurial par lequel Sa Majesté fait de son Fief son domaine. Ce qui pourtant se pratique rarement, & encore n'est-ce que pour des Châteaux frontieres, ou pour des Fiefs de haute dignité, ou pour des Terres de pariage, comme justifient les exemples qui en sont rapportez. Ainsi la Coûtume de Bordeaux art. 9. declare que *le Roy peut user du droit de retenuë pour le bien de la chose publique.*

Mais l'on peut douter si l'engagiste d'une Terre du Domaine peut intenter l'action du droit de Prélation.

Choppin sur la Coûtume d'Anjou dit qu'oüi, parce que celui qui a le droit du Roy use du Retrait comme d'un simple fruit du Domaine, & encore qu'il ne puisse recevoir la foy & hommages des Vassaux, si est-ce que tous les profits de Fief lui appartiennent, & qu'ainsi le Domaine venant à être racheté, l'engagiste retient à soi ce qu'il a retiré sans être obligé de le rendre avec le reste du Domaine. Henris est de même avis liv. 3. chap. 3. quæst 16. Et c'est ainsi que le Parlement de Toulouse l'a jugé par Arrêt du 13. Août 1599. au profit de l'Engagiste de la Terre de Fabrezan contre les Consuls de la même Terre, qui est rapporté par la Roche-Flavin chap. 13. des Droits Seigneuriaux, qui a pour titre *du Droit de prélation. art. 4.*

Toutes-fois l'opinion contraire de Bacquet au Traité de la Justice chap. 12. a été suivie du Parlement de Paris, qui a jugé nettement par divers Arrêts alleguez par Bordeau sur la Coûtume de Paris art. 20. n. 9. que le droit de Retrait Féodal, soit pour l'exercer ou le ceder n'est point compris dans l'engagement, s'il n'y a clause expresse, ou Lettres Patentes depuis obtenuës & dûëment verifiées, portant que l'Engagiste joüira du droit de prélation tout ainsi que le Roy pourroit faire, parce que *quæstio pignoris ab intentione dominii separatur*, comme dit Papinian en la Loi premiere §. *cum prædium D. de pignorib.* Et même en ce cas l'Engagiste n'en peut exercer le droit qu'aux Provinces où il est cessible.

Mais puis que par l'usage de Dauphiné le droit de prélation est incessible, & qu'il ne peut être exercé que par le Seigneur Féodal à qui seul il est octroyé en faveur de la réünion du domaine utile au domaine direct, comme j'ay fait voir au Chapitre precedent, il s'ensuit que l'Engagiste n'en peut user en la même Province, quelques Lettres qu'il rapporte de Sa Majesté, qu'on ne doit pas verifier à moins d'introduire une nouveauté contraire à l'usage & à la Maxime constante du Palais, qui rend le commerce plus libre quand un acheteur n'apprehende pas d'être évincé par un donataire du Seigneur Féodal. L'on est contraint aux Provinces où la cession du Retrait Féodal est pratiquée, de tenir secrettes les ventes des Fiefs jusques à ce que l'acquereur ait obtenu de Sa Majesté le don & remise des Droits Seigneuriaux : Et souvent il arrive que la diligence d'un autre prévient le Secretaire d'Etat ou ses Commis.

CHAPITRE XXIV.
Si l'Eglise peut user du droit de Prélation.

CE n'est pas sans raison que l'on met en difficulté si l'Eglise peut user du droit de prélation, à cause de sa qualité de main-morte, puis que les Coûtumes du Royaume en disposent diversement. Les unes le permettent à la charge de se vuider les mains si elle en est requise, comme Poitou art. 33. Touraine art. 38. Mais cette requisition ne doit pas venir de la part de l'acheteur, qui ne peut opposer du droit du tiers, ny de celle du Seigneur de Fief qui est suffisamment desintéressé par l'indemnité, qui lui est donnée, ou par l'homme vivant, & mourant qui lui est fourni. Le droit de contraindre l'Eglise à vuider ses mains n'appartient qu'au Procureur général du Roy, *cujus interest Subfeuda & solita teneri à Laïcis onera subvenientibus conservari & non uniri mensæ Ecclesiæ*, comme dit du Moulin sur la Coûtume de Paris §. 20. glos. 1. n. 2. *in verbo*, *le Seigneur Féodal*. A quoi se trouve conforme Coquille sur la Coûtume de Nivernois tit. des Fiefs art. 35. en ces termes : *Item l'Eglise a droit de retenüe en Fief, & toutefois par les Loix de France elle ne peut unir à son domaine & à sa mense le Fief par elle retenu ; car le Procureur du Roy la peut contraindre à en vuider ses mains.* Ce qui doit avoir lieu quand même le Fief principal de l'Eglise se trouveroit amorti par nos Rois, suivant l'opinion du même du Moulin au lieu susdit ; *quia subtiliter considerandum est, quod jus ipsum Retractatus Feudalis est admortizatum in se, tanquam in genere pertinentiarum & jurium Feudi principalis comprehensum, sed non propterea ipsa proprietas Subfeudi retrahibilis est admortizata.* Néanmoins Henri Bohic grand Docteur Canoniste *in cap. potuit. Ext. de Locato*, dit absolument qu'en France l'Eglise peut user de Retenüe Féodale ; & après lui, Monsieur le Maître en son Traité des Fiefs & homages chap. 5. n. 3. soûtient que Gens de main-morte Seigneurs de Fief peuvent exercer le même droit, étant vray de dire que ce n'est pas une acquisition sujette à la Loi générale du Royaume, qui oblige les Ecclesiastiques & autres Gens de main-morte de mettre les héritages hors de leurs mains dans l'an & jour qu'ils les ont acquis, si la Coûtume ne décide formellement le contraire.

Quelques Coûtumes ordonnent précisement que l'Eglise vuidera les mains dans l'an & jour après qu'elle a retenu, autrement le Fief retourne au premier acquereur comme Etampes art. 26. dont Antoine Loyfel fait une Regle générale du Droit François en fes Inftitutes Coûtumiers liv. 3. tit. 5. art. 8. *l'Eglife a droit de retenuë, mais il faut qu'elle le cede, ou en vuide fes mains dans l'an & jour.* Tel eft auffi le fentiment de Brodeau fur la Coûtume de Paris art 20. où il allegue un Arrêt du Confeil privé du 23. Octobre 1643. donné au rapport de Monfieur de Villayer, par lequel Monfieur Pierre Vigor, Confeiller au Parlement de Roüen, fut débouté du recours qu'il avoit intenté contre celui du Parlement de Paris confirmatif de la Sentence des Requêtes du Palais qui avoit adjugé le Retrait Féodal à Monfieur Ythier Châtelain, Prevôt en l'Eglife de Chartres; Et néanmoins l'Arrêt du Confeil porte que le Prevôt fera tenu de vuider fes mains du Fief dont il étoit queftion dans l'an & jour, s'il n'obtient permiffion expreffe du Roy dans ledit temps, de poffeder le Fief.

Quelques autres Coûtumes défendent abfolument le droit de retenuë à l'Eglife, comme Berry, de Retenuë, art. 4. Bourbonnois art. 479. Nivernois en fait de Cens tit. des Cens art. 8. Xaintonge art. 31. Bourgogne, Lorris, Bourdeaux, Vatan, Ruë d'Yndre.

Tel eft auffi l'Ufage de Languedoc, comme il fut jugé par Arrêt du Parlement de Touloufe du 9. Septembre 1643. contre l'Abbaïe de Doé qui fut declarée non recevable en la demande qu'elle avoit faite du droit de prélation fur le domaine de Montaignac mouvant de fa directe. Et en ces Coûtumes l'acquereur peut oppofer de l'incapacité de l'Eglife par une exception exclufive de l'action *ipfo jure.*

Ce qui eft fondé fur une ancienne Loy du Royaume, qui rend l'Eglife & les autres corps de main-morte incapables d'acquerir des héritages que par la permiffion du Roy, à qui feul appartient le droit de les amortir, c'eft-à-dire de les difpenfer de cette Loy de l'Etat, & leur permettre de les poffeder fans pouvoir être contraints d'en vuider leurs mains, parce qu'autrement il arriveroit que par fucceffion de temps l'Eglife acquerreroit la plus grande partie des biens du Royaume qui cefferoient d'être dans le commerce, *promifcuis commerciis futurum erat, ut quàm attenta ad rem gens illa effe folet, hæreditatibus, emptionibus, relectis, brevi totius Orbis domini fierent, fi eò influerent omnia, & reflueret nihil interdicta alienatione femel acquifitorum,* dit Argentré fur la Coûtume de Bretagne art. 346. Ayant été vérifié que des douze parties du revenu de la France l'Ordre Ecclefiaftique tient les fept. Et lors que la Chambre des Comptes de Grenoble vérifia les Lettres d'Amortiffement qui lui furent prefentées par le Convent de la Grande Chartreufe pour les acquifitions qu'il avoit faites, il fut obfervé qu'il avoit plus acquis depuis quarante ans, qu'il n'avoit fait auparavant depuis l'inftitution de l'Ordre. Ce qui eft non-feulement un effet du bon ménage de fes Oeconomes, nonobſtant la dépenſe gratuite qu'il ſupporte de la pluſpart de ceux qui le viſitent , mais encore c'en eſt un de la benediction que Dieu verſe ſur un Ordre qui a maintenu ſi purement l'integrité de ſa Regle durant tant de Siécles.

C'eſt auſſi pour la même raiſon que le Parlement de Paris fit défenſes aux Chartreux de plus acquerir comme remarque Argentré au lieu ſus allegué , & Bodin en ſa Republique liv. 5. chap. 2. où il ajoûte qu'il n'y avoit pas cent ans qu'on n'eut pas enterré en ce Royaume un mort en lieu ſaint , s'il n'eut laiſſé quelque choſe à l'Egliſe par teſtament : De ſorte que l'on prenoit Commiſſion de l'Official adreſſante au premier Prêtre ſur les lieux , lequel ayant égard aux biens de l'heredité laiſſoit à l'Egliſe ce qu'il vouloit au nom du deffunct. Ce qui fut réprouvé par deux Arrêts du Parlement de Paris ; l'un de l'an 1388. l'autre de l'an 1401.

Ainſi nous liſons dans la grande Charte d'Angleterre qu'Edoüard I. Roi d'Angleterre défendit aux Gens d'Egliſe d'acquerir des immeubles ſous peine de confiſcation ; ce qui fut auſſi fait par l'Empereur Charles V. aux Païs bas ; & la memoire eſt recente du grand different qui fût entre le Pape Paul. V. & les Venitiens pour même ſujet. En un mot mot il a d'Etats qui n'ayent de pareils Statuts.

Pour revenir au ſujet de ce chapitre , la queſtion s'étant preſentée en Dauphiné entre Meſſire Charles de Leberon Evêque de Valence & de Die , & Meſſire Charles René du Puy Marquis de Monbrun , pour la Baronnie de Meüillon , il y eût Arrêt du Parlement de Touloſe , où la cauſe avoit été évoquée de celui de Grenoble , du 15. Mars 1640. par lequel il fut ordonné que l'Evêque juſtifieroit la Coûtume par lui alleguée , que l'Egliſe pouvoit retenir par droit de prélation les Terres dépendantes de ſa directe.

Mais l'Evêque ne s'étant pas voulu charger de la preuve convertit ſa demande en celle des lods.

Et en effet j'eſtime que l'Egliſe ne doit pas être reçûë au droit de prélation en Dauphiné , où ce droit étant inceſſible, il n'y auroit pas lieu d'ordonner qu'elle vuideroit ſes mains entre celles d'une perſonne laye , ſuivant le Droit commun du Royaume. Et cela me ſemble dautant plus juſte que la plûpart des Fiefs de l'Egliſe en la même Province ne ſont pas des conceſſions qu'elle ait faites , étans provenus de la liberalité des Empereurs Frideric I. & Frideric II. qui voulurent gratifier les Prélats pour les attirer à leur parti contre celui des Papes , & pour remettre dans l'obéïſſance une Province qui durant près de trois Siécles avoit été dans une eſpece d'Anarchie , comme j'ay remarqué ailleurs. Radevic liv. chap. 11. parlant de la viſite qui fut renduë à Frideric I. dans Beſançon par les Grands du Royaume d'Arles , uſe de ces termes. *His ita geſtis Fridericus ad ordinanda Imperii negotia in Regno Burgundiæ animum intendit. Cùmque Burgundia aliquando per ſe fortes Reges habuiſſet , & per eos ſuis gentibus præcepta dare ſolita fuiſſet , ex appetitu libertatis , quæ , ut dicitur , res ineſtimabilis eſt jamdudum inſolentiam & deſuetudinem induerat obſequendi. Ea itaque Terra , quæ non nisi multo labore , ac bellico sudore subigenda putabatur , ita Deo ordinante paruit. Quod nisi alia in Regno disponenda inevitabiliter Imperatorem retraxissent , familiariter & cum paucis usque Arelatum sedem Regni Burgundiæ procedere potuisset. Denique (quod modo viventium excedit memoriam hominum , aliquando contigisse) Stephanus Viennensis Archiepiscopus & Archicancellarius de Burgundia , & Eraclius Archiepiscopus & Primas Lugdunensis , & Odo Valentinus Episcopus , & Gaufredus Avenionensis , & Silvio de Claria tunc ad Curiam venientes , Friderico fidelitatem fecerunt , atque hominium , & Beneficia sua de manu illius reverenter susceperunt.* Ce fut alors que Frideric fit don à Eudes Evêque de Valence de la Ville de Valence & de plusieurs fiefs mentionnez aux Patentes qui furent expediées à Besançon l'an 1157. Le même Empereur étant à Arles l'an 1178. honnora Robert Evêque de Die du titre de Prince de l'Empire & de Comte de Die , & lui donna la Ville de Die avec beaucoup de Fiefs , mêmes ceux qui étoient possedez par Guillaume de Poitiers. Les autres Evêques & Archevêques eurent de semblables gratifications du même Frideric I. ou de Frideric II. son petit fils , sur quoi je ne me dois pas étendre.

Il y a même beaucoup de Fiefs de l'Eglise qui ont été acquis à prix d'argent , comme Clermont premiere Baronie de Dauphiné ; Car le Trefor des Chartes de l'Archevêché de Vienne , & les Archives du Comte de Clermont nous apprennent que l'an 1203. Guillaume Seigneur de Clermont transporta les Châteaux de Clermont, de Saint Joire & de Crepol , à l'Archevêque & au Chapitre de Vienne, pour la somme de quatre mille sols Viennois ; Et en même temps il les reprit d'eux à la charge de l'hommage. Seroit-il raisonnable que l'Archevêque ou le Chapitre les peussent retenir par puissance de Fief ? l'Etat seroit trop interessé en la perte de ses Vassaux. J'en rapporterai le titre à la suite de ce Chapitre.

Le même Trefor des Chartres de Vienne est plein de semblables constitutions de Fief , qui ont été faites à prix d'argent par ceux qui possedoient leurs Terres en Franc-aleu. Ce qui s'est fait principalement lors des Croisades. *Volens transfretare* , disent les titres. De sorte que ce ne sont pas de vrais Fiefs qu'on appelle *Beneficia* ; pour avoir été concedez gratuitement. Ce sont des Fiefs impropres , dont Balde sur la Loy *qui se patris. C. unde liberi* , dit que *si Princeps in concessione Feudi recipiat pecuniam , non constitui feudum , etiamsi utatur verbis Feudum importantibus.* Qui est aussi l'opinion de Cynus sur l'Authentique *ingressi vers. circa præmissa adhuc quæro. C. de sacros. Ecclef.*

Quoi qu'il en soit , mon avis est que l'Eglise ne peut exercer le droit de prélation en Dauphiné pour s'approprier le Fief , non plus que pour s'en vuider les mains dans l'an & jour , puis que par l'usage de la même Province il ne peut être executé qu'en faveur de la réünion du domaine utile au domaine direct.

L'on me peut objecter l'Arrêt du 24. Juillet 1653. qui adjuge au Prieur de Nôtre-Dame de Beaumont le droit de prélation sur un

fonds Emphyteutique dont j'ay fait mention au chap. 21. Mais j'ai
fçû de Mr de Ponnat qui fut le rapporteur du procès, qu'il ne fut point
oppofé de l'incapacité de l'Eglife, & que Mr le Procureur Général ne
fut point oüi.

VENDITIO FEUDI DE CLAROMONTE.

Otum fit præfentibus & futuris quod anno Incarnationis Verbi millefimo
ducentefimo tertio Guillelmus de Claromonte dedit Beato Mauritio &
Archiepifcopo Aynardo, & ejus fucceſſoribus quidquid habebat, vel habiturus
eſt quocumque modo in Caftro de Claromonte & Mandamento, & in Caftro
Sancti Georgii de Vaudanis Mandamento, & in Caftro de Crepulo & Mandamento, & pro hac donatione habuit prædictus Guillelmus quatuor millia folidorum Viennenfis monetæ ab Archiepifcopo & Canonicis Sancti Mauritii, Archiepifcopus verò & Canonici Sancti Mauritii conceſſerunt eidem Guillelmo
Caftra prædicta & Mandamenta poſſidere ab ipſis tali pacto, quod ipſe hominium ligium faceret pro his Ecclefiæ, & cuilibet Archiepifcopo Viennenfi & fidelitatem juraret, & quod ad petitionem Archiepifcopi vel Canonicorum omni
ceſſante dilatione redderet Caftra ista, vel quandocunque horum ipſi peterent, &
inde poſſent facere placitum & guerram ad libitum ſuum. In pacto etiam eſt,
quod unus ſolus filiorum Guillelmi dominium horum Caftrorum debet habere,
qui antequam habeat, hominium ligium & fidelitatem debet facere & jurare,
quod omnia ſupradicta bona fide faciat & attendat. Archiepifcopus & Canonici tenentur Guillelmo quod nunquam alicui dominium horum Caftrorum poſſint
dare vel vendere, nec de jure nec de facto ab Ecclefia Viennæ alienare, quod
ſi forte ipſi facerent & revocare nollent, Guillelmus vel qui fuerit hæres pro
eo liber eſſet & abſolutus ab hominio & ab omni pacto. Si vero neceſſitate ur-
gente Guillelmus voluerit reddere aliquod horum, vel omnia hæc Caftra, Archiepifcopus & Canonici debeant accipere & bona fide cuſtodire, & de ſuo expenſas facere. Eodem die quo fuit hoc actum, Guillelmus hominium ligium
fecit & fidelitatem, & juravit quod omnia hæc bona fide faceret & cuſtodiret.
Poſteà anno Incarnati Verbi millefimo ducentefimo octavo pridie Kal. Januarii
in fornello Archiepifcopi, quod eſt juxta Ecclefiam B. Mariæ, ipſe Guillelmus
conventus ab Archiepifcopo Humberto & Canonicis, ut uſagia quæ fecerat & debebat Ecclefiæ faceret & recognofceret, hominium ligium fecit & fidelitatem
Humberto Viennenfi Archiepifcopo & Ecclefiæ, & ſupra dicta omnia rocognovit
præfentibus infra ſcriptis, quorum nomina hic ſunt ſcripta. Guillelmus Deca-
nus. Iſmido Cantor. Defiderius Archidiaconus. Guiffredus de Bafilin. Auderius
Burno Guillelmus Dai. Petrus de Miribel. Guillelmus Iſarei. Petrus de Botteon. Drodo.
Rovori. Anfelmus. Martinus de Eleemofina. Petrus Magnis. Petrus de Moras. Petrus
de Pinet. Joannes Chalvet. Saturninus. Bertrandus. Stephanus. Albertus Falave,
& Petrus Armans Milites.

CHAPITRE XXV.

Si le Seigneur direct peut exercer le droit de prélation sur un fonds de sa mouvance, compris dans une vente passée de plusieurs autres fonds allodiaux ou mouvans d'autres Seigneurs, pour un seul prix, sans retenir le tout.

DEux célébres Docteurs sont d'avis contraire en cette espece. Une vente ayant été passée de plusieurs fonds relevans de divers Seigneurs pour un seul prix, l'un d'eux veut exercer le droit de prélation sur le fonds de sa directe. On demande s'il le peut. Guy Pape en sa Question 508. resout que non, parce que c'est une vente faite par un même acte de tous les fonds ; en sorte que le Seigneur venant à retenir une partie, l'acquereur n'est pas obligé de morceler son contract & de garder le surplus, qu'il n'eût pas acheté que le tout n'y fût. Et par ce moyen le droit de prélation cesse, puis qu'il ne doit faire aucun préjudice au vendeur, qui doit recevoir du Seigneur le même prix qu'il auroit reçû de l'acquereur, suivant la Loi finale *C. de jure Emphyt.* Ce qui ne seroit pas, si l'acquereur se déportoit des autres fonds, comme il pourroit faire par l'avis de Marcian en la Loi *si quos* 44. *D. de contrah. empt. & vendit.* où il dit, *si duos quis servos emerit pariter uno pretio, quorum alter ante venditionem mortuus est, neque in uno constat emptio.*

Néanmoins il faut donner ce sens à l'opinion de Guy Pape, que si le Seigneur veut retenir tout ce qui est compris dans la vente, qu'il peut user de son droit de prélation ; parce qu'alors il n'est point fait de préjudice au vendeur, ny à l'acquereur : Et c'est ainsi que du Moulin l'a comprise au lieu que j'allegueray ci-aprés, & que Boyer sur la Coûtume de Bourges *tit. du Retrait Lignager. S. 5. sur la fin*, concilie la Question 411. de Guy Pape avec la Question 508. c'est aussi l'explication que Ludovicus Bellus cons. 136. donne à l'avis de Guy Pape.

Au contraire du Moulin sur la Coûtume de Paris §. 10. qui est le 13. de l'ancienne *in verbo. le Seigneur Féodal. n. 55.* réprend Guy Pape de son opinion, qu'il dit n'être pas raisonnable, par cette raison que l'unité du contract de vente qui procede du fait & de la volonté des parties, ne peut nuire au Seigneur qui a son droit séparé, & son action distincte en chaque chose venduë, & moins encore peut-elle préjudicier à divers Seigneurs distincts & séparez : Et sic, dit-il, *illa opinio Guidonis Papæ, prout loquitur, est prorsus irrationabilis.* Il passe plus outre, soûtenant que s'il y a plusieurs Fiefs distincts, mouvans d'un même Seigneur, vendus par un même Contract & pour un seul prix, le Seigneur sans distinguer s'il a la mouvance à cause d'un seul Fief dominant, ou de plusieurs, peut user du Retrait Féodal pour l'un des Fiefs seulement, & investir l'acquereur pour les autres ; & pour cet effet qu'il faut ventiler le prix & faire l'estimation de chaque Fief. *Itaque concludo, dit-il, quod quoties sunt plures tituli Feudi, & plura distincta Feuda vendita, tunc sivè unico, sivè distributo pretio, sivè à diversis, sivè ab eodem Patrono moveantur, sivè respectu diversorum Feudorum dominantium, sivè respectu ejusdem Feudi dominantis, semper potest fieri variatio, non in eodem sed in diversis Feudis. Et respectu unius poterit emptor cogi ad fidelitatem & alia jura Investituræ, & respectu alterius ad dimittendum pro pretio & legalibus impensis : Et hoc casu debet arbitrio peritorum in hoc fieri æstimatio omnium Feudorum venditorum particulariter, ut sciatur quantum de pretio convento cuique respondeat, & sic quantum sit refundendum ratione illius in quo jus Prælationis eligitur, & quantum jure quinti denarii pro aliis Feudis non retentis pendendum.*

Le même du Moulin sur l'art. 282. de la Coûtume de la Marche, & sur l'art. 20. du chap. 15. de celle de Laudunois, distingue en cette question le Retrait Féodal, d'avec le Lignager, en quoi il a été suivi de Loüet sur la lettre R. n. 25. & de Brodeau son Commentateur, parce, disent-ils, que le Retrait Lignager est odieux & contre la disposition du Droit commun ; ce que l'on ne peut dire du Retrait Féodal qui est fondé sur la convention Féodale, & qu'ainsi l'acquereur n'a pas sujet de se plaindre, puis qu'ayant acquis un Fief, il s'est soûmis à la condition de l'Investiture qui est favorable, comme sont toutes les conventions opposées *in rerum traditione.* Au lieu que le Lignager vient au Retrait par une grace speciale de la Coûtume. Et par ces raisons ils soûtiennent que le Seigneur n'est tenu de retirer la totalité des choses venduës, mais seulement celles qui ont été désunies & démembrées de sa table & de son domaine. Buridan est de même avis sur la Coûtume de Vermandois art. 257. & avant du Moulin, François Marc Conseiller au Parlement de Grenoble, en ses Décisions Partie 1. quest. 574. avoit rejetté l'opinion de Guy Pape qu'il dit avoir tenu le contraire, *per aliquas debiles rationes.* Mais François Marc n'a pas compris le sens de Guy Pape. Il a confondu l'espece de la question 508. avec celle de la question 411. qui est bien différente.

Quelques fortes que soient les raisons de Maître Charles du Moulin, homme très-subtil & judicieux, le Parlement de Grenoble est en coûtume de suivre l'avis de Guy Pape, dont il me suffira d'alleguer un Arrêt donné au rapport de Monsieur Coste le 26. Mars 1612. entre Claude Brun appellant de la Sentence du plus ancien Avocat au Siege de Crest, & Maître Philibert Allian Visenéchal au même Siege & Loüis Allian freres intimez, sur ce fait. Brun avoit acquis pour un seul prix une ferme ou grange composée de plusieurs fonds relevans de divers Seigneurs. Les Allians voulurent exercer le droit de Prélation sur le fonds qui est de leur directe ensuite d'un Bail en Emphitéose, qu'on appelle en Dauphiné Albergement contenant la reserve expresse du droit de Prélation. Brun offre de les mettre en sa place pour le tout ; puisque l'acquisition avoit été faite *unico pretio*. Sur le refus des demandeurs il y eut Sentence du 30. Janvier 1610. portant que sans avoir égard aux offres du deffendeur, il est condamné de vuider & relaxer la piece de terre designée en la Requête des demandeurs du 14. Octobre 1608. en lui payant & remboursant par un préalable & avant le délaissement, le prix que le défendeur en a payé à son vendeur, tel qu'il sera liquidé par les Experts dont les parties conviendront dans la huitaine ; ou à faute d'en convenir par ceux qui seront pris d'office, lesquels auront égard tant au prix total de l'acquisition, qu'aux méliorations & déteriorations, si aucunes il y a depuis l'Albergement, & aux arrerages de la cense d'une poule dès son acquisition, jusques au relaxement. Brun ayant appellé de cette Sentence, il y eut Arrêt, par lequel l'appellation & ce dont a été appellé est mis au néant, & par nouveau Jugement Brun est mis hors de Cour & de Procès sans dépens ; sauf aux intimez d'accepter l'offre qui leur a été faite en premiere instance.

Ce n'est pourtant pas un usage particulier en Dauphiné ; car la Coûtume d'Auvergne en dispose de même chap. 21. art. 10. & chap. 22. art. 24. en ces termes. *Toutefois si l'acheteur offre la totalité des choses venduës par une vente & prix, sera tenu (le Seigneur) le tout prendre pour le prix qu'il aura coûté à l'acheteur.* A quoi se trouve conforme la Coûtume de la Marche art. 282.

C'est aussi le sentiment de la plûpart des Docteurs ; dont je me contenterai d'alleguer Boyer sur la Coûtume de Bourges *tit. de la Retenuë des choses venduës en Fief ou en Cens, §. 1. ibi. Est & alius casus & Decis. 251.* Ludovicus à Peguera *Decis. 225. n. 10.* Jacobus Cancerius *Variar. resolut. part. 1. cap. 11. de Emphyteusi. n. 57.* qui se fondent principalement sur ce qu'il n'y a qu'un prix & qu'un Contract, dont la résolution est indivisible par la Loy *quod autem §. ult. & L. quod si uno. D. de in diem ad dict.* C'est pourquoi Balde sur la Loi *2. C. de pactis inter empt.* dit que si *plures res communiter uno pretio vendantur cum pacto de retrovendendo, & unus venditorum velit recuperare partem, vel unam rem ex ipsis, quod emptor non tenetur revendere, nec contractum dividere.*

⁓ Cette décision est dure pour le Seigneur direct, il seroit, ce semble, plus juste & plus raisonnable de ne pas forcer le Seigneur à prendre tout ou rien, sur tout si on ne lui accorde le droit de prélation que lorsqu'il est expressément stipulé.

Si le Retrait est odieux, parce qu'il ôte la liberté de contracter, c'est lorsque la Coûtume l'accorde par une grace speciale contraire au droit commun ; mais quand le Retrait descend de la Convention, il est favorable comme le sont toutes les Conventions faites *in traditione rei* ; & ces Conventions doivent, aux termes du droit commun, avoir leur exécution, *in traditionibus rerum quodcumque pactum fit, id valere manifestum est, Leg. in traditionibus ff. de pact.* Ces Conventions se renouvellent autant de fois que le Seigneur prend reconnoissance ou donne inveſtiture , & forment par conſéquent autant d'obligations de les exécuter.

L'interêt de l'acheteur ne ſçauroit prévaloir à une telle convention, parce qu'il ne peut acquerir la choſe qu'avec ſes charges ; & comme il a ſçû ou dû ſçavoir la qualité de l'héritage , il eſt cenſé en l'achetant s'être ſoûmis aux évenemens ; ainſi quelque incommodité qu'il reçoive du Retrait, il ne peut s'en plaindre , *quod quis ex culpâ ſuâ damnum ſentit, non intelligitur damnum ſentire*, L. *quod quis ff. de reg. jur.*

Et quand il y auroit de la perte , on ne ſçauroit conteſter qu'elle ne ſoit auſſi du côté du Seigneur s'il eſt privé du benefice de ſa Convention : & dans ce concours, à qui donner la préférence ? Sera-ce à l'acheteur qui a pû ſe garantir de perte en ne faiſant pas l'acquiſition, ou au Seigneur qui demande l'exécution de ce qui a été convenu en la tradition de ſa choſe propre , & auquel il ne reſte ſouvent d'autre benefice conſiderable que la faculté de retraire un fonds qu'il a donné ſous une modique redevance, dans l'eſperance que ce fonds lui feroit retour ou à ſes ſucceſſeurs ?

M. Guy Pape ne fonde pas ſon opinion ſur l'uſage, & il y a d'autant plus lieu d'en douter, que M. François Marc qui fut Conſeiller au même Parlement après M. Guy Pape , combat ſon opinion en ſa queſtion 574. part. 1.

D'ailleurs il ne feroit pas extraordinaire qu'au temps de M. Guy Pape où le droit de prélation étoit dû par le ſeul benefice de l'uſage, ou de la Coûtume ſans ſtipulation, *Guy Pape queſt. 415. nomb. 2.* le même uſage eût déterminé que le Seigneur ne pourroit exercer le retrait qu'en retenant tous les fonds, ſi l'acheteur ne vouloit abandonner les uns ſans les autres.

Mais quand on n'accordera le droit de prélation que parce qu'il eſt ſtipulé, il ſemble qu'il n'eſt pas juſte d'obliger le Seigneur d'abandonner un retrait ſtipulé, ou de retenir des fonds qui ne ſont ni de ſa directe ni à ſa bienſéance, on pourroit même rendre le Retrait impoſſible ou difficile par l'achat de pluſieurs fonds qu'on joindroit à deſſein dans un même Acte.

C'eſt par de telles raiſons que la commune opinion a tenu que le Seigneur n'eſt pas obligé de prendre par retrait les pieces qui ne ſont pas de ſa Directe , M. de Catellan *tom. 1. liv. 3. tit. 14.* atteſte cette commune opinion & la trouve raiſonnable. Le Grand *Coût. de Troyes tit. 3. art. 27. Gloſ. 6. nomb. 13.* approuve l'opinion de du Moulin & rejette celle de Guy Pape. *Idem tenet Ferrer. in queſt. 411. Guid. Pap.*

Si on vouloit prendre un milieu entre ces deux opinions , ce ſeroit d'admettre l'opinion de M. Guy Pape, lorſque le retrait d'une partie rendroit le reſte inutile ou extrêmement incommode à l'acquereur de bonne foi , & d'admettre l'opinion de du Moulin lorſque l'acquereur ne recevroit pas un notable dommage. Cette diſtinction peut être fondée ſur le raiſonnement du judicieux Coquille en ſes queſtions & réponſes, chap. 189. *in fin.*

CHAPITRE XXVI.

Sur la question 411. de Guy Pape : Si en cas de vente d'un fonds relevant de plusieurs Seigneurs, chacun d'eux peut user de son droit, ou si le consentement de l'un empêche que l'autre ne puisse exercer le Retrait Féodal.

IL y en a qui confondent la question 508. de Guy Pape avec la 411. qui néanmoins sont bien differentes. En l'une il s'agit de la vente de plusieurs fonds relevans de divers Seigneurs. En l'autre il s'agit de la vente d'un seul fonds relevant de deux Seigneurs par indivis de mouvance, dont l'un veut retenir par droit de prélation ; l'autre veut investir l'acquereur, & en recevoir les Lods. J'ay traité la premiere au précédent chapitre. Sur la seconde Guy Pape répond que le chacun des Seigneurs peut user de son droit, ce qu'il réitere *in Singularibus n. 465.* c'est-à-dire que le consentement de l'un ne peut faire aucun préjudice à l'autre, suivant l'avis de Sabinus, rapporté par Papinian en la Loy *Sabinus 28. D. communi divid.* qui n'est pourtant pas alleguée par Guy Pape. *Sabinus in re communi neminem Dominorum Jure facere quicquam altero invito posse.* Et même s'il y a plusieurs Seigneurs dont le plus grand nombre consent l'exécution de la vente, un seul peut retenir la part qui le concerne, comme le decide Oldrad *Conf. 34.* & après lui Joannes Andreas son disciple, *in addit. Specul. tit. de loc. §. nunc aliqua vers. 72.* & après tous deux Albericus de Rosate *in leg. per fundum. D. de servit. rustic. præd.*

Il est vrai que l'acquereur n'est pas obligé de souffrir la division de son Contract, laquelle ne peut être faite que de son consentement, puisque tous les Seigneurs qui possedent la directe par indivis ne sont réputez que pour un, *quasi omnes unus essent*, comme parle Celsus en la Loy *sine potes 7. D. de collat. bonor.* De sorte que le Conseigneur qui veut exercer l'action de Retrait, doit retirer la totalité des choses venduës, si l'acquereur le desire ainsi, qui autrement recevroit du préjudice, *proptcrea quod res non affert tantam utilitatem in parte respectu partis, quantum in toto respectu totius*, comme dit Bartole, *in leg. cui ususfructus D. de usuf. leg.* Et telle est l'opinion de Guillelmus de Cuneo, & d'Albericus sur la Loi *Si duo Patroni. D. jurejur.* laquelle a été suivie de Jason *in leg. stipulationes non dividuntur D. de verb. oblig.* de du Moulin *§. 20. glos. 1. n. 51.* de Tiraqueau *Tract. de Retractu Lineari. §. 11. glos. 7. num. 4.* & généralement de tous les Docteurs.

Ce qui doit être entendu sous la distinction que fait Joan. Corasius *in Centuria Senatusconsultorum Curiæ Tolosanæ cap. 30.* en ces termes. *Au autem si plures simul res empta fuerint, possit Dominus unam duntaxat jure prælationis retinere. Dicebam referre plurimum, an unum pretium universis rebus promiscuè & confusè constitutum fuerit, veluti centum pro omnibus an singula suæ pretii* .... *est*, *plures venditiones sine dubio capi acta intelliguntur. Superiore verò una est tantum venditio, quæ ideo à Domino retinere volente, in emptoris detrimentum dividi non poterit, nec res singula ab aliis separari cum emptoris incommodo, qui universis pretium statuens manifestum fecit, non nisi simul omnes empturum fuisse. Sed & inquit Africanus, quanquam in singula capita constitutum sit pretium, una emptio est, cum videlicet apparet, quem non nisi simul empturum fuisse, quia forte non nisi omnes habere illi expediebat. Atque ita Ordini nostro visum est.*

Mais l'on a douté si l'un des Seigneurs peut retenir le tout contre la volonté de l'acquereur qui a le consentement des autres. Quelques-uns disent qu'oüi, & entr'autres Socinus & Jason sur la loi 1. §. *sed quoties* D. *ad Trebel.* & Franciscus à Ripa *in Repet. legis quominus* D. *de fluminibus* n. 144. *quia*, dit-il, *si licet emptori dicere, nolo quod retineas partem, quia non fuissem empturus eam nisi totum emissem, eâdem ratione poterit Condominus dicere; Et ego non essem retenturus partem, nisi totum retinerem; non enim contractus claudicare debet, nec debet uni licere, quod alteri non etiam liceat.* A quoi on peut ajoûter l'argument des servitudes qui sont au tout & en chaque partie. *Is qui per partem itineris it, totum jus usurpare videtur,* dit Paulus en la loi *Si stillicidii. §. ult.* D. *quemadmodum servit. amitt.*

Au contraire, Albericus sur la loi, *Si duo Patroni.* D. *de jurejur.* soûtient que le Conseigneur ne peut retenir que la part le concernant. En quoi il a été suivi de Paul de Castre, sur la Loy, *si aliam* D. *de solut.* & de du Moulin §. 20. *glos.* 1. n. 12. laquelle opinion comme la plus équitable, & authorisée de deux Arrêts; l'un du Parlement de Paris, donné en la Coûtume de Tours, du mois d'Août 1577. dont Pithou fait mention sur la Coûtume de Troyes art. 27. sur le mot, *pour le prix qu'il est vendu.* L'autre du Parlement de Toulouse, prononcé en Robes rouges le 22. Décembre 1661. qui est rapporté par Ferrier sur la question 411. de Guy Pape, & par Cambolas en ses Décisions liv. 3. chap. 10. La raison est, que le droit d'accroissement n'a pas lieu aux contracts, *l. si mihi & Titio.* 110. D. *de verbor. obligat.*

CHAPITRE XXVII.

Si le Seigneur qui veut user du droit de Prélation peut offrir le supplement du juste prix au vendeur qui demande la rescision du Contract de vente, par la Loy 2. C. de rescind. vend.

LA question s'étant presentée au Parlement de Grenoble, fut décidée contre le Seigneur de S. Quentin, en faveur d'un Charmeil, par Arrêt du mois de Février 1540. comme je l'ai appris dans quelques remarques de Jean Antoine de Lescure, fa-

I. Partie. P

meux Lecteur en droit en l'Université de Valence, du temps de nos Peres, qui a fait un Commentaire sur la loy *lecta* D. *de rebus credit. si certum pet.* & un traité *de Jurisdictione*, après les célébres disputes d'Antoine Gouean, de François Duaren, & d'Eguinarius Baro, comme étant une matiere *que clauftra continet Juris Civilis*, pour user des termes de Gouean.

Ce qui donnoit lieu de douter, c'est que le Seigneur par son droit Seigneurial est subrogé à l'acquereur, à qui l'option est donnée de suppléer le juste prix, ou de consentir à la rescision de la vente. Mais il fut jugé que cette opinion n'est donnée qu'à l'acquereur seul, qui est fondé d'un contract de bonne foi, en vertu duquel il possede l'heritage dont il a payé le prix ; & qu'ainsi l'action de retrait peut avoir effet contre un acquereur nouveau ; mais non pas contre un ancien possesseur, qui veut favorablement récouvrer l'héritage qu'il a vendu. J'ai trouvé depuis que Choppin est de même avis sur la Coûtume d'Anjou liv. 1. art. 4.

Il en seroit autrement, si le Seigneur ayant exécuté le droit de Prélation, étoit en possession de la chose venduë, & qu'après le vendeur intenta l'action de rescision, parce qu'en ce cas-là, le Seigneur lui pourroit fermer la bouche par l'offre du juste prix, tout ainsi qu'auroit pû faire l'acheteur en la place duquel il se trouve.

CHAPITRE XXVIII.

Que l'acheteur ne se peut servir du benefice de la loy. C. de rescind. vendit. contre l'avis des anciens Docteurs.

A rencontre de la Loi 2. *C. de rescind. vendit.* dont je viens de faire mention au chapitre précédent, m'oblige de remarquer en passant qu'autrefois le Parlement de Grenoble a jugé qu'elle avoit lieu en faveur de l'acheteur, ne plus ne moins qu'en celle du vendeur, suivant la Glose de la même Loi. Mais la doctrine de Cujas en ses Observations, liv. 16. chap. 18. & celle de du Moulin en son Traité *de Usuris quæst. 14. n. 176. & seq.* contraire à ce qu'il avoit dit en ses Commentaires sur la Coûtume de Paris, a fait changer la Jurisprudence du Palais, par la raison que j'ay touchée en l'une de mes Décisions Latines, laquelle j'ai crû devoir mettre ici, ne sçachant pas si j'aurai loisir de les mettre toutes au net pour en faire part au public.

Beneficium legis 2. C. de rescind. vendit. ad emptorem non produci.

BEneficium quod ex Diocletiani & Maximiani Conſtitutio- "
ne venditori ultra dimidiam juſti pretii deceptò competit, "
ad emptorem produci debere graviſſimi viri contendunt, "
1. alii negant. 2. Senatus non ſemel in contrarias ſententias "
ivit. 3. Poſtremo perpenſis acri judicio , ut ſolet , utrinque "
rationibus Cujacio neganti. 4. calculos adjecit. Venditori enim "
rei familiaris neceſſitate ſubſtantiam minuenti , & plerumque "
ſtrangulato , ut Imperatores loquuntur , ſubvenire , huma- "
num eſt ; Emptori ultro ad emptionem accedenti , & rem non "
pretio ſed affectu æſtimanti non item. Sæpe enim confines "
fundos , ait Terentius non ille quidem Comicus ſed Jurecon- "
ſultus , etiam ſupra juſtam æſtimationem intereſt noſtra ac- "
quirere. In cauſa Antonii Naturel,& Conſtantini Rulat. 5. No- "
vembris 1633. litis Enarratore D. Rufo ; & iterum in cauſa "
Firmini Artaudi, & Joannis Tiſſerandi 3. Decemb. 1635. rur- "
ſus 19. Junii 1655. in Camera Edicti Relatore D. de Saute- "
reau , Peluſio & Martino litigantibus. Nec amplius dubitationi "
locus eſt. "

N O T Æ.

1. *Gloſſa in dictam leg. 2. & cum ea veteres omnes Doctores, quos enu-*
merare ſi vellem dies me deficeret.

2. *Et iſtorum quidem Coryphæi ſunt Cujacius Obſervat. lib. 16. cap. 18.*
quo nomine reprehenſus eſt à Roberto Animadverſ. lib. 2. cap. 13. deffenſus ab
Antonio Mercatore ; & Carolus Molinæus qui cum aliter ſenſiſſet in Conſuet.
Pariſienſes ſ. 13. gloſſ. 1. n. 56. & §. 22. n. 47. in fine. Palinodiam
cecinit Tractatu de Uſuris quæſt. 14. n. 116. & ſeq. Quibus fuſcripſit Chop-
pinus in Conſuet. Pariſ. art. 2. n. 21. Et in hanc ſententiam pronunciaſſe Cu-
riam Pariſienſem author eſt Lovetus in litt. l. cap. 10.

3. *Nam Claudius Expillius vir eruditus cap. 137. Placitorum Gratianopolita-*
norum pro emptore judicatum fuiſſe refert.

4. *Eleganter Salvianus lib. 5. de Providentia. Invidia penes emptorem ,*
inopia penes venditorem ; ille emit ut ſubſtantiam augeat ; ille vendit ut
minuat.

5. *Nimirum Valentin. Aread. & Honor. l. 1. C. de prædiis Decurialium*
ſine decreto non alienandis lib. 10. his verbis. Si quis Decurionum vel ruſtica
prædia , vel urbana venditor neceſſitate coactus addicit , interpellet Judicem
competentem , omneſque cauſas ſigillatim quibus ſtrangulatur exponat , & ita

demum distrahenda possessionis facultatem accipiat , si alienationis necessitatem probaverit &c.

6. *Verba sunt l. libertus 36. D. de Libertis universitatum.*

CHAPITRE XXIX.

Que par la Jurisprudence nouvelle le Seigneur direct qui a retiré par droit de Prélation le Fief ou le fonds Emphyteutique est tenu hypothecairement des dettes que le Vassal ou l'Emphyteote a contractées.

J'Ay aussi trouvé dans le recueïl de mes Décisions Latines , une question importante qui est de mon sujet.

Dominum teneri ad onera Feudi , sive fundi Emphyteucarii jure Prælationis ad se reversi.

„QUæstionis est , an Dominus teneatur ad onera Feudi, vel
„ fundi Emphyteutici jure προτιμήσεως ad se reversi. Et eum
„ quidem non teneri diserte responderunt quotquot hac de re
„ consulti Molinæum præcesserunt ! Quin etiam Avorum nostro-
„ rum memoria Senatum Gratianopolitanum ita confusisse Gui-
„ do Papa testis est. 2. Omnibus hac distinctione duntaxat usis ,
„ ut hypothecæ jus evanescat , si Dominus jure suo Feudum aut
„ Emphyteusim comparavit, 3. Puta jure Commissi , vel jure
„ Prælationis sibi competenti ; pignus autem valeat , si jure pri-
„ vato , veluti donatione , legato, emptione illa nactus est. 4.
„ Cui sententiæ Molinæus ipse præstantium virorum authori-
„ tate ductus aliquando subscripsit ; verùm ætate & doctrina pro-
„ vectior ab illa planè discessit, & opinioni contrariæ facem præ-
„ luxit. 5. Postquam enim moribus nostris bona Feudalia & Em-
„ phyteutica naturam patrimonii sortita sunt, nonne consequens
„ est ut Dominus oneribus eorum, sicut alius quilibet , sit ob-
„ noxius. Nam & juri consentaneum est , ut dignoscatur , fun-
„ dusne vestigalis ex causa necessaria an ex voluntaria ad Do-
„ minum redierit. 6. Et priore casu hypothecam solvi non am-
„ bigitur ; quandoquidem jure dantis citra fraudem resoluto ,
„ jus accipientis identidem resolvi necesse est. 7. Altero casu pig-

„ gnus durare par est, ne debitoris arbitrio permittatur fundum
„ à se obligatum in fraudem creditorum liberare. 8. Cum igi-
„ tur distractio fundi, quæ est causa voluntaria & extrinsecus ac-
„ cedens, juri Prælationis, quo Dominus usus est, locum de-
„ derit, æquum est eundem fundum, licet ad Dominum re-
„ currat, hypothecis à vassallo vel Emphyteuta contractis sub-
„ jacere, perinde ac si Dominus emptione mera citra jus προτιμήσεως
eum comparasset.

NOTÆ.

*1. Petrus Jacobi in tit. de action. in rem pro re Emphyt. col. 10. vers.
item prædicta vera sunt. Jacobin. de sancto Georgio in Tract. Feud. verbo qui
quidem investiti præst. vers. item quæro de pulchra quæstione. Joan. Raynaldus in l. Imperialem. S. præterea si quis. de prohib. Feud. alien. per Frider,
Franciscus Curtius in tract. Feud. parte 4. quæst. 14. Stephanus Bertrandus Cons.
3. inspecto. in fine. lib. 3.*

2. Quæst. 575.

3. L. lex vectigali 31. S. item quæsiit D. de pignor. & hypoth.

*4. Osaschus Decis. Pedem. 56. n. 9. & 14. Decius Cons. 239. n. 12. &
Cons. 607. n. 12. Tiraquellus de Retr. convent. S. 3. glos. unica. n. 13. Guill.
Benedicti in verbo. & uxorem n. 560. Faber. lib. 4. C. tit. 43. tit. Defin. 2.*

*5. Commentariis in Consuetud. Parisienses tit. des Fiefs. §. 20. glos. 5. in verbo
vendit. n. 27. 28. 29.*

*6. L. si res distracta. 3. D. quibus modis pignus vel hypotheca solus. & latè
Carolus Loyseau lib. 6. cap. 3. du Deguerpissement.*

7. Dicta lege lex vectigali.

8. Accursus in dictam leg. si res distracta.

CHAPITRE XXX.

*Que le Seigneur usant du Droit de Prélation ne peut reguliere-
ment déduire & retenir les Lods sur le prix qu'il doit rembourser.*

DAns les Inféodations que j'ay passées à N. Humbert de Chaponay Conseiller au Parlement de Grenoble de la Terre de
Saint Bonnet, & à N. Nicolas de Langon, des moulins bannaux de la même Terre, je me suis reservé par une clause expresse le
droit de Prélation en cas de vente, en payant le prix convenu &
les loyaux coûts, deduction faite des lods. En quoi j'ai suivi la dis-

pofition de la Coûtume de Ponthieu art. 69. d'Amiens art. 38.de Chauny art. 418. & de Chaumont en Baſſigni art. 17. qui portent que le Seigneur peut rabatre ſon quint denier ſur le prix du Fief qu'il veut retenir ; ſinon que la vente ſoit faite francs deniers.

Mais hors ces Coûtumes-là, qui ſont fondées ſur ce que le paye-ment des Quints eſt à la charge du vendeur, contre lequel l'ache-teur a ſon recours, ou que la Loy de l'Inveſtiture y reſiſte, qui eſt plus forte que la nature du Fief ou de l'Emphyteoſe, le Seigneur exé-cutant le Retrait ne peut deduire les lods ſur le prix par deux rai-ſons ; l'une qu'il eſt ſubrogé aux droits de l'acquereur qu'il évince, auquel il doit rendre le prix entier, & qu'il ſemble ainſi qu'il ache-te du Vaſſal ou de l'Emphyteoſe, auquel cas il ne doit prétendre aucun lods de ſon contract, comme remarque Albericus ſur la Loy, *quod ſi uno D. de in diem addict.* & ſur la Loy finale *C. de jure Em-phyt.* Jaſon ſur la même Loy finale q. 3. num. 43. & après eux Ar-gentré ſur la Coûtume de Bretagne art. 69. & en ſon Traité *de Lau-dimiis.* §. 25.

La ſeconde que le droit de Prélation & celui des lods ſont deux droits incompatibles & diametralement contraires, qui par conſequent ne peuvent ſubſiſter enſemble, ſuivant la doctrine des mêmes Al-bericus & Jaſon, à laquelle eſt conforme celle de du Moulin ſur la Coûtume de Paris §. 20. Gloſ. 9. n. 4. 5. & §. 22. n. 2. & encore ſur l'art. 17. de la Coûtume de Chaumont, où il dit que cet Article eſt injuſte, *quia hoc caſu Dominus Feudi nulla jura pecuniaria debet ha-bere, quia ipſemet eſt ſicut primitivus emptor.* Ce qu'il réïtere ſur celle de Chauni.

A quoi j'ajoûte que cela ſe trouve décidé par deux textes formels; l'un tiré de la Loi finale *C. de jure Emphyt.* en ces termes. *Sed ne hac occaſione accepta, Domini minimè concedant Emphyteutas ſuos accipere pretia meliorationum quæ invenerunt, ſed eos deludant, & ex hoc commodum Em-phyteutæ depereat; diſponimus atteſtationem Domino tranſmitti, & prædicere quantum pretium ab alio revera accipi poteſt: Et ſiquidem Domi-nus hoc dare maluerit, & tantam præſtare quantitatem, quantam ipſe revera Emphyteuta ab alio accipere poteſt; ipſum Dominum omnimodo hæc comparare.* L'autre tiré des Coûtumes Féodales des Lombards *lib. 2. tit. 9. Qualiter olim poterat Feudum alienari,* où il eſt dit, *Porro ſive de bona, ſive de prava conſuetudine quæramus, conceſſa erat Domino pro æquali pretio redemptio.* Ces mots, *tantam præſtare quantitatem & pro æquali pretio,* juſtifient que le Seigneur doit rembourſer tout le prix. Tel eſt le Droit commun & l'uſage de Dauphiné.

CHAPITRE XXXI.

De l'hommage lige.

L A difference de l'hommage fimple & de l'hommage lige eft affez connuë. L'hommage fimple , que les Feudiftes appellent non lige , peut être fait à plufieurs ; le lige ne peut être fait qu'à un feul , comme étant le plus étroit lien qui ferre la perfonne dans l'ufage des Fiefs. Surquoi j'eftime devoir faire part aux curieux d'un Acte digne de remarque de l'an 1231. par lequel Guigues de Briançon & Aymery fon fils reconnoiffent qu'ils tiennent en Fief & hommage lige d'André Dauphin les Châteaux de la Terraffe & de Giere , & généralement tout ce qu'ils poffedent au Comté de Grefivaudan, excepté le Fief de Bellecombe , & le Fief du Mas de la Pierre, pour raifon dequoi ils s'obligent de faire tout ce qui eft du devoir d'un homme lige tant de Droit que de Coûtume : Et parce que l'hérédité d'Eudes de Briançon étoit devoluë à Aymery fon frere , qui ne pouvoit fatisfaire à cet hommage à caufe qu'il étoit homme lige du Comte de Savoye ; le Dauphin à la priere d'Aymery & de Guigues fon pere , de Difdier & d'Aymar de Saffenage , de Guiges & d'Eudes Aleman , permet à Aymery de joüir de ces Fiefs-là pendant fa vie , à la charge que le fils aîné qu'il aura s'avoüera homme lige du Dauphin pour l'affifter à la guerre *contra omnem hominem de toto poffe fuo viriliter & bona fide remota penitus omni fictione* : Que fi le Dauphin faifoit la guerre au Comte de Savoye , ou contre fes fucceffeurs *cum quo vel cum quibus idem Aymericus ob amorem aut reverentiam guerreare nollet*, qu'en ce cas-là Aymery remettroit les Châteaux de la Terraffe & de Giere au pouvoir du Dauphin pour les tenir jufques à ce que la guerre eût ceffé. J'ay l'Acte en original dans mes Archives, où il a été porté par la rencontre d'une alliance de la maifon de Briançon avec la mienne.

L'obligation de cette forte d'hommage eft fi précife , que la foy de l'homme lige eft engagée au Seigneur préferablement à toutes les perfonnes du monde qui peuvent naître & mourir : Ce qui fait qu'il n'eft proprement dû qu'au Souverain.

Mais l'abus a été fi grand en Dauphiné pendant trois ou quatre Siécles d'Anarchie , qu'il a continué même après le Tranfport de la Province à la Couronne. Ainfi je trouve dans les Archives de la Maifon de Saffenage , que le 12. Janvier 1411. Jean & Loüis de la Baume fils d'Aymon Gentils-hommes de la Terre de Saffenage dont les defcendans fe font établis ailleurs plus avantageufement , reconnoiffent pour eux & toute leur pofterité , qu'ils font d'ancienneté hommes liges de corps & de perfonne, Nobles & fidelles d'Henri Seigneur de Saffenage Chevalier, & de fes fucceffeurs, *præ cæteris Dominis & ante omnes alios homines & Dominos hujus Mundi.*

Néanmoins environ la fin du douziéme Siecle, que la plûpart des Seigneurs étoient occupez aux guerres de la Terre Sainte, qui étoient l'exercice des François, les Vaffaux n'en étant pas affiftez, furent contraints de chercher de la protection ailleurs, & de reconnoître d'autres Seigneurs: Et pour n'être pas blâmez *de foy mentie* qui étoit la derniere de toutes les hontes, ils pratiquerent une maniere nouvelle de ligence à plufieurs Seigneurs fubordinément les uns aux autres, en laquelle ils exceptoient leur ancien Seigneur. *Salva fidelitate, falva ligeitate, five ligentia prioris Domini;* dont le Febvre rapporte divers exemples dans fon Traité de l'origine des Fiefs.

Quelquefois même les Seigneurs y donnoient leur confentement; fuivant quoi nous apprenons des Regitres de la Chambre des Comptes de Dauphiné au livre intitulé *Plures notæ Puigonis Frumenti,* que le 5. de Mai, 1338. Humbert de Paladru Seigneur de Montferra en la Terre de Clermont, fe rendit Vaffal d'Humbert Dauphin moyennant la fomme de cinq cens florins d'or, & enfuite il lui fit hommage lige du Château de Montferra, *ante & contra omnes & quafcunque perfonas morituras & nafcituras falvo & excepto duntaxat Domino Clarimontis, præfente ad hoc perfonaliter Nobili Aynardo Domino Clarimontis confentiente, volente & fibi præcipiente.* Et après le Tranfport de Dauphiné Guigues de Paladru Seigneur de Montferra fit hommage Lige au Dauphin Charles en la perfonne de Charles de Bouville Gouverneur de Dauphiné *falva fidelitate Domini Clarimontis,* par Acte du 16. de Juin 1379. reçû par Jean Nicoleti fol. 151. du troifiéme livre.

Et tel a été l'ufage de Dauphiné, comme affure Guy Pape queft. 310. où il dit que l'hommage Lige peut être fait à divers Seigneurs pour divers Châteaux *quidquid fit de Jure.* Il devoit ajoûter, *etiam pro iifdem Caftris.*

Il eft de deux fortes d'hommage Lige; l'un purement perfonnel, l'autre réel: Le perfonnel que nos Ancêtres appelloient *de corpore & perfona,* dont l'ufage a été frequent en Dauphiné, affecte toute la poftérité de l'homme Lige, fans être attaché à aucun Fief, tel qu'eft celui de Jean & de Loüis de la Baume, dont je rapporterai l'Acte à la fuite de ce Chapitre. Ce qui a quelque rapport avec ceux qui font appellez *Soldurii* par Cefar en fes Commentaires liv. 3. où il dit parlant des Gaulois, *qui opibus valebant fuos Soldurios & devotos habebant, quos fecum in bellum ducebant, quorum hæc erat conditio, ut omnibus in vita commodis una cum iis fruerentur, quorum fe amicitiæ dediffent. Quod fi quid per vim iis accidiffet, aut eundem cafum ferebant ipfi, aut mortem fibi confifcebant.*

Le réel eft celui qui eft dû à caufe d'un Fief tenu en ligence, laquelle foûmet & oblige principalement & abfolument la perfonne, & en confequence de la perfonne tous les biens de l'homme Lige, au lieu que l'hommage non Lige n'oblige la perfonne du Vaffal qu'à caufe du Fief, *in*

consequentiam rei , comme dit le Speculator *tit. de Feudis. §. 1. verf. 17.*
& après lui du Moulin fur la Coûtume de Paris §. 1. n. 8.

Ces deux fortes d'hommage fe trouvent énoncez dans celui qui fut
prêté le dernier Octobre 1413. à Loüis Dauphin, en la perfonne de
René Pot Gouverneur de Dauphiné, par Antoine de Saffenage Vicomte de Talard , des Châteaux & Terres de Saint André en Royans,
de Chapeverfe , & de la Maifon forte de Chameil. *Primum de corpore*
fuo ; fecundum ratione dictorum Caftrorum S. Andræ in Royanis & Champe-
verfæ , & tertium dicta Domus fortis de Chamelio , comme porte l'Acte tiré
du Regiftre intitulé , *Tertius liber homagiorum Petri Panéti fol.* 174.

Et parce que l'hommage Lige n'excepte perfonne , & qu'il fe
prête *nullo antepofito* , du Moulin au lieu fous-allegué foûtient qu'en tout
le Royaume il n'y a point de Fiefs Liges que ceux qui font immediatement mouvans de la Couronne , & que c'eft improprement &
καταχρηστικῶς pour ufer du terme de Caius en la Loi *licet. de verb. figif.*
que les Coûtumes de Poitou , d'Anjou , du Maine , attribuent des
hommages Liges à d'autres qu'au Roi. *Solus enim Rex ,* dit-il , *habet*
Vaffallos Ligios , & illi foli debetur fidelitas Ligia in fuo Regno ; & après
luy Argentré fur la Coûtume de Bretagne art. 314. n. 4. *In Principis*
perfona talia Feuda & homagia funt omnia Ligia , extra eam nulla.

Ce qui eft vray dans le fens que les Feudiftes & principalement les
Italiens donnent au Fief Lige , foit que ce mot derive de *liga* , qui
fignifie une ligue , & confédération , ou de *legalitas* , ou du verbe *li-*
gare , fuivant l'avis d'Obrectus *Tract. de Feudis. lib. 1. c. 5. mem.* 109.
118. ou qu'il foit corrompu du Grec ὁμόλογος fuivant l'opinion de
Cujas.

Mais en France il eft pris autrement. Boutéiller en la Somme rural
tit. 89. explique le Fief Lige de celui qui eft tenu d'un Seigneur fans
moyen , comme fait la Coûtume de Bretagne. Et en effet Hotoman
en fes Difputations Feodales chap. 7. refute la difference que font les
Docteurs du Fief Lige , & du Fief non Lige , parce que les formes de
l'hommage prefcrites par les Coûtumes tiennent toutes de la qualité de
Fief Lige ; Elles emportent toutes l'obéïffance & la fidélité du Vaffal.

Si eft-ce qu'en quelques Coûtumes , comme en celle de Touraine,
la forme de prêter l'hommage Lige & l'hommage fimple eft differente. Celui qui le prête ligement doit avoir les mains jointes dans celles du Seigneur ; celui qui prête un hommage fimple a les mains libres. Ce qui fut longuement contefté à Amiens l'an 1330. entre le
Roy Philippes de Valois , & Edoüard III. Roy d'Angleterre pour
le Duché d'Aquitaine , le Comté de Ponthieu & Monftreüil , Edoüard
refufant de prêter l'hommage les mains jointes dans celles du Roy
Philippes , & s'en étant retourné en Angleterre pour voir les anciens
titres , enfin il fe difpofa de faire la foi & hommage Lige , & en
confequence de mettre fes mains entre celles du Roi , fuivant les Patentes qu'il en fit expedier , lefquelles font rapportées au long dans
Froiffart liv. 1. chap. 25.

Une autre difference fut pratiquée en la forme de l'hommage qui fut rendu par Artus II. Duc de Bretagne à Charles VII. l'an 1458. Lors qu'il prêta l'hommage Lige pour le Comté de Montfort il fut à genoux sans épée, *& aprés avoir remis son épée au côté, & étant debout, il s'abaissa & s'humilia devant le Roy & lui prêta la foy & hommage simple pour le Duché de Bretagne,* comme il est raconté dans la Chronique d'Artus donnée au public par Théodore Godefroi page 136. ce qui justifie qu'il y a des hommages simples qui sont prêtez à la Couronne.

Pour ce qui est du Dauphiné je n'ay point remarqué de difference en la forme de la prestation d'hommage Lige & d'hommage non Lige.

Quoi qu'il en soit le Souverain doit toûjours être excepté suivant la Constitution de Frederic. *Imperialem. lib. 2. tit. 55. de prohib. Feudi alienat. per Frider.* sur la fin. *Illud quoque sancimus, ut in omni sacramento fidelitas Imperatoris nominatim excipiatur.* Et quoi que l'exception ne soit pas exprimée, si est-ce qu'elle est toûjours sous-entenduë.

Le mot de *Lige* est barbare, à qui les Coûtumes où il a été reçû ont donné divers sens. Ce qui a fait dire à Argentré. *Illa Italica significatio nobis recepta non est, quæ supremi Imperii agnitione fit, sed pro vulgari & communi Feudi & homagii jure, quod à quolibet Vassallo cuilibet Domino præstari solet ratione dominii directi.* Et c'est ainsi qu'il est employé dans les Libertez Delphinales en l'article où il est dit. *Item voluit, concessit & declaravit ipse Dominus Delphinus, quod homines Ligii Ecclesiarum, Nobilium & Valvassorum non debeant neque possint compelli ad faciendum Domino Delphino coroatas, neque taillari vel compelli ad solvendum taillias eidem Domino Delphino vel successoribus suis, nisi pro utilitate vel necessitate publica locorum, in quibus ipsi homines habitant aut habitabunt temporibus profuturis.*

Et à ce propos l'on m'a demandé quelquefois si les habitans d'une Terre peuvent refuser à leur Seigneur l'hommage Lige auquel ils se trouvent obligez par les anciennes Reconnoissances, sous pretexte que l'hommage Lige n'est dû qu'au Roi. J'ay répondu qu'ils ne le peuvent refuser par les raisons que je viens de toucher, & que cette ligence n'interesse point celle qui regarde Sa Majesté.

Mais s'ils ne sont hommes du Seigneur, ils ne doivent que le simple serment de lui être fidéles *ratione habitationis* sans aucune prestation d'hommage, suivant ce que dit Guy Pape en sa question 307. *Si aliquis qui non est homo meus moratur in Territorio meo ac Jurisdictione, ipse non tenetur præstare mihi homagium vel fidelitatem; attamen ratione habitationis ipse est mihi subditus, & ideò ipse debet mihi præstare sacramentum, quod non erit mihi nocivus sed fidelis.* Et encore l'un & l'autre ne sont plus gueres en usage. J'ai dit s'il ne sont hommes du Seigneur, parce que nos Ancêtres ont fait la difference entre la qualité *d'homme* & celle de *justiciable,* comme fait foi la question de Guy Pape que je viens d'alleguer. Ainsi l'on voit dans les Reconnoissances de la Buissiere de l'an 1488. reçûës par Antoine Gabier & Claude Brunod, que les Brunods étoient hommes Liges de Jacques de Bellecombe,

& justiciables du Dauphin : Jean d'Oisens du Seigneur de Monteynard, & Jean Rubat des Salvaings. L'homme doit hommage au Seigneur, le simple justiciable n'en doit point. Tous les habitans d'une Terre sont justiciables du Seigneur, mais tous ne sont pas ses hommes, s'il n'y a titre. Le Seigneur succedoit à son homme decedé sans hoirs de son corps, mais non au simple justiciable. Le Seigneur suivoit son homme en quelque part qu'il fit sa demeure, que la Coûtume de Nivernois appelle *homme de poursuite*, sinon que ce fut en Ville franche; ce qui donna sujet à l'article 21. des Libertez Delphinales. *Item quod si* Dominus Delphinus *, vel aliqui ex successoribus suis vellent quocunque tempore aliquam Villam francam facere, homines quicunque Ecclesiarum vel Nobilium Delphinatus, aut ulterius Terræ in franchesiis dictæ ville, nequaquam recipi debeant vel admitti, nisi prius facta fuerit emenda competens ipsis Ecclesiis, vel Nobilibus quorum homines recipi peterentur in franchesiis ante dictis.* Tel étoit le Bourg de Mens en Trieves, & quelques autres de Dauphiné.

Je trouve néanmoins dans mes Terriers des familles dont les chefs se sont reconnus hommes liges de mes Ancêtres, taillables & exploitables à misericorde, tant en Ville-franche qu'ailleurs, comme portant avec eux leur servitude attachée à leurs os.

Mais aujourd'hui cette sorte de ligence n'est plus en usage; Il n'y a plus d'hommes mainmortables en Dauphiné, comme il sera dit au Chapitre suivant; ni même d'hommage purement personnel & de corps. L'on n'en connoît plus que de réels, c'est-à-dire qui sont dûs *ratione Feudi aut ratione domicilii & jurisdictionis* s'il y a titre, de sorte que la question 312. de Guy Pape est inutile, *si filius natus ex homine meo & muliere quæ sit femina alterius Domini, cujus erit homo talis.* Et generativement le Traité de Martinus de Fano *de Hominitiis*, n'est plus sur le tapis. Nous parlerons ailleurs du droit de taille aux quatre cas.

Hommage Lige personel.

IN nomine Domini Amen. Notum sit omnibus, quod an- "
no beatissimæ Nativitatis Domini millesimo quatercentesi- "
mo vicesimo primo, & die duodecima mensis Januarii apud "
Castrum Bastidæ in Roganis in magna camera. bassa dicti Cas- "
tri in præsentia Nobilis & potentis Baronis DOMINI "
HENRICI DE CASSENATICO MILITIS DOMINI "
EJUSDEM LOCI CASSENATICI, meique Notarii & "
testium suscriptorum existentes personaliter constituti propter ea "
quæ sequuntur Nobiles Joannes & Ludovicus de Balma filii "
Nobilis Aymonis de Balma quondam ambo simul & uter- "
que ipsorum per se & in solidum gratis, scienter, liberaliter "

„& sponte nominibus suis & suorum hæredum ac in posterum
„successorum informati & certificati veraciter quod ipsi & sui
„prædecessores sunt & fuerunt ab antiquo homines Ligii Nobi-
„les & fideles ejusdem Domini & suorum prædecessorum de
„persona & corpore & præ cæteris aliis totius Mundi Domi-
„nis. Igitur ad instantiam & personalem requisitionem dicti
„Domini nostri Cassenatici præsentis, stipulantis & recipientis
„pro se & suis confessi fuerunt publicè & in verbo veritatis
„recognoverunt palàm & manifestè tanquam si essent in Ju-
„dicio se ipsos & utrumque ipsorum, suosque in futurum suc-
„cessores esse, velleque & debere esse, & suos prædecessores
„fuisse homines Ligios Nobiles & fideles de corpore & persona
„ejusdem Domini Cassenatici & suorum successorum præ cæ-
„teris Dominis, & antè omnes alios homines & Dominos hujus
„Mundi, & se ac utrumque ipsorum fratrum in solidum & suos
„de corpore & persona homines Ligios, Nobiles & fideles ejus-
„dem Domini & suorum antè alios Dominos totius Mundi, &
„totis temporibus eorum vitæ constituerunt. Et in signum veri-
„tatis præmissorum prænominati Joannes & Ludovicus de Bal-
„ma ac uterque ipsorum in solidum pro se & tota sua poste-
„ritate de corpore & persona homagia Nobilia, corporalia &
„personalia, ac fidelitates Ligias antè omnes alios homines &
„Dominos totius hujus Mundi dicto Domino præsenti & reci-
„pienti pro se & suis præstiterunt Nobilium more stando pe-
„des, tenentes manus suas junctas inter manus ejusdem Do-
„mini,& osculo pacis inter dictum Dominum, ac dictos Joan-
„nem & Ludovicum, ac utrumque ipsorum in signum veræ,
„antiquæ & perpetuæ fidelitatis præstito. Et ibidem dicti
„Nobiles Joannes & Ludovicus de Balma uterque per se & in
„solidum pro se, & suis gratis & sponte promiserunt & juraverunt
„per sua propria juramenta super sancta Dei Evangelia præsti-
„ta per utrumque ipsorum, & sub obligatione & hypotheca
„omnium & singulorum bonorum suorum mobilium & im-
„mobilium, præsentium & futurorum prædicto Domino præ-
„senti, stipulanti & recipienti pro se & suis hæredibus & suc-
„cessoribus universis se & utrumque ipsorum in solidum &
„suos successores in futurum ex nunc semper & in perpetuum
„esse boni, probi & fideles dicto Domino & suis successoribus,
„eidemque Domino & suis successoribus, servare præstare,
„attendere inviolabiliter, & complere ea omnia & singula
„quæ continentur in sex Capitulis sacramenti, homagio
fideliter

„ fidelitatis novæ & veteris formæ & in fingulis clau-
„ fulis eorumdem , & etiam in Epiftola Philiberti ; quæ Ca-
„ pitula funt hæc ; incolume , tutum , honeftum , poffibile , faci-
„ le , & utile ; necnon dictum homagium , feu dicta homagia
„ toties præftare & recognofcere ipfi Domino fuifque fucceffo-
„ ribus , quoties fuper hoc fuerint requifiti. Submittentes ipfi
„ Nobiles Joannes & Ludovicus fe , fuos & omnia bona fua
„ pro præmiffis melius attendendis ergà prædictum Dominum &
„ fuos Curiis Domini noftri Delphini , Superioris Confiftorii Del-
„ phinalis , Majorifque Viennenfis & Valentinefii , & Majoris
„ Viennefii & Graifivodani , Curiæque dicti Domini Caffenatici ,
„ & omnibus aliis Curiis Ecclefiafticis & fæcularibus ubilibet con-
„ ftitutis & confuetudinibus vigoribufque ftilorum , & confuetu-
„ dinibus figillorum ipfarum Curiarum , & cujuflibet earumdem
„ in folidum , ad quam feu ad quas idem Dominus & fui voluerint
„ habere recurfum , eo modo & formâ quibus fortius fieri pote-
„ rit five dici , ita quod executio per unam ipfarum Curiarum
„ incepta executionem & proceffum alterius non perturbet , fed
„ faciat potentiorem. Renuntiantes ipfi Nobiles Joannes & Lu-
„ dovicus de Balma , ac uterque ipforum , prout eum tangit , in
„ hoc facto fub virtutibus fuorum jam præftitorum juramentorum
„ in hoc facto omnibus exceptionibus doli mali , vis , metus ,
„ erroris & in factum actioni , dictorumque homagiorum & cæte-
„ rorum præmifforum ritè & legitimè non factorum , prout
„ fuperius continetur , condictioni indebiti fine caufa , ob caufam ,
„ vel ex injufta caufa , officio Judicis , conteftationi Litis , &
„ Juri dicenti id quod de Jure non tenetur juramento vallari
„ non poteft , Jurique dicenti quod ex juramento non oritur
„ actio nifi Sacramentum prius fuerit in judicio delatum ; Ju-
„ rique dicenti confeffionem extrà judicium , & coram non
„ fuo Judice competenti factam non valere ; Jurique dicenti fub-
„ mittens fe alienæ jurifdictioni ante litem conteftatam pœnitere
„ poffe , & Juribus omnibus quibus deceptis in fuis contractibus
„ legis auxilio fubvenitur , petitioni & oblationi libelli , privile-
„ gio Fori , tranfcripto & copiæ præfentis publici Inftrumenti ,
„ & Notæ ejufdem , & omni alio Juri Canonico & Civili con-
„ tra præmiffa , vel eorum aliqua faciente , demùnque Juri di-
„ centi generalem renunciationem non valere , nifi præcefferit
„ fpecialis. De quibus omnibus dicti Dominus pro fua parte ,
„ & Joannes & Ludovicus de Balma pro alia parte petierunt , fi-
„ bique ad invicem fieri concefferunt duo publica Inftrumenta

„ ad opus utriufque partis, unum vel plura dictanda femper &
„ corrigenda confilio Jurifperitorum juxtà fubftantiam præmif-
„ forum. Acta fuerunt hæc anno, die & loco quibus fuprà,
„ præfentibus ibidem teftibus Nobilibus Viris Domino Humber-
„ to de Bellomonte, Domino Pellafolli, Joanne Bolognie Paro-
„ chiæ Sancti Laurentii in Royanis, Hugone de Comeriis Scutife-
„ ro dicti Domini Caffenatici.

„ Et me Petro Botarini de Ponte in Royanis Grationopolitanæ
„ Diœcefis Clerico, authoritate Imperiali ac Delphinali publico
„ Notario, qui in præmiffis cum dictis teftibus præfens interfui,
„ & de eifdem Notam recepi, ex qua hoc præfens publicum
„ Inftrumentum extrahi & groffari feci aliis negotiis occupatus;
„ idque figno meo confueto fubfignavi, & huic me fubfcripfi
„ ad opus dictorum Nobilium Joannis & Ludovici de Balma in
„ teftimonium præmifforum.

CHAPITRE XXXII.

Que le droit de Main-morte eft aboli en Dauphiné.

E mot de *Main-morte* a deux fignifications dans l'ufage du
Droit François. En l'un il comprend tous les Gens d'Eglife,
Corps de Villes, Bourgs & Villages, Colleges, Hôpitaux,
& généralement toutes les Communautez Ecclefiaftiques, &
autres qui font perpetuelles, & qui par fubrogation de perfonnes
font cenfées être toûjours les mêmes Corps & Communautez, qui par
confequent ne produifent aucuns droits Seigneuriaux, non plus qu'une
chofe morte, à caufe de quoi ils font appellez *Main-morte* ; & la
difpenfe que le Roi leur donne, d'acquerir & poffeder des héritages,
Amortiffement. Le même mot eft paffé en Angleterre, comme nous
apprenons de Polydore Virgile en fon Hiftoire d'Angleterre liv. 17.
où parlant de la grande Charte, il dit. *Legibus Magnæ Chartæ fancitum*
eft, ut nemini liceret dare prædia Collegiis Monachorum, & legem banc. Ad
Manum mortuam vocarunt, quod res femel datæ Collegiis. Sacerdotum, non
utique rurfus venderentur, velut mortuæ, hoc eft ufui aliorum mortuorum in
perpetuum ademptæ effent.

Main-morte fignifie auffi les hommes de condition fervile, qui font
fujets de corps envers leur Seigneur ; qui leur fuccede en tous biens,
meubles & immeubles, ou en meubles feulement, ou en immeubles feuls, quand ils meurent fans hoirs procréés de leurs corps, felon la Coûtume, ou les anciennes pactions & conventions : Et par-

ce que n'ayant pas la faculté de tester, ils sont reputez comme morts, on les appelle hommes de Main-morte ou Main-mortables, qui vivent libres & meurent serfs, *cum revera manus , id est possessio , mortua est.* D'ailleurs *servitutem mortalitati serè comparamus,* comme il est dit dans la Loi. *Servitutem 209. D. de diverf. regul. juris.*

En Dauphiné le droit de Main-morte a eu lieu du temps de nos Ancêtres, non seulement sur les hommes *deditiæ conditionis ,* qu'on appelloit *Taillables,* à cause qu'ils étoient taillables envers le Seigneur de taille abonnée, ou à misericorde, c'est-à-dire, à volonté raisonnable ; mais aussi sur les Nobles qui s'étoient reconnus hommes liges, *de corpore & personâ,* dont j'ay parlé au chapitre précédent ; qui est un droit par lequel nos premiers Dauphins ont fort accrû leur Domaine, jusques à ce qu'Humbert II. dernier Dauphin affranchit à perpetuité les Barons, & autres Seigneurs Bannerets, Nobles & Vassaux, & généralement tous ses sujets de Dauphiné, & des autres Païs de son obéïssance, du droit de Main-morte, à la charge qu'ils octroyeroient la même franchise à leurs hommes & sujets ; & en cas de contravention, qu'ils demeureroient soûmis au même droit. C'est par le 50e. article des Libertez Delphinales, qui est conçû en ces termes. *Item ipse Dominus Delphinus per se & successores suos remisit , quittavit & totaliter reliquit ubicumque Terrarum & locorum Delphinatûs , & aliarum Terrarum suarum perpetuò omnem Manum mortuam , & omne jus, actionem & requisitionem , quod & quæ sibi competebant , aut competere poterant in Barones , Banneretos , Nobiles , Valvassores , & alios quoslibet subditos Delphinatûs , & Terrarum suarum quarumcumque , seu in eorum bonis & hæreditatibus quibuscumque , ubicumque sint , occasione Manus mortuæ , volens & ordinans , quod eodem modo Barones , Bannereti , Nobiles , Valvassores , & alii subditi Delphinatûs , & aliarum Terrarum suarum quittent , & remittant , ac remittere debeant & teneantur perpetuò hominibus & subditis eorundem Manum mortuam quamcumque , & omne jus sibi competens & competiturum occasione Manus mortuæ adversus eorum homines seu subditos , seu bona eorum ; Alias nisi prædictam quittationem & remissionem facerent , aut si ulteriùs dictâ Manu mortuâ uterentur , illi sic utentes & volentes quittare dictam Manum mortuam nequaquam gaudeant , nec gaudere possint præsenti privilegio remissionis Manus mortuæ , sed ab eo totaliter sint exempti , si & quandocumque casus forsan contingeret in eosdem , aut successores eorum.*

Néanmoins quelques Seigneurs ayant usé du droit de main-morte sur leurs hommes, & depuis étant décedez sans hoirs de leurs corps, nos Rois ont exercé le même droit sur eux ; Ainsi je trouve que la Terre de Beausemblant fut acquise au Roy Charles V. par le décès sans enfans d'Artaud de Beausemblant , qui avoit exigé la Main-morte sur ses hommes, *Domino Advocato , & Procuratore Fiscali dicente & asserente dictum Dominum Artaudum in ejus vita fuisse usum iniquo jure , utendo Manu mortuâ contra suos homines prædicti Mandamenti , quod quia ipsum Castrum cum suis prædictis juribus & pertinentiis de Feudo & directo Dominio Delphinali movetur , & movebatur ; & idem Dominus Artaudus decesserat si-*

Q ij

ne liberis, ipſe Dominus noſter Delphinus jure conſimili uſus eſt in diƐto Caſ-
tro, ut poterat & debeat. Ce ſont les termes contenus au ſixiéme livre
des hommages de Paneti fol. 158. où il eſt dit que Sa Majeſté remit
& tranſporta ſon droit à Berenguete, veuve & héritiere d'Artaud
de Beauſemblant, par Lettres vérifiées en la Chambre des Comptes
de Paris.

Ainſi Dronet d'Entremont Seigneur du Touvet, ayant levé le même droit ſur ſes hommes, & depuis étant mort ſans enfans, tous ſes biens
furent adjugez à Charles Dauphin, qui en fit don à Meſſire Aynard
de Bellecombe Chevalier, par Lettres données à Melun le 24. Novembre 1360. qui ſont au ſecond livre, *Copiarum de novo faƐtarum fol.*
471. dont le narré porte, *que comme Dronet d'Entremont jadis Ecuyer,*
ſoit allé n'agueres de vie à trépaſſement, ſans hoir legitime procréé de ſon corps;
lequel ſi comme nous avons entendu, a pris & levé ſur aucuns de ſes hommes
la Main-morte; Et par ce de nôtre droit nous appartiennent tous ſes biens, tant
meubles comme heritages, & ſoient à nous entierement acquis, & iceux de-
vions avoir par Main-morte, &c.

Je trouve auſſi dans le ſeptiéme *Generalia,* cayer 13. une Enquête
pour juſtifier que Bertrand de Baux Seigneur de Plaiſian & de Ville-
franche, avoit levé la Main-morte, *ſive Deshominamentum,* ſur ſes hommes de Villefranche.

Suivant quoi Guy Pape dit en la queſtion 361. *Caveat ergo Domi-*
nus Antonius de Poipia Miles Dominus Tociaci, qui nullos liberos habet, nec
habere ſperatur; quia ipſo mortuo Dominus noſter Delphinus poterit ſupra eum
capere Manum mortuam; quia ipſe Dominus Antonius eam pluries accepit ab
hominibus ſuis diƐti loci Tociaci, prout vidi temporibus meis.

Enfin, le Roy Henri II. affranchit entierement ſes ſujets de Dauphiné, de Breſſe, de Savoye, de Bugey & Verromey, de la ſervitude
de Taillabilité & de Main-morte, par Edit du mois de Novembre
1552. vérifié au Parlement & en la Chambre des Comptes de Grenoble, le mois d'Avril 1553. dont voicy l'extrait que j'ai tiré du
neuviéme *Generalia fol.* 76.

„ HENRY par la grace de Dieu, Roy de France, Dauphin de Vien-
„ nois, Comte de Valentinois & Diois, Folcalquier & Terres
„ adjacentes: A tous preſens & à venir, ſçavoir faiſons, comme en
„ conſideration que la plus grande partie de nos ſujets en nôtre Royau-
„ me, ſoit de condition franche & libre, ſans que nos Progeni-
„ teurs Rois de France ayent voulu ſouffrir ne tolerer leurs ſujets, être
„ ſerviles par ſervile condition, vice de Taillabilité & aſtrinƐtion de
„ Main-morte, grandement préjudiciable à toute la poſterité de noſ-
„ dits ſujets, & ayons entendu qu'en nos Païs de Savoïe, Breſſe, Bugey,
„ Verromey & Dauphiné, pluſieurs de nos ſujets ſoient nez en ladite ſujet-
„ tion de Taillabilité & Main-morte, à leur grand regret & doléance,
„ deſirans les benignement & favorablement traiter & retenir en nô-
„ tre obeïſſance, comme tous autres ſujets de nôtre Royaume: Avons

par preſentes declaré & declarons par nôtre Edit perpetuel & irré-"
vocable, voulons & nous plaît, que tous & chacun les Taillables "
de ſervitude de Main-morte en nôtredit Païs de Savoye, Breſſe, "
Bugey, Verromey & Dauphiné, en quelque qualité que ce ſoit, "
eux & leur poſterité nez, & à naître, & leurs biens ſoient francs, "
quittes, libres & affranchis, & leſquels enſemble leurſdits biens "
avons affranchi, quitté & quittons de toute ſervitude, condition "
de Taillabilité & de Main-morte, les avons declarez & declarons, "
enſemble leurdite poſterité & biens, francs & libres, ſauf tant "
ſeulement les cenſes, ſervis & autres droits accoûtumez, en payant fi-"
nance pour une fois à la moderation que faite en ſera par les Com-"
miſſaires qui ſeront deputez par Nous. Si donnons en mandement "
à nos Amez & Feaux les Gens tenans nos Cours de Parlement & "
Chambre des Comptes de Bourgogne, Dauphiné & Savoye, & "
chacun d'eux comme il leur appartiendra reſpectivement, que nôtre "
preſent Edit ils faſſent lire, publier & enregiſtrer, garder & obſer- "
ver de point en point ſelon ſa forme & teneur, car ainſi nous plaît-il "
être fait de nôtre propre mouvement, certaine ſcience, pleine "
puiſſance & authorité Royale. Donné à Rheims au mois de No- "
vembre, l'an de Grace mil cinq cens cinquante deux. Et de nôtre "
Regne le ſixiéme. Par le Roy Dauphin. DE LAUBEPIN. "

Néanmoins, cet affranchiſſement de Taillabilité ne regarde que la
condition ſervile des gens de Main-morte, qu'on appelloit communement Taillables, & non pas le droit de taille Seigneuriale, ou de
taille aux cas imperiaux dont uſent les Seigneurs qui ſont fondés de titre
ou de poſſeſſion immemoriale. Ce qui fera le ſujet d'un autre Chapitre.

Il m'eſt tombé entre les mains un Acte de Manumiſſion ou Affranchiſſement d'un homme lige Main-mortable, qui fait voir la condition dure & ſervile de la Main-morte, avant qu'elle fût abolie en
Dauphiné.

***

Manumiſſio hominis Ligii Taillabilis.

IN nomine Domini Amen. Anno Incarnationis ejuſdem "
milleſimo tercenteſimo viceſimo ſecundo, Indictione "
quintâ, pridie Kalendas Octobres, Domino Henrico Delphi-"
ni Regente Delphinatum exiſtente. Cum Redemptor, & om- "
nium Conditor Creaturarum ad hoc ſpecialiter carnem vo- "
luerit aſſumere humanam, ut Divinitatis ſuæ gladio, di-"
rupto, quo tenebantur captivi vinculo ſervitutis, priſtinæ nos "
reſtitueret libertati, ſalubriter agitur ſi homines quos ab initio "
natura liberos protulit, & Jus Gentium aliquos in perſo-"

„ nis , & Confuetudo aliquos in rebus fervituti fubegit , libertati
„ in qua jure naturali primævo infpecto effe deberent , Manu-
„ miffionis Beneficio reddantur. Atque hujus rei confidera-
„ tione permotus , ac remunerationis debitæ fervitiorum fibi
„ impenforum intuitu , Nobilis BERTRANDUS BERENGARII
„ Dominus de Foillanis fciens, prudens & fpontaneus , ut ex
„ verbis fuis manifefte poterat deprehendi , dedit, ceffit, tradi-
„ dit & conceffit per fe , hæredes fuos & fucceffores univerfos
„ jure proprio in perpetuum Guillelmo Regis de Rifneriis dilec-
„ to homini fuo ligio & familiari præfenti , & pro fe & fuis
„ hæredibus & fuccefforibus univerfis folemniter ftipulanti &
„ recipienti Manumiffionem , Franchefiam & Libertatem om-
„ nimodam , & eundem Guillelmum Regis , ejus hæredes , fuc-
„ ceffores & bona manumifit, Francum Hominem , liberum ,
„ quittum & immunem ab onere totæ tailliæ , manu operæ,
„ coroatæ, complaintæ, fpecialis vel generalis , gafchæ , clau-
„ furæ Caftri, banni minuti , tafchiæ , vinteni , & à quocunque
„ alterius onere fervitutis cujufcunque , & generaliter purè,
„ liberè & abfolutè, retentis tantummodò infra fcriptis , affran-
„ chivit , liberavit , & abfolvit ipfum Guillelmum Regis , &
„ fuos filios feu liberos præfentes & futuros in perpetuum jugo
„ manu operæ , colonariæ & ademptæ,& cujuflibet alterum , &
„ ab omni onere fervitiorum, ufuum vel abufuum , Angaria-
„ rum vel Parangariarum , & ab omni perfonalium munerum ,
„ vel dationum præfentatione, ut deinceps ipfe Guillelmus Re-
„ gis , & fui liberi fint liberi & abfoluti cum omnibus bonis
„ præfentibus, habentes licentiam teftandi, emendi, contrahendi ,
„ judicio fiftendi , alienandi & omnia faciendi quæ aliquis liber
„ homo , nulli obligationi vel conditioni fuppofitus facere po-
„ teft , ita quod amodo & deinceps idem Guillelmus Regis, ejus
„ hæredes & fucceffores , & bona gaudere poffint & valeant
„ Franchefiis & Libertatibus fuprà in præfenti contractu fpecificatis,
„ & aliis quibus Nobilis & liber homo gaudere poteft & de-
„ bet. Promittens dictus Nobilis per fe & hæredes fuos quod de
„ bonis dicti Guillelmi Regis mobilibus per fe , vel per alium
„ cujufcumque conditionis fint , non accipiet , vel per familiares
„ fuos , pullos, gallinas , capones , paleam vel fœnum capi faciet
„ ultrà voluntatem dicti Guillelmi, hæredúmque & fuccefforum:
„ Quod fi in contrarium faceret per fe vel per alium emen-
„ dam facere competentem promifit de eifdem , & punire ca-
„ pientes , ut fuerit rationis. Verùm cum fit ab antiqua confue-

tudine confuetum in TERRA BERENGARIORUM , quod bona "
& jura quæcumque omnium morientium fine hæredibus ex "
fuis corporibus legitimè procreatis ad Dominos Terræ fupradic- "
tæ devolvantur. Idcircò idem Nobilis BERTRANDUS BEREN- "
GARII per fe , hæredes & fucceffores fuos univerfos dedit & "
conceffit eifdem Guillelmo Regis humiliter poftulanti pro fe "
& fuis hæredibus & fuccefforibus univerfis folemniter ftipulan- "
ti & recipienti pleniffimam libertatem , poteftatem , liberam "
licentiam & arbitrium de bonis, rebus , juribus & actionibus "
quibufcumque mobilibus vel immobilibus , quæ idem Guillel- "
mus vel fui habent , tenent , poffident , vel alius pro eis in to- "
tis partibus Triviarum de Dominio & Segnoria ejufdem Ber- "
trandi , teftandi , teftamentum faciendi & ordinandi in fcriptis, "
vel fine fcriptis , donationem vel alienationem quibufcumque "
hominibus , vel mulieribus extraneis , vel privatis faciendi , & "
quibus titulis in teftamento vel extrà voluerit , ordinandi , aut "
Capellaniam de bonis prædictis ufquè ad fummam viginti li- "
brarum Viennenfium Monetæ veteris & antiquæ inftituendi , "
dictâ confuetudine non obftante , & teftamentum feu dona- "
tionem , ac etiam inftitutionem , quam vel quod idem Guil- "
lelmus Regis , aut ejus hæredes & fucceffores fecerunt , idem "
Nobilis BERTRANDUS per fe , hæredes & fucceffores firmam & "
firmas habere promifit. Et fi contingeret dictum Guillelmum de- "
cedere femper & quandocumque ab inteftato,& abfque difpo- "
fitione aliquâ , ordinatione feu donatione aliquâ faciendâ , "
quod omnia bona mobilia , vel immobilia , & jura quæ- "
cumque ejufdem Guillelmi Regis , quocumque nomine feu vo- "
cabulo tempore mortis fuæ reperirentur , & in quocumque lo- "
co ad proximiorem de genere ejufdem Guillelmi devolvantur "
pleno jure , dictâ confuetudine non obftante , quoniam in "
hoc cafu prædicto Guillelmo Regis , ejus hæredibus & fuccef- "
foribus ex privilegio fpeciali in perpetuum valituro remittit , & "
quantùm ad prædicta vult effe remiffum : Et falvis & retentis "
fuper bonis, rebus & juribus ejufdem Guillelmi Regis , hære- "
dum & fuccefforum fuorum omnibus cenfibus, & fervitiis de "
bladis , & gallinis confuetis , quæ ordinaria in Jure nuncu- "
pantur , & falvis & retentis illis feptem cafibus, quos Domi- "
nus habet de confuetudine , vel de jure in homine fuo ligio ; "
Pro quo cafu quolibet dictus Guillelmus Regis , quandiù vixe- "
rit , ex pacto teneatur eidem BERTRANDO & fuis dicto ca- "

„ fu eveniente femel dare & folvere viginti folidos Viennen-
„ fium antiquorum, & non ultrà. Et fi contingeret dictum
„ Guillelmum Regis unum, vel plures hæredes relinquere, quod
„ pro fingulis hæredibus, dicto cafu eveniente, folvere & dare
„ ex pacto decem folidos antiquorum femel teneantur, & non
„ ultrà, & pro tanto idem Guillelmus Regis, & fui hæredes &
„ fuccefiores quitti remaneant & immunes, atque bona eorum-
„ dem tafchiis & vintenis nunc & femper falvis remanentibus
„ ipfi Guillelmo, ejus hæredibus & fucceíloribus vniverfis, ad
„ quæ folvenda minimè teneantur. Item fuit actum & in pacto
„ deductum exprefsim inter partes prædictas, quod fi dictum
„ Guillelmum Regis, ejus hæredes & fuccefiores in futurum de
„ rebus rufticalibus confuetis vintenum dare extraneis quibuf-
„ cumque laboret, idem Nobilis BERTRANDUS, ejus hæredes
„ & fuccefiores de labore vel lucro ejufdem Guillelmi & fuo-
„ rum nullum vintenum percipere valeat per tempus ******
„ labore. Volens prædictus Nobilis BERTRANDUS fupradictam
„ claufulam, quæ incipit. *Et generaliter*, hîc & in qualibet
„ parte hujus præfentis Inftrumenti femper pro repetita haberi
„ ad utilitatem & commodum Guillelmi Regis, & fuorum hæ-
„ redum fuccefiorumque fuorum, cui per aliquam adjectionem
„ non vult in aliquo derogare, quæ adjectiones potiùs ad utilita-
„ tem dictæ claufulæ, quàm ad diminutionem ejufdem intelligantur
„ adjectæ. Pro qua quidem Libertate, Franchefia & Immunitate,
„ omnibus & fingulis in præfenti contractu contentis eidem
„ Guillelmo Regis folemniter pro fe, fuis hæredibus & fuccefio-
„ ribus univerfis conceffit idem Nobilis BERTRANDUS Dominus
„ de Foillanis per fe hæredes fuos & fuccefiores univerfos con-
„ feffus & contentus fuit fe à dicto Guillelmo Regis triginta li-
„ bras Vienenfium nunc currentium habuiffe & recepiffe in pecunia
„ numerata, ac fibi integrè datas & numeratas fuiffe. Quæ
„ omnia & fingula fupradicta in præfenti contractu contenta
„ idem Nobilis Bertrandus & Guillelmus Regis per fe, hæredes
„ fuos & fuccefiores fub bonorum fuorum obligatione firma ha-
„ bere & grata tenere promiferunt, & non contra facere vel
„ venire per fe, vel per alium aliqua caufa, vel ingenio, de Jure
„ vel de facto, item reficere & refarcire omnia & fingula dam-
„ na, expenfas & intereffe litis & extra, & firmaverunt Jura-
„ mentis hinc indè præftitis fuper Sancta Dei Evangelia corpo-
„ raliter facta, renuntiantes exceptioni dictæ pecuniæ fibi non
„ datæ, non numeratæ, fpeíque futuræ non numerationis, & ex-

ceptioni doli, quæ competi ultrà dimidium, vel minus dimi- "
dio, re ipſa, vel dolo deceptis, promittens dictus BER- "
TRANDUS dolum malum abeſſe ab ſe futurumque eſſe, & "
omnibus aliis exceptionibus & defenſionibus Juris Canonici "
& Civilis, quibus contra prædicta venire poſſet, vel in aliquo "
ſe tueri, & ſpecialiter Juri dicenti generalem renunciationem "
non valere niſi præceſſerit ſpecialis, confitens & verè recognoſcens "
idem Nobilis BERTRANDUS ad requiſitionem dicti Guillelmi "
Regis, quod dictus Guillelmus Regis uſque ad præſentem diem "
ſolvit cenſus & uſagia conſuetos & conſueta, & ſe tenuit pro "
uſagio : Volens idem Nobilis BERTRANDUS unum vel plura "
ad ſalvum Guillelmi Regis prædicti & ſuorum per me ſubſ- "
criptum Notarium fieri de prædictis publica Inſtrumenta, "
quæ idem Guillelmus Regis petiit & requeſivit cum inſtantia "
quanta poſſet. Acta fuerunt hæc apud Molendina ſuperiora, "
in Parochia Pratibuxi, antè domum liberorum quondam "
Joannis Balbi, teſtibus præſentibus vocatis & rogatis Nobili "
Petro Gauterii, Petro de Molendinis, Joanne Morardi, Rey- "
mundo Bruni. Et me Joanne Hugonis Notario publico autho- "
ritate Imperiali, qui hoc inſtrumentum feci, ſcripſi & ſigno "
meo conſueto ſignavi & fideliter tradidi. "

CHAPITRE XXXIII.

Des conceſſions faites in præſtariam.

ENCORE que les conceſſions faites *in Præſtariam* ne ſoient
plus de l'uſage de l'Egliſe qui les a introduites, ſi eſt-ce qu'il
eſt à propos d'en donner l'explication pour l'intelligence
des anciens titres, dont l'ignorance fait ſouvent la matiere
des procez.

Præſtaria eſt une conceſſion faite par l'Egliſe de l'uſufruit de quelque héritage pendant la vie du preneur, moyennant une redevance,
comme de fournir certaine quantité de cire pour les luminaires,
quelquefois auſſi ſans redevance. Et le plus ſouvent cette conceſſion
d'uſufruit ſe faiſoit à celui-là même qui avoit donné l'héritage à l'E-
gliſe, ſuivant la remarque de B. Rhenanus *lib. 2. Rerum Germanica-
rum*, en ces termes. *Quidam in illo recenti Chriſtianiſmo res ſuas Eccleſia
donabant, & rurſum agros aut domum in Beneficii modum recipiebant, ad
vitæ ſuæ tempus, non citra tamen penſitationem, nec filius poſt mortem patris, aut hæres vendicare ſic donata poterat.*

⊢. Très-souvent auffi l'Eglife ajoûtoit au revenu de l'héritage donné la joüiffance d'autres biens de pareille ou de plus grande valeur, pour recompenfer en quelque façon la liberalité du donateur.

Quelquefois les enfans du donateur demandoient à l'Eglife la continuation de la joüiffance des biens donnez par leur pere ou par leur mere ; En recompenfe dequoy (ce qu'on appelloit *in commutationem*) ils faifoient donation à l'Eglife de quelque autre fonds fous la referve de l'ufufruit pendant leur vie. C'eft l'un des moyens par lequel l'Eglife s'eft acquis une partie des grands biens dont elle joüit.

Cette forte de contract fut appellée *Præftaria* , du verbe *Præftare* , dont les Auteurs de la baffe Latinité fe font fervi au même fens que nous difons *prefter*, comme fi l'héritage dont l'Eglife cedoit la joüiffance à certains temps n'étoit autre chofe qu'un prêt. Ainfi nous trouvons dans la Loy Salique tit. 54. *de re preftita* , dans les Capitulaires , & dans les Loix des Frifons & des Lombards *præftitum habere* , *in præftito fufcipere*. Même en la Loy derniere *C. quod cum eo qui in aliena poteftate eft* , laquelle eft d'Honoré & Theodofe , le mot de *præftet* a été mis par Tribonian , au lieu de *commodet* dont s'étoient fervi les Empereurs en la Loi 1. au Code Theodofien , *Quod juffu*, comme l'a remarqué Cujas en fon Paratitle *D. commodati*.

La Formule de la Preftaire fe trouve dans le Moine Maculfe qui vivoit il y a mil ans fous le Regne de Clovis II. fils de Dagobert *lib. 2. Formula* 40. qui à pour titre *Præftaria de re Ecclefiæ ab Epifcopo facta*, & encore dans les Formules anciennes d'un Auteur incertain *Form. 42.*

Et parce que cette conceffion d'ufufruit étoit accordée à la priére du preneur ; elle fut auffi appellée *Precaria* , laquelle eft differente du precaire dont il eft traité dans le Droit *D. de precario* , quoi que l'un & l'autre foit ainfi nommé *quod precibus petenti utendum concedatur* , pour ufer des termes d'Ulpian. Le Precaire finit à volonté ; la Precaire à un temps certain ; le Precaire eft gratuit ; la Precaire eft le plus fouvent chargée de redevance ; celle-ci doit être renouvellée de cinq en cinq ans comme il fera dit cy-aprés , le Precaire non.

Mais proprement la Preftaire étoit l'Acte de conceffion faite par l'Evêque, par l'Abbé, ou par autre Superieur Ecclefiaftique , laquelle eft appellée *in Traditionibus* , *Fuldenfibus* , *Præftationis charta.*

La Precaire étoit la requête du preneur , & l'Acte de reconnoiffance qu'il en paffoit, qui regulierement devoit être renouvellée de cinq en cinq ans , fuivant le chapitre *de Precariis* , & le Synode de Bauvais c. 13. *ut Precariæ de quinquennio in quinquennium fecundum antiquam confuetudinem renoventur*. La raifon étoit *ne longinquitas temporis proprietati obfifteret* , comme parle le Concile VI. de Toléde. Cette renovation peut être appellée ἀνακαμψις , d'un mot emprunté de la Nouvelle 13. de Leon , pour laquelle on payoit un droit à l'Eglife, nonobftant qu'il n'y eût point de changement de poffeffeur. Néanmoins l'Acte de conceffion portoit quelquefois la claufe *abfque ulla alia reno-*

vata, ut mos eſt in cæteris, Pretaria, comme elle ſe trouve dans Maculfe *lib. 2. cap. 5. & 39.*

Enfin l'uſage a confondu les Actes de Preſtaire & de Precaire comme il appert de ce paſſage de Flodoard dans ſon Hiſtoire de Reims,
où il énonce les deux comme ſynonimes. *Recepit denique res diverſas &*
Villas Eccleſia, quas anteceſſor ſuus per Precarias ſive Preſtarias diverſis con-
tulerat perſonis.

Et comme l'Emphiteoſe ne fut pratiquée au commencement qu'a-
vec les Villes & les Communautez, & qu'après elle l'a été entre
particuliers; de même la Precaire a été premierement introduite pour
l'Egliſe; depuis l'uſage en a paſſé aux perſonnes laïques, mais rarement. Et même toute conceſſion d'uſufruit faite par l'Egliſe a pris le
nom de Precaire, quoique le preneur n'eut rien donné à l'Egliſe.

Je ne m'arrêterai pas à remarquer la différence qui eſt entre le Fief,
l'Emphyteoſe, la Libellaire & la Precaire, qu'on peut voir dans Cujas *in lib. 1. Feud. cap. 5.* Il eſt vray que l'ignorance des Notaires les a
fort confondus.

Il me ſuffira de rapporter deux exemples de ſemblables conceſſions
faites en Dauphiné.

Le premier tiré d'un ancien Cartulaire de la Bibliotheque de M^r
Chorier Hiſtoriographe de Dauphiné, par lequel Humbert Evêque de
Grenoble qui vivoit l'an 991. octroye *in preſtaria* au Comte Manaſſé,
& à ſon épouſe Hermengarde ce qui appartenoit à Saint Vincent,
c'eſt-à-dire, à l'Evêché de Grenoble, en pluſieurs Bourgs & Villages
ſituez au Païs Genevois entre la riviere de Menoye du Levant, le Lac
du Couchant, la Drance du Septentrion, & l'Arve du Midi: En conſideration de quoi le Comte & ſon épouſe donnent *ex Alodo & pro-*
prio ſuo à l'Egliſe de Nôtre-Dame & de Saint Vincent ſix Villages &
deux Mas ſituez au Pais Grenoblois dans le Comté de Savoye, *in Pa-*
go videlicet Gratianopolitano, in Comitatu Savogenſi, qu'un tremblement
de terre a depuis enſeveli au lieu qu'on appelle *les Abymes,* ſur la
frontiere de Dauphiné & de Savoye, ce qui a donné cauſe à la devotion de Nôtre-Dame de Mians. Ils ſe reſervent pourtant la moitié de l'Egliſe de Saint André; & donnent l'autre moitié avec ſes appartenances *pro Cenſu & Inveſtitura.* Tout le reſte leur eſt concedé *in*
Preſtaria, pour le tenir & poſſeder pendant leur vie ſans le pouvoir
vendre & aliener, à la charge de retour après leur décès.

Je laiſſe à ceux qui ſont verſez en l'Hiſtoire le ſoin de rechercher
quel eſt ce Comte de Manaſſé, que l'acte appelle *Manaſſeus.* Ce n'eſt
pas Manaſſes Comte de Mâcon, Mary d'Hermengarde, & Pere d'Alberic I. auſſi Comte de Mâcon, parce qu'il vivoit l'an 830. ainſi
plus de cent quarante ans avant le Comte Manaſſé contemporain
d'Humbert Evêque de Grenoble l'an 991. Ce n'eſt pas le Comte d'Albon & de Grenoble, parce qu'alors il avoit nom Guigues, qui fut
mari de Fredeburge & frere d'Humbert Evêque de Grenoble: Ce n'eſt
pas non plus le Comte de Geneve, puis que celui qui l'étoit en ce

temps-là s'appelloit Robert fils de Conrad. Je ſçai bien qu'il y avoit un ancien Comté de Salmorenc, dont il eſt fait mention ſous le nom de *Saimoringum*, dans le partage qui fut fait l'an 870. entre Charles & Loüis enfans du Roy Lothaire, qu'on peut voir dans le ſecond tome des Hiſtoriens Latins recüeillis par du Cheſne p. 455. Mais ce Comté n'étoit compoſé que de vingt-trois Châteaux aux environs de Voiron, où le nom de Salmorenc s'eſt conſervé au lieu où eſt l'Egliſe Parroiſſiale. Ainſi je ne doute point que Manaſſé ne fut Comte de Savoye, puis que les Villages qu'il donne à l'Egliſe de Grenoble ſont ſituez *in Comitatu Savogenſi*. Et vrai ſemblablement c'étoit le pere d'Humbert, ou Hubert I. ſurnommé aux Blanches mains, dont la recherche a exercé l'eſprit de tous les Génealogiſtes de la Maiſon Royale de Savoye. Et n'importe que l'Acte ne faſſe mention que d'*Aniana* fille du Comte Manaſſé, parce qu'Humbert pouvoit être abſent, ſinon qu'on veüille préſumer qu'Aniane fût épouſe d'Humbert Comte de Maurienne à qui elle eut porté le Comté de Savoye.

Quoi qu'il en ſoit l'on n'a point vû juſques icy de titre plus ancien que celui-là, où le Comté de Savoye ſoit mentionné. J'eſtime que les curieux de ſemblables recherches ſeront bien aiſes d'en voir l'extrait, où ils trouveront d'autres remarques à faire qui ne ſont pas de mon ſujet.

Voici un ſecond exemple d'une Précaire en Dauphiné. Une Dame nommée Feceme qui avoit épouſé en premieres nôces Roſtaing de Voreppe, & en ſecondes Aynard fils d'autre Aynard Seigneur de Domene, qui a donné le nom à la famille des Aynards ou Montaynards, Feceme, dis-je, avoit fait donation au Monaſtere de Domene d'un Mas ſitué à Vireville, ſous la reſerve de l'uſufruit pendant ſa vie. Après ſon décès Iſard ſon fils du premier lit confirma la donation, mais en même temps il pria les Moines (*deprecatus eſt Monachos*) de prendre en échange de ce Mas *unam Cabannariam*, c'eſt à dire une Métairie ſituée à Pomiers au Mandement de Voreppe près de l'Egliſe de Sainte Marie, à la charge qu'après ſon décès le Mas de Vireville & la Métairie de Voreppe retourneroient au Monaſtere. Ce qui fut confirmé quelques années après, ſçavoir l'an 1107. par Guigues Comte d'Albon, lors qu'il voulut aller en pélérinage à Saint Jacques, en preſence de la Reine ſa femme ; c'eſt ainſi qu'on l'appelloit ſuivant la coûtume de ce temps-là, parce qu'elle étoit fille du Roi d'Angleterre. L'Acte ſe trouve dans un ancien Cartulaire de la Bibliotheque de Monſieur de Ponat, qui n'eſt pas moins verſé en la connoiſſance des belles Lettres, qu'en la ſcience du Palais.

Exemple d'une conceſſion faite in Præſtariam.

IN *nomine Dei æterni & Salvatoris noſtri Jeſu Chriſti. Humbertus ſublimis Arbitri providente clementiâ, ſanctæ Gratianopolitanæ Eccleſiæ mitis Pontifex. Notum ſit omnibus filiis Eccleſiæ noſtræ præſentibus ſcilicet & futuris* adiſſe

*adiſſe nos Manaſſeum Comitem , & uxorem ſuam Hermengardam nomine ,
& petiiſſe à nobis quatenus eis concederemus de Eccleſia quæ auctore Deo à
me regi videtur res Sanctæ Dei Genitricis Mariæ , Sanctique Vincentii in
Præſtaria : Cujus precibus clementer acquievi , quoniam juſtam petitionem ejus
comperi. Quippe cum viderem eum omnibus viribus ſuis fidelem noſtræ Eccleſiæ , & in futuro fideliorem eſſe credam , una cum conſilio fidelium , & filiis noſtræ Eccleſiæ Clericis & Laïcis aſſenſum præbendo complacui. Sunt namque ipſæ res in Pago Gebennenſi , in denominatis Villis : Eranavis , quantum
ibidem Sanctus Vincentius videtur habere : In Luxiniaco ſimiliter : In Cavan-
naico ſimiliter : In Satimango ſimiliter : In Aureliaco ſimiliter : In Limargo
ſimiliter : In Codolada ſimiliter : In Præſiago ſimiliter : In Felcheria ſimiliter :
In Deſia ſimiliter : In Pradalia ſimiliter : In Lucimango ſimiliter : In Eraſ-
natis ſimiliter : In Maciliago ſimiliter : In Niſianco ſimiliter : In Montaniaco
ſimiliter : Sunt namque fines iſtarum Villarum ab Oriente aqua , quæ dicitur
Menobia ; ab Occidente Lacus : A Septentrione Drancia ; A Meridie Arva
aqua fluens. Quapropter prædictus Comes Manaſſeus & uxor ſua Hermen-
gardâ dant ad præfatam Eccleſiam ex Alodo & proprio ſuo in Pago videlicet
Gratianopolitano , in Comitatu Savogenſi , in Villa Sancti Andreæ , quantum
ibidem aſpicit vel aſpicere videtur. In Gentiano ſimiliter , & in Reculáto ſimiliter ; & in Cumba Areboldi ſimiliter, in Altavilla quæ vocatur vulgò Chato villa-
rium ſimiliter ; in Jardinco ſimiliter , & Manſos duos unum quem excolit Odo-
rannus,& alium quem excolit Bonus filius, quantum in ipſis prædictis Villis, vel ad
ipſos Manſos aſpicit , vel aſpicere videtur ; hoc eſt , campi culti & inculti cum
pratis , ſilvis , Molinariis , paſcuis , cum arboribus pomiferis & inpomiferis ,
& cum vineis & aquis & rivis, aquarumve decurſibus, totum donamus prædictæ Eccleſiæ Sancti Vincentii , exceptâ una medietate prædictæ Eccleſiæ Sancti
Andreæ. In præſenti namque donant Eccleſiis prædictis Sanctæ Mariæ & Sancti
Vincentii & Sancti Donati , ex prædicta hæreditate pro cenſu & inveſtitura
unam medietatem præſcriptæ Eccleſiæ Sancti Andreæ cum omnibus adjacentiis
ſuis. Igitur ego Humbertus Epiſcopus prædictam hæreditatem Sancti Vincentii
illis propter iſtam Præſtariam conceſſi ; Ea vero ratione , ut quandiù illi duo
Manaſſeus Comes , & Uxor ſua Hermengarda vixerint teneant & poſſideant :
Et ſi Hermengarda ſupervixerit Manaſſeum Comitem , Manſus ille quem excolit Amalguinus ad prædictam medietatem de inveſtitura jungatur , & ad
Caſam Dei perveniat , & nihil ex rebus prædictis vendere nec alienare præſu-
mant. Poſt illorum verò deceſſum , omnes præſcripta res ad prædictas Eccleſias perveniant. Hoc verò decrevimus , quod ſi aliquis de hæredibus ipſorum ,
ſeu aliqua objecta fuerit perſona , quæ hanc Præſtariam violare tentaverit , nec
vendicet quod petierit , ſed inſuper ſciat ſe judicio Dei ſubjacere , & poſtmodum
quod repetit non opere compleat. Et ut hæc Præſtaria firma maneat in reli-
quum , manu propria ſubter firmavi , & Clericis Eccleſiæ noſtræ , una cum
Vaſſallis noſtris corroborare juſſimus. S. Manaſſei Comitis , & Uxoris ſuæ
Hermengardæ , qui fieri & firmare rogaverunt. S. Alioſdi qui fieri & firmare rogavit, S. Vigonis. S. Deſiderii. S. Barnorni. S. Theodati. S. Ambardi. S. Morardi
S. Loſberti. S. Giſlaboldi. S. Arberti. S. Conſtantini. S. Anianæ filiæ Comitis.
Ego Othgerius Presbyter ſcripſi XII. Kal. Julii. ad vicem Humberti Epiſcopi.*

I. Partie.   R

CHAPITRE XXXIV.

Du Droit de Pulverage.

LE droit de Pulverage qui fait le sujet de ce Chapitre, est appellé dans les anciens Titres *Pulveraticum & Pulveragium* ; ce qui m'oblige de remarquer toutes les significations de ce mot.

Premierement, il signifie le salaire & la récompense qui est donnée aux Arpenteurs, *qui solebant quandoque rationem abaci sui in pulvere conficere*, suivant l'explication qu'en donne Alciat *lib. 2. Parergon juris cap. 26.* ou comme l'interpréte Cujas en ses Observations liv. 4. chap. 18. *honorarium quod quasi pro labore & pulvere Agrimensoribus datur in Constitutione quadam Theodosii & Valentiniani, quæ apud Frontinum extat.* Mais Cujas a suivi l'erreur de l'impression d'Adrian Turnebe, de l'an 1554. qui a mis dans le texte de Frontin la Constitution de Théodose & de Valentinian, laquelle doit être dans les Commentaires d'Aggenus Urbicus, parce que Frontin écrivoit sous l'Empire de Trajan.

II. *Pulveraticum* signifie le present, que les Gouverneurs des Provinces exigeoient des Villes qu'ils visitoient, lequel fut aboli par la Novelle de Leon & de Majorian *de Curialibus.*

III. L'on désignoit par le même mot, *binos solidos*, qu'on avoit accoûtumé de donner aux Serfs qui s'enrolloient pour la Milice, dont il est fait mention en la Loy 16. *C. Theodos. de Tironibus.*

IV. C'est une espece de Péage ou d'impôt, dans les Capitulaires liv. 6. chap. 219. *Ut nullus homo præsumat tholoneum per vias, nec per Villas rodaticum vel pulveraticum suscipere*, & dans la Charte de Dagobert, *de Mercato Sancti Dionisii*, où divers impôts sont mentionnez. *Theloneos, vel navigios, portaticos, pontaticos, rivaticos, rotaticos, vultaticos, themonaticos, cespitaticos, pulveraticos, foraticos, mestaticos, laudaticos, saumaticos, salutaticos omnes, & ex omnibus quidquid ad partem nostram, vel Fisco publico de ipso Mercato ex ipsa mercimonia exactari potuerat.* Je trouve aussi que les mots de *Pulverage & de Péage*, sont employez comme synonimes dans une Charte de l'an 1028. qui est dans les Archives de l'Abbaye de Boscodon, par laquelle Bertrand Comte de Forcalquier, de Montfort & d'Embrunois, de l'avis d'Alabayie Comtesse de Die sa mere, de Geofroy & de Guillaume ses freres, donne au Monastere de la Cluse, les Villages de Prunieres & de la Couche, *& omne Pulveragium seu Pedagium quod in dictis locis de Pruneriis, de Pineta, & de Culca, vel in Mandamento eorum consueverat percipere.*

Mais aujourd'huy le droit de Pulverage, n'est autre chose en Dauphiné qu'un droit que les Seigneurs fondez de titre ou de possession immémoriale, ont accoûtumé de prendre sur les troupeaux de Moutons qui paffent dans leurs Terres, à caufe de la poufliere qu'ils excitent ; comme Pline dit en fon Hiftoire naturelle liv. 11. chap. 1. que les Romains prenoient un tribut pour l'ombre des arbres, *ac tributarium etiam detinens cælum, ut gentes vectigal & pro umbra pendant.*

Surquoy j'ay fouvent fait cette obfervation, qu'il n'y a point d'élement que les Haut-Jufticiers n'ayent tâché de s'approprier pour affujettir de toutes parts les Habitans de leurs Terres, contre la Loy de la nature qui en a rendu l'ufage commun, fuivant laquelle Ovide dit au fixiéme Livre de la Métamorphofe.

Quid prohibetis aquas : ufus communis aquarum eft ;
Nec Solem proprium natura, nec aëra fecit.

La terre eft à eux par les Terrages, les Champars, les Bordelages, les Agriers, les Cenfes & les autres droits fonciers. Ils s'attribuent les eaux en s'attribuant les petites Rivieres, & la Bannalité des Moulins. L'air eft à eux, puis qu'ils prennent en quelques lieux un droit pour la naiffance d'un enfant, comme un tribut qu'il doit à l'inftant qu'il refpire l'air, *& vefcitur aura ætherea.* Ce que les Grecs appellent αεριχον. L'air, dis-je, fur lequel Dædale dit au 8. de la Métamorphofe que la domination de Minos ne s'étendoit pas.

Omnia poffideat, non poffidet aëra Minos.

Ce qui me remet en mémoire la réponfe, que fit Pefcennius Niger aux Peuples de la Paleftine, qui lui avoient préfenté Requête pour avoir quelque foulagement des impôts. *Vos terras levari Cenfitione vultis; ego verò aërem veftrum cenfere vellem,* comme nous lifons dans Spartian en la vie de cet Empereur. Néanmoins Saint Jean Chryfoftome en l'Homelie qu'il a faite fur le Pfeaume 38. fe plaint de ce que les chemins étoient tributaires, & l'air venal. οδοι τελωνευονται, ο αηρ ωνιοις εποβαλλεται. *Viæ vectigales funt, aer venalis eft.* Le feu même n'eft pas échapé à la domination des Seigneurs qui prennent des Redevances pour chaque Habitant faifant feu & fumée, que les Grecs ont nommé καπνικον.

Je laiffe cette difgreffion pour dire que le droit de Pulverage fe leve en beaucoup de lieux de Dauphiné, & principalement au Gapençois, au Diois, & aux Baronies pour le paffage des Troupeaux ; Mais il y a peu de perfonnes qui en fçachent l'ufage légitime ; ce qui donne fujet à quelques Seigneurs d'en abufer. J'ay trouvé un Arrêt du Parlement donné à la Requête du Procureur Général du Roy le 2. de Juin 1458. qui regle le Pulverage en la maniere fuivante.

Que les Avers peuvent être conduits par les lieux & Territoires par où ils ont accoûtumé d'être menez aux Montagnes ; & que les Seigneurs & Officiers des lieux & Territoires permettront que ces Avers paffent & foient conduits ainfi qu'ils ont accoûtumé : Et que pour le Paffage, Pulverage & Dommage qu'ils peuvent caufer aux lieux qui pour ce fujet auront été marqués & défignés par les Seigneurs & leurs Officiers, ils n'exigent rien, compris le retour des Avers, au-deffus de huit gros pour chaque Matate, laquelle communément eft de

trois mille chefs d'Aver, ou bien cent trentenaires : Et cela pour une
lieuë, ou paſſage d'une lieuë de chemin : Et ſi le Territoire ne dure
pas une lieuë, à proportion de ce qu'il y en aura de moins, & que
le nombre des Avers ſera plus ou moins grand que le nombre ſuſdit,
& le Territoire à proportion ; & qu'on exige plus ou moins pour le
paſſage ; eu égard aux huit gros pour chacune Berlie ou Matate, &
pour chacune lieuë ; ſauf que là où pluſieurs Matates ou Berlies paſſeroient par les lieux & Territoires, attendu qu'elles ont accoûtumé de
paſſer par un même chemin, ils n'ayent rien à prendre pour la premiere Berlie de l'Aver au-delà de huit gros ; comme il eſt dit cy-deſſus ; & pour la ſeconde Berlie, la troiſiéme, & les ſuivantes ſi gros
ſeulement.

Que s'il arrive conteſtation ſur le nombre des Avers, on ſe tienne
à l'aſſeveration & déclaration avec ſerment des Paſtres, ou de ceux
qui conduiront les Avers. Et où il y auroit ſujet de douter que l'aſſeveration fût frauduleuſe, qu'en ce cas ils doivent compter les Avers ;
& où le nombre ſe trouveroit plus grand que celui qui auroit été
déclaré par les Paſtres & conducteurs, au-delà d'un trentenier, que
les Paſtres ſeront condamnés en l'amende de cent ſols monnoye courant au profit du Seigneur du lieu ; à condition toutefois que pour
un trentenier qui ſeroit trouvé de plus, les Paſtres & conducteurs
n'encourront aucune peine ; Et s'il arrivoit qu'il ne s'en trouve pas un
plus grand nombre que celui qui auroit été déclaré, qu'en ce cas-là
celui qui aura demandé le compte ſubira la même peine au profit
des Paſtres & conducteurs.

Que ſi les Avers portent quelque dommage dans les biens des
particuliers, ou dans les autres lieux qui ne ſeront pas aſſignés pour
le paſſage, les Paſtres & conducteurs ſeront tenus de dédommager
les intereſſez au dire de Prud'hommes non ſuſpects, ſans que pour
raiſon de ce l'on puiſſe procedér par voye de ſequeſtration contre les
Paſtres ou conducteurs, mais ſeulement par eſtimation du dommage
qui ſera fait.

Que pour le payement du dommage les Avers ne puiſſent être
arrêtez ; mais ſeulement que l'un des Paſtres ou Conducteurs ſoit obligé de tenir les Arrêts dans un lieu convenable du Territoire, où le
dommage aura été fait, ſinon qu'il aime mieux relâcher quelque bête
des Avers juſques à la concurrence de l'entier payement de ce à quoy
le dommage aura été eſtimé.

Et s'il arrive que quelqu'un des Seigneurs ou Officiers de Dauphiné, ou d'autres lieux & Territoires ſuſdits prétend d'être grevé, &
ſe veüille oppoſer, il lui ſera loiſible de ce faire, & déduire ſes griefs
pardevant la Cour de Parlement de Dauphiné, laquelle, parties oüies,
leur dira droit ſuivant la Loy & la raiſon ; nonobſtant ce qui eſt ordonné cy-deſſus, à la charge toutefois que dans l'interim & juſques
à ce que la choſe ait été autrement ordonnée, les Appointemens &
Reglemens ſuſdits ſeront obſervez.

Voilà ce qui eſt contenu dans l'Arrêt & Reglement du Pulverage, que j'ay crû devoir mettre à la ſuite de ce Chapitre, comme je l'ay trouvé dans les Regiſtres de la Chambre des Comptes au quatriéme *Generalia fol. 141.*

Ordinatio ſuper modo ſolvendi Pulveragia tam Domino noſtro Delphino, quàm Nobilibus patriæ Delphinatûs.

LUDOVICUS de Laval Dominus Caſtellionis, Guber- "
nator Delphinatus dilectis noſtris Caſtellanis Delphinali- "
bus, ſeu Locatenentibus eorumdem, nec non Dominis lo- "
corum & Territoriorum inferiùs mentionatorum, ipſorum- "
que Officiariis ſalutem. Expoſitum fuit nobis per Procurato- "
rem Fiſcalem Generalem Delphinalem quod in hac Delphi- "
nali Patria plures ſunt montaneæ, in quibus ex patriis Pro- "
vinciæ, Venaiſini, & aliis inferioribus partibus animalia, "
præſertim minuta, tempore æſtivo ad depaſcendum & æſti- "
vandum in eiſdem montaneis duci conſueverunt. Ex quibus "
propterea montaneis tàm Domino noſtro Delphino, quàm "
cæteris Nobilibus, & aliis quorum multa commoda & emo- "
lumenta pervenire annuatim conſueverunt. Verùm quia non- "
nulli Domini locorum & Territoriorum, per quæ dicta Ave- "
ria ſive animalia minuta tranſire conſueverunt, accedendo "
ad montaneas prædictas, & etiam aliqui Officiarii Delphina- "
les conſimilium locorum & Territoriorum pro tranſitu dicto- "
rum animalium, ſeu damno quod prætendunt inferri per dic- "
ta Averia in comedendo herbam locorum per quæ tranſeunt, "
vel aliter ad cauſam Pulveragii quod ſibi prætendunt deberi "
à certis annis citrà à conductoribus dictorum Averiorum ſum- "
mas pecuniarum exceſſivas, & multò ſolito majores exege- "
runt, & quas voluntariè non habitâ conſideratione ad damna "
quæ inferunt, Avaria ipſa dietim augmentant, & majores "
exigunt, & in tantum quod niſi ſuper hoc de cætero provi- "
deatur remedio, emolumenta ex dictis montaneis proveniri "
ſolita tàm Domino noſtro Delphino, quàm cæteris quibus "
ſpectant montaneæ prædictæ plurimùm diminuunt, & veriſi- "
militer poterunt quaſi ad nihilum devenire; quod eſſet in "
præjudicium non modicum juris Delphinalis, & aliorum dic- "
tas montaneas habentium. Nos volentes ſuper præmiſſis de "
opportuno providere remedio, viſis priùs informationibus, "

„ tàm alias quàm nuperrimè noftro mandato fumptas fuper
„ præmiffis , & fuper his habita deliberatione matura per mo-
„ dum provifionis , & quoufque aliter fit ordinatum appuncta-
„ vimus ut fequitur. Videlicet quod Avaria prædicta conduci
„ poffint per loca & Territoria per quæ duci confueverunt ad
„ montaneas fupradictas , & quod Domini & Officiarii dicto-
„ rum locorum & Territoriorum ea tranfire & conduci per-
„ mittant ut confueverunt ; & quod pro dictis tranfitu , Pul-
„ veragio & damno quod inferunt tranfeundo per itinera five
„ loca quæ fuper hoc fuerint defignata per Dominos five Offi-
„ ciarios dictorum locorum non exigant , inclufo etiam regref-
„ fu dictorum Averiorum ultrà octo groffos pro qualibet Ma-
„ tata , quæ communiter eft de tribus millibus capitibus dicti
„ Averii , five centum trentenariis , & hoc pro leuca five tran-
„ fitu unius leucæ : Et fi Territorium non duret per leucam ,
„ quantùm minus durabit : Et ubi erit major aut minor nu-
„ merus dictorum Averiorum , quàm numerus fupradictus , fi-
„ vè partibus fuis dictum Territorium , quod etiam plus vel
„ minus exigatur pro dicto tranfitu habita confideratione ad
„ dictos octo groffos pro fingula Berlia five Matata , & pro
„ qualibet leuca , falvo quod ubi per dicta loca five Territoria
„ tranfirent plures Matatæ , five Berliæ , attento quod per unum
„ iter communiter tranfire confueverunt , quod pro prima Ber-
„ lia dicti Averis non exigant ultrà octo groffos , ut prædictum
„ eft ; Et pro fecunda Berlia , & pro tertia , & qualibet fe-
„ quentium Berliarum ultrà fex groffos.

„ Item quod fuper numero dictorum Averiorum , ubi effet
„ altercatio , ftetur & ftari debeat relationi juratæ paftorum fi-
„ vè conductorum dictorum Averiorum : Et ubi dicta relatio
„ prætenderetur fraudulenter effe facta , quod ex tunc poffint
„ & debeant numerare dicta Averia , provifo quod ubi fuerint
„ major numerus inventus , quàm effet per dictos paftores five
„ conductores revelatus , & hoc ultrà unum trentenarium ,
„ quod dicti paftores incurrant pœnam centum folidorum cur-
„ rentium , applicandam Domino loci five Territorii ; Ita ta-
„ men quod pro uno trentenario magis reperto per numeratio-
„ nem fiendam , quàm effet relatum , dicti paftores five con-
„ ductores dictam pœnam non incurrant. Et ubi major nu-
„ merus non reperiretur , quàm effet relatus , quod ex tunc
„ ipfe qui feciffet numerari dictam pœnam incurrat , & folvat
„ dictis paftoribus five conductoribus.

Item quod si dicta Averia damna inferant in possessioni- "
bus privatorum, vel etiam in aliis locis extrà terminos assig- "
natos pro dicto transitu, quod damna ipsa resarcire damna "
passis dicti pastores sivè conductores teneantur æstimo probo- "
rum non suspectorum, absque eo quod procedatur via in- "
queftæ contra dictos pastores sivè conductores, sed solum "
per æstimationem damni illati. "

Item quod pro solutione æstimationis dictorum damno- "
rum Averia ipsa non debeant, neque possint arreftari, sed te- "
neatur alter dictorum pastorum sivè conductorum tenere "
Arreftum in loco congruo Territorii, ubi damna ipsa illata "
fuerint, aut dimittere de Averi prædicto usque ad valorem "
æstimationis dictorum damnorum, quousque solverint æfti- "
mam dictorum damnorum. "

Item ubi aliqui Dominorum sivè Officiariorum tàm Del- "
phinalium, quàm aliorum locorum & Territoriorum prædic- "
torum in præmissis opponere voluerint prætendendo se gravà- "
ri, quod illud facere possint, & sua gravamina coram Par- "
lamento Delphinali deducere & prosequi, & quod partibus "
auditis habeat providere, prout juris fuerit & rationis, supe- "
riùs appunctatis non obstantibus, proviso tamen quod inte- "
rim & quousque aliter quam supra fuerit ordinatum, quod "
præmissa & superiùs appunctata serventur. "

Quocircà vobis & cuilibet, quibus seu cui præsentes nof- "
træ Litteræ exhibitæ fuerint præcipimus & mandamus quate- "
nus præmissa omnia & singula observetis & adimpleatis, "
prout superiùs sunt appunctata, nihil in contrarium facien- "
do, nec fieri permittendo, quatenus vestrum quemlibet tan- "
git & concernit, & sub pœna pro quolibet contrarium fa- "
ciente quinquaginta francorum Fisco Delphinali applicanda : "
Præcipiendo etiam cuilibet Servienti Delphinali super hoc "
primùm requirendo, quatenus ex parte Delphinali præcipiat "
Dominis & Officiariis locorum & Territoriorum præmentio- "
natorum, & sub pœna prædicta, quatenus præmissa appunc- "
tata observent & faciant prout eis & cuilibet ipsorum perti- "
nent, inviolabiliter observari. Et casu quo præmissis se op- "
posuerint, aut ea servare & ad implere noluerint seu contra- "
dixerint ipsos assignetis coram dicto Parlamento comparituros "
ad certam & competentem diem dicto Parlamento, intimen- "
do causas suarum oppositionum allegaturos ; & interim quod "
prædicta appunctata habeant observare, & sub pœna prædic- "

„ ta. Datum Gratianopoli fub Sigillo Regiminis Delphinalis,
„ die fecunda Menfis Junii, Anno Domini millefimo quadrin-
„ gentefimo quinquagefimo octavo.   Per Dominum Guberna-
„ torem ad relationem Parlamenti Delphinalis, quo erant Do-
„ mini Joannes Bajuli Juris utriufque Doctor Præfidens, Ma-
„ theus Thomaffini Miles, Guido Papæ, Guillelmus Guiller-
„ merii Decretorum, Joannes de Sancto Germano Advocatus
„ Fifcalis legum Doctores, Joannes de Marolis, & Joannes
„ de Origny Computorum Delphinalium Auditores. Bolliaco.

Cet Arrêt qui regle le droit de Pulverage fut confirmé par autre Arrêt du
même Parlement du 2. May 1521. donné à la Requête des Seigneurs de
Pipet & de Morges, qui fe trouve à la fuite du précedent en ces termes.

„ Curia Parlamenti vifis præfentis caufæ meritis, & fignan-
„ ter fupplicatione pro parte Nobilis Gabriëlis Berengarii Do-
„ mini de Pipeto, & aliorum Nobilium adhærentium, unà
„ cum Sententia per Curiam lata de anno Domini millefimo
„ quadringentefimo quinquagefimo octavo, per quam declara-
„ tum extitit quid & quantum exigi debeat pro Pulveragiis
„ animalium Provincialium venientium ad montes hujus Pa-
„ triæ Delphinatus æftivandi & depafcendi caufa. Vifis etiam
„ cedulis & comparitionibus hinc indè datis.   Curia ordinavit
„ & ordinat dictam Sententiam ad unguem fore & effe obfer-
„ vandam juxtà mentem & tenorem illius, inhibendo Caftel-
„ lanis & aliis Officiariis Delphinalibus Triviarum, ne à Pafto-
„ ribus & conducentibus dicta animalia ad prædictos montes
„ pro dictis Pulveragiis, & aliis in dicta fupplicatione conten-
„ tis exigere habeant, nec ipfos paftores moleftare, nifi fecun-
„ dum formam & tenorem prædictæ Sententiæ; Inhibendo
„ etiam præfato Nobili Gabriëli Berengarii & fuis Officiariis,
„ ne pro Pulveragio paftoribus aliquid exigere habeant, etiam
„ fub pœna centum marcharum Fifco Delphinali applicanda,
„ expenfis hujus caufæ certis de caufis compenfatis.

Le même droit fe leve en Provence, fous le nom de *Paffage*,
comme il fe voit dans fes Statuts page 387. de l'impreffion de 1642.
quoyque par les anciens Statuts du Comte Berenger de l'an 1235.
il y eut défenfe de l'exiger. *Quod nullus Caftellanus vel Miles ab omnibus*
euntibus & redeuntibus à montaneis poffit exigere; vel petere aliquid five multa-
tionem, five aliquàm beftiam, feu tomam, vel aliquid in pecunia numerata.

CHAPITRE XXXV.

Du Plait accoûtumé.

M. Julien Brodeau parle avec eloge de ce Traité-là dans ses Commentaires sur la Coûtume de Paris. tom. 1. ris. pag. 487.

E plait est un droit Seigneurial, qui est dû à mutation de Seigneur, ou de possesseur de l'héritage, lequel y est sujet, ou de tous les deux ensemble selon qu'il est stipulé, comme j'ay dit au Traité que j'ai donné au public l'an 1652. sous ce titre. *Du plait Seigneurial & de son usage en Dauphiné;* dans lequel j'ay remarqué trois sortes de Plait, suivant nos mœurs; le Plait conventionnel; le Plait accoûtumé, le Plait à merci; Et comme l'usage légitime du Plait accoûtumé n'étoit pas bien connu, j'ay tâché de l'éclaircir par les Registres de la Chambre des Comptes, qui le déclare nettement. En sorte que la question s'étant présentée au Parlement bien-tôt après l'impression de mon Traité; elle y fut agitée avec beaucoup de soin, où d'un côté l'on examina les preuves & les raisons dont je m'étois servi, & de l'autre deux Arrêts contraires, l'un du 3. de Mars 1637. en faveur de la Dame de Murinais; l'autre donné en la Chambre de l'Edit le 19. de Decembre 1643. pour la Dame de Vinay. Enfin le Parlement declara par son Arrêt du dernier de Juillet 1652. au rapport de Mr de Beauchesne, le Plait accoûtumé être le doublement de la cense en deniers le courant compris, & pour les especes à raison de quatre sols pour sestier de froment, trois sols pour celui de seigle, & deux sols pour celui d'avoine, conformément aux Reglemens de la Chambre des Comptes, à qui les Châtellains rendoient compte autrefois du revenu des Terres Domaniales. Ce qui doit être entendu de l'ancien Dauphiné, suivant l'observation que j'ay faite dans ce Traité-là, qui peut être vû de ceux qui désireront avoir plus d'éclaircissement de cette matiere.

Voici l'Arrêt que je dois alleguer dans la rencontre de quelques autres questions qu'il a décidées.

„ Ntre Noble Claude Davity, Conseiller du Roy, & Maître or-
„ dinaire en sa Chambre des Comptes de Dauphiné, deman-
„ deur en enterinement de Lettres Royaux du dernier Aoust mil six
„ cens cinquante-un, pour être reçû appellant de la Sentence Arbitra-
„ le du 16. Décembre 1650. d'une part, & Noble Estienne de
„ l'Estang Sieur de Murat, en qualité d'engagiste de la terre de Moras
„ défendeur d'autre; Et entre ledit de l'Estang demandeur en ente-
„ rinement d'autres Lettres Royaux du 24. Février 1651. pour être
„ reçû appellant de la même Sentence d'une part, & ledit Davity
„ défendeur d'autre; Et entre ledit de l'Estang demandeur en Requê-

„ te du 19. Novembre 1651. tendante à interpofition de Decret d'u-
„ ne part , & ledit Davity défendeur d'autre : Et entre ledit Da-
„ vity demandeur en Requête du 26. Octobre 1651. d'une part, &
„ ledit de Murat défendeur d'autre. Veu, &c. La Cour faifant droit
„ fur les appellations refpectivement interjettées par les parties, en ce
„ qui concerne la Miftralie de ladite terre de Moras , & droit des eaux
„ & pefche dépendans d'icelle, a mis l'appellation , & ce dont eft
„ appel au néant, & par nouveau jugement a maintenu ledit Da-
„ vity dans la poffeffion & jouïffance de ladite Miftralie, à la charge
„ de faire la recette des lods & des amendes , tant feulement dont il
„ aura le droit de fe retenir le tiers ; & en confequence , a condam-
„ né ledit de Murat à lui tenir compte des arrerages du tiers des lods
„ que lui ou fes Fermiers auront effectivement recûs des acquifitions
„ faites par les particuliers dans ladite Terre , depuis le 9. Octobre
„ 1638. auquel temps Charles de l'Eftang, pere dudit de Murat ac-
„ quit ladite Terre , jufques au Plait contefté ; Et depuis ledit Plait con-
„ tefté jufques à prefent , à raifon du 6e. denier , avec interefts defdits
„ lods dès la demande : Et avant que faire droit fur le tiers des lods
„ demandez par ledit Davity audit de Murat , pour les acquifitions
„ particulieres faites , tant par lui que par ledit Charles de l'Eftang,
„ dans ladite terre de Moras , ledit Davity déduira & articulera plus
„ particulierement fa demande dans la quinzaine : A quoi fera répondu
„ par ledit de Murat dans la quinzaine après , autrement font de ce
„ faire refpectivement forclos , pour après être pourvû ainfi qu'il ap-
„ partiendra : Comme auffi déclare que le Roy a le droit & faculté
„ des eaux , conformement à la reconnoiffance de l'an 1559. fauf au-
„ dit Davity de fe pourvoir pour l'Albergement defdites eaux en la
„ Chambre des Comptes , & audit de Murat fes défenfes au contrai-
„ re. Et en ce que concerne la demande pour le droit de la pefche,
„ avant faire droit fur les fins & conclufions refpectivement prifes par
„ les parties, ordonne qu'elles déduiront & articuleront plus particu-
„ liérement leurs faits dans le même délai , & communiqueront tous
„ les Actes dont ils fe prétendent fervir , autrement forclos. Et pour
„ le régard de la reconnoiffance générale demandée par ledit de Mu-
„ rat audit Davity, pour les fonds qu'il poffede dans ladite Terre ;
„ enfemble la demande des arrerages de rentes, lods & Plait accoûtu-
„ mé , a mis lefdites appellations au néant, fans amende ; Ordonne
„ que ce dont eft appel fortira effet, & en conféquence, déclare que
„ le Roi Dauphin ; comme Seigneur de ladite Terre de Moras ; a le
„ droit de directe univerfelle fur tous & un chacun les fonds fituez
„ audit Mandement de Moras, excepté fur ceux qui font dépendans
„ des Fiefs & directes des Nobles & Ecclefiaftiques de ladite Terre,
„ lefquels Fiefs & directes fe meuvent encore , & relevent de ladite
„ terre de Moras , conformément aux reconnoiffances des années 1263.
„ & 1559. enfuite defquelles a condamné ledit Davity à paffer nou-
„ velle reconnoiffance audit Murat , comme Engagifte de ladite Terre,

de tous les fonds qu'il se trouvera posseder en icelle , & qui ne rele- "
veront des Fiefs & directes desdits Nobles & Ecclesiastiques : "
Comme aussi l'a condamné au payement des arrerages des rentes "
& lods à lui demandez pour les fonds acquis , tant par lui que par "
Marguerite de Faffion sa mere ; depuis l'acquisition de ladite Terre, "
faite par ledit Charles de l'Estang le 9.Octobre 1638. à raison du 6ᵉ de- "
nier , avec interêts desdits lods dès la demande. Et à ces fins, enjoint "
audit Davity d'exhiber les contracts d'acquisition , ou à faute de ce, "
lesdits fonds seront estimez à dire d'Expers , détraction faite sur "
lesdits lods du tiers à lui appartenant , à raison de la Mistralie, & "
sauf à lui à se pourvoir comme il verra à faire contre ceux de qui "
il aura fait lesdites acquisitions pour la moitié desdits lods , & aux "
vendeurs leurs défenses au contraire ; Comme aussi , a condamné "
ledit Davity au payement du Plait accoûtumé, qu'elle declare être "
le doublement de la cense en deniers, le courant y compris , & "
pour les especes à raison de quatre sols pour sestier froment, trois sols "
pour sestier seigle , & deux sols pour sestier avoine, conformément "
aux Reglemens de la Chambre des Comptes de cette Province, "
pardevant laquelle les parties se pourvoiront pour l'évaluation des "
rentes conçuës en argent bonne monnoye , Et pour le surplus , a mis "
les parties hors de Cour & de procés, tant sur l'interposition de De- "
cret, demandée par ledit de Murat, que sur les informations prises "
à la part dudit Davity , pour raison de la détention du Sergent faite "
par ledit de Murat, le quart des dépens de l'instance, épices, en- "
trées & expedition de l'Arrêt reservez , les autres dépens de l'instance "
compensez , sauf la moitié des dépens , entrées , expedition de l'Arrêt "
restante, ausquels ledit Davity est condamné. Fait à Grenoble en "
Parlement le dernier Juillet l'an 1652. Extrait des Registres du Par- "
lement, signé M A X I M Y. "

CHAPITRE XXXVI.

De la Chasse.

CE n'est pas sans raison que Xenophon donne ce bel éloge à
la chasse , d'être une invention des Dieux qui en firent part
à Chiron, à cause de sa justice, & que celui-cy l'apprit à ces
fameux chasseurs de l'antiquité , qui furent ensuite les liberateurs de
la Grece. Elle a toûjours été l'exercice des Heros & des Princes,
parmi lesquels il s'en est trouvé qui ont tué des lions de leur propre main. C'est le prélude & l'image de la guerre dont elle pratique les ruses & les stratagêmes. Elle endurcit le corps au travail ; &
l'accoûtume aux dangers. Ce qui a fait dire à Aristide en l'Oraison à

Minerve, qu'encore qu'Apollon & Diane ſoïent les Dieux de la chaſſe, comme d'un plaiſir honnête, ſi eſt-ce qu'elle appartient proprement à Minerve, comme faiſant partie de la diſcipline militaire.
τῆς πολεμικῆς μόριον τέχνης. Dans la Généſe même *robuſtus venator*, ſignifie un inſigne guerrier, ſuivant le ſens que lui donnent les Interprêtes, & dans Habacuc chap. 1. verſ. 15. 16. *hamus, ſagena & rete*,
ſont expliquez d'une grande Armée qui ravage tout. Ainſi Pline en
ſon Panegyrique loüe de bonne grace Trajan en ces termes. *Quæ re-*
miſſio tibi, niſi luſtrare ſaltus, executere cubilibus feras, ſuperare immenſa
montium juga, & horrentibus ſcopulis gradum inferre, nullius manu, nul-
lius veſtigio adjutum ; atque inter hæc pia mente adire lucos & occurſare
Numinibus. Olim hæc experientia juventutis, hæc voluptas erat. His artibus fu-
turi Duces imbuebantur, certare cum fugacibus feris curſu, cum audacibus ro-
bore, cum callidis aſtu. Nec mediòcre pacis decus habebatur, ſubmota campis
irruptio ferarum, & obſidione quadam liberatus agreſtium labor. Ce que
Dion Chryſoſtome dit auſſi fort élegamment à la fin de ſa troiſiéme
Oraiſon, où il donne le même éloge à Trajan ſans le nommer.
Ainſi nous liſons dans Trebellius Pollio que ce vaillant Prince Ode-
nat & Zenobie ſa femme devoient aux exercices continuels de la Chaſſe ce qu'ils avoient exécuté à la guerre. Le paſſage merite d'être rapporté. *Vir acer in bellis, & quantum plerique Scriptores loquuntur, venatu*
memorabili ſemper inclytus, qui à prima ætate capiendis leonibus & pardis,
cæteriſque ſilveſtribus animalibus ſudorem officii virilis impendit, quique ſemper
in ſilvis ac montibus vixit perferens calorem, pluvias & omnia mala quæ in
ſe continent venatoriæ voluptates ; quibus duratus ſolem ac pulverem bellis Per-
ſicis tulit : Non aliter etiam conjuge aſſueta, quæ multorum ſententia fortior
marito fuiſſe perhibetur ; mulierum omnium nobiliſſima, & Orientalium femi-
narum, ut Cornelius Capitolinus aſſerit, ſpecioſiſſima.

A quoi l'on peut rapporter ce que l'Hiſtoire fabuleuſe raconte
d'Achille, qui ne fut nourri que de moüelles de lion, de Sangliers &
d'ours comme écrit Apollodore liv. 3. de ſa Bibliotheque. D'où le
nom d'Achille lui fut donné comme ayant été nourri ſans lait.

C'eſt pourquoi les Germains donnoient à la Chaſſe tout le temps
qu'ils n'emploïent pas à la guerre, ſuivant le témoignage de Ceſar
lib. 6. de Bello Gallico & de Tacite *lib. de Moribus Germanorum. Quoties*
bella non ineunt, multum venatibus tranſigunt.

Et comme les François tirent leur origine des Germains, ils ont toûjours conſervé la même inclination pour la Chaſſe. Témoin ce que
dit Eginart de la nourriture des enfans de Charlemagne. *Filios cum*
primum ætas patiebatur, more Francorum equitare, armis ab venationibus
exercere fecit. Et plus bas de Charlemagne même. *Aſſiduè exercebatur*
equitando ac venando, quod illi gentilitium erat ; Quia vix ulla in terris natio
invenitur, quæ in hac arte Francis poſſit æquari. A cauſe dequoi le Moine
de Saint Gal. *lib. 2. de Rebus Bellicis Caroli Magni. cap. 14.* écrit que le
Roi de Perſe ayant vû tuer un lion aux Ambaſſadeurs que Charlemagne lui avoit envoyez, dit qu'il voyoit des preuves de ce qu'on

lui

lui avoit raconté de son frere Charles, *qui scilicet assiduitate venandi, & infatigabili studio corpus & animum exercendi, cuncta quæ sub cælo sunt consuetudinem habet edomandi.* Le même Autheur rapporte un action memorable de Pepin Pere de Charlemagne qui semble tenir du Roman. Ce Prince, dit-il, étant revenu d'Italie ; & sçachant que les chefs de son Armée parloient de lui avec peu d'estime, à cause de sa taille qui étoit fort petite, (la Généalogie de Saint Arnoux de Mets l'appelle Nain) il fit lâcher en leur présence un lion contre un taureau, & en même tems il leur commanda d'arracher le lion de dessus le taureau ou de le tuer, ce que nul de sa Cour n'ayant osé faire, lui même se leva de son siége, & d'un seul coup d'épée il abbatit la tête à ces deux bêtes ; Aprés quoi s'étant remis en son siége, quel jugement faites-vous de cette action, leur dit-il, celui qui vient de la faire est-il indigne d'être vôtre Roi. Alors toute sa Cour s'étant prosternée à ses pieds lui protesta qu'il n'y avoit personne à moins d'avoir perdu le sens, qui dût refuser de lui obéïr, & de le reconnoître pour Souverain. Ce fut dans la Cour du Monastere de Saint Pierre de Ferrieres ; où Pepin fit cette action Heroïque, comme un autre Autheur l'a remarqué en la vie de Loüis le Debonnaire. Tristan homme sçavant & curieux dans ses Commentaires Historiques tome 3. page 366. nous a fait part d'un sceau de la Maison d'Apremont, où est representé un Chevalier armé, tenant entre ses jambes un lion abbatu dont il sépare les machoires à force de mains. L'on peut voir aussi dans le même Autheur, & dans les Histoires appariées de Bouflers liv. 1. chap. 35. la rélation du combat de Mr de Brissac, qui fut après Maréchal de France, contre un lion qu'il vainquit en la presence du Roi Henri II. étant Dauphin.

Ces actions extraordinaires de hardiesse & de force sont düës à l'exercice de la Chasse, qui étoit la seconde passion de nos Ancêtres: Et rarement voyoit-on un Gentilhomme François sans un oiseau sur le poing. Nous en avons un exemple remarquable dans Abbo liv. 1. du Siége de Paris par les Normans sous Charles le Gros l'an 886. où il raconte que douze Gentilhommes François étant investis dans la grosse Tour du Petit Pont, où les assiégeans mirent le feu, ôterent les longes à leurs oiseaux, & leur donnerent l'essort avant que mourir.

Quisque rogi propter flatus ne clade perirent,
Accipitres loris permisit abire solutis.

D'où vient que parmi eux le chien & le faucon ou l'éprevier étoient le symbole de la Noblesse, comme la roüe d'une charruë l'étoit de la roture. Car Othon Frisingensis *lib. 11. cap. 18.* le Poëte Guntherus *lib. 5. de Gestis Friderici.* Abbas Uspergensis *lib. 2.* Antonius Lubecensis *Historiæ Slavicæ lib. 2. cap. 2.* & Martinus Crusius *lib. 10. Suevit. parte 2. cap. 14.* nous apprenent que par une ancienne coûtume des François & de la Suawe, un Gentilhomme qui avoit été condamné de trahison ou de quelque autre crime, avant que d'être exécuré faifoit amande honorable portant un Chien fur fes épaules, le domeftique ou ferviteur une chaire, & le païfan une roüe pour marque de la profeffion du condamné. *Vetus confuetudo apud Francos inolevit,* ce font les termes d'Othon, *ut fi quis Nobilis, Minifterialis, vel colonus perduellionis, prædæ, aut incendii reus inventus fuerit, antequam morte puniatur, ad confufionis fuæ ignominiam, Nobilis canem, Minifterialis fellam, rufticus aratri rotam de Comitatu in proximum Comitatum geftare cogatur.* (Le mot de *Comitatus* en cet endroit-là veut dire Territoire ou jurifdiction, car le même Othon *lib. 2. cap. 13.* dit que les François avoient accoûtumé de donner le nom de Comté à leur Territoire.) Ce qui fut pratiqué par Herman Comte Palatin du Rhin, & par dix autres convaincus de felonie. Et peut-être que le mot de *roturier* eft venu de là; Ce qui n'a point encore été remarqué par aucun de ceux qui en ont recherché l'étimologie.

C'eft auffi fans doute la raifon pour laquelle on voit aux anciennes fépultures un limier ou un levrier au pieds de la ftatuë d'un homme de condition. Et j'eftime que ce fut la penfée de Charles de Montmorency Maréchal de France, quand il inftitua l'Ordre de Chevalerie du Chien, embelli d'un collier fait à têtes de cerf, pour fignifier vrai-femblablement la Nobleffe, le courage & la fidélité de ceux qui le portoient. Pour ce qui eft des figures de lions qu'on voit fur les tombeaux, je dirai en paffant que la coûtume en eft fort ancienne, & que Ptolomée Hephæftion dans Photius page 473. dit qu'Hercule ayant perdu l'un de fes doigts en combattant le lion Nemean, il fit dreffer à fon doigt un monument fur lequel il fit mettre un lion de marbre Lacedemonien pour marque de fon exploit, d'où la coûtume eft venuë, dit cet Autheur, de mettre des figures de lion fur les tombeaux.

J'ai dit auffi que le faucon & l'éprevier étoient le fymbole de la Nobleffe. Et en effet nous voyons dans les Capitulaires de Charlemagne, que le ferment de la Nobleffe de France fe faifoit fur l'éprevier & fur l'épée, comme étant les marques de fes deux principales occupations. Ce qui fe pratiquoit encore dans les fceaux anciens, où les Seigneurs étoient repréfentez à cheval tenans l'épée nuë à la main, & les Dames tenans un oifeau.

Et comme les Romains avoient accoûtumé d'attacher à leurs portes les dépoüilles des ennemis, qu'il n'étoit pas même permis d'arracher à ceux qui avoient acheté les maifons, ainfi que l'a remarqué Pline liv. 35. chap. 2. De même c'eft une coûtume ancienne des chaffeurs d'attacher à leurs portes les trophées de leur exercice; fuivant laquelle Manile *lib. 4. Aftronom.* difant que celui qui eft né fous le Signe du lion a de l'inclination à la chaffe, ufe de ces termes.

Hoc habet, hoc ftudium poftes ornare fuperbos
Pellibus, & captas domibus configere prædas,
Et purgare metu filvas, & vivere rapto.

Enfin comme la Chaſſe eſt un divertiſſement Royal, elle a fait auſſi le ſujet des Livres de cinq Princes ; puis que Frederic I. Empereur, Manfroi Roi de Sicile ſon fils , Phœbus Comte de Foix , Belliſaire Aquaviva Duc de Nerite, nous ont laiſſé des Traitez de la Fauconnerie ; & le Roi Charles I X. un de la Chaſſe du Cerf. Celui-là même qui a fait un Livre de la Chaſſe ſous le Regne de Charles le Bel lui a donné pour titre. *Le Roi Modus des déduits de la Chaſſe.* Où je prens garde qu'au lieu de *chaſſe & chaſſer* comme on écrit d'ordinaire , il y a par tout *chace & chacer* par un c, ſuivant l'étimologie du mot *cacia & caciare* , qui nous a été donnée par le P. Sirmond en ſes Notes ſur les Capitulaires de Charles le Chauve page 107. & par Guillaume Spelman en ſon Gloſſaire.

De ſorte qu'il ne ſe faut pas étonner ſi la Nobleſſe de France s'eſt approprié le droit de la Chaſſe , qu'elle a été ſi jalouſe de ſe conſerver, que l'Hiſtoire donne pour l'une des cauſes principales des troubles arrivez ſous le Regne de Loüis XI. la défenſe rigoureuſe qu'il avoit faite à la Nobleſſe de chaſſer. Ce qu'il avoit voulu faire en Dauphiné pendant le ſejour qu'il y fit étant Dauphin ; mais la Nobleſſe lui repreſenta par la bouche de Jacques Baron de Saſſenage, qu'il ne pouvoit toucher à ſes Libertez ſans ébranler le titre du Tranſport. Et précédemment Geofroy le Maingre Boucicaut Gouverneur de Dauphiné ſous Charles VI. ayant fait arrêter le Seigneur de Montmaur pour avoir couru le cerf contre ſes défenſes, la Nobleſſe s'intereſſa pour la conſervation de ſes Priviléges , & s'étant aſſemblée en nombre de huit cens Gentilhommes , elle inveſtit le Château de la Côte Saint André, où étoit le Gouverneur ; qui ſe voyant preſſé fut contraint de ſe retirer la nuit , & depuis il ne revint plus en ſon Gouvernement , comme font foi les Regiſtres de la Chambre des Comptes. De ſorte que ce n'eſt pas ſans raiſon qu'un habile Homme de ce temps a écrit que la Chaſſe fait une partie de la guerre civile qui eſt entre les Gentilhommes. Le Païſan laboure, l'Artiſan travaille , le Marchand eſt occupé à ſon commerce : Le ſeul divertiſſement de la Nobleſſe pendant la paix eſt la Chaſſe, dont la paſſion eſt plûtôt une poſſeſſion, qu'un plaiſir.

Ce qui a donné ſujet aux Hauts-Juſticiers d'en faire un droit Seigneurial dans leurs Terres contre le droit des Gens , par lequel il eſt permis de chaſſer aux bêtes ſauvages ſans diſtinction de perſonnes, ni de maniere de chaſſer, excepté que l'on ne peut entrer au fonds d'autrui pour y lever le gibier, & commencer la Chaſſe par là ſans le congé du proprietaire. Ce qui a fait dire à Quintilian en ſa Déclamation 13. *Multa nihilominus quæ libera fuerunt , tranſeunt in jus occupantium , ſicut venatio & aucupium.* Suivant quoi Saint Thomas dans ſon Traité *de decem Præceptis, & in Secunda Secundæ. quæſt.* 63. *art. 1.* étendant le raiſonnement d'Ariſtote en ſes Politiques, dit excellemment que les plantes ſont proprement pour l'uſage des bêtes , & celles-cy pour l'utilité de l'homme ; & qu'ainſi la Chaſſe des bêtes ſauvages eſt

de la juftice naturelle, en ce que l'homme ufe de ce qui lui appartient par Droit de nature. Ce qui eft conforme à l'Ordonnance de
Dieu dans la Généfe chap. 9. qui deftine à la nourriture de l'homme
tout ce qui fe meut & a vie. Ainfi Platon liv. 7. des Loix, en fait
une, par laquelle il défend que nul n'empêche les Chaffeurs, qu'il
appelle facrez, de chaffer en quelque lieu que ce foit. Μήτις ιέρους
ὄντας τηρευλὰς κωλυέτω ὅπου καὶ ὅπη περ' ἄν ἐθέλωσι κυνηγετεῖν : Sacros venatores nemo prohibeat aut impediat, quacunque & ubicunque venari, & in
feras beftias canes immittere voluerint.

Nous trouvons beaucoup d'Ordonnances dans la Loy Salique touchant la Venerie & la Fauconnerie contre ceux qui prennent le gibier
qu'un autre a levé, ou qui dérobent les chiens ou les oifeaux. De furtis canum. De furtis avium. Mais il n'y en a point qui défende la
Chaffe. Et en effet Gontrand Roy d'Orleans & de Bourgogne, fit
défenfes fur peine de la vie de chaffer dans fes forêts au cerf, au fan-
glier & aux bœufs fauvages, dont les forêts de France étoient alors
remplies, (Cefar les appelle Uros.) Mais il ne parle que de fes forêts propres fuivant le Droit des gens. Ce qui fut caufe du plus ancien duel qui fe trouve dans nos Annales. L'Hiftoire en eft affez remarquable, ainfi qu'elle eft rapportée par Gregoire de Tours liv. 10.
chap. 11. Gontran, dit-il; l'an de nôtre Salut 594. & le 29. de fon
Regne, chaffant dans la forêt de Vaugene en Bourgogne, vit le maf-
facre d'un bœuf fauvage. Il demande au Gruyer, qui avoit contrevenu à fon Ordonnance. Le Gruyer accufa Chundo fon Chambellan
qui le nie. Le Roy veut que le fait fe vérifie par le duel dans la
Ville de Châlons. Le Chambellan donne fon Neveu pour Champion
qui bleffe le Gruyer au pied d'un coup de lance dont il tombe à la
renverfe; & lui voulant couper la gorge, le Gruyer donne au Chambellan de fon coûteau dans le ventre. Ainfi tous deux moururent fur
la place. Le Chambellant voyant fon Champion mort, & fe voulant
fauver dans l'Eglife de Saint Marcel, il fut arrêté par le commandement du Roy, attaché à un poteau, & affommé à coups de pierres.

La Loy des Lombards lib. 1. tit. 23. l. 7. & ult. fe contente auffi
de dire. Ut nemo pedicas in Forefto Dominico, nec in quolibet Regali loco
tendere præfumat. Et fi Ingenuus hoc perpetravit, Bannum Dominicum folvat.
Et fi fervus eft, Dominus illius emendet, ficut lex eft.

Mais depuis l'introduction des Fiefs & la conceffion des Juftices patrimoniales, ce Droit des gens ou de nature a reçû de grands changemens. L'on commença par les Eccléfiaftiques, aufquels le Concile
de Tours convoqué de l'autorité de Charlemagne l'an 813. fit défenfe
de chaffer. Ce qui fe trouve réïteré dans les Capitulaires Addit. 3.
chap. 43. Cette défenfe fut après reftreinte à la Chaffe qui eft accompagnée de clameur. Clement. 1. de Statu Monachorum. §. fi qui verò.

Quant aux Laïques, je trouve que les Rois d'Angleterre ont été les
plus rigoureux à punir les contraventions aux défenfes de la Chaffe.
Car Mathieu Paris in Henrico III. pag. 372. nous apprend que apud Re-

ges Antecessores Richardi, si quilibet in fraude venationis deprehensi fuissent, eruebantur oculi eorum, abscindebantur virilia, manus vel pedes truncabantur, sed tale judicium pio Regi Richardo visum est nimis inhumanum, ut homines ad imaginem Dei creati, pro feris quæ juxta legem naturalem generaliter omnibus sunt concessa, de vita vel membris periclitarentur, ut id faciendo feris ac bestiis deterior videretur. Hoc enim solummodò sufficiebat ei, ut quilibet in tali culpa deprehensi, vel Angliam abjurarent, vel pænam carceralem subirent, vel pæna punirentur pecuniali, salvis omnibus vita & membris. Et Joannes Saresberiensis *lib. 1. de Nugis Curialium. cap. 4.* parlant de la Chasse. *In tantam quidam hujus vanitatis instinctu erupere vesaniam, ut hostes naturæ fierent, conditionis suæ immemores, Divini judicii contemptores, dum in vindictam ferarum, imaginem Dei exquisitis supplicis sujugarent. Nec veriti sunt hominem pro bestiola perdere, quem Unigenitus Dei redemit sanguine suo.* Eadmerus Auteur Anglois qui vivoit l'an 1121. *lib. 2. Historiæ novorum, sive sui seculi,* raconte que cinquante Gentilhommes Anglois, qui avoient la reputation d'être riches, furent accusez devant le Roy Guillaume II. d'avoir tué quelques cerfs de ses forêts, & qu'ayant nié le fait ils furent condamnez de subir l'examen du fer ardent ; mais que la Justice de Dieu fit paroître leur innocence. *Servati misericorditer ab exustione manibus eorum.* Suivant quoi Gulielmus Malmesburiensis *lib. 4. de Gestis Regum Anglorum. pag. 70.* parlant du même Guillaume. *Venationes,* dit-il, *quas primò indulserat, adeò prohibuit, ut capitale effet supplicium prehendisse cervum.*

Hors de l'Angleterre Frideric I. surnommé Barberousse, qui vint à l'Empire l'an 1152. se contenta de défendre les filets & les autres instrumens qui dépeuplent la Chasse, à la reserve des Ours, des loups, & des sangliers. Mais peu à peu les Princes, & à leur exemple les Hauts-Justiciers étendirent la défense à toute sorte de Chasse. A cause de quoi Hostiensis qui écrivoit environ l'an 1255. fut le premier entre les Jurisconsultes qui proposa la question, si le Seigneur de Fief peut aussi-bien que le Prince défendre à ses justiciables de chasser. C'est *ad cap. non est in potestate. de Decimis apud Gregor.* La commune opinion des Docteurs a été, qu'il ne le peut que par violence au Droit des gens : Mais que si les Justiciables déferent à la défense, elle produit un droit prohibitif & négatif en faveur du Seigneur, contre lequel Tiraqueau invective *Tractatu de Nobilitate. cap. 37.* Quoi qu'il en soit, le Cardinal Alexandre *ad cap. 1. §. nemo retia,* dit que les Hauts-Justiciers ont accoûtumé d'empêcher que nul ne chasse sur leurs Terres.

Il est vrai que nous n'avons point de plus anciennes Ordonnances de nos Rois pour la défense de la Chasse, que celles qui sont dans le grand Coûtumier de France du Roy Jean & de Charles son fils des années 1355. & 1356. Ce qui a donné sujet à Gabriël du Pineau sur l'Art. 32. de la Coûtume d'Anjou, de dire que jusqu'à ce temps-là, les François, autres que les Ecclesiastiques, étoient demeurez dans la liberté naturelle de chasser dans leurs domaines.

Néanmoins pour ce qui est du Dauphiné, je trouve dans les Reconnoiſſances de la Buiſſiere de l'an 1262. qui ſont dans la Chambre des Comptes, que la Chaſſe & les aires des oyſeaux ſont compriſes parmi les droits Seigneuriaux du Dauphin. *Interrogati de nemoribus nigris, paſcuis, eremis, aquis, ripagiis, aquarumvè decurſibus, venationibus, piſcationibus, trovis, inventionibus, minis cujuſque metalli, viis, mutationibus earum, avibus nobilibus, & nidis earum. Reſpondent quod omnia quæ de iis ſunt ibi, ſunt Domini, niſi alicui conceſſerit ea, ſed habent uti ex eis, videlicet aquis, nemoribus, paſcuis, & aliis ſine quibus ſtare non poſſent, & hactenus uſi fuerunt.* L'on n'a pas conſervé les précédentes Reconnoiſſances paſſées ſous le nom des Dauphins, & de mes prédéceſſeurs qui ont poſſedé la Terre de la Buiſſiere par indivis juſques en l'année 1225. que Guiffrey de Salvaing mon neuviéme ayeul, vendit ſa part à André Dauphin pour deux cens livres Viennoiſes, à la reſerve du Château de Boiſſieu & de ſes appartenances.

Et parce que les premieres défenſes de la Chaſſe n'étoient fondées que ſur la ceſſation de l'agriculture & du commerce, les Nobles en étoient exceptez, & même les Bourgeois vivans de leurs rentes par l'Ordonnance de Charles VI. du 10 Février 1396. dont il eſt fait mention par Benedicti ſur le Chapitre *Raymutius in verbo. & uxorem nomine Adelaſiam. n. 355.* Et pour cette raiſon, Tiraqueau au livre ſus-allegué *de Nobilitate cap. 37. n. 150.* dit que les Princes pourroient juſtement interdire la Chaſſe à leurs ſujets. C'eſt une police qui a été reçûë en beaucoup d'Etats. Car par les Statuts de Ferrare, il n'eſt permis qu'aux Nobles de chaſſer aux chiens & à l'oiſeau, ſuivant le témoignage de Cæpola, *Tract. de Servit. ruſtic. præd. tit. de Aucup.* Ainſi le Roy d'Eſpagne par une Ordonnance donnée à Anvers le 28. Juin 1575. après avoir eu l'avis de ſon Louvetier au Pays d'Artois, fait défenſes à tous ſes ſujets, excepté les Seigneurs des Terres, de chaſſer aux ſangliers, aux cerfs, aux biches, aux chevreüils, aux lievres, aux lapins, aux faiſans, aux gelinotes, aux herons, aux perdrix, & autre volaille. Ainſi par le Droit Coûtumier de Hongrie, qui a été traduit en langue Latine, & mis en ordre par Eſtienne Werbewezus, & par Hierôme Balbus l'an 1490. il eſt défendu aux roturiers de chaſſer, & de voler l'oiſeau.

Mais enfin les Hauts-Juſticiers ſe ſont attribué le droit de la Chaſſe dans l'étenduë de leurs Terres, comme un droit Fiſcal & domanial appartenant à la haute Juſtice, ni plus ni moins que l'eſpave, & les autres choſes qui ne ſont avoüées de perſonne. C'eſt ainſi que raiſonne Nicolaus Sudorius. *Diſputatione, de Jure venationis in Gallia. Oratione Titii, ad quem fundus pertinet,* quand il dit: *Nam quod ad feras ipſas attinet, quæ liberè vagantur, neque cujuſquam privati hominis dominio concluſa ſunt, aut aſtricta, eas non ad Vaſſallum, aut Clientem, ſed ad Dominum pertinere æquum eſt, ad quem bona vacantia, hæreditates caducæ, res mobiles dominii incerti & ignoti ſpectant & pertinent.*

A quoi l'on ajoûte cette raiſon, que tout ainſi que par le Droit le proprietaire d'un heritage peut empêcher qu'on y entre pour y chaffer. *l. injuriarum. §. penult. D. de Injuriis.* de même le Seigneur peut défendre que nul ne chaffe dans fon Territoire. *Id enim genus Statuta fuftineri poffent, ubi fpecialiter emiffa effent fuper filvis, aquis aut aliis fundis ad Baronem jure Dominii pertinentibus. Nam eo cafu etiam quilibet privatus alium in agrum fuum venandi caufa ingredientem prohibere poteft. Quo fit ut Barones & Domini poffint, ut vocant, Proclama emittere, ne in fuo Territorio quifquam venetur,* comme dit Pontan fur la Coûtume de Blois, *ad tit. 2. art. 5. §. fructus. pag. 73.* après Aretinus *in l. 3. §. Nerva. D. acquir. poffeff.*

Tellement que par la Coûtume générale du Royaume la Chaffe n'eft pas même permife aux Gentilhommes dans les Terres qui ne leur appartiennent pas fans la permiffion du Seigneur, à la referve du Dauphiné, comme il fera dit ci-après.

Il eft vrai que les trois Etats de Languedoc s'étoient maintenus indiftinctement dans la liberté de chaffer, dont Loüis XII. leur octroya des Lettres de Déclaration données à Lyon le 9. Octobre 1501. contre le Maître des Eaux & Forêts qui les y troubloit ; mais elles ne font plus obfervées.

Quant au Dauphiné l'ufage y a été fort changé felon les temps. Je trouve dans un Regiftre de la Chambre des Comptes, intitulé *Regiftrum Mandatorum Domini noftri Delphini Humberti inceptum anno 1333. fol. 63.* des Lettres d'Humbert Dauphin du 10. Octobre 1335. adreffées au Juge Majeur du Graifivodan, par lefquelles il lui ordonne à peine de la perte de fa Charge, de faire publier dans les Châtellenies de fon Reffort, *quod nemo cujufcumque Status aut conditionis exiftat, five fit Nobilis, five ignobilis, fit aufus vel præfumat venari cum retibus, vel canibus, feu alio modo ad aliquas falvaginas palam, publicè vel occultè, per fe vel per alium : Et hoc in & fub pæna viginti quinque librarum pro quolibet Nobili, & decem librarum pro quolibet ignobili contra veniente vel faciente.* Quelques années après le même Dauphin étant fur le point de tranfporter fes Etats aux Fils aînez de France, fit une Déclaration en faveur de fes fujets du 14. Mars 1349. qu'on appelle les Libertez Delphinales, dont l'article 31. contient la permiffion qu'il donne aux Barons & aux autres Gentilhommes de chaffer en Dauphiné, & en fes autres Terres, & même dans fes bois & forêts, excepté celles de Clay & de Planefe, & les garennes à lapins & à liévres. Ce qui ne fut pas tant un effet de la grace du Dauphin, qu'un motif politique, pour tenir en exercice la Nobleffe d'une Province frontiere, qui étoit fi nombreufe, qu'un Regiftre de la Chambre des Comptes intitulé *Defignatio Caftrorum Grefivodani,* nous apprend qu'en l'année 1339. il y avoit dans la feule Baronie de Saffenage compofée de dix Parroiffes cent quarante-un Gentilhommes Vaffaux du Seigneur, lefquels y font tous nommez.

Suivant quoi Charles de Bouville, Gouverneur de Dauphiné, fit publier une Ordonnance donnée à la Côte le 19. Janvier 1375. qui eft dans le Livre intitulé, *Regiftrum Litterarum Cancellaria Delphinalis*

fol. 68. portant défenses, que nul de condition roturiere n'eût à chaſſer ſans ſa permiſſion, ſinon aux loups & aux renards. Et pourtant
quelques défenſes qu'on fiſt à ceux du Tiers Etat, ils y déferoient à
peine ; de ſorte que pour ſe maintenir dans la faculté naturelle de
chaſſer & de pêcher, ils faiſoient dans chaque Terre quelque redevance à nos Dauphins, comme il ſe voit par des Lettres Patentes du
Roy Loüis XI. qui ſont dans le Regiſtre appellé *Octavus liber Memorialium
fol. 11.* que je rapporterai au bas du Chapitre qui traitera de la Pêche.

Le ſeul droit qu'avoient les Seigneurs par la Coûtume de Dauphiné,
c'eſt que la hure du ſanglier, & l'épaule droite du cerf leur appartenoit, ainſi que nous apprenons de François Marc en ſes Déciſions
Delphinales part. 1. queſt. 532. Ce qui eſt confirmé par un titre
dont je ferai mention à la ſuite. C'eſt la part que les Chaſſeurs avoient
accoûtumé de donner à Diane, ſuivant le témoignage d'Arrian Gouverneur des Gaules, en ſon Cynegetique, & du Scholiaſte Grec d'A-
riſtophane *in Pluto.* Ετως ιω, dit le dernier, τοῦς θηροάντας τινα ἄγραν,
μέρος τι τῆ θηρομέν8 κεφαλῆι, ἤ πόδ᾽ α προσηλοῦν πωσσάλω ἐπὶ δένδρȣ, εἰς
αὐτην την ὑλην πρὸς τιμην τῆς Ἀρτεμιδος. *Conſuetudo fuit venatoribus, partem prædæ, vel caput vel pedem affigere clavo in quadam arbore in honorem
Dianæ.* Ainſi Virgile dit en l'Eclogue 7.

Setoſi caput hoc apri tibi Delia parvus,
Et ramoſa Mycon vivacis cornua cervi.

Mais il y a long-temps que les Seigneurs ont aboli cette coûtume,
& qu'ils ſe ſont attribué en Dauphiné le même droit qu'ils ont preſque dans tout le Royaume. Car le même François Marc queſt. 529.
dit que les Officiers du Seigneur de Clermont en la Terre du Mon
ſtier de Clermont, ayant publié des défenſes de la Chaſſe & de la
Pêche, & les Habitans n'y ayant pas voulu déferer, ceux-ci furent
condamnez. En un mot, il n'y a plus de doute que la Chaſſe ne ſoit
un droit de Haute-Juſtice en Dauphiné, comme ailleurs.

La ſeule queſtion qui fait ſouvent des querelles parmi la Nobleſſe,
c'eſt que les Haut-Juſticiers prétendent que le privilege accordé aux
Gentilhommes, par les Libertez Delphinales, ne s'étend pas dans
leurs Terres, & qu'il ne doit être entendu que de celles du Dauphin.

Néanmoins il eſt certain que la Déclaration du Dauphin parle nettement de tous ſes Etats, & particulierement du Dauphiné. En voici
les termes. *Item voluit & conceſſit ipſe Dominus Delphinus, quod omnes &
ſinguli Barones, & Nobiles Delphinatûs, & aliarum Terrarum ſuarum poſſint
impunè venari in Delphinatu, & aliis Terris dicti Domini Delphini, & in
ipſius Domini Delphini nemoribus & foreſtis, exceptis foreſtis de Clay & de
Planeyſe, & garenis cuniculorum & leporum quibuſcumque.*

Et en effet, outre le mot général *in Delphinatu,* qui fait ceſſer toute
ſorte de doute, il n'eſt pas ſeulement parlé des Nobles, mais auſſi des
Barons, d'où s'enſuit que permettant à ceux-ci de chaſſer dans ſes
Terres, il entend reciproquement qu'il ſoit permis aux Nobles de
chaſſer dans celles des Barons.

Et même quand le Dauphin accordoit à quelques particuliers la permiſſion de chaſſer, elle avoit effet en toutes les Terres de ſon obéïſſance, comme il ſe juſtifie par des Patentes données à Montluel au mois de Décembre 1312. en faveur de Guichard Vaure du lieu de Bonces, Mandement de Colombier, dont l'original eſt entre les mains d'un Gentilhomme de même nom, qui fait encore ſa demeure au même lieu de Bonces, par leſquelles le Dauphin permet à ce Guichard & aux ſiens, de chaſſer & faire chaſſer à toute ſorte de chaſſe, excepté les garennes, *per totam Terram noſtram & Diſtrictum noſtrum, & Subditorum noſtrorum.*

A quoy j'ajoûte que ce droit de la Nobleſſe de Dauphiné ſe trouve exprimé en termes formels dans une Tranſaction paſſée touchant la Terre de Montbreton en Viennois, entre Boniface de Chalant Chevalier Seigneur de Seaux & de Baret, & Claude & Humbert de Roſſillon fils & héritiers de Jaques de Roſſillon Seigneur de Tulin Chevalier, du dernier Avril 1413. laquelle eſt inſerée dans un hommage du même Boniface de Chalant de la Terre de Roſſillon du 4. Fevrier 1414. reçû par Pierre Paneti vol. 6. p. 39. en la Chambre des Comptes.

Item pro venatione, porte l'acte, *illorum qui venantur cum magna venatione, quando capiunt Aprum ad Dominum pertinet caput, & quatuor ungulæ, & quando capitur Cervus, ſpatula dextra, tamen quod non ſint Nobiles in dicta venatione, quia tunc Dominus nihil capit.*

Bref les Gentilhommes ſont en cette poſſeſſion, authoriſée des Arrêts du Parlement, & toutes les fois que ce different s'eſt préſenté devant Mr le Connêtable de Leſdiguieres, il l'a jugé en leur faveur, avec ce temperament néanmoins, que comme les Haut-Juſticiers chaſſent dans leurs Terres par droit, & les autres par privilege, il n'eſt pas juſte que ceux-cy en abuſent; En ſorte que ſi le Seigneur a un Buiſſon près de ſa maiſon, ou quelqu'autre lieu qu'il reſerve pour ſon plaiſir, il eſt de la diſcretion d'un Gentilhomme, qui n'a point de part à la Juſtice de n'y chaſſer pas. Il en eſt comme d'une ſervitude, qui doit être entenduë en façon moderée & tolerable ſuivant l'avis des Juriſconſultes Celſus & Jabolenus.

Et à ce propos il me vient en memoire un Arrêt célébre du Parlement de Paris, dont Choppin fait mention ſur l'art. 36. de la Coûtume d'Anjou. Le Seigneur de Montſoreau au même Païs d'Anjou ſoûtenoit qu'il étoit en poſſeſſion de toute ancienneté de chaſſer dans les Terres du Seigneur de Bellay; dont il ſe prétendoit le Seigneur Suzerain, & même de chaſſer juſques dans les portes de la maiſon Seigneuriale de Giſieux. Au contraire le Seigneur de Bellay, diſoit que cette ſervitude n'étoit pas tolerable, principalement à une perſonne de ſa qualité. La Cour regla la ſervitude à ce qui s'étoit fait depuis trente ans, & entre autres choſes elle ordonna que quand le Seigneur de Montſoreau voudroit aller à la chaſſe, il avertiroit le Seigneur de Bellay trois jours auparavant.

Mais quelque droit qu'ayent les Haut-juſticiers & les Gentilhommes

de chaſſer à l'exclusion des Roturiers, ils en doivent uſer ſans porter
dommage, ſuivant l'Ordonnance de Blois art. 285. & celle d'Orleans art. 108. en ces termes: *Défendons aux Gentilhommes, & à tous*
autres de chaſſer, ſoit à pied ou à cheval, avec chiens & oyſeaux ſur les terres
enſemencées, depuis que le blé eſt en tuyau, & aux vignes depuis le premier
jour de Mars, juſques après la dépoüille, à peine de tous dépens, dommages
& interéts des Laboureurs & Proprietaires, que les condamnez ſeront contraints
payer, &c. Je remarque auſſi qu'Horace décrivant les délices de la vie
champêtre met le divertiſſement de la chaſſe dans la ſaiſon de l'Hyver.

> *At cum Tonantis annus hybernus Jovis*
>   *Imbres, nivéſque comparat,*
> *Aut trudit acres hinc & hinc multa cane*
>   *Apros in obſtantes plagas ;*
> *Aut amite levi rara tendit retia,*
>   *Turdis edacibus dolos.*
> *Pavidúmque leporem, & advenam laqueo gruem,*
>   *Jucunda captat præmia.*

CHAPITRE XXXVII.

De la Pêche.

PRE'S avoir parlé de la Chaſſe au Chapitre précédent, je
me trouve engagé à deſtiner celui-ci à la Pêche, qui eſt
une eſpece de Chaſſe, ſuivant la diviſion qu'en fait Platon au 7. des Loix. τήρα γαρ πάμπολύ τι πρᾶγμα
ἐςι περειληﬆμένον ὀνόματι ἑνι χεδόν ἐπι πολλὴ μεν γαρ ἡ τῶ ἐνυδρων,
πολλὴ δε ἡ τῶ πτεονῶν. *Venatus enim res latior eſt, nomine uno comprehenſa,*
Alius aquaticorum, alius volatilium, alius pedeſtrium. Et même l'on donne le
nom de Chaſſe à la Pêche de la Fare qui ſe fait durant quinze jours
de l'anné tant ſeulement.

Les Loix Romaines déclarent que l'uſage de la Mer étant commun,
la Pêche eſt permiſe indifferemment à chacun ; en ſorte que celui qui
s'y voit troublé a droit d'en porter ſa plainte en juſtice, comme d'une
injure qui lui eſt faite. *Si quis in mari piſcari aut navigare prohibeatur, non*
habebit Interdiƈtum, quemadmodum nec is qui in campo publico ludere, vel in
publico balineo lavare, aut in theatro ſpeƈtare arceatur, ſed in omnibus his caſi-
bus injuriarum aƈtione utendum eſt, dit Ulpian *l. 2. Prætor. ait. D. ne quid*
in loco publico. Et ſuivant cette liberté publique Ovide au 3. des Méta-
morphoſes, fait dire à Bachus ſous la figure d'Acætes, qu'il étoit fils
d'un Pêcheur qui ne lui avoit laiſſé pour toute hérédité que l'art de
Pêcher, & les eaux.

> *Ars illi ſua cenſus erat ; cum traderet artem.*

Accipe quas habeo studii succeffor & hæres
Dixit opes morienfque mibi nibil ille reliquit
Præter aquas ; unum hoc poffum appellare paternum.

Mais la Pêche des Mers n'étant pas de mon fujet je m'arrête à celle des rivieres que le Droit Romain met au rang des chofes publiques, *Ideóque jus pifcandi omnibus commune eft in portu fluminibufque*, dit Juftinian *Inftit. de rer. divif. §. flumina.*

Mais comme le Droit François a fort changé la difpofition du Droit Romain, j'eftime avec tous les Praticiens, qu'il faut confiderer deux fortes de Rivieres, les grandes & les petites. Les grandes font celles qui portent les bateaux d'une courfe continuelle depuis l'endroit où elles font navigables jufqu'à leur embouchure dans la Mer, ou dans un autre fleuve. Tel eft le Rhône qui fait fon entrée par deux embouchures en la Mer de Provence. Telle eft l'Ifere qui fe décharge dans le Rhône, à caufe de quoi Lucain dit élegamment, *lib. 1. de Bello Pharfalico.*

Hi vada aliquerunt Ifaræ, qui gurgite ductus
Per tam multa fuo famæ majoris in amnem
Lapfus ad æquoreas nomen non pertulit undas.

Ces Rivieres navigables font appellées Royales, comme appartenans au Roy par le Droit commun du Royaume : Et même l'Empereur Frideric I. les a comprifes parmi les Regales, *cap. unic. quæ fint Regalia.* Suivant quoi Bouteiller en la Somme rural. liv. 2. tit. 1. écrit ainfi du droit de Pêche. *Item, a le Roy la connoiffance des pêcheries en toutes Rivieres Royales, & à fes Officiers & Juges des eaux en appartient la connoiffance, & non à autre ; c'eft à fçavoir que celles font tenuës Rivieres Royales, qui font chemin Royal, & portent gros navires d'un lieu en l'autre, & d'un Pays en autre ; fi comme la Riviere de Seine, la Riviere d'Oife, la Riviere de Somme, & la Riviere de l'Efcaut & autres pareilles.* Etant jufte que la Couronne ait la pleine Seigneurie des grands fleuves qui féparent fouvent les Etats, & qui donnent la reputation aux Villes qu'ils arrofent, où ils portent l'abondance, pour raifon de quoi Pline *liv. 3. chap. 5.* appelle le Tibre *rerum in toto Orbe nafcentium Mercatorem placidiffimum.* Ce qui a donné fujet au Livre d'Auguftinus Eugubinus *de Reftituenda navigatione Tiberis.* Mais il n'eft point de contrée dans l'Europe à qui la nature ait été plus liberale de fes fleuves pour la commodité du commerce que la France, comme a remarqué Strabon il y a plus de feize cens ans au 4e. livre de fa Geographie, où il dit que la bonté de la nature y a difpofé les Rivieres d'une maniere, que l'on peut aifément tranfporter les Marchandifes de l'une des Mers à l'autre par des fleuves navigables, qui ne font féparez les uns des autres que par de petits intervalles de terre, faciles à trancher, ajoûtant que le Rhône recevant beaucoup de Rivieres feroit fort commode à joindre par une continuelle navigation les unes & les autres Mers. Et en effet Lucius Vetus l'un des deux Généraux qui commandoient les Legions Romaines en la Gaule fous Neron, entreprit de joindre la Mer de Provence avec celle d'Allemagne, par le moyen du Rhône & du

Rhin, en tirant un canal de la Saone à la Moselle. *Vetus Mofellam atque Ararim facta inter utrumque foſſa connectere parabat, ut copiæ per mare, dein Rhodano & Arari ſubvecta per eam foſſam, mox fluvio Mofella in Rhenum, exin in Oceanum decurrerent; ſublatiſque itinerum difficultatibus navigabilia inter Je Occidentis Septentrioniſque littora fierent,* dit Tacite au 13. de ſes Annales. Ce qui demeura ſans effet par l'envie d'Helujus Gracilis ; Et de nôtre temps Charles Bernard a fait un Traité de la conjonction des Mers.

Cela étant, l'intérêt de l'Etat veut que nos Rois qui ſont les Gardiens légitimes & les conſervateurs des choſes publiques, ſoient auſſi les propriétaires des Rivieres navigables. Néanmoins je ſçai qu'en Dauphiné les Haut-Juſticiers ont prétendu que les Regales, & particulierement les grandes Rivieres leur ont été concedées, comme je remarquerai plus amplement ailleurs ; mais aujourd'hui cette prétention ne ſeroit pas ſoûtenable.

Ainſi la permiſſion de la Pêche dans les Rivieres Royales dépend abſolument de Sa Majeſté, ſinon que le Seigneur ſoit fondé en titre, ou en poſſeſſion immemoriale d'avoir des défenſes dans l'étenduë de ſa Terre, ou dans quelque endroit de la Riviere, ſuivant le témoignage de Joan. Faber ſur le §. *flumina. Inſtit. de rer. diviſ.* en ces termes. *Et ſic vides obtinere hodiè de conſuetudine Regni Franciæ, ubi ſunt piſcariæ & defenſæ in multis locis fluminum.* Il n'y a que la ſeule Pêche à la ligne qui ſoit permiſe à chacun par les anciennes Ordonnances, comme l'aſſure auſſi le même Faber, & après lui Monſieur le Bret au Traité de la Souveraineté du Roy liv. 4. chap. 15. En Dauphiné la Pêche eſt libre à chacun dans le Rhône & dans l'Iſere, qui à cauſe de leur rapidité ne ſont pas ſi abondantes en poiſſons que la plûpart des autres Rivieres de France.

Les petites Rivieres qui ne ſont pas navigables, ne ſont proprement que Ruiſſeaux, dont Ulpian en la Loy 1. *Ait Prætor. D. de fluminibus,* fait la diſtinction d'avec les Fleuves. *Flumen à rivo magnitudine diſcernendum eſt ; aut exiſtimatione circumcolentium.* Et ces Rivieres appartiennent en propriété aux Seigneurs du Territoire où elles coulent, par la Coûtume de France atteſtée par Bouteiller liv. 1. tit. 73. en ces termes. *Et des petites Rivieres qui ne portent point navire, & qui ne ſont point Rivieres, telles que deſſus ſont dites, ſont aux Seigneurs parmi qui Terre & Seigneurie elles paſſent. Mais les heritiers* (c'eſt à dire, les propriétaires des heritages) *qui ſont-joignans auſdites Rivieres de rive en rive, ont leur heritage juſques en l'eau, & toute l'arboirie qui y croît, reſervé que ladite Riviere doit être tenuë en ſa largeur qu'elle a euë d'ancienneté.* C'eſt pourquoi pluſieurs Coûtumes les appelle Rivieres bannales, & Rivieres en garenne, d'où il s'enſuit que nul n'y peut pêcher ſans la permiſſion du Seigneur, comme dit Mᵣ. le Bret au lieu ſus-allegué, & Ferrier ſur la queſtion 514. de Guy Pape. *Sane flumina non navigabilia,* dit le dernier, *ſunt Dominorum Juriſdictionalium, per quorum Juriſdictionem fluunt : Et ideò jus piſcandi ad eos pertinet.* Et avant

eux

eux Chaſſaneus *rub. 13. § 2. n. 8.* & Boërius *in Tractatu de Cuſtodia clavium n. 34. & queſt. 352. n. 4.* Ce qui eſt contraire à l'opinion de Joan. Faber ſur le § ſuſdit *flumina*, où il demande ſi les Barons ont droit de défendre la pêche dans leurs Terres : Sa reſolution eſt que non , & que tel eſt l'uſage des Cours de France, *niſi conſuetudo pinguius eis jus tribuat.* En quoy il a été ſuivi de Benedictus *in cap. Raynutius in verbo & uxorem*, & de Guy Pape en ſon Conſeil 171. qu'il a donné ſur le ſujet du procès qui étoit mû entre le Procureur d'Office de la Baronnie de Clermont, & quelques habitans de Saint Geoire , pour la pêche de la riviere d'Enan. *Ad ſecundum quæſitum*, dit-il, *ſi Barones poſſunt prohibere piſcaturam in ſuis Terris ; & dico quod non per textum in § flumina. Inſtit. de rer. divis. Ad tertium quæſitum, ſi conſuetudo poſſit introducere contra Jus, quod dicta piſcatura poſſit prohiberi per tales Barones in ſuis Terris, dic quod ſic. ut tenet Joan. Faber in d. § flumina.* Ce qu'il réïtere en la queſt. 514. où il dit que telle eſt l'obſervance de Dauphiné. *Utrum Barones & Bannareti hujus Patriæ Delphinatus qui habent in ſuperiorem Dominum noſtrum Delphinum poſſint prohibere in Terris ſuis, ne quis piſcari habeat in rivis in ſuis Terris labentibus. Dicit Joan. Faber quod non, ſicut nec Præſides hoc facere poſſunt. l. 3. § planè. D. quod vi aut clam : niſi conſuetudo pinguius eis jus tribuat. Et ita ponit Joannes Faber in § flumina. Inſtit. de rer. divis. Et ita ſervatur in hac Patria Delphinatus, de quo vide in 171. Conſil. meorum.* Ainſi la Coûtume de Nivernois *tit. des Eaux, rivieres étangs art. 1.* dit qu'on ne peut tenir riviere en garenne ou défenſe s'il n'y a titre ou preſcription ; de quoy Loiſel a fait une Regle du Droit François en ſes Inſtitutes Coûtumieres *liv. 2. tit. 2.*

Mais enfin la pluſpart des Seigneurs ſe ſont aproprié le droit de la pêche dans leurs Terres ; Les uns fondez en titres particuliers qui déclarent les rivieres bannales, comme eſt celle de Bourne en la Terre du Pont en Royans, dont la pêche aux lieux défenſables eſt baillée à ferme par le Seigneur de la même Terre. Les autres fondez en titres généraux qui leur attribuent *aquas aquarúmve decurſus*, & en conſéquence la pêche ; *nihil enim differt à cæteris locis privatis flumen privatum*, dit Ulpian *l. 1. D. de fluminibus.* A quoy j'ajoûte ce que le même Juriſconſulte décide en la Loy, *injuriarum 13. D. de injuriis. In lacu qui mei dominij eſt, utique piſcari aliquem prohibere poſſunt.* Quelques autres ſe ſont rendus proprietaires de la pêche par les défenſes qu'ils ont faites à leurs Juſticiables, dont l'acquieſcement a produit un droit négatif en leur faveur. Quoiqu'il en ſoit Coquille ſur la Coûtume de Nivernois au lieu ſus allegué, dit, que les Seigneurs tiennent pour la pluſpart les rivieres en proprieté domaniale.

Suivant quoy les Habitants de la Vicomté de Clermont en Trieves ayant contrevenu aux défenſes que les Officiers du Seigneur leur avoient faites de chaſſer & de pêcher, ils furent condamnez comme j'ay remarqué au chapitre précedent ſur le témoignage de François Marc queſt. 529.

I. Partie.   **T**

Il eſt vray qu'il y a beaucoup de Terres en Dauphiné dont les anciens Seigneurs, même les Dauphins ont accordé aux habitans la faculté de la pêche; quelques-uns gratuitement; les autres moyennant une redevance annuelle; de quoy font foy leurs titres communs contenans leurs Privileges & Libertez; que pluſieurs ont pris ſoin de faire regiſtrer en la Chambre des Comptes, pour y avoir recours en cas de perte des originaux. Il me ſuffira d'en alleguer deux ou trois exemples. L'Acte des Priviléges accordez à la Ville-neuve de Roybons par Humbert I. Dauphin, & Anne ſa femme de l'an 1294. qui ſe trouve au Regiſtre intitulé *Liber plurium litterarum fol. 10.* porte l'article ſuivant. *Retinentes nobis perpetuò atque noſtris piſcationes terralliorum dictæ Villæ, & totius aquæ Galabri ab eſcloſa molendini noviter facti per nos ad opus dictæ Villæ uſque ad pontem Galabri ſuper ipſam. Alia verò aqua communis remaneat in piſcationibus & aliis hominibus dictæ Villæ; hoc ſalvo quod concedimus dilectis fidelibus noſtris hæredibus D. Guillermi Sibondi Militis quondam, & Domino Guillermo de Ulcio Canonico Romanenſi, & eorum hæredibus & ſucceſſoribus totam aquam Galabri, quantumcunque durant prata quæ nunc ibi habent; ita quod nullus piſcari debeat in eadem.* Les Franchiſes auſſi concedées aux habitans de Saint Marcellin par Humbert II. dernier Dauphin de l'an 1343. qui ſont dans le Regiſtre nommé *Plures informationes & ſcripturæ Viennenſij & Valentinenſij,* cotté X. fol. 24. contiennent celle-cy, *quod poſſint in omnibus piſcaturis abſque omni contradictione ſua vel ſuorum in omnibus ripariis, exceptis aggeribus ſuis & foſſatis, quia en eiſdem piſcationes ſibi & ſuis retinuit.* A quoy j'ajoûte l'Acte paſſé le penultiéme de Janvier 1452. entre Soffrey Alleman Seigneur de Châteauneuf & les Conſuls de Pollienas, dont l'article 4. eſt en ſes termes. *Voluit idem Dominus & conceſſit dictis hominibus, quod ipſi homines ſint & eſſe debeant in ſuis bonis uſibus & libertatibus conſuetis juxta formam ipſarum, & quod ipſis hominibus & ſuis licitum ſit venari & piſcari per totam Terram ipſius Domini prout hactenus conſueverunt ſine contradictione & moleſtia fienda, exceptis & per eum reſervatis juribus ſuis in talibus habendi conſuetis, non intendens derogare cridis & defenſionibus Delphinalibus ſuper hoc factis. Et ſi qui ſint qui fuerint ratione dictæ venationis inqueſtati proſequente ſuo Procuratore, voluit idem Dominus ipſas inqueſtas annullari, & per præſentes annullat.*

De ſorte que ſi tous les habitans d'une Terre ſont en poſſeſſion de la liberté paiſible de la pêche, je ne doute point qu'ils n'y doivent être maintenus; ſoit à cauſe qu'ils ne ſe ſont jamais départis du droit public; ſoit parce que le Seigneur pouvant acquerir ſur eux un droit prohibitif par leur conſentement à ſes défenſes, il eſt bien juſte qu'ils puiſſent auſſi preſcrire leur liberté.

Et même ſur les Remontrances qui furent faites au Roy Loüis XI. par les trois Ordres de Dauphiné, qu'ils avoient accoûtumez de toute ancienneté de chaſſer & de pêcher, pour raiſon de quoy quelques-uns lui faiſoient une rente annuelle, & qu'au préjudice de leur poſſeſſion paiſible, le Maître des eaux & forêts avoit fait publier des

défenses générales de chasser & de pêcher en quelque lieu que ce fût,
Sa Majesté par Lettres Patentes données à Toulouse le 11. Juin 1463.
vérifiées au Parlement le 21. Septembre de la même année, leur
octroya la faculté moyennant la rente accoûtumée, jusques à ce qu'autrement fut ordonné. Je trouve aussi parmi les Statuts Delphinaux
page 18. de la seconde partie, que le Procureur des trois Etats présenta des Cayers à Jean de Cominges Gouverneur de Dauphiné
contenans divers articles, qui furent répondus le 8. Octobre 1462.
l'un desquels est en ces termes.

Item le Roy Dauphin nôtre Seigneur n'agueres octroya Lettres audit Pays,
que les manans & habitans d'icelui puissent pêcher & chasser en icelui, ainsi que
plus à plein se contient ausdites Lettres, qu'il lui plaise faire faire lesdites Let-
tres, & le contenu d'icelles observer & tenir.

PROVISION.

Monsieur le Gouverneur donne congé de la pêche & de la chasse. Le Roy
a reservé le Pays plein. Ez montagnes pourront chasser.

Ce qui doit être entendu des rivieres Royales, & des petites dépendantes des Terres Domaniales. Mais cette faculté n'a eu lieu quant aux
petites rivieres qu'aux Terres du Domaine qui sont fondées en concessions des anciens Dauphins, ou qui payent rente à Sa Majesté pour
la pêche.

Il reste à examiner si les Gentilshommes ont le même droit pour
la pêche qu'ils ont pour la chasse en Dauphiné. Les Patentes de Loüis
XI. dont je raporteray l'extrait au bas de ce Chapitre, justifient qu'ils
l'ont prétendu; mais sans fondement, parce que l'article 31. des Libertez Delphinales dont j'ay fait mention au Chapitre précédent ne leur
attribuë que la faculté de la chasse, qui est un exercice noble & l'image
de la guerre, au lieu que la pêche est une occupation servile que Platon
au livre 7. des Loix appelle ἀργὸν θήραν *ignavam venationem*, laquelle il
condamne en ces termes. Ὦ φίλοι, εἴθ' ὑμᾶς μήτε τῇ ἐπιθυμία μήτ'
ἔρως τῆς, περὶ θαλαττων θήρας ποτὲ λάβοι, μηδὲ αγκιστείας μηδ' ὅλως τῆς τῶν
ἐνύδρων ζώων, μήτε ἐγρηγορόσι μήτ' ἐυδουσι κυρ τοις ἀργὸν θήραν διαπονουμένοις,
Utinam vos, ô carissimi, nunquam marinæ venationis hamique cupiditas capiat;
nec omninò aquaticorum animalium die sive etiam nocte per otiosam venationem
sagina eapiendorum. Tellement qu'ils doivent être fondez en titre pour
avoir droit de pêcher aux rivieres défensables.

La question s'étant présentée entre N. Claude Davity Conseiller du
Roy & Maître ordinaire en sa Chambre des Comptes de Dauphiné, demandeur en requête tendant à être maintenu au droit & faculté de pêcher en la riviere de Veuze, & N. Estienne de Lestang de Murat engagiste de la Terre de Moras du Domaine de Sa Majesté défendeur, il y
eut Arrêt du 13. de Février 1654. par lequel le demandeur fut débouté
de sa Requête.

Je trouve aussi que Loüis XI. étant Dauphin permit à Messire Bermond de Brion Chevalier, Seigneur de Thodure à cause de Marguerite

T ij

de Montchenu sa femme de pêcher pour son usage & celui de sa famille dans la riviere des Fons de Beaurepaire pendant le temps qu'il seroit sa demeure à Todure ; par Lettres Patentes du 10. Juillet 1450. dont je raporteray l'Extrait au long dans une autre rencontre. Ce qui justifie que les Gentilshommes n'avoient pas le même privilege pour la pêche, qu'ils avoient pour la chasse.

Lettres Patentes du Roy Loüis XI. contenans la permission de chasser & de pêcher en Dauphiné.

   „ LOUIS par la grace de Dieu Roy de France, Dauphin de Vien-
   „ nois, Comte de Valentinois ; A nos amez & feaux les Gouver-
   „ neur ou son Lieutenant, Gens de nôtre Parlement à Grenoble, salut
   „ & dilection ; Nos bien amez les Gens des trois Etats de nôtredit Pays
   „ de Dauphiné, nous ont fait exposer que de toute ancienneté, ils ont
   „ accoûtumé de chasser ès bêtes & oyseaux, & pêcher ès rivieres audit
   „ Pays, sans ce qu'aucun empêchement ou contredit leur ait été mis ne
   „ donné jusques à puis nagueres que par le Maître des eaux & forêts
   „ par nous ordonné audit Pays, a été faite défense générale audit Pays
   „ de chasser à aucunes bêtes, & pareillement de non pêcher en quel-
   „ que lieu que ce fût : En quoy lesdits Suplians ont grand interêt &
   „ dommage, mêmement les Nobles, pource qu'à l'occasion de ladite
   „ défense de chasser ils deviennent oyseux & sans occupation, & les ha-
   „ bitans du Pays, parce que les aucuns d'eux ont accoûtumé & nous
   „ sont tenus payer rente annuelle ou autres droits à l'occasion de ladite
   „ chasse, & pareillement de ladite pêcherie : & pour ce nous ont fait
   „ humblement suplier que nôtre plaisir soit faire cesser lesdites défenses,
   „ & sur ce leur impartir nôtre grace. Pourquoy nous, ce que dit est
   „ consideré, & autres considerations à ce nous mouvans, vous man-
   „ dons & expressément enjoignons que s'il vous appert que lesdits Nobles
   „ ayent de toute ancienneté accoûtumé chasser & pêcher en nôtredit
   „ Pays de Dauphiné, que les habitans d'icelui Pays ayent droit, ou leur
   „ ait autrefois par nous été permis de chasser & pêcher moyennant le
   „ payement de ladite rente ou droits, qu'icelle rente soit payée & con-
   „ tinuée à nôtre Tresorier dudit Pays ou autres, vous audit cas permettez
   „ & souffrez ausdits Suplians chasser & pêcher en lieux qui ne sont pro-
   „ hibez & défendus, ainsi qu'ils ont accoûtumé d'ancienneté, jusqu'à ce
   „ que par nous autrement en soit ordonné. CAR tel est nôtre plaisir,
   „ nonobstant lesdites défenses faites par ledit Maître des eaux & forêts,
   „ & quelconques Lettres impétrées ou à impétrer à ce contraires.
   „ DONNE' à Toulouse le onziéme jour de Juin l'an de grace mil qua-
   „ tre cens soixante-trois : Et de nôtre Regne le second. Par le Roy, le
   „ Comte de Cominges & autres presens. J. DE REILHAC.

Joannes Convenarum Comes , Mareschallus Franciæ, Gubernator Delphinatûs, notum harum serie facimus , quod visis Patentibus Litteris Domini nostri Regis Delphini , ejus sigillo cerâ rubeâ impendenti sigillatis ex parte Procuratoris trium Statuum hujus Patriæ Delphinatûs ad effectum interinationis earumdem exhibitis , quibus præsentes reverenter sunt alligatæ , ipsoque in deliberatione Curiæ Parlamenti Delphinalis præsente , quâ erant Domini subnominati præsentes , easdem duximus interinandas, interinavimusque & interinamus per præsentes juxtà ipsarum mentem & tenorem. Quocircà Baillivis Patriarum Bassæ & altæ hujus Patriæ Delphinatûs, Senescalloque Valentinensi & Diensi , aut eorum Vices gerentibus, cæterisque Justitiariis & Officiariis ad quòs spectat , ipsorumque cuilibet præcipimus , committimus & mandamus quatenus omnia & singula in eisdem Litteris descripta publicari more & locis assuetis & opportunis jubeant & faciant, ac ibidem nominatos eisdem Litteris uti & gaudere permittant juxtà ipsarum mentem & tenorem , inhibendo quibus fuerit inhibendum sub pœna formidabili Domino nostro Regi Delphino applicanda , quibus & nos inhibeamus ne quidquam in præjudicium ipsarum Litterarum faciant de cætero vel attentent , quin imò ipsas Litteras exequantur & observent juxtà ipsarum mentem & tenorem. Datum Gratianopoli die 21. mensis Septembris , anno Domini 1463. Per Dominum Gubernatorem ad relationem Curiæ in qua erant reverendi in Christo Patres & Domini Gratianopolitanus & Tricastinensis Episcopi , Abbas Sancti Antonii , Petrus Gruelli Præsidens , Rob. Guilloti , Gauf. de Ecclesia , Joan. de Ventes Thesaurarius & Auditores Computorum. VIVIER.

Collatio facta cum proprio originali die 16. mensis Februarii, anno Nativitatis Domini 1464. NIGRI.

❊❊❊❊❊❊❊❊❊❊❊❊❊❊❊❊❊❊❊❊❊❊❊❊❊❊

Arrêt donné sur le sujet de la Pêche,

ENTRE Noble Claude Davity Conseiller du Roy Maître ordinaire en sa Chambre des Comptes de Dauphiné , demandeur en Requête tendante à adjudication du tiers des lods en qualité de Mistral de la Terre de Moras pour raison des acquisitions faites , tant par Noble Estienne de Lestang de Murat, que feu Noble Charles de Lestang de Sablon son pere , pendant le temps qu'ils ont été Seigneurs engagistes de ladite Terre de Moras d'une part , & ledit de Murat défendeur d'autre ; Et entre ledit Davity demandeur en Requête pour être maintenu au droit & faculté de pêcher dans la riviere de Veuze d'une part , & ledit de Murat défendeur d'autre. Veu , &c. La Cour a débouté ledit Davity desdites Requêtes, & l'a condamné au quart des entrées & épices reservées par l'Arrêt du dernier Juillet 1652. ensemble en toutes celles du présent Arrêt , tous autres dépens entre les parties compensez. FAIT à Grenoble en Parlement le 13. du mois de Février mil six cens cinquante quatre. MAXIMIN.

CHAPITRE XXXVIII.

Reglement pour les reparations & la largeur des grands chemins en Dauphiné.

LA Reparation des grands chemins a toûjours été l'une des principales Polices des Eſtats floriſſants, tant pour la commodité du commerce, & le tranſport des choſes néceſſaires, que pour la promptitude qu'ils aportent à l'exécution des Ordres, & pour la facilité du paſſage des Armées. En quoy les Romains ont excellé ſur toutes les Nations, ayant conduit les grands chemins à travers les campagnes, les forêts, les montagnes, les vallées & les marais, juſques aux extrêmitez de l'Empire, avec une dépenſe ſi profuſe & ſi ſomptueuſe, que Strabon au liv. 5. de ſa Geographie, & Denis d'Halicarnaſſe qui a paſſé vingt ans à Rome ſous Auguſte, aſſeurent que la puiſſance Romaine a paru principalement en trois ouvrages; aux acqueducs & aux cloaques de Rome, & aux grands chemins de l'Empire, qui ſurpaſſoient tout ce qui fut jamais entrepris de grand & de magnifique au reſte de la terre, prenant leur commencement & leurs meſures à la colonne dorée apellée *Milliarium aureum*, qui fut plantée par Auguſte au milieu de Rome dans le marché Romain près du Temple de Saturne, à laquelle tous les grands chemins de la domination Romaine ſe raportoient de colonne en colonne, qui marquoit les milliaires, & en France les lieües au de-là du Rône & de la Garonne; ce qui leur ſervoit d'ornement, & ſoulageoit l'ennuy des voyageurs, comme dit Rutilius Numatianus *l. 2. Itinerarij.*

Intervalla viæ feſſis præſtare videtur
Qui notat inſcriptus millia multa lapis.

Le premier des Romains, qui à l'exemple des Carthaginois entreprit de faire paver les grands chemins d'Italie, fut Claudius Appius ſurnommé l'Aveugle, qui durant ſa Cenſure l'an 442. de la fondation de Rome fit conſtruire de pierres équarriés cette grande & célébre voye Appienne qui s'étendoit depuis Rome juſques à Capoüe. & qui depuis fut continuée juſques à Brindes de la longueur de cent quatre vingt lieües Françoiſes, à l'excellence de laquelle nulle autre n'eſt jamais arrivée, à cauſe de quoy le Poëte Stace *lib. 2. Silvar. in Surrentino Pollij* l'apelle la Reine des grands chemins, dont il reſte encore de beaux monumens. Procopius en a fait une exacte deſcription *lib. 1. de bello Gothico*, où il raconte que les grands carreaux dont elle étoit pavée, qui ſont de nature de caillloux très durs, furent charriez de quelque carriere fort éloignée, qu'il les fit polir & applanir à coup de cizeau, & joindre enſemble ſi juſtement ſans mélange de matiere, qu'à peine voyoit-on les jointures, & qu'à les conſiderer on jugeroit qu'ils avoient été plûtôt rangez & agencez des mains de la nature que de celles des hommes.

Ensuite tous les chemins de l'Empire furent conftruits & pavez de marbre, de cailloux, de bloucailles, de gravois, felon la nature des lieux, par le foin & la direction des principaux Magiftrats de Rome dans l'Eftat populaire, ou des Empereurs dans le Monarchique, & entre autres d'Augufte, qui joüiffant d'une paix affeurée donna cette occupation à fes Legions, *ne Miles otium indueret.*

Et en effet l'ouvrage des grands chemins fut en telle eftime parmi les Romains, que ceux qu'on appelloit *Curatores viarum* étoient les plus qualifiés de la Republique, comme fut Jules Cefar que le peuple établit Commiffaire de la voye Appienne ; ce qui luy donna beaucoup de credit à Rome, fuivant le témoignage de Plutarque en fa vie.

Ils font apellez des Latins *via publica, via Regia,* par excellence *Prætoriæ, Confulares,* à caufe que c'étoit l'ouvrage des Préteurs & des Confuls ; *Militares,* parce que c'étoit le paffage des Armées ; *Ageres publici,* à raifon de leurs levées ; Et des François *Chemins Royaux, grands chemins,* & en quelques Provinces *chauffées,* foit *à calcibus* ou *à calcando,* parce qu'ils font levez en forme de chauffées ; *chemins péageaux* en la Coûtume du Maine, d'Anjou, de Touraine, de Lodunois, parce que les reparations en doivent être faites par les Seigneurs qui ont droit de Péage.

Je m'étonne que nos Rois fe foient ravifez fort tard d'apliquer leurs foins au pavement des grands chemins du Royaume, puis que Paris même n'a été pavé qu'environ l'an 1184. par les Ordres de Philippes Augufte âgé pour lors de vingt ans, *Arduum opus, fed valdè neceffarium, quod omnes prædeceffores fui ex nimia gravitate & operis impenfa agredi non præfumpferant,* comme dit Rigordus Hiftorien du même temps en la vie de ce Roy. Car quant au chemin de la Gaule Belgique, qu'on apelle la chauffée de Brunehault, les Sçavans ne doutent plus que les Romains n'en foient les autheurs, & entr'autres c'eft l'opinion de Lipfe *lib. 5. de Magnitudine Romana cap. 10.*

Mais je ne me dois pas étendre davantage fur une matiere que Nicolas Bergier Avocat au Parlement de Paris a traittée fi curieufement en fon Hiftoire des grands chemins de l'Empire Romain, qui eft un livre rempli de beaucoup d'érudition, dont la lecture eft fort divertiffante & agréable.

Il me fuffira de remarquer fur le fujet de ce Chapitre, que le Jurifconfulte Ulpian *l. 2. §. viarum D. ne quid in loco publico vel itinere fiat,* comprend fous le mot de *via* trois fortes de chemins, les publics, les privez, les voifinaux. *Viarum,* dit-il, *quædam publica funt, quædam privata, quædam vicinales. Publicas vias dicimus, quas Græci* τας βασιλικας, *noftri Prætorias, alij Confulares vias appellant. Privatæ funt quas Agrarias quidam dicunt ; Vicinales funt viæ, quæ in Vicis funt, vel quæ in Vicos ducunt.* Et en la loy 3. *D. de locis & itineribus publicis,* il marque la différence, qui eft entre les chemins Voifinaux & les grands chemins, qu'il apelle Militaires, en ce que les Militaires se terminent à la Mer, ou à quelque Ville, ou à un fleuve navigable, ou à quelque autre chemin Militaire; au lieu que les chemins Voisinaux, ou de traverse prennent fin à quelque Militaire, ou se viennent perdre en quelque lieu sans issuë. *Sed & intereas & cæteras vias Militares hoc interest quod viæ Militares exitum ad mare, aut in Urbes, aut in flumina publica, aut ad aliam viam Militarem habent. Harum autem vicinalium viarum dissimilis est conditio; nam pars earum in Militares vias exitum habent, pars sine ullo exitu intermoriuntur.* Bouteiller en la Somme Rural *tit. des Droits des chemins & voyries,* apelle traverses les chemins voisinaux, disant que chemin Royal est le grand chemin qui va d'un païs en autre, & d'une bonne Ville à autre; traverse un chemin qui traverse d'un Village en autre, étant commun à tous, pour gens, pour bêtes & pour charoy.

Mais les grands chemins reçoivent des largeurs différentes selon la diversité des lieux & des Coûtumes. En celle de Clermont Beauvoisis, les grands chemins doivent estre de soixante quatre pieds de largeur, à onze pouces pour pied : En celle de Saint Omer, de Boulogne & de Monstreüil sur mer, de soixante pieds : En celle de Senlis, de quarante pieds en bois & forest, & en terre labourable ou autre assiete, de trente pieds : En celle de Normandie, de quatre toises pour le moins : En celle de Tours & de Lodunois, de seize pieds, & le voisinal de huit pieds : Et en celle d'Anjou & du Maine, de quatorze pieds, & ceux qui en ont plus, ne doivent être amoindris. Par les Ordonnances de Henry II. de l'an 1552. de Blois art. 356. suivies de celle de Henry IV. tous grands chemins doivent être reduits à leur ancienne largeur, nonobstant toutes usurpations par quelque laps de temps qu'elles puissent avoir été faites; & afin qu'à l'avenir il n'y soit faite aucune entreprise, les chemins doivent estre plantez & bordez d'arbre, comme ormes, noyers ou autres.

En Dauphiné, les chemins Royaux doivent avoir vingt pieds de largeur, sinon que l'assiete du lieu ne le pût commodément souffrir, les fossez non compris, & douze toises dans les bois, suivant un beau Reglement qui fut fait par le Parlement du 23. de May 1635. que je raporteray tout au long, dans lequel j'ay pris garde qu'il est défendu aux Commissaires de s'entremettre des chemins Voisinaux : La raison est, qu'ils doivent être reparez aux frais des proprietaires des héritages voisins, de l'Ordonnance du Juge ordinaire de la Police des lieux, & non des deniers publics, comme a remarqué Siculus Flaccus *libro de conditionibus agrorum,* où il divise les chemins publics en Royaux & en Voisinaux, avec cette différence que les Royaux sont séparez & entretenus aux dépens du public, qu'ils portent le nom de leurs Autheurs, que leur reparation se publie à la diligence des Commissaires, & qu'ils s'adjugent à des Entrepreneurs qui se chargent de l'ouvrage : Au lieu que les Voisinaux, ou de traverse qui se détournent des chemins Royaux dans les terres, & qui souvent aboutissent à d'autres chemins Royaux, sont reparez & entretenus à la diligence des Magistrats des

lieux, qui contraignent les poffeffeurs des héritages aboutiffans d'y travailler, ou de contribuer à la dépenfe. *Viarum omnium,* dit-il, *non eft una
& eadem conditio: Nam funt viæ publicæ Regales, quæ publicè muniuntur, &
auctorium omnia obtinent; nam & curatores accipiunt, & per Redempto-
res muniuntur. Sunt & vicinales viæ quæ de publicis divertunt in agros, & fæpe
ad alteras publicas perveniunt. Hæ muniuntur per Pagos, I. per Magiftros Pa-
gorum qui operas à poffefforibus ad eas tuendas exigere foliti funt; aut ut comperimus, unicuique poffeffori fingulos agros certa fpatia affignantur, quæ fuis im-
penfis tueantur.*

Je remarque auffi dans le même Reglement, que les Commiffaires
peuvent faire couper les arbres plantez dans les chemins, incommodans
le paffage & le charoy, par l'avis toutefois des Châtelains, Confuls
& prudhommes, les particuliers & proprietaires des fonds aboutiffans
apellez. Ce qui me remet en memoire le récit que fait Ariftote en fes
Œcumeniques liv. 2. chap. 14. de Condole Lieutenant du Roy Mau-
fole, qui vendit publiquement les fruits des arbres qui pendoient fur
les chemins : Mais le Reglement ajoûte qu'il en fera ufé avec telle
difcretion au regard des arbres fruitiers que les proprietaires n'en reçoivent pour la coupe trop grand dommage, & reciproquement le public trop grande incommodité s'ils fubfiftoient. Ce qui eft remarquable pour la Coûtume generale de Dauphiné, fuivant laquelle les arbres
plantez fur les chemins n'apartiennent pas au Roy, ni aux Seigneurs,
comme en quelques Coûtumes du Royaume, mais au proprietaire
des fonds aboutiffans : Aquoy fe trouve conforme l'ufage de Normandie fuivant l'obfervation de Beraut, Interprête de la Coûtume art.
622. Et pourtant fut jugé par Arrêt du Confeil du 13. Juillet 1520.
que les grand chemins ne font compris en la mefure des terres, comme
apartenans au Roy.

J'ajoûte avant que finir ce Chapitre, la différence des chemins privez, le chacun defquels doit avoir autant de largeur que l'ufage à quoy
il eft deftiné le requiert; *Via* doit être de huit pieds de largeur, pour
recevoir deux chariots venant l'un contre l'autre. *Actus* de quatre pour
un fimple chariots. *Iter* de deux pour le paffage d'un homme à pied ou
à cheval. *Semita* d'un pied quafi *Semi-ter,* comme dit Varron *lib. 4. de
Lingua Latina. Callis* eft un fentier pour les bêtes. *Iter pecudum inter montes,
anguftum & tritum à callo pecudum vocatum five callo pecudum perduratum,*
fuivant l'étymologie d'Ifidore *lib. 15. cap. ult. Orig.*

Arrêt de la Cour, fur la reparation des chemins en Dauphiné.

CHarles de Bourbon Comte de Soiffons, Grand Maître de France, "
Gouverneur & Lieutenant General pour le Roy en Dauphiné. "
A tous ceux qui ces préfentes verront ; Salut, Sçavoir faifons, que "
fur les requêtes préfentées à la Cour de Parlement dudit pays, par "
Salomon du Faure Commiffaire à la vifitation & reparation des che- "
mins Royaux & publics de cette Province, des 15. & 17. Novem- "

„ bre 1604. 12. & 26. Janvier 1605. tendant à ce qu'il plût à la
„ Cour faire Reglement général sur l'exercice de sa Charge, à ce qu'il
„ n'y ait retardation ou demeure au fait desdites reparations, ès en-
„ droits où il sera connu icelles être utiles & nécessaires. La Cour par
„ l'avis des trois Chambres, & des Gens des Comptes, ayant vû lesdi-
„ tes Requêtes, Provisions du supliant en icelle Charge & de Josserand
„ Bertrand son prédécesseur, ses Rémontrances aux derniers Etats gé-
„ néraux tenus en cedit Pays, en la Ville de Valence, & autres pieces
„ par luy produites ; Conclusions du Procureur desdits Estats, &
„ du Procureur général du Roy : Enjoint audit Commissaire vaquer
„ diligemment au fait de sa Charge, sans qu'il puisse commettre ny
„ substituer pour la fonction d'icelle qu'un pour le Viennois, l'autre
„ pour le Valantinois & Diois, le troisiéme pour les Montagnes &
„ Baronnies, desquels il sera responsable, & sera tenu les nommer
„ dans le mois aux Juges Royaux desdits lieux, & en retirer Actes,
„ à ce que les Communautez de la Province en soient averties ; & se
„ trouvant ledit Commissaire sur les lieux de toute l'étenduë du Pays
„ faisant sa Charge, sesdits Substitués cesseront ; Et afin que les Par-
„ ticuliers & Communautés ne soient surchargés en fraix, Enjoint
„ ladite Cour à tous Châtelains de ce Ressort, avant que lesdits
„ Commissaires & Substitués se transportent sur les lieux, vaquer
„ chacun an en temps plus commode, & avec prudhomme, à la vi-
„ sitation desdits chemins, ponts & planches, sur les ruisseaux &
„ torrents qui aboutissent ou traversent iceux chemins, pour les faire
„ bien & dûëment reparer & rétablir, dans suffisant délay, le plus bref
„ que faire se pourra, dont sera fait sommaire procès verbal, lequel
„ à la diligence des Consuls, sera remis ès mains desdits Substituez,
„ chacun en droit soy, qui se feront tenir sans frais ausdits Commis-
„ saires, à ce que passé ledit delay, s'il n'y a été satisfait, lesdits Com-
„ missaires & Substitués y puissent vaquer, aux dépens de qui apar-
„ tiendra, & qui sera été en demeure, que s'il s'en trouve aucuns re-
„ fractaires à satisfaire, à ce qui leur aura été enjoint, en sera fait
„ procès verbaux bons & véritables, pour par les Juges des lieux
„ ausquels ils seront remis, être les délinquans punis d'amende arbi-
„ traire, & où il y auroit du défaut, connivence ou négligence des-
„ dits Châtelains & Consuls, ils seront tenus payer les vacations de
„ celuy des Commissaires ou Substituez qui y aura vaqué, & les
„ dommages & interêts des parties intéressées ; Et par même ordre
„ que dessus, seront les ruisseaux, torrens, & petites rivieres, qui fluent
„ au tour ou à travers desdits chemins, s'étant divertis de leur an-
„ cien cours, ou tellement debordez, que lesdits chemins en sont in-
„ nondés & ruinés, remis en bon état, pour rendre iceux chemins &
„ charrois commodes & publics, sans prendre de nouveaux Reglemens
„ qui auroient commué l'ancien cours des eaux, qui resulteroient
„ d'Arrêts, Accords, ou Transactions, ou autres Titres, pour raison de
„ quoy s'il y avenoit nouvelle controverse, se pourvoiront les parties en

Juſtice, ſans retardation de l'œuvre néceſſaire : Fera ledit Commiſ- "
ſaire tenir & maintenir leſdits chemins Royaux & publics, de vingt "
pieds de largeur, ſi non que l'aſſiete du lieu ne le pût commodé- "
ment ſouffrir, les foſſez non compris : Touchant les chemins qui "
ſont dans les bois, ſeront de douze toiſes de large tout le long d'iceux "
bois ; & eſt prohibé audit Commiſſaire s'entremettre de regler les che- "
mins voiſinaux. Enjoignant audit Commiſſaire commencer la viſita- "
tion ès environs de la Ville de Grenoble. Sont auſſi faites inhibitions "
& défenſes à tous proprietaires, poſſeſſeurs des fonds aboutiſſans auſ- "
dits chemins, de faire conſtruire édifices, murailles, paliſſades, ne "
planter arbres, hayes, ne faire clôtures, ne mettre pierre, bois, & "
autres choſes qui donnent empêchemens auſdits paſſages & charois, "
non plus qu'aux rivages des rivieres, qui puiſſent apotter détourbes "
à la navigation : Et ſeront les pierres qui ſont eſdits chemins non "
fixés, miſes par leſdits poſſeſſeurs chacun en droit ſoy, & rangées en "
forme de murailles cruës, ou autrement, comme mieux iceux poſ- "
ſeſſeurs verront à faire, ſans que les chemins ſoient retrecis de la lar- "
geur ſuſdite, & ce dans le délay qui leur ſera préfigé par leſdits "
Châtellains, Commiſſaires, ou Subſtitués, par l'ordre que deſſus pour- "
ront leſdits Commiſſaires & Subſtituez, s'ils trouvent qu'il n'y ait "
été pourvû par leſdits Châtelains, faire couper les arbres plantés "
dans leſdits chemins, incommodant les paſſages & charois, par l'avis "
toutefois deſdits Châtelains ; Conſuls & prudhommes, les parti- "
culiers proprietaires des fonds aboutiſſans apellés, & en ſera uſé "
avec telle diſcretion au regard des arbres fruitiers, que les proprie- "
taires n'en reçoivent pour la coupe trop grand dommage, & re- "
ciproquement le public trop grande incommodité, s'ils ſubſiſtoient : "
Et fera ledit Commiſſaire Sommaire appriſe des uſurpations qui au- "
ront été faites ſur les chemins, pour en après à ſa diligence être re- "
mis en leur premier & dû état ; Auſſi eſt enjoint audit Commiſſaire "
faire faire foſſez le long des chemins, où il verra être neceſſaire, "
& repurger ceux qui y ſont pour les rendre capables à recevoir les "
eaux pluviales ou autres, à ce qu'elles ne rompiſſent leſdits chemins, "
néanmoins demeureront francs de la largeur ſuſdite : Fera auſſi "
continuer iceux foſſez de proche en proche, fins à ce que leſdites "
eaux ſoient renduës dans les rivieres, ſi faire ſe peut. Semblablement "
fera repurger les canaux des ruiſſeaux qui ſont regorger les eaux, & "
incommoder le paſſage du charoy, & y mettre ouvriers pour l'ef- "
fet que deſſus, aux dépens des proprietaires, ayant fonds aboutiſ- "
ſans, s'ils n'y ont fatisfait dans le délay qui leur aura été donné "
competant ; Et d'autant qu'ès lieux monteux & montagneux de ce "
pays, en pluſieurs endroits, que les neiges couvrent la face des che- "
mins, d'où adviennent grands & inévitables dangers aux paſſans, "
pour ne pouvoir ſuivre & reconnoître la trace deſdits chemins, à "
faute de marques & enſeignes luminaires, eſt enjoint aux Commu- "
nautés faire planter eſdits lieux marques de pierre ou bois, ainſi que "
la commodité des lieux le portera, de hauteur ſuffiſante, en forme de "
croix aux deux extrêmités, & entre deux, en forme de pilier, qui ſur- "

,, paffe les neiges en temps de la plus grande abondance d'icelles, qui
,, feront pofez en telle diftance qu'on puiffe voir de l'une l'autre : le tout
,, à peine d'en être les Châtelains & Confuls refponfables à leur privé
,, nom. Sera au pouvoir dudit Commiffaire & fes Subftituez, après
,, qu'ils auront été bien informés de la contumace de ceux aufquels lef-
,, dits Châtelains auront enjoint de fatisfaire à ce que deffus, de quel-
,, que état & qualité qu'ils foient, fe tranfporter fur les lieux pour y
,, faire travailler, & où il y aura difficulté confiderable à faire
,, obéïr lefdits proprietaires & poffeffeurs, à ce que la riviere ne foit
,, retardée par trop long-temps : pourront contraindre lefdits Châte-
,, lains & Confuls par faifie, vente & diftraction de leurs meubles, s'ils
,, n'obéïffent promptement à la premiere injonction qui leur fera faite,
,, fournir aufdits Commiffaires & Subftituez, ouvriers, bétail, chars,
,, charettes & attelages pour le charoy des materiaux, & tous inftru-
,, mens néceffaires pour la plus prompte expédition de l'œuvre aux
,, frais ; par lefdits Confuls mainlevables, fauf à les repeter par lefdits
,, particuliers par les voyes fufdites. Et pourront tous exploits être
,, faits, tant aux perfonnes defdits particuliers, que de leurs Grangers,
,, Metayers, Locataires ou Rentiers, & Entremeteurs, Agens, Tuteurs
,, & Curateurs des Pupils & Mineurs, & où lefdits Particuliers aboutif-
,, fans aux chemins qu'il conviendra reparer, aimaffent mieux quit-
,, ter leurs fonds que fuporter la dépenfe, feront iceux fonds mis à
,, l'inquant public, & délivrez au dernier enchériffeur qui en fera mis en
,, poffeffion par le Châtelain, fans autre décret de Juftice, pour être
,, les deniers qui en fortiront, employez aufdites reparations & frais
,, néceffaires, & où l'enchere ne fuffiroit, la Communauté y fupléé-
,, ra, comme auffi elle fournira aufdits frais, s'il ne fe trouve en-
,, cheriffeur, en retirant lefdits fonds acquis à icelles, fans autre for-
,, malité de Juftice : Sera néanmoins du tout fait Acte public par
,, les Châtelains, pour recours par les Communautez, pour leur
,, dédommagement, ainfi qu'elles verront à faire : Ne pourront lef-
,, dits Commiffaires & Subftituez, exiger plus de trois livres pour
,, chacun jour de vacation, pour le fait que deffus, toutes dépenfes
,, comprifes, lequel falaire fe prendra à proportion de temps, s'il
,, n'a été vaqué le jour entier, dont ils chargeront leurs Procès Ver-
,, baux, qui feront atteftez par lefdits Châtelains, aufquels eft en-
,, joint de ce faire promptement & fans difficulté, defquels Procès
,, Verbaux fera tenu regiftre, à peine de tous dépens, dommages
,, & interêts ; Et au regard des Sergens, au cas qu'il convint les
,, employer, leur être inhibé, à peine de concuffion, de n'exceder
,, trente-fix fols par jour, qui eft le taux qui leur a été fait par la Cour ;
,, & de même où ils n'auroient vaqué le jour entier, n'exiger que
,, pour les heures de vacation, à proportion du jour entier comme
,, deffus, & où ils ne fe voudroient contenter, leur fera fait taxe par
,, les Châtelains des Juges des lieux, en obfervant ledit taux de la
,, Cour, à proportion telle que deffus ; Enjoint la Cour aufdits Ser-

gens

„ gens étans requis, faire tout exploit de Justice à l'effet de ladite
„ charge, & faire main-forte ausdits Commissaires Substituez, si be-
„ soin est, exerçant icelle charge, ensemble à tous habitans des lieux,
„ contre les refractaires & désobeïssans, à peine d'être mulctés à l'ar-
„ bitration de la Cour, après qu'elle aura veu les Procès Verbaux
„ qui en seront dressez, düement attestez par les Châtelains & Con-
„ suls des lieux, comme dit est. Aussi est enjoint audit Commissai-
„ re, remettre de trois en trois mois au Greffe Criminel de la
„ Cour les Procès Verbaux de ses diligences, & de ses Commis,
„ qu'il sera tenu de retirer de leurs mains, pour être vû par le Pro-
„ cureur Général, & puis par la Cour, avec ses Conclusions, pour
„ y être pourvû ainsi qu'il apartiendra, tout le contenu cy-dessus exé-
„ cutoire, nonobstant opositions ou apellations quelconques, & sans
„ préjudice d'icelles, à la charge néanmoins que où iceux Commis-
„ saires Substituez y commettront abus, concussion excessive, exac-
„ tion ou autre malversation & excès, d'être punis par la Cour d'a-
„ mende arbitraire, après qu'elle aura vû les Actes & Informations
„ qui en seront faites, sur les plaintes des Parties interessées, soit Con-
„ suls ou Particuliers, par les Juges des lieux ou leurs Lieutenans,
„ qui sont ce faire commis, ausquels, & à chacun d'eux la Cour
„ enjoint y vaquer en toute diligence : Et sera le présent Reglement
„ envoyé en tous les Siéges Royaux de ce Ressort, pour y être publié
„ en l'Auditoire d'iceux, jour & heure d'Audiance, & puis aux Cours
„ des Châtelenies, à ce que nul n'en prétende cause d'ignorance, le-
„ quel pourra être imprimé, & sera enregistré, tant au Greffe de
„ la Cour, que de la Chambre des Comptes ; Le tout à la poursuite
„ & diligence du Procureur des trois Etats de ce Pays, suivant sa
„ requisition : Si donnons en mandement au premier Huissier de
„ ladite Cour, ou Sergent Royal Delphinal sur ce requis, à la Re-
„ quête dudit du Faure Commissaire & ses Substituez, en chacun
„ Bailliage & Senéchaussée, mettre le present Arrêt à düe & entiere
„ exécution de point en point, selon sa forme & teneur, en con-
„ traignant réellement & de fait, par toutes voyes de Justice dües
„ & raisonnables, tous ceux qui pour ce seront à contraindre, nonobs-
„ tant opositions ou apellations quelconques. De ce faire te donnons
„ pouvoir, en témoin de quoy avons fait metrre le Scel Royal Del-
„ phinal à cesdites presentes. Donné à Grenoble en Parlement, le
„ 23. de May 1605. par la Cour. LOVAT.

CHAPITRE XXXIX.

Du Ban des vendanges, & du privilege qu'a le Seigneur de vendanger devant ses Justiciables.

NCORE qu'il nous soit permis regulierement d'user de nos biens à nôtre volonté, si est-ce qu'il est de l'utilité publique de ne recüeillir pas les bleds & les raisins qu'ils ne soient en maturité. Car si la Police de Rome ne permettoit pas à un proprietaire d'un fonds de le negliger, il n'y a pas moins de raison d'empêcher que l'on dépoüille les fruits hors de saison. *Si quis agrum suum passus fuisset sordescere, eúmque indiligenter curasset ac neque arasset, neque purgasset, sive quis arborem suam, vineámque habuisset derelictui, non is sine pœna erat, sed erat opus Censorium, Censorésque Ærarium faciebant,* comme écrit Aule Gelle *lib. 4. Noct. Artic. cap. 1.* C'est pourquoy les Gouverneurs des Provinces regloient autrefois le temps des moissons & des vendanges selon la Coûtume des lieux, suivant l'explication que l'on donne communément à cette Loy *4. D. de Feriis. Præsides provinciarum ex consuetudine cujusque loci solent messis vindemiarúmque causa tempus statuere;* quoy qu'à mon avis elle ne regarde que le temps des feries que les Gouverneurs prescrivoient en chaque lieu pendant la cüeillette des grains & des raisins, comme le titre sous lequel elle est mise semble le justifier. Quoy qu'il en soit, la défense qui en est faite s'appelle le Ban des moissons & des vendanges. Et parce que c'est un fait de Police, il n'y a point de doute que ce droit n'appartienne au Hautjusticier, sinon que les titres, ou la possession l'attribuent au Moyen, ou au Bas-justicier. Et à cause de cela Joan. Faber. *Instit. de action. in §. præjudiciales,* met ce droit au nombre de ceux qui s'appellent Seigneuriaux.

De sorte qu'un Vassal qui n'a justice, ne peut faire tel Ban comme il a été jugé par Arrest du Parlement de Paris du 19. Janvier 1557. rapporté par Charondas sur le titre 88. de la Somme Rural de Bouteiller. Je ne sçai que la Coûtume d'Anjou art. 185. & celle du Maine qui declarent que *Ban de vendanger n'est reputé prérogative de Chatellenie ni Haute-justice: Et pour ce, ceux qui sont en possession ancienne d'en user en joüiront, & y échet neanmoins amende de Loy contre ceux qui rompent tel Ban.*

Ce n'est pas seulement en France, que ce droit de Ban est en usage, mais encore en Italie & ailleurs, suivant le témoignage de Bart. Cæpola *Tract. de Servitut. rustic. præd. cap. 20. In quibusdam locis,* dit-il, *sunt Statuta ne quis possit vindemiare, vel messem facere etiam in suo, nisi certo tempore. Hoc ideò à Dominis locorum constitutum; ne fruges decerperet immaturas & tempore non suo cogerentur.*

Quant au Ban des moissons il est aujourd'hui fort rare ; & se trouve aboli presque par toute la France ; comme a remarqué le même Charondas, & Choppin sur la Coûtume d'Anjou liv. 2. tit. 3. n. 5. & encore livr. 2. des Privileges des Rustiques chap. 7. n. 5. Il se voit même dans un Registre du Parlement de Paris intitulé *Ordinationes Antiquæ*, que ce Ban n'est plus en usage il y a long-temps au Pais de Vermandois & d'Amiens. Je ne crois pas non plus qu'il soit usité en nul endroit de Dauphiné.

Il est vrai que celui qui devance ses voisins à moissonner doit éviter de leur causer du dommage : Et nous lisons dans les Loix Géorgiques d'Harmenopolus *tit. de Damno*, que si quelqu'un après avoir moissonné sa part conduit son bestail en celle de son voisin il doit être puni du foüet, & condamné en ses dommages & interêts.

Mais pour le régard du Ban des vendanges, il est reçû presque par tout le Royaume, & particulierement en Dauphiné par plusieurs considerations.

La premiere, qu'un particulier recüeillant ses raisins avant l'ouverture des vendanges donne sujet aux larcins, & au dommage des bêtes. Même aux lieux bien policés, non seulement il y a des personnes commises à la garde des vignes, mais aussi la veille de l'ouverture des vendanges, les Officiers des lieux ont accoûtumé de visiter les maisons des habitans pour découvrir s'il y a de la vendange nouvelle.

La seconde raison est, qu'il y va de l'utilité publique qu'on ne vendange pas avant la maturité des fruits, & que le vin du finage ne soit décrié.

La troisiéme, pour la commodité des Seigneurs decimans.

Ainsi les Gentilhommes & les Ecclesiastiques ne sont pas exempts du Ban, qui est une charge réelle & patrimoniale.

Tellement que ceux qui vendangent devant l'ouverture des vendanges sont amendables à l'arbitration du Juge des lieux, pour avoir rompu le Ban du Seigneur, & contrevenu à la Police, & doivent être condamnés aux dommages & interêts des voisins.

La forme de visiter les vignes & de publier l'ouverture des vendanges dépend de la Coûtume des lieux. Celle de Berri tit. 14. art. 5. & 6. est fort exacte. Et à ce propos j'ay remarqué dans Papon liv. 6. tit. 1. chap. dernier, un Arrest du Parlement de Paris de l'an 1534. qui declare nulles les défenses faites de vendanger jusqu'à certain temps, faute d'avoir informé de la commodité ou incommodité publique : Et Maynard liv. 8. chap. 14. rapporte un Arrêt semblable du Parlement de Touloufe, par lequel un Juge ayant condamné un habitant en l'amende pour avoir vendangé au préjudice des défenses, sa Sentence fut mise à néant, & les parties hors de Cour sans dépens, à cause que les défenses n'avoient pas été faites avec connoissance de cause, de l'avis des habitans assemblés & oüis.

Mais la Coûtume de Dauphiné donne le privilege au Seigneur de vendanger un jour ou deux jours devant ſes judiciables , ſuivant la poſſeſſion en laquelle il eſt, afin ſans doute qu'il trouve plus facilement des vendangeurs.

A quoi ſe trouve conforme la Coûtume de Nivernois *tit. des vignes art. 3.* en ces termes, *le Seigneur Bannier* (c'eſt-à-dire le Seigneur du ban) *a privilege de vendanger ſes vignes la veille de l'ouverture du Ban ;* où Coquille fait une obſervation que par le mot de *veille* , il eſt ſignifié qu'il n'a qu'un jour de privilege , & non pas deux comme quelques-uns ſe l'attribuent. La même Coûtume declare art. 2. que les *vergers & jardins clos & fermés étans hors le vignoble peuvent être vendangez quand il plait aux Seigneurs d'iceux ; & auſſi les vergers & jardins étans aux vignobles prochains , & joignans des maiſons avant l'ouverture de Ban ſans danger d'amende & de confiſcation.* Ainſi Claude Henris liv. 3. chap. 3. queſt. 36. dit qu'on excepte de la Police ceux qui ſont tellement clos, qu'on les peut vendanger ſans faire tort aux autres , notament quand c'eſt pour pieces detachées , & qui ne portent pas conſequence pour les autres vignes.

L'on demande à ce ſujet ſi le Seigneur peut diſpenſer quelqu'un de ſon Ban , c'eſt-à-dire s'il peut donner permiſſion à un particulier de vendanger devant l'ouverture des vendanges : J'eſtime que non ſi les voiſins en reçoivent du préjudice : La prerogative que la Coûtume donne à ſa perſonne ne peut être étenduë à une autre ; mais s'il y a pluſieurs Seigneurs d'une Terre , je ne doute point que le chacun n'ait le même privilege.

Il eſt vrai que le fait propoſé par le Curé de Pollenas & par Noble Joachim de Chiſſé Seigneur de la Marcouſſe , d'être en poſſeſſion immemoriale de vendanger le même jour que le Seigneur , fut jugé pertinent par Arrêt d'Audience de relevée du 26. Janvier 1666. donné entr'eux & Noble Pierre de Baronat Seigneur de Pollenas. Et par autre Arrêt conventionnel du 15. de Mars ſuivant , ceux-là furent maintenus pleinement en la faculté de vendanger le même jour que le Seigneur.

Je reſerve le Ban du vin à un autre Chapitre.

CHAPITRE XL.

Des mots *tota*, *adempra*, *angariæ*, *parangariæ*.

'AY vû parmi les titres de la Terre de Luc en Diois un Acte du 12. de Juin 1319. dont je ferai plus amplemention ailleurs , par lequel Raymond d'Agoult Seigneur de la même Terre accorde à Ponce Silveſtre ſon Bayle de Miſcon , pluſieurs privileges & immunités , & entr'autres l'exemption *ab omnibus totis, adempris, angariis, parangariis,* qui font des mots affez frequens dans les anciens titres Seigneuriaux, mais qui font de la peine à ceux qui n'en ont pas connoiffance : ce qui m'oblige d'en donner l'explication.

Tota ou *tolta* fignifie la même chofe que fubfide, taille ou levée extraordinaire & forcée. Et ce mot vient de *tollir* dont nos Ancêtres fe font fervi pour dire lever par force, comme nous lifons dans une des Formules du Moine Marculfe, qui écrivoit il y a plus de mil ans, *per fortiam tuliffet.* De là eft venu celui de *Maltote* & de *Maltotier* qui fe trouve dans Froiffart, dans Monftrelet, & dans Alain Chartier. Et avant eux dans la Charte des Libertez de Jean Roi d'Angleterre qui eft rapportée par Mathieu Paris fur l'année 1215. où il eft dit. *Omnes mercatores, nifi publicè prohibiti fuerint, habeant falvum & fecurum exire de Anglia, & venire in Angliam, & morari & ire tam per terram, quam per aquam ad emendum vel vendendum fine omnibus toltis malis, per antiquas & rectas confuetudines.* J'ai des anciens Terriers qui obligent les Emphiteotes outre la cenfe *ad totam & talliam ad mifericordiam Domini.*

Adempra fignifie auffi une exaction violente. C'eft un mot dont l'étymologie eft ignorée, mais j'eftime qu'il derive *ab adempris rebus.* Je le trouve dans les Patentes d'Humbett Dauphin du premier Septembre 1341. qui font dans le recüeil des Statuts Delphinaux pag. 88. en ces termes qui en font connoître le fens. *In nomine Domini noftri Jefu Chrifti Amen. Noverint univerfi & finguli praefentes & futuri, quod Anno ejufdem Domini millefimo tercentefimo quadragefimo primo, Indictione nona, die prima menfis Septembris conftitutus propter ea quae fequuntur coram me Notario publico & teftibus infrà fcriptis illuftris Princeps Dominus Humbertus Delphinus Viennenfis, ipfe Dominus Delphinus confiderans & attendens Praedeceffores fuos in fuis ultimis voluntatibus ordinaffe ut male ablata & acquifita per eos quocunque titulo & colore reftitueremur & emendarentur perfectè, volens igitur, ut dicebat, eorum pias difpofitiones totis viribus adimplere & malè gefta & acquifita tam per ipfos Praedeceffores fuos, quam per ipfum, ut fibi poffibile eft & fuerit emendare quoad eum, ut dicebat faepiffimè, quercla quam plurimae fuorum fidelium fubditorum, & ad ejus pervenerunt auditum quod ipfi in pluribus per ipfos praedeceffores fuos & ipfum extiterunt gravati, videlicet in ftabilitis, focagiis, donis, adempris, collectis & talliis extraordinariis & muneribus liberavit & affranchiavit & immunes effe voluit atque francos perpetuò, nunc & femper, ut Dominus nofter Jefus-Chriftus Deus & Dominus nofter altiffimus fibi quietem praebeat & falutem, eumque in agendis profperet & in profperitate confervet, ac fibi fuifque praedecefforibus remiffionem peccatorum fua pietate concedat. Promittens &c.* Je trouve auffi dans un Acte de l'an 1297. contenant des pactes & conventions paffées entre Humbert I. Dauphin, Anne fa femme & Jean leur fils aîné d'une part; & Difdier & François de Saffenage d'autre, par lefquelles le Dauphin s'oblige pour lui & fes Succeffeurs de n'acquerir jamais rien dans la terre de Saffenage par quelque genre d'acquifition qui pût être dit ou penfé, *five conquirimenta confiftant feu confifterent, vel confiftere poffent in domibus, fortalitiis, montibus, planiciebus, furnis, molendinis, leydis, pasqueragiis, Alpibus, pedagiis, stagnis, piscationibus, aquarum ductibus, terris cultis & incultis, vineis, pratis, nemoribus, ferarum tractibus, hominibus, Vaffallis, Feudis, & retrofeudis fidelitatibus, homagiis, calvacatis, ademptis, gardis, commenderiis, argentifodinis, & aurifodinis, afcriptitiis, coroatis, vel rebus & juribus quibufcunque qua dici vel excogitari poffent, & fub quocunque vocabulo comprehendantur.*

Angoras parmi les Perfans veut dire un Courrier, d'où l'on a formé *Angaria*, qui fignifie les poftes fur les grands chemins; & *Parangaria* celles de traverfe τῦτο τὸ δράμημα τῶ ἱππων καλέῦσι Πέρσαι, Αγγαρήιον *Hanc equorum curfitationem Perfa Angareion appellant*, dit Herodote *in Urania*. Cyrus en fut l'inventeur en l'expedition qu'il entreprit contre les Scythes comme l'affûre Xénophon liv. 8. de la Cyropedie, dont la maniere étoit que les Courriers arrivés en l'une des poftes, faifoient entendre le fujet de leur courfe à ceux qui en avoient le foin, & ceux-cy aux fuivans jufques à ce que la nouvelle fut parvenuë au lieu où elle devoit être portée.

Et comme les Romains en reçûrent l'ufage, c'eft d'elles principalement que doit être entendu le titre *de Curfu publico, Angariis & Parangariis* au Code Théodofien & en celui de Juftinian; parce qu'à la fuite on a donné plus d'étenduë à ce mot-là, par la difference qu'on a faite *inter Angarias Equeftres, Tumultuarias, Caftrenfes*. On appelloit *Equeftres* les poftes, qui ne font ordinaires en France que depuis Loüis XI. qui le premier les a établies l'an 1477. comme a remarqué Philippes de Commines liv. 5. chap. 10. & après lui du Tillet *in Chronico*, où il dit, *Stathmi & diverforia curforiis equis à Rege Ludovico XI. primùm in Galliis conftituta.*

Tumultuaria font les charges qu'on ordonnoit à la hâte fur quelque occurence imprevûë, fuivant quoi les Commiffaires des guerres prenoient les premiers chevaux & harnois qu'ils rencontroient pour la conduite des chofes neceffaires à l'Armée. *Tumultuaria Angaria funt onera, fervitutes, & opera viles, qua fubeunt inopinatò populares, ut occuratur repentinæ neceffitati publicæ propter hoftium incurfus infperatos*, fuivant l'explication qu'en donne Guy Pancirole fur la Notice de l'Empire liv. 1. chap. 6.

Caftrenfes font les corvées que faifoient les foldats felon la neceffité, *quales funt aggerum ftructura, valli munitiones; foffarum expurgationes, caftrorum metationes & effoffiones, effoffæ terræ ac ruderum geftationes.*

Et parce que les Angaries étoient forcées, les Grecs en ont fait leur verbe ἀγγαρεύω dont s'eft fervi S. Mathieu chap. 5. & 27. pour fignifier *cogo, compello, ádigo*. Les Latins en ont auffi ufé comme a fait Ulpian *de Privilegiis Veteranorum: Sed & natus eorum angariari poffe Ælio Rufino & Antonino Claro Veteranis refcriptum eft.*

En effet Suidas interprete le mot ἀγγαρία de cette forte ἀναγκήν καὶ δουλείαν ἀκούσιον καὶ ἐκ βίας γινομένην ὑπηρεσίαν *coactam & invitam fervitutem, & fervitium quod aliquis vi adactus obit.*

C'eft en ce fens-là qu'il faut entendre ces mots *Angariæ, Parangariæ,* dans les anciens Titres. Ainfi l'Acte d'Annobliffement de Guigues Martin habitant du Villars en la Baronie de Saffenage, fait par François Baron de Saffenage du 27. Aouft 1363. porte qu'il l'affranchit *ab omnibus totis, talliis, collectis, complaintis, coroatis, Angariis, Parangariis, & aliis quibufcunque indebitis aut injuftis exactionibus, extorfionibus, operis, manuoperis, & aliis rufticalibus fervitutibus realibus & perfonalibus quibufcunque, ita tamen quod deinceps dictus Guiguo cum omnibus fuis liberis natis & procreandis & tota pofteritate fua gaudeat beneficio perpetuæ Nobilitatis & teneatur facere & præftare dicto Domino Caffenatici & fuis hæredibus & fucceffibus de fuis corpore & perfona ac tota fua pofteritate homagium ligium Nobile, & fidelitatem ligiam Nobilem, fuis fervitiis & canone, Feudis & dominiis, laudimiis & venditionibus dicto Domino fpectantibus à dicto Guigone debitis, & de jurifdictione ac punitione perfonæ ejufdem Guigonis & fua pofteritatis duntaxat exceptis, & femper ac perpetuò eidem Domino Caffenatici & fuis hæredibus & fucceforibus poft ipfum falvis remanentibus.* Et par un autre Acte fait en même temps, Guiges Martin prête hommage à François de Saffenage avec la qualité de Noble, *Nobili more ftando pedes, manibus fuis junctis & pofitis inter manus ejufdem Domini Caffenatici ofculo pacis interveniente.* Ce qui m'oblige de remarquer en paffant que fous les premiers Dauphins, les principaux Seigneurs s'attribuoient le droit d'annoblir ceux qu'ils vouloient gratifier dans leurs Terres, où ils faifoient des Loix & des Statuts, dont l'abus dura quelque temps après le Tranfport du Dauphiné ; mais enfin il ceffa comme une entreprife faite fur l'authorité Royale, à laquelle feule appartient le droit de changer l'état & la condition naturelle des fujets de la Monarchie, & de les honorer du titre de Nobleffe. Je fçai quelques familles dont la Nobleffe n'a point d'autre origine que l'Affranchiffement qui leur a été concedé par les Seigneurs des Terres où elles habitoient.

Je reviens à mon fujet, pour dire que j'ay eu de la peine à défabufer un homme de qualité de l'opinion qu'il avoit, que par ces mots *Angaria & Parangaria*, il eut droit d'obliger les habitans de fa Terre à lui fournir des poftes à cheval ou à pied. Cette prétention eft injufte & contraire au fens des anciens Titres, qui n'entendent pas ces mots là, que les viles corvées qui font dûes par les jufticiables roturiers : en forte que *coroatæ, operæ, manuoperæ, Angariæ, Parangariæ*, ne doivent être pris que pour fynonimes. Ce font des preftations corporelles que les Capitulaires appellent *vexationum genera*, comme l'Acte d'Annobliffement que je viens d'alleguer *indebitas & injuftas exactiones & extortiones*, parce que les Seigneurs les ont établies par force & par violence contre la juftice & contre l'équité ; Mais enfin la frequence & la Coûtume les a fait paffer en droits héréditaires & juftes ; *injuria in jus verfa eft.* C'eft pourquoi François de Saffenage affranchit Guigues Martin des corvées & preftations de corps que luimême qualifie injuftes.

CHAPITRE XLI.

Ancienne Confultation de François Marc, avec l'Avis & De-
claration de la Chambre des Comptes fur l'ufage de Dauphiné,
touchant fix queftions propofées en matiere de droits Sei-
gneuriaux.

'A y trouvé dans les Regiftres de la Chambre des Comptes une Confultation de François Marc fameux Avocat,
& depuis Confeiller au Parlement de Grenoble de l'an
1486. accompagnée de l'Avis & Declaration de la même Chambre des Comptes touchant l'Ufage du Dauphiné
fur fix queftions propofées en fait de droits Seigneuriaux, que j'ai
crû dignes de la connoiffance publique. Quelques-uns peut-être feront
furpris de voir que la décifion de ces queftions foit émanée de la
Chambre des Comptes ; mais leur étonnement ceffera quand ils fçauront
qu'avant l'an 1560. les Châtelains Royaux faifoient la recette des revenus du Domaine ordinaires & cafuels, dont ils rendoient compte
à la Chambre, qui par conféquent fçavoit parfaitement la Coûtume;
même qu'avant l'année 1628. qu'elle fut feparée du Parlement, elle
jugeoit conjointement avec lui tous les Procez concernant le Domaine
de Sa Majefté. Voici l'extrait des deux pieces.

„ COnfideratis verbis aliquarum Recognitionum Manda-
„ menti Vallifbonefii, quarum tenor fequitur in hæc ver-
„ ba. In parte in qua opportuna, ibi dum recognofcunt te-
„ nementarii fe tenere de Franco Allodio feu Retrofèudo dicto-
„ rum Dominorum Vallifbonefii fub Jurifdictione ipforum res
„ ibi defignatas, &c. Et indè fequitur. Pro quibus nullum cenfum
„ faciunt fed faciunt eifdem Dominis fex denarios in qualibet mu-
„ tatione Domini & poffefforis, laudimia & venditiones fi tranf-
„ portarentur, licet in aliquibus, *Item* dictarum Recognitionum
„ fimpliciter recognofcatur de Franco Allodio & Feudo Franco,
„ & laudimia & venditiones ad rationem tertii denarii quando
„ venduntur. Et pariter in Recognitione Nobilis Joannis de Bel-
„ loforti recognofcatur de Franco Allodio & Retrofèudo. Non
„ tamen ibi fit mentio de laudimiis & venditionibus ; Ex qui-
„ bus verbis fuprà narratis contingit de fufcriptis dubitari ; qui-
„ bus nitar refpondere prout melius in veritate & juftitia conci-

pere potero fecundum meam fragilem capacitatem , falvo "
femper faniori confilio cui fequentia fubmitto. "

Et primò de effectu dictorum verborum in dictis Recogni- "
tionibus adjectorum ibi, de Franco Allodio feu Retrofeudo, cum "
ibi videatur contrarietas. "

Secundò, fi Vaffallus aut Emphyteuta poffint albergare aut "
in Emphyteufim tradere fine confenfu Domini. "

Tertiò, pofito cafu, quod Vaffallus aut Emphyteuta poffint "
Albergare & in Emphyteufim concedere, Dominus directus "
debeat habere laudimium quando aliquid datur pro introgiis , "
& an poffit uti jure prælationis. "

Quartò, fi Libertas Delphinalis in 22. capitulo in hoc dero- "
get juri dominorum quoad confenfum aut laudimium, ut non "
debeatur Domino, & fi dicta Libertas etiam fe extendat ad "
fubditos Baronum & Bannaretorum præfentis patriæ. "

Quintò, fi contingat cafus, quod fecundus Vaffallus aut "
fecundus Emphyteuta alienet, cujus requiratur confenfus feu "
parabolla in inveftiendo, an prioris domini, an verò primi Vaf- "
falli feu Emphiteutæ, qui dicitur proximior & immediatus "
Dominus, & confequenter cui debebitur laudimium, an priori "
Domino, an verò fecundo. "

Sextò, fi contingat cafus, quod res cadat in commiffum, "
cui applicabitur pœna commiffi, an primo Domino an verò "
fecundo. "

Ad primum videtur dicendum, quod licet in dictis verbis "
fuprà narratis videatur aliqua contrarietas fuper interpretatione "
dictorum verborum, quia de propria fignificatione vocabuli "
Allodium dicitur propriè quod à nemine alio recognofcitur "
nifi à Deo fecundum Bald. in tit. de pace juramento firman- "
da, §. ad hæc, & ibi Alvaro. & in C. 2. fi de feud. controv. "
fuer. & per glof. in l. ac fi quis §. interdum, ff. de relig. & "
fumpt. funer. & in l. fin. C. de ingen. & manumiff. Attamen "
in cafu ifto dictum verbum *Allodium* interpretatur & debet "
declarari fecundùm verbum adjectum, videlic. de Feudo feu "
Retrofeudo, quia hodiernis temporibus iis vocabulis (fcilicet "
Feudo & Retrofeudo) abutimur & pro eodem accipimus, "
prout voluit Bart. in fimili, in l. fi finita §. fi de vectigalibus. "
ff. de dam. infec. in 3. q. principali ; licet de natura Feudi "
franci & liberi hoc importetur, quod liberetur ab operis & "
fervitiis exhibendis, quia nullum debet præftare fervitium fe- "
cundùm Bald. in præludiis Feudorum mihi in 8. divifione, "

„ & ibi Alvarot. in 2. divifione Feudorum. Et dicit quod apud
„ vulgus ifta verba hæc fonant C. ex litteris de Sponfalibus,
„ non tamen fecundùm Alvarot. per hæc verba liberabitur Vaf-
„ fallus à Capitulis formæ fidelitatis, quia aliàs eſſet repugnantia
„ & contrarietas quod non eſt dicendum arg. l. ubi repugnan-
„ tia ff. de Regul. jur. An autem per ifta verba fuprà relata
„ potuit Feudum alienari fine confenfu Domini; Bald. in dicta
„ 8. divifione tenet quod non, quia per hæc verba fecundùm
„ ipfum, Feudum non eft francum à maleficiis confiftentibus
„ five in faciendo, five in tacendo. Dicit tamen Bald. in
„ Authen. Nifi rogati. C. ad Trebel. quod quando Feud. eft
„ francum & liberum quod Vaffallus poterit de ipfo teftari licet
„ regulariter prohibeatur teftari ut in C. 1. de fucc. Feud. Et
„ in hoc etiam debet attendi communis ufus loquendi fuper in-
„ terpretatione iftorum verborum feu communis intelligentia
„ verbi fecundùm Alvarot. ubi fuprà : Et etiam debet attendi
„ communis ufus loquendi in contractibus fecundùm Bart. in
„ Rubrica ff. de oper. novi. nuntiat. & in l. Labeo. ff. de
„ fupellect. legat. Et ita etiam verba debent interpretari &
„ reduci ad concordiam ficuti dicitur de teftib. &c. ut præ-
„ ferventur à contrarietate C. cum tu. de teftib.

„ Ad fecundum dubium, videtur dicendum, primò loquen-
„ do de Vaffallo, quod poffit alii dare in Feudum dùm tamen
„ fincerè & fine fraude Domini faciat, & dùm tamen fit æqua
„ conditio perfonæ novæ Vaffalli C. fimiliter. de legato novo.
„ C. 1. qualiter olim Feud. alien. pot. Et ifta eft communis
„ opinio. glof. Bald. & Alvarot. in C. 1. §. præterea de Cap.
„ Corr. Et videtur etiam cafus in Conftitutione Imperial. §.
„ illud quoque de prohib. Feud. alien. per Frid. Et ita etiam
„ fequitur Spec. in titulo de Feud. verf. 38. & ibi Joan. Andr.
„ in addit. qui tenet quod eodem jure quo habet Vaffallus
„ Feudum, poteft alteri tradere in Feudum, ita quod refoluto
„ jure datorum refolvitur jus acceptorum & debet reverti ad
„ Dominum. Et præmiffa intelliguntur quando fincerè & fi-
„ ne fraude Domini facit, quia fi fub prætextu Inveftituræ
„ interveniret pretium, tunc talis alienatio eſſet nulla ipfo
„ jure, & eſſet pœna perditionis Feudi, juxta §. Callidis, in
„ dicta Conftitutione. Imperialem de prohib. Feud. alien. per
„ Frid. quoquomodo intervenerit pretium etiam citrà dimidiam
„ jufti pretii, fecundum Bal. & Alvarot. ibi. Si verò quæra-
„ tur an Vaffallus poffit dare in emphyteufim, dicendum eft

quod non, fecundùm glof. in dicta Conftitutione. Imperia- "
lem. in principio, & ibi fequitur Bal. cum talis emphyteufis "
perpetua non procul diftet ab alienatione; §. alienationis in "
Auth. de non alienandis aut permut. reb. Eccl. collat. 2. Sed "
Joan. Fab. Inft. de locat. & conduc. in §. adeò in 1. colum- "
na in hoc reprobat dictam glof. & dicit quod in hoc eft "
totum notorium per totum Regnum Franciæ, aliàs fecundùm "
ipfum Nobiles qui tenent in Feudum, nullos haberent reddi- "
tus, & tamen videmus quod illi qui tenent in Feudum & "
Retrofeudum, habent Emphyteutas & homines fuos ubicun- "
que terrarum, hoc tamen limitat nifi fieret fraus, ut quando "
intervenerit pretium juxtà dictum §. Callidis; & ibi etiam "
loquitur de Retrofeudo, &c. "

Si verò quæratur de Emphyteuta, an poffit albergare & da- "
re in emphyteufim, Gloff. eft in dicto paragrapho. adeò quod "
fic, quam ibi fequitur Joan. Fab. & Angel. Aret. Et idem "
videtur fentire Glof. in l. 2. C. de jure Emphyteutico in pe- "
nult. quæft. & in l. final. eodem titulo, fuper verbo, ven- "
dere, in fine, & in l. poffideri, §. contrario. ff. de acquir. "
poffeff. Et ifto cafu dans in emphyteufim transfert utile do- "
minium & naturalem poffeffionem & nihil penès ipfum re- "
manet fecundùm Glof. ubi fuprà. & Bart. in l. fi quis vi §. "
defferentia ff. de acquir. poffeff. & in l. ex affe. ff. ad Tre- "
bel. licet etiam poffet dici, quod quando Emphyteuta ite- "
rum dat in Emphyteufim poteft fibi retinere aliquam par- "
vam moderatam penfionem fecundùm Glof. in dicto §. adeò; "
& idem Bart. in l. fi finita §. fi de vectigalibus ff. de dam. "
infec. in 3. quæft. princ. & allegat. C. primum, qualiter "
olim Feud. alien. pot. Et ifte contractus appellatur libellarius "
feu. livellarius de quo meminit Glof. in Authen. ingreffi. C. "
de Sacrofanc. Ecclef. Advertendum tamen quod Joan. Fab. "
in dicto. §. adeò. tenet quod in hoc debet requiri confen- "
fus Domini, & idem tenet in dicta l. fin. C. de Jure Em- "
phyt. & allegat Specul. in titulo de locato §. nunc aliqua v. "
94. Sed de confuetudine fecundùm Joann. Fab. in dicto §. adeò, "
fervatur quod abfque confenfu & requifitione Domini poffet "
dare in Emphyteufim; fed Petrus Jacobi in rubrica de actioni- "
bus in rem pro Emphiteufum quæft. 2. in communi tenet, quod "
requiritur confenfus domini, de quo ibi per eum. Dicunt ta- "
men Ymola, Cumanus & moderni in l. fi domus. §. fin. D. "
de leg. quos refert & fequitur Angelus Aretinus in dicto §. "

„ adeò, & etiam Dominus Jason in l. 2. C. de Jure Emphy-
„ teutico, in Glossa magna super verbo. *Repellere.* in penult.
„ quæstione, quod secundus Emphyteuta non post consequi pos-
„ sessionem nisi à Domino, & tunc Domino habet necesse pro-
„ mittere de pensione & aliis : Et ibi etiam format Dominus
„ Jaso quæstionem, quis teneatur solvere censum Domino di-
„ recto, an primus Emphyteuta vel secundus de quo habetur
„ per Baldum in l. prædia C. de fideicommiss. Et præmissa de-
„ bent intelligi quando Emphyteuta vult dare in Emphyteusim
„ sincerè & sine fraude Domini prout dictum est suprà in Vas-
„ sallo per dictum §. callidis. Secùs si aliter, ut quia interveniret
„ pretium aut aliquid pro introgiis, quia isto casu potiùs no-
„ minari debet venditio quàm Emphyteusis secundùm Joannem
„ Fabrum in dicto §. adeò. Instit. loco mihi in 4. columna.
„ Quid enim si recepit centum libras & retinet unum denarium
„ pensionis, non videtur Emphyteusis secundùm ipsum ; & ita
„ etiam videtur sentire Alexander de Ymola in dictam leg. si
„ finita. §. si de vectigalibus. D. de damno infecto mihi, 22.
„ columna.

„ Ad tertium præmittendum est, quod secundùm unam opi-
„ nionem de natura & substantia contractûs Emphyteutici de-
„ bet à principio aliquid dari quod vulgariter appellatur in his
„ partibus, pro introgiis : Et quod ab initio debeat aliquid dari
„ tenet Jacobus de Aretio ; & idem tenet Glossa. 1. in C. po-
„ tuit, de locato. Speculator eodem titulo. §. nunc aliqua, versi-
„ culo 5. Sed Cynus in dicta l. 1. C. de Jure Emphyt. dicit quod
„ istud de consuetudine non servatur, quia potest etiam fieri
„ contractus Emphyteuticus, etiam si nihil à principio detur,
„ dùm tamen constituatur certa annua pensio seu census : Et
„ secundùm Salicetum ibi, uterque modus potest procedere,
„ & etiam sentit Bartolus in l. si mihi & Titio. de verb. oblig.
„ circà penultimam columnam, dum ibi tenet quod contractus
„ Emphyteuticus potest dici onerosus vel lucrativus &c. Et de
„ hac quæstione pleniùs tractat Dominus Jason in dicta leg. 1. in
„ principio. Et præmissa possunt facere ad quæstionem illam,
„ an in contractu Emphyteutico possit allegari exceptio ultrà
„ dimidiam justi pretii, quia Speculator in tit. de emption. &
„ vendit. §. nunc decendum. vers. quid de concessione. tenet
„ contrarium. Sed Baldus in l. 2. C. de rescind. vendit, §. 3.
„ quæst. principali circà finem illius quæstionis, tenet quod
„ imò posset allegari deceptio ultrà dimidiam justi pretii &c.

His

His præmiffis deveniendum ad dictum tertium principale "
quæfitum, videtur dicendum quod quando Vaffallus aut Em- "
phyteuta dant in Emphyteufim, quod debeat folvi quinquage- "
fima æftimationis Domino Directo, & fic debeat folvi laudi- "
mium ad rationem fecundùm coufuetudinem loci : Et iftud "
decidit Petrus Jacobi in dicta rubrica de action. in rem pro "
re Emphyteutica, quæ cecidit in commiffum; licet fecundùm ",
ipfum Dominus in cafu ifto non poffit uti Jure prælationis: "
Sed Joannes Faber in dicto paragrapho adeò tenet in cafu "
ifto quod fortè Dominus directus poterit retinere, & uti jure "
prælationis per dictam. l. final. C. de jure emphy. Non enim "
loquitur folùm in vinditione fed in qualibet tranflatione : Re- "
fert tamen quod de confuetudine fervatur, quod abfque con- "
fenfu & requifitione Domini poffit dare in Emphyteufim , &c. "
Sed ad propofitum quantùm ad folutionem laudimii facit "
quod communiter volunt Doctores in d. l. fin. C. de Jure Em- "
phyt. quos refert Dominus Jafo in quæftione illa , an Em- "
phyteuta poffit donare irrequifito Domino in Gloffa magna "
fuper verbo. vendere. Quod licet fecundùm unam opinionem "
poffit donare fine confenfu Domini , & in hoc non poffet uti "
jure prælationis Dominus directus , tamen debet habere laudi- "
mium pro labore Inveftituræ per dictam legem fin. ubi ne- "
dum fit mentio de folutione quinquagefimæ partis pretii , fed "
etiam æftimationis rei feu loci qui transfertur ad aliam perfo- "
nam. Et ita intelligitur etiam de donatione. Et idem vide- "
retur dicendum quando Emphyteuta albergat feu dat in Em- "
phyteufim , quia eft quædam donatio prout fupra dictum fuit, "
cùm non debeat intervenire pretium per d. §. callidis. Sed "
ubi aliquid datur pro introgiis quod eft ad inftar pretii; tunc "
res haberet minus dubii , quia tunc deberetur laudimium quin- "
quagefimæ partis pretii per d. l. fin. C. de jure Emphyt. Sed "
in hoc eft advertendum quod quando non notificatur verum "
pretium quod in veritate ab aliis invenitur , quod per iftam "
falfam notificationem pretii Emphyteuta cadit à Jure fuo Em- "
phyteutico fecundùm Salicetum in d. l. fin. & Dominus Jafon "
in 6. notabili. quia in hoc verfatur Emphyteuta aliter quàm "
debeat per d. l. fin. in fine. Et facit ductus §. callidis. Sed re- "
deundo ad dictum quæfitum quando Emphyteuta albergat, an "
debeatur laudimium Domino; Pro parte affirmativa quod de- "
beatur facit, quia iftud laudimium folvitur pro labore Invefti- "
turæ per dictam l. fin. C. de Jure Emphyt. Sed in cafu ifto "

„ fecundus Emphiteuta debet inveftiri à Domino antequam ha-
„ beat poffeffionem. Et fic debet folvi laudimium cùm fit eadem
„ ratio. Verumtamen quia in hoc attenditur confuetudo fecun-
„ dùm Joannem Fabrum in dicto §. adeò. ideò effet videndum
„ quid in hoc fervetur de confuetudine, quæ cum fit facti pro-
„ babiliter poteft ignorari prout dicit textus in fimili in C. 1.
„ de conftit. lib. 6. Ideò in hoc me refero expertis in dicta
„ confuetudine fi quæ fit. Sed in cafu ifto quoad dictos reco-
„ gnofcentes non debet attendi confuetudo, quia expreffè recog-
„ noverunt laudimia quando contingit poffeffiones tranfportari.
„ Et fic in Jure Emphyteutico debent fervari pacta ad unguem l.
„ 1. 2. & fin. C. de Jure Emphyt. Et facit Gloffa in dicta l. 2.
„ fuper verbo *repellere.* ubi pacta inter Dominum & Emphy-
„ teutam debent fervari fecundùm Speculatorem in tit. de locato.
„ §. nunc aliqua. verf. 89. Et hoc quantum ad illos qui recogno-
„ verunt dicta laudimia, fed quoad alios ubi tacetur de dictis
„ laudimiis, apparet ex fupradictis quid dicendum.

„   Ad quartum videtur dicendum quod in hoc debent attendi
„ verba Statuti, Libertatis feu Privilegii. C. porrò. de Privilegiis.
„ Et fi confiderentur folùm loquitur quoad Barones, Nobiles &
„ cæteros Delphinatus, & aliarum Terrarum dicto Domino Del-
„ phino immediatè fubjectarum.   Et fic loquitur de fubditis im-
„ mediatè Delphinalibus, & non de fubditis Bannaretorum,
„ quia fi Legiflator voluiffet exprimere, hoc benè fciviffet fa-
„ cere cap. tua. de Decimis. Et præfertim quia in pluribus aliis
„ capitulis benè fit mentio de fubditis Bannaretorum, & dum
„ tamen non fit mentio in hoc capitulo Libertatis ; & ita non
„ debet extendi quia in hoc effet præjudicium tertii, videlicet Do-
„ minorum Bannaretorum præfentis Patriæ l. 1. §. fi quis à
„ Principe. D. Ne quis in loco publico. l. nec avus. C. de
„ Emancip. liber. Sed in hoc me vellem conformare confuetu-
„ dini in hac obfervata fi quæ fit, prout fupra dictum fuit ;
„ pro quo facit quia divifa eft ratio in hominibus Bannare-
„ torum, quia propriè loquendo, homo hominis mei,
„ non eft homo meus fecundùm Speculatorem in tit.
„ de Feudis verf. 14. Sed præfuppofito quod fubditi Del-
„ phinales five mediati, five immediati comprehendantur fub
„ dicto capitulo Libertatis 22. in hoc folùm vertitur quæftio,
„ quando Vaffallus aut Emphyteuta albergant feu dant in Em-
„ phyteufim ; an debeatur laudimium Domino directo non ob-
„ ftante dicta Libertate : Et licet per verba dictæ Libertatis in hoc

difpenfetur, quod poffint dare in Emphyteufim aut in Feu- "
dum fine requifitione Domini directi, tamen quoad folutio- "
nem laudimii non difpenfatur. Et fic debet remanere in dif- "
pofitione juris communis, ut debeat folvi laudimium l. fi ex- "
traneus. D. de condict. ob caufam. Faciunt notata in l. fi cum "
dotem. in principio. D. foluto matrim. Facit quod voluit Spe- "
culator in dicto §. nunc aliqua. verf. 94. ubi fecundum ip- "
fum licet detur licentia Emphyteutæ alienandi, debet intel- "
ligi fecundum formam Juris licentia petita argumento legis. Si "
quando.C. de inoffic. teftam. Et iftud videtur decidere Salice- "
tus in dicta lege fin. C. de jure Emphyt. in princ. ubi limi- "
tando dictum Speculatorem & Baldum licet fit data licentia "
Emphyteutæ alienandi fine requifitione Domini, tamen debet "
folvi quinquagefima, nec intelligitur facta remiffio quinqua- "
gefimæ partis ex illis verbis fecundum ipfum. Et iftud etiam "
videtur decidere Alvarotus in rubricas de proh. Feudi alienat. "
per Frider. in principio. ubi dicit, quod licet Dominus det li- "
centiam vendendi Vaffallo Feudum, non tamen fit præjudi- "
cium in fuis juribus Vaffallagiis licet non fuerit refervatum. "
Præterea fi attendantur verba dictæ Libertatis, hoc tacitè im- "
portant, quia debent recognofcere, & ita laudimium debet "
folvi pro labore Inveftituræ, prout fupra dictum fuit ; tum "
etiam quia in hoc debent attendi verba Recognitionum quæ "
hoc habent, ut folvantur laudimia dum continget dictas res "
recognitas tranfportari : Et fic debet intelligi generaliter, quo- "
quo titulo alienationis tranfportentur, cum generaliter loquan- "
tur l. de pretio. D. de Publiciana in rem act. Et ita quoad illos "
qui recognoverunt res eft clara, & quantum ad alios ap- "
paret etiam ex præmiffis. "

Ad quintum videtur dicendum quod in cafu alienationis rei "
Emphyteuticariæ debeat requiri & intervenire voluntas feu "
confenfus, aut aliàs parabolla in inveftiendo prioris Domini, "
& non primi Emphyteutæ. Et iftud tenet Gloffa in dicta l. fin. "
C. de jure Emphyt. in magna Gloffa. in fine. quia lex re- "
quirit confenfum Domini : Et fic debet intelligi in potiori figni- "
ficato de directo dominio argum. leg. 1. D. fi ager vectigalis "
vel emphyteuticarius petatur. Nam primus Emphyteuta defiit "
effe Dominus alienando, nec poffidet civiliter nec naturaliter "
cum tranftulerit utile Dominium quod penes ipfum habebat "
prout dictum fuit in 2. quæfito. Et ita &c. Ibi fequitur Cy- "
nus & Petrus de Ferrariis in Forma libelli quo agitur ad ficti "

„præstationem. super verbo. alienavit. Et istud etiam tenet Bal-
„dus in l. si permittente. C. ad Macedon. Et ex hoc sequitur di-
„cendum , quod laudimium isto casu debetur Domino. Et istud
„tenet Speculator in dicto tit. de locato. §. nunc aliqua. vers.
„126. Et ibi sequitur Joannes Andreas in Addition. Et istud
„etiam tenet Glossa in dicta Constitutione. Imperialem. §. illud.
„de prohib. Feudi alienat. per Frider. Et ibi sequitur Baldus &
„Alvarotus , licet ibi Baldus referat aliquos tenere quod requi-
„ratur consensus utriusque ; videlicet tam principalis Domini ,
„quàm etiam proximi argum. l. in concedenda. D. de aqua pluv.
„arc. Sed finaliter residet in alia opinione quod requiratur solùm
„consensus Domini prioris , & quia alienando offendit Domi-
„num Domini : Ergo ad veterem Dominum revertitur , &
„subjungit quod ista est veritas. Advertendum tamen quod in
„præcedentibus verbis Baldus videtur limitare , nisi ex consue-
„tudine pertineret ad immediatum Dominum præstare consen-
„sum , quod tunc si Vassallus aut Emphiteuta alienarent sine
„licentia ,quod tunc Feudum deberet reverti ad primum & im-
„mediatum Dominum , quia adhuc remanent reliquiæ & deben-
„tur ei servitia , & debet in fieri recognitio & ipsi præstari fide-
„litas. Et istud clarius declarat Alvarotus ibi in prima conclu-
„sione, qui loquitur in casu consuetudinis &c. Item advertendum
„ad aliam limitationem quàm ponit Alvarotus in dicta Consti-
„tutione. Imperialem. in principio. qui allegat Jacobum Ardiso-
„nem tenere , quod requiratur consensus majoris Domini , nisi
„ile antiquior esset absens, quia tunc voluntas proximioris suf-
„ficeret , nisi primus Vassallus esset Principis, quia tunc secundus
„Vassallus non debet renuntiare Principi , sed suo Domino &c.
„Sed advertendum circa præmissa,quod Joannes Faber in dicto §.
„adeo. latiùs tractat hanc materiam , volens innuere quod pe-
„nès primum Emphyteutam seu secundum Dominum remanet
„aliquod jus : Nec obstat si dicatur quod non possunt esse plu-
„res Domini in solidum utiles, nec plures directi ; quia verum
„est uno respectu , sed diversis respectivus sic : Unde primus
„Emphyteuta censetur Dominum secundi , secundus tertii , ha-
„bendo respectum de uno ad alium & quoad se : Nam benè
„reperitur secundum ipsum , quod non Dominus habetur pro
„Domino quoad illum qui causam habet ab eo. l. bona fides.
„D. depositi l. si quis conductionis titulo. C. de locato. Et hoc
„videtur probari secundum ipsum in duto §. illud.de prohib.Feudi
„alienat. per Frider. ubi Vassallus qui fecit alium Vassallum vo-

catur Dominus refpectu fecundi , &c. Tandem idem Joannes "
Faber videtur diftinguere, an ifte primus Emphyteuta dederit in "
Emphyteufim fine voluntate Domini, aut cum voluntate, cum illa "
proteftatione , falvo jure fuo, ficut confueverunt facere Domini "
quando inveftiunt : Et ifto cafu omnia jura fua remanent falva,& "
ideò debet intervenire confenfus prioris Domini, & debet habere "
laudimium feu illud quod competit de confuetudine. Si autem "
quando primus Emphyteuta dat in Emphyteufim Dominus "
confentit fine proteftatione , tunc Dominus videtur remittere "
jura fua : Et ideò ifto cafu quando fecundus Emphyteuta "
alienat , debet requiri confenfus proximioris Domini : Ulterius "
refert ibidem Joannes Faber quod de confuetudine eft diffe- "
rentia inter Feudum & Emphyteufim , quia in Vaffallis ille "
debet inveftire qui eft proximior Dominus, fecus in Cenfuali- "
bus & Emphyteuticis , quia primus & directus Dominus in- "
veftit. Finaliter Dominus Jafon in dicta l. fin. C. de Jure Em- "
phyt. 15. notabili. in 8. quæftione : & in Gloffa magna. fu- "
per verbo. vendere. tenet poft Gloffam , Azonem , Specula- "
torem , Baldum , Salicetum fuprà recitatos , quod debeat re- "
quiri confenfus primi Domini , & eidem debeatur laudimium; "
quod intelligerem nifi aliter confuetudine caveatur , & cum li- "
mitationibus fupra limitatis. "

Ad fextum & ultimum quæfitum videtur dicendum, quod "
quando res càdit in commiffum propter alienationem factam "
fine licentia Domini, aut propter ceffationem folutionis cano- "
nis , quod debeat applicari pœna commiffi primo Domino, "
& ad illum fpectat revocare Feudum feu Emphyteufim fecun- "
dùm Baldum & Alvarotum in dicto §. illud. & Bartolum in "
dicta lege. fi finita. §. fi de vectigalibus. D. de damno infec. "
in 3. quæftione principali. Et eft ratio , quia ifta offenfa con- "
cernit jura primi Domini. Si autem Vaffallus aliter offenderet "
injuriando in propria perfona proximi Domini , tunc redi- "
ret ad ipfum, fecundùm Baldum in dicto §. illud. & allegat §. "
denique. Quæ fuit prima caufa Beneficii amittendi. Et iftam "
diftinctionem facit etiam Alexander de Ymola in dicto §. fi de "
vectigalibus mihi in 22. columna. Ad præmiffa poffet fubjungi "
quæftio illa , quando bona fecundi Vaffalli , feu fecundi Em- "
phyteutæ confifcantur propter crimen læfæ Majeftatis, an Feu- "
da feu Emphyteufis veniant in confifcatione bonorum , feu "
fi debeant applicari Principi , an vero proximo & immediato "
Domino ; de qua quæftione habetur latè per Speculatorem in "

„ tit.de Feudis. verſ. 40. & ibi Joannes Andreas in addit. & per
„ Bartolum & cæteros in dicto §. ſi de vectigalibus : Ad quæ
„ habeatur , ſi placet , remiſſio , cum hic non quæratur , niſi
„ quando res cadit in commiſſum propter alienationem factam
„ irrequiſito Domino , aut propter canonem non ſolutum.

„ Et ita videtur dicendum ſuper dubiis, ſeu quæſitis ſupra elici-
„ tis , ſalvâ ſemper ſaniori & pleniori deliberatione. Fr.Marcus.

„ Verùm quia , prout ſupradictum fuit , in talibus multùm
„ operatur conſuetudo. Ideò placeat egregiis Dominis Audito-
„ ribus Cameræ Computorum Delphinalium ſuper præmiſſis du-
„ biis eorum facere relationem veridicam , & juſtum quod ſit
„ conſuetum obſervari in talibus ; quoniam exiſtimo ipſos Domi-
„ nos Auditores nihil referre niſi quod juſtum fuerit & rationabile.

Avis de la Chambre des Comptes ſur les mêmes queſtions.

„ SUper ſex dubiis contentis in octo papiri foliis ſcriptis in-
„ incipientibus. Conſideratis verbis aliquarum Recognitio-
„ num &c. exhibitis Dominis Computorum Delphinalium , reſ-
„ pondent dicti Domini ſecundum ritum dictæ Cameræ & con-
„ ſuetudinem ibidem ſervatam.

„ Et primò ad primum de effectu dictorum verborum. Inci-
„ piunt, &c. in hoc ubi dicitur in Recognitionibus ibidem deſi-
„ gnatis ; *de Franco Allodio ſeu retrofeudo &c.* Reſpondetur quod
„ ibi eſt contrarietas ; quoniam Allodium ſeu res quæ de Franco
„ Allodio tenetur , à nullo movetur. Secùs autem in re quæ de
„ Retrofeudo tenetur , quod Retrofeudum movetur de Retro-
„ feudo illius cui ſit & recognoſcitur ipſum Retrofeudum.

„ Ad ſecundum quæſitum incipiens. Si Vaſſallus aut Emphy-
„ teuta &c. poſſint Albergare & in Emphyteuſim tradere &c.
„ reſpondetur quod ſecundùm conſuetudinem dictæ Cameræ ,
„ & etiam per Libertates Delphinales , ubi continetur in XXII.
„ capitulo dictarum Libertatum , quis poteſt de Feudo facere
„ Emphyteuſim & de novo rem Feudalem Albergare & tradere
„ ad certum annuum cenſum eidem Alberganti fiendum per illum
„ cui ſit dictum Albelgamentum, (a) dum tamen tale Albergamen-
„ tum non ſapiat vim venditionis ; quod intelligitur ſi recipian-
„ tur magnæ pecuniæ de introgiis & retineatur modicus cenſus
„ annuus, quoniam ex tunc Dominus Feudalis reciperet , ſecun-

(a) Poteſt uſquè ad dimiſſionem fidei alienare, | retinetur ut notat. *Moli.* q. 51. Gloſ.2. n. 1. 2.
& fides non dimittitur ſi Dominium directum , | 9. & 28.

dùm confuetudinem dictæ Cameræ, laudimia & venditionem "
ad rationem pretii recepti , & pro quo talis res alienata & in "
Emphyteufim tradita reperietur , & fimiliter cenfum annuum "
impofitum, & non ille qui in Albergamentum tradit. In præ- "
miffis verò excipiuntur Villæ , Caftra , Oppida (b) & fimilia quæ "
non poffunt tradi nifi priùs Domino confulto & confentiente. "

Ad tertium quæfitum refpondetur , quod fi , ut prædictum "
eft in præcedenti capitulo, Albergamentum , de quo ibi tangi- "
tur , fapiat vim venditionis & alienationis , tunc Dominus "
magnus capit laudimium ; fecus verò fi contractus non fapiat "
venditionem, quoniam ex tunc nullum laudimium capitur.   "

Ad quartum quæfitum refpondetur, ut in præcedentibus "
articulis continetur. Si verò fe extendat ipfa Libertas ad Baro- "
num & Bannaretorum homines , & quomodo utuntur "
& ufi fuerunt , ignorant Domini Computorum , & fe refe- "
runt juri & confuetudini ipforum.   "

Ad quintum quæfitum , ubi dicitur ; fi fecundus Vaffallus "
aut Emphyteuta alienet, cujus requiratur confenfus & Invefti- "
tura : refpondetur, quod Dominus qui percipit cenfenfum fuper "
re albergata , inveftire debet de re in emphyteufim tradita & "
albergata. Sed fi cenfus retentus fuper re albergata per Domi- "
num cui fit , alienetur ; Dominus à quo primò in Feudum res "
movetur , retinere & retentionem facere de ipfo cenfu, ac lau- "
dimia recipere debet fecundum confuetudinem dictæ Cameræ. "

Ad fextum quæfitum refpondetur , quod raro cafus ibidem "
expreffus vifus eft ; verumtamen prima fronte , falvo femper "
faniori confilio peritorum in jure , videtur quod fi res alber- "
gata & in emphyteufim tradita cadat in commiffum , Domi- "
nus qui in Albergamentum tradit , capit commiffum. Si verò "
fuper annuo cenfu quem tales poffeffiones albergatæ faciunt, tra- "
ditur, commiffum pertinere videtur primo Domino à quo res Feu- "
dalis movetur , & qui caperet laudimia fi ipfi cenfus alienarentur. "

Scriptum in Camera Computorum Delphinalium die 20. "
menfis Februarii , Anno millefimo quatercentefimo octuage- "
fimo fexto à Nativitate. Monachi.   "

(b) Jurifdictio poteft fubinfeodari. Molin. §. 1. | tur in textu. Notat. Molin. §. 51. Gloff. 1. n. 16.
Gloff. 5. n. 62. Modo non multiplicentur gradus. | Poteft Vaffallus fubinfeodare & cenfum ven-
Ibid. n. 50. Loifeau des Seigneuries ch. 12. n. 18. | dere retinendo Dominium directum , & extin-
Emphyteuta non poteft alteram Emphiteufim | guere cenfum utilem retinendo Dominium di-
imponere latè. Moli. §. 73. Gloff. 1. n. 18. 19. | rectum ut notat Ferriere fur l'art. 51. n. 43. 44.
& fequentib. | Quand le Seigneur alienne les revenus &
Poteft tamen fubalternum facere Emphiteu- | fruits, ou échute de fon Fief, nuls Lods ne font
tam ficut poteft facere fubalternum Vaffallum | dûs. Moli. §. 51. Glof. 1. n. ultimo.
prior Vaffallus dummodò gratis faciat ut dici- |

Ces deux Avis font tirez d'un Regiftre de la Chambre des Comptes intitulé *Specialia Cameræ*, fur le fujet defquels il eft à propos de remarquer le changement qui eft arrivé depuis leur date en l'ufage des Fiefs & des Emphytéofes, qui en ce temps-là n'étoient reduits à l'inftar du patrimoine *quoad modum alienandi*, mais feulement *quoad modium fuccedendi*, comme j'ay remarqué au chapitre 2. Au lieu qu'ils font aujourd'huy patrimoniaux en l'un & en l'autre cas; & qu'ainfi le confentement du Seigneur n'eft pas néceffaire pour la validité de l'aliénation du Fief ou de l'Emphytéofe. Il eft obligé d'inveftir l'acquereur moyennant les Lods, finon qu'il ufe du droit de Prélation à l'égard du Fief, ou de l'Emphytéofe s'il eft ftipulé en celle-cy. Le furplus de l'Avis de la Chambre des Comptes peut être utile dans la rencontre des queftions fur lefquelles il a été donné.

CHAPITRE XLII.

Quel a été le pouvoir du Gouverneur de Dauphiné avant le mois d'Août 1641.

LE fujet de ce Chapitre n'eft pas une difgreffion étrangere à celui que je me fuis propofé dans ce Recüeil, me reffouvenant qu'en l'année 1644. il y eût une Inftance portée au Confeil pour raifon d'un ancien Albergement, ou Bail à Emphytéofe d'un Moulin, qui fut paffé par le Gouverneur de Dauphiné *ad relationem Concilii Delphinalis*; en laquelle le Traitant du Domaine de Sa Majefté mit en doute le pouvoir du Gouverneur: Et comme je me trouvay à Paris, je fus prié d'inftruire le Raporteur avec lequel j'avois quelque habitude, des prérogatives du Gouverneur de Dauphiné, fous le nom duquel les Arrêts du Confeil Delphinal, qui fut depuis érigé en Parlement, & ceux de la Chambre des Comptes ont été expediez durant près de trois cens ans. Ce qui a fait dire à Monfieur le Bret en fon Traité de la Souveraineté du Roy liv. 2. chap. 1. *qu'il n'eft point de Gouverneur dans le Royaume, qui ait tant d'autorité dans fon Gouvernement que celui de Dauphiné, vû même que les Arrêts font intitulez de fon nom & qu'il a la préféance au Parlement: Mais bien qu'il joüiffe de toutes ces prérogatives par une ancienne conceffion des Rois, il feroit néanmoins à défirer que fa puiffance fut reftrainte felon l'ordre qui s'obferve en toutes les autres Provinces, afin que l'autorité Souveraine du Roy fût par tout également confiderée.*

Il eft vray qu'il y a plus de cent cinquante ans que nos Rois ont eû la penfée de retrancher trois grands avantages au Gouverneur; l'un de parler aux Arrêts; l'autre de pourvoir aux Offices fubalternes de la Province, & de quelque Supôts des Cours Souveraines; & le troifiéme de donner des Lettres de grace & remiffion comme ils faifoient. Ce qui fut le principal fujet de la Requête préfentée au Roy Charles IX. l'an 1566. par Loüis de Bourbon, Duc de Montpenfier,

Gouverneur de Dauphiné, dont l'un des articles eſt en ces termes. *Et ce qui touche plus au cœur dudit Duc, & dont il lui ſemble avoir très juſte occaſion de ſe douloir, c'eſt, Sire, qu'après avoir été ainſi traité en ſes biens on s'eſt attaché à ſes autoritez, & voulu commencer à lui, & en ſon temps à retrancher celles de toûjours acquiſes & inviolablement gardées aux Gouverneurs de Dauphiné ſuivant les Privileges du Païs, conſervez même du temps & Regne du Roy Loüis, ſur les Reglemens duquel on ſe fonde à preſent, combien qu'il en puiſſe remarquer & cotter pluſieurs qui ont paiſiblement joüi dudit Etat & Prérogative, qu'il peut ſans vanterie maintenir n'avoir jamais été de ſa qualité & merite.*

Néanmoins ce Prince n'ayant pas été ſatisfait de la réponſe qui lui fut faite, il preſenta une ſeconde Requête pleine de reſſentiment, par laquelle il ſuplioit Sa Majeſté de ne commencer pas en ſa perſonne un ſi notable changement qui lui tourneroit à honte, n'ayant pas ſigné les renonciations portées par l'Apoſtille de l'article.

Sur quoy la Reine Catherine de Medicis qui tenoit les Rênes de l'Etat l'aſſûra par une Lettre de ſa main, qu'il auroit ſatisfaction, comme il eut enfin ſur toutes les choſes qu'il déſiroit. Et après lui tous les Gouverneurs qui lui ont ſuccedé ont joüi des mêmes Prérogatives juſques au décès de Loüis de Bourbon Comte de Soiſſons arrivé le 6. de Juillet 1641. que le feu Roy Loüis XIII. avant que d'avoir pourvû au Gouvernement, adreſſa des Lettres Patentes au Parlement, à la Chambre des Comptes, & à la Cour des Aydes pour lors établie à Vienne, données à Amiens au mois d'Août 1641. & regiſtrées au Parlement & en la Chambre des Comptes le mois de Septembre ſuivant, par leſquelles Sa Majeſté révoque les pouvoirs extraordinaires du Gouverneur qu'il regle à l'inſtar des Gouverneurs & Lieutenans Généraux des autres Provinces du Royaume.

Mais je ne ſçaurois mieux remarquer toutes les Prérogatives dont joüiſſoit le Gouverneur de Dauphiné avant ces Patentes là, qu'en raportant l'Avis qui fut envoyé par le Parlement au Roy Charles VIII. en réponſe de la Lettre qu'il avoit reçüe de Sa Majeſté pour en être éclaircie, dont voicy l'Extrait que j'ay tiré de la Chambre des Comptes pour ſervir d'inſtruction à ceux qui n'ayant pas connoiſſance de cet uſage, pourroient former le même doute dont j'ay parlé cy-deſſus.

DE PAR LE ROY DAUPHIN.

Nos Amez & Féaux, pource que ne ſommes pas bien avertis quels pouvoirs, Autoritez & Prééminences nos Prédeceſſeurs, & nous avons cy-devant donné & accoûtumé donner aux Gouverneurs & Lieutenans pour Nous en Noſdits Païs de Dauphiné, & que pour aucunes cauſes Nous le deſirons ſçavoir au vray; Nous vous mandons, que par ce Porteur, lequel pour cette matiere envoyons expreſſément devers vous, Nous avertiſſez & envoyez au vray quel pouvoir, Authoritez & Prééminences leſdits Gouverneurs ont cy-devant

eu accoûtumé d'avoir pour raison dudit Gouvernement , & dont ils ont joüy
& doivent joüir , & iceux Nous envoyez par ledit Porteur secrettement clos
& scellez , ensemble vôtre avis , & qu'il n'y ait faute. A Lyon 12. de Juin ,
ainsi signé CHARLES. *Robertet , & au-dessus. A nos Amez & Féaux les*
Gens de nôtre Parlement à Grenoble.

Avertissement envoyé au Roy nôtre Souverain Seigneur par sa Cour de Parlement du Dauphiné , sur ce qui s'enfuit.

,, **P**OURCE qu'il a plû au Roy nôtredit Seigneur écrire unes Let-
,, tres clauses à sondit Parlement , & les leur envoyer par Jean
,, Vallette Chevaucheur de son Ecuirie , par lesquelles ledit Seigneur
,, leur mande qu'ils l'avertissent au vray quels pouvoirs, authoritez
,, & prééminences , ses Prédecesseurs , & lui ont cy-devant donné à
,, Messieurs les Gouverneurs de son dit Dauphiné, & quels ils y ont eu
,, & accoûtumé d'avoir pour raison dudit Gouvernement , & dont ils
,, ont joüi & doivent joüir, & que l'on les lui envoye clos & scellez , en-
,, semble l'avis dudit Parlement. Et pour mieux l'entendre est à sçavoir ,
,, qu'il y a environ quatre cens ans , qu'audit Païs de Dauphiné com-
,, mencerent à regner certins Princes successivement l'un après l'au-
,, tre , qui furent nommez & appellez Dauphins de Viennois , jus-
,, ques au Dauphin Humbert le dernier , &. fut celui qui ceda &
,, transporta son Dauphiné en la Maison de France l'an mil trois cens
,, quarante huit au mois de Mars.
,,   Lequel Seigneur Humbert Dauphin pour ôter la confusion & le
,, désordre qui étoit en sa Justice, ordonna un Conseil de sept nota-
,, bles Docteurs & à toûjours , mais qui resideroient en cette ville de
,, Grenoble, lesquels jugeoient en Souveraineté & dernier ressort , &
,, aussi en aucunes causes en premiere instance avoient la connois-
,, sance , décision & définition de toutes & chacunes les causes crimi-
,, nelles mûës & à mouvoir, lesquelles devant eux seroient conçûës ,
,, traitées & decidées , & des Sentences que par eux seroient données,
,, l'on ne pourroit appeller ne provoquer & seroient mises à execu-
,, tion , bien est vray que l'on peut proposer erreur ou supplier , ainsi
,, que par Droit écrit est ordonné ; & intitula ledit Humbert Dau-
,, phin , celle Congregation de Docteurs , son Conseil ou son Souve-
,, rain Consistoire, & en la création ou fondation dudit Conseil, ledit
,, Sieur Dauphin donna plusieurs prérogatives , charges , facultez &
,, puissances à sondit Conseil, tant pour l'exercice de sa Justice Souveraine,
,, comme pour le Gouvernement de la Police dudit Païs , presque autant
,, que depuis ont fait les feus Rois de France de bonne memoire à
,, Messieurs les Gouverneurs qu'ils ont constitué & ordonné audit Dau-
,, phiné, après que ledit Dauphiné est advenu à eux , ainsi qu'il appert par
,, la Charte de ladite fondation & création dudit Conseil, & n'a Parle-
,, ment au Royaume de France , ayant telles ne si belles & amples
,, facultez , ne prééminences qu'a ce Parlement du Dauphiné , lequel
,, Conseil ou Souverain Consistoire a toûjours retenu son nom , jusques

au temps du feu Roy Loüis de bonne memoire, lequel étant Dau- "
phin" & faifant fa refidence audit Païs du Dauphiné, où il demeu- "
ra continuellement onze années, ou environ, avant qu'il allât "
en Flandre, lui étant à Vienne l'an 1453. & le   jour de   "
voulut & ordonna pour certaines caufes qui à ce le mûrent, que "
ledit Confeil & fouverain Confiftoire du Dauphiné dèflors en avant "
& à toûjours, mais s'appelleroit & nommeroit le Parlement du Dau- "
phiné ; & ainfi le baptiza & lui nomma fon nom. "

Item, qu'au vivant de Meffieurs les feus Dauphins ne fe trouve "
point que jamais en ce Dauphiné y ait eu aucuns Gouverneurs : "
Bien eft vrai que quand lefdits Seigneurs Dauphins allerent en vo- "
yages loingtains, fut contre les Turcs ou Mefcréans ; ou Hieru- "
falem, ou devers les feus Rois de France ; ou autrement foy abfen- "
terent de leurs Païs ; ils conftituerent quelque Noble Evêque ou "
Archevêque, ou aucuns de leurs prochains parens, leurs Lieutenans, "
jufques à leurs venuës & rétour ; Ce que fit ledit Sieur Humbert "
Dauphin quand il alla contre les Turcs, alors il fit fon Lieutenant "
en Dauphiné, Meffire Henry de Villars Archevêque de Lyon.   "

Or eft-il advenu, que ledit fieur Dauphin Humbert de ce nom, "
qui n'avoit aucuns enfans ne lignée legitime procréé de fon corps, "
ceda & tranfporta fondit Dauphiné au feu Roi de France Philip- "
pes, au nom de Jean fon aîné fils & leurs Succeffeurs ; ainfi qu'il eft "
contenu au Traité paffé avec eux ; avec les conditions, conventions "
& pacts contenus aufdits Traitez.   "

Après laquelle Tranfaction & Tranfport, & que le Roi eût la "
poffeffion & joüiffance dudit Dauphiné, laquelle fut prife l'an 1350. "
environ deux années après, que fut l'année 1352. pour les grandes "
guerres & divifions qui étoient au Royaume de France, doutant "
que fes ennemis fiffent aucune defcente ou furprife audit Païs, ainfi "
nouvellement advenu à la Couronne, ordonna & députa un Gou- "
verneur audit Païs, qui fut nommé Meffire Guillaume de Vergy, & "
lui donna puiffance de bien & loyaument gouverner ledit Païs, faire "
exercer & accomplir tout ce qu'un bon & loyal Gouverneur doit & "
eft tenu de faire, & ne lui donna autre pouvoir fors qu'en termes "
généraux.   "

Depuis lequel temps, c'eft à fçavoir dés l'an 1352. jufques à la "
mort du feu Sieur de Miolans dernier Gouverneur dudit Dauphiné ; "
qui trépaffa le jour de la Purification de Nôtre-Dame 2. jour de Fevrier "
l'an 1395. où il y a cent & quarante-trois ans, les feus Rois de Fran- "
ce de bonne memoire, & quelquefois les Aînez fils de France qui "
étoient Dauphins, ayans l'adminiftration de leur Dauphiné par le "
vouloir & au vivant des Rois leurs Peres, ont fait & conftitué Gou- "
verneurs dudit Dauphiné les Seigneurs qui s'enfuivent l'un après "
l'autre.   "

Et premierement.

Messire Guillaume de Vergy, l'an 1352.
Messire Raoul de Loupy, l'an 1360.
Messire Jacques de Vienne, l'an 1369.
Messire Charles de Bouville, l'an 1372.
Messire Enguerrand d'Eudin, l'an 1385.
Messire Jacques de Montmaur, l'an 1391.
Messire Geoffroy le meingre dit Boucicaut, l'an 1399.
Messire Guillaume de l'Aire, l'an 1407.
Messire René Pot, l'an 1409.
Messire Jean d'Angennes Seigneur de la Loupe, l'an 1414.
Messire Guichard Dauphin Seigneur de Jaligni, l'an 1415.
Messire Henry de Sassenage fut fait Gouverneur l'an 1416.
Messire Philibert de la Fayete, l'an 1420.
Messire Randon de Joyeuse, qui fut l'an 1420.
Messire Berauld Comte Dauphin d'Auvergne qui fut l'an 1424.
Messire Mathieu de Foix Comte de Comenges, qui fut l'an 1426.
Messire Raoul de Gaucourt qui fut l'an 1428.
Monsieur de Chastillon, nommé Messire Loüis de Laval, l'an 1447.
Messire Jean Bastard d'Armagnac Comte de Comenges, qui fut l'an 1461.
Messire Loüis Sieur de Crussol, qui fut l'an 1473.
Messire Jean de Daillon Sieur de Lüde, qui fut l'an 1473. pource que ledit sieur
　　de Crussol ne véquit gueres.
Messire Palame des Forbin Sieur de Soliers, qui fut l'an 1481. & fut déchargé
　　dudit Office qu'il n'y demeura pas plus haut de six mois ; & fut translaté au
　　Gouvernement de Provence.
Monsieur de Miolans, qui fut l'an 1482.
Monsieur le Comte de Dunois, qui fut l'an 1483.
Monsieur de Bresse à present Duc de Savoye, qui fut l'an 1484.
Monsieur de Miolans qui avoit été debouté de son dit Office, & y retourna l'an 1491.
Monseigneur Jean Comte de Foix & d'Estampes, Vicomte & Seigneur de Narbon-
　　ne fut fait Gouverneur l'an 1497.
　　Ausquels Gouverneurs lesdits feus Rois de bonne memoire, & quelque-fois leurs
ainez fils Dauphins ont donné d'autoritez, de pouvoirs, de preéminences aux
uns plus qu'aux autres, ainsi que les guerres & divisions étoient plus grandes & plus continuées en un temps qu'en autre au Royaume de France, &
pour avoir causes qui à ce les pouvoient mouvoir.
　　Car aux Lettres de leurs Offices, & mémement des Gouverneurs qui au
commencement furent créés, la puissance & la preéminence qu'ils avoient, étoit
que toute la Justice dudit Païs de Dauphiné seroit exercée par eux, ce que jusques aujourd'hui a été fait & observé, tellement que toutes les Lettres, Provisions & autres actes de Justice qui se font & dépéchent en ladite Cour de
Parlement sont intitulées & faites au nom du Gouverneur, & aux signatu-
res & souscription d'icelles Lettres qui se font toutes en Latin, les Secretaires
　　　　　　　　　　　　　　　　　　　　　　　　　　　　　　　　dudit

*dudit Parlement, signent ainsi, Per Dominum Gubernatorem ad rela-
tionem Curiæ, qua erant tales, & tales Domini Curiæ.*

Aussi étoit donnée puissance ausdits Gouverneurs de pouvoir assembler les
trois Etats dudit Dauphiné & leur demander & requerir dons, aydes & sub-
sides, pour Messieurs les Dauphins & leurs affaires.

Pareillement s'qu'ils pourroient Assembler Gens d'Armes audit Païs du Dauphiné, tant à pied qu'à cheval, pour la tuition & defence d'icelui Païs, &
s'il en étoit besoin, & la nécessité en fut.

Semblablement, aucuns desdits Gouverneurs avoient l'institution & destitu-
tion des Officiers dudit Dauphiné, de laquelle puissance de pouvoir instituer
& destituer les Officiers, ne se trouve point aux anciens Registres ne écritures que
jamais Gouverneur qui par cy-devant ait été, en ait usé, sinon en la forme
& maniere que cy-aprés sera dite & declarée.

Avoient aussi puissance de donner & octroyer audit Dauphiné pardons, graces, remissions & abolitions aux délinquans de tous crimes, excepté de crime
de leze Majesté & pouvoient rappeller les bannis, & reïntegrer au Païs & à
leurs biens non confisquez.

Toutefois leur étoit interdite & defenduë la distribution des Finances ; &
aussi toute alienation de patrimoine & domaine de mondit Sieur le Dauphin.

Il y a eu aussi des autres Gouverneurs du tems des feus Rois, Jean, Charles V. Charles VI. & Charles VII. qui n'ont pas eu si amples facultez que les
dessus specifiez, & aux aucuns de ceux qui les avoient leur a été revoqué par
Lettres Royales, mémement touchant la distribution des Offices.

Vray est, que le Roy Loüis que Dieu absolve, tant qu'il fut Dauphin, &
après ce qu'il vint à la Couronne, du temps duquel a eu en ce Dauphiné six Gouverneurs ; c'est à sçavoir Messires de Chastillon, de Cominges, de Crußol, du
Lude, de Soliers, & de Miolans ; & les Lettres qu'il octroya & expedia
ausdits Gouverneurs pour leurs Offices, ne leur donna, ne specifia aucune puissance nommément ; sinon qu'il leur donna en termes généraux ledit Office de Gouverneur, & les faisoit ses Lieutenans avec les prérogatives, prééminences,
facultez, droits & gages appartenans audit Office, pour icelui Office d'orsna-
vant avoir, exercer, regir & gouverner, ainsi que les Gouverneurs par cy-
devant avoient accoûtumé de faire.

Aussi le Roi qui est à present, du temps de son Regne, a donné trois fois ledit
Office de Gouverneur : Le premier don fut à feu Monsieur le Comte de Dunois ;
l'autre à Monsieur de Breße ; le tiers fut à Monsieur de Miolans, qui avoit été
déchargé de son Office à l'avenement de la Couronne du Roi ; Et en après fut
pourvû par le Roy qui est à present ; & sont leurs Lettres que ledit Sire octroye
à un chacun d'eux pour leurs Offices, en telle substance & forme, que celles
du feu Roy Loüis qu'il donna aux Gouverneurs par lui faits au temps de son
Regne.

Et quant à ce que le Roy desire sçavoir de quelles authoritez, pouvoirs &
prééminences les Gouverneurs du Dauphiné ont cy-devant joüy & usé, il se
trouve par les Ecritures & Registres étans en la Chambre des Comptes dudit
Dauphiné, & parce qu'aucuns anciens & notables Personnages, tant Nobles
qu'autres qui sont trepassez, lesquels ont vû plusieurs Gouverneurs, mémement

I. *Partie.* Y

depuis Meffire Mathieu de Foix Comte de Cominges en çà , ont dit en leur vivant ; & auffi de ce que ledit Parlement en a vû & fçû , Meffieurs les Gouverneurs dudit Païs, lefquels depuis le temps du Roy Charles VII. ont été faifans petite refidence audit Dauphiné, excepté Monfieur de Châtillon qui y demeura autant que ledit feu Roy Loüis étant Dauphin : ils y ont ufé des prérogatives qui s'enfuivent.

Premierement , comme a été dit , les Lettres & Provifions du Parlement du Dauphiné , fe font au nom dudit Gouverneur.

Item , Ils donnent toutes graces , pardons , abolitions & remiffions aux délinquans , & rappellent les bannis en leurs Païs & biens non confifquez , ainfi que deffus , fauf en crime de leze Majefté.

Item , Il peut créer & faire les Notaires Delphinaux , pourveu qu'ils foient fuffifans & idoines , pour exercer l'Art de Notaire , lefquels il faut premierement examiner par quelque Jurifte s'il eft proche de Grenoble , & s'il eft à Grenoble , par l'un des Confeillers dudit Parlement , pour fçavoir s'il eft fuffifant ou non.

Item , Sur les Requètes & fupplications qui lui font baillées pour la juftice de partie à partie , il peut donner Lettres d'ajournement devant les Juges ordinaires , ou devant le Parlement , ou donner commiffion pour faire juftice , appellez ceux qui pour ce feront à appeller.

Le Gouverneur ne peut legitimer Bâtards , ni annoblir , ni affranchir aucuns , à caufe de la Finance qui en eft düe au Roy.

Auffi ne peut-il pas impofer ni inftituer nouveaux Péages , Gabelles , Subfides , Tributs , ne Impofitions , excepté , que fi une Ville pour quelque affaire & neceffité d'elle , par le vouloir & confentement des Habitans d'icelle , ou de la plus grande & faine partie d'iceux , veut impofer aucun Tribut à payer entr'eux , foit fur Vin , Farines , ou la Boucherie par aucuns temps , ledit Gouverneur leur en peut donner la licence.

Au regard des Officiers du Dauphiné , Meffieurs les Gouverneurs ont accoûtumé de donner les Châtellenies , Capitaineries , Offices de Procureur Fifcaux vacans par mort , refignation ou par délit , déclaration faite préalablement par Juftice , & au temps qu'il y avoit Juges ordinaires Delphinaux , & donnoient iceux Jugeries , lefquels Juges le feu Roy Loüis caffa & mit à néant , & au lieu d'iceux inftitua audit Dauphiné les Baillifs de Viennois , & des Montagnes , & le Sénéchal de Valentinois , qui ont en tout neuf Siéges Delphinaux , ayans reffort de grande étenduë de Païs , & font députez à faire la juftice , mais ils n'y réfident pas , mais ont des Lieutenans , lefquels lefdits Gouverneurs ne peuvent pas deftituer , ne débouter aucuns Officiers de leurs Offices s'ils ne font criminels , & qu'il foit connu par juftice qu'ils en doivent être privez ; Toutesfois fi le Roy donne les Offices des fufdits , & que le don du Roy foit premier en datte que celui du Gouverneur il eft meilleur ; & à l'opofite fi le don du Gouverneur eft précedent en datte à celui du Roy , aura lieu le don du Gouverneur ; & ainfi juge-t'on tous les jours en ce Parlement ; mais en tant que touche les grands Offices , comme des Confeillers du Roy , tenans fondit Parlement , & auffi des Auditeurs des Comptes , le Treforier , lefdits Baillifs & Sénéchaux , les Avocats & Procureurs Fifcaux du Roy en fon dit Parlement, Secretaires d'icelle Cour & Chambre des Comptes, & des Suppôts d'icelle & de ladite Chambre des Comptes, ne fut jamais sçû ne trouvé, qu'aucun Gouverneur ait donné desdits Offices ; mais les Rois Dauphins y ont toûjours pourvû, comme specialement reservez à eux.

Bien est vray, que feu Messire Jean Bastard d'Armaignac, Comte de Cominges, Gouverneur du Dauphiné, après le decez de Maître Antoine la Bize qui étoit Avocat Fiscal du Roi en son dit Parlement, donna à un quidam l'Office d'Avocat, qui apporta ses Lettres audit Parlement, pour avoir la verification & internation d'icelles, & la possession & joüissance dudit Office qui furent refusées, & fut dit par Arrest que c'étoit au Roy de pourvoir audit Office, & non pas au Gouverneur, & y pourvût le feu Roy Loüis, de feu Maître Jean de Saint Germain.

Le semblable voulut faire Monsieur de Bresse étant Gouverneur à present Duc de Savoye, lequel après la mort de Maître Jean de Ventes, donna à Maître Pierre Latier, sans qu'il le pourchassât ne demandât, l'Office que tenoit ledit de Ventes, la Cour de Parlement refusa ses Lettres, & dit comme dessus ; auquel Office le Roi qui est à present pourvût de Maître Antoine Puto, qui le tient & possede.

Mais encor en tant que touche specialement les Officiers de ceux de Parlement, qu'homme ne peut, ne doit pourvoir ausdits Offices, fors que le Roy Dauphin, comme il appert clairement ; car quant ledit Seigneur Humbert Dauphin érigea, créa & institua sondit Conseil & Souverain Consistoire desdits sept Conseillers, laquelle institution & création fut passée quasi par forme de Contract, où il y a plusieurs Chapitres, lesquels ledit Humbert Dauphin jura solemnellement d'entretenir & garder pour lui, ses hoirs & successeurs, en hypotequant & obligeant tous & chacuns ses biens ; entre les autres Chapitres en y a un contenant, que quand l'Office d'aucun desdits Conseillers vaquoit, ledit Dauphin à lui & à ses Successeurs Dauphins reserva la provision dudit Office, & qu'il pourvoiroit ledit Office d'un homme de telle profession qu'étoit celui, qui auparavant tenoit ledit Office ; c'est-à-dire d'un Docteur en Droit ou bon Juriste.

Aussi ont faculté les Gouverneurs d'avoir un Seel armoyé des Armes de Monsieur le Dauphin, & à l'environ & circonference d'icelui est écrit Sigillum regiminis Delphinatus & le porte & tient avec lui pour seeller les Lettres qu'il expedie & qu'il peut expedier, comme dessus est dit.

Item, Le Gouverneur quand il est à Grenoble & qu'il lui plaît, il vient au Conseil, & comme le Chef d'icelui il sied avec les Conseillers du Roy, étant là au premier & plus honorable lieu, & peut en matieres mises en deliberation de Conseil, s'il lui plaît, demander les opinions desdits Conseillers ; mais communement l'on fait demander par le President dudit Parlement, s'il y est, ou par le plus ancien Conseiller ; & aussi il dit son opinion, & ce fait la conclusion desdites matieres à la plus grande part des opinions, comme il est de coûtume de faire en tous Conseils ; & il y a eu des Gouverneurs qui ont voulu maintenir que leur opinion portoit & valoit autant que deux opinions de Conseillers, mais la commune observance a été & est qu'il n'a qu'une opinion.

Item, Lesdits Gouverneurs n'entreprennent aucune connoissance des causes devant eux de partie à partie s'il n'est avec le Parlement , mais les envoye ou audit Parlement , ou à Juges ordinaires.

Item , *Peut ledit* Gouverneur *faire mettre sus en armes les Nobles & autres accoûtumez de servir aux* Guerres *&* Armées *de cedit Dauphiné pour la tuition & défense dudit Païs , quand il y a éminent peril où la nécessité en est , mais pour les tirer hors du Païs , il n'a pas accoûtumé de le faire sans en avoir exprès mandement & Lettres Patentes du Roi.*

Item , *Peut ledit Gouverneur en temps suspectionneux de* Guerre *, ou en cas d'éminent peril faire fortifier les Places , Forteresses & Châteaux de ce Dauphiné , étans aux frontieres là où est la suspection ou le péril , & telles autres que lui semble être nécessaire pour le bien & seureté dudit Dauphiné , & en icelles Places mettre vivres , gens , artillerie & garnison pour la garde d'icelle.*

Item , *Messieurs les* Gouverneurs *ont accoûtumé pour leur habitation avoir le Château & la Ville de la Côte Saint André , & le revenu d'icelle , qui est assise en très-beau & plaisant Païs , & est assise presque au milieu de quatre bonnes Villes ; c'est à sçavoir de Lyon , Grenoble , Vienne & Romans.*

Au regard de ce que le Roy aussi mande à son dit Parlement qu'il l'avertisse de quel pouvoir , authorité & préeminence les Gouverneurs *dudit Dauphiné doivent joüir , ensemble son avis.*

Pour faire réponce à ce , il est en la puissance & au bon plaisir du Roy de donner toute telle authorité , puissance & préeminence aux Gouverneurs du Dauphiné qu'il lui plait & qu'il veut , & d'icelles lesdits Gouverneurs en pourront joüir quand ils voudront , toutesfois l'avis dudit Parlement est , & lui semble, que quand il plaira au Roi permettre & souffrir que le Gouverneur joüisse des choses que les feus Gouverneurs ont accoûtumé de joüir le temps passé , & comme il est contenu és articles précedens , qu'il n'y aura que bien ; & supplie très-humblement le Roy sondit Parlement , qu'ansi lui plaise de faire , & combien qu'il y ait eu au tems passé aucuns Gouverneurs qui avoient bien ample puissance, toutesfois n'en ont-ils pas usé , mais avec moderation & prudence en ont joüi, eux conduisans , comme vertueux és actes & affaires de Justice par le conseil du Dauphiné , qui à présent se nomme le Parlement , & ne trouve-t'on point qu'il y ait eu aucuns Gouverneurs dés dessus-nommez , qui ne se soit bien conduit & sagement, excepté Messire Joffroy le Meingre dit Boucicaut , lequel fit une grande injustice & injure au Baron de Monmaur , & le détint prisonnier en une fosse audit Château contre raison , à cause dequoi incontinent s'assemblerent bien huit cents Gentilshommes de Dauphiné tous en armes , pour outrager & faire une mauvaise Compagnie audit Boucicaut ; mais il sceut l'entreprise & s'enfuit en France , & oncques puis ne fut Gouverneur , mais succeda en son office Messire Guillaume de Laire , qui fut tres-bon & sage Gouverneur.

Et pource que Messieurs les Gouverneurs par cy-devant ont puissance de donner graces, remissions & pardons aux delinquans de tous crimes & delits , sauf & reservé en crime de leze Majesté, comme dessus est dit, & qu'en ce Dauphiné les Gens, tant les Gentilhommes principalement, qu'autres, sont assez courageux & prompts à avoir debats & faire vengeances si la Justice n'étoit vertueuse & rigoureuse , & quand aucun crimes & delits sont commis , le Gouverneur *qui est pour le temps est importuné & pressé, prié & requis par les Seigneurs & autres, & aucunes fois contre sa volonté de donner graces, remissions & abolitions ausdits delinquans.*

. Ledit Parlement supplie très-humblement au Roi qu'il lui plaise de remontrer & dire à Mr le Gouverneur de ce Dauphiné qui est à venir, ou lui faire dire par qui lui plaira , qu'il ne donne & ne octroye par trop legerement lesdites graces & remissions ausdits delinquans , & mêmement en crimes énormes & detestables , qui doivent être quasi irremissibles , comme a bouteurs de feu , insidiateurs & ravisseurs de femmes , à fausseurs de monnoye , à aggresseurs de chemins , aux delits & crimes faits de guet-à-pend , soit meurtres ou homicides , sacrileges ne autres semblables cas vilains & énormes , & ce sera un grand bien & tranquillité en ce Païs ; car depuis trois ans en ça que le Roi & aussi Monsieur le Chancelier se sont rendus difficiles de legerement donner graces & remissions , les gens de ce Dauphiné doutans la justice , se sont grandement abstenus de faire ne perpetrer si legerement les crimes & delits , comme ils avoient accoûtumé ae faire par cy-devant.

. Lesquelles choses dessus écrites , & chacune d'icelles ledit Parlement pour envoyer au Roy , a fait mettre & rediger par écrit , lesquelles lui envoye scellées & closes , ainsi que luy a plû le mander.

Les curieux me sçauront gré sans doute si j'ajoûte ici la suite des Gouverneurs de Dauphiné, depuis Jean Comte de Foix, auquel succeda

Gaston Comte de Foix Duc de Nemours, par Lettres de Loüis XII. de l'an 1503.

Quelques-uns mettent Antoine de Meüillon Seigneur de Bressieu & de Ribiers au nombre des Gouverneurs entre Jean & Gaston de Foix , mais il n'eu fit la charge que jusques à ce qu'il eût été pourvû d'un Gouverneur , suivant ses Lettres de l'an 1500. & auparavant il avoit été Lieutenant de Jacques de Miolans au Gouvernement , par Lettres de Charles VIII. de l'an 1491.

Jean de Poitiers Seigneur de Saint Valier , par Lettres de Loüis XII. de l'an 1512.

Loüis d'Orleans Duc de Longueville , par Lettres du même Roi de l'an 1514.

Artus Gouffier Seigneur de Boissy , par Lettres de François I. de l'an 1519.

Michel Antoine Marquis de Saluces , par Lettres de Loüise de Savoye , Mere du Roy François I. Regente de l'an 1525.

François de Bourbon, Comte de Saint Paul, par Lettres de François I. de l'an 1526.

François de Lorraine Comte, & puis Duc d'Aumale , & après de Guise , par Lettres d'Henri II. de l'an 1547.

Charles de Bourbon , Duc de Baupreau , Prince de la Roche-sur-Yon, par Lettres de Charles IX. de l'an 1562.

Loüis de Bourbon, Duc de Montpensier par Lettres de Charles IX. de l'an 1565.

François de Bourbon , Dauphin d'Auvergne fils de Loüis , par Lettres de Charles IX. de l'an 1569.

Henri de Bourbon Prince de Dombes , puis Duc de Montpensier , par Lettres d'Henri III. de l'an 1588.

. Jean d'Aumont Comte de Châteauroux, Maréchal de France, par Let. de l'an 1592.

: François de Bourbon, Prince de Conty, par Lettres de l'an 1595.

Charles de Bourbon, Comte de Soissons, par Lettres d'Henri IV. de l'an 1601.

. Loüis de Bourbon, Comte de Soissons, par Lettres de Loüis XIII. de l'an 1612.

Fr. de Bonne de Crequi, Duc de Lesdiguieres, par Let. de Loüis XIII. de l'an 1642.

: François de Bonne de Crequi Comte de Sault, pourvû en survivance de François son Pere, par Lettres de Loüis XIV. de l'an 1651.

François d'Aubusson, Duc de la Feüillade, Pair & Maréchal de France, par Lettres de Loüis XIV. du 9. May 1681.

Loüis d'Aubusson Duc de la Feüillade, par Lettres de Louis XIV. du 12. Octobre 1691.

Son Altesse Sérénissime Monseigneur Louis d'Orleans, premier Prince du Sang, par Lettres de Louis XV. du 6. Septembre 1719.

CHAPITRE XLIII.
Des Colombiers.

JE ne voi rien de si bizarre ny de moins uniforme dans le Royaume que l'usage des Colombiers ; Autant de Provinces autant de Coûtumes differentes.

Il est vrai qu'il faut tenir pour maxime que chacun a droit de bâtir des Colombiers dans son fonds, sans la permission du Haut-justicier, s'il n'y a Coûtume ou convention contraire. Ce qui a fait dire à Choppin. *liv. 3. de Domanio. tit. 22. n. 7. Columbaria aut Leporaria verè non sunt Superioris insignia Dominii, eaque Superioribus tantùm Dominis fundorum competere prorsus nugatorium, nisi contrarium suggereret vetusta loci consuetudo ; aut lex prædio Clientelari aut Emphyteutico dicta.* Suivant quoi nous apprenons de Monsieur d'Olive en ses Notables Questions du Droit liv. 2. chap. 2. que les Arrêts du Parlement de Toulouse ont toûjours authorisé cette liberté comme étant conforme au Droit commun. Il en est de même en Provence, pourveu que le Colombier n'ait point de crenaux ou d'autres marques de Noblesse.

Ce qui est fondé sur ce qu'il est permis à chacun de bâtir en son fonds ce qui sert à son usage, & que la nourriture des pigeons est innocente comme dit S. Augustin *Tractatu 6. in cap. 1. Joannis,* qui est rapporté au Canon *Non omnis qui dicit. 2. q. 7.* La raison est que le dommage qu'ils font aux terres emblavées est aucunement compensé avec le profit que leur fiente produit. En effet le maître des pigeons ne peut être appellé en jugement pour le dommage qu'ils font aux voisins, suivant l'opinion de Clavasius en sa somme liv. 1. chap.29. aprés Astensis ; quoi qu'Antonin Archevêque de Florence soit d'avis contraire en sa Somme art. 2. des Colombiers, part. 2. tit. 1. où il apporte l'authorité de Pierre de la Palu.

Néanmoins il n'est point de doute que la quantité de Colombiers interesse fort le public, non seulement à cause que les pigeons mangent le grain nouvellement semé, mais aussi parce qu'ils en consument beaucoup pour leur nourriture, ce qui peut causer la cherté. Ainsi Lampride remarque en la Vie d'Alexandre Severe que l'un des principaux délices de cet Empereur consistoit à nourrir dans le Palais quantité de paons, de faisans, de perdrix, & même jusques à vingt mille pigeons, ; & afin que leur nourriture ne fut à charge au public, qu'ils étoient nourris à fes dépens. *Habuit fanè in Palatio unum genus voluptatis, quò maximè delectatus eft, & quo follicitudines publicas fublevaret ; nam Aviaria inftituerat pavouum, phafianorum, ; perdicum etiam ; hifque vehementer oblactabatur, maximè palumborum,* (ce mot doit être pris en cet endroit-là pour *columborum*) *quos habuiffe ad viginti millia dicitur ; Et ne eorum paftus gravaret annonam, fervos habuit vectigales, qui ex ovis ac pullicenis, ac pipionibus alerent.* C'eft-à-dire qu'ils étoient nourris *ex ea pecunia quam cogebant vendentes ova & pipiones palumborum,* comme l'explique Cafaubon : *Et per fervos vectigales* il faut entendre ceux *qui hunc reditum curabant, & hoc privatum quoddam vectigal Domini Regiæ exercebant.* Du mot de *pipiones,* nous avons fait celui de Pigeons, car en ôtant le p. du milieu il refte *pijones,* qui étant un oifeau très-fecond peut endommager les terres voifines par fa multitude.

C'eft pourquoi la plufpart des Coûtumes ont judicieufement reftraint la liberté de faire bâtir des Colombiers, mais diverfement.

Les unes en font un droit de Haute - juftice, & en confequence elles difpofent que nul ne peut faire Colombier en pied fans la permiffion du Seigneur justicier, comme Nivernois. *tit. des Colombiers. art.* 1. Bourgogne chap. 14. Bar. art. 47. Et par le Colombier en pied l'on entend celui qui a des boulins ou paniers à tenir pigeons depuis le haut jufques aux rez de chauffée, que Choppin au livre fous-allegué n. 5. appelle *columbarium rotundum tam in altum quàm in profundum,* qu'il dit être *Domaniorum Feudalium, & Nobilium infignium proprium.*

Suivant quoi je trouve dans le Cayer des Remontrances qui furent prefentées au Roi par la Nobleffe aux Etats de Blois le 3. Janvier 1577. art. 43. qu'elle requiert Sa Majefté, qu'il fut défendu aux Gentilhommes mêmes de faire des Colombiers en pied dans les Terres des Haut-justiciers fans leur permiffion.

Tel eft auffi l'ufage du Lyonnois, quoi qu'il foit regi par le Droit écrit, comme il a été jugé par Arrêt du Parlement de Paris du 22. Fevrier 1659. donné en faveur d'Antoine de Leftang Baron de Montany, par lequel Jean Millotet & fes Conforts de Lyon, ont été condamnez à démolir inceffamment les Colombiers en pied qu'ils avoient bâtis en l'étenduë de la Juftice de Montany, avec défenfes d'en conftruire à l'avenir fans permiffion du Seigneur. Je rapporterai l'Arreft au long fur une autre rencontre.

La Coûtume de Paris art. 69. & 70. ne donne droit de Colombier en pied qu'au Seigneur Haut-justicier ayant cenfive, & au Seigneur non Haut-justicier ayant Fief, cenfive & terres jufques à cinquante arpens. Ce font les feuls cas aufquels il eft permis d'avoir Colombier à pied. De forte que fi le Haut-justicier n'a point de cenfives, il ne peut avoir un Colombier de cette qualité, non plus que le Seigneur Féodal & cenfier, s'il n'a cinquante arpens de terre. Ce qui doit être entendu de terres labourables, & non d'autres fonds qui ne peuvent fervir à la nourriture des pigeons.

Celle d'Orleans art. 168. n'eft differente qu'en ce qu'elle requiert cent arpens de terres en domaine au Seigneur non Haut-jufticier ayant Fief & cenfive, ajoûtant que celui qui a pareille quantité de cent arpens de terres labourables, peut faire en fes héritages aux champs une voliere à pigeons, jufques à deux cens boulins & fans trape.

Chafteauneuf en Thimerais paffe plus outre art. 152. défendant de faire de nouveau Colombier, ni trie ni voliere où il influë multitude de pigeons en la juftice d'autrui ; fans le congé du Seigneur Châtelain.

Et Calais art. 19. *N'eft loifible à aucun tenant en cenfive d'avoir Colombier à pied ayant boulins, manes & trous jufques au rez de chauffee, s'il n'en a titre & permiffion du Roy, & tienne terres en domaine jufques à cent cinquante mefures. Mais fera bien loifible à toutes perfonnes avoir volieres en fon héritage, non excedant toutefois la quantité de cinquante boulins, manes & trous lequel nombre de boulins, manes & trous ne pourra être outrepaffé & augmenté, finon par ceux qui auront & poffederont cinquante mefures de terres & au deffus.* Cette Coûtume a cela de particulier, qu'elle exige la permiffion du Roy, pour le Colombier à pied, outre la quantité de cent cinquante mefures de terres en domaine.

Mais hors les Coûtumes qui défendent toute forte de Colombiers, foit à pied ou fur pilliers, il n'eft point de doute qu'un particulier de quelque qualité qu'il foit, quand même il n'auroit pas fuffifamment de terres labourables, peut dans la liberté publique avoir des volieres & Colombiers fur piliers, & fur folives ayant un cellier, un étable, ou quelque autre ménagerie au-deffous, comme a remarqué Brodeau fur les art. 69. & 70. de la Coûtume de Paris; & avant lui du Moulin fur celle de Blois art. 239. qui porte que nul ne pourra faire édifier Colombier & Fuye à pied, ny Garenne, finon qu'il en ait le droit, ou qu'il en ait joüi d'ancienneté ; *Ideò non habet locum*, dit-il, *in elevato tribus vel quatuor pedibus fupra aream.*

Touts art. 37. permet au Seigneur de Fief, de faire en fon Fief Fuye ou Garenne, fi bon lui femble, c'eft-à-dire que nul autre n'a droit d'en bâtir : Et encore du Moulin l'explique du Seigneur, *habens latifundium, fecus fi non haberet domanium, vel valdè modicum.*

Bretagne a fa difpofition particuliere & differente des autres en l'art. 389. dont voici les termes. *Il n'eft permis à aucun de faire Fuye ou Colombier, s'il n'en avoit eu anciennement par pied ou fur piliers, ayant fondemens enlevez fur terre ; ou s'il n'a trois cens journaux de terre, pour le moins, en Fief ou Domaine Noble, aux environs de la maifon en laquelle il veut faire ladite Fuye ou Colombier. Et ores qu'aucun auroit ladite étenduë, n'en pourra toutefois faire bâtir de nouveau, s'il n'eft Noble. Et ne fera loifible à aucunes perfonnes de quelque qualité qu'elles foient, d'avoir ny faire tries, trapes, ou autres refuges pour retirer, tenir ou nourrir pigeons aux maifons des champs, fur peine d'être démolies par juftice du Seigneur du Fief, ou Superieur, & d'amende arbitraire.* Tellement que pour avoir droit de Colombier, l'une de ces deux conditions eft neceffaire, *vetuftas aut latifundium nobile.* Ce que la Coûtume exige que les trois cens journaux de terre en Fief ou

Domaine Noble, foient aux environs de la maifon où le Colombier eft bâti, me remet en memoire le Droit des Noachides parmi les Hebreux, qui ne permettoit pas de faire un Colombier, qui ne fût diftant de toutes parts de cinquante coudées de ceux des voifins, *ne pulli columbini exeuntes, agro alieno qui proprior eſſet comedendo aliterve damnum inferrent*, comme nous apprenons de Seldenus en fon Traité *de Jure naturali & gentium juxta diſciplinam Hebræorum. lib. 4. cap. 5. & lib. 6. cap. 11.*

Entre toutes les Coûtumes, celle qui a le moins toleré la multiplicité des Colombiers, c'eft Normandie, qui n'en permet qu'un feul en chaque Fief de Haubert; tellement qu'en cas de divifion de Fief, le droit de Colombier doit demeurer à l'un des héritiers, fans que les autres le puiffent avoir, encore que chaque part prenne titre & qualité de Fief, fuivant l'art. 137. de la Coûtume, fur lequel Beraut dit qu'un Seigneur ne peut donner permiffion de Bâtir un Colombier, ou trie s'il ne renonce à en bâtir, & que s'il en fiefe le droit, il faut prefumer que c'eft fon droit, qu'il n'en peut fiefer d'autre, dont il rapporte des Arrêts du Parlement de Roüen.

J'ai remarqué les differentes Coûtumes du Royaume, fur le fujet des Colombiers, pour juftifier ce que j'ai dit au commencement de ce chapitre, qu'autant de Provinces autant d'Ufages divers.

Il me refte à parler de celui de Dauphiné, qui eft tel. Les Gentilhommes font en poffeffion immemoriale de bâtir des Colombiers, foit à pied ou fur piliers, comme bon leur femble, fans la permiffion du Haut-Jufticier, foit qu'ils ayent Fiefs ou non, comme étant une prerogative de leur naiffance & condition, ni plus ni moins que le droit de la chaffe, dont j'ai parlé au Chapitre 36.

Quant aux Roturiers, quelque étenduë qu'ils ayent de terres labourables, ils ne peuvent avoir des Colombiers, non pas même fur piliers ou folives, fans le congé du Seigneur Haut-Jufticier, ou de Sa Majefté, fi la Terre eft de fon Domaine. Ainfi je trouve dans un Regiftre de la Chambre des Comptes, intitulé *Secundus Albergamentorum & Gardarum perpetuarum ab anno* 1480. *fol.* 184. que Claude Chauffon Vi-Châtelain de Saint Latier, prefenta Requête au Parlement, pour avoir la permiffion de bâtir un Colombier, *ne in futurum controverfia aut moleftia per quempiam eidem inferantur*, fous l'offre de deux deniers de cenfe directe. Sur quoi la Cour voulut avoir l'avis de la Chambre des Comptes, comme s'agiffant de l'interêt du Domaine, dont elle prenoit connoiffance avec le Parlement, en fuite duquel Lettres furent expediées fous le nom du Gouverneur du Dauphiné du 7. Avril 1487. dont je rapporterai l'extrait au bas de ce Chapitre, par lefquelles il fut permis à Chauffon & à fes fucceffeurs, de faire conftruire un Colombier *in fuis propriis poffeffionibus*, à la charge de deux fols de cenfe directe. Et comme la Terre de Saint Latier appartient par moitié au Roi, & à un Seigneur particulier (ce que nous appellons *Pariage*) il eft à prefumer que Chauffon prit la per-

miffion de celui-ci. J'ai vû dans les Archives de la Maiſon de Saſſenage, un Acte du 1. Juin 1537. reçû par Grillet, par lequel Philibert
de Saſſenage permit à Bernardin & à Guillaume Guiguou, Marchands
de Romans, de bâtir un Colombier au champ appellé Saint Pierre,
ou en Beau-régard dans la Terre de Monteiller, moyennant une
cenſe.

Depuis la premiere impreffion de ce Traité, la queſtion s'étant
preſentée entre Antoine Rey, du lieu d'Alez en Valentinois, appellant de Sentence renduë par le Juge d'Appeaux de Valence, confirma-
tive d'autre Sentence renduë par le Juge d'Alez, & le Sindic de l'E-
gliſe Cathedrale Saint Appollinaire de Valence, à laquelle appartient
la Terre d'Alez intimé, il y eut Arrêt donné au rapport de M. Guignard Saint Prieſt, le 13. Mars 1665. aux termes ſuivans.

La Cour a mis l'apellation, & ce dont a été apellé au neant, & par nou-
veau jugement attendu la declaration faite par ledit Rey, de ne vou-
loir ſe ſervir dudit bâtiment pour Colombier, & de ne vouloir entre-
tenir aucuns pigeons, a mis les parties hors de Cour & de procez: & fait
inhibition & défenſes audit Rey, de tenir à l'avenir aucuns pigeons & Colom-
bier que du conſentement dudit Syndic, dépens compenſez, ſauf les épices & ex-
pedition du preſent Arrêt, auſquels a condamné ledit Rey.

L'Arrêt du 29. Mars 1667. donné au rapport de M. Romme, entre Noble François de Langon, Seigneur de Montrigaud & Antoine
Magnin, habitant de la même Terre, paſſe plus outre. Il condamne
Magnin de noircir le Colombier qu'il avoit conſtruit, par l'homologation de l'Apointement offert par le Seigneur de la Terre. Je le raporteray à la ſuite de ce Chapitre.

En effet par l'Uſage preſque general de tout le Royaume, droit de
Colombier, principalement à pied, n'a lieu en terre de roture. Regulierement c'eſt une marque de Maiſon Noble, la Police ne permettant pas qu'un roturier conſume une partie de ſes grains à la nourriture des pigeons, ny qu'il en faſſe les delices de ſa table; & comme la
Police eſt une dependance de la Juſtice, le Seigneur vray-ſemblable-
ment ne donne pas à un roturier la permiſſion de conſtruire un Colombier, ſans avoir conſideré s'il a des terres ſuffiſamment pour l'entretenir, & ſi les voiſins en reçoivent un notable préjudice.

Il ſemble même que le naturel des pigeons fuit les maiſons baſſes &
mal propres des Païſans, Ils ayment la blancheur, & les lieux éle-
vés, ce qui a fait dire à Ovide.

Aſpicis ut veniant ad candida tecta columbæ.
Accipiat nullas ſordida turris aves.

S'il eſt vray ce que dit Pline en ſon Hiſtoire naturelle liv. 10. chap.
36. qu'ils ont quelque ſentiment de gloire, ils meritent d'être logés
dans les maiſons de ceux qui font profeſſion d'acquerir de la gloire,
Columbis, dit-il, *ineſt quidem & gloriæ intellectus. Noſſe credas ſuos colores,*
varietatemque diſpoſitam. Et enſuite, il ajoûte que dans les eſplanades

qu'ils font en l'air en se mirans dans la varieté de leur plumage, ils font bien souvent surpris du faucon. *Speculatur occultus in fronde latro , & gaudentem in ipsa gloria rapit.*

❋❋❋❋❋❋❋❋❋❋❋❋❋❋❋❋❋❋❋❋❋❋❋❋❋❋❋

Permission accordée à Claude Chausson de Saint Latier, de bâtir un Colombier, sous la cense de deux sols.

MAgnifico Delphinali Parlamento humiliter exponendo supplicatur pro parte honorabilis viri Claudij Chossonis Vicecastellani Sancti Eulaterij , super eo quod cum supplicans ipse intendat construi & fieri facere prope domum suæ habitationis in quibusdam suis possessionibus Columbarium unum ; Et ne in futurum controvesia aut molestia per quempiam eidem inferantur, vellet licentiam obtinere ab ipso Magnifico Parlamento dictum Columbarium construendi , seu construi faciendi , & recognoscere de feudo & directo dominio Domini nostri Delphini sub censu annuo duorum denariorum solvendorum quolibet anno præfato Domino nostro Delphino : Proptereà supplicat quatenus dignetur ipsum Magnificum Parlamentum licentiam impertiri dicto supplicanti dictum Columbarium construendi , seu construi faciendi in dictis suis possessionibus juxta ejus domum existentibus : Et ipse erit contentus solvere dictum censum duorum denariorum , anno quolibet dicto Domino Delphino , ac ipsum recognoscere de ejus feudo & directo dominio , Literas Provisionis concedendo opportunas. Videant Domini Cameræ & referant.*

Viderunt Domini Computorum , & referunt licentiam concedendam fore supplicanti construendi unum Columbarium ut supra, videlicet , in suis propriis possessionibus solvendo anno quolibet in Festo Beati Michaëlis Domino nostro Delphino duos solidos Turonenses , inchoando primam solutionem in Festo Beati Michaëlis proximo. Scriptum septima Aprilis. Anno millesimo quatercentesimo octuagesimo septimo. A Monachi.
Fiant Litteræ juxta relationem Dominorum Cameræ Computorum Delphinalium. D. P. G. de Ecclesia. I. de Ventes I. Roberteti. I. Fleharde. Auditores, & Advocatus.

TENOR PROVISIONIS.

PHilippus de Sabaudia Baugiaci Comes, Dominus Breyssiæ , Gubernator Delphinatus , Notum harum serie facimus universis ; Quod visis Supplicatione honorabilis viri Claudij Chossonis Vicecastellani Sancti Eulaterij his annexa , ac relatione dilectorum nostrorum Auditorum Cameræ Computorum Delphinalium, nec non oblatione per ipsum Chossonis facta licentiam obtinendi , construi, seu construi faciendi unum Columbarium, & ipsum recognoscere de feudo & directo dominio Domini nostri Regis Delphini sub censu duorum solidorum Turonensium solvendorum anno quolibet præfato Domino nostro Regi Delphino in quolibet Festo Beati Michaëlis: Et tandem præmissorum omnium tenoribus ritè consideratis , & in Consilij deliberatione positis , præfato Claudio Chossonis supplicanti pro se & suis hæredibus , ac in posterum successoribus licentiam per eum postulatam construendi , sive construi faciendi unum Columbarium in suis propriis possessionibus sibi propterea imper-

tiendo, solvendo annis singulis perpetuò in quolibet Festo Beati Michaëlis proximè futuro, sub dicto annuo censu Castellano dicti loci Sancti Eulaterij, sive ejus Locumtenenti nomine Delphinali: Mandantes propterea, & tenore præsentium præcipientes dilecto nostro Castellano dicti loci Sancti Eulaterij qui nunc est, aut qui pro tempore fuerit, quatenus dictum Claudium Chossonis ejusve hæredes & successores nostra licentia uti, frui & gaudere faciat & permittat per modum & sub conditionibus prædeclaratis, nullum impedimentum eidem in prædictis dando, vel inferendo, nec à quoquam dari, vel inferri quomodolibet permitendo. Datum Gratianopoli die septima mensis Aprilis, Anno Domini millesimo quatercentesimo octuagesimo septimo.

Per Dominum Gubernatorem, ad relationem Curiæ quæ erant Domini Joan. Palmerii Presidens, Gauf. de Ecclesia, Joan. de Ventes. Jac. Roberteti. Henricus Gauteronis Joan. Flehardi. A. Muleti, & Advocatus Fiscalis Delphinalis. Atzuherij.

L'ARREST DE MONTRIGAUD.

„ ENtre Noble François de Langon, sieur de Montrigaud, demandeur
„ en homologation d'apointement, & défendeur en contraire apoin-
„ tement & au principal demandeur en requête du 27. Janvier 1666.
„ & défendeur en autre requête d'une part, & Maître Antoine Ma-
„ gnin Notaire Royal de Montrigaud, défendeur & demandeur d'autre
„ Veu. &c. Conference faite au Parquet de Messieurs les Gens du Roy, de
„ leur advis & de celui des Avocats des parties, & du consentement
„ de leurs Procureurs : Dit a été, qu'attendu la Déclaration faite par le-
„ dit Magnin dans ses écritures du 24. du present mois de Mars d'avoir
„ fermé & bouché, & de boucher si fait n'a été les trous superieurs
„ & inferieurs du pigeonnier dont s'agit, & de ne vouloir plus se ser-
„ vir de la construction d'iceluy, pour tenir & nourrir des pigeons, les
„ parties sont mises hors de Cour & de procès, sur lesdites requêtes,
„ à la charge que ledit Magnin fera noircir la blancheur dudit pigeon-
„ nier, incontinent aprés le commandement qui luy sera fait en
„ vertu du present Arrêt, autrement qu'à ces dépens il sera permis
„ audit sieur de Langon, de la faire noircir, & ce fait que la cons-
„ truction demeurera en son état pour s'en servir par ledit Magnin, à
„ tels autres usages qu'il avisera, avec inhibitions qui luy seront faites,
„ d'ouvrir ni faire ouvrir lesdits trous & fenêtres, pour y recevoir des
„ pigeons, ny d'y en tenir, à peine de cinq cens livres d'amende : & en
„ cas de contrevention, qu'il en sera informé par le premier Notaire
„ Royal requis non suspect, lequel est à ces fins commis, pour l'in-
„ formation faite & raportée être pourvû ainsi qu'il apartiendra,
„ & en outre ledit Magnin condamné aux dépens de l'instance,
„ suivant la taxe qui en sera faite par les Procureurs des parties, si faire
„ se peut, sinon par tel de Nosseigneurs qu'il plaira à la Cour commettre,
„ requerant homologation, ce 24. Mars 1667. signé LANGON.
„ DISDIER.

LA Cour fans s'arrêter à l'apointement offert par ledit Magnin, "
a homologué celui dudit de Langon, ordonne qu'il fera en- "
regiftré pour être exécuté felon fa forme & teneur, & a condam- "
né ledit Magnin aux dépens, liquidez à cent vingt livres. FAIT à "
Grenoble en Parlement, le 29e. jour de Mars 1667.   "
    Extrait des Regiftres de Parlement.   BAUDET.

CHAPITRE XLIV.

Des Maifons fortes.

PAR le Droit Romain fondé fur la liberté naturelle, il eft permis à chacun de fortifier fa maifon pour fa défenfe, pourveu
que ce ne foit en lieu de Frontiere. Mais par l'Ufage de
France, nul de quelque qualité qu'il foit, ne peut bâtir à foffez à
douves, à pont-levis & à canonieres, fans la permiffion du Seigneur
Haut-Jufticier, comme il fut dit par Mr Briffon Avocat Général du
Roy, en la Caufe d'un qui avoit obtenu des Lettres de Sa Majefté,
pour faire une Maifon forte, à l'exécution defquelles le Haut-Jufticier
s'étoit opofé, felon qu'il eft raporté par Choppin fur la Coûtume d'Anjou liv. 1. art. 42. n. 15. Suivant quoy le Parlement de Paris a
condamné depuis peu d'années quelques Bourgeois de Lyon à démolir inceffamment les crenaux de leurs murailles & meurtrieres de leurs
maifons en l'étenduë de la Juftice de Montagny en Lyonnois avec
défenfes d'y en conftruire à l'avenir fans permiffion du Seigneur, par
Arrêt du 22. Février 1659. donné à la requête d'Antoine de l'Eftang Baron de Montagny, comme mari de Marguerite de Montagny, dont je raporteray l'extrait à la fuite de ce Chapitre.

Même en la plufpart des autres Etats, comme en Efpagne & en
Angleterre, il n'eft loifible à perfonne de bâtir un Château fort fans
Lettres du Souverain, pour éviter les rebellions des Sujets; d'où eft
venu cette façon de parler, *Faire des Châteaux en Efpagne*, à caufe qu'ils
y font rares. Ce qui eft plus étroitement obfervé en Mofcovie.

Quand aux giroüetes, comme elles ne font point de jaloufie au
Seigneur, le même Arrêt de Montagny mit les Parties hors de Cour
& de procès fur la démolition qui en étoit demandée par le Baron
de Montagny. En Dauphiné les Gentilshommes peuvent bâtir des
Maifons fortes non feulement dans les Terres du Domaine, mais auffi dans celles des Seigneurs, à la referve de la Frontiere, par conceffion d'Humbert dernier Dauphin, fous les conditions portées par un
article des Libertez Delphinales aux termes fuivans. *Item, voluit, conceffit & ordinavit Dominus Delphinus, quod quicumque fubditi Delphinatus &
aliarum Terrarum Domino Delphino fubjectarum poffint, & fibi liceat in quacumque parte Delphinatus & aliarum terrarum prædictarum cuilibet in re fua*

propria duntaxat, facere Domos fortes pro libito voluntatis; dummodo dictæ Domus non fiant in locis sponderiis seu limitrophis. Tali etiam conditione adjecta, quod illæ Domus construendæ fortes non possint accipi, vel recognosci per illos quorum erunt, de Feudo alicujus Domini vel persona, nisi prius præsentatæ fuerint Domino Territorij, in quo dictæ Domus fierent; & ita quod ille Dominus Territorij habeat prærogativam, & possit habere dictam Domum vel ejus Feudum ante omnes alias personas pro eodem pretio, quod Dominus ipsius Domus, si ipsam venderet vel recognoscere vellet ab alio, de eo legitimè & sine fraude inveniret.

C'est à dire, que le Dauphin permet à ses Sujets de bâtir des Maisons fortes dans leurs fonds propres en tous les endroits du Dauphiné & des autres Terres de son obeïssance, excepté les lieux de Frontiere, à condition qu'elles ne pourront être prises & reconnuës en Fief d'aucun Seigneur par ceux à qui elles apartiendront, qu'elles n'ayent été presentées au Seigneur du Territoire où elles seront bâties: En sorte qu'il ait la préference de la Maison du Fief pour le même prix que le proprietaire en trouvera sans fraude, en cas qu'il la voulût vendre, ou la reconnoître en Fief d'un autre.

Il n'est pas dit que le consentement du Seigneur soit necessaire, ni que la Maison forte doive être reconnuë en Fief de lui, mais seulement qu'en cas de vente ou d'inféodation, le Seigneur aura la même préference à même prix. Ce qui se raporte à la Coûtume de nos Ancêtres, qui soûmettoient leurs héritages allodiaux à la Féodalité de quelque Seigneur moyenant une recompense; ce qu'on apelloit *Fief de reprise*, à la difference du vray Fief qui procede d'une concession liberale & gratuite comme a remarqué Coquille sur la Coûtume de Nivernois art. 13.

Et à la verité la pluspart des Fiefs de Dauphiné, relevans d'autres Seigneurs que du Roy ont été conçûs de cette maniere. Le proprietaire se démettoit de son fonds de Franc-aleu, en faveur de quelqu'un pour une somme convenuë, & par le même Acte l'acquereur le redonnoit au vendeur à la charge de la foy & hommage. C'est ainsi que l'Archevêque & le Chapitre de Vienne ont acquis le Fief de Clermont, de Saint Geoire & de Crepol par l'Acte de l'an 1203. que j'ay raporté à la fin du chapitre 14. Les Dauphins mêmes ont augmenté le nombre de leurs Vassaux de cette sorte là, & principalement l'Eglise lors des Croisades. Les exemples en sont infinis en divers endroits du Royaume, comme a remarqué entr'autres Antoine Dominicy Jurisconsulte de Cahors *in Disquisitione Historicâ de Prærogativa Allodiorum in Provinciis quæ Jure scripto reguntur cap. 19.* où il raporte un exemple d'Hugues de Salving mon huitiéme Ayeul de l'an 1262.

Ces mots *quicunque subditi Delphinatus* semblent comprendre tous les sujets du Dauphin sans distinction des Nobles & des roturiers. Mais le titre de l'article *qualiter Nobiles possunt facere Domos fortes*, justifie que le Privilege n'est accordé qu'aux Nobles. Ce qui se recuëille aussi de la suite, où il est parlé de Fief, que les roturiers étoient incapables de posseder.

En effet ceux qui font de condition roturiere doivent avoir un autre employ que celuy d'environner leurs Maifons de foffez, & de les fortifier de tours & de canonieres que l'Etat ne leur deftine pas.

La condition *in re fua propria* eft tirée de la Loy *per Provincias 10. Cod. de ædific. privat.* qui permet aux Provinces d'Orient *cunctis volentibus murali ambitu fundos proprios, feu loca fui dominij conftituta vallare.* Sur laquelle Joan. Faber eftime qu'on ne peut faire une maifon forte aux lieux qui font tenus en Fief ou en cenfive fans le confentement du Seigneur. *Credo,* dit-il, *quod loca quæ tenentur in Feudum vel ad cenfum non poffunt incaftellari fine* DOMINORUM *voluntate.* Et fuivant cela Loyfel en fes Inftitutes Coûtumieres liv. 4. tit. 3. art. 91. a donné pour regle du Droit François, *Qu'on ne peut bâtir forereffe au Fief & Juftice d'autruy fans fon congé.*

La raifon eft, que la pleine & abfoluë propriété du Fief, n'apartient pas au Vaffal qui n'a que le domaine utile, mais au Seigneur. *Feudi proprietas non pertinet ad Vaffallum, fed ad Superiorem* DOMINUM, *cui quod eft Alodium, id Vaffallo Vaffallivè Vaffallo eft Feudum,* dit Cujas fur le titre 17. du fecond livre des Fiefs, où il allegue ce beau paffage de Radevicus lib. 4. cap. 34. *Cum Epifcopi Italiæ dicerent Nuncios Imperaratoris fe non cogi in Palatio recipere. Concedo, inquit, fi fortè aliquis Epifcoporum habet in fuo proprio folo, & non in noftro Palatium. Si autem in noftro folo & Alodio funt Palatia Epifcoporum, cum profectò omne quod inædificatur folo cedat, noftra funt & Palatia.* Les Chartes anciennes employent les mots *proprium & Alode* pour fynonimes, & quelquefois elles les joignent tous deux à même fens, comme l'Abbé Goffridus écrivant au Pape Pafcal Epit. 2. lib. 1. *Cujus videlicet anteceffores Monafterium fundaverunt, & Beato Petro in patrimonium & Alodium proprium, cum rebus ad ipfum pertinentibus obtulerunt.* Ainfi dans le Teftament d'Abbon Patrice Romain, fils de Felix & de Ruftica, que j'ay vû dans un vieux Cartulaire, il eft dit en quelques endroits *de proprio Alode meo*; fur quoy je feray cette remarque incidemment que ceux-là qui font Abbon premier Marquis de Sufe, créé par Charlemagne fe font mécontés, parce qu'il vivoit fous Theodoric Roy des Gots, comme juftifie fon Teftament qui en fait mention, & la Chronique de l'Abbaye de Novalefe, qu'André du Chefne a mife au fecond Tome des Hiftoriens qu'il a recüeillis. Il eft vray que Charlemagne à la priere de l'Abbé Frodoin qui lui avoit député Gizlaramnus & Agabertus, Moines de fon Abbaye, commit quelques perfonnes qu'il apelle *Fideles Notarios noftros,* pour renouveller & tranfcrire le Teftament d'Abbon que le temps avoit ufé, par lequel il avoit laiffé à l'Eglife de Saint Pierre de Novalefe en la Vallée de Sufe fon heritiere de grands biens fitués en divers endroits, même *in Pago Viennenfi, Gratianopolitano, Ebredunenfi, Vapincenfi, Dienfi,* partie defquels il avoit acquis de Syagria, cette Dame pieufe & riche qui faifoit fa demeure à Lyon, laquelle en l'année 494. fit de fi grandes largeffes de fes biens pour la delivrance d'un grand nombre de prifonniers de Gondebaud Roy des Bourguignons, lors que S. Epiphane Evêque de Pavie le difpofa de les mettre en liberté. Ce qui a fait dire à Ennodius en la vie du même Saint Epiphane. *Poſtquam tamen pecuniarum ille cumulus effuſus eſt, continuò ad expenſas redemptionis ſugeſſit neceſſaria, illa quæ ibi eſt, Theſaurus Eccleſiæ Syagria, cujus prolixam quærit vita narrationem. Sufficit autem, ut ex operibus agnoſcatur, quam verba tranſcendunt.*

Je reviens à mon ſujet, pour dire que la condition requiſe par les Libertés Delphinales de bâtir *in re propria*, c'eſt à dire, en un fonds de Franc-Aleu, n'eſt plus en uſage, & que par une coûtume plus douce & plus favorable authoriſée par le temps les Gentils-hommes peuvent foſſoyer leurs Maiſons & les flanquer de tours ſans la permiſſion du Seigneur Haut-Juſticier, encore que le fonds ſoit Féodal ou cenſuel.

Ainſi Choppin en ſon Traité *de Privilegiis ruſticorum lib. 3. parte 3. tit. 12. n. 3.* dit que nonobſtant l'ancienne obſervance *juſtiùs judicante Curia Pariſienſis*, il a été jugé par Arrêt du 23. Decembre 1566. prononcé en Robes rouges, & par un autre du 1. Août 1586. qu'il eſt permis au Vaſſal de fortifier ſa maiſon dans l'étenduë de ſon Fief ſans le conſentement du Seigneur de Fief & Haut-juſticier. Mais il en eſt autrement de celui qui ne tient qu'en cenſive, comme a remarqué Mr le Prêtre en ſes Queſtions notables du Droit. Centurie 2. chap. 47. Ce qui eſt contraire à l'uſage de Dauphiné, ſi c'eſt un Gentil-homme comme je viens de dire.

La condition *dummodo dictæ Domus non fiant in locis ſponderiis ſeu limitropis* eſt auſſi fondée ſur la Conſtitution des Empereurs Honorius & Arcadius en la Loy 2. *C. de Fundis limitrophis lib. 11.* par laquelle il eſt ordonné que *quicunque quòcunque titulo Caſtellorum loca poſſideat, ea cedat ac deſerat. Et ſi inventus fuerit detentor capitali ſententia cum publicatione plectatur, niſi ſit Caſtellanus miles, id eſt cui fas eſt Caſtellorum territoria poſſidere.* Suivant cela, je trouve dans un Regiſtre de la Chambre des Comptes intitulé *Secundus liber copiarum de novo factarum*, que Pierre Terrail (c'étoit l'oncle du fameux Chevalier Bayard) faiſant conſtruire une Tour ſur une éminence nommée Bayard, dans le Mandement d'Avalon frontiere de Savoye, Eymery de Briſay Bailly du Greſivodan, luy défendit la continuation de l'ouvrage, juſques à ce que le Gouverneur de Dauphiné luy en eût octroyé la permiſſion, comme il fit par Lettres données au Palais de la Côte Saint André le 4. Mars 1404. aprés que le Bailly eut viſité le lieu pour juger du préjudice que le Dauphin en pouvoit recevoir à cauſe du Château d'Avalon, & à la charge que l'impetrant reconnoîtroit en Fief lige du Dauphin, la Tour de Bayard & ſes dependances, qui ne ſeroient pas de la mouvance d'un autre Seigneur.

Quant à la condition de la préference en cas de vente, je n'en ay point vû d'exemple. Au contraire j'eſtime qu'elle eſt abrogée par l'uſage en faveur de la liberté, comme beaucoup d'autres articles des libertez Delphinales, ſinon que le Seigneur Haut-juſticier ſoit fondé de titre qui lui attribuë le droit de Prélation, ou que la Maiſon forte ſoit tenuë de lui

à foy & hommage, fuivant ce que j'ay dit au chapitre 20. Car autrement c'eft une erreur de croire qu'il n'y ait point de Maifon forte en
Dauphiné qui ne foit Féodale. L'article fus raporté des Libertez Delphinales eft une preuve évidente du contraire. Et à ce propos je trouve dans mes memoires un Arrêt du Parlement donné fur ce fait. N.
Pierre Noir Sieur de Lancin ayant acheté la Maifon forte de Poifieu
& fes dependances, le Procureur Général du Roy en demandoit les
lods, fondé fur ce qu'elle portoit le titre de Maifon forte; Que par
Lettres Patentes du mois de May 1448. vérifiées le 24. de Juillet
fuivant, Loüis XI. lors Dauphin avoit inféodé la Juftice du Village
de Poifieu à Jean Copier, à la charge de reconnoître en Fief du Dauphin fa Maifon forte de Poifieu & fes appartenances qu'il difoit être
de Franc-Aleu : Que ces Lettres avoient été confirmées par les Rois
Charles VIII. & Loüis XII. & qu'enfuite l'hommage en avoit été
prêté par Eftienne & par Pierre de Poifieu. Au contraire l'acquereur
foûtenoit qu'il ne devoit point de lods de la vente qui lui avoit été
paffée de la Maifon forte de Poifieu, laquelle avoit repris fa premiere
qualité de Franc-aleu par la revocation de tous les dons & alienations
faite du Domaine Delphinal, fuivant laquelle Antoine Copier avoit
acquis à faculté de rachat perpetuel la Juftice du Village de Poifieu
des Commiffaires deputés par le Roy François I. pour la vente de fon
Domaine , par Contract du 26. Août 1521. Sur quoy la Cour en laquelle étoient les Gens des Comptes , autre chofe n'apparoiffant de la
part du Procureur Général , le debouta de fa Requête par Arrêt du 20.
Novembre 1604. au raport de Jean-Baptifte de Ponat l'un des plus habiles Confeillers de fon temps , Prefident Jean de la Croix de Chevrieres depuis Evêque de Grenoble grand Jurifconfulte. Ainfi le Parlement
jugea que les Maifons fortes ne font pas reputées Féodales fans titre,
fuivant le Droit & l'ufage de Dauphiné, où tous héritages font préfumés
francs & allodiaux de leur nature.

J'ajoute avant que finir ce chapitre que Monfieur Expilly dans fon
Recüeil d'Arrêts chap. 46. ayant dit que les Gentilhommes font fujets
à la Juftice des Seigneurs dans la Terre defquels ils font leur demeure,
excepté ceux qui ont des Maifons qu'on apelle fortes; Mais je ne
fçay pas fur quel fondement , finon qu'il entende celles qui font en
Juftice, lefquelles font rares ; ou celles qui ont été diftraites & affran-
chies de la Juftice du Seigneur par convention , comme la Maifon
d'Aiguebelle en la Terre de Beaucreffant , & quelques autres.

Autrement le feul titre de Maifon forte , préfupofé même qu'elle fût
de la mouvance du Roy n'exempte pas le poffeffeur de la Juftice du
Seigneur; parce que c'eft une maxime reçuë généralement que Fief
& Juftice n'ont rien de commun, comme étant chofes diftinctes & feparées *actu & intellectu*, & que la Juftice en un même Territoire peut
apartenir à l'un & le Fief à l'autre. *Jurifdictio poteft per fe fubfiftere & feparari falva fui fubftantia à Caftro , prædiis & rebus Feudalibus quæ poterunt
effe unius & Jurifdictio alterius,* comme l'a decidé Balde *in f. è contrario,*

De in veſtit. de re aliena faƈta, & encore in *l. data opera. C. qui accuſ. poſſ.*
Ce qui eſt expreſſément déclaré par les Coûtumes de Berry art. 57.
tit. des Fiefs. Bourbonnois tit. de Juriſdiction art. 1. Touraine tit.
des Crimes art. 379. *Undè ſi quis habet juriſdictionem ſuper Feudo, non
ſequitur quod moveatur ab eo feudaliter ; & à quo movetur, non inſertur
quod ſubſit ejus juriſdictioni*, dit du Molin ſur la Coûtume de Paris §. *33.
gloſ. 1.* ſur le mot, *droit de relief, n. 105.* De là vient que ſi l'on veut
comprendre la juſtice en la ſaiſie & decret d'une Terre, il eſt nécéſ-
ſaire d'en faire la déclaration expreſſe, encore qu'elle fût annexée & incorporée au Fief, comme aſſeurent les Praticiens François, parce qu'elle
n'y eſt point mêlée inſéparablement & par confuſion, *ſed ut alterum integrum alteri integro*, étant choſe de diverſe nature & condition *quæ
principaliter & per ſe ſtat, cujuſque & præteritio excluſionem inducit.*

Le Franc-aleu même pour être exempt & libre de toute charge de
féodalité & de cenſive, ne laiſſe pas d'être ſujet à la juſtice du Seigneur, où il eſt aſſis. *Nec ideo minus eſt quid Alaudium quod ſub juriſdictione
alterius ſitum ſit ; quia etiam mera proprietas prout eſt Alaudium, nihil habet
commune cum juriſdictione*, comme dit élegamment le même du Molin *ſ.
62. gloſ. 1.* ſur le mot *Franc-aleu*, aprés Balde ſur la Loy *à procuratore. C.
mandati.* C'eſt auſſi de la ſorte qu'en diſpoſe la Coûtume d'Orleans
art. 255.

Les Libertez Delphinales n'exceptent de la Juriſdiction des Seigneurs qui ont Territoire limité, que les Officiers du Dauphin, ſes Domeſtiques & ceux de la Dauphine, & ſes hommes liges immédiatement
ſujets, pour les crimes qu'ils viendroient à commettre dans les lieux
de Regale tant ſeulement.

J'ay dit que le poſſeſſeur de la Maiſon forte n'eſt pas exempt de la
Juſtice du Seigneur, préſupoſé même qu'elle fût de la mouvance du Roy,
parce qu'il y en a dans les Terres des Seigneurs qui pourtant ſont tenuës à foy & hommage de Sa Majeſté, ſoit que ceux qui les ont autrefois poſſedées en Franc-aleu, les ayent reconnuës en Fiefs des Dauphins, pour être ſous leur protection & ſauvegarde, ſoit que les Dauphins les ayent réſervées par les inféodations, échanges & autres tranſ-
ports qu'il ont paſſés des Terres de leur Domaine, dont j'ay vû divers exemples dans les Regiſtres de la Chambre des Comptes. C'eſt
par la raiſon que je viens de toucher que la juſtice peut être à l'un & le
Fief à l'autre.

Suivant quoy le Parlement de Grenoble, par Arrêt du 20. Mars
1500. donné entre N. Pierre Bouchard, & le Procureur general du
Roy d'une part, & Meſſire Aymar de Poitiers, Seigneur de S. Valier
& de Vals d'autre part, ordonna *dictum Nobilem Petrum Bouchardi prætextu & occaſione bonorum quæ tenet & poſſidet in loco & Mandamento Vallis dicto Domino Sancti Valerij moderno ſupplicato non teneri præſtare fidelitatem & homagium, ſed illud per eundem Bouchardi præſtari debere, & præ-
ſtandum fore Regi Delphino Domino noſtro, & ſuis ſucceſſoribus, dum & quando
præmiſſa fuerit interpellatus.* Il y a même des Maiſons fortes dans les

Bourgs fermés & dans les Villes, comme celle du Seigneur de Saffenage dans Grenoble au Pont Saint Jaime, que François de Saffenage
acquit l'an 1300. laquelle est en toute Justice. Ce qui procede sans
doute de ce que le lieu où elle est située, n'étoit pas autrefois dans
l'enceinte de Grenoble.

Les mots *Domus fortis. Fortalitium*, *Munitio*, *Firmitas*, sont Synonimes
dans les anciens titres; mais celuy de *Firmitas* a été moins usité en
Dauphiné, qu'aux Provinces de la Loire, d'où s'est formé celui de *La
Ferté*, comme *La Ferté Benard*, *La Ferté Imbaud*, *La Ferté Nabert*, *La
Ferté Milon*, *La Ferté Senetairre*, & plusieurs autres. Les Capitulaires
de Charles le Chauve tit. 31. chap. 1. se sont servis du même mot.
*Et volumus & expressè mandamus, ut quicunque istis temporibus Castella &
Firmitates & haias sine nostro verbo fecerint.*

L'on s'est aussi servi à même sens du mot de *Turris*, par lequel on
n'entendoit pas seulement une partie de la Forteresse, mais la Forteresse entiere. Ce qui me fait ressouvenir de la remarque que fait
Strabon en quelque part que les Gaulois élevoient fort leurs Maisons, &
qu'elles finissoient d'ordinaire en pointe.

Quant au mot *Castrum*, nos Ancêtres l'ont employé non seulement pour signifier la maison Seigneuriale, mais aussi toutes les dépendances que nous appellons Mandement.

---

*Arrêt du Parlement de Paris, Ordonnant la démolition des
Colombiers à pied, creneaux des murailles & murtrieres des
maisons, construits sans la permission du Seigneur Haut-
justicier.*

Omme de la Sentence donnée par nos Amez & Feaux Con- "
seillers tenans les Requêtes de nôtre Palais le 18. Décembre, "
1654. entre Antoine de Lestang, Chevalier Marquis dudit lieu "
Baron de Montagni, mari de Dame Marguerite de Montagni, de- "
mandeurs, suivant l'exploit du 24. Janvier 1654. à ce que Vespa- "
sian Bolozon Exconsul de nôtre Ville de Lyon, fut condamné passer "
déclaration nouvelle des cens & servis par lui dûs sur les fonds par "
lui possedez en l'étenduë de ladite Baronie, &c. "

Nôtredite Cour par son Jugement & Arrêts, sans avoir égard à "
nosdites Lettres & oppositions, faisant droit sur le tout, a mis & "
met les appellations, & ce dont a été appellé au néant, émendant "
a debouté lesdits de Seve & consorts, de leur intervention, deman- "
de, fins & conclusions; condamne ledit Bolozon s'inscrire au papier "
Terrier de la Seigneurie & Baronie de Montagni, passer recon- "
noissance de nouveau Seigneur & nouveau tenancier, & déclaration "
des cens & servis mentionnez en l'exploit du 27. Janvier 1654. & "

,, reconnoître que lefdits cens & fervis portent lods, à. raifon du
,, fixiéme denier en toutes mutations, excepté en ligne directe, foit
,, par vente, échange, donation, teftament, fucceffion ou autrement,
,, avec le droit de prélation ou de rétenuë, en cas de vente feule-
,, ment, fur tous les fonds dépendans & mouvans de ladite Baronie,
,, fauf audit Bolozon fon recours pour la quotité defdits cens & fer-
,, vis, contre les tenanciers, & de faire le régalement avec eux, fi bon
,, lui femble; condamne tant ledit Bolozon, que lefdits de Seve &
,, conforts, poffedans des biens dans la Parroiffe de Millery, reconnoître
,, les droits de poule de quête, de courvées d'hommes ou de bêtes, de che-
,, vrotage & avenage, lefquels droits feront faits & payez annuellement
,, par ceux qui refideront & feront feu ès maifons defdits de Seve &
,, conforts, fituées en ladite Parroiffe de Millery, fçavoir pour ladite
,, poule de quête une geline, pour les courvées une journée de leurs
,, bras, s'ils n'ont bêtes à baft ou de labourage, & s'ils en ont, les em-
,, ployeront pour ledit droit de courvée, pendant une journée au fer-
,, vice dudit Baron de Montagny, & pour ledit droit d'avenage, un
,, bichet d'avoine, comble mefure dudit lieu, en cas feulement qu'ils
,, ayent bêtes à labour; & pour ledit droit de chevrotage, un demi che-
,, vreau de chaque chevre, s'ils en nourriffent efdites maifons, payer
,, par lefdits de Seve & conforts, ou faire payer les arrérages defdits
,, droits échûs, depuis le 15. Mars 1651. fuivant l'eftimation qui en
,, fera faite par experts, dont les parties conviendront pardevant le
,, plus prochain Juge Royal des lieux, autrement en fera par lui
,, nommé d'office; même ledit Pierre de Seve en fon particulier, pa-
,, yer audit de Leftang & fa femme, les arrerages de cens & fervis
,, mentionnez en ladite Requête du 29. Décembre 1656. pour les
,, années 1649. & 1650. Lefdits Milloret & conforts ôter & demolir
,, inceffamment les colombiers à pied, les creneaux de leurs murailles,
,, & murtrieres des maifons à eux appartenantes en l'étenduë de la
,, juftice de Montagny, leur fait defenfe d'en conftruire à l'avenir efdites
,, maifons, & autres endroits de ladite juftice, fans permiffion du Sei-
,, gneur: Et fur le furplus des demandes defdits de Leftang & fa fem-
,, me, concernant le droit de taille & démolition des giroüettes, a
,, mis les parties hors de Cour & de procez; condamne lefdits Bolo-
,, zon, Seve & conforts, Guillens & conforts, Milloret & conforts,
,, & encore ledit Seve en fon particulier ès dépens, tant des caufes
,, principales & appellations verbales, qu'inftances, chacun à leur
,, égard, fans dépens de la caufe d'appel de ladite Sentence du 18.
,, Décembre 1654. la taxe des dépens adjugez, enfemble l'exécution
,, du prefent Arreft par devers le Confeiller Rapporteur, refervée. Pro-
,, noncé le 22. Février 1659.

Permiſſion accordée par le Gouverneur de Dauphiné à Noble Pierre Terrail de bâtir une Maiſon forte au lieu de Bayard frontiere de Savoye.

Gaufredus le Meingre dictus Boucicaut, Dominus de Bour- "
bone , Cambellanus & Conſiliarius Regius, Gubernator "
Delphinatûs. Notum harum ſerie volumus univerſis , nobis "
pro parte Nobilis Petri Terrallii de Avalone hominis ligii, & "
fidelis Delphinalis reverenter expoſitum extitiſſe , quod dum "
ipſe Petrus quandam domum, ſeu Turrim ædificare incepiſſet "
in mandamento Avalonis loco dicto in Bayardo ſubtùs Caſtrum "
Delphinale Avalonis per unum milliare vel circa à parte "
Gratianopolis uſque ad primum planchiamentum , ſupervenit "
Nobilis Aymericus de Briſay Baillivus Grayſivodani qui ex ſuo "
officio nemine tamen proſequente ignorans etiam dictum Pe- "
trum eſſe hominem ligium Delphinalem , & ideò prætendens "
dictum ædificium damnoſum Domino noſtro Delphino , "
quamvis non eſſet , ut aſſerit dictus exponens , eidem inhibuit "
& defendit ſub certis pœnis Domino noſtro Delphino applican- "
dis , ne ulteriùs in dicto loco ædificare , ſeu ædificari faceret "
ſine noſtra ſpeciali licentia & mandato , nobis proptereà hu- "
militer ſupplicando; quatenus, attento quod idem exponens "
eſt homo ligius Delphinalis , ſicut & fuerunt ejus prædeceſſo- "
res, eidem concedere dignaremur , ut dictam inhibitionem "
revocare & anullare dignaremur. Hinc eſt quod præmiſſis at- "
tentis , nec non relatione dicti Baillivi ſuper hoc nobis facta , "
quem Baillivum ad requeſtam ipſius ſupplicantis ad dictum "
locum duximus deſtinandum pro dicta platea revidenda , & ſe "
informandum de commodo vel incommodo quod idem Do- "
minus noſter Delphinus , ſeu quivis alius pati poſſet prætex- "
tu ædificationis & conſtructionis uſque ad perfectionem dictæ "
Turris, vocatis ſecum quos viderit evocandos , qua compe- "
rimus poſt inſpectionem opportunam , & re oculis ſubjecta "
dictum opus & conſtructionem Domino noſtro Delphino nec "
alteri videri dicto Baillivo minimè eſſe damnoſum , dummodo "
idem Petrus dictam domum & omnia ædificia quæ faceret in "
eadem, omnia bona quæ ibidem habet , & quæ de alio Do- "
mino non tenentur , recognoſceret de Feudo Delphinali, & ſub "
homagio ligio , ad quod faciendum idem Petrus liberaliter ſe "

„ obtulit, eidem Petro & suis in futurum licentiam harum serie con-
„ cessimus & concedimus per præsentes his mediantibus dictum
„ ædificium perficiendi, altiandi, complendi & ad ejus libitum
„ ampliandi, prohibitionibus contrariis factis vel faciendis non
„ obstantibus quibuscumque. Ad quod homagium, ligium fa-
„ ciendum & præstandum nobis nomine Delphinale occasione præ-
„ dicta unum annum proximum & interim quandocumque
„ harum serie eidem assignamus. Præcipientes propterea & man-
„ dantes universis & singulis Delphinalibus Justitiariis & Officia-
„ riis præsentibus & futuris, quatenus concessionem & gra-
„ tiam hujusmodi eidem Nobili Petro & successoribus ejusdem
„ custodiant & observent juxtà ipsius continentiam & tenorem,
„ ipsum nec aliquem ex eis nunc vel in futurum in contrarium
„ nullatenus molestando, vel molestari quomodolibet permitten-
„ do. Nam his mediantibus dictam domum & omnia recognos-
„ cenda per dictum nobilem Petrum, ut præfertur, in salva &
„ tuta custodia Delphinali ponimus & recipimus per præsentes,
„ jure tamen Delphinali in aliis semper salvo, & in omnibus
„ alieno. Datum in Palatio Costæ Sancti Andreæ, die quarta
„ mensis Martii, Anno Nativitatis Domini millesimo quadrin-
„ gentesimo quarto per Dominum Gubernatorem, Dominis
„ Briansonesii & Graysivodani Baillivis præsentibus concessum.
„ F. Nicoleti.

CHAPITRE XLV.

Que par la nouvelle Jurisprudence, le premier acquereur d'un héritage Féodal ou emphyteutique est preferable au second qui a pris Investiture du Seigneur. Et de plusieurs changemens arrivez, en la pratique des droits Seigneuriaux, depuis le temps de Guy Pape.

MONSIEUR le Chancelier de l'Hôpital, l'ornement de son Siécle, en la Remontrance qu'il fit au Parlement de Paris l'an 1560. du Regne de Charles IX. se plaignit qu'on ne tenoit plus de compte des anciens Arrests qui ont établi des Regles & des Maximes aux difficultez du Droit. Plainte vrayement digne de la bouche d'un si digne Chef de la justice, qui avoit prevû l'opinion pernicieuse qui s'est glissée dans l'esprit de plusieurs, que le bons sens & le jugement naturel suffisent pour la décision de toute sorte de dif-

ferens fans Loy ny Coûtume. Mais il arrive fouvent que la caufe &
& les mouvemens des anciens Arrefts ceffans , les mêmes difficultez
font jugées differemment. *Confilia Judicibus ex prefenti caufarum ftatu*
capienda funt, comme dit très-bien Aulugelle liv. 14. chap. 2.

Ainfi le changement que le temps a fait à l'ancien ufage des Fiefs
& des emphytéofes a fait auffi changer la Jurifprudence du Palais, fur
la queftion qui s'y eft quelquefois prefentée , lequel des deux acquereurs d'un héritage Féodal ou emphyteutique eft préferable , ou le
premier qui n'exhibe que fon Contract de vente, ou le fecond que le
Seigneur a invefty.

Du temps de Guy Pape que les Fiefs & les emphytéofes n'étoient
encore patrimoniaux qu'à l'égard des fucceffions , mais non pas quant
aux alienations ; & qu'anfi l'un & l'autre tomboient en commis s'ils
étoient alienez fans le confentement du Seigneur , celui des acquereurs qui premier avoit pris l'inveftiture étoit preferé , quand même
il n'eût eu que la poffeffion feinte & civile par la conftitution de
précaire , & que l'autre eût eu la réelle contre la difpofition de la
Loy *quoties C. de rei vindicat.* comme a remarqué le même Guy Pape
en quatre endroits, fçavoir en la queftion 22. 46. 81. 112. *Ratio*,
dit-il, en la derniere, *quia dominium per traditionem realem etiam foluto*
pretio non transfertur fine confenfu Domini directi. L'alienation faite fans l'a-
grément du Seigneur étoit nulle *ipfo jure* ; & l'héritage commis au
Seigneur méprifé, qui feul avoit droit de transferer le domaine; c'eft
pourquoi Jean Faber ancien Praticien écrit fur la même Loy *quoties*,
que fuivant l'ufage de la France l'Inveftiture équipolle à la délivrance du Fief.

Ce qui a fait dire à Choppin fur la Coûtume d'Anjou liv. 3. chap.
2. tit. 1. n. 2. page 110. de la traduction Françoife , que cette opinion eft fuivie au Parlement de Grenoble, par le témoignage de Guy
Pape. A quoi fe trouvent conformes tous les Docteurs Italiens, Alemans & autres qui ont écrit fur ce fondement que les Fiefs & les em-
phitéofes ne font pas en la pure & libre difpofition des poffeffeurs, &
tous alleguent Guy Pape, qui dit en la queftion 46. & 112. qu'il en
eft autrement de l'héritage franc & Allodial, qui ne relevant d'aucun
Seigneur n'a befoin d'autre délivrance que de celle du vendeur.

D'où il faut conclurre qu'aujourd'hui les Fiefs , & les Emphytéofes ayant forti nature de patrimoine *etiam quoad modos acquirendi & alie-*
nandi, le défaut de confentement du Seigneur n'eft pas un obftacle à
la perfection de la vente. De forte que le premier acquereur eft pré-
férable au fecond qui l'a prevenu en l'inveftiture , ni plus ni moins
que fi le fonds vendu étoit franc & Allodial.

Le Commis n'a plus de lieu faute d'avoir requis l'agrément du Seigneur direct , qui fe contente des lods, des arrerages de cenfe , & de
la nouvelle reconnoiffance par action réelle, fuivant l'Ordonnance du
Parlement de l'an 1560. qui permet au Seigneur de fuivre le fonds
Emphyteutique en quelques mains qu'il paffe pour tous fes droits Sei-

gneuriaux. Ce qu'il n'auroit pas ordonné si la vente étoit nulle à la forme du Droit.

Il n'est pas non plus en usage par la cessation du payement de la cense pendant trois années, comme il étoit du temps de Guy Pape, ainsi qu'il se voit en ses questions 101. 174. 435.

Et ce qu'il dit en la question 101. que le Seigneur direct ne peut demander les Lods & Ventes jusques à ce que l'Achetteur ait pris la possession réelle de la chose venduë, n'est plus de la pratique du Palais, comme il étoit alors, ayant été jugé par Arrêt de la Chambre des Vacations du 24. Septembre 1635. en la cause d'un nommé Tolon, qu'il suffit pour la demande des Lods de la tradition civile, qui se fait par fiction & puissance de la Loy, comme par la clause de constitut, de precaire, de retention d'usufruit, & autres que Balde *in c. 1. de causa possessionis & proprietatis* appelle *artificiales & dativas transferenda possessionis rationes.* Et quand même la clause de Constitut & de Precaire seroit mise, il n'est point de doute que la vente seroit accomplie par le simple consentement des Parties, quoy que l'héritage vendu ne soit pas délivré actuellement à l'Acheteur, comme dit Franc. Aretinus *in l. si fidejussor. §. meminisse. D. de legat. 1.* parce qu'il suffit que la chose soit venduë suivant l'avis de Mazuer tit. *du Retrait.* art. *Mais posons le cas.* Et par conséquent les Lods & ventes sont valablement demandez. Ainsi nous ne suivons plus la Doctrine de Guy Pape, & de quelques Docteurs qui veulent la tradition réelle de l'héritage κυριαχή σωματικῶς *per actus scilicet corporeos.*

Il n'y a que trois Coûtumes en France, Bourgogne, Bar-le Duc & la Prévôté de Vaucouleurs au Baillage de Chaumont en Bassigny, qui défendent à l'Acquereur du Fief de s'en mettre en possession sans avoir fait les foy & hommage au Seigneur à peine du Commis, ce qu'on appelle *Fief de danger,* dont j'ay fait mention plus particuliere au chapitre 3. Celles de Rheims, de Senlis & quelques autres ne permettent pas non-plus à l'Acheteur d'entrer en possession, que premierement il ne soit ensaisiné & vêtu par la Justice où les héritages sont assis, à peine de l'amende que les unes appellent *de tôt entrée,* les autres *de saisie happée;* Mais hors les Coûtumes qui en disposent, il est permis à l'Acquereur de prendre possession de son autorité de la chose venduë, soit féodale ou censuelle, pourveu qu'il y ait titre habile à transferer le droit de Seigneurie entre personnes capables de vendre & d'acheter, laquelle translation doit être facile, suivant la définition qu'en donne Theophile ἀπὸ χειρὸς εἰς χεῖρας μετάθεσις εὐανταλλάκτον καὶ ἀπορίεστον καὶ φυτικὴν τω πραξιν ἔχουσα, *de manu in manum translatio facilis, nihil supervacui habens in actu naturali.*

A quoy j'ajoûte que la Loy 2. C. *de jure Emphyt.* n'est plus en usage en aucune de ses parties; puis qu'en nulle part de Dauphiné, ni même du Royaume les Lods ne sont reduits & moderez à la cinquantiéme partie du prix; que le droit de prélation ne se pratique plus dans la forme qu'il est prescrit par cette Loy de Zenon; &

qu'enfin

qu'enfin le Commis de l'Emphytéose est absolument aboli. *Et ita servat practica, quæ est vera legum intellectrix, & scientia digestiva*, pour user des termes de Balde.

Le temps à qui tout est soûmis, fait passer pour injustice ce que nos Ancêtres avoient reçû, comme plein d'équité par le retour qui se rencontre en toutes choses *quibus inest quidam velut orbis, ut quemadmodum temporum vices, ita morum vertantur.* Suivant quoy Ranchin & Ferrier Glossateurs de Guy Pape, disent sur la question qui fait le sujet de ce chapitre, *Otiosa planè quæstio hodierno jure. Et id in toto Regno Franciæ receptum est, ut Emphyteutæ & Censuarii privatorum, sicut olim Fisci, possint irrequisito Domino alienare sine periculo commissi.* Et Monsieur le Président Faber *C. de jure Emphyt. Definit. 8. Moribus nostris eò decursum est, ut non tantum bona Emphyteuticaria, sed Feuda quoque ipsa redacta sint ad instar patrimoniorum, ac proindè irrequisito Domino, non secus ac ea quæ prorsus libera sunt, & ut vocant, Allodialia alienari possint. Illud quoque consequens fuit, &c.* Et ensuite il fait voir par une conséquence necessaire, tirée de cet antecedent là, qu'aujourd'huy toutes ces questions doivent cesser. *Itaque,* dit-il, aux Notes, *Otiosa hodiè quæstio, quæ olim fuit agitata inter nostros, an possit Emphyteuta donare irrequisito Domino, ut notat Ranchinus ad Guidonem Papam quæst. 146.* Mais il s'étend davantage *Decade 100. Errore 2.* où il montre en premier lieu que du temps de Guy Pape, les Fiefs & les Emphytéoses se gouvernoient autrement que les choses Allodiales, ce qui est à present changé par un contraire usage. En second lieu, il découvre les erreurs qui en naissoient. En effet l'Investiture n'est ni titre, ni tradition, ni possession. *Ex investitura non adipiscitur quis possessionem, sed quoddam signum possessionis, ut in cap. per tuas. Extra. de donat. juncta Glossa in versic. signum in cap. ex litteris extra. de consuet. Et ideò ad acquisitionem possessionis non sufficit signum, sed requiritur res signata, videlicet. missio in possessionem,* comme dit très bien l'ancien Scholiaste anonyme de Guy Pape, sur la question 81. & après lui Ferrier sur la question 112. L'on peut voir encore sur ce sujet Fontanella *de Pactis. Clausula 4. n. 130.* sur la fin.

C'est par ces raisons là, que la Jurisprudence du Palais a changé par les Arrêts subséquens dont Baro sur la question 81. de Guy Pape en rapporte un de l'an 1555. & Boneton un autre de l'an 1569. sur la question 112.

Néanmoins l'esprit des Praticiens étant prévenu de la Doctrine de Guy Pape, & le Parlement n'en ayant point donné d'Arrêt général, la question s'y est presentée deux fois depuis peu d'années, où elle a été jugée de même en faveur du premier Acquereur, nonobstant que le second eût pris son Investiture du Seigneur, par deux Arrêts donnez au rapport de Mr. de Sautereau, l'un du 5. Septembre 1651. entre Lamberton & Varrel; l'autre du 31. Juillet 1652. entre Antoine Redonnet, Avocat au Parlement d'Orange, appellant de la Sentence du Bailly de Saint Paul Trois-Châteaux, & Noble Loüis du Pont

I. Partie.   A a

Intimé, fauf au fecond Acquereur de fe pourvoir contre le Vendeur pour les Lods, & autres loyaux coûts, dépens, dommages & interêts, & à lui fes défenfes au contraire.

CHAPITRE XLVI.

Du droit de Vintain, & fi les Nobles en font exempts.

LE Vintain eft un droit qu'a le Seigneur fondé de titre de prendre la vingtiéme partie des fruits croiffans dans fa Terre ou de quelques efpeces tant feulement, felon qu'il eft ftipulé; mais il en eft de deux fortes : l'un qui eft purement réel & foncier que le Seigneur a refervé originairement *in rerum traditione*, qui par confequent eft dû en quelques mains que les fonds paffent. Ce que l'on appelle en quelques endroits de Dauphiné & de Provence droit de Tafque ou de Tafche, qui eft ce me femble un mot derivé de ce que le Seigneur dans le premier établiffement de fes droits Seigneuriaux, a taxé fes Tenanciers à certaine quotité des fruits provenans aux heritages de fon finage, qui eft differente felon qu'elle a été reconnuë, ou que le Seigneur eft en poffeffion de la recevoir. Il y a pourtant beaucoup de lieux où les Gentilhommes font en poffeffion immemoriale de l'exemption de ce droit-là, qui n'eft autre chofe que ce que les Coûtumes appellent, *Champart*, *Terrage*, *agrier*, c'eft-à-dire un droit que le Seigneur leve fur les gerbes de blé au temps de moiffons, *glebalis funĉtio*, *glebæ canon*; & en quelques lieux il fe leve fur les bois, les prez, les pâturages, les viviers, fuivant les titres ou la poffeffion. Il en eft fait mention fous le nom *d'Agrarium*, non feulement dans les Formules du Moine Marculfe liv. 2. chap. 36. mais auffi, *in Lege Bajoariorum tit. 13. Coloni vel fervi Ecclefiæ præftant agrarium, & pafcuarium, & agrarii nomine de triginta modiis tres.* Ce qui a quelque rapport avec *l'Agraticum*, dont il eft traité au Code Théodofien. *l. 2. de Veteran.*

L'autre forte de Vintain eft un droit acquis par convention entre le Seigneur & les habitans de fa Terre, par laquelle le Seigneur s'eft obligé de faire conftruire & maintenir à fes dépens les murailles du Bourg ou de l'enclos du Château, pour la feureté des habitans, & la confervation de leurs effets mobiliaires, moyenant la vingtiéme partie des blez & du vin qu'ils recuëillent, dont l'ufage a été plus frequent dans les Bailliages de Vienne & de Saint Marcellin, qu'aux autres.

Ce droit a pris fon origine, de ce que les Etats du Dauphin & du Comte de Savoye, étans enclavez l'un dans l'autre, avant l'échange qui fut fait entre le Roi Charles V. & Amé VI. Comte de Savoye, ces deux Princes étoient en guerre continuelle ; Et encore de ce que la Noblesse ayant droit de faire la guerre de son autorité , pour deméler ses querelles , suivant deux articles des Libertez Delphinales , dont j'ay fait mention au chapitre XI. les Seigneurs faisoient des courses les uns sur les autres ; ce qui les rendoit soigneux de fortifier leurs Châteaux, & de clorre leurs Bourgs & Villages de murailles , que le vulgaire appelle Vintains, non pas *à vincendo* , comme dit Guy Pape , ny *à Vinciendo* comme quelques autres ; mais à cause du droit de Vintain , qui est dû en beaucoup de lieux pour les maintenir.

Sur ce sujet, deux ou trois questions se presentent , qui meritent d'être examinées separément.

La premiere , si les Nobles sont exempts du droit de Vintain. Guy Pape en sa question 7. & 372. dit que non , fondé sur la Loy 2. *C. D. Muneribus. patrim. lib. 10.* & sur la Loy *munerum. §. patrimoniorum. D. de Munerib. & honorib.* qui n'exemptent personne des charges patrimoniales , quelque privilegiée qu'elle soit. Et Petrus Jacobi en sa Pratique *Rubrica 29. n. 13.* dit que le Seigneur même doit contribuer aux reparations des murailles , *pro viribus patrimonii sui* , s'il demeure dans la Terre , par la disposition de la Loy *omnes Provinciarum Rectores. C. de Operib. publ.*

Ce qui doit être entendu quand le Vintain est une imposition extraordinaire & casuelle , qui se fait pour être employée effectivement à la construction des murs d'une Ville ou d'un Bourg, des ponts, des chemins , comme étant cas de Droit , dont les Ecclesiastiques mêmes ne sont pas exempts ; telle que fut l'imposition ordonnée pour les murailles de Grenoble , dont parle Guy Pape en sa quest. 78. pour raison de quoi les deux premiers Ordres sont reglez en chaque Ville avec le Tiers-Estat.

Mais il en est autrement du Vintain qui est ordinaire , constant & perpetuel , auquel ne sont obligez que ceux qui s'y sont soûmis par contracts passez avec les Seigneurs qui se sont obligez reciproquement à construire & à maintenir les murailles.

La seule qualité de Haut-justicier n'en donne pas le droit. Il faut être fondé de titre ou de possession suffisante. C'est pourquoi Guy Pape n'en parle pas comme d'un usage universel de la Province ; au contraire , il dit seulement que le Vintain se paye *in pluribus Castris & Territoriis præsentis Patriæ Delphinatus pro Villis ædificandis , ac muris seu mæniis construendis,* dont le titre primitif s'est conservé en quelques endroits. Ainsi le Vintain qui est dû au Seigneur de Todure au Bailliage de Vienne, derive d'une Transaction passée le 5. Octobre 1339. entre Falque de Montchenu & les habitans de la même Terre. Celui qui est dû au Seigneur d'Anjou, au même Bailliage , d'une Sentence Arbitrale du 11. Septembre 1380. donnée entre Jean de Roussillon & les habitans d'Anjou, laquelle est énoncée au Veu de l'Arrest du 22. Decembre 1515. dont je parlerai à la suite.

De sorte que c'est un droit personnel qui descend d'une obligation,

laquelle ne lie que ceux qui l'ont reconnu, non plus que la forte de
Vintain, que les Communautez impofent fur elles par Octroy de Sa
Majefté, pour le payement de leurs dettes.

La contribution qui fe fait pour la conftruction des murailles *munus
eſt*, dit Petrus Jacobi au lieu fus allegué n. 6. *quod imponitur perfonis
pro rebus*, comme il étoit de la taille Royale, avant que le Roi l'eût
renduë réelle, dont les Nobles étoient exempts pour les fonds mêmes
qu'ils acqueroient des roturiers ; y ayant grande difference entre les
impofitions publiques, que les roturiers feuls payent comme perfonnelles, & les fervitudes qui fuivent le poffeffeur, fuivant la diftinction
que fait Choppin fur la Coûtume d'Anjou art. 31. page 142.
de la traduction Françoife, lequel article porte, que *Gens d'Eglife ne
Nobles ne devoient moultes, ne fournages, preffoirages, ne courvees, s'ils
n'aquierent chofes qui les doivent;* c'eft-à-dire qu'ils ne font point fujets aux
moulins, fours & preffoirs bannaux du Seigneur.

A quoi ne peut étre objecté la difpofition du Droit, fuivant laquelle
la déliberation de la plus grande partie des habitans, oblige non feulement les abfens, mais auffi les diffentans.

Parce qu'en Dauphiné, le Clergé & la Nobleffe ont toûjours été
des Corps feparez de celui du Tiers Etat ; en forte que les Reconnoiffances paffées par les roturiers pour les droits univerfels d'une Terre,
comme de bucherages, pafquerages, fenages, herbages, paleages,
& autres droits de cette nature, n'affujetiffent pas les deux premiers
Ordres, s'ils n'y ont expreffement confenti.

Les Nobles par l'ufage de tout le Royaume, font exempts de toutes
charges perfonnelles & ferviles, * & fpecialement en Dauphiné, où ils
ont eu d'ancienneté des prérogatives particulieres; comme celle de la
chaffe ; fuivant quoi Raymond d'Agout, Seigneur de Luc, gratifia
Ponce Sylveftre fon Baile de Mifcon, des franchifes & immunitez dont
joüiffoient les Nobles, par acte du 12. Juin 1319. recû par Roftain
Garin Notaire de Die, que j'ai vû parmi les titres de la Terre de Luc :
*dedit & conceſſit in perpetuum libertatem, franchefiam & immunitatem quam
Nobiles homines exiftentes in dicto Caftro de Luco, & in Terra ipfius Nobilis
Raymundi habent & habere debent, & habere confueverunt ac ufi funt habere;
ita quod dictum Poncium ejufdemque haeredes & fucceffores praefatus Nobilis
Raymundus de Agouto Dominus de Luco per fe fuofque haeredes & fucceffores
voluit & conceffit effe liberos & immunes ab omni fervitute reali & perfonali,
& à fervitute banni, & à praeftatione munerum, talliarum, animalium & perfonarum, tachia, & ab omnibus toutis, adempris, angariis & parangariis, &
ab omni fervitute fornagii, & ab omnibus aliis fervitutibus & exactionibus
quibus homines de Luco & de Mifcone dicto Reymundo tenentur, exceptâ prae-
tatione vini cenfus in qua homines habitatores de Luco & de Mifcone eidem Nobili Reymundo de Agouto tenentur annuatim.* Conformement à cela François
de Châteauneuf, confirmant les priviléges & franchifes concedées par les
anciens Seigneurs d'Ornacieu aux habitans de la Paroiffe de Saint Difdier d'Ornacieu, par Acte du 17. Juin 1387. ratifié par Jeanne de

* Com-
me d'a-
poüiage
Argent.
279.

Miribel & Françoise de la Chambre le 13. May 1388. déclare qu'ils sont exempts d'ancienneté des truages , civerages, gelinages, moutonages , chevrotages , corvages , Vintenages , & autres tributs quelconques , ni plus ni moins que s'ils étoient Nobles. Voici les propres termes de l'Acte , transcrits au bas de la Reconnoissance générale des habitans de la même Paroisse de Saint Disdier, en faveur de Jean de Miolans, Conseigneur d'Ornacieu, du 10. Avril 1561. reçûë par de Vannes. *Quod superiùs nominati Parochiani , eorumque prædecessores , & omnes , universi & singuli incolæ , homines , Parochiani , Burgenses & agricolæ , quam affanatores , & cæteri alii habitatores & commorantes infra dictam Parochiam Sancti Disderii , tam ij . qui nunc sunt , quam omnes alii qui pro tempore præterito fuerunt & commoraverunt infra terminos & limites franchesiarum dictæ Parochiæ sint & fuerint franchi , liberi & immunes ab omnibus , universis & singulis servitutibus , tributis , talliis , bannis & cæteris aliis usagiis quæ percipiuntur singulis annis per Dominum Ornacei supradicti ab aliis hominibus & personis dicti Mandamenti Ornacei , & quæ percipere & exigere tam dictus Dominus quàm ejus prædecessores consueverunt. Quæ usagia sunt hæc. Videlicet à quolibet focum tenente* pro Vinteno, *pro quolibet incola, quolibet anno unum sestarium siliginis, & unum sestarium siliginis & unum sestarium avenæ. Item à quolibet pro tributo vocato fenagio singulis annis pro quolibet bove duodecim denarios. Pro qualibet vacca sex denarios. Pro quolibet porco , qualibet ove duos denarios. Pro quolibet ovili unum mutonem. Pro quolibet asino & asina & alio animali equino sex denarios. Pro quolibet tenente ultra duas capras unum capreolum. Item à quolibet habente viginti sommatas vini* pro Vinteno , *unam sommatam vini. Item à quolibet focum tenente anno quolibet in Carniprivio unam gallinam , una etiam cum diversis aliis coroatis annis singulis præstandis & percipiendis singulis annis per dictum Dominum Ornacei ab omnibus aliis uiversis tributis, servitutibus & aliis usagiis debitis per alios dicti Mandamenti extra dictam Parochiam existentes. De quibus quidem libertatibus & franchesiis superiùs nominatis tam ipsi homines, quam eorum prædecessores dictæ Parochiæ asserunt se fuisse & esse in possessione pacifica reali & personali de non solvendo aliquid ex eisdem usagiis & tributis à tantis temporibus retroactis quod memoria hominum non existat,* prout & quemadmodum Nobiles dicti Mandamenti Ornacei , *& juxta formas quibus dicti Parochiani uti consueverunt, & se asserunt esse Francos & liberos de dictis usagiis & tributis prædictis, & quæ se ad alia tributa seu alias servitutes minimè se teneri* plusquam si essent meri Nobiles, *exceptis homagiis & chargiis ad modum Nobilium tempore guerræ faciendo pro custodia dicti Castri Eycharguetas.* J'ay vû aussi dans la Charte des Franchises & immunitez, octroyées aux habitans de la Baronie de Maubec , par Aymon leur Seigneur du 4. devant les Kalendes d'Aoust 1291. un article en ces termes. *Item promisit dictus Aymo pro se & suis successoribus dictis Nobilibus solemniter stipulantibus & recipientibus tenere & manutenere dictos homines ad illa bona usagia , quibus Dominus Ægidius quondam pater dicti Aymonis ipsos tenuit & servavit sine aliquo detrimento.* Ce qui justifie que les Gentils-hommes ont toûjours eu des privileges & immunitez dans les Terres des Seigneurs qui les ont differentié d'avec le roturiers.

C'eft par la même prérogative de leur naiffance qu'ils font exempts du droit d'Avenage , dont Monfieur Expilly chapitre 209. rapporte un Arreft du 30, Juillet 1624. donné contre Chriftophle de Mont-chenu , Seigneur de Beaufemblant.

Ce qui eft déclaré dans les Reconnoiffances de la Tour du Pin , fuivant lefquelles Arrêt fut donné le 23. Mars 1531. en fa-veur du Roy & du Seigneur de Tournon contre quelques habitans de la Tour du Pin & de Seffieu , qui eft tranfcrit dans les mêmes Reconnoiffances.

Ainfi l'Arrêt du 1er. Fevrier 1634. donné entre Louïs de Grolée de Meüillon , Marquis de Breffieu , & les Confuls & habitans de la mê-me Terre , ne condamne que les taillables au payement du fenage , herbage & paléage.

A quoi j'ajoûte la Tranfaction paffée le premier de Fevrier 1315. pardevant Pierre de Preffin Notaire Imperial , entre Meffire Geofroi Seigneur de Montchenu & de Todure , tant pour lui que pour les habitans de Todure d'une part, & Meffire Aymar Seigneur de Bref-fieu & de Serre d'autre part ; laquelle porte que les habitans de To-dure ont droit de pafcage , bucherage , paiffon & autres ufages au bois de Chambaran fitué au Mandement de Serre , à la charge de payer au Seigneur de Breffieu la redevance convenuë , *videlicet hofpitium agricolæ unam eminam avenæ , & hofpitium affanatoris unum quartale avenæ, &c. Hoc etiam expreffè , quod dictus Dominus Montifcanuti , & ejus Caftellanus de Teudero, & alii Nobiles feu franchi clientes genere , fi qui pro tempore fuerint in prædictis Caftro & Mandamento de Teudero , & hof-pitium Curati ejufdem loci , & eorum fucceffores perpetuò eumdem quem fu-pra percurfum & ufum habeant , & habere debeant in dicto nemore de Cham-beran , & ejus pertinentiis liberè abfque aliqua exactione , feu præftatione ali-cujus avenæ , feu aliqua alia ad quam minimè teneantur.*

Il y a même raifon pour l'exemption & franchife du droit de Vintain , laquelle je trouve déclarée par un Arrêt du 14. Aouft 1550. donné à la requête de Françoife Terrail , qui fut maintenuë en la poffeffion & faifine de prendre & percevoir des habitans de Châ-teauneuf de l'Alben , Pollenas & Montferrier le Vintain des blez , froment, fegle & avoine , & du vin, croiffans en leurs terres & vignes, *excepté les Nobles , exemts & liberez dudit Vintain fi aucun il y a.* Je rap-porterai l'Arrêt à la fin de ce chapitre.

Je trouve encore la même franchife déclarée par un précédent Arrêt du 10. Juillet 1516. donné entre Sufane de Bourbon Com-teffe de Roffillon , & les Confuls & habitans de la même Terre, dont le difpofitif eft en ces termes. *Curia ipfa tenore depofitionum dictorum teftium utriufque partis , & qualitate perfonarum eorumdem teftium refpectivè confide-ratis , ordinavit & ordinat dictam Dominam Comitiffam Roffilionis , hujufmo-di lite pendente fore & effe manutenendam , & quam manutenuit & manutenet in poffeffione exigendi & percipiendi tam per fe , quam per fuos cenferios &*

Receptores , à dictis hominibus supplicantibus Tributa in dictis suis Articulis incipientibus. Quia dudum specificata & designata. Videlicet à quibuscunque inco-lis ejusdem loci & mandamenti Rossilionis cum bobus laborantibus & frumen-tum & siliginem colligentibus, exceptis viris Ecclesiasticis & Nobilibus, *unum sestarium frumenti , & unum sestarium siliginis anno quolibet , & talibus cum bobus laborantibus, frumentum tantummodo colligentibus, duo sestaria frumenti, & à la-borantibus cum ipsis bobus, & siliginem tantum colligentibus, duo sestaria siliginis anno quolibet , à laborantibus cum aliis animantibus non bovinis , videlicet cum equis , mulis & asinis , & frumentum & siliginem colligentibus ,* exceptis quibus suprà, *unam eminam siliginis anno quolibet , & à colligentibus sili-ginem unum sestarium siliginis anno quolibet , & ab aliis habitantibus ejusdem mandamenti Rossilionis , extra tamen ipsam Villam Rossilionis , non laboran-tibus, sed laborari suas terras facientibus, & ab aliis quibuscumque forensibus & extraneis in dicto Mandamento Rossilionis & blada recolligentibus & per-cipientibus ,* exceptis prædictis Ecclesiasticis & Nobilibus , *vicesimam partem vini per habitantes ipsius Mandamenti Rossilionis recollectis ita tamen quod ipsa Domina Comitissa, ejusve Cencerii & Receptores non possint in exac-tione dictorum Tributorum & vinteni unam speciem bladi in aliam convertere contra velle & voluntatem dictorum supplicantium , Litteras super præmissis concedendo opportunas &c. Datum Gratianopoli die decimâ mensis Julii , Anno Domini millesimo quingentesimo decimo sexto , Per Dominum Gubernatorem ad relationem Curiæ, &c.*

A quoy fut conforme la requête présentée au Conseil Delphinal par François de Châteauneuf, Seigneur d'Ornacieu , & Françoise de la Chambre sa femme , contre quelques habitans de la Côte Saint André , contenant qu'ils étoient en possession immemoriale de pren-dre le Vintain des blez & du vin croissans dans le territoire d'Orna-cieu *à personis ibidem terras & vineas habentibus Nobilibus exceptis ,* sur la-quelle fut donné l'Arrêt du 19. Janvier 1390. dont je ferai plus am-ple mention au Chapitre suivant.

Je trouve aussi dans le Vû de l'Arrêt donné entre Guillaume Bou-vier & Françoise de Chabannes , mere de Jacques de Miolans Sei-gneur d'Anjou le 22. Décembre 1515. un article aux termes suivans. *Item quod in dicto Territorio & Mandamento Anjonis Nobiles nobiliter vi-ventes non consueverunt solvere , prout nec fuit in possessione seu quasi solvendi aliqua Vintena , corvatas & alia tributa à ruralibus & plebeis exigi solvique consueta ; quin imò ipsi Nobiles nobiliter viventes sunt in possessione seu quasi libertatis & franchesiæ prædictorum palam , publicè & notoriè.*

Le même usage est déclaré dans les Actes d'affranchissemens con-cedez par les anciens Seigneurs de Saint Quentin à quelques famil-les , dont il me suffira d'en remarquer deux ; l'un octroyé à Didaret Trellard & à ses descendans, par Aynard Seigneur de Saint Quentin l'an 1301. L'autre par François de Châteauneuf, Seigneur de la mê-me Terre à Guillaume Chameil & à sa posterité masculine du 17. Juillet 1400. Lesquels Actes portent *quod perpetuò liberi sint & immu-nes ab omni touta , tallia , complainta , contributione operis, manuoperis, bannis grossis & minutis*, Vintenis , *claufuris , corvatis, messibus , fenagiis, paleagiis, gallinagiis , secagio fœni , angariis, parangariis , obsequiis , servitiis , prestationibus realibus & personalibus, muneribus omnibus, & generaliter ab omni exactione , salvis & reservatis sibi tantùm censibus , & placitamentis, & taxatis, usagiis annexis rebus quas tenet dictus Didaretus* (en l'autre il y a *Guillelmus*) *de dominio dicti Nobilis ; ita quod sub illis libertatibus sine cujusquam molestia quietè utantur , gaudeant & fruantur dictus Didaretus & sui perpetuò in personis & rebus quas habent in præsenti vel in posterum acquirent ab omni inquietatione & exactione quitti , liberi & immunes* tanquam cæteri Nobles *dicti loci ; Recognoscens dictus Nobilis &c.*

Il en est comme du droit de taille aux quatre cas, que nous appellons en Dauphiné cas imperiaux, dont les Nobles & Gens d'Eglise font exempts, comme je remarqueray plus particulierement dans un Chapitre separé.

En effet les Gentilhommes font en possession immemoriale de l'exemption du Vintain dans toutes les Terres dont j'ay fait mention.

Et s'il y a quelques endroits où ils ne joüissent pas de la même franchise, c'est parce qu'ils s'y font obligez avec les roturiers, qui est la raison alleguée par Guy Pape sur un autre sujet en sa question 384. où il dit que les Nobles ne font pas contribuables aux tailles pour les héritages qu'ils ont acquis des roturiers, *nisi in illis Nobilibus qui reperiuntur specialiter obligati contribuere in talibus pro rebus registratis ; quia tenentur pro illis rebus contribuere prætextu obligationis.*

En un mot la resolution de la question dépend de l'usage & de la possession, qui font les vrais interprêtes du droit du Seigneur, & de la franchise des Gentilhommes.

Mais j'ay vû mettre en doute si les fonds taillables que les Gentilhommes ont acquis de main roturiere font sujets au droit de Vintain. J'estime que non , comme reciproquement les biens que les roturiers acquierent des Gentilhommes y font sujets , *quia ex mutatione personæ mutatur conditio rei* , suivant la doctrine de Barthole *in l. per procuratorem. D. de acquir. hæredit.* & celle de Guy Pape question 382. & 184. *Gaudent nobiles immunitate à muneribus personalibus , etiam pro prædiis quæ à plebeiis comparaverunt* , dit Monsieur Faber *C. de munerib. patrimon. Definit.* 3. la réalité des tailles ordonnées par le Reglement du 24. d'Octobre 1639. ne regardant que l'interêt de Sa Majesté , sans toucher à l'ancien usage de la Province pour les droits des Seigneurs & les prérogatives des Nobles. Ainsi Choppin sur la Coûtume d'Anjou. liv. 1. art. 30. page 137. de la traduction Françoise, dit qu'encore que par les charges d'un héritage il soit porté que *tallia debetur Superiori Domino talliabilis fundi* , si est-ce que l'héritage étant possedé par un Gentilhomme , il doit être exempt de la taille. Ce qui a donné lieu à la regle du Droit François , qui est la derniere des Institutes Coûtumieres d'Antoine Loysel ; laquelle est entenduë de peu de personnes. *En assiete de terre, corvée ou peine de Vilain n'est pour rien contée.* C'est-à-dire , qu'en assiete & prisée de terre , l'on n'a point d'égard aux corvées qui font deuës, par le poſſeſſeur roturier ; parce que la terre paſſant en main noble, les corvées perſonnelles ſont éteintes en la perſonne du Gentilhomme qui en eſt exempt. Je dis perſonnelles, car celles qui ſont réelles * ſui- *** _Argentré_** vent le fonds auquel elles ſont attachées, en quelque main qu'il paſſe; **_art.279. Le_** ſuivant quoi la Chambre de l'Edit a condamné N. Gaſpard de Laſtic **_Grand ſur_** **_Troye art._** Sieur de la Touche de payer annuellement à François Antoine de **_64. Ferriéres_** Clermont, Seigneur de Montoiſon, les corvées qui pourroient être **_art. 71._** deües par ſes fonds, ſuivant l'eſtimation qui en ſeroit faite en argent, ou de fournir un homme pour y ſatisfaire à ſon choix, par Arreſt donné au raport de Mr Tonnard le 6. Septembre de l'année 1663.

ARREST PAR LEQUEL LES NOBLES
ſont declarez exempts du droit de Vintain.

ENTRE Demoiſelle Françoiſe Terraille, fille & hé- « ritiere univerſelle de feu George Terrail Ecuyer Sei- « gneur de Bayard, demandereſſe en Requête d'une part ; & « les Conſuls, manans & habitans de Chaſteau-neuf de l'Al- « benc, Pollenas & Mont-ferrier, Pierre Boucherenc fils d'An- « toine, Guigues & Claude Bouchets, Claude Blunat dit Cham- « pin, Antoine Riquet fils de Pierre, Claude Riquet fils de Claude « Loüis Bieſſe dit Nevat, Jean Felix dit de Colaſſe, Benoît « Faure fils d'Antoine, Pierre Brune, Jean de Conſtance, « Pierre Blunat, fils de feu Michel, défendeurs d'autre. Veü &c. «

La Cour a maintenu & maintient la demandereſſe en « poſſeſſion & ſaiſine *ſeu quaſi* de prendre & percevoir des « défendeurs le Vintain des blez, froment, ſeigle & avoine, & « des vins croiſſans en leurs terres & poſſeſſions, & vignes ſi- « tuées audit lieu de Chaſteau-neuf de l'Albenc, Pollenas & « Montferrier, excepté des Nobles, exempts & liberez dudit Vin- « tain, ſi aucuns y en a ; faiſant inhibitions & défenſes aux « ſuſdits défendeurs de ne troubler ni moleſter ladite demande- « reſſe en ladite poſſeſſion & ſaiſine *ſeu quaſi* : Et ſi a con- « damné & condamne les défendeurs envers la demandereſſe « aux arrerages des fruits, s'ils ſont en nature, autrement en « leur legitime valeur, & aux dépens de l'inſtance, excepté « les dépens faits pour le regard de Guigues Bouchet, depuis « le 11. Mars 1548. jour de ſon conſentement & déclaration « prêtée, leſquels la Cour compenſe. Et quant au Vintain « par la demandereſſe requis pour le regard des vins prove- « venans des raiſins croiſſans ſur les arbres eſdits lieux, a re- «

„ laxé & abfous quant à prefent lefdits défendeurs , avec dé-
„ pens pour ce régard , aufquels a condamné ladite demande-
„ reffe envers lefdits défendeurs ; le tout fans préjudice des droits
„ des parties au petitoire, auquel lefdits défendeurs pourront de-
„ mander , ce en quoi la demandereffe fera tenuë faire pour
„ raifon dudit Vintain fi bon leur femble , la taxation des dépens
„ fus adjugez à la Cour refervez. Fait en Parlement le 14.
„ d'Aouft 1550.

CHAPITRE XLVII·

Si les Forains font exempts du droit de Vintain.

L A queftion qui fait le fujet de ce Chapitre, fi les Forains,
c'eft-à-dire, ceux qui n'ont pas leur domicile dans la Terre , où néanmoins ils poffedent des héritages , font fujets
au droit de Vintain , a eu divers changemens & divers
Préjugez felon les temps.

Par la pratique ancienne de nos Ancêtres , il n'y avoit que les
domiciliez qui fuffent contribuables à ce droit-là , comme il fut jugé
par Arreft du Confeil Delphinal du 19. Janvier 1390. dont j'ai fait
mention au Chapitre précédent , par lequel François de Chafteauneuf Seigneur d'Ornacieu, & Françoife de la Chambre fa femme, furent
deboutez avec dépens de la demande qu'ils avoient faite à Martin
Garnier , Barthelemi de Vienne & leurs conforts , habitans de la Côte Saint André , du Vintain des blez & du vin croiffans aux fonds
qu'ils avoient dans le Mandement d'Ornacieu. Deux raifons en furent
le fondement ; l'une que toute forte de tailles & de contributions
étoit perfonnelle & fuivoit le domicile ; fuivant quoi Mazuer , ancien
Jurifconfulte & Praticien François , en fa Pratique judiciaire tit. des
tailles n. 3. dit que le Seigneur Haut-jufticier , auquel appartient
taille aux quatre cas , ne la peut exiger que de fes fujets, & de ceux qui
ont leur domicile , & font leur demeure en fa Terre , parce que cette
taille eft pure perfonnelle, & que les Nobles & Eccléfiaftiques en font
exempts. L'autre raifon eft que le Vintain étant dû pour la conftruction & reparations des murailles qui fervoient à la confervation &
fûreté des perfonnes & des biens mobiliaires des habitans , ceux qui
ne s'en prévaloient pas étoient exempts de la contribution établie pour
ce fujet. Et conformément à cela Choppin fur la Coûtume d'Anjou
liv. 1. art. 47. page 244. de la traduction Françoife , traitant la queftion , fi celui qui a des héritages aux environs d'une Ville , mais qui
fait fa demeure ailleurs , eft tenu de contribuer au rétabliffement des

murs, il conclud que non, & que l'obligation ne régarde que les citoyens & habitans, & non les étrangers, quoi qu'ils ayent des terres voisines, s'ils ne possedent immeubles quelconques au dedans de la Ville, parce, dit-il, que la Ville est bornée à sa clôture, comme dit Paulus *lib. 2. D. de verbor. signific.* & ensuite il rapporte un Arrêt du Parlement de Paris du 21. Juillet 1534. par lequel Pierre Choiseau fut absous de la contribution demandée par les habitans de Taunay pour le rétablissement des murs de la Ville encore qu'il possedât quelques terres dans le territoire de la même Ville. Papon dans son Recüeil d'Arrêts liv. 5. tit. 11. des tailles & impôts, en a remarqué deux autres semblables du même Parlement de Paris. Ainsi Petrus Jacobi en sa Pratique *Rubrica 29. n. 6.* dit que le tribut qui se paye pour la construction des murailles *debet solùm imponi Municipibus & Incolis, & non aliis.* & n. 13. *Est enim munus quod imponitur Municipibus & Incolis ad expedienda negotia Universitatis, & ad conservandas res & jura ejus, &c.*

Cet ancien usage fut dépuis modifié par une Ordonnance de Charles de Bouville Gouverneur de Dauphiné, validée par le Roi Charles VII. au mois d'Avril 1434. par laquelle ceux qui avoient des héritages dans un Mandement, & qui faisoient leur demeure ailleurs n'étoient contribuables que pour la moitié aux reparations publiques des lieux, comme l'assûre Guy Pape quest. 7. & 372. où il parle nommément du Vintain, mais en la premiere il ajoûte, *nisi aliter se haberet consuetudo, prout se habet in aliquibus locis, uti solvitur indistinctè ab omnibus integrum Vintenum.*

Enfin par les derniers Arrêts tous les possesseurs des héritages situez dans un Territoire où le Seigneur a droit par titre ou par possession de prendre le Vintain, y sont contribuables, encore qu'ils ayent leur domicile hors le finage, par la raison que le payement des droits universels doit être uniforme, *ne una eademque res diverso jure censeatur.* C'est ainsi qu'il a été jugé par Arrêt du 14. Août 1550 donné en faveur de Françoise Terrail, tant contre les Consuls & habitans de Château-neuf de l'Albenc, Pollenas & Montferrier, que contre tous autres possesseurs des fonds situez dans les mêmes Mandemens, exceptez les Nobles & exempts. Ce qui doit être entendu, si les titres ou la possession suffisante n'est au contraire, parce qu'il y a des Terres dont les titres n'obligent que les seuls habitans. —

CHAPITRE XLVIII.

Que le Seigneur qui a droit de Vintain est obligé à maintenir à ses dépens les murailles du Bourg, s'il n'a titre ou possession contraire.

J'Ay remarqué cy-devant, que le droit de Vintain prend son origine d'une obligation reciproque entre le Seigneur & ses sujets, par laquelle ceux-cy promettent de lui payer annuellement la vingtiéme partie des blez & des vins croiſſans dans le Territoire, à la charge de conſtruire & de maintenir à ſes dépens les murs du Bourg, pour la ſeureté de leurs perſonnes & de leurs effets mobiliaires, en cas de guerre ou de quelque autre neceſſité : Et où le Seigneur n'y ſatisferoit pas de ſa part, que les ſujets ſeroient déchargez & liberez de cette contribution.

C'eſt ainſi que le Parlement l'a jugé par Arrêt du 14. Aouſt 1557. donné entre Aynard de Montchenu Seigneur de Todure, & les Conſuls & habitans du même lieu, par lequel Aynard fut maintenu en poſſeſſion & ſaiſine de prendre & percevoir annuellement le Vintain du froment, ſeigle & avoine, & reciproquement il fut condamné à reparer les murailles & les portes de Todure dans un an, & à les maintenir à l'avenir bien & düëment, à la forme de la tranſaction paſſée entre Falque de Montchenu & les Conſuls, du 5. Octobre 1339. à peine de tous dépens, dommages & interêts, & d'être procedé à ſaiſie du Vintain ſous la main du Roy. Ce qui fut confirmé par autre Arrêt du Parlement de Provence du 18. Mai 1617. donné entre Gabriel de Montchenu, évoqué du Parlement de Grenoble, & les Conſuls & habitans de Todure, & enſuite exécuté juſques à ce que par tranſaction du 7. Avril 1619. reçüë par Drevet & Saunier Notaires, le Seigneur de Todure a été déchargé pour l'avenir de cette obligation, moyennant la reduction du Vintain à la vingt-troiſiéme partie, & quelques autres remiſes & moderations d'autres droits Seigneuriaux en faveur des habitans.

C'eſt auſſi par la même raiſon que Guillaume Bouvier fut déchargé du payement du Portage & du Vintain envers le Seigneur d'Anjou, par Arreſt du 22. Decembre 1515. par le Veu duquel il appert que les portes & les murailles d'Anjou étoient ruinées & démolies ; mais parce qu'il s'attribuoit ſans titre la qualité de Noble, il fut condamné *ad boveragia, & alia tributa per rurales & ruſticos Domino Anjonis ſolvi conſueta*, & même dans les qualitez de l'Arrêt, il n'a que celle de Maître.

Ainſi l'Arrêt du 14. Aouſt 1550. maintient Françoiſe Terrail en la poſſeſſion & ſaiſine de percevoir des habitans de Châteauneuf de l'Albenc, de Pollenas & de Montferrier le Vintain des blez, froment, ſeigle, & avoine, & celui du vin, *ſans préjudice des droits des parties au petitoire, auquel les défendeurs pourront demander ce en quoi la demandereſſe ſera tenuë pour raiſon du Vintain ſi bon leur ſemble.*

Il en eſt de même du droit de guet, qui eſt reciproquement introduit pour le Seigneur & pour les ſujets, comme a remarqué Choppin ſur la Coûtume d'Anjou liv. 1. art. 43. page 211. de la traduction Françoiſe, où il ſoûtient que ſi le Château eſt en ruine, les ſujets ne ſont pas obligez d'y faire le guet, ny de payer aucun droit pour cela, dont il rapporte deux Arrêts du Parlement de Paris ; l'un du 1er. de Mars 1536. donné contre le Roy de Navarre, Seigneur de

Beleſme ;

Belefme ; l'autre du 16. Decembre 1550. par lequel il fut ordonné que le Seigneur de Monlieu feroit payé du droit de guet, en entretenant & remettant fon Château démoli en deffenfe pour la fûreté des fujets.

Ce droit de Vintain eft proprement ce que l'on appelle en quelques Provinces du Royaume, droit de Sauvement, qui fut adjugé au Comte de Retelois, par Arrêt du Confeil Privé du Roy du 9. Mars 1582. *à la charge de fauver fes fujets des Gendarmes étrangers, comme étant en frontiere*, dont le même Choppin fait mention liv. 2. tit. 4. p. 95.

Cela néanmoins doit être entendu quand le Seigneur n'eft pas en poffeffion du droit de Vintain ou de guet, & qu'en vertu de fes titres non prefcrits, il en demande la Reconnoiffance & le payement à fes fujets, qui peuvent reciproquement demander le rétabliffement des murailles & du Château ; mais fi l'un & l'autre font en ruine depuis tres long-temps, & que cependant le Seigneur foit en poffeffion de lever le droit, j'eftime en ce cas-là que les fujets ont tacitement renoncé à leur prétention, & que le Seigneur a prefcrit fa libération, le temps ayant autorifé fon droit fans la fubfiftance des fortifications qui l'ont introduit, & principalement depuis que le Roi a fait démolir quantité de Châteaux forts, qui n'étoient que des grains de fable & de gravelle dans les reins de l'Eftat : Sans quoi la plufpart des Seigneurs, dont les anciennes Fortereffes étoient fituées fur des pointes de rochers, feroient en perte de leurs droits plus fpecieux, & même Sa Majefté dans les Terres de fon Domaine. C'eft pourquoi les Eglifes qui lui font quelques redevances pour le droit de Sauvegarde, ne laiffent pas de les payer, nonobftant que les Châteaux qui leur fervoient de retraite ne foient plus en état de défenfe, parce que Sa Majefté protege fuffifamment tous fes fujets par les Garnifons qu'elle entretient aux Places frontieres. Néanmoins le droit de Sauvegarde qui lui eft dû à caufe du Comté d'Albon, par le Prieur de Saint Philibert en la Terre de Saint Vallier, fut équitablement moderé par Arrêt du 30. Juin 1651. à huit feftiers d'avoine, quatre feftiers de froment, & quatre charges de vin, après qu'Antoine le Bret Prieur, eût verifié que la plus grande quantité portée par les Reconnoiffances confumoit prefque tout le revenu de la metairie fujette à ce droit-là.

CHAPITRE XLIX.

Du droit de taille Seigneuriale, ou Cas Imperiaux.

Ous appellons en Dauphiné Cas Imperiaux, ce que les Coûtumes nomment Droit de taille aux quatre cas, ou Loyaux aides, foit que deux cas Ufitez en la même Province du temps de nos Ancêtres *pro Exercitu, & pro Corredo Imperatoris*, ayent donné la dénomination aux autres cas ; soit que la levée en ait été concedée par les Empereurs qui ont été Souverains de Dauphiné ; soit enfin *quod imperantur subditis à Domino.*

C'est un droit que les Seigneurs ont établi sur leurs Vassaux & sujets à l'exemple des Patrons de l'ancienne Rome, qui reçoivent aides de leurs Cliens pour le mariage de leurs filles, s'ils n'avoient pas suffisamment de quoi les doter, & pour leur rançon, quand eux ou leurs enfans étoient prisonniers de guerre, comme nous apprenons de Denis d'Halicarnasse liv. 2. en ces termes. Τοῖς ἑαυτῶν προς-άταις θυγατέρας τε συνεκδίδοςαι γαμουμένας, εἰ σπανίζοιεν οἱ πατέρες χρημά των, καὶ λυτρα καταβάλλειν πολεμίοις, εἰ τις αὐτῶν, ἢ παίδων αἰχμάλωτος γενέοιο. *Vicissim Clientum erat Patronos juvare elocantes filias, si bis parùm esset pecuniæ, & vel ipsos vel eorum filios, ab hoste captivos redimere.*

Néanmoins Bouteller Conseiller au Parlement de Paris sous Charles VI. dit en la Somme rural liv. 1. chap. 86. que de son temps ces Aides ne dépendoient que de l'honnêteté & de la courtoisie des Vassaux, & que le Seigneur n'en pouvoit faire demande par contrainte ni par Loi. C'est pourquoi les anciennes Chartes l'appellent *charitativum subsidium.*

J'ai veu pourtant des titres de quatre cens ans, qui en attribuent le droit à quelques Seigneurs de Dauphiné : Et même Guillaume Durant surnommé *Speculator*, qui vivoit l'an 1280. sous le titre *de Feudis §. quoniam super homagiis* specifie six cas où le Seigneur peut tailler ses Vassaux, & les contraindre au payement. Et au §. suivant *versic. Cæterum.* il donne la forme de la requête. Ce qui procede de Coûtume ou de convention, comme dit Joan. Faber, qui écrivoit sous le Regne de Philippes de Valois, environ l'an 1340. sur le §. *æquè si agetur. Institut. de actiori.*

Et quoi que dise Bodin en sa Republique liv. 1. chap. dernier, que cette sorte de taille a commencé par abus, qui ne sçauroit être tant inveteré que la Loy ne soit toûjours la plus forte à laquelle il se faut regler; Si est-ce que l'Edit de Moulins qui défend aux Seigneurs les droits de taille par eux prétendus, nonobstant la prescription de longues années, reserve ceux qui leur sont attribuez par les Coûtumes, dont quelques-unes en disposent pour tous les Seigneurs, comme Normandie, Touraine, Bretagne, Bourgogne, Bourbonnois, Auvergne.

Mais en Dauphiné, le Seigneur doit être fondé de titre qui en spécifie les cas, ne suffisant pas que les Reconnoissances portent que tous ses hommes sont taillables & exploitables à misericorde; parce qu'autre chose est la taille que le Seigneur imposoit du temps de nos Peres sur les Serfs de Main-morte, que Guy Pape en ses questions 312. 314. 315. appelle, *Taillabiles.* Autre chose est la taille qu'il leve sur ses Vassaux & sujets aux cas de Chevalerie, mariage de filles, & autres dont je parlerai ci-après. L'une s'attachoit *singulis ut singulis :* L'autre est communément une aide générale, qui regarde le corps de la Communauté : Celle-là infectoit la personne, celle-cy n'affecte que les héritages : L'une étoit fervile & honteufe. *Negari non poteft*, dit Monfieur Faber *Defin. 3. C. de liberali caufa, quin Taillabiles ad mifericordiam Servis proximè accedant*. & peu après *Naturalem libertatem quæ omnibus hominibus communis eft, valdè immutatam habent, ut cuique interdictâ fit libera teftamenti factio ; & dicuntur Taillabiles ad Domini mifericordiam & voluntatem, quo quid fervilius effe poteft & abjectius*. L'autre eft une fubvention honnête, qui a pris fon origine de la courtoifie du Vaffal, que la coûtume a convertie en droit. La franchife de la taillabilité fervile s'acqueroit par prefcription de quarante ans, comme l'affûre Guy Pape queft 316. & Monfieur Faber *Definit. 1. C. de præfcript. quæ pro libertate compet*. En l'autre nulle prefcription ne court jufques à ce que le cas foit avenu, comme le refout Boyer Decif. 132. n. 1. 2. Chaffaneus fur la Coûtume de Bourgogne *tit. des Juftices. §. 8*. fur le mot. *le figne*, & Berault fur celle de Normandie art. 168. La raifon eft, que *per non ufum Legis vel Statuti, etiam per mille annos, cùm homines ufi non funt, fi cafus de facto non contingat non tolli Statutum, nifi contrarius actus interveniat*, comme dit la Glofe additionelle ad Panorm. in cap. cum fit. *de Foro compet*. La taille fervile s'impofoit à volonté du Seigneur, ce qui me remet en memoire un paffage de Froiffart liv. 3. chap. 50. où il dit *que les Seigneurs fe forment fur autre condition & maniere qu'ils ne faifoient autrefois ; & trouvent pour le prefent plus grande chevance, que ne faifoient leurs Predeceffeurs du temps paffé. Car ils taillent leur peuple à volonté, & du temps paffé, ils n'ofoient fors de leurs rentes & revenus*. L'autre ne s'impofe qu'aux cas declarez par la Coûtume ou par les titres.

En effet Guy Pape fait affez connoître la difference des deux, en ce que parlant des Taillables en fa queftion 514. il dit *Taillabiles dicuntur. qui ita fe recognoverunt, quibus propterea imponi poteft tallia*, fans en fpecifier les cas, & en fa queftion 57. il traite de fix cas aufquels le Vaffal, & non pas l'homme taillable, eft obligé à l'aide du Seigneur à caufe du Fief qu'il a reçû de lui ; & enfuite il ajoûte, que par la Coûtume des Baronies, du Gapençois & de quelques autres lieux de cette Province, les fujets contribuent au mariage de la fille du Seigneur, felon leur puiffance, & que lui-même mariant fa fille à N. Gui de Dorgeoife de Voiron fes hommes de Saint Auban, lui avoient donné trente florins fans confequence. Cela fait voir que cette forte de taille n'eft pas la même que celle des hommes Taillables & de Main-morte ; parce qu'autrement tous les Seigneurs indiftinctement uferoient du même droit en Dauphiné, où il y a peu de Terres, dont les habitans ne fe foient reconnus dans les anciens titres, qu'on a renouvellez de temps en temps par ignorance des Notaires, hommes Taillables & exploitables à mifericorde du Seigneur. Il eft même peu de Terriers dépendans de fimples Fiefs fans juftice, & principalement aux trois Bailliages du Viennois ; dans lefquels il ne fe trouve des Reconnoiffance d'hommes ligés & taillables par rélation aux anciennes. Et néanmoins, il eft inoüi que depuis deux cens ans, on ait

impofé taille fur eux en aucun des cas Imperiaux. En forte que la memoire des Taillables ne refte que pour le feul nom fans ufage, &
comme difent les Grecs ἄνευ τῇ πραπτεῖν, μέχρι τῇ λέγειν, c'eft-à-dire loin
de l'effet, & fimplement du nom ; parce que la Taillabilité & la
Main-morte n'eft qu'une même fervitude qui eft abolie en Dauphiné,
par l'article 55. des Libertez Delphinales, comme j'ai remarqué au
chap. 32. Qu'ainfi ne foit, Gui Pape le confond en fa queftion 132.
Ce que Choppin a remarqué fur la Coûtume d'Anjou liv. 1er. art.
37. page 167. de la traduction Françoife, où il dit que Guy Pape
nomme les Serfs de Mainmorte *Homines Taillabiles*, & qu'Henri Bohic Breton les qualifie *Mortaillables*. Ainfi Monfieur Faber s'eft toûjours
fervi du mot de *Taillabilis & Taillabilitas*, dans les fix premiers titres
du liv. 7. de fon Code, dont le fujet ne regarde que les Main-mortes. Le principal droit des Seigneurs fur les Taillables, étoit celui de
la fucceffion. *Hujus conditionis homines activam, ut vocant, teftamenti
factionem nullam habent nifi inter fe quandiù manent in communione*, dit le
même Faber *Definit. 7. C. de deditit. condit.* Ce qu'il réitere en divers
endroits, & avant lui Guy Pape queft. 361. Mais aujourd'hui nul
n'eft privé en Dauphiné de la liberté de tefter par la confideration de
cette fervitude. Les Seigneurs foit Jurifdictionnels ou Féodaux, ne
fuccedent plus à leurs hommes liges & taillables, comme ils faifoient
autrefois.

> Hæc fuerant fub Rege Numa, fub Confule Bruto.
> Nunc alia eft ætas.

J'ai crû devoir faire ces remarques pour défabufer ceux qui prétendent la taille aux cas Imperiaux fur les hommes que leurs anciens
titres qualifient liges & taillables à mifericorde, fans expreffion des
cas, encore que l'une & l'autre de ces deux tailles foient differentes
en Dauphiné ; dont j'ai une preuve domeftique, en ce que mes
hommes des Paroiffes d'Outrans & de Meaudres aux Montagnes de
Saffenage, fe font tous reconnus hommes liges de mes Ancêtres, &
obligez *ftare ad totam & tailliam ad mifericordiam Domini*, & néanmoins les cas Imperiaux fur les mêmes hommes font refervez au Baron de Saffenage Seigneur Féodal, par Sentence arbitrale de l'an
1304. donnée entre fes prédeceffeurs & les miens par Guigues Alleman, Seigneur de Vaubonnois, Arbitre nommé par le Dauphin.

Les cas ordinaires où le Seigneur fondé de titre ou de Coûtume
peut tailler fes Vaffaux & fujets font, lors qu'il reçoit l'Ordre de
Chevalerie ou fon fils aîné : Qu'il eft prifonnier de guerre : Qu'il fait
voyage en la Terre-fainte. Ce qu'on appelle communement droit de
taille aux quatre cas. Néanmoins quelques Coûtumes ne reçoivent
que les trois premiers, comme Normandie, Anjou, le Maine.

En Dauphiné les cas font reglez par les titres. Le Seigneur de Todure en avoit trois, qui ont été reduits à un feul, fçavoir au mariage
des filles taxé à cent livres, par Tranfaction du 7. Avril 1619. paffée
entre Gabriel de Monthenu & les habitans de Todure. Quelques-uns

en ont quatre, plufieurs fix. Ainfi le Baron de Saffenage par Tranfaction paffée entre Jaques de Saffenage & les Confuls des quatre Paroiffes du bas Saffenage du 22. Mars 1468. relative à une plus ancienne a les cas fuivans. *Videlicet fur Militia ipfius Domini & fuorum hæredum & fucceſſorum : Pro filia feu filiabus ejufdem Domini qui nunc eſt & pro tempore futuro fuerit maritandis femel pro qualibet filia : Pro terra , reddîtibus dominio & Jurifdictione acquirendis per ipfum Dominum vel fuos fucceſſores quofcunque : Pro ipfo Domino redimendo , fi per aliquem eſſet captus , & fui fucceſſores per quemcumque feu quofcunque : Pro exercitu Imperatoris : Et pro mari transfretando.* Speculator fur le titre *de Feudis* , & après lui Guy Pape queſt. 57. font auffi mention de fix cas ; mais au lieu du voyage outre mer, ils y ajoûtent *Corredum Imperatoris* , c'eſt-à-dire le paffage de l'Empereur.

LE CAS DE CHEVALERIE.

LE Cas de Chevalerie eſt introduit pour les frais du Seigneur, qui étoit honoré du Baudrier ou ceinture de Chevalerie. Ce qui fe faifoit avec grande cérémonie, comme nous apprenons de nos Annaliſtes & des anciens Romains, qui nous donnent la connoiffance de beaucoup de chofes curieufes des mœurs de nos Ancêtres. A caufe de quoy l'un des priviléges accordez aux Gentilhommes de la Baronie de Breffieu par les anciens Seigneurs , confirmez par Aymar de Breffieu & Amedée fon fils le 4. Mars 1353. à la priere de Damien de Gotefrey Chevalier, de Guillaume de Gotefrey & de Pierre de Breffieu Damoifeaux, porte que lors que les Nobles feront faits Chevaliers, & qu'ils marieront leurs fils ou leurs filles , il leur feroit permis de prendre des poules des habitans, moyennant fix deniers pour la chacune. Mais aujourd'hui ce privilege n'a pas lieu , tant par le changement que le tems a fait au prix de toutes chofes, qu'à caufe que les anciens Statuts des Seigneurs ne font plus obfervez aux cas, où ils font contraires au Droit commun.

Le titre de Chevalier appellé dans la baffe Latinité *Miles* & non pas *Eques* , donnoit beaucoup de prérogatives à celui qui en étoit honoré , comme d'être qualifié *Dominus*, c'eſt-à-dire, *Meſſire*, fa femme *Domina* , & fes enfans *Domicelli Damoiſeaux*. De porter de la toile d'or, le baudrier, l'épée, & les éperons dorez , d'où eſt venu le proverbe. *Vilains ne fçait que valent éperons* , dont il eſt fait mention dans Antoine Loyfel en fes Inſtitutes Coûtumieres liv. 1. tit. 2. art. 23. D'être differentié d'habits d'avec les Ecuyers , dont j'ai rapporté un bel exemple de la Maifon de Guiffrey dans mon Traité du plait Seigneurial queſt. 14. De s'affeoir à la table du Baron, c'eſt-à-dire, d'un grand Prince ou grand Seigneur, fuivant la remarque du Grand Coûtumier tit. *Queſt. Baron.* d'avoir feau à fes Armes pour fceler les Actes où il affiftoit. A quoi j'ajoûte un beau paffage du Sire de Joinville en la vie de S. Loüis chap. 63. en ces termes qui font voir la confideration en laquelle étoient les Chevaliers du temps de nos ancêtres. *Un autre jugement fit le Roy, que j'ai voulu mettre ici : un de ses Sergents nommé le Golu mit la main à l'un de mes Chevaliers, & le bouta rudement, de quoi je m'allai plaindre au Roy, lequel me dit, que je me pouvois bien me déporter de cela, veu que le Sergent n'avoit fait que bouter mon Chevalier ; & je lui dis que je ne me déporterois ja, & que plutôt je quitterois son service, s'il ne me faisoit droit ; & qu'il n'apartenoit pas à Sergent de mettre la main sur un Chevalier, ce que voyant le Roy, me fit droit, selon l'usage du Païs, qui fut tel ; que le Sergent vint à mon logis tout en chemise, & déchaus, & portant une épée en son poing ; lequel se vint agenoüiller devant le Chevalier qu'il avoit outragé, lui disant, Sire Chevalier, je vous crie merci, de ce que j'ay mis la main sur vous, & vous ay apporté cette épée que je vous presente afin que vous m'en coupiez le poing, s'il vous plaît le faire : Et lors je priai le Chevalier de lui pardonner ; ce qu'il fit volontiers.*

Quelques autres prérogatives lui étoient attribuées, comme je recüeille d'un titre des Franchises concedées aux habitans de Moirens par Geofroy leur Seigneur de l'an 1164. qui permet *cuilibet sine licentia Domini vendere, pignorare, seu donare exceptis Hospitalariis, Ecclesiis, Militibus & filiis eorum.* Il n'auroit pas excepté les Chevaliers & leurs enfans s'ils n'eussent eu quelque privilege préjudiciable au Seigneur.

Du temps de nos Peres il y avoit non-seulement des Chevaliers d'Armes, mais aussi des Chevaliers de Loix dont il est parlé dans le Roman de la Rose, composé par Jean Clopinel dit de Meun sous le Regne de Philippes le Bel : Et quelque-fois une même personne avoit l'un & l'autre titre, comme justifie le tombeau de Philibert d'Arces à l'entrée du Chœur des Jacobins de Grenoble, où il est qualifié Chevalier d'Armes & de Loix. C'est de là sans doute, que les Présidens des Cours Souveraines prennent la qualité de Chevaliers, & qu'à leurs obseques on porte des gantelets, l'épée, les éperons & les autres marques de Chevalerie. Je me ressouviens aussi que le Tombeau d'Oldrad fameux Jurisconsulte d'Avignon du temps que le Siége du Pontificat y étoit, s'étant ouvert par quelque accident, on y trouva des éperons dorez, qui firent juger qu'il avoit été Chevalier de Loix. Mais l'aide n'étoit pas düe aux Chevaliers de cette qualité, suivant la disposition de la Coûtume de Touraine art. 85. qui parle *du Chevalier suivant les armes.* Je rapporterai à la suite les Lettres de Chevalerie de Messire Jaffrei Carles President unique au Parlement de Grenoble, & au Senat de Milan sous le regne de Loüis XII. qui declarent les prérogatives & les avantages de la Chevalerie.

Aujourd'huy que l'ancienne forme de faire les Chevaliers est changée, le Seigneur a droit de tailler ses Tenanciers & sujets, quand il est honoré de l'Ordre du Saint Esprit ; mais non pour celui de Saint Michel, que lors qu'il est joint à celui du Saint Esprit, suivant l'institution faite par Henri III. non plus que pour celui de Saint Lazare ; l'aide ne devant être levée que pour la Chevalerie qui tient le premier rang des honneurs dans un Estat.

Quant à l'Ordre de Saint Jean de Jerufalem , que nous appellons de Malthe , Berault fur la Coûtume de Normandie art.168. a raifon de dire, que l'aide ne feroit pas dûë fi le cas arrivoit , parce que ce n'eft pas un Ordre du Roy.

Je fçai bien que Monfieur le Prefident Faber *C. de jure Emphyt. Defin.* 5. rapporte un Arrêt du Senat de Chambery, par lequel l'aide fut adjugée au Baron de Creiffiaz , qui avoit été fait Chevalier par un autre que par fon Prince naturel. *Tributum ; dit-il , cujus fubditis indicendi jus Feudarii plerique habent ob Equeftris Dignitatis acceffionem , non eo minus indici poteft , quod Domine Equeftrem Dignitatem nactus fit ab alio Principe , quàm qui in eos fubditos fupremam habeat poteftatem. Eft enim jus hoc perfonale competens ob Jurifdictionem quam in fubditos habet Dominus , cui proinde fufficit quod Eques eft , undecunque tandem eam nactus fit dignitatem. Ita Senatus pro D. Barone de Creiffiaz contra Syndicos & Incolas de Cormoram 5. Cal. Jul. 1588.* Mais l'ufage de France eft contraire. En effet la taille Seigneuriale dont la conceffion émane du Roy , ne doit être levée pour la Chevalerie qui vient d'un Prince étranger.

Lettres de Chevalerie pour Meffire Jaffrey Carles , Prefident unique au Parlement de Grenoble & au Senat de Milan.

L UDOVICUS Dei gratiâ Francorum Rex Mediolani Dux &c.Univerfis præfentibus & futuris falutem. Quod quoufque die quo benè dilectum ; fidelem noftrum Jaffredum Caroli, Jurifconfultum , Præfidem Delphinatûs , & Confiliarium noftrum affumpfimus , eum femper indè cognovimus , & experti fumus, ut non immeritò ipfum priùs à feliciffimæ recordationis Chriftianiffimo Rege CAROLO octavo anteceffore noftro adfcitum fuiffe æftimemus. Nam quæ fub eodem Rege five in Magiftratibus gerendis , five in rebus & negotiis confilio dirigendis , five gravibus Legationibus , & quibufvis honeftiffimis muneribus obeundis , non minus prudenter , quam fideliter peregit : His inde omnibus ita pulcherrimè optiméque & pacis & belli tempore apud nos functus eft , inceffantérque fungitur , ut quam de virtutibus fuis expectationem formaverimus , non præftiterit folum , fed etiam longè fuperaverit. Quantùm enim doctrinâ , modeftiâ , confilio & rectitudine valeat , id fatis videre plane que cognofci poteft ex æqua & laudabili fua adminiftratione munerum fidei fuæ creditorum, fcilicet noftræ Delphinatûs Parlamenti Curiæ cui præfidet , ac Mediolanenfis Senatus in quo præfidis etiam & Cancellarii vices exercet. Quanta verò fit vigilantia, dexteritate, induftria & prudentia ex multis per eum à nobis fumptis muneribus, & gravissimis Legationibus ad varios Orbis Principes, maximéque ad fummum Pontificem, ad Seneriffi- mum Romanorum Regem fapientissimè peractis apertissimè de- claratur. Quanta demum fide, animíque virtute & generositate præftet, argumento funt omnes noftræ Italicæ expeditiones. Nam ut omittamus noftrum illud primum Novarienfe bellum, & afperam obfidionem, quam nobifcum fuftulit, duáfque recu- perationes Status noftri Mediolani, in quarum ultima in Arce noftra cujufdam Urbis claudi maluit, quàm negotia noftra defe- rere. In hoc bello Veneto non folùm nobis in his quæ funt mu- neris & officii fui præfto fuit, multis fpretis laboribus, difpen- diis, incommodis & periculis, fed etiam Eques & armatus fe cuicunque fortunæ & prælii ancipitis eventui expofuit; maximè in hodierna Caftrorum hoftium fufione, & feliciffima noftra, favente divino auxilio parta victoria, in qua ipfum Equitem & armatum, ut ante dictum eft; apud nos habuimus, & in- trepido animo vidimus. Cum itaque virtutis præmium honos effe perhibeatur, decrevimus pro felicitate & lætitia hujus noftræ hodiernæ victoriæ, ipfius Jaffredi Præfidis nomen infigni & celebri aliquo titulo ampliare, quo apud pofteros legitimum teftimonium tantarum virtutum fuarum appareat, quod illis ftu- dium animúmque præbeat æmulandi. Tenore itaque præfentium nobis in Regalibus armis exiftentibus in noftris felicibus caftris apud Oppidum Veylatæ, poft cæfos, fufos, fugatófque hoftes collocatis, quam pluribus Principibus & Nobilibus viris aftan- tibus eundem Jaffredum genibus flexis conftitutum, fervatis fo- lemnitatibus ex more fervandis, adhibitóque cingulo enfis Mili- tiæ noftræ, ad honorem, dignitatem & gradum MILITARIS ORDINIS, AURATIQUE EQUITIS promovimus & declaramus, ita ut deinceps pro decore Militiæ, & virtutum fuarum meritis DOMINUS JAFFREDUS MILES STRENUUS ET EQUES appelle- tur, cum facultate & authoritate perpetua geftandi VESTES AUREAS, ENSEM ZONAM, CALCARIA, ALIAQUE AURATA CUJUSCUMQUE GENERIS INSIGNIA MILITARIA, volentes quo- que ut illis omnibus honoribus, dignitatibus, præeminentiis, liberationibus, immunitatibus, privilegiis, & juribus fruatur & gaudeat, quibus cæteri MILITES ET EQUITES AURATI tam de jure, quam confuetudine uti & gaudere confueverunt. Mandantes univerfis & fingulis Officialibus, Magiftratibus & fubditis noftris ad quos fpectaverit, ut has noftras obfervent,

& ab omnibus observari faciant, quibus in præmissorum testimonium Sigillum nostrum apponi jussimus. Datum in felicibus & victoriosis Castris apud Veylatas quarto decimo Maii, anno millesimo quingintesimo nono, Regni verò nostri duodecimo. Per regem, Ducibus de Alençone, de Borbonio, & de Calabria, & aliis præsentibus. Robertet.

Extrait des Registres de la Chambre des Compte de Dauphiné du Livre intitulé, Octavus Generalia. fol. 46.

LE CAS DE MARIAGE

SUr le cas de Mariage trois ou quatre questions se presentent. La premiere, si le Seigneur a droit de lever l'ayde pour le mariage d'une fille bâtarde, comme pour la legitime. Boyer decis. 127. n. 19. assure qu'oüi par l'Usage de France; mais Choppin sur la Coûtume d'Anjou liv. 1. tit. 3. page 71. de la traduction Françoise, & Argentré sur celle de Bretagne art. 87. n. 4. sont d'avis contraire, qui sans doute est plus raisonnable, parce que la Coûtume où les titres qui ont établi ce droit ne présument pas le vice qui n'est jamais favorable : Et c'est ainsi que le Parlement de Toulouse l'a jugé, suivant le témoignage de Coras *in Centuria cap. 44. cum nec pater ipse*, dit-il, *dotem ei constituere summo jure sit obstrictus.* A quoi se trouve conforme l'opinion de Mathæus de Afflictis sur les Constitutions de Naples. *De adjutorio exigendo ab hominibus n. 23. 24.*

La seconde question, si l'aide *pro filia maritanda*, doit être entenduë de toutes les filles est fort controversée parmi les Docteurs. *Antonius Gabrielius Comm. Conclus. lib. 6. de Legibus & Constitut. Conclusione 2. Cancerius Variar. Resolut. cap. 3. de Jurisdict. omnium Judic. & Foro compet. n. 280. Rosentalh. de Feudis cap. 5. de Regal. Conclus. 77. & 79,* & plusieurs autres par eux alleguez soûtiennent que le Vassal n'est obligé de contribuer que pour le mariage d'une seule fille. Ce qui se trouve ainsi disposé par les Coûtumes de Normandie art. 169. Anjou art. 128. le Maine art. 138. Touraine art. 85. qui disent *la fille aînée,* Bourgogne art. 4. *une fille tant seulement.* Bretagne art. 89. *fors pour une de ses filles.* Et la plûpart des Docteurs employent l'authorité de Guy Pape pour la même opinion, & entr'autres Tiraqueau sur la Loy *boves. §. hoc sermone. n. 14. tomo 3. col. 189.* où il dit *hoc verò Guido Papa asseveranter tradit id intelligi pro prima tantùm filia, & prima ipsius matrimonio,* sans prendre aucun parti non plus qu'en la question 7. *de Jure Primigeniorum n. 1. 2.* Voici les termes de Guy Pape en sa question 75. sur la fin. *Sed an pro filia secunda maritanda Dominus possit homines talliare ; vide in l. sanximus C. de Consulib. & vos spargend. ab iis pet. lib. 12. Et quod non habent talliare pro secundo matrimonio videtur textus in l. boves. in §. primo D. de verbor. signif.* Mais Guy Pape ne fait que propofer la queftion fans la décider ny par Arrêts , ny par fon opinion.

Au contraire Mazuer grand Praticien au titre *de Talliis* , dit que la taille au cas de mariage peut-être reïterée en la perfonne de plufieurs filles, & non en la perfonne d'une feule : Mais comme il étoit d'Auvergne, il a fuivi la Coûtume de fon Païs , qui parle du mariage des filles au chap. 25. La Conftitution de l'Empereur Frideric *in Sanctionibus Neapolitanis, De adjutorio exigendo ab hominibus* y eft conforme , fur laquelle Mathæus Afflictus s'étend beaucoup de part & d'autre. Enfin il fe range à cette derniere opinion , qui eft appuyée de quelques Arrêts du Parlement de Touloufe , rapportés par Ferrier fur la queftion 57. de Guy Pape, & même fur un Arrêt du Parlement de Grenoble du 13. Mars 1652. donné en faveur de N. François Renard , contre les Confuls de la Chapelle en Val-Gaudemar.

Il me femble pourtant que l'opinion contraire a plus d'équité , parce que les charges des fujets font de Droit étroit qui doivent être plûtôt reftraintes qu'amplifiées, & qu'ainfi *obfcura locutio pro libertate eft interpretanda* , fuivant la maxime des Docteurs *in l. fi peculium 10. §. fi fervus. D. de manumiffis teftamento. & l. in obfcuris. 140. D. de regulis juris.* Et d'autant plus que cette forte d'ayde eft contre le Droit commun : Ce qui a fait dire à Coras au lieu fus allegué. *Quo jure, quâve ratione Domini pro dote filiæ conftituenda fubditos ad tributum devocent, ipfi viderint.* A quoi j'ajoûte la diftinction que fait Rebuffe fur la Lôy *boves. §. hoc fermone. D. verb. fignif.* quand le terme *filiæ* eft mis en la Lôy, ou quand il eft mis en la convention : Au premier cas le fingulier comprent le pluriel , comme en l'efpece de la Lôy 84. du même titre , parce que c'eft *individuum vagum quod univerfali æquivalet:* Mais lors que le terme fingulier *pro filia maritanda* fe trouve dans la convention des hommes , il ne doit être entendu que fingulierement. C'eft pourquoi la tranfaction de Jacques de Saffenage dont j'ay fait mention , qui oblige les fujets à fournir au mariage de toutes les filles , s'explique nettement par ces mots , *pro filia aut filiabus maritandis.* Ainfi j'eftime que l'Arrêt du Parlement de Grenoble a été donné fur des circonftances qui le tirent de la thefe , comme l'ont été vrayfemblablement ceux que rapporte Ferrier du Parlement de Touloufe, parce que Coras allegue des Arrêts contraires au chapitre que j'ai cité, *Unde rectiffimè* , dit-il , *detrevit Ordo nofter pro fecunda filia non teneri fubditos quidquam conferre.* Ce qui fait voir combien il eft dangereux d'établir des maximes générales fur des Arrêts finguliers. *Modica unius circonftantiæ varietas totum plerumque Jus immutat* , comme dit la Lôy *fi ex plagis, §. in clivo. D. ad leg. Aquil.*

La troifiéme queftion n'eft pas moins importante que la precedente, fçavoir fi les Tenanciers doivent l'ayde au Seigneur pour la profeffion de fa fille en Religion. Boyer Decif. 126. n. 12. après quelques autres eft d'avis qu'ils y font obligez , lequel a été fuivi de Pierre Lefrat fur la Coûtume de Poitou art. 188. & de Ferrier fur la question 57. de Guy Pape , qui se fondent sur la conformité du mariage Spirituel , & du Mariage charnel *cap. inter corporalia. de Translatione Episcopi.* & que s'il y a de la difference entre les deux , c'est que le Spirituel requiert plus d'exactitude en sa forme que le charnel , comme dit Monsieur Faber *Definit. 1. C. de nuptiis* , & qu'ansi l'argument est toûjours bon de l'un à l'autre.

A quoy l'on peut ajoûter ce que dit Afflictus *Decis. 11. n. 32.* Jacob. de Sancto Georgio *tit. de Feudis. vers. qui quidem investiti.* Benedictus *in cap. Raynutius. verbo. Dotem quam dederat.*

Mais Chassanée sur la Coûtume de Bourgogne tit. des Justices. §. 4. sur le mot *d'une fille.* Rebuffe en la Glose sur les Ordonnances liv. 3. tit. 15. Berault sur la Coûtume de Normandie art. 169. sont de sentiment contraire , même Coras au lieu sus allegué , & Argentré sur la Coûtume de Bretagne art. 87. traitent la premiere opinion de ridicule. *Risu porrò digni sunt* , dit le premier, *qui consuetudinem hanc protendunt ad filiam quæ Monachismum profitetur, ducto argumento de carnali , ut aiunt , Matrimonio ad Spirituale : Neque enim Monachismi Lex rationem haberi vult in alterius detrimentum , & Juri naturæque repugnans hæc consuetudo frenanda est & coercenda.* Voicy comme Argentré parle , que du Moulin a reconnu pour le plus excellent Jurisconsulte de son temps, quoi que leurs opinions ne soient pas toûjours conformes. C'est sur l'art. 87. de la Coûtume de Bretagne. n. 6. *Ne Monasticam quidem vitam profitenti idem juris ; quamvis multa hoc in genere comminisci Scholæ soleant , & argutari à Matrimonio carnali ad matrimonium Spirituale , ineptâ transitione & futilibus argumentis à separatis.*

Et véritablement les termes des Statuts doivent être entendus *propriè & strictè non autem fictè. l. 3. §. hæc verba. D. negot. gest.* Il en est de même de la convention des hommes , ou l'on s'en doit tenir simplement à la lettre aux choses qui sont à charge, suivant la disposition de la Loy *quidquid astringendæ D. de verb. oblig.* & autres communes ; en sorte qu'il la faut accomplir en sa forme spécifique sans extention d'un cas à l'autre en matiére onereuse. Peut-il entrer dans l'esprit , que des sujets qui sont obligez à de Loyaux aydes ayent pensé aux raisons d'analogie & de conformité que font les Théologiens & Canonistes ? C'est pourquoi j'avoüe que j'ai été surpris de l'Arrêt dont j'ai déja fait mention du 13. Juin 1652. par lequel les habitans de la chapelle en Val Gaudemar ont été condamnez à doubler les rentes en faveur de N. François de Renard Seigneur d'Avançon & de la Chapelle , par la profession en Religion de l'une de ses filles. Mais aussi j'ai sçû du Rapporteur qu'il étoit d'avis , contraire , que l'Arrêt ne passa que d'une voix.

La quatriéme question est , si la subvention est dûe pour le mariage de la sœur du Seigneur comme pour sa fille. Boyer Decis. 127. & aprés lui Papon liv. 13. tit. 3. Arrêt 3. rapportent un Arrêt du Parlement de Bourdeaux donné contre le Comte de Carmain. A quoi se trouve conforme l'opinion d'Argentré sur la Coûtume de Breta-

gne art. 87. n. 8. Ce qui eſt traité douteuſement par Alexandre
Conſ. 35. Vol. 1. Néanmoins j'eſtime qu'il faut diſtinguer deux cas ;
L'un quand la Terre ſujette au droit de taille Seigneuriale eſt échûë
au frere à autre titre que de ſucceſſion paternelle ou maternelle ;
L'autre quand elle lui eſt échûë à l'un de ces deux titres : Au premier cas les ſujets ne ſont pas contribuables ; parce que le frere n'é-
tant pas obligé de Droit à doter ſa ſœur, ne peut impoſer une nouvelle charge à ſes ſujets contre la teneur du titre : Au ſecond cas le
frere étant chargé par le pere decedé qu'il repreſente de marier ſa
ſœur, les Vaſſaux lui doivent l'aide qu'ils auroient dûë au Pere.
Ainſi le Senat de Chambery par Arrêt du dernier Aouſt 1589. allegué
par Choppin ſur la Coûtume d'Anjou condamna les habitans de la
Croix & quelques autres Villages à contribuer au mariage de Beatrix de la Chambre, ſœur aînée de Jean Marquis de la Chambre,
à raiſon de quatre florins pour chaque feu départables également.

Il en eſt de même ſi la Terre eſt échûë au frere par ſucceſſion maternelle, parce que le même droit eſt dû à la mere, à raiſon de
ſon Fief, pour mariage de ſa fille, ſuivant l'avis de Boyer Deciſ. 127.
& de Berault ſur l'art. 169. de la Coûtume de Normandie.

Mais il y a ſujet de douter ſi la fille héritiere de la Terre venant à ſe marier, peut demander l'ayde à ſes Tenanciers. Le même
Boyer Deciſ. 38. penche fort à l'affirmative ; mais Choppin ſur la
Coûtume d'Anjou liv. 1. tit. 3. n. 2. eſt d'avis contraire, ſi la fille eſt
riche & opulente, par la raiſon, qu'il ne faut pas facilement augmenter les charges des ſujets. Même Antoine Loiſel en ſes Inſtitutes
Coûtumieres liv. 4. tit. 4. art. 5. paſſe plus outre, établiſſant pour
maxime, que *Loyaux aydes ne paſſent aux filles, ores qu'elles ſoient Dames
du Fief, Jus id non filiæ ſed patri filium collocanti tribuitur ad inopiam ſuble-
vandam*; dit Argentré ſur la Coûtume de Bretagne art. 87. n. 11.
Toutefois Choppin ajoûte qu'il faut dire autrement de la fille unique,
non encore héritiere, que le Pere veut marier.

LE CAS DE RANCON.

LE Cas de la délivrance du Seigneur eſt tiré des Conſtitutions féodales des Lombards *in cap. unico ſ. item ſi delator. verſic. vel ſi cog-
noverit. Quæ fuit prima cauſa amittendi Beneficii.* lequel n'a pas lieu en
France, quand le Seigneur eſt détenu priſonnier pour crime ou pour
dette comme il fut jugé contre le Seigneur de Gimel par Arrêt du
Parlement de Bourdeaux allegué par Boyer Deciſ. 128. n. 8. Mais
quand il eſt pris en guerre ſervant le Roy, ſuivant quoi la Coûtume de Normandie art. 170. uſe de ces termes. *Pour racheter le corps
de ſon Seigneur quand il eſt pris en guerre, faiſant le ſervice qu'il doit au
Roy, à cauſe de ſon Fief, & eſt appellé ayde de rançon.* Anjou art. 128.
&

& le Maine art. 138. *Pour la délivrance de son corps, quand il auroit été pris en guerre du Roy nôtre Sire, ou de son Prince naturel en ce Royaume.* Touraine art. 85. *Quand il est prisonnier des Ennemis de la Foy ou du Royaume.* Il a été même jugé par Arrêt de l'Eschiquier, tenu à Roüen l'an 1366. raporté par Berault, que celui qui est prisonnier de guerre en prenant solde du Roy, ne doit pas avoir ayde de rançon, s'il n'est pris en faisant le service qu'il doit à cause de son Fief. C'est pourquoi la Coûtume de Normandie dit, *faisant le service qu'il doit au Roy, à cause de son Fief.* Il en seroit autrement aux Coûtumes qui n'en disposent pas. Mais si les titres parlent indifferemment de la délivrance du Seigneur, comme celui de la Baronie de Sassenage, *pro ipso Domino redimendo, si per quemcumque, seu quoscumque,* j'estime que les Vassaux doivent l'ayde au Seigneur, quand il seroit pris en quelque guerre étrangere qui n'interesseroit pas la Couronne.

Et à ce propos, j'ay fait la remarque dans les Archives de la Maison de Sassenage qui lui est fort glorieuse, que lors que les Seigneurs de Sassenage ont été prisonniers de Savoye, Son Altesse vrayment Royale a fait la grace de les délivrer sans rançon par un exemple de gratitude, aussi rare que généreux du service rendu en la Bataille de Varei, par Albert Seigneur de Sassenage, à Edoüard Comte de Savoye, qu'il ne voulut pas faire prisonnier du Dauphin, suivant le témoignage des Chroniques de Savoye dont j'ai raporté la relation au ch. 1.

Quant aux guerres & dissentions civiles, *quia in iis non sunt jura captivitatis & postliminii,* comme dit la Loy, *si quis ingenuam §. in civilibus D. de captivis & postliminio reversis,* l'aide n'en est pas deüe, sinon que le Seigneur fut pris tenant le parti du Roy.

❋❋❋❋❋❋❋❋❋❋❋❋❋❋❋❋❋❋❋❋❋❋❋❋❋❋❋❋❋❋❋

LE CAS DU VOYAGE OUTREMER.

LE cas du Voyage Outremer a fait dire à Argentré & à Coquille, qu'il n'est pas de la très-grande ancienneté de France, puisque le premier voyage des François, sous la conduite de Godefroy de Boüillon, fut en l'année 1097. Mais la taille Seigneuriale, n'est pas seulement düe pour les Croisades : Elle est aussi düe pour la visite de la Terre-Sainte, comme parlent les Coûtumes de Bourgogne art. 4. Bourbonnois art. 344. Auvergne chap. 15. parce que c'est une devotion que nos Ancêtres ont fort pratiquée, témoin le Péletinage célébre que fit Eudes le Maire de Challo Saint Mas, qui fut recompensé des Privileges accordez à sa posterité par le Roy Philippes I. lesquels sont transcrits dans le Livre de Choppin, *de Sacra Politia Forensi tit. 2. art. 21. 22.* J'ay dans mes Archives le Testament de Guigues Aleman, Seigneur d'Uriage, fait au langage du Païs, du mois de Juillet 1275. par lequel il ordonne que son héritier donne la somme de cinq cens livres Viennoises à cinq Chevaliers, qui visiteront la Terre-Sainte pour le salut de son ame, & de celles de ses Ancêtres, si lui-même n'y peut satisfaire pendant sa vie.

LE CAS D'ACQUISITION DE TERRE.

LE cas d'acquifition de Terre & de Seigneurie eft l'un des fix, dont fait mention Guy Pape queft. 57. après le Speculator, duquel cas fut débouté Gilbert de Levis Seigneur de la Voute, Comte de Ventadour, par Arrêt de Touloufe donné aux grands jours du Puy, le 12. Octobre 1548. qui eft énoncé par Papon liv. 13. tit. 3. Arrêt 4. parce qu'il n'avoit point de titre. Mais il eft affez frequent en Dauphiné, où les anciennes Reconnoiffances des Vaffaux ufent quelquefois de ces mots, *pro Villa, Jurifdictione & Terra acquirendis*, qui font fynonimes, *Villa* fignifiant dans la baffe Latinité, une petite Ville ou Bourg fermé, comme ils étoient prefque tous du temps de nos Ayeuls, & non pas une fimple maifon ou métairie; comme ce mot eft pris dans la pureté de la langue Latine, qui nomme *Villam urbanam*, la maifon où le maître fait fa demeure, *Villam rufticam*, celle qui eft deftinée *familiæ Villaticæ, atque inftrumento omni ruftico condendo aut continendo*. J'en fais la remarque, pour avoir vû traiter la queftion dans un procez, ou le Seigneur prétendoit fans raifon que l'ayde lui fut dûe pour l'acquifition d'une fimple métairie contre le fens de fon titre. Parmi les Coûtumes, celle de Bretagne eft la feule qui dit art. 81. que *quand le Seigneur achette Terre de fon lignage fes fujets lui avancent l'année de fes redevances*.

LE CAS DE LA GUERRE.

LE Cas *pro Exercitu Imperatoris*, eft particulier aux Païs qui ont été fous la domination de l'Empereur, comme le Dauphiné, où il eft reprefenté par le Roy qui eft Empereur dans fon Royaume. C'eft ainfi que l'Arrêt du Parlement que j'ay marqué ci-deffus, a condamné les habitans de la Chapelle en Valgaudemar, à payer l'ayde au Seigneur pour le fervice qu'il avoit fait à l'Arriereban. Ce droit a quelque rapport avec celui que les Feudiftes appellent *Hoftenditias*, qui eft ainfi défini lib. 4. Feudor. tit. 49. *Hoftenditiæ dicuntur adjutorium quod faciunt Dominis Romam cum Rege in Hoftem pergentibus Vaffalli*; où le mot *Hoftem* ne fignifie pas l'Ennemi, mais l'Oft, l'Armée & la Cavalcade du Roy.

Quelques Seigneurs ont un feptiéme cas, *pro Corredo Imperatoris*, c'eft-à-dire, pour le paffage de l'Empereur, à caufe qu'ils étoient obligez de fe rendre à fa Cour en état de fervir; mais comme Sa Majefté n'exige pas deux le même dévoir, l'ayde ne leur eft pas dûe pour ce Cas-là.

QUELLE DOIT ESTRE LA TAXE DES CAS IMPERIAUX?

LA taille en tous les Cas fus énoncez, dépend de la convention ou de la Coûtume. La Tranfaction de Jacques de Saffenage en difpofoit de cette forte. *Et tunc idem Dominus & fui fucceffores agat feu agant moderatè cum charitate & mifericordia cum dictis hominibus dictarum Parochiarum & eorum fucefforibus : Et in cafu quo fieret pro acquirimentis, quod fiat fecundùm qualitatem acquirimenti & fecundum facultates & poffibilitates ipforum hominum dictarum Parochiarum.* Mais par autre Tranfaction paffée entre Alfonfe de Saffenage & les même Paroiffes du 5. Octobre 1651. elle a été reglée pour le chacun des Cas, à mille livres départables par feux fur toute la Baronie. En la Terre de la Mote Chalençon, elle eft abonnée à cinquante livres, à quoi la Communauté fut condamnée par Arrêt de la Chambre de l'Edit du 3. Aouft 1645. en faveur de Jean François de la Morte. En celle de la Roche des Arnauds en Gapençois, & en quelques autres, la taille eft fort moderée par les titres qui doivent être fuivis.

Mais fi la taxe ne fe trouve pas reglée par les titres, les Docteurs eftiment qu'elle le doit être *arbitrio Judicis :* Suivant quoi les Habitans de S. Nazaire en Diois furent condamnez de payer la fomme de 50. l. à Charles Brotin leur Seigneur pour le mariage de fa fille, par Arrêt de l'an 1542. allegué par Rabot & par Boneton fur la queftion 57. de Guy Pape. Ainfi le Prefident Faber *C. de jure emphyt. Definit. 6.* dit que le chacun des Cas fut moderé par Arrêt du Senat de Chambery de l'an 1581. à quatre florins monnoye de Savoye par feu, *focorum duntaxat, non etiam capitum aut facultatum habita ratione.*

En effet, quelques titres qu'ait le Seigneur, il en doit ufer non pas à volonté fimplement, mais à volonté raifonnable, comme difent quelques Coûtumes par l'argument de la Loi *fi libertus 3. D. de operis libert.* & d'autant plus que c'eft un droit qui n'a eu pour fondement que la courtoifie des Vaffaux & des fujets, *ut que pridem officia humanitatis & beneficientiæ fuere, ea cum tempore ufurpatione & potentiorum opibus in neceffitatem tranfierint,* pour ufer des termes d'Argentré fur l'art. 87. de la Coûtume de Bretagne.

Quelques-uns font d'avis que la cenfe étant la premiere charge du fonds certaine, elle doit être la mefure des droits incertains & cafuels, & qu'ainfi le doublement de la cenfe doit être la regle des Loyaux aydes; & fuivant cela Boutellier en la Somme rural liv. 1. chap. 86. a dit: *Si eft communement l'ayde de l'homme fiefvé tenant liégement de dix livres, & de demi liége cent fols : & du tenant en cottiere,* c'eft-à-dire, en roture, *de double rente.* & après lui Boyer queft. 26. *De confuetudine plurium locorum Aquitaniæ duplicantur cenfus annui in charitativo fubfidio imponendo.* A quoi font conformes deux Arrêts alleguez par Papon liv. 13. tit. 3. Arrêt 5. Ce qui a donné caufe à celui du Parlement de Touloufe du 22. Mars 1631. rapporté par Simon d'Olive liv. 2. chap. 6. contre

l'ancienne Jurifprudence du même Parlement qui taxoit l'aide mode-
rement, tantôt plus, tantôt moins, comme nous apprenons de Ferrier
fur Guy Pape queft. 57.

Néanmoins le Parlement de Grenoble a fuivi le dernier Arrêt de
Touloufe, par celui qu'il a donné contre les Habitans de la Chapelle en Val-Gaudemar qu'il a condamnez à doubler les rentes pour chacun des Cas avenus. Ce que je trouve un peu dur, puifque c'eft le
premier Arrêt du même Parlement qui l'a jugé de la forte, & que
nul Seigneur de Dauphiné n'eft fondé de titres qui lui attribuent un
femblable droit : Ce qui juftifie que le doublement de la cenfe n'a
jamais été de nôtre ufage.

Il n'y a que trois ou quatre Coûtumes en France qui permettent au
Seigneur de doubler fes redevances, même fous des temperamens.
Ponthieu art. 77. dont voici les termes. *Par ladite Coûtume de Ponthieu,*
quand aucun joüit d'aucun Fief noble, & il a aucuns tenans foit en Fief ou
en cottiere, à caufe de fondit Fief, il peut & lui loift une fois en fa vie,
foit à fa fille aînée marier, , ou à fon fils aîné faire Chevalier, ou pour rache-
ter fon corps de prifon pour guerre de fon Prince, & auquel qu'il lui plaît
de l'un des cas deffufdits, prendre, lever, & avoir droit d'ayde fur fes Te-
nans , c'eft à fçavoir fur les Cottiers autant & à telle fomme qu'ils
lui doivent par an de ce qu'ils tiennent cottierement de fon Fief, & fur les
tenans en Fief & en plein hommage la fomme de foixante fols. Bretagne art.
87. *Quand le Seigneur marie l'une de fes filles il doit être aydé par fes*
hommes du prix de la rente que fes hommes doivent chacun un an par deniers.
Et ainfi doublera fa rente par celle année, & n'a cette aide fors pour une de fes
filles. Auvergne chap. 21. art. 25. *entre les rivieres de Chier & Sioule,*
par Coûtume locale gardée efdits lieux la taille ès quatre cas eft düe au Seigneur
direct, & pour raifon de la directe à la raifon du double cens en deniers tant
eulement, & non au Seigneur Haut-Jufticier, &c. Bourbonnois art. 346.
double les tailles perfonnelles & réelles en faveur du Roy, comme
Duc de Bourbonnois tant feulement fans parler des cenfes ; & quant
aux autres Seigneurs, l'art. 349. en difpofe autrement. Bourgogne *tit.*
des juftices & droits d'icelles, fe contente de dire que le droit d'indire, impofer & lever aydes en quatre cas, appartient au Seigneur Haut-jufticier
fur fes hommes Néanmois le Seigneur eft en coûtume de prendre pour
le chacun des cas autant que vaut le revenu des droits des tailles, corvées
& redevances ordinaires, fans que les fujets foient tenus de payer l'ayde
en efpece, mais en argent feulement, felon l'eftimation de l'année
courante. Artois Novelle art. 38. & Boulenois art. 21. declarent que
les Seigneurs ont droit d'ayde fur leurs hommes de Fief & Vaffaux,
qui eft telle que les reliefs de Fief fans chambellage ; mais ce n'eft qu'en
l'un des deux cas à leur choix, ou quand leur fils aîné reçoit l'ordre
de Chevalerie; ou quand ils marient leur fille aînée. Quant à la Coûtume de Guyenne, Boyer en la queft. 46. ne dit pas que les cenfes
doublent, *de Confuetudine generali,* mais feulement *de Confuetudine plurium*
locorum Aquitaniæ. Toutes les autres Coûtumes qui en difpofent, font

fort douces, comme Anjou art. 128. & le Maine art. 138. qui reglent le doublage à vingt-cinq fols pour tous devoirs, & au deſſous,
s'ils ſont de moindre valeur.

De ſorte que le doublement des devoirs n'étant pas de Coûtume
générale, & principalement en Dauphiné, j'eſtime qu'à défaut de titres, il faut ſuivre la Coûtume locale de chaque Terre, & ſe conformer à l'ayde, que le Seigneur a levée, lors que les cas ſe ſont
preſentez : Et s'il n'en reſte point de memoire, qu'il ſe faut regler
ſuivant l'uſage des Terres Voiſines. Ainſi la Chambre de l'Edict ayant
condamné Magdelaine Paſcal de reconnoître les cas Imperiaux à Marguerite de Montagny, Dame de Vinay, par Arrêt du 19. Decembre
1643. ordonna qu'avant proceder à la déclaration de la cotte, les
Conſuls de Vinay ſeroient appellez, pour eux oüis être pourvû ainſi
qu'il appartiendroit.

DES CAS DE RENCONTRE.

S'Il y a pluſieurs Cas de Rencontre, c'eſt-à-dire qui adviennent en
une même année, ils doivent être levez ſucceſſivement, comme
en diſpoſent les Coûtumes de Bourbonnois art. 348. & Auvergne
ch. 25. art. 12. laquelle dit que *ſi pluſieurs cas adviennent en un an, ne
s'en levera que l'un, & les autres ès autres années.* Ce qui eſt fondé ſur
un Théoreme du Droit, *quo traditur, quoties duæ cauſæ à diverſis fontibus concurrunt, & in idem tempus incidunt, ex tempore eas ordinari, ut
una poſt aliam currat & effectum habeat ſubordinatè.* C'eſt ainſi que le
Parlement l'a ordonné par l'Arrêt de la Chapelle en Val-Gaudemar,
quoy que les cas fuſſent avenus en diverſes années.

SI LES CAS SONT REITERABLES.

ANtoine Loiſel que Scævole de Sainte Marthe en l'Eloge d'Eſtienne Paſquier, appelle *eximiæ probitatis atque doctrinæ ſemen ;* dit que
le cas de rançon eſt réiterable, les autres non : Mais ſi les titres ou la
Coûtume n'en diſpoſent pas, comme fait celle d'Auvergne chap. 25.
art. 3. l'opinion de Mazuer doit être ſuivie, qui n'excepte pas le
Cas de rançon, non plus que les Coûtumes du Maine & d'Anjou;
parce que dès que le Seigneur a levé la taille pour un Cas, l'obligation des Tenanciers eſt conſommée pour le même Cas, lequel
n'eſt plus réiterable ſuivant la loi *boves §. hoc ſermone. D. de verb. obligat. Hoc ſermone, dum nupta erit, primæ nuptiæ ſignificantur.*

SI L'USUFRUITIER PEUT LEVER LES CAS IMPERIAUX.

LE Prefident Begat en fon Commentaire fur la Coûtume de Bour-gogne *tit. des Juftices & droits d'icelles.* §. 2. dit que l'ufufruitier peut ufer du droit d'indire pendant le temps de fon ufufruit, pour-veu que le proprietaire qui a conftitué l'ufufruit n'ait pas ufé du droit : Que fi le Seigneur ufufruitier avoit levé l'aide, & qu'après l'ufufruit rétournât au proprietaire qui l'auroit conftitué, il n'eft loifible à celui-cy d'impofer ou lever l'aide fur fes fujets en aucun des quatre Cas : Mais fi l'ufufruit eft confolidé à la proprieté en la perfonne du fils, ou d'un autre héritier du premier proprietaire ; cet héritier pourra ufer du droit d'indire, encore que l'ufufruitier en eût ufé de fon temps, parce qu'il y a changement de perfonne. Telle eft la pratique de Bourgogne ; mais Argentré fur la Coûtume de Bretagne art. 87. *Nota* 2. eft d'avis contraire. *Nam tametfi*, dit-il, *id in fructu dici poteft, habet tamen plus aliquid perfonalis reverentiæ & obfequii, quod feparari à per-fona nequit & inceffibile eft ut reverentiales operæ Libertorum in Jure.* Et avant lui Mazuer *tit. de Taliis* a tenu la même opinion qui me femble la meilleure.

SI LES NOBLES SONT EXEMPTS DES CAS IMPERIAUX.

LE même Mazuer dit que la taille aux quatre cas eft pure per-fonnelle, & qu'ainfi les Nobles & Gens d'Eglife en font exempts, fuivant quoi Loifel en fes Inftitutes Coûtumieres liv. 4. tit. 4. art. 57. met pour regle du droit François que *par roturier & non Noble, & à Noble & non roturier font des Loyaux aydes.* Ce qui eft exprimé par quelques Coûtumes ; Et tel eft l'ufage en Dauphiné, mais depuis que les tailles y ont été declarées réelles, l'on a douté fi aux Terres où la taille eft départable par feux, les Gentilshommes qui ont acquis des héritages roturiers & taillables font contribuables aux cas Imperiaux. Je trouve les anciens du Palais partagez en opinions. Les uns efti-ment que les Gentilshommes en font exempts, ni plus ni moins qu'ils le font aux lieux où les Cas fe levent par la double cenfe, & que le changement fait de la forme de la levée par convention entre le Sei-gneur & les fujets n'a pû faire préjudice au privilege de leur naiffan-ce. Les autres font d'avis contraire, difant que Mazuer & Loifel fe font fondés fur la perfonalité des tailles ; mais que la raifon ceffe en Dauphiné où elles ont été declarées réelles par Réglement général de Sa Majefté du 24. Octobre 1639. & qu'ainfi les Gentilshommes ac-querans des fonds taillables font obligez à toutes les charges des mêmes fonds, n'y pouvant avoir reciprocité pour les roturiers acquerans des héritages nobles qui n'entrent pas dans les feux de la Communauté, pour y être contribuables. C'est une question qui est présentement agitée au Parlement, d'où il en faut attendre la décision.

Je dois ajoûter sur le même sujet des Cas Imperiaux, que s'il y a plusieurs Seigneurs d'une même Terre par indivis ou autrement, le chacun a droit de lever l'ayde pour la portion le concernant, mais non pour le tour.

Et si le Seigneur a vendu sa Terre à faculté de rachapt, l'acheteur peut lever l'ayde pendant le temps du rachapt, pourveu que le vendeur ne l'eût pas levée; & le terme du rachapt expiré, l'acheteur usera de son droit au cas où le vendeur n'en auroit usé.

Au reste, tous les Docteurs sont d'avis que le Seigneur n'a pas droit de tailler ses judiciables ou Vassaux en aucun des cas, s'il y peut satisfaire de ses propres facultez, sans une diminution notable de son patrimoine, *si Dominus ex reditibus suis, vel sine notabili diminutione patrimonii sui id præstare possit*, comme l'assûrent Hostiensis, le Speculator, Blancus, Raynaudus, Jacobinus à Sancto Georgio, Wesenbecius, Alexander *in Apostoll. ad l. placet. C. de excusat. numer. lib. 10.* & généralement tous ceux qui ont traité la question : Ce qui a fait dire à Rosentalh *cap. de Regalibus conclus. 79. nota 6. nec inter legendum aut scribendum contradicentem obvium habui.* Suivant quoi le Parlement de Grenoble le jugea en faveur des habitans de chasses, contre Pierre de Grolée leur Seigneur, comme a remarqué François Marc *part. 2. quæst. 65.*

Néanmoins, l'usage de la France est au contraire, comme étant un droit appartenant au Seigneur par la Coûtume ou par convention quelques biens qu'il ait, ni plus ni moins que ses autres droits Seigneuriaux.

CHAPITRE L.

De l'érection des Terres en dignité.

IL n'est rien qui satisfasse plus l'ambition noble & généreuse des François, que les titres d'honneur dont le Roy gratifie ceux qu'il veut differentier du commun. Ce qui fait que par une prudente Politique, Sa Majesté renvoye les peines aux Magistrats, comme une chose odieuse, & reserve à elle les témoignages d'estime, dont elle veut recompenser la vertu de ses sujets.

Ces titres d'honneur sont de deux sortes. Les uns sont personnels, comme les Ordres de Chevalerie. Les autres passent à la posterité, comme l'Annoblissement, ou sont affectez aux Terres qui sont erigées en Duché, Marquisat, Comté, Vicomté, Baronie.

Les Duchez tiennent éminemment le premier rang, à cause des

prérogatives qu'elles ont de donner à ceux qui les poſſedent l'honneur d'être qualifiez Couſins de Sa Majeſté , aux Lettres qu'elle leur
adreſſe , l'entrée en caroſſe dans le Louvre , & le taboret à leurs femmes au Cercle de la Reine. Et ſi la dignité de Pair y eſt annexée ,
elle donne ſéance avec voix délibérative au Parlement.

Les Marquiſats & Comtez viennent enſuite , entre leſquels on a
douté lequel des deux étoit préferable. En Italie le Marquiſat eſt plus
digne que le Comté , par l'orde que leur donne le titre des Fiefs.
Quis dicatur Dux , Marchio , Comes. Suivant quoi l'Edit du Duc de
Savoye du dernier Octobre 1576. porte que tant deçà que delà les
Monts , nul ne ſera élevé au titre de Marquis par le Duc , s'il ne
poſſede lors en biens cinq mille écus de revenu annuel , ni au titre de
Comte , s'il n'a trois mille écus de rente , dont l'impetrant ſera préalablement apparoir en la Chambre des Comptes : Leſquels biens &
revenus ſeront incorporez & unis inſéparablement au Marquiſat ou
Comté.

Mais la Chaſſaigne *in Catalogo Mundi , parte 5. conſid. 47.* aſſûre
qu'en France , le Marquiſat cede au Comté. En effet , des douze
Pairs de France , qui ſont les anciennes dignitez du Royaume , ſix
ſont Ducs & ſix Comtes. Le Marquiſat de ſa propre inſtitution étoit
limitrophe ; tellement qu'il n'y en avoit point autrefois au cœur du
Royaume , & peu aux frontieres. Et quoy que les Comtes de Provence ayent pris quelquefois le titre de Marquis , ſi eſt-ce que celui de
Comte leur a toûjours été plus conſiderable , de même qu'aux anciens Comtes de Savoye , qui ſe qualifioient auſſi Marquis en Italie.
Et pour une marque certaine que la dignité de Marquis n'eſt pas ancienne dans le Royaume , à l'égard des Seigneurs particuliers , c'eſt que
la plus ancienne érection de Terre en Marquiſat , n'eſt pas au deſſus
de cent cinquante ans. Froiſſart nous apprend auſſi , que le Marquiſat de Julliers fût erigé en Comté.

Néanmoins , l'Edit d'Henry III. du 17. Aouſt 1579. a décidé
la queſtion , en ce qu'il défend de publier aucunes créations de Seigneuries en nouvelles dignitez , que les impetrans ne ſoient de la
qualité requiſe , à ſçavoir , que la Terre qui ſera érigée en Châte-
lénie , ait d'ancienneté , Haute, Moyenne & Baſſe Juſtice , droit de
Foire , Marché , Prevôté , Péage & prééminence ſur tous , aux Egliſes étans de la Terre : Que la Baronie ſoit compoſée de trois Châtelenies pour le moins , qui ſeront unies & incorporées à la Baronie ,
pour être tenuës à un ſeul hommage du Roy : Que le Comté aura
deux Baronies & trois Châtelenies , pour le moins , ou une Baronie
& ſix Châtelenies , auſſi unies & tenuës du Roy : Que le Marquiſat
ſera compoſé de trois Baronies & de trois Châtelenies , pour le moins
ou de deux Baronies & de ſix Châtelenies , unies & tenuës comme
deſſus.

Ainſi par la Coûtume de Normandie art. 152. 153. 154. la taxe
du relief dû par le Marquis , eſt plus grande que celle du Comte ,

comme celle de Marquis est moindre que celle de Duc.

Ces ambitieuses dignitez furent si frequentes sous les Regne de Charles IX. & d'Henri III. que la Noblesse de France requit aux Estats de Blois par l'art. 46. des cayers qu'elle lui présenta le 30. Avril 1577. que ceux qui auroient été créez Ducs, Marquis, Comtes, Vicomtes, Barons, depuis la mort du Roy Henry II. n'eussent aucune presséance sur ceux qui les precedoient auparavant en rang & en séance.

Cela fut cause que le Roy Henri III. envoya des Lettres Patentes au Parlement de Bretagne du 10. Mars 1578. verifiées le 11. Aoust suivant portant qu'à l'avenir il n'y auroit plus de création de Duchez, Marquisats, Comtez, Baronies & Châtelenies; & que si aucune étoit faite, elle étoit dèslors declarée nulle, comme a remarqué Noël du Failh Conseiller au même Parlement en ses Memoires & mélanges d'Arrêts. Sans doute ces Lettres-là furent données à la poursuite du Procureur des Estats de Bretagne, puis qu'elles ne furent pas envoyées aux autres Parlemens. Et pourtant elles ont été mal exécutées en celui de Rennes, qui n'a pas laissé de vérifier les dignitez que les Impetrans ont presentées, non plus que les autres Parlemens qui n'en ont presque point rejetté, sans observer les conditions requises par l'Edit d'Henri III. du 17. Aoust 1579. dont l'exécution eut fait cesser l'abus & la frequence de pareilles érections, y ayant peu de Terres qui se fussent trouvées capables du titre.

Il est vrai qu'on s'est ravisé de n'en vérifier les Lettres, que pour le nom & le titre tant seulement; c'est-à-dire, que ces nouvelles dignitez n'ont pas les prérogatives & les avantages qui sont attribuez par les Coûtumes aux anciennes. Sur quoi l'on peut voir ce qu'en a écrit Choppin dans son livre du Domaine, dans ses Commentaires sur la Coûtume d'Anjou, qui est l'Autheur de la plus rare érudition qui ait traité le Droit François. Ainsi le Parlement de Paris ne vérifia l'érection en Marquisat de la Terre de Maignelay en Vermandois, de Suse au Maine, & de Durestal en Anjou, en Comté, que pour le titre tant seulement, par ses Arrêts du 14. Aoust, 19. Octobre & 12. Decembre 1566.

Celui de Grenoble y met quelques autres modifications, en suite de son Arrêt du 19. Juin 1646. en ces termes.

La Cour procedant à l'enregistrement des Lettres Patentes, portant érection de la Terre d'Ornacieu en Marquisat, a resolu les Chambres consultées, que d'oresnavant elle procedera à la vérification d'aucunes Lettres, portant érections des Terres en Marquisat, Comté, Vicomté, & Baronie, que l'Impetrant d'icelles ne soit present & poursuivant ladite vérification; dequoy il ne pourra être dispensé que pour des causes très-justes & legitimes, concernant le service de Sa Majesté.

Qu'avant ladite vérification il sera informé par un Commissaire de ladite Cour, de l'étenduë, revenu & mouvance desdites Terres, pour sçavoir si elles seront capables du titre qui leur sera imposé. Et ne pourront lesdits Im-

petrans unir aufdits *Marquifats* , *Comtez* , *Vicomtez* , & *Baronies aucunes Terres fe mouvans pleinement du Fief de Sa Majefté.*

Comme auffi ne pourront démembrer , vendre , donner ni aliener pour quelque caufe que ce foit , aucunes dépendances de Terres qui compoferont le corps de la qualité , qui fera fur elles impofée : à faute dequoi la Terre reprendra fa premiere qualité.

Que ladite verification fera faite fans préjudice des droits des quatre Barons anciens de la Province , & fans que pour raifon defdites qualitez , lefdits Impetrans puiffent prétendre d'avoir leur caufes commifes en premiere inftance pardevant la Cour , fi ce n'eft qu'il s'agit des droits Seigneuriaux en général defdits Marquifats , Comtez , Vicomtez & Baronies de la totalité de la Terre & Seigneurie : ainfi fe pourvoiront , tant en demandant qu'en défendant pardevant les Juges ordinaires & Royaux : Et que les appellations des Juges defdits Marquifats , Comtez , Vicomtez & Baronies reffortiront par devant les Vibaillifs & Juges Royaux , ainfi qu'elles faifoient auparavant. Fait à Grenoble en Parlement ce 19. Juin 1646.

LE GOUX.

La Chambre des Comptes ajoûte , fuivant fon Arreft du 28. Juillet 1645. *que les fonds & héritages de franc-aleu compofans le revenu defdits Marquifats ou Comtez fortiront nature de fief , pour eftre inferez & compris aux adveus & denombremens qui feront baillez d'iceux.* Ce qui n'eft pas une modification, mais une interpretation de la claufe des Lettres , qui porte que l'érection eft faite à la charge de l'hommage au Roy. Ainfi la Terre de Breffieu qui d'ancienneté étoit un franc-aleu noble à la referve de la huitiéme partie , eft devenuë féodale par fon érection en Marquifat : Eftant jufte que les Terres illuftres qui font honnorées du titre de Duché, Marquifat & Comté , que les Docteurs feudiftes appellent dignitez Royales , à caufe , difent-ils , que le Roy feul les peut conceder, relevant de la Couronne en toutes leurs dépendances.

Néanmoins le Seigneur féodal ne perd pas fon droit de féodalité par l'érection en dignité de la Terre de fon Vaffal, comme il a été jugé par Arrêt du Parlement de Paris de l'an 1565. allegué par Bodin liv. 1. de la Republique chap. 7. Suivant quoi les Lettres portent communement la claufe, que c'eft *fans rien innover aux droits de juftice , foy & hommage appartenans à autres qu'à Nous.*

Ce qui fait que le Seigneur de fief ne peut s'oppofer à l'érection que pour la confervation des droits de féodalité tant feulement ; parce que le Roi peut honorer fon Arriere-fief de telle dignité que bon lui femble , fans préjudice de la mouvance du Seigneur prochain ; fuivant un Arrêt du même Parlement de Paris du 5. Juillet 1540. donné entre François de Rohan Seigneur de Châteauduloir , oppofant à l'érection nouvelle de Lucé en Baronie , & le Seigneur de Lucé impetrant des Lettres dont Choppin fait mention fur la Coûtume d'Anjou liv. 1. art. 48. n. 8.

Les mêmes dignitez sont aussi de leur nature indivisibles & impartables, tant par le Droit des Fiefs, que par l'ancien Droit François & Coûtumier. *Nam propriè feudum individuum est, feudum consortis impatiens ut Regnum, Ducatus, Marchia,* dit Cujas sur le second livre des Fiefs tit. 12. Ce qui semble être denoté par la Couronne dont les Ducs, les Marquis, les Comtes ornent leurs armes, laquelle ne seroit plus Couronne si elle étoit divisée, ainsi que raisonne Balde sur l'Authentique. *Hoc amplius C. de fideicomm.* Ce qui obligea le Seigneur de Bresey Grand Sénéchal de Normandie d'obtenir des Lettres du Roy pour démembrer le Fief de Plainbosc d'avec le Comté de Maulevrier en faveur de Gaston de Bresey son frere, sans que par le démembrement le Comté reçût de la diminution en ses droits, comme a remarqué Berault sur la Coûtume de Normandie art. 154. Même il a été souvent jugé par le Parlement de Paris, qu'au lieu des portions que le droit ou la Coûtume donne aux puisnez sur les Comtez & les Baronies, il leur seroit donné recompense en autres Terres féodales de moindre qualité, pour laisser les Fiefs illustres entiers & sans partage, dont Choppin sur la Coûtume d'Anjou liv. 3. tit. 2. n. 6. rapporte deux Arrêts donnez en la Grand Chambre l'un du 7. Septembre 1571. touchant la Baronie de Montboissier en Auvergne, entre François de Montboissier & Marc de Beaufort; l'autre du 5. Mars 1375. touchant le Comté de Tonnerre au Baillage de Sens, entre Loüise de Clermont Duchesse d'Uzés, le Seigneur de Saint Nectaire, & le Comte de Saint Aignan en Berry. A quoi se trouve conforme la Coûtume d'Anjou art. 215. 278. 496. celle du Maine art. 230. 294. & celle de Touraine art. 1. tit. de la Baronie. Et depuis peu le même Parlement de Paris a declaré le Comté de Clermont en Dauphiné impartable, par Arrêt donné entre le Comte de Tonnerre & le Marquis de Crusy freres, soit à cause de l'individuité des Fiefs illustres de dignité, soit parce que l'acte passé entre l'Archevêque de Vienne & Guillaume de Clermont de l'an 1203. touchant les Châteaux de Clermont, de Saint Joire & de Crepol porte cette clause. *In pacto etiam est, quod unus solus filiorum Guillelmi Dominium horum Castrorum debet habere, qui antequam habeat, hominium ligium & fidelitatem debet facere & jurare.* Je l'ai rapporté au long à la fin du chapitre 34.

De sorte que c'est avec raison que le Parlement de Grenoble declare que les Terres erigées en dignité démeureront indivisibles à perpetuité, & en cas de demembrement d'aucunes dépendances, qu'elles reprendront leur premiere qualité. Autrement il arriveroit que le Fief étant depecé n'auroit plus le revenu, ny l'étenduë requise pour le rendre capable d'un titre, & qu'ainsi la procedure faite à ce sujet se trouveroit illusoire.

Je reserve à parler au chapitre suivant des droits & des prerogatives des quatre Barons anciens du Dauphiné.

Cependant je ne dois pas oublier l'Edit de Charles IX. du 20. Aoust 1566. par lequel il est ordonné qu'il ne sera faite aucune érection des Terres & Seigneuries de quelque qualité, valeur & grandeur qu'elles soient, en titre de Duché, Marquisat ou Comté, sinon à la charge & condition que les proprietaires venans à déceder sans hoirs mâles procréez de leur corps en loyal mariage, elles seront unies au Domaine de la Couronne inséparablement, encore qu'elles n'en fussent d'ancienneté, & qu'aux Lettres de l'érection il ne fut faite aucune mention de cette charge : Ce qui a été confirmé par l'Ordonnance de Blois d'Henry III. art. 279.

Mais comme ces nouvelles dignitez ne sont pas de la qualité des anciennes, & qu'elles ne sont qu'honoraires, toutes les Lettres qu'on expedie aujourd'hui portant cette clause *Sans que les appellations qui seront interjettées des Juges de la Terre erigée en dignité puissent ressortir ny relever ailleurs, ny en autre forme & maniere que comme elles avoient accoutumé d'être par le passé.*

Les Vicomtez & les Baronies ne sont pas sujettes à la rigueur de l'Edit de Charles IX. & à l'article 279. de l'Ordonnance de Blois: C'est pourquoi la Terre de Saint Priest en Viennois ayant été érigée en Vicomté par Lettres du mois de Novembre 1646. contenant la même clause, *qu'avenant défaut d'hoirs mâles en ligne directe du Sieur Guignard, la Vicomté seroit éteinte & supprimée,* l'Impetrant raporta d'autres Lettres du 18. May 1655. qui ont été vérifiées au Parlement, & en la Chambre des Comptes la même année, portant que sans avoir égard aux premieres Lettres, ny à l'enregistrement qui s'en pouvoit être ensuivi, *ledit Sieur Guignard, ses hoirs, successeurs & ayans cause de mâles & femelles, joüissent de l'effet desdites Lettres, & du titre & dignité de Vicomte de Saint Priest, & que même icelui titre de Vicomte demeure uni & annexé à ladite Terre, quelque mutation qui arrive d'icelle; sans que pour quelque cause que ce soit il en puisse être défuni.*

J'ay pris soin de rechercher les Terres de Dauphiné qui sont en dignité, dont voici le denombrement que j'ai tiré des Registres du Parlement & de la Chambre des Comptes, ou des Archives particulieres des Maisons.

Les Dignitez, qui composoient l'ancien Dauphiné, lors qu'il fut transporté aux Fils ainez de France.

LE Duché de Champsaur.
La Principauté de Briançonnois.
Le Marquisat de Cesane,
Le Comté de Vienne.
Le Comté d'Albon.
Le Comté de Gresivaudan.
Le Comté d'Ambrun.
Le Comté de Gapençois.

La

La Baronie de la Tour.

La Baronie de Meüillon.

La Baronie de Montauban.

Humbert II. dernier des anciens Dauphins y comprit les Baronies de Foucigny & de Valbonne, qui furent après transportées au Comte de Savoye, par Echange fait entre le Roy Jean, Charles son fils aîné Dauphin de Viennois, & Amé V. surnommé le Comte Verd, du 5. Janvier 1355.

Les Comtez de Valentinois & de Diois ont été depuis unis au Dauphiné par la disposition testamentaire de Loüis de Poitiers, dernier Comte, qui fit héritier Loüis XI. lors Dauphin.

Quant au Comté de Salmorenc dont j'ay fait mention au chap. 33. il y a plus de cinq cens ans qu'il est éteint, & qu'une partie est passée aux Dauphins, & l'autre aux Comtes de Savoye.

DUCHEZ PARTICULIERS.

LE Duché de Lesdiguieres créé par Lettres du mois de Mars 1611. en faveur de François de Bonne Maréchal & depuis Connétable de France.

Le Duché de Valentinois créé par Lettres du mois de Mars 1642. en faveur d'Honoré Grimaldi Prince de Monaco, comme précedemment il l'avoit été par Lettres du Roi Loüis XII. au profit de Cesar Borgia, par le decez duquel il fut réüni à la Couronne, & depuis rétabli en faveur de Diane de Poitiers par Lettres d'Henri II. données à Saint André le 8. Octobre 1548. & regiftrées au Parlement & en la Chambre des Comptes de Grenoble le 6. de Novembre fuivant pour en joüir fa vie durant.

Et à ce propos il faut remarquer la difference qui est entre le Comté de Valentinois & le Duché : le premier est une des dépendances de la Couronne en Souveraineté, de quelques membres duquel est composé le Duché.

LES QUATRE BARONIES ANCIENNES.

LA Baronie de Clermont au Baillage de Vienne érigée depuis en Comté.

La Baronie de Saffenage au Baillage de Grefivaudan.

La Baronie de Breffieu au Baillage de Saint Marcellin érigée en Marquifat ; & celle de Maubec au Baillage de Vienne ; à caufe defquelles les Barons prennent féance alternativement en l'Affemblée des Eftats, & font entr'eux le troifiéme.

La Baronie de Montmaur au Baillage de Gap.

I. Partie.   D d

MARQUISAT.

BRessieu créé par Lettres du mois d'Aoust. 1612. en faveur de Loüis de Grollée de Meüillon.

Le Pont en Royans au Baillage de Saint Marcellin par Lettres du mois de Janvier 1617. en faveur de Gaspard de Sassenage.

Montbrun au Baillage du Buys par Lettres du mois de Février 1620. en faveur de Jean du Puy fils de Loüis du Puy si renommé dans l'Histoire des troubles.

Vireville, que les anciens titres appellent *Castrum Veteris Villæ*, au Baillage de Saint Marcellin par Lettres du mois d'Avril 1639. impetrées par François de Grolée.

Ornacieu au Baillage de Vienne par Lettres du mois d'Avril 1645. obtenuës par Jean de la Croix Président au Parlement de Dijon, & depuis en celui de Grenoble, petit fils de Jean de la Croix, l'un des plus éloquens hommes de son temps, qui fut Conseiller au même Parlement, puis Avocat Général du Roy, ensuite Président, & aprés Evêque de Grenoble.

Virieu au Baillage de Vienne par Lettres du mois d'Avril 1655. en faveur de Nicolas Prunier Président au Parlement de Grenoble, petit fils d'Artus Prunier, Président au Parlement, & du côté maternel de Pompone de Bellievre Chancelier de France.

La Garde en la Sénéchaussée de Montelimar par Lettres du mois de Septembre 1646. en faveur de Loüis Escalin des Aymars, arrierefils du Capitaine Paulin Baron de la Garde qui eut de si beaux emplois sous le Regne de François I. & d'Henri II.

Clavefon au Baillage de Saint Marcellin par Lettres du mois de Decembre 1658. impetrées par Sebastien de Lionne Coufin germain d'Hugues de Lionne, qu'un rare mérite, & la grande expérience qu'il s'est acquife en diverses Ambaffades, où Sa Majesté l'a employé ont élevé au Ministere, & à la charge de Secretaire d'Estat.

L'estang au même Baillage de Saint Marcellin par Lettres obtenuës par Antoine de Lestang, qui ont été verifiées au Parlement & non en la Chambre des Comptes où il n'est pas reconnu jufques à ce qu'elles y ayent été préfentées & vérifiées.

Maubec troifiéme Baronie au Baillage de Vienne, & la Baume en celui de S. Marcellin ; prennent auffi le titre de Marquifat ; mais je n'en ay pas trouvé l'érection dans les Regiftres du Parlement & de la Chambre des Comptes.

C O M T E Z.

ROssillon au Baillage de Vienne , fut erigé en Comté l'an 1465: par le Roy Loüis XI. en faveur de Loüis Bâtard de Bourbon Admiral de France , qui avoit épousé Jeanne fille naturelle du même Roi , & de Marguerite de Sassenage , veuve d'Amblard , Seigneur de Baumont & de Montfort. Il fut pere de Charles de Bourbon Comte de Rossillon , qui n'ayant point eu d'enfans d'Anne de la Tour , eût pour héritiere Susanne de Bourbon sa sœur , mariée à Jean de Chabannes , dont elle eut deux filles qui possèderent en commun le Comté de Rossillon ; Antoinete femme de René d'Anjou Baron de Mesieres , & Avoye , laquelle étant mariée en troisiémes nôces avec Jacques de Brisai , Seigneur de Baumont , Lieutenant de Roi au Duché de Bourgogne , vendit à Blanche de Tournon , veuve de Jacques de Coligny , Seigneur de Chastillon , Dame d'honneur de la Reine de Navarre , la moitié qui lui appartenoit au Comté de Rossillon , pour la somme de vingt-cinq mille livres , par contract du 29. Décembre 1532. ensuite François Cardinal de Tournon , héritier de Blanche sa sœur , fit hommage au Roi François I. de cette moitié le 17. de Mai 1535. & depuis il acquit l'autre moitié du Seigneur de Mesieres. Rossillon est appellé dans l'Itineraire d'Antonin, *Ursolis* , qui sans doute est un mot corrompu dans les impressions. Peut-être qu'il a pris son nom de Roscillus Allobroge , dont il est fait mention dans les Commentaires de Cesar de la Guerre Civile liv. 3. chap. 12.

Clermont premiere Baronie de Dauphiné fut érigée en Comté par Lettres du mois d'Octobre 1547. en faveur d'Antoine de Clermont.

Montleans au Baillage de Vienne par Lettres de Charles IX. données au Plessis les Tours au mois de Septembre 1569. en faveur de Laurens de Maugiron Lieutenant de Roy en Dauphiné ; mais elles n'ont point été presentées au Parlement & à la Chambre des Comptes.

La Roche au Baillage de Gap par Lettres du Roy Henri I V. du mois de Decembre 1592. en faveur de Baltazar Flote de Montauban , Capitane de cinquante hommes d'armes ; mais elles ne sont pas Registrées au Parlement & en la Chambres des Comptes.

Disimieu au Baillage de Vienne par Lettres du mois de Juin 1613: obtenuës par Cesar Martin de Disimieu Gouverneur de Vienne.

Anjou au même Baillage par Lettres du mois d'Avril 1620. en faveur de Jean François de Miolans Seigneur de S. Chaumont.

D d ij

Serrieres au même Baillage par Lettres du mois de Juin 1646. en faveur d'Abel de la Poipe.

Charmes au Baillage de S. Marcellin par Lettres du mois de Novembre 1652. en faveur de Jacques Coſte Préſident au Parlement de Grenoble.

Bouchage au Baillage de Vienne, prend auſſi le titre de Comté, dont l'érection ne ſe trouve point dans les Regiſtres du Parlement & de la Chambre des Comptes.

VICOMTEZ.

CEux qui ſont verſez en la connoiſſance de l'Hiſtoire, ſçavent que les Duchez & les Comtez n'étoient que des emplois & des commiſſions dans leur premier établiſſement, ſuivant lequel Guillaume de Poitiers, Comte de Valentinois eſt qualifié dans une Charte de l'Abbaye de Lioncel de l'an 1183. *Ego Uvillelmus Pictavienſis cognomine, Officio verò Valentinus Comes.* C'eſt pourquoi les Comtes avoient ſous eux des Lieutenans qu'on appelloit Vicomtes. Ainſi je trouve qu'en l'année 990. Ratburne fils de Girard Comte de Foreſts & gendre de Conrad Roy de Bourgogne, étoit Vicomte de Vienne : Qu'en 1048. Pierre & Iſoard ſes fils l'étoient de Gap; Et en 1188. Aimery de Briançon, l'étoit de Briançon comme juſtifie une Charte qui eſt dans les Regiſtres de la Chambre des Comptes, par laquelle il confirme à l'Abbaye de Tamiers ce qu'elle avoit acquis de ſon Fief au Mandement de Bellecombe ; mais le même Aimery ne porte point la qualité de Vicomte en pluſieurs autres Titres que j'ay veus autoriſez de ſon Seau, qui eſt une herſe ; ce qui fait juger que ce n'étoit qu'une commiſſion. Je paſſe aux Vicomtez héreditaires.

Talard en Gapençois eſt une ancienne Vicomté, dont je n'ai pas veu l'érection ; mais j'eſtime qu'elle eſt de l'an 1326. que Talard fut baillé en échange par les Chevaliers de l'Ordre de S. Jean de Hieruſalem à Arnaud de Trians Maréchal de l'Egliſe, Neveu du Pape Jean XXII. contre une Terre qu'il avoit en Sicile ; & l'année ſuivante il en fit hommage à Robert Roy de Sicile Comte de Provence. Il fut pere de Louïs Vicomte de Talard, qui en l'année 1363. acquit de la Reine Jeanne quelques droits qu'il lui devoit à cauſe de ſes Terres. Sa Maiſon finit en la perſonne d'Anne de Trians, mariée à Antoine de Saſſenage, Seigneur de Saint André en Royans, Lieutenant de Roi en Dauphiné, frere d'Henri de Saſſenage, Gouverneur de la même Province, dont elle eût Françoiſe de Saſſenage qui porta la Vicomté de Talard en la Maison de Clermont, par son mariage avec Antoine de Clermont. Elle a passé depuis en d'autres mains par acquisition.

Clermont en Triéves au Baillage de Gresivaudan fut erigé en Vicomté par Lettres d'Humbert. II. dernier des anciens Dauphins, de l'an 1340. en faveur d'Aynard de Clermont.

Saint Priest au Baillage de Vienne créé par Lettres du mois de Novembre 1646. comme j'ay remarqué cy-dessus.

BARONIES.

OUtre les quatre Baronies dont j'ai déja fait mention, qui font les anciennes dignitez de Dauphiné, j'ai trouvé les suivantes.

Clerieu au Baillage de S. Marcellin, dont l'érection ne se trouve pas, qui a donné le nom à une ancienne famille éteinte depuis long-temps, qui portoit d'azur à deux clefs adossées d'or; de laquelle étoit Silvion de Clerieu, l'un de ceux qui alla faire hommage à l'Empereur Frideric I. à Besançon l'an 1157. comme nous apprenons de Radevic liv. 1. chap. 11. & Roger de Clerieu, à qui le Roy S. Loüis fit raser le Château de la Roche de Glun, à cause des droits extraordinaires qu'il levoit sur le Rône, suivant le témoignage du Sire de Joinville, de la Chronique de S. Denis, & de Guillaume de Nangis en la Vie de S. Loüis.

Anton au Baillage de Vienne, créé par Lettres du 16. Avril 1434. en faveur de Loüis Marquis de Saluces, avec union à la Baronie des Terres de S. Romain, de Colombier, de Grenay, de S. Laurens, de Septeme, de Roibon, & de S. Donat, qui ne pourroient être désunies & separées de la Baronnie en quelque maniere que ce fut sans le consentement exprès de Sa Majesté.

Bouchage au même Baillage par Lettres données à Armenonville du mois de Juillet 1478. en faveur d'Imbert de Baternay, avec union des Terres de Morestel & de Brangues, pour être tenuës inseparablement à un seul hommage lige.

Uriage au Baillage de Gresivaudan, par Lettres du Roy Charles VIII. données à Lyon au mois de Février 1496. en faveur de Soffrey Alemand, connu dans l'Histoire sous le nom du Capitaine Molard.

Vireville au Baillage de S.Marcellin, par Lettres du mois de Mars 1561. en faveur de François de Grolée, depuis érigée en Marquisat. Et lors que les Lettres d'érection en Baronie furent presentées au Parlement, l'Advocat Général requit qu'elles fussent montrées au Procureur des Estats, en l'Assemblée desquels François de Grolée declara verbalement qu'il n'entendoit pas de préjudicier à aucun des trois Estats, ni au tiers non oüi, sous lesquelles modifications, les Lettres furent vérifiées le 26. Mars 1561.

Gresse au Baillage de Gresivaudan, Arzeliers en celui de Gap, &

Châteauneuf en celui de S. Marcellin, portant aussi le titre de Baronie dont on ne sçait pas l'érection. Le Seigneur de Châteauneuf a droit de porter la Fierte de S. Antoine en Viennois à la Procession de l'Ascension, ou le Diacre est en coûtume d'appeller le Baron de Châteauneuf le premier, à cause que le Corps de S. Antoine fut apporté en la Province Viennoise par Jocelin Seigneur de Châteauneuf, environ l'an 1070. comme a remarqué Aymar Falco, dans l'Histoire Antoniane, part. 2. chap. 19. ensuite le Diacre appelle le Duc de Milan, le Comte de Vinteville, & le Baron de Bressieu.

CHAPITRE LI.

Des prérogatives des quatre Barons anciens de Dauphiné.

LE titre de Baron a été du temps de nos Ancêtres si excellent & si relevé, que les Annalistes François témoignent qu'il désignoit les plus grands Seigneurs de la Monarchie, même les Princes & les anciens Pairs de France; c'est pourquoy l'Autheur de la Pratique de France *tit. qu'est. Baron*, dit, *qu'à la table du Baron, ne sied aucun s'il n'est Chevalier, Prêtre ou Clerc d'authorité*. C'étoient les Vassaux de la Couronne, à qui l'antiquité donne principalement le nom signalé de *Leudes* & de *Fidéles*, à cause de la loyauté & de la fidelité particuliere qu'ils étoient obligez de garder à leur Souverain; Suivant quoi nos Rois érigeans des Terres en Duchez & en Comtez ajoûtoient cette clause, *à condition de les tenir en Baronie*. Ainsi nous lisons dans la vie de S. Loüis par le Sire de Joinville, qu'avant le départ du même Roi pour la Terre Sainte, *il manda à Paris tous les Barons de France, & leur fit faire foi & hommage, & jurer que loyauté ils porteroient à ses enfans, s'aucune male chose avenoit de sa personne au Saint voyage d'outremer*. Et de là s'est formé le mot de *Barnage*, pour signifier la fidelité respectueuse que les Barons & grands Vassaux doivent à leur Souverain, comme l'explique le P. Sirmond en ses Notes sur le chap. 21. des Capitulaires de Charles le Chauve. En effet le terme de *Baron* ne veut dire autre chose que Seigneur; Ce qui me remet en memoire un passage de Froissart où parlant de S. Jacques il le qualifie *le Baron S. Jacques*.

Les autres Nations se sont servi du même mot au même sens, car Otho Frigensis *lib. 2. Frederici. chap. 12.* met Guillaume Marquis de Montferrat au rang des Barons. *Inter quos*, dit-il, *Uvillelmus Marchio de Montferrato, qui penè solus ex Italia Baronibus Civitatum effugere potuit imperium, gravem quæstionem fecit*. Même S. Estienne premier Roy de Hongrie en ses Ordonnances contenant les Loix fondamentales de l'Etat préfere les Barons aux Comtes, en ces termes du chap. 4. *Quartus decor regiminis est fidelitas, fortitudo, agilitas, comitas, confidentia Principum, Baronum, Comitum, Militum, Nobilium : Illi enim sunt Regni propugnatores, defensores imbecillium, expugnatores adversariorum, augmentatores Monarchiarum.*

Et ensuite dans le changement que le tems fait à toutes choses, il s'est fait du nom général de Baron un nom de dignité dont quelques Terres ont été dites Baronies par excellence, c'est-à-dire grandes Seigneuries ; Ce qui a fait dire au grand Coûtumier. *Au Royaume de France anciennement ne souloit avoir que trois Baronies, c'est à sçavoir, Bourbon, Coucy & Beaujeu : Toutefois Montpellier est Baronie, & fut par acquisition qu'elle vint au Roy ; & veulent dire aucuns que tout homme qui a haute Justice en Ressort se peut nommer Baron.* Jean le Cocq autrement Galli, fameux Avocat du Roy au Parlement de Paris sous Charles VI. dit aussi quest. 214. qu'anciennement il n'y avoit en France autre Baronie que celle de Montmorency, avant les augmentations & acquisitions qui furent depuis faites par nos Rois, c'est-à-dire, avant que le Duché de Normandie, le Comté de Champagne, & autres Provinces possedées par les Ducs & les Comtes particuliers fussent réünies à la Couronne. *Et est Dominium suum & Baronia de Montmorency antiqui juris Franciæ, & in recto corpore Franciæ : Nec fuit antiquitùs aliqua Baronia in Francia, quam sua ante augmentationes & acquisitiones quæ depost factæ sunt à Regibus Franciæ.*

Depuis le naturel ambitieux des François, ayant fait prendre à plusieurs Seigneurs le titre de Baron, l'usage l'a proprement appliqué à celui qui en son Territoire a droit de Haute, Moyenne & basse Justice, avec puissance de fustiger, bannir, pendre, trencher la tête, brûler, marquer au front, & d'ériger gibet à quatre piliers, comme dit Boutellier en la Somme rural, *tit. du droit au Baron ou au Bar.*

Mais cela dépend des Coûtumes qui leur attribuent divers avantages selon leur varieté, dont ne joüissent pas ceux qui depuis la redaction ont été créés par Lettres de Sa Majesté, vérifiées pour le titre tant seulement, comme a judicieusement remarqué Choppin sur la Coûtume d'Anjou art. 48. n. 8.

Tellement que du nom de Baron, qui autrefois comprenoit les premiers du Royaume, s'étant fait une dignité particuliere qui s'est communiquée à plusieurs, on lui a donné le rang au dessous des Comtez & des Vicomtez. Ainsi les Estats de Languedoc sont composez d'un Comte, d'un Vicomte, & de vingt Barons à l'égard de la Noblesse.

Néanmoins en quelques Provinces, comme en Dauphiné & en Bretagne, les anciens Barons ont toûjours conservé leur rang & leur prérogative sur les Marquis, les Comtes & les Vicomtes. Ils ont leur place distincte & separée dans l'Assemblée des Estats, en laquelle ils ont été maintenus par Arrests des Parlemens, comme je remarquerai cy-après. En un mot, ce sont les anciens Barons des Provinces que Choppin dans son livre du Domaine appelle, *Barones majorum gentium.*

Le Dauphiné en reconnoit quatre que les Registres de la Chambre des Comptes , nomment les Hauts Barons , les grands Barons , *Magnates, Barones*, à la difference des autres , quelquefois *sublimes personas, Laïcos Principes*, c'est-à-dire , les principaux Seigneurs : Et même les anciens titres justifient que les Ancêtres de quelques-uns d'entre eux , ont été Souverains dans leurs Terres , & que pour s'être soûmis aux Dauphins , ils ont mérité les premieres places dans les Estats parmi la Noblesse.

Les Libertez Delphinales concedées par Humbert II. dernier des anciens Dauphins , font mention des Barons en divers endroits , & deux ans après le Transport de Dauphiné , le Tuteur de François de Sassenage fit hommage à Charles Dauphin fils ainé de France , *de tota Baronia Cassenatici* , par acte du 20. Avril 1361. qui se trouve dans le Protocol de Pilati de la même année.

Clermont est la premiere Baronie qui fut érigée en Comté par Lettres du mois d'Octobre 1547. en faveur d'Antoine de Clermont , comme j'ay remarqué au chapitre précedent , lesquelles contiennent cette clause que c'est sans *aucunement déroger aux droits, privileges, prérogatives & préeminences, qui appartiennent à la Baronie, comme premiere du Païs de Dauphiné, & dont les Sieurs Barons d'icelles ont accoûtumé de joüir*. Ces Lettres furent vérifiées par Arrest donné en Audience publique les Chambres assemblées , où étoient les Gens des Comptes le 24. Decembre de la même année à la Requête d'André de Ponnat jeune Avocat , qui fut depuis Conseiller au Parlement , Gouverneur de Grenoble & de la Vallée de Graisivaudan pendant les troubles de la Religion. L'ancienneté de la Maison de Clermont est assez connuë de ceux qui sont versez aux Généalogies. Elle a possedé la Terre de Clermont sans dépendance jusques en l'année 1203. que Guillaume reconnut en fief de l'Archevêque , & du Chapitre de Vienne le Château de Clermont , de S. Joire & de Crépol , comme j'ai dit en d'autres endroits : Et comme les Seigneurs de Clermont s'attachoient tantôt au Comte de de Savoye , tantôt au Dauphin de Viennois ; enfin l'an 1340. Aynard se soûmit absolument à Humbert II. Dauphin qui le gratifia de l'Office héreditaire de Capitaine Général , & de Grand Maître d'Hostel de Dauphiné. Cette famille a non seulement donné à la France plusieurs branches considerables , mais aussi elle s'est étenduë au Royaume de Naples où elle a possedé longuement la Principauté de Besignan , & a eu l'honneur de donner une Reine au même Royaume.

Sassenage est appellé dans les anciennes Chartes Latines *Cassiniacum & Cassenaticum* & dans les Françoises Chassenage , ce qui a donné sujet à la tradition du lieu qui a pris son nom de Cassignatus , qui commandoit les Gaulois à la premiere bataille qui fut donnée entre les Romains & Perses Roy de Macedoine dans la Thessalie , ou Cassignatus fut tué , suivant le témoignage de Tite Live Decade 5. liv. 2. Je laisse à part cette conjecture peu fondée , pour dire que les anciens Seigneurs de cette Terre l'ont possedée en Souveraineté jusques en l'année 1297. qu'ils la reconnurent en Fief du Dauphin , à la charge qu'il n'acquerroit jamais rien dans fon finage par aucun genre d'acquifition, qui pût être dit ou penfé, comme j'ai remarqué plus particuliérement en un autre lieu. Le Roman de Melufine qui fut compofé par Jean d'Arras l'an 1386. met au nombre des defcendans de cette Fée la premiere race de Saffenage ; fuivant quoi l'on montre le lieu, où la fable dit qu'elle avoit accoûtumé de fe baigner, qui eft une belle grote, dans laquelle tombe avec impetuofité une fource d'eau d'une merveilleufe abondance qui fait un grand ruiffeau coulant par le milieu du Bourg, près de laquelle font des Cuves ou concavitez naturelles dans le rocher qu'on met au nombre des Merveilles de la Province, parce que la créance du Païs eft que le matin de la Fête des Rois, elles fe trouvent d'elles mêmes pleines d'eau plus ou moins par des moïens inconnus, ce qui fait qu'elles font confultées comme les préfages de l'abondance ou de la fterilité de la faifon, comme Aymar Falco Commandeur de l'Ordre de S. Antoine a remarqué il y a plus de cent cinquante ans dans fon Hiftoire Antoniane. Cette premiere race finit en la perfonne de Béatrix de Saffenage fille de François & d'Agnes de Gez de Joinville, & fœur d'Albert Souverain Capitaine des Armées du Roy Philippes de Valois en Poitou & en Xaintonge l'an 1338. laquelle fut mariée à Aymar Berenger Seigneur Souverain de Pont en Royans, iffu en ligne mafculine d'Ifmidon Prince de Royans, qui vivoit l'an 1030. Et à caufe de ce mariage Henry Berenger fils de cette Béatrix fut obligé de prendre le nom de Saffenage fuivant la difpofition teftamentaire de François de Saffenage du 15. Avril 1328. Pierre Boiffat en fon Hiftoire de l'Ordre de S. Jean de Hierufalem traitant la vie de Reymond Berenger Grand Maître du même Ordre dit, que la maifon de Berenger eft véritablement iffuë des anciens Berengers Rois d'Italie. Quelques autres la font defcendre des Berengers Comtes de Provence, qui s'appelloient communement Raymonds, comme ont fait les Berengers de Dauphiné pour marque de leur origine. Mais Nicolas Choriet Hiftoriografe de Dauphiné juftifie par des anciennes Chartes qu'Ifmidon Prince de Royans Chef de la Maifon des Berengers étoit fils d'Arthaud II. Comte de Lyon & de Forefts, & frere d'Hector qui eut en partage la Terre de Saffenage : Suivant quoy la premiere & la feconde Race de Saffenage n'ont qu'une même tige. Quoi qu'il en foit l'une & l'autre ont été fi confiderables du temps des anciens Dauphins, que par Traité fait entre Humbert II. Dauphin & Henry Seigneur de Saffenage de l'an 1339. dont l'original eft dans les Regiftres de la Chambre des Comptes, il eft dit qu'à défaut de defcendans mâles d'Henry les filles ne fe pourroient marier que du confentement du Dauphin & de fes fucceffeurs, qu'autrement elles feront incapables de fucceder.

Breffieu & Maubec font entr'elles la troifiéme Baronie, c'eft-à-dire qu'il n'y a que l'un des deux Seigneurs qui ait place de Baron dans l'Affemblée des Eftats, ayant été reglez par provifion à prendre féance alternativement jufques à ce qu'il ait été dit droit définitivement fur les titres du chacun ; ce qui demeurera toûjours indecis ; Cependant chacun eft en coûtume de faire fa proteftation à l'ouverture des Eftats, dont le Roy a furfis la tenuë depuis l'année 1627. Breflieu avoit pour Seigneur l'an 1040. Bornon qui eft qualifié dans un titre de ce temps-là *nobiliffimus & illuftriffimus Miles*. Et en l'année 1291. il y eût un Traité paffé entre Amé Comte de Savoye & Aynard Seigneur de Clermont, par lequel Amé s'obligeoit d'affifter à grande & à petite force Aynard & fes fucceffeurs au Château de Clermont, contre tous ceux avec lefquels ils feroient en guerre, & particulierement contre le Dauphin & le Seigneur de Breflieu, comme j'ai déja remarqué au chap. 11. Ce qui marque la confideration de l'ancienne Maifon de Breflieu, qui finit il y a plus de deux cens ans en la perfonne d'une fille mariée au Seigneur de Nerieu de la Maifon de Grolée, dont la pofterité mafculine a duré jufques à Loüis decedé fans enfans depuis peu d'années, en la perfonne duquel nous avons vû combatre la Fortune & la Vertu, celle-cy lui promettant les charges & les emplois que l'autre lui a refufez.

Maubec a été le patrimoine d'une ancienne Maifon de même nom, qui a paffé depuis en celle de Bocfozel, & de celle-cy en d'autres.

Montmaur en Gapençois a été long-tems des Artauds, illuftre Maifon du haut Dauphiné, où elle a poffedé plufieurs Terres. Après elle eft écheuë par alliance à celle de Flote, iffuë d'Arnaud Flote pere d'Henry dont il eft fait mention dans une Charte de l'Eglife d'Embrun de l'an 1160. contenant une donation faite à Guillaume Archevêque d'Embrun par Raymond Comte de Barcelone, Prince d'Aragon, Marquis de Provence, de tout ce que l'Archevêque avoit acheté des enfans d'Henry Flote aux Châteaux de Brefiers & de Belfort, *& Villa de Salcetis, & præterea quidquid juris vel proprietatis Arnaldus Flota in fupradictis Caftris & locis per nos & Anteceffores noftros huc ufque habuiffe videtur ab eo, revocantes ea occafione, qua damnationem Beneficii fui quod per nos habebat incurriffe videtur, propter deteftabile fcelus quod commifit, ficut Ecclefiæ Dei & ferè toti Mundo innotuit.* Il eft encor fait mention du même Arnaud Flote dans l'Inveftiture du Comté de Folqualquier paffée à Guillaume Comte de Forcalquier par l'Empereur Frideric I. de l'an 1164. C'eft de lui que la Roche des Arnauds, & la Baume des Arnauds ont été denommées. La Maifon de Flote a été fi confiderable du temps de nos Ancétres, que Bertrand II. Comte de Forcalquier époufa Jofferane Flote.

J'ay crû devoir faire toutes ces remarques pour juftifier l'excellence des quatre Barons anciens de Dauphiné, qui fe font confervé deux belles prérogatives : L'une qu'ils font Commis nez des Eftats, en l'Affemblée defquels ils ont les quatre premieres places parmi la Nobleffe étant differentiez par des fauteüils d'avec tous les autres Seigneurs qui ne font affis que fur des bancs, de quelque âge qu'ils foient, & quelque emploi qu'ils ayent eu. Et comme ils font en poffeffion de ce rang-là depuis l'établiffement des Eftats en qualité de

Hauts] Barons de la Province, le Parlement & la Chambre des Comptes procedans à la vérification des Lettres Patentes de Sa Majesté portant érection de quelque Terre en titre de Marquisat, de Comté & de Vicomté ont accoûtumé de mettre la modification dont j'ay déja fait mention au chapitre précedent, que c'est *sans préjudice des droits des quatre Barons anciens de la Province.*

Ce qui n'est pas sans exemple ; car le Parlement de Bretagne vérifiant les Lettres de création d'un Marquisat, déclara que *c'étoit sans préjudice du rang, honneurs, droits & préeminences du Baron de Vitré* par Arrêt du 18. Fevr. 1575. Et Choppin liv. 3. du Domaine chap. 26. n. 9. en rapporte un précedent du Conseil Privé donné contre le Comte de Maure : Le raisonnement qu'il fait sur ce sujet est remarquable. *Imò nec Princeps Codicillari dignitate fundo addita censetur honoraria Provincialium Baronum jura subverti voluisse, nec majorum gentium Ordinúmque Barones post terga relinqui à novo Comite Codicillari : Exempli gratiá Henricus II. Claudium Dominum de Maure Comitem fecit : Comes illicò insurgit, primósque Sessionis & honorum gradus sibi arrogat in Annam Baronam de Montejan, Janum Baronem d'Acigny ejus filium, Armoricæque oræ Barones alios antiquissimos. Hi verò loci prærogativam mordicus tuentur, quod ab longissima jam vetustate decreta sit Patriis Baronibus honorifica sedes in celebri quovis Nobilium virorum confessu : Undè nec novi Comites Diplomatici primariis Baronibus anteferendi, nisi Provincialis Ordinis ac Nobilitatis decore priscóque ritu violato. Quare Barones adversùs Comitem obtinuerunt Decreto Principis in Sanctiori Prætorio 10. Kal. Septembres. (c'est le 23. Aoust)* 1555. Argentré quest. 14. des Nobles n. 17. écrit en même sens. *Tels étoient les Bannerets, les titres desquels ont été depuis attribuez aux Terres & Seigneuries qu'ils tenoient. Au dessus étoient les BARONS, lesquels pour avoir été de cette qualité depuis quatre ou cinq cens ans le premier degré d'honneur en BRETAGNE ont eu rang & place distincte & separée aux Sessions & Assemblées d'Etats & autres publiques. Tellement qu'on ne les trouve point avoir été precedez, ny par les Comtes ni autres s'ils n'étoient du sang des Ducs. Et de nôtre temps étant advenu que quelqu'un fit par le Roy Henry II. ériger sa terre en Comté & lui en Comte, il fut opposé par aucuns du titre de BARON lesquels par Lettres patentes du Roy furent reçûs à deduire ce fait, que le Comte n'avoit jamais precedé en Bretagne, & cela demeura indecis, & de vray ç'a été le titre de BRETAGNE le plus honoré de titres & prérogatives.*

Je me ressouviens que Jean Claude Allemand dernier Baron d'Uriage de la Maison des Allemans, s'étant mis au rang des quatre Barons en la place de l'un d'eux qui étoit absent, eut le déplaisir de s'en voir ôter par déliberation de l'Assemblée, où il fut dit qu'il en avoit été usé de même du temps de nos peres contre un autre qui s'étoit voulu attribuer le même rang.

L'autre prérogative des quatre Barons, c'est que toutes leurs causes civiles & criminelles, soit en demandant ou en défendant, sont traitées au Parlement s'ils ne renonçent à leur privilege, suivant l'article 22. de l'Ordonnance d'Abeville locale pour le Dauphiné du 25.

Février 1539. vérifiée le 9. Avril 1540. dont voici les termes. *Connoîtra nôtre dite Cour de Parlement en premiere instance des causes des prélats, Chapitres, Comtes, Barons, Villes, Communautez, Echevins, & autres qui par privilege ou ancienne coûtume ont accoûtumé être traitées en ladite Cour de Parlement.* Lors de cette Ordonnance il n'y avoit de Comtes en Dauphiné que celui de Rossillon. J'ai dit soit en demandant ou en défendant, comme il fut declaré par l'Ordonnance du Parlement du 20. Decembre 1560. Quant aux dignitez de nouvelle érection, la Cour vérifiant Les Lettres, ordonne que les Impetrans ne pourront prétendre d'avoir leurs causes commises en premiere instance pardevant elle, sinon qu'il s'agit des droits Seigneuriaux en général, des Marquisats, Comtez, Vicomtez & Baronnies de la totalité de la Terre & Seigneurie, mais qu'ils se pourvoiront tant en demandant qu'en défendant pardevant les Juges ordinaires & Royaux; dont les anciens Barons sont exceptez par la reserve que le Parlement fait de leurs droits.

Ce privilege est énoncé dans une ancienne requête presentée au Parlement par Jacques Baron de Sassenage, tendante à ce qu'il plût à la Cour de commettre les Notaires qui y sont nommez pour renouveller ses Terriers, & renvoyer les refusans pardevant elle, *attento quod idem supplicans est unus ex Baronibus præsentis Patriæ Delphinalis, & secundum Statuta Delphinalia causa Baronum, Magnatum debent tractari coram Parlamento.* Surquoi fut décernée Commission du 24. Mars 1468. par Jean de Comminges Maréchal de France, Gouverneur de Dauphiné, laquelle est transcrite avec la requête, au commencement du Terrier de Jacques de Sassenage.

Ce droit prend son origine de l'ancienne Coûtume de Baronnie, suivant laquelle celui qui joüissoit du vray droit & dignité de Baron ne pouvoit être jugé que par les Pairs de France dont la Jurisdiction a été transferée aux Parlemens.

Nous en avons un exemple digne de remarque dans Guillaume de Nangis en l'Histoire de Saint Loüis, où il raconte qu'Enguerrand Sire de Coucy accusé devant le Roy S. Loüis par l'Abbé de S. Nicolas du Bois au Diocèse de Laon, & par Giles le Brun Connêtable de France, d'avoir fait pendre trois jeunes Gentils-hommes Flamans qui avoient chassé dans ses bois; étant en la présence du Roy, il dit qu'il ne devoit être contraint de répondre devant lui, requerant d'être jugé par les Pairs de France suivant la Coûtume de Baronie: Mais il fut prouvé contre lui par actes précedens de la Cour, qu'il ne tenoit pas sa Terre en Baronie, parce que la Terre de Boves & Gournay divisées autrefois de la Terre de Courcy par frerage avoient emporté le droit de Baronie. C'est pourquoi le Roy le fit arrêter non par des Pairs & Chevaliers, mais par des Sergens de sa Cour, & le retint prisonnier en son Palais du Louvre. Cette avanture d'Enguerrand de Coucy justifie aussi l'individuité des Fiefs illustres de dignité dont j'ay parlé au Chapitre précedent. A quoi j'ajoûte le témoignage

de

de Bouteiller en la Somme rural. *tit. du droit au Baron ou au Ber.* que le Baron *n'est tenu de plaidoyer de Baronie fors qu'en Souveraine Cour; Car devant Prevost qu'il ait n'est-il tenu de répondre s'il ne lui plait.*

Il reste à examiner si la preéminence honoraire d'une terre est tellement réelle qu'elle passe au nouveau possesseur. Choppin sur la Coûtume d'Anjou liv. 1. att. n. 17. estime qu'oüi suivant l'avis de Lucas de Penna *ad l. mulieres. C. de dignitat. lib. 12.* comme étant une dignité féodale, dont les droits sont plûtôt attachez aux Terres qu'aux personnes; & ensuite il en rapporte un Arrêt du Parlement de Paris du 9. Decembre 1595. confirmatif de la Sentence des Requêtes du Palais donnée en faveur de Simon Marion Baron de Druy en Nivernois, qui n'étoit alors que simple Avocat, contre Hugues Davantois Baron de Poiseux & ses consors.

J'estime pourtant qu'un Fief de cette qualité doit être possedé par une personne capable du titre : Quelquefois *personarum mutatio aliam atque aliam rem facit,* comme il est dit en la loi *si cum uno D. de exceptione rei judicatæ.* Autrement la Noblesse Dauphinoise auroit de la peine à voir à sa tête dans l'Assemblée des Estats un Baron sans naissance, puis qu'elle ne peut souffrir le commandement de Baillifs & des Sénéchaux aux Arrierebans, me ressouvenant qu'en l'année 1630. le Roy ayant convoqué l'Arriereban de Daphiné pour le secours de Cazal, & donné le commandement au Comte de Disimieu Gouverneur de Vienne, Bailly de Viennois, une partie de la Noblesse assemblée à Bourgoin deputa quatre Gentilshommes à Sa Majesté qui étoit alors à Lyon, pour lui faire des très-humbles remontrances, qu'elle n'avoit jamais été commandée que par le Gouverneur de la Province, ou par le Lieutenant de Roy, ou par celui qu'elle même nommoit de son Corps. Et comme j'étois jeune & sans charge, je fus deputé à l'autre partie de la Noblesse assemblée à Goncelin pour la disposer à prendre la même resolution comme elle fit. Ensuite dequoi Sa Majesté agréa que Monsieur le Comte de Sault Lieutenant de Roy commandât l'Arriereban. Et depuis en l'année 1640. l'Arriereban ayant encore été convoqué, la Noblesse qui le composoit nomma le Comte de Tonnerre Clermont premier Baron de Dauphiné pour la commander & les Brigadiers de chaque Baillage & Sénéchaussée. J'ai remarqué dans les Archives de la Maison de Sassenage, que quatre de ce nom-là de pere en fils ont commandé l'Arrieban. Henri de Sassenage Gouverneur de de Dauphiné qui fut tué à la Journée de Verneüil; François mort à la Bataille de Montlhery, Jacques & Loüis.

Nous apprenons aussi de l'Histoire que François de Lorraine Duc de Guise Gouverneur de Dauphiné sous le Regne de François II. ayant fait ôter la Lieutenance de Roy de la même Province à Antoine de Clermont pour la bailler à la Motte Gondrin, la Noblesse s'opposa à sa reception, parce qu'il n'étoit pas Dauphinois, suivant les anciens privileges du Païs, jusques-là inviolablement observez : Ce qui l'obligea de se faire recevoir par maniere de provision au Parlement d'Aix. Mezeray dans son Histoire de France Tome 2. pag. 78. dit qu'il étoit natif de parens peu connus près de Toulouse, & qu'il n'étoit pas d'assez bon lieu pour commander à tant de Gentilshommes d'ancienne Maison; mais je ne sçai sur quels memoires il a écrit cela, puis que la Motte Gondrin nommé Hector étoit fils d'Antoine de Pardaillan Baron de Gondrin, Capitaine de cinquante hommes d'armes, & de Paule d'Espagne héritiere de Montespan : En effet il est qualifié par Mr de Thou Tome 2. page 124. *Vir nobilitate & fortitudine insignis.*

Fin de la Premie Partie.

SECONDE PARTIE

DE L'USAGE

DES FIEFS

ET AUTRES DROITS

SEIGNEURIAUX.

TABLE
DES
CHAPITRES.

SECONDE PARTIE.

TABLE

DES CHAPITRES.

Fin de la Table des Chapitres.

TABLE
DES MATIERES PRINCIPALES,
Contenuës dans la deuxiéme Partie du Traité des Fiefs & autres Droits Seigneuriaux.

A.

**

Fin de la Table des Matieres de la seconde Partie.

CHAPITRE LII.

Du Droit Italique , dont joüissoit la Province Viennoise.

E me suis engagé au premier Chapitre de ce Recüeil , d'expliquer ce que c'est que le Droit Italique , dont joüissoit la Province Viennoise en la Gaule Narbonoise suivant le témoignage du Jurisconsulte Paulus en la Loy 8. *D. de Censibus Lugdunenses Galli,* dit-il , *item Viennenses in Narbonensi, juris Italici sunt :* parce que la connoissance de ce Droit-là nous apprendra les Immunités de la même Province dont le plat Païs de Dauphiné fait la plus belle partie.

Cujas en ses Observations liv. 10. chap. 35. dit que c'est un allegement de l'imposition des Tributs , pareil à celui dont joüissoient les Colonies d'Italie. *Jus Italicum levatio tantum Censione est, puta ut idem in Censitionis jus experiantur, quod Italicæ Coloniæ.* Ou comme l'explique Marcellus Donatus en ses Dilucidations sur Suetone , une exemption & immunité des Tributs accordée aux Colonies. A quoy j'ajoûte que ce Droit emportoit la franchise tant des Fonds que des Personnes suivant la remarque d'Adrian Turnebe l'un des grands Hommes de son Siécle. *Adversar. lib. 4. cap. 15.* en ces termes , *Posteaquam Italiæ Solum immune factum est , Provinciale autem Tributarium multæ Civitates jus Italicum Provinciis impetravere , ut Coloniæ , quæ Juris erant Italici , quas plurimas Jurisconsulti commemorant in titulis de censibus. Itaque jus Italicum nihil aliud est , quam immunitas à tributis. Tributorum autem duo genera erant , unum agris impositum , alterum capitibus. Sed quibus esset ab Imperatore remissum tributum capitis , etiam immune Solum esse factum Imperator Titus interpretatus est.*

Ce qui se recüeille évidemment des anciens Autheurs : car Dion Cassius écrit au 37e. livre de son Histoire, que durant le Consulat de Lucius Afranius, & de Q. Cæcilius Metellus Celer , environ l'an de la fondation de Rome 693. le Preteur Q. Cæcilius Metellus Nepos proposa une Loy qui fut généralement agréée des trois Ordres du Peuple , à ce que de-là en avant nul à Rome, ni dans tout le reste de l'Italie , ne paya aucun Tribut.

En effet le Jurisconsulte au commencement de la Loy derniere aux Digestes *de Censibus*, exprime par le mot d'Immunité à l'égard de ceux de

II. Partie. A

Barcelonne, la même chose qu'il avoit auparavant exprimée par les termes du Droit Italique à l'égard de ceux de Badachos, de Medine en Portugal, & de Valence en Espagne.

Et même ce que Suetone au chap. 25. de la vie de Claudius, & Tacite en ses Annales liv. 12. chap. 28. racontent de la Troade, celui-là que cet Empereur *Iliensibus tributa in perpetuum remisit*, celui-cy qu'il avoit impetré du Senat *ut Ilienses omni publico munere solverentur*, & Callistratus *l. 17. §. 1. D. de excusation. tutor.* que *Iliensibus & S. C. & Constitutionibus Principum plenissima immunitas Tributa est.* Cajus en la Loy 7. & Paulus au §. 9. de la Loy derniere aux Digestes *de Censibus*, ne le representent point autrement, qu'en disant que *Troas est juris Italici.*

Enfin lors qu'il est dit au §. 7. de la même Loy derniere, que l'Empereur Vespasien ayant octroyé à ceux de Cesarée le Droit des Colonies Romaines, & leur ayant remis les Tributs personnels sans ajoûter expressement qu'ils seroient *Juris Italici*, l'Empereur Titus interpreta favorablement ce Privilége de la franchise des Fonds. Ce qui justifie que la franchise des Fonds est comprise sous le Droit Italique. Ainsi Justinian au §. 40. *per traditionem* aux Institutes *de rerum divisione*, oppose nommément les Fonds stipendiaires & tributaires aux Fonds Italiques.

Il est vray que Justinian déclare au même endroit qu'il avoit aboli la difference qu'il avoit rencontrée entre les uns & les autres ; mais il s'induit de l'endroit même, & de la Loy unique *C. de usucapione transformandâ*; que ce ne fut pas à dessein d'asservir les Fonds Italiques, ny d'affranchir les Fonds tributaires & stipendiaires, mais seulement à l'effet de rendre ceux-cy aussi bien patrimoniaux que ceux-là, & les uns & les autres susceptibles de la même forme d'alienation & de prescription, au lieu qu'auparavant les Fonds stipendiaires & tributaires étoient censez appartenir à l'Empire, & que les particuliers n'en étoient presque que simples Usufruitiers, ou tout au plus possesseurs en son nom. Ce qu'Accurse a bien reconnu sur la Loy derniere *C. sine censu vel reliquis fundum comparari non posse*, & sur la Loy 3. *C. de Episcopis & Clericis*, & sur la Loy 1. *D. de Censibus.*

De sorte qu'il doit être tenu pour constant, que les Fonds de la Province Viennoise sont présumez absolument libres, non-seulement en conséquence du Droit naturel, & de ce qui est traité par les Docteurs sur la Loy *Altius C. de servitutibus*; mais aussi en conséquence de l'immunité que donnoit le Droit Italique, d'où est procedé le Franc-Alleu de Dauphiné qu'Humbert dernier de nos anciens Dauphins lui a voulu conserver par le transport qu'il a fait de ses Estats à nos Rois avec que la clause de garder *à perpetuité toutes les Libertez, Franchises, Privileges, bons Us & bonnes Coûtumes de Dauphiné.* Par conséquent c'est à ceux qui prétendent quelque droit de Cense ou d'Hommage d'en établir la preuve, comme je feray voir à la suite.

CHAPITRE LIII.

Que le Dauphiné est de Franc-Alleu.

ON n'a jamais revoqué en doute que le Dauphiné ne fut de Franc-Alleu, comme étant régi par le Droit écrit, suivant lequel tous fonds & héritages sont reputez francs & allodiaux, & en conséquence exempts d'hommage, droits de lods & ventes, & autres servitudes, s'il n'y a titre au contraire, dont la preuve est rejettée sur celui qui prétend la sujetion.

Et quoi que ce soit un principe du Droit Romain, si est-ce que la liberté du Dauphiné se trouve particulierement énoncée sous le nom du Viennois dans une Loy du Jurisconsulte Paulus, *D. de Censibus*, où il dit, *Lugdunenses Galli, item Viennenses in Narbonensi juris Italici sunt.* C'est-à-dire, qu'ils joüissoient dans la possession de leurs héritages de la même franchise que les Citoyens Romains, & les Villes Municipales de l'Italie, suivant ce que j'ay remarqué au chapitre precedent.

C'est une verité qui n'a pû être dissimulée par celui qui a voulu combattre le Franc-Alleu sans titre (c'est Maître Auguste Galand) aux pages 7. 217. 218. 219. de la seconde impression de son Traité, où il rapporte un Arrest du Parlement de Paris du 5. Juillet 1631. donné entre le Seigneur de Mesieu en Viennois, & Noble Jean Vincent Sieur de Rambion, par lequel celui-cy fut déchargé de l'exhibition de Contracts, & du payement des droits qui lui étoient demandez, faute que le Seigneur eût justifié la sujetion.

Ce qui est si veritable que non seulement les fonds, mais aussi les censes, & autres droits quelconques sont presumez francs & libres de leur nature, comme je feray voir aux chapitres suivans.

Et comme c'est une liberté naturelle, qui est le titre des titres, de là vient que par l'usage particulier de la même Province, la prescription de cent ans éteint toute sorte de directes; ce qui ne pourroit avoir lieu si les fonds & héritages n'étoient francs de leur nature; parce que la prescription ne produisant autre effet que de rétablir les choses en leur état naturel, elle n'aboliroit pas les droits de directe, s'ils étoient asservis naturellement. C'est ainsi que le Roy l'a déclaré par son Edit du mois d'Octobre 1658. vérifié au Parlement de Grenoble, & en la Chambre des Comptes le mois de Novembre de la même année, par lequel Sa Majesté reconnoît que l'un des anciens Privileges de Dauphiné est le Franc-alleu, & que les droits Seigneuriaux, même ceux de son Domaine, se prescrivent par cent ans.

Etant certain que la directe & la Jurisdiction ont toûjours été considerées pour droits séparez & differens, suivant la resolution commune des Docteurs. Car quoi que tenir en Franc-alleu soit *tenir terre de Dieu*

A 2

tant seulement, & de devoir cens, rentes, servage ou relief, ni quelqu'autre redevance que ce soit à vie, ni à la mort, comme dit Bouteiller en la somme rural : Et *Cujas lib. 8. Observat. cap. 14. Id tantum adjiciam prædia optimo jure & optima conditione, quæ nihil pensitant, nec fidem vel homagium, vel investituram, vel laudemium debent, vulgo appellari Allodia,* ce que les anciens titres disent *possidere ab integro.* Si est-ce que le Franc-alleu n'est pas exempt de la Justice du Seigneur en l'étenduë de laquelle il est assis. Maître Charles du Moulin le dit excellemment à son accoûtumée sur la Coûtume de Paris §. 46. *Qui tenet fundum in Alodium, id est, in plenam & absolutam proprietatem, habet integrum & directum dominium, quale à principio de jure Gentium fuit distributum & distinctum, & nullum soli Dominum recognoscit, sive tanquam Patronum, sive tanquam alium Dominum directum, nec possidet tanquam Vassallus, nec tanquam Censuarius, Emphyteuta, aut Superficiarius, vel alio utili aut inferiori dominio, sed jure veri, liberi, directi & absoluti dominij : Undè, ut eleganter scripsit D. Budæus in l. Herennius D. de Eviction. dicitur Alodium, ex eo quod prædia eo jure habentes nullum habeant authorem vel superiorem Dominum, quem laudare possint aut teneantur. Et ex hac ratione vocatur francum, id est, liberum : liberum inquam, à juribus & servitutibus dominicalibus. Non tamen excludit, quin recognoscant superiorem Dominum habentem Jurisdictionem in loco ratione Jurisdictionis. Nec ideo minus est quòd Alodium, quod sub Jurisdictione alterius situm sit, quia etiam mera proprietas, prout est Alodium, nihil habet commune cum Jurisdictione.* Ce qui est déclaré nettement par la Coûtume d'Orleans art. 355. *Franc-alleu,* dit-elle, est héritage tellement franc, qu'il ne doit fonds de terre, & n'est tenu d'aucun Seigneur foncier, & ne doit saisines, ni autre servitude qu'elle quelle soit, mais quant à la Justice, il est sujet à la Jurisdiction du Seigneur Justicier. Je l'avois déja remarqué au chapitre 44.

Par conséquent ceux qui prétendent la directe universelle dans leurs Terres doivent être fondez de titre, ne suffisant pas en Dauphiné qu'il y ait des Reconnoissances de la plus grande partie d'un territoire uniforme, continu, limité & en droit d'enclave, suivant l'opinion des Docteurs François, & quelques Arrêts du Parlement d'Aix rapportez par Jaques Mourgues en ses Commentaires sur les Statuts de Provence, page 151. & 152. L'usage de ces deux Provinces est different en ce que par celui de Provence les directes sont imprescriptibles par quelque espace de temps que ce soit, & par celui du Dauphiné la prescription centenaire les éteint. Même cet usage cessant Pontanus fort habile homme en ses Commentaires sur la Coûtume de Blois tit. 4. art. 37. dit avec raison qu'il y a de certaines choses que le Vassal peut prescrire contre le Seigneur, *puta certas & speciales servitutes præscribere potest, puta cum Feudum vendit, ut nulla Domino debeantur laudimia, vel non ad rationem quinti denarij, sed ut duodecima tantum pars solvatur, vel ut cum fratri succedat, nullus debeatur rachatus.* Tellement que si le proprietaire d'un héritage est en seureté contre une Reconnoissance qui excede cent ans sans avoir eu suite, à plus forte raison le doit-il être contre la prétention d'un Seigneur qui n'a ni titre ni possession.

De là vient que nos Rois ont inféodé la justice de beaucoup de maisons en Dauphiné, par le seul avantage qu'ils ont retiré de la sujetion des héritages de Franc-alleu. Ainsi la Justice de la Terre de Sablonieres en Viennois a été inféodée à la Maison de la Poipe Serrieres, qui moyennant cette inféodation a reconnu en Fief de Sa Majesté non seulement les héritages de Franc-alleu qu'elle possedoit alors, mais encore elle s'est obligée de reconnoître tous ceux de même nature qu'elle acquerroit à l'avenir par quelque titre que ce fût.

De là vient aussi que la Chambre des Comptes est en coûtume de mettre cette condition en ses Arrests de vérification des Lettres Patentes portant érection de quelque Terre en dignité *que les fonds & héritages de Franc-alleu composans le revenu du Marquisat, Comté, Vicomté ou Baronie sortiront nature de Fief pour être inserez & compris aux aveus & dénombremens qui seront donnez.* Que la même Chambre des Comptes procédant à la liquidation des lods dûs au Roy par l'alienation des Terres de sa mouvance, lorsque les dons qui en sont faits par Sa Majesté lui sont presentez, fait toûjours séparation de ce qui est féodal, & de ce qui ne l'est pas.

Cette franchise & liberté naturelle a été conservée de siécle en siécle avec tant de soins, qu'aux Estats Généraux tenus à Blois, la Noblesse ayant demandé par le Cayer des articles qu'elle presenta au Roy le 30. de Janvier 1577. art. 58. que toutes les terres du Royaume fussent déclarées féodales ou censuelles par une Ordonnance qui fut inserée dans le corps de celles de France, elle exceptoit non seulement ceux qui auroient des titres ou conventions particulieres avec le Seigneur, mais aussi les Provinces de Languedoc & de Dauphiné, où les héritages sont reputez francs & libres, s'il n'y a quelque chose d'individu & de specifique au contraire.

Cela se trouve dans le Cayer de la Noblesse imprimé la même année 1577. qui s'est conservé dans le cabinet de ceux qui sont curieux de semblables recherches. Il se trouve encore dans Choppin sur la Coûtume d'Anjou liv. 1. art. 6. où pourtant je découvre une erreur considerable en l'impression, qui a fait tomber le Traducteur dans un grand mécompte. C'est qu'il y a au Latin : *Haud omnia certè latifundia tenentur clientelari lege, sed censuali saltem pensitationi subduntur reliqua alia pro variis Municiporum institutis civilibus. Et hoc ipsum in publicas Franciæ Constitutiones referri postulavit Equestris Ordo Gallicus in Blesensi Conventu, libello Principi oblato 3. Kal. Febr. anno 1577. art. 58. Unde tamen eos Nobilitas ipsa eximebat, qui speciali pacto Dominicæ immunitatis prædti essent. Armoricos item ac Delphinates quorum liberi agri immunesque haberentur, nisi contrarium appareret evidentibus rerum documentis. Alibi verò communiter in Gallia obnoxij ac vectigales fundi perhibentur à Fabro in tit. de Rer. divis. apud Justinianum.* Ce mot *Armoricos* veut dire la Bretagne, comme le Traducteur l'a entendu, mais parce que c'est contre la verité du Cayer de la Noblesse, & contre la nature des héritages de la Bretagne, qui rejette le Franc-Alleu sans titre art. 289. je ne fais point de doute qu'au lieu d'*Armoricos,* il n'y eût dans l'ortographe de Choppin *Arecomicos*, pour signifier le Languedoc, dont la plus belle partie est habitée des Peuples qui s'appelloient *Volcæ Arecomici*, dont parle Cesar liv. 7. chap. 2. & 12. & Strabon liv. 4. où il dit que Nîmes en est la Capitale, & ensuite il fait mention de ses dépandances qui joüissoient *jure Latij* : ἔχουσα, dit-il, ϰαὶ τὸ ϰαλούμενον Λάτιον, & *jus quoque Latij habent.*

Quoi qu'il en soit nous apprenons de ce Cayer de la Noblesse de France combien nos Peres ont été jaloux de conserver la liberté naturelle de leurs héritages, qu'Hincmar Archevêque de Reims écrivant à Adrian a jugé si précieuse, qu'il n'a pas fait difficulté de dire contre ceux qui s'efforçoient de les asservir, *Pro libertate & hæreditate nostra usque ad mortem certare debemus.*

Je ne dois pas envier à la posterité le nom de ceux qui furent députez de la Noblesse de Dauphiné aux Estats de Blois, dont la mémoire merite d'être conservée pour avoir dignement soûtenu les interêts de leurs Pays. C'étoient Claude de Clermont Seigneur de Monteson, & Balthazard de Combourfier Seigneur du Monestier.

Le feu Roy Loüis XIII. ordonna aussi par l'art. 383. de son Edit du mois de Janvier 1629. que tous héritages relevans de Sa Majesté en Pays Coûtumier ou de Droit écrit, seroient tenus & sujets au droit de lods, ventes, quints, requints & autres Droits ordinaires, selon la condition des héritages & Coûtumes des lieux, & que tous héritages ne relevans d'autres Seigneurs, seroient censez relever de Sa Majesté, sinon que les possesseurs fissent apparoir de bons titres qui les en déchargent. Mais le Parlement de Grenoble procedant à la vérification, y mit cette modification. *Sur le 385. art. Le Franc-alleu a lieu en Dauphiné par possession immemorée & Libertez de la Province. Il en sera usé selon l'ancien usage, conformément à l'Ordonnance du 15. Janvier 1555.*

Et à cela n'est contraire un Registre de la Chambre des Comptes intitulé *Recognitiones rerum francarum*, contenant les Reconnoissances de quelques héritages francs, lesquelles furent faites ensuite d'une Commission de Loüis XI. lors Dauphin, de l'an 1450.

Car quoique ces Reconnoissances portent ces mots, *de Feudo franco & superioritate domini nostri Delphini.* Si est-ce que les héritages n'ont pas laissé de conserver leur liberté naturelle, qui les exempte de cens & de lods. Le principal objet de Loüis XI. fut de les assujettir à la Taille, à quoi les fonds allodiaux n'étoient pas sujets, comme sçavent ceux qui sont versez aux Registres de la même Chambre. Le Souverain n'y avoit autre droit que celui de protection & de jurisdiction, *nisi jus protectionis & supremæ jurisdictionis*, dit Benedicti sur le chapitre *Raynutius*, *in verbo. Et uxorem nomine Adelasiam. dec. 2. n. 5.* après avoir dit que le Franc-Alleu *nulli facit servitium personale aut pecuniarium.* Rebuffe en sa Declaration des Fiefs. *Et in istis bonis Allodialibus non habet Rex vel dominus nisi protectionem.* Neanmoins à cause de cette protection Loüis XI. étant Dauphin prenoit sur les héritages allodiaux un droit qui s'appelloit *jus Salvagardiæ*, dont le payement cessa dès que les proprietaires les voulurent affujettir à celui des fubfides Delphinaux, par la Déclaration du même Dauphin, fuivant laquelle les habitans de la Terre de Beaufort tenuë en Franc-Alleu par l'Abbé de Saint Antoine, furent déchargez de ce droit par Arreft du Parlement du 15. Juin 1461. qui eft dans un Regiftre de la Chambre des Comptes intitulé, *Liber Appunctuamentorum ab anno 1459. fol. 26.* de l'étage VII. dont il eft à propos que je rapporte les propres termes.

Anno Domini 1461. & die 15. menfis Junij in Camera pofteriori venerabilis Curiæ Parlamenti Delphinalis, quâ erant Domini Joan. Coperij, Dominus Locumtenens, Joan. Bajuli Præfes. M. Thomaffini Miles. G. Papæ. G. Guillonis Decretorum Doctores. F. Porterij Licentiatus in Legibus, P. de Origniaco, & J. Jaupitre Computorum Delphinalium Auditores.

Dicta venerabilis Curia Parlamenti Delphinalis vifa fupplicatione pro parte habitantium loci & Mandamenti Bellifortis oblata, quâ in effectu petebant fe à contribuendo in fubfidiis Delphinalibus, aut à folutione Salvagardiarum, quas antequam contribuerent in dictis fubfidiis Domino noftro Delphino faciebant, exonerari & aquitari, cum effent ab antiquo Allodiales. Et hoc in obfervatione Litterarum Delphinalium omnibus Allodialibus per Dominum noftrum Delphinum conceffarum, quibus cavetur quod dicti Allodiales, quamdiu folvent fubfidia, non folvant aliquas Salvagardias. Vifis etiam Recognitionibus Delphinalibus Morafij & Belliriparij, ac Computis particularibus dictarum Caftellaniarum, omnibufque in Confilij deliberatione pofitis; Ordinavit & Ordinat, quod dicti Supplicantes per numerum focorum, quo noviffimè per Revifionem généralem focorum hujus Patriæ fuerunt revelati, contribuant & folvant fubfidia Delphinalia & à folutione Salvagardiarum quas faciebant dicto Domino noftro Delphino antequam contribuerent in dictis fubfidiis, liberentur & aquittentur de cætero, inhibendo Caftellanis Morafii & Belliriparij, ne dictos Supplicantes qui quandiu folvent dicta fubfidia ad folutionem dictas Gardas de cætero compettant Bonis. De forte que depuis l'établiffement des Tailles fur les fonds Allodiaux ces Reconnoiffances *Rerum francarum* n'ont point eu de fuite ny d'effet. Elles n'ont pas été renouvellées dans les Terriers fubfequens, ny l'on n'a jamais payé de Lods aux alienations qui ont été faites des héritages de cette nature. Auffi l'état où eft le Regiftre fait voir qu'il a été negligé comme inutile n'ayant ni commencement ni fin, même la plûpart des Reconnoiffances font proteftées, ainfi que la Chambre des Comptes l'a déclaré par Arrêt du 4. Juillet 1648. donné fur la Requête du Syndic de l'Abbaye Saint Antoine de Viennois.

J'ay vû dans la même Chambre des Patentes de l'Empereur Frederic II. du mois de Juin 1247. par lefquelles il confirme à Guigues Dauphin les Comtez de Gap & d'Embrun, qu'il avoit achetez avec tous les autres Biens qu'il poffedoit alors, ou qu'il acquerroit à l'avenir. De plus il lui donne tous les Alleus qui étoient dans les mêmes Comtez, & dans ceux de Vienne, d'Albon & de Grenoble à la charge de la reconnoiffance & du fervice à l'Empire. *Comitatus Vapincenfem & Ebredunenfem,* portent les Patentes, *quos jufto emptionis titulo tenere fe dicit, ac omnia bona fua quæ in præfentiarum juftè tenet & poffidet, & in futurum ra-*

tionabiliter poterit adipifci , fibi de noftra gratia confirmamus. De abundantiore quoque gratia noftra , qua benè meritos Fideles noftros clementia noftra profequi confuevimus , Allodia tam in prædictis Vapincenfi & Ebredunenfi , quam in Viennenfi & Albonenfi ac Gratianopolitano Comitatibus conftituta, eidem Guigoni Delphino & hæredibus fuis in fide & devotione noftra perfiftentibus duximus concedenda , ut dictos comitatus & Allodia fupra dicta à nobis & Imperio teneat & etiam recognofcat , & proinde fervire nobis & Imperio teneatur. L'on voit par-là qu'avant cette conceffion le Dauphin n'avoit point de droit fur les Biens de Franc-Alleu qui ne reconnoiffoient que la protection & la Souveraineté de l'Empereur , qui s'en démit à la charge de la mouvance & du fervice , fans toucher à la nature du Franc-Alleu pour fa liberté naturelle & l'éxemption des droits Féodaux. *Nec minus dicuntur res Allodiales* , dit Benedicti , *quod in diftrictu , territorio , feu jurifdictione Imperatoris aut Regis funt fitæ , cum aliud fit rei quamvis liberæ proprietas , & aliud Jurifdictio : Sufficit enim ad effentiam Allodij & ejus fubftantiam , quod à nemine quoad plenam proprietatem fit recognitum , & nulli faciat fervitium , licet Jurifdictio fit alterius.*

Il y a même en Dauphiné des Terres en Juftice qui font tenuës en Franc-Alleu , comme celle de Beaufort , dont j'ay fait mention cy-devant , laquelle eft qualifiée telle par l'Acte de foy , & Hommage qui fut fait au Roy Charles VIII. le 23. Novembre 1493. par Pierre de Laire Abbé de Saint Antoine de Viennois , & de Saint Pierre de Montmajeur en Provence du temporel de ces deux Abbayes *la Terre , Châtelenie Mandement & Seigneurie de Beaufort en ce exceptées , lefquelles font tenuës de toute ancienneté par les Abbez dudit Saint Antoine franches & de Franc-Alleu.* La Terre de Breffieu a été de même nature jufques à ce qu'Hugues & Loüis de Breffieu freres d'Aymar Seigneur de Breffieu en foûmirent la feptiéme partie dont ils étoient Proprietaires , pour les caufes énoncées en l'Acte du 15. de Novembre 1344. reçû par Humbert Pilati , les autres parties étant demeurées de Franc-Alleu. Ce qui donna fujet à l'Avis qui fut donné par la Chambre des Comptes fur le Mémoire qui eft dans le Régiftre intitulé *Liber tertius Memorialium fol. 23.* aux termes fuivans.

Il eft vray que le Sire de Breffieu tient la Terre de Breffieu , Mandement , appartenances & appendances en Franc-Alleu , fauf tant feulement la feptiéme partie de ladite Terre , laquelle il tient & doit tenir & reconnoître de Monfieur le Dauphin par vertu de certaines pactions & convenances faites par ledit Seigneur avec Loüis & Hugues de Breffieu Oncles paternels dudit Sire de Breffieu , & la reconnurent lefdits Hugues & Loüis à tenir en Fief & Hommage lige de mondit Seigneur le Dauphin , laquelle feptiéme partie ne fut onques defignée ne divifée de ladite Terre de Breffieu , & icelle tient à prefent ledit Sire de Breffieu & lui eft échûe par la mort de fefdits Oncles. Or eft ainfi que j'a pieca environ trois ans , a le Procureur & Avocat Fifcal dudit Seigneur en fondit Dauphiné requis que ledit Sire de Breffieu fut contraint de reconnoître & faire hommage lige de ladite feptiéme partie par indivis & fur toute fa Terre , attendu que ledit Sire de Breffieu n'étoit point homme dudit Seigneur pour autre caufe , lequel

Sire de Breſſieu s'oppoſa & preſenta une Lettre du Roy nôtre Sire contenant en effet une Requête faite par ledit Sire de Breſſieu qu'il fût quitte, & que ledit Seigneur fut content que ladite ſeptiéme partie fût reconnuë ſur aucun Châtel ou Terre qui peut monter en valeur à ladite ſeptiéme partie de ladite Terre, il tînt en Franc-Alleu comme devant, & mandement adreſſant au Gouverneur, & Gens du Roy étant par delà, ils récrivſſent quel profit & quel dommage en pourroit être s'il reconnoiſſoit ladite ſeptiéme partie diviſée comme dit eſt, leſquels récrivirent à Meſſieurs des Comptes, que ce ſeroit le grand dommage du Roy Dauphin nô-tredit Seigneur. Et pour ce que de preſent on fait au Dauphiné nouvelle Recon-noiſſance des droits, rentes & revenus appartenans à Monſieur le Dauphin, ſoit aviſé par meſdits Seigneurs des Comptes ce qui leur ſemblera expedient ſur ce, & mandé au Gouverneur, & auſdits Gens du Conſeil étans par delà tout ce qu'ils auront à faire ſur ce. A la marge duquel Mémoire eſt l'avis de la Chambre des Comptes en cette ſorte. *Non videtur quod debeat fieri diviſio.* Mais dépuis la totalité a été ſoumiſe à la mouvance du Roy par l'érection de la Terre en Marquiſat. Celle de Todure a été auſſi de Franc-Alleu, juſques à ce que Meſſire Bermond de Brion Chevalier tant à ſon nom qu'à celui de Marguerite de Montchenu ſa femme la reconnut en Fief de Loüis XI. lors Dauphin moyennant la récompenſe qui lui fut donnée par Lettres patentes du 10. de Juillet 1460. qui meritent d'être tranſcrites à la ſuite de ce Chapitre. A quoy j'ajoûte que par Arrêt du Conſeil du 3. de Juin 1641. portant Reglement entre Meſſire Charles-Jaques de Gelas de Leberon Evêque & Comte de Valence & de Die d'une part, & le Doyen, Chanoines, Chapitre & autres Habituez de l'Egliſe Cathedrale de Die, ſur les demandes & droits réciproques des parties, il eſt entre autres chefs ordonné. *Et ſera tenu ledit Chapitre le connoître & lui faire la foy & hommage des Terres de Juſtin & de Romeyer, & de toutes autres Terres & Domaines que ledit Evêque verifiera par Actes être tenuës & mouvantes de lui. Ce qu'il ſera tenu faire dans un an pour tous délais, autrement le Chapitre déchargé de ladite demande.* C'eſt-à-dire, qu'à faute de vérifier par Actes que les Terres poſſedées par le Chapitre fuſſent de la mouvance de l'Evêque, elles étoient reputées de Franc-Alleu. Ce qui s'appelle Franc-Alleu Noble à la difference du Roturier. *Alodium nobile,* dit Maître Charles du Moulin ſur l'art. 46. de l'ancienne Coûtume de Paris, ſur le mot *Franc-Alleu n. 3. eſt illud cui cohæret Juriſdictio, vel à quo dependent Feuda, vel cenſu alia prædia.* A quoy ſont conformes les Coûtumes de Vitry art. 19. & de Troyes art. 53. Voicy les termes de celle-cy. *Et eſt Franc-Alleu Noble quand il y a Seigneurie & Haute-Juſtice, dont le détenteur n'eſt tenu faire foy ne hommage, ne payer quints ne requints.* Celle de Paris art. 68. reconnoît auſſi le Franc-Alleu Noble.

Il eſt vray qu'il y a quelques Terres en Dauphiné dont la Directe univerſelle appartient au Seigneur; mais il faut qu'il y ait Titre ſpecifique, autre que celui de Seigneur Juriſdictionnel. Telle eſt celle d'Avalon au Baillage de Grezivodan du Domaine du Roy, dans l'étenduë de laquelle Pierre Savoye ayant acquis quelques Cenſes de Noble

Jaques Ancelin, la queſtion fut s'il ne devoit que ſimples Lods à cauſe de la vente, ou s'il devoit doubles Lods à cauſe de l'incapacité, ſuivant l'Uſage de la même Province, qui charge les Roturiers de payer doubles Lods pour les Fiefs qu'ils acquierent. La raiſon de douter étoit, qu'il ne ſe trouvoit point qu'aucun hommage eût été prêté pour les mêmes Cenſes ; Mais comme les Régiſtres de la Chambre des Comptes faiſoient foy que tout ce qui étoit ſitué dans le Mandement d'Avalon relevoit mediatement ou immediatement du Dauphin, le Parlement déclara qu'il n'étoit dû que ſimples Lods par Arrêt du 17. May 1480. Voicy les termes tirés du Livre intitulé *Tarif des Lods & Inveſtitures fol. 1.*

Declaratio & ordinatio facta per Dominos Parlamenti inferiùs nominatos die 17. menſis Maij 1480. de cenſibus moventibus à Principe ſub homagio nobili qui acquiruntur per incapaces perſonas, & ſimiliter de cenſibus cum Dominio directo qui non moventur ſub homagio nobili.

Petrus Sabaudiæ quondam de Buxeria acquiſivit à Nobili Jacobo Ancelini quondam cive Gratianopolis certos cenſus quos habebat in Mandamento Avalonis certo pretio.

In Camera Computorum Delphinalium non reperitur aliquod homagium fuiſſe per ipſum quondam Jacobum, nec ſuos prædeceſſores præſtitum pro dictis cenſibus Domino noſtro Delphino.

Verùm tamen reperitur in dicta Camera quod omnia quæ ſunt ſituata in dicto Mandamento Avalonis tenentur à Domino noſtro Delphino mediatè vel immediatè.

Quare fiat Declaratio an hæredes dicti quondam Petri Sabaudiæ teneantur ad duplicia laudimia propter incapacitatem, vel duntaxat ad ſimplicia.

Attento quod non conſtat de homagio Curia declarat non deberi niſi ſimplicia laudimia. D. Joan. P. Eccleſ. Ven. Guido Avocatus. Judex Appelationum & Procurator.

Cela juſtifie que les Cenſes dont il étoit queſtion ne furent déclarées ſujettes à Lods, qu'à cauſe que les Titres du Roy portoient expreſſement que tout ce qui étoit aſſis dans le Mandement d'Avalon étoit de la mouvance de Sa Majeſté mediatement ou immediatement.

Le Parlement avoit auſſi déclaré par Arrêt du dernier Juillet 1652. rapporté au long au bas du chap. 35. que le Roy Dauphin comme Seigneur de la Terre de Moras a le droit de Directe univerſelle ſur tous les Fonds ſituez au Mandement de Moras ; excepté ſur ceux qui ſont dépendans des Fiefs & Directes des Nobles & Eccleſiaſtiques, leſquels Fiefs & Directes ſe meuvent encore & relevent de la Terre de Moras conformément aux Réconnoiſſances des années 1263. & 1559. Mais par autre Arrêt du 12. Août 1666. donné au rapport de M. Roſſet de la Martelliere ſur le recours intenté par les Conſuls & Communauté de Moras, le Parlement a déclaré *que les fonds & héritages Allodiaux, & qui ne ſont aſſervis à aucune Cenſe ſitués dans le Mandement de Moras ſont francs & exempts de payer aucun Lods à raiſon des ventes & autres alienations qui ſont faites d'iceux.*

Quant à la Regle du Droit François, *Nulle terre ſans Seigneur*, il ſem-

ble qu'elle foit tirée de Joan. Faber. C'eft en fes Remarques fur la Loy
1. *C. de fumma Trinit. n. 9.* fur la Loy 1. *C. de jure Emphyt. n. 2.* & fur
le §. *omnium Inftitut. de actionibus n. 13.* en ces termes. *In Regno Franciæ
omnes terræ vel quafi funt Feudales, vel alias penfionibus feu cenfibus affectæ,
ita quod poffeffores quafi omnes funt utiles Domini.*

Mais outre que cette Regle au fens que quelques-uns lui donnent,
n'eft reçuë en Dauphiné qui ufe d'un Droit contraire, elle n'eft proprement entenduë que de la Jurifdiction, & non de la Seigneurie directe, c'eft-à-dire, nulle Terre qui ne releve de la Juftice de quelque
Seigneur fuivant la veritable explication que lui donne François Duaren
fur les Coûtumes des Fiefs chap. 21. n. 10. & Maître Charles du Moulin fur la Coûtume de Paris §. 68. Gloff. 1. fur le mot *Franc-Alleu*, où
il dit. *Ex quibus liquet falfum effe illud dictum vulgare non poffe quem in hoc
Regno tenere terram fine Domino, & hoc intelligendo fine Domino fcilicet directo, quem fit neceffe in Dominum directum foli recognofcere: Sed intelligendo
fine Domino, id eft, quin fubfit dominationi & Jurifdictioni Regis, vel fubal-
terni Domini fub eo, eft veriffimum.* En effet Maitre Antoine Loifel très
verfé en la connoiffance du Droit François ne l'a pas mife en fes Inftitutes Coûtumieres fous le titre *des Cens*, ny fous celui *des Fiefs*, mais fous
le Titre *de Seigneurie & Juftice.* Ainfi François Marc Confeiller au Parlement de Grenoble du Regne de Loüis XII. dit en fa Décifion 454.
n. 8. part. 1. que *licet Domini temporales non fundent intentionem fuam ratione Feudi vel directi dominii, tamen fecus eft quoad Jurifdictionem.* Le Roy
a deux fortes de domination dans fes Eftats, l'une Royale, l'autre Féodale. La premiere eft incommunicable : l'autre lui eft commune avec
autant de Seigneurs qu'il y a dans le Royaume. Mais comme elle n'eft
pas prefumée, on la doit juftifier par Titre, fi la Coûtume qui eft un
Titre général n'en difpofe autrement.

D'ailleurs Jean Faber n'a parlé que des Provinces regies par le Droit
de France, & même le mot *quafi* dont il s'eft fervi, fait voir que ce
n'eft pas de toutes abfolument, puifque les Coûtumes de Troyes, de Vitry, de Chaumont en Baffigny, d'Auvergne, reçoivent le Franc-alleu
fans titre. J'ay en main un Arreft du Parlement de Paris du 12. Avril
1624. donné entre le Seigneur de Chevrieres en la Coûtume de Vitry,
& Guillaume le Martelleur, par le quel celui-là fut condamné de vérifier par Acte la fujetion des fonds, & à faute de cela Martelleur abfous.

Même à bien entendre la Coûtume de Paris, les héritages y ont confervé leur liberté naturelle, telle qu'elle étoit auparavant l'introduction
des Fiefs & des cenfives, en ce qu'il eft dit art. 124. que *le cens eft imprefcriptible, même par cent ans, quand il y a titre ancien ou reconnoiffance dudit
Cens.* D'où il refulte neceffairement par la raifon des contraires, qu'à
moins que le Seigneur foit fondé en titre ou en reconnoiffance, le poffeffeur fe peut utilement prévaloir de fa poffeffion, non pas pour prefcrire, car cela fuppoferoit que fon fonds auroit été autrefois fujet, mais
pour faire préfumer qu'il a confervé fa liberté naturelle, principalement
fi le poffeffeur allegue des contracts avant quarante ans qui énoncent

la qualité de Franc-Alleu, fuivie de poffeffion immemoriale, quoiqu'il ne rapporte pas le titre primitif de la franchife, comme il a été jugé par deux Arrefts du Parlement de Paris, l'un donné en la premiere Chambre des Enquêtes au rapport de M. Bonnet le 7. Septembre 1640. lequel eft allegué par Maître Julien Brodeau fur la Coûtume de Paris art. 68. n. 7. l'autre donné en l'Audiance de la grand Chambre le 11. Août 1662. entre Meffire Antoine Girard Procureur Général en la Chambre des Comptes, Seigneur d'Efpinay fur Seine, & Dame Magde-laine le Coigneux veuve de Meffire Chriftophle de Thumary Seigneur de Boiffife, lequel Arreft je rapporterai ci-deffous au long.

Maître Didier Herauld a traitté curieufement du Franc-Alleu fans titre. *Tractatu Quæftionum quotidianarum. cap. 13. & 14.* où il dit avec raifon que le Traité d'Augufte Galland contre le Franc-Alleu fans titre, n'eft autre chofe dans la pure vérité, que le Factum de ceux de qui il étoit Avocat.

Je me fuis un peu étendu fur le fujet de ce chapitre, pour faire voir qu'en Dauphiné, non plus qu'en plufieurs autres Provinces du Royau-me, les Seigneurs ne peuvent prétendre la directe univerfelle dans leurs Terres, par la feule qualité de Seigneurs Jurifdictionnels. Ce qui a été déclaré par un Arreft général du 10. Décembre 1649. donné fur la Requête de M. le Procureur Général du Roy, pour arrêter la prétention ambitieufe de quelques Seigneurs, qui fe prévalans de l'autorité qu'ils ont dans leurs Terres, contraignoient leurs Jufticiables à leur reconnoî-tre la directe univerfelle fans titre. Je l'ay mis au long enfuite du chap. 10. fur le fujet de la faifie féodale, que le même Arreft déclare n'être pas de l'Ufage de Dauphiné.

Le Prefident Boyer en fes Commentaires fur la Coûtume de Bourges *tit. de Fiefs ſ. 24.* condamne la même prétention qu'avoient quelques Seigneurs de fon temps. *Et fic*, dit-il, *contra Dominos Terrarum, qui petunt quod omnes & finguli homines poffidentes prædia in fuo territorio recog-nofcant fe tenere illa prædia vel in Feudum, vel in Emphyteufim, vel in cenfum, vel tanquam tributaria. Homines fe opponunt dicentes illa prædia effe libera & allodialia, & non teneri recognofcere. Dominus replicat quod habet fundatam intentionem fuam fuper omnibus prædiis fituatis in fuo territorio. Sed non benè dicit, quia non habet intentionem fuam fundatam, & ita dicit Jacob. de Sancto Georgio, &c.* Et quelques lignes après : *Et malè fentiunt Domini Terrarum qui regulariter hodiernis temporibus vigore novellarum Literarum Regiarum ad librum Terragiorum faciendum impetratarum, prædia & poffeffiones fubditorum faciunt infcribi & regiftrari, quamvis per fubditos tanquam libera & allodialia ab omni ævo fuerint tenta.* Et à ce propos le Morgué de Montaudon an-cien Poëte Provençal en l'une de fes chanfons, dit que tout ainfi que celui qui a joüi de fon Alleu paifiblement, fe voit enfin contraint de reconnoître un Seigneur, lui de même après avoir long-temps con-fervé fa liberté, fe trouve forcé de la foûmettre au pouvoir de l'Amour Seigneur fans mercy.

Lettres Patentes de Loüis XI. attributives de quelques droits à Messire Bermond de Brion, en recompense de ce qu'il avoit reconnu en Fief la Terre de Todure, auparavant Allodiale.

LUDOVICUS REGIS FRANCORUM Primogenitus, Del- "
phinus Viennensis Comesque. Valentinensis & Diensis "
harum nostrarum serie Literarum cunctis volumus esse, mani- "
festum. Quòd nos consideratis gratis & laudabilibus servitiis "
à longævis temporibus tàm Domino genitori nostro Franco- "
rum Regi, quàm nobis multipliciter impensis tàm de corpore "
quàm bonis per dilectum & fidelem nostrum Vassallum Ber- "
mundum de Brione Militem Dominum de Argental : Et etiam "
attento quod liberaliter suum Castrum de Theudero Allodiale "
cum Mandamento, Jurisdictione, mero & mixto imperio, ho- "
minibus, Feudis, censibus, reditibus, pasqueragiis, nemori- "
bus, corvatis, & aliis pertinentiis ejusdem nomine suo & do- "
minæ Margaritæ de Montecanuto ejus uxoris recognovit tene- "
re de feudo nostro nobili, & nobis hodie de his fecit homa- "
gium nobile, & fidelitatis præstitit Sacramentum, volentes "
propterea in recompensationem talium meritorum esse sibi ad "
gratiarum retributionem liberales; eidem Bermundo nomine "
quo supra pro se & hæredibus & successoribus suis quibuscun- "
que dedimus & contulimus; damusque & concedimus per "
præsentes pro nobis & hæredibus & successoribus nostris uni- "
versis licentiam, mandatum & authoritatem atque facultatem "
perpetuis temporibus tenendi & faciendi in ipso loco de Theu- "
dero de Villa ejusdem atque pertinentiis duas Nundinas seu Fe- "
rias publicas anno quolibet : unam videlicet die Festi Sancti "
Georgij Patroni Ecclesiæ Parochialis dicti loci, & aliam die "
Festi Nativitatis Beatæ Mariæ in mense Septembri, ut Villa "
ipsa ex hoc materiam sumat meliorandi & populari. Et ulterius "
pariter pro se & suis prædictis eidem remittimus tenore præsen- "
tium pro nobis & nostris prænarratis decem sestaria avenæ sol- "
vi consueta Castellano Morasij per ejus homines dicti loci & "
Mandamenti Theuderi de Garda solvi promissa, debita Præ- "
decessoribus nostris tempore quo Villa Costæ Sancti Andreæ do- "
minio Comitis Sabaudiæ subjacebat, & dictos suos homines "
de eisdem decem sestariis avenæ liberavimus & liberamus, & "
erga dictum Castellanum Morasij liberatos esse volumus per- "

„ petuò, & dicto Bermundo & suis prædictis applicavimus &
„ applicamus, quittamusque, donamus & remittimus. Cæterum
„ & ultra eidem concessimus Bermundo pro nobis & nostris, ut
„ ipse & sui prædicti levent & habeant perpetuò in ipsis loco &
„ Mandamento Theuderi unum Toloneum seu Pedagium, & à
„ transeuntibus exigant pro eodem unum denarium Turonensem
„ pro qualibet bestia onerata mercantiis. Et ulteriùs quod ipse
„ Bermundus & sui prædicti pro se & eorum familia, quoties &
„ quando in ipso loco de Theudero moram fecerint, piscari pos-
„ sint & piscari facere in riparia de fontibus nostris Belliriparij
„ sine solvendo tributum sive emendam nobis vel Officiariis nos-
„ tris quibuscunque ad usum eorumdem & suæ familiæ. Postre-
„ mò dicto Bermundo & suis prædictis in dicto Castro de Theu-
„ dero, hæredibus & successoribus suis concedimus attenta sta-
„ bilitate loci & Mandamenti, paupertatéque subditorum suo-
„ rum considerata, ut quotiescunque Gentes trium Statuum Pa-
„ triæ nostræ nobis & successoribus nostris subsidium concedent,
„ quantacunque sit ipsius subsidij summa, quitti sint & immunes
„ pro quolibet subsidio, pro tribus focis seu trium focorum tan-
„ tummodo nobis seu Receptoribus nostris, & successorum nos-
„ trorum duntaxat solvendorum, & ad Majorem quotam seu
„ ratam taxari non possint, nec ad solvendum compelli nomini-
„ bus nostro & successorum nostrorum. Mandantes propterea di-
„ lectis & fidelibus nostris Gubernatori & Gentibus Consilij
„ nostri Gratianopoli residentis, Thesaurarióque & Auditoribus
„ Cameræ nostræ Computorum Delphinalium, ac Castellanis
„ Morasij, Belliriparij, Costæ Sancti Andreæ & aliis quibuscun-
„ que ad quos pertinuerit, seu eorum Locatenentibus qui nunc
„ sunt & pro tempore fuerint, quatenus ipsum Bermundum &
„ suos hæredes & successores prædictos in ipso loco de Theu-
„ dero his præsentibus nostris dono & concessione uti, frui, &
„ gaudere faciant & permittant, nullúmque faciant aut apponant
„ impedimentum, & Castellanum prædictum Morasij à dictis de-
„ cem sestariis avenæ annualibus perpetuis temporibus in suis
„ computis exonerent, & quem præsentium tenore exoneramus,
„ & exoneratum esse volumus. Et si quis contra ipsas concessio-
„ nes & donationes præmissorum contra fecerit, aut impedimen-
„ tum aliquod imposuerit dicto Bermundo vel suis prædictis in-
„ dignationem nostram noverit incursurum, quoniam prædicta
„ sic fieri & esse volumus & jubemus. Et dicto Bermundo pro
„ se & suis prædictis ex nostra certa scientia & proprio motu con-

ceſſimus & concedimus per præſentes non obſtantibus Conſue- "
tudinibus, Uſibus, & Statutis Delphinalibus, vel aliis contra- "
riis, Literiſque ſubreptitiis vel obreptitiis impetratis vel impe- "
trandis quibuſcunque. In cujus rei teſtimonium Sigillum ma- "
gnum noſtrum his præſentibus fecimus apponere. Datum in dic- "
to Caſtro de Theudero die decima menſis Julij, anno Domini "
milleſimo quatercenteſimo quinquageſimo. Per Dominum "
Delphinum vobis Archiepiſcopo Gubernatore Delphinatus, "
Magiſtro Antonio Bolomerij, Guillelmo Beçay, Nicolao Er- "
landi & pluribus aliis præſentibus. Thorelli. "

L'ARREST DE MORAS.

ENtre les Conſuls & Communauté de Moras & Lens Leſtang, com- "
poſée des trois Ordres, prenant cauſe en main pour Claude de "
Planies, demandeurs en exécution d'Arreſt de la Cour du 20. Juillet "
1663. d'une part, & Noble Claude Davity Conſeiller du Roy & Maî- "
tre ordinaire en ſa Chambre des Comptes de Dauphiné, défendeur "
d'autre. "

Et entre ledit de Planies appellant de la Sentence donnée par le "
Vibailly de Graiſivodan le 15. Fevrier 1662. d'une part, & ledit Da- "
vity d'autre. "

Et entre ledit de Planies demandeur en enterinement de Lettres "
Royaux en forme de Requête civile, du 28. de Juillet 1662. tendant "
à être reſtitué contre l'Arreſt du dernier de Juillet 1652. d'une part, "
& ledit Davity défendeur d'autre. "

Et entre leſdits Conſuls prenans cauſe en main pour ledit de Pla- "
nies demandeur en enterinement deſdites Lettres Royaux en forme "
de Requête civile, impetrées par ledit de Planies d'une part, & ledit "
Davity défendeur d'autre. "

Et entre ledit Davity demandeur en garantie & aſſiſtance de cau- "
ſe, & incidemment en Lettres Royaux en forme de Requête civile du "
13. d'Avril 1663. tendant à être reſtitué en entier contre ledit Arrêt "
de 1652. d'une part; & Noble Eſtienne de Leſtang Sieur de Murat "
défendeur d'autre. "

Et entre leſdits Conſuls demandeurs en aſſiſtance de cauſe d'une "
part, & le Procureur Général défendeur d'autre. "

Et entre ledit Davity demandeur en enterinement de Lettres „
Royaux en forme de Requête civile du 23. de Juin 1665. tendant à „
être reſtitué contre l'Arreſt du 20. de Juillet 1663. d'une part, & ledit "
de Planies, Conſuls, & Murat, & Procureur Général reſpective- "
ment défendeurs d'autre. "

Veu, &c. "

LA COUR ſans s'arrêter aux Lettres Royaux en forme de Requê- "

,, te civile dudit Davity du 23. de Juin 1665. de laquelle l'a débouté
,, sans amende, & pour cause, ayant tel égard que de raison aux Let-
,, tres Royaux en forme de Requête civile dudit de Planies, employées
,, par lesdits Consuls, & celles dudit Davity contre l'Arrest du dernier
,, Juillet 1652. pour raison des Lods demandez des ventes & autres
,, alienations des fonds & héritages qui ne sont asservis à aucune cense,
,, dit le procès se pouvoir juger sans enquerir de la vérité des reproches :
,, Et passant outre au principal, faisant droit sur les fins & conclusions
,, des Parties déclare, que les Fonds & Héritages allodiaux & qui ne
,, sont asservis à aucune Cense située dans le Mandement dudit Moras,
,, sont francs & exempts de payer aucuns Lods à raison des ventes &
,, autres alienations qui sont faites d'iceux : Et a maintenu le Roy en
,, la possession de percevoir tous les autres Droits & Revenus de sadite
,, Terre de Moras desquels il joüissoit avant ledit Arrêt de 1652. sui-
,, vant & à la forme d'icelui, sans dépens entre toutes les Parties ;
,, Condamne ledit de Murat à rendre & restituer audit Davity les som-
,, mes par lui reçües dudit Davity pour raison des Lods des Fonds al-
,, lodiaux par lui possedés avec interêts dès la reception, ensemble aux
,, dépens de l'instance de garentie depuis qu'il a été mis en cause, les
,, autres compensés. FAIT à Grenoble en Parlement le 12. d'Août
,, 1666.

*L'Arrêt du Parlement de Paris, prononcé en l'Audiance de la Grand' Chambre
par M. de Lamoignon premier Président, le Vendredy onziéme d'Août
1662. sur le sujet du Franc-Alleu.*

,, ENtre Messire Antoine Girard Conseiller du Roy en ses Conseils,
,, Procureur Général en sa Chambre des Comptes Seigneur d'Es-
,, pinay sur Seine, Appellant d'un Appointement en Droit rendu par
,, les Gens tenans les Requêtes du Palais à Paris, le 19. Mars 1660.
,, demandeur en Requête civile du   jour de   1661. ten-
,, dante à ce qu'il plût à la Cour évoquer la demande par lui intentée
,, aux Requêtes du Palais contre l'Intimée & défenderesse cy-après nom-
,, mée, par Exploit du 30. Juillet 1659. à ce qu'elle fut tenuë d'aug-
,, menter la déclaration qu'elle a fournie audit Girard le 23. Juin audit
,, an 1659. des Héritages qu'elle tient & possede au Terroir dudit
,, Espinay, premierement comme prétendant ledit Girard lesdites Mai-
,, sons & Héritages être assis en sa censive, à cause de ladite Seigneu-
,, rie d'Espinay, & outre que ladite Dame Intimée & Défenderesse
,, sera tenuë d'exhiber tous & chacuns les Contracts d'acquisition qu'el-
,, le a fait au dedans de ladite Seigneurie d'Espinay, payer les cens,
,, ventes & devoirs Seigneuriaux, & aux dépens d'une part. Et Da-
,, me Magdeleine le Cogneux veuve de défunt Messire Christophle de
,, Thumary vivant Chevalier, Seigneur de Boissise, Intimée & Défende-
,, resse audit principal, d'autre part ; sans que les qualitez puissent nuire
,, ny préjudicier aux parties.

Après que du Rieu pour ledit Girard a conclu en son appel, & au "
principal dont il a requis l'évocation, & que Sachot pour l'Intimée "
a dit que feu Madame le Coigneux mere de sa Partie acquit en "
Franc-Alleu la maison & cinquante-cinq arpens de terre appellée le ", "
Mont sur Espinay, & quelques autres Terres en la Censive de diffe- "
rens Seigneurs ; Qu'à l'égard de la maison & desdits cinquante-cinq "
arpens de terre elle soûtient qu'ils étoient en Franc-Alleu, comme il "
apparoît par son Contract d'acquisition ; Qu'à l'égard des Terres par "
elle acquises en censive il y en avoit partie dont-elle avoit passé "
reconnoissance au Seigneur d'Argenteüil, & que de l'autre partie qui "
consistoit en quatorze arpens elle en avoit passé reconnoissance à "
l'Appellant d'environ six arpens, & offroit de l'augmenter jusqu'à ", "
quatorze en la garentissant envers les autres Seigneurs qui pour- "
roient prétendre ladite Censive. Que pour ce qui regardoit ladite "
Maison, & cinquante-cinq arpens de terre acquis en Franc-Alleu "
par ladite Dame sa mere, elle n'étoit point obligée de raporter d'au- "
tres Titres que celui de son acquisition, parce qu'en la Coûtume de "
Paris y ayant grand nombre de Franc-Alleus, comme il paroît par "
les Articles 68. 132. & 302. de la nouvelle Coûtume, & par l'Arti- "
cle 46. de l'ancienne, comme aussi par le Procès-verbal de ladite ". "
Coûtume, par tous lesquels articles les Réformateurs n'ayant point "
obligé ceux qui possedent leurs héritages allodialement d'en rapporter "
des Titres, il y a lieu de présumer pour l'Alleu, c'est-à-dire, que "
tous les Héritages dépendans de ladite Coûtume étoient demeurez en "
la liberté naturelle & ancienne, telle qu'elle étoit auparavant l'intro- "
duction des Censives & des Fiefs, que c'étoit l'opinion de du Mou- "
lin sur l'art. 46. de l'ancienne Coûtume lors que cette présomption "
générale se trouvoit aydée d'une possession centenaire : Ce qu'il avoit "
trouvé si favorable qu'il avoit soûtenu que ladite possession centenai- "
re devoit même faire présumer les Titres dans les Coûtumes qui obli- "
geoient les détenteurs d'en rapporter. Que dans le fait qui se pre- "
sentoit l'Intimée avoit l'avantage non-seulement de ladite possession "
centenaire, mais qu'elle pouvoit dire qu'elle en avoit une immemo- "
riale, puisque l'appellant ne pouvoit pas faire voir qu'il eut aucun "
Titre ny Reconnoissance du Cens, n'en ayant jamais pû présenter, "
quoy qu'il en ait été sommé par l'Intimée : Et que ce n'étoit pas assez "
à lui de dire qu'il étoit Seigneur d'Espinay, & que par conséquent la "
Censive lui étoit düe sur ladite Maison & Terres, parce qu'il n'étoit "
pas Seigneur d'un Terroir limité, comme il paroissoit par les Recon- "
noissances que l'Intimée avoit passées à d'autres Seigneurs, & que "
quand il le seroit, ladite Maison & Terres n'ayant point payé de "
Censives n'y en ayant nul Titre ny Reconnoissance, il falloit dire "
que l'appellant même & ses Auteurs avoient jugé ladite Maison & "
Terres en Franc-Alleu & exempt de leurs Censives. Et quant aux "
deux objections qui étoient faites à l'Intimée, l'une qu'il n'y a nulle "
Terre sans Seigneur, & l'autre que le cens ne se prescrit point, il "

„ étoit très-facile d'y répondre. Car quant à la premiere tirée de cette
„ Regle ou Brocard de Droit, *nulle Terre sans Seigneur*, elle ne se de-
„ voit pas entendre de la Seigneurie directe telle qu'elle appartient au
„ Seigneur Censier, mais de la Jurisdiction de laquelle il n'y a per-
„ sonne qui soit entiérement exempt, & qui en ce sens ne reconnoisse
„ quelque Seigneur. Que c'étoit la maniere dont du Moulin sur ledit
„ §. 46. l'avoit entenduë, parce que si ce Brocard s'entendoit de la
„ Seigneurie directe, il s'ensuivroit qu'il n'y auroit point de Franc-Al-
„ leu en France, ce qui ne se peut soûtenir. Que la seconde objec-
„ tion étoit encore moins considerable, parce qu'il est bien veritable
„ que le Cens ne se prescrit point, comme il est dit en l'art. 124.
„ de nôtre Coûtume, mais que c'étoit en un cas exprimé par le mê-
„ me article, sçavoir quand il y a Titre ou Reconnoissance, & que
„ par conséquent quand il n'y avoit ny Titre ny Reconnoissance le Cens
„ se prescrivoit ; quoy qu'il en soit, le détenteur s'en pouvoit prétendre
„ exempt, autrement il faudroit effacer dudit article ces mots *quand il*
„ *y a Titre ou Reconnoissance*, comme inutiles, non-seulement si la pré-
„ tention de l'Appellant avoit lieu, qu'il falut rapporter Titre du
„ Franc-Alleu, pour s'exempter dudit Cens, & que la possession im-
„ memoriale ne suffit pas, il faudroit effacer ledit article 124. mais
„ encore tous ceux qui parlent du Franc-Alleu, parce que personne
„ n'ayant jusqu'à present vû en la Coûtume de Paris de Titre erectif de
„ Franc-Alleu, il faudroit dire qu'il n'y en auroit point, & que lesdits
„ articles seroient inutiles. Mais que l'Intimée pouvoit non-seulement
„ avancer qu'elle avoit la possession immémoriale, qui seule suffiroit,
„ mais un Titre, puisque la Dame sa mere a acquis en Franc-Alleu,
„ & que même elle a une Sentence renduë par le Prévôt de Paris le
„ 19. Juin 1629. qui a jugé avec le Receveur de Monsieur de Mont-
„ morency, duquel l'apellant a acquis ladite Seigneurie d'Espinay, que
„ ladite maison & les cinquante-cinq arpens en dépendans étoient en
„ Franc-Alleu. Laquelle Sentence étant renduë il y a plus de trente ans,
„ l'Appellant n'étoit plus recevable à en interjetter appel, & par
„ conséquent il y avoit lieu, évoquant le principal, de déclarer les
„ offres de l'Intimée bonnes & valables, qui sont d'augmenter sa décla-
„ ration jusques à quatorze arpens, en garentissant envers les autres
„. Seigneurs qui pourroient prétendre ladite Censive, & de la renvoyer
„ du surplus des autres demandes de l'Appellant absoute avec dépens.
„ Et oüy Bignon pour le Procureur Général du Roy. La Cour a mis &
„ met l'appellation & ce dont a été appellé au néant ; Emandant, évo-
„ quant le principal & y faisant droit à condamné la partie de Sachot
„ de son consentement à payer la Censive des quatorze arpens de Ter-
„ roir dont est question ; & en passer déclaration au profit de la partie
„ de du Rieu : Et sur le surplus de sa demande les Parties hors de Cour
„ & de Procès sans dépens. FAIT en Parlement le onziéme Août
„ mil six cens soixante-deux.

CHAPITRE LIV.

Qu'en Dauphiné les Cenſes & Rentes directes ſont reputées de Franc-Alleu s'il n'y a Titre au contraire.

'EST une erreur de croire qu'il n'y ait point de Cenſe ou Rente directe qui ne releve en Fief du Seigneur Haut-Juſ-ticier dans la Terre duquel elles ſont düës. Le Parlement a déclaré le contraire par ſon Arrêt général du 16. Décembre 1649. qui a pour fondement deux raiſons outre l'uſage.

L'une qu'en Dauphiné non plus qu'au reſte du Royaume le Fief n'eſt jamais préſumé. Il faut qu'il y ait Titre ou Coûtume qui en diſpoſe pour obliger le poſſeſſeur du Terrier de ſe preſenter en qualité de Vaſſal tête nuë & les mains jointes devant le Seigneur Haut-Juſticier, qui ne montrant rien pour établir ſon droit de Féodalité ne doit éxiger un devoir qui n'a jamais été prétendu par ceux qui l'ont dévancé.

La ſeconde raiſon eſt que les Fonds & Héritages que les Juriſconſultes nomment *res ſoli* étant reputez Francs & Allodiaux de leur nature, s'il arrive qu'ils ſoient albergés, & baillés en emphytéoſe, il n'eſt point de doute que la Cenſe ou Rente emphyteutique ne retienne la franchiſe du Fonds qui la doit : Même que la proprieté du Fonds demeure toûjours au Seigneur direct, ce qui a donné ſujet à Cujas de mettre l'Emphytéoſe entre les eſpeces de l'Uſufruit.

La verité de cette franchiſe & liberté naturelle ſe juſtifie auſſi par une infinité de Contracts qui ſe trouvent dans les anciens Protocols des Notaires contenans des ventes de Cenſes que le Vendeur qualifie *de puro, mero & franco Allodio.*

Et à ce propos j'ay remarqué dans un Regiſtre de la Chambre des Comptes intitulé, *Retentionum ab anno 1435. fol. 171.* que Jean Paviot Secretaire de la Chambre ayant acquis de Noble François de Montfort pluſieurs Cenſes dans les Mandemens de Theys & de la Pierre que le Vendeur avoit maintenuës de Franc-Alleu, & dépuis s'étant trouvées Féodales de Sa Majeſté, l'Acquereur fut pourſuivi au payement des Lods ; ce qui l'obligea d'appeller en garantie Termon de Montfort fils & héritier du Vendeur. Sur quoy fut donné Arrêt par le Conſeil Delphinal du 5. Juillet 1447. par lequel François Paviot fut condamné au payement des Lods & Ventes, eu égard à ce que les Cenſes valoient moins que ſi elles euſſent été franches & allodiales, & le garend à le dédommager. Voicy la teneur de l'Arrêt.

Venerabile Conſilium Delphinale viſis petitis per partem Fiſcalem, ac homagiis & recognitionibus producis in Camera Computorum Delphinalium exiſtentibus, & Litteris venditionum per dictum Pavioti producis ac petitis per eum, & reſponſione ac aliis dictis, propoſitis & petitis per dictum Termonum de Monta-

forti quondam, ac informationibus per eum productis ad sui requisitionem sumptis: Et super omnibus habita matura deliberatione ac conferentia cum Dominis Auditoribus dictorum computorum pronunciavit & declaravit census & reditus per dictum Pavioti à dicto quondam Nobili Francisco de Monteforti acquisitos teneri & moveri de Feudo & directo dominio Domini nostri Delphini, & propterea dictum Pavioti emptorem teneri ad laudimia & venditiones debitas, & ad quas solvendum Domino Thesaurario Delphinali nomine Delphinali secundum taxationem in dicta computorum Camera fiendam, habito tamen respectu & facta detractione hujus quod majus pretium dedit dictus Pavioti de dictis reditibus qui asserebantur franchi, quam dedisset si asserti fuissent teneri de Feudo & dominio directo prædictis, dictum Pavioti condemnavit & condemnat; condemnando etiam dictum Termomum de Monteforti hæreditario nomine prædicto ad servandum indemnem dictum Pavioti ad causam dictorum laudimiorum & venditiomom, ac damnorum & interesse ratione dicta pluris emptionis, neutram partem in expensis condemnando.

Cet Arrêt justifie deux choses : l'une qu'il y a des Censes allodiales ; l'autre que la preuve du Fief est à la charge de celui qui le prétend ; puisque le Procureur Général du Roy produisit les Hommages & les Reconnoissances. *Visis Homagiis & Recognitionibus productis*, quoy que les Terres de Theys & de la Pierre où les Censes étoient dûes fussent du Domaine de Sa Majesté.

Au reste, les descendans de ce François Paviot seront bien aises d'apprendre qu'il étoit arriere fils de Messire Jean Paviot Chevalier qui vint de Picardie avec Charles de Bouville Gouverneur de Dauphiné, dont il est qualifié Compagnon dans un Acte du 21. d'Août 1385. qui est dans les Registres de la Chambre des Comptes au Livre intitulé *Compositiones fol. 80.* par lequel Acte ce Jean Paviot en cette qualité approuve & ratifie ce que le Conseil Delphinal résidant à Grenoble avoit fait sur le sujet du Testament & Codicille de Charles de Bouville, *Vir nobilis*, porte l'Acte, *Dominus Joannes Pavioti Miles socius quondam bonæ memoriæ Domini Caroli de Bovilla Gubernatoris Delphinatus.*

CHAPITRE LV.

Reglement fait par le Roy, entre les trois Ordres de Dauphiné le 24. Octobre 1639.

A memoire est récente du grand procès qui fut intenté par le tiers Etat de Dauphiné contre les deux premiers Ordres, pendant lequel M. le Comte de Suse, M. de Paris Montanegre, & moy qui n'étois pas encore en charge fûmes députés à Sa Majesté l'année 1637. pour la défense des interêts de l'ancienne Noblesse : Quelques autres le furent dépuis. Mais enfin après divers Arrêts il fut terminé par un définitif donné à Lyon le 24. Octobre 1639. qui déclare les Tailles réelles, & fait quelques autres Réglemens entre les Nobles de l'une & de l'autre Robe, dont j'ay crû devoir mettre la teneur dans ce Recüeil, parce que c'eſt le plus notable changement qui ſoit arrivé en cette Province, depuis qu'elle a été ſoûmiſe à nos Roys, & qu'il y a quelques articles qui ſervent à mon ſujet. Ce n'eſt pas à nous qui ſommes ſous la domination la plus douce, la plus juſte & la plus legitime d'en pénétrer les raiſons. Nos Roys ne font jamais de nouveaux établiſſemens qu'ils n'ayent pour objet le bien général de leur Etat, & celui de leur Couronne.

EXTRAIT DES REGISTRES DU CONSEIL D'ESTAT

LE ROY étant en la Ville de Grenoble, ayant été très-particulierement informé des diviſions qui ſont entre les trois Ordres de la Province de Dauphiné, par l'inexécution des Arrêts rendus en ſon Conſeil des dernier May 1634. 9. Janvier 1636. 23. May 1637. & 6. Avril 1639. ſur la forme de la levée & perception des Tailles, tant ordinaires qu'extraordinaires. Et Sa Majeſté ayant été très-humblement ſuppliée, tant par ſon Lieutenant Général en ladite Province le Sieur Duc de Leſdiguieres, que par tous les Ordres, Cours & Compagnies, & ſes Officiers dudit Païs, de vouloir apporter un Ordre certain & aſſeuré, par le moyen duquel la Province pût être rëünie, & pût vivre doreſnavant hors de la confuſion où elle eſt à preſent, & de vouloir pour cet effet commettre tels des Sieurs de ſon Conſeil qu'elle jugeroit à propos, pour être informée des plaintes & doleances que chacun deſdits Ordres avoit à propoſer contre l'exécution deſdits Arrêts, pour enſuite en étant veritablement informée, ordonner & déclarer ſa volonté, leur établir une Loy ſous laquelle ils puiſſent cy-après vivre en repos, pour être d'autant plus en état de la ſervir. Surquoy Sa Majeſté auroit ordonné, que les Députez deſdits trois Ordres, & des Cours & Compagnies de la Province de Dauphiné, remettroient leurs Titres, Plaintes, Papiers, Avis & Moyens pour regler les differens qui ſont entr'eux. En exécution de quoy le Sieur Archevêque d'Embrun, aſſiſté de pluſieurs Prélats députez des Chapitres pour le Clergé de ladite Province, & les Sieurs Marquis de Breſſieux, Montcha, S. Jullien, Aiguebonne, Boffin, de Greſſe, & autres pour la Nobleſſe, les Sieurs de la Coſte Préſident en la Cour de Parlement, du Faure & Gallien Conſeillers, de Lyonne Maître Auditeur en ſa Chambre des Comptes, de Lauberiviere Avocat Général en ladite Chambre, & de Chaulnes Préſident Tréſorier Général de France, députez deſdites Compagnies; & les Sieurs Guerin Conſeiller en la Cour des Aydes de Dauphiné cy-devant député, Amat, Broſſe Syndic du Tiers Etat, Bernard, & pluſieurs autres, tant Conſuls, que principaux du tiers Ordre, ont été par pluſieurs & diverſes fois oüis pardevant lefdits Commiffaires, par lefquels les Titres cy-devant produits & mentionnez és Arrêts de l'an 1602. & 1634. 1636. & 1639. ont été éxaminez & vûs en prefence des Députez cy-deffus, lefdits Députez mêmes entendus en prefence les uns des autres par lefdits Commif-faires. Et oüi le rapport qui a été fait par le Sieur d'Hemery Confeil-ler au Confeil, Intendant & Controlleur Général des Finances. Et tout confideré.

1. LE ROY étant en fon Confeil, a déclaré & déclare, confor-mément aufdits Arrêts, Réglemens, & Articles donnez de part & d'au-tre par les parties, les Tailles de la Province de Dauphiné purement réelles & prédialles. A ordonné & ordonne, que tous les héritages Roturiers fituez dans ladite Province, demeureront ores & à perpetuité contribuables aux Tailles, Taillon, crüe des Garnifons, & autres Sub-fides & Impofitions de deniers, tant ordinaires, qu'extraordinaires qui fe feront dans ladite Province.

2. En quoy ne feront compris les héritages Roturiers des Ecclefiaf-tiques, Beneficiers, Chapitres, Hôpitaux, Colleges, & Commu-nautez, qui font des dotations & fondations de l'Eglife, faites aupa-ravant le premier jour de May 1635. jour & datte des Articles fignez & propofez par le Sieur Murinés Procureur des trois Ordres dudit Païs, lefquels demeureront cy-après exempts de toutes Tailles, Impo-fitions & levées de deniers qui fe feront en ladite Province.

3. Et voulant Sadite Majefté traiter favorablement fa Nobleffe de ladite Province, de l'une & l'autre Robe; A ordonné & ordonne que tous Héritages roturiers poffedez auparavant ledit jour premier de May 1635. par les Nobles qui ont acquis le Titre de Nobleffe au-paravant l'Arrêt du 15. Avril 1602. Enfemble par ceux qui ont ob-tenu Lettres de Déclaration, dont la Nobleffe avoit été revoquée par ledit Arrêt de 1602. feront & demeureront à perpetuité francs & exempts de toutes Tailles, Impofitions & levées de deniers, tant ordi-naires qu'extraordinaires, qui fe feront dans ladite Province, en quel-que main que les héritages paffent cy-après.

4. Comme auffi les héritages de ceux qui ont obtenu Lettres de réta-bliffement au cas de Droit, foit avant, ou après l'an 1602. & qui ont été dûëment verifiées, parties appellées, demeureront exempts de tou-tes Tailles jufques audit jour premier May 1635.

5. Et défirant auffi Sa Majefté traiter favorablement les Officiers de fadite Province: A ordonné & ordonne que les héritages Roturiers ac-quis & poffedez auparavant ledit jour premier May 1635. par les Préfidens, Confeillers, Avocats & Procureur Généraux de fa Cour de Parlement, Préfidens, Maîtres, Correcteurs, Auditeurs, Avo-cat & Procureur Généraux du Roy en la Chambre des Comptes, & an-cien Treforier de France en la Généralité de Dauphiné, qui étoient pourvûs aufdits Offices, & reçûs en iceux avant le 15. Avril 1602. Enfemble les héritages des enfans des Officiers fufdits ne feront compris és Regiftres & Cadaftres, & demeureront francs & exempts de toutes

Tailles, Impositions & Levées de Deniers, en quelques mains qu'ils paſſent, pourveu que leſdits Nobles, Officiers, & leurs enfans n'ayent
dérogé à Nobleſſe.

6. Et quant aux héritages roturiers que leſdits Eccleſiaſtiques, Nobles, rétablis, & Officiers ont acquis, ou leur ſont éſhûs, à quel titre
que ce ſoit de ceux du tiers Etat, ou autres déclarés taillables par le preſent Reglement depuis ledit jour premier May 1635. ſeront compris
aux Cadaſtres des lieux où leſdits héritages ſont ſituez, pour y être taxés & impoſés, & demeurer taillables à perpetuité.

7. Comme auſſi les héritages Roturiers acquis & poſſedez par ceux
qui ont obtenu Lettres d'Annobliſſement depuis ledit jour 15. Avril
1602 d'autres perſonnes que celles qui ſont déclarées Nobles & exempts
par le preſent Arrêt, & pour les acquiſitions tant ſeulement deſdits
Nobles & exempts depuis ledit jour 15. Avril 1602. ſeront nonobſtant
les Articles troiſiéme & cinquiéme de l'Arrêt du 6. Avril dernier (que Sa
Majeſté a revoqué) compris aux Cadaſtres & taillables à perpetuité,
pour le total de la valeur, ou eſtime qui a été ou ſera faite de leurſdits
héritages.

8. Et à l'égard des héritages Roturiers acquis d'autres perſonnes que
celles qui ſont déclarées Nobles & exempts par le preſent Arrêt, &
pour les acquiſitions faites dépuis ledit jour 15. Avril 1602. deſdits Nobles & exempts, par les Preſidens, Conſeillers, Avocats & Procureurs
généraux du Roy en ladite Cour de Parlement, Preſidens, Maîtres,
Correcteurs, Auditeurs, Avocat & Procureur généraux du Roy en la-
ladite Chambre des Comptes, & ancien Tréſorier de France en ladite
Généralité, dont les Peres ou Ayeuls n'ont été pourvûs de pareils Offices auparavant ladite année 1602. ſeront compris aux Cadaſtres, &
taillables à perpetuité en quelque main qu'ils paſſent à l'avenir.

9. Et pour faciliter aux Officiers dudit Parlement, Chambre des
Comptes, & Tréſoriers de France, le payement des ſommes auſquelles
leurs héritages roturiers ſeront cottiſés, Sa Majeſté accorde au Premier
& quatre anciens Preſidens du Parlement, à chacun d'eux la ſomme de
deux cens livres; & aux vingt plus anciens Conſeillers, y compris l'ancien des Avocats & Procureur Généraux, la ſomme de cent cinquante
livres : Et au premier & ſecond Preſident de la Chambre des Comptes,
à chacun la ſomme de deux cens livres : & aux ſix plus anciens Maîtres
Auditeurs, & à l'Avocat & Procureur Général, à chacun cent cinquante livres. Et à chacun des quatre Preſidens des Tréſoriers de France la
ſomme de ſix vingts cinq livres : au plus ancien des Tréſoriers de France, la ſomme de cent livres, & à l'Avocat & Procureur du Roy du
Bureau pareille ſomme de cent livres par chacun an; le tout par forme
de penſion ; revenant à la ſomme de ſix mille quatre cens livres, de
laquelle il ſera fait fonds tous les ans dans les Etats de Sa Majeſté pour
tous leſdits Officiers, pour être icelle ſomme payée par le Receveur du
Pays, ſur les quittances deſdits Officiers, leſquelles penſions ſeront
continuées aux Officiers qui ſuccederont en leurs Charges à l'avenir.

Et s'il se trouve que les cottes des Tailles des Officiers cy-dessus specifiez se montent moins que leur pension, le surplus de ladite pension sera distribué aux Officiers plus anciens desdites Compagnies, & Bureau des Finances possedans biens Ruraux, jusques à la concurrence de leurs cottes seulement, suivant l'ordre de reception.

10. Et désirant Sa Majesté pourvoir à la conservation des Familles de ceux qui ont obtenu Lettres de Noblesse depuis l'année 1602. Veut & ordonne qu'ils puissent prendre la qualité de Noble, ainsi qu'ils faisoient auparavant l'Arrêt du dernier May 1634. & autres ensuivis, & joüir des Privileges accordés aux personnes Nobles de ladite Province, sans préjudice de la réalité des Tailles, & sans que sous ce prétexte ils puissent prétendre l'exemption des héritages roturiers qu'ils possedent, autres que ceux qui sont cy-dessus déclarez exempts.

11. Veut & ordonne Sadite Majesté, que les Facultez mobiliaires, Industrie, Obligations, Rentes constituées, & autres moyens secrets appartenans aux Ecclesiastiques, & aux Nobles dudit Païs, ensemble aux Presidens, Conseillers, Avocats & Procureur Généraux du Parlement, Presidens, Maîtres, Correcteurs, Auditeurs, Avocat & Procureur Généraux en la Chambre des Comptes, Présidens, Conseillers, Avocat & Procureur Généraux de la Cour des Aydes & Finances de ladite Province, Présidens & Trésoriers de France, Avocat, & Procureur du Roy dudit Bureau & Vibailly de Gresivodan, seront francs & exempts de toutes Tailles, comme aussi les Facultez mobiliaires des premiers Secretaires, & premiers Huissiers desdites Compagnies.

12. Que les susdits Officiers du Parlement, Chambre des Comptes, Cour des Aydes, & Bureau des Finances de la Généralité de Grenoble, qui ont eu, ou qui auront Pere & Ayeul exerçant lesdits Offices, ou qui auront servi vingt ans en iceux, acquerront Titre de Noblesse à eux & à leurs enfans, sans préjudice de la réalité des Tailles, & sans que sous ce prétexte ils puissent prétendre l'exemption des héritages Roturiers qui sont contribuables aux Tailles.

13. Et pour prévenir les abus qui se pourroient commettre en la cottisation des Facultez mobiliaires, Trafic & Industrie des Gens du tiers Ordre de ladite Province : Sa Majesté interpretant & modifiant l'Article 8. de l'Arrêt du 6. Avril dernier. Veut & ordonne que les Docteurs & Avocats ne soient taxés pour leurs Industries, ni les Secretaires & Huissiers des Cours Souveraines, pour raison de leurs Offices seulement : & que lesdits Gens du tiers Etat ne soient taxés ausdites Tailles pour leurs meubles meublans, ains seulement pour leurs obligations, rentes constituées, pensions & autres moyens secrets, ensemble pour leurs Bestiaux, autres que ceux de labour servant à la culture des héritages Roturiers de ladite Province. N'entend Sadite Majesté que la cottisation desdites Facultez mobiliaires, Trafic & Industrie excede, sçavoir dans les Villes la huitiéme de la somme qui s'imposera, dans les gros Bourgs & Villages ayans Foires & Marchés la dixiéme, & aux autres Parroisses & Communautez la douziéme, sauf aux gens dudit

tiers

tiers Etat habitans aufdites Villes, Bourgs & Communautez d'en ufer ainfi, & comme ils ont bien & dûëment fait par le paffé, ou qu'ils verront devoir faire à l'avenir entr'eux pour faciliter la levée des Tailles.

14. Et pour les Fermiers des Ecclefiaftiques, Nobles & Officiers du Parlement, Chambre des Comptes, Cour des Aydes, & Bureau des Finances, ne pourront être cottifez que pour les biens qui leur appartiennent en leur propre, fans que les Fermes qu'ils tiennent puiffent entrer en confideration de l'impofition de la Taille, & que pour raifon d'icelles ils puiffent être impofez.

15. Que les Veuves, foit qu'elles foient iffuës des familles Nobles, ou Roturieres, fuivront la condition de leurs Maris fuivant le Droit commun, nonobftant l'Article huitiéme de l'Arrêt de l'année 1636.

16. Et afin que les poffeffions des Particuliers ne foient toûjours incertaines, Sa Majefté a révoqué & révoque la Faculté de rachat cy-devant accordée à ceux du tiers Etat, de retirer des Nobles & Officiers les biens par eux aliennés, fors & excepté pour les héritages vendus à faculté de rachat, lefquels ils pourront retirer fuivant les claufes portées par les Contrats.

17. Que lefdits Ecclefiaftiques, Nobles, Officiers feront & demeureront exempts des logemens de gens de Guerre dans leurs maifons, à la charge néanmoins de contribuer pour leurs héritages qu'ils poffedent fujets aux Tailles, aux frais des Logemens, Etapes & levées qui fe feront pour lefdits gens de Guerre.

18. Et ayant Sa Majefté été fuppliée par les Nobles hauts-Jufticiers de ladite Province de leur vouloir accorder de pouvoir poffeder franchement les héritages Roturiers qui leur font cenfe, rente, ou tâche, en cas de déguerpiffement d'iceux héritages ; Sadite Majefté voulant pourvoir aux abus qui fe pourroient commettre, déclare que lefdits héritages ne pourront être déguerpis pour quelque caufe & occafion que ce foit.

19. Et attendu l'interêt que les Nobles peuvent avoir à l'avenir au fait des impofitions & levées des Tailles ; Veut & ordonne Sadite Majefté, qu'ils auront entrée & voix déliberative dans les Affemblées qui fe feront pour raifon de ce dans les Villes & Communautez de ladite Province.

20. Et fi aucun defdits Nobles hauts-Jufticiers tant feulement vient à acquerir quelque héritage Roturier, fur lequel il bâtiffe, ou faffe baffe-Cour, Jardin, Verger ou Parc, enfermé de murailles, Sa Majefté veut qu'il puiffe affranchir lefdits héritages Roturiers jufques à la quantité de cinq Seterées mefure de Grenoble tant feulement, pourveu que la Haute-Juftice ne foit du Domaine de Sa Majefté, ou de l'Eglife. Et où il y auroit aucun des Hauts-Jufticiers qui eut acquis des Roturiers plus grand nombre de Seterée de terre que les cinq cy-deffus, depuis ledit jour premier May 1635. qu'il auroit par le paffé fait enfermer dans un Parc clos de mur, & non autrement ; Sa Majefté ordon-

ne, qu'en procedant au Cadaſtre en exécution du preſent Arrêt, leſdites Seterées de terre ſi elles ſont cloſes de mur, ne ſeront compriſes
és Regiſtres & Cadaſtres, & ſans que la preſente grace puiſſe être tirée
à conſéquence.

21. Veut & ordonne Sa Majeſté, que recherche ſoit faite de ceux
qui depuis quarante ans ont uſurpé le Titre de Nobleſſe ſans Lettres
dûëment vérifiées, pour être pareillement impoſés aux Tailles.

22. Et pour juger du Titre de Nobleſſe, Sa Majeſté ordonne, que
conformément au premier article de l'Arrêt du 6. Avril dernier, ceux
joüiront du Privilege de Nobleſſe, qui raporteront Extrait des Revi-
ſions des feux générales, ou particulieres, faites avant l'année 1602.
ou Lettres d'Annobliſſement dûëment vérifiées avant ledit temps, ou
Arrêts donnés contradictoirement avec les Communautez intereſſées,
ſur des Titres legitimes, & capables de donner Nobleſſe, ou qui ſe
trouveront en paiſible poſſeſſion de ladite Nobleſſe quarante ans auparavant le Reglement de l'année 1602. & deſquels elle n'a point été
depuis conteſtée, ſans que les Rolles ou Quittances d'arrierebans leur
puiſſent ſervir de Titres legitimes pour prouver ladite qualité de
Nobles.

23. Et quant aux Bâtards des Nobles, & leurs deſcendans, Sadite
Majeſté interpretant l'Article 12. de l'Arrêt du dernier May 1634.
Veut & ordonne que ceux qui ſont enfans legitimes iſſus de Peres &
Ayeuls qui étoient pareillement nez en legitime mariage, & qui ont
vêcu noblement, joüiſſent de tous les Privileges accordez aux Nobles
de ladite Province, quoy que leur Biſayeul fût Bâtard : Veut ſadite
Majeſté, que les deſcendans deſdits Bâtards nez vingt ans avant l'année
1602. joüiſſent de la qualité de Nobles, ſans préjudice de la réalité
des Tailles.

24. Sa Majeſté a déchargé & décharge les ſuſdits Eccleſiaſtiques,
Nobles, & Officiers des arrerages des Tailles, auſquelles les héritages
Roturiers ont été cottiſés en exécution deſdits Arrêts & Reglemens, &
qui ſont à preſent déclarés exempts, ſans repetition toutefois de ce qui
a été payé par eux pour les héritages Roturiers déclarés taillables par ce
preſent Reglement. En en conſéquence a fait, & fait Sadite Majeſté
pleine & entiére mainlevée des Gages ſaiſis auſdits Officiers en païant
par ceux qui ſe trouvent cottiſez leur cotte part des ſommes auſquelles
ils auront été cottiſez par le paſſé.

25. Ordonne Sadite Majeſté, que les indemnitez qui ſe trouveront
avoir été payées ſans fraude en fonds, ou rentes conſtituées, au profit
des Communautez par les Annoblis après 1602. leur ſeront renduës,
deduction faite par un préalable des ſommes auſquelles leurs héritages
euſſent été cottiſez dépuis le temps qu'ils ont commencé à joüir de l'e-
xemption juſques à l'année 1635. Et s'il ſe trouve que les ſommes auſquelles leurs héritages euſſent été cottiſez pendant qu'ils ont joüi de
ladite exemption, ſe montent à plus grande ſomme que le principal &
interêts ou fruits deſdites indemnitez, en ce cas ne ſeront tenus

les Particuliers rendre ce qu'ils se trouveront devoir ausdites Communautez.

26. Et voulant Sadite Majesté faire cesser les difficultez qui se rencontrent concernant l'exemption des Fiefs de ladite Province ; A déclaré & déclare, que tous les héritages qui sont compris, & specialement déclarez par tenans & aboutissans dans les anciens Actes de foy & hommage, ou anciens aveus & dénombremens en bonne forme, seront exempts de toutes Tailles & Impositions, tant ordinaires qu'extraordinaires.

27. Et au cas qu'aucuns Particuliers ayent fait par le passé des ventes & donations simulées de leurs héritages Roturiers au profit des Nobles & Officiers de ladite Province en fraude des Tailles, seront tenus iceux Particuliers le déclarer dans trois mois après la publication du present Arrêt, pour être compris és Registres & Cadastres, passé lesquels à faute de ce faire, lesdits héritages demeureront acquis & confisquez au profit du Roy, & réünis à son Domaine.

28. Et pour assûrer le payement desdites Tailles, Sa Majesté a ordonné & ordonne que conformément à l'Arrêt de son Conseil du 25. jour d'Août 1635. lesdites Tailles seront payées par préférence à tous dettes & hypoteques de quelque qualité qu'elles soient, sur les deniers provenans de la vente & adjudication des biens, tant meubles qu'immeubles déclarés contribuables aux Tailles par le present Reglement, sans que l'hypoteque acquise à Sa Majesté, & aux Communautez où les héritages cottisés seront situés, puisse être purgée par la vente & adjudication desdits biens immeubles, sous prétexte que les Collecteurs des Tailles auront négligé de s'y opposer.

29. Le tout sans que le present Arrêt fasse préjudice aux Baillages d'Embrun, Briançon, Gap, Upaix, Oysans, & autres lieux où tous les héritages sont Cadastrés, qui demeureront en tel état qu'ils ont été jusques à present.

30. Veut & ordonne Sadite Majesté, qu'à l'avenir ne seront données aucunes Lettres d'Annoblissement, ou Déclaration de Noblesse, ni établissement, ou création faites d'Officiers nouveaux, sinon aux charges & conditions que les héritages Roturiers desdits Annoblis, & Officiers, ne pourront être tirés des Cadastres des lieux où ils sont situés, & déchargés du payement des Tailles ausquelles ils seront contribuables par le present Arrêt.

31. Et afin qu'à l'avenir les Villes, Parroisses & Communautez de ladite Province soient taxées à proportion des héritages Roturiers qui sont déclarés contribuables par le present Reglement : Veut & ordonne Sadite Majesté, que conformément à l'Article second de l'Arrêt du dernier May 1634. Revision générale des Feux de ladite Province soit faite par le Commissaire qui sera à cette fin député par Sadite Majesté, pour être tous lesdits héritages Roturiers compris aux Cadastres & Registres, qui seront faits dans toutes & chacunes les Villes & Communautez dudit Païs, aux lieux où les héritages Roturiers sont situez,

defquels Cadaftres & Regiftres lefdits héritages Roturiers déclarés taillables ne pourront être tirés pour quelque caufe & occafion que ce foit,
ny affranchis defdites Tailles, fous pretexte de la condition & qualité des
Perfonnes qui poffederont lefdits héritages, foit Eccléfiaftiques, Nobles
& Officiers, en quelques lieux qu'ils foient demeurans; & ce nonobftant toutes Tranfactions, Arrêts, Reglemens, Lettres de Déclaration,
Exemptions, Privileges & Immunitez donnez au contraire.

32. Et voulant Sadite Majefté foulager les biens contribuables aux
Tailles, A ordonné & ordonne, que ladite Province de Dauphiné
demeurera déchargée à l'avenir de la fomme de cinquante mille livres
par an, dont le Brevet de la Taille fera d'autant diminué.

33. Veut & ordonne Sadite Majefté, que le prefent Arrêt foit pleinement exécuté felon fa forme & teneur, nonobftant tous Edits, Arrêts, Lettres de Déclaration, Tranfactions, Exemptions, Privileges
& Immunitez qui pourroient être données au contraire; & fi aucunes
ont été accordées, Sa Majefté les a revoquées & revoque par le prefent Arrêt. Enjoint à tous les Ordres de fadite Province d'y obéïr:
Leur a fait & fait très-expreffes inhibitions & défenfes de contrevenir au
prefent Reglement, ni plus fe pourvoir pour raifon de ce, à peine
de défobéïffance, leur impofant à tous filence perpetuel. Enjoint Sadite Majefté aux Gouverneurs & Lieutenans Généraux de ladite Province, Gouverneurs des Villes, Châteaux, Prevôts des Marê-
chaux, leurs Lieutenans & Archers, de donner main-forte aux Confuls, Châtelains, & autres Officiers des Villes & Communautez de ladite Province pour l'exécution du prefent Reglement, à peine de repondre en leurs propres & privez noms des deniers de Sadite Majefté.
FAIT au Confeil d'Etat, Sa Majefté y étant, tenu à Lyon le 24.
Octobre 1639. *Signé* LOUIS: *Et plus bas*, par le Roy Dauphin.
BOUTHILLER.

CHAPITRE LVI.

*Que le titre Seigneurial d'une terre n'appartient qu'au Seigneur
Haut-jufticier; & quelques autres queftions incidentes
fur le même fujet.*

'E s t une maxime reçûë en France que celui qui a la haute-juftice d'une Terre a feul droit de s'en qualifier fimplement
Seigneur, par une prérogative qu'il a fur ceux qui n'ont que
la moyenne ou la baffe, ou qui n'ont que des Fiefs particuliers ou
des cenfives, lefquels font obligés de fpecifier la qualité de leur Seigneurie. La raifon eft que la haute-juftice emporte fuperiorité, commandement & puiffance publique, qu'ainfi elle eft éminemment &
par excellence domination & Seigneurie, ἐξουσία ἀρχῆς. C'eft elle

qui a proprement territoire, suivant l'étymologie que lui donne la Loy *pupillus*, §. *territorium. D. de verb. signif. Territorium*, dit elle, *ab eo dictum quod Magistratus jus ibi terrendi habeat.*

Les Arrests des Parlemens l'ont ainsi déclaré lors que la question s'en est présentée, dont le premier qui a servi de préjugé aux suivans, est du 26. de Fevrier 1550. lequel fut donné en Audience au Parlement de Paris entre François Budé Ecuyer, au nom & comme Tuteur & Curateur des enfans mineurs de Maître Dreux Budé Seigneur de Marly la Ville en France & Consors, appellans de l'exécution de Lettres Royaux en forme de Terrier & de ce qui s'en étoit ensuivi d'une part, & Guillaume de Meaux intimé d'autre, par lequel il fut ordonné qne de Meaux ne s'intituleroit Seigneur de Marly, ny Seigneur des Fiefs de Marly indistinctement, mais qu'il s'intituleroit specifiquement Seigneur des Fiefs qu'il prétendoit être à luy assis en la Seigneurie & territoire de Marly. Cet Arrêt est allegué par Choppin sur la Coûtume d'Anjou part. 2. liv. 2. chap. 1. tit 4. n. 7. Par Chenu en ses Questions notables Centurie 2. quest. 31. Par Tronçon sur la Coûtume de Paris art. 3. sur le mot. *Fief.* Et par Brodeau sur les Arrêts de Loüet en la lettre F. chap. 31. qui en rapporte deux autres conformes; l'un donné en faveur de l'Abbesse de Saint Jean du Moncel lés Poitiers contre un nommé Philippes le Bel ; l'autre pour la Terre de Fonquebrune.

Ausquels j'ajouterai celui d'Herbelay du même Parlement qui me semble remarquable, dont nul que j'aye vû n'a fait mention. Esprit & Mathieu de Beauvais pere & fils prétendoient qu'à cause de deux Fiefs qu'ils possedoient en la Paroisse d'Herbelay, l'un appellé le Fief de Beauvais, l'autre le Fief de l'Abbeville, ils pouvoient se qualifier Seigneurs d'Herbelay en partie, & joüir des droits honorifiques, & qu'en tout cas la qualité de Seigneurs d'Herbelay ne leur pouvoit être déniée, puis qu'ils avoient un autre Fief de même nom situé dans le Village de Champagne sur Oyse au voisinage d'Herbelay, mais qui appartenoit à un autre Seigneur. M. le Prevôt Maître des Requêtes, Seigneur haut-justicier d'Herbelay soûtenoit le contraire. Par Arrêt du 4. de Juin 1646. il fut maintenu en la possession & joüissance de tous les droits honorifiques en l'Eglise Paroissiale d'Herbelay, de la Haute-Justice sur le Fief de l'Abbeville, défenses furent faites aux Beauvais de le troubler & de se dire Seigneurs d'Herbelay en partie, & à leurs Officiers de se qualifier Officiers de la Justice d'Herbelay; mais seulement de la moyenne & basse Justice du Fief de Beauvais sis au Village d'Herbelay : Permis aux Beauvais de prendre la qualité de Sieurs du Fief d'Herbelay sis en la Paroisse de Champagne sur Oyse : Et furent maintenus en la possession & joüissance de la moyenne & basse Justice sur le Fief de Beauvais, à la charge du ressort à Montmorency, & condamnez à effacer la litre qu'ils avoient fait mettre en l'Eglise d'Herbelay, & les Armes qui y étoient empreintes.

Sur ce sujet Choppin sur la Coûtume d'Anjou liv. 2. part. 2. tit.

1. n. 11. dit qu'un Seigneur d'une belle Terre l'ayant venduë à deux; à l'un les cens & rentes des Terres redevables; à l'autre la Seigneurie avec le manoir principal; la question se présenta qui des deux se devoit dire Seigneur de la Terre. Son avis fut, que c'étoit le possesseur de la Seigneurie, puisque les terres sujettes à cens en ont été premierement tirées, & que la Maison Seigneuriale montroit le titre de la Seigneurie, comme étant le chef, d'où les membres prenoient le nom. *Hic illius arma, Hic currus fuit.* A quoy se rapportent plusieurs Coûtumes qui attribuent à l'ainé, comme Seigneur de la maison principale, les Armes pleines, le cry, le nom & le titre de Seigneur. Ce qui est conforme à la Doctrine de la Chassagne sur la Coûtume de Bourgogne tit. 1. §. 1. des Justices n. 2. *Qui est Justitiarius*, dit-il, *in aliqua Terra habens ibi Jurisdictionem, licet alius habeat proprietatem, potest se dicere dominum.* C'est à dire Seigneur κατ᾽ ἐξοχήν, parce qu'il n'est point de doute que celuy à qui appartiennent les censes d'un Village ne s'en puisse qualifier Seigneur censier.

Même Loyseau en son Traité des Seigneuries chap. 11. n. 8. dit que c'est une Coûtume prescrite déformais, d'appeller Seigneurs du Village ceux qui ont la Seigneurie directe, soit Féodale ou censuelle de la plus grande partie des maisons: Qu'il estime que non seulement un particulier à faute d'interêt legitime ne seroit recevable de leur empêcher ce titre, mais même que le Seigneur Justicier du Village n'y seroit fondé, sinon en trois cas; sçavoir est, ou que ce fût le principal Village de la Seigneurie, ou celui dans lequel fût l'Auditoire de sa Justice ou duquel lui même eût accoûtumé de porter le nom.

Neantmoins le contraire a été jugé, nonobstant la possession immemoriale, en une cause célébre évoquée du Parlement de Paris en celuy de Grenoble, entre les enfans & heritiers de Messire Henry d'Argouges Marquis de Rasnes, opposant tant pour luy que pour les Religieux du Convent de S. Victor lès Paris, & Frere Pierre Lescot déservans le Prioré d'Oncy, pour lesquels il avoit pris cause en main, à fins de distraire, aux criées poursuivies par Maître Guillaume Languet Secretaire du Roy sur la Terre & Seigneurie de Milly, d'une part: & Messire Jean Perrault Président en la Chambre des Comptes de Paris, ayant pris la poursuite de Languet, comme proprietaire de la Terre de Milly, d'autre part.

J'ay pris soin d'en sçavoir le fait qui est tel. La Terre & Baronie de Milly en Gastinois fut mise en Criées, & le Decret poursuivi à la requête de Guillaume Languet contre le Sieur & la Dame de Belin. L'exploit de saisie contenoit déclaration de tous les droits & biens saisis, au nombre desquels étoient nommément les Paroisses, Terres & Seigneuries d'Arbonne & d'Oncy, comme étant de l'ancien domaine de Milly. Diverses oppositions furent formées à fins de distraire, & entr'autres celle du Marquis de Rasnes, tant de son chef que de celuy du Prieur d'Oncy. De son chef il demandoit distraction du fonds & propriété de la Paroisse & Seigneurie d'Arbonne avec les censes, rentes & droits Seigneuriaux en dependans. Du chef du Prieur il demandoit distraction de la Paroisse & Seigneur d'Oncy avec les censes, rentes & droits Seigneuriaux, comme garand du Prieur, à cause d'un échange fait entre son ayeul & le Prieur qui forma aussi la même opposition au peril du Marquis de Rasnes. Sur la déclaration que fit le poursuivant, qu'il n'avoit compris dans la saisie & dans les Criées les Fiefs, censes, rentes & droits Seigneuriaux, qui leur apartenoient dans l'étendue des Paroisses d'Arbonne & d'Oncy, la question fut reduite à sçavoir si le Marquis de Rasnes se pouvoit qualifier Seigneur de la Terre & Seigneurie d'Arbonne, ou simplement Seigneur du Fief luy appartenant dans la même Paroisse, & le Prieur Seigneur de la Terre & Seigneurie d'Oncy, ou simplement Seigneur du Fief appellé le Colombier sis dans la Paroisse d'Oncy. Les opposans justifioient la possession immemoriale en laquelle ils étoient de se qualifier Seigneurs d'Arbonne & d'Oncy par beaucoup de titres, dont quelques-uns avoient été passez avec les Seigneurs de Milly & leurs Officiers, même des actes de foy & hommage, des mainlevées de saisies Féodales, & des quittances de droits Seigneuriaux, dans lesquels le titre de Seigneurs de ces deux Paroisses leur avoit été donné. Ils employoient encore le Procez verbal de la reformation de la Coûtume de Melun faite en l'année 1560. dans lequel en l'article contenant la comparition de la Noblesse, Jean de Guignard y comparut en personne en qualité de Seigneur d'Arbonne, sans que le Procureur de l'Admiral de Graville, pour lors Seigneur de Milly, ny les Officiers de sa Justice qui assisterent à la reformation y eussent formé aucune contestation. Ce qu'ils disoient être fondé sur ce qu'ils étoient Seigneurs Féodaux, directs, fonciers & censiers, non pas d'une petite partie, mais de tous les héritages assis dans les Villages d'Arbonne & d'Oncy, qui sont chacun en une piece de terre d'une seule & même continence, sans division ny mélange d'aucune autre Seigneurie. De sorte qu'étant seuls Seigneurs censiers & fonciers tant des Villages, que du fonds des Eglises Paroissiales, l'on n'avoit pas raison de leur contester le nom & le titre de Seigneurs des mêmes Villages, dans l'étendue desquels le Seigneur de Milly n'avoit aucun droit Féodal, foncier ou de censive; qu'aussi dans l'Eglise Paroissiale d'Arbonne les Armes des Guignards précédens Seigneurs étoient gravées en lieu éminent, & qu'ils y avoient toûjours eu un banc relevé par dessus les autres. Ils ajoûtoient que par l'Usage *quem penes est & vis, & lex & norma loquendi*, & suivant l'avis de Loyseau au lieu sus allegué, non seulement ceux qui ont la Seigneurie directe de tout le Village comme eux; mais aussi ceux qui n'ont que la plus grande partie s'en peuvent qualifier Seigneurs sans que le Haut-justicier le puisse empêcher sinon en l'un des trois cas sus remarqués. Au contraire M. Perrault comme adjudicataire de la Terre de Milly pour le prix de trois cens vingt mil livres, soûtenoit qu'ayant Juſtice haute, moyenne & baſſe avec les droits de voirie, de bannalité, de péage, de tabellionnage, de minage dans l'étenduë des Paroiſſes d'Arbonne & d'Oncy, comme membres de la Baronnie de Milly, belle & ſpecieuſe Terre, du nombre de celles qu'on appelle grandes Seigneuries, laquelle releve nuëment du Roy, & dont les Appellations reſſortent immédiatement au Parlement de Paris ; que lui ſeul avoit droit de s'en dire Seigneur, à l'excluſion des oppoſans, qui ne pouvoient s'attribuer plus grande qualité que celle de Seigneurs des Fiefs qui leur appartenoient, ou en tout cas de Seigneurs cenſiers de ces deux Parroiſſes : D'autant plus que les Fiefs particuliers étoient de la mouvance du Baron de Milly : Que M. l'Amiral de Graville s'étoit qualifié Seigneur d'Arbonne dans le même article du Procez verbal de reformation de la Coûtume de Melun : Que la poſſeſſion immemoriale ne leur pouvoit attribuër une prérogative qui n'appartenoit qu'au Seigneur Haut-juſticier, non plus que les armes & le banc mis dans l'Egliſe d'Arbonne ; Et ſur cela il rapportoit une Sentence des Requêtes du Palais à Paris demeurée ſans appel du dernier Août 1660. par laquelle Dame Jeanne Lotin veuve de Meſſire Théodore de Berçeau Dame d'Arcuëil avoit été maintenuë & gardée en la poſſeſſion & joüiſſance de ſe qualifier ſeule Dame d'Arcuëil, & en cette qualité d'avoir les droits honorifiques de la Paroiſſe, avec défenſes à Meſſire Simon de Viſe, qui ſe diſoit auſſi Seigneur d'Arcuëil, de l'y troubler, & en conſequence ordonné que la qualité de Seigneur en partie d'Arcuëil gravée ſur les Tombes & Epitafes de ſes prédeceſſeurs poſées en l'Egliſe d'Arcuëil ſeroit rayée & biffée, & neantmoins à luy permis de ſe dire & qualifier Seigneur du Fief avec haute, moyenne & baſſe Juſtice, cens & rentes ſis au terroir d'Arcuëil : Qu'ainſi par les Coûtumes de France, même par celle de Melun. art. 4. le Vaſſal ne preſcrit contre ſon Seigneur féodal, ny le Seigneur contre ſon Vaſſal par quelque tems que ce ſoit & fût de cent ans, à la reſerve des profits de quints, reliefs & autres dûs à cauſe des mutations, qui ſe preſcrivent par trente ans. Qu'enfin le mot de Seigneurie à l'égard des oppoſans ne pouvant être entendu que de la Seigneurie fonciere, ils ne devoient faire difficulté de ſe qualifier ce qu'ils étoient : Quant à l'avis de Loyſeau, qu'il étoit contraire aux Jugemens donnez ſur pareille queſtion. L'Arrêt du Parlement de Grenoble donné au rapport de M. de Brochenu, très judicieux & habile Conſeiller, eſt conçû en ces termes. *La Cour ſans avoir égard quant à ce à l'oppoſition dudit Argouges, a maintenu & gardé ledit Perrault au droit de ſe dire & qualifier Seigneur des Terres d'Arbonne & Oncy à cauſe de la Juſtice haute, moyenne & baſſe qu'il a dans leſdites Paroiſſes comme Seigneur & Baron de Milly. Fait inhibitions & défenſes auſdits heritiers & Religieux de Saint Victor de prendre à l'avenir ladite qualité, ſauf à eux de ſe dire & qualifier, ſçavoir leſdits Religieux Seigneurs du Fief ou cenſiers dudit Oncy, & leſdits heritiers Seigneurs du Fief ou cenſiers dudit Arbonne ; Et en conſequence déclare que l'adjudication*

par Decret faite au profit dudit defunct d'Argouges par la Sentence du Châ-
telet de Melun de ladite Terre & Seigneurie d'Arbonne, n'a dû avoir effet
que pour le Fief & Seigneurie directe dudit Arbonne, & moyennant ce a
mis les parties hors de Cour & de procez, dépens compensez.

Par l'Ufage de Dauphiné, le poffeffeur d'un Fief fans Juftice, comme font plufieurs Maifons fortes, a droit auffi de s'en qualifier Seigneur en défignant le Fief; mais non celui qui n'a qu'un fimple Domaine Noble & exempt de Tailles; comme il a été jugé par Arrêt d'Audience du 15. de Janvier 1657. donné en faveur de Jeanne-Geneviéve de Rochefort Dame de Meyfieu, par lequel défenfes ont été faites à Noble Gafpard de Vincent de prendre la qualité de Seigneur de Panete, qui eft un Domaine fis dans la Terre de Meyfieu, nonobftant qu'il eût allegué que fes Prédéceffeurs l'avoient poffedé d'ancienneté avec la qualité de Seigneur.

Par le même Ufage ceux qui ont la Juftice moyenne & baffe d'un Village en prennent le Titre de Seigneurs. La raifon eft, ce me femble, qu'il y a peu de Terres en Dauphiné de cette qualité, dont la Haute-Juftice n'appartienne au Roy ou à l'Eglife, qu'ainfi le Haut-Jufticier n'en porte pas le nom : Prefque tous les autres Seigneurs ont les trois fortes de Juftice. J'ay vû des Titres anciens dans lefquels le Seigneur Haut-Jufticier eft appellé *Dominus*, le moyen Jufticier *Domicellus*, c'eft-à-dire, Damoifeau. En quelques autres le premier eft appellé *magnus Dominus*.

Que fi le Droit de Juftice ne s'étend pas fur tout le Village, mais feulement fur une partie, ou qu'il foit épars fur quelques Hommes, ou fur des fonds & héritages tenus en Emphyteofe & directe Seigneurie, fans Territoire certain & limité, en ce cas celui à qui la Juftice appartient ne doit prendre le Titre de Seigneur que du Fief particulier duquel elle dépend.

Au refte c'eft abufivement que quelques-uns s'attribuent le nom des Terres dont les Châtelenies, Vigueries ou Miftralies leur font inféodées, parce qu'ils ne font que fimples Officiers, *Judices foranei*, comme les appelle Joan. Faber fur le Titre *de vulg. fubftit.* & non proprietaires de la baffe Juftice.

Quant à la prééminence entre ceux qui poffedent des Terres & Seigneuries par indivis, le Prefident Boyer en traitte amplement en fa Décifion 15. où il rapporte divers Arrêts du Parlement de Bourdeaux.

En Dauphiné celui à qui appartient le Château & la plus grande partie de la Juftice prend la qualité de Seigneur de la Terre, les autres celle de Confeigneurs, comme il fut pratiqué dans la Tranfaction paffée le 2. Juillet 1360. qui eft dans les Regiftres de la Chambre des Comptes, *inter magnæ Nobilitatis & potentes viros Dominum Francifcum Dominum Caffenatici.* (c'eft Saffenage) *& Dominum Difderium Condominum Caffenatici.* J'ay vû d'autres Titres femblables. C'eft ce qu'on dit autrement, Seigneur en partie, *focium enim efficit etiam quod ex minima parte* *commune eft*, dit Seneque liv. 10. Epître 74. Il a auffi droit de faire prier Dieu pour lui aux Prônes de la Parroiffe, mais celui qui a la plus grande partie de la Juftice doit être nommé le premier, comme il a été jugé par Arrêt d'Audience du Parlement de Paris du 27. Fevrier 1625. entre la Comteffe de Laonnois Dame de Viarmes, & Chriftophle du Crocq, par lequel il a été ordonné que l'on feroit Priéres au Prône de Viarmes pour la Comteffe de Laonnois Dame de Viarmes, laquelle feroit nommée la premiere, & pour Chriftophle du Crocq Seigneur en partie, lequel n'avoit que le Quint en la Terre de Viarmes.

Et fi la Terre eft poffedée par indivis, ou par égalité de Jurifdiction, chacun eft en droit de s'en qualifier Seigneur, & de joüir des Droits honorifiques de l'Eglife, & en ce cas les Prieres doivent être faites conjointement pour les Seigneurs de la Terre.

L'Ordonnance de Roffillon de Charles IX. de l'an 1564. art. 25. & 26. a pourvû à un autre cas, fçavoir quand il y a plufieurs Seigneurs d'une même Juftice, qui en joüiffent par indivis, qu'il n'y doit avoir qu'un Juge pour exercer la Juftice totale du lieu, lequel doit être commis alternativement de trois en trois ans, les profits & amende de Juftice départis, & les charges portées également, à proportion de la part qu'ils ont en la Juftice; mais le plus fouvent les Seigneurs conviennent d'un Juge.

L'ARREST DES BUDÉ DU PARLEMENT DE PARIS.

ENTRE François Budé, Ecuyer Valet de Chambre ordinaire du Roy, Tuteur & Curateur des enfans mineurs d'ans de défunt Maître Dreux Budé, en son vivant Seigneur de Marly la Ville en France; & Antoine Budé Controlleur des Guerres, Appellans de l'exécution de certaines Lettres Royaux en forme de Terrier, & de ce qui s'en eft enfuivi, en adherant à un premier appel que cy-devant avoit été interjetté par feu Maître Guillaume Budé leur frere, & du refus fait de le recevoir à oppofition: Et encore les deffufdits François & Antoine Budé efdits noms ayant repris le Procès, & icelui reprenant au lieu dudit feu Maître Guillaume Budé Prieur de Saint Gation, en son vivant Appellant de l'ottroy de certaine Commiffion en forme de papier Terrier, & des claufes contenües en icelle; enfemble de l'exécution faite en vertu d'icelle d'une part: Et Guillaume de Meaux Ecuyer intimé d'autre; & encore ledit de Meaux prétendu être furnommé de Marly, appellant de ce qu'il dit avoir été paffé outre à l'exécution de certaines Lettres de Terrier au par deffus une oppofition qu'il dit avoir formée; enfemble appellant de Jean Jaupitre Sergent à Verge au Châtelet de Paris, Exécuteur defdites Lettres de Terrier du prétendu refus de le recevoir à oppofition, & des défenfes dont en son Procès-verbal eft fait mention d'une autre part; & lefdits François & Antoine Budé efdits noms Intimés, & ledit Jaupitre prétendant d'être follement intimé d'autre part.

Riant pour les Budé appellans, dit que cette caufe fervira de Regle pour re-

gler les Seigneurs Hauts-Justiciers , & autres qui ont Fiefs particuliers en & au dedans de la Terre des Haut-Justiciers dit , &c.

La Cour quant à l'appellation interjettée de la part de Budé de l'exécution & Procedures faites sur les Lettres Royaux de Guillaume de Meaux , dit qu'il a été mal exploitté , executé & procedé , bien appellé par l'Appellant , & condamne l'Intimé és dépens des causes d'appel : Permet toutefois audit Intimé faire recon- noître ses Cens ou Rentes par ceux qu'il prétend lui être redevables pardevant Notaires , & s'il y en a procès ou opposition par les redevables prétendus , de les poursuivre pardevant les Juges des Hauts-Justiciers. Et en tant que touche l'ap- pel interjetté par Guillaume de Meaux , dit la Cour qu'elle l'a mué & conver- ti en opposition , tous dépens reservés en définitive : Et pour proceder sur ladite opposition , renvoye les Parties pardevant le Prévôt de Paris ou son Lieutenant à quinzaine. Déclare Jaupitre Sergent , avoir été follement Intimé , & con- damne de Meaux és dépens de la fausse Intimation : Et ayant égard à ladite Requête de Budé ordonne que de Meaux ne s'intitulera Seigneur de Marly in- distinctement , mais s'intitulera spécifiquement Seigneur des Fiefs qu'il prétend être à lui assis en la Seigneurie & Territoire de Marly. FAIT en Parlement le vingt-sixième Fevrier 1550.

L'ARREST D'HERBELAY.

COMME de la Sentence donnée par nos Amez & Féaux Conseil- " lers les Gens tenans les Requêtes de nôtre Palais le 7. Septembre " 1633. en nôtre Amé & Féal Conseiller en nos Conseils , & Maître " des Requêtes ordinaire de nôtre Hôtel , Jaques le Prévôt , Seigneur " d'Herbelay & de Montigny en partie Demandeur aux fins de l'Ex- " ploit du 27. Novembre 1628. & en Requête du 22. Fevrier 1630. " d'une part : Et Esprit & Mathieu de Beauvais Ecuyers Sieurs des Fiefs " de Beauvais & d'Abbeville Défendeurs d'autre : Et entre ledit Esprit " de Beauvais incidemment Demandeur par le moyen de ses défenses " fournies le 23. jour d'Août 1629. & en Requête du 26. Novembre " 1630. Et encore à l'enterinement des Lettres par l'un de Nous ob- " tenuës le 7. Août 1632. d'une part ; & ledit le Prévôt Défendeur d'au- " tre : Et entre ledit le Prévôt Demandeur en Requête judiciairement " faite le 18. Decembre audit an 1632. d'une autre part , & ledit " Esprit de Beauvais Défendeur d'autre. Par laquelle du consentement " des Parties , auroit été ordonné que ledit le Prevôt précederoit ledit " de Beauvais en l'Eglise d'Herbelay , avec défenses audit Esprit de " Beauvais de se nommer & qualifier Seigneur d'Herbelay en partie , " & à ses Officiers de se nommer & qualifier Officiers de la Justice " d'Herbelay , ains seulement de la moyenne & basse Justice du Fief " de Beauvais sis au Village d'Herbelay ; Comme aussi maintenu & " gardé ledit Prevôt en la possession & joüissance de la Haute-Justice à " lui appartenant sur ledit Fief de Beauvais , & toute Justice sur ledit " Fief de l'Abbeville : Condamné ledit Esprit de Beauvais à réparer & "

„ remettre l'auge mentionné au Procès, & dont étoit queſtion en tel
„ état qu'il étoit auparavant qu'il eut fait mettre & graver ſes Armes :
„ Auroit auſſi été ledit de Beauvais maintenu & gardé en la poſſeſſion
„ & jouïſſance de la moyenne & baſſe Juſtice dudit Fief de Beauvais,
„ & à la charge du reſſort à la Juſtice de Montmorency, & de s'en
„ dire, nommer & qualifier Seigneur du Fief d'Herbelay ſis en Cham-
„ pagne : Permis audit le Prevôt de faire publier ladite Sentence au
„ Prône de ladite Meſſe Parroiſſiale en l'Egliſe d'Herbelay : Condamné
„ ledit Eſprit de Beauvais en la moitié des dépens, ſans dépens de l'au-
„ tre moitié : Et pour ce qui concerne ledit Mathieu de Beauvais hors
„ de Cour & de procès ; Eut été appellé en nôtre Cour de Parlement,
„ en laquelle le Procès par écrit conclu & reçû pour juger entre ledit le
„ Prevôt appellant d'une part, & leſdits Eſprit & Mathieu de Beau-
„ vais Intimez d'autre : Et encore entre ledit Eſprit de Beauvais ap-
„ pellant de ladite Sentence en ce qu'elle faiſoit contre lui d'une autre
„ part, & ledit le Prevôt Intimé d'autre : Joint les griefs & prétendus
„ moyens de nullité & productions nouvelles des appellans, auſquels
„ les intimez pourront répondre, & contre leſdites productions nou-
„ velles bailler contredits. Iceluy procez vû, griefs, réponſes dudit
„ Mathieu de Beauvais, & requête dudit le Prevôt employée pour
„ moyens de nullité & productions nouvelles. Griefs dudit Mathieu
„ de Beauvais ayant repris le procez par acte du 4. Septembre 1635.
„ au lieu dudit. Eſprit de Beauvais ſon Pere. Réponſe dudit le Pre-
„ vôt. Forcluſion de fournir moyens de nullité & produire de nou-
„ vel. Acte de rediſtribution. Arrêt de nôre Cour, du 8. Avril 1634.
„ entre nôtre très-cher & bien amé Couſin Henry de Bourbon Prin-
„ ce de Condé, Premier Prince du Sang, Premier Pair de France,
„ Duc d'Anguien, de Chaſteauroux & Montmorency, d'une part ;
„ & leſdits le Prevôt & Eſprit de Beauvais d'autre ; par lequel ledit
„ Prince de Condé auroit été reçû partie intervenante audit procez ;
„ ordonné qu'il en auroit communication pour bailler ſes moyens
„ d'intervention, les défendeurs leur réponſe, & produiroient de
„ trois jours en trois jours, & acte aux parties de la declaration
„ faite par ledit Prince de Condé qu'il intervenoit au procez pour
„ la conſervation de ſa juſtice & autres droits. Moyens d'intervention
„ dudit Prince de Condé. Réponſes dudit le Prevôt & forcluſions
„ d'en fournir de la part dudit Eſprit de Beauvais. Production deſdits
„ Prince de Condé & le Prevôt, & dudit Mathieu de Beauvais audit
„ nom, ayant repris le procez au lieu dudit Eſprit de Beauvais. Con-
„ tredits deſdits Prince de Condé & le Prevôt ſuivant les Arrêts des
„ 7. Septembre 1634. & 5. Août 1643. Forcluſions d'en fournir
„ de la part dudit Mathieu de Beauvais. Incident d'entre ledit le Prevôt
„ Demandeur en enterinement des Lettres de Nous obtenuës le 28.
„ Juin audit an 1634. aux fins d'articuler & vérifier les faits y contenus
„ d'une part, & leſdits Eſprit & Matthieu de Beauvais Défendeurs
„ d'autre. Appointement en Droit. Défenſes. Production deſdites Parties.

ties. Requête dudit le Prevôt employée pour contredits, & contredits "
dudit Matthieu de Beauvais audit nom suivant ledit Arrêt du 7. Sep- "
tembre 1634. Instance entre ledit le Prevôt demandeur aux fins de "
l'Exploit du 15. Juin 1635. à ce que le Défendeur fût condamné "
d'ôter & effacer la litre & ceinture funebre qu'il avoit fait mettre en "
l'Eglise d'Herbelay, ensemble les Armoiries qui y étoient empreintes "
de feu son pere, & en tous ses dommages & intérêts d'une part, & "
ledit Matthieu de Beauvais Défendeur d'autre. Ladite instance évo- "
quée des Requêtes de nôtre Hôtel par Arrêt du 23. Decembre 1639. "
Défenses. Repliques. Appointement en Droit, & Productions desdites "
parties. Arrêt de nôtredite Cour du 2. Janvier dernier entre ledit Mat- "
thieu de Beauvais Ecuyer Sieur des Fiefs de Beauvais & Abbeville assis à "
Herbelay sur Seine, & du Fief d'Herbelay sis à Champagne, Appel- "
lant d'une Sentence desdites Requêtes de l'Hôtel du 13. Novembre "
aussi dernier, d'une part ; & ledit le Prevôt Intimé d'autre, par le- "
quel après que les Procureurs y auroient conclu, la Cour auroit re- "
çû le Procès par écrit pour juger en la maniere accoûtumée. Ladite "
Sentence par laquelle ledit le Prevôt auroit été maintenu & gardé "
en la possession & joüissance des droits de haute, moyenne & basse "
Justice & Censive sur la maison dont étoit question, avec défenses "
audit de Beauvais, ou ses Officiers de l'y troubler, & condamné "
aux dépens. Le procès sur lequel ladite Sentence seroit intervenuë. "
Requêtes desdites Parties employée pour griefs, & réponse & pro- "
ductions nouvelles dudit de Beauvais. Requêtes employées pour "
contredits & salvations. Arrêt du 24. dudit mois de Janvier der- "
nier, par lequel ledit Prince de Condé auroit été reçû Partie inter- "
venante audit Procès, ordonné qu'il en auroit commnication pour "
bailler ses moyens d'intervention. Réponses & productions desdits "
Sieur Prince de Condé & le Prevôt. Forclusions de fournir de répon- "
se. Procedure de la part dudit de Beauvais. Le tout joint & dili- "
gemment examiné. NOSTREDITE COUR par son Juge- "
ment & Arrêt faisant Droit sur le tout, sans s'arrêter aux interven- "
tions de nôtredit Cousin le Prince de Condé, ayant aucunement "
égard à nos Lettres du 28. Juin 1634. en tant que touche l'appel "
de ladite Sentence du 7. Septembre 1633. a mis & met les Appel- "
lations respectivement interjettées, & Sentence de laquelle a été ap- "
pellé au néant : Emendant a maintenu & gardé, maintient & gar- "
de ledit le Prevôt en la possession & joüissance de tous les Droits "
honorifiques en l'Eglise Paroissiale d'Herbelay, & de la haute Justice "
sur ledit Fief de Beauvais, & de la haute, moyenne & basse Justice "
sur ledit Fief de l'Abbeville : Fait défenses audit de Beauvais de le "
troubler & de se dire Seigneur d'Herbelay en partie, & à ses Offi- "
ciers de se qualifier Officiers de Justice dudit Herbelay, ains seule- "
ment de la moyenne & basse Justice dudit Fief de Beauvais sis audit "
Village d'Herbelay : Pourra néanmoins ledit de Beauvais prendre "
qualité de Sieur du Fief d'Herbelay sis en la Paroisse de Champagne "

,, fur Oyfe ? Comme auffi maintient & garde ledit de Beauvais en la
,, poffeffion & joüiffance de la moyenne & baffe Juftice fur ledit Fief
,, de Beauvais, à la charge du reffort à ladite Juftice de Montmoren-
,, cy, fans que les Officiers dudit le Prevôt puiffent prendre aucune
,, Cour, Jurifdiction & connoiffance des caufes dudit de Beauvais, ains
,, les Officiers dudit Montmorency, aufquels la connoiffance des cau-
,, fes des Nobles demeurans dans ledit Duché appartient : Condamne
,, ledit de Beauvais faire ôter l'Ecuffon de fes Armes qu'il a fait met-
,, tre au-deffus de l'Auge étant dans le Chœur de ladite Eglife, & de
,, faire effacer la Litre & Ceinture funebre qu'il a auffi fait faire dans
,, ledit Chœur : Lui permet néanmoins d'en avoir une dans la Chapel-
,, le Sainte Catherine de ladite Eglife feulement : Et outre cela con-
,, damné en la moitié des dépens tant de la caufe principale que d'ap-
,, pel, & en tous ceux de l'inftance concernant ladite Littre : Et fur
,, l'appel de ladite Sentence du 13. Novembre a mis & met l'appella-
,, tion au néant fans amende, ordonne que ladite Sentence, de la-
,, quelle a été appellé fortira effet : Comdamne ledit de Beauvais és
,, dépens de la caufe d'appel fans autres dépens entre les Parties, la
,, Taxe des adjugés à elle refervée. Prononcé en Parlement le neuvié-
,, me jour de Juin mille fix cens quarante fix.

CHAPITRE LVII.

Des droits de la haute, moyenne & baffe Juftice, fuivant l'U-
fage de Dauphiné.

NOS Docteurs François, qui ont traité des droits de Juftice
ont eu raifon de dire qu'il n'y a point de Regles certaines,
communes & générales qui les differencient ; principalement
ceux de la moyenne & de la baffe, tant les Coûtumes va-
rient entre elles. Il fe faut tenir à ce que chacune difpofe à fon égard,
& à l'Ufage des Provinces qui fe gouvernent par le Droit écrit. Autrement qu'on y rêve à part foy tant qu'on voudra, dit Loyfeau dans
fon Traité des Seigneuries chap. 10. n. 1. il fera bien habile, qui parmi ces grandes varietez & des temps & des lieux, & parmi tant d'ab-
furditez, pourra choifir une réfolution affeurée & équitable : Et au
nombre fuivant il ajoûte qu'il tente de difcourir à travers champs, &
plûtôt par conjecture que par certitude du Reglement de ces Juftices.

Quoy qu'il en foit, nos Ancêtres ont tâché d'accommoder ce qui
eft de la Haute-Juftice à la puiffance que le Droit Romain appelle
merum imperium & jus gladii, la moyenne Juftice aux fonctions qu'il
attribuë au *miftum imperium*, & la baffe Juftice à la fimple Jurifdiction,
quoyque ce rapport ne foit pas entiérement conforme, & que la vraye

& effentielle fignification de ces termes eft périe avec la République de Rome.

Par le Droit commun de la France, le Haut-Jufticier a la connoiffance des cas de mort naturelle ou civile, de mutilation & incifion de membres, & autres peines corporelles & exemplaires, comme de foüetter, efforiller, écheller, expofer au Carcan ou Pilory, marquer à fer chaud : Par confequent il a droit d'avoir Piliers ou Fourches patibulaires.

Communément en Païs de Coûtume le fimple Haut-Jufticier a deux piliers, le Châtelain trois, le Baron quatre, le Comte & le Marquis fix, le Duc huit. Mais en Dauphiné cette différence n'eft pas en Ufage : Ce n'eft pas qu'on ne la peut faire, fi ceux qui ont des Terres en dignité la vouloient pratiquer, puifque les Lettres d'érection leur donnent les prérogatives & les marques attribuées à chacune de ces Dignitez : Et en ce cas les quatre Barons anciens de la Province fe pourroient différentier des autres Barons & avoir fix Piliers, puifque le Parlement & la Chambre des Comptes vérifiant les Lettres d'érection en Marquifat, Comté & Vicomté, refervent par leurs Arrêts les droits des quatre Barons anciens comme étant les premières Dignitez de la Province, par les raifons que j'ay remarquées au chap. 51.

Quant aux Seigneurs Châtelains nous n'avons point de Dignité de cette nature en Dauphiné, où l'on n'obferve pas non plus la Coûtume de France, laquelle défend au Seigneur Haut-Jufticier de rélèver les Piliers de la marque de fa Juftice fans congé du Seigneur fuperieur, quand ils ont demeuré plus d'un an en ruïne & qu'ils font tombés par terre, comme fi par fa négligence il avoit perdu fa poffeffion d'avoir telle marque de Juftice.

Les Epaves, biens vacans & Terres hermes qui font fans Proprietaire appartiennent au Haut-Jufticier, & une portion du Tréfor trouvé dans fa Juftice, laquelle par la commune obfervance du Royaume fe partit de cette maniére : Le tiers à l'Inventeur, le tiers au Proprietaire du fonds où il eft trouvé, le tiers au Seigneur Haut-Jufticier : Et fi quelqu'un le trouve dans fon héritage, la moitié eft à lui, l'autre moitié au Seigneur Haut-Jufticier : L'un & l'autre cas fuivant la difpofition des Coûtumes de Bourbonnois, Sens & Auxerre, que les Arrêts du Parlement de Paris ont rendu générales.

C'eft auffi au Seigneur Haut-Jufticier qu'appartient la confifcation des biens de celui qui eft condamné à mort civile ou naturelle, aux Païs où confifcation a lieu, fi non en crime de leze Majefté humaine, qu'elle eft adjugée au Roy, même par quelques Coûtumes en crime de leze Majefté divine, & en quelques autres en crime de fauffe Monnoye. En Dauphiné confifcation n'a lieu qu'aux feuls crimes de leze Majefté & d'Héréfie au profit de Sa Majefté.

Donner afsûrément & congé d'ouvrir la Terre en voye publique, font Exploits de Haute-Juftice, fuivant la régle de Maître Antoine Loyfel en fes Inftitutes Coûtumieres : Mais l'afsûrement que la Coûtume de Normandie appelle *Treves*, qui est mettre en la Sauvegarde de sa Justice celui qui est menacé, ou qui doute d'être offensé, après sommaire connoissance de cause, n'est pas de la pratique de Dauphiné à l'égard des Seigneurs, où l'on est en coûtume de s'adresser au Parlement pour être mis en la Sauvegarde du Roy, de la Cour & de celui duquel on est menacé, quoy que Guy Pape en sa question 418. n. 6. dit que *si quis dubitet offendi, potest adire Judicem & petere securitatem sibi præstari*, suivant l'opinion des Docteurs sur la Loy *Denunciamus C. de his qui ad Ecclef. confug.* ———

Il n'appartient qu'au Seigneur Haut-Justicier de porter le Titre simplement de Seigneur de la Terre à l'exclusion du moyen & bas Justicier, ou du Seigneur censier & foncier qui doivent désigner la qualité de leur Seigneurie.

Il est aussi fondé d'avoir la prééminence dans l'Eglise située dans l'étenduë de sa Justice, de faire prier Dieu pour lui au Prône de la Parroisse, & de mettre ses Armes, Litres & Ceintures de duëil à l'entour de l'Eglise Paroissiale, tant dedans que dehors, quand même il y auroit un autre Patron & Fondateur de l'Eglise, soit Ecclésiastique ou Temporel, auquel il est permis d'avoir Litre & Ceinture mortuaire au dedans du contour de l'Eglise tant-seulement, & non au dehors, comme il a été jugé par Arrêt du Parlement de Paris le 30. Août 1614. entre les Religieux, Prieur & Couvent de Saint Victor, & le Président Viole Seigneur d'Athis, rapporté par Tronçon sur la Coûtume de Paris art. 69. sur le mot *Haut-Justicier.* Quelques autres droits sont attribuez à la Haute-Justice par des Coûtumes qui ne sont pas générales.

Les fonctions de la moyenne & basse Justice ne sont pas uniformes par tout le Royaume. Autant de Païs, autant d'Usages differens. La Coûtume de Paris n'en parle point. Senlis, Melun, Anjou, le Maine, Loudun, Touraine, Rheims, sont celles qui en ont donné des régles plus certaines, mais elles sont réelles & ne disposent qu'à leur égard. Parmi les Praticiens *Petrus Jacobi* sur le Titre de Jurisdiction remarque les cas appartenans à chacune des trois Justices : Et c'est une régle générale que celui qui a la Haute-Justice est fondé de la moyenne & de la basse, & qui a la moyenne est fondé de la basse, s'il n'y a Titre au contraire, parce que les Droits de la moyenne & basse Justice separés de ceux de la haute, ont été tirés & éclipsés de celle-cy.

Par l'Usage de Dauphiné, s'il n'y a Titre au contraire qui attribuë plus ou moins, le moyen Justicier a droit de donner poids & mesures, Tuteurs, Curateurs, sceller huys & coffres, faire inventaires & partages, Saisies, Emancipations, Subhastations & Criées, & généralement de connoître de toutes matiéres civiles, & même des criminelles dont l'amende n'excede soixante sols. C'est la Justice que les Coûtumes, d'Amiens, de Montreüil, de l'Isle d'Hesdin, & quelques autres de la Gaule Belgique appellent Justice Vicomtiére & droit de Vicomté.

Le bas Juſticier connoît des cauſes civiles juſques à ſoixante ſols tant-ſeulement, & en beaucoup de lieux des criminelles, dont l'amende n'excede la même ſomme. L'Uſage en doit être la régle. La priſe des Bêtes trouvées en dommage lui appartient auſſi. C'eſt la Juſtice qu'exercent les Châtelains.

Le moyen & bas Juſticier ont droit d'arrêter & ſaiſir le déliquant pris en flagrant delit ou autrement, pour le rendre au Haut-Juſticier dans vingt-quatre heures, ſi le crime excede le pouvoir de leur Juriſdiction, & en ce cas le Haut-Juſticier doit payer les frais qui ont été faits en la Juſtice inferieure. Ce qui eſt d'autant plus raiſonnable que par l'Ordonnance de Blois art. 196. & 197. il eſt non-ſeulement permis, mais encore enjoint aux Habitans des Villes, Villages & autres lieux, où les délicts auront été commis, de pourſuivre & apprehender les délinquans. En Angleterre & en la plus grande partie de l'Allemagne les Voiſins ſont reſponſables de l'Homicide s'ils n'arrêtent le Coupable.

Je ne puis mieux éclaircir la plus grande partie de l'Uſage de Dauphiné que par un Titre de mes Archives, qui eſt une Sentence arbitrale faite au mois de Decembre 1304. par Guigues Alleman Seigneur de Vaubonnois, entre François Seigneur de Saſſenage, & Jean de Roin Damoyſeau, qui régle les Droits de la moyenne & baſſe Juſtice appartenans à celui-cy ſur ſes Hommes, & ſur ſes Fiefs & Emphytéoſes en la Parroiſſe d'Outrans & autres lieux de la Baronnie de Saſſenage : Laquelle Juſtice m'appartient par droit ſucceſſif, depuis Jean de Roin, duquel je ſuis deſcendu par Ayeules.

La Sentence dont je rapporteray l'Extrait à la ſuite de ce Chapitre, porte que toute la Haute-Juſtice, qu'elle appelle *merum imperium*, & la connoiſſance de tous crimes qui ſeront commis en la Terre de Jean de Roin, ou par ſes Hommes, appartient à François de Saſſenage, excepté le crime d'Adultere commis en la Parroiſſe d'Outrans, qui ſera puni par Jean de Roin juſques à la ſomme de ſoixante ſols & non plus : Que Jean de Roin punira le crime de fauſſe Monnoye, & de faux poids ſelon la coûtume du lieu : Qu'il aura la connoiſſance du crime de petit Larcin juſques à la ſomme de ſoixante ſols : Et ſi la qualité du Larcin exige plus grande peine, que la connoiſſance en doit appartenir à François de Saſſenage, les ſoixante ſols reſervés à Jean de Roin : Qu'aux autres crimes où il échoit peine corporelle, elle ne pourra être convertie par François de Saſſenage en peine pecuniaire, ni lui être appliquée ſans le conſentement de Jean de Roin, excepté le crime de Larcin ſus mentionné : Et même ſi la gravité du Larcin requeroit infliction de peine corporelle, qu'elle ne pourroit être convertie en peine pecuniaire, non plus que la peine des crimes commis avec Armes, ou ſur les chemins ſans Armes, des Sacrileges & autres ſans le conſentement de Jean de Roin, auquel doit appartenir la peine pecuniaire des menus Bans juſques à ſoixante ſols & au-deſſus, excepté les cas ſus reſervés à François de Saſſenage : Que la connoiſ-

D iij

sance des caufes réelles, civiles & perfonnelles de fes Hommes, de fes Fiefs, Arrierefiefs & Emphytéofes, dation de Tutelles, Muloĉte d'argent, Saifine, Defaifine lui appartient de même : S'il arrivoit que par la fuite, latitation & abfence du Délinquant il ne peut être puni corporellement, que fes meubles feront confifqués au profit de Jean de Roin, & les immeubles au profit des deux par moitié : Et fi parmi les immeubles il fe trouvoit quelques Fiefs, ou Emphytéofes de Jean de Roin, qu'ils feroient vendus, & le prix partagé entr'eux : Si quelque difficulté furvenoit à l'avenir, que le Juge de François de Saffenage décideroit à qui la connoiffance du cas devroit appartenir : Et pour cet effet, avant que de s'entremettre en la fonĉtion de Judicature, qu'il feroit tenu de jurer fur les Saintes Evangiles d'exécuter le tout de bonne foy : Finalement que Jean de Roin aura la faculté de bailler en Emphytéofe & en Fief ainfi que bon lui femblera dans fa Terre, comme fes Prédeceffeurs en avoient ufé jufques alors fans la licence de François de Saffenage.

Communément, la Juftice moyenne & baffe feparées de la haute relévent en Fief de celle-cy, comme fait la Juftice dont j'ay fait mention, du Baron de Saffenage qui s'eft refervé dans les Aĉtes de Foy & hommage qui lui ont été faits, le droit de Taille Seigneuriale, ou cas Impériaux fur les Hommes qui en dépendent. Voicy la teneur de la Sentence arbitrale, qui eft ainfi que j'ay dit, un Reglement des droits de la moyenne & baffe Juftice, fuivant l'Ufage de Dauphiné, à la referve de quelques articles.

❀❀❀❀❀❀❀❀❀❀❀❀❀❀❀❀❀❀❀❀❀❀❀❀❀❀❀❀❀❀

ANNO DOMINI MILLESIMO TERCENTESIMO QUARTO.

INdiĉtione fecunda, quarto Idus Decembris, in præfentia mei Notarii & teftium infra fcriptorum ad hoc fpecialiter vocatorum & rogatorum. Quoniam verfutus hoftis nequitiæ Spiritus conatur viribus Fidelium refcindere unitatem, diffentiones feminando inceffanter : Cujus operibus dubia quamplurima vertebantur, & majora poffent impofterùm exoriri inter Virum egregium FRANCISCUM DE CASSENATICO DOMINUM *ex una parte, & nobilem* JOANNEM DE ROINO DOMICELLUM *ex altera. Ipfi tamen lucis Angelo miniftrante cupientes pacis fœderibus, ac tranquillitatis vinculo alligari fuper omnibus dubiis, raucuriis, difcordiis, quæftionibus quibufcunque ufque ad hodiernam diem inter eos vertentibus, & fpecialiter fuper quæftionibus, Jurifdiĉtionibus, & imperio hominum, rerum, Feudorum, Retrofeudorum, Emphyteufeum diĉti Joannis exiftentium & habitantium in Parochia de Outrans, vel alibi in Mandamento de Caffenatico, compromiferunt in egregium Virum Dominum Guigonem Alamandi Dominum Vaffisbonefii tanquam in Arbitrum, Arbitratorem, & amicabilem compofitorem præfentem & in fe diĉtum Arbitrium fufcipientem, ita ut ipfe Dominus Guigo quæftiones prædiĉtas inter eos vertentes quafcunque poffit ordinare & definire, fedare, pacificare Juris fervata* *ordine, vel si magis voluerit prætermisso, feriatis diebus vel non feriatis, omni loco & hora, vel horis quibuscumque voluerit, citatis partibus præsentibus, vel absentibus, in scriptis vel sine scriptis, per se vel per alium sublata omni solemnitate & remota **** quoties & quandocumque sibi videbitur faciendum. Promittentes dictæ partes sibi ad invicem per solemnem stipulationem, & sub obligatione omnium bonorum suorum præsentium & futurorum, & ad Sancta Dei Evangelia juramento præstito corporali se stare & obedire mandato, ordinationi, definitioni dicti Domini Guigonis super prædictis quæstionibus vel debatis, & ad mandatum ejus Sententias interlocutorias, definitiones & ordinationes custodire, tenere, servare, d **** ratificare expressè, homologare, approbare & contra non venire per se, vel personam aliquam interpositam, vel volenti contravenire modo aliquo consentire. Et hoc promiserunt partes sibi ad invicem suo nomine, & hæredum suorum, bonorumque possessorum stipulantes. & juramentis quibus supra & sub pœna centum librarum, quæ pœna toties committatur & committi debeat, quoties per aliquam partium contra prædicta venire contingeret, vel aliquod prædictorum, ratis nihilominus manentibus Compromisso, mandato, ordinatione & pronunciatione: Et super hoc renunciaverunt dictæ partes specialiter & expressè Juribus omnibus scriptis & non scriptis, Statutis, Privilegiis, Beneficiis, exceptionibus quibuscumque, quibus se possent tueri & defendere, contra prædicta venire vel ea irritare, vel aliquod seu aliqua in prædictis contenta, & specialiter legi dicenti quod Compromissum non debeat fieri cum Religione juramenti. Quibus sic actis dictus Dominus Guiguo Alamandi Arbiter seu amicabilis compositor, Visis, auditis prædictarum partium quæstionibus & rancuriis, intellectisque eis pleniùs habitisque tractatibus plurimis cum dictis partibus super eis cum diligentia & maturitate, habitoque consilio cum peritis, & veritate negotii inquisita, prout potuit meliùs super dictis quæstionibus de Jure & de facto informari. DEFINIVIT, dixit, mandavit & ordinavit ipsis partibus præsentibus prout sequitur iu hunc modum.*

Inprimis nos Guigo Alamandi diximus, definimus & declaramus pronunciando quod omne merum imperium, capitalis & corporalis Jurisdictio seu animadverso, & omnia delicta quæ punirentur corporaliter & criminaliter in Terra & hominibus dicti Joannis de Roino spectare debeant punienda, coercenda & cognoscenda ad Jurisdictionem dicti Francisci de Cassenatico, excepto crimine Adulterii: Illud verò crimen in Parochia de Outrans commissum vel committendum per homines dicti Joannis possit, & debeat puniri per dictum Joannem usque ad summam sexaginta solidorum & non plus. Crimen verò falsæ mensuræ & falsi ponderis in hominibus suis ibidem possit per ipsum Joannem puniri secundum illius Terræ consuetudinem. Crimen verò parvi furti commissi per homines suos ibidem possit puniri per ipsum Joannem usque ad summam sexaginta solidorum. Si tamen furtum tale esset quod dicta punitio sexaginta solidorum non sufficeret, sed cognosceretur in majori summa debere puniri delinquens qui furtum commisisset vel committeret ultra sexaginta solidos, spectet & spectare debeat in hoc casu ad dictum Franciscum, pœna semper dictorum sexaginta solidorum dicto Joanni in hoc casu remanente & pertinente. In aliis verò criminibus, in quibus debeat irrogari pœna corporalis per dictum Franciscum, non possit dicta pœna corporalis mutari in pecuniam, nec sibi applicari sine consensu dicti Joannis & voluntate, nisi in prædicto crimine furti : Et in ipso etiam si esset tale crimen quod deberet delinquens puniri taliter in corpore, ut graviora iterata facta cum Armis, vel in itinere sine Armis, Sacrilegia & alia quæcumque, quæ deberentur puniri in corpore, totaliter spectent ad ipsum Francifcum, & ipsa delicta non possint pecunialiter puniri, ut supra dictum est, sine consensu dicti Joannis. Alia verò banna minuta, & usque ad sexaginta solidos & etiam ultra omnis alia pæna pecuniaria, exceptis casibus prædictis reservatis dicto Francisco, spectet & spectare debeat ad dictum Joannem. Cognitiones verò in ipsis hominibus reales, civiles & personales Feudorum, Retrofeudorum, & Emphyteuseum, Tutelæ, dationes, multæ pecuniarum, Saisimenta, Desaisimenta spectent & spectare debeant ad dictum Joannem. Si verò contingeret quod propter fugam, seu latitationem, vel absentiam alicujus delinquentis, dictus Franciscus aliquem delinquentem non posset punire corporaliter, & propter hoc bona sua mobilia applicentur & confiscentur dicto Joanni, videlicet cuilibet pro medietate. Attamen si in prædictis bonis immobilibus Feudum seu res Emphyteuticariæ dicti Joannis reperirentur, illud deberet vendi & pretium dividi inter ipsos. Et si aliqua dubia vel contrarietates in aliquibus quæstionibus orirentur inposterum debeant cognosci & terminari per Judicem dicti Francisci, cui debeat pertinere cognitio & punitio, antequam procedetur super eis : Qui Judex dicti Francisci qui nunc est, vel pro tempore fuerit, debebit in receptione administrationis Judicaturæ, jurare ad Sancta Dei Evangelia fideliter & legaliter prædicta tenere & procedere super ipsis antequam se intromittat de dicto Officio. Item quod dictus Joannes possit & debeat in Terra sua prædicta dare in Emphyteusim & in Feudum prout hactenus in Terra sua per Prædecessores suos extitit consuetum, & sibi visum fuerit expediens sine licentia dicti Francisci, & quod pro prædictis sic actis usque ad hodiernam diem inter ipsos sit vera pax, verus amor & tranquillitas, sublatis & remotis penitus ira, rancore & omni mala voluntate, & omnes offensæ & quæstiones, si quæ erant & esse possent inter ipsos, sint quittæ. Item per prædictam pronunciationem non intendimus aliquod præjudicium facere Hugoni de Cassenatico, seu dicto Joanni in omnibus rebus & juribus, quæ & quas dictus Joannes tenet à prædicto Hugone. Quæ omnia universa & singula dicta & pronunciata per eundem Dominum Guigonem Alamandi dictus Franciscus pro se & suis hæredibus, & dictus Joannes pro se & suis hæredibus, & dictæ partes pro se, Terra & hominibus suis approbaverunt, ratificaverunt & homologaverunt, & promiserunt sub obligationibus & juramentis prædictis pro se & suis hæredibus mihi Notario infra scripto stipulanti & recipienti, omnia, universa & singula supradicta attendere, tenere & observare perpetuò & inviolabiliter custodire, & contra prædicta, vel aliqua de prædictis non facere vel venire de Jure vel de facto in totum vel in parte, nec alicui contravenire volenti in aliquo consentire. Quibus sic actis ibidem incontinenti ante pronunciationem & post supradictus Joannes protestatus fuit, quod per hujusmodi compositionem non intendit aliquod præjudicium generari supradicto Hugoni de Cassenatico in omnibus rebus & juribus quæ à dicto Hugone tenet, volentes & requirentes supra dictæ partes me infra scriptum Notarium ut de prædictis conficiam duo vel plura instrumenta ad opus partium prædictarum ad dictamen Nobilis & circunspecti viri

Domini Hugonis de Comeriis Juris periti. Actum Gratianopoli in domo Reli-
gioſi viri Domini Jacobi de Comeriis Decani Eccleſiæ Gratianopolis in Camera
baſſo, in præſentia ipſius Domini Decani, Domini Hugonis de Cameriis præ-
dicti, Domini Diſderii de Caſſenatico Abbatis Sancti Felicis, Domini Dreveti
de Caſſenatico, Domini Hugonis de Comeriis Militis, Humberti de Lans do-
micelli teſtium ad hoc ſpecialiter vocatorum & rogatorum, & mei Guidonis de
Ambriaco autoritate Imperiali Notarii publici, qui predictis unà cum teſtibus
prædictis interfui, & ad dictamen ſupradicti Domini Hugonis, prout per
partes extitit ordinatum & expreſsè actum hoc præſens inſtrumentum ſcripſi, &
in formam publicam redegi, ſignóque meo ſignavi requiſitus per partes.

CHAPITRE LVIII.

Que par la Coûtume de Dauphiné le Seigneur Haut-Juſticier
prend le tiers des Lods ſur les Fonds que les petites Rivieres
de ſa Terre arroſent, ſoit qu'ils relevent d'autre Directe que
la ſienne, ou qu'ils ſôient de Franc-Alleu.

'Est une ancienne Coûtume en Dauphiné que le Roy dans
les Terres de ſon Domaine, où le Seigneur Haut-Juſticier à
qui les petites Rivieres appartiennent, prend le tiers des Lods
qui ſont dûs pour l'alienation du Fonds qu'elles arroſent, ſoit qu'il
ſe trouve de Franc-Alleu, ou qu'il ſoit mouvant d'autre Directe que
la ſienne, les deux autres tiers appartenans au Seigneur direct du
Fonds.

Ce qui eſt fondé ſur le profit & l'utilité que porte l'arroſage, que
nous appellons *égáge & riverage*, qui ſont deux mots empruntés du
Latin ; L'un de *aquagium*, qui ſe trouve en la Loy *Quintus Mucius. D.*
de ſervit. præd. ruſtic. & en la Loy *hoc jure D. de aqua quotid. & eſt.*
L'autre de *rivus*, qui fait le ſujet d'un Titre du Digeſte *de rivis*, où il
eſt ainſi défini par Ulpian en la Loy 1. *Rivus eſt locus per longitudinem*
depreſſus quo aqua decurrat, cui nomen ἀ πὸ τῦ ρἐῳ. Le mot ne ſe prenant pas ſeulement pour un Ruiſſeau tel que le même Ulpian le dif-
ferentie du Fleuve *L. 1. de Fluminibus. Flumen*, dit-il, *à Rivo magnitu-*
dine diſcernendum eſt, aut exiſtimatione circumcolentium ; Mais encore il
ſignifie les Béalieres qui en dérivent : Et c'eſt ainſi que Virgile s'en
eſt ſervi en ſa troiſiéme Ecclogue.

Claudite jam Rivos pueri, ſat prata biberunt.

Et avant lui Varron *de Re ruſtica. Tu Rivos decurrentes in prata &*
hortos, &c. De-là s'eſt auſſi formé le mot *Rivales, id eſt, qui per eun-*
dem Rivum aquam deducunt, comme l'explique Ulpian *L. 1. D. de aqua*
quotid. & eſt.

La Coûtume dont j'ay fait mention eſt remarquée par François Marc *queſt. 607. parte 1.* où après avoir dit que les Lods ſont dûs *de decurſa aquæ in quantum pretium augmentatur,* il ajoûte; *Et ita intelligo quod ita uſitatur in hac Patriâ, ſaltem in reliquibus locis.*

Mais elle eſt pleinement juſtifiée dans les Regiſtres de la Chambre des Comptes, tant par les anciens comptes des Châtelains, que par deux Certificats de la même Chambre : L'un du 15. Decembre 1501. donné ſur la Requête préſentée au Parlement par Antoine de Varay Seigneur de Beaumont & Engagiſte de Pinet, laquelle fut renvoyée à la Chambre pour en avoir ſon avis, comme il ſe pratiquoit alors aux queſtions de pareille nature; parce qu'avant l'an 1560. les Châtelains faiſans la recette des revenus des Terres du Domaine dont ils rendoient compte à la Chambre, elle étoit particulierement inſtruite de l'Uſage de la Province pour les droits Seigneuriaux, ainſi que j'ay dit ailleurs.

L'autre Certificat eſt du 16. Novembre 1561. donné ſur la Requête du Vibailly de Vienne, ſur le ſujet d'un Procès pendant en ſon Siége entre l'Abbé & les Religieux de Saint Pierre de Vienne, & le Seigneur d'Anjou.

Le premier de ces deux Certificats qui ſeront tranſcrits à la ſuite de ce Chapitre, porte cette limitation. *Et hoc niſi ſituatione loci & abundantia aquæ aliud ſuaderetur.* C'eſt-à-dire, que ſi le Fonds eſt ſi ſterile de ſoy, que ſans l'arroſage il rapporte peu, qu'en ce cas les Lods dûs pour ce regard doivent être augmentés. Mais je n'en trouve point d'exemple, & même j'eſtime qu'il s'en faut tenir au tiers, afin que la coûtume ſoit uniforme, pour éviter les differens qui pourroient naître ſur l'eſtimation.

Néanmoins la Coûtume préſupoſe que les eaux ſoient albergées à celui qui s'en ſert, & qu'il apparoiſſe de la conceſſion ou de la reconnoiſſance, ou de quelque autre Titre général ou particulier, parce que l'Emphytéoſe n'eſt jamais préſumée : Il faut qu'il y ait Titre; *ſcriptura interveniente,* dit la Loy de Zenon *C. de jure Emphyt.*

Et comme l'Uſage des Eaux peut être acquis à titre de vente ou de liberalité, celui qui en a la poſſeſſion immémoriale ſans charge, qui tient lieu de Titre, n'y peut être troublé par la diſpoſition textuelle de la Loy *hoc jure C. de aqua quotid. & eſt. Duſtus aqua,* dit Pomponius, *cujus origo memoriam exceſſit, jure conſtituti loco habetur.*

EXTRAIT DES REGISTRES DE LA CHAMBRE
des Comptes de Grenoble, du Livre intitulé, Inſtructiones Cameræ, fol. 207.

„ **M** Agnifico Delphinali Parlamento humiliter ſupplicatur
„ parte Nobilis Antonii de Vareyo Domini Bellimontis
„ & Caſtri Pineti cauſam habentis à Sereniſſimo Rege Del-

phino , super eo quod cum plures possessiones & prædia in "
dicto loco Pineti existentia teneantur & moveantur tàm de "
dominio directo plurium particularium Nobilium & aliorum , "
quam præfati Domini nostri , & pro nunc revocabiliter tamen "
ipsius supplicantis. Quæ quidem possessiones & prædia , ut "
supra , de alio Feudo moventia rigantur & meliorantur ex vi- "
vis & aquis Regalium ipsius Castri , occasione cujus rigatio- "
nis & melioramenti certa pars laudimiorum & venditionum "
supplicanti causam ut supra habenti debeantur , ut in cæteris "
partibus & locis Delphinatus in similibus fieri solet ; Cùm- "
que ipse supplicans sit novus in administratione suorum bono- "
rum ignorétque quam portionem sive partem pro dictis Re- "
galibus & aquagiis debeat recipere , nollétque culpa sua in- "
posterum præjudicare super possessione , vel alias jam dicto "
Domino nostro Delphino in perceptione illarum talium riga- "
tionum , cum dictus supplicans sit , ut supra , Dominus revo- "
cabiliter dicti loci. Ideò placeat mandare Dominis Compu- "
torum qui de talibus notitiam habent , quatenus super præ- "
missis veritatem referre habeant , & alias supplicanti provide- "
re , prout eisdem magnificis viris videbitur providendum , "
Litteras , si placet , concedendo opportunas. "

Super qua supplicatione apposuit & decretavit Curia. Vi- "
deant Domini Cameræ & referant. "

Super quo quidem decreto respondent Domini Computo- "
rum ut sequitur. "

Viderunt Domini Computorum & referunt , quod in ma- "
jori parte hujus Provinciæ Delphinatus , & in locis quibus Do- "
minus noster Rex Delphinus habet rivos , rivulos & alias aquas "
Regaliarum consuevit ipse seu ejus Receptores recipere laudes "
& vendas in possessionibus & prædiis moventibus de alio Feu- "
do , & dominio quam suo , ratione rigationis & abrevagii ea- "
rumdem ad rationem tertiæ partis laudimiorum , reliquis "
duabus partibus Dominis directis de quorum Feudo & domi- "
nio moventur remanentibus : Et hoc nisi situatione loci , & "
abundantia aquæ aliud suaderetur. Scriptum in Camera Com- "
putorum die 15. Decembris , anno millesimo quingentesimo "
primò. B. Mathonis. "

Et super præmissa relatione fuerunt Literæ concessæ , & "
præfato supplicanti expeditæ anno & die prædictis. "

Autre Extrait de la même Chambre des Comptes du Livre intitulé
Manuale caufarum & Ordinationum Staparum ; inceptus de
menfe Junio 1525. fol. 161. de Iftagio 7.

„ A Vous nos honorés Seigneurs Meffeigneurs les Préfidens & Au-
„ diteurs de la Chambre des Comptes pour le Roy en Dauphi-
„ né ; féans à Grenoble, honneur & reverence.   Jean Palmier Doc-
„ teur és Droits, Seigneur de Ternay, la Palu, la Baftie Montgaf-
„ con & Saint George d'Efperanche, Vibailly au Siége de Viennois
„ & Terre de la Tour, Commiffaire en cette Partie ; Député par la
„ Souveraine Cour de Parlement de Dauphiné ; comme aujourd'huy
„ date des prefentes procedant en une caufe de fupplication pardevant
„ Nous en nôtredit Siége , mûë & à Nous commife, entre Meffieurs
„ les Abbé & Réligieux de S. Pierre, hors porte de Vienne , Sup-
„ plians & Demandeurs être maintenus en poffeffion de prendre Lods
„ en tiers quand le cas échet de certains prés és Actes confinés , fe
„ mouvans de leur Directe, Demandeur d'une part ; & Meffire Guil-
„ laume de Poitiers Chevalier Seigneur de Saint Vallier ; & Dame
„ Claude de Miolans fa femme Seigneurs d'Anjou , contredifans, &
„ demandans comme Seigneurs du lieu, & y ayant droit de Regale ,
„ & demandans pour la mélioration que l'eau a fait aux Fonds &
„ Prez dont eft queftion , le cas d'alienation d'icelles piéces avenant ,
„ le tiers defdits Lods , jaçoit que le Fonds fe trouveroit mouvoir def-
„ dits Supplians leur être adjugé , & iceux être maintenus en la poffef-
„ fion en laquelle ils ont été & font de prendre ledit tiers des Lods à
„ raifon dudit égage défendeurs d'autre : En laquelle caufe comparant
„ pardevant Maître Antoine Putod nôtre Lieutenant féant en pleine
„ Audiance , Maître Loüis Bergier Procureur defdits Supplians , auroit
„ demandé Lettres placitoires opportunes , adreffantes à Vous nofdits
„ Seigneurs , pour avoir extrait d'une Copie dûëment collationnée &
„ fignée des Regiftres de ladite Chambre de tous & chacuns les Actes,
„ Regiftres & Ordonnances , faifans & fervans au fait de ladite matié-
„ re , avec vos Rélations vrayes de la maniere accoûtumée de faire
„ fur la perception dudit tiers des Lods , à caufe des égagés en ce
„ Païs de Dauphiné , tant des Terres Delphinales qu'autres fubalternes,
„ & comme les Seigneurs de ce Païs ayant droit de Regale , en ufent
„ en leurs Jurifdictions & diftroit , comme le Roy Dauphin nôtre
„ Seigneur Souverain en ufe en fes Terres Delphinales de cedit Païs :
„ Lefquelles Lettres nôtre Lieutenant leur auroit concedé judicielle-
„ ment , & les lui concedons en prefence de Maître Jean Vincent
„ Procureur des Supplians non contredifant : En exécution defquelles
„ nous vous prions & requerons en fubfide de droit & faveur de Juf-
„ tice , & à la Requête defdits Seigneurs d'Anjou fuppliés , vous
„ plaife extraire par vos Secretaires tous & chacuns Regiftres , Actes

&

& Documens qui se trouveront en ladite Chambre servans à ladite "
matiere : Aussi faire vos rélations sur la maniere accoûtumée de fai- "
re , & perception dudit tiers de Lods , à cause des Regales , tant par "
ledit Seigneur Dauphin, qu'autres Bannerets en cedit Païs de Dau- "
phiné , & de vôtre rélation en conceder Actes ausdits Suppliés , & "
copie desdits Actes , ensemble des Extraits que dessus , le tout colla- "
tionné & signé en forme probante : veüillés expedier ausdits Suppliés "
ou Procureur pour eux, moyennant salaire raisonnable pour duire "
en ladite cause , & en après par Nous vû puissions mieux ausdites "
parties rendre droit & justice , nous offrant en cas semblable ou plus "
grand , vous obéïr & complaire. Donné à Vienne en Jugement le "
premier jour du mois de Septembre, l'an mil cinq cens quarante-un. "
Signé, PUTOD Lieutenant. FORNET. "

Vû par les Gens des Comptes les Lettres requisitoires cy-attachées , "
à eux adressées par Maître Antoine Putod Lieutenant du Vibailly au "
Siége de Vienne, par lesquelles il requiert lesdits Gens des Comptes fai- "
re extraire des Registres desdits Comptes les Actes & Documens qui "
sont en ladite Chambre sur la mode accoûtumée de faire prendre & re- "
cevoir les Lods dûs à cause des Regales pour abrevage des prez , & "
sur ce en faire leur rélation. Disent iceux Gens desdits Comptes que "
de toute coûtume inveterée , ils ont tenu & tiennent , que pour le- "
dit riverage on doit payer les Lods du tiers du prix qu'est venduë la "
piéce de pré à cause du riverage , & aussi en avoir été par leurs Préde- "
cesseurs fait relation à ladite Cour dont la teneur est cy-après inserée. "

Sur la Requête presentée à la Cour de Parlement de Dauphiné "
de l'an mil cinq cens un , & le quinziéme du mois de Decembre "
par Noble Antoine de Varey Sieur de Beaumont & de Pinet ; ayant "
cause du Roy Dauphin nôtre Souverain Seigneur a été decreté. *Vi-* "
deant Domini Camera & referant. Ce qu'ils ont répondu ainsi comme "
il s'ensuit. *Viderunt Domini Computorum & referunt , quod in majori parte* "
hujus Patriæ Delphinatus , &c. Comme il est au Certificat précedent. "

Fait du Commandement de Messeigneurs des Comptes au Bu- "
reau , auquel étoient Messieurs Sofrey Carles, Jean Flehard, Jean "
de Stuart, Ger. Gaucher, & Christophle Joubert Auditeurs desdits "
comptes le   Novembre mil cinq cens quarante-un. "
BOUVIER. "

CHAPITRE LIX.

De l'indemnité qui est düe aux Seigneurs directs, pour les Héri-
tages acquis par Gens de main-morte.

LES Romains, dont la politique s'est attiré l'admiration de toutes les Nations, firent une Loy sous le Consulat de Papirius,

qui fut appellée de son nom *Papiria*, de laquelle Ciceron fait mention en son Oraison, *pro domo sua*. *Ne terra, ædes, ara sacraretur plebis injussu, cujus potissimum intererat ne immeris consecrationibus res omnes sensim è dominio commerciòque suo eriperentur*. Ce qui fut après deferé aux Empereurs, *permissu scilicet Imperatoris*, dit Valens en la Loy derniere *D. ut in possess. legat.*

Et comme tous les Etats ont le même interêt, il en est peu qui n'ayent aussi défendu le transport des héritages & biens immeubles de leur nature, en main-morte, sans qu'il soit autorisé du Souverain, nonobstant la difference que font les Canonistes *in C. de Immunitate Ecclesiarum lib. 6.* des Terres Féodales & Censuelles, d'avec celles qui sont du Franc-Alleu, pour le regard desquelles ils soûtiennent *non valere Statutum aut consuetudinem Laïcorum, quod non possint in Ecclesiam transferri, vel quod Ecclesia teneatur ponere extra manum suam.* Suivant quoy le Pape Alexandre en son Epitre Decretale *Quoniam nonnulli. De Immunit. Ecclesiar.* & après lui Boniface VIII. au chap. *Clericis* du même Titre, ont cassé & revoqué telles Coûtumes, comme une entreprise sur l'Immunité de l'Eglise.

Mais comme la puissance du Pape & celles des Roys sont distinctes, & que par la Doctrine de S. Augustin. *Ab Episcopo unctionem, ab Imperatore prædiorum possessiones nanciscimur : Undè quod quisque possidet, jure humano possidet.* L'Eglise quant aux biens temporels est sujette aux Ordonnances politiques, sa franchise n'étant point violée par la défense qui lui est faite pour l'utilité publique de s'accroître par de nouvelles acquisitions, puis qu'on ne lui ôte rien de son ancienne dotation & fondation. *Non enim ita Ecclesiæ consulendum, ut Respublica deseratur*, disent les Capitulaires de Charlemagne qui est reconnu pour Saint. D'autant plus que son ancienne possession consistoit en la seule perception des Dîmes suivant l'Ordonnance qui fut faite par Philippes Auguste à son avenement à la Couronne dont Guillaume le Breton Poëte contemporain fait mention *lib. 10. Philippidos.*

   Ecclesiæ decimas oblataque munera tantum
   Possideat ; Villas nobis & prædia linquant,
   Vivat & hinc populus, habeatque stipendia miles.

En un mot c'est, une ancienne Loy du Royaume que les Gens de main-morte ne peuvent tenir aucuns héritages sans Lettres d'Amortissement du Roy vérifiées en la Chambre des Comptes du ressort où ils sont assis, & registrées au Bureau des Tresoriers de France contenans la déclaration des héritages amortis, leur consistance & qualité pour en faire l'estimation : Autrement ils peuvent être contraints d'en vuider leurs mains.

J'ay dit sans Lettres d'Amortissement du Roy, parce que du temps de nos Peres, non-seulement des Pairs de France, mais aussi quelques autres Seigneurs Hauts-Justiciers s'en étoient attribué le droit, principalement en Dauphiné, où la Souveraineté des Roys de Bourgogne, & ensuite celle des Dauphins étoit fort affoiblie ; puisque l'abus avoit passé jusques-là , que les Haut-Justiciers faisoient à leur fantaisie des Statuts & des Ordonnances dans leurs Terres contre le Droit commun. Ainsi je trouve dans un Registre de la Chambre des Comptes intitulé *Tertius liber Scripturarum Viennensii & Valentinesii , cotté par Y cayer 324.* que Raymond Berenger Seigneur de Belvéer (c'est Beauvoir en Royans) amortit les Fonds & Héritages , que la Maison du Prioré de Saint Roman de Belvéer avoient acquis , & lui permit d'acquerir à l'avenir *sivè emendo , sivè permutando , sivè ex causâ relicti , sivè ponationis recipiendo , sivè quocumque titulo , quocumque contractus genere , sivè alio quocumque justo modo , terras , vineas , prata , nemora , census , servitia , & quascumque res alias , sivè quæcumque alia bona corporalia , vel incorporalia , sivè jura in toto Mandamento de Belvéer , & etiam in tota Terra sivè Jurisdictione nostra , non requisita laudatione sivè concessione nostra , &c. Eo tamen & salvo quod debitos census & prolaideamenta nobis dicta Domus , vel habitatores ejusdem reddere teneantur , ubi præstanda esse justè & legaliter videbuntur.* Dont il y eut des Lettres données à Saint Marcellin le cinquiéme devant les Kalendes de Fevrier 1240. Scellées du Sceau de Raymond Berenger , & de celui de Pierre Evêque de Grenoble. Ce Raymond étoit l'onziéme ayeul de Charles de Sassenage. Aujourd'hui que les Droits de la Couronne ont été mieux éclaircis qu'ils ne l'étoient autrefois, le Roy seul a droit de dispenser les main-mortes de posseder des héritages , par la raison qu'il n'appartient qu'au Souverain de permettre que les choses soient ôtées du commerce des Hommes , à l'exemple du Droit Romain dont j'ay parlé cy-devant.

En quoy les Lettres d'Amortissement qui en sont concedées n'interessent point les Seigneurs directs, dont les droits sont reservez par clause expresse , ou par la générale , *sauf l'autruy en toutes.* Ce qui est si plein d'équité, que Sa Majesté même est obligée de vuider ses mains des héritages mouvans d'autres Seigneurs, qui lui sont échûs par confiscation, aubaine ou autrement, ou d'en payer l'indemnité aux Seigneurs, conformément à l'Ordonnance de Philippe le Bel de l'an 1312. art. 3. *Si verò contingat , quod in Terris subditorum nostrorum aliquâ forfacturâ nobis eveniant jure nostro Regio , infra annum & diem extra manum nostram ponemus , & ponemus in manum sufficientis hominis ad deserviendum Feudo , vel Domino Feudorum , aut recompensationes sufficientes & rationabiles faciemus.* Et Gallus assûre quest. 55. que les Arrêts l'ont ainsi jugé.

La question est de sçavoir quelle récompense leur est dûë. Ce qui n'a pas une régle générale. La Coûtume de Sens art. 8. estime l'indemnité selon le revenu de trois années de la chose acquise , ou le sixiéme denier de la valeur & prix de l'acquisition. Le Maine art. 41. en dispose de même , excepté qu'elle ne dit rien du sixiéme denier. Crespy en Valois art. 24. & Senlis art. 220. la renvoyent au dire d'Experts , à quoy se trouvent conformes les derniers Arrêts du Parlement de Toulouse rapportés par d'Olive liv. 2. chap. 12. contraires aux anciens dont je parleray cy-après. Et même Bacquet en son Traité du Droit d'Amortiſſement chap. 53. n. 9. dit que l'indemnité eſt fort arbitraire, & qu'ordinairement la Cour ordonne que les Parties conviendront de perſonnes pour l'eſtimer. Néanmoins il ajoûte qu'on tient pour certain que l'indemnité doit être eſtimée au cinquiéme denier de la valeur de l'héritage Féodal amorty ſuivant la Coûtume de Melun art. 29. & 30. qu'on ſuit ordinairement en la Prévôté & Vicomté de Paris, comme interpretative de celle-cy. Ce qu'il réïtere au chap. 54. n. 3. pour le Seigneur cenſier ; après pluſieurs diſputes, dit-il, diverſes opinions, Sentences & Arrêts donnez pour ce regard. C'eſt auſſi de la ſorte que le Parlement de Touloufe l'a reglée par ſes anciens Arrêts, comme le témoigne Ferrieres ſur la queſt. 23. de Duranti. Premier Préſident au Parlement. *Pro indemnitate*, dit-il, *in Tholoſano Parlamento ſolvitur quinta pars æſtimationis fundi cenſualis, quæ Domino directo ſolvenda eſt.* Et à la vérité c'eſt l'opinion la plus reçüe.

Quelques-uns pourtant font difference de l'héritage Féodal & du cenſuel, eſtimans que l'indemnité du Féodal doit être le tiers du prix ou de la valeur, à cauſe du rachat ou relief à quoy il eſt ſujet, outre les quints. Ce qui n'auroit pas lieu dans les Coûtumes où les Fiefs ne doivent point de relief, c'eſt-à-dire, le revenu d'une année par changement de main en ligne collaterale. Et par la même raiſon l'indemnité des héritages cenſuels doit être plus grande en Lyonnois où milods ſont dûs de la mutation, que celle des Fiefs qui y ſont purement d'honneur ſans aucun profit.

M. le Maître en ſon Traité des Amortiſſemens chap. 6. & Duranti en la queſtion que je viens d'alleguer ſont d'avis que la main-morte a l'option de payer l'indemnité, ou de fournir Homme vivant, mourant & confiſquant, que la Coûtume d'Orleans appelle Vicaire. *Inferiores Reguli & Domini* (ce ſont les termes de Duranti) *non poſſunt cogere Eccleſiam bona diſtrahere, vel extra manum ſuam ponere, ſi Eccleſia malit indemnitatem præſtare, hoc eſt, certam ſummam loco jurium utilium, quæ probabiliter Dominus percepturus eſt, vel Vicarium dare morientem & viventem ; id eſt, quo moriente jura conſueta Domino præſtantur.* Sur laquelle queſtion Ferrieres dit auſſi. *Item & illud notandum eſt, Dominum qui Juriſdictionem habet, non poſſe indemnitatem petere, & hominem morientem vel confiſcantem, ſed alterutro contentum eſſe debere.*

Au contraire, Argentré ſur la Coûtume de Bretagne, art. 346. Choppin liv. 1. du Domaine, tit. 14. n. 15. & quelques autres ſoûtiennent que la preſtation des deux eſt dûe conjointement au Seigneur ; ſçavoir l'indemnité pour les Lods qu'il retireroit de la vente du Fief, & l'homme par le decès duquel il recüeille les profits qui ſont dûs par le changement de main, & la confiſcation par la forfaiture ſi la Haute-Juſtice lui appartient : Laquelle Doctrine eſt à preſent ſuivie par le Parlement de Toulouſe, dont les Arrêts ſont allegués par d'Olive.

Le Parlement de Provence ne s'arrête point à l'une ni à l'autre de ces opinions. Il a évalué l'indemnité à un droit de Lods de vingt en vingt ans, par

Arrêt du 27. Janvier 1682. rapporté par le Préſident de S. Jean Dec. 10.
En quelques autres lieux les Lods ſe payent de trente en trente ans.

Quant à l'Uſage de Dauphiné, qui fait mon ſujet principal, je
trouve qu'il a fort varié. Les Lettres Patentes de François I. données
à Blois le 7. d'Août 1522. regiſtrées en la Chambre des Comptes, à
qui l'adreſſe en eſt faite, déclare que la pratique ancienne eſt telle,
que les Gens de main-morte ſont obligés de vuider leurs mains des
choſes Féodales par eux acquiſes, & de les remettre en main capable,
ou de payer les Lods & l'incapacité (c'eſt-à-dire, doubles Lods) ayant
égard à la qualité & à la valeur des Fiefs. Et ſi ce ſont Terres tenuës
en Emphytéoſe, qu'ils doivent auſſi payer les Lods & l'incapacité, &
outre ce doubler la cenſe de dix en dix ans, enſorte que par trente
ans le doublement monte autant que voudroient les Lods & incapacité ſi les Terres ſe vendoient. Et quoy que ces Lettres ne regardent
que les Terres du Domaine du Roy, ſi eſt-ce que les Regiſtres de la
Chambre des Comptes juſtifient que c'étoit la Coûtume générale de
Dauphiné; parce que Sa Majeſté a double droit ſur les main-mortes
pour les héritages de ſa mouvance : L'un comme Seigneur direct,
l'autre comme Souverain, ſuivant la remarque de du Moulin §. 1. n.
89. *Et adverte*, dit-il, *quod hæc poteſtas poteſt competere Domino noſtro Regi*
duplici jure. Primò ex natura Feudi conceſſionis, vel inveſtituræ rei tanquam
ad quemlibet Dominum ſi ſit immediatus Dominus directus : ſecundum tanquam
ad Regem jure illo Regali, quo omnia in Regno ſuo non niſi legibus ſuis, ſcili-
cet Regis, poſſidentur, nec aliter poſſideri poſſunt.

Mais comme cet Uſage de Dauphiné, tel qu'il eſt déclaré par les
Lettres de François I. ne ſatisfait pas à l'intérêt des Seigneurs, & que
ſi la Cenſe eſt en deniers, ou en autre eſpece de peu de valeur, le
doublement de dix en dix ans ne ſçauroit en trente ans équipoller
aux Lods, le Parlement ne l'obſerve plus. Mais il faut avoüer que les
Arrêts qu'il a donnés ſur ce ſujet ſont ſi differens qu'on n'y peut fonder une Juriſprudence conſtante & aſſûrée. J'ay été ſurpris de celui
qui fut donné le 19. Decembre 1623. par lequel Antoine Roſſet
Prieur de Tain, fut condamné de bailler à N. Charles de Claveſon
homme vivant, mourant & confiſquant pour les fonds de ſa Directe,
ſi mieux il n'aimoit payer les Lods de dix en dix ans. Premierement
la preſtation des Lods de dix en dix ans eſt trop éloignée de celle que
l'ancienne Coûtume exigeoit, & n'a point de proportion avec l'homme vivant & mourant. D'ailleurs, la confiſcation n'a lieu en Dauphiné qu'en crime de léze Majeſté divine & humaine en faveur du Roy :
Et quand même elle y auroit lieu, ce ſeroit au Seigneur Haut-Juſticier
qu'elle appartiendroit, & non au Seigneur direct. Ce qui eſt remarqué par du Moulin au même §. 51. n. 63. *Aut enim intelligitur de ve-*
ra confiſcatione propter delictum commune, & tunc Patroni non intereſt, quia
ad eum non eſſet Feudum reverſurum, ſed ad habentem merum imperium in loco.
Et après lui Ferrieres au lieu ſus allegué. *Sed & illud notandum eſt, ſolum*
Dominum qui rerum imperium habet poſſe petere hominem confiſcantem & mo-

rientem, non item Dominum qui solùm habet directum dominium sine ulla Jurisdictione, quia ad Dominum directum confiscationes non pertinent.

Il est vray que si c'est un Fief, il y a raison de douter si le Seigneur peut demander l'homme confisquant par la felonie duquel, & non pour autre forfaiture, le Fief tombe en commis. Du Moulin soûtient que non au même §. 51. n. 63. par la raison de Paulus en la Loy *inter stipulantem 8 3. §. Sacramentum D. de verb. obligat.* où il dit excellemment : *Casum adversamque fortunam spectari hominis liberi, neque civile neque naturale est.* M. le Bret est de même avis liv. 1. chap. 13. de la Souveraineté du Roy, où il dit que la Cour de Parlement a toûjours jugé par les Arrêts que la faute de l'un ne pouvoit nuire à l'Eglise. Neanmoins Argentré & Duranti resistent à cette opinion que le premier appelle inutile, *& victam communi observatione.*

Les derniers Arrêts du Parlement de Grenoble sont conformes à celui de Provence rapporté par Saint Jean ; c'est-à-dire qu'ils condamnent la main-morte de payer les Lods de vingt en vingt ans : Ce qui n'est pas sans exemple de nos Peres : car l'on voit dans les Archives du Chapitre de l'Eglise Cathedrale de Grenoble une Transaction du 1. Avril 1517. passée entre le même Chapitre & les Prieurs de la Confrerie du Saint Esprit de Saint Martin le Vinoux, par laquelle les Prieurs s'obligent de payer au Chapitre de vingt en vingt ans les Lods réglés à une somme certaine pour l'acquisition d'une Vigne de la Directe du Chapitre que la Confrerie avoit acquise. Mais les Arrêts donnent à la main-morte l'otinion de bailler homme vivant & mourant par le decès duquel les Lods soient payés.

Le plus formel est celui d'Audience du 7. Mars 1646. donné en faveur de Thomas Boffin Baron d'Uriage, qui demandoit aux Consuls de Romans les Lods de vingt en vingt ans, si mieux ils n'aimoient bailler homme vivant, mourant & confisquant. Les Consuls offroient les Lods de trente en trente ans, ou l'Homme vivant & mourant à leur choix, mais non le confisquant, par les raisons que j'ay touchées cy-dessus. L'Arrêt les condamne à payer les Lods de vingt en vingt ans, si mieux ils n'aimoient bailler Homme vivant & mourant.

Cette opinion de l'Homme vivant & mourant est conforme à la Doctrine de Dumoulin n. 62. du même §. 51. où il dit. *Receptior autem & frequentior modus est, quod Ecclesia vel simile corpus det Vicarium morientem & viventem, id est, quo vivente nullum novum jus acquiratur Domino, sed eo moriente Feudum aperiatur, & fidelitas & relevium solvi debet : vel si res censualis sit, certa summa vice laudimiorum.*

Mais on peut douter si les Lods qui sont dûs de vingt en vingt ans, ou par le decès de l'Homme vivant & mourant doivent être liquidés sur le prix de l'acquisition, ou sur l'estimation nouvelle du Fonds au temps de la mutation fictive. Il semble qu'on peut dire avec fondement que le cas de l'échûte des Lods par les vingt années, ou par le décès de l'Homme vivant & mourant succede à celui de la vente qui produit la prestation des Lods, laquelle augmente ou diminuëselon que le temps change la valeur des choses, qu'ainsi l'on doit venir à nouvelle appretiation toutes les fois que le cas des Lods échoit.

Neanmoins il est certain que les Lods se doivent regler taxativement sur le prix de l'acquisition pour être certains & immuables. En premier lieu, parce que le terme de vingt années, ou le Bail de l'Homme vivant & mourant tiennent lieu de l'indemnité payable pour une fois, afin de rendre les Gens de main-morte incommutablement Proprietaires des fonds, dont autrement ils seroient obligez de vuider leurs mains, & consequemment qu'il se faut tenir à la même estimation, qui eut été faite pour l'indemnité pecuniaire sans aucun renouvellement d'estimation, tel droit d'indemnité n'étant acquis qu'une fois en vertu d'une acquisition qui n'est point renouvellée. En second lieu, bien que les Lods, & le droit d'indemnité se doivent payer reguliérement sur le prix de l'acquisition lors de la mutation, cela s'entend à l'égard des héritages, qui étant dans le Commerce peuvent recevoir augmentation de prix, mais non de ceux qui sont hors de tout commerce, & par conséquent hors de prix. C'est ainsi que pareille question a été jugée par Arrêt du Parlement de Paris donné en la cinquiéme des Enquêtes au rapport de M. Hilerin le 28. d'Août 1632. entre les Religieuses de Sainte Marie de Lyon, Appellantes de Sentence renduë par le Senéchal de Lyonnois, laquelle fut infirmée, & André Ateau de Boissat Sieur de Licieu intimé. Lequel Arrêt est rapporté par M. le Prêtre dans son Recüeil d'Arrêts de la cinquiéme Chambre page 99. & par Vrevin sur la Coûtume de Chauny art. qui disent que la question fut demandée aux Chambres. Je l'ay transcrit au long cy-après.

Et comme le payement des Lods de vingt en vingt ans, où l'Homme vivant & mourant sont subrogés au lieu de l'indemnité pecuniaire, les Gens de main-morte ont le choix d'offrir la pecuniaire contre la volonté du Seigneur, suivant les Arrêts qui sont raportés par Choppin *lib. 3. de Sacra politia tit. 1. n. 10.* contre l'avis de du Moulin sur la Coûtume de Paris §. 5. n. 6. où il soûtient que le Seigneur peut contraindre précisément l'Eglise de vuider ses mains, *nisi malit Dominus æstimationem indemnitatis suæ, quam non tenetur invitus recipere.* Lequel avis n'est pas suivi. Car on doit remarquer, dit M. le Bret en son Traité de la Souveraineté du Roy liv. 4. chap. 12. que l'Amortissement que le Roy donne est de telle autorité à l'endroit des Seigneurs, qu'ils ne peuvent plus contraindre les Gens de main-morte de vuider leurs mains des biens par eux acquis, mais ils peuvent seulement poursuivre contre eux leur indemnité, qui est d'ordinaire le tiers en matiere de Fief, & le quint en Roture.

En effet, par l'Arrêt de Boissat les Religieuses de Sainte Marie de Lyon ont été reçües à payer le cinquiéme du prix porté par leur acquisition pour le droit d'indemnité qu'elles avoient offert, au lieu de l'Homme vivant & mourant qu'elle avoient baillé auparavant. La raison est que l'indemnité peut être reglée en deux manieres : L'une en payant au Seigneur le quint du prix, ou de l'estimation du fonds, ou une somme convenuë pour le désinteresser de l'esperance d'une échûte de Lods, moyennant quoy le fonds en est exempt pour toûjours : L'autre en payant au lieu de l'indemnité pécuniaire les Lods de vingt en vingt ans, ou de trente en trente ans, selon la Coûtume des lieux, ou la convention ; ou bien de bailler Homme vivant & mourant, par le décès duquel on renouvelle le payement des Lods.

Ces deux sortes d'indemnités sont sujettes à la prescription de trente ans, non-seulement pour le passé, mais aussi pour l'avenir à l'égard du Seigneur Laïque, & de quarante à l'égard de l'Ecclesiastique, si la Coûtume n'en dispose autrement, comme celle d'Orleans art. 41. qui exige soixante ans, & celle de Touraine art. 107. un temps immémorial, qui est de cent ans. Parce que ce n'est qu'une action de dommages & interêts ; l'indemnité n'étant autre chose qu'un profit de Fief subrogé au lieu des Lods & ventes qui sont notoirement prescriptibles, suivant la disposition du Droit commun. C'est ainsi que le décide Maître Charles du Moulin §. 51. n. 70. en ces termes. *Nota quod non censetur remissa indemnitas per investituram, vel receptionem jurium utilium ratione acquisitionis debitorum, sed nihilominus pro futuro tempore exigi poterit : Et hoc nisi post lapsum triginta annorum in privato, vel quadraginta in Ecclesia Domina, quo temporis spatio secundum dispositionem Juris communis præscribi puto Juri indemnitatis exigendæ, nedum pro præterito, sed etiam pro futuro tempore & in perpetuum.*

C'est aussi le sentiment d'Argentré sur la Coûtume de Bretagne art. 346. glos. 1. n. 6 de Bacquet au Traité du Droit d'Amortissement chap. 60. où il déduit amplement les raisons de part & d'autre, & en rapporte les Arrêts, comme fait aussi Charondas en ses questions de Droit partie 1. tit 15. Suivant quoy le Parlement de Toulouse l'a jugé par deux Arrêts qui sont allegués par d'Olive liv. 2. chap. 12. Ensorte que la prescription n'est plus revoquée en doute. Ce qui s'entend de l'indemnité düe aux Seigneurs Féodaux & Censiers, & non de l'Amortissement dû au Roy *Jure Regio*, lequel est imprescriptible, suivant l'opinion de celebres Docteurs François, quoy que d'autres soient d'avis contraire ; mais la question n'est pas de mon sujet.

Quant à ce que le même d'Olive, & avant lui Bacquet, donnent pour regle certaine, que la prestation d'Homme vivant & mourant n'est point sujette à prescription, il faut observer qu'ils entendent l'Homme qui est donné au Seigneur en reconnoissance de sa superiorité, pour lui faire les foy & hommage, & par le décès duquel le Seigneur soit payé de son droit de rachat ou relief, suivant la Coûtume des lieux, ou du droit qui s'appelle en Languedoc l'Arrierecapte, & en Dauphiné le Plait, qui sont dûs par la mutation du possesseur, parce que ce droit suit la nature du Fief, de l'Emphytéose, ou du cens qui ne se prescrivent en Dauphiné que par cent ans, & presque dans tout le Royaume par quelque temps que soit : Mais ils n'entendent pas l'Homme qui est subrogé au lieu de l'indemnité, par le décès duquel lés Lods foient payés au Seigneur ; ce qui ne regarde que les profits de Fief, comme font les Lods.

Autre chofe eft le droit d'indemnité , autre chofe la directe Seigneurie : Car nonobftant la prefcription de l'indemnité, le Fonds ne laiffe pas d'être affervi , foit pour la preftation de l'hommage, fi c'eft un Fief, ou par la prefcription de la Cenfe, fi c'eft Emphytéo-fe : Enforte que fi la Main-morte alienoit le Fonds pour lequel elle a payé le droit d'indemnité , ou qu'elle a prefcrit à fon égard , l'acque-reur feroit obligé de payer les Lods , comme il a été jugé par Arrêt du Parlement de Paris , prononcé en Robes rouges l'an 1586. raporté par Montholon art. 41. & par le Prêtre Centur. 1. chap. 87. parce que le payement ou la prefcription de l'indemnité ne changent pas l'état & la qualité de l'héritage , foit Féodale ou Cenfuelle.

Tellement que fi l'Emphytéote a prefcrit ou payé l'indemnité pe-cuniaire , qui ne regarde que les Lods , il ne laiffe pas d'être obligé à bailler Homme vivant & mourant , par la mutation duquel le Plait feroit dû tant feulement , dont la preftation accompagne celle de la Cenfe , mais non les Lods.

J'ajoûte un cas affez remarquable , que fi un Bail en Fief ou Em-phytéofe fait à la Main-morte , procede immédiatement du Seigneur direct , qu'en ce cas le Seigneur direct ne peut prétendre contre la Main-morte aucun droit d'indemnité , ny l'obliger à payer les Lods de vingt en vingt ans , ou de bailler Homme vivant & mourant , fi-non que par le Bail même , que nous appellons en Dauphiné Alber-gement , telle indemnité eut été expreffement ftipulée. La raifon eft , qu'il a tacitement renoncé au dédommagement du préjudice que lui-même s'eft fait par la perte de fes droits cafuels , comme il a été ju-gé par Arrêt du Parlement de Grenoble du 3. Mars 1665. donné au rapport de Mr. Marnais la Rouffilliere , entre Eftienne Allian ayant droit de Meffire Honoré de Grimaldi Prince de Monaco , Duc de Valentinois , Pair de France , Demandeur en payement de Droits de Main-morte & demy-Lods , par lui prétendus contre la Communauté de Saillans , à caufe de la faculté à elle concedée par Sa Majefté de prendre l'eau de la Riviére de Drome , & la conduire au Moulin de la Communauté , fous la cenfe annuelle d'une émine froment d'une part ; & les Confuls & Communauté de Saillans Défendeurs d'autre. Ainfi M. le Bret au Traité fus allegué de la Souveraineté du Roy liv. 4. chap. 12. dit que fi le Roy pour fonder & doter quelques piéces de fon Domaine , par Lettres vérifiées au Parlement & en la Cham-bre des Comptes , qu'en ce cas Sa Majefté ne peut plus prétendre au-cun droit d'Amortiffement fur les biens par lui donnés , car en don-nant il amortit.

Par le même Arrêt que je viens d'alleguer , il a été jugé que le droit d'Amortiffement eft un droit appartenant à la Couronne , lequel n'a pû être cedé au Prince de Monaco , nonobftant que le Roy ne fe foit rien refervé au tranfport que Sa Majefté lui a fait de plufieurs

Terres en titre de Duché de Valentinois, que le seul Reffort & Souveraineté, sous le nom de laquelle le droit d'Amortissement se trouve compris.

Exemple d'un Amortissement passé par un Seigneur ; Extrait de la Chambre des Comptes de Grenoble du Livre intitulé , Tertius liber Scripturarum Viennensii & Valentinesii ; *Cayer 324.*

NOTUM sit omnibus tam præsentibus quam futuris, quod anno Domini millesimo ducentesimo quadragesimo quinto Kal Februar. Gregorio nono Papa sedente, Frederico Romanorum Imperatore regnante. NOS RAIMUNDUS BERENGARII DOMINUS DE BELVEER, non deceptus, non coactus, nullius dolo vel machinatione, sed mera & spontanea voluntate ad hoc inductus, intuitu pietatis & pro redemptione animæ nostræ & parentum sive prædecessorum nostrorum, & pro emenda injuriarum, si quas unquam fecimus, DOMUI DE SANCTO ROMANO DE BELVEER ad honorem Dei & Beatæ Mariæ, & Beati Romani concedimus, & confirmamus per nos & nostros hæredes sive successores prædictæ Domui de Sancto Romano de Belveer, & omnibus habitatoribus nunc & in perpetuum ibidem Deo servientibus, & tibi Fratri Petro Aiserandi recipienti nomine dictæ Domus, & mandato Prioris ejusdem Domus, scilicet Domini Humberti Diensis Espicopi, quidquid sive sint terræ, sive vineæ, sive prata, sive nemora, sive Domus, sive quæcumque alia corporalia, vel incorporalia, sive jura quæ dicta Domus, vel Rectores ejusdem usque in hodiernum diem quocumque commodo, quocumque titulo, quocumque contractus genere acquisierunt, vel hodiè tenent & possident, & quasi possident sub Dominio sive sub Dominatione nostra in Castro de Belveer, & ejus Mandamento, & ubicumque in tota Terra, sive Jurisdictione nostra, ad habendum, tenendum & possidendum perpetuò, liberè & quietè, salvo jure & Domanio nostro in censibus tantùm, si qui census pro supradictis, sive de supradictis justè ac legaliter sint præstandi. Concedimus etiam & donamus prædictæ Domui & habitatoribus nunc & in posterùm ibidem Deo servientibus, & tibi Fratri Petro Aiserandi prædicto recipienti nomine dictæ Domus, & mandato prædicti Prioris, jus pascendi pecoris ad aquas Appunsum, jus ligna scindendi, sive chalfagium in omnibus nemoribus nostris, excepto

noſtro Devez quod eſt ſupra vineas de Loiras versùs viam quæ
ducit ad portum de la Sonna : Et quod poſſit prædicta Domus
& habitatores ejuſdem nunc & in poſterùm accipere, colligere vel ſcindere maeriam ſive ligna in omnibus nemoribus noſtris, excepto noſtro Devez ſupradicto, quantumcunque ſibi
neceſſarium fuerit ad faciendas ſive reficiendas ædes in Domo
prædicta. Volumus tamen quod de hujuſmodi maeriis ſcindendis Bajuli noſtri licentia requiratur. Et generaliter concedimus
& donamus prædictæ Domui & habitatoribus ejuſdem præſentibus & futuris, quod poſſint uti & frui perpetuis temporibus
paſcuis **** planis & montanis & nemoribus, excepto noſtro
Devez ſupradicto, aquis & aquarum decurſibus, viis & itineribus ſine contradictione noſtra, vel alicujus alterius liberè &
quietè in toto tenemento Caſtri de Belveer, & in tota Terra
ſive Juriſdictione noſtra quantumcunque prædictæ Domui, &
habitatoribus & animalibus ſive pecoribus ejuſdem Domus, &
in cuſtodia ſive garda dictæ Domus exiſtentibus neceſſarium
fuerit. Item concedimus & donamus prædictæ Domui & habitatoribus ejuſdem quæ ibi ſunt, vel in poſterum fuerint in
Dei ſervitio conſtituti, & tibi Fratri Petro Aiſerandi recipienti
nomine dictæ Domus, & mandato dicti Prioris, quod poſſit
dicta Domus & habitatores ejuſdem nunc & in poſterùm ſibi
acquirere ſive emendo, ſive permutando, ſive ex cauſa relicti,
ſive donationis recipiendo, ſive quocumque alio juſto modo
terras, vineas, prata, nemora, cenſus, ſervitia, & quaſcumque res alias, ſive quæcunque alia bona corporalia, vel incorporalia, ſive jura in toto Mandamento Caſtri de Belveer, &
etiam in tota Terra ſive Juriſdictione noſtra, non requiſita
laudatione ſive conceſſione noſtra. In præſentiarum namque
concedimus & laudamus prædictæ Domui & habitatoribus ejuſdem nunc & in poſterùm ibidem Deo ſervientibus, & tibi Fratri Petro Aiſerandi recipienti nomine dictæ Domus, & mandato dicti Prioris quidquid, ut ſupra dictum eſt, in tota Terra
ſive Juriſdictione noſtra juſtè acquirere poterunt. Laudamus
inquam & concedimus ſupra dicta omnia per nos & noſtros in
anteà ſucceſſores, eo tamen ſalvo quod debitos cenſus & pro
laideamenta nobis dicta Domus, vel habitatores ejuſdem reddere teneantur, ubi præſtanda eſſe juſtè & legaliter videbuntur.
Promittimus igitur bona fide per nos & ſucceſſores noſtros, &
tactis Sacroſanctis Evangeliis corporaliter juramus tibi Fratri Petro recipienti nomine dictæ Domus, mandato dicti Prioris nos

curatoros & facturos, quod omnia supradicta universa & singula compleantur & attendantur per nos & subditos & successores liberè & quietè, & sine aliqua contradictione, & quod nullam super aliquo de prædictis contra dictam Domum vel habitatores ejusdem moveamus nunc & in posterùm quæstionem. Est autem minimè omittendum, quod tu Frater Petre prædicto nomine dictæ Domus & mandato dicti Prioris, confirmatione & concessione prædicta omne jus & omnem actionem realem & personalem, si quod, vel si quam dicta Domus habebat contra nos nobis donasti, finivisti & remisisti, & etiam quingentos solidos Viennensis vel Valentinensis monetæ nomine dictæ Domus & mandato dicti Prioris nobis donasti & tradidisti pro beneficio & concessionis intuitu supradictæ. Super quibus quingentis solidis renunciamus exceptioni non numeratæ & non traditæ pecuniæ, doli & in factum actioni, & omni Legum & Canonum auxilio, & specialiter Juri dicenti generalem renunciationem non valere. Actum de prædicta apud Sanctum Marcellinum in Camera veteri cum fornello. Ut autem omnia supradicta robur obtineant perpetuæ firmitatis, præsens Instrumentum Sigilli nostri fecimus munimine roborari. Insuper ad majorem firmitatem Venerabilis Pater Petrus Gratianopolitanus Episcopus, in cujus præsentia acta sunt omnia supradicta, ad instantiam nostram idem Instrumentum Sigilli sui fecit præsentia confirmari.

L'Arreſt du Parlement de Paris, du 28. Août 1632. mentionné au Chapitre precedent.

„COMME de la Sentence donnée par nôtre Senéchal de Lyon-
„ nois, ou son Lieutenant à Lyon le 12. Août 1631. entre An-
„ dré Ateau de Boiſſar Sieur de Licieu, Gage & Villeneuve le Plat de-
„ mandeur d'une part, & les Superieure & Religieuses du Convent &
„ Monaſtere de Ste Marie de nôtre Ville de Lyon Défenderesses d'au-
„ tre, par laquelle nôtredit Senéchal auroit condamné lesdites Dé-
„ fenderesses à payer audit demandeur les my-lods avenus par le decez
„ de Benoît Frenay, au nom & comme nommé & baillé pour hom-
„ me vivant & mourant par lesdites Défenderesses, eu égard à ce que
„ les fonds valoient lors dudit decez, & à raison du denier dix l'un.
„ Comme aussi bailler homme vivant & mourant au lieu dudit Fre-
„ nay dans le mois, autrement & à faute ce, le tems paſſé, per-
„ mis audit demandeur d'en nommer un, si mieux elles n'aimoient
„ payer

payer pour le droit d'indemnité le cinquiéme denier à l'estimation "
qui seroit faite de ce que lesdits fonds valoient à present, sans qu'auf- "
dites estimations, tant dudit my-lods que du droit d'indemnité, les "
bâtimens de l'Eglise, Sacriltie & Chœur, où lesdites defenderelles "
psalmodient, fussent compris, & à ces fins nommeroient & con- "
viendroient lesdites parties de prud'hommes & experts, en presen- "
ce du Substitut de nôtre Procureur général, pardevant le Rappor- "
teur du procez, & le tout remis être fait droit ainsi que de raison, "
lesdites defenderesses condamnées en outre payer les cens & servis "
annuels imposés sur lesdits fonds tant & si long-tems qu'elles les "
possederoient, & sans dépens. Eût été par lesdites Superieure & Re- "
ligieuses dudit Convent appellé à nôtre Cour de Parlement, en la- "
quelle le procez par écrit conclu & reçû pour juger, joint les griefs "
hors le procez, pretendus moyens de nullité & production nouvelle "
desdits appellans, qu'elles pourroient bailler dans le tems de l'Or- "
donnance ; Ausquels griefs & moyens de nullité ledit intimé pour- "
roit répondre, & contre la production nouvelle bailler contredits "
aux dépens desdites appellantes. Iceluy procez veu. Griefs, Réponses, "
Arrêt du 12. Juillet 1632. entre lesdites Superieure & Religieuses ap- "
pellantes d'un Appointement en droit du 25. May 1628. donné "
par nôtredit Senéchal d'une part, & ledit Ateau de Boislat intimé "
d'autre, par lequel lesdites parties auroient été appointées au Con- "
seil, bailler cause d'appel, repondre & produire, joint les fins de "
non recevoir dudit intimé, que lesdites appellantes auroient volon- "
tairement exécuté. Ledit Appointement & défenses au contraire. "
Causes d'appel. Production desdites Religieuses. Requête dudit in- "
timé du 17. Juillet dernier, employée tant pour réponses ausdites "
causes d'appel, que pour production sur lesdites appellations verba- "
les. Forclusion de fournir de défenses ausdites fins de non recevoir. "
Contredits dudit intimé, suivant l'Arrêt du 20. Juillet 1632. Pro- "
duction nouvelles desdites appellantes. Contredits dudit intimé. Tout "
diligemment examiné. NOTREDITE COUR, par son Ju- "
gement & Arrêt faisant droit sur le procez par écrit a mis & met "
l'appellation & Sentence de laquelle a été appellé au neant, sans "
amande & dépens de ladite cause d'appel: En emendant ladite Sen- "
tence a condamné & condamne lesdites appellantes payer à l'inti- "
mé pour les my-lods échûs par le decez dudit Frenay la dixiéme "
partie, & pour le droit d'indemnité la cinquiéme partie du prix "
porté par les Contracts des acquisitions par elles faites en la censive "
dudit intimé les 29. Avril, 10. May 1617. & 14. Novembre 1620. "
produits au procez : Et outre luy payer & continuer par chacun an "
au jour Saint Martin d'hyver les cens dûs sur lesdits lieux & tene- "
mens : Et sur l'appellation verbale a mis & met les parties hors de "
Cour & de procez. Prononcé le 28. Août 1632. "

CHAPITRE LX.

Des Isles & relaissées des Rivieres navigables.

PARMY les Droits qui font refervez à la Couronne les riviéres navigables font comprifes, lefquelles à caufe de cela
font appellées Royales, comme appartenans au Roy *Jure
Regio*, quoy qu'elles prennent leurs cours par les Terres
des Seigneurs haut-jufticiers, qui ne doivent avoir aucune connoiffance des malverfations qui fe commettent tant fur l'eau que fur le
rivage fuivant les Ordonnances faites pour les eaux & forêts.

Ce qui eft fondé fur ce que les chofes qui font publiques & du
Droit des Gens comme les grandes rivieres, les rivages, les grands chemins font reputées être du Souverain. Et d'autant plus que les grands fleuves étans en la protection particuliere du Roy, foit à caufe de l'u-
tilité de la navigation qui porte les marchandifes d'un Pays à l'autre,
ce qui eft un des liens de la focieté civile, à quoy l'Etat fe trouve
intereffé, foit parce qu'ils fervent communément de limite & de défenfe aux Royaumes, il y auroit de l'inconvenient que Sa Majefté
n'en eût pas l'entiére proprieté, comme je l'ay déja remarqué au
chap. 37. où j'ay traité de la pêche.

Ces mêmes raifons ont obligé fans doute l'Empereur Frideric I.
furnommé Barberouffe, de mettre les rivieres navigables au nombre
des Regales. *Cap. unico. Quæ fint Regalia lib. 2. Feud. tit. 56.*

En forte même que nos anciens Dauphins qui reconnoiffoient l'Empire n'ont eu le Droit de Regale que par conceffion des Empereurs.

Il eft vray qu'avant que les droits de la Couronne fuffent bien
connus, comme ils l'ont été depuis un fiécle que de fçavans hommes amateurs de la Royauté, ont pris foin de les éclaircir, entr'autres Jean Bacquet Avocat du Roy en la Chambre du Trefor, René
Choppin Angevin, à qui le Roy Henry III. donna des Lettres de
Nobleffe pour recompenfe de fon livre du Domaine, & M. le Bret
Confeiller d'Etat, qui a fi élegamment traité de la Souveraineté du
Roy, les Seigneurs haut-jufticiers s'étoient attribué en beaucoup de
lieux la proprieté des grandes riviéres, fous pretexte que les titres
leur donnoient *aquas aquarúmve decurfus*, comme portent la plûpart
des infeodations, inveftitures & dénombremens de leurs Terres. Ce
qui a donné fujet à quelques-uns de foûtenir que celuy qui avoit la
Juftice fur le bord des rivieres, la pouvoit étendre jufques au milieu
de l'eau, dont il eft fait mention dans Mafuer *tit. de Judicibus.* Telle
eft auffi l'opinion de Bartole *Tractatu Tiberiadis in 1. parte Super verbo.
Acquiritur nobis.*

Mais pour m'arrêter au Dauphiné, je trouve dans les Regiſtres de la Chambre des Comptes au livre intitulé. *Secundus liber copiarum Viennesii & Terræ Turris.* 471. l'hommage prêté par Berlion de Chandieu à Amedée Comte de Savoye du Château de Clandieu, & de tout ce qu'il tenoit depuis les Fourches de Falavier juſques au Pont de Lyon, & dans le Rône même auſſi avant qu'un cheval y pouvoit entrer ſans nager, *ac etiam infrà Rhodanum tantum quantum equus unus intrare poteſt, hoc excepto quod non natet.* L'Acte fut fait à la Buiſſe pardevant Jaques Barbier Notaire Imperial & du Comte de Savoye le 8. devant les Kalendes d'Août 1241. en preſence de Sibaud Seigneur de Clermont, d'Humbert de Seyſſel, d'Humbert Maréchal, de Guillaume Bonnivard, de Guillaume Rivoire, & de Pierre de Tournon Chevalier. Une partie de cette contrée, laquelle eſt baignée du Rône depuis Saint Saforin en ſus, appartenoit alors au Comte de Savoye, & fut baillée en échange avec quelques autres Terres enclavées dans le Dauphiné contre la Baronie de Foucigny par Traité fait à Paris l'an 1353. entre le Roy Jean & ſon fils Charles premier Dauphin de France d'une part ; & Amedée VI. Comte de Savoye d'autre.

Il eſt pourtant certain que le Rône a toûjours été ſolidairement de la Couronne de France, ſans que nul autre Prince voiſin y ait eu part, comme a remarqué Guy Pape queſt. 5773. & qu'il a été jugé contre le Pape ſur le ſujet du Pont d'Avignon, ainſi que l'aſſeure Boerius Conſ. 24. n. 16. où il fait auſſi mention de deux autres Arrêts ; L'un du Parlement de Toulouſe du 8. Mars 1493. par lequel toutes les Iſles du Rône furent adjugées au Roy Charles VIII. L'autre du Grand Conſeil entre Nicolas l'Aleman, & les habitans de Taraſcon. Juſques-là que les Officiers de Dauphiné ayant condamné à banniſſement un criminel, dont l'execution fut faire ſur le pont du Rône, entre Vienne & le Bourg de Sainte Colombe, le même Roy Charles VIII. leur fit défenſes de faire deſormais pareille entrepriſes par Lettres patentes adreſſées au Gouverneur de Dauphiné & à eux du 28. Août 1488. leſquelles portent l'expoſé ſuivant. *Nôtre Procureur nous a expoſé que jaçoit que de tout & ancien temps Nous ſeul & pour le tout ayons droit, poſſeſſion & ſaiſine de toute la riviere du Rône par tout ſon cours, tant comme joint & marchit en ou à nôtre Royaume, tant vers nôtre dit Dalphiné de Viennois, comme en quelconques autres parties, & d'y avoir toute Juriſdiction, Juſtice & Seigneurie, coertion & contrainte par Nous & nos Officiers Royaux tant ſeulement, ſans ce que Nous comme Dalphin, ne autres quels qu'ils ſoient, ayans Juriſdiction ou Seigneuries joignans ou marchiſſans à ladite riviere à l'endroit de nôtre dit Royaume y ayons, ne devions ou puiſſions avoir aucune connoiſſance, ne y puiſſions ou devions faire aucun exploit de Juſtice: Neanmoins, &c.*

Ainſi la domination des Princes voiſins ne s'étant jamais étenduë ſur le Rône, leurs Vaſſaux ont encore eu moins de droit de s'en approprier la Seigneurie.

Quand à l'Izere, qui eſt la ſeule Riviere navigable de Dauphiné,

les Haut-juſticiers qui l'avoiſinent fondent leur prétention ſur un atti-
cle des Conceſſions faites par Humbert II. dernier de nos anciens
Dauphins, du 14. Mars 1349. qu'on appelle Libertez Delphinales,
confirmées par Charles V. dont voicy les termes, qu'il importe de
rapporter quoy qu'un peu longs. *Item voluit, conceſſit, ordinavit &*
declaravit dictus Dominus Delphinus, quod omnes & ſinguli Barones, Ban-
nareti, & alii Subditi Delphinatus, & aliarum Terrarum ſuarum habentes
Caſtra, loca, Villas & Juriſdictiones limitatas in Delphinatu prædicto, aut
aliqua ejus parte, vel in aliis Terris ſuis cum mero & mixto imperio, habeant
& habere debeant cognitionem & punitionem quarumcunque offenſarum, vel
criminum committendarum ſeu committendorum quandocunque, ubicunque, &
per quamcunque perſonam, & in quocunque loco infrà Juriſdictionem eorum
committantur, quicunque ſit delinquens vel committens, & in quocunque loco,
& in quacunque perſona, infrà tamen diſtrictum & Juriſdictionem ipſorum
deliquerit, & quod punitio fiat per Curiam & Officiales eorum, & ad volun-
tatem eorum, nec prætextu alicujus rei, ſeu alio colore quæſito, vel privilegio
poſſit Curia dicti Domini Delphini Superior manus imponere: Et quod ipſi,
& qualibet ipſorum, & eorum hæredes & ſucceſſores de prædictis poſſint infrà
diſtrictum & Juriſdictionem ſuam punire Collegia, & Monopolia illicita, &
cætera crimina enormia, ſive prædicta omnia, vel alia crimina, vel delicta
committantur in Eccleſiis & Cæmeteriis, locis ſacris & aliis privilegiatis, &
itineribus & viis publicis, & in perſonis privilegio Cleri privilegiatis, ſive in
ripariis, nemoribus, furnis, molendinis & tabernis, ſive pecunialis ſit punitio,
ſive corporalis ad ipſos Barones, Bannaretos, & alios Juriſdictionem habentes,
& ſuos hæredes & ſucceſſores pertineat punitio pleno Jure, prout infrà diſtrictum
& Juriſdictionem eorumdem committentur, ſeu perpetrabuntur crimina vel de-
licta, & delinquentes in eorum Juriſdictione & diſtrictu, ſi infrà Juriſdictio-
nem Delphinalem reperiantur, quod requiſiti dicti Domini Delphini Officiales
per ipſos, vel eorum alterum ad quem ſpectabit, ſeu eorum Officiales, ipſos
remittere incontinenti teneantur & debeant eiſdem Baronibus, Bannaretis,
vel aliis Nobilibus, vel eorum Officialibus requirentibus abſque dilatione moroſa,
& alterius expectatione mandati ; facta ſibi fide ſummariò, prout exiget juſ-
titia de commiſſis. Exceptis tamen à prædicto capitulo & qualibet ejus parte
omnibus & ſingulias Officialibus Domini Delphini, & Dominæ Delphinæ, in
quibus nullam habeant Juriſdictionem vel punitionem ubicunque delinquant dic-
ti Barones, Bannareti, vel alii Juriſdictionem habentes, nec eorum ſucceſſo-
res. Verùm ſi ipſi Officiales delinquant infrà Juriſdictionem habentium ut ſu-
prà, in notoriis exceſſibus, vel atrocioribus criminibus, eos capere poſſint dicti
Barones, Bannareti vel alii & Curia ſua, & captos remittere Curiæ Domini
Delphini pro juſtitia facienda. Et exceptis etiam hominibus ligiis Domini Del-
phini immediatè ſibi ſubjectis undecunque ſint, & ubicunque conſiſtant, in
quibus etiam nullam habeant punitionem, ſi & quando eos delinquere contingeret
in Regaliis prædictis: Et ſi contingeret homines dicti Domini Delphini delin-
quere infrà diſtrictum & Juriſdictionem dictorum Baronum, Bannaretorum
aut aliorum Juriſdictionem habentium ut ſuprà extra Regalias, & poſt delic-
tum commiſſum ad Regalias, vel locum Regaliarum, & punire de commiſſis

extra ipfas , ac fi in loco delicti capti effent. Et etiam exceptis Officialibus dictorum Baronum , Bannaretorum , & aliorum habentium Jurifdictionem ut fupra , & fuorum fuccefforum delinquentibus in ipfis Officiis & circa illas, Ita quod eorum punitio ad Dominum Delphinum & ejus Curiam pertineat , fi infra fex menfes à tempore delicti commiffi numerandos Officialem fic delinquentem , de delicto dicti Barones , aut alii prædicti non correxerint & punierint , ita quod pars lefa non conqueratur exinde. Hoc etiam adjecto , quod fi homines dicti Domini Delphini delinquerunt in Pedagiis dictorum Baronum , Bannaretorum , aut aliorum habentium Jurifdictionem ut fupra , non folvendo vel rixando , in Pedagiatores eorum exercentes Officium fuum Pedagii , tunc ad ipfos pertineat punitio hujufmodi hominum Domini Delphini deliquentium in eifdem.

Suivant la difpofition de cet article , je trouve qu'un nommé Humbert de Varrey ayant été condamné en cinquante francs d'or d'amende au profit de qui appartiendroit , pour un excez qu'il avoit commis fur l'Izere entre Moirans & Saint Quentin , en la perfonne de Gotafrey Fauconnier , il y eut conteftation entre Jaques de Saint Germain Avocat & Procureur Général Delphinal d'une part , & Nobles François & Antoine de Châteauneuf freres Seigneurs de Châteauneuf & de Saint Quentin d'autre part , lefquels prétendoient refpectivement l'amende. Le Procureur Général foûtenoit que l'excez avoit été commis *Infra Regalia Delphinalia* , & qu'outre ce Bertrand de Châteauneuf pere de François & d'Antoine étoit complice du crime. Au contraire , ceux-cy nioient ce fait , difant au furplus que les droits de Regale avoient été remis & cedés aux Seigneurs Bannerets de la Province par les Libertez Delphinales. Sur ce different il y eut Traité fait au Confeil Delphinal le 25. Mars 1387. par lequel l'amende fut partagée entre le Roy comme Seigneur de Moirans , & les Seigneurs de Saint Quentin. L'Acte eft au long dans un Regiftre de la Chambre des Comptes , intitulé *Compofitiones , Condemnationes , Cautiones & Arrefta,* marqué par lettre E. *fol. 135.*

Ainfi l'on voit dans le neufviéme *Generalia fol. 35.* un hommage prêté par Antoine de Bellecombe à Amblard de Beaumont fils d'autre Amblard , du Château du Touvet & fes appartenances , *à Mandamento antiquo Terraciæ ufque ad rivum d'Aloy , & à cacumine montium ufque ad medium Ifaræ.*

Ces deux Actes & quelques autres femblables que j'ay vûs , juftifient que du tems de nos Ancêtres les Haut-Jufticiers avoient le droit de Regale fur l'Izere , comme Ceffionnaires du Dauphin ; parce qu'il eft de deux fortes de Regales.

Les unes qu'on appelle *Majora Regalia* , qui appartiennent au Souverain comme Souverain *jure fingulari & proprio* , lefquelles par conféquent font incommunicables & ne peuvent être féparées du Sceptre, comme étant les marques & les caracteres de la puiffance fuprême : Par exemple de fe qualifier , *par la grace de Dieu* , de faire des Loix, de les interprêter ou changer , de connoître en dernier reffort des Ju-

gemens de tous Magiftrats, de créer & inftituer des Officiers, de déclarer la Guerre ou faire la Paix, de traiter par Ambaffadeurs, de
faire battre Monnoye, d'en hauffer ou baiffer le titre & valeur, d'impofer ou d'exempter les Sujets de Tailles, Aydes & Gabelles, de
donner des graces & abolitions contre la rigueur des Loix, de natu-
ralifer les Etrangers, d'octroyer des Lettres de Nobleffe, de legitimer
les Bâtards, de donner des Lettres d'Etat, d'amortir les héritages
tombez en main-morte, de fonder des Univerfitez, d'ériger des Foires & des Marchez publics, d'inftituer des Poftes & des Courriers publics, d'affembler les Etats Généraux ou Provinciaux, d'ufer de droit
de Reprefailles, appellé des Romains *Clarigatio.*

Les autres qu'on appelle *Minoria Regalia*, comme font les grands
chemins, les grandes Rivieres, les péages & autres femblables font
ceffibles, non pas *æqualitate participationis, fed per derivationem, veluti
lucerna accenfa de magno igne, ita ut concedenti nihil pereat de fuo fupremo jure,*
pour ufer des termes d'Argentré fur la Coûtume de Bretagne art. 56.
nota 3. n. 4.

Mais comme les Droits de la Couronne doivent être uniformes
dans tout le Royaume, & que les Ordonnances faites pour les Eaux
& Forêts ne font pas moins pour le Dauphiné, que pour les autres
Provinces, l'article que j'ay rapporté des Libertez Delphinales, a ceffé
d'être en ufage pour ce regard, ainfi que la plûpart des autres articles : Enforte qu'on ne doute plus que la pleine Seigneurie du lit de
l'Izere, & de fes bords n'appartienne à Sa Majefté, *Antiquitas fuo loco
relinquenda eft, & novitas amplectenda, fi fpem afferat uberioris fructus,*
comme dit Ciceron en fa troifiéme Oraifon contre Verres.

Même François Marc Confeiller au Parlement de Grenoble, il y a
plus de cent cinquante ans, l'attefte de la forte en fa queftion 271.
part. 2. où après avoir dit que le Rhône appartient folidairement au
Roy, il ajoûte. *Et idem de flumine Ifara, quia licet tranfeat inter Mandamenta immediatè Delphinalia, & certa Territoria Vaffallorum & Baronum,
tamen pertinet in folidum Domino noftro Delphino ufque ad ripam matris Ifaræ
fecundùm relationem proborum : Adeo quod Ifara importat franchefiam. Et ideo
quando aliqui delinquentes Baronum, aut Bannaretorum intrant fuper flumen
Ifaræ, non eft licitum ipfos infequi, nec capere per Officiarios, licet regulariter
flumina, montes, & viæ publicæ foleant diftinguere Territoria, & dicantur
limites patentes.*

Pour ce qui eft des Ifles qui fe forment dans les Rivieres, Coquille
en fon Inftitution au Droit François tit. des Droits de Juftice, dit
qu'elles appartiennent au Seigneur Haut-Jufticier, comme Terres vacantes : A quoy fe trouve conforme la Coûtume de Bourbonnois art.
340. 341. 342. Et dans ce même fentiment Maître Antoine Loyfel
en fes Inftitutes Coûtumieres liv. 2. tit. de Seigneurie & Juftice art.
10. donne pour régle du Droit François que *Ifle eft au Seigneur Haut-
Jufticier en la Juftice duquel il eft plus proche, eu égard au fil de l'eau.*

Au contraire Bacquet au Traité des Droits de Juftice chap. 30. n.

5. & M. le Bret liv. 2. de la Souveraineté du Roy chap. 15. difent que fuivant le Droit pratiqué en France les Ifles appartiennent au Roy comme étant partie des Rivieres navigables, dedans lefquelles elles font nées. Ce qui fe raporte à ce que dit François Marc au lieu fus-allegué touchant l'Izere, que *licet alicui velint pratendere, quod in Terris Bannaretorum ifta infula & Terra vafta feu vacantes per inundationem fluminis aut riparia, quod efficiuntur Domino loci, quia decurfus aquarum privatarum pertinent ad Dominum loci tanquam de Regaliis: Secus in decurfu aquæ Fluvii Ifaræ, cum fit publicus & navigabilis, quia folùm fpectat authoritas albergandi Domino noftro Delphino, feu ejus Officiariis.*

Mais il excepte les Iflotes qu'un écoulement de l'Izere, que nous appellons Braffiere, fepare du continent. Car après avoir dit, que le Canal de l'Izere emporte franchife, & que les Seigneurs n'ont de con-noiffance des crimes qui s'y commettent, il s'explique ainfi. *Et hoc verum quoad matrem fluminis & ripam ipfius: Secus quoad braffias, quia fi dimittitur infula in medio, eft de Jurifdictione cujus erat proprietas, & effici-tur illis quorum prædia funt proximiora. §. Infula. Inftit. de rerum divis.* Tel eft en effet la Coûtume de Dauphiné dans tout le Rivage de l'Izere, dont François Marc avoit d'autant plus de connoiffance, qu'il étoit Juge de la Baronie de Saffenage & de la Terre de S. Quentin qui font fur la Riviere de l'Ifere, parce que de fon temps les Judicatures fubalternes n'étoient incompatibles avec la charge de Confeiller au Parlement, comme elles l'ont été dépuis par les Ordonnances de nos Roys.

Au refte les Ifles qui font entre l'Izere & le Drac, ne font pas re-putées Ifles de l'Izere, tant parce qu'elles font *extra alveum Ifaræ*, qu'à caufe que le Drac n'eft qu'un Torrent.

Quant aux relaiffées ou accroiffement de terre que font les Rivieres publiques par alluvion en augmentant le Rivage qu'on appelle en quelques Provinces Javeaux, Atterriffemens, Affabliffemens, Baquet au Livre fus allegué, dit qu'elles appartiennent au Roy, mais au nombre 8. il apporte cette modification, que fi l'atterriffement fait par alluvion n'eft au dedans des Fleuves publics & Rivieres naviga-bles, mais hors des Rivieres, *fi incrementum alluvione factum non fit in alveo Fluminis, fed ultra alveum,* qu'il doit appartenir à celui, a l'hé-ritage duquel l'accroiffement a été le fait, pour en joüir à même droit que de fon héritage, dont il fait partie, & que cet accroiffement ou atterriffement n'appartient pas au Roy, ny au Seigneur Haut-Jufticier qui n'y peuvent prétendre que droit de Juftice ou de Cenfive, fi elle leur appartient. Auffi M. le Bret ne parle que d'une grande Ifle qui s'étoit formée depuis quelques années dans la Garonne, quand il dit que le Confeil donna avis au Roy que fuivant le Droit qui avoit été de tout temps pratiqué en France, cette Ifle appartenoit à Sa Majefté, parce qu'elle étoit née & formée dedans le Fleuve qui étoit de fon Domaine.

Par la Coûtume de Dauphiné les Relaiffées de l'Izere qui ne font pas *intra alveum*, mais *extra alveum* par amas de terre que la Riviere a fait joignant les héritages voisins, appartiennent au Seigneur Haut-Justicier comme Terre vacantes, sous ce temperamment toutefois que la Motte-ferme conserve au Proprietaire, ce que la Riviere lui avoit ôté par ses débordemens, comme si elle avoit inondé partie d'une terre, & l'autre non, & quelque temps après elle avoit abandonné ce qu'elle avoit couvert d'eau : Conformément à cela Antoine Loysel en ses Institutes Coûtumieres liv. 2. tit. de Seigneurie & Justice art. 8. établit cette regle que *La Riviere ôte & donne au Haut-Justicier, mais Motte-ferme demeure au Proprietaire trefoncier.* Mais si l'Izere avoit emporté tout le Fonds d'un Particulier, & que quelques années après elle l'eût rendu, alors cette relaissée appartient au Seigneur Haut-Justicier pour la garder ou la bailler à titre de Cens comme bon lui semble. Ce qui se pratique de même en la Coûtume de Bourbonnois par les Articles sus-allegués 340. 341. 1642.

Quand j'ay dit que la Motte-ferme conserve au Proprietaire ce que la Riviere lui avoit ôté, je n'entend pas seulement le Possesseur du fonds, mais aussi le Seigneur direct, qui se trouve souvent autre que le Haut-Justicier : Ensorte que si le fonds de sa mouvance est par exemple de douze arpens ou séterées, & qu'après ces douze séterées viennent à être partagées à divers Particuliers, si la part de l'un se trouve entierement noyée, & qu'après la Riviere se retire, le Seigneur Haut-Justicier n'a pas droit d'en prendre la possession franchement au préjudice du Seigneur direct, qui est le vray Proprietaire, tant que partie des douze séterées subsiste, ce qu'il appelle Motte-ferme, parce que la division du fonds ne peut nuire à la Directe en laquelle reside la propriété.

Les relaissées des Rivieres qui séparent les Etats, causent souvent des Guerres entre les Princes voisins des deux bords, comme firent celles du Po entre Loreo & l'Ariane pour lesquelles il y eut Guerre entre le Pape Urbain VIII. & les Venitiens l'an 1633. dont le feu Roy Loüis XIII. se rendit l'Arbitre par la négociation de M. le Maréchal de Crequi son Ambassadeur extraordinaire à Rome, & de M. de la Tuillerie Ambassadeur à Venise : Et comme je me trouvay à Rome pour un Employ que Sa Majesté m'y avoit donné vers le même Pape, elle m'honora d'une Commission pour visiter à mon retour les lieux contentieux, & lui en faire le rapport comme je fis. Le Poëte Lucain fait mention de ses relaissées du Po liv. 6. de sa Pharsale, où il dit également.

Sic pleno Padus ore tumens super aggere tutas
Excurrit ripas & totos concutit agros.
Succubuit si qua tellus, cumulumque furentem
Undarum non passa, ruit tum flumine toto,
Transit & ignotos aperit sibi gurgite campos,
Illos terra fugit Dominos, His rura colonis
Accedunt donante Pado.

Ainſi les débordemens & le changement de lit de la Riviere du Guiers, qui ſert de limite entre le Dauphiné & la Savoye du côté du Pont de Beauvoiſin, donne de frequens ſujets de differens entre les Voiſins de l'une & de l'autre Nation : Sur quoy M. de la Berchere Premier Préſident au Parlement de Grenoble, & moy avons été commis par Lettres Patentes de Sa Majeſté du 18. Juin 1662. pour regler les limites avec les Commiſſaires qui ſeront députez par ſon Alteſſe Royale de Savoye.

La queſtion reſte, ſi le Poſſeſſeur d'une Iſle qui n'a pour Titre que ſa poſſeſſion immémoriale peut être inquieté ou non. Il y en a procès au Conſeil, dont il faut attendre la déciſion.

Que ſi l'Izere qui ſe déborde ſouvent vient à ſe fourcher & à faire une Iſle des fonds aboutiſſans, il n'eſt point de doute que les Proprietaires la ſuivent, n'appartenant à Sa Majeſté que les Iſles naiſſantes au milieu de la Riviere, & qui ſe forment dans ſon propre lit.

Il n'y a d'Iſles & de relaiſſées de l'Izere que depuis la Terre de la Buiſſiere & d'Avalon frontieres de Savoye juſques à celle d'Armieu, depuis laquelle ſon lit eſt reſſerré dans ſes bords juſques à ſon embouchure dans le Rhône. Et la plûpart des Terres qui ſont ſur le Rivage du Couchant dépendent du Domaine de Sa Majeſté.

Il ſe preſente à ma plume une queſtion qui m'a été propoſée, ſçavoir ſi le Proprietaire d'un fonds qui aboutit à une Riviere navigable peut empêcher qu'on n'y attache un port qui ſert à l'utilité publique ; J'ay répondu que non, ſuivant l'avis de Cajus en la Loy 5. D. de diviſ. rer. Riparum, dit-il, uſus publicus eſt jure gentium, ſicut ipſius fluminis. Itaque navem ad eas appellere, funes ex arboribus ibi natis religare, retia ſiccare, & exmari reducere, onus aliquod in iis reponere ; cuilibet liberum eſt, ſicuti per ipſum Flumen navigare ; Sed proprietas illorum eſt, quorum prædiis hærent, qua de cauſa arbores quoque in his natæ eorundem ſunt. Ce qui eſt réïteré par Juſtinian aux Inſtitutes lib. 2. ſ. riparum. Et d'autant plus que par le Droit François les Rivages appartiennent au Roy, comme faiſant partie des Rivieres Royales.

CHAPITRE LXI.

Des Epaves, & à qui elles apartiennent.

Paves ſont proprement bêtes égarées qui ne ſont avoüées d'aucun, leſquelles ſont ainſi nommées du Latin expavefacta ou pavidæ, comme étant bêtes épouvantées & errantes, dont il fait mention en la Loy poſſideri 3. §. 13. D. de acquir. poſſeſſ. en ces termes Nam pecus ſimul atque aberraverit, aut vas ita exciderit ut non inveniatur, protinus deſinere à nobis poſſideri, licet à nullo poſſideatur.

La Coûtume d'Hefdin tit. des droits du Comte d'Artois art. 16. les appelle bêtes espanieſlées, ce qui me donne sujet de croire que ce mot vient plûtôt de l'Allemand *Spam*, qui signifie une chose douteuſe & incertaine : Et ce qui fortifie ma conjecture, c'est que le mot d'épave est employé non seulement pour toutes choses mobiliaires qui ne sont reclamées de personne, mais aussi pour désigner l'étranger demeurant en France, qui est d'un Pays si éloigné qu'on ne peut avoir connoiſſance de son origine, laquelle est douteuſe & incertaine, à la difference de l'Aubain specifiquement pris, qui est l'étranger demeurant au Royaume, venu d'un Pays si proche qu'on n'en peut sçavoir le nom & la naiſſance, comme nous aprenons de deux Extraits de la Chambre des Comptes de Paris, touchant le droit d'Aubaine, qui sont rapportés par Bacquet chap. 3. du droit d'Aubaine.

Pour plus d'éclairciſſement de cette matiére, il est à propos de remarquer la diverſité des biens mobiliaires ou mouvans qui sont sans maître, que les Grecs nomment ἀδέσποτα, ou ceux dont le maître est ignoré.

Les uns sont vacans de droit & de fait, qui de leur nature n'ont jamais été entre les biens de personne, comme sont les bêtes sauvages, les perles, & les autres pierreries qui se trouvent au rivage de la mer, lesquelles par le Droit de nature appartiennent à celuy qui le premier les saisit, comme dit le Jurisconsulte Florentin *l. item lapilli 3. D. de divis. rer. Item lapilli, gemmæ, cæteraque quæ in litore invenimus, Jure naturali nostra statim fiunt.*

Les autres ont apartenu à quelqu'un qui les a delaiſſés & abandonnés, lesquels sont pareillement au premier occupant par la Loy 1. 2. 3. *D. pro derelicto.*

La troiſiéme eſpece est de ceux dont le maître est ignoré, qu'Ulpian appelle *alienum jacens*, en la Loy *falsus 43 D. de furtis.* La Coûtume de Normandie art. 603. *choses gaives*, de l'ancien mot *guéver*, qui signifie delaiſſer, quoy que la même Coûtume s'en serve pour exprimer les choses égarées. Dans cette eſpece de biens peut être compris le Varech, qui est ce que l'eau jette à terre par tourmente & fortune de mer, ou qui vient si près de terre qu'un homme à cheval y puiſſe toucher avec la lance, comme il est defıny par l'art. 596. de la même Coûtume de Normandie. Terme vrayſemblablement emprunté de l'Anglois *Vraich*, ou *Vrac*, qui signifie l'algue marine, laquelle croit au rivage de la mer, dont on fume les terres.

Quant au Tresor, c'est une eſpece de biens qui n'est pas du sujet de ce chapitre non plus que le Varech.

Le terme le plus ordinaire pour designer les choses perduës & égarées, *ſive mobiles, ſive moventes*, qui ne sont reclamées d'aucun, c'est celuy d'épave dont les Coûtumes diſposent differemment.

La plûpart declarent qu'elle apartient au Seigneur Haut-justicier de la Terre où elle est trouvée, suivant la regle du Droit François remarquée par Maître Antoine Loyſel en ses Institutes Coûtumieres liv. 2. tit. 2. que *Biens vacans, terres-hermes & épaves appartiennent au Haut-juſticier.* Quelques-unes donnent l'épave au moyen Juſticier, qui eſt auſſi l'opinion de Bouteiller en la Somme rural tit. des Vicomtiers : & de Maſuer *tit. de Judicibus ſ. item bona.* Les autres au bas Juſticier. Il y en a qui ont égard à la valeur & à la qualité de la choſe. Mêmes la coûtume d'Anjou donne au Baron l'épave du faucon & du deſtrier, qu'elle dit être le grand cheval de guerre, courcier ou cheval de lance. Ce qui me remet en memoire les legs qu'Aymon de Salvaing mon ſixiéme ayeul fit à Meſſire François de Saſſenage ſon couſin, de ſon grand courcier de guerre, par ſon Teſtament du 1. Juin 1429.

En Dauphiné c'eſt au Seigneur Haut-juſticier que l'épave appartient, comme ſont auſſi les des-herances & biens vacans. C'eſt ainſi que je le trouve declaré dans les Reconnoiſſances de la Terre de Tulin reçûë par Actuyer de l'an 1430. qui ſont dans la Chambre des Comptes fol. 30. leſquelles mettent l'épave, qu'elles appellent *trovas & inventiones* parmi les droits Seigneuriaux. Voicy les termes : *Item itinera, Regaliæ, viæ & viarum appartitiones, trovæ, inventiones, venationes, minæ, metalli ſi quæ eſſent, aquæ aquarumve decurſus, paſcua & paſqueragia, & alia hujuſmodi jura dominicalia ſunt. & eſſe conſueverunt dicti Domini noſtri Delphini & ſuorum prædeceſſorum in dicto Caſtro & Mandamento Tollini & de Vourey, & illorum qui habent & habuerunt cauſam à Domino Tollini quondam, ſeu titulum aut rationem aliqualem Jure vel conſuetudine aut libertate.* Le Dauphin n'eſt là conſideré qu'en qualité de Seigneur Haut-juſticier de la Terre de Tulin qui lui étoit recemment écheuë par le Teſtament de Claude de Roſſillon dernier Seigneur de Tulin, du penultiéme de Novembre 1428. Auparavant elle avoit appartenu à une famille du même nom de Tulin, qui finit en la perſonne d'Humilie de Tulin, fille de Guy de Tulin, laquelle fut mariée au Seigneur de Clerieu dont elle n'eut point d'enfans. C'étoit une Dame pieuſe & liberale, dont l'Egliſe & la Communauté de Tulin ont reçû de grands bien-faits. Sa memoire vit encore dans la bouche des habitans.

Quant au mot *trovæ,* il revient à celuy dont ſe ſert Bouteiller, *le treuf de la choſe épave.* Quelques Coûtumes diſent *treuve,* ſuivant leſquelles Antoine Loyſel en ſes Inſtitutes Coûtumieres liv. 2. tit 2. a donné pour regle. *Le Roy applique à ſoy la fortune & treuve d'or.* Ce que les Latins expriment par le verbe *reperire* qui ſignifie proprement trouver fortuitement, au lieu que le verbe *invenire* ſignifie trouver ce qu'on cherche avec ſoin, ſuivant la remarque de Laurentius Valla *lib. 3. cap. 1. Elegantiarum,* fondé ſur un beau paſſage de la Metamorphoſe d'Ovide liv. 1. où le fleuve Inachus après avoir inutilement cherché ſa fille Jo que Jupiter avoit transformé en geniſſe, & elle enfin s'étant fait connoître à ſon pere par la marque qu'elle traça de ſes pieds.

Me miſerum ingeminat, tuné es quæſita per omnes

Nata mihi terras? Tu non inventa, reperta es.

Ce qui a donné fujet au chap. 21. d'Alexander ab Alexandro *lib.* 1. *Genialium dierum.* Et aux diverfes interpretations d'Adrian Turnebe *lib. 4. Adverfariorum cap.* 17. de Francifcus Floridus lib. 1. cap. 7. *Lectionum fubficinarum & de* Robertus Titius *lib.* 8. *cap.* 21. *Locorum Controverforum.*

Les Grecs appellent ce qui eft trouvé par bonne fortune ἕρμαιον comme étant un prefent qu'ils attribuoient à Mercure nommé Ἑρμῆς, lequel étoit reputé πλουτοδότης, *donneur de richeßes:* D'où vient le Proverbe κοινὸς Ἑρμῆς *communis Mercurius,* quand quelqu'un pretend d'avoir part à ce qu'un autre a trouvé lui prefent par la faveur de Mercure. Ils appellent auffi ἕυρημα *lucrum infperatum & adventitium.*

Mais avant que l'épave foit acquife au Seigneur, il eft obligé de la faire dénoncer pour fçavoir fi qu'elqu'un la reclamera conformement à l'ancienne Loy des Juifs dont parle Jofephe liv. 4. chap. 8. des Antiquités Judaïques, laquelle veut que celuy qui a trouvé la chofe égarée faffe recherche du maître à cry public, & fi nul ne la demande, qu'il la peut retenir après avoir fait fa proteftation à Dieu qu'il n'a pas l'intention d'ufurper le bien d'autruy. En effet la Sainte Ecriture au chap. 22. du Deuteronome défend expreffement d'emmener la bête errante que pour être gardée au maître. Ulpian même en la Loy *falfus ſ. proinde D. de furtis.* fait mention de femblable dénonciation. *Solent plerique etiam hoc facere, ut libellum proponant continentem invenißse, & redditurum ei qui defideraverit.*

La forme de la dénonciation eft telle dans la Coûtume de Paris tit. de la haute-juftice art. 9. que j'eftime devoir être fuivie en Dauphiné, puifque le droit d'épave en faveur du Haut-jufticier eft introduit par le Droit François. *Et fera tenu ledit Seigneur Haut-Jufticier faire dénoncer & publier és lieux accoutumés à faire cris & proclamations par trois Dimanches confecutifs, & aux Prônes des Paroißes lefdites épaves: Et fi dedans quarante jours après la premiere publication celuy auquel elles appartiennent les vient demander, luy doivent être renduës en payant la nourriture, garde & frais de Juftice: Et ledit tems paßé font acquifes & appartiennent au Haut-jufticier.* Les autres Coûtumes qui font mention de l'épave difpofent à peu près de même.

Au refte Coquille en fon Inftitution au Droit François tit. des Droits de Juftice, dit que le mot d'épave *a donné occafion à aucuns Chrétiens de facile creance de s'adreßer par prieres à Saint Antoine de Padoüe de l'Ordre de Saint François, pour recouvrer les chofes égarées, parce qu'en ancien langage Italien que les Contadins retiennent encore, on appelloit Pava ce qu'aujourd'huy on appelle Padoüa, en laquelle Ville repofe, & eft grandement veneré le corps de Saint Antoine, dit de Padoüe ou de Pade, que d'anciennete on appelloit S. Antoine de Pave.*

Je ne fçay s'il en faut croire Coquille. Quoy qu'il en foit la devotion que cette fimplicité produit, n'eft pas moins agréable à Dieu que fi elle avoit un autre fondement. Ambrofius Catharinus de l'Ordre

de

de Saint Dominique, traite amplement des suffrages de Saint Antoine de Padoüe pour le recouvrement des chofes égarées & perduës,
lib. 2. de Certa Sanctorum gloria. §. de Peculiaribus gratiis Sanctorum pag.
73. où il allegue fa propre experience.

CHAPITRE LXII.

DES GARENES.

GARENE eft un ancien terme qui fignifie un heritage défenfable en tout tems, de quelque nature qu'il foit, comme juftifie la Coûtume de Nivernois tit. des eaux, rivieres
& étangs art. 1. qui porte qu'on ne peut tenir riviere en
garene & défenfe s'il n'y a titre ou poffeffion fuffifante. Celle du
Grand Perche fait auffi mention en l'art 140. des Garenes à bois
& à eau : Montargis tit. 6. art. 1. & Orleans art 169. des étangs &
rivieres portant garene. De même le mot de *Forêt* au langage de
nos ayeuls convenoit auffi bien aux Eaux qu'aux Forêts, fignifiant un
endroit tant d'une riviere que d'un bois ou d'un champ défenfable,
comme a remarqué M. Menage en fes Additions aux Origines de
la langue Françoife page 711. aprés du Tillet, Pafquier & Pithou.

Gerardus Voffius *lib. 11. de vitiis fermonis cap. 20.* dérive le mot
de garene de l'Allemand *Uvaren*, ou *Beuvaren*, qui veut dire garder
mais j'eftime qu'il eft Celtique.

Quoy qu'il en foit, par ce mot là pris abfolument, nous entendons communément un buiffon ou broffaille deftinée à la nourriture
des lapins, à caufe qu'elle eft défenfable en toutes faifons, tant
pour la chaffe que pour le pâturage : En forte que ceux qui
chaffent en la garene d'autruy fans fa permiffion font punis de peine corporelle à l'arbitration du Juge, par Ordonnance de Loüis
XI. lors Dauphin, donnée à la Côte Saint André le 21. Decembre
1448. dont Guy Pape fait mention en fa queft. 218. Ainfi les Coûtumes d'Orleans art. 167. de Vitry art. 121. de Nivernois tit. des
bois & forêts art. 16. difpofent qu'ils font puniffables comme larrons:
celle du Mans art. 162. punit de mort ceux qui derobent de nuit
des lapins.

Et parce que les garenes font préjudiciables aux voifins, & qu'elles empêchent le labourage, le Roy Jean par Ordonnance donnée
à Paris le 28. Decembre 1355. art. 4. abolit tous accroiffemens de
garenes anciennes & nouvelles même des fiennes propres, avec permiffion à chacun d'y chaffer fans peril d'amende.

En effet, Pline raconte dans fon Hiftoire naturelle liv. 8. chap. 55.
que les lapins affamerent les Ifles Baleares, qui font aujourd'huy Ma-

jorque & Minorque, dont ils avoient mangé les blés, tant ils avoient multiplié; Ce qui obligea les peuples de demander à Auguste ayde de gens de guerre pour les détruire. *Certum est Balearicos*, dit-il, *adversus proventum eorum auxilium militare à Divo Augusto petiisse.* Et avant lui Strabon liv. 3. Οἱ δὲ τὰς Πομπηίας οἰκοῦντες, λέγονται πρεσβεύσασθαι ποτε πρὸς Ρωμαίοιστκατ᾽ χωρας αἴτησιν ἐκβάλλεσταιγαρ ὑπὸ τῶνζῶων τούτων ἀντιχεῖν μὴ δυναμένων διὰ τὸ πλῆθος. *Traditum est memoriæ, Gymnesiarum Insularum incolas aliquando missis Legatis petiisse à Romanis terram sibi habitandam, quod sua se ab animalibus pelli, neque eorum multitudini resistere posse dicerent.* Ce qu'il reïtere au même livre, où il ajoûte que les lapins n'étoient pas naturels de l'Isle, mais qu'un seul mâle & une femelle apportés du continent voisin, avoient tellement multiplié, que les maisons & les arbres en avoient été renversées, ce qui avoit obligé les habitans d'implorer le secours des Romains.

C'est pourquoy la Coûtume de Meaux considerant le dommage que fait cette sorte d'animaux, ne donne pas simplement au Seigneur Châtellain le droit de faire une garenne dans sa Terre: Elles veut que ce soit par Lettres du Roy, de l'exécution desquelles ceux qui en reçoivent une notable incommodité, se peuvent rendre appellans, comme il a été jugé contre le Seigneur de Villenauffe en la même Coûtume par Arrêt d'Audience du Parlement de Paris du 6. May 1614. suivant les conclusions de M. le Bret Advocat général du Roy, qui nous a donné son Playdoyé dans le Recüeil de ses Décisions liv. 5. Decis. 9. où il allegue un ancien Arrêt par lequel le même Parlement fit défenses à Philippes Comte de Boulogne de passer outre en la garene qu'il avoit commencée en la Villeneuve, membre de son Comté, sur la rémontrance que firent les habitans, que le Pays en recevoit un grand dommage.

Il y a des Coûtumes qui permettent les garenes sous quelques conditions, comme Bretagne art. 390. qui dit que *Noble homme peut faire en sa Terre ou Fiefs noble faux à connils, ou cas qu'il n'y auroit garene à autre Seigneur és lieux prochains:* Sur lequel article Argentré met cette note. *Imò & plebeius si modo Feudum & solum est nobile: Hic enim non qualitas personæ, sed conditio rei spectanda est cui jus tribuitur, non persona.* Celles d'Anjou art. 32. & du Maine art. 37. disent aussi qu'*Homme Noble, ou Coûtumier* (c'est à dire non Noble) *en son domaine homagé, est fondé d'avoir buisson à connils défensable au vol d'un chapon environ la maison de son domaine homagé.* Et en l'art. suivant. *Homme Noble peut avoir buisson à connils défensable au vol d'un chapon environ la maison de son domaine, où il fait sa demeure continuelle, supposé que ledit domaine ne soit homagé sans prejudice d'autruy.* Normandie ne dit point qui sont ceux lesquels ont droit d'avoir des garenes, mais en l'art. 160. elles sont mises entre les appartenances de Fief, & Berault son Commentateur dit sur l'art. 137. que la Chambre des Comptes n'a pas accoûtumé en la verification des Aveux qui luy sont presentés de passer ce droit, s'il n'apparoît de titre valable.

Par l'Ufage de Dauphiné les Gentils-hommes Seigneurs de Terre ou non, peuvent faire des garenes, pourveu qu'elles ne foient à charge aux voifins, autrement il n'eft point de doute qu'on en peut former plainte, étant raifonnable que ceux qui ont des garenes ouvertes, ayent fuffifamment de fonds aux environs pour la nourriture des lapins, fans endommager le voifinage, comme quelques Coûtumes difpofent à l'égard des colombiers, fuivant la Coûtume d'Anjou liv. 1. art. 32. J'ay remarqué dans les Régiftres de la Chambre des Comptes quelques Albergemens de garénes qu'elle a paffées à des Gentils-hommes dans les Terres du Domaine du Roy, fous une cenfe portant directe après avoir fait une procedure fur le dommage que les voifins en peuvent recevoir.

Quant aux Roturiers, comme la Chaffe leur eft interdite, & que la Coûtume de Dauphiné ne leur permet pas d'avoir des Colombiers, il ne peuvent non plus avoir de Garenes, qui ne font pas moins dommageables que les Colombiers. Et veritablement il n'eft pas jufte qu'ils ufent comme les Nobles du Privilege & du Droit de Garenne, auquel le Droit commun refifte : Mais il leur eft permis de nourrir des Lapins en des lieux forcés, dont les Voifins ne reçoivent nul préjudice.

Au refte, la Coûtume de Nivernois tit. des Bois & Forêts art. 1. déclare que les Bois font reputés & préfumé Garennes, quand ils ont clapiers, foffés d'ancienneté, ou ancienne nomination de Garenne, ce qui me femble devoir être général.

Les Romains ont appellé la Garene *leporarium*, à caufe qu'elle eft deftinée à la nourriture des Liévres dont les Lapins font une efpece, ainfi nommés *quafi Leporelli*, ou *Leporini*, ou *Lepini*. Pline liv. 8. chap. 55. *Leporum generis funt & quæ Hifpania cuniculos appellat fæcunditatis innumeræ, famémque Balearibus Infulis, populatis earum meffibus, afferentes.* Et avant lui Varron *de Re ruftica. Tertij generis eft quod in Hifpania nafcitur, fimile noftro Lepori ex quadam parte fed humile, quem cuniculum appellant;* Ce qui eft conforme à ce que dit Ælian liv. 13. des Animaux chap. 15. Catulle Epig. 38. appelle l'Efpagne *cuniculofam Celtiberiam*, à caufe de l'abondance des Lapins.

Le même mot de *Leporarium* a été pris enfuite pour un Parc de toute forte de Bêtes, comme dit Varron *lib. 3. de Re ruftica. Nam neque folum Lepores,* dit-il, *eo includuntur filva, ut olim in jugere agelli, aut duobus, fed etiam cervi aut capreæ in jugeribus multis.* Néanmoins Aule-Gille liv. 2. cap. 20. dit qu'il ne fe fouvient point d'avoir vû le mot de *Leporarium* dans les plus anciens, mais bien celui de *Roborarium* dans une Oraifon de Scipion qui étoit l'homme de fon temps qui parloit avec plus de pureté. *Vivaria autem quæ nunc vulgus dicit, funt quos* παραδείσους *Græci appellant. Quæ autem Leporaria Varro dicit, haud ufquam memini apud vetuftiores fcriptum : fed quod apud Scipionem omnium ætatis fuæ puriffimè locutum legimus Roboraria; aliquot Romæ doctos viros dicere audivi, id fignificare quod nos vivaria dicimus, appellatáque effe à tabulis Roboreis*

G ij

quibus septa essent. Quant au mot παραδεισος, il ne signifie pas seulement un lieu clos & garni de toute sorte d'Arbres, mais außi un Parc
à nourrir des Bêtes sauvages, ce qui fait que Xenophon *lib.* 4. *Hellen.*
dit Παραδεισουσηὶ Δενδρευκαὶ θηρίων μεσου. *hortos & arboribus consitos &*
feris refertos. Pollux asûre que ce mot est Persan.

CHAPITRE LXIII.

DES ETANGS.

E Droit de faire un Etang n'est pas Seigneurial en Dauphiné,
ou par Coûtume générale il est permis à chacun d'en conftruire de son autorité privée, pourveu qu'il fasse la Chauffée
dans son fonds, qu'il garentisse de dommage les Terres voisines & les
Seigneurs directs, & que l'utilité qui en doit revenir au proprietaire
de l'Etang & au public soit plus grand que le préjudice que les Voisins en peuvent recevoir. C'est ainsi que Guy Pape l'atteste quest. 91.
Consuetudo generalis est in hac Patria Delphinatus, quod volens construere stag-
num piscium, potest liberè & impunè propria authoritate construi facere stagna
dummodo faciat calciatam in fundo suo, & solvendo damna & interesse cir-
cumvicinis quorum prata, terræ, possessiones & directa dominia perduntur &
submerguntur ex abundantia aquæ talis stagni ; dummodo etiam ex constructione
talis stagni afferatur majus commodum construi facient & reipublicæ, quàm
sit incommoditas vicinorum, quorum proprietates ex inundatione adquæ sub-
merguntur.

Mais il en arrive souvent des inconveniens & un préjudice notable
aux Voisins dont les héritages sont noyés & remplis de gravier, les
arbres déracinés, & les maisons abbatuës par la rupture de la Chauffée
trop foible ou mal entretenuë, l'Etang appartenant communément
au Seigneur de la Terre, ou à quelque Gentilhomme de difficile convention ; Ensorte que ceux qui ont reçû le dommage, sont contrains
de le suporter en pure perte par impuissance d'en poursuivre la reparation, ou par crainte de s'attirer quelque chose de pis.

C'est pourquoy la Coûtume d'Anjou art. 29. a mieux pourvû au
dédommagement des interessés. Voicy comme elle en dispose. *Le Sei-*
gneur de Fief peùt faire Etangs en son Fief & Nuepce, pourveu que la
Chaussee en soit noüée par les deux bouts en son Domaine. Et si ledit Seigneur
de Fief noye les Prés ou Terres de ses Sujets par ledit Etang, il les peut &
doit contenter par échange avenant. Et ne le peuvent empêcher sesdits Su-
jets, pourveu que le dedommagement soit fait ausdits Sujets paravant que
les héritages desdits Sujets soient submergés, ne autrement empéchés. Et lequel
dédommagement doit être fait préalablement ausdits Sujets en autres héritages,
& de telle valeur, comme ceux desdits Sujets qui seront empéchés par ledit Etang.
Nivernois tit. des Eaux, Rivieres & Etangs art. 4. en dispose de même,

comme fait auſſi Touraine art. 37. qui excepte ſi en l'eſpace inondé il y avoit Maiſon ou Fief. Conformement à cela Maître Antoine Loyſel en ſes Inſtitutes Coûtumieres liv. 2. tit. 2. donne pour régle du Droit François, que le Seigneur du Fief faiſant conſtruire un Etang ou Garene y peut enclorre les Terres de ſes Sujets en les recompenſant préalablement.

La derniere condition remarquée par Guy-Pape, qu'il en revienne plus de profit que de dommage au public, merite d'être conſiderée, parce que ſi l'Entrepreneur de l'Etang n'a pas du bien ſuffiſamment pour réparer le dommage qu'il peut cauſer : S'il y a des maiſons ou autres héritages de valeur qui ſoient en péril, il n'eſt point de doute que la conſtruction de l'Etang peut être empêchée. Auſſi Coquille ſur l'art. ſus-allegué de la Coûtume de Nivernois, dit que cet article eſt en faveur de l'utilité publique, parce que plus du tiers de l'an eſt de jours maigres, & que ſur trois cens ſoixante-cinq jours il y en a cent quarante-ſix de maigres.

Ulpian *l. unica ſ. D. ut in flum. publ.* définit ainſi l'Etang. *Stagnum eſt quod temporalem contineat aquam ibidem ſtagnantem, quæ quidem aqua plerumque cogitur.* Et Paulus en la Loy *poſſideri 3. ſ. 14. D. de acquir. poſſeſſ.* differencie l'Etang du Vivier, où il dit ſuivant l'avis de Nerva le fils. *Item feras Beſtias, quas vivariis incluſerimus, & piſces quos in piſcinas conjecerimus à nobis non poſſideri : Sed eos piſces qui in ſtagno ſint, aut feras quæ in ſilvis circumſeptis vacantur à nobis non poſſideri, quoniam relictæ ſunt in libertate naturali.* D'où nous apprenons que le mot *Vivaria* s'entend en ſa vraye ſignification d'un Parc à tenir des Bêtes ſauvages, *Piſcinæ* d'un Reſervoir à poiſſons. Néanmoins Seneque dans ſes Epîtres liv. 14. & Pline liv. 9. chap. 55. & 56. ſe reſervent de *Vivaria* pour un Reſervoir à poiſſons, comme fait auſſi Juvenal *Sat. 4.*

Non dubitaturi fugitium dicere piſcem,
Depaſtumque diu vivaria Cæſaris.

Auſſi les anciennes Gloſſes pag. 484. ξωγρεῖον ἰχθύων. *Vivarium.* Delà nous eſt venu le mot de *Vivier.* Le même Pline dit que Sergius Orata fut le premier qui fit un vivier à Huitres ; C. Hirius à Murenes ; Licinius Muræna à autres Poiſſons.

CHAPITRE LXIV.

DU PRESSOIR BANNAL.

PARMY les Droits de bannalité qui ſont pratiqués en France, celui de Preſſoir bannal, auquel tous les Habitans d'une Terre ſont obligés de faire preſſurer leur Vendange, ſe trouve uſité en quelques Provinces.

La Coûtume de Paris en fait mention art. 14. Orleans art. 101. Le Maine art. 28. 29. 30. 31. 32. & le grand Coûtumier dit que *par la Coûtume des Preffoirs Bannieres, de quelques Vignes banniere, dont le Marc foit apporté à fon Preffoir bannier, jamais le Marc n'en peut être emporté fans le confentement du Seigneur, mais d'autres Vignes.*

Le même Droit a paffé en quelques Terres du Païs de Droit écrit, tant fur les Nobles, que fur les Roturiers, comme il fut jugé en faveur de Meffire Claude de Levis Baron de Coufan en Forêt, contre le Seigneur de Chalmafel, par Arrêt du Parlement de Paris du 22. Decembre 1552. raporté par Papon en fon Recüeil d'Arrêts, & par Choppin fur la Coûtume d'Anjou art. 27. où il traite du Preffoir bannal, comme fait auffi Bacquet en fon Traité des Droits de Juftice chap. 29.

Mais ce droit eft fi rare en Dauphiné, que je ne fçay qu'une Terre où il ait été introduit. C'eft le Pont en Royans, qui eft le chef lieu d'une contrée au Baillage de S. Marcellin, laquelle eft qualifiée *Principatus Ifmidonis* dans une Charte de l'an 1030. duquel Ifmidon eft defcendu Charles de Saffenage Marquis du Pont en Royans, à qui ce Droit prohibitif appartient dans le finage du Pont, dont il eft fait mention dans la Procedure d'évaluation, qui fut faite l'an 1400. des Droits & Revenus de la même Terre, à la Requête d'Alix de Chalon veuve de François de Saffenage.

Cet Ifmidon Prince de Royans étoit frere d'Hector Seigneur indépendant de Saffenage, qui fut pere d'un autre Ifmidon Evêque de Die, qui a merité le Titre de Saint par la Sainteté de fa vie, dont l'Hiftoire eft décrite en neuf Leçons de l'ancien Breviaire de l'Eglife de Die, qui marque fa Fête au 28. de Septembre, & nous apprend qu'il étoit né au Château de Saffenage. L'Autheur de la vie de S. Pierre Evêque de Tarentaife fon Contemporain lui donne l'éloge d'avoir été l'un des plus grands Saints de fon temps.

CHAPITRE LXV.

DU BAN A VIN.

LE Ban à Vin eft très fréquent en Dauphiné. C'eft un Droit qu'a le Seigneur, ou celui qui le reprefente, fondé de Titre ou de poffeffion imménémoriale, d'empêcher qu'il ne fe vende Vin en détail autre que le leur pendant certain temps de l'année, en quelques lieux d'un mois, en d'autres de quarante jours, fuivant l'établiffement du Droit.

J'ay dit, ou celui qui le reprefente, parce que ce droit émane originairement du Seigneur, qui feul a droit de Ban dans fa Terre, mais le Ban à Vin peut être cedé par l'Uſage de Dauphiné comme une choſe patrimoniale qui tombe en commerce.

Communément c'eſt au Seigneur Haut-Juſticier qu'il appartient, en quelques lieux au moyen, & même au Châtelain à Titre d'inféodation, au Miſtral, au Veyer ou Viguier qui ont droit de Baſſe-Juſtice. Par la Coûtume d'Anjou art. 184. ce Droit n'appartient qu'aux Seigneurs Châtelains, & autres Suzerains, & non aux Inférieurs, s'ils ne l'ont par Titre ou Preſcription. Ce qui m'oblige de remarquer incidemment qu'aux Païs de Coûtume le Seigneur Châtelain a des prérogatives ſur le ſimple Seigneur Haut-Juſticier, moindre toutefois que celles du Baron; mais en Dauphiné le Châtelain n'a que l'exercice de la Baſſe-Juſtice, & connoiſſance juſques à la ſomme de ſoixante ſols.

Deux queſtions ſe préſentent ſur le ſujet du Ban à Vin. La pre-miere, ſi le Seigneur peut faire vendre pendant le Ban d'autre Vin que celui de ſon crû. La reſolution eſt qu'il ne le peut regulierement, parce que la ſervitude de Ban ne lui eſt acquiſe que pour lui faciliter la vente de ſon Vin. La Coûtume d'Anjou ſus-alleguée y eſt formelle audit art. 184. *Et doit ledit Seigneur durant ledit Ban vendre Vin de ſon crû en détail à prix commun & competant.* Celle du Maine art. 292. *Et ſi leſdits Seigneurs n'ont Vins de leurdit crû, à fournir pour ſuffire durant ledit Ban, &c. ſont bien Seigneurs privés dudit Ban pour icelle fois.* Tours art. 102. Lodunois chap. 9. art. 1. La Marche chap. 23. en diſpoſent de même. Celle de Paris n'en fait point mention, mais quelques Sei-gneurs en joüiſſent à Titre particulier, comme celui de Luzarche, à l'égard duquel fut donné Arrêt par la Cour des Aydes du 3. Avril 1610. entre Philippes Guerin Fermier général des Aydes du plat Païs, Demandeur d'une part, & les Dames de Luzarche Défendereſſes d'au-tre, par lequel il fut ordonné qu'elles repreſenteroient le Titre du droit de Ban à Vin par elles prétendu, & cependant qu'elles ſeroient tenuës de déclarer le mois qu'elles entendoient joüir de ce Ban, bail-ler par déclaration, par chacun an la quantité & ſituation, bouts & côtez de leurs vignes, & la quantité des Vins qu'elles auroient recüeil-lis, ſans qu'elles puiſſent ceder le droit aux Hôteliers & Cabarêtiers, ny à autres perſonnes, ny vendre autre Vin que de leur crû & Sei-gneurie, & ſans aſſiete, à peine de déchéance du Droit, & qu'elles feroient tenuës pendant ce tems-là ſouffrir les viſitations des Clercs & Commiſſaires ayant ſerment à Juſtice pour inventorier les Vins. Cet Arrêt notable eſt raporté par Tronçon ſur la Coûtume de Paris art. 71. ſur le mot *Moulin bannal.*

Quant au Dauphiné, je trouve auſſi la condition de ne vendre que du Vin du crû déclarée dans les Libertez concedées l'an 1164. aux Habitans du Bourg de Moyrans par Geofroy, Berlion & Aynard de Moyrans freres. *Si Dominus*, porte l'Acte qui eſt dans un Regiſtre de la Chambre des Comptes intitulé *Secundus liber copiarum de novo facta-rum*, marqué par H. f. 433. *Vinum ſuum vendere voluerit; quando bona vindimia fuerint, ſeptem ſaignata erunt de Vino puro & octava erit de decocto.*

Erit autem Vinum illud de vineis propriis & de quartonis, non de empto, non de donato, non de commodato; & vindemiis factis confiderabitur, quis Burgenfium Vinum plus vendiderit, & fuper illum uno denario plus Vinum fuum Dominus vendere poterit: Si fteriles vindemiæ fuerint, tertia pars erit de decocto; fi verò mediocres quarta pars erit de decocto.

De forte que ceux qui fourniffent d'autre Vin que celui qui eft provenu de leurs Vignes, abufent de la prérogative qui leur eft accordée contre la liberté du Commerce.

. . Néanmoins cette refolution générale ceffe en trois cas. Le premier, quand le Titre permet indéfiniment au Seigneur du Ban de vendre, ou de faire vendre Vin en détail, tant de fon crû qu'autrement, ou de bailler le Ban à ferme. Le deuxiéme, quand le Droit de Ban à Vin lui appartient en lieu où il n'y a point de Vignes. Le troifiéme, quand il eft dû à caufe de la Haute-Juftice, comme en quelques Coûtumes, non quand il eft dû par titre ou poffeffion, fuivant la diftinction que fait Roüillé Commentateur de la Coûtume du Maine, & après lui Choppin fur celle d'Anjou liv. 2. tit. 3. n. 7. qui difent, que celui qui a ce droit à caufe de la Châtellenie, c'eft-à-dire de la Terre qui eft en titre de Châtellenie, n'a befoin de poffeder des Vignes, dont il vuide le Vin au temps du Ban, & qu'il en eft autrement de celui qui a ce Droit par des anciens Titres, ou poffeffion. Mais ce troifiéme cas ne peut avoir lieu en Dauphiné, où nul n'a cette prérogative que par Titre, ou poffeffion immémoriale qui eft équipolente à Titre.

La feconde queftion eft de fçavoir fi le Ban à Vin peut être baillé à Ferme. La Coûtume du Maine ne le permet pas art. 102. où elle en difpofe de cette forte.

Et vendront & feront vendre lefdits Vins en leurs mains, fans qu'ils puiffent les affermer, ny bailler ledit Droit à autres. Tours art. 102. *Seigneur qui a droit de Ban à Vin, peut vendre le Vin de fon crû de fon Fief, pour raifon duquel il a droit de Bancage, ledit Vin bon, pur & net à prix raifonnable, felon le cours du Païs, durant fon Ban par la main de fes Serviteurs, ou Commis au dedans de fon bancage; & ledit Droit ne pourra bailler, ne affermer: Et ne durera ledit Bancage que quarante jours: Et fi ledit Seigneur ufe du Droit autrement qu'il n'eft contenu audit article, il perd & eft déchû de fon Droit.* Sur lequel article Jean Sainfon, qui a été Préfident unique au Parlement de Grenoble, dit que, *ex parte Domini tria concurrere debent, quod vendatur jufto pretio, quod vinum nafcatur in Feudo & quod vendatur in Domini domo vel Caftello.* Choppin eft auffi de même fentiment au lieu fus-allegué.

En Dauphiné l'Ufage eft contraire, fondé fur ce que le Fermier ne rend qu'un fimple miniftere à la poffeffion, qu'il maintient comme fi c'étoit le Seigneur même. *Quod meo nomine poffideo, poffum alieno nomine poffidere,* dit Celfus en la Loy 17. D. *de acquir. poffeff.* Et d'autant plus que ce trafic eft plus honnête en la perfonne du Fermier, qu'en celle des Domeftiques ou Commis du Seigneur du Ban. Mais le Fermier ne doit vendre, ou faire vendre que le vin du Seigneur, & non le fien propre, finon aux cas fus marqués. Les Reconnoiffances

de la Terre de Beauvoir en Royans, reçûës par Palard de l'an 1472.
f. 6. font mention de la Ferme du Ban à vin en ces termes. *Item ha-*
bet ibidem (Dalphinus) similiter Bannum vini mensis Augusti, quod Bannum
factis debitis inquantibus per spatium septem dierum per nobilem Castellanum
dicti loci ad inquantum publicum Curiæ ejusdem loci vendi & librari debet plus
& ultimo offerenti, ut est consuetum ; & durat ipsum Bannum per totum men-
sem prædicti mensis Augusti singulis annis : Et debet vendi bonum Vinum modo
& formâ in Libertatibus dicti loci contentis, & pretium per Castellanum recipi
à firmario, & de eodem compuium reddi : Et debent vendere bonum Vinum &
purum, & manutenere bonas mensuras per dictum Castellanum visitandas. Les
Libertez mentionnées en cet article des Reconnoissances, font de Jean
Dauphin de l'an 1313. du jour de S. Vincent. Au reste le Vin doit
être vendu pendant le Ban à prix commun, autrement ce seroit, *an-*
nonam adtemptare, vexare, onerare, pour user des termes d'Ulpian en la
Loy, *annonam 6. D. de extraordinariis criminibus,* dont il accuse ceux
qu'il appelle *Dardanarios.* Il est vray qu'en quelques lieux le Seigneur
du Ban a droit d'ajoûter un denier par mesure au prix commun, mais
il faut être fondé de Titre.

CHAPITRE LXVI.

Que le Droit de Bâtardise n'a lieu en Dauphiné.

DEUX choses qui étoient des restes de l'ancienne Police des
Grecs ont été retenuës des Romains, même après avoir reçû
l'Evangile : Le concubinat & le divorce, jusques à ce que la
Réligion Chrêtienne ayant pris force dans la plus grande partie de l'Europe, elles ont été condamnées & abolies, comme étant contraires
aux Loix du Christianisme. *Et quidem si cum fontem habeas,* dit l'Empereur Leon dans sa Novelle 91. contre le Concubinat, *sobriè inde hauri-*
re divino præcepto moneare, qua ratione, cum puras aquas haurire liceat, lu-
tum tu mavis.

De-là s'est introduit en France le droit de Bâtardise en faveur du
Roy qui succede au Bâtard s'il décede sans Testament, ou sans Enfans nés en loyal Mariage, ou en faveur du Seigneur Haut-Justicier
qui par une ancienne observance plûtôt que par droit succede au Bâtard décédé sans Testament & sans Enfans legitimes, si trois cas se rencontrent, qui sont exprimés dans l'art. 4. de la Coûtume de Vermandois, & dans celle de Rheims art. 335. Le premier, que le Bâtard
soit né dans sa Terre ; Le deuxiéme, qu'il y ait eu son domicile : Le troisiéme, qu'il y soit décédé : Ce qui ne s'entend que des biens que le
Bâtard a laissés dans la Haute-Justice du Seigneur. L'un de ces trois
cas défaillant, c'est à Sa Majesté seule que la succession entiere appartient par droit de Bâtardise.

Au reste, le Bâtard par le Droit François ne peut succeder à son Pere, ni à sa Mere, ny à aucun autre Parent, *cum nec genus nec gentem habeat* : En quoy il est semblable à l'Etranger demeurant en France ; sinon qu'étant né *ex soluto & soluta*, il ait été legitimé par Lettres de Sa Majesté verifiées en la Chambre des Comptes du consentement de ceux dont-il prétend la succession. Que si le Bâtard de son seul mouvement avoit fait inserer dans les Lettres le consentement des Parens, en ce cas ils lui succederoient à l'exclusion du Fisque, ou du Seigneur Haut-Justicier, mais non lui à eux.

Telle est la pratique de France, comme l'on peut voir plus amplement dans le Traité de Bacquet du Droit de Bâtardise, & dans les autres Autheurs qui ont éclairci les Droits de la Couronne.

Mais il en est autrement du Droit Romain, par lequel les Bâtards procréés d'une Concubine, qu'il nomme Enfans naturels, recueillent avec la Mere deux onces de l'héredité du Pere s'il décede sans Testament, & sans Enfans legitimes, *nec ei justa uxor sit superstes.* Même à défaut d'Enfans legitimes le Pere leur peut laisser tous ses biens, reservé la portion legitime aux Ascendans, suivant la Novelle 89. de Justinian, de laquelle est tirée l'Authentique, · *Licet patri. C. de natural. lib.*

Quant à la succession de la mere, les Bâtards ne sont point differenciés des legitimes, y étant appellés conjointement avec eux *propter naturalem conjunctionem ;* même ceux qui sont procréés *Volgivaga Venere,* pour user des termes de Lucrece, lesquels sont apellés *Spurii & vulgò quæsiti,* & par les Grecs ἀπάτορϵ, pour n'avoir point de Pere certain, *l. 1. §. vulgò quæsiti. D. ad Sc. Terry l. & Orphit. & Institut. de Sc. Orphit. §. novissimè.* Ensorte qu'ils peuvent débattre d'inofficiosité le Testament de leur mere, *l. si suspecta. 29. §. 1. De de inoffic. test.* sinon qu'elle fut illustre (c'étoit la plus haute dignité sous les derniers Empereurs,) *cum in mulieribus ingenuis & illustribus, quibus castitatis observatio præcipuum debitum est, nominari spurios satis injuriosum, satisque acerbum nostris temporibus indignum esse judicamus. Et hanc legem ipsi Pudicitiæ, quam semper colendam censemus, meritò dedicamus,* dit Justinian en la Loy *si qua illustris. C. ad Sc. Orphit.* où il ajoûte que si la Femme de cette qualité a des Enfans *ex licita consuetudine cum homine libero,* c'est-à-dire, *ex Concubinatu,* qu'ils succedent également avec les legitimes.

Reciproquement la mere succede à ses enfans naturels, & à ceux aussi qui n'ont point de pere certain, *Item ipsi fratres inter se,* par la raison qu'en rend, *Gajus l. hac parte 2. D. undè cognati. quia sunt invicem sibi cognati.* C'est pourquoy Ulpian dit élegamment *l. 4. D. eodem. Si spurius intestato decesserit, jure consanguinitatis, aut agnationis hereditas ejus ad nullum pertinet, quia consanguinitatis, itemque agnationis jura à patre oriuntur : Proximitatis autem nomine, mater ejus aut frater eadem matre natus, bonorum possessionem ejus Edicto petere potest.* Les Grecs appellent cette réciprocité de succession ἀλληλοκληρονομίαν.

C'est ainsi que la Jurisprudence Romaine après avoir beaucoup varié, en a finalement difpofé par diverfes Loix, & Novelles qui font affez embroüillées.

Laquelle Jurifprudence a été jufques-icy retenuë en Dauphiné : Ce qui obligea N. Boneton Procureur Syndic des trois Etats de s'oppofer à l'Enregiftrement des Lettres Patentes du Roy Charles IX. données à Touloufe au mois de Mars 1565. par lefquelles il établiffoit en Dauphiné le Droit de Bâtardife, comme étant contraire au Droit commun de la Province, ainfi que lui même l'afsûre en fes Notes fur la Queftion 280. de Guy Pape aux termes fuivans. *Licet jure Canonico Concubinatus & omnis conjunctio præter connubium fit reprobata, illicita & prohibita, communis tamen conclufio Doctorum eft, Jus civile de Concubinatu non effe fublatum quantum ad fucceffionem. Et hoc jure utimur in Delphinatu. Ita ut cum Carolus IX. Rex nofter Edicto fuo dato Tholofæ menfe Marito 1565. fibi voluerit naturalium, five Baftardorum fucceffionem adfcribere deficientibus legitimis liberis, aut hæredibus ex teftamento, ego menfe Februario 1566. nomine totius Patriæ me oppofui, tanquam ejus Procurator, & Edicti verificationem impedivi, ne videlicet jus noftrum abrogatum effet, quo mater fuccedit filio naturali, & filius matri per l. fi qua illuftris. C. Ad Sc. Orphit. Et hoc jure utimur, ut notat hîc G. Papæ, & pluries vidi in ufu fervari.* M. Expilly dit la même chofe en fon Plaidoyé 17. fur lequel fut donné l'Arrêt interlocutoire qui préjugea le Droit & l'Ufage de la Province : Ce qui eft auffi rapporté par M. Didier Herauld en fon Traité, *Queftionum quotidianarum cap. 1. n. 30.* où il qualifie Mr. Expilly *virum Doctrina, fide, probitate, ac humanitate præftantem,* & fon Plaidoyé, *luculentam orationem.*

Suivant cet Ufage la Cour procedant à la vérification de l'Edit de création du Bureau des Tréforiers de France, du mois de Décembre 1627. par lequel la connoiffance des matieres de Bâtardife leur étoit attribuée, déclara par fon Arrêt du 15. Septembre 1628. qu'en ce qui concerne la fucceffion des biens des Bâtards le Droit commun & Coûtume de tout temps obfervée feroient fuivis.

Je l'ay vû ainfi juger par deux Arrêts; l'un donné au rapport de Monfieur Bernard, aujourd'huy Préfident au Parlement de Dijon, du 13. May 1652. entre Michelle Camet Demandereffe en Requête du 22. May 1640. d'une part, & Alexandre Sorel, pour lequel Joachim du Culin en la qualité qu'il agiffoit avoit pris caufe en main Défendeur d'autre, par lequel Claude Boyoud né *ex foluto & foluta,* duquel Michelle Camet avoit droit, fut admis à la fucceffion d'Etiennette Terrier fa mere avec les Enfans legitimes qu'elle avoit eû, quoy que feu Monfieur le Premier Préfident de la Berchere, qui étoit préocupé du Droit François y refifta beaucoup.

L'autre Arrêt fut donné le 8. Juillet 1662. au rapport d'Alphonce de la Baume, entre Jean Michel Adminiftrateur des Hoirs de Claudine Gilibert, & Marguerite de Laye, & Claudine Gilibert autorifées par Antoine Lombard, & Antoine Barletier leurs Maris Demandeurs en Requête du 7. Juillet 1661. d'une part; Et Claude des Plaignes Notaire de Moras, & Noble Etienne de Leftang Sieur de Murat & de la

Peroufe Défendeurs d'autre. Le fait étoit, que Jean de Leca, dit Virgile, Bâtard avoit baillé en dépôt foixante Piftoles à Claude des Plaignes. Dépuis étant décedé fans Teftament, & fans Enfans, le Sieur de Leftang en qualité d'Engagifte de la Terre de Moras du Domaine du Roy, fit arrêter les foixante Piftoles entre les mains du Dépofitaire, prétendant qu'elles lui appartenoient par droit de Bâtardife. Au contraire les plus proches parens maternels du Bâtard foûtenoient que le droit de Bâtardife n'avoit pas lieu en Dauphiné, & que fuivant la difpofition du Droit Romain ils étoient appellés à fa fucceffion : Ce qui fut jugé en leur faveur.

Je prévois néanmoins qu'un jour le Dauphiné recevra le Droit commun de la France, parce qu'à l'égard du pere, en la fucceffion duquel les enfans naturels doivent avoir par le Droit Romain deux onces avec la mere, en cas qu'il foit décedé fans Teftament, fans enfans legitimes, *& fine jufta uxore fuperftite*, comme j'ay dit cy-deffus, il eft certain que le Concubinat étant aboli par les Loix du Chriftianifme, il n'y a plus d'enfans naturels de la qualité de ceux pour lefquels les Loix Romaines ont eu de l'indulgence. Il falloit que la Concubine fut retenuë dans la maifon, qu'elle fut telle reconnuë, enforte qu'on ne douta point de fa condition, ni des enfans qui en étoient procréés : Elle avoit enfin tant de conformité avec la femme legitime, que *nihil intererat nifi dignitate* dit Ulpian, *l. item legato. 49. §. parvi autem. D. de leg. 3.* Jufques-là que les Empereurs Théodofe & Valentinian en la Loy *fi quis. 3. §. quod fi alterutram. C. de Concubinis*, appellent le Concubinat *inæquale conjugium*. En effet il n'étoit permis d'avoir qu'une Concubine, de même qu'une femme legitime : Tellement que Juftinian en fa Novelle 89. appelle ceux qui n'en n'ont qu'une σώφρονας, qu'on a traduit *pudicos*, ceux qui en ont plus d'une ἀσελγαίνας *luxuriantes*.

J'ay remarqué ces conditions pour faire voir que c'eft improprement que nous appellons enfans naturels ceux qui font nés *ex foluto & foluta*, & qu'on ne devroit pas leur attribuer les avantages que le Droit Romain donnoit à ceux qui étoient vrayement naturels, c'eft-à-dire, nés d'un Concubinat licite alors, & à prefent condamné.

Quant à la fucceffion de la mere, l'honnêreté publique refifte à ce que les Bâtards foient traités auffi favorablement que les legitimes pour la recuëillir conjointement avec eux.

Mais jufques à ce qu'il y ait une Ordonnance du Roy fur ce fujet verifiée au Parlement, il n'eft point de doute qu'il faut fuivre l'ancienne Jurifprudence de la Province.

Il eft vray que je n'ay point vû d'Arrêt qui juftifie l'obfervance du Droit Romain à l'égard du pere qui n'eft pas certain comme la mere eft certaine.

CHAP.

CHAPITRE LXVII.

Que l'obligation de payer au Seigneur quelque Redevance pour joug de Bœuf doit aussi être entendüe pour joug d'autres Bestiaux de labourge.

LA question si les Habitans d'une Terre qui sont obligés à quelque redevance pour joug de Bœuf, doivent la même redevance pour joug de Mules, ou d'autres Bestiaux de labourage fut agitée du temps de Guy Pape en la Chambre du Conseil Delphinal comme lui-même l'assûre en sa question 470. où il dit qu'il fut d'avis de la negative fondé sur la Loy *Boves 89. D. de verb. signif.* mais que le contraire fut jugé, parce que la moisson (c'est ainsi qu'il appelle cette redevance) est dûë pour le pascage qui n'est pas moins pour les Mules que pour les Bœufs, qu'ainsi *ubi eadem ratio, idem jus statuendum.*

J'estime qu'il entend l'Arrêt qui fut donné par le Conseil Delphinal le 19. de Septembre 1433. entre les Habitans de la Terre d'Albon Demandeurs, & le Procureur Général du Roy Défendeur, auquel assista Guy Pape.

Voicy les termes de l'Arrêt qui est transcrit à la fin du compte rendu en la Chambre des Comptes par le Châtelain des revenus de la Châtelenie d'Albon pour l'année 1432.

Ex causis tam subscriptis, quàm aliis resultantibus & apparentibus ex Processu dicimus per hanc nostram Ordinationem seu Sententiam quam in his scriptis proferimus, supplicata pro parte dictorum hominum, ac petita fieri non debere, Advocatum & Procuratorem Fiscalem à petitis proptereà absolvendo. Verùm cum ex propositis & deductis comperimus jura messium ab Agricolis annuatim exigi & præstari solita, non tam ratione Boum quam ratione messium deberi ac præstari consuevisse, & quod in Territorio dictæ Castellaniæ ad culturam agrorum aratoriam, tantam commoditatem afferunt Muli & Animalia equina, sicuti & Boves afferunt, ultra alia opera diversa in quibus ipsa implicantur & implicari possunt existente ratione idem jus debet statui ; verbis in Parcellis seu Capitulis dictorum Computorum Castellaniæ prædictæ adjectis non obstantibus, à quibus etiam sicut à verbis legis Imperialis potest & debet in casu tali vel consimili rationabiliter discedi. Idcirco iis & aliis attentis ad hæc nos justè moventibus, per hanc eandem nostram Sententiam seu Ordinationem promunciamus & declaramus homines dicti Mandamenti nunc tenentes, & qui in futurum tenebunt equina animalia, vel alia quæcunque ad culturam agrorum apta, & pro ipsis cultivandis parata, pari modo teneri ad dicta jura messium Domino nostro Delphino præstanda, & proinde ab iis exigi posse ac si boves tenerent aratorios : videlicet pro quolibet jugo in quo fuerint duo, aut tria seu quatuor vel quinque talium animalium, unum sestarium frumenti & unum quartale siliginis ad bonam mensuram, unum onus fœni, ac unum onus palearum, & decem octo denarios bonæ

II. Partie.   H

moneta. *Tenentes verò sex dictorum animalium ad duplum dicti tributi suprà de-*
clarati teneri, ipsos propterea in personam dicti eorum Procuratoris, & è contra
ipsum Procuratorem, & in ejus personam homines Universitatis prædictæ ad præ-
missa annis singulis Castellano Albonis nomine Delphinali danda & solvenda,
dùm tanta & talia, & ad actus jam dictos tenebunt animalia, hac eadem
nostra Sententia condemnantes: Ab arreragiis autem pro parte Fiscali petitis,
ipsos supplicantes ex causis justis & ex Processu resultantibus relevamus, Litteras
de præmissis parti habere volenti concedendo opportunas. De quibus omnibus suprà
dictis Dominus Advocatus Fiscalis nomine Delphinali, & etiam dictus Guigo Bois-
serati nomine Procuratorio dictorum hominum, in quantum dicta Ordinatio seu
Sententia pro parte sua facit & facere potest, sed non alias, petierunt Litteras
opportunas sibi fieri & concedi. Acta, lecta, & pronunciata fuerunt hæc ubi su-
prà per suprà dictum venerabile Consilium Delphinale, præsentibus honorabilibus
& discretis viris Domino Jacobo de Sancto Germano, Antonio de Sancto Urso,
Joanne de Poloniaco, Guidone Papa Legum Doctoribus, &c. Per Dominum
Gubernatorem ad relationem Consilii. Brocherii. Il est vray que Pomponius
en la Loy *Boves* sur laquelle Guy Pape fondoit son avis dit que *Boves*
magis armentorum, quam jumentorum generis appellantur. A quoy se trouve conforme Ulpian *l. Ædiles aiunt 38. §. B. D. de Ædilit. Edicto. Undè*
dubitari desiit an hoc Edicto boves quoque contineantur. Etenim jumentorum ap-
pellatione non contineri verius est, sed pecoris appellatione continebuntur. Et Marcian *l. legatis. 6 s. §. s. Jumentis legatis boves non continentur, nec contra.*

D'où l'on pouvoit conclurre que l'obligation n'étant que pour joug
de Bœufs, elle ne devoit être étenduë à d'autres Bestiaux, puisque en
matiere onereuse il se faut tenir à la Lettre, & juger contre celui qui se
pouvoit expliquer mieux qu'il n'a fait. *Quidquid adstringendæ obligationis*
est, id nisi palam verbis exprimitur, omissum intelligendum est, ac ferè secun-
dum promissorem interpretamur, quia stipulatori liberum fuit verba latè conci-
pere. dit Celsus *l. 9. D. de verb. obligat.* De même Ulpian *l. stipulatio 38.*
§. 18. D. eodem. In stipulationibus cum quæritur quid actum sit, verba contra
stipulatorem interpretanda sunt.

Néanmoins l'opinion contraire prévalut fondée sur la raison qui est
exprimée dans l'Arrêt, que cette sorte de prestation étant plûtôt düe
eu égard à la moisson, qu'eu égard aux Bœufs, l'obligation regarde
toute sorte de Bestiaux de labourage par identité de raison, & par intention plûtôt que par extention: Que si bien elle n'est conçüe que
pro jugo boum, c'est *exemplariter non restrictivè* pour user des termes de
Balde en cas presque semblable sur la Loy *de quibus. D. de Legibus.* Parce
que la nature a principalement destiné les Bœufs au labourage, à cause
de quoy Pline liv. 8. chap. 45. dit que cet Animal sert de compagnon
à l'Homme au labeur de la Terre, & au livre 18. chap. 3. il fait mention des jeux appellés Bubeciens, que les Romains faisoient à l'honneur des Bœufs à cause de leur utilité. Aussi du temps de Romulus,
tuer un Bœuf & un Homme étoit tout un comme l'asûrent Varron &
Columella. Ce qui se pratique aujourd'huy en toute l'Isle de Sumathra
aux Indes Orientales suivant le témoignage de Gotard en la Description

qu'il a faite de ce Païs-là, difant qu'on y laiffe vivre les Bœufs jufques à l'extrême vieilleffe, & quand ils font morts qu'on les inhume de même qu'on fait icy les Hommes. Il ajoûte encore que les Hollandois pour en avoir affommé & mangé quelques-uns en furent mal-traités, parce que le Roy de l'Ifle les eut en telle horreur, qu'il rompit auffi-tôt l'alliance qu'il avoit faite avec eux, & prenant les Armes tailla en pieces leur Amiral, & près de cinquante autres qui étoient defcendus à terre, n'ayant pas eu moins de défir d'en faire autant au refte de la Flotte, s'il eut pû l'attraper.

Les autres Beftiaux dont on fe fert pour le labourage ne font pro-prement que fubrogés aux Bœufs. Et quoy que la Loy *Ædiles aiunt* *38. §. fi fortè. D. de Ædil. Edic.* faffe mention *de jugo mularum*, ce n'eft pas au labeur de la Terre qu'elles étoient deftinées, mais à tirer un Coche appellé *Carruca*, pour lequel elles font dites *Carrucariæ* en ce §. de la même Loy. *Quæfitum eft fi mula talis fit, ut transjungi non poffit, an fana fit : Et ait Pomponius fanam effe : Plerafque denique carucarias tales effe, ut non poffint transjungi.* C'eft-à-dire, changer de main. Auffi les Muletiers font appellés *Junctores* en la Loy. *In lege Cenforia 203. D. de verb. fignif.* Car c'eft ainfi qu'il faut lire fuivant l'avis de Cujas *Obferv. liv. 14. cap. 3.* plûtôt que *Vectores, Actores, Unctores*, comme quelques autres.

J'ajoûte à la raifon fufdite que fi les Habitans étoient déchargés de la redevance en changeant les Bœufs en Mules ou en autres Beftiaux, il dépendroit d'eux d'éteindre un Droit auquel ils fe font foûmis, quoy qu'ils continuaffent de joüir de la Faculté pour laquelle il a été conçû. A quoy l'on peut appliquer ce que dit Julian en la Loy 12. *D. de rebus dubiis. Quotiens in actionibus aut exceptionibus ambigua oratio eft, commodif-fimum eft id accipi, quo res de qua agitur magis valeat, quàm pereat.*

La même queftion fut traitée entre les Habitans du Mandement de Saint Latier au Baillage de Saint Marcellin Demandeurs d'une part, & le Châtelain Delphinal du lieu, joint à lui le Procureur Général du Roy Défendeur d'autre, & Noble André Porte Confeigneur de la même Terre intervenant, fur laquelle il y eut Arrêt du Parlement con-forme à celui d'Albon du 22. Decembre 1515. qui fe trouve dans un Régiftre de la Chambre des Comptes intitulé, *Sextus liber copiarum Vien-nefii & Valentinefii. fol. 53.* dont voicy les termes.

Curia ipfa per fuum Arreftum, definitivamque Sententiam dixit & pronun-ciavit fupplicata dictorum hominum fieri non debere ; quin imò dictos homines dicti Mandamenti tenentes animalia ad culturam agrorum apta, & ad ufum aratri parata & deftinata, terráfque & poffeffiones cum dictis animalibus aran-tes, colentes & cultivantes teneri cogique debere ad folutionem dicti Civeragii de quo contendebatur, ac prout & quem admodum tenentur pro bobus aratoriis, fi quos tenerent & fi cum eifdem bobus colerent feu ararent. Et quoad tres foli-dos bonæ monetæ pro coroatis boum & alia tributa pro bobus debita, Curia ipfa tenore præfentis Arrefti declaravit & declarat homines prædictos ad illa pro ani-malibus prædictis afininis, mulatinis & equinis arantibus non teneri, expenfis

H ij

hujus caufæ certis ex caufis Curiam juftè moventibus compenfando. In cujus tefti-
monium figillum Delphinale præfentibus duximus apponendum. Datum Gratia-
nopoli die 22. menfis Decembris, anno Domini 1515. Per Dominum Guber-
natorem ad relationem Curiæ, quâ erant Domini Jaffredus Caroli Miles Præfi-
dens, Antonius Palmerii, Petrus Laterii, Bertrandus Raboti, Francifcus
Marci, Martinus Galliani, Stephanus Oliverii, Joannes Morardi, Jacobus
Galliani. Rollini.

Ces deux Arrêts ont été fuivis de deux autres. L'un donné le 11. de
Fevrier 1634. au rapport de M. Philippes Roux en faveur de Meffire
Loüis de Grolée de Meüillon Marquis de Breffieu contre les Habitans
de la Terre de Breffieu qui fe fervoient de Mules au lieu de Bœufs
pour le labourage ; Mais comme le Marquis de Breffieu prétendoit une
redevance plus grande pour les Mules ou Chevaux que pour les Bœufs,
la Cour déclara que pour chacune pointe ou couple de Mules ou Chevaux employés au labourage le civerage feroit payé pour une pointe
ou couple de Bœufs tant-feulement. J'ay rapporté l'Arrêt au long au
bas du chap. 21.

L'autre fut donné entre. Demoifelle Anne de Paul de Lamanon en
qualité de Mere & Adminiftrereffe de Demoifelles Loüife & Marie du
Faur héritieres de Noble Baltazard du Faur Seigneur de Manteyer en
Gapençois leur pere d'une part ; & les Confuls de la même Terre d'autre part. La queftion étoit fi les Habitans de Manteyer qui tenoient
des Vaches pour labourer leurs Terres devoient la même redevance
qu'ils étoient obligés de payer pour les Bœufs de labeur tant par les anciennes Reconnoiffances, que par une Sentence arbitrale de l'an 1499.
Par Arrêt du Parlement de Paris où le Procès fut évoqué, du 16. de
Mars 1641. les Parties furent reglées contraires, & à ces fins il fut ordonné que dans deux mois elles informeroient de leurs faits : Sçavoir
les Confuls, que ceux qui n'avoient point de Bœufs de labeur, & qui
labouroient avec des Vaches étoient en poffeffion immémoriale de ne
payer que la moitié de la redevance dont il étoit queftion. Et la Demandereffe que ceux qui labouroient avec des Vaches en devoient &
avoient toûjours payé la redevance entiere, comme s'ils labouroient avec
des Bœufs.

Les Confuls s'étant laiffé forclorre de la preuve de leur poffeffion,
& l'inftance étant retournée au Parlement de Grenoble du confentement des Parties, ils firent déclaration qu'ils confentoient que le Procès
fut jugé fur les Actes.

Enfin par Arrêt du 20. Août 1647. donné au rapport de Monfieur
de Belmont Vachon, les Habitans qui tenoient des Vaches pour le
labourage furent condamnés à payer la même redevance que ceux qui
tenoient des Bœufs avoient accoûtumé de payer enfuite de la Sentence
arbitrale fus énoncée.

Car outre les raifons fufdites ; il eft certain que par ces mots *Boves*
ad laborandum, l'un & l'autre fexe font compris fuivant cette Loy de
Julian 61. D. *de legat. 3. Qui duos Mulos habebat ita legavit : Mulos duos*

qui mei erunt cum moriar Seio hæres data. Idem nullos Mulos , sed duas Mulas reliquerat. Respondit Servius , deberi legatum , quia Mulorum appellatione etiam Mulæ continentur , quemadmodum appellatione servorum , etiam servæ plerumque continentur. Id autem eo veniet , quod semper sexus masculinus etiam sexum feminimum continet. Ainsi Marcian dit *l. legatis* 6 5. *§. 6. D. eodem. Equis autem legatis , & Equæ continentur.* Ce qui reçoit d'autant moins de difficulté que le terme Latin *Boves* est d'un genre commun , témoin ce Vers de Virgile *Eclog. 1.*

    Ille meas errare Boves.

Cette sorte de prestation *pro jugo Boum*, a été introduite par les Seigneurs à l'exemple de celle qui se levoit par les Empereurs appellée *Jugatio*, *Capitatio* , & par les Grecs ξυγικέφαλον , dont il est fait mention en la Loy *Susceptores* 10. *C. de Susceptoribus , Præpositis & Arcariis lib.* 10. *l. immunitates* 9. *C. de agricolis & censit. lib.* 11. *Novella* 17. & en divers lieux du Code Théodosien , *quæ scilicet in censu publico à singulis præstanda erat pro modo jugorum & capitum , quæ quis possidebat.* C'est ainsi que cette redevance doit être entenduë , non pas d'un tribut pour teste , κατὰ κεφαλὴν , comme plusieurs l'ont expliquée : Car on appelloit *Juga & capita , terræ modum cui colendo per annum jugo Boum opus erat , sicut jugum jugeris , quantum in die jugo Boum exerceri potest ,* ainsi que l'a très bien expliqué Jacques Godefroy en ses doctes Commentaires sur le Code Théodosien *lib.* 13. *tit.* 10. *de censu.* de l'impression desquels le Public est redevable à Antoine Marville premier Lecteur en Droit en l'Université de Valence.

En quelques lieux de Dauphiné cette prestation s'appelle Moisson , qui est le terme dont Guy Pape s'est servi : En d'autres Civerage ou Avenage, si elle se trouve dûë en Avoine : En quelques autres Pascage ou Pasquerage à cause que le plus souvent elle est dûë par les Habitans pour les Pascages communs , que le Seigneur leur a concedés. Ainsi le même Guy Pape dit que le motif de l'Arrêt dont il fait mention fut que *messis debetur pro pasqueragiis , & Mulæ pasquerant sicut Boves.* Le vû de l'Arrêt de Saint Latier justifie aussi que le Civerage étoit dû pour le Pasquerage. Ce qui a du raport avec le droit de Blairie , dont la Coûtume de Nivernois a un Titre particulier , lequel droit appartient à quelques Seigneurs Justiciers fondés de Titre ou de Possession suffisante pour les vaines pâtures aux grands chemins , aux prez dépoüillés de premiere & de seconde herbe , aux Terres , Bois & autres héritages qui ne sont en défense. Il s'apelle Blairie , parce que la prestation est en blé.

J'ay remarqué ailleurs que par la Coûtume de Dauphiné les Gentilshommes sont exempts du droit de Civerage , même leurs Fermiers ou Metayers pour raison de leurs Fermes & Metairies , comme il fut jugé par Arrêt du 29. Juillet 1624. contre N. Christophle de Montchenu Seigneur de Beausemblant , rapporté par Monsieur Expilly dans son Recüeil d'Arrêts chap. 209.

Au reste la rencontre du mot *Jugum* me remet en mémoire ce que dit Saint Juſtin en ſon Dialogue avec Tryphon, que le fils de Dieu étant avec Saint Joſeph s'occupoit à faire des Jougs & des Charruës pour le labourage. τα τεκτονικα εργα εν ανθρωποις ων, αροτρα και ζυγα.

CHAPITRE LXVIII.

Si le Droit de Péage ou de Pontonage établi ſur les Beſtiaux & les Marchandiſes qui paſſent ſur un Pont ſe doit étendre ſur les Beſtiaux, & les Marchandiſes qui traverſent la Terre ſans paſſer ſur le Pont.

CETTE queſtion s'eſt autrefois preſentée entre les Habitans de Voiron & le Fermier du Pontonage de Moirans joint à lui le Procureur Général du Roy. Ceux-là ſe plaignoient de ce que le Fermier avoit établi un Commis au lieu de Vourey Mandement de Moirans pour exiger d'eux le droit de Pontonage lors qu'ils traverſoient avec leurs Beſtiaux, & leurs Marchandiſes le même lieu de Vourey & le bois de Criel aux extremités du Mandement ſans entrer dans le Bourg de Moirans, ni paſſer ſur les Ponts pour leſquels le Pontonage étoit dû, diſant que par la Coûtume générale de Dauphiné les Marchands qui traverſoient les Villes, Bourgs & Villages où il y avoit des Ponts, ne payoient aucun droit s'ils ne paſſoient ſur les Ponts, ainſi qu'il ſe pratiquoit à Grenoble par ceux qui traverſoient la Ruë Saint Laurens, aux Echelles, à Tulin, à Rives & autres lieux. Au contraire le Procureur Général du Roy pour les interêts de Sa Majeſté comme Seigneur de Moirans, & le Fermier ſoutenoient que le droit de Pontonage étant établi pour l'entretien de ſix Ponts de bois qui étoient en ce temps-là dans le Mandement de Moirans, devoit être payé par tous les Marchands qui paſſoient avec des Beſtiaux ou Marchandiſes par quelque endroit que ce fut du Mandement, ſçavoir un obole pour Bête chargée, & autant pour chacune tête de Bœuf, de Vache, de Cheval, de Mulet & de Bête à laine. Pour raiſon dequoy chacune des Parties alleguoit d'être en poſſeſſion; L'une d'avoir toûjours levé ce droit; L'autre de ne l'avoir jamais payé au cas ſuſdit, du moins qu'induëment & par violence. Par Arrêt du 23. Decembre 1510. qui eſt tranſcrit dans un Régiſtre de la Chambre des Comptes, intitulé. *Quintus liber copiarum Viennesii & Valentinesii fol. 343.* les Habitans de Voiron furent déchargés du payement du Pontonage paſſant par Vourey, & par le bois de Criel. Ce qui doit être entendu quand il n'y a Titre au contraire. C'eſt conformément à l'avis de Balde en ſon Conſeil 340. Volume 5. où il demande, ſi la Coûtume de percevoir le Peage des Paſſans par eau ſe doit étendre ſur ceux qui paſſent par terre. Sa réponſe eſt pour la liberté, sinon que la Coûtume fut de le lever par eau & par terre. Lors qu'il est dû par ceux qui traversent la Terre du Seigneur comme aux Coûtumes de Valois, de Senlis, de Clermont & quelques autres il est appellé Travers.

La Charte de Dagobert *de Mercato Sancti Dionysii*, où divers Impôts sont mentionnés nomme le droit de Pontonage *Pontaticum*, comme font aussi les Capitulaires de Charlemagne.

La plûpart des anciens Peages qui se levent en Dauphiné tant sur l'Izere que par Terre, ont été concedés par les Empereurs comme Roys de Bourgogne, dont le Dauphiné faisoit partie : même après le Transport de Dauphiné l'Empereur Charles IV. octroya le Peage de Vinay à Aynard de la Tour par Lettres données à Meths le 6. devant les Kalendes de Janvier 1357. registrées en la Chambre des Comptes au Livre intitulé *Copie plurium Litterarum*, &c. cotté par D. fol. 321. Les Peages du Rhône & de l'Izere ont été reglés par deux Arrêts du Conseil du 21. Avril 1664. qu'il est à propos de rapporter à la suite.

CHAPITRE LXIX.

Arrêt du Conseil d'Etat ; portant Reglement pour les Droits de Peage qui se leveront sur l'Izere.

VEU par le Roy étant en son Conseil, l'Arrêt rendu en icelui le 17. Novembre 1661. par lequel Sa Majesté auroit ordonné que les Proprietaires des Peages & autres Droits qui se levent sur les Marchandises passant tant par Terre que sur les Rivieres, dans toute l'étenduë du Royaume, seroient tenus de representer dans un mois, du jour de la signification dudit Arrêt, à Personne ou Domicile desdits Proprietaires, ou de leurs Commis & Fermiers, pardevant les Sieurs Maîtres des Requêtes, Commissaires départis dans les Provinces, chacun dans son détroit, les Titres en vertu desquels ils prétendent avoir droit de lever lesdits Peages, pour être communiqués par les mains desdits Sieurs Commissaires aux Officiers & principaux Marchands des lieux, & recevoir toutes les rémonstrances & Mémoires qui leur seroient par eux administrez, pour en être dressez Procés-verbaux par lesdits Sieurs Commissaires, lesquels avec leur avis sur le contenu en iceux, ils envoyeroient incessamment par devers Sa Majesté, pour le tout vû & examiné par les Sieurs Commissaires à ce députez, & à leur rapport au Conseil, être pourvû ainsi qu'il appartiendroit ; Autrement, & à faute de ce faire par les Proprietaires desdits Peages, & de representer leurs Titres dans ledit temps & icelui passé, seroit sursis à la levée des Peages par eux prétendus, ou autrement pourvû par lesdits Sieurs Commissaires sur la perception d'iceux ;

ainfi qu'ils aviferoient, aufquels Sa Majefté auroit enjoint de proceder inceffamment à l'exécution dudit Arrêt, lequel, enfemble les Ordonnances qui feroient par eux décernées en conféquence, feroient
exécutées felon leur forme & teneur, nonobftant oppofitions ou appellations quelconques, & fans préjudice d'icelles, dont fi aucunes
intervenoient, Sa Majefté s'en feroit refervé & à fon Confeil la connoiffance, & icelle auroit interdite à tous autres Juges. Autre Arrêt
dudit Confeil, du 4. Janvier 1662. par lequel Sa Majefté auroit
commis le Sieur de Champigny Intendant de Juftice és Provinces de
Lyonnois & Dauphiné, pour la verification defdits Peages & autres
Droits dans toutes l'étenduë de la Riviere du Rhône & de celle de
Saône, & autres y affluantes, nonobftant que les Droits fe levent hors
de l'étenduë des Généralitez de Lyon & Grenoble, fans préjudice de
l'exécution dudit Arrêt du 17. Novembre, par lefdits Sieurs Commiffaires des Provinces voifines defdites Généralitez, à laquelle ils procederoient inceffamment en ce qui touche les Peages & Droits qui fe
percevroient ailleurs que fur ladite Riviere du Rhône & autres y affluantes. Ordonnance dudit fieur de Champigny, pour l'exécution
defdits Arrêts & Ordonnance à tous les prétendans droits de Peages fur
la Riviere d'Ifere, des 4. 5. 6. 8. Avril 1662. & autres jours fuivans,
avec fommation à tous lefdits prétendans droits de Peages de fatisfaire
au contenu defdits Arrêts & Ordonnance, fuivant iceux de reprefenter
pardevant ledit Sieur de Champigny leurs Titres & Pieces juftificatives defdits Droits dans le temps porté par lefdits Arrêts, fous les peines y contenuës. Procez-verbaux du Sieur de Gamont Sieur de la
Lombardiere, Confeiller & Avocat du Roy en la Senéchauffée & Siége
Préfidial de Valence, Commiffaire fubdelegué par ledit Sieur de
Champigny, contenant la reprefentation des Titres d'aucuns defdits prétendans droits de Peage fur ladite Riviere d'Izere; enfemble leurs dire
& requifitions, avec l'Avis dudit Sieur de Champigny fur iceux, des
15. Avril, 6. 7. May, 5. 6. Octobre & 27. Novembre 1662. Lettres patentes d'Henry Roy des Romains, portant don & conceffion
par lui faites à Hugues Dauphin, du droit & faculté de lever des
Peages par eau & par terre à Mont-fleury & autres lieux, du 16.
Fevrier 1312. Lettres dudit Humbert Dauphin, portant donation
par lui faite defdits Peages, aux Prieure & Religieufes du Monaftere
de Mont-fleury, du 16. Juin 1348. Extrait tiré de la Chambre des
Comptes de Dauphiné intitulé *Defignatio Caftrorum Delphinalium*, de
l'année 1339. Ledit Extrait, contenant la defcription, état & revenus de la Terre de Saffenage, & eft fait mention d'un Peage de Poivre. Extrait tiré de ladite Chambre, du Livre intitulé *Denominationes
Viennefii, & Valentinefii*, des années 1541. 1542. & 1543. contenant un aveu rendu au Roy par Laurent de Beaumont Sieur de Saint
Quentin, de ladite Terre de Saint Quentin, dans lequel eft fait mention de Peages. Requête prefentée au Parlement de Dauphiné par
Demoifelle Jeanne de Rochemure, & Noble Pierre de Beaumont,

Seigneur & Dame dudit Saint Quentin, à ce que défenſes fuſſent faites à tous Marchands & Voituriers de paſſer ſans payer ledit Peage de Saint Quentin, au bas de laquelle Requête eſt l'Ordonnance de ladite Cour, portant Lettres aux fins de la Requête ; & en cas d'oppoſition jour en ladite Cour du 9. Novembre 1620. Lettres expediées ſur ladite Requête, le même jour 9. Novembre. Autre Requête preſentée au Senéchal & Préſidial de Valence, par ledit Sieur de Beaumont, aux mêmes fins que défenſes fuſſent faites auſdits Voituriers de paſſer ſans payer ledit droit de Peage, au pied de laquelle eſt l'Ordonnance dudit Siége, portant Lettres aux fins de ladite Requête, & en cas d'oppoſition, jour pardevant les Gens tenans ledit Siége, du 18. Juillet 1639. Extrait du Papier terrier de la Terre & Seigneurie de Saint Quentin, du 17. Fevrier 1468. dans lequel eſt compris le droit dudit Peage. Extrait tiré de ladite Chambre des Comptes de Dauphiné, d'un Livre cotté A. intitulé *Proceſſus informationum Pedagiorum quæ levantur ſupra Rhodanum, & Izaram.* Ledit Extrait portant qu'il ſe paye au Peage de Saint Quentin douze onces Poivre pour Radeau, tant grand que petit. Ladite procedure faite par le Sieur de Thomaſſin Conſeiller Delphinal, Commiſſaire pour la reformation des abus qui ſe commettoient ſur la levée des Peages, de l'année 1445. Sentence arbitrale renduë par Charles Dauphin de Viennois, entre les Seigneurs d'Armieu & de S. Quentin, portant entre autres choſes, que leſdits Habitans de Saint Quentin demeureront exempts du payement des droits de Peage d'Armieu, & les Habitans d'Armieu dudit Peage de Saint Quentin, comme étant ledit Seigneur Prince bien informé qu'on en avoit uſé de la ſorte d'ancienneté, du 16. Juin 1350. Copie du papier Terrier de la Seigneurie d'Armieu, portant la Réconnoiſſance faite par les Habitans, que le Seigneur dudit lieu a droit de lever un Peage, à raiſon d'une livre de Poivre pour Radeau, Navire ou Bateau paſſant ſur le Fleuve d'Izere, excepté les Radeaux qui ſe conſtruiſent des bois pris dans le Mandement dudit Armieu, du 9. Juin 1564. Deux Contrats de vente faite par le Sieur du Gua, au Sieur de Verdun, des 4. Fevrier 1600. & 24. Fevrier 1605. Requête preſentée au Parlement de Grenoble par M. Jean de Gillibert Seigneur de Verdun, Armieu & autres lieux, afin qu'il lui fut permis de faire ſuivre & arrêter les Voituriers qui paſſeroient ſans payer ledit Peage d'Armieu, & en cas de rebellion ou réſiſtance, qu'il en fut informé, au pied de laquelle eſt l'Ordonnance de ladite Cour, portant permiſſion audit Suppliant de ſe faire payer ledit Peage d'Armieu, par toutes voyes de Juſtice dûës & raiſonnables, du 21. Juillet 1631. Enſuite ſont les Lettres expediées ſur ladite Requête le même jour. Autre Requête preſentée audit Parlement de Grenoble, par Henry de Garaignols Seigneur dudit Armieu, aux même fins que celle dudit Sieur de Gillibert, au pied de laquelle eſt l'Ordonnance de ladite Cour, portant Lettres pour appeller partie, & cependant ſont octroyées les inhibitions & défenſes à la forme du précedent Decret, du 21. Juillet 1631. Ladite Ordonnance du 21. Juin 1644. Ensuite sont les Lettres expediées sur ladite Requête, le même jour. Extrait signé Didier, tiré de la Chambre des Comptes de Dauphiné, contenant la maniere de lever le Peage de Rochebrune, qui s'exige près le Château de Saint Nazaire. Requête presentée à la Chambre des Comptes, par Baltazar de Gadaigne, Seigneur de la Beaume, afin d'avoir Extrait de la Pancarte dudit Peage de Saint Nazaire, étant és Archives de ladite Chambre, au pied de laquelle est l'Ordonnance de ladite Chambre, qui ordonne la traduction de ladite Pancarte, pour ce fait être pourvû comme de raison, du 3. Juillet 1619. Ensuite est une Sentence des Sieurs de Simiane & Expilly Commissaires députés pour la reformation des Abus & Malversations qui se commettoient au fait des Peages, par laquelle le Seigneur de Saint Nazaire est maintenu en la possession & joüissance dudit Peage, à la forme de l'atteinte de la Chambre des Comptes. Ladite Sentence du 14. May 1610. Arrêt de ladite Chambre des Comptes, rendu sur la Requête dudit Seigneur de Saint Nazaire ; portant qu'Extrait lui sera délivré de ladite Pancarte ; ledit Arrêt du 6. Juillet 1619. Pancarte desdits Droits du Peage de Saint Nazaire, extraite de ladite Chambre, en vertu dudit Arrêt. Arrêt dudit Parlement de Grenoble, qui maintient le Sieur Baltazar de Gadaigne par provision au Peage à lui appartenant, à icelui lever au Port de Rochebrune, du 28. Juin 1625. Contract de vente faite par les Commissaires du Dauphin à Guy de la Porte Sieur de l'Artaudiere du droit qui appartenoit audit Dauphin dans le Mandement, Terroir, Détroit & Parroisse de Saint Latier, du 17. Août 1521. Copie de la Pancarte dudit Peage de S. Latier. Lettres du Roy Charles V. Dauphin de Viennois, portant confirmation de l'Inféodation du Peage de Pizançon, au profit de Charles de Poitiers, Comte de Valentinois, du penultiéme Decembre 1366. Autres Lettres de Loüis XI. Roy de France, Dauphin de Viennois, portant donation en faveur de Guillaume de Poitiers, des droits de Lots & ventes, appartenans à Sa Majesté, à cause de la vente par lui faite du Peage de Charmagnieu, du 8. Octobre 1481. Pancarte des Droits dudit Peage de Charmagnieu, suivant l'Enquête du 23. Juin 1565. Extrait tiré de ladite Chambre des Comptes, le 14. Novembre 1579. contenant la Pancarte des Droits dudit Peage de Pizançon. Ordonnance decernée par ledit sieur de Champigny, portant que les Titres des Proprietaires des Peages d'Izere seroient communiqués aux Consuls des Villes de Grenoble, Valence & Romans, pour donner leurs Rémontrances & Mémoires sur iceux, du 19. Août 1662. Contredits fournis par les Consuls & Habitans de Romans contre les pieces produites par les Proprietaires desdits Peages, pour la justification de leur Droit. Rémontrances des Consuls de Grenoble, sur le fait desdits Peages. Procez verbal dudit Sieur de Champigny, contenant la comparition desdits Consuls & Habitans de Grenoble, & la requisition par eux faite afin

d'être confervez és exemptions defdits Droits de Peages ; à eux données & confirmées ; enfemble la repréfentation des pieces juftificatives
defdites exemptions, du 26. Mars 1663. Autres Procès-verbaux faits
par ledit Sieur de Champigny, de la valeur du Poivre, aux lieux de
Vienne & Tournon, & de la difference des poids de Lyon, Valence,
Grenoble, Avignon & Marfeille, d'avec les poids de Marc des 28.
May, & 15. Juin, audit an 1663. Rémontrances defdits Confuls
de Grenoble, Valence, Romans, par lefquelles ils requierent défaut
contre les Prétendans droits de Peages fur ladite Riviere d'Izere, dans
l'étenduë des Mandemens de Tullin, Gonfelin, Pontcharra, Chapelle du Bar & Grenoble, & pour le profit, que défenfes leur foient
faites d'en continuer la levée, à peine de concuffion, avec reftitution
des deniers par eux induëment exigés. Avis dudit Sieur de Champigny fur lefdites Remontrances du 28. Décembre 1662. Et autres pieces produites par lefdites Parties. Oüy le Rapport du Sieur de Seve
Confeiller ordinaire du Roy en fes Confeils, & au Confeil Royal de
fes Finances, qui en a communiqué aux Sieurs d'Aligre, de Morangis, de Breteüil, Hervart, Marin & Colbert, Confeillers ordinaires
aufdits Confeils, Commiffaires à ce députés ; Et tout confideré : LE
ROY ESTANT EN SON CONSEIL, a maintenu & maintient les Dames Religieufes, Prieure, & Convent de Montfleury au Peage par
eau & par terre, à icelui lever audit lieu de Mont-fleury, fuivant les
Lettres du 16. Fevrier 1312. & à la charge que conformément à icel- *Peage de*
les le Droit de Peage ne pourra être exigé audit lieu de Montfleury *Montfleury.*
fur les Marchands & Voituriers & autres qui auront payé le Peage en
aucun des lieux du Pont de Beauvoifin, Beaufort, Bonneville, Saint
Michel de la Terraffe, & Montbonaud ; enforte qu'en tous lefdits
lieux il ne fe payera qu'un feul droit de Peage.

Le Sieur de Saffenage au Peage dudit Saffenage, confiftant en une *Peage de*
livre de Poivre pour Radeau, paffant fur ladite Riviere, dans l'éten- *Saffenage.*
duë de ladite Terre, & fans qu'il puiffe rien prendre ny exiger fur les
Denrées, Marchandifes ny autres chofes, en quelque forte & maniere
que ce foit.

Les Sieurs de la Marcouffe & de Beaumont en celui de Saint Quen- *Peage de*
tin à raifon de douze onces de Poivre pour Radeau grand ou petit, *S. Quentin.*
ayant rames, conformément au Procez-verbal, Extrait de la Chambre en 1445. & fans s'arrêter au Terrier du 17. Fevrier 1468. Et
avant faire droit fur les Droits prétendus en vertu dudit Terrier, fur
les Fuftes & Pierres qu'on porte audit Mandement, & droit de Pulverage fur les Bêtes non portant bats ny felles, paffant par icelui ordonne Sa Majefté que dans un mois, pour tous délais, ils en juftifieront
plus amplement pardevant ledit Sieur de Champigny ; & cependant
leur fait & à leurs Fermiers & tous autres, très-expreffes inhibitions &
défenfes d'en continuer la levée, à peine de concuffion.

Le Sieur de Garagnol au Peage d'Armieu & Saint Gervais, à raifon *Peage*
d'une livre de Poivre pour Radeau, Fufte ou Batteau chargé montant *d'Armieu.*

ou descendant sur ladite Riviere, sauf les Radeaux composez de bois dudit Mandement qui en demeureront exempts.

Peage de Saint Nazaire. Le Sieur Marquis de la Baume au Peage de Saint Nazaire, à la charge de le lever au Port de Rochebrune, conformément à l'Arrêt du 28. Juin 1625. & suivant la Pancarte extraite & arrêtée de l'autorité de la Chambre des Comptes, du 6. Juillet 1619. dont les sols bonne monnoye y portés, ne seront payés qu'à raison de douze deniers Tournois pour chacun desdits sols, & les deniers bonne monnoye à proportion ; nonobstant tous Arrêts à ce contraire que Sa Majesté a cassés & revoqués, faisant défenses audit Sieur de la Baume, ses Fermiers & tous autres d'exceder la presente évaluation sous les peines des Ordonnances.

Peage de S. Latier. Et avant faire droit définitivement sur le Peage de Saint Latier, ordonne Sa Majesté que dans un mois pour tous délais, le Sieur de la Porte représentera pardevant ledit Sieur de Champigny la Pancarte dudit Peage en bonne forme, sinon à faute de ce faire dans ledit temps, & icelui passé lui fait Sa Majesté défenses d'en continuer la levée.

Peage de Pizançon & Charmaignieu. Le Sieur de la Croix au Peage de Pizançon, par eau & par terre, suivant la Pancarte du 14. Novembre 1579. Et avant faire droit sur celui de Charmaignieu, ordonne Sadite Majesté que dans trois mois pour tous délais, ledit sieur de la Croix en justifiera plus amplement par titres, pardevant ledit Sieur de Champigny, passé lequel temps, & faute d'en avoir justifié dans icelui, lui fait Sa Majesté défenses de s'immiscer en la levée dudit Peage.

Peage du Pont de Grenoble. Ordonne Sadite Majesté que dans un mois pour tous délais, les Consuls de Grenoble compteront pardevant ledit Sieur de Champigny, de la recepte & dépense des deniers par eux levez pour la refection du Pont de ladite Ville, leur défendant Sadite Majesté d'en continuer la levée jusqu'à ce que ledit compte rapporté y soit autrement par elle pourvû ; Et en ce qui regarde leurs Privileges, ils se pourvoiront en cas de trouble, où & ainsi qu'ils aviseront à faire par raison.

Peages de Tullin, Gonselin, Pontcharra, Chapelle du Bar & Grenoble. A Sadite Majesté donné défaut à l'encontre des prétendans droits de Peages sur ladite Riviere d'Izere dans l'étenduë des Mandemens de Tullin, Gonselin, Pontcharra, Chapelle du Bar & Grenoble ; Et pour le profit, ordonne Sa Majesté que dans un mois pour tous délais, ils rapporteront pardevant ledit Sieur de Champigny les Titres & Pancartes de leursdits prétendus Peages, pour en dresser son Procès-verbal avec son avis, lequel vû & raporté sera par Sa Majesté fait droit, ainsi que de raison, leur faisant cependant Sadite Majesté très-expresses inhibitions & défenses, & à leurs Fermiers & tous autres d'en continuer la levée, jusques à ce qu'ils ayent representé leursdits Titres, à peine d'être procedé contr'eux suivant la rigueur des Ordonnances.

La livre de Poivre poids de la Province évaluée à treize sols. Ordonne Sadite Majesté que le Poivre dû en espece en aucuns des Peages de ladite Riviere d'Izere, demeurera converti en argent, à raison de treize sols la livre, poids de la Province, à quoy Sa Majesté l'a évalué, défendant aux Seigneurs desdits Peages de le faire exiger

en

en espece, ou à plus haut prix en argent, à peine de confiscation desdits Peages, & à l'égard de leurs Fermiers, Domestiques & tous autres à peine de la vie, nonobstant tous Arrêts, tant du Parlement que de la Chambre des Comptes de Dauphiné, portant plus haute évaluation, que Sa Majesté a cassés, revoqués & annullés.

Enjoint Sadite Majesté aux Proprietaires desdits Peages, leurs Fermiers & Commis d'observer les Reglemens des 23. Septembre 1608. & dernier Janvier 1663. même en ce qui regarde l'affiche des Pancartes de leurs Droits, sous les peines y portées; & en cas de contestation en exécution du present Arrêt, les Parties se retireront pardevers ledit Sieur de Champigny, que Sa Majesté a commis à cet effet, & ce qui sera par lui ordonné sera exécuté, nonobstant oppositions ou appellations quelconques, & sans préjudice d'icelles, sur lesquelles les Parties se pourvoiront au grand Conseil, auquel Sa Majesté en a attribué toute Cour, Jurisdiction & Connoissance, & icelle interdite à ses autres Cours & Juges. FAIT au Conseil d'Estat du Roy, Sa Majesté y étant, tenu à Paris le 21. jour d'Avril 1664. *Signé,* DE GUENEGAUD.

CHAPITRE LXX.

Arrêt du Conseil d'Etat, portant reglement pour les Droits de Peages qui se leveront sur le Rhône.

VEU par le Roy étant en son Conseil, l'Arrêt rendu en icelui le 17. Novembre 1661. par lequel Sa Majesté auroit ordonné que les Proprietaires des Peages, & autres Droits qui se levent sur les Marchandises passant tant par Terre, que sur les Rivieres, dans toute l'étenduë du Royaume, seroient tenus de representer dans un mois du jour de la signification dudit Arrêt, à Personne ou Domicile desdits Proprietaires, ou de leurs Commis, ou Fermiers, pardevant les Sieurs Maîtres des Requêtes, Commissaires départis dans les Provinces, chacun dans son détroit, les titres en vertu desquels ils prétendoient avoir droit de lever lesdits Peages, pour être communiquez par les mains desdits Sieurs Commissaires, aux Officiers & principaux Marchands des lieux, & recevoir toutes les Rémontrances & Mémoires qui leur seroient par eux administrez, pour en être dressez Procez-verbaux par lesdits Sieurs Commissaires; lesquels avec leur Avis sur le contenu en iceux, ils envoyeroient incessamment pardevers Sa Majesté, pour le tout vû & examiné par les Sieurs Commissaires à ce députés, être pourvû ainsi qu'il appartiendroit; Autrement, & à faute de ce faire par les Proprietaires desdits Peages, & de representer leurs Titres dans ledit temps & icelui passé, seroit sursis à la levée des Peages par eux prétendus,

II. Partie. I

ou autrement pourvû par lefdits Sieurs Commiſſaires ſur la perception d'iceux, ainſi qu'ils aviſeroient ; auſquels Sa Majeſté auroit enjoint de procéder inceſſamment à l'exécution dudit Arrêt, lequel, enſemble les Ordonnances qui ſeroient par eux décernées en conſéquence, ſeroient exécutées ſelon leur forme & teneur, nonobſtant oppoſitions ou appellations quelconques, & ſans préjudice d'icelles ; dont, ſi aucunes intervenoient, Sa Majeſté ſe ſeroit réſervé, & à ſon Conſeil la connoiſſance, & icelle auroit interdito à tous autres Juges. Autre Arrêt dudit Conſeil, du 4. Janvier 1662. par lequel Sadite Majeſté auroit commis le Sieur de Champigny Intendant de la Juſtice és Provinces de Lyonnois & Dauphiné, pour la vérification deſdits Peages & autres Droits, dans toute l'étenduë de la Riviere du Rhône & de celle de Saône, Izere & autres y affluentes, nonobſtant que les Droits ſe levent hors l'étenduë des Généralitez de Lyon & Grenoble, ſans préjudice de l'exécution dudit Arrêt, du 17. Novembre, par leſdits Sieurs Commiſſaires des Provinces Voiſines deſdites Généralitez, à laquelle ils procederoient inceſſamment en ce qui touche les Peages & Droits qui ſe percevront ailleurs que ſur ladite Riviere du Rhône & autres y affluentes. Ordonnance décernée par ledit Sieur de Champigny, pour l'exécution deſdits Arrêts, du 25. Mars 1662. Exploit de ſignification deſdits Arrêts & Ordonnances à tous les prétendans Droits de Peagé ſur ladite Riviere du Rhône, & autres y affluentes. Ordonnance décernée par ledit Sieur de Champigny, pour l'exécution deſdits Arrêts, du 25. Mars 1662. Exploits de ſignification deſdits Arrêts & Ordonnance à tous les prétendans droits de Peage ſur ladite Riviere du Rhône, des 1. 3. & 4. Avril audit an 1662. & autres jours ſuivans, avec ſommation à tous leſdits prétendans droits de Peages, de ſatisfaire au contenu eſdits Arrêts & Ordonnance, & ſuivant iceux de repreſenter pardevant ledit Sieur de Champigny, leurs Titres & Pieces juſtificatives deſdits Droits, dans le temps porté par leſdits Arrêts, ſous les peines y contenuës. Procez-verbaux dudit Sieur de Champigny, & du Sieur Cognain Conſeiller du Roy, plus ancien Magiſtrat en la Senéchauſſée & Siége Préſidial de Lyon, Commiſſaire par lui ſubdelegué, contenant la repréſentation des Titres d'aucuns deſdits prétendans droits de Peages, & autres droits ſur ladite Riviere du Rhône ; enſemble leurs dires, requiſitions & conteſtations, & des Prevôt des Marchands & Echevins de la Ville de Lyon, avec l'Avis dudit Sieur de Champigny ſur iceux, &c.

Oüy le rapport du Sieur de Seve, Conſeiller ordinaire du Roy en ſes Conſeils, & au Conſeil Royal de ſes Finances, qui en a communiqué aux Sieurs d'Aligre, de Morangis, de Breteüil, Hervalt, Marin & Colbert, Conſeillers ordinaires audit Conſeil, Commiſſaires à ce députez ; Et tout conſideré : LE ROY ESTANT EN SON CONSEIL, *Peage de* a ordonné & ordonne que leſdits Habitans de Seyſſel joüiront du *Seyſſel.* Droit commun & Pontonage dudit Seyſſel, ſuivant les Lettres du 7. Janvier 1584. & Arrêt du 3. Août 1613. à la charge d'entretenir par eux le Pont & Chauſſées, & pourvoir à ce qui regarde la navigation dans l'étenduë de leur Terroir, & que les deniers provenans dudit droit de Pontonage y ſeront employez préferablement à toute autre dépenſe de ladite Communauté : Enjoignant Sa Majeſté aux Tréſoriers Généraux de France en Bourgogne d'y tenir la main ; Et avant faire droit ſur le Peage prétendu audit Seyſſel par le Sieur Comte de Montrevel, comme Engagiſte du Domaine, que l'Arrêt du Conſeil du 8. Juillet 1643. ſera exécuté, & conformément à icelui, que par le Sieur de Champigny, que Sa Majeſté a commis à cet effet, il ſera informé & donné avis à Sa Majeſté des Droits, uſage & poſſeſſion d'icelui ; pardevers lequel ledit Sieur de Montrevel repreſentera les Titres & Pieces juſtificatives dudit prétendu Peage, & qualité des Droits, pour le tout rapporté être pourvû ainſi que de raiſon ; Et cependant lui a fait & fait défenſes, & à ſes Fermiers, & tous autres, d'en continuer la levée.

Ordonne que ledit Sieur de Montrevel, en qualité d'Engagiſte des Domaines de Cordom, Chanas & Pierrechaſtel, joüira des Peages deſdits lieux, & en levera les Droits au Port dudit Cordom, ſuivant la réünion d'iceux, contenuë en la Pancarte arrêtée par la Sentence du Lieutenant Général de Beugey, du 24. Novembre 1603. à la charge de n'exiger pour l'écu d'or porté par les trois premiers articles, que ſoixante ſols Tournois, à quoy Sa Majeſté l'a évalué. *Peage de Cordom, Chanas & Pierrechaſtel.*

Ledit Sieur de Grolée du Peage de Neyrieu, audit lieu de Neyrieu, ſuivant les Lettres de Charles Duc de Savoye, du 10. Fevrier 1506. ſauf que pour les Mats ne ſera levé à l'avenir que dix ſols, à quoy Sa Majeſté a reglé la volonté du Seigneur portée par leſdites Lettres. *Peage de Neyrieu.*

Leſdites Religieuſes de Salettes de leur Peage & Vingtain de Quirieu, ſuivant la Pancarte extraite de la Chambre des Comptes de Grenoble, ſignée Combet, à la charge de le lever dans le Mandement de Quirieu ; & que les deniers Viennois, portez par ladite Pancarte, ſeront évalués à raiſon de dix deniers Tournois pour douze deſdits deniers Viennois ; & les gros Viennois pour quinze deniers Tournois, nonobſtant & ſans s'arrêter aux Arrêts de la Cour des Aydes de Vienne, du 5. May 1656. & de ladite Chambre, du 23. Juillet 1643. Et que pour le Bled, Vin, Bois & Sapines de dix toiſes & au-deſſus, ſera fait par ledit Sieur de Champigny, un prix commun de leur valeur, au lieu d'où ils ſe tirent ordinairement, pour être voiturés entre Lyon & Seyſſel ſur les dix dernieres années, celle de 1662. non compriſe pour l'élevation du Bled, attendu la ſterilité d'icelle, & ce tant ſur le rapport d'Experts, dont leſdites Religieuſes & leſdits Prévôt des Marchands & Echevins de Lyon conviendront, ou à défaut d'en convenir, qui ſeront nommez d'Office par ledit Sieur Commiſſaire ; que ſur les Marchez, Contracts & autres Actes qui ſeront rapportez, ſur lequel prix commun ſe payera à l'avenir le Vingtain deſdits Bled, Vin, Bois & Sapines. *Peage de Quirieu.*

Peages de S. Alban & de Vertrieu. Et avant faire droit fur les Peages de S. Alban & de Vertrieu, prétendus par ledit Sieur François de la Poype, audit lieu de Vertrieu, que dans deux mois pour tous délais, pardevant ledit Sieur de Champigny, il juftifiera, tant par les Regiftres de fes Peagers, que par Témoins, de la quotité de Droits de Peages qu'il a levés audit Vertrieu fur les Marchandifes & Denrées qui y ont paffé dépuis l'année 1638. jufqu'au 8. Juillet 1643. & qui ont rapport aux Droits mentionnez aux Pancartes defdits deux Peages, des 22. Août 1445. & 27. May 1473. & lefdits Prévôt des Marchands & Echevins de Lyon au contraire, fi bon leur femble, pour le tout rapporté avec l'Avis dudit Sieur de Champigny, être par Sa Majefté fait droit aux Parties ainfi qu'il appartiendra; & cependant, par maniere de provifion, fera ladite Pancarte du 22. Août 1445. exécutée. Permis audit Sieur de la Poype de lever les Droits y portez, fauf que le Fromage, pour Batteau chargé de ladite Marchandife qui fe prenoit en efpece en vertu d'icelle, ne pourra exceder le poids de vingt livres; lui faifant défenfes, & à ceux qui feront prépofez à la levée defdits droits, de rien prendre au-delà de ladite Pancarte & reduction des Fromages, même fous pretexte de gratification volontaire des Marchands & Voituriers.

Peages de Quirieu & de Villeneuve la Balme. Comme auffi, avant faire droit fur les Peages de Quirieu & de Villeneuve la Balme, ordonne Sa Majefté, à l'égard de Quirieu, que dans un mois, pour tous délais, ledit Sieur de la Poype Saint Julien reprefentera pardevant ledit Sieur de Champigny la Pancarte dudit Peage en bonne forme, ou l'Extrait d'icelle tiré de la Chambre des Comptes de Grenoble, lefdits Prévôt des Marchands & Echevins de Lyon prefens, ou dûëment appellez, laquelle, avec l'Avis dudit Sieur Commiffaire, rapportée à Sa Majefté, y fera par elle pourvû, & jufqu'à ce furfis la levée dudit Peage; faifant défenfes très expreffes audit Sieur de la Poype, fes Fermiers & tous autres de la continuer, fauf à tenir Contrerolle de ce qui paffera jufques à la reprefentation de ladite Pancarte, pour les Droits d'icelle reglez, repeter contre les Marchands & Voituriers ce qui fe trouvera dû.

Peage de Villeneuve la Balme. Et en ce qui touche celui de Villeneuve la Balme, que dans le même temps, & pardevant le même Commiffaire, ledit Sieur de Portes juftifiera plus amplement, tant par Titres que Témoins, du droit & qualité dudit Peage, ancien établiffement, levée, ufage & exercice continu d'icelui, & lefdits Prévôt des Marchands & Echevins au contraire, fi bon leur femble, pour le tout rapporté, avec l'Avis dudit Sieur Commiffaire, être fait ce qu'il appartiendra.

Peage d'Anton. Ordonne Sadite Majefté, que le Sieur de Bafternay joüira du Peage d'Anton audit lieu d'Anton, fuivant la Pancarte du 27. Avril 1446.

Peages de Jaunage & de la Bâtie-Montluel. Les Héritiers dudit Sieur Guignard du Peage de Jaunage & vingtain de la Bâtie-Montluel, fuivant l'Arrêt du Parlement & Pancarte reglée par icelui du 10. Juin 1532. leur faifant défenfes, & à leurs Fermiers

& tous autres de l'exiger fur celle du 10. Juin 1606. nonobſtant l'Arrêt de ladite Chambre dudit jour, & celui du 8. Juillet 1643. ny
d'exiger les gros ſols, & deniers Viennois, que ſuivant qu'ils ſont
évaluez pour Sallettes, à peine de concuſſion ; & néanmoins le vingtain du Bled, Vin, Bois, & Sapines de dix toiſes & au-deſſus, porté
par ladite Pancarte de 1531. ſe payera en argent, ſuivant l'évaluation qui en ſera faite par ledit Sieur de Champigny ; & à cet effet ils
feront aſſignez pour proceder ſur icelle, à la diligence deſdits Prévôt
des Marchands & Echevins. Et vaudra l'aſſignation au Domicille ou
Bureau du Peager.

Et ſans s'arrêter à l'omiſſion faite des lieux de Jaunage, la Bâtie
& Saint Saphorin dans l'Edit de Decembre 1660. portant revocation
des doublemens des Peages : Et ayant égard aux Rémontrances contenuës dans l'Arrêt d'Enregiſtrement d'icelui du 21. Janvier enſuivant,
a Sadite Majeſté revoqué, éteint & ſupprimé le doublement, tant
dudit vingtain de la Bâtie, que des Peages de Jaunage & Saint Saphorin ; fait défenſes aux Acquereurs d'iceux d'en continuer la levée,
& à tous autres de s'en entremettre, à peine de concuſſion. Ordonne Sa Majeſté que leſdits Acquereurs feront rembourſez de la Finance
actuellement entrée dans ſes coffres, interêts au denier de l'Ordonnance, frais & loyaux coûts, déduction faite des joüiſſances ; & qu'à
cette fin, pardevant le Sieur Rapporteur du preſent Arrêt, ils repre-
ſenteront les Contracts, Quittances de Finance, même les Baux &
Regiſtres de Recette deſdits Droits, pour être procedé à la liquidation
de leur finance, & enſuite pourvû à leur rembourſement s'il y échet.

Peages de
Jaunage, la
Bâtie & S.
Saphorin.

Les proprietaires du Peage de Miribel joüiront d'icelui au Port de
Neyron, ſuivant la Pancarte du 15. Fevrier 1411. & Lettres de Charles Duc de Savoye, du 10. Fevrier 1506. ſauf pour les Mats : la taxe deſquels, quoy que remiſe à la volonté du Seigneur, ne pourra
exceder dix ſols Tournois.

Peage de
Miribel.

Les Chanoines, Comtes & Chapitre de Saint Jean de Lyon, & le
Sieur de Chavanes, de leurs Peages au lieu de Givors ; ſçavoir leſdits
Comtes & Chapitre, ſuivant la Pancarte reglée par Arrêt du grand
Conſeil, du 4. Janvier 1503. à raiſon d'un ſol fort évalué à vingt deniers Tournois pour charge de Marchandiſe, & ſur les Denrées dont
ils ſont en poſſeſſion de prendre Peage à proportion, ſur laquelle, en
cas de conteſtation, ſera informé & pourvû aux Parties par ledit Sieur
de Champigny, demeurant les exempts maintenus dans leurs Droits.

Peages de
Givors.

Et ledit Sieur de Chavanes, ſuivant l'Arrêt du grand Conſeil, du
13. Decembre 1503. à condition de n'exiger les deniers forts qu'à la
même raiſon que ledit Chapitre de vingt deniers Tournois pour le ſol
fort compoſé de douze deniers forts, à peine de concuſſion, nonobſtant l'évaluation portée par l'Arrêt du Parlement de Paris, du 7. Septembre 1610. que Sa Majeſté a caſſé pour ce regard, & ſans préjudice au ſurplus de l'exécution d'icelui.

Auquel lieu de Givors le Sieur de Montagny joüira & fera la levée

de son Peage appellé Foires, ou Patte de Montagny, & ce en même
tems par eau & par terre, pendant deux mois seulement, chacun de
quatre semaines, qui ne pourront être autres que ceux dont ledit Chapitre de Saint Jean fera option pour Coindrieu, à raison des deux
tiers de ce qui a été reglé pour le Peage dudit Chapitre audit lieu de
Givors, pendant lesquels deux mois, de quatre semaines chacun, il
levera pareillement les droits de Foires de la Gennetiere & le Bastard;
sçavoir, audit lieu de la Gennetiere par eau & par terre, suivant la
Pancarte portée par la Sentence du 17. May 1447. & celui du Bastard
par terre seulement suivant le Tarif qui en sera reglé par ledit Sieur
de Champigny, sur les Titres qui lui seront representez dans six semaines par ledit Sieur de Montagny; autrement sera la levée d'icelui sur-
sise, & à la charge d'entretenir les chemins dans l'étenduë de sa Justice conformément à ladite Sentence de 1447.

Peages de
Bechevel-
lin. Comme aussi joüira le Sieur Archevêque de Lyon du Peage de Be-
chevellin, suivant la Pancarte arrêtée par Arrêt du grand Conseil, du
4. Janvier 1503.

Et encore lui & lesdits Comtes & Chapitre de Saint Jean de Lyon
de celui de ladite Ville, suivant autre Pancarte dudit Peage, reglée
par ledit Arrêt du 4. Janvier 1503. conformément à laquelle les
Tonneliers payeront pour les cercles & duelles le droit de Peage, à la
charge qu'on ne l'éxigera qu'une seule fois, soit que les cercles soient
apportez en ladite Ville, ou qu'ils y soient fabriquez des perches qui
y seront voiturées; & en conséquence lesdits Tonneliers demeureront
déchargés des Assignations données, & demandes contr'eux formées
au grand Conseil en payant une fois le Droit desdits cercles & duelles
à l'égard de ceux qui seront en reste, qui à ce faire seront contraints
en vertu du present Arrêt, par les voyes ordinaires & accoûtumées:
Et à l'égard des Bœufs, Vaches, Moutons & Porcs qui seront amenés
& consommés dans la Ville, après que lesdits Sieurs Archevêque,
Comtes & Chapitre ont articulé leur possession, & lesdits Prévôt des
Marchands & Echevins icelle déniée, Sa Majesté les a appointés contraires en leurs faits; Ordonne que dans deux mois, pardevant ledit
Sieur de Champigny, lesdits Sieurs Archevêque, Comtes & Chapitre en feront preuve, tant par Titres que Témoins, & lesdits Prévôt
des Marchands & Echevins au contraire, si bon leur semble, pour le
tout rapporté au Conseil avec son Avis, être fait droit aux Parties
ainsi que de raison. Et cependant, sans préjudice du droit desdites
Parties, a Sadite Majesté fait défenses ausdits Sieurs Archevêque,
Comtes & Chapitre, & à leurs Fermiers, d'éxiger aucun droit de
Peage sur lesdits Bestiaux qui se consommeront dans ladite Ville, &
faisant droit sur la Requête des Administrateurs de l'Hôpital Général
de Lyon, du 14. Septembre dernier, ordonne Sa Majesté qu'ils joüiront à l'avenir de l'exemption portée par les Lettres du 25. Fevrier
1530. en la même sorte & maniere qu'ils ont fait par le passé, &
qu'ils en joüissent encore à present.

A Sadite Majesté maintenu ledit Sieur de Franquieres en la joüissance par engagement du Peage par eau de S. Symphorien d'Ozon, à
icelui lever sur le Rhône au Port le plus proche de Saint Symphorien
suivant la Pancarte qu'il sera tenu dans un mois de faire extraire des
Archives de ladite Chambre, lesdits Prévôt des Marchands & Echevins presents, ou appellés, & la representer pardevant ledit Sieur de
Champigny, & sans qu'il puisse prendre pour chacun gros porté par
icelle plus de quinze deniers.

Et en ce que regarde le Peage des Chanoines & Chapitre Saint *Peage de S. Maurice de Vienne.*
Maurice de Vienne, sans s'arrêter aux Arrêts de la Cour des Aydes
de Dauphiné, des 5. Août & 14. Novembre 1658. du Parlement
de ladite Province du premier Fevrier 1661. de ladite Chambre des
Comptes, du 7. desdits mois & an, ny à la conclusion des trois Ordres de ladite Province du 11. Août 1659. & Tarif arrêté en conséquence, que Sa Majesté à cassés & annullés, ordonne, conformément audit Arrêt de son Conseil, du 8. Octobre 1658. & Lettres
Patentes expediées sur icelui au même mois, par lesquelles lesdits
Chanoines & Chapitre ne sont maintenus audit Peage que selon qu'ils
en avoient bien & dûement joüy, & qu'il ne leur sera payé pour tous
Droits, pour charge de Marchandise passant par ladite Ville tant par
eau que par terre, qu'un demy gros vieux évalué à dix deniers Tournois, ainsi qu'ils avoient accoûtumé de le recevoir auparavant lesdits
Arrêts & Lettres; & pour le bois, denrées, & autres choses, suivant
qu'il se trouvera en avoir été usé, les quarante années precedentes
lesdits Arrêts; à l'effet dequoy dans quinzaine, du jour de la signification du present Arrêt, communiqueront ausdits Prévôt des Marchands & Echevins, l'état des Droits qu'ils prétendent être en possession de lever sur icelles, dont ils feront preuve par Actes ou Témoins, pardevant ledit Sieur de Champigny, dans six semaines; &
lesdits Prévôt des Marchands & Echevins au contraire, si bon leur
semble, pour le tout rapporté à Sa Majesté, avec l'Avis dudit Sieur
de Champigny, être fait droit aux Parties ainsi qu'il appartiendra;
& à faute d'y satisfaire dans ledit temps & icelui passé, a Sadite Majesté dès-à-present reduit ledit Peage sur les Marchandises seulement.

Sera en outre la levée des deux sols Tournois sur charge de Marchandise passant par eau & par terre par ladite Ville, ordonnée par
Arrêt du Conseil, des 4. Decembre 1652. 17. Juin 1654. & Lettres Patentes sur iceux, continuée jusques en fin de l'année 1668.
seulement, pour en être les deniers employés suivant leur destination,
& sans divertissement, à peine du quadruple; Et cependant descente
sera faite sur les lieux par ledit Sieur de Champigny, & les ouvrages
faits jusques à present du fonds de ladite levée, vûs & visités par tels
Experts qu'il voudra nommer, en presence des Consuls de ladite Ville, & rapport par eux fait de la qualité, valeur & dépense desdits
Ouvrages, de ce qui reste à faire, & du fonds necessaire pour les pa-
rachever, & informera pareillement du revenu actuel que ledit Droit

peut produire, & à cette fin lui feront reprefentés les comptes & Regiftres de ceux qui ont été prépofés à la recette, & tous autres qu'il conviendra, pour du tout dreffer fon Procès-verbal, lequel raporté à Sa Majefté, fera par elle pourvû fur icelui.

Ordonne Sadite Majefté que dans fix Semaines, pour tous délais, le Sieur Prince de Monaco juftifiera plus amplement de la qualité du *Peage de* Peage fur le Rhône par lui prétendu comme Seigneur d'Etoile, même *l'Etoile.* rapportera la Pancarte dudit Peage, extraite des Archives de ladite Chambre des Comptes de Dauphiné, lefdits Prévôt des Marchands & Echevins prefens, ou dûëment appellez, & cependant, par maniere de provifion, continuera la perception des Droits accoûtumés, laquelle ledit temps paffé, & faute d'avoir fatisfait dans icelui au prefent Arrêt, demeurera furfife.

Peage de Et à l'égard du Pontonage de Vienne, Septerage de Valence, des *Vienne &* deux fols pour livre anciens, & des deux fols nouveaux fur charge de *de Valence.* Marchandife paffant tant par eau que par terre efdites Villes, les deux *Peages de* fols pour livre defdits droits, fauf fur ledit Pontonage; Et encore les *S. Sympho-* deux fols pour livre des Peages de Jaunage, Saint Symphorien, Patte *rien, Patte* S. Rambert, Gabelles de Romans, Etoile, Brun, Charmant, Mon- *S.Rambert,* telimart, pour la portion dépendante du Domaine du Roy, Bays & *Gabelles de* Anconne, & dont ledit Sieur Prince de Monaco eft entré en joüiffan- *Romans,* ce actuelle, & fans trouble; Ordonne Sa Majefté qu'il en joüira fui- *Etoile,* vant que les Pancartes d'iceux fe trouveront reglées, tant pour le temps *Brun,* de la perception, que pour les Droits. *Charmant, Monteli- mart, Bays & Anconne.*

Lefdits Chanoines Comtes & Chapitre de Lyon, du Peage appellé les Foires de Coindrieu, pendant deux mois, chacun de quatre femaines, par année, defquels mois ils feront option dans quinzaine, *Peage de* autrement referée aufdits Prévôt des Marchands & Echevins, & pour- *Coindrieu.* ront prendre lefdits deux mois confecutivement, ou en temps differents, mais non couper les femaines, & l'option faite fera regiftrée au Greffe de la Senéchauffée de Lyon, pour fervir à l'avenir à perpetuité, fans pouvoir varier ny changer, fauf à eux en cas de Pefte, ou autre accident, à fe pourvoir pardevers Sa Majefté, & feront les Droits dudit Peage levez, tant par eau que par terre, fuivant la Pancarte arrêtée par Arrêt du Grand Confeil du 4. Janvier 1503. & aux claufes & conditions dudit Arrêt, même du Privilege des Exempts.

Peage Le Sieur de Gouvernet du Peage d'Auberive, fuivant la Pancarte *d'Auberi-* du 15. Avril 1572. fauf que pour le fel, l'Arrêt du Confeil du 20. *ve.* Août 1611. fera executé. Et pour les Radeaux, il fera en la liberté du Marchand de livrer la vingtiéme piece de bois en efpece, ou la valeur en argent, fuivant l'évaluation qui fera faite par le Sieur de Champigny; & pour proceder à laquelle il fera affigné par lefdits Prévôt des Marchands & Echevins à fon Domicile, ou de fon Fermier; audit lieu d'Auberive, & par ledit Sieur Commiffaire paffé outre, tant en prefence qu'abfence, par lequel feront auffi les Droits de Peages des menuës Marchandifes portées par le dernier article de ladite Pancarte , taxés & reglés , fuivant quoy ils feront levés , fans le pouvoir exceder, ny rien prendre pour ce qui n'aura point été compris dans le détail dudit Article, fous quelque caufe ou pretexte que ce foit.

Le Sieur de Villars du Peage d'Ozon , conformément au Contract du 20. Juin 1547. & Procès-verbal de Thomaffin de 1445. fur les Bateaux remontant feulement , à raifon d'une livre de Poivre pour Bateau , ou fept gros , revenans à huit fols neuf deniers , au choix du Marchand , & fans que ledit Sieur de Villars puiffe exiger davantage , nonobftant l'évaluation faite cy-après de la livre de Poivre pour les lieux où il eft dû en efpece.

Peage d'Ozon.

Le Sieur de Chevrieres des Peages de Serve , Saint Vallier , Clerieu , Champier , & le Val ; Sçavoir , de celui de Serve par eau & par terre en monnoye courante , fuivant l'Extrait de la Pancarte du 21. Avril 1446. fuivant lequel le gros fera payé comme gros fimple , à raifon de quinze deniers Tournois , fans s'arrêter à l'Extrait du 19. Janvier 1566. En ce qui regarde le fecond Article & évaluation du gros y portée , fauf audit Sieur de Chevrieres, en cas qu'il prétende y avoir omiffion en celui de 1446. de faire proceder à nouvel Extrait avec lefdits Prévôt des Marchands & Echevins , lequel fera executé , fi aucune évaluation fe trouve faite du gros contenu és Articles de ladite Pancarte , finon il demeurera pour gros fimple , & fera au choix des Marchands & Voituriers de fournir le vingtiéme du bois en efpece , ou la valeur dudit vingtiéme en argent , fuivant l'évaluation qui en fera faite par ledit Sieur de Champigny.

Peage de Serve , S. Vallier , Clerieu , Champier , & de Val.

De celui de Saint Vallier , tant par eau que par terre , felon la Pancarte extraite de la Chambre du 14. Septembre 1565.

De celui de Clerieu , appellé Courfon , par terre feulement , fuivant la Pancarte du 14. Juillet 1496. & 23. Novembre 1530.

De celui de Champier auffi par terre , confiftant au quart de ce qui fe leve à la Côte , & à le recevoir par les mains du Fermier du Roy , fuivant la Pancarte qui fera reglée par ledit Sieur de Champigny , le Receveur de la Côte , & autres qu'il appartiendra , appellés , fur les Extraits tirés de la Chambre des Comptes , de la reconnoiffance des Fiefs dudit lieu de la Côte du 2. Janvier 1358. & du Regiftre cotté A. viijˣˣ vij. fans autre datte , produits par ledit Sieur de Chevrieres, lui faifant Sa Majefté défenfes de lever fon quart dudit Peage par fes mains ou fouffrir qu'il foit levé par fes Fermiers, fous quelque pretexte que ce foit , à peine de confifcation d'icelui.

De celui de Val , autrement dit Villeneuve , par terre , fuivant le Procès-verbal de Thomaffin du dernier Fevrier 1445.

Et avant faire droit diffinitivement fur celui d'Ornacieux , Sa Majefté a ordonné & ordonne que dans fix femaines , pour tous délais , pardevant ledit Sieur de Champigny , ledit Sieur de Chevrieres juftifiera plus amplement par Titres de l'établiffement dudit Peage , même rapportera les anciennes Pancartes extraites de ladite Chambre des

Peage d'Ornacieux.

Comptes ; lesdits Prévôt des Marchands & Echevins presens, ou dûëment appellés, & cependant lui permet d'en continuer la levée, & sans qu'il puisse prétendre, pour raison de tous les susdits Peages, autres Droits que ceux reglés par le present Arrêt, ny joüir d'autres Peages que de ceux maintenus par icelui, nonobstant, & sans s'arrêter à l'Arrêt du Parlement de Dauphiné du 18. Fevrier 1661. que Sa Majesté a cassé & annullé pour ce regard.

Dans lequel délay de six semaines, pardevant ledit Sieur de Champigny, le Prieur de Saint Vallier rapportera l'original des Extraits du Procès-verbal de 1445. dont il a produit les Copies, & cependant lui permet de continuer la levée de deux blancs, ou dix deniers Tournois pour Bateau chargé ou non chargé, remontant par le Rhône le long dudit Saint Vallier.

Peages de Romans & S. Latier. Et avant faire droit diffinitivement sur les Droits prétendus par les Engagistes du Peage appellé les grandes Gabelles de Romans & vingtain de Saint Latier, sur ce qui passe le long du Rhône sans entrer dans la Province de Dauphiné, ordonne Sadite Majesté qu'ils justifieront que lesdits Droits ayent été levez auparavant l'année 1612. & lesdits Prévôt des Marchands & Echevins au contraire, si bon leur semble ; & cependant qu'ils leveront & percevront les Droits dudit Peage aux lieux désignés & reglés par les Arrêts de ladite Chambre des Comptes, des 14. Août 1609. & 11. Mars 1613. sur toutes les Marchandises & Denrées entrans & sortans dans ladite Province de Dauphiné, & passans, tant par eau que par terre ausdits lieux, & comprises dans la Pancarte tirée de ladite Chambre du 20. Janvier 1612. & confirmée par ledit Arrêt du 11. Mars. Et en tout ce qui touche celles qui passeront en montant ou en descendant sur le Rhône sans entrer dans ladite Province, leur fait Sadite Majesté & à leurs Fermiers ou Commis, très-expresses inhibitions & défenses de rien exiger sur icelles, encore qu'elles passent au-devant des Bureaux établis pour la levée desdits Droits de Gabelle & vingtain, à peine de concussion, nonobstant tous Arrêts &c contraires, jusques à ce qu'autrement par Sa Majesté en ait été ordonné.

Peages de Rossillon, Roche de Glun, Serrieres, Eyras, la Voulte, Rochemaure. A Sadite Majesté maintenu le Sieur de Vantadour en la joüissance des Peages de Rossillon, Tournon, Roche de Glun, Serrieres, Eyras, la Voulte, Rochemaure ; Sçavoir, celui de Rossillon par eau & par terre, suivant la Pancarte extraite des Registres de la Chambre des Comptes du 4. Fevrier 1555. à la charge que pour les cinq poissons pour cent, qu'il a droit de lever, il sera tenu de se contenter des médiocres, & sans que lui ou ses Fermiers en ayent le choix. Et pour ceux de Tournon, Roche de Glun, Eyras, Serrieres, Beauchastel, la Voulte, Rochemaure, Mezillac & Joyac, avant que regler diffinitivement les Droits desdits Peages, ordonne Sadite Majesté que dans deux mois, pardevant ledit Sieur de Champigny, ledit Sieur de Vantadour rapportera les Pancartes desdits Peages precedentes aux Arrêts du Grand Conseil, du 10. Novembre 1533. ou se purgera par serment de ne les avoir en sa possession, & de ne les pouvoir recouvrer, & cependant joüira de celui de Serrieres par eau en descendant & remontant, suivant la Pancarte du 20. Juin 1536. de ceux d'Eyras & Beauchastel sur le Rhône, en remontant seulement, & de celui de Roche de Glun par terre & par eau, tant en montant qu'en descendant suivant les Pancartes arrêtées par le Senéchal de Nîmes, en exécution dudit Arrêt du 10. Novembre 1533. sauf, à l'égard de la Pancarte de Beauchastel, que l'article des Bateaux chargés d'Oranges sera reglé par ledit Sieur de Champigny; de celui de Tournon, sur ladite Riviere du Rhône, en remontant & en descendant, aussi suivant la Pancarte reglée par ledit Senéchal de Nîmes en exécution dudit Arrêt. Et en ce qui regarde celui de la Patte Saint Rambert, ordonne Sadite Majesté que la levée s'en fera à l'avenir suivant les anciennes Pancartes; Que dans un mois, pour tous délais, ledit Sieur de Vantadour sera tenu de faire extraire des Registres de ladite Chambre, lesdits Prévôt des Marchands & Echevins presents, ou dûëment appellez, & les representer pardevant ledit Sieur de Champigny, & ce dépuis la my-Carême de chacune année, jusques au jour de l'Ascension seulement, lui faisant défenses, & à ses Fermiers & tous autres, d'en faire la levée en autre temps, nonobstant, & sans s'arrêter à l'Arrêt du Conseil du 20. Avril 1644. Lettres patentes du mois de Décembre 1654. Arrêt d'Enregistrement de ladite Chambre des Comptes de Dauphiné du 29. Janvier 1655. de la Cour des Aydes de ladite Province du 3. Mars audit an, & nouvelle Pancarte du 14. Août, aussi audit an, que Sa Majesté a cassés, revoqués & annullés, & sera pourvû au remboursement des sommes qui se trouveront avoir été payées pour joüir de l'effet desdits Arrêts & Lettres, à l'effet dequoy remettra ses Quittances de finance, Contracts, & autres Titres pardevers le Sieur Rapporteur que Sa Majesté a commis pour la liquidation de ladite Finance.

Ordonne Sadite Majesté que pardevant ledit Sieur de Champigny ledit Sieur de Vantadour rapportera l'Arrêt du Grand Conseil du 10. Juillet 1534. concernant les Peages de la Voulte, Rochemaure, Mezillac & Joyac; & le Procès-verbal du Lieutenant du Vibailly de Vivarês du 27. Avril 1636. en bonne forme, & les Pancartes precedantes, ledit Arrêt, si aucunes il y a, sinon se purgera par serment de ne les avoir en sa possession, & de ne les pouvoir representer; & cependant joüira desdits Peages conformément aux Tarifs & Pancartes inferées audit Procès-verbal, à la charge, pour les Peages de la Voulte & Rochemaure, que le cinquantiéme des bleds sera payé en argent par les Voituriers ou Marchands, suivant l'évaluation qui en sera faite par ledit Sieur de Champigny, en faisant une année commune sur les dix dernieres, non comprise dans lesdites dix années celle de 1662. Que le cinquantiéme poisson ne sera exigé ny du meilleur ny du pire: Que la sommée des fruits sera composée de quatre Ballates, desquels le Peager ne prendra que le Droit en deniers portés par ladite Pancarte & fans pouvoir exiger aucuns fruits en efpece ; Et encore que des chofes non exprimées en particulier dans lefdites Pancartes, mais prétenduës par ledit Sieur de Vantadour en vertu de l'article général, de ce qui s'apporte & trafique, tant à la Voulte & Rochemaure ; qu'aux lieux de Mezillac & Joyac, ledit Sieur de Vantadour en donnera l'état dans ledit temps audit Sieur de Champigny, pour ledit état communiqué aufdits Prevôt des Marchands & Echevins, être par lui pourvû fur les articles d'icelui ainfi qu'il appartiendra.

Peages de Valence & Châteauneuf. A Sadite Majefté maintenu le Sieur Evêque de Valence en la joüiffance des Peages de Valence & Châteauneuf, fuivant les Pancartes portées par ladite Sentence du 25. Octobre 1607. à la charge de n'exiger qu'un feul droit de Peage fur les Marchandifes qui pafferont en l'un & l'autre defdits lieux, foit par eau ou par terre ; enforte qu'ayant payé le Droit en l'un d'iceux, elles demeureront déchargées de l'autre Peage conformément à la conceffion du 6. des Ides de Janvier 1207.

Peages de Cruffol & Charmes. Le Sieur Duc d'Ufez aux Droits de Peages de Cruffol & Charmes, fuivant l'Arrêt du Grand Confeil du dernier Mars 1535. fuivant lequel ne fera exigé aucuns Droits fur le Rhône, fauf fur le fel, conformément à l'Arrêt du 20. Août 1611. & fur les Lamproyes & Furons, toutes les autres Marchandifes & Denrées, de quelque qualité que ce foit, demeurant exemptes. Et à l'égard des Beftiaux & Marchandifes paffans par terre efdits lieux de Cruffol & Charmes, elles ne payeront qu'un Droit de Peage en l'un d'iceux, moyennant quoy elles demeureront déchargées en l'autre. Et en ce qui regarde les *Peages de Tollent & Pouzillac.* prétendus Droits de Peages de Tollent & Pouzillac, fera pareillement ledit Arrêt du dernier Mars 1535. exécuté, & conformément à icelui, fait Sa Majefté très-expreffes inhibitions & défenfes audit Sieur Duc d'Ufez, fes Fermiers, & tous autres, d'en faire la levée efdits lieux, fous les peines des Ordonnances.

Peage de Châteaubout. Le Sieur de Pierregourde au Peage de Châteaubout par eau en remontant ; & par terre, fuivant la Pancarte du premier Novembre 1468. à condition de le lever audit lieu de Châteaubout ; & non ailleurs.

Peage de Bays-fur-Bays. Ledit Sieur Prince de Conty, par engagement de Sa Majefté, en celui de Bays-fur-Bays, fuivant la Pancarte du 18. Juillet 1561. & fans qu'il foit levé fur les Huiles que deux fols pour charge de quatre quintaux, comme des autres Marchandifes, nonobftant, & fans s'arrêter à l'Ordonnance des Tréforiers de France de Grenoble, que Sa Majefté a caffée & annullée, avec défenfes aufdits Tréforiers de France de plus donner de pareilles Ordonnances, à peine d'interdiction. Et avant faire droit diffinitivement fur le treizain des Droits dudit Peage prétendu par ledit Sieur Audibert fur les Bateaux, Radeaux & Marchandifes defcendant fur ladite Riviere pardevant ledit lieu de Bays, & la quatriéme partie dudit treizain en remontant ; Ordonne Sa Majefté que dans un mois il repréfentera pardevers ledit Sieur

de

de Champigny, les Titres fur lefquels eft intervenu l'Arrêt du 14. Juin 1659.

Le Sieur de Vantadour en la moitié, & les Sieurs de Chabrieres, de Durant & Confors Engagiftes en l'autre moitié du Peage de Mon-telimart qui fe leve à Anconne, fuivant la Pancarte extraite des Ar-chives de ladite Chambre, du Livre cotté A, intitulé, *Proceſſus Infor-mationum Pedagiorum*, dont le Turon d'argent y mentionné vaudra fix fols Tournois, & le denier un feizième dudit Turon, & le fol douze defdits deniers en tous les articles, conformément à l'évaluation def-dites monnoyes portées par l'Extrait des Regiftres de ladite Chambre des Peages appartenans à Sa Majefté, figné Janon, du 15. Novem-bre 1606. dont Copie collationnée a été rapportée, à la charge d'en repréfenter l'Original pardevant le Sieur de Champigny dans un mois. *Peage de Montelimart.*

Et eux encore aux Peages de Lanie & Auffe de Savaffe, fuivant la Pancarte tirée dudit Regiftre cotté A, *Proceſſus Informationum Pedagio-rum*, dont les fols & deniers ne feront payés qu'en fols & deniers. Tour-nois, & les gros à proportion; nonobftant tous Arrêts de la Cham-bre, & ufage à ce contraire. *Peages de Lanie & Auffe de Sa-vaffe.*

Le Sieur Prieur de Saint André aux Peages de Theil & Viviers, dépendans de la Seigneurie dudit Theil, fuivant la Pancarte du 5. Août 1446. conformément à laquelle il pourra lever par Bateau de Sel les Droits y portez, felon qu'ils ont été eftimés par Arrêt du Con-feil du 20. Août 1611. fans pouvoir rien prétendre fur autres Den-rées ny Marchandifes paffant par eau, fous quelque pretexte que ce foit, fauf pour Navire ou Bateau defcendant, douze deniers Tournois les petits Bateaux demeurant francs & exempts dudit Droit; & pour Navire ou Bateau remontant, deux fols Tournois; laquelle Pancarte s'exécutera au furplus fur les Marchandifes & autres chofes qui paffe-ront par terre. *Peages de Theil & Viviers.*

Le Sieur Evêque de Viviers, aux Peages de Viviers, Theil, & le Bourg par eau, & dudit lieu du Bourg feulement, par terre, fuivant l'Arrêt du Grand Confeil du 7. Novembre 1533. & Sentence du Lieu-tenant du Bailly de Vivarets, du 23. Janvier enfuivant, à la charge de ne lever qu'un feul droit de Peage, nonobftant que les Marchan-difes paffent en tous lefdits lieux, enforte que les Marchands & Voi-turiers, qui auront payé en l'un d'iceux, feront exempts aux autres, & que pour chacune aize mentionnée audit Tarif, ne fera levé que dix fols Tournois. *Peages de Viviers, Theil & le Bourg.*

Les Chanoines & Chapitre de Viviers aux Peages de Viviers, Theil & Châteauneuf de Rac, à prendre à l'égard du Sel, fuivant l'Arrêt du 20. Août 1611. & fur le Poiffon, Rádeaux, Grains & Fruits, fuivant la déclaration faite par lefdits Chanoines & Chapitre le 12. May 1571. & fans pouvoir rien prétendre fur les Marchandifes, & autres chofes non comprifes dans ladite déclaration; Et eux encore au Peage par terre dudit Theil, fuivant l'Enquête du 22. May 1532. *Peages de Viviers, Theil & Château-neuf de Rac.*

II. Partie. K

Peage des Barquettes. Et pareillement le Sieur Chaix pour les deux tiers, & la Dame de la Loppie pour le tiers au Peage appellé les Barquettes, à le lever sur le Rhône audit lieu du Bourg & Isles voisines, dites Fermegeres & Bois-Suberland, sur les Bateaux & charges de Marchandises remontant, à raison de dix sols Mercorans pour Bateau, évalués suivant la Transaction du 19. Août 1522. à treize sols quatre deniers Tournois; & deux deniers Mercorans, pour charge de Marchandises, sur la valeur desquels deniers lesdits Chaix & la Loppie, & lesdits Prévôt des Marchands & Echevins contesteront plus amplement dans un mois, pardevant ledit Sieur de Champigny; & cependant permet ausdits Chaix & la Loppie, de continuer pendant ledit temps la levée desdits deux deniers Mercorans, à raison de quatre deniers obole Tournois, pour lesdits deux deniers.

Peage de Lhers. Ledit Sieur de Vantadour au Peage de Lhers, pour en lever les Droits suivant la Pancarte qui sera arrêtée par Sa Majesté, à l'effet dequoy dans trois mois pour tous délais, pardevant ledit Sieur de Champigny, il justifiera plus amplement par Acte desdits Droits dudit Peage, même representera les Registres stipulés par le Bail de 1572. & autres tenus par les Fermiers, pour raison dudit Peage, & cependant, par maniere de provision, il joüira des Droits portés par les Sentences des dernier Juillet 1623. & 16. Decembre 1634. sauf pour le Sel, à l'égard duquel l'Arrêt du 20. Août 1611. sera exécuté, & sauf à lui de tenir Registre de ce qui passera pardevant ledit lieu de Lhers, pour lui servir contre les Marchands & Voituriers ce que de raison.

Peage du S. Esprit. Et avant faire droit sur le Peage par eau du Saint Esprit, Sa Majesté a ordonné & ordonne que le Sieur Evêque d'Usez, le Prieur du Saint Esprit, & le Sieur Comte de Roure, se disans Engagistes de partie d'icelui, rapporteront dans un mois, pour tous délais, pardevant le Sieur de Champigny, la Pancarte d'icelui; & encore lesdits Prieur & Comte du Roure les Titres & Pieces justificatives des Droits qu'ils prétendent audit Peage; & cependant leur permet de continuer la joüissance, chacun pour la part & portion par eux préténduë, à condition qu'il n'y aura autre Receveur du Total dudit Peage, que celui qui est commis pour la part de Sa Majesté en icelui, par les mains duquel chacun recevra la sienne.

Peages de Tarascon, S. Gabriel, & Laurade. A Sadite Majesté maintenu les Celestins d'Avignon en la possession & joüissance des Peages par eau & par terre de Tarascon, Saint Gabriel & Laurade, suivant l'Arrêt de la Cour des Comptes de Provence du 21. Juin 1645. & Pancarte dressée en conséquence du 5. Juillet audit an.

Peage de Lubieres. Le Sieur de Lubieres, de celui de Lubieres, dit des Gentils-hommes, dans toute l'étenduë de la Ville & Terroir de Tarascon, suivant la Pancarte tirée de la Chambre des Comptes de Provence du Registre des Peages, cotté 206. à la charge d'en recevoir les Droits par les mains du Fermier des Droits du Roy, qui sera tenu d'en faire la recette, conformément aux Lettres du 17. Novembre 1457. à peine de tous dépens, dommages & intérêts.

Le Sieur Marquis de Peyraud du Peage de Beaucaire par engage- *Peage de* ment de Sa Majefté, fuivant la Pancarte tirée des Archives de Nîmes, *Beaucaire.* du 20. Septembre 1479. & avant faire droit fur celui par lui prétendu audit lieu de Peyraud, ordonne Sadite Majefté que dans un mois, pour tous délais, il repréfentera pardevers ledit Sieur de Champigny les Sentences des Sieurs du Faure & Expilly du 10. Août 1610. & du Sieur Pafcal du 21. May 1613. en bonne forme, & autres Titres & Pieces juftificatives dudit Peage; & cependant lui permet d'en conti- nuer la levée, à raifon de dix fols Tournois pour Bateau & fans pou- voir prétendre autres Droits fous quelque prétexte que ce foit.

Le fieur Archevêque d'Arles des trois Peages à lui appartenans fur *Peage* les Marchandifes, & autres chofes paffans dans ladite Ville d'Arles & *d'Arles.* fon Terroir, & comprifes dans le Tarif dreffé par le feu Sieur Arche- vêque du Laurens, fur lequel les Droits defdits Peages feront levés conjointement, nonobftant, & fans s'arrêter à toutes autres Pancartes.

Le Sieur de Ronftargue & Commandeur de Saint Pierre, de ce- *Peage du* lui du Baron, fuivant la Pancarte du 23. Janvier 1332. les fols & *Baron.* deniers y portés, payables en fols & deniers Tournois, & le Turon à trois fols Tournois, fuivant l'évaluation reglée pour ledit Peage, par l'Arrêt du 20. Août 1611. fans s'arrêter à la Requête dudit de Ronftargue du 23. Janvier 1662. prefentée à ladite Cour des Comp- tes; afin de nouvelle évaluation des Monnoyes, dont Sa Majefté a évoqué à foy, & à fon Confeil, la connoiffance; & en conféquence ledit de Ronftargue débouté des fins d'icelle.

Et en ce qui touche les Droits prétendus par les Confuls d'Aigue- *Peage de* morte, fur le Canal dit le Bourgedou, dans un mois pour tous dé- *Bourgedou.* lais, ils repréfenteront leurs Titres pardevant ledit Sieur de Cham- pigny, & cependant leur fait Sa Majefté défenfes d'en continuer la levée.

Dans lequel délay ladite Dame d'Argencourt juftifiera pareillement *Peage de* de fon prétendu Peage de la Mothe, par eau & par terre; & cepen- *la Mothe.* dant en joüira ainfi qu'elle a accoûtumée.

A Sadite Majefté accordé au Prince d'Orange délay de trois mois, *Peage de* pour rapporter les pieces juftificatives du Peage de Patty dit Baltazard; *Patty.* & cependant lui permet d'en continuer la levée.

Et a Sadite Majefté donné défaut aufdits Prévôt des Marchands & *Peages de* Echevins de Lyon à l'encontre des prétendus Proprietaires & poffef- *la Tour de* feurs du Peage qui s'exige à la Tour de Villeneuve lez Avignon, de *Villeneuve* la Dame d'Aramont, foy difante Proprietaire de celui de Comps, du *Comps, de* Sieur Grand Prieur de Saint Gilles prétendant droit de Peage audit lieu; *Rudelle, de* du Sieur Baron de Lunel, foy difant proprietaire du Peage de Rudelle *Peyraud,&* qui fe leve à Aiguemorte; du Sieur Evêque de Montpelier, fe difant *de Peccais.* proprietaire d'un Peage au lieu de Peyraud en Languedoc, & du Sieur Marquis de Calviffon, auffi prétendant droit de Peage au lieu de Peccais, défaillans. Et pour le profit, ordonné que dans un mois, pour tous délais, ils representeront pardevers ledit Sieur de Champigny leurfdits prétendus Peages, leur faifant cependant très-expreffes inhibitions & défenfes d'en continuer la levée, fous les peines de Droit, & à leurs Fermiers, & tous autres de s'en entremettre, à peine de la vie, fous lefquelles peines fait pareillement Sadite Majefté défenfes à ceux aufquels par le prefent Arrêt il eft ordonné de juftifier plus amplement de leurs Droits, d'en continuer la levée après les délais y portés, à faute d'avoir fatisfait dans iceux audit Arrêt; & aux Proprietaires & Engagiftes defdits Peages de les lever en autres lieux que ceux portés par leurs Pancartes, ou qui font reglés par le prefent Arrêt, à peine de confifcation defdits Peages.

Et fera donné communication aufdits Prévôt des Marchands & Echevins des Titres & Pieces juftificatives qui feront remifes pardevers ledit Sieur de Champigny pour les contredire par eux, & des conteftations des Parties être par lui dreffé Procès-verbal, avec fon Avis, pour le tout raporté à Sa Majefté, leur être pareillement pourvû ainfi que de raifon.

A Sadite Majefté évalué la livre de Poivre dûë en efpece en aucun defdits Peages à la fomme de quatorze fols, auquel prix elle fera payée à l'avenir, fauf pour le Peage d'Ozon, où elle demeurera fixée à huit fols neuf deniers, nonobftant tous Arrêts & Reglemens à ce contraires. *

Et en ce qui regarde le prix des Monnoyes porté par lefdites Pancartes, Sa Majefté, fans s'arrêter aux Arrêts de la Chambre des Comptes, des fept & douziéme Août 1606. a évalué le fol vieux, & de bonne Monnoye, à douze deniers Tournois, & la livre, le liard & denier à proportion, le gros fimple, & fans autre expreffion que de gros, à quinze deniers Tournois, le Turon d'argent en la Province de Dauphiné, à fix fols Tournois; le fol de Turon à quatre fols fix deniers Tournois, & le denier Turon à quatre deniers obole, le gros vieux; & fol fort à vingt deniers Tournois, & les deniers à proportion, la livre defdits Turon, fol Turon, gros vieux, & fols forts étant comptée pour vingt d'iceux, le fol Viennois à dix deniers Tournois, la Parpaillotte à quatorze deniers Tournois, le Patat à deux deniers Tournois, & le fol, liard, ou denier; dont la qualité ne fera fpecifiée feront payés comme Tournois; Fait Sa Majefté très-expreffes inhibitions & défenfes aux Seigneurs defdits Peages d'exceder ladite évaluation, à peine de privation d'iceux, & de concuffion, & à leurs Fermiers, Commis & Domeftiques, & tous autres, à peine de la vie.

Et feront au furplus les Arrêts du Confeil des 20. Août 1611. & 8. Juillet 1643. & Reglemens des 23. Septembre 1608. & dernier Janvier 1663. exécutez même en ce qui regarde l'affiche des Pancartes, lefquelles feront reglées conformément au prefent Arrêt par ledit Sieur de Champigny, que Sa Majefté a commis à cet effet : Enfemble pour connoître juger & décider de toutes conteftations, procès &

differens qui furviendront en exécution dudit préfent Arrêt ; & ce qui fera par lui ordonné, fera exécuté, nonobftant oppofitions ou appellations quelconques, & fans préjudice d'icelles, fur lefquelles les Parties fe pourvoiront en fon Grand Confeil, auquel Sa Majefté en a attribué toute Cour, Jurifdiction & Connoiffance, & icelle interdite à fes autres Cours & Juges. F A I T au Confeil d'Etat du Roy, Sa Majefté y étant, tenu à Paris le vingt-uniéme jour d'Avril 1664. Signé, D E G U E N E G A U D.

CHAPITRE LXXI.

Qu'il y avoit quelques Terres en Dauphiné dont les Habitans ne pouvoient fe dévoüer à l'Eglife fans la permiffion du Seigneur.

C Eux qui font verfez en la connoiffance des anciennes Loix & Ordonnances de nos Rois, fçavent que fous la premiere & feconde race il n'étoit permis à aucun de leurs fujets de prendre l'Ordre de Clericature fans leur agrément & difpenfe, comme nous apprenons du Synode I. d'Orleans c. 6. où il eft dit : *De Ordinationibus Clericorum id obfervandum effe decrevimus, ut nullus fecularium ad Clericatus officium præfumat accedere, nifi aut cum Regis juffione, aut cum Judicis voluntate.*

La formule de la permiffion que le Roy en accordoit fe trouve dans le Moine Marculfe, qui vivoit fous le regne de Dagobert *lib. 1. form. 19.* qui a pour titre, *Præceptum de Clericatu,* où le mot *Præceptum* fignifie la Charte qui en étoit octroyée. De quoi Charlemagne dans fes Capitulaires liv. 1. chap. 120. donne ces deux raifons : L'une que plufieurs fe dévoüoient à l'Eglife plûtôt par le mouvement de fe fouftraire au fervice qu'ils devoient aux Armées, ou à quelque autre obligation envers Sa Majefté : L'autre qu'il y en avoit qui fe laiffoient furprendre par ceux qui prétendoient leur fucceffion. *De liberis hominibus qui ad fervitium Dei fe tradere volunt, ut prius hoc non faciant quàm à nobis licentiam poftulent : Hoc ideo quia audivimus aliquos ex illis non tam caufa devotionis hoc feciffe, quàm pro Exercitu, feu alia functione Regali fugiendá : Quofdam verò cupiditatis caufá ab his qui res illorum concupifcunt, circumentos audivimus : Et hoc ideo fieri prohibemus.*

Il n'eft parlé dans ce Capitulaire que des hommes de condition libre ; car pour ceux qui étoient de condition fervile, le Capitulaire 88. du même livre défend aux Evêques de leur conferer les Ordres facrez, que premierement ils ne foient affranchis par leurs Seigneurs. *Statutum eft, ut nullus Epifcoporum deinceps eos ad facros Ordines promovere præfumat, nifi prius à dominis propriis libertatem confecuti fuerint.* Autrement ils étoient dépofez & rendus à leurs maîtres. *C. de fervorum. ex Concilio Toletano. Extr. de fervis non ordinand.* Il y a des Novelles de Juftinian

K iij

sur le même sujet; d'où sont tirées les Authentiques qui sont mises sous le titre du Code *de Episcopis & Clericis.*

Marculfe dans la Charte de franchise que je viens d'alleguer ajoûte une autre condition pour obtenir du Roy la permission de la Clericature, sçavoir que celui qui la demande ne soit pas inscrit au Rolle du cens public. *Præcipientes ergo jubemus, ut si memoratus ille de capite suo bene ingenuus esse videtur, & in Polyptica publico censitus non est, licentiam habeat comam capitis sui tonsurare, & ad suprà scriptam Basilicam vel Monasterium deservire.* Ce qui fut confirmé par le Synode de Reims tenu sous l'Evêque Sonnatius dont Flodoardus fait mention dans son Histoire de Reims liv. 2. chap. 5. *Hi verò*, dit-il, *quos publicus census spectat, sine permissu Principis vel Judicis, se ad Religionem sociare non audeant.*

Cette Politique a cessé sous la troisiéme race de nos Rois par le changement qui s'est fait aux anciennes Loix de l'Etat.

Néanmoins j'ai remarqué dans les Registres de la Chambre des Comptes de Grenoble, au livre intitulé, *Tertius liber Scripturarum Viennesii & Valentinesii*, cayer 324. une Charte de Raymond Berenger Seigneur indépendant de Beauvoir en Royans du 16. des Kalendes de Janvier 1227. par laquelle il donne à l'Eglise de Saint Roman de Gravenc au Mandement de Beauvoir, les dixmes qu'il percevoit en la Parroisse de la même Eglise, & en celle de Sainte Marie de Preles, & quelques autres droits : Et à la suite il permet à trois Gentilshommes nommez Lambert de Maloc Chevalier, Pierre d'Iserand, & Guigues de la Roche, & à Lambert Chapellain de Gravenc, de se faire Religieux en la maison de Saint Roman, avec la faculté de disposer de leurs biens à la vie & à la mort comme bon leur sembleroit.

Cette Charte, qui merite par sa rareté que j'en fasse part au Lecteur, a cela de remarquable, qu'elle est octroyée à un Chevalier, à deux autres Gentilshommes, & au Chapellain de Gravenc. La famille d'Iserand subsiste encore.

Beauvoir, que ce titre appelle Belvéer, a été depuis le séjour le plus agréable de nos anciens Dauphins, par l'échange qui en fut fait entre le même Raymond étant sur le point d'aller en la Terre-Sainte, & Guigues Dauphin fils d'André, contre les Terres de Saint André & de Chapeverse en Royans, & quarante mille sols de retour, par Acte de l'an 1251. où pend le Sceau du Dauphin & celui de Raymond, tous deux y étant representez à cheval avec leurs cottes d'Armes, la main droite levée tenant une épée nuë.

Ce Raymond étoit arriere-fils d'Ismidon Prince de Royans, vivant l'an mil trente, qui fut pere de Berenger Seigneur renommé de son temps, le nom duquel a fait le surnom de ses descendans, comme il est arrivé à beaucoup de familles du Royaume.

Le même Raymond fut pere de Raynaud, duquel est descendu en ligne masculine Charles Baron de Sassenage, Marquis de Pont en Royans. Il eut aussi deux freres puisnez, l'un nommé Rambaud Osacicca, qui eut en partage la Terre de Saint Nazaire en Royans, & ne laissa qu'une fille nommée Flote, qui fut mariée à Guillaume de Poitiers Comte de Valentinois. L'autre eut nom Guigues Seigneur de Morges au Bailliage de Graifivodan, tige de la maifon des Berengers Seigneurs de Morges, de Puigiron, du Gua & de Beaufain. Loüis Berenger du Gua favori d'Henry III. & Meftre de Camp du Regiment des Gardes, étoit fils puifné d'André Berenger Seigneur du Gua.

Cette digreffion m'eft échappée à l'exemple de René Choppin, qui ne perd pas une occafion dans fes Commentaires fur la Coûtume d'Anjou, de remarquer les beaux titres des Maifons illuftres de fon Pays.

CHARTA RAYMUNDI BERENGARII
Domini de Belveer.

*A*Gnofcant omnes homines tam præfentes quam pofteri ad quorum notitiam *A* hoc præfens fcriptum pervenerit, quod NOBILIS VIR. RAYMUNDUS BERENGARII donavit, conceffit pariter & guerpivit Deo, Ecclefiæ Sancti Romani de Gravenco & Fratribus ibidem Deo fervientibus tam præfentibus quàm futuris quidquid habebat, vel percipiebat in Decimis Parochiarum Ecclefiarum Sancti Romani de Gravenco, & Sanctæ Mariæ de Prelis, ita ut liberè & in pace cuncto tempore illud accipiant, habeant & utantur. Cæteras verò Decimas quas in prædictis Parochiis ab eodem Raymundo alii homines poffident, conceffit memoratæ Ecclefiæ & Fratribus nominatis, ut authoritate prataxatæ Ecclefiæ ab ipfis poffefforibus fine alicujus contradictione poffint eas acquirere, & acquifitas abfque ullo placito & ufagio valeant in perpetuum poffidere. Donavit etiam idem Raymundus præfatæ Ecclefiæ & Fratribus fupra dictis aquas, paf-cua, vias & percurfus per Terram fuam. Præterea laudavit & conceffit eidem fex feftaria caftanearum in bofchis de Caftagneto. Quibufdam verò hominibus fuis, videlicet Lamberto de Maloc Militi, & Lamberto Capellano de Gravenco, & Petro d'Iferand, & Guigoni de Rocha dedit licentiam & liberam faculta-tem affumendi habitum Religionis in Domo Sancti. Romani de Gravenco; & ut poffent in vita & in morte de univerfis fuis mobilibus & immobilibus li-berè & abfolutè propriam facere voluntatem. Ifta omnia fupra fcripta promifit prædictus Raymundus tactis Sacrofanctis Evangeliis per fe & fuos in perpetuum firmiter obfervare, & ut nullo tempore veniat contra per fe vel per alium ullo modo. Pro iftis fi quidem donationibus accepit dictus Raymundus à fuprà dicti loci Fratribus quinquaginta fex libras monetæ fcilicet Viennenfis. Actum eft Anno millefimo ducentefimo vicefimo feptimo, fexto decimo Kalendas Januarias in folario adjacenti Ecclefiæ Sancti Romani, tam præfentibus quàm ad hoc ad-vocatis teftibus Humberto Priore Sanctæ Mariæ, Poncio Maleni, Petro de Rocha Canonicis, Lamberto Capellano Sancti Romani, Petro d'Iferand, Gui-gone Lagerii, Lamberto Capellano de Sancto Andrea, Petro Capellano Sancti Nazarii, Lamberto del Vergier, Willermo Fabri, Latelmo de Maloc, Lam-berto Pellicerii, Poncio de Rancurel, Villino Chriftiani, Jacobo Paliffa & Mar-tino Fabro. Porro huic Chartæ apponitur, quod Guigo de la Rochi, & Petrus d'Iferand dederant jam pridem omnia fua jura mobilia & immobilia quæ pof-

sidebant in toto Mandamento de Belveer Ecclesiæ de Gravenco & Servitoribus jure perpetuo possidenda. Ad majorem autem supra dictorum omnium certitudinem supra dictus Raymundus præsenti pagina sigillum suum appopsuit. Dominus etiam Soffredus Gratianopolitanus Episcopus & præfatus Humbertus Prior Vallis Sanctæ Mariæ precibus supra dicti Raymundi hanc ipsam paginam sigillorum suorum munimine roborarunt.

CHAPITRE LXXII.

Que du temps de nos Ancêtres les freres & autres parens se rendoient Vassaux les uns des autres pour s'unir plus étroitement.

NOs Ancêtres ont fait tant de cas de la foy dûë à cause des Fiefs, & au contraire, ils tenoient à si grand crime le parjure de *foy mentie*, que du temps que les Fiefs étoient en vigueur, & que la puissance & la consideration des Seigneurs dépendoient du nombre de leurs Vassaux qui les accompagnoient à la guerre pour le service de leur Prince, ou pour leurs querelles particulieres, qu'ils avoient droit de démêler par les armes de leur autorité privée; ils avoient accoûtumé, même les freres & autres parens, de prendre des Fiefs les uns des autres à vie ou à perpetuité, pour s'unir plus étroitement par la foy mutuelle qu'ils se promettoient, dont il me suffira de remarquer trois exemples de Dauphiné.

Le premier est d'une observation particuliere par ses circonstances. Raymond Berenger Seigneur de plusieurs Terres, duquel j'ai fait mention au précedent Chapitre, étant mort, Raynaud, Lambert & Chabert ses enfans consentirent unanimement qu'Hugues leur frere, de l'Ordre des Freres Mineurs, très-habile homme, fit le partage des biens de la succession, & pour cet effet ils se dépoüillerent entre ses mains par un Acte authentique de l'an 1258. de tous les droits qu'ils y pouvoient avoir, tant par Testament, ou sans Testament, que de toute autre maniere, avec un pouvoir absolu qu'ils lui donnerent de la leur partager en une fois ou en plusieurs, totalement ou en partie, suivant le Droit ou contre le Droit, même de gratifier des étrangers à leur exclusion, & generalement d'en disposer comme il jugeroit à propos. Le partage, que je rapporterai ci-après au long, fut fait ensuite l'an 1259. dans le Convent des Freres Mineurs de Valence, par lequel Raynaud eut les Terres du Pont en Royans, de Rancurel, de Chatelus, de Barbieres, & le Fief & droit d'hommage d'Iseron. Lambert eut Chapeverse, & Chabert Saint André, à condition que ceux-ci en feroient hommage à Raynaud, & qu'après leur décès ces deux Terres lui retourneroient, ou à ses Successeurs de plein droit & en toute proprieté avec les autres Terres que Raymond leur pere

avoit alienées, en cas qu'ils en devinssent les possesseurs de quelque
maniere que ce fût. Reciproquement Raynaud fut chargé de faire
hommage à Chabert de la Terre du Pont, à condition qu'après le
décès de Chabert ce Fief seroit éteint, & en conséquence que le droit
de pleine Seigneurie *ad dictum Raynaldum & hæredes suos ipso jure revertatur, & in primam naturam libertatis.*

Ces derniers mots justifient l'indépendance de la Terre du Pont,
chef de la contrée de Royans, laquelle fut possedée souverainement
par les descendans de Raynaud jusques à Henry son petit-fils Baron de
Sassenage, qui l'assujettit l'an 1339. à l'hommage d'Humbert II. dernier
des anciens Dauphins, pour le sujet que j'ai remarqué au Chapitre XI.

Quant aux Terres alienées par Raymond, dont il est fait mention
dans cet Acte de partage, c'étoit Châteaudouble, specieuse Terre en
Valentinois, qu'il avoit vendue l'an 1221. à Aymar Comte de Valentinois, fils de Flote sa niéce, pour le prix de soixante mil sols Viennois. L'Acte scellé du Sceau de Raymond commence ainsi : *Præsentibus pateat & futuris, quod anno Dominicæ Incarnationis millesimo ducentesimo
vigesimo primo, Regnante Friderico Dei gratia Romanorum Imperatore. Ego
Raymundus Berengarii mea spontanea voluntate, nulla fraude seu dolo inductus
vendo tibi Ademaro Comiti Valentinensi pretio sexaginta millium solidorum
Viennensis moneta, ac venditionis perpetuæ titulo trado, & in te ac tuos trans-
fero totum Castrum quod appellatur Doble, &c.* Il avoit encore aliené
Beauvoir à Guigues Dauphin, comme j'ay déja dit au précedent Chapitre, & quelques autres Terres en Trieves.

Le second exemple, qui justifie la coûtume dont j'ay fait mention,
est un Acte de l'an 1352. par lequel Artaud de Beaumont avoüe de
tenir en Fief d'Amblard de Beaumont sa maison forte de la Frete en
Graisivodan, & reciproquement Amblard se reconnoît Vassal d'Artaud
pour les censes qui lui appartenoient depuis le Village des Aymes
jusques à Bellecombe, frontiere de Savoye.

Le troisiéme exemple est d'Eymeric de Briançon Seigneur de Bellecombe mari de Daufine de Salvaing, & d'Hugues de Salvaing, l'un
de mes Ancêtres, frere de la même Daufine, lesquels se rendirent
reciproquement Vassaux en prenant des Fiefs l'un de l'autre par Acte
des Ides de May 1267.

DIVISIONES FACTÆ PER NOBILES VIROS
Raynaldum, Lambertum & Chabertum Berengarii.

*Noverint universi præsentem paginam inspecturi quod cum RATNALDUS,
LAMBERTUS ET CHABERTUS BERENGARII FRATRES ET HÆREDES
DOMINI RAYMUNDI BERENGARII DE ROTAE quondam unanimiter &
communi concordia moti dedissent & concessissent mihi Fratri HUGONI
BERENGARII de Ordine Fratrum Minorum, & Fratri uterino & consan-*

guineo eorumdem poteftatem plenariam dividendi inter ipfos hæreditatem, jus feu affare dicti Domini Raymundi Berengarii patris noftri quondam, prout in Charta exinde confecta plenius continetur. Ego Frater Hugo authoritate & poteftate à dictis Raynaldo, Lamberto & Chaberto Fratribus meis mihi concessa, dictam hæreditatem, jus feu affare inter ipfos Fratres divido in hunc modum : Assigno namque, & dono pro parte fua hæreditatis dicto Raynaldo totum Caftrum de Ponte cum toto Territorio & Mandamento, feu pleno jure tam in proprietate quam in possessione : Et Caftrum de Rancurel Gratianopolitanæ Diœcefis cum toto Territorio feu Mandamento fuo : Et totum Caftrum de Barbeira Valentinenfis Diœcefis cum toto Territorio feu Mandamento fuo : Et dominium directum Caftri de Iferone & Territorii feu Mandamenti ejufdem : Et totum Caftrum de Chaftellus cum toto Territorio & Mandamento fuo ; ita quod dictum Caftrum de Chaftellus cum Territorio & Mandamento fuo poft mortem dominæ Vacheriæ matris dictorum Fratrum, & non ante ad dictum Raynaldum fine impedimento aliquo liberè revertatur, foluta tamen ab ipfo Raynaldo prius dote fua decem millium folidorum dictæ dominæ Vacheriæ, vel cui ipfa mandaverit feu præceperit, pro qua dote Caftrum prædictum dictæ dominæ Vacheriæ effe nofcitur obligatum, & omnes homines extra Terram dicti Domini Raymundi vagantes & commorantes, qui erant homines dicti Domini Raymundi. Item volo & præcipio quod fi aliquo tempore, aliqua caufa, feu aliquo cafu fortuitò Terra vel pars aliqua Terræ quam dictus Dominus Raymundus alienavit, ad dictos Lambertum & Chabertum, fimul ambobus, aut feparatim devolueretur five eorum induftria, vel quod ipfi emerent, feu eis donaretur, feu alia caufa quacunque recuperarent, quod dicta Terra jure perpetuo & fine onere atque ipfo jure ad dictum Raynaldum devoluatur. Item assigno & dono pro parte fua hæreditatis prædicta Lamberto Berengarii totum Caftrum de Chapaverfa cum toto Territorio & Mandamento fuo ; Ita tamen quod folutis rancuris & clamoribus dicti Domini Raymundi Berengarii dictus Raynaldus dicto Lamberto fingulis annis folvat tantam pecuniæ quantitatem, quam veri & legitimi reditus & proventus dicti Caftri de Chapaverfa æquiparentur veris & legitimis reditibus & proventibus Caftri, Territorii & Mandamenti de Rancurel fuperius nominati. Item assigno & dono Chaberto Berengarii pro fua parte hæreditatis prædicta totum Caftrum Sancti Andreæ Gratianopolitanæ Diœcefis cum toto Territorio & Mandamento ejufdem, & omnia bona mobilia quæ habebat dictus Dominus Raymundus tempore mortis fuæ. Item volo & præcipio quod Lambertus prædictus dictum Caftrum de Chapaverfa cum toto Territorio feu Mandamento fuo recipiat in Feudum à Raynaldo prædicto, & fidelitatem & homagium nomine & ex caufa dicti Caftri faciat eidem Raynaldo fuperius nominato : Dictus verò Lambertus dictum Caftrum à dicto Raynaldo in Feudum accepit, & nomine & ex caufa dicti Caftri fidelitatem & homagium ei fecit. Item volo & præcipio quod dictus Chabertus totum dictum Caftrum Sancti Andreæ cum toto Territorio feu Mandamento fuo recipiat feu accipiat in Feudum à dicto Raynaldo, & fidelitatem & homagium ex dicta caufa dicti Caftri & Territorii feu Mandamenti ejufdem faciat Raynaldo prædicto. Dictus verò Chabertus dictum Caftrum cum toto Territorio feu Mandamento fuo à dicto Raynaldo incontinenti in Feudum accepit, & fidelitatem & homagium nomine & ex caufa dicti Caftri &

Territorii eidem Raynaldo fecit. Item volo & præcipio quod dicta Castra Sancti Andreæ & de Chapaversâ cum totis Territoriis seu Mandamentis suis, juribus & pertinentiis suis post mortem dictorum Chaberti & Lamberti pleno jure, tam in proprietate quam in possessione ad dictum Raynaldum & ipso Raynaldo mortuo ad hæredes ipsius, seu legitimos successores liberè ipso jure sine contradictione aliqua revertatur. Item quod dictus Raynaldus de dictis Castris & eorum Territoriis seu Mandamentis, juribus & pertinentiis suis suam possit omnimodam facere voluntatem, solutis prius debitis, clamoribus & eleemosinis legitimis & rationalibus dictorum Lamberti & Chaberti. Item volo & præcipio quod dictus Raynaldus dictum Castrum de Ponte cum toto Territorio & Mandamento suo, & juribus & pertinentiis suis sub ista conditione à dicto Chaberto in Feudum accipiat, & fidelitatem & homagium nomine dicti Castri & Territorii seu Mandamenti ejusdem eidem Chaberto faciat, nec dictus Chabertus ab aliqua persona, seu aliquibus personis dictum Castrum possit accipere in Feudum ; & directum dominium prædicti Castri & Territorii, seu Mandamenti ejusdem mortuo dicto Chaberto ad dictum Raynaldum & hæredes suos ipso jure revertatur, & in pristinam naturam libertatis. Dictus verò Raynaldus dictum Castrum cum toto Territorio seu Mandamento suo, & omnibus juribus & pertinentiis suis à dicto Chaberto cum dicta conditione in Feudum accepit, & fidelitatem & homagium nomine & ex causa dicti Castri, & jurium & pertinentiarum ipsius eidem Chaberto fecit eodem modo, conditione & formâ sicut superius proximè continetur. Item volo quod dictus Raynaldus solvat annuatim duodecim libras pro clamoribus patris mei, & forefactis emendandis, vel eleemosinis faciendis Officiali Diæ, & Petro Rogerii Canonico Romanensi quandiu tenebit dictam Terram, vel aliis ad hoc ordinatis per me, vel ordinatis & deputatis post mortem meam per Venerabiles Patres Dominum Episcopum Gratianopolitanum, & Dominum Diensem Episcopum, nisi ego alium ordinarem. Lambertus verò solvat eisdem Officiali Diæ & Petro Rogerii sex libras, & Chabertus octo libras sicut Raynaldo superius est injunctum. Hæc omnia prædicta volo & ordino salva potestate & libertate ordinandi & dividendi aliter in toto vel in parte si mihi visum fuerit expedire. Actum apud Valentiam in domo Fratrum minorum anno Domini millesimo ducentesimo sexagesimo, die Martis post Dominicam Lmæ. Testibus præsentibus Fratre Bosone Guardiano Fratrum minorum, Fratre Theobaldo, Fratre Willelmo de Saliceto, Petro Raynerii Armigero, Pasquerio Notario & quibusam aliis fide dignis. In cujus rei testimonium ego Frater Hugo prædictus Sigillum meum apposui in hac Charta, rogans Venerabiles Patres Dominum Amedeum Diensem Episcopum, & Dominum Falconem Gratianopolitanum Episcopum ut presenti Chartæ Sigilla sua apponi faciant in testimonium veritatis.

CHAPITRE LXXIII.

Du Fief de Plejure, & de la Coûtume, de nos Ancêtres qui se rendans Pleges de quelqu'un, s'obligeoient à tenir Otage dans un lieu convenu, jusques à ce qu'ils eussent accompli leur promesse.

LE Fief de Plejure est celui qui oblige le Vassal d'être plege & caution du Seigneur, à l'exemple des cliens de l'ancienne Rome envers le Patron qui étoit condamné à quelque somme pour cause publique, ou particuliere, suivant le témoignage de Denis d'Halicarnasse liv. 2. Νέας ἀλοτρίων ἰδίας ἢ ξηλίας ὑφλόντων δημοσίας, ἀργυρικὰς ἐχούσας τίμημα ἐκ τῶν ἰδίων λύεσαι χρημάτων.

Le possesseur de cette sorte de Fief est appellé par Bouteiller en sa Somme rural liv. 1. tit. 82. *Homme de plejure.* Voicy comme il en parle. *Encore disent les Sages, qu'il y a autre hommage qui est appellé hommage de plejure : car l'Homme doit faire plejure pour son Seigneur, pour l'honneur de lui, & tout ce est en Droit & par raison.*

Tels sont les Vassaux en Normandie qui sont obligés de pleger leur Seigneur pour déliver ses nams (c'est-à-dire ses biens saisis) jusques à la concurrence d'une année de la rente qu'ils lui doivent par l'art. 205. de la Coûtume. Celle de Bretagne art. 90. oblige aussi les Hommes du Seigneur d'entrer en l'obligation pour laquelle il est arrêté ou détenu, à la charge d'en être acquités ou dédommagés. Mais en Sicile les Vassaux sont tenus généralement de cautionner leur Seigneur sous peine de privation du Fief, suivant la Constitution faite par Roger Roy de Sicile, intitulée *De fidejussione dominorum à Vassallis. lib. 3. Constit. Neapolit.*

Cette nature de Fief a été connuë en Dauphiné, dont j'ay vû quelques exemples. Les pactes & conventions passées l'an 1339. entre Humbert II. dernier des anciens Dauphins, & Henry Seigneur de Saffenage, du Pont en Royans & de plusieurs autres Terres, porte cette clause. *Et fuit actum & conventum, & in pactum deductum inter partes prædictas, quod dictus Dominus Henricus deinceps quandocunque fuerit per dictum Dominum Delphinum requisitus, teneatur præfato Domino Delphino facere fidejussionem & intercedere pro eo fidejussorio nomine in contractibus suis.*

Le même Henry avoit des Vassaux sujets à pareil devoir, qui étoit moins à charge du temps de nos Ancêtres, que les Vassaux ne pouvoient aliener leur Fief que du consentement du Seigneur ; Mais dépuis que les Fiefs ont été patrimoniaux, cette sorte d'obligation n'a plus eu d'effet hors des Coûtumes de Normandie & de Bretagne en la

maniere

maniere fufdite, puifque regulierement ce droit n'appartient pas au
Seigneur, comme a remarqué Antibolus *Tractatu de Muneribus §. amodo n. 81.* le devoir du Vaffal envers le Seigneur étant moindre que
celui du fils envers le pere, qu'il n'eft obligé de cautionner, même
pour les interêts de la Republique, fuivant l'avis de Paulus en la Loy
estimationem 16. §. invitus. D. de muneribus & honoribus, & de Papinian
en la Loy *prior 3. §. filium D. de administ. rer. ad Civit. pertinent.*

Au refte j'ay remarqué dans les anciens Titres que lors que les Vaffaux fe rendoient pleges de leur Seigneur, ils s'obligeoient à tenir ôtage, *tenere oftagium,* dans un lieu convenu jufques à ce qu'ils euffent
exécuté leur promeffe. Ce qui fe pratiquoit auffi par ceux qui n'étoient
pas Vaffaux du cautionné, dont il me fuffira de rapporter quatre
exemples.

Le premier eft tiré d'une Charte de l'Eglife de Saint Barnard de Romans de l'an 1134. que je rapporteray cy-deffous au long, par laquelle Guigues Dauphin Comte d'Albon fils d'autre Guigues donne
pour pleges de ce qu'il promet aux Chanoines de Romans, Humbert
de Bocfozel, Berlion de Moirans, Guigues de Domene, Raymond
Berenger & fon frere, Aymon Falavel, Aymon Girol & Guillaume
Gilin Chevaliers, lefquels s'obligent en cas d'inexécution de venir au
lieu qui leur feroit defigné par les Chanoines, & de ne s'en retirer
point que de leur confentement.

Le fecond exemple eft tiré d'un Chartulaire de l'Eglife de Mâcon
de l'an 1147. l'Acte porte que Richard d'Anton donne à la même
Eglife tout ce qui lui appartenoit en la Ville appellée *Montegudinum*
(c'étoit Mongoin en Breffe, à qui S. Didier Patron du lieu a fait perdre fon nom, qui ne s'eft confervé qu'en une Metairie de la Terre
fur laquelle le Chantre de l'Eglife de Mâcon a des Directes fpecieufes)
avec ferment qu'il fait en prefence d'Amedée Archevêque de Lyon,
d'Otbert Abbé d'Enay & de quelques autres, de ne la troubler jamais en la poffeffion des chofes données : Et en cas de contravention
huit Chevaliers nommés Duran de Sandraens, Guichard de Franchelins, Leotaud de Challouvres, Guichard de Salvaing (il étoit frere
d'Aymon l'un de mes Ancêtres) Otger de Clemagne, Pierre d'Eftold,
Berard de Saint Trivier & Duran de Moifia, jurent de tenir ôtage dans
Mâcon jufques à ce que le dommage fut reparé. Cet Acte dont l'Extrait m'a été donné par M*r.* Chorier Hiftoriographe de Dauphiné, merite d'être icy tranfcrit.

Le troifiéme exemple eft un Jugement donné l'an 1220. par Jean
Archevêque de Vienne, Aymar de Saffenage, & Aymar de Brefhieu,
Arbitres convenus pour terminer le different qui étoit entre Aymar de
Poitiers Comte de Valentinois & André Dauphin Comte de Vienne
& d'Albon, fur la reftitution demandée par le Comte de Valentinois
de la fomme de trente mille fols Viennois, dont il avoit dotté Sam-
noreffe fa fille morte fans enfans de fon mariage avec le Dauphin,
qui fut condamné à rendre vingt mille fols en quatre termes, & faute

d'y satisfaire le lendemain des termes échûs, à tenir ôtage avec dix Chevaliers dans la Ville de Romans jusques au payement effectif, & à souffrir l'Excommunication de l'Archevêque & l'Interdit de son Païs. Ces dix Chevaliers sont Aymar de Breffieu, Eudes Aleman, Guy de Bocsozel, Orbert Maréchal, Aymar Bocze, André Falavel, Rostaing Tivoleys, Guillaume de Bellecombe, Hugues de Miroil & Hugues de Lemps.

Le quatriéme exemple est tiré d'une Transaction passée entre Messire Jean de la Baume fils de Guillaume Seigneur de l'Abergement, & Messire François Seigneur de Saffenage le 3. de Mars 1381. par l'entremise d'Amé Comte de Savoye, par laquelle Jean de la Baume qui fut dépuis Seigneur de Montrevel, cede à François de Saffenage tous les Droits & prétentions qu'il avoit en la succession de Constance Aleman sa mere, fille & héritiere d'Hugues Aleman Seigneur de Vaubonnois & de Sibylle de Châteauneuf fille de Jaspert Vicomte de Châteauneuf en Languedoc, moyennant la somme de mille francs d'or, avec stipulation expresse que si François de Saffenage héritier de la même Constance qu'il avoit épousée en seconde nôces, manquoit à payer la somme aux termes convenus, qu'il se rendroit en personne en la Ville de Bourg en Bresse pour y tenir ôtage avec huit Chevaux & huit personnes : Et en cas de legitime empêchement qu'il y envoyeroit deux Chevaliers avec le même nombre de Chevaux & de Personnes. De plus il permet de donner pour pleges les Seigneurs de Clermont, de Breffieu, de Tournon, de Clavefon, Turpin de Vinay, le Seigneur de Montchenu, & Pierre Aynard qui s'obligeront solidairement sous la foy de leur corps de satisfaire au payement, faute dequoy ils tiendront ôtage en la Ville de Bourg, sçavoir les Seigneurs de Clermont, de Breffieu & de Tournon, chacun avec huit Chevaux & huit Personnes, & les autres avec six Chevaux & six Personnes chacun. Cette Transaction assoupit une querelle qui étoit entre le beau-pere & le beau-fils, tous deux Personnes de grand merite. Jean de la Baume fut depuis Gouverneur de Paris & Maréchal de France pour les Anglois : François de Saffenage fut Gouverneur d'Ast & seul Lieutenant Général en l'Armée d'Italie commandée par le Duc de Touraine frere du Roy Charles VI. Celui-là se tenant offensé de ce que son beau-pere héritier de sa mere avoit paru en Bresse avec nombre de gens de Guerre pour s'emparer de ses Châteaux lui envoya un Cartel aux formes pratiquées en ce temps-là pour terminer leurs differens par un Duel en la Cour du Comte de Savoye, qu'il qualifie son Souverain Seigneur, comme étant son Sujet & son Vassal. La réponse qui s'est conservée avec le Cartel dans les Archives de la Maison de Saffenage porte que François nia le fait, que si Jean de la Baume *l'avoit pensé, il avoit mal pensé, s'il l'avoit dit, il avoit menti* : Pour cet effet il accepta le Duel en la Cour du Roy son Souverain Seigneur. Sur la connoissance qu'en eut Amé surnommé le Rouge, Comte de Savoye, il leur fit l'honneur de les accommoder par la Transaction que je viens de remarquer.

EXTRAIT D'UN CHARTULAIRE DE L'EGLISE
de Saint Barnard de Romans, fol. 283.

ORTA graviſſima diſcordia inter Stephanum Viennenſis Eccleſiæ Archiepiſ-
copum, & Guigonem Dalphinum tanta adeo, ut non ſolum Viennenſes
cives & eorum adjutores Guigo Dalphinus continuis aſſultibus invadere, ſed &
Romanenſem Villam occaſione ipſius Archiepiſcopi graviter affligeret, prædare-
tur, quoſdam gladio feriret, multos tam Laïcos quàm Clericos captos duceret,
complures etiam noſtri vicini circum adjacentes occaſione illius inducti nobis no-
cerent. Hoc metu & hac injuria Canonici Romanenſis Eccleſiæ compulſi cum Gui-
gone Dalphino convenerunt: Et cùm authoritas novi ac veteris Teſtamenti ſan-
ciat donationes ſeu dimiſſiones rerum ſcripturarum teſtimoniis annotari, ne me-
moria geſtarum rerum oblivioni tradita poſteros ad lites & contentiones trahat.
Idcirco placuit, ſicut ipſa veritas geſtæ rei exigit, ſtilo memoriæque commen-
dare convenientiam quæ fuit inter Guigonem Dalphinum filium Guigonis Comi-
tis & Canonicos Romanenſis Eccleſiæ quæ talis fuit. Sacroſanctæ Dei Eccleſiæ
Romanenſi quæ eſt conſtructa ſupra fluvium Iſaræ in honore duodecim Apoſtolo-
rum, ſive trium Martyrum Severini, Exuperii & Feliciani, nec non ſanctiſ-
ſimi Barnardi Confeſſoris, ego GUIGO DALPHINUS COMES ALBIONENSIS
dono, claudo, concedo quidquid pater meus GUIGO donavit, laudavit, con-
ceſſit & quæcunque anteceſſores ejus donaverunt ſive dimiſerunt, ego dono
& dimitto Deo, & Sancto Petro, & Sancto Barnardo, & habitatoribus
ejuſdem Eccleſiæ tam præſentibus quàm futuris. Laudo & concedo illis clauſu-
ram ſuæ Villæ, Præter hæc promitto eis, verbis & corde affirmo, quod ſi
forte Viennenſis Archiepiſcopus & ego diſcordando bellum moveremus ad invi-
cem ſive inimicitias, ego nec eos nec Villam eorum aliquo modo inquietarem,
niſi Archiepiſcopus de ipſa Romanenſi Villa guerretaret. Hæc autem omnia fac-
to conſilio Humberti de Bocſozello & aliorum virorum illuſtrium. Et Canoni-
ci ſuprà dictæ Eccleſiæ dant mihi mille quadringentos ſolidos. Et ut hæc Con-
venientia firma & inviolabilis permaneat ſub vinculo fidei quod Artaldo Cano-
nico dedi promitto me ſupra dictam convenientiam non violaturum. Hoc idem
fecit Humbertus de Bocſozello, Berlio de Moirenc, Guigo de Domina Ray-
*mundus Berengarius & frater ejus **** Aymo Falavel, Aymo Giroulus,*
Willelmus Gilimus Milites. Et iſti ſi forte hæc convenientia violaretur, veni-
rent in locum, quem Canonici ſuprà dictæ Eccleſiæ eis conſtituerent, & inde
non liberarent ſe ſine juſſu & voluntate Canonicorum ſupra dictæ Eccleſiæ. Hæc
autem Charta facta eſt anno ab Incarnatione Domini milleſimo centeſimo trice-
ſimo quarto, Feria prima, Luna ſecunda, regnante JESU CHRISTO filio Dei
per infinita ſæculorum ſæcula. S. Ipſius Guigonis Comitis qui hanc Chartam fieri
juſſit S. Artaldi de Rocheforti. S. Bornonis, S. Poncii de Doannaico. S. Mon-
tardi de Miribello. S. Guarini Giſlamari. S. Willelmi de Janiciaco qui hanc
chartam ſcripſit.

EXTRAIT D'UN CHARTULAIRE DE L'EGLISE
de Mâcon.

Ego Amedeus Dei gratia Lugdunensis Archiepiscopus Apostolicæ Sedis Legatus notum facimus tam præsentibus quam posteris, quod me præsente RICARDUS DE ANTONE verpivit & donavit MATISCENSI ECCLESIÆ quidquid apud MONTEGUDINUM & in appenditiis ejus vel justè habebat, vel injustè usurpabat. Verpivit dico ipsi præsentibus Athanacensi Abbate Otberto, Hugone Palatino & Stephano de Besenent, & ibidem juraverat quod in præsenti & in futuro prædictam Villam & appenditias ejus ipse vel sui Matiscensem Ecclesiam in pace & sine disturbatione possidere dimitteret. Quod si fortè contingeret, ut ipse vel sui aliquam molestiam in prædicta Villa facere præsumerent, isti subscripti Milites juraverunt se infrà Matisconem ostagium tandiu tenere, donec damnum in integrum restitutum esset Ecclesiæ : Videlicet Durannus de Sandraens, Vicardus de Franchelins, Leotaldus de Challouvres, Vicardus Salvagnii, Otgerius de Clemagne, Petrus de Estoldo, Berardus de Santrivier, Durannus de Moisia. Hæc autem facta sunt anno ab Incarnatione Domini M. C. XLVII.

CHAPITRE LXXIV.

Ce que c'est que Feudum Procurationis.

IL semble d'abord que *Feudum Procurationis* soit un Fief destiné pour le soin & la conduite du Fief dominant, comme *Feudum Advocatiæ* pour sa défense ; *Feudum Guardiæ*, pour la Garde d'un Château ou d'une Forteresse ; *Feudum Gualstadia* pour la Charge d'Intendant des affaires ; *Feudum de Camera* pour la Charge de Tréforier ; *Feudum de Cavena* pour celle de Maître d'Hôtel.

Mais *Feudum Procurationis* n'est autre chose qu'un Fief chargé d'un ou de plusieurs repas annuellement envers une Communauté Ecclesiastique. Les Titres François l'appellent *Fief de paisse.* J'en ay remarqué de cette nature dans les Archives de quelques Abbayes & Monasteres. Mais cette rédevance a été le plus souvent convertie par des conventions posterieures en deniers, ou en grains & en volaille.

Les Grammairiens nous apprennent que *Procurare* signifie dans la pure Latinité, se bien traiter & faire bonne chere, comme justifie ce passage de Plaute *in Curculione Actu 4.*

Istas minas decem, qui me procurem,
Dum melius sit mihi, des.

Et Virgile liv. 9. de l'Æneide.

> *Bene geftis corpora rebus.*
> *Procurate viri.*

Delà s'eft formé le mot de *Procuratio* dans les anciens Titres, où il fignifie un repas, qui fe faifoit communément le jour de l'Anniverfaire de celui qui l'avoit ordonné, dont il me fuffira d'alleguer deux ou trois exemples : L'un d'un Acte de l'an 1251. tiré des Archives du Chapitre de l'Eglife Cathedrale de Grenoble, par lequel Guillaume de Saffenage fils de Guigues Seigneur de Saffenage remet à la Maifon des Efcouges les Tafques qui lui appartenoient au Mandement de Rancurel, *ut faciat fingulis annis dum vixero*, porte l'Acte, *unam procurationem in Fefto Sancti Michaëlis, & poft obitum meum in die anniverfaria mea, nifi fit dies abftinentiæ, & tunc fiat fequenti Dominica.* Les autres font deux Epitaphes qui fe lifent dans le petit Cloître de Saint Maurice de Vienne que je rapporteray cy-après.

Autre chofe eft *Procuratia*, dont il eft fait mention dans Mathæus Paris fur l'an 1239. où parlant du Legat du Pape, il dit : *Ad humilitatem Religioforum converfus, ab eis pecuniam non minimam extorfit nomine Procuratiæ.* Et fur l'an 1245. *Procuratia & munera exiguntur.* C'eft ce que le Curé ou le Monaftere donnent ou fourniffent à l'Evêque ou à celui qui fait la vifite de l'Eglife, *tanquam Procuratori Ecclefiæ.* Ce qui s'appelle aufli *Procuratio & Procurare* dans les Decretales *toto tit. de cenfibus, exactionibus & procurationibus.* Sur quoy l'on peut voir ce que M. Hauteferre a remarqué doctement *lib. 4. Differtationum Juris Canonici cap. 4. & 5.*

---

*I*N *nomine Domini. Anno Incarnationis MCCLL. notum fit univerfis ad quos Literæ iftæ pervenerint, quod ego* WILLELMUS ET GUIGO DE CHASSENATICO *Frater meus, Fili* GUIGONIS *olim Domini de* CHASSENATICO *olim dedimus Domui Excubiarum omnes tafchias bladi quas habebamus in Mandamento Rancurelli pro faciendis duabus Procurationibus in diebus anniverfariis noftris poft obitum noftrum tali pacto, ut poft obitum unius noftrum Domus accipiet medietatem dictarum tafchiarum pro facienda Procuratione illius, & poft obitum alterius acciperet omnes dictas tafchias & faceret Procurationem alterius. Nunc autem ego dictus Willelmus mortuo Guigone fratre meo & inveftita dicta domo de medietate dictarum tafchiarum in præfenti vita mea dono dictæ Domui ut habeat eam in perpetuum, & in vita mea & poft obitum meum, & faciat fingulis annis dum vixero Procurationem in Fefto Sancti Michaëlis, & poft obitum meum in die anniverfaria mea, nifi fuerit dies abftinentiæ, & tunc fiat fequenti Dominica. Et volo quod hæc donatio rata & firma fit in perpetuum, promittens bona fide me nunquam contraventurum per me vel per aliam perfonam; Abrenuncians omni Jurifcripto vel non fcripto, quo poffem contravenire, vel aliquid infringere de prædictis. Promittens defendere dictæ Domui dictas tafchias pro poffe meo ab omni perfona inquietante. Et ad majorem firmitatem omnia fupra dicta fingula & univerfa tactis Sacrofanctis*

Evangeliis corporaliter juro rata & firma habere in perpetuum. Actum fuit hoc in Excubiis in clauſtro Monachorum preſente Petro de Planis Priore ejuſdem Domus & toto Conventu recipientibus hoc domum pro ſe & pro Fratribus aliis ejuſdem Domus præſentibus & futuris. Hæc autem ſunt nomina Monachorum qui interfuerunt huic donationi, Petrus Vicarius, Bernardus Girols, Willelmus de Sona, Willelmus de Soyons, Hugo Anjonis, Joannes de Bellomonte, Petrus de Molas, Humbertus, Willelmus Procurator, Willelmus de Sancto Chriſtophoro : Et volo de hoc fieri Chartam quam ego ſigillabo ſigillo meo. Et ſic ſigillatum.

FRAGMENT DE L'EPITAPHE D'AYMOND
de Virieu, qui ſe lit à l'entrée de la Chapelle de Virieu, dans le petit Cloître de S. Maurice de Vienne.

QUI Aymo dedit Eccleſiæ Viennenſi decem ſolidos & decimas unde in Feſto omnium Sanctorum Univerſitas Eccleſiæ ſingulis annis procuretur. Item dedit duas Eccleſias Seriſin & Chantilly cum oblationibus & ſepulturis, tertia parte decimarum, & duas parteſ decimæ de Seyſſeu cum duabus partibus decimarum de Seuzinet de Chanalios, quam à Sinfredo acquiſivit, ut item ſingulis annis in Feſto Mortuorum Univerſitas Eccleſiæ Viennenſi procuretur. Item dedit quandam Gageriam g. X. ſolid. in decima Taurini & quandam vineam ultra Rhodanum, & cccc ſol. qui poſiti fuerunt in redemptione molendinorum, ut in die obitus ipſius Univerſitas Viennenſis Eccleſiæ ſingulis annis procuretur.

AUTRE EPITAPHE DANS LES MEMES CLOITRES.

ANNO Domini M. CC. XIV. XVIII. Kal. Februarii obiit Willelmus Archidiaconus nepos ejus qui acquiſivit Medietatem miſtraliæ Sancti Clari, & Sancto Mauritio dedit, ut inde Univerſitas Eccleſiæ bis in anno procuretur die anniverſario ejuſdem Willelmi & die anniverſario Willelmi avunculi ejus.

CHAPITRE LXXV.
DES RECONNOISSANCES GENERALES.

IL eſt de deux ſortes de Reconnoiſſances des Droits Seigneuriaux : Les unes ſont particulieres qui ne ſont paſſées que par ceux qui ſont particulierement obligés à quelques Droits : Les autres ſont générales, concernans les Droits qui ſont dûs par tous les

Habitans & les possesseurs des héritages de la Terre, à la reserve de ceux qui sont fondés de Privilége, ou de Titres particuliers d'affranchissement. Telle est la bannalité des Moulins & des Fours, & autres Droits semblables qui regardent la totalité de la Terre. Cette sorte de Droits est reconnuë par les Consuls ou Syndics de la Communauté assistez des Conseillers & de la pluralité des Habitans. Et comme tous les Seigneurs Justiciers ou Féodaux n'ont pas les mêmes Droits, ils ne doivent pas exceder la teneur de leurs Titres; autrement ils encourent les peines portées par les Edits & les Ordonnances de nos Rois contre les Seigneurs qui vexent leurs Justiciables & Tenanciers par des exactions indûës. Ainsi par les Loix Imperiales ceuxlà sont exclus d'entrer aux Tournois des Chevaliers qui ont surchargé leurs Terres de nouvelles impositions : Et nous apprenons du Sire de Joinville que le Roy Saint Loüis fit raser le Château de la Roche de Glun, appartenant à Roger de Clerieu, à cause qu'il avoit levé des Droits insolites sur le Rhône, comme j'ay déja remarqué au Chapitre 50.

Quelquefois ceux qui sont commis à faire renouveller les Terriers d'un Seigneur abusans de l'ignorance & de la facilité des Sujets, leur font reconnoître des Droits inconnus à leurs Ancêtres. En ce cas un seul est reçû à s'y opposer & à faire reformer la Reconnoissance en faveur des autres. En voicy un exemple récent. Le Notaire qui procedoit au renouvellement des Reconnoissances de la Terre de Suse en la Senéchaussée de Crest, appartenant à Messire Antoine de Clermont Seigneur de Montefon, avoit inseré dans la Reconnoissance divers Droits qui ne se trouvoient pas compris au précédentes. Jean Arnaud possesseur de quelques Fonds situés à Suse en ayant intenté recours, & la cause étant portée au Parlement sur divers articles contestés entre le Seigneur & lui, il y eût Arrêt notable donné au rapport de M. Barral le 18. Juillet 1667. qui regle les Droits legitimes, ordonne que les autres seront rayez de la Reconnoissance, & que dans le mois à la diligence du Seigneur il en sera faite & passée une nouvelle par les Consuls & Communauté de Suse conformément à l'Arrêt, laquelle sera inserée en la place de la précédente. Par autre Arrêt du même jour donné sur la Requête du Procureur Général du Roy ajournement personnel fut décerné contre le Notaire pour avoir excedé la précédente Reconnoissance.

J'avoüe pourtant que je ne sçay pas le motif qu'ont eu les Juges d'ordonner que le Droit de déshérence seroit rayé de la Reconnoissance, autre chose n'apparoissant, c'est-à-dire, n'aparoissant pas de Titre, puisque c'est un droit qui par l'Usage de France appartient au Seigneur Haut-Justicier à l'égard des biens étans en sa Justice, comme a remarqué Bacquet en son Traité du Droit de déshérence & en celui de Justice chap. 21.

ENTRE Jean Arnaud, Procureur au Siége de Crest, Deman-
deur en exécution d'Arrêt du neuviéme Février mil six cens
soixante six, Fins & Conclusions prises en ses Ecritures du
vingt-cinquiéme Novembre même année d'une part, &
Messire Antoine de Clermont Sieur de Montefon & Suse,
Défendeur d'autre.

VEU, &c.

LA Cour sans avoir égard quant à ce à la Reconnoissance
générale passée par les Consuls & Habitans de Suse au
profit dudit de Clermont en qualité de Seigneur dudit Suse le
treiziéme Novembre mil six cinquante-neuf, reçûë par Rey
Notaire ; Déclare les Forains possedans biens audit lieu exempts
de la prestation de l'Hommage personnel contenu au premier
Article d'icelle : Ordonne que le deuxiéme Article concernant
la Justice sera reformé suivant les termes de la précédente reçûë
par Lentier pour être observé à la forme du Droit : Et en ce
que concerne les quatre, cinq, six, sept, huit & neuviéme
au sujet de la Déclaration des Fiefs, Aveus & Dénombremens,
Lods, Prélation, Retenuë Féodale, Indemnité & Fonds vaquans,
ils feront pareillement réformés conformément aux Déclarations
dudit de Clermont contenuës en ses Ecritures communiquées le
vingt-deuxiéme Fevrier, & onziéme May mil six cens soixante-
sept, & n'auront lieu qu'au sujet des Fonds dépendans du Fief
ou Directe dudit de Clermont, pour lesquels il aura des Titres particuliers : Et au regard du Droit de Regale des eaux,
déclare qu'il n'aura lieu au préjudice des Particuliers fondés des
préscription & possession legitime ; Ce qui sera pareillement
observé pour les Pigeonniers & Garenes portés par l'art. quinziéme conformément ausdites Déclarations ; Et en cas de contravention par lesdits Habitans & Forains audit droit de Regale ne pourra ledit de Clermont faire démolir les prises d'eau &
Ecluses que de l'autorité de son Juge : Ordonne que les articles onziéme & treiziéme concernant les Chemins & réparations d'iceux, seront rayés de ladite Reconnoissance, sans préjudice de la Justice dudit de Clermont & Police pour ce regard : A restraint le Droit de Ban champêtre au dommage fait
dans les Biens communs par le Bétail étranger : Et quant au

Droit de Pulverage audit Sufe autre chofe n'apparoiffant , ordonne qu'il fera rayé de ladite Reconnoiffance , enfemble le
Droit de défherence ; Fait défenfes audit de Clermont de permettre le port de l'Arquebufe & autres Armes prohibées par
les Ordonnances , & fauf ce , l'a maintenu au Droit de Chaffe
porté par le feiziéme article fans préjudice des Privilégiés : Ordonne que les Forains feront tenus de fe fervir des mefures du
lieu dûëment échandillées & marquées , conformément au dix-
huitiéme article pour vendre & acheter dans ledit lieu , fans que
néanmoins ils puiffent être privés de la faculté de voiturer &
recevoir leurs Denrées en telles mefures que bon leur femblera :
Déclare que les articles douziéme , vingt-uniéme & dernier article , concernans la Bannalité des Moulins , Vingtain, Cheva-
lage & portabilité des Cenfes , qu'au regard de celles qui font
dépendantes de la Juftice & Seigneurie de Sufe tant feulement,
& à la charge que le vingtain ne fera payé que des efpeces telles qu'elles croiffent fur les Fonds , & que les autres cenfes feront payées en grains bons & recevables : Ordonne que l'article
vingt-quatriéme fubfiftera , enfemble l'article vingt-feptiéme
concernant les Foffez , en conféquence de la Déclaration dudit
de Clermont, de ne prétendre que ceux du Château : Condamne
ledit Arnaud de paffer nouvelle Reconnoiffance defdits articles
à la forme cy-deffus ordonnée , & des autres contenus en ladite Reconnoiffance générale : Ordonne que dans le mois à la
diligence dudit de Clermont il en fera fait & paffé une nouvelle
par les Confuls & Communauté de Sufe conformément au prefent Arrêt, laquelle fera inférée en la place de la fufdite précédente , & a condamné ledit de Clermont en la fixiéme des dépens re-
fervés par ledit Arrêt , & en ceux faits en exécution d'icelui jufques aux Déclarations dudit de Clermont contenuës en fefdites
Ecritures du vingt-deuxiéme Février mil fix cens foixante-fept ,
le tout fommairement liquidé à la fomme de deux cens foixante
livres , les autres compenfés.   FAIT en Parlement le 18. Juillet
1667.

CHAPITRE LXXVI.

DU DEGUERPISSEMENT.

'Est une maxime reçûë de tous les Interprêtes, & autorisée de l'usage, que celui qui veut déguerpir l'heritage chargé de rente doit payer au Seigneur tous les arrérages échûs pendant sa détention : Ce qui est fondé sur deux raisons : L'une qu'en toutes dettes successives il faut acquitter les arrérages avant que vuider le principal : L'autre que la perception des fruits produit une action personnelle contre le possesseur, qui en les percevant s'est tacitement obligé au payement des arrerages par un quasi Contrat ; en ce que la rente se devant prendre sur les fruits de chaque année, il s'ensuit qu'elle doit être payée par celui qui les a perçûs, comme il est décidé pour les tributs en la Loy 1. *C. de ann. & tribut.*

Il est vray que la Coûtume de Paris art. 102. décharge du payement des arrérages le tiers détenteur de l'heritage qui lui a été vendu sans charge de la rente dont il n'a eu connoissance auparavant la poursuite du Seigneur, pourveu qu'il renonce à l'heritage avant contestation en cause, supposé même, porte l'article, qu'ils fussent échûs de son temps & auparavant la renonciation. Ce qui est très-bien expliqué par Loyseau dans son Traité curieux du Déguerpissement liv. 5. chap. 10. où il en rend cette raison, que de Droit le possesseur de bonne foi fait les fruits siens incommutablement & de plein droit, même de l'heritage dont il n'est point Seigneur, & qui appartient à autrui, *l. qui scit. D. de usuris. l. bona fidei. D. de acquir. rerum dominio.*

Mais cette disposition n'est pas reçûë de toutes les Coûtumes, non plus qu'en Dauphiné, où celui qui veut déguerpir est obligé de payer tous les arrérages de son temps, quand même il est acquereur de bonne foi.

Il reste à examiner, si le tiers possesseur est tenu de payer les arrérages échûs du temps de son Autheur. Les Coûtumes d'Anjou, du Maine, de Poitou, de Lodunois, qui traittent la matiere du déguerpissement, qu'elles appellent exponse ou exponsion, décident indéfiniment que le tiers détenteur doit payer tous les arrérages échûs de tout le temps passé, avant que d'être reçû à exponser ou déguerpir. Ce que Loyseau liv. 5. chap. 9. n. 5. prétend d'établir par la maxime qu'on ne doit faire queüe des arrérages, mais qu'il les faut vuider & payer avant qu'on se puisse exempter du cours & de la continuation de la rente par le déguerpissement : Autrement il en resulteroit un inconvenient, dit-il, car celui qui devroit plusieurs années d'arrérages, vendant l'heritage à un autre qui le déguerpiroit, incontinent s'exempteroit par une façon inique de payer les arrérages comme il seroit tenu s'il déguerpissoit lui-même : Et ce seroit alors au Seigneur de courre après son homme pour les arrerages, bien qu'il ne soit raisonnable que le déteur de la rente transportant l'heritage à un autre s'acquitte plûtôt du cours de la rente sans en payer les arrerages, que s'il le remettoit entre les mains du Seigneur. Il ajoûte une autre raison n. 6. que celui qui veut user du privilege du déguerpissement, doit en user sous les conditions qui y sont réquises, & qu'ainsi le tiers possesseur étant tenu des démolitions faites par les précedens détenteurs avant que déguerpir, il est aussi tenu de payer & avancer les arrerages échûs de leur temps, sauf son recours contre eux : Ce qu'il entend seulement du tiers détenteur qui avoit connoissance de la rente.

De sorte qu'il presuppose que le tiers possesseur qui a sçû la charge de l'heritage est tenu de le remettre en bon état, même de rétablir les démolitions qui sont du fait de ses Autheurs, suivant les raisons qu'il en donne au chapitre 4. du même livre 5.

Néanmoins les Praticiens de Dauphiné tiennent constamment que l'Emphiteote qui veut déguerpir n'est obligé de payer les arrerages précedens sa jouïssance, par la maxime qu'aux redevances foncieres, *non persona sed res convenitur*, qu'ainsi ne restant au Seigneur que l'action hypotecaire, il est satisfait par le délaissement de l'heritage chargé de rente, pourveu qu'il soit payé des arrerages échûs pendant la possession du déguerpissant pour lesquels il est tenu personnellement *ex quasi contractu* : C'est le sentiment de M. Faber *C. de jure emphyt. Defin. 11. Nota 8. nam quod rem derelinquit*, dit-il, *non debet ei prodesse quantùm ad tempus quo ipse possedit*. Et avant lui Coquille sur la Coûtume de Nivernois tit. des Cens & Censives art 10. & en son Institution au Droit François tit. des Cens, Bourdelages, &c. A quoi se trouve conforme la Coûtume de Melun art. 126. & de Reims art. 146. Ce que dit Loyseau qu'il ne faut pas faire queüe des arrerages n'est pas une regle générale qui doive comprendre ceux qui sont échûs avant la possession du déguerpissant, si ce n'est aux Coûtumes qui en disposent de la sorte, comme sont celles dont j'ai fait mention.

Les autres raisons qu'il allegue sont tirées de l'art. 102. de la Coûtume de Paris, qui exempte l'acquereur de bonne foi des arrerages, même de son temps, comme j'ai déja remarqué. Ce qui n'est pas de nôtre usage, suivant lequel l'Emphyteote ou autre possesseur n'est pas obligé non plus de reparer les déteriorations de ses auteurs. Enfin il est plus juste que le Seigneur suive le vrai déteur des arrerages que lui-même a laissé courir, que de charger du recours celui qui acquitte tout ce qu'il doit de son chef, & qui abandonne le fonds pour les arrerages précedens sa jouïssance.

J'ajoûte qu'il n'est pas nécessaire par nôtre pratique, non plus que par celle du ressort de Toulouse, que le déguerpissement se fasse *publicatis apud Acta desideriis*, comme parle la Loy *rura. de omni agro deserto. lib. 10. Cod.* C'est-à-dire, en jugement, qui est l'avis de Loyseau

liv. 4. chap. 1. Car il faut prendre garde que son Traité regarde principalement la Coûtume de Paris qui l'exige ainsi art. 109. ce qui a
fait dire à Maître Antoine Loysel pour une regle du Droit François
dans ses Institutes Coûtumieres liv. 4. tit. 1. art. 15. que *tout déguerpissement se doit faire en Justice.* Il suffit dans nôtre usage que l'Acte soit
dûëment signifié au Seigneur de la rente par un Notaire qui est Juge
Cartulaire, avec offre réelle des arrerages dûs par celui qui déguerpit :
Et en cas de refus par le Seigneur, j'estime avec Loyseau liv. 5. chap.
9. contre l'avis de quelques Interprêtes, que la consignation n'est pas
de la forme, sinon aux Coûtumes qui la désirent, *l. si per te non stat
7. juncta l. acceptam 19. c. de usuris.* —

CHAPITRE LXXVII.

*Que par l'Usage de Dauphiné les Rentes Seigneuriales ou simples
foncieres sont divisibles ; mais qu'on peut agir solidairement sur
un des fonds chargez d'une rente ou pension constituée à
prix d'argent.*

A forme du payement des Rentes Seigneuriales ou simples
foncieres n'est pas uniforme dans le Royaume. En Languedoc
elle est solidaire sur chaque portion du fonds emphyteutique
divisé à plusieurs possesseurs ; en sorte que le Seigneur peut contraindre celui que bon lui semble, sans être obligé de morceler sa Rente,
qui est indivisible à son égard, lorsqu'elle dérive d'un même acense-
ment ou bail à emphyteose, que nous appellons albergement, &
qu'elle n'a pas été distribuée *pro numero jugerum* ; parce qu'en ce cas
ce sont autant de Rentes distinctes qu'il y a d'arpens ou de journaux. Sur quoi l'on allegue communément l'Arrêt du Parlement de
Touloüse du 9. de Mars 1552. donné en faveur de François de Gem-
brose Seigneur de Travet, contre quelques Habitans du même lieu,
par lequel il fut ordonné que suivant d'autres Arrêts donnez en pareil
cas, les tenanciers des possessions limitées & confrontées aux Reconnoissances, députeroient l'un d'entre eux pour lever & exiger des autres les Rentes & Censives dûës au Seigneur de Travet, & ensuite les
lui payer en blot chacune année, & en cas de refus, qu'il seroit
loisible au Seigneur de contraindre celui que bon lui sembleroit. Telle
est aussi l'observance plus commune de la France, conforme à l'art.
99. de la Coûtume de Paris. Ce qui est fondé sur ce que l'action hypotecaire a lieu aux charges foncieres comme aux simples hypoteques.
    Mais en Dauphiné l'on observe la disposition du chap. *Constitutus.
Extrà. de Relig. domib.* qui décide que le cens est divisible. Ce n'est
pas

pas en effet la pure action hypotecaire, *quæ competit pro oneribus rei.* C'est la mixte qui est l'action personnelle écrite en la chose, *actio personalis scripta in rem.* D'où il s'ensuit que la personne n'étant convenuë que pour la chose, elle ne le doit être que pour la part dont elle est détentrice. *Ut singuli æqua æstimatione habita pro rata rerum quas possident conveniantur*, pour user des termes de la Loy 2. *C. de debit. Civit. lib. 11.* C'est pourquoy Guy Pape en sa quest. 432. ayant dit que par l'Usage de toutes les Cours de Dauphiné, le créancier peut convenir hypothecairement pour toute sa dette celui que bon lui semble des possesseurs de l'heritage hypothequé, il ajoûte : *Et hoc est verum, nisi esset annua pensio imposita super pluribus rebus, quia tunc debet agi contra quemlibet possessorem pro rata. in cap. Constitutus. extra de Relig. domib.*

Mais cela doit être entendu d'une pension fonciere, parce qu'il en est autrement d'une pension constituée à prix d'argent sur divers fonds, pour laquelle on peut agir solidairement sur un des fonds, telle sorte de pension ne consistant qu'en simple hypotheque, comme il a été jugé par Arrêt donné de l'avis des Chambres le   Juin 1657. au rapport de M. Giraud, entre le Chapitre de S. Maurice de Vienne, & Antoinette Guiffrey.

CHAPITRE LXXVIII.

Que les pensions foncieres se prescrivent par quarante ans.

L A forme de prescrire une prêtation annuelle a fait le sujet d'une grande contention entre deux anciens Glossateurs, Bulgarus & Martinus, qui florissoient en Italie l'an 1190. Le premier tenoit qu'elle se prescrit par trente ans, à commencer du jour de la cessation du payement, tant pour l'avenir que pour le passé. Au contraire Martinus étoit d'avis que chaque année a sa prescription, qui ne regarde pas les suivantes : Laquelle opinion a été suivie de plusieurs Docteurs, & particulierement de Guy Pape en sa question 406. où il n'excepte que la prescription de cent ans, assurant que telle étoit la pratique de toutes les Cours de Dauphiné, sans s'arrêter à la distinction que font Joannes & Azon des prêtations annuelles qui sont conçûës par disposition de derniere volonté, d'avec celles qui sont conçûës par disposition entre vifs. *Concluditur ergò*, dit-il, *quod annua præstationi non currit præscriptio indistinctè nisi à principio cujuslibet anni : Et hoc verum nisi cessaretur per centum annos ; tunc enim potest concedi quod omne jus est sublatum.* Ainsi l'ancien Scholiaste du même Docteur dit que telle prêtation, *in quolibet anno propagatur in annos centum extendenda.*

Mais la Jurisprudence du Palais a changé depuis quarante ans que

II. *Partie.*   M le Parlement a jugé conftamment que toutes prêtations annuelles autres que les directes, fe prefcrivent par quarante ans, comme n'é-tant confiderées que pour fimples hypotheques.

Et quoi qu'au dire d'Ariftote il n'y ait point de plus grande im-pieté que le larcin qui eft fait aux morts, ἀπὸ νεκροῦ φορολογεῖν, fi eft-ce que les penfions conftituées pour anniverfaires & pour obits, quel-que faveur fpeciale qu'elles ayent, font fujettes à la même prefcription de quarante ans.

J'ay vû pourtant mettre en doute s'il en eft de même des penfions ou rentes foncieres impofées en la tradition de l'heritage par maniere de referve au profit du conftituant, qui eft la vraïe marque des rentes foncieres, qui par conféquent font plus favorables que celles qui font acquifes & conftituées à prix d'argent ; entre lefquelles il y a plufieurs differences, principalement en ce que celles-cy font rache-tables à la volonté du débiteur ; les autres ne le font qu'à la volonté de celui à qui elles font dûës.

Néanmoins le Parlement a jugé par Arrêt du 28. de Juin 1645. donné de l'avis des Chambres, entre Jean Bayet Procureur au Bailliage de Vienne, Curateur décerné à l'hoirie de Claude Roux, appellant de la Sentence du Vibailly de Vienne d'une part, & Antoine Tivolle intimé d'autre, que les penfions foncieres fe prefcrivent auffi par qua-rante ans, fuivant l'avis de Loyfeau en fon Traité du Déguerpiffement liv. 1. chap. 5. n. 3. où il dit que les fimples rentes foncieres n'ont rien qui les exempte de la regle commune des prefcriptions, à la dif-ference des rentes directes ou Seigneuriales, qui outre l'avantage qu'el-les ont de n'être fujettes en Dauphiné qu'à la prefcription de cent ans, & prefque en tout le Royaume, à nulle forte de prefcription, finon quant à la quotité & les arrerages, ont deux autres prérogatives no-tables fur les fimples foncieres : L'une qu'elles portent lods & ventes ; L'autre que par l'Ordonnance de Criées art. 12. & 13. les heritages font toûjours adjugez à la charge des Rentes Seigneuriales, quoi qu'il n'y ait point d'oppofition à fins de conferver, & qu'ainfi le Decret ne les purge point, ce qui n'eft pas des fimples foncieres.

CHAPITRE LXXIX.

Quel eft l'Ufage de Dauphiné touchant l'eftimation & quotité des Lods.

L'ESTIMATION ou quotité des Lods n'eft pas uniforme & générale en Dauphiné. Elle eft differente felon la diverfité des Coûtumes locales, ou felon qu'elle eft ftipulée par les Titres.

En quelques lieux ils fe payent à raifon du tiers denier, en d'autres, à raison du quart, du quint, du sizième, douzième, treizième, vingtième denier, & même du quarantième en quelques Terres du Briançonnois, comme à Bardonesche, à Navache, à Mantole, à Valcluson pour les Fiefs, & au denier vingt pour l'Emphyteose. Je ne sçay point d'endroits où ils soient moderés au cinquantième suivant la Loy derniere *C. de jure Emphyt.*

La question est seulement de sçavoir quel en est l'usage.

Quant au tiers denier, il y a plus de deux cens ans qu'il fut mis en doute si c'est de trois écus un, ou si c'est le tiers en ascendant qui fait la moitié du prix; par exemple de cent écus cinquante, de mil écus cinq cens écus, c'est-à-dire, qu'en faisant trois parts du tout, sçavoir deux du prix, & une des Lods, il se trouve que les Lods sont le tiers en ascendant.

Par Arrêt du Parlement du penultième de Février mil quatre cens quatre-vingt un, il fut déclaré que le tiers denier doit être entendu de la moitié du prix, comme nous apprenons de François Marc Conseiller au même Parlement *Decis. 611. part. 1.* en ces termes. *Quæritur quando laudimium debetur ad rationem tertii denarii, aut intelligatur de medietate pretii juxta consuetudinem loci. Et in effectu super hoc fuit lata Sententia per Curiam Parlamenti Delphinalis de anno 1481.* (Il y a erreur en l'impression qui porte 1381. auquel temps le Parlement n'étoit pas encore établi) *die penultima Februarii in manibus Magistri Amblardi Chastagni in causa hominum Montislisii, Charpeysii, Alexiani contra Præceptorem Sancti Vincentii & alios Ecclesiasticos & Nobiles Patriæ Valentinesii de declaratione laudimii ad rationem tertii denarii, quod debetur ad rationem dimidii pretii. Et ut fertur etiam hodie de hoc tempore de anno 1509. die mensis Novembris ventilatur causa in manibus Galifeti inter Nobiles de Genasio & certos alios occasione præmissorum, ubi fuit producta dicta Sententia pro parte Ecclesiasticorum & Nobilium.* Divers Registres de la Chambre des Comptes justifient le même Usage, & entre autres celui qui est intitulé *Tarif*, dans lequel étant déclaré que les Lods de la Terre de Theys sont dûs à raison du tiers denier, il est ajoûté, *quod est medietas pretii ab omni ævo.* Et c'est ainsi qu'ils sont dûs en toute la Baronnie de Sassenage, & en celle d'Uriage. Quel étonnement auroit donné cet excès à Eguinarius Baro celebre Jurisconsulte Breton, qui dans son Traité des Fiefs qualifie le sixième denier *avarissimum genus philargiriæ.*

J'ay remarqué le même Usage pour les héritages tenus en Bordelage, de la même explication du tiers denier en la Coûtume de Nivernois. tit. des Bordelages. 23. où il est dit. *Si un Bordelier vend l'héritage qu'il tient à Bordelage, le Seigneur Bordelier a la retenuë en payant le sort principal de la vente, avec les Loyaux coûts & frais raisonnables, ou le tiers denier du prix de la vente, c'est à sçavoir de dix livres Tournois cent sols; pour ce que le tiers denier se prend outre le prix & en montant, & de plus plus, & de moins moins.* Sur lequel article Guy Coquille dit, que nos Ancêtres par composition générale ont arbitré le prix selon lequel le Seigneur devroit vendre son consentement, qui en effet est la moitié de ce que le Bordelier reçoit en vendant, que l'on appelle tiers en montant ; ce qui est bien rude, ajoûte-t'il, mais la Loy est telle. *Quare hoc ita constitutum*, dit Desiderius Heraldus *Quest. quotidian. cap. 15. n. 5. quia prædia eo tributo gravata non longè absunt à servitute, certè servitutis notis sunt compuncta, quæ si patiatur Dominus vendi, partem pretii pro suo jure capit.*

Tant y a que ce sont droits fonciers que le Seigneur s'est reservés *in rei traditione*, que les Jurisconsultes nomment *agrorum leges*, Frontinus *agrorum conditiones* ; mais aussi les exige-t'on rarement à la rigueur, sinon que les Vassaux ou les Emphyteotes donnent sujet au Seigneur par la recélation de leurs acquisitions ou autrement de ne les traitter pas favorablement.

Il y a pourtant quelques lieux en Dauphiné où le tiers ne s'entend que du tiers du prix. Suivant quoy les Lods de la vente qui fut passée de la Terre du Passage à Jaques de Poissieu le 1. de Juillet 1466. par François de Clermont Seigneur de Dampierre, & par Guillaume de Condun Seigneur des Oches & Marie de Clermont sa femme pour le prix de mille écus d'or, furent liquidés à raison du tiers denier à trois cens trente trois écus, comme il se voit au Registre intitulé *Tarif. fol. 66.* La Coûtume locale, où les Titres en sont la regle : Ainsi par la Coûtume de la Marche art. 150. quand les héritages mortaillables sont vendus, le Seigneur a droit de prendre le tiers du prix.

Pour ce qui est du quart, du quint, du sixiéme, douziéme & autre denier en sus, les Lods se doivent prendre hors du prix, sinon que la Coûtume locale soit au contraire, ainsi que je viens de dire. C'est-à-dire, que s'ils sont dûs à raison du sixiéme denier, qui est la taxe la plus ordinaire des Lods en Dauphiné, le Seigneur de six écus doit avoir un écu : Ce qui revient à trois sols quatre deniers pour livre, comme porte la quittance qui fut passée le 6. de Mars 1433. par Jean Valin Receveur Général de Dauphiné des Lods dûs par Raymon de Theys qualifié *Miles legum Doctor*, à cause de l'acquisition qu'il avoit faite de la Terre de Cleles en Trieves de Guillaume de Morges Chevalier pour le prix de deux cens Florins, au même *Tarif. fol. 5.* Ainsi les Coûtumes de Melun art. 114. Sens art. 223. Troyes art. 52. reglent les Lods & ventes à trois sols quatre deniers pour livre qui est le sixiéme du prix de l'héritage, comme l'explique Pithou sur la même Coûtume de Troyes.

Je sçay bien que quelques-uns se persuadent que le sixiéme denier doit être entendu plus avantageusement pour le Seigneur, ensorte que pour cinq écus du prix, il prenne un écu qui fait le sixiéme, ce qui revient à quatre sols pour livre, mais le contraire se justifie par un grand nombre d'Arrêts du Parlement, & de la Chambre des Comptes, qui ont liquidé conjointement les Lods dûs au Roy lors que les fonctions des deux Compagnies n'étoient pas separées, comme font foy les Régistres qui ont pour titre *Retentiones.* Et telle a été la pratique de la Chambre des Comptes en examinant les Comptes des Châtelains qui faisoient exactement la recette des revenus ordinaires & casuels du Domaine avant l'an 1560.

Il suffira de rapporter quelques exemples de cet Usage. Pierre de la Baume Seigneur de Suse avoit acheté de Claude Flote Seigneur de la Roche des Arnauds, la Terre de Monclus en Gapençois, pour le prix de huit cens écus d'or, par Contract du dernier de May 1493. Les Lods furent liquidés à raison du sixiéme denier à cent trente-trois écus un tiers au livre. *Retentionem ab anno 1484. fol. 141.*

Il se voit dans le même livre *fol. 204.* que les Lods de la vente qui fut passée par Loüis Seigneur de Sassenage, & par Jeanne de Commiers sa mere à Humbert Aleman Seigneur d'Alieres, d'une maison forte située en la Parroisse de Seissins Mandement de Parset, pour le prix de huit cens écus, furent aussi liquidés le 8. de May 1499. à raison du sixiéme denier à cent trente trois écus un tiers.

Les Lods dûs par le même Loüis de Sassenage à cause de la revente qui lui fut passée le 28. de Juin 1492. par Philibert d'Arces & par Loüis de Loras de la Terre du Pont en Royans pour le prix de trois mille écus d'or furent liquidés à cinq cens écus, dont le retrayant fut déchargé le même jour *in Camera posteriori Consilii, quâ erant Dom. Anton. de Medullione Locum tenens: Anton. Muleti. Aynard. Pradelli. Steph. Audrici. & Hugo Cocti Auditores Computorum, & Procurator Generalis Delphinatûs,* dans le Registre que je viens d'alleguer fol. 59. La cause de la décharge merite d'être remarquée.

Charles Duc de Savoye pendant l'absence de Loüis II. Marquis de Saluces étoit entré à main armée dans le Marquisat, & s'étoit rendu maître de toutes les Places à la reserve du Château de Revel où étoit Jeanne de Montferrat femme du Marquis, & de la Ville de Saluces qui fut assiegée par le Duc. Ce qui obligea la Marquise d'implorer le secours de Jaques Baron de Sassenage petit fils d'Antoinette de Saluces, qui non-seulement lui envoya deux mille écus, somme assez considerable en ce temps-là, mais encore il leva des Troupes à ses dépens, de l'agrément du Roy, dont il en jetta une partie dans le Château de Revel, & avec l'autre il entra dans la Ville de Saluces dont il soûtint le Siége avec tant de conduite & de valeur, que le Duc fut obligé de le lever. Et parce que Jaques de Sassenage avoit été contraint de vendre à faculté de rachat sa Terre du Pont de Royans pour subvenir aux frais de cette Guerre, le Parlement & la Chambre des Comptes qui ne composoient qu'un Corps, déclarerent par Arrêst du 10. de May 1488. que la vente & le rachat seroient exempts de Lods sous le bon plaisir du Roy, qui valida l'Arrêt par Lettres Patentes données au Plessis du Parc le 20. de Novembre de l'année suivante, par lesquelles Sa Majesté donne au Baron de Sassenage la loüange de s'être jetté dans Saluces accompagné de nombre de Gendarmes & de Trait, de ses parens, amis & serviteurs, tant à Cheval qu'à pied, qu'il avoit soldoyés de ses propres deniers, que le Duc n'avoit pû gagner fur lui la Ville, quoy qu'il y eût donné plufieurs affauts, & qu'il l'eût battuë d'Artillerie plus de deux mois continuels. Deux raifons me convient de rapporter au long les Patentes. L'une que c'eft le feul exemple de ma connoiffance où le Parlement & la Chambre des Comptes fe foient difpenfés de décharger des Lods dûs au Roy fans Lettres précedentes de Sa Majefté. L'autre pour juftifier le contraire de ce que les Hiftoriens de Savoye ont écrit que le Baron de Saffenage aprés avoir réfifté long-temps, fut contraint de rendre la Place, & que le Duc y entra la Semaine Sainte.

TENOR LITERARUM REGIARUM ET DELPHINALIUM,
quarum vigore laudimia & venditiones remiffæ fuerunt Nobili & potenti viro Jacobo de Caffenatico Domino dicti loci Caffenatici, ad caufam alienationis per eundem factæ Villæ & Caftri Pontis in Royanis Nobilibus Philiberto & Joanni de Arciis, & Ludovico de Lorafio.

CHARLES par la grace de Dieu Roy de France, Dauphin de Viennois, Comte de Valentinois & Dyois : A nos amez & feaux les Gouverneur ou fon Lieutenant, Gens tenans nôtre Cour de Parlement, & de nos Comptes de Dauphiné, & du Général ayant la charge & adminiftration de nos Finances tant ordinaires qu'extraordinaires en iceux Pays en Dauphiné, Salut & dilection. L'humble fupplication de nôtre amé & feal Confeiller & Chambellan JACQUES SEIGNEUR DE CHASSENAGE *avons reçuë, contenant que comme depuis aucun temps en ça ait été meüe queftion & debat entre nôtre trés-honoré & trés amé Coufin le Duc de Savoye d'une part, & nôtre cher & feal Coufin le Marquis de Saluces d'autre, pour raifon & occafion du Fief, Hommage & Souveraineté du Marquifat deS aluces : lequel Nous & nôtredit Coufin le Marquis maintenons nous appartenir à caufe de nôtredit Dauphiné, dont après s'en font enfuivies guerres, divifions & hoftilitez, & tellement que nôtre Coufin de Savoye avec grand nombre de Gens d'armes entra dedans icelui Marquifat, où il prit & occupa plufieurs Villes & Châteaux, & en outre vint affieger la Ville de Saluces, & entreprenoit de prendre & occuper tout ledit Marquifat s'il eût pû, en l'abfence de nôtredit Coufin le Marquis, lequel étoit venu devers Nous comme fon Seigneur Feodal & Souverain : Pour refifter aufquelles entreprifes, & auffi pour la confervation de nos droits, ledit Seigneur de Chaffenage fuppliant, qui eft parent & allié de nôtredit Coufin le Marquis, par nôtre vouloir & commandement, accompagné de certain nombre de Gens-d'armes, & de Trait de fes parens & amis & ferviteurs, tant à cheval qu'à pied, s'alla mettre dedans ladite Ville de Saluces, pour la garder à Nous & à Nôtredit Coufin le Marquis, & tellement fe conduifit que Nôtredit Coufin le Duc de Savoye ne peut gagner fur lui ladite Ville de Saluces, combien qu'il y eût donné plufieurs grands affauts, & grandement battu ladite Ville d'Artillerie plus de deux mois continuels, & pour payer lefdits Geusdarmes &*

de Trait étans en Garnison avec ledit Seigneur de Chassenage, lesquels il soldoyoit de ses propres deniers, & aussi pour subvenir & aider à Nôtre Chere, Amée & Cousine la Marquise de Saluces qui étoit au Chastel de Ravel, laquelle avoit aussi Gensdarmes pour la garde d'icelui, ledit Seigneur de Chassenage suppliant, après ce qu'il eût dépendu & débourse l'argent comptant qu'il avoit, fut contraint de vendre ses Ville & Château du Pont en Royans assisé en Nôtredit Dauphiné : Ce qu'il ne voulut faire sans premierement communiquer avecque vous, pour vous remontrer & dire les choses des susdites, afin qu'aucun lods & ventes n'en fussent payez qui eussent été à sa charge pour le temps à venir en rachetant ladite Place, & recouvrant de celui qui l'auroit acheté, ne pareillement quand il la racheteroit, attendu que c'étoit pour la conservation de nos Droits Seigneuriaux, & pour nos propres affaires. Après laquelle remontrance, vous par meure & grande déliberation de Conseil, considéré ce que dit est, & que les deniers qu'il auroit de sadite Place s'employeroit aux choses des susdites, par vôtre Ordonnance déclarâtes, & avez dit que ledit Seigneur de Chassenage pourroit vendre & engager ladite Ville & Château du Pont en Royans, & icelle racheter & ravoir sans ce qu'il fut tenu nous payer aucuns lods & ventes pour cette fois : Et sur ce lui en avez octroyé vos Lettres Patentes. Et depuis ledit Seigneur de Chassenage a vendu & engagé ladite Ville & Château du Pont en Royans à nos chers & bien amez Philibert & Jean d'Arces, & Loüis de Loras Ecuyers, pour le prix & somme de trois mille écus d'or, avec faculté & puissance de pouvoir racheter & ravoir ladite Ville & Château ainsi vendus, toutes & quante fois que ledit Seigneur de Chassenage, ou les siens les voudroient ravoir, en payant lesdits trois mille écus, & les loyaux frais & coûtumens : Et lesquels trois mille écus d'or furent baillez à nôtredite Cousine par ledit Seigneur de Chassenage en vôtre présence, comme plus à plein ont dit apparoir ces choses, & autres ez Lettres sur ce passées entre lesdites Parties : De laquelle Ordonnance & Déclaration par vous ainsi faite, comme dit est, ledit Seigneur de Chassenage pour plus grande seureté en desire avoir de Nous approbation & ratification, en Nous humblement requerant, qu'il Nous plaise de Nôtre grace ainsi le faire. POUR CE EST-T'IL que nous mémoratifs & recors comme ledit Seigneur de Chassenage par Nôtre vouloir & commandement s'alla mettre dedans la Ville de Saluces, où il Nous a fait les services des susdits : Ayant aussi consideration à plusieurs grands & agréables services qu'il a faits à Nôtre feu Seigneur & Pere que Dieu absolve, & à nous, tant au fait de nos Guerres, qu'autrement. NOUS POUR CES CAUSES, & autres qui à ce Nous ont meu, voulans favorablement incliner à la Requête dudit Seigneur de Chassenage, avons voulu & Nous plaît, que vôtredite Ordonnance & Déclaration lui soit observée & entretenüe, & laquelle de Nôtre certaine science, pleine puissance & authorité Royal & Delphinal, Nous authorisons, confirmons & approuvons: Voulons & nous plaît que ledit Seigneur de Chassenage & ses Hoirs & Successeurs en joüissent, & qu'elle leur soit de telle valeur & effet que si par nous elle avoit été faite. Et de Nôtre plus ample Grace, & en tant que besoin seroit, Nous donnons de nouvel audit Seigneur de Chassenage lesdits Lods & Ventes, qui Nous pourroient être dûs à cause de ladite vendition & engagement : Et aussi les Lods & Ventes,

lesquels pour le temps à venir, quand il, ou ses Hoirs & Successeurs rachet-
teroient ladite Ville & Château du Pont en Royans Nous pourroient être dûs.
Si Vous Mandons et Commandons, & à un chacun de vous comme il
appartiendra, que de Nôtre presente Grace, Ratification, Approbation, Don &
choses des susdites, vous fassiez, souffriez & laissiez joüir & user pleinement
& paisiblement, sans lui donner, ne à sesdits Successeurs aucun destourbier,
ou empêchement au contraire. Et raportant cesdites presentes signées de nôtre
main ou Vidimus d'icelles fait sous Scel Royal ou Delphinal, & Quittance ou
Reconnoissance sur ce suffisante seulement, Nous voulons Nôtredit Trésorier du-
dit Pais de Dauphiné, ou autre à qui ce pourra toucher, en être tenu quitte
& déchargé en ses comptes par tout où il appartiendra sans difficulté. Car tel
est Nostre plaisir, nonobstant quelconques Ordonnances, Restrictions,
Mandemens, ou Défenses à ce contraires. Donné au Plessis du Parc le ving-
tiéme jour de Novembre, l'an de Grace mil quatre cens quatre vingt-neuf, &
de Nôtre Regne le septiéme. CHARLES. Par le Roy Dauphin, les Sires du
Bouchage & de Grimault, & autre presens. L. ROBINEAU.

INTERINATIO PARLAMENTI.

PHILIPPUS DE SABAUDIA Comes Bangiaci, Dominus Breyssiæ, Gubernator Delphinatûs. Universis & singulis præsentibus & futuris harum tenore notum fieri volumus quod visis per nos in Curia Parlamenti Delphinatûs Litteris doni Serenissimi Principis, Domini nostri Regis Delphini, ejus Sigillo cera rubea in cauda simplici impendenti sigillatas, nobis in eadem Curia parte Nobilis & potentis Viri JACOBI DE CASSENATICO MILITIS, DOMINI CASSENATICI impetrantis in eisdem nominati exhibitis, quibus præsentes sub contra sigillo Regiminis Delphinatus annexantur. Quarum tenore considerato, CURIA ipsa dictas Litteras doni duxit interinandas, interinavit-que & interinat, ac nos interinamus per præsentes juxta ipsarum formam & tenorem. Quapropter eodem DOMINO CASSENATICI impetrante, instante dilecto nostro Thesaurario & Receptore generali Delphinali, ac quibuscumque Officiariis Delphinalibus harum per tenorem præcipitur & mandatur, quatenus dictas Litteras doni dicto impetranti observent, & per quos pertinuerit observari, & eum illis uti & gaudere faciant, sinant, patiantur & permittant juxta ipsarum formam & tenorem sine contradictione & difficultate quibuscumque eidem nunc vel in futurum dandis. Quoniam sic fieri, Sigillumque Regiminis Delphinatûs præsentibus apponi volumus & jubemus. Datum Gratianopoli die penultima mensis Martii, anno Domini millesimo, quater centesimo nonagesimo. Per Dominum Gubernatorem ad relationem Curiæ, quâ erant Domini Joan. Palmerii Præsidens. Gauff. de Ecclesia. Joan. de Ventis. Jacob. Roberteti. Joan. Rabotti. Joan. Flehardi. Ant. Muleti. & Cl. Laterii Advocatus Doctores; nec non Eynard. Pradelli. Steph. Audrici. Hugo Cocti. & Guill. Armueti Auditores Computorum Delphinalium. Menon.

Extrait d'un Livre des Investitures étant en la Chambre des Comptes de Dauphiné, intitulé, RETENTIONUM AB ANNO 1484.

CHAPITRE LXXX.

Que par la Coûtume de Dauphiné les Contracts de donation & d'échange sont sujets à mi-Lods, & quelques autres questions sur le même sujet.

ES Interprêtes du Droit Romain ne sont pas d'accord si les Contracts de donation & d'échange sont sujets à Lods ou non : Quelques-uns soûtiennent l'affirmative, fondez sur la Loy derniere *C. de jure emphyt.* par laquelle Justinian ordonne que la cinquantiéme partie du prix, ou de l'estimation du fonds soit payée au Seigneur direct. *Et ne avaritia tenti domini magnam molem pecuniarum propter hoc efflagitent, quod usque ad præsens tempus perpetrari cognovimus, non amplius eis liceat pro subscriptione vel depositione, nisi quinquagesimam pretii vel æstimationis loci, qui ad aliam personam transfertur, accipere.* Et de là ils inferent que le mot *pretii,* se rapporte aux Contracts de vente, & à ceux *qui in venditionem sunt resolubiles,* celui d'*æstimaionis* à tous les autres, où il n'intervient point de prix.

Les autres embrassent la négative, par la raison que les Contracts où il n'entre point d'argent, sont exempts de lods, & que le propre sujet & le fondement des lods est la vente du fonds. Il semble d'ailleurs que les héritages échangez ne sont pas proprement alienez, à cause de la subrogation qui se fait d'un fonds à l'autre; qu'ainsi les lods n'en sont pas dûs, suivant le raisonnement de Choppin sur la Coûtume de Paris liv. 1. tit. 3. n. 21.

Plusieurs n'y soûmettent que les donations faites pour cause onereuse ou remuneratoire qui approchent de la vente ou du bail en payement, mais non celles qui sont purement gratuites & liberales.

Sur cela les Coûtumes sont differentes, dont la plûpart disposent pour la négative, particulierement aux échanges d'heritages qui sont d'une même mouvance.

Celle de Dauphiné, *medietatem quandam secuta est*, pour user des termes de Paulus en la Loy *antiqui D. si pars hæredit. petatur*. en ce qu'elle n'exige indistinctement que mi-lods de la donation & de l'échange, comme a remarqué Guy Pape quest. 48. en ces termes. *Sed de consuetudine generali in præsenti Patria Delphinatûs solvuntur dimidia laudimia pro re donata, & consueverunt donatarii se retineri & innestiri facere à Dominis directis, alias res committitur : Et ita etiam servat Stilus præsentis Curiæ Parlamenti in judicando.*

Ainsi les Registres de la Chambre des Comptes font foi que Messire Loüis Ademar de Monteil, Seigneur de Grignan, ayant donné la Baronnie de la Garde à Messire Antoine Escalin des Aymars, Chevalier de l'Ordre, si renommé sous le nom du Capitaine Paulin Général des Galeres, par Contrat de l'an 1543. l'estimation en fut faite par un Commissaire de la Chambre à la somme de ving mille livres, & ensuite les mi-lods liquidez à raison du cinquiéme denier à deux mille livres dont le Roy Henry II. lui fit don & remise par Lettres données à Escoüen le 1. de Juin 1559.

Il est vray que ce que dit Guy Pape du Commis est abrogé par un usage contraire, comme j'ay remarqué ailleurs : Néanmoins il y a quelques Coûtumes locales en Dauphiné, comme celle de Rochefort en Valentinois, où le Donataire n'est obligé qu'au double de la Cense envers le Seigneur. La Ville de Montelimart dont les anciens Seigneurs qui lui ont donné leur nom, ne reconnoissoient que l'Empire, prétend que par ancienne Coûtume locale il n'est point dû de mi-lods des Donations qui s'y font des héritages situez dans son Territoire.

Le même Guy Pape dit en sa quest. 92. *De consuetudine generali in præsenti Patria Delphinatûs non debentur nisi media laudimia ex permutatione cum ibi non interveniat pecunia, ut dixit Petrus Jacobi.* Ce qui est confirmé par François Marc Decis. 173. part. 1.

Laquelle Coûtume a lieu soit que les Fonds échangés relevent d'un même Seigneur, ou qu'ils soient de deux mouvances differentes, ou que l'un des Fonds soit allodial, comme il a été jugé par Arrêt de la Chambre de l'Edit du 23. Juin 1663. donné au rapport de M. Chabrieres entre Claude Faure & Loüise Eymin Démandeurs, & Pierre Faure Défendeur, après avoir pris l'avis des Chambres, quoy que l'Arrêt ne le porte pas, à cause qu'il est émané de la Chambre mypartie de l'Edit. Ce qui est conforme à la Coûtume de Rheims art. 152. & à quelques autres.

Ainsi la plûpart des questions que les Docteurs ont traittées sur ce sujet sont inutiles à nôtre Usage, qui ne regarde pourtant que les véritables Contracts d'échange, & non pas les simulez & frauduleux, ny ceux qui doivent passer pour vente, *qui relabuntur vi & verò intellectu in eandem causam*, dont Tiraqueau discourt amplement en son Traité de Retractu §. 1. glos. 14. n. 22. & Dumoulin §. 55. glos. 2. n. 7.

Et à ce propos l'on peut mettre en doute si l'échange d'un Fonds

contre une rente conftituée , que, nous appellons en Dauphiné penfion, ne doit que Milods ou s'il doit les Lods entiers.

Aux Coûtumes qui exemptent les échanges de Lods , comme Paris, Troyes, Bretagne, Auvergne, l'on convient que l'échange d'un
Fonds contre une rente conftituée n'eft pas fujet à Lods , parce que
les rentes conftituées font reputées immeubles, & qu'ainfi *permutatio*,
*rei immobilis cum re immobili vice fungenti fortitur verum permutationis con-
tractum , quo quidem cafu Moribus illis non debentur Laudimia.* Ce qui obligea la Nobleffe de France de requerir par l'art. 56. des Cahiers qu'elle préfenta au Roy l'an 1577. en l'Affemblée Générale des Etats à
Blois , que lors qu'il y auroit échange de Terres avec des rentes conftituées à prix d'argent , il fut déclaré fujet au payement des Droits de
Quint & de Lods , comme étant plûtôt vente qu'échange ; mais la
pratique ancienne ne fut point changée , laquelle ne doit être entenduë qu'au cas que la rente foit düë par un étranger : car fi le debiteur
même donnoit à fon créancier un Fonds en échange de la rente pour
fe liberer , il n'eft point de doute qu'au lieu d'un échange ce feroit
un payement , & en ce cas les Lods feroient dûs indubitablement ,
nam hujufmodi contractus vicem venditioni obtinet , comme dit l'Empereur
Antonin *l. fi prædium 4. C. de eviction.*

Quant aux Coûtumes où les rentes font reputées mobiliaires, l'é-
change qui s'en fait avec des Terres eft par conféquent tenu pour
vente. Pareillement en Dauphiné où les penfions & conftitutions de
rente ne font point au rang des meubles & immeubles, *fed funt quoddam genus per fe ,* comme je remarqueray plus particulierement ailleurs,
il n'eft point de doute que la penfion ou rente étant plûtôt donnée
en payement qu'en échange, les Lods entiers n'en foient dûs , *nimirum id quod accipitur , vice pecuniæ fungitur & pro pretio haberi debet.*

Et fi le Contract porte qu'outre le Fonds échangé l'un des permu-
tans a donné quelque fomme d'argent qui n'égale pas la valeur du
Fonds , mais qui en fait le fupplément, Guy Pape en fa Queft. 92.
fus alleguée, eft d'avis qu'il n'eft dû que milods du Fonds échangé,
& qu'il n'en eft point dû de l'argent.

J'eftime néanmoins que tant s'en faut qu'il ne foit point dû de Lods
pour la fomme donnée en fupplément, qu'au contraire les Lods entiers font dûs de la fomme , *nam fi pecunia fit fupplementum , hactenus
venditio eft, & Laudimia debentur quatenus pecuniæ quantitas afcendit ,* comme dit Argentré fur la Coûtume de Bretagne art. 73. n. 10. Ce qu'il
réïtere en d'autres termes en fon Traité *de Laudimiis cap. 1. ſ. 49.* fur
la fin , fans que l'on fe doive arrêter à l'opinion de ceux qui donnent
l'être au Contract, c'eft-à-dire, de vente ou d'échange, felon que la
fomme eft plus ou moins forte que la valeur du Fonds auquel elle eft
jointe. Car en effet c'eft un échange à l'égard du Fonds , & une vente à l'égard de l'argent, *quippe permiftum eft negotium* , dit Balde fur la
Loy *Arifto. D. de donat.* quoy qu'il n'y ait qu'un feul Acte contenant
deux conventions qui ne doivent pas être confonduës , chacune ayant

fa nature & fa condition differente, *permutationis fcilicet in quantum res foli pro re alia ejufdem generis datur ; venditionis in quantum res foli pro pecunia.* Tel eft auffi le fentiment de Tiraqueau *in Retractu f. 30. glof. 1. n. 38. & de Charles du Moulin, f. 11. glof. 2. n. 10. & glof. 1. n. 2.* qui en alleguent d'autres. Et les Coûtumes de Troyes art. 55. de Vermandois art. 139. de Rheims art. 152. de Noyon art. 24. en difpofent de la forte.

Quant aux partages qui fe font entre Cohéritiers *in judicio familiæ hercifcundæ,* ou l'une des portions excedant l'autre eft recompenfée en argent, nuls lods ne font dûs, parce que ce n'eft pas l'intention de vendre qui donne caufe au fupplément en argent, mais la néceffité de rendre les portions égales, fuivant la maxime plus communément reçûë que *ex divifione neceffaria nulla debentur Laudimia;* comme raifonnent les mêmes Docteurs & qu'il fut jugé par la Chapelle de Touloufe queft. 75. à quoy font conformes les Coûtumes d'Orleans art. 113. Troyes art. 57. Chaumont art. 59. finon qu'il y eût de la fraude, comme fi les foltes ou tournes étoient fi grandes, que le Contract dût être plus reputé vente que partage. N'étant confiderable la diftinction qu'y apportent les Coûtumes d'Auxerre, de Nevers, de Tours, de Lorris, qui admettent le Droit de vente, & quand la folte a été payée des deniers ou meubles non communs, & provenans d'ailleurs que de la même fucceffion, & non quand ils en procedent : Laquelle diftinction eft rejettée par du Moulin aux Coûtumes qui n'en difpofent pas.

Même fi l'heritage ne fe peut partir entre cohéritiers, & qu'il fe licite par Juftice fans fraude, il n'eft point dû de lods & ventes de l'adjudication faite à l'un d'eux, comme en difpofent les Coûtumes de Paris art. 80. Orleans art. 114. Melun 124. Lodun 14. 28. La raifon eft que la licitation n'eft pas une alienation volontaire, mais un expedient de la Loy, comme fubrogé par néceffité au lieu du partage, pour faire que la chofe ne foit plus commune. *L. Mævius §. Arbiter. D. famil. Hercifc. l. ad officium C. communi divid.* contre l'avis d'Aufrerius fur la queftion fus-alleguée de la Chapelle de Touloufe, qui eftime que les lods font dûs fi l'adjudication de toute la chofe eft faite à l'un des partageans, *quando in divifione adjudicatio totius rei emphyteuticæ fieret uni, quia tunc non poteft fieri fine confenfu domini, per confequens deberet Laudimium; fecus autem quando divifio fieret pro eis partibus pro quibus emphyteutæ obligati funt ad penfionem Domino.*

La queftion eft controverfée s'il y a pareille exemption de lods pour licitation d'heritage faite entre affociez & comproprietaires non heritiers. Bacquet en fon Traité des Franc-fiefs chap. 7. n. 12. dit que non : Au contraire Loüet lettre L. n. 9. tient qu'il n'eft point dû de lods & ventes, & en rapporte un Arreft donné en la Coûtume de Chartres du 11. Juin 1607. en faveur d'une veuve commune avec fon mari, fur une licitation faite à fon profit d'une maifon qui ne fe pouvoit commodément partir entre elle & fes enfans, & ceux du premier
mier

mier lit, pour raison de laquelle le Seigneur fut débouté des lods par lui prétendus.

Le Parlement de Grenoble a jugé par Arreſt donné au rapport de Mr. de Saint Germain, du 8. Avril 1654. entre Anne Richard veuve & heritiere avec inventaire de Pierre Borel d'une part, & Jean Royanois & François Meynier défendeurs d'autre ; & ledit Royanois demandeur en aſſiſtance de cauſe d'une part, & Dame Anne de Latiet Dame de Chatte défendereſſe d'autre ; qu'un heritier beneficiaire étant demeuré dernier encheriſſeur des biens du Teſtateur, ne doit point de lods de la délivrance qui lui en eſt faite ; parce qu'il ſemble qu'ils n'ont été mis aux encheres que pour y mettre prix, & ſçavoir de combien l'héritier doit tenir compte aux créanciers. Cet Arrêt a ſervi de préjugé en ſemblable cas.

CHAPITRE LXXXI.

Que les Donations faites par le Pere ou par la Mere à un Enfant, ne ſont pas ſujettes à mi-Lods, contre la pratique de nos Ancêtres.

DU temps de nos Ayeuls les Donations faites par le pere ou par la mere à leurs enfans, étoient ſujettes à mi-Lods envers le Seigneur direct, comme juſtifient divers Regiſtres de la Chambre des Comptes, & entre autres celui qui eſt intitulé, *Retentionum ab anno 1435.* où il eſt fait mention des mi-Lods que Noble Aynard de Veines Seigneur en partie de Veines, fut obligé de payer au Treſorier Delphinal pour la donation qui lui avoit été faite l'an 1410. par Catherine du Roux ſa mere, de la Terre de Cheiſillane en Trieves au Bailliage de Graiſivodan, laquelle eſt aujourd'hui poſſedée par Mr. de Veines très-digne Conſeiller au Parlement de Grenoble, deſcendu du même Aynard : Ce qui a donné ſujet à la remarque faite par Jean de la Croix Preſident au Parlement, & depuis Evêque de Grenoble, en ſes Notes ſur la queſtion 48. de Guy Pape, où il dit ſur la foi du même Regiſtre : *Nota quod obſervatur de conſuetudine quod ſolvitur laudimium de donatione faĉta à patre & matre filiis, ut videri poteſt in libro Retentionum ab anno 1435. ſignato per 1. fol. 34.*

Mais cette rigueur Fiſcale a ceſſé par un contraire Uſage plus équitable, ſuivant lequel on l'a jugé en la Chambre de l'Edit par Arreſt du 2. Août 1647. donné au rapport de Mr. de Ponnat, entre Guerin Bertier appellant du Vibailly de Vienne, & François Villon intimé, conforme à celui du Senat de Chambery, rapporté par Mr. Faber *C. de jure emphyt. Defin. 71.*

II. Partie. N

J'ai dit plus équitable, parce que les lods ne sont dûs que par la translation de propriété, qui n'est pas en la donation du pere ou de la mere aux enfans, *qui etiam vivo patre quodammodo domini existimantur*, comme dit Paulus, *l. is suis D. de liber. & posth.* l'heredité paternelle & maternelle leur appartenant par droit de nature, suivant les beaux termes de Papinian, *l. scripto 7. D. undè liberi. Non sic parentibus liberorum, ut liberis parentum debetur hæreditas : parentes ad bona liberorum ratio miserationis admittit, liberos naturæ simul & parentum commune votum.* Ce que Paulus appelle une loy tacite de la nature, *l. cum ratio D. de bonis damnat.* à cause de quoi, *ne judicio quidem parentis,* ajoûte-t'il, *nisi meritis ex causis summoveri ab ea successione possunt.* Ce qui a fait dire à Plutarque dans son Traité de l'Amour, que la nature imprime aux peres & aux meres pour leurs enfans, que ceux-ci ne témoignent point de reconnoissance aux autres pour avoir leur succession, laquelle ils considerent comme une dette qui leur appartient, οἱ μὲν γὰρ παῖδες, dit-il, χάριν οὐδεμίαν ἔχουσιν, οὐδὲ ἕνεκα τούτου Ἱεραπεύουσιν, οὐδὲ τιμῶσιν, ὡς ὀφείλημα τῶν κλήρων ἐκδεχόμενοι. En effet les enfans sont une portion de leurs parens, μέρι τέκνα γονέων ; comme dit Philon en sa Dissertation de Josephe. C'est pourquoi Artemidore liv. 1. chap. 46. dit que celui qui songe de voir ses entrailles & ses intestins dans leur situation naturelle, doit esperer des enfans s'il n'en a point, parce que les enfans sont appellez les entrailles du pere, καὶ γὰρ παῖδες σπλάγχνα λέγονται, ὡς ἀντοςία. Et generalement *in favorabilibus eadem patris & filii persona censetur.* De sorte qu'en plusieurs cas le fait de l'un est tenu pour le fait de l'autre, comme en la Loy *dedit dotem. D. de collat. quod pater meus filiæ meæ dedit, perinde est ac si ego dedissem.* C'est pourquoi presque toutes les Coûtumes declarent qu'en succession directe il n'est point dû de rachat ou relief.

D'où il s'ensuit que la donation qui est faite par le pere ou par la mere, est reputée une partie de la succession future, laquelle est anticipée ; tellement qu'il semble qu'ils ont pourvû de leur vivant à leur heritier futur, comme parle Marcellus *l. cum quo. S. ult. D. de lege Falc.* Ce qui doit être étendu à toutes les liberalitez qu'ils font à leurs enfans, suivant l'avis de Joan. Faber *in Proemio Instit. ad verbum. Alamannicus.*

CHAPITRE LXXXII.

*Si le Seigneur doit payer les Lods à son Fermier à cause de l'acquisi-
tion qu'il a faite pendant la ferme de quelques fonds de sa
mouvance.*

A queſtion a été jugée par Arrêt du Parlement de Touloûſe
du 20. Juillet 1599. en faveur du Duc de Ventadour contre
le Fermier d'une de ſes Terres, qui venant à compte du prix
de ſa ferme, bailloit en payement la ſomme à laquelle revenoient les
Lods qu'il prétendoit lui être dûs par le Duc, comme adjudicataire de
quelques fonds de ſa directe, qu'il avoit fait decreter ſur un habitant
de ſa Terre. L'Arrêt eſt remarqué par M. Cambolas en ſes Déciſions
notables liv. 3. chap. 5. mais comme deux celebres Docteurs, du Moulin & Argentré, le premier ſur la Coûtume de Paris §. 78. gloſ. 1.
queſt. 9. n. 113. l'autre en ſon Traité *de Laudimiis cap. 3.* ſont d'avis
contraire, les raiſons de part & d'autre m'ont ſemblé dignes d'être
examinées, pour faire le ſujet de ce chapitre.

Celles que rapporte Cambolas ſont, que nul ne peut prendre lods
& ventes de ſoi-même, *cum res ſua nemini ſerviat, & ad eum caſum redacta ſit à quo incipere non poteſt*, outre que les lods étant dûs pour l'inveſtiture, le Seigneur n'en a pas beſoin, comme étant inveſti de droit:
Et bien qu'autrefois il eut été jugé que le Seigneur qui prenoit un
heritage par droit de prélation, devoit les lods à ſon Fermier, que
c'étoit parce qu'il prenoit un droit acquis au Fermier, au moyen du
Decret ou achat premier, au lieu qu'en ce fait le Seigneur avoit fait
ſaiſir le fonds dès le commencement. A quoi l'on peut ajoûter que
comme en matiere de ceſſion de droits & actions le cedant n'eſt pas
preſumé de l'avoir faite contre ſoy, ſuivant cette maxime *ſemper ex-
cipitur perſona loquentis;* de même il n'y a point d'apparence que le
Seigneur ayant ſubrogé le Fermier en ſes droits Seigneuriaux ait entendu de ſe ſoûmettre à luy payer les lods pour les acquiſitions qu'il
feroit pendant la ferme.

Le Fermier au contraire fonde ſon droit ſur ce que prenant le bail
il a pris ſes meſures ſur tout le contenu au Terrier qu'on luy a deli-
vré, & fait état des lods caſuels, nul excepté: Que par un contract
de bonne foy il s'eſt obligé de payer au Seigneur le prix convenu,
à quoy il ne ſeroit tenu de ſatisfaire ſi le Seigneur de ſa part ne le
faiſoit joüir de tous les droits afermez: Qu'il ſe pourroit faire que
pendant la ferme le Seigneur uniroit à ſon domaine tous les fonds
qui ſeroient expoſez en vente judiciaire ou volontaire, au prejudice
notable du Fermier qui ſeroit en perte nonſeulement des lods, mais
auſſi du courant de la cenſe, laquelle ceſſeroit d'être dûë par la con-

folidation du domaine utile au domaine direct, dont il feroit jufte qu'il fût dédommagé : Qu'il eft vray que le Seigneur eft invêti de droit & que nul n'eft creancier de foy-même, mais qu'à proprement parler il ne demande pas les lods comme lods, mais comme une re-compenfe du dommage que lui a caufé l'acquifition du Seigneur, de la même forte que le Seigneur eft indemnifé de la perte de fes droits quand l'heritage mouvant de lui tombe en main-morte qui le met hors du commerce. Dans cette diverfité de raifons il me femble que la queftion doit être decidée par ce qu'a prononcé Papinian en la loy 39. *D. de pactis. Veteribus placet pactionem obfcuram vel ambiguam venditori & qui locavit nocere, in quorum fuit poteftate legem apertius conf-cribere.* Sur la quelle loy Cujas établit deux regles, l'une qu'il faut toûjours fuivre *quod verifimile eft egiffe inter fe contrahentes ;* l'autre que n'étant vray femblable que les parties ayant eu intention de conve-nir de ce qui eft controverfé, il faut toûjours interpreter le contract contre le locateur. Il en ajoûte une troifiéme après Accurfe, que lors que le contract peut recevoir deux interpretations, dont l'une eft fa-vorable au locateur, l'autre au locataire, il faut prononcer en faveur du locataire. Ainfi j'eftime que l'opinion de du Moulin & d'Argentré doit être plûtôt fuivie que l'Arrêt de Touloufe qui peut avoir eu pour motifs des circonftances particulieres tirées du bail à ferme dont il étoit queftion, lefquelles font échappées à la plume de Cambolas.

CHAPITRE LXXXIII.

Si le Seigneur direct peut empêcher la coupe du Bois de haute futaye. Et fi la coupe étant faite les Lods en font dûs.

Eux belles queftions dont l'une vient en conféquence de l'autre, méritent un Chapitre particulier. L'une fi le Seigneur direct peut empêcher la coupe du Bois de haute futaye : L'au-tre fi la coupe étant faite les Lods en font dûs.

Quant à la premiere, les Interprêtes du Droit Romain, & entre autres Dinus, Bartole, Balde, Angelus, fur la Loy *divortio. §. fi fundum D. foluto matrim.* tiennent conftamment que l'Emphytéote ne peut couper le Bois de haute futaye fans le confentement du Seigneur, non plus que le mary le Bois dotal, de la coupe duquel il eft tenu à la femme *quafi deteriorem fundum fecerit,* comme il eft dit au même §. *fi fundum ;* Que par la même raifon l'Ufufruitier ne peut couper les grands Arbres, *fed fi grandiores arbores effent, non poffe eas cædere,* dit Pau-lus *l. 11. D. de ufufr.* Là raifon eft que *fructuarius caufam proprietatis de-teriorem facere non debet, meliorem facere poteft ;* ainfi que le décide Ul-pian *l. fi cujus 13. §. fructuarius D. eodem.* Que l'Emphytéofe eft une

eſpece d'Uſufruit. Enfin que le mot ἐκφύτευσις, c'eſt-à-dire, ente-
ment, marque le devoir de l'Emphyteoſe, qui eſt de mettre en bon
état le fonds Emphyteutique : Qu'ainſi la Loy derniere *C. de jure Em-*
phyt. appelle mélioration le travail de l'Emphyteote.

Veritablement l'équité ne permet pas qu'un Emphyteote dégrade
contre la nature & la Loy de ſon Titre, une Forêt qui eſt l'ouvrage
de pluſieurs Siécles.

Grande nefas adeo eſt ſacros excindere lucos,
  In quibus hororem tenebrarum, altóſque receſſus,
  Atque umbras, atque ipſa ſilentia vulgus adorat.

Auſſi Pline dit liv. 16. chap. 44. que la vie de quelques arbres
immenſa credi poteſt, ſi quis profunda mundi & ſaltus inacceſſos cogitet : Et
au chap. 1. du même livre il ne fait pas difficulté de donner aux
chênes de la Forêt Hercynie le même âge que celui du monde. *Her-*
cynia ſilva roborum vaſtitas intacta ævis & congenita Mundo prope immortali
ſorte miracula excedit. Ce qui a donné ſujet à la Coûtume d'Anjou art.
47. d'attribuer les Forêts aux Barons par exellence de droit, pour ſervir de marque de Baronie.

Il en eſt de même du Fief, ſuivant l'avis de tous les Feudiſtes. Ce
qui eſt indubitable dans la vraye nature du Fief & de l'emphyteoſe
qui ne peuvent être alienez que du conſentement du Seigneur. Mais
aujourd'huy que l'un & l'autre ſont patrimoniaux, qu'ainſi le Vaſſal
ſe peut joüer de ſon Fief juſques à demiſſion de foi, l'Emphiteote du
fonds emphiteutique, *ſalvo canone,* les Docteurs François eſtiment que
le Vaſſal peut couper le bois de haute fûtaye contre la volonté du
Seigneur, quoi que l'heritage féodal reçoive de la diminution en ſa
valeur, & que les lods en ſoient moindres en cas de vente.

C'eſt ainſi que le decide Argentré ſur la Coûtume de Bretagne art.
60. n. 5. voici les termes. *Sed nunc quo jure utimur longè quidem diver-*
ſo Feuda habentur, cum tam Feuda in patrimonio noſtro ſint quàm quæ ma-
ximè : ideóque & libera & abſoluta in poteſtate alienantis ſunt, etiam irrequiſitis
atque adeo repugnantibus dominis Feudorum, ſalva conditione & jure feudali :
Quare nec arbores exſcindere Vaſſalli prohibentur, nec prohiberi poſſunt prætextu
quaſi minoris fundus futurus ſit, cum Vaſſallus re ſua utatur ad uſum permiſſum
& utilem citra ſubſtantiæ rei corruptionem, etiamſi laudimia per conſequentiam
diminui contingat ; cum arbores non ſint pars eſſentialis fundi, non magis
quàm fungi, aut in corpore ungues & capilli, qui ſine corporis damno reſe-
cantur, cum Vaſſallus de re ſua ſibi negotium gerat citra alieni damni reſpec-
tum aut intentionem. Il cite en ſuite du Moulin qui dit la même choſe
de l'heritage cenſuel *§.* 74. ſur le mot. *D'aucun cens ou fonds de ter-*
re n. 2. *Hinc eſt quod regulariter Cenſuarius poteſt ad libitum probè vel perpe-*
ram de re cenſuaria diſponere domino invito, ſivè ædificando, ſivè demolien-
do, ſivè in plantando, ſivè in ſtagnum aut contra convertendo ; ſivè ad vi-
neam, aut nudam aream, aut deambulatione utilitatis, aut voluptatis gratia

convertendo. Nec prohiberi potest à domino cenſuali ea ſola ratione quod res ab eo movetur in cenſum, quia cenſus nunquam perit : Non enim penſationes fructuum, ſed honorem domini reſpicit, ideò ſemper ſalvus remanet. Nec eſt in conſideratione quod laudimia erunt minora, quia de hujuſmodi caſibus adventitiis aut fortuitis non curatur. l. Julia. ſicut nec ordinarium jus decima mi-nueretur nec minui cenſetur, quod tamen longè antiquius, fortius & favorabi-lius eſt laudimiis iſtis. Et ſuivant cette Doctrine il fut jugé contre l'Abbé de S. Victor de Paris, qu'étant bien & dûëment payé de ſon cens annuel, il ne pouvoit contraindre un habitant du fauxbourg de rebâtir ſa Maiſon ſituée en la cenſive de l'Abbé, & ayant fait ordonner que le fonds ſeroit vendu à la charge de rebâtir, la Sentence fut infirmée par Ar-rêt du 12. Decembre 1608. au profit d'Emery de Mortagne, com-me a remarqué le Scholiaſte de la Coûtume du Grand Perche ſur l'art. 66. qui avoit plaidé pour Mortagne. Il y a même raiſon pour l'emphyteoſe, car quoi que le cens & l'emphyteoſe ſoient differens, *tamen eadem analogia eſt, nec eſt jus diverſum,* comme le declare du Moulin n. 9. du §. ſus allegué.

Cette doctrine pourtant reçoit quelques limitations : La premiere ſi par la coupe du bois de haute futaye le ſol devient ſi ſterile & in-fructueux, qu'il ne fut pas ſuffiſant de payer le cens, ou la redevan-ce emphyteutique, *ſi perceptio ipſius cenſum lederetur :* Et c'eſt ainſi qu'il faut entendre l'art. 224. de la Coûtume de Sens ; *ſcilicet quando mu-tatio, vel deterioratio noceret ipſi cenſui, non autem ſi aliis juribus adventitiis,* dit du Moulin n. 3.

La ſeconde, ſi le titre primitif énonce le bois de haute futaye, ſuivant le raiſonnement que fait auſſi du Moulin d'une maiſon don-née à cens, *facta eſt enim inveſtitura,* dit-il, *etiam magnorum laudimio-rum contemplatione :* Ce qu'il entend ſeulement de la conceſſion ori-ginelle, mais non des reconnoiſſances enſuivies, quoy qu'anciennes, parce que la préſomption eſt que la conceſſion n'a été faite que du ſol tout nud : Quoy qu'à mon avis cette limitation ne peut pas être bien appliquée au Bois de haute futaye qui doit être préſumé de très-haute antiquité.

Guy Coquille ſur la Coûtume de Nivernois tit. des Fiefs art. 21. en ſes Queſtions chap. 30. dit auſſi judicieuſement à ſon accoûtumée, que ſi le Fief conſiſte en une ſeule piece d'héritage qui ſoit Forêt, ou moindre Bois de haute futaye, ou bien que tel Bois faſſe la meilleure partie du Fief, & qu'après la coupe du bois le ſol & fonds ſoit inuti-le ou à labourage, ou à revenuë de bois taillis, qu'il eſtime que le Seigneur Féodal peut préciſément empêcher la coupe, en tant que par elle le Fief en ſa principale eſſence ſe perd & éteint. Il me ſem-ble que le raiſonnement de Coquille, homme de grand ſens & de rare érudition, doit être la veritable réſolution de cette queſtion.

Quant à la ſeconde, ſçavoir ſi la coupe du bois étant faite, les lods en ſont dûs ; j'apprens de Jaques Mourgues Commentateur des Statuts de Provence, page 163. que le Parlement d'Aix eſt en coûtume de

les adjuger, dont il rapporte trois Arrêts, & entr'autres un du 28.
Mars 1635. contre les Confuls & la Communauté de Ramatuelle au
profit d'Honoré Marquefi pour la vente de certains Pins choifis &
coupés dans une Forêt de la Communauté mouvant du Seigneur. Augufte Galand dans fon Traité contre le Franc-Aleu fans titre fait auffi
mention de deux Arrêts donnés en la Chambre de Nerac ; l'un du
22. Février 1618. l'autre du 10. Juin 1619. confirmatifs de deux
Sentences rendues au Siége de Taillebourg, portant adjudication de
Lods & ventes, à caufe de diverfes ventes de pieds d'arbres. Defquels
Arrêts j'avouë que je fuis furpris, puifque la coupe n'étoit que de
quelques pieds d'arbres choifis dans des Forêts qui ne laiffoient pas
de fubfifter.

Maître Charles du Moulin fur la Coûtume de Paris §. 78. glof. 1.
fur le mot *acheté à prix d'argent n. dernier*, eft d'avis contraire, fuivi
d'Argentré *Tract. de Laudimiis §. 28.* de Coquille fur la Coûtume de Nivernois *tit. des Fiefs, art. 21.* & en fes Queftions chap. 50. où il en
allegue deux Arrêts du Parlement de Paris, de Choppin fur la Coûtume d'Anjou liv. 2. tit. 2. n. 2. d'Anne Robert, *Rerum judicatorum
lib. 3. cap. 9. & de Mornac ad l. fed fi grandes 11. D. de ufufr. & ad l. fi
poft 9. D. de peric. & comm. rei vend.* La raifon eft que quoy que le bois
étant débout, & prenant nourriture au fonds foit reputé immeuble
par la Loy *Quintus §. de act. empti.* fi eft-ce que la coupe confiderée
comme coupe, étant chofe pure mobiliaire, & le fonds ne changeant
point de main, ne doit être fujette à Lods, non plus qu'à retenuë &
droit de prélation. Ce qui doit être entendu, pourveu que la vente
de la coupe ne foit pas anticipée en fraude de la vente du fonds, qui
doit bien-tôt enfuivre, *& ex legitimis conjecturis conftet*, comme dit du
Moulin. C'eft le meilleur fentiment, le Seigneur direct fe devant imputer la négligence de n'avoir pas empêché la coupe.

Au refte le bois eft reputé haute-futaye, qui eft âgé de plus de cent
ans, celui dépuis cinquante jufques à cent haute taille, & celui qui
eft au-deffous moyenne & baffe taille, fuivant l'avis des Experts convenus pardevant le Maître particulier des Eaux & Forêts de Gifors en
Normandie, fur la contention qui étoit entre le nommé Olivier &
le Comte de Saint Paul, touchant la nature & qualité du Bois, pour
raifon dequoy fut donné Arrêt du 13. May 1608. confirmatif de la
Sentence des Requêtes, duquel fait mention Berault fur la Coûtume
de Normandie art. 463. Celles de Troye, de Sens, d'Auxerre, difent que hauts bois, bons à maifonner & édifier, portans gland &
paiffon, & qui font en lieu où il n'eft mémoire d'avoir eu labourage
font reputés Bois de haute futayes.

Tout le fruit de la Forêt comme la Glandée, les Châtaignes, les
Poires & Pommes fauvages, les Cerifes, la Faine, s'appelle en France
le Gru, qui s'afferme fous ce mot par le Gruyer.

CHAPITRE LXXXIV.

Que le poſterieur créancier venant à exercer le Droit d'offrir
contre le premier, doit rembourſer à celui-cy les Lods qu'il a
payés à cauſe du gage par lui acquis du commun Débiteur.

L'Utilité du prêt qui entretient le Commerce & ſert de lien à la
ſocieté civile, a produit l'uſage des gages & des hypotheques
pour la ſûreté de la ſomme prêtée. Ce que les Romains ont
emprunté des Grecs parmi leſquels il a été frequent. Et effet le mot
d'hypotheque eſt purement Grec, ſignifiant une marque apparente,
appellée en France Brandon, que les Atheniens & à leur exemple les
autres Nations de la Grece avoient accoûtumé de mettre dans le champ
de celui qui l'avoit engagé à ſon créancier pour donner connoiſſance
du gage à ceux qui voudroient contracter poſterieurement avec le
même Débiteur. Et parce que les Gentils croyoient que leurs Dieux
domeſtiques n'abandonnoient jamais la maiſon qui leur étoit conſa-
crée, Tertullien en ſon Apologetique chap. 1 3. leur reproche qu'ils
ne faiſoient pas ſcrupule d'engager leurs Dieux à leurs créanciers. *Do-*
meſticôs Deos, quos Lares dicitis Domeſtica poteſtate tractatis, pignorando,
vendendo, & même la charité que les premiers Chrêtiens faiſoient profeſſion d'exercer entre eux n'empêcha pas qu'ils ne pratiquaſſent l'uſage
des hypotheques, ſuivant le témoignage de Sidonius Apollinaris liv.
4. Epiſt. 24. où il dit. *Quin & pridem inter Chriſtianos illi qui pecunias*
ſub fœnore collocabant, ſolebant prædia loco fiduciæ & pignoris, obligari.

Il eſt vray que nos Loix ont donné un moyen au créancier poſterieur qui ſe trouve en perte de chercher quelque indemnité ſur les biens
qui appartenoient au commun Débiteur lors de la dette contractée :
Qui eſt de lui permettre de faire vuider le gage poſſedé par le premier Créancier en lui offrant ce qui lui eſt dû legitimement.

Je confonds ici les termes de gage & d'hipotheque comme ſynonimes : Car bien que le gage ſoit proprement du meuble, l'hipotheque
de l'immeuble, que celle-ci demeure au pouvoir du débiteur, l'autre
paſſe en la poſſeſſion du créancier : Si eſt-ce que les Juriſconſultes ont
à la fin confondu les termes de *pignus & hypotheca :* Tellement que le
meuble eſt ſuſceptible d'hypotheque, tandis qu'il demeure entre les
mains du débiteur, mais n'y étant plus il ceſſe de l'être, ſuivant la
regle générale du Droit François, que meubles n'ont point de ſuite
par hipotheque.

Quant au droit d'offrir qui eſt accordé au poſterieur créancier contre le premier, pour lui faire vuider le gage acquis du debiteur commun, lors que le premier s'eſt trouvé le poſſeder à titre de vente qui
produit des lods au Seigneur direct, on a demandé ſi ce premier créan-

cier avant que d'abandonner le gage, ne doit pas être remboursé non
seulement de ce qui lui étoit dû par le débiteur commun, mais aussi
des lods qu'il a payez à cause de son acquisition. Le siége de cette
matiere est dans la Loy *creditor ſ. sciendum*, qui est de Papinian, &
dans la Loy *quærebatur. D. qui potior. in pign. vel hypoth. habeant.* Et ce
droit d'offrir est encore établi par la Loy *secundus C. de pignor. & hypoth.*
par la Loy 1. *C. qui potior. in pign. & hypoth. habeant.* & par la Loy 1.
C. ſi antiquior credit. pignus vendid. Et Justinian a voulu en la Loy *sci-
mus ſ. ſi verò C. de jure delib.* que ſi les heritiers venoient à donner en
payement à quelqu'un des creanciers posterieurs du défunt, quelque
immeuble dépendant de son heredité, qu'ils pussent repousser par le
droit d'offrir l'action hipothecaire des creanciers anterieurs, & se conferver le gage par ce moyen.

Cette question s'est presentée depuis peu en la Chambre de l'Edit
de Grenoble entre Antoine Perrin creancier de François Barnoin demandeur, contre Estienne Teyssier acquereur d'un verger qui avoit
appartenu à Barnoin, que Jacques Brez son creancier avoit fait decreter sur lui, & depuis vendu à Teyssier, contre lequel Perrin demandoit la vuidange du même verger, sous offre, de lui rendre le prix
de son acquisition, comme étant revêtu du droit de Jacques de Brez
creancier anterieur à Perrin; ce qui étoit accepté par Teyssier à condition qu'outre le prix de son acquisition, il seroit remboursé par Perrin des lods qu'il avoit payez.

L'on disoit contre le remboursement des lods pretendus par Teyssier
que les Loix sus-alleguées qui ont établi le droit d'offrir, n'obligent le
posterieur creancier qu'à rendre au premier ce qu'il avoit prêté au commun débiteur avec interêts; Que le cas marqué par la Loy 1. *C. ſi antiquior credit. pignus vendid.* est en la propre espece d'un ancien débiteur, auquel cas la Loy n'exige du dernier creancier pour faire vuider
le gage au premier, sinon qu'il restituë la somme prêtée avec interêts.
Voici les termes : *Cum autem debitor ipsi priori debitori eadem pignora in
solutum dederit vel vendiderit, non magis tibi persecutio adempta est, quàm
ſi aliis easdem res debitor vendidisset, sed ita persequens res obligatas audieris,
ſi quod eidem possessori propter præcedentis contractus authoritatem debitum est,
obtuleris.* Surquoi il faut remarquer ces paroles, *propter præcedentis contractus authoritatem debitum est,* pour montrer que la Loy n'entend d'o-
bliger le posterieur creancier : Que les lods & ventes étant regulierement à la charge du seul acquereur, l'ancien creancier en les payant
n'a fait que payer sa propre dette, & comme dit Papinian au §. *sciendum*
sus-allegué, *non enim negotium alterius gessit, sed magis suum :* Que le
posterieur creancier venant par droit d'offrir, ne fait que *avocare possessionem à primo creditore,* devers lequel la proprieté demeure nonobstant qu'il en abandonne la possession : En effet les conclusions du droit
d'offrir sont conçuës en ces termes : *pour être le fonds tenu par droit de
gage & d'hipotheque jusques à ce, &c.* De sorte que n'y ayant point de
translation de proprieté, & la vente qui a produit les lods subsistant,

il femble qu'il n'y a pas lieu, d'en prétendre le remboursement, d'autant plus qu'il ne tient qu'à l'ancien creancier de conserver fa posses-
fion avec la proprieté, en payant au posterieur ce qui lui est dû.
Que s'il faloit que le posterieur creancier remboursa le premier des
lods qu'il a payez outre le prix de son acquisition, que le droit d'offrir lui feroit inutile contre l'intention de la Loy, qui par un motif
d'équité a voulu gratifier les derniers creanciers, pour les garentir de
perte en tout ou en partie.

Quelques-uns étoient d'avis de mettre de la difference entre la vente
forcée, c'est-à-dire la judicielle, & la vente volontaire : Qu'au premier
cas l'ancien creancier devoit être remboursé des lods pour avoir été
contraint de fe rendre adjudicataire du gage faute de payement : Qu'en
l'autre cas il ne devoit être payé que du prix de son acquisition qu'il
avoit faite volontairement, & peut-être avec dessein d'avoir plûtôt le
fonds que fes deniers.

J'entends par la vente judicielle, celle qui est faite par fubhaftation,
comme elle est pratiquée en Dauphiné, & non les Criées de l'Ordonnance, qui purgeant toute forte d'hipotheque, ne font pas fujettes au
droit d'offrir.

Par Arrêt du 14. de Mars 1667. donné au rapport de M. d'Ise Sa-
leon, après avoir pris l'avis des Chambres, le posterieur creancier a
été condamné à rembourser les lods au premier.

Les raisons qui ont fervi de fondement à cet Arrêt, font en premier
lieu, que fi la Loy 1. *C. fi antiquor. credit. pign. vendid.* qui est la feule
qui fait mention du droit d'offrir au cas de la vente faite par le débiteur à l'ancien creancier, n'oblige le posterieur creancier qu'à rendre
au premier fa dette avec intérêts, c'est parce que l'Empereur Alexandre, auteur de cette Constitution, vivoit long-temps devant Zenon
& Justinian, dont l'un a fait un Contrat particulier de l'emphitéose
du nombre de ceux qu'on appelle *contractus nominatos* ; l'autre a reglé
le droit du Seigneur à la cinquantiéme du prix.

Secondement comme l'ancien creancier faisant vuider au dernier le
gage par lui acquis du debiteur commun, n'est pas obligé de lui rembourser les lods qu'il a payez ; de même il est juste par la raison des
contraires, que cet ancien creancier venant à perdre la possession du
gage par le droit d'offrir, foit dédommagé de toute perte.

En troisiéme lieu, comme au cas d'une vente resoluë par l'action
redhibitoire, l'acheteur *indemnis difcedere debet l. debet D. de Ædilit.
Edicto.* il en faut dire de même par identité de raison au cas d'une
vente faite à l'ancien creancier, contre laquelle on vient par droit
d'offrir : Car bien que telle vente ne foit pas nulle, ni par une cause
inherente à l'Acte dès fon commencement, ni par une cause qui depuis y foit survenuë, qu'ainfi l'on ne puisse pas dire précisement
qu'elle foit resoluë, fi est-ce qu'à l'égard de l'ancien creancier elle doit
être confiderée comme anéantie, & la proprieté lui être absolument
inutile, puisque ayant une fois abandonné le gage & reçû les deniers

de fa dette, il eſt hors de moyen de rejoindre la poſſeſſion à la proprieté, *ſolutione enim ejus quod debetur, tollitur omnis actio.*

D'ailleurs il n'eſt pas juſte d'admettre en concours le dernier creancier avec l'ancien par un renverſement d'ordre, qui rendroit inutiles
tant de loix qu'on a faites pour regler la priorité des creanciers.

Finalement que le dernier creancier doit imputer à ſon mal-heur,
ou plûtôt à ſa faute de n'avoir pas prêté ſes deniers *idoneo debitori,*
ayant dû prevoir que s'il étoit reduit à la neceſſité d'exercer un jour
le droit d'offrir, il ſeroit obligé de dédommager le creancier anterieur avant que lui pouvoir faire vuider le gage.

Telle a été l'opinion de Salicet écrivant ſur la loi *obligata. verſic.
quæro. C. ſi antiq. credit. ping. vendid.* & après lui de Neguſantius
*Tractatu de Pignorib. & hypothec. parte 2. 3. memb. 1. part. principal. n.
18.* & de Merlinus *Tractatu eodem. lib. 4. tit. 2. quæſt 83. n. 88.* qui
ne parlent veritablement que de la gabelle, qui eſt un droit de Fiſque
ſur chaque vente uſité en Italie ; mais tous les Docteurs écrivans ſur
la loi *ab emptione D. de pactis,* diſent qu'il ne faut point mettre de
difference *inter gabellam & laudimium :* Ce qui eſt auſſi remarqué par
Craveta *Conſil. 332. n. 7. & 20.* & par Gratianus *Diſceptation. Forenſ.
cap. 180. n. 10.* même Loyſeau en ſon Traité du Déguerpiſſement
liv. 6. chap. 5. tombe d'accord qu'il n'en faut point mettre en matiere de ventes entre les droits du Seigneur direct, & ceux du Fiſque
apellez *gabella.*

Voicy comme Franc. Coſta *Conſil. 76. n. 4. & 7.* parle du droit
d'offrir. *Tunc demum poſteriori creditori juris offerendi remedio leges ſubve-
niunt, ſi is non ſolum pecunias in diſtractione contentas & expenſas ſatisfece-
rit, verum etiam omne jus ac creditum anterius ſolverit: Idque ex ea ratione
quia jus offerendi non eſt concedendum cum damno primi creditoris, qui omnino illæſus debet remanere.* Arias de Meza Juriſconſulte Eſpagnol *lib. 1.
Variar. reſolut. cap. 5. n. 3.* dit le même en ces termes. *Poſteriores creditores contendentes cum antiquiore creditore ad quem vel ex cauſa emptionis,
dationis in ſolutum, tranſactionis, vel quavis alia ſimili pignus pervenit minimè audiendos eſſe, niſi parati ſint debitam quantitatem cum legitimis ac-
ceſſionibus offerre ; quæ ſententia probatur ex l. C. ſi antiq. credit. pignus
vendid. Et æquitatis intuitu hoc jus offerendi introductum, aſſerit Carrotius
de Oblation. parte 2. quæſt. 11. n. 5. Atque ideo primum creditorem ab
omni damno immunem debere præſervari ait Salicetus, &c.* Tiraqueau eſt de
même ſentiment *Tract. de Retract. gentilit. ſ. 29. gloſ. 24. n. 1.* &
de Retractu convent. ſ. 6. gloſ. 2. n. 1. & 2.

Le Préſident Faber prend le même parti en la propre eſpece des
lods. C'eſt dans ſon Traité *De erroribus Pragmatie Decede 1. Errore 4.*
où agitant la queſtion, ſi le dernier creancier n'ayant pas dequoi rembourſer au premier les ſommes anterieures eſt recevable à demander
que le gage ſoit vendu, pour le prix en provenant être employé au
payement des creanciers ſuivant l'ordre de leurs hypotheques, parle
de cette ſorte. *Quæ res impugnat maximè utilitatem non tantum debitoris,*

sed etiam aliorum creditorum posteriorum, si qui sint, quibus inauditis ea pig-
noris distractio fiat propter expensas publicarum actionum, & laudimia quæ
ex iis debentur ; nemo enim dubitat, quin si postea ex quacumque causa dis-
tractio quæ bonâ fide facta est per alios creditores revocetur, restituendum sit
emptori quidquid illi abest sive extraneus ille sit, sive is ipse creditor, qui
pignus distrahi curavit.

Quant à la distinction dont j'ay parlé cy-dessus, de la vente judicielle ou de la vente volontaire, nul Docteur ne l'a faite ; aussi est-
elle sans fondement, l'une n'estant pas plus priviligiée que l'autre :
Au contraire la vente volontaire étant faite à moins de frais, se trouve être moins à charge à celui qui exerce le droit d'offrir, que n'est
pas la vente forcée & judicielle.

L'Arrêt donné sur cette question, outre sa decision au principal,
contient deux choses dignes d'observation : L'une que Perrin n'a été
condamné a rembourser à Teyssier que les lods qu'il avoit effectivement payez ; la raison est que l'ancien creancier ne doit pas profiter
au prejudice du posterieur, de la grace ou remise que le Seigneur
direct lui a faite.

Le remboursement des lods étant ordonné sur ce fondement que
l'ancien creancier *indemnis abire debet*, il suffit qu'il ne perde rien : Outre
que le Parlement de Grenoble, & celui de Toulouse sont en coûtume en
toutes les occasions où il échoit de restituer les lods, de n'en adjuger le
remboursement qu'à concurrence de la somme qui se trouve actuellement
payée au Seigneur direct, si ce n'est au cas que j'ay remarqué ailleurs.

L'autre chose digne d'observation est que Teyssier en faveur de qui
la restitution des lods a été ordonnée, étoit un tiers possesseur, qui
avoit acquis de l'ancien creancier ; lequel avoit fait decreter le gage
sur le commun debiteur, pour montrer que le tiers acquereur qui est
revêtu du droit de l'ancien creancier, & qui par consequent est sujet
au même droit d'offrir que lui, se peut aussi servir des mêmes exceptions. Et bien qu'il semble dur que le posterieur creancier rembour-
se les lods à un second acquereur, outre ceux que le premier a
payez, si est-ce que ce seroit en quelque façon lier les mains au premier creancier de ne pouvoir pas vendre le gage, parce que difficil-
lement trouveroit-il un acheteur, s'il ne lui maintenoit la chose venduë, ou du moins les deniers avec les loyaux cousts : Et en ce cas,
si le posterieur creancier n'étoit pas obligé à rendre les lods au second acquereur, celui-cy viendroit par l'action recursoire contre son
vendeur, lequel étant obligé de le garantir de ses dommages & in-
têts se trouveroit en perte, contre la maxime cy-devant établie, que
le premier créancier acquereur, *indemnis discedere debet*. Et veritablement
ce dernier creancier doit imputer à sa negligence de n'avoir pas usé
du benefice de la loi, en exerçant le droit d'offrir pendant que le gage étoit entre les mains du premier, auquel il n'auroit remboursé que
les lods de son acquisition, sans attendre qu'il y ait eu d'autres ventes
qui ont donné cause à divers lods.

Au

Au reste, il se faut prendre garde en lisant nos Loix de ne confondre pas la vente qui se faisoit par l'ancien créancier *jure creditoris*, avec celle qui se faisoit par celui qui avoit acquis le gage. Vendre *jure creditoris*, c'étoit quand le créancier en prêtant ses deniers avoit convenu avec le débiteur que tel Fonds lui seroit baillé & spécialement hypothequé pour la sûreté de sa dette pour le vendre quand bon lui sembleroit, & qu'après ensuite de cette permission il venoit à le vendre, auquel cas l'Acquereur ne pouvoit être convenu par le droit d'offrir, parce que cette permission de vendre opposée au premier Contract operoit cet effet que dêslors le Débiteur ne pouvoit plus charger le Fonds d'aucun hypotheque, comme il est porté par la Loy *1. & 2. C. si antiq. credit. pig. vendid.* & par quelques autres semées en divers endroits de nôtre Droit. Et c'est de cette sorte de creancier qui a vendu *jure creditoris* que traite le Titre du Code *Creditorem eviction. pignoris non debere.*

Mais cette sorte de vente n'est plus en usage comme a remarqué Mainard dans son Recueil d'Arrêts liv. 7. chap. 91. M. Expilly chap. 203. & avant eux M. Faber *Tract. de Erroribus Pragmaticorum. Decade 1. Errore 5.* où il fait voir que la plûpart des Praticiens confondent les ventes qui se faisoient des biens du detteur par le créancier *jure creditoris*, avec celles qui se font par le Juge à la Requête du créancier, encore qu'il y ait plusieurs differences, principalement en ce qu'en l'une l'achetteur prend son droit du créancier, en l'autre il a droit du detteur & non du créancier. En celle-là le créancier *tenetur se præstare posteriorem creditorem;* en celle-cy n'y a que le detteur qui soit tenu à l'éviction.

J'ajoûte à ce que j'ay remarqué cy-devant que si le créancier a acquis ou fait vendre le gage sur son débiteur pour diverses sommes dont les unes sont anterieures à celles pour lesquelles un autre créancier veut exercer le droit d'offrir, les autres sont posterieures, qu'en ce cas il faut par une ventilation de prix regler les Lods qui doivent être remboursez sur le pied des sommes anterieures & restituables tant seulement, qu'à l'égard des posterieures le Démandeur en vuidange du gage a l'action hypothecaire. C'est ainsi qu'il fut jugé par Arrêt donné au rapport de M. de Chaponay Saint Bonnet le 14. Août 1645. entre Dame Françoise de Gilbert de Verdun femme de N. Henry de Garagnol appellante du Juge de Die d'une part, & Laurens, Philippes & Abraham Magnans pour lesquels David Roy avoit pris cause en main, Intimez d'autre.

TENEUR DE L'ARREST SUS ALLEGUE'.

ENTRE *Etienne Teyssier de Sahune Demandeur en Requête du 10. Avril 1663. & à ce que François Barnoin & Antoine Perrin eussent à déduire & articuler les Droits & actions qu'ils prétendoient avoir sur le Verger*

II. Partie. O

d'Olivier poſſedé par ledit Teyſſier ſitué audit lieu de Sahune au quartier appellé le bois des Chaberts, & communiquer les Actes juſtificatifs de leurs prétentions, ou à défaut de ce qu'ils fuſſent déboutés de leurſdits droits & actions ſuivant les fins & concluſions priſes en ſes Ecritures communiquées les 16. Juillet & 26. Novembre 1663. d'une part, & leſdits François Barnoin & Antoine Perrin Défendeur d'autre.

Et entre ledit Perrin Demandeur en action hypotecaire ſur ledit Verger ſuivant les fins & concluſions contenuës en ſes Ecritures du 21. Février 1664. d'une part : Et ledit Teyſſier Défendeur d'autre.

Et entre ledit Teyſſier Demandeur en garantie & aſſiſtance de cauſe envers ledit Barnoin & Perrin d'une part : Et Jaques Brez Notaire de Chalançon Défendeur d'autre.

Et entre ledit Teyſſier Demandeur en homologation d'appointement joint au Procès par Ordonnance de la Cour du 27. Mars 1666. d'une part : Et ledit Barnoin Défendeur d'autre.

Et entre ledit Teyſſier Demandeur en adjudication de dépens & défaut faute de préſenter, l'incident deſquels a été joint au principal par Ordonnance du Commiſſaire du 27. Janvier de la preſente année 1667. d'une part : Et ledit Brez Défendeur d'autre.

Et entre ledit Teyſſier Demandeur en Requête tendante à rembourſement de Lods par lui payez pour raiſon de l'acquiſition qu'il a faite dudit Brez du Verger dont s'agit, ſuivant les fins & concluſions contenuës en ſes Ecritures communiquées le 18. Février de la preſente année 1667. d'une part : Et ledit Perrin Défendeur d'autre.

Et entre ledit Brez Demandeur en Requête par forme de reconvention tendante à ce que ledit Perrin eût à lui rembourſer au cas de la vuidange du ſuſdit Verger la ſomme de quatorze livres quatorze ſols ſix deniers à lui dûë de reſte du capital ou acceſſoires de la ſomme pour laquelle il avoit fait vendre ledit Verger audit Barnoin, enſemble les Lods par lui payez pour raiſon de la miſe en poſſeſſion par lui faite d'icelui, ſuivant les fins & concluſions contenuës en ſes Ecritures du 23. Août 1666. d'une part : Et ledit Perrin Défendeur d'autre.

VEU, &c.

LA COUR ayant tel égard que de raiſon à l'appointement offert par ledit Teyſſier enſuite de la déclaration dudit Barnoin en ſes Ecritures du 2. Mars 1666. a mis ledit Teyſſier ſur les prétentions dudit Barnoin hors de Cour & de Procès, & a condamné ledit Barnoin aux dépens depuis l'Arrêt de la Cour du 19. Février 1664. concernant ladite qualité qu'elle déclare être une ſixiéme de ceux de l'inſtance, les reſervés par ledit Arrêt entre ledit Teyſſier & Barnoin compenſés. Et faiſant droit ſur la demande dudit Perrin, enſemble ſur celle dudit Teyſſier concernant les Lods par lui demandés pour raiſon de ſon acquiſition, a condamné ledit Teyſſier ſuivant ſes offres à vuider audit Perrin le Verger d'Oliviers dont s'agit avec reſtitution de fruits dès le plaid conteſté, étant préalablement rembourſé de la ſomme de deux cens livres du prix de ſon acquiſition, comme auſſi des

Lods, qu'il aura effectivement payés pour raison d'icelle avec interêts dès ledit temps, des réparations utiles & nécessaires qui pourront avoir été faites audit Fonds, compensables avec les déteriorations si aucunes il y a, & de la somme portée par l'écart du général des dettes imposées par ladite Communauté de Sahune que ledit Teyssier fera apparoir d'avoir payé pour raison dudit Fonds, le tout suivant la liquidation qui en sera faite par Experts desquels les parties conviendront pardevant le premier Notaire Royal requis non suspect à ces fins commis, ou qu'à faute d'en convenir seront pris d'Office par ledit Commissaire, pour être ledit Verger tenu & possedé par ledit Perrin par droit de gage & hypotheque, les fruits non comptés en sort jusques à ce qu'il soit remboursé des sommes de cent soixante-quatre livres d'un côté, cinquante-deux livres dix-huit sols d'autre, & quarante quatre livres d'autre contenuës és obligations des 14. Octobre 1623. 18. Septembre 1631. & 24. Mars 1632. avec interêts legitimes, comme aussi des sommes cy-dessus restituables audit Teyssier : Et moyennant ce sur la demande de dépens de défaut, & sur la garentie prétenduë par ledit Teyssier contre ledit Brez, ensemble sur la réconvention dudit Brez, contre ledit Perrin, a mis lesd. Teyssier, Brez & Perrin hors de Cour & de Procés, dépens compensés, excepté ceux des épices & expedition du present Arrêt ausquels a condamné lesdits Perrin & Brez envers ledit Teyssier. FAIT en Parlement en la Chambre de l'Edit le 14. Mars 1667.

CHAPITRE LXXXV.

Si les Lods sont dûs d'un Contract de vente à faculté de rachat, exécutée dans le temps de la Grace.

IL y a diversité d'opinions sur cette question. Les uns tiennent qu'il n'est point dû de Lods, parce, disent-ils, que la vente est resoluë en vertu d'une paction qui fait partie du Contract, que ce n'est pas proprement une alienation, puisque le Fonds ne passe pas incommutablement à l'Acquereur ; que pendant l'évenement du rachat il semble appartenir plûtôt au vendeur, qui peut y rentrer dans le temps de la Grace par un droit qui précéde celui du Seigneur, que la vente est tenuë pour non faite laquelle peu après doit venir à néant ; que la faculté de remeré étant stipulée par un même traité, & cette paction faisant portion du prix, le rachat rétablit la chose au même état qu'elle étoit auparavant, & la reduit *ad non causam*, comme ayant force resolutive de son principe ; qu'aussi toutes les hypotheques créées par l'acheteur sont éteintes, & qu'en effet l'héritage racheté n'est pas reputé conquest : D'où ils concluent qu'il n'est point dû de Lods &

O ij

ventes, ny d'autres profits de Fief ou d'Emphyteose : C'est l'opinion
de Guillelmus Cuneus sur la Loy *ab emptione. D. De pactis* , de *Joannes
Faber* sur la Loy finale *C. Commun. de legat.* suivis de Boërius sur la Coûtume de Berry *Tit. des Fiefs & cenf. §. 18.* & en son Conseil 3. commençant *Jaquelina* , & encore en sa Décision 182. n. 39. & de plusieurs autres, qui ajoûtent même à leur sentiment que si les Lods ont
été payés volontairement, il y a lieu de les repeter comme ayant été
reçûs pour une cause qui cesse , *& omnia in priftinum statum restituenda
sunt , ac si neque emptio neque venditio intercessiffet.* Beaucoup des Coûtumes y sont formelles, comme celles du Maine , d'Anjou , de Tours ,
de Troye , de Berry , de Blois , de Rheims , de Vitry , de Lorry , de
Saint Sever , de Vermandois & de Bretagne , *magno opere pretio* , dit
Argentré sur la derniere , *cum valde pugnantes dicerentur multorum sententia & ejufmodi conventio per quam frequens sit commerciorum usu.*

A quoy se trouve conforme l'Edit de la Ville de Geneve fait au
Conseil Général le 29. de Janvier 1568. au chapitre des Lods.

Les autres soûtiennent que les Lods sont dûs, comme étant une
vente parfaite contenant l'alienation tant de la possession que de la
proprieté, qui ne dépend d'aucune condition encore qu'elle puisse être
resoluë sous condition , laquelle n'empêche pas qu'il n'y ait une Tranf-
lation réelle & effective, parce que la paction de pouvoir racheter
dans un temps certain n'annulle pas le Titre , mais au contraire elle
en présuppose la subsistance, à cause dequoy le Vendeur voulant retirer le Fonds y vient par action *& in vim pacti* , & non par réivin-
dication : Et pendant la condition l'Acquereur non-seulement fait les
fruits siens comme légitime possesseur , mais encore il peut disposer à
sa volonté de l'héritage vendu *licet resolubiliter ab eventu conditionis* ; Il
ne peut même quant à lui résilir du Contract , la faculté n'en étant
donnée qu'au Vendeur : Tellement que *quando titulus non reducitur ad
non titulum* , & qu'il n'a point de vice inherant les Lods sont acquis
irrevocablement au Seigneur auquel il suffit que la chose soit transpor-
tée pour une cause naturellement perpetuelle qui produit à l'instant
son effet, suivant la plus commune résolution des Interprêtes du Droit
alleguez par Tiraqueau *Commentar. de Retractu convention. §. 6. n. 5. &
sequent.* suivie de celle de Maître Charles du Moulin sur la Coûtume
de Paris *§. 33. glof. 1. in verbo. Droit de Relief. n. 12.* & sur la Coûtume d'Auvergne chap. 16. art. 11. d'Argentré sur la coûtume de Bretagne art. 64. & *Tractatu de Laudimiis. §. 7.* de Bacquet au Traité
des droits de Justice chap. 12. n. 20. de Loiseau au Traité du Déguerpissement liv. 6. chap. 5. n. 8. de *Claperiis cauf. 100. q. 2. d'Amedeus à
Ponte Tractatu de laudimiis. quæf. 39. n. 10.* Et c'est ainsi qu'il a été jugé au Parlement de Paris par les Arrêts que M. Loüet & son Scholiaste
rapportent en la lettre V. chap. 12. en celui d'Aix par les Arrêts alleguez par Maître Jaques Mourges , Commentateur des Statuts & Coûtumes de Provence page 90. au Senat de Savoye, par celui dont
fait mention Ant. Faber *C. de jure Emphyt. defin. 28.*

Il y a une troisiéme opinion de ceux qui tiennent que non-seulement les lods sont dûs de la vente à faculté de rachat, mais aussi de la revente, quoy qu'elle soit faite dans le temps de la Grace, comme *Jacobinus de Sancto Georgio Tractatu de roydis.* col. 10. *versf. per predicta infertur,* & après lui Aymo sur la Coûtume d'Auvergne tit. 16. art. 11. *De jure communi,* dit celui-cy, *deberetur laudimium tam pro primâ emptione, quam pro rachatos, ratio est in promptu, quia sunt duo contractus perfecti. Et in retrovenditione requiritur actus retro similis, scilicet traditio juxta text. in l. ab emptione. D. De pactis.*

Mais la plûpart des Docteurs tombent d'accord qu'il n'est point dû de Lods de la revente, à la reserve des lieux où la Coûtume est contraire, comme celle de Nivernois Tit. des Fiefs art. 23. que Guy Coquille son Glossateur qualifie dure & rigoureuse. La raison qu'ils en alleguent, c'est que ce n'est pas une vente, ny une mutation nouvelle, mais la resolution de la premiere *ex causâ antiquâ,* laquelle ne se fait pas volontairement de la part de l'Acheteur *sed ut & necessitate præcedentis contractus, cujus pars est & executio.* Or l'équité ne permet pas qu'il soit dû double lods d'un Contract & de son exécution, comme l'écrit entre autres Balde sur la Loy derniere *ff. Quoties. D. De Publican.* & en son Conseil 415. liv. 2.

Par l'usage de Dauphiné les Lods se payent de la vente à faculté de rachat, mais non pas de la revente, dépuis l'Arrêt général qui en fut donné par le Parlement le 21. de Juillet 1468. sur le refus que faisoient les Acquereurs de payer les Lods pendant temps de la Grace. Voicy les termes que j'ay tirez d'un Registre de la Chambre des Comptes.

ORDINATIO SUPER SOLUTIONE LAUDIMIORUM & venditionum Delphinalium.

C UM quæstio & querimonia fieret per plures subditos Delphinales super compulsionibus contra eos factis pro Laudimiis & venditionibus Domino nostro debitis, qui res moventes de feudo Delphinali emerunt sub reacheto, & laudes solvere recusabant : Fuit ordinatum per Curiam Parlamenti, quòd omnes & singulæ personæ, quæ in præsenti patria Delphinatus emerunt census & redditus, aut quævis alia bona moventia de feudo Delphinali, etiamsi illa ad reachetum emerunt & inde revendiderunt, quod ipsæ teneantur ad solutionem Laudimiorum & venditionum erga Dominum nostrum Delphinum : Et si incapaces fuerint, dum tamen res per eos emptas non retinuerint, sed revendiderint, quod non teneantur propter hoc ad solutionem duplicium Laudimiorum, sed pro solutione unius Ladimii liberentur. Actum in Consilio die xxj. mensis Julii, anno Domini 1468. quo erant Domini Joan. de Ventes. G. Costi Thesaurar. A. la Bize Advocatus. A. Costi. P. Odoberti. & Procurator fiscalis.

Cet Arrêt a cela de particulier pour le Dauphiné, que si l'acquereur

d'un Fief à faculté de rachat eſt de condition Roturiere , & par conſéquent incapable de le poſſeder juſques à ce qu'il ait payé le droit
d'incapacité ; qui conſiſte au doublement des Lods , ſuivant l'Uſage de
cette Province , il n'eſt pourtant obligé de payer que les ſimples Lods,
ſinon que le Vendeur n'exécute pas la faculté de rachat.

Je dois auſſi remarquer en fait de vente judicielle, que ſi le rachat
ſe fait dans le temps du Statut, qui eſt de quatre mois pour les ſommes qui ſont de cent livres en ſus , de deux mois pour celle de cinquante livres juſques à cent , & d'un mois pour celle de cent ſols juſques à cinquante livres, le Seigneur direct ne peut prétendre aucuns
Lods , ny droit de prélation ou de commis ſuivant le Statut de Geofroy le Meingre dit Boucicaut Gouverneur de Dauphiné du 2. de
Juin 1403. confirmé par l'Ordonnance de la Cour de 1547. art. 71.
Ce qui a lieu pour la prolongation de rachat que le Parlement donne
quelquefois au Detteur par des conſiderations tirées du temps ou de ſa
perſonne. Auſſi le Roy par ſa réponſe aux Cayers du 28. Avril 1603.
accorda au tiers Etat de Dauphiné le rachat de ſes Fonds alienés aux
Nobles & aux Exempts , ſans qu'il fût tenu de payer aucuns Lods ou
ventes comme étant une pure grace de Sa Majeſté.

CHAPITRE LXXXVI.

Si les Lods dont le Seigneur a fait remiſe à l'Acquereur doivent être rembourſés par le Retrayant.

IL ſeroit inutile d'agiter cette queſtion dans le Reſſort du
Parlement de Paris , & de quelques autres du Royaume , dont
les fréquents Arrêts contre le Retrayant l'ont miſe hors de
controverſe , comme je remarqueray cy-après , mais parce que celui
de Grenoble l'a jugé autrement juſques icy , je me trouve obligé d'en
toucher les raiſons de part & d'autre.

L'Acquereur dit qu'il lui ſuffit d'apporter une quittance entiere des
Droits Seigneuriaux ſans être obligé de communiquer au Retrayant la
remiſe qui lui a été faite comme étant perſonnelle, *quoniam quod ſuæ
perſonæ præſtaretur , hoc nequaquam ad alium pertinere deberet* , dit Marcellus *l. Cum patronus. 28. D. De legat. 2.* Ce qui eſt plus formellement
décidé par Paulus *l. 37. D. De ſervitut. præd. ruſtic.* en ces termes,
Λουκιος Τιτιος Γαιος Σειω τω αδελφω πλειςα χαιρειν υδατος τȣ ρεοντος εις
τȣ̀ κϱηνεω τȣ̀ κϱποκευαςλειςαν εν Ισθμω υπο τȣ πατρος μου, Νιδωμι κϱ
χαριζοιιαι ſoι δακτυλον εις τȣ οικιαν ſυ τȣ̀ εν τω Ιςμω η οπȣ δ αυβȣλει.
*Lucius Titius , Gaio Seio fratri ſuo S. P. De aqua fluente in fontem quem pa-
ter meus in Iſthmio influxit , do concedoque tibi gratuitò digitum , ſive ad domum , quam in Iſthmio tenes , ſive quocumque tandem volueris. Quæro an ex*

hâc scripturâ usus aquæ etiam ad hæredes Gaii Seii pertineat. Paulus respondit usum aquæ personalem ad hæredem Seii quasi usuarii transmitti non oportere. Surquoy je feray cette remarque en passant, que ces mots Grecs ne se trouvant point traduits aux Pandectes Florentines, ny au Corps Civil de Duaren, le texte ordinaire que je viens de rapporter explique ce verbe χαρίζομαι *concedo gratuitò*, c'est-à-dire, *sine pretio*, quoy que les Grecs disent ἀμισθὶ pour signifier *gratuitò :* Ce qui a donné sujet à Alciat *lib. 2. Dispunct. cap. 7.* de traduire plus à propos *ob gratiam*, & à Mornac *gratiosè*, que les Grecs diroient χαριεντίζει.

L'Acquereur ajoûte que l'intention du Seigneur n'a pas été d'en gratifier un autre sur lequel peut être il auroit usé du Droit de retenuë & de prélation, ou ne lui auroit pas fait la même grace, qui lui tient lieu de récompense, ou l'oblige à la reconnoissance *& ad ἀντίδοσιν velut genus quoddam hoc esset permutationis*, pour user des termes d'Ulpian en la Loy *Sed etsi 21. §. consuluit. D. De hæreditat. petit.* Que ce remboursement ne lui est pas dû comme acheteur, mais comme cessionnaire du Seigneur : Et qu'en effet c'est l'opinion de Tiraqueau *lib. de Retractu lineari. §. 29. glos. 4. n. 5. & sequent.* de Boërius. *Decis. 231. n. 3. 4. 5.* de Maître Charles du Moulin §. 22. n. 6. de Grimaudet au Traité des Retraits liv. 8. chap. 5. & d'une infinité d'autres : Ce qui est expressément déclaré par la Coûtume de Poitou art. 354. & décidé par plusieurs Arrêts du Parlement de Paris rapportez par M. Julien Brodeau sur le Recüeil de M. Loüet *lit. S. chap. 22.* & par Mornac sur la Loy *debet D. de Ædilit. edicto.*

A quoy se trouve conforme celui du Parlement de Provence remarqué par Maître Jaques Morgues en ses Commentaires sur les Statuts & Coûtumes de la même Province page 125. sans s'arrêter à la distinction que font quelques Docteurs de la remise gratuite & de la rémuneratoire *argumento legis. Idemque 10. §. fin. D. Mandati. & legis 12. eodem tit.* où il est dit. *Si verò non remunerandi causâ, sed principaliter donando fidejussori remisit actionem ; mandati eum non acturum*, distinction que du Moulin rejette. Même que les frais donnez gratuitement ne laissent d'être employez en la déclaration des dépens, suivant l'opinion de Joan. Aretinus *Tractatu de expensis. col. pen. versic. sed quid si habebat.* & de Boërius *Decis. 231. n. 5.* laquelle est receüe de tous les Parlemens de France contre celle de Balde qui dit en son Traité *Promotiseos col. 4. versic. sed pone quod res fuit* que *victus victori non solvit salarium Advocati qui gratis patrocinatus est.*

Au contraire le Retrayant dit que l'interêt de l'Acheteur ne consiste qu'à être remboursé de ce qu'il a réellement déboursé, *& quod revera ei abest :* qu'il lui doit suffire d'être dédommagé, & comme *damnum & damnatio ab ademptione & quasi diminutione patrimonii dicta sunt*, suivant Paulus, *l. si D. De damno inf.* qu'il n'y a point de dommage, où il n'y a point de perte & de diminution de Patrimoine. Surquoy l'on peut tirer en argument la Loy 24. *D. De Ædilit. edicto*, où il est dit que si un Cerf est racheté *quidquid extra rem emptoris*

per eum servum acquisitum est, id justum videri reddi oportere. D'où il s'ensuit que si l'Acheteur n'a rien payé il ne peut rien demander. Ensorte
que s'il exhibe la quittance des Lods entiers, Ferron sur la Coûtume
de Bourdeaux *Tit. de Retractu. §. 20.* estime qu'il est obligé de jurer
sur la verité du payement : Ainsi Balde au lieu sus-allegué remarque
à ce propos qu'encore que le Vendeur ait donné la plusvaluë à l'A-
cheteur, si est-ce que le Retrayant lignager n'est obligé de rendre
que la somme effectivement payée.

Cette opinion est suivie du Parlement de Toulouse qui en a donné plusieurs Arrêts. J'en ay un en main de l'an 1645. sur cette hypothese. Messire Christophle de Levy de Ventadour dépuis Duc
d'Anville avoit vendu à Messire Charles de Clermont Seigneur de
Chatte, la terre de Brion & du Cheilar, située en Vivarets pour le
prix de vingt-quatre mille livres à faculté de rachat perpetuel, & quelque temps après il avoit cedé son droit de rachat à Messire René de
la Motte Seigneur de Vacheres. Le premier Acquereur ayant rapporté le don du Roy des Lods de son acquisition fondé sur ses services
comme étant Senéchal de Vellay, les Lettres en furent verifiées en la
Chambre des Comptes de Dauphiné, où elles étoient adressées à cause que les Terres de Brion & du Cheilar sont de la mouvance du
Comté de Valentinois, sous les modifications contenuës en son Arrêt
du 4. Août 1642. La question étoit si ce premier Acquereur devoit
joüir de l'effet de son don au préjudice du Retrayant, & par conséquent être remboursé des Lods entiers. Le Parlement a jugé que
non. Il importe de voir les deux Arrêts, afin qu'il ne reste point
de scrupule en l'esprit du Lecteur sur les circonstances du fait. Voicy
celui de la Chambre des Comptes.

Sur la Requête presentée par Messire Charles de Clermont Seigneur de Chat-
te, tendante à ce qu'il plaise à la Chambre verifier les Lettres de don & re-
mise de Lods par lui dûs à cause de l'acquisition des Barónies de Brion & du
Cheylar situées en Vivarets relevants du Fief de Sa Majesté ; & ce faisant or-
donner qu'il joüira de l'effet d'icélles. Veu, &c. La Chambre & Cour des
Finances enterinant ladite Requéte a verifié lesdites Lettres de don & remise
pour en joüir par le Suppliant conformément à icelles, à la charge de remettre
entre les mains de Maître Dominique Vial Receveur Général étant en exercice
la présente année, dans la huitaine la somme de six cens livres pour être par
lui payée à Messire Guichard Déageant cy-devant premier Président en ladite
Chambre, en déduction des arrerages de la pension annuëlle de douze cens li-
vres que Sa Majesté lui a accordée sur les deniers provenants des Lods &
ventes & autres parties casuelles : Et rapportant par ledit Receveur Général la
quittance dudit Sieur Deageant, lesdites Lettres de don avec le present Arrêt,
& la certification du Suppliant qu'il n'a payé que ladite somme de six cens li-
vres, elle sera passée & allouée en la dépense de ses comptes sans difficulté : Et
outre ce payera és mains de Jean Guy Disdier Secretaire du Roy en ladite Cham-
bre & Receveur des Droits d'icélle la somme de soixante livres pour le droit de
dixiéme accordé par Sa Majesté par Lettres Patentes du vingt-deuxiéme de

May mil cinq cens quatre vingt seize pour les réparations de ladite Chambre, à peine d'être déchû de la grace portée par lesdites Lettres. FAIT *en la Chambre le 4. d'Août 1642.*

Celui du Parlement de Touloufe eſt en ces termes.

Entre Meſſire René de la Motte Sieur de Brion, impetrant Lettres Royaux du vingt-deuxiéme Février dernier pour intervenir en l'inſtance d'appel relevé de l'appointement donné par le Senéchal de Valence par Meſſire Chriſtophle des Levy de Vantadour contre Meſſire Charles de Clermont Sieur de Chatte, & ce faiſant nonobſtant le déſaveu fait par ledit de Vantadour être reçu de ſon chef à ſe ſervir des mêmes Actes & raiſons dudit de Vantadour & à réprendre les pourſuites de ladite Inſtance à ſon nom, & ce faiſant, &c. Dit a été que la Cour faiſant quant à ce droit ſur leſdites Lettres & Requête, ſans avoir égard à la procedure faite par ledit Senéchal qu'elle a caſſé & caſſe, a évoqué & retenu, évoque & retient la connoiſſance de la cauſe & inſtance principale en laquelle a condamné & condamne ledit la Motte rembourſer dans huitaine après la ſignification du preſent Arrêt audit de Chatte les ſommes par lui débourſées en conſequence de l'Arrêt du quatriéme Août mil ſix cens quarante-deux, ſuivant les quittances par lui produites ſous les cottes S. T. dans ſon Inventaire devant le Senéchal, & moyennant ce a mis & met les Parties hors de Cour & de Procès ſans dépens. Prononcé à Touloufe en Parlement le dernier **** mil ſix cens quarante-cinq.

Par un Arrêt précedent du même Parlement donné le 10. de Septembre 1643. entre Hugues Pradier Conſeiller en la Senéchauſſée du Puy, & Jaques de Rocqueplan Chanoine en l'Egliſe Cathedrale de la même Ville, touchant le decret de la Terre d'Agrain, il fut ordonné que Pradier ſe purgeroit par ſerment ſur la verité & réalité des ſommes payées pour les Lods & ventes.

Maître Jaques Mourges dit auſſi que cette opinion a eu pour elle quelques Jugemens du Parlement de Provence, & n'en rapporte qu'un au contraire; En quoy le Retrayant conventionnel ſemble avoir plus de raiſon que le Lignager; parce que celui-cy eſt aucunement odieux en ce qu'il vient contre le Droit commun par un Privilege de la Coûtume, l'autre *ex ſtipulatu,* qui fait portion de la choſe vendüe, à cauſe de quoy il eſt ceſſible, & le Lignager inceſſible hors de la ligne, comme étant un droit de ſang qui n'eſt pas dans le Commerce des Hommes: A quoy ſe rapporte l'Arrêt allegué par Monſieur Bouguier en la Lettre N. par lequel il fut jugé en la Coûtume de Ponthieu qui eſt païs de nantiſſement, que le créancier qui a nanti ſon Contrat & payé ou compoſé du quint denier dû au Seigneur ne doit être rembourſé par le deteur rachetant ſa rente que de ce qu'il a véritablement payé.

Quant au Parlement de Grenoble il a jugé par divers Arrêts que l'Acquereur eſt ſuffiſamment dédommagé par le rembourſement de ce qu'il a réellement débourſé, & entr'autres par celui qui fut donné en la Chambre de l'Edit au rapport de M. Tonnard le 13. Janvier 1644. dont voicy le fait. Antoine de Bardel avoit vendu la Terre de Merveil à Loüis Difdier, qui obtint du Roy le don des Lods par Lettres verifiées en la Chambre des Comptes le 23. Décembre 1599. où ils furent liquidés à la fomme de deux mille deux cens livres & pourtant moderés à celle de fix cens foixante livres pour être payée au Receveur des parties cafuelles. Dépuis la Terre fut évincée par Fideicommis fur Abel Difdier fon petit-fils à qui la garantie fut adjugée contre les héritiers du Vendeur, en exécution de quoy il demande la fomme entiere à laquelle les Lods ont été liquidez, dont il eft donataire. La Cour ne lui adjuge que celle de fix cens foixante livres à laquelle ils ont été moderés, avec les interêts, frais & loyaux coûts de l'obtention & verification du don. J'ay pris foin d'avoir un Extrait des deux Arrêts. Celui de la Chambre des Comptes eft en ces termes.

Sur la Requête prefentée à la Chambre par Noble Loüis Difdier Sieur d'A-lons, Goüverneur pour le Roy dans la Ville de Serres, tendante à verification de Lettres de don de Lods & ventes qu'il a plû à Sa Majefté lui accorder, pour raifon de l'acquifition par lui faite de la Terre & Jurifdiction en partie de Merveil, moüvant du Fief de Sadite Majefté. Veu, &c. La Chambre enterinant quant à ce la Requête du Suppliant, a liquidé & liquide les Lods dûs au Roy pour raifon de ladite acquifition à la fomme de fept cens trente trois écus un tiers, laquelle fomme, attendu la déclaration par lui faite dans le temps de l'Ordonnance & ayant-égard aufdites Lettres de don, a été moderée à la fomme de deux cens écus, & vingt écus pour le dizain affecté à la reparation de la Chambre fuivant les Lettres Patentes de Sa Majefté verifiées ceans, de laquelle fomme de deux cens écus, & femblablement de vingt écus fera expedié debet à Maître François de Bourges Receveur des parties cafuelles contre le Suppliant, auquel eft enjoint de payer ladite fomme dans un mois à peine d'être privé & déchû du profit & utilité de ladite moderation, fans que le Roy entre en aucune dépenfe, & de faire les foy & hommages dûs à Sa Majefté à caufe de ladite Confeigneurie, bailler fes aveu & dénombrement, & prendre fon inveftiture dans le temps de l'Ordonnance à peine du Commis, fauf en tous les Droits du Roy & de l'autruy. FAIT au Bureau le 23. Decembre 1599.

Voicy l'Arrêt du Parlement.

Entre Noble Abel Difdier Sieur d'Alons demandeur en Requête du 28. Juillet 1642., &c. d'une part, & Noble Jofeph & Gafpard de la Laftic Sieur d'Entaigues, &c. Défendeur d'autre. Vû, &c. La Cour procedant à la liquidation de garantie adjugée audit Difdier par l'Arrêt du dernier de Juin 1637. déclare icelle confifter en la fomme de dix-huit mille fix cens livres qui furent payées par Loüis Difdier fon ayeul tant en deniers comptans qu'en ceffion d'obligations, & en fonds eftimez par l'Acte du 25. Octobre 1599. enfemble en celle de fix cens foixante livres, à quoy les Lods de la Confeigneurie de Merveil ont été moderez par l'Arrêt de la Chambre des Comptes du 23. Decembre de ladite année 1599. & interêts defdites fommes dez le temps que ledit Difdier a été condamné à la reftitution des fruits des biens dépendants du Fideicommis appofé au Teftament de Pierre de Baldel, & en tous les frais & loyaux coûts concernant l'obtention du don des fufdits Lods & verification d'icelui, &c. FAIT à Grenoble en Parlement en la Chambre de l'Edit le 13. Janvier 1644.

Je trouve un Arrêt femblable du 9. Décembre 1641. donné au rapport de M. Roffet la Martelliere entre Claude Cuinat appellant du Vibailly de Grefivodan & Ferreol Roux Intimé fur la remife d'une partie des Lods qui avoit été faite par un Fermier. Ainfi le Roy par fa réponfe aux Cayers du tiers Etat de Dauphiné de 1603. accorda le rachat des fonds alienez aux Nobles fans être tenus au rembourfement des Lods que de ce qui auroit été actuellement payé. Et veritablement j'eftime que cette opinion eft de grande équité pour cette Province, où les Lods font dûs au fixiéme ou quatriéme denier, & en beaucoup de lieux au tiers en afcendant, qui eft la moitié du prix: Il y a peu d'endroits où ils foient moindres. Tellement que fi un Gentilhomme vend fa Terre vingt mille écus à faculté de rachat, & qu'il foit obligé de rembourfer l'Acquereur de dix mille pour les Lods au tiers denier qu'il n'aura point débourfés, cette faculté demeurera fans exécution par l'excès des loyaux coûts: Et néanmoins il importe à l'Etat que les biens fe confervent dans les grandes Maifons qui font l'appuy de la Monarchie, principalement en Dauphiné où l'établiffement du Cadaftre fait apprehender que la plûpart des héritages Nobles paffent avec le temps en main Roturiere. Eft-il jufte qu'un Acquereur profite d'une fomme confiderable pour quelques piftoles données à un commis qui lui aura fait expedier le don des Lods? La facilité qu'il y a de l'obtenir du Roy fait que l'on ne doit pas diftinguer s'il eft accordé aux veritables fervices de l'Impetrant ou non: Et fi c'eft d'un autre Seigneur que le Roy il en eft peu qui ne faffe quelque remife de ce droit. Or en ce cas Argentré fur la Coûtume de Bretagne *Tit. des Droits du Prince*, *art. 72. not. 7. 8.* donne cette limitation à fon avis. *Id enim*, dit-il, *quod omnibus æquè emptoribus generali jure tribueretur, videri potius jus commune, & partis remiffionem, quæ repetenda non effet, cum id omnibus æquè competeret, veluti cum ex edicto tertiam partem laudimiorum emptoribus omnibus Rex remififfet, & ab coactoribus fuis accepto ferri juffiffet, fi contractus fuos intra trimeftre profiterentur, emptor quidam à quo res retracta erat, eam quoque partem retrahenti imputabat, quæ Edicto remiffa effet, retrahens negabat fe ad eam teneri: Denique judicatum eft, ab retrahente non deberi; entre Maître Artus Pinçois & le Sieur de la Pignolaye anno 1561. menfe Septembri, veluti id potius jus commune effet, non emptorum jus fpeciale, quanquam magna ratione dubitatur.* Coquille eft de même fentiment fur les articles des Coûtumes *queft. 184.* où il s'en explique ainfi. *Si le Roy ou autre grand Seigneur ayant Chambres des Comptes avoit donné pouvoir général aux Gens de ladite Chambre, ou bien à autres perfonnes fingulieres de recevoir les hommages, & faire grace d'un tiers ou d'un quart des quints deniers: Car en ce cas la liberalité du Roy ou autre Seigneur étant générale fe doit auffi-bien étendre envers le Retrayant, comme envers le premier Acquereur, pour ce qu'il n'y a gratification d'aucune perfonne en particulier, & quod indefinitè dictum eft, generaliter eft intelligendum. l. fi fervitus. D. de fervit. urban. præd.* Cette limitation merite d'être remarquée pour le Dauphiné, parce que c'eft l'ufage de la Chambre des Comptes de

faire remife du tiers des Lods à ceux qui déclarent leurs acquifitions,
& en payant les droits dans trois mois après la datte des Contraéts
fuivant les Lettres Patentes de Henry II. du mois de Novembre 1556.
regiftrées en la même Chambre le 27. Juillet 1557. dans le IX. *Ge-*
neralia. A quoi j'ajoûte une diftinction que fait Choppin fur la Coûtume d'Anjou *liv. 3. chap. 1. tit. 5. n. 24.* Ou le Seigneur, dit-il, a
donné fes droits Seigneuriaux à l'Acquereur, ou au vendeur : Si c'eft
à l'Acquereur, le Retrayant lignager eft tenu de les rendre entierement, à caufe que le Donataire eft obligé d'un devoir mutuel envers
le Seigneur : Mais fi le Seigneur a cedé fon droit de Lods & ventes,
afin de vendre la chofe à plus haut prix, & le Vendeur a fait voir
ce tranfport à l'Acheteur & le lui a baillé, l'Acheteur en ce cas n'aura pas raifon de redemander au Retrayant les droits Seigneuriaux entiers, parce que ce feroit les demander deux fois, étant croyable
que le Vendeur a mis fon heritage à plus haut prix, à caufe qu'il
déchargeroit l'Acheteur des Lods & ventes. Je n'ay point allegué fur
ce fujet la difpofition des Loix *Ab anaftafio,* & *per diverfas C. mandati,*
parce qu'elles ont un autre motif.

CHAPITRE LXXXVII.

Si l'Acquereur fur qui on exécute le retrait, peut employer en
la déclaration des loyaux coûts les Lods dont il eft exempt
par privilege.

CETTE queftion eft une fuite de la précedente, fur laquelle je
trouve trois opinions differentes.

La premiere eft qu'un acquereur privilegié, comme font en
France les Secretaires du Roy, & les Chevaliers de l'Ordre du S. Efprit,
en Portugal les Senateurs, & en divers lieux d'Italie les Ecclefiaftiques,
n'eft pas recevable à demander au retrayant lignager ou conventionnel
les droits Seigneuriaux de fon acquifition, tant parce qu'il n'a point
d'interêt à repeter ce qu'il n'a point dû ni payé, *non foluti nulla eft re-*
petitio, qu'à caufe que fon titre n'eft pas un don & une ceffion des droits
de celui qui a donné le privilege, mais feulement une exemption, laquelle par une favorable extention paffe de fa perfonne en cèlle du retrayant, qui entre en fa place avec le même droit & la même qualité, & qu'ainfi *privilegium illius alteri prodeft per quamdam confequentiam,*
comme dit Boërius, *Decif. 231. num. 5.* Ce qui eft fondé fur la difpofition de la Loy finale *C. de fruct. & lit. expenf.* que Cujas dit être
notable en fes Paratiles où il l'explique de cette forte : *Ut qui ex pri-*
vilegio victi non agnofcunt expenfas litis, aut minores agnofcunt, etiam
victores à victo, licet idem privilegium non habeant, nullas aut minores re-
pofcant.

poſcant. Je trouve dans ce party Balde ſur la Loy *neque C. de hæredibus, Inſtit.* & en ſon Traité *Protomiſeos. col. 4. verſic. Sed pone quod res fuit.* Joannes Igneus *in Repet. l. dudum. C. de contrah. empt.* Boërius au lieu que je viens d'alleguer. Ferron ſur la Coûtume de Bourdeaux *Tit. de Retractu ſ. 20.* Hieronymus à Laurentiis *Deciſ. 26. n. 3.* & pluſieurs autres.

La ſeconde opinion eſt de Maître Charles du Moulin ſur la Coûtume de Paris §. *2. n. 5.* qui a ſoûtenu qu'un Lignager tenant au retrait ſur un Acheteur privilegié, n'eſt point obligé de lui rendre les droits Seigneuriaux, mais qu'il les doit payer au Seigneur direct : parce, dit-il, que la Coûtume du Retrait lignager transfere l'achat au Retrayant, *& perindè eſt ac ſi Retrahens immediatè emiſſet ab ipſo venditore : Et primus emptor non eſt ampliùs in conſideratione, ſed perindè habetur ac ſi non emerit. Et ſic inſpecta perſona retrahentis debentur ſive Gabella, ſive Laudimia, aut quintum pretii, vel quæcumque alia jura ex venditione & emptione orientia. Et ſic quantumcumque primus emptor ſit immunis ab hujuſmodi juribus, hoc non prodeſt retrahenti quia privilegium perſonale eſt, unde niſi Retrahens, habeat ſimile privilegium ſolvet hæc jura illi cui alias debentur, puta fiſco vel Domino directo.* En quoy il eſt ſuivi de Tiraqueau en ſon Livre *du Retrait lignager ſ. 29. gloſ. 4. n. 3. 4.* de Grimaudet *liv. 8. chap. 5. des Retraits.* de Buridan ſur la Coûtume de Vermandois *art. 236.* qui ajoûtent que ſi l'Acheteur avoit reçû les Lods & ventes du Lignager, il ſeroit tenu de l'en acquitter envers le Seigneur. Mais nul d'eux n'a touché la Queſtion du Retrayant conventionnel, à l'égard duquel la raiſon de du Moulin ceſſe, parce que la vente n'eſt pas reputée faite à celui-ci par interpretation du Droit, comme au Lignager qui entre au lieu de l'Acheteur, & le conventionnel execute ſeulement la faculté de rachat dont il n'eſt point dû de droits. Neanmoins ce n'eſt pas inutilement que dans la rencontre je fais mention du Retrait lignager, puiſqu'il eſt reçû par une ancienne Coûtume dans le Bailliage de Briançon, & dans la Ville de Romans, & je prévois qu'un jour les Syndics de la Nobleſſe de Dauphiné ſe raviſeront d'en rapporter des Lettres Patentes du Roy pour l'établir entre les Gentilshommes par la raiſon que j'ai touchée en la queſtion précedente.

La troiſiéme opinion eſt que le Retrayant doit rembourſer l'Acquereur privilegié de tous les droits Seigneuriaux ni plus ni moins que s'ils avoient été réellement payez, comme il a été jugé en faveur d'un Secretaire du Roy par Arreſt du Parlement de Paris du 23. de Juillet 1540. rapporté par *Joannes Lucius lib. 9. Placit. tit. 3. in addit.* par Papon *liv. 11. tit. 9. Art. 2.* & par Chopin ſur la Coûtume de Paris *tit. 2. n. 3.* depuis leſquels les Retrayants n'ont pas diſputé ce droit aux Secretaires du Roy pour les Terres qui ſont de la mouvance de Sa Majeſté : Juſques-là que s'ils ſont de la même qualité, ils ont droit de repeter du Roy les devoirs féodaux dont ils ont rembourſé les premiers Acquereurs, ſuivant la remarque de Maître Julien Brodeau en ſes Notes excellentes ſur M. Loüet en la lettre S. *Arr. 22.* La raiſon eſt que ce droit fait partie de leurs Offices, dont il eſt certain que les plus grands profits & émolumens conſiſtent en leurs Privileges. Ce qui a lieu pour tous ceux à qui pareille exemption eſt attribuée à cauſe de leurs Offices ou de leur dignité. Je n'ay point vû d'Arrêt du Parlement de Grenoble qui préjuge laquelle de ces trois opinions doit être ſuivie dans ſon reſſort, mais il ſemble que la derniere a plus de fondement que les autres. Et n'importe ce que j'ay dit en la Queſtion précedente que le même Parlement a jugé juſques icy, que l'acheteur eſt ſuffiſamment dédommagé par le rembourſement de ce qu'il a débourſé actuellement, quelque remiſe qui lui ait été faite, parce qu'il y a de la difference entre celui qui a le don ou la remiſe des droits Seigneuriaux, & celui qui uſe du droit de ſa Charge : L'un n'eſt en aucune perte réelle, puiſque c'eſt une liberalité qui lui a été faite, l'autre ſe trouveroit en perte des émolumens de ſa Charge, s'il n'étoit rembourſé des droits Seigneuriaux qu'il auroit payez ſans ſon exemption qui eſt perſonnelle, & par conſéquent ne doit être communiquée au Retrayant lignager ou conventionnel. Et par la même conſideration il fut arrêté au Parlement de Paris, les deux Chambres des Enquêtes aſſemblées le dernier jour de Février 1512. que bien que le Scel d'un Committimus ſoit expedié gratis à un Officier de la Chancellerie, il ne laiſſe de venir en taxe des dépens.

Mais parce qu'en Dauphiné la Chambre des Comptes remet le tiers des Lods à ceux qui declarent leurs acquiſitions trois mois après leur datte, ſuivant l'Edit d'Henry II. dont j'ay déja fait mention, il me ſemble auſſi que l'Acquereur privilegié ne doit être rembourſé que des deux tiers, puiſque la remiſe de l'autre tiers eſt un droit commun pour toute ſorte d'Acquereurs, comme il fut jugé en cas ſemblable par Arrêt du Parlement de Rennes de l'an 1561. rapporté par Argentré au lieu ſus-allegué, où il forme la même queſtion.

L'on peut demander enſuite ſi un privilegié venant au retrait ſur un autre privilegié, doit rendre à celui-ci les droits Seigneuriaux dont l'un & l'autre ſont exempts envers le Roy. La reſolution eſt que non, ſuivant l'avis de Maître Charles du Moulin, & l'Arreſt du Parlement de Paris du 5. d'Avril 1607. raiſonné par M. Loüet & ſon Commentateur ſur la lettre S. Arreſt 22. A quoi ſe trouve conforme l'Arrêté du Parlement de Grenoble du 30. Mars 1602. qui eſt dans le Livre vert, ſur le ſujet des expeditions du Greffe & de la Chancellerie, en ces termes.

Sur la difficulté qui s'eſt preſentée concernant la demande faite par Maître Octavien Ferrand Conſeiller, contre Maître Gaſpard Beatrix Robert Preſident, des dépens & émolumens des expeditions du Greffe & Chancellerie de la Cour levées au Procès, à la condamnation deſquels il concluoit par Requête : Et au contraire ledit Sieur Preſident ſoûtenoit n'être tenu auſdits dépens pour n'avoir rien été payé au Greffe & Chancellerie par ledit Conſeiller, attendu le privilege de ſon Office, ce que ledit Ferrand avoüoit ; & neanmoins diſoit avoir droit de repeter leſdits dépens contre ledit Sieur Preſident, tout ainſi que contre un tiers non privilegié.

La Cour de l'avis des trois Chambres, a déclaré n'y avoir lieu de taxer au profit dudit Sieur Ferrand lesdits dépens & émolumens demandez contre ledit Sieur Président; & qu'à l'avenir le semblable sera observé entre tous les Officiers de la Cour privilegiez & exempts desdits émolumens, sauf & sans préjudice de leur privilege contre les non privilegiez.

Ce que j'ay dit des Lods a lieu pour le Plait aux lieux où l'un & l'autre droit sont dûs d'un même Contrat.

CHAPITRE LXXXVIII.

Si l'Acquereur d'un heritage de sa mouvance doit être remboursé des Lods en cas de Retrait.

POUR l'éclaircissement de cette Question il me semble qu'il faut faire difference du Retrait conventionnel & du lignager. S'il est conventionnel j'estime que le Seigneur n'est pas recevable à demander les Lods à celui qui exécute sur lui la faculté de rachat, parce que le domaine utile & le domaine direct s'étans réünis & consolidez en sa personne, qui ne peut être débitrice à elle-même, il s'ensuit que par son achat il s'est préjudicié pour ses droits Seigneuriaux dont l'obligation est éteinte, & ne peut revivre en la personne du Retrayant qui n'en doit point du rachat, comme il a été jugé en une autre espece qui tombe sur le même raisonnement, par Arrêt du Parlement de Grenoble, entre Loüis de la Croix & Claude Ferron du 22. d'Août 1611. qui est rapporté par M. Expilly chap. 151. de son Recüeil d'Arrests.

Si c'est un Retrait lignager, je ne fais point de doute que le Seigneur ne demeure en ses droits Seigneuriaux, & qu'ainsi le Retrayant ne les lui doive payer, parce qu'en cas de retrait qui descend du Statut, la vente par interpretation du Droit est reputée faite au Lignager ni plus ni moins que s'il n'y avoit point eu d'autre acquereur, comme j'ay déja dit en la Question precedente, par l'avis de Maître Charles du Moulin, auquel j'ajoûte Albericus, *quæst. 93. primæ partis Statut. argum. l. in diem. §. ult. D. de aqua pluvia, arc.* De sorte que la confusion qui s'étoit faite en la personne du Seigneur cesse par la rencontre de celle du Lignager qui entre en sa place, & en qui l'obligation des devoirs Seigneuriaux est rétablie. C'est l'opinion de Tiraqueau *Tract. de Retractu lin. §. 29. glos. 1. in fine*, de Grimaudet *liv. 8. chap. 6.* d'Argentré *Tract. de Laudimiis, §. 25. Et rectè Tiraquellus putat,* dit ce dernier, *inter mortuas actiones confusione personarum restitui, translato in aliam alterius conditionis personam dominio & contractu, nec confusionem manere.*

P ij

CHAPITRE LXXXIX.

S'il eſt dû des Lods d'une Vente reſcindée par le benefice de la Loy 2. C. de reſcind. vendit. & ſi ayant été payez, ils peuvent être repetez.

JE n'entends pas de traiter ici des Contracts d'alienation qui ſont nuls, *ipſo jure*, ſoit à cauſe de l'inhabilité de celui qui contracte, ſoit à cauſe que la choſe qu'on a fait ſervir de matiere à l'Acte, n'a pû être alienée, ſoit à cauſe que la vente devoit recevoir ſa perfection de l'évenement d'une condition qui n'eſt point arrivée, comme il ſe rencontre *in pacto legis commiſſoriæ aut addictionis in diem*. En ces cas, & autres ſemblables, il eſt certain que le Contract étant nul, & tel declaré par la Loy, il n'en eſt point dû de Lods, parce qu'il n'y a point eu de tranſlation de proprieté, à raiſon de laquelle les Lods ſont dûs par la maxime *quod nullum eſt nullum producit effectum*. Et Tiraqueau traitant cette matiere, *de Retractu conventionali tit. 2. §. 6. n. 5.* dit que parmi cette grande foule de Docteurs qui ont agité les queſtions en fait de Lods, il ne s'en trouve pas un ſeul qui ait été d'avis contraire. Il s'agit donc d'examiner ſi des Contrats d'alienation, contre leſquels on ſe fait reſtituer par le benefice de la Loy, & que l'on fait en conſequence reſcinder par Sentence du Juge, il en peut être dû des Lods, parce que ce ne ſont pas Contrats nuls, *ipſo jure & ab initio, ſed veniunt annullandi ope reſtitutionis*, de laquelle ceux-là n'on pas beſoin.

Cette queſtion ſe doit décider par la diſtinction que raporte du Moulin ſur la Coûtume de Paris §. 33. *gloſ. 2. n. 9. & §. 78. gloſ. 1. n. 13.* par Argentré ſur la Coûtume de Bretagne *art. 59. nota 4.* & par le même *Tract. de Laudimiis §. 17.* ſuivis de tous les modernes, dont tous les Traitez ſont inſerez dans le Volume intitulé : *Tractatus Authorum qui de Laudimiis ſcripſerunt*, ſçavoir que lorſque la vente eſt reſcindée par une cauſe inherente au Contract, la reſciſion a un effet retroactif au temps qu'il a été paſſé, & le reduiſant, *ad non titulum, ad non actum*, elle fait que les Lods qui étoient une ſuite de la vente, ne ſont pas dûs ; Par conſequent il n'en eſt pas dû de la vente reſcindée par la lezion d'outre moitié de juſte prix, à cauſe que cette lezion accompagnoit le Contrat de vente, avec lequel elle étoit née ; ni de la vente reſcindée en vertu de l'action redhibitoire, parce que la reticenſe de ſervitude qui a donné cauſe à cette reſciſion, étoit inherente à l'Acte, ni de l'alienation faite des biens du mineur, ſans les ſolemnitez du Droit, parce que la minorité étoit une cauſe née & exiſtante lors de l'Acte d'alienation. Ainſi doit-on dire de tous les

Contrats annullez par Sentence du Juge pour cause inexistante lors du Contrat, lequel étant déclaré nul, il s'ensuit que les Lods n'en sont pas dûs.

Que si la vente est resoluë par une cause extrinseque, & par un fait arrivé de nouveau, qui ne prend pas sa source du Contrat, par exemple, lorsque la donation est cassée à cause de l'ingratitude du donataire, ou de la survenance des enfans, en ce cas comme la resolution de l'Acte ne porte pas son effet au passé, & ne regarde que l'avenir, comme causée par le fait de l'homme, qui tombant dans l'ingratitude, ou lui étant survenu des enfans, a donné cause à cette resolution, il est dû des Lods de semblables alienations, & à plus forte raison lors que la resolution se fait par la convention des parties qui n'ont rien pû faire au préjudice du droit acquis au Seigneur, *l. potior 11. D. qui potiores in pign. vel hypoth.* Faber *Definit. 65. C. de jure emphyt.* parce que non seulement l'Acte a subsisté, & a été valable jusques au temps de sa resolution, mais ce qui fait la principale difference, il ne portoit point avec soi la cause de sa resolution.

Cette doctrine présupposée, il semble qu'il est superflu de demander si les Lods qu'on a payez d'un Contrat d'alienation rescindé par Sentence du Juge pour cause existante à l'Acte, peuvent être repetez : Car puisqu'ils ne sont pas dûs, il s'ensuit qu'ils ont été reçûs indûëment, & que par conséquent ils doivent être rendus. *L. 1. & 3. §. si liber. D. de condict. causa data & non secuta.*

Neanmoins quelques Docteurs ont estimé que ce droit de repeter les Lods au cas sus specifiez, recevoit quelques limitations.

La premiere est rapportée par Maurus Burgius *Tract. de Laudimiis part. 3. inspect. n. 1. & sequent.* qui en cite plusieurs qui sont d'avis que si l'acheteur sçachant la nullité ou le vice de son Acte, ne laisse pas de payer les Lods, il ne les peut pas repeter, parce qu'en ce cas il est censé les avoir donnez par la regle de Droit. *Cujus per errorem dati repetitio est ejusdem consultò dati donatio est.* Et le Jurisconsulte en la Loy 1. *de condict. indeb.* dit en ces termes exprès que *si sciens se non debere solvit, cessat repetitio.* Et le même en la Loy *eum qui §. 1. D. de inossic. testam.* parlant d'un heritier, dit que *si sciens indebitum fideicommissum solvit, nullam repetitionem ex ea causa competere.* A quoi l'on peut ajoûter le sentiment de Menochius, *de Præsumptionibus lib. 3. præsumpt. 31. n. 8. & præsumpt. 6. n. 44.* où il dit que quiconque paye sciemment une chose qui n'est pas dûë, est presumé en faire une donation.

Mais cette limitation est refutée par du Moulin §. 18. *glos. 1. n. 24.* & par Argentré *dicto art. nota 4. n. 13.* qui se fondent sur ce qu'on ne sçauroit faire passer pour donation, ce qui porte expressément une cause contraire, *l. si cum aurum D. de solution.* & que l'acheteur ne doit pas être censé avoir payé volontairement, puisqu'en qualité de possesseur du fonds, il sçavoit qu'il y pouvoit être contraint. *L. novissimè D. quod falso tutore auctore gestum esse dicatur.* Et sur ce sujet le même du Moulin au §. 33. *glos. 1. quest. 5. n. 33.* allegue un Arrêt du Parlement de Paris du mois Juin 1539. qui fait entierement à ce propos. Il s'agissoit d'une donation faite par un Mineur d'un Fief à un Huissier du Parlement de Paris nommé Jean Richier, lequel avoit en conséquence payé certaine somme de deniers au Seigneur Feodal pour ses droits de relief : Les heritiers du Mineur ayant fait rescinder cette donation du chef de la minorité ou par d'autres raisons, le Donataire s'étant pourvû aux Requêtes du Palais pour avoir la repetition de ce qu'il avoit payé d'une chose que le succès avoit justifié n'être pas dûë, le Seigneur Feodal se défendoit sur ce que ce n'étoit pas à lui de se mettre en peine si la donation faite à Richier étoit valable ou non ; mais que c'étoit à Richier de sçavoir si son titre pouvoit subsister ou non ; Que quant à lui il n'avoit fait que ce qui pouvoit dépendre de sa qualité de Seigneur Feodal, qui étoit d'approuver la donation & bailler son investiture au nouveau Vassal. Sur ces raisons il fut renvoyé absous par la Sentence des Requêtes, de laquelle Richier ayant appellé, elle fut reformée par Arrêt qui condamna le Seigneur Feodal à rendre les deniers qu'il avoit reçûs. De sorte qu'il faut tenir pour constant, que soit que l'Acheteur sçache le vice de son titre, ou qu'il l'ignore, il peut repeter les Lods qu'il a payez. En effet qui pourroit se persuader qu'un Acquereur qui va payer des Lods à un Seigneur, porte l'intention de lui faire un present, & qu'il veüille faire un don & un payement tout ensemble. Il faut dire que quelque connoissance qu'il ait du vice de son Titre, il espere qu'il pourra être validé par le temps, que le Vendeur le peut un jour ratifier, ou qu'il laissera passer le temps de restitution prefigé par les Ordonnances.

Il n'y a qu'un seul cas où l'Acquereur ne sçachant le vice de son titre ne pourroit repeter les Lods qu'il auroit payez ; C'est lors que lui même a contribué à la nullité : Ce qui arrive lors que l'Acquereur a induit le Vendeur par dol & fraude à lui vendre son héritage : Car si ce même dol sert après de fondement à la rescision de l'Acte, il est certain que l'Acquereur ne pourra repeter les Lods qu'il aura payés, en peine du dol qu'il a commis, parce que lors qu'il veut repeter les Lods *probrum suum allegat, & sic non est audiendus* ; comme dit Argentré en l'art. susdit.

La seconde limitation est aussi de du Moulin *S. 38. Glos. 1. n. 33. & S. 78. Glos. 1. n. 23.* qui apporte cette distinction ; ou le Seigneur a pû apprendre le vice de l'Acte par l'exhibition qui lui en a été faite ou non : Au premier cas il doit rendre entierement ce qu'il a reçû : Au second cas il n'en est tenu que *in quantum locupletior factus est*. C'est-à-dire, que s'il a perdu ou employé inutilement les deniers il n'est tenu de les rendre, parce, dit-il, qu'il est de la nature de cette action que le Défendeur n'en est tenu que *in quantum locupletior factus est*, & pour cela il allegue la Loy *si non sortem. S. Libertus.* & la Loy *in summa S. in frumenti. D. de condict. indeb.*

Mais Argentré *Tract. de Laudimiis. S. 17.* ne convient pas de la distinction de du Moulin, voulant que soit que le Seigneur ait sçû le vice de l'Acte par l'exhibition qui lui en a été faite, soit qu'il ne l'ait pû sçavoir pour être une chose cachée & non apparente, soit qu'il ait fait une donation des deniers qu'il a reçûs, soit enfin qu'il les ait perdus ou mal employez, qu'en tous ces cas il est tenu de rendre ce qu'il a reçû.

Pour prendre parti sur ces deux sentimens opposés, il faut premierement convenir avec l'un & l'autre de ces Docteurs, que le Seigneur ayant appris ou dû apprendre par l'Acte de vente qu'il étoit nul, ou qu'il contenoit en soy une aptitude à être rescindé, comme lors que le Mineur vendant sans les solemnitez du Droit promet de faire ratifier quand il sera majeur, qu'en ce cas il doit rendre les Lods indifferemment & sans aucune limitation, parce qu'il a connu que les Lods ne lui étoient pas dûs, ou que la cause pour laquelle ils paroissoient lui être dûs ne pouvoit pas subsister. C'est ce qui a fait dire à Alexander Chassaneus en ses Nottes sur les Rubriches du Digeste *tit. de condict. indeb.* que celui *qui scivit sibi non deberi tenetur condictione furtiva,* suivant la Loy *quoniam 18. D. de condict. furtiva.* Il faut aussi convenir de ce que dit Cujas en ses Observations liv. 8. chap. 34. où après avoir étalé doctement les rapports qu'il y a entre le prêt & le payement de la chose indûë qu'il appelle *promutuum* ou *tacitum mutuum, aut quasi mutuum,* il dit ensuite qu'il y a cette difference entre la condiction *ex mutuo,* & la condiction *ex promutuo* qui est la repetition de la chose payée indûëment, que celui qui est convenu de cette action *non tenetur nisi in quantum locupletior factus est l. cum hi §. 22. sanè si is qui D. de transact.* au lieu qu'en celle-là le debteur qui est convenu par son créancier doit rendre les deniers qui lui ont été prêtez, soit qu'il les ait employez utilement ou non. Cela présupposé il me semble que l'avis de du Moulin doit être suivi en ce point, quand il a dit que si le Seigneur a perdu les Lods qu'il a reçus il n'est pas tenu de les rendre, parce que *non est factus locupletior;* cela se devant entendre d'une perte fortuite, imprévûë & à laquelle il n'a rien contribué. Mais s'il a gratuitement donné les Lods qu'il a reçûs, ou qu'il les ait mal employez & consumés en des usages superflus & inutiles, il ne peut pas dire qu'il n'en ait point profité; au contraire on lui peut soûtenir qu'il en a été fait *locupletior,* mais qu'après il n'a pas voulu conserver ce profit, qu'il l'a donné, qu'il l'a joüé, en un mot qu'il en a disposé comme bon lui a semblé *tanquam rei suæ moderator & arbiter,* & qu'il ne doit imputer qu'à soy-même d'avoir perdu les profits de son Fief ou de son Emphyteose.

Et n'obste ce qui est dit en la Loy *sed etsi 25. §. consuluit 11. D. de petit. hæred.* que le possesseur de bonne foy des effets d'une hérédité n'en est point tenu envers le veritable héritier *nisi in quantum factus fuit locupletior,* & que s'il a fait donation à quelqu'un des mêmes effets il n'est point censé s'en être enrichi *nisi de facto ad antidora acceperit,* d'autant qu'en ce cas *est quoddam permutationis genus,* comme dit la Loy :

Parce qu'en l'espece de cette Loy le tiers détenteur a son titre qui justifie pleinement sa bonne foy, & qu'il se pourroit faire que le Vendeur étant insolvable celui-là *careret re simul & pretio*, s'il étoit obligé de rendre les choses qu'il n'auroit pas converties à son profit ; au lieu qu'en nôtre cas bien que le Seigneur reçoive de bonne foy des Lods qu'il estime lui être dûs, néanmoins comme c'est un profit casuel qui lui vient d'un Contract passé entre autres personnes, & que *certat de lucro captando*, il ne doit pas être traité si favorablement que l'Acquereur, à titre onereux des effets d'une héredité *qui certat de damno vitando*. Ainsi pour concilier les opinions contraires de du Moulin & d'Argentré j'estime qu'il s'en faut tenir à la distinction dont j'ay fait mention, sçavoir que si le Seigneur a perdu par un cas fortuit, & sans qu'il y ait contribué par sa faute, les deniers qu'il a reçûs, il est entierement déchargé de la restitution : Que si au contraire il les a inutilement employés, comme il n'a tenu qu'à lui d'en profiter il les doit rendre, sans interêts toutefois, pource que comme dit Cujas au lieu sus allegué, *sicut usura non veniunt ex mutuo, ita nec ex promutuo*, De même Faber *Desin. ʒ 1. C. de jure Emphyt.*

La derniere limitation est du même du Moulin, *ditto ʃ. 33. n. 33. & ʃ. 18. n. 16. & 26.* & d'Argentré sur la Coûtume de Bretagne *art. 59. notâ 4. n. 4. & 13.* qui disent que pour obliger le Seigneur à rendre les Lods, il faut que la vente soit entierement resoluë, & non en partie : Car si l'Acheteur, disent-ils, a joüi long-temps de la chose venduë, & qu'il ne soit condamné à rendre les fruits que dez le plaid contesté, qu'en ce cas il ne peut prétendre la repetition des Lods, soit parce que les devoirs Seigneuriaux *sunt pars & onera fructuum*, soit parce qu'il est dédommagé par sa longue joüissance, si elle se trouve suffisante pour cela.

Revenant donc à ce qui fait le principal sujet de ce Chapitre, il faut conclurre qu'il n'est point dû de Lods d'une vente resoluë par la Loy *2. C. de rescind. vendit.* & que s'ils ont été payés, ils peuvent être repetés sous les limitations cy-dessus remarquées.

Ce n'est pas que quelques-uns n'ayent voulu dire que cette resolution procede aucunement du fait & de la volonté de l'Acquereur, qui peut suppléer ce qui défaut du juste prix, & par ce moyen demeurer proprietaire incommutable de l'héritage ; Qu'ainsi le droit de Lods acquis au Seigneur par une vente parfaite & valable n'a pû être blessé par la volonté contraire des Parties, ou de l'une d'elles. Mais cette objection plus subtile que solide, est amplement refutée par les mêmes du Moulin & Argentré aux lieux sus allegués, dont la raison est que s'il arrive quelquefois que la vente ne soit pas resoluë, parce que l'Acheteur supplée le juste prix, que cela se fait par accident, l'action que donne la Loy n'ayant de sa nature autre objet que la rescision du Contract de vente. Et si bien le Vendeur est en coûtume de conclurre subsidiairement au supplément du juste prix, ce n'est qu'un usage introduit par les Praticiens, le Vendeur ne devant con-

clurre precisément qu'à la rescision de la vente, suivant la nature de
l'action, d'autant que le supplément du juste prix n'est qu'une faculté
qui doit succeder à la principale conclusion.

Au reste par la même raison les hypoteques qui ont été constituées
par l'Acquereur d'un héritage, dont le Contract est resolu pour lésion
d'outre moitié du juste prix, sont aussi resoluës & éteintes, suivant la
plus commune opinion des Docteurs, la resolution se faisant *per viam
annihilationis contractus ex causa de præterito, cui res erat affecta ante pignus
vel onus impositum*, comme parle du Moulin.

CHAPITRE XC.

*Si le Seigneur direct, qui use du Droit de Prélation, est tenu
de rembourser le prix en un seul payement, ou s'il se peut servir des delais donnez, par le Contract de vente à l'Acheteur.*

PARMI les questions qui se traitent en matiere de droit de
Prélation, l'une des plus considerables est de sçavoir si le
Seigneur qui veut user de son Droit, est obligé de rembourser le prix en un seul payement, ou s'il se peut servir
des termes convenus par le Contract de vente.

Cette Question a fait le sujet d'un Conseil de Guy Pape, qui est
le 161. où il tient en premier lieu que le Seigneur doit payer le prix
à l'Acquereur & non pas au Vendeur : En second lieu, qu'il doit
joüir des mêmes délais dont l'Acquereur auroit profité. *Credo*, dit-il,
*quod Dominus eo casu non tenebitur totum pretium una semel solutione solvere
emptori, sed per terminos adjectos in venditione; quia si eidem emptori uno
contextu solveretur totum pretium, ipse emptor consequeretur majus commodum ex ipsa venditione quam Emphyteuta cui per terminos ipsum pretium solvi
debet.* Il ajoûte néanmoins peu après. *Et hoc verum intelligo si Dominus sit de facili conveniendus per emptorem ad consequendum pretium per dictos
terminos juxta l. in princip. D. qui satisdare coguntur.* Ensuite il resout que
si le Seigneur se rend difficile au payement, l'Acquereur doit être mis
à couvert de la recherche du Vendeur, *per conditionem sine causa;
quia licet dictus emptor teneretur actione ex vendito Emphyteuta venditori ad
consequendum pretium : illa tamen causa propter quam pretium petitur fuit re-
ducta ad non causam, cum illa res vendita sibi non remanserit, sed penes
Dominum qui eam cepit jure prælationis, quia quando causa reducitur ad non
causam, competit conditio indebiti & soluti repetitio.* Enfin il conclud que
pour éviter le circuit, le Seigneur se doit obliger au Vendeur, & lui
donner des sûretez pour son payement, aux termes portez par le Contract. A quoy se trouvent conformes les Coûtumes de Sens, d'Auxerre, de Vitry, de Bourbonnois, qui disposent que les délais pro-

firent au Retrayant lignager, comme ils feroient à l'Acheteur, à la charge de donner fûreté au Vendeur, de payer au terme convenu: Mais Guy Pape ne s'explique pas fi le Vendeur eft obligé de fe contenter de la caution offerte par le Seigneur.

Tiraqueau, *Traffatu de Retraffu lineari in verbo. Le prix que la chofe. glof. 18. n. 34.* dit auffi que le Retrayant n'eft pas tenu de payer le prix que l'Acquereur n'a pas débourfé, *& cujus folvendi dies nondum ceffit.* En quoy il a été fuivi de Grimaudet qui n'a prefque fait que le traduire liv. 7. chap. 10. d'Argentré fur la Coûtume de Bretagne art. 293. fur le mot, *Selon qu'il eft convenu au Contraff,* & de Charles du Moulin fur celle de Paris art. 13. (qui eft le 10. de la Nouvelle)

Il faut voir Ranchin Decif. part. 4. Concluf. 39. d'Effeffes au Traité des Droits Seigneuriaux feff. 6. du Droit de Prélation part. 2. n. 8. p. 88.

glof. 5. n. 9. & glof. 8. n. 5. où il foûtient qu'en donnant par le Retrayant caution fuffifante & folvable à l'Acquereur de payer au terme, il eft recevable au retrait; parce qu'autrement il payeroit *plus tempore,* & fa condition feroit plus dure que celle de l'Acquereur contre la nature du retrait, & que l'Acquereur ne fe doit plaindre de ce qu'il fera cependant obligé au Vendeur, & néanmoins privé de l'héritage par lui acquis, puifqu'il eft dédommagé par la caution: même qu'il fe doit imputer le préjudice qu'il en reçoit, *quia emendo fubjecit fe oneri retraffus quem fciebat accidere poffe.*

Au contraire Barthelemy Cœpola *Conf. 46. n. 5.* tient que tout le prix doit être configné par le Retrayant. *Et fuadet ratio,* dit-il, *ne emptor patiatur duplex dammum; unum quod avocetur fibi res contra l. dudum C. de contrah. empt. & quod non fit fecurus de pretio.*

Ces derniers mots, *quod non fit fecurus de pretio,* juftifient que l'avis de ce Docteur eft que l'Acquereur par l'exécution du retrait n'eft pas déchargé des obligations perfonnelles & hypothecaires que le Vendeur a fur lui. En effet, du Moulin en demeure d'accord.

C'eft par ces raifons là que ceux qui ont écrit après lui, fe font départis de fon opinion, foûtenans que le Retrayant doit payer le prix entier dans le temps de la Coûtume, ou d'apporter à l'Acquereur décharge fuffifante du Vendeur; en forte qu'il foit exempt & liberé de toute recherche, ne fuffifant pas qu'il offre des fûretez, finon que la Coûtume en difpofe autrement, parce qu'elles n'équipollent pas à la liberation. Tel eft le fentiment de Charondas fur la Coûtume de Paris art. 137. de Choppin fur la même Coûtume, *tit. de Gentilit. fund. vendit. condiff. n. 5.* De Coquille fur celle de Nivernois, *tit. de Retrait. art. 14.* & de Gabriel du Pineau fur l'art. 346. de celle d'Anjou, où il dit que du Moulin n'a pas avancé fon opinion comme une regle en la Thefe générale qui doive être reçûë par tout & de tous, mais qu'il s'eft particulierement arrêté aux termes de l'ancienne Coûtume de Paris. Au furplus, il refute abfolument celle de Tiraqueau & de Grimaudet, ajoûtant qu'elle n'eft pas appuyée du Confeil 161. de Guy Pape, puis qu'il veut difertement pour la décharge de l'Acquereur, que le Retrayant s'oblige au Vendeur, & lui donne des fûretez. Ce qu'il faut entendre en cas que le Vendeur fe veüille contenter de la folvabilité du Retrayant, & quitter à l'Acquereur les obligations qu'il a fur lui. Pour conclufion, il confeille à l'Acquereur d'intimer le Vendeur à l'exécution du retrait, avec lequel la queftion du terme doit être vuidée.

Cette derniere opinion eft authorifée des Arrêts du Parlement de Paris, qui ont jugé nettement que le Retrayant ne doit joüir des termes portés par le Contract de vente, & qu'il eft tenu par confé-quent de rembourfer le total du prix, ou fournir acquit & décharge du Vendeur dans vingt-quatre heures, même quand l'Héritage eft vendu, à la charge de payer & continuer par l'Acheteur une rente dûë par le Vendeur à un tiers, comme a remarqué Julien Brodeau fur la Coûtume de Paris art. 133. n. 18. & plus amplement M. le Prêtre en fes Queftions Notables du Droit, Centurie 2. chap. 19. Telle eft auffi la difpofition de la Coûtume de Troyes chap. 161.

J'eftime pourtant que la premiere opinion doit être fuivie aux Païs où le contraire n'eft pas difpofé par la Coûtume, ou décidé par Ar-rêts. La raifon eft que tout le droit & la commodité ou incommo-dité du Contract paffe au Retrayant, le droit de Prélation n'étant au-tre chofe en fon origine qu'une prérogative telle qu'eft celle dont parle Harmenopulus *lib. 3. tit. 3. ſ. 65. 118. 119. ex Novella Cæfaris Romani*, par la nature duquel droit le Seigneur eft fubrogé à celui de l'Acquereur, ce qu'il ne feroit pas, fi celui-cy avoit la faculté de payer à divers termes par la convention du Vendeur, & que lui ne s'en pût fervir, qui par ce moyen payeroit plus que l'Acquereur étant certain que le terme fait part du prix & de la ftipulation, *Dies folutionis ficut ſumma pars eſt ſtipulationis*, dit la Loy, 1. ſ. *editiones D. de edendo*, & que celui qui paye devant ou après le terme convenu *plus vel minus folvere videtur*. Au lieu que le Seigneur ufant de fon droit, le Ven-deur ne fouffre rien qu'il n'ait bien voulu accorder à l'Acquereur, qui fe doit imputer d'avoir fait l'achat fans avoir eu le confentement du Seigneur pour faire ceffer le droit de Prélation.

Et en ce cas l'Acquereur doit être exempt de toute recherche, *cui ſubvenitur condictione ſine cauſa*, comme dit Guy Pape, puifque c'eft une éviction neceffaire & inévitable qui fe fait par la force de la Loy que le Seigneur a impofée au Fief ou à l'Emphyteofe. Ainfi tout l'effet du Contract & toutes les actions qui en naiffent font transferées au Re-trayant; enforte que l'Acquereur *nullam ex inde moleſtiam ſuſtinendarum actionum ferre cogatur.*

C'eft auffi par ce même raifonnement qu'en exécution du retrait lignager le Seigneur pour le payement de fes droits Seigneuriaux s'en doit prendre au Retrayant & non à l'Acheteur, fuivant l'avis des Docteurs, & particulierement d'Argentré en fon Traité des Lods chap. 3. *nam etſi*, dit-il, *perſonales actiones ab perſona non facile abſce-dunt, tamen cum poteſtate legis transferuntur, æquum eſt jaminde omni mo-leſtia eximi, qui utilitate omni contractus careat.*

Quant au Confeil de Cæpola que tous alleguent comme le chef de de l'avis contraire, il a été donné fur le fujet d'un Statut de Veronne qui oblige en cas de retrait de configner la fomme entiere ; ce qui eft auffi remarqué par Anne Robert en fa Confultation *de jure congrui*.

Or les Statuts étant de Droit étroit & rigoureux ils doivent être obfer-vés à la lettre & dans leur forme fpecifique. *Statutorum verba Tyrannica funt* dit Albericus.

Et néanmoins le même Cæpola après avoir dit que pour fatisfaire au défir du Statut de Veronne, tout le prix doit être dépôfité par le Retrayant ; il ajoûte *Credo tamen quod depofitarius non teneatur exburfare nifi fecundum pactum factum emptori.* Ce qui juftifie que fans la rigueur du Statut le Retrayant profiteroit des termes accordés à l'Acquereur.

Et comme les Coûtumes font Statutaires & impérieufes qui veulent être obéïes à leur mot, j'eftime que les Arrêts allegués par M. le Prê-tre n'ont pas été moins fondés fur la feverité de leur difpofition que fur la confideration dont il les appuye, *quod emptor debet abire indem-nis.* Les Coûtumes dis-je font fi rigoureufes, fourdes & inéxorables qu'encore que regulierement la compenfation tienne lieu de payement, fi eft-ce qu'en matiere de retrait elle n'eft pas reçûë, comme remar-que Brodeau fur la Coûtume de Paris art. 136. n. 19. & avant lui Argentré fur celle de Bretagne art. 293. où il dit que ces mots de la Coûtume *Reaument & d'effet, funt verba immotæ & præcifæ neceffitatis, nec fatisfuerit debiti compenfationem obtuliffe.*

Je remarque auffi que ces Arrêts ont été donnez en fait de retrait lignager, que la Loy *dudum. C. de contrah. emptione*, qualifie *gravem inju-riam, quæ inani honeftatis colore velatur, ut homines de rebus fuis facere ali-quid cogantur inviti.* Au lieu que le droit de Prélation eft favorable, par les raifons qui font touchées par du Moulin *§. 20. glof. 4. in verbo.* le Fief tenu. *n. 8.*

CHAPITRE XCI.

Des Statuts & Loix particulieres des Maifons.

NOS Ancêtres ont été fi foigneux de conferver leurs biens à leur pofterité mafculine, qu'il y a beaucoup de Maifons No-bles en Dauphiné, dont les anciennes Terres ne font point forties de l'agnation : Il y en a qui poffedent encore celles qui ont pris le nom de leur Famille, ou qui le leur ont donné. Ce que Jean Scohier, Chanoine de Berghes, dit être Noble de Nom & d'Armes, encore qu'ils n'en foient plus Seigneurs : C'eft au chap. 17. de fon Traité de l'Etat & comportement des Armes, que j'eftime d'autant plus, qu'il ne s'eft pas arrêté aux feuls termes dont les Herauds fe fervent pour le Blafon : Il traite les queftions qui fe prefentent fouvent dans

les

les Familles, pour les Armes pleines : Voicy ses termes. *Quand il y a quelques Provinces, Villes, Bourgs, Châteaux, Seigneuries, ou Fiefs Nobles, ayant Armes propres & particulieres, les Gentilshommes du nom, c'est-à-dire, qui portent le nom de telles Provinces, Villes, Bourgs, Châteaux, Seigneuries ou Fiefs que dessus ; & les Armes semblablement, sont nommez Gentilshommes de nom & d'armes, encore qu'ils ne soient Seigneurs, en droit quoi se commettent de grands abus : Car nous voyons plusieurs Gentilshommes de nom & d'Armes, lesquels parvenus aux titres de dignitez, soit par érection de Seigneurie en Baronnie, Comté ou autre ; laissans le nom du lieu dont ils portent les Armes prenant le nom de leur Baronnie, Comté, &c. Certes nonobstant que tels soient Gentilshommes de nom & d'Armes, si est-ce qu'ils ne sont Gentilshommes des Armes dont ils prennent le nom, & par ainsi ne sont Gentilshommes de nom & d'Armes, sinon que par effets divers & separez, lesquels neanmoins doivent être conjoints & inseparables.*

Il est pourtant certain qu'être Noble de nom & d'Armes n'est autre chose qu'être Noble d'extraction, ayant droit de porter Armes timbrées, suivant les regles des Herauds qui sont marques de Noblesse que le Roy donne à ceux qu'il annoblit. Ainsi les Statuts des Ordres de Chevalerie, ou des Corps d'Eglise qui ne reçoivent que des Gentilshommes, exigent la preuve de la Noblesse de nom & d'Armes : Et le plus souvent ceux que l'on reçoit n'ont pas des Noms pris des Seigneuries, qui néanmoins ne laissent pas d'être Nobles de nom & d'Armes.

Les biens de nos Ancêtres se sont conservez dans l'agnation par trois moyens. Premierement, par la nature des Fiefs qui les affectoit aux mâles avant qu'ils fussent patrimoniaux, ce qu'ils n'étoient pas en Dauphiné du temps des anciens Dauphins, que les Constitutions Féodales des Lombards y étoient observées à la rigueur, sinon que la Loy de l'investiture y eût dérogé ; Et quand les filles étoient capables de succeder aux Fiefs par la condition de l'investiture, ce n'étoit qu'à défaut des mâles : Ainsi par le Traité qui fut fait l'an 1339. entre Humbert II. Dauphin, & Henry Seigneur de Sassenage, il est convenu qu'à défaut de descendans mâles d'Henry, les filles ne se pourroient marier que du consentement du Dauphin & de ses successeurs, autrement qu'elles seroient incapables de succeder, comme je l'ay déja remarqué au chap. 51.

II. Par les substitutions que nos ayeuls avoient accoûtumé de faire en faveur de leur posterité masculine, & même des collateraux de leur nom & Armes, à l'exclusion de leurs propres filles, par des termes qui les étendoient à l'infini avant les Ordonnances d'Orleans & de Moulins : Ce qui est remarqué par Curtius Senior en son Conseil 51. qu'il a fait pour Albert de la Tour Seigneur de Vinay *versic. Et hoc argumento*, où il fait mention de cette Coûtume, qu'il appelle *communem usum Delphinensium.*

III. Par les Statuts & Loix particulieres que quelques Maisons s'étoient données d'elles-mêmes pour l'ordre de leur succession. Ce que les Romains appelloient *jus familiare*, les Chartes anciennes *Statuta familia*. Mais ces Statuts ont ceffé d'être exécutez depuis que les Parlemens les ont rejettez comme une entreprife fur l'autorité Royale, qui ne permet pas que les familles privées fe donnent des Loix contraires au Droit public. C'eft ainfi qu'il a été jugé en la Maifon de Montmorency par Arrêt du Parlement de Paris de l'an 1519. en celle de Dreux par Arrêt de l'an 1551. en celle de Laval par Arrêt prononcé en robes rouges par M. le Prefident Seiguier le 9. Avril 1565. en celle de Montboiffier en Auvergne par Arrêt du 7. Septembre 1571. Surquoi l'on peut voir ce qu'en ont écrit Choppin *lib. 2. de Domanio. tit. 4. n. 8. & in Confuet. Andeg. cap. 1. tit. 2. n. 6. & 7.* Bodin en fa Republique liv. 1. chap. 2. Argentré en fon Traité des Partages des Nobles queft. 24. Tiraqueau *Tract. de jure primigen. queft. 16.* du Moulin *Confil. 50. n. 5. & feq.* M. Marion au Plaidoyé 8. du fecond volume. Peleus en fes Queftions illuftres. queft. 52. & Brodeau fur les Arrêts de Loüet L. R. Arrêt 37.

Il n'eft point de Province en France où ces Statuts de famille ayent été fi frequemment ufitez qu'en Dauphiné. Les Seigneurs dont plufieurs étoient indépendans des Dauphins, s'étoient attribué le droit d'en donner à leurs Sujets, comme je remarquerai plus particulierement au Chapitre fuivant, à plus forte raifon à leur famille.

Il m'en eft tombé quelques-uns entre les mains, mais il me fuffira de rapporter la teneur de ceux de la Maifon des Allemans, l'une des anciennes de la même Province, & qui s'étoit étenduë en plus de branches. Ils furent jurés dans le Palais Epifcopal de Grenoble, le premier de May 1455. en prefence de Sibon Alleman Evêque de Grenoble, aux termes fuivans.

IN NOMINE SANCTÆ ET INDIVIDUÆ TRINITATIS Patris & Filii & Spiritûs Sancti, Amen. Cum utriufque Paginæ difpofitione caveatur unitatem Corporis Myftici Sanctæ militantis Ecclefiæ, quæ unam columbam & veftem Dominicam JESU CHRISTI inconfutilem repræfentat, communicandam fore nedum membris & partibus fimplicibus, quinimò & partibus ac membris nobilibus, quorum officiis alia membra juvantur & irradiantur. Proptereà reverendus in Chrifto Pater & Dominus, Dominus Sibondus Alamandi ex Dominis Sechillinæ miferatione divina Epifcopus & Princeps Gratianopolitanus, nec non magnifici, ftrenuíque & fpectabiles Barones & Domini in anteriori opera confcripti ejus confanguinei & nepotes dilectiffimi confiderantes & attendentes quod unio bonorum eft bona, & quod inter procreatos & genitos ex eadem profapia debet effe unitas & amicitia fingularis, &

præfertim inter ipfos qui ex eodem ftipite Alamandorum Baronum & Dominorum Domorum & Dominicaturarum Valifbonefii , Sechillinæ , Uriatici & etiam fub eifdem Infigniis & Armis procefferunt , & quod honor unius eft omnium aliorum honor & decus , & è contra ad laudem Dei omnipotentis , gloriofæque Virginis Mariæ , Beati Joannis Baptiftæ eorum Patroni , ac totius Curiæ Civium fupernorum , honorémque Illuf-triffimorum Principum & Dominorum Delphini Viennenfis &c. & Domini Sabaudiæ Ducis, & ad cujuflibet ipforum veram obedientiam & fubjectionem , prout eos & eorum alterum concernit divifim , & alias ad eorum majora Dominia fpectat, eorúmque authoritate & bene placito , & cujuflibet ipforum , quantum eos & eorum Dominicaturas majores concernere poteft , per quorum Majeftates & Dominationes Illuftriffimas , propter confanguinitates & affinitates ab olim cum eorumdem Principum Prædecefforibus contractas protegi , confervari , & manuteneri , ac à quibuflibet externorum impugnationibus defendi fperant femper, refervatis, ftatuerunt , convenerunt & pro confervatione honoris eorum & cujuflibet ipforum ad futurorum bonam memoriam decernunt, prout in quadam papyri fcedula pro eorumdem Dominorum parte confecta & ordinata continentur tenoris fequentis.

Nos Suprafcripti inferiùs fubfignati ad honorem Dei & exaltationem Catholicæ Fidei , qua fumus infigniti volumus , confentimus , ordinamus , ftatuimus , & in futurum in verbo veritatis & fide nobilitatis velle confervare inpofterùm profitemur & promittimus pròut fequitur. Primò quod in fepultura cujuflibet noftrum cæteri viventes , qui commodè perfonaliter adeffe poterunt , intereffe debeant , fi corpus hoc pati poffit , omnes induti nigro , & fi fint qui infirmitate , fenectute , vel aliqua alia debilitate patiantur , quod tales mittere debeant filium feu filios fi habeant , & fi effe non poterint nec eorum filii , quod eo cafu fit unus nobilis fervitor , aut alia notabilis perfona , indutus nigro qui pro anima defuncti celebrari faciat fex Miffas , & tunc filii defuncti teneantur jurare hanc noftram Ordinationem & Statutum , qui in eadem perfiftere debeant ut pater faciebat. Item quod in Capella fundata per præfatum Dominum Epifcopum teneantur comparere die qualibet prima Maii , fi alius locus & alia dies non fuerint per ipfos Dominos ordinati , & ibidem tractare de maritandis filiabus noftris , & negotiis cujuflibet noftrûm occurrendis & fuftinendis fecundùm exigentiam illorum. Item quod in ipsa Capella sivè in loco per nos destinato seu destinando per quemlibet nostrûm offeratur unus cereus ponderis quatuor librarum bonæ ceræ mundæ & novæ, cum armis cujuslibet nostrûm in ipsis cereis affixis, qui cerei debeant incendi in Missas & Vesperis cujuslibet Festi Beatæ Mariæ Virginis, Euchariftiæ, Sanctæ Trinitatis, & Beati Joannis Baptiftæ, ac Sancti Donati; nec non & certam diem eligendam ob reverentiam Beati Ludovici Alamandi Sanctæ Ecclesiæ Romanæ Cardinalis, Arelatensis vulgariter tempore suo nuncupati, qui in ipso loco debeat depingi. Item quod si nascatur quæftio inter duos nostrûm, sivè de proprietatibus aut pecuniis, sine super verbis injuriosis vel aliàs, quod duo seniores nostrûm debeant super illis pronunciare & ordinare, & si illos vel alterum ipsorum ex aliquo latere tangat sivè attingat, sic quod possent videri suspecti, quod alii duo nostrûm eligendi per partes, vel per quatuor nostrûm consilii prædicti ordinare & pronunciare possint & debeant. Quibus Ordinationibus & pronunciationibus parere debeamus. Item quod si contingat, quòd absit, alterum nostrûm habere guerram, duellum, sivè aliud inconveniens, seu scandalum, vel aliam duram persecutionem hæreditatis suæ, vel honoris, in qua necessariò succursu amicorum & parentum, quod cæteri omnes, dempto Episcopo teneantur ipsum associare, consulere atque servire in tanta necessitate honorem suum, atque commodum concernente, quantum erit eis possibile: Et quando plus non possent, quod saltem per unum mensem in anno, quæ erit duodecima pars temporis, sumptibus cujuslibet nostrûm propriis, sic quod talis patiens sivè agens sit exemptus ab expensis servientium prædictorum. Item quod si contingeret duos vel tres nostrûm, vel plures esse in eadem necessitate, quod tunc habeatur respectus per ipsos dominos, quod ubi erit major necessitas primitus succurratur: Et si quasi æquè sint indigentes, quod secundum loca, ac patrias, & exigentiam negotii dividantur personæ nostrûm secularium, ut cuilibet necessitate portante succurratur & subveniatur. Item quod quilibet nostrûm teneatur in suo testamento & ultima voluntate instituere alterum, vel alteros nostrûm, quem vel quos voluerit: Et hoc casu quo decederet sine liberis masculis naturalibus & legitimis. Item quod omnes perpetuò atque nostri teneantur portare in divisa seu librata super aliquo colore, vel sine colore, sicut cuilibet placuerit, videlicet baculum truncatum, ut superiùs est in circuitu rotæ , in qua fumus nominati. Item quod quilibet noftrûm teneatur portare arma de Vallebonefio in primo latere armorum , & fi alia arma efcartellentur , quod femper dicta arma primi loci ex quo proceffimus præferantur & præferri debeant. Et fi alium extraneum fibi hæredem univerfalem inftituere voluerit , quod hoc fit fibi permiffum , dum tamen talis qui inftituetur vel fubftituetur fit de genere Militari , & quod ipfe & fui perpetuò capiant & portent arma & divifias noftras , ut fupra eft ordinatum , juraréque & attendere capitula noftra prædicta, & de puncto in punctum obfervare teneantur , ac fi de genere noftro effent ; alias eo ipfo dicti hæredis extranei inftitutio vel fubftitutio fit nulla , & ad illum vel illos noftrûm perveniat , qui abinteftato dicto teftatori fucceffiffet. Et præmiffa omnia & fingula prædicta quilibet noftrûm pro fe & fuis in perpetuum obfervare , attendere & adimplere , cæteráque præmiffa & præmifforum aliqua contra non venire per fe vel alium ad Sancta Dei Evangelia manu ejus corporaliter tacta juravit , & promifit per fidem fui corporis , & ad futuram rei geftæ memoriam manu fua fubfcripfit , aut figillum fuum appofuit confuetum die prima Maii , anno milleſimo quinquagefimo quinto, Indictione...... quibus præmiffa fuerunt acta Gratianopoli in Palatio Epifcopali in præfentia præfati Domini Sibondi Alamandi Gratianopolitani Epifcopi & Principis.

J'en ay vû un Original dans les Archives du Château de Laval au Baillage de Grefivodan , où eft reprefenté un Soleil d'or fur azur , environné d'un bâton de finople en forme de cercle écoté , c'eft-à-dire , qui a divers troncs , à l'entour duquel eft écrit. Reverendus in Chrifto Pater & Dominus Dominus Sibondus Alamandi ex Dominis Sechillinæ Gratianopolitanenfis Epifcopus & Princeps. *Ces mots font environnés d'un autre cercle de finople écoté , d'où font tirés feize lignes fermées de deux cercles de gueules , dans l'efpace defquelles font écrits les noms fuivans , n'y ayant que deux efpaces inutiles.*

Guiguo Alamandi Baro Uriatici.
Antonius Alamandi Dominus Sancti Georgii.
Aymo Alamandi Dominus Revelli.
Henricus Alamandi Dominus Vallis Sancti Stephani.
Soffredus Alamandi Baro Caftrinovi.
Aymo Alamandi Dominus de Campis , de Tolognano , de Giere , de Rochepaviot , de Bocono & de Cigalier.
Dominus Joannes Alamandi ex Dominis Sechillinæ Canonicus Gratianopolitanus.

Sibondus Alamandi ex Baronibus Uriatici.

Guillelmus Alamandi Dominus Sechillinæ, de Lers, Baro de Monfrain, de Serignan, de Rochefort, de Baulieu.

Bonifacius Alamandi Baro Utriaci.

Joannes Alamandi Dominus de Effirier, de Cormaut, & de Voferier Diœcefis Gebennenfis.

Odo Alamandi Dominus de Aleriis & de Gogneto.

Guido Alamandi Dominus de Marriaco.

Ludovicus Alamandi primogenitus Domini Sechillinæ, Dominus de Ruinac, de Sancto Gervafio, & de Montrocher.

Il y a un troifiéme cercle de gueules, dans l'efpace duquel font dénommés les fuivans.

Joannes Alamandi Dominus Rupifchinardi.

Aymarus Alamandi Dominus de Inclofa.

Dominus Carolus Alamandi Miles ex Dominis Rupifchinardi.

Dominus Antonius Alamandi Prior Rometæ.

Dominus Antonius Alamandi Prior Carcaffone.

Dominus Henricus Alamandi Prior de Bregnino.

Claudius Alamandi Prior Sancti Michaëlis de Connexa.

Carolus Alamandi Canonicus Romanenfis.

Claudius Alamandi de Vifilia ex Dominis Rupifchinardi.

Humbertus Alamandi ex Dominis Rupifchinardi.

Ces Statuts furent approuvez, & confirmez, par Loüis Duc de Savoye, à la Requéte de Jean Aleman Seigneur d'Effirier en cette forme.

LUDOVICUS Dux Sabaudiæ, Chablaifii & Auguftæ, Sacri Romani Imperii Princeps, Vicariùfque perpetuus, Marchio in Italia, Princeps Pedemontium, Gebennefii & Baugiaci Comes, Baro Vaudi & Focigniaci, Niciæque, Vercellarum & Friburgi Dominus. Univerfis ferie præfentium fiat manifeftum, quod nos vifis capitulis fuperiùs infertis : Supplicationi itaque dilecti fidelis Confiliarii noftri Joannis Alamandi Domini Eyfiriaci fuper iis nobis factæ benevolè inclinati, eadem & omnia in eifdem contenta rata habemus & accepta, volentes & confentientes, quod ipfe Dominus Eyfiriaci & fui liberi illa jurare, fubfcribere & figillo armorum fuorum figillare poffint & valeant, illáque obfervare & attendere, alio à nobis non expectato mandato. Datum Gebennis die vigesima-nona Augusti, anno millesimo, quatercentesimo quinquagesimo quinto. LOUIS. Per præfatum Dominum nostrum Ducem præsentibus illustribus Ludovico de Sabaudia secundogenito Comite Gebennesii, Petro de Borbono, nec non Dominis Jacobo Comite Montismajoris, Jacobo de Balma Domino Albergamenti. M. de Franc. Præposito Lausanensi Magistro Requestarum, Guillelmo de Viriaco Præsidente Computorum, Bertrando de Duino Domino Vallis Isaræ, & Andrea de Marcello Domino Grandimontis. Nunessis.

Dans ces Pactes il est dit que la Maison des Allemans tiroit son origine du Seigneur de Vaubonnois, qui est une Terre située dans une Vallée arrosée de la Riviere de Bonne, qui lui a donné son nom, au Bailliage de Graisivodan. Mais j'ai vû des anciens Titres qui font mention d'un Alamannus de Auriatico. *(C'est* Uriage*) vivant l'an* 1108. *qui se fit Moine au Prioré de Domene du consentement de sa femme. Et comme il laissa des enfans, j'estime que du nom propre d'*Alamannus*, retenu par ses descendans, il s'est fait un surnom de Maison, comme il est arrivé à plusieurs autres du Royaume, particulierement en Dauphiné. Que par consequent Uriage étoit le tige de la famille des Alemans, dont chaque branche avoit des Armes differentes, comme il se pratiquoit au douzième siécle, jusqu'à ce que les dénommez aux Statuts que je viens d'alleguer, s'obligerent de porter au premier quartier de leur écu, celles de Vaubonnois qui sont de gueules semé de fleurs de lys d'or à la bande d'argent. Au reste ceux-là se mécomptent qui font descendre cette Maison-là de Rodolfe, surnommé l'Aleman, frere puisné d'Humbert Seigneur de Foncigny, qui vivoit l'an* 1170. *puisque* Alamannus de Auriatico *étoit plus ancien.*

CHAPITRE XCII.

De l'authorité que les Seigneurs particuliers s'étoient autrefois attribuée dans leurs Terres; & des Statuts & libertez qu'ils donnoient à leurs Sujets.

LA politique d'Hugues Capet, tige sacrée de nos Rois de la troisiéme Race, fut excellente, quand pour affermir la Couronne sur sa tête, & l'asseurer à sa Posterité, il souffrit que les Duchez, les Comtez & autres dignitez qui n'étoient qu'à vie, fussent hereditaires, & qu'ainsi le droit de rendre Justice fût acquis proprietairement à ceux qui ne l'exerçoient auparavant que sous le nom du Roy. Cela fit que les Grands s'attacherent plus étroitement à la Royauté, qui s'est maintenuë heureusement en la même Race depuis l'an 987. qu'Hugues Capet fut élû Roy, au lieu que la durée de la premiere n'a été que de trois cens trois ans, à commencer à Meroüée qui eſt proprement le tige de celle-là; & la durée de la deuxiéme de deux cens trente-cinq, ſçavoir, cent en vigueur, & cent trente-cinq dans le déclin, pendant lequel elle a reçû de ſi grands outrages de la fortune, que la Couronne lui a été plus à mépris qu'à gloire.

Il eſt vrai qu'à la ſuite les Grands entreprirent beaucoup ſur les droits Royaux. Quelques-uns s'attribuerent celui de faire battre Monnoye, d'amortir les heritages tombez en main-morte, d'octroyer Lettres de Nobleſſe, d'établir Foires & Marchez, & tous de faire la Guerre de leur authorité privée pour démêler leurs querelles, & de faire des Loix & des Statuts dans leurs Terres.

Cet abus n'a pas été moindre en Dauphiné, qui faiſoit partie du Royaume de Bourgogne, où les Comtes d'Albon & de Graiſivodan, qui prirent depuis le nom de Dauphins, & les Comtes de Valentinois, uſurperent peu à peu l'authorité Souveraine, & à leur exemple les Barons de Clermont, de Saſſenage, de Breſſieu, de Meüillon, de Montauban, & quelques autres qui donnoient des Loix & des Statuts à leurs Sujets; Ce qu'ils faiſoient le plus ſouvent par la même Charte qu'ils leurs octroyoient des franchiſes & des immunitez, qu'ils appelloient Libertez, pour convier les Etrangers de venir habiter leurs Terres, principalement les Bourgs fermez. D'où vient qu'en beaucoup de Lieux les Habitans des Bourgs ont des franchiſes & exemptions dont ne joüiſſent pas les Forains.

Je me reſſouviens d'avoir vû un Titre d'environ le douziéme ſiecle, (la datte préciſe m'eſt échappée de la mémoire) par lequel Guy Seigneur de Rives declare en preſence des Seigneurs de Clermont, de Saint Quentin & de quelques autres, qu'il a deſſein de bâtir une Ville au lieu appellé le Molard, qu'il veut être appellée Beau-creſſent, aux Habitans de laquelle il donne des Statuts qu'ils devoient obſerver. Le Château & le Bourg de Beau-creſſent furent enſuite bâtis & le Territoire démembré de celui de Rives.

Mais depuis le Tranſport de Dauphiné, les Statuts & Reglemens faits par les Seigneurs ont ceſſé d'être obſervez, par deux raiſons, l'une que c'eſt une uſurpation ſur l'authorité Souveraine, l'autre que la plûpart ſont contraires au Droit commun : Par exemple, ceux qui furent donnez l'an 1164. aux Habitans de Moirans par Geofroy, Berlion, & Aynard de Moirans, & par Beatrix Pelere leur mere, contiennent un article en ces termes. *Si quis in adulterio deprehenſus fuerit nudus per Villam ducetur, aut ſexaginta ſolidos ad plus præſtabit.* Ceux qui furent faits l'an 1288. par Hugues Seigneur de Breſſieu pour les Habitans du Bourg de Breſſieu, établiſſent des Foires ſous le Privilege ſuivant. *Item ſtatuimus quod Nundinæ fiant in dicto loco in quindena omnium Sanctorum, & durent per ſeptem dies continuos & completos, & ſint omnes in dictis Nundinis exiſtentes quitti & immunes à crimine adulterii, & veniendo, eundo, commorando, ibidem redeundo ſint pro poſſe noſtro in guidagio & coductu noſtro.* De ſorte que ces anciens Statuts faits par les Seigneurs ne font exécutez que pour les droits utiles que le temps a authorifez , & pour les immunitez & conceffions favorables aux fujets qui ne font pas contraires au Droit public.

Par une autre Charte du 4. de Mars 1353. Aymar Seigneur de Bref-fieu & Amedée fon fils aîné, confirmerent à Damian Gotafrey Che-valier , à Pierre de Breffieu & à Guillermin Gotafrey Damoifeaux , tant pour eux que pour les autres Gentilshommes de la Terre de Bref-fieu, les anciens Privileges dont ils joüiffoient , qui depuis long-temps n'ont point eu de lieu que pour les ufages qui leur furent accordez dans les Forêts de Ver & de Chambaran , & non pour les autres conceff-fions qui étoient à la charge des Habitans, comme celle-ci. *Item quod dicti Nobiles Mandamenti debent habere & percipere fenagium , dum tamen habebunt & tenebunt roncinum. Item quod debeant recipere & capere paleas ab agricolis pro utilibus & aliis neceffariis fuis faciendis. Item quod quando-cumque erunt Milites , (c'eft-à-dire Chevaliers) aut maritabunt filios vel filias fuas intra Mandamentum Briffiaci , quod capere poffint gallinas ab habi-toribus Mandamenti , qualibet gallina pro fex denariis , & cæteras carnes fibi neceffarias ad æftimationem macellorum. Item quod poffint & debeant accipere à qualibet & pro qualibet feftariata prati , quilibet ipforum Nobilium unum faf-cium herbæ prout ab antiquo confueverunt.*

En un mot l'autorité des Seigneurs étoit autrefois fi abfoluë & fi dure , qu'ils difpofoient à volonté de l'heredité de leurs Jufticiables , foit que ceux-ci euffent fait Teftament ou non. Ce qui donna fujet à Aymar Berenger Seigneur du Pont en Royans & de plufieurs autres Terres, de mettre cette claufe dans fon Teftament du 17. Septembre 1315. *Item difpofuit , voluit & præcepit, quod bona & hæreditates hominum fuorum decedentium in futurum ex Teftamento vel ab inteftato remaneant & liberè devolvantur ad illos quibus de Jure competerent , non obftante ufu vel corruptela quæ huc ufque duravit , quam penitùs vel extirpari , & de ufurpa-tis huc ufque ex dicta caufa fatisfieri per fuum hæredem infra fcriptum.*

Les anciens Chartulaires des Eglifes nous apprennent auffi que les Seigneurs s'étoient appropriez les chofes faintes & facrées, comme les Eglifes & les Cimetieres dont ils difpofoient comme de leur patrimoi-ne. En voici quelques exemples de la même Province.

Hector Seigneur indépendant de Saffenage, & Cana ou Cava fa femme, donnerent par une Charte de l'an mil quatre-vingt à Hugues Evêque de Grenoble, qui fut canonifé après fon décès , les Eglifes de la Terre de Saffenage avec le tiers des Dîmes ; s'étant refervé les deux autres tiers que Didier, Guigues, Guillaume, Hector & Ademar fes enfans donnerent quelques années après au même Evêque par un Acte qui n'a point d'autre datte que celle-cy. *Facta fuit hæc donatio antequam Hierufalem capta effet à Gallis five à Burgundionibus tempore Urbani Papæ , & Ademari Epifcopi Anicienfis.*

Par une autre Charte de l'an 1108. Silvion de Saffenage, Geraude fa femme, Guillaume & Ademar leurs enfans, donnerent au même

Evêque la part qu'ils avoient en la Dîme de Saint Paul de Noyeray du confentement de Difdier & de Guillaume de Saffenage, que Silvion qualifie *Seniores fuos, de quorum Senioratu,* dit-il, *habebam decimam prædictam.*

Ainfi Chabert de Moreftel l'un des principaux du même Pays, étant malade dans le Château de Cornillon, donna l'an mil cent dix au même Evêque, les Eglifes & les Cimetieres de fes Terres, & entr'autres le Cimetiere de Saint Martin de Miferé, avec les Dîmes qui lui apartenoient.

Ainfi le Comte Guigues fils de Guigues le Gras, remit au même Saint Hugues toutes les Eglifes qu'il poffedoit *jure Comitali.*

La datte des donations faites par Hector de Saffenage & par fes enfans, eft remarquable, en ce qu'elle juftifie le contraire de l'opinion commune que les Dîmes n'ont été poffedées par les perfonnes Layes, qu'enfuite des alienations qui leur ont été faites par les Ecclefiaftiques pour les frais des guerres faintes outremer, *quæ alienata fint à Clericis in manus Laïcorum, propter tranfmarinas expeditiones fcilicet,* comme dit Argentré fur la Coûtume de Bretagne art. 266. puifque ces donations font anterieures à la premiere grande Croifade des François, fous la conduite de Godefroy de Boulogne, qui ne fut faite qu'en l'année mil quatre-vingt-dix-fept. Je ne fçai fi le motif qu'eut Hector de donner à l'Evêque le tiers des Dîmes de fa Terre, fut de fatisfaire au Concile de Touloufe tenu l'an M. LVI. fous le Pape Victor II. qui avoit reduit au tiers la reftitution des Dîmes des Eglifes fondées *in Allodiis Laïcorum,* ou fi ce fut un pur effet de fa pieté.

Ceux qui s'étudient à rechercher la Police de nos Ancêtres, feront bien aifes de voir au long les Chartes dont je viens de faire mention.

---

*M*EDIATOR *Dei & hominum Dominus nofter* JESUS-CHRISTUS *humanitatem noftram fufcipere dignatus, nofque fciens propriis meritis minimè poffe falvari, contra peccaminum noftrorum vulnera præceptorum fuorum dignatus eft opponere falutifera medicamina. Præcipit enim nobis ut de iniquitatis mammona faciamus nobis amicos in præfenti fæculo, à quibus recipi mereamur in æterna tabernacula in futuro. Quapropter ego* HECTOR *nomine & uxor mea* CANA *cum filiis noftris peccatorum noftrorum multitudine compuncti relinquimus five donamus omnipotenti Deo, & ipfius Dei & Domini noftri* JESU-CHRISTI, *genitrici Beatæ femper Virgini* MARIÆ, *nec non & Beato* VINCENTIO *gloriofiffimo Martyri, & Epifcopo Gratianopolitano* HUGONI, *& fucefforibus ejus omnes Ecclefias quas poffideo in Epifcopatu Gratianopolitano cum tertia parte decimarum, videlicet Ecclefiam Sancti Petri fub Caftro* CASSINIACO, *pofitam cum Capella ejufdem Caftri; nec non & Ecclefiam Sancti Joannis de Ingenio, cum Capella Sanctæ Mariæ de Fontanis. Ecclefiam autem quæ eft fita in Villa quæ vocatur Lanceum cum tertia parte Decimarum quas in eadem Villa poffedi, cum Parochia Sancti Pauli de Nogareto relinquo & dono ad* proprietatem Gratianopolitani Episcopi ad habendum & possidendum perenniter sub manu sicut prædiximus Episcopi & Clericorum ejusdem Ecclesiæ. Feci vero hoc donum ego Hector cum uxore mea ac filiis in Ecclesia Sancti Vincentii ponens librum super altare sub testimonio Hugonis Episcopi & Canonicorum ejusdem Ecclesiæ, atque Monachorum de Casa Dei scilicet Bernardi & Duranni. Anno millesimo octuagesimo ab Incarnatione Domini. Indict. III. Anno Pontificatûs domni Hugonis Episcopi primo.

In nomine Domini nostri Jesu-Christi, ego Hector & uxor mea Cana donamus sive guerpimus Domino Deo & Beatæ Mariæ, & Sancto Vincentio, & Episcopo Hugoni Gratianopolitano & successoribus ejus Ecclesiam de Lans & tertiam partem Decimæ ejusdem Parochiæ. Et dono & guerpisco sicut guerpivi & donavi Ecclesiam de Lans ego Hector & uxor mea Cana sic donamus Ecclesiam de Noyareto Deo & Beatæ Mariæ & Sancto Vincentio, & Episcopo Hugoni & successoribus ejus cum omnibus pertinentibus ad eam cum Decimis quas nos habemus in ea, sive aliquis homo per nos. Postea reddiderunt filii ipsius Hectoris Episcopo Hugoni & successoribus suis duas partes Decimæ quas pater eorum retinuerat, & per totum Episcopatum suum laudaverunt, donaverunt, sive guerpiverunt omnes Decimas quas ipsi habebant vel habere debuerant, sive homo ullus habet per eos sive ad feudum, sive quocumque modo. Desiderius partem suam : Guigo & Guillelmus partes suas, & dedit eis malam valentem ducentos solidos, & Hector partem suam cui dedit triginta solidos. Guilisius similiter partem suam cui dedit decem solidos. Et ita omnes supra dicti fratres reddiderunt, donaverunt, guerpiverunt Ecclesias omnes & præfatas decimas, sicut melius intellexit Episcopus Gratianopolitanus Hugo ad utilitatem suam & omnium successorum suorum. Facta hæc donatio antequam Hierusalem capta esset à Gallis sive Burgundionibus tempore Urbani Papæ 3 Ademari Episcopi Aniciensis.

Ego Silvio de Chassanatico filius Guigonis & uxor mea nomine Geralda, & filii mei Guillelmus, Ademarius, donamus sive vendimus omnem Decimam quam nos habemus vel ullus homo, sive aliqua per nos persona in Parochia Sancti Pauli de Noïareto Deo, & Beatæ Mariæ, & Sancto Vincentio, & Episcopo Hugoni Gratianopolitano, & successoribus ejus sicut melius ipse intelligit ad utilitatem suam & successorum suorum. Et hoc laudaverunt Seniores mei, scilicet Desiderius & Guillelmus de Chassanatico de quarum Senioratu habebam Decimam prædictam. Et prædictus Episcopus Hugo dedit mihi de prænominatâ Decima de Parochia de Noïareto, sive de toto Episcopatu Gratianopolitano CXX. solidos optimæ monetæ. Facta hæc Charta Kal. Februar. Anno M. C. VIII. Incarnationis Dominicæ. Anno Pontificatus Domini Hugonis Episcopi Gratianopolitani XXVIII. S. Silvionis & uxoris suæ Geraldæ qui hanc Chartam laudaverunt. S. Rostagni. S. Guigonis de Lens. S. Odolrici. Richardi. Guigonis conversi. Letardi. Altardi. Bermundi Presbyteri. Simeonis, S. Desiderii de Chassanatico & fratris sui Guillelmi. Amatus scripsit.

Anno M. C. X. Incarnationis Dominicæ XVI. Kal. Junias Chatbertus de Maurestello apud Castrum Cornilionem in ultima infirmitate positus guerpivit omnes Decimas quas habebat in isto Episcopatu sive in alio, & omnes Ecclesias, & omnia cœmeteria, & cœmeterium Sancti Martini de Miserego in *manu Episcopi Hugonis sicut melius intellexit prædictus Episcopus ad utilitatem suam & omnium successorum suorum. Testes hujus guerpitionis sunt Guillelmus Monachus Sancti Theofredi, & Petrus Guillelmus Prior Sancti Martini, & Gaufredus de Moirenco, & Desiderius de Cassanatico, & Petrus Barbatus Miles ipsius prædicti Chatberti. Amatus scripsit.*

NOTUM sit Gratianopolitane Ecclesiæ filiis præsentibus & futuris quod ego GUIGO Comes filius GUIGONIS CRASSI dimitto ex toto atque guerpisco Domino Deo, & Beatæ Mariæ, ac Sancto Vincentio, & Episcopo Gratianopolitano, & Ecclesiæ Gratianopolitanæ, scilicet Ecclesias quas jure Comitali possidebam in nostro Comitatu, sivè in Gratianopolitano Episcopatu, sivè in alio Episcopatu sitas, in manu Domini Guillelmi Abbatis Sancti Theofredi VII. Kal. Martias in præsentia Barnardi Prioris Cornilionensis, & Petri Iterii Monachi, & Stephani Romani Monachi, & Desiderii de Cassanatico, & Guigonis de Grangis, & Guillelmi de Sancto Laurentio, & Guillelmi Leuzonis Militum. Erat autem tunc Episcopus Hugo in Apulia, sivè apud Salernum. Postquam verò inde venit prædictus Episcopus Hugo, & tenuit Synodum suam in Civitate Gratianopoli, in Ecclesia Sancti Vincentii, ego Comes Guigo prænominatus ante præsentiam prædicti Pontificis, & in manu ejusdem Episcopi dimisi ego prædictus Comes omnes Ecclesias sivè census quos ab Ecclesiis requirebam, & omnes Decimas, & omnia jura Ecclesiastica ita guerpivi sicut melius intellexit prædictus Episcopus Hugo ad utilitatem suam & successorum suorum. Hæc guerpitio fuit facta quando Hierusalem obsessa fuit & capta à Christianis nostris.

CHAPITRE XCIII.

Que le Juge d'une Terre peut connoître des differens qui sont contre le Seigneur & ses justiciables pour les droits Seigneuriaux tant seulement.

NOs Praticiens ont souvent mis en doute, si le Juge d'une Terre doit prendre connoissance des Procès & differens qui sont entre le Seigneur & ses justiciables.

Les uns étoient d'avis que par l'équité naturelle & par la Loy générale des Empereurs de Valens, Gratian & Valentinian nul ne peut être Juge en sa propre cause. *Generali lege decernimus, neminem sibi esse judicem, vel jus sibi dicere debere : in re enim propria iniquium admodum est alicui licentiam tribuere Sententiæ.* C'est en la Loy unique *C. ne quis in sua causa judicet, vel jus sibi dicat.* Laquelle est conforme à la Loy *Julianus 17. D. de judiciis.* Et à la Loy 10. *D. de jurisdictione,* où Ulpian use de ces termes. *Qui jurisdictioni præest neque sibi jus dicere debet neque uxori vel liberis suis, neque libertis, vel cæteris quos secum habet.* Et à ce propos il me souvient d'avoir lû dans Artemidore *lib. 2. Oneirocrit. cap.*

4. que

4. que si celui qui a un Procès songe d'être assis en la Chaire du Juge, qu'il en doit esperer un heureux succès, dont il rend cette raison, qu'il n'est personne qui ne condamne plûtôt autruy que soy-même. *ὁ γαϱ ὁ Δικαστὴς τὰ ἑαυτῆ καταδικάσει, ἀλλὰ τὰ τῶ ἄλλον πραττων.* Qu'il y a même raison pour le Juge que pour le Seigneur, puisque le Juge étant institué par le Seigneur, peut être aussi destitué par celui dont il n'éxerce la jurisdiction, que par maniere de precaire, *& humani moris est illum vereri, cujus judicio & voluntate quis nunc erigitur, nunc deprimitur.* Comme dit le Canon *visis. 16. quæst. 3.* Qu'aussi M⁰ Didier Heraud traitant incidemment la même question *chap. 7. Quæst. quotidian.* a eu raison de dire, *nescio an æquum sit, Judices obnoxios jus inter eos dicere, quorum solo nutu exauctorari possunt, & eorum jurisdictioni subditos. Nam si ea virtute, constantia, & animi firmitudine sunt, ut contra eos jus æquum dicant à quibus statim expungi possunt, quin magnates illi jure recepto utantur, vix dubitari potest. Si contra, jus & æquum in ejusmodi causis saluti suæ, & incolumitati tantisper cedere debere existimant, quid plebecula magnatibus illis subdita sperare, aut expectare potest, & eorum impotentia vexata quò tandem confugiet.* Que cette raison tirée du Sanctuaire de la Justice même avoit obligé Jeanne Reine de Sicile, Comtesse de Provence, de faire un Edit donné à Nice le 5. de Juin 1360. qui défend à tous Prélats, Barons & Gentils-hommes de prendre Cour, ny connoissance en leurs propres causes, ny d'établir Juges pour en connoître & décider. Qu'enfin il n'y a que les Souverains qui par l'excellence de leur dignité sont Juges en leur propre cause, principalement le Roy qui prête serment à son Sacre entre les mains des Pairs de faire justice à ses Sujets, ce qu'il ne réitere plus.

Les autres soûtenoient que la suspicion qui se rencontre en la personne du Seigneur ne rend pas le Juge suspect, qui est subrogé aux Pairs de Cour, c'est-à-dire, aux Convassaux, qui par le Droit des Fiefs doivent juger les differens qui surviennent entre le Seigneur & ses Vassaux, présupposé que la qualité de Seigneur & de Vassal ne soit pas controversée. *C. Imperialem. §. inter duos. Tit. de prohib. feudi alienat. per Frider. C. 1. de controvers. feudi apud Pares termin.* Que l'integrité du Juge doit être présumée, & qu'en tout cas son Jugement est sujet à l'appel. Que telle a été l'ancienne Pratique de France remarquée par Joan. Faber sur la Loy, sus-alleguée *C. ne quis in sua causâ jud.* où il dit, *Dominum cognoscere inter se, & Agricolas suos.* Par du Moulin sur la Coûtume de Paris *tit. 1. §. 1. filos. 3. n. 8. in verbo.* La bouche & les mains. Par Loyseau en son Traité des Seigneuries chap. 10 n. 77. & par Lommeau liv. 2. tit. 4. & 5. Que telle est aussi l'observance de Savoye comme l'on voit dans Ant. Faber *C. de juridict. omn. judic.* Défin. 6. *Cum de feudali jure agitur,* dit-il, *judex feudi competens est inter quascunque personas, non solum si in rem actio exerceatur, sed etiamsi in personam, cum quæ in personam actio competit contra feudatarium, ex feudi jure, & ratione feudi detur. Idem in Emphyteusi quoque juris est.*

II. Partie.

Ce qui doit être entendu des droits Seigneuriaux tant seulement, & non des differens qui peuvent être entre le Seigneur & ses justiciables pour autre matiere, qui ne concerne point les Droits & dépendances de la Seigneurie. Autrement, dit Loyseau, ce seroit un azile & une impunité aux Gentils-hommes d'avoir des Justices, ou pour user des termes d'Argentré sur la Coûtume de Bretagne art. 50. n. 1. *ad insolentiam hominum per se satis ferocium excitandam.*

Et suivant cette distinction le Parlement de Grenoble l'a jugé par Arrêt donné de l'avis des Chambres le 2. de Mars 1655. depuis lequel l'Ordonnance donnée à Saint Germain en Laye au mois d'Avril année presente 1667. a déclaré les cas où les Juges des Seigneurs peuvent connoître de leurs differens avec leurs Justiciables *tit. 24. des recusations des Juges art. 11.* en ces termes. *N'entendons exclure les Juges des Seigneurs de connoître de tout ce qui concerne les Domaines, Droits & revenus ordinaires ou casüels, tant en Fief que Roture de la Terre, même des Baux, sous-Baux & joüissances, circonstances & dépendances, soit que l'affaire fut poursuivie sous le nom du Seigneur ou du Procureur Fiscal : Et à l'égard des autres actions où le Seigneur sera partie ou interessé, le Juge n'en pourra connoître.* Cette Ordonnance admet le Seigneur à Plaider en sa Justice sous son nom, contre l'opinion de Loyseau reçüe en la plûpart des Siéges de France, que le Seigneur ne devoit plaider que sous le nom de son Procureur Fiscal ou d'Office, afin que sous ce nom emprunté, dit-il, il fut plus facilement condamné, mais que sur l'appel de son Juge, il devoit être intimé lui-même, parce que ce n'est qu'en sa Justice qu'il peut plaider sous le nom du Procureur d'Office.

J'estime néanmoins que si la qualité de Vassal est controversée, qu'en ce cas le Seigneur n'a pas droit de plaider en sa Justice, par la raison excellente qu'en rend Argentré sur la Coûtume de Bretagne art. 45. n. 9. en ces termes. *Sequitur species alia, cum lis inter duos instituitur, & is qui reus esset, negat se Vassallum esse, cum alter contra intendat. Quo casu putant Ordinarii esse Jurisdictionem, quod verum est : Ordinarium hîc vocant, qui extra feudi causam Judex est litigantium, & Jurisdictionem ordinariam habet. Itaque cum qualitas feudalis, quae Jurisdictionem tribuit, negetur absolutè, ad Ordinarium eundum est, cum illa feudalis specialis sit, & speciali jure inducta.* Et precedemment sur l'art. 30. n. 5. il avoit dit, que par le Droit des Fiefs, *si aut feudum, aut qualitas feudi in controversia verteretur inter Dominum & Vassallum, superior utriusque cognosceret.*

Coquille dit aussi en son Institution au Droit François, tit. du Droit de Royauté, qui s'observe en plusieurs Provinces, que quand la proprieté de la chose est contentieuse entre le Seigneur & son Sujet, que le Sujet peut décliner la Jurisdiction de son Seigneur, ce qui lui semble bien raisonnable. Tous les Docteurs sont de même avis sur le chap. *caeterum Extr. de judiciis.* A quoy j'ajoûte ce que dit Berault sur la Coûtume de Normandie art. 53. que quand on debat au Haut-

Justicier. ou la tenure , ou la rente , il n'est pas raisonnable qu'il en connoisse , parce qu'il seroit Juge en sa propre cause , mais doit le negoce être renvoyé au Juge Royal.

La Coûtume de Bretagne art. 30. passe plus outre en ce qu'elle dit que *si le Seigneur veut prétendre plus grand devoir lui être dû par son Sujet , que le Sujet n'avoüe & reconnoit , icelui Sujet peut décliner la Jurisdiction de sondit Seigneur à la Jurisdiction Suzeraine.*

CHAPITRE XCIV.

Comment doit être entendu ce Theoreme du Droit. Nul ne peut prescrire contre son Titre.

UN different fut porté par évocation du Parlement de Toulouse à celui de Grenoble , entre Messire Jean de Grimoard Comte de Caylus , Demandeur en maintenuë du droit de coupe qui se leve dans la Ville de Montpellier , & Maître François de Solas Conseiller en la Cour des Comptes de la même Ville Défendeur , lequel fut terminé à l'avantage du Sieur de Solas , par Arrêt de la Cour du sixiéme Février mil six cens soixante trois , donné au rapport de Monsieur de S. Germain. Le fait étoit que Pons de Monlaur proprietaire de la moitié du droit de coupe qui se leve sur le bled qui entre & se débite en la Ville de Montpellier , ce droit consistant à prendre de trente mesures une , avoit en l'année mil deux cens soixante fait donation à Raymond Marchy & aux siens de la quantité de soixante Sestiers de bled ; à prendre annuellement par forme de pension sur ce droit de Coupe. Il étoit arrivé que les Successeurs de Raymond Marchy representés par le Sieur de Solas , étoient en possession plus que centenaire de joüir de ce droit de Coupe tout entier sans que les Successeurs de Pons de Montlaur desquels le Comte de Caylus disoit avoir le droit , eussent pris aucune part à ce droit de Coupe pendant ce temps-là. Le Sieur de Solas se défendoit sur la possession plus que centenaire où il étoit par ce moyen de ses Autheurs de joüir de la totalité de ce droit de Coupe. Le Comte de Caylus soûtenoit au contraire que le Titre de mille deux cens soixante ne lui donnant qu'une possession annuelle de soixante Sestiers , rien ne pouvoit avoir été pris au-delà que par une usurpation injuste qui devoit être corrigée , que toute possession devoit être reglée & déterminée par le Titre , bref que quelque longue & immemoriale que fut une possession elle devoit être rejettée quand elle étoit contraire au Titre , par cette maxime communément reçûë que personne ne peut prescrire contre son Titre.

Comme j'eus quelque connoissance de ce different & des raisons des parties, & que d'ailleurs j'obfervay que la plûpart des Avocats, lorfqu'il s'agit de combattre la prefcription alleguent d'abord ce Theoreme, que perfonne ne peut prefcrire contre fon Titre, fans faire diftinction des cas où il peut être appliqué, d'avec ceux où il ne le doit pas être ; je pris foin d'examiner les interpretations que cette maxime reçoit.

Quand on dit que perfonne ne peut prefcrire contre fon Titre, c'eft parce qu'en toutes chofes il faut regarder l'origine & le Titre qui a donné caufe à la poffeffion, & à tous les Actes poffefforiaux venus depuis. Les principaux endroits du Droit Civil d'où cette doctrine eft tirée, & qui font affez connus, ce font la Loy *Clam. D. de acquir. vel amitt. poffef.* où le Jurifconfulte ufe de ces termes, *non enim tam ratio obtinendæ poffeffionis, quam origo nancifcendæ exquirenda eft.* Et le 6. final de la Loy unique au Code *de imponenda lucrativa defcriptione,* où il eft dit que *ad primordium tituli pofterior formatur eventus.* Et parce que M. Charles du Moulin s'eft acquis avec juftice un grand nom parmy nos Jurifconfultes François, on ne manque jamais à faire fonner haut ce qu'il a dit en fon Confeil 10. n. 14. où parlant des Chanoines de Franc-fort qui refufoient de recevoir le rachat offert par les Habitans de la Ville, pour certaine rente conftituée à prix d'argent, fous prétexte qu'il y avoit plus de cent ans que ces rentes avoient été créées, & que les Habitans les avoient toûjours payées fans faire aucune démonftration de les vouloir rachetter, il foûtient que ces Chanoines, *non potuerunt præfcribere contra proprios titulos,* & cette Doctrine eft encore plus fortement embraffée par les Docteurs Canoniftes *in cap. vigilanti. Extra de præfcript. & in cap. poffeffor. de Reg. jur. in 6.* parce que pofant pour regle certaine & indubitable, que le poffeffeur de mauvaife foy ne prefcrit jamais ; ils difent que celui dont la poffeffion n'eft pas conforme à fon Titre, eft toûjours en mauvaife foy, & concluent de là, que quelque longue que foit fa poffeffion voire immémoriale, il ne peut jamais prefcrire contre fon Titre, fa mauvaife foy lui faifant un perpetuel obftacle. Et c'eft ce qui a fait dire au Pape Innocent *in cap. dudum Extra. de Decimis,* que, *melius eft non oftendere titulum, quam oftendere vitiofum.* Je dis donc en premier lieu que fi par cette propofition perfonne ne peut prefcrire contre fon Titre, on veut dire que perfonne ne peut de foy-même changer la caufe de fa poffeffion, *id eft,* comme dit Cujas fur la Loy *cum nemo C. de acquir. & retin. poffef. mutare titulum poffeffionis,* ; cela eft abfolument vray, & ne peut être raifonnablement contredit de perfonne ; tellement que lors qu'il apparoit de l'origine de la chofe & du Titre primitif, fi la qualité de la poffeffion enfuivie eft incertaine & ambiguë, elle doit toûjours être interpretée & reglée par la qualité du Titre. Ce qui a donné lieu à ces maximes ordinaires, *poffeffio determinatur à titulo ; poffidere quis præfumitur ex titulo præambulo :* lefquelles font tirées de la Loy 2. *Cod. de acquir. poffef.* & de la Loy *quædam mulier D. de reivind.* Que fi la poffeffion eft évidemment contraire au Titre, le poffeffeur n'a pû par là détruire ou alterer la qualité de l'ancien Titre, ny par une possession contraire, sans former un nouveau different du premier, ou le faire présumer; parce que où il appert de l'origine, il faut que la présomption qui nous venoit de l'ancienneté du temps, cede à la verité connuë. Le siége de cette matiere est dans la même Loy *cum nemo*, où la seule exception a cette regle générale, que personne ne peut *sibi mutare causam possessionis, id est, titulum*, nous est donnée en ces mots, *nulla extrinsecus accedente causa:* c'est-à-dire, s'il n'y a point eu d'Acte qui ait interverti la possession, depuis lequel 30. ans s'étant écoulés, le Possesseur se seroit acquis un nouveau droit. Cette même Loy nous fournit un exemple en la personne du Colon, du Fermier ou du Locataire, qui ne peuvent jamais prescrire la proprieté de l'immeuble, dont ils joüissent de quelque longue durée que soit leur possession non intervertie; parce qu'ils possedent toûjours au nom d'autruy & dépendamment du vray Maître, & nullement en leur propre *l. malè agitur C. de prescript. 30. vel 40. annorum & C. quod meo D. de acquir. vel amitt. possef.* De cette même qualité est l'usufruitier : car comme il est dit en la Loy 8. *C. de usuf. neque fructuarius ad obtinendam proprietatem rerum quarum usufructum habet, neque Successores ejus ulla temporis ex ea causa tenentes praescriptio munit.* parce que comme il est dit en la Loy *adquiruntur 10. ultim. D. de acquir. rer. dom.* l'Usufruitier *non propriè possidet, sed habet tantum jus fruendi & utendi.* Semblablement le créancier pignoratif qui tient à titre de gage la chose de son débiteur, n'en peut jamais prescrire la proprieté; vû que comme dit le Jurisconsulte en la Loy 13. *D. de usurp. & usucap. pignori rem acceptam usu non capimus, quia pro alieno possidemus.* Dans ce même rang est placé le Dépositaire privé ou public établi par justice, lequel ne peut jamais s'acquerir la proprieté de la chose commise à sa garde, par quelque temps immémorial qu'il en fut demeuré saisi, suivant la Loy *interesse puto D. de acquir. vel amitt. posses.* Et c'est l'espece de ce fameux Arrêt rapporté par du Luc liv. 9. tit. 8. & après lui par tous nos Arrestographes, par lequel l'Evêque de Clermont fut condamné de rendre le Comté de Clermont à la Reine Catherine de Medicis, nonobstant que les Prédecesseurs de l'Evêque eussent joüi paisiblement du Comté l'espace de 350. ans, parce qu'il apparoissoit par le Titre produit de la part de la Reine, que lors que le Comte de Clermont auquel elle avoit succedé, avoit remis le Comté à l'Evêque son frere, ce n'avoit été que *custodia causâ*, & pour le lui conserver jusques à ce qu'il eut fait sa paix avec le Roy. Il est encor constant qu'aux Païs où la Saisie féodale a lieu lorsque le Seigneur féodal, faute de devoir & aveus non faits, saisit le Fief dont il entre en possession & joüissance par cette voye; il n'en peut jamais devenir Proprietaire ny l'unir au Fief dominant sous prétexte d'une très-longue possession, qui n'ayant pour Titre qu'une Saisie, ne peut produire autre effet en faveur du Seigneur, que de faire les fruits siens: Tellement que le Vassal & ses Successeurs sont perpetuellement reçûs à reclamer & vindiquer le Fief

faiſi , en offrant de faire les Foy & Hommage , & s'acquiter de tous les
devoirs du Fief ; parce que le Seigneur en cette rencontre ne peut
être conſideré que comme uſufruitier ou dépoſitaire , qui poſſedant
pour autruy , ne peut jamais (comme nous avons dit cy-deſſus) *ſibi
mutare cauſam poſſeſſionis*. C'eſt ce qui eſt amplement traité par Brodeau ſur la Coûtume de Paris art. 12, & dont nous avons des Arrêts
de ce Parlement là rapportés par Papon au Titre des preſcriptions :
Que ſi bien ſuivant l'uſage de cette Province nous recevons la preſcription centenaire pour la liberté du Vaſſal contre le Seigneur Féodal , & pour la franchiſe de l'Emphyteote contre le Seigneur direct ;
Ce n'eſt point que nous croyons qu'ils ayent pû changer d'eux mêmes
la cauſe de leur poſſeſſion , & de poſſeſſeurs indépendants & ne re-
connoiſſans aucune ſuperiorité : Mais c'eſt que nous diſons que le
Seigneur direct ayant demeuré cent ans ſans rien demander au Vaſſal
ou à l'Emphyteote , eſt cenſé avoir abandonné ou remis ſon droit ,
ſuivant ce que dit Panorm. *Conſ. 71. vol. 2. quod etiam in his quæ ſunt
regulariter impræſcriptibilia , quando quis non ſolvit tanto tempore cujus initii
memoria non extat , præſumendum eſt ex aliquâ cauſa fuiſſe exemptum ;* Et
ce en faveur de la liberté comme je l'ay amplement montré ailleurs ,
ou j'ay traité la queſtion à fonds.

Il doit donc demeurer pour conſtant que le poſſeſſeur ne peut jamais changer de lui même le Titre de ſa poſſeſſion , s'il n'y a eu
quelque Acte intermediaire par le moyen duquel il ait interverti cette poſſeſſion. Et c'eſt dans ce ſens & ſur ce fondement que Maître
Charles du Moulin a bâti ſon Conſeil 10. ſi ſouvent allegué. Les
Conſuls & Habitans de Francfort étant pourſuivis par les Chanoines
des trois Chapitres de la Ville au payement de certaines rentes à eux
dûës offroient de les rachetter comme étant dez leur origine rentes
conſtituées à prix d'argent & non foncieres. Il étoit répondu par
les Chanoines que de temps immémorial ils étoient en poſſeſſion de
joüir des rentes ; que ſi bien il ne conſtoit pas que dez leur origine ce
fuſſent rentes foncieres & non rachettables , auſſi ne paroiſſoit-il point
d'Acte primitif qui juſtifia que ce fuſſent rentes conſtituées à prix d'argent , & par conſéquent rachettables. Il étoit repliqué par les Habitans que toute rente qui ne paroiſſoit pas être rente fonciere , devoit
être reputée rente acquiſe à prix d'argent , & que ſi les Chanoines la
ſoûtenoient fonciere , c'étoit à eux à prouver leur intention , à faute
dequoy la poſſeſſion qu'ils alleguoient ne leur pouvoit profiter de rien,
vû qu'elle étoit relative à leur Titre qui n'étoit qu'une conſtitution de
rente à prix d'argent , & par conſéquent rachetable à perpetuité. Du
Moulin conſulté par les Habitans ſur cette difficulté , répond en leur
faveur de cette ſorte. A quoy (dit-il) ne peut faire obſtacle le laps
d'aucun temps , d'autant que dés-lors qu'il apparoit du Titre primitif
portant conſtitution de la rente , il eſt à même temps préſumé , voire clairement prouvé que la poſſeſſion qui s'en eſt enſuivie , a été acquiſe , formée & qualifiée ſelon la nature & qualité du Titre dont il

apparoit ; & la poffeffion qui eft une fois formée & imprimée dans cette qualité quand elle feroit continuée par mil ans , eft toûjours cenfée être continuée dans la même qualité , parce que nul ne peut fe changer à foy-même la caufe de fa poffeffion ou quafi poffeffion : L'Autheur continuë en difant que ces Chanoines n'ont jamais pû commencer quelque prefcription que ce foit temps contre leurs propres Titres , que l'Ecriture veille toûjours , que l'Ecriture parle toûjours ; Ainfi nous fommes encore aujourd'huy (dit-il) comme fi l'Acte venoit d'être récemment fait, qu'ils n'avoient jamais pû acquerir aucune quafi poffeffion de ne pas fouffrir le rachat ny contre leur propre Titre , ny contre la nature de la chofe , ny contre la difpofition ou préfomption du Droit commun , fur tout apparoiffant comme il faifoit que les Habitans n'avoient jamais été prohibés ny empêchés de rachetter ces rentes , fi ce n'eft maintenant qu'ils n'avoient pas negligé leur droit, mais qu'ils ont témoigné de le vouloir exercer. Du Moulin avoit raifon de répondre de la forte ; Car il y a deux chofes qui font de la nature & de l'effence du Contract de conftitution de rente à prix d'argent , & fans lefquelles tels Contracts ne fçauroient fubfifter ; L'une eft que le créancier aliene à perpetuité fon fort principal & ne le peut jamais reprendre contre le gré de fon débiteur qui a une faculté perpetuelle & imprefcriptible de racheter la rente lorfque bon lui femble en rendant le fort principal & payant les arrerages échûs , jufques-là que les Parties ne pourroient ftipuler entre elles que la rente fut non rachetable , auquel cas le Contract dégenereroit en Contract ufuraire & illicite ; parce que telle claufe détruiroit l'effence de la rente conftituée à prix d'argent , qui de fa nature eft rachettable à perpetuité. Ainfi du Moulin voyant que la rente , fur le rachat de laquelle il étoit confulté étoit de cette qualité , que les quittances paffées annuellement par les Chanoines étoient autant d'Actes poffeffo-riaux qui portoient la qualité & l'impreffion du premier Titre , que les Habitans n'avoient point perdu la faculté de rachetter *toties quoties* , puifque de la part des Chanoines ils n'avoient jamais été prohibés de fe fervir du rachat , il conclut que les Chanoines n'ont pû prefcrire contre leur propre Titre ; que l'Ecriture employée pour la preuve de ces payemens & du Titre primitif veilloit toûjours & parloit toûjours. Finalement que n'y ayant point icy d'Acte interverfif de poffeffion , les Chanoines n'avoient pû *ne quidem per mille annos fibi mutare caufam poffeffionis* , & faire que ce qui dez fon principe étoit un Contract de conftitution de rente à prix d'argent & par conféquent rachettable à perpetuité , fut devenu un Contract de Bail à rente fonciere non rachettable.

Et pour mieux encore éclaircir ce Theorême (Nul ne peut prefcrire contre fon Titre) il faut diftinguer en toute forte de Contracts deux chofes, la premiere eft ce qui eft de l'effence & de la fubftance de l'Acte , & fans quoy il ne pourroit fubfifter : L'autre eft ce qui eft étranger à l'Acte & qui lui eft accidentel , enforte que comme la fubftance n'a point befoin de l'accident pour fubfifter auffi l'Acte pour fon exiftance n'a point befoin de tout ce qui eft hors de fon effence & de fa qualité intrinfeque : Et comme l'accident peut perir , la fubftance qui lui fert de foûtien étant toûjours confervée , auffi ce qui eft accidentel & hors de la nature de l'Acte peut perir par la prefcription, l'Acte quant à fa fubftance demeurant toûjours en fon entier : d'où il s'enfuit que les pactions appofées dans un Contract qui ne font point de fon effence & de la qualité intrinfeque font fujettes à prefcription ; le Contract néanmoins demeurant en fon être & gardant toûjours fa fubftance. C'eft fur la force de cette verité que le judicieux Coquille fur la Coûtume de Nivernois chap. 7. des rentes & hypotheques art. 9. après avoir dit que les rentes conftituées à prix d'argent font rachettables à perpetuité fuivant l'Ordonnance du mois d'Octobre 1539. confirmées par les Arrêts du Parlement de Paris. Il en rend cette raifon , que la faculté de rachetter eft de l'effence de tels Contracts , comme porte l'Extravagante *Regimini de empt. & vend.* que ce qui eft de l'effence du Contract ne peut être prefcrit , non plus que par paction il ne peut être aboli *l. cum precario D. de prec.* Mais il ajoûte que fi par l'Acte il avoit été donné faculté de rachetter telles rentes par Parcelles & à plufieurs payemens ; elle feroit prefcriptible par trente ans , parce que telle faculté prend fa force directement de la paction, demeurant néanmoins la faculté de rachetter tout à une fois perpetuelle. Le même Coquille en fes Inftitutions au Droit François au chap. des prefcriptions , parlant de la difference qui eft entre la faculté de rachetter *toties quoties* que le Vendeur fe referve fur l'héritage aliené ; & la faculté de rachetter qui compete au débiteur de la rente conftituée à prix d'argent, s'en explique de cette forte ; La faculté octroyée pour rachetter un héritage vendu toutefois & quantes fe prefcrit par 30. ans. La raifon eft que telle faculté de rachetter eft purement par convention ; & ce qui eft de convention hors la nature du Contract, eft fujet à prefcription comme font toutes convenances. Autrement eft du rachat des rentes conftituées à prix d'argent : Car la faculté n'eft pas octroyée par convention , mais par la nature qui eft l'effence du Contract, parquoy le rachat s'en peut faire après cent ans. Sur le fondement de cette même diftinction l'Acquereur d'un immeuble prefcrit le prix qu'il en a promis fi le Vendeur ne lui en demande le payement dans les 30. ans ; parce que fi bien le prix eft de l'effence & de la fubftance du Contract de vente qui a donné caufe à la poffeffion de l'Acheteur , néanmoins la folution actuelle n'eft pas de la nature & qualité intrinfeque de l'Acte, la vente ne laiffant pas d'avoir fa perfection lors que le Vendeur *fidem habuit de pretio S. vendita. Inftit. de rer. divif. & l. quod vendidi. & l. ut res D. de cont. empt.*

Semblablement fi le Vendeur par le Contract d'alienation impofe fur le fonds quelque fervitude , il eft certain que l'Acquereur prefcrit la liberté de fon fonds contre cette fervitude par une poffeffion contraire acquiefcée l'efpace de 30. ans , fuivant le texte formel de la

Loy *si partem* D. *quemad. servit. amitt.* & le sentiment de Dumoulin & de Conan écrivant sur cette Loy : parce que l'imposition de cette servitude étant une paction hors de la substance de la vente & purement étrangere à l'Acte ; elle ne produit qu'une action prescriptible par 30. ans comme toutes les autres. *l. omnes l. sicut C. de prescrip. 30. vel 40. ann.* sans que le Vendeur puisse objecter à l'Acquereur qu'il n'a pû prescrire contre le Titre qui l'a rendu maître & possesseur du fonds, parce que (comme nous venons de dire) il faut distinguer ce qui est de l'essence de l'Acte, d'avec ce qui lui est purement accidentel, & qu'il n'y a point d'inconvenient que l'Acquereur ait prescrit une convention dépendant purement de la volonté des Parties & hors de la nature de la vente, sans que pour cela elle soit blessée en la substance & aux choses qui lui sont essentielles.

Mais la distinction que nous venons de faire reçoit une limitation ; car si ces conventions qui sont hors de la nature de l'Acte tiennent les Parties respectivement obligées à faire chacune quelque chose, & que le Contract tombe dans la nature de celui que les Grecs appellent βυναλλαγμα, c'est-à-dire, obligatoire de part & d'autre dont parle Ulpian en la Loy 7. D. *de pactis*, Alors si Titius a accompli de sa part ce à quoy il est obligé par l'Acte, Sempronius doit exécuter aussi de sa part ce qu'il a promis, sans qu'il puisse alleguer qu'il est en possession de ne le pas faire & qu'il en a prescrit l'exécution.

Et Conan écrivant sur la Loy *Jurisgentium 7. §. 2. sed & si* D. *de pactis lib. 2. cap. 5. sub litt.* G. parlant de ces conventions obligatoires de part & d'autre, dit ce qui s'ensuit. *Quum autem aliquid jam dedi aut feci tuâ causâ, ut aliquid similiter mihi dares aut faceres, non de verbis jam quæstio est, sed de æquitate quæ non permittit, ut ex rebus meis me invito lucrum facias ; sic aut faciendum tibi est quod promisisti, aut quod mea interest, restituendum.* Tellement qu'il faut tenir pour une maxime constante & indubitable que toutes les fois que quelqu'un produit un Acte en Justice qu'il employe pour fondement de son intention, ou qu'il en demande l'exécution, si par cet Acte il est obligé à accomplir de sa part quelque chose, alors il ne peut se défendre d'exécuter ce qu'il a promis, bien qu'autrement il eut pû s'en garantir par la force de la prescription. Car comme les conventions réciproques sont correlatives & dépendent mutuellement l'une de l'autre, & que la nature des correlatifs est telle, que posé l'un, vous posés l'autre, ôtez l'un vous ôtez l'autre ; il s'ensuit delà, que demandant l'exécution d'un Acte, vous ouvrez en même temps à vôtre partie la voye à en demander aussi l'exécution ; Et par ce moyen vous vous départez de toutes prescriptions que vous pourriez avoir acquises contre lui : Et comme il est constant que dez qu'un Acte a été produit en Justice, il devient commun aux deux parties, il ne le seroit point en effet, si celui contre lequel il est employé ne s'en pouvoit pas servir, s'en trouvant empêché par la prescription dont le Demandeur lui opposeroit, comme il est remarqué en la Glose de la Loy première *§. edi-*

tiones. D. de edendo. Sur laquelle Jason a formé quatre conclusions qui servent au sujet que nous traitons & qu'il fortifie par le sentiment de plusieurs Docteurs qu'il allegue : La premiere est que d'abord qu'un Acte est produit en Jugement il devient commun aux deux parties : La seconde qu'incontinent qu'une personne a produit un Acte, il est censé l'approuver, tant pour les choses qu'il contient pour lui que pour les choses qu'il contient contre lui.　La troisiéme est que celui qui employe cet Acte semble tomber d'accord de la verité de toutes les choses qu'il contient ; enforte qu'il ne le peut contredire en aucun chef, non plus que celui qui a produit un Temoin pour déposer sur la verité du fait qu'il a avancé, n'est point recevable à donner des reproches contre ce Témoin s'il venoit à être oüi contre lui, quand même ce seroit en une autre instance.　La derniere conclusion, que Bartole & Salicet écrivans sur la Glose du *ſ. editiones*, ont dit meriter une remarque toute particuliere ; est que bien que celui qui a produit l'Acte dise ou fasse dire par son Procureur qu'il ne l'employe & n'entend s'en servir qu'au chef où il lui est favorable, & nullement au chef où sa partie pourroit trouver de l'avantage contre lui ; cela n'empêche point qu'il ne faille s'arrêter à l'Acte tout entier, la protestation étant absolument inutile, & le Juge conserve à l'adversaire le droit que le Titre lui donne contre celui qui l'a produit : Toutes lesquelles conclusions seroient fausses si celui contre lequel on employe un Acte en Justice avoit la bouche fermée par la prescription, à ne pouvoir demander contre sa partie l'exécution de ce à quoy l'oblige ce même Acte, duquel on peut dire à juste raison que c'est son propre Titre, pour parler avec du Moulin au Conseil sus allegué, puisqu'il l'employe en Jugement, qu'il s'en sert & qu'il en demande l'exécution.

Je passe à la seconde partie du Theoreme qui consiste à sçavoir si l'on peut prescrire contre un titre nul, injuste & prohibé, ou pour tourner la proposition d'une autre maniere, si un Titre nul, injuste & prohibé, a pû donner cause & commencement à la prescription ; enforte que le détenteur de la chose par une longue & paisible possession s'en soit rendu le vray maître & en ait prescrit la propriété nonobstant la nullité du Titre, par le moyen duquel lui ou ses Autheurs sont entrez en possession de la chose.

Cette partie est bien differente de la premiere, car en celle-là il étoit question de sçavoir si celui qui est entré en la possession de la chose en vertu d'un Titre qui n'étoit ny nul ny prohibé, mais qui pourtant étoit incapable de transferer la propriété de la chose, a pû par une possession contraire à son Titre changer la cause de sa possession, c'est-à-dire, se former un Titre different du premier : En celle-cy il s'agit si le Titre étant dez son origine nul & injuste, & par consequent inhabile à transferer & propriété & possession, le détenteur a pû par une longue possession conforme à son Titre en purger le vice & s'être acquis de plein droit la chose sans pouvoir être recherché de la part de celui qui en étoit le vrai maître lors de l'alienation.

Si nous nous en tenons à la décision des Docteurs Canonistes, nous dirons avec eux que toutes les fois qu'il apparoit de la verité du premier Titre qui se trouve nul, illegitime & inhabile à transferer la proprieté & la possession de la chose, en ce cas l'Acquereur ne l'a pû jamais prescrire, parce que posé la nullité du Titre & la sçachant, il est toûjours en mauvaise foy, & étant toûjours en mauvaise foy il ne peut jamais commencer aucune prescription, suivant les textes ordinaires par eux cités avec leurs Gloses *in cap. vigilanti & cap. veniens.* *Extra. de præscript. & cap. possessor. de Reg. jur. in 6.* jusques-là qu'ils veulent que quand le vice de la possession causé par la mauvaise foy, a une fois commencé en la personne du premier possesseur, il passe par une espece de contagion aux successeurs, qui ne peuvent non plus prescrire que leurs Autheurs *l. vitia possessionum C. de acquir. & retin. possess.* Et cette opinion des Docteurs Canonistes est suivie d'un grand nombre d'Interpretes de nôtre Droit Civil qui ont crû que la possession même immémoriale ne pouvoit pas couvrir le défaut qui se rencontroit au premier Titre.

Celui d'entre les Etrangers qui a pris à tâche de combattre en ce point l'opinion des Docteurs Canonistes; ç'a été Vasquius qui en a fait une de ses Controverses illustres *lib. 2. cap. 81. n. 11.* où après avoir cité un grand nombre de Docteurs qui tiennent que même *secundum jus Canonic. præscriptio procedit in possessione immemoriali orta ex illegitimo titulo;* il se range à ce parti suivant les textes du Droit Civil *in l. omnes, l. sicut, & l. cùm notissimi C. de præscript. 30. vel 40. ans.* lesquels textes excluent toute présomptions de mauvaise foy, & ne désirent aucun Titre comme font les prescriptions de dix & vingt ans, jusques-là que l'Empereur Justinian en la Loy finale *C. unde vi.* a voulu que le détenteur de la chose qu'il a lui-même usurpée, soit par la force, soit par la voye du larcin, demeure à couvert de toute recherche après une paisible possession de trente ans, & à plus forte raison s'il y a une possession qui surpasse la mémoire des Hommes, ou qui soit centenaire.

Il continuë en disant, que si bien le possesseur en vertu d'un Titre illegitime est presumé être en mauvaise foy, tant qu'il est encore en la possession de dix ou vingt ans, après ce temps écoulé il cesse de l'être, parce que la tolerance & la patience du vray Maître de la chose efface la mauvaise foy du possesseur, & que la chose lui est concedée & acquise de nouveau par un tacite consentement du proprietaire : enforte que le détenteur est censé par un effet retroactif avoir été possesseur de bonne foy dès le commencement de sa possession ; Que si bien le Titre qui est montré se trouve illegitime, néanmoins le temps immémorial qui s'est écoulé depuis, fait présumer qu'il en est intervenu un qui est legitime, & bien que regulierement ce qui est de fait ne se présume jamais, néanmoins cela n'est pas vray en l'hypothese d'un temps ancien & immémorial, où l'antiquité fait présumer beaucoup de choses avoir été faites *l. si filius C. de petit. hæredit. l. qui in aliena. ad principium D. de acquir. hæredit.*

Ce Docteur ajoûte que la prescription immémoriale est de telle force que suivant même l'opinion des Docteurs Canonistes *in cap. 1. de prescript. in. 6. & cap. super quibusdam §. praeterea. Extra de verb. signif.* elle ne requiert qu'on allegue aucun Titre ny qu'on le prouve. La grande raison qu'il en donne, c'est que nous acquerons la propriété des choses, & nous en devenons les Maîtres par deux voyes, l'une est lors que celui à qui elles appartiennent nous les transferent, *l. numquam nuda D. de acquir. rer. Domin. & l. id quod nostrum D. de reg. jur.* l'autre est lors que sans le consentement du Maître & à son déçû, elles nous sont données par la disposition de la Loy. *Ut per totum C. de servis qui pro praemio libert. & per omnes titulos usucapionum & praescriptionum,* d'où vient qu'au moment de temps que la prescription se trouve accomplie, incontinent la Loy a ôté ce semble au Maître le droit qu'il avoit sur la chose, & l'a transferé à celui qui l'avoit prescritte : A quoy donc seroit besoin d'avoir un Titre ? Puisque lors que la chose est transferée par la disposition de la Loy, il n'est nullement necessaire ; mais seulement lors qu'elle l'est par la volonté du Maître : de sorte que ce qu'opere le Titre lors que la chose est transferée par la concession volontaire du Maître ; le même opere le temps immémorial, lors qu'au déçû, & sans le consentement du Maître, la chose nous est transferée par la concession legale *l. 1. §. fin. l. 2. in princip. D. de aqu. pluv. arcend. & l. hoc jure §. ductus aquae D. de aqua quot. & est.* Et tout de même que la chose nous étant une fois acquise par la concession volontaire du Maître, ne nous pourroit être ôtée par un autre qui viendroit avec un Titre *à non Domino, aut si à Domino tamen minus recté* ; & ce Titre ne nous sçauroit nuire ; par la même raison que quand une fois la Loy par le moyen d'une possession immémoriale nous a acquis le Domaine & la propriété de la chose ; l'autre Titre que l'on montre, quoy qu'illegitime & défectueux, ne nous sçauroit causer de préjudice.

Il répond ensuite à l'objection qu'on a coûtume de faire, que la possession immémoriale fait présumer le Titre, mais qu'elle ne l'induit pas ; & qu'ainsi cette présomption s'évanoüit incontinent qu'il apparoit de la verité du premier Titre, lequel se trouvant nul & illegitime ; il est vrai de dire que le possesseur est demeuré destitué de tout Titre, & qu'ainsi il n'a pû prescrire pour avoir toûjours été en mauvaise foy. Sa réponse est qu'en ce cas ce n'est point un Titre présumé ou feint, mais c'est que la Loy nous transfere veritablement le Domaine de la chose par le moyen de la possession immémoriale, sans l'intervention d'aucun Titre ny vrai, ny présumé, comme l'on peut voir sous le Titre sus allegué *C. de servis, &c.* Et sous ces Titres du Code & du Digeste *pro empto, pro donato, pro haerede, pro legato, pro dote, pro suo, &c.* Et il y a un nombre infini d'exemples dans nôtre Droit, où ce qui nous appartient nous est ôté par la disposition de la Loy sans nôtre consentement, comme il a été amplement observé par Decius sur la Loy. *Id quod nostrum D. de reg. jur.* & par André
Tiraqueau

Tiraqueau fur la Loy *fi unquam C. de revoc. don.* Il ajoûte que fuivant l'opinion de Felinus & de plufieurs autres *in cap. cum nobis. colum. 3. de præfcript.* la poffeffion immémoriale induit *pro præfcribente præfumptionem juris & de jure, quæ non admittit probationem in contrarium, nifi confeffionem partis;* que les Docteurs qui ont tenu le parti contraire, ont entendu parler du Titre *qui habebat caufam turpem & vitiofam,* lequel empêchoit perpetuellement la prefcription, & non point de celui qui étoit nul & défectueux par quelque autre confideration; & même il veut qu'au premier cas fon opinion en faveur de la poffeffion immémoriale foit reçûë; *quin imò,* dit-il, *etiamfi oftenderetur & probaretur aliquod initium turpe ac vitiofum, adhuc opinio noftra procederet, quia non fequitur quod præter illam caufam iniquam & injuftam, vel etiam turpem poffidendi, non quoque potuiffe adeffe & intervenire alias caufas poffidendi juftas & honeftas vel indifferentes, & tempus cujus initii, &c. Facit verum omne poffibile, facitque ut videantur interfuiffe omnia quæ oporteret, quibufque opus effet ad perficiendam talem præfcriptionem, vel talè jus inducendum, ut d. cap. 18. de præfcrip. in 6. cum fimilibus fupra allegatis, & quæ traduntur in locis fupra allegatis; præfertim cum ex communi fententia dixerimus fupra poft Bart. in d. l. fin. C. unde vi. quod etiamfi conftet ex legis præfumptione de vitiofo ingreffu poffidendi, adhuc ex tempore longiffimo vitium illud purgatur, quanto ergo magis per tempus cujus initii, &c.* Voilà les raifons qu'allegue Vafquius en faveur de la poffeffion immémoriale, lefquelles font combattuës au long par Fachinée qui en a fait auffi une de fes Controverfes *lib. 8. cap. 33.*

Car en premier lieu (dit-il) fi bien le Droit Civil en la Loy *omnes,* la Loy *ficut* & la Loy *cùm notiffimi C. de præfcript. 30. vel 40. ann.* établit la prefcription de 30. & 40. ans fans avoir égard à la bonne ou mauvaife foy du Poffeffeur; il n'en eft pas de même du Droit Canon, lequel n'admet point de femblable prefcription fans la bonne foy, & qui doit être fuivi dans le For Laïque auffi-bien que dans l'Ecclefiaftique *cap. ult. & cap. vigilanti. Extra. de præfcript.* n'y ayant que la feule erreur de fait, & nullement celle de Droit qui puiffe excufer le poffeffeur; parce que telle erreur de Droit ne peut profiter à celui qui veut acquerir *l. 4. D. de jur. & fact. ignor.* ny ne peut fervir à l'ufucapion *nunquam D. de ufucapion.*

Que fi bien la Loy finale *C. unde vi.* femble dire que par la poffeffion paifible de 30. ans, le détenteur purge le vice de fa poffeffion & devient dez-lors poffeffeur de bonne foy; les Docteurs qui ont écrit fur cette Loy difent que c'eft parce que telle poffeffion fait préfumer un Titre jufte & par conféquent la bonne foy; mais lorfqu'il apparoit du Titre il ne faut plus s'appuyer fur la préfomption laquelle doit toûjours ceder à la verité: Il ne faut non plus dire qu'une fi longue poffeffion (telle qu'eft l'immémoriale) fait préfumer qu'il eft intervenu un autre Titre que le premier en vertu duquel le détenteur de la chofe en a continué la poffeffion; parce que fuivant ces maximes ordinaires la poffeffion doit être toûjours reglée & déterminée par le Titre qui paroît : Que si bien la prescription de 30. & de 40. ans ne requiert point de Titre comme fait celle de dix & vingt ans, il ne s'ensuit pas de là, que lors qu'on montre un Titre nul & vitieux, tel Titre ne puisse empêcher l'effet de la prescription, parce qu'il fait voir la mauvaise foy du Possesseur, laquelle lui est un perpetuel obstacle à pouvoir prescrire.

Que si bien le Droit Civil *in l. hoc jure §. ductus aquæ D. aqu. quot. & est. & in l. 2. D. de aqu. pluv. arcen.* & le Droit Canon *cap. super quibusdam §. prætereà. Extra de verb. signif. & cap. 1. de præscript. in 6.* attribuë à la possession immémoriale une très-grande authorité en disant qu'elle a force de Constitut, de Privilege & de Paction, qu'elle tient lieu de Titre, bref que *vetustas pro lege habetur*, néanmoins la force de telle possession n'est point si grande qu'elle puisse surmonter la raison & la verité laquelle doit toûjours prévaloir : Tellement que si par l'injustice du Titre qui paroît, le possesseur est convaincu d'occuper le bien d'autruy, il ne faut point avoir égard à la longue durée de semblable possession. Finalament il conclud que si bien quelques Docteurs ont tenu que la possession immémoriale induisoit une présomption *juris & de jure, quæ non admittebat probationem in contrarium contra præscribentem*, le nombre de ceux qui avoient suivi l'opinion contraire & qu'il cite, étoit plus grand, & partant qu'il falloit se ranger à ce parti comme au plus sûr.

Voilà en substance les raisons qui sont alleguées de part & d'autre pour l'appuy des deux partis contraires, l'un soûtenant que l'on peut prescrire contre la nullité du Titre, l'autre soûtenant que l'on ne le peut. Celui de nos Docteurs François qui a le mieux approfondi cette question & qui la traite avec plus d'exactitude, c'est ce me semble Argentré sur la Coûtume de Bretagne Titres des appropriances, art. 266. car après avoir parcouru en détail dans 25. Chapitres toutes les especes de Contracts d'alienations où il se peut rencontrer quelque nullité ou défaut, il resout ce grand different de la prescription par cette distinction solide & judicieuse. La nullité (dit-il) d'un Acte procede de ce qu'il est défendu par la Loy, par le Statut, ou par la Coûtume : Or cette prohibition est faite pour une cause publique qui regarde le bien général, & qui a pour objet l'avantage de l'Etat ou de la Republique où elle est faite, pour une cause privée & passagere qui regarde seulement le bien & l'interêt des Particuliers : Au premier cas on ne peut jamais prescrire contre la nullité du Titre, parce que la Loy resiste perpetuellement à de semblables alienations, desquelles doit être entenduë la Loy *cum lex D. de fidejuss.* & la Loy *ubi lex D. de usurpat. & usucap.* Telles sont les alienations des choses Sacrées & Religieuses, ou de celles qui appartiennent au Public : car toutes ces choses là étant d'une nature de biens qui ne tombent point dans le Commerce, & qui ne peuvent point veritablement être possedez par des Particuliers, il s'ensuit qu'elles ne peuvent point être prescrites suivant la Regle *sine possessione præscriptio non procedit.* En l'au-

tre cas, comme la défense que fait la Loy, a pour cause impulsive
le bien du Particulier, & une consideration passagere; il s'ensuit que
dès-lors que le motif de la prohibition cesse, la prohibition cesse
aussi, & dès-lors on peut prescrire. Par exemple si bien la Loy défend
l'alienation du Fonds dotal, cette prohibition perd sa force en même
temps que le Fonds cesse d'être dotal par la dissolution du mariage,
& dès-lors il devient sujet à la prescription; si l'alienation des biens
d'un Mineur sans les Solemnitez prescrites par le Droit est interdite,
comme la Minorité est la cause impulsive de la prohibition d'aliener,
dès que le Mineur est fait Majeur, on commence à prescrire contre
lui; parce que la cause de la prohibition, qui étoit la Minorité, a
cessé. Bref, cet Auteur en parcourant par le menu (comme j'ay dit)
toutes les especes de Contracts, il pose pour maxime certaine, que
quelque nul que ce soit un Contract d'alienation, pourveu qu'il soit de
chose qui tombe dans le Commerce & par conséquent prescriptible,
il est sujet à la prescription de 30. ou de 40. ans. Voicy comme cet
Auteur parle au Chapitre premier nombre onze de l'article sus allegué,
*qua omnia dicta intelligimus in præscriptionibus titulatis, id est que titulum
requirunt; nam quæ sine titulo currunt, ut nostra & legalis quadragenaria
de validitate titulorum non inquirunt, quia cum nulli tituli exigantur in talibus præscriptionibus, & si nulli invalidi, inciviles producantur, nihil nocent
datâ quidem materiâ præscriptibili:* Et plus bas au même nombre, *nec in
his ex Canonistarum Decretis bonæ fidei necessitatem exigimus, quorum sententiis subjici nos passi non sumus:* le même Argentré au chap. 6. nom. 23.
repete les mêmes paroles & les étend ce semble davantage pour mieux
appuyer son sentiment. *Nos* (dit-il) *quidquid sub cælo præscriptibile est
subjacere triginta annorum præscriptionis putavimus, Jure quidem civili, l.
omnes l. sicut cod. de præscript. 30. ann. aut verò Jure consuetudinario quadraginta annorum; Nam cum in talibus, id est, præscriptionibus longissimi temporis tituli nulla ratio habeatur, imo nec titulus allegari debeat ante nullo præ-
supposito, de qualitatibus entis non est inquirendum l. ejus D. de reb. cred. id
est cum titulus necessarius non sit, de justitia ejus si quidquam adsit non est
laborandum, cum sine ullo titulo plenissimum dominium acquiratur, ideoque
de causâ acquisitionis non sit quærendum:* & plus bas au même nombre il
dit *aliud est de titulatis præscriptionibus quæ sunt decem vel viginti annorum,
quia vitiato titulo substantialia inficiuntur, quod Bart. docet l. naturaliter D. de
Usucap.*

Il est vray qu'Argentré excepte de cette prescription legale qui court
nonobstant la nullité du Titre, les Contracts qui sont contre les bonnes
mœurs, qui envelopent en eux quelque crime ou quelque turpitude, &
il a eu raison de les excepter; car comme dit l'Empereur en la Loy 6.
*de pact. pacta quæ contra leges Constitutionesque, vel contra bonos mores fiunt
nullam vim habere indubitatis juris est.* Et c'est dans ce rang qu'il met
les Contracts de constitution de rente usuraires en disant que si la vente excede le taux de l'Ordonnance quelque long-temps qu'elle ait été
payée par le Detteur (voire au-delà de cent ans) le proprietaire n'a

jamais pû par là prescrire le payement ainsi fait de cette rente : Et tant s'en faut qu'une si longue possession ait purgé le vice de son Titre, & couvert son peché, qu'au contraire les payemens qui ont été réiterés & continués chaque année, ont continué & renouvellé son peché, & bien loin de le diminuer l'ont accrû, *cum idem semper vitium* (dit-il) au chap. 6. nomb. 6. *influat in actum ratificantem, quem nullus consensus partium potest confirmare, quia materia inhabili & corrupta vetatur à lege applicari :* Et c'est ce qu'avant lui du Moulin avoit élegamment traité & conclu de la même sorte au Traité des Usures quest. 17. nomb. 191. & parce que les Partisans des Docteurs Canonistes alleguent pour eux du Moulin au même endroit, où il a dit que le §. *ductus aquæ* de la Loy *hoc jure D. de aqu. quot. & est.* lequel donne à la possession immémoriale force de Titre, doit être entendu & appliqué lors qu'il ne conste pas de l'origine de la chose, parce que s'il en apparoit, la présomption doit ceder à la verité : mais le Lecteur pourra voir que du Moulin incontinent après sa proposition qui sembloit générale, l'a restraint à l'espece particuliere du cas qu'il traitte, *& quamvis* (dit-il) *regulariter ut in rebus prescriptibilibus prescriptio legitimè completa prejudicet veritati originis, etiam de qua constet, ut notavi in d. consuet. tit. 4. tamen speciale est in usurâ, quando de ejus continuatione agitur quod nullum temporis spatium, nulla successorum bona fides patrocinatur prescriptioni, quoniam lex semper & continuè resistit cursui usuræ illegitimæ, vel excessivæ; quo casu videlicet quando lex continuè prohibet & restit, cessat Usucapio & prescriptio l. ubi lex in prin. & ibi Doct. de Usucap.* Et ensuite il ajoûte, *Et in istis benè verum est, si non constet de origine, spatium temporis prodesse potest, sed in vim presumptionis dumtaxat, & allegato licet non probato justo & licito titulo, sed nullo modo prodesse potest in vim veræ & propriæ prescriptionis, puta* si constet de veritate & origine vitiosâ :* par où l'on voit que du Moulin a tenu que regulierement aux choses prescriptibles, la possession immémoriale devoit l'emporter sur la verité de l'origine, si ce n'est en matiere d'usures & autres cas qui ont une source infectée & sont contre les bonnes mœurs, dont nous avons parlé cy-dessus, parce que la Loy resiste continuellement au cours des usures illicites & excessives, & que ce qui est contre les bonnes mœurs, ou qui tient de la nature du crime, ne peut jamais trouver son affermissement dans le cours des années. Nous trouvons encore le sentiment du même du Moulin bien formel en faveur de la prescription contre la nullité du Titre, en ce qu'il a écrit sur le Canon *si Sacerdotes 16. quest. 3.* qui veut que l'Acquereur du bien d'Eglise en puisse prescrire la proprieté, à condition que le temps de cette prescription commence à courir tant-seulement dès le décès du Prélat qui a mal aliené, & parlant de cette alienation sur le Conseil 9. d'Alexandre vol. 3. *in verb. Prælatura,* il dit qu'elle doit être entenduë *de alienatione prorsus deplorata, ut cum enormi læsione, & sine solemnitate factâ,* & que ce Canon est gardé & reçû dans le Palais, alléguant pour cela un Arrêt du Parlement de Paris ; Ce qu'il n'auroit

pas avancé, s'il n'eût tenu que l'on pouvoit prescrire contre la nullité
du Titre, & il a fait tant de cas de la possession immémoriale ou
centenaire, qu'il a écrit que le Seigneur direct qui n'étoit fondé en
Titre que pour prendre annuellement la rente d'un Sestier de bled
sur son Emphyteote, s'il étoit en possession par l'espace de cent ans
d'en percevoir deux, l'Emphyteote ne pouvoit plus les lui contester,
sous pretexte que le Titre primitif ne lui en donnoit qu'un, parce
que cette possession centenaire avoit force d'un second Titre, qui
compatissoit fort bien avec le premier, & ne lui étoit nullement contraire, *plus enim in se continet minus. cap. 35. de regulis jur.* Et c'est sur
ce principal fondement que l'Arrêt (dont j'ay parlé au commencement de ce discours) fut donné en faveur du Sieur de Solas contre
le Comte de Caylus, parce que si bien le Titre primitif de la concession faite à Raymon Marchy ne lui donnoit que soixante Sestiers
de rente à prendre sur le Droit de coupe que Ponce de Montlor pouvoit lever sur le bled qui se débitoit dans la Ville de Montpellier,
néanmoins Solas avoit justifié qu'il étoit en possession plus que centenaire par le moyen de ses Auteurs de joüir de la totalité de ce Droit
de coupe, ne pouvant être dit que la possession fut contraire au Titre qui paroissoit, bien qu'elle fut au-delà du Titre & qu'elle le sur-
passât.

Si donc Argentré, que nous avons allegué cy-devant, a soûtenu
que la prescription de 30. ou 40. ans suffisoit pour affermir le Domaine de l'immeuble au Détenteur, nonobstant la nullité de son Titre, que ne doit-on pas dire de la possession immémoriale, ou centenaire, laquelle purge tout soupçon de mauvaise foy ? Car comme a
dit Salicet sur la Loy 2. *Cod. de servit. & aqu. quod ubi habemus tantum
tempus, cujus initii memoria non extat, non est curandum de bona vel mala
fide,* & Alciat *præsumpt. 2. n. 13. si detur possessio per tantum temporis,
cujus initii memoria non sit in contrarium, præsumitur legitimus titulus, &
hæc præsumptio est juris & de jure quæ non admittit probationem in contrarium, nisi per indirectum, ut non esse lapsum tanti temporis, & ex hoc infero quod isto casu non admittitur quis ad probandam malam fidem, ubi citat
plures Doctores etiam Canonistas.* Or puisque tous ces Docteurs ont tenu
au cas de la possession immémoriale, qu'on ne peut pas être reçu à
prouver la mauvaise foy du Détenteur, & que cette mauvaise foy
(selon les Canonistes) a pour fondement la connoissance de la nullité du Titre ; il s'ensuit par une conséquence necessaire, qu'on ne
peut non plus être admis à alleguer le vice du Titre qui paroît pour
la preuve de cette mauvaise foy ; autrement on seroit admis à la preuve de la mauvaise foy du Possesseur.

Et certes je ne puis convenir de la distinction qu'apportent les
Canonistes sur le chap. *possessor. de reg. jur. in 6.* & sur le chap. final.
Extra. de præscript. de laquelle distinction Guy Pape a composé sa quest.
199. Car ils veulent qu'en matiere d'action personnelle celui qui doit
une certaine somme de deniers peut sans blesser sa conscience, se dé-

fendre du payement par la prescription de trente ans, parce (disent-ils) que telle prescription a été introduite *in odium negligentia non petentis*, & comme pour le châtier de sa nonchalance, & que d'ailleurs il n'y intervient aucun fait de la part du Débiteur, au lieu qu'en matiere d'alienation d'immeuble, si celui qui le possede sçait qu'il appartient à autruy, ou qu'il a été aliené par un Titre injuste & ne le restituë pas au vray Maître; En ce cas comme il y intervient de son fait par la joüissance volontaire & affectée du bien d'autruy, il est toûjours en peché mortel, toûjours en mauvaise foy, & par consé-quent il ne peut jamais prescrire. Cette distinction (dis-je) ne me semble point appuyée sur la raison, car si celui qui doit de l'argent peut par la prescription de trente ans s'exempter du payement, sans être accusé de mauvaise foy, à cause que dans un si long espace de temps, le créancier a negligé de demander sa dette, & par ce silen-ce a semblé l'abandonner (comme ils disent) pourquoy ne pourra-t'on pas dire la même chose du Maître de l'immeuble, lors qu'il de-meure trente ou quarante ans sans en demander la restitution au pos-sesseur, & qu'il lui en souffre la paisible joüissance un si long-temps; puisque comme dit Cujas sur la Loy *alienationis D. de verb. signiff. patientia pro alienatione est.* Et si bien en la personne du Debteur, il n'y intervient pas de son fait, de la même façon qu'en la personne de celui qui retient l'immeuble d'autruy, qui en joüit & perçoit les fruits annuellement, on peut néanmoins dire du Debteur qu'il se sert, ou peut servir des deniers après le terme échû, quoy qu'on ne restituë pas le fonds usurpé : C'est toûjours en l'un & en l'autre cas retenir sciemment le bien d'autruy, avec cette seule difference, qu'en l'un c'est de l'argent, & en l'autre c'est un immeuble. Et à vrai dire si le Détenteur de l'immeuble peche *in committendo* (comme disent les Canonistes) on ne sçauroit desavoüer par identité de raison que le Debteur ne peche *in omittendo*, en tant qu'il ne rend pas à son créan-cier les deniers qu'il reconnoît lui avoir legitimement prêtés, les pe-chez d'omission ne laissant pas d'être pechez quoy qu'il n'y intervien-ne pas du fait & de l'action de l'homme.

Mais sans m'engager à des questions qui ne sont pas de ma profes-sion, il me suffit de dire qu'en matiere de prescriptions, nous ne re-connoissons point en Dauphiné le Droit Canon, mais seulement le Droit Civil, tel qu'il nous a été donné par l'Empereur Théodose le Jeune, sous le Titre *de præscript. 30. vel 40. ann.* au Code. Nous avons pour Témoin irreprochable de cet usage M. le Président Expil-ly en son Plaidoyé 17. nombre 23. Et pour l'usage de Toulouse, Ferrier sur la question 416. de Guy Pape; Et pour celui du Parle-ment de Paris Maître Julien Brodeau sur l'art. 118. de la Coûtume, où marchant sur les traces d'Argentré, il dit que le Titre & la bon-ne foy sont deux correlatifs qui se regardent d'un aspect mutuel & ne se separent jamais; & que comme aux prescriptions de trente ou de quarante ans, le Titre n'est point requis, la bonne foy n'y est non plus requise, suivant l'opinion de Bartole sur la Loy *sequitur §. si viam D. de usucap.* & sur la Loy finale *C. unde vi.* Il ajoûte que l'effet de cette prescription de trente ans est non-seulement de purger la mauvaise foy du Possesseur qui ne s'est point rencontrée dans la racine, c'est-à-dire dans le commencement par un Titre odieux & contre les bonnes mœurs, mais aussi de le mettre dans la bonne foy & de le rendre vray, juste & legitime proprietaire du bien d'autruy, & d'anéantir toutes sortes d'actions que l'on pourroit avoir contre lui avant la prescription acquise ; ce qui a lieu non-seulement dans le For exterieur, mais aussi en celui de conscience, quoy que dans les Loix Evangeliques il ne soit aucunement parlé de prescription. De sorte que celui qui a acquis prescription peut retenir sans aucun scrupule la chose dont la Loy & le Titre de la prescription l'a rendu Maître & Seigneur en haine de la négligence de celui auquel elle appartenoit, qui est présumé l'avoir quittée & abandonnée. *Et non est facienda differentia inter forum conscientiæ & contentiosum* dit du Moulin sur le chap. *cum esses. Extra. de testam.* Et même il cite Saint Thomas, le Cardinal Caïetan, & autres grands Personnages qui ont embrassé cette opinion contre celle des Docteurs Canonistes.

Cette prescription du Droit Civil si universellement reçûe en France, a pour motif le bien public qui veut que les possessions des Particuliers ne soient pas sujettes à une perpetuelle recherche, qu'elles deviennent fixes & affermies entre les mains de ceux qui en ont joüi paisiblement un si long-temps, & que la tranquilité des Sujets du Roy ne soit pas troublée par des Procès & des querelles que le cours d'un si grand nombre d'années doit avoir ensevelies dans l'oubli. Ce que je confirmeray par ces riches paroles du même Argentré au Titre des Appropriances art. 269. *in verbo, s'il n'y avoit dol ou fraude, num. 17. & 18. Nec enim lex hoc unquam agit, ut malam fidem inducat vel tueatur, sed illud potius ne prætextu individui alicujus aut particularis causæ publica pax interpelletur, ut tranquillitas Reipublicæ constet, & litis pessimæ stirpes enecentur. Quod si quandoque accidat, ut cuiquam mala fides suâ opituletur contra naturalem æquitatem ; sic cogitandum in comparatione publicæ quietis leviculum id judicari oportere, cum præsertim sit quod sibi imputet, qui legis beneficium & intercessionem contempsit, nec possit negari tali aut dissimulationi aut negligentiâ & patientiâ inesse tacitum alienationis consensum.* Il faut donc conclure que si par cette proposition (personne ne peut prescrire contre son Titre) on veut dire que personne ne peut jamais par une possession contraire à son Titre changer la cause de sa possession & se former un Titre different de celui qui paroît avoir donné commencement à cette possession, laquelle n'a point été intervertie par aucun Acte extrinseque, cela est veritable. Que si par cette même proposition on prétend dire qu'apparoissant que le Titre qui a donné cause à la possession est nul, injuste & prohibé par la Loy, le Détenteur de la chose n'a pû par quelque espace de temps que ce puisse être, purger la nullité & le vice de son Titre ; qui d'ailleurs n'est point contre les bonnes mœurs, ny n'enveloppe en soy aucun crime ny aucune turpitude, cela est contre le Droit.

CHAPITRE XCV.

Que le Fils du Frere aîné predécedé est preferé à l'Oncle en la succession qui est deferée à l'aîné, par Coutume, ou par disposition testamentaire ou contractuelle.

IL n'est point de question plus illustre en matiere de succession que celle qui a servi de carrière à tant de beaux esprits touchant la préference de l'Oncle, ou du Fils du Frere aîné predécedé, lors que la succession est deferée à l'aîné par Coutume, ou par disposition testamentaire ou contractuelle.

Cette question n'est pas proprement de mon sujet, mais comme elle se traite plus souvent à l'égard des Fiefs, j'estime qu'il n'est pas hors de propos de la toucher, & d'en rapporter un préjugé notable du Parlement de Grenoble.

Encore qu'elle ne soit pas de celles qu'on renvoyoit autrefois à Delphes pour en avoir la décision par le Jugement de l'Oracle ; si est-ce que la plume des Jurisconsultes n'est pas assez puissante pour la terminer, quand il s'agit du Sceptre & de la Couronne, & le plus souvent les Armes sont les Arbitres de la controverse.

L'Histoire nous apprend que par trois fois elle a été commise au sort des Armes, qui en trois duels assignez a constamment adjugé au neveu le prix de la victoire, comme si la Fortune, dit quelqu'un, eût voulu se justifier en cela, & faire voir qu'elle n'est point irreconciliable avec la raison, mais qu'elle entre quelquefois en conseil avec elle.

Dès le temps de Loüis le Gros, les Grands du Royaume assemblés jugerent la question en faveur d'Archambaud, sur qui Hanno son Oncle avoit usurpé la Seigneurie de Bourbon comme nous lisons dans Paul Æmile, qui remarque aussi que sous le Regne de Philippes de Valois, Loüis Comte de Nevers comme fils aîné, fut maintenu en la Couronne de Flandres au préjudice de Robert qui le precedoit d'un degré.

Le même Philippes de Valois séant en son lit de Justice adjugea le Duché de Bretagne à la fille du Duc Jean, femme de Charles de Blois qui ne venoit à la succession que par le droit de son pere, que le Comte de Monfort disputoit. Et sous le Regne de François I. Henry d'Albret l'emporta sur Odet de Foix, après que la cause eut été longuement agitée : Comme au dernier Siécle Henry le Grand ayeul de Loüis XIV. qni eſt aujourd'huy l'Arbitre de l'Europe ; & la merveille des Rois fut preferé par la juſtice de ſes Armes au Cardinal de Bourbon, qui avoit uſurpé le Titre de Charles X.

En un mot, ce ſeroit un crime en France de revoquer en doute la Loy de l'Etat par laquelle le petit Fils repreſente ſon Pere, & entre en tous ſes droits & ſes prérogatives.

Ainſi la queſtion ne ſe traite plus qu'entre Particuliers, ſur le ſujet de laquelle Tiraqueau s'eſt fort étendu dans ſon Traité *de jure primigeniorum. Queſt. 23.* Covarruvias. *Practic. queſt. cap. 38. n. 6.* & tant d'autres dont le rapport ſeroit ennuyeux.

Néanmoins les plus célébres Docteurs aſûrent qu'il y a même raiſon pour les perſonnes privées que pour les Têtes couronnées. La raiſon eſt qu'encore que la nature n'ait fait naître le petit fils qu'au deuxiéme degré de parenté ; quand il arrive pourtant que la mort lui ravit ſon pere, la Loy civile qui dans cet accident veut conſoler l'Ayeul, approche de lui ce petit fils qui ſuccede en la place de ſon pere, comme les nouveaux rejettons ſuccedent en la place des plantes mortes : Enforte qu'on ne peut pas dire abſolument que celui-là ſoit mort qui laiſſe après lui une partie de ſoy-même. D'ailleurs la qualité du fils aîné & celle du pere étant diſtinctes & ſeparées, il s'enfuit de-là que bien que le pere meure, le droit d'aineſſe ne s'éteint point avec la vie : Ce droit paſſe en la perſonne du fils qui en recuëille tous les privileges comme fils, & non pas comme héritier, ce qui ſe fait plûtôt par continuation que par tranſmiſſion, parce que les enfans durant la vie du pere ſont en quelque ſorte Seigneurs de ſes biens qu'à proprement parler ils n'acquierent pas, mais qu'ils retiennent.

François Ottoman en ſes Queſtions illuſtres, Queſt. 4. de la derniere impreſſion raiſonne auſſi fortement de cette ſorte, pour établir que le fils du ſecond frere prédecedé doit être préferé à ſon Oncle puiſné, quand le frere aîné ſe trouve décedé ſans enfans. *Revera, dit-il, nepos iſte propterea patruo ſuo potior habetur ; quoniam in jus & locum ſui patris qui & loco & etate patruum anteibat ſucceſſit : Vincet igitur ſecundi filius, non gradu, remotior enim eſt quam patruus, non etate ſi ratio ad naturalem veritatem revocetur ; Ecquonam igitur jure ? Stirpis nimirum & loci, cui quæſita ſuitas fuerat, & in quem ille ſecundi filius aſcendit : Quod cum ita ſit, & ſecundi filius tertio patruo ſuo præferatur, nulla dubitatio relinquitur, quin multo magis patrui ſui filium, ſi in contentionem cum eo devenerit, ſuperare debeat ; Ut nullus illi queſtioni, quam à nonnullis tractari video, locus relictus videatur.*

Ceux enfin qui ſont de même avis, *pondere numero & menſura prævalent,* pour uſer des termes de Socinus & de Decius. De ſorte que cette opinion, comme la plus raiſonnable, eſt communément ſuivie en cas de Fideicommis fait en faveur de la Primogeniture, ainſi que l'aſſûre du Moulin ſur Alexandre *lib. 4. Conf. 4.* ſans qu'il faille s'arrêter à tant de diſtinctions que font quelques Docteurs.

La queſtion s'étant preſentée au Parlement de Grenoble ſur un Procès évoqué de celui de Dijon en matiere de Fideicommis, il y eut Arrêt donné au rapport de Monsieur de Sautereau, en faveur du neveu fils du frere aîné, le 9. de Juillet 1632. entre Dame Françoise Bernard de Montessut veuve de Messire Charles Chabot Seigneur de Charroux, en qualité de Baillitre de Jaques Chabot son fils, demanderesse en maintenuë définitive du Comte de Charny & Seigneurie de Couches, en vertu des substitutions apposées aux donations du penultiéme de May 1534. & 11. de Septembre 1555. faites par Dame Philiberte de Luxembourg Princesse d'Orange, & par Messire Claude de Longuy Cardinal de Givry Evêques de Langres, & Défenderesse d'une part : Et Messire Eleonor Chabot Seigneur de Brion Défendeur, & respectivement Demandeur en maintenuë d'autre, Et entre, &c.

Il y a eu pareil Arrêt du 27. de Juin 1665. au rapport de M. Roux, confirmatif de la Sentence du Juge de Grenoble, en faveur de Felicien Boffin Baron d'Huriage, contre Gaspard Boffin Prieur du Croisil son oncle.

CHAPITRE XCVI.

Si le Seigneur ou le Proprietaire d'une Forêt peut restraindre les usagers à une certaine portion.

PARMY les noms differens que les Philosophes de la Secte d'Aristote ont donné à leur matiere premiere, du sein de laquelle ils veulent que toutes les formes soient tirées, ils l'ont appellée du terme Grec Hylé, qui signifie Forêt, pour dénoter la fécondité & la necessité de celle-cy. En effet, si l'on remonte à ces premiers siécles où l'on n'avoit pas encore l'invention de cultiver la terre, & de lui faire produire du blé, on trouvera que les Forêts, par le moyen de leurs chesnes & de leurs hestres, fournissoient aux Hommes leur unique & commune nourriture avec les Animaux.

Ce qui a fait dire à Pline au Proëme du liv. 12. parlant de la nature. *Diu fuere occulta ejus beneficia, summumque munus homini datum arbores silveque intelligebantur.* Et nous apprenons d'Ulpian en la Loy unique *D. de glande legenda*, & de la Loy *qui venenum* au §. final *D. de verbor. signif.* que pour honorer ce premier fruit qui nous étoit venu des Forêts, on avoit dépuis donné le nom de Gland à toute sortes de fruits, *Glandis appellatione omnes fructus continentur* (disent ces Jurisconsultes.) Que si l'on se contente de considerer les Forêts en l'état d'apresent, de quelle utilité ne sont-elles point aux Hommes? Soit qu'ils veüillent bâtir une demeure pour se mettre à couvert de l'air & des saisons,

soit qu'ils ayent besoin de bois pour servir de matiere à cet élement
si necessaire à la vie de l'Homme, & à l'entretien des Arts (je veux
dire le feu ;) soit que pour faire paître le Bétail destiné au labourage, ou à leur propre nourriture, il leur faille avoir de certains endroits, où ils puissent l'envoyer si bon leur semble. Cette utilité est
confirmée par l'experience de plusieurs siécles, & presque tous les Titres tant anciens que modernes nous apprennent que la plûpart des
Seigneurs, pour rendre leurs Terres habitées, ayant distribué à
des Particuliers certaines portions de fonds à cultiver, ont été contraints pour se les conserver de leur accorder des droits d'usage dans
leurs Forêts, comme des facultez accessoires à leur habitation, & sans
lesquelles ils auroient été necessitez à déguerpir les Fonds, & à chercher un établissement ailleurs : Il s'en est même trouvé qui ont crû
que pour joüir de semblables facultez, il ne leur falloit avoir autre
Titre que celui de la qualité d'Habitans en la Terre & d'Emphytéotes
du Seigneur, soûtenant que dès qu'il avoit souffert qu'ils habitassent
dans les enclaves de sa Justice, & qu'il leur avoit donné quelques
Fonds à cultiver sous une redevance annuelle ; il leur avoit par une
suite necessaire tacitement permis de prendre du bois dans sa Forêt
pour la commodité de leur habitation, & d'y mener paître leur Bétail destiné au labourage & engraissement du Fonds asservi, à la mélioration duquel ils étoient obligez par le Contract de bail à Emphytéose,
argum. l. 6. ff. de aliment. & cib. leg.

Mais comme par succession de temps les Hommes sont venû à méfuser de ces facultez, & comme dit du Luc parlant de ces Usagers
liv. 7. tit. 7. Arrêt premier, *ab ingratis hominibus eò improbitatis deventum est, ut beneficos eorumve nepotes munificentiæ suæ, etiam si nolint tamen
pæniteat. Rebus enim utendis tam proptervè, tam libidinosè, tam nequiter
abusi sunt, ut novarum legum sanctione judiciorumque severitate opus esset.*
Les Seigneurs ont crû pouvoir remedier à ce mal, en proposant de
rétraindre les Usagers à une certaine portion de la Forêt; les autres
demeurans libres & reservés à eux seuls pour en disposer à volonté :
En quoy il ne peut y avoir de difficulté, étant juste que par le mauvais usage que nous faisons des choses qui nous appartiennent, nous
meritons bien souvent d'en être entierement privés. Car bien que
chacun soit Maître absolu de sa chose propre, *l. 21. C. mandati*, cela
se doit entendre pour en user *secundum juris ordinationem*, comme dit
Jacobinus de Sancto Georgio *versiculo de Castro. num. 20. Tract. de Feudis.*
Mais les Seigneurs n'ont pas borné là leurs prétentions ; car ils ont
soûtenu que même hors du cas de mauvais usage, la faculté des
usages pouvoit être restrainte comme sus est dit.

Ceux qui se sont opposez à cette prétention en faveur des Usagers
ont dit en premier lieu que ce droit d'usage étant rangé parmi les servitudes, & que toutes les servitudes étant individuës à l'exception du
seul usufruit, soit qu'un seul ait l'usage, soit que plusieurs l'ayent ensemble, *l. usus pars D. de usu & habit. l. item ſ. si usus D. comm. divid.*

& l. via 15. D. de servit. rust. pred. Ce seroit diviser contre la volonté
de la Loy, & contre la nature de la servitude, la faculté de l'Usager
si l'on vouloit la restraindre à une certaine portion de la Forêt. Car
comme dit du Moulin *Tract. de dividuo & individuo num. 211. obligatio
servitutis prædialis non potest induci pro parte, nec tolli pro parte l. pro parte
D. de servit. & l. fin. §. si usus D. eod.*

II. Quoy que l'on veüille dire que si en soy l'usage ne peut pas
être divisé, néanmoins la commodité le peut être. Cela ne se peut
entendre qu'au cas que l'Usager y consiste; parce qu'il est de la nature de la servitude d'être répanduë indifferemment sur toutes les parties du Fonds, & qu'il faut comme dit Javolenus en la Loy *si certo
generi §. si totus ager D. de servit. omnes partes globe serviant;* c'est ce qui
est encore décidé en la Loy *si mihi concesseris D. eod. & l. fundi §. 1.
D. de usu & hab.* Ce que l'on explique par la comparaison tirée de
l'ame raisonnable, en disant que la servitude *est tota in toto & tota in
qualibet parte fundi*, ou comme veut Joannes Superior écrivant sur la
Loy *via D. de servit. est efficax in qualibet parte fundi;* tellement que le
Proprietaire de la Forêt ne peut changer l'établissement de la servitude, sur tout quand il importe à l'Usager de n'en user pas autrement
à l'avenir qu'il avoit fait par le passé, & d'empêcher que sa condition
ne devienne pas détérieure.

III. Si comme il est dit en la Loy *manifestè C. de servit. & aqua,*
on ne peut rien innover contre l'ancienne Coûtume de la servitude;
quelle apparence y-a-t'il qu'après une longue & immémoriale possession où est l'Usager de prendre du bois dans tous les endroits de la
Forêt, & de faire paître son Bêtail indifferemment par tout, il puisse
être reduit par le Proprietaire à ne plus exercer sa faculté qu'en un
certain endroit de la Forêt.

IV. Il est constant en Droit en matiere de servitude qu'on peut
bien rendre meilleure la condition de son Voisin, mais non jamais dé-
terieure *D. C. si certo generi D. de servit.* & ce qui fait le plus à nôtre sujet, c'est ce qui est décidé sur la Loy finale *D. de usu & hab.* sçavoir
que le Proprietaire ne peut jamais rien faire, qui puisse empirer la
condition de l'Usager. Or comme dit Cæpol. *Tract. de servit. rust.
præd. tit. de servit. juris pascendi n. 38. vers. aut melior:* il y auroit bien
moins d'avantage pour l'Usager s'il ne pouvoit prendre du bois ny
faire paître son Bêtail qu'en une certaine portion de la Forêt.

V. Qu'on ne sçauroit trouver que par aucune Loy de nôtre Droit,
il soit décidé que le Proprietaire puisse reduire & limiter l'Usager à
une certaine portion de la Forêt; Au contraire Balde écrivant sur la
Loy penultiéme *§. licet tam angustus D. de usu & hab.* conclud que la faculté qui appartient à quelqu'un ne peut point être malgré lui restrainte & limitée.

Et pour le soûtien de cette opinion, il se trouve un Arrêt du Parlement de Grenoble rapporté par François Marc en ses Décisions tom.
1. Decis. 286. par lequel il fut jugé que l'Abbé de Lioncel ayant
passé

paſſé des Albergements à des Particuliers aux Montagnes de Miſſon & de Salces ſituées dans le Mandement de S. Nazaire en Royans étants du Domaine Delphinal, ne l'avoit pû faire au préjudice du Droit de bucherage, que les Habitans juriſdictiables du Dauphin avoient aux mêmes Montagnes ; les baux à Emphyteoſe ayant été caſſez par le même Arrêt, & les droits de Champart appellez communement Taſques dûs par les nouveaux Cultivateurs, ayant été ſequeſtrés juſques à ce que les Habitans euſſent été indemniſez.

Ceux qui ont embraſſé le parti de l'affirmative ont dit au contraire, qu'il eſt veritable que preſque toutes les ſervitudes étoient individuës comme étant des Droits incorporels, & notamment l'uſage, l. 1. ſ. quædam D. de rer. diviſ. mais que leur commodité pouvoit être diviſée même contre le gré de ceux à qui telles ſervitudes étoient dûes, ſuivant l'opinion des Docteurs ſur la Loy ſtipulationes non dividuntur, & ſur la Loy ædem ſ. Cato D. de verbor. oblig. d'où l'on concluoit qu'il n'y avoit point d'inconvenient qu'une certaine portion de la Forêt fut aſſignée à l'Uſager, le reſte demeurant libre au Proprietaire : que ſuivant le Droit les ſervitudes pouvoient être diviſées quelquefois par meſure & par difference de temps entre les Uſagers & le Proprietaire l. arbor. ſ. fin. D. comm. divid. l. cum conſtet D. de aq. quot. & æſt. Et même quelquefois en matiere de ſervitudes, on les limite & détermine par la façon d'en uſer l. 4. ſ. modum D. de ſervit. Ce qui induit une diviſion laquelle pouvoit d'autant plus être reçuë en cette Hypotheſe, que l'uſufruit étant une ſervitude, dividuë, comme il a été dit l. 1. ſ. ſi uſufructus D. ad leg. Fal. il étoit textuellement décidé par la Loy Divus D. de uſu & hab. qu'à l'égard d'une Forêt, l'uſage ne pouvoit pas être ſans l'uſufruit. Divus Adrianus cum quibuſdam uſus ſylvæ legatus eſſet, ſtatuit fructum quoque eis legatum videri, quia niſi liceret legatariis cædere ſylvam & vendere quemadmodum uſufructuariis, licet nihil habituri eſſent ex eo legato.

On allegue en ſecond lieu que cette diviſion ou aſſignation d'une certaine partie de la Forêt devoit être d'autant plus facilement admiſe, que nul ne peut être contraint de demeurer en ſocieté & communion contre ſon gré, à cauſe des diſcordes & troubles que la communion apporte le plus ſouvent l. cum pater ſ. dulciſſimis D. de leg. 2. l. in re communi D. de ſervit Urban. præd. Même les Docteurs ont tenu qu'en matiere d'uſage, les Uſagers ne pouvant convenir entre eux, ſoit à cauſe de l'inégale quantité des Fonds qu'ils poſſedoient, ſoit à cauſe du plus ou moins de Bétail qu'ils avoient, ou autrement, poterant agere Interdicto communi dividendo, Albericus de Roſaté ſur la Loy Imperatores D. de ſervit. Cæpol. de ſervit. ruſt. præd. cap. 9. num. 39. Ferrier ſur la queſtion 489. de Guy Pape. Que ſi ceux qui n'ont qu'un ſimple droit d'uſage peuvent demander d'être ſéparés entre eux & réduits à une certaine portion de la Forêt, à plus forte raiſon le Seigneur pourra demander cette diviſion, puis qu'outre la qualité d'Uſager qui lui eſt commune avec ceux qu'il a aſſociez, il a l'avantage d'être le Proprietaire de la Forêt.

II. Partie.   T

III. L'on dit pour la confirmation de cette opinion que si l'usage étant legué à quelqu'un, le Legataire s'en sert au-delà de ce qu'il lui faut, on peut avoir recours au Juge pour obtenir de lui qu'il ait à déterminer comment à l'avenir ce Legataire se doit servir de son usage *D. C. Divus §. fin. D. de usu & hab.*

V. Bien que celui à qui l'on a accordé la faculté de couper du bois dans une Forêt ou d'y mener paître son Bétail, puisse regulierement empêcher le Seigneur de conceder cette même faculté à un autre. Néanmoins on convient que le Seigneur le peut faire s'il y a du bois & du pâturage pour le premier & pour le second Usager, *ita Capol. de servit. rust. prad. cap. 22. de mont. num. 11. per text. in l. 1. §. fin. D. de servit. rust. prad.* où il est dit que si un aqueduc ou prise d'eau peuvent suffire à plusieurs, on peut accorder à plusieurs le droit de prendre de l'eau dans un même lieu, en même jour, & à même heure. Que si entre ces communs Usagers il naît quelque contention sur l'usage de cette eau, ils pourront demander, *judicio communi dividendo*, d'être separés quant au temps de la prise de l'eau, & d'être reglez concernant la quantité qu'ils en doivent prendre, *d. l. arbor. §. fin. D. comm. divid. l. Lucio. D. de aqua quot. & est.* Que si ce dernier Usager ne pouvant convenir avec le premier peut agir contre lui, *judicio communi dividendo*; à plus forte raison pourra le Proprietaire demander cette division.

Finalement il semble que le droit d'usage concedé par le Proprietaire, ne doit jamais être si diffus & si étendu, que celui-cy soit entierement privé du fruit de sa proprieté, *l. inque eo, & l. fundi §. sicut is D. de usu & hab.* Et ce droit de proprieté fait que suivant le sentiment des Docteurs, si la Forêt ne suffisoit pas pour les Usagers & pour le Seigneur, celui-cy doit être preferé à l'exclusion de ceux-là, de quelques concessions ou privileges qu'ils puissent être munis. *Ita. Panorm. in C. dilecti. Extr. de Arbit. Matth. de Afflictis in Constit. Neap. num. 8. Chassan. ad Consuet. Duc. Burg.* tit. des Forêts §. 2. glos. 1. num. 27. Ferrier sur la question de Guy Pape 489. Et le même Afflict. atteste en sa Décision 290. avoir été ainsi jugé par le Conseil Souverain de Naples. Surquoy nous avons un excellent texte, *in l. venditor §. 1. D. comm. prad. tam urban. quam rust.* où il est dit que si un Particulier, ou le Public même a droit de prendre des pierres dans le Fonds d'autruy moyennant une redevance que le Jurisconsulte appelle *solarium*, il peut être prohibé par le Maître de l'héritage de continuer, *si usus necessarii lapidis intercludatur, aut commoditas rei Domino auferatur*: Que si ce tiers en ce cas peut être empêché par le Proprietaire de continuer à prendre des pierres dans tout ce Fonds; à plus forte raison peut-il être restraint à n'en prendre plus qu'en une certaine portion. Enfin, pour le soûtien de cette derniere opinion, on se fonde sur cette principale raison que le Seigneur peut restraindre la faculté des Usagers; parce que s'il ne le pouvoit pas faire, la proprieté lui demeureroit absolument inutile, & il n'auroit rien de plus que les autres Usagers.

C'eſt dequoy Joannes Faber le premier s'eſt expliqué clairement ſur les Inſtitutes §. *ne tamen tit. de uſufructu.* Voicy comme il parle. *Item facit pro eo qui habet tot exploratores in ſua foreſta quod fundus eſt ei inutilis, quod poſſet eos facere reſtringi in tantum quod proprietas aliquid ei valeat.* Et conformément à cette opinion il fut donné Arrêt au Parlement de Paris le 5. de Mars 1531. au rapport de M. Brulart, par lequel Pierre d'Angeſt, & Marie des Ateaux, firent reſtraindre à une certaine portion de leur Forêt l'uſage univerſel prétendu par Loüis Videlan. Cet Arrêt eſt rapporté par du Luc liv. 3. tit. 7. *de uſu nemorum* art. 1. Et cette maniere de juger a été depuis gardée dans les rencontres comme le témoigne Nicolaus Valla, *de Rebus dubiis Tract. 7. ſub finem,* en ces termes. *Nihilhominus hic uſus debet reſtringi ad certam partem nemoris congruam, tertiam aut quartam, ne proprietas domino reddatur inutilis & hoc jure utimur.* Et même avant l'Arrêt de M. Brulart il en avoit été donné un au même Parlement le 22. Décembre 1515. entre Marie de S. Palais, & les Religieux de la Prée, leſquels voulant empêcher que celle-là ne fit couper ſa Forêt, à cauſe de l'uſage qu'ils ſoutenoient y avoir, furent reſtraints à 50. arpens de bois, le reſte lui demeurant libre pour en diſpoſer comme elle voudroit. Cet Arrêt eſt rapporté par Guenois en la Conference des Ordonnances tit. des Eaux & Forêts, Annot. 20. liv. 11. Conformément à cela Coquille en ſes Queſtions & Réponſes ſur les articles des Coûtumes queſt. 303. dit qu'il eſt paſſé pour regle générale ; que ſi les bois ſujets à uſage ſont de fort grande étenduë, l'uſage ſoit reſtraint au tiers, ou au quart des bois ſelon le nombre des Uſagers, & l'outre plus ſoit délaiſſé au Seigneur proprietaire, pour en diſpoſer ainſi que bon lui ſemblera : Il ajoûte, qu'il eſt expedient que les Uſagers ménagent les bois de telle façon que feroit un bon Ménager ſes bois propres, ce que faiſant le tiers fournira ce que le total ſouloit fournir. Et en dernier lieu Mornac écrivant ſur la Loy *plenem D. de uſu & hab. in verbis, quoad victum ſibi ſuiſque ſufficiat ſumet,* & ſur la Loy, *certo generi §. 1. D. de ſervit. ruſt. præd.* confirme que cet uſage eſt toûjours gardé, *ne proprietas domino reddatur inutilis,* & il dit que cela s'appelle en France triager les uſages & les Uſagers. Loüis le Beau en ſon Conſeil 103. n. 20. *ſub finem,* allegue encore un Arrêt du Grand Conſeil ſans datte, par lequel il dit que la même choſe a été jugée.

Et cette derniere opinion fortifiée de ces préjugés peut outre les raiſons de Droit avoir pour fondement une ancienne Ordonnance de Philippes le Hardy de l'an 1280. conçûë en ces termes ; *Aux Uſagers des Forêts du Roy ſeront faites livrées en lieux propres & commodes, & ſi eſdites livrées ne ſe trouve marrein ou matiere, & bois neceſſaire audit uſage & ſuffiſance, leur en ſera délivré ailleurs eſdites Forêts par leſdits Foreſtiers, à concurrence de ce qu'il leur ſera neceſſaire pour leur uſage, ſans qu'ils puiſſent indifferemment prendre par toute la Forêt.* A quoy il ſemble qu'il ſeroit bien juſte que les Uſagers dans les Forêts des Particuliers ſe conformaſſent, puiſque ceux-cy ont le même droit de proprieté dans leurs Forêts, que le Prince en a dans les ſiennes. T ij

Quoy qu'il en soit ; après avoir examiné les raisons avancées de part & d'autre, il me semble que la cause des Seigneurs est plus juste que celle des Usagers, & que l'équité doit faire pancher la balance en leur faveur par cette principale raison qu'il y doit avoir de la différence entre le simple Usager, & celui qui est Usager & Proprietaire de la chose tout ensemble, & qu'il n'y a pas apparence que le Proprietaire ne doive recueillir quelque avantage de sa proprieté. C'est ce qui a fait dire à Alexandre en son Conseil 60. vol. 1. que si la proprieté est leguée à un Particulier, & l'usufruit à un Corps ou Communauté qu'on dit ne mourir jamais à cause de la perpetuelle succession & subrogation des Particuliers qui la composent ; cette joüissance cesseroit après cent ans, parce qu'autrement la proprieté demeureroit pour jamais inutile au Maître de la chose ; *per text. an usufructus D. de usufructu.* Ce que pourtant j'estime devoir être pris avec le temperemment & la limitation qu'apporte Grivellus Conseiller au Parlement de Dole en sa Décision 66. où il dit que cette Compagnie a donné divers Arrêts sur cette matiere qui semblent être contraires ; mais qui pourtant ne le sont point en effet à cause de la diversité des cas où ils ont été donnés.

Cet Auteur veut donc que si il importe au Proprietaire pour quelque juste cause de restraindre l'Usager à une certaine portion de la Forêt où il trouve commodément dequoy suffire à son usage, en ce cas comme, *quod mihi prodest & tibi non nocet, id mihi concedendum est, l. 2. §. item varus D. de acqu. pluv. arcen.* l'Usager auroit mauvaise grace d'envier cet avantage au Proprietaire, puisqu'il ne lui reviendroit aucun dommage ; & qu'il seroit par là pleinement satisfait à son droit d'usage, dont la nature consiste à remplir la necessité de l'Usager, & non point à passer au-delà, comme dit du Moulin, *Tract. de divid. & individ. parte 3. n. 4. servitus usus individua est, quia respicit indigentiam personæ d. l. plenum, & d. l. usus pars D. de usu & hab.* Et c'est le cas des Arrêts donnez par le Parlement de Paris, où il a été permis aux Proprietaires de faire couper une partie de leur Forêt pour subvenir à leurs necessitez domestiques, en laissant l'autre aux Usagers, attendu qu'elle suffisoit pour leur usage.

Que si au contraire l'Usager recevoit du dommage de cette distinction & limitation, soit parce qu'il ne pourroit pas prendre du bois commodément en la portion assignée, soit parce qu'elle ne lui suffiroit pas à cause de la médiocrité du Fonds, en ce cas il ne seroit pas obligé à souffrir cette limitation. Car si bien l'Usager ne doit point blesser le Maître de la chose en son droit de proprieté, *l. fundi §. fin. D. de usu & hab.* Aussi dès qu'une fois une servitude est constituée, le Proprietaire du fonds ne peut rien faire qui blesse ou diminue la servitude, *l. in §. de eo opere & §. item aiunt aquam D. de aqu. pluv. arcend.* Même si le fonds est si médiocre que tous les fruits soient consommés par l'Usager, & qu'il ne reste rien pour le Proprietaire, celui-cy ne peut pas se plaindre, *d. l. fundi,* & il doit s'imputer d'a-

voir accordé fi facilement, ou laiffé fi négligemment prefcrire fur lui
une fervitude qu'il devoit prévoir lui être un jour préjudiciable ; &
c'eft le cas de l'Arrêt cy-devant cité de François Marc, où l'Abbé de
de Lioncel, par le moyen des Baux à cens qu'il avoit paffés à des
Particuliers, avoit bleffé notablement la faculté que les Habitans du
Mandement de S. Nazaire avoient de prendre du bois dans les Montagnes dont il étoit queftion, non-feulement pour leur ufage, mais
encore pour vendre ; Outre que l'on voit par le difcours de François
Marc, que l'Abbé n'avoit lui-même que droit d'ufage dans ces Montagnes, la proprieté en appartenant au Roy, & qu'ainfi il n'avoit
pû faire acte de Proprietaire, en donnant, comme il avoit fait, des
portions de terre à défricher aux Particuliers.

Sans que pourtant il faille faire de fondement fur une des raifons
que Grivel apporte au même endroit, en difant que comme l'Ufufruitier ne peut être contraint par le proprietaire à fe contenter d'une
portion fur lequel il a l'ufufruit ; à plus forte raifon l'Ufager ne pourra-t'il l'être, puis qu'en cas de concours fur un même fonds avec l'U-
fufruitier, il eft preferé à celui-cy, qui ne peut prétendre que ce qui
reftera de fuperflu à l'Ufager, *l. fi. alii* D. *de ufufructu ;* d'autant que fi
bien l'Ufufruitier ne peut pas être reftràint, comme il a été dit, c'eft
parce que l'ufufruit venant à ceffer par la mort, *l. 1.* D. *de ufufructu*
l. 3. §. fin. D. *quid. mod. ufuf. amit.* Le motif des Arrêts cy-deffus citez
ceffe, parce que l'ufufruit étant confolidé à la proprieté, on ne peut
pas dire que la proprieté demeure inutile au Maître de la chofe, &
on peut raifonner de la même forte du droit d'ufage lors que c'eft une
fervitude purement perfonnelle comme l'ufufruit, auquel cas il ceffe
pareillement par la mort de l'Ufager, §. *Inftit. de ufu & hab.* Mais le
droit d'ufage dont nous traitons icy eft d'une autre nature, car nous
entendons parler de la faculté de prendre du bois dans une Forêt, ou
d'y faire paître le Bêtail, accordée à une Communauté, ou à des
Habitans dans la Terre d'un Seigneur, ou à des Particuliers en confideration de telle Métairie, ou de tel Fonds qu'il poffede, auquel cas telle
fervitude eft réelle & prédiale, & par conféquent perpetuelle, parce que
fi bien, *debetur perfonis*, elle eft dûë, *ratione rei*, elle eft dûë, *ratione habitationis, aut prædii poffeffi ;* C'eft pourquoy elle eft dûë à perpetuité à tous
ceux qui habiteront dans cette Terre, ou qui poffederont ce fonds,
comme difcourt très-bien Joannes Faber §. *æquè Inftit. de action.* Tellement qu'en ce cas n'y ayant pas lieu d'efperer que l'ufage foit jamais
réüni à la proprieté, il faut conclurre que fi la faculté de l'Ufager ne
pouvoit être reftrainte à une certaine portion du Fonds, fans la pouvoir exercer indifferemment par tout, la proprieté demeureroit pour
toûjours inutile au Maître de la chofe.

Il fe trouve dans les Regiftres de la Chambre des Comptes de Dauphiné un exemple affez récent, qui confirme ce que nous venons
d'établir. Monfieur le Duc de Lefdiguieres ayant obtenu du Roy le
don des deux tiers de la coupe de la Forêt de Clays fituée en Dau-

phiné dans la Terre de Beauvoir en Royans, l'autre tiers étant par exprès reservé aux Usagers dans les Lettres de don en datte du 27. Juillet 1649. les Habitans du lieu, le Prieur & les Religieux de l'Ordre des Carmes, fondez au même lieu par les anciens Dauphins, s'opposerent à la verification du don, alleguans que par leurs anciennes concessions dont ils produisoient les Titres en bonne forme, ils avoient droit de bucherer dans toute la Forêt, & d'exercer leur faculté *in solidum* ; & qu'ainsi ils ne pouvoient être restraints au tiers porté par les Lettres. Surquoy ayant apparu à la Chambre par un Procès verbal fait auparavant sur les lieux, que le tiers reservé pouvoit suffire aux Usagers, elle fit Arrêt le 14. d'Août 1653. par lequel en déboutant les Opposans de leur Requête, elle verifia les Lettres de don, pour en joüir par l'impetrant selon leur forme & teneur, à la charge que le tiers reservé par les Usagers seroit laissé en lieu commode sans division, suivant la limitation qui en seroit faite par le Commissaire lequel seroit à ces fins député, les interessez & le Forestier à ce voir faire appellez. Le même Arrêt porte qu'aux endroits où la coupe se fera, il sera laissé de trente en trente toises des Bailliveaux de gros arbres, avec injonction au Forestier de tenir la main tant à la conservation des Bailliveaux que des jeunes plantes qui naîtront, lesquelles seront défensables, jusques-à-ce qu'elles soient d'une hauteur suffisante pour être exemptes du dommage du Bêtail, pour après être les usages & facultés des Opposans rétablis sur toute la Forêt, conformément à leurs Titres, laquelle derniere partie d'Arrêt n'a pas été mise sans sujet, mais bien pour montrer que comme la faculté de l'Usager ne peut être restrainte que pour laisser le moyen au Seigneur de tirer quelque profit de sa proprieté, aussi quand la consideration de ce profit a cessé, il doit être permis à l'Usager de reprendre l'exercice de sa faculté dans toute son étenduë.

Il y a encore un autre Arrêt du Parlement de Grenoble donné sur le different d'entre les Habitans de Dionay, & Noble Jaques de Rivoire Seigneur de Roybons, prenant le fait de quelques Particuliers Habitans de sa Terre. Le fait étoit que les Habitans de Roybons par conventions passées avec ceux de Dionay le 20. Avril 1361. les avoient Associez au droit de bucherer & de faire paître leur Bêtail dans une partie de la Forêt de Chambaran, située dans les enclaves de la Justice de Roybons, suivant les limites convenuës, & ce moyennant quarante florins d'or, qui furent délivrez par les Habitans de Dionay à ceux de Roybons. Et parce que le Seigneur de Roybons étoit Proprietaire de cette partie de Forêt, & c'étoit lui-même ou ses Autheurs qui avoient concedé cet usage aux Habitans de Roybons, il approuva en faveur de ceux de Dionay par Acte du 24. du même mois cette communion de bucherage & compascuité, moyennant quatre-vingt florins d'or qui lui furent délivrez par ceux de Dionay, les Habitans de l'un & l'autre lieu ayant usé en paix de leur faculté pendant un assez long-temps. Enfin ceux de Dionay s'apperçûrent que quelques Particuliers de Roybons avoient entrepris de défricher la Forêt en plusieurs endroits, & qu'en d'autres on avoit déja cultivé & semé du blé; cela fut la cause qu'ils tirerent en instance au Parlement ces Particuliers contre lesquels ils demandoient des dommages & interêts, avec défenses de continuer le défrichement & culture aux endroits qui se trouvoient déja labourés. Ces Particuliers s'étant défendus sur la permission qu'ils disoient en avoir du Seigneur de Roybons: Celui-cy intervint au Procès, & avouë les Albergemens allegués par ces Particuliers, soûtenant que ses Prédecesseurs l'avoient pû faire. Ceux de Dionay disent qu'après avoir acquis, comme ils avoient fait à prix d'argent, la faculté de bucherer & paître dans la Forêt, le Seigneur de Roybons ne pouvoit rien faire, qui pût blesser ou diminuer leur faculté qui étoit diffuse par toute la Forêt, *tota in toto & tota in qualibet parte fundi*: Que si le Proprietaire de la Forêt en pouvoit alberger des portions, à la fin par succession de temps il albergeroit entierement la Forêt, & leur faculté se trouveroit anéantie; Que le Seigneur de Roybons reconnut si bien par l'Acte de 1361. qu'il ne pouvoit rien faire au préjudice de l'usage accordé à ceux de Dionay, qu'il se priva lui-même & ses Successeurs de pouvoir accorder à l'avenir semblable droit d'usage aux Etrangers, de laquelle clause ils inferoient qu'à plus forte raison les Seigneurs n'avoient pû passer des Baux à cens, qui contiennent une alienation de la proprieté, au lieu que la concession de l'usage ne touche qu'aux fruits. Le Seigneur de Roybons repliquoit qu'il est dans une possession immémoriale par le moyen de ses Autheurs d'alberger des portions de la Forêt, & qu'il a prescrit ce droit. Que si bien par l'Acte de 1361. le Seigneur s'est privé de la faculté de conceder aux Etrangers un droit d'usage dans la Forêt, pareil à celui qu'avoient les Habitans de Roybons & de Dionay, il ne s'ensuit pas de là qu'il soit privé de la faculté d'alberger aux mêmes Habitans des portions de la Forêt, les Habitans de Dionay ayant exigé cela lors de la stipulation de l'Acte; afin d'exclurre les Etrangers tant-seulement d'avoir jamais aucun droit de servitude dans la Forêt. Finalement que l'enclos dont s'agit est de six mille Séterées, & surabondant pour l'usage de ceux de Dionay qui ne composent qu'une petite Parroisse, & qui ne vont pas même jusques aux limites de l'enclos du côté de Roybons, si grand est l'espace du lieu asservi; Tellement que restant à un si petit nombre d'Habitans, & possedans peu de bien, suffisamment & au-delà, dequoy prendre du bois pour leur usage, & pour faire paître leur Bêtail; les autres portions superfluës de cet enclos avoient pû être albergées par les Seigneurs de Roybons Proprietaires de l'enclos, comme lui-même prétendoit encore d'en alberger d'autres.

Sur ces contestations il y a eu un Arrêt donné au rapport de Monsieur Roux le 4. de Mars 1665. portant qu'avant que dire droit diffinitivement sur les fins & conclusions des Parties, *il sera fait dans le mois aux frais main-levables des Parties, accès & décente de lieu sur la Fo-*

rêt contentieuse par Maître Estienne Roux Conseiller du Roy en la Cour, à ces fins commis avec Preud'hommes & Experts, dont les Parties conviendront pardevant le Commiſſaire, ou qu'à faute d'eux convenir, ſeront par lui pris d'Office: leſquels Experts feront rapport & deſcription, même par vûë figurée, s'il y échoit, de la Forêt dont s'agit; & de l'étenduë d'icelle qu'ils jugeront neceſſaire audit de Dionay, pour l'uſage des droits à eux accordez par la Tranſaction du 24. du même mois de l'année 1361. pour la procedure rapportée être pourvû ainſi qu'il appartiendra. Et cependant par proviſion & ſans attribution d'aucun nouveau droit Droit, à ladite Cour maintenu les Albergemens paſſez dans ledit lieu contentieux, tant par ledit de Rivoire que ſes Dévanciers Seigneurs de ladite Terre de Roybons: Lui a fait néanmoins inhibitions & défenſes d'y en faire à l'avenir, & auſdites Communautez reſpectivement d'y faire des eſſarts juſques à ce que ladite Procedure vûë en ſoit autrement ordonné.

Par lequel Arrêt il a été préjugé que ſi par la Procedure rapportée, il apparoiſſoit qu'en détrayant les portions des bois défrichées ou albergées il en reſtoit ſuffiſamment à ceux de Dionay pour leur uſage, ils n'avoient pas eu ſujet de ſe plaindre, & que les Albergemens en ce cas devoient être diffinitivement maintenus; Voire même que ſi les Experts jugeoient que ceux de Dionay en avoient au-delà du neceſſaire, le Seigneur de Roybons pourroit diſpoſer du ſurabondant; Comme au contraire ſi les Experts eſtimoient que ce qui étoit reſté à ceux de Dionay ne ſuffiſoit pas pour leur uſage, les Albergemens devoient être caſſez, & ceux de Dionay rétablis en leurs droits & facultez ſur les portions albergées à concurrence de ce qui leur étoit neceſſaire. Ce qui confirme pleinement cette concluſion, que le Seigneur pour tirer quelque profit de ſa proprieté peut reſtraindre les Uſagers à une certaine portion de la Forêt la moins incommode, pourvu qu'elle ſuffiſe pour l'uſage.

Autre choſe ſeroit ſi des Communautez aſſociées au droit d'uſage en des bois communs ou pâturages, demandoient la diviſion & partage entre elles: Ce qui leur a été refuſé quelquefois comme en l'eſpece de l'Arrêt de Paris du mois de Décembre 1608. rapporté par Monſieur le Bret en ſa Déciſion 6. Il étoit queſtion de trois Communautez qui tenoient du Roy par indivis depuis deux ou trois Siécles des communes & des paſtis, moyennant une preſtation annuelle, du payement de laquelle elles étoient reſponſables envers Sa Majeſté les unes pour les autres. L'une des trois demandoit le partage contre les autres deux, diſant que celles-cy s'étoient fort accruës en Hommes & en Beſtiaux, qu'il ne lui reſtoit pas ſuffiſamment de pâturage pour elle, outre qu'elles avoient contrevenu aux loix de la Société, en ce qu'elles avoient donné à des Particuliers de certaines portions des Communes qu'elles avoient converties partie en vigne, partie en pré de défence; que perſonne ne peut demeurer en ſocieté contre ſon gré, autrement les Societez ſeroient perpetuelles, nonobſtant quoy le contraire fut prononcé ſur ce fondement, que ſemblable partage ne pouvoit être fait au préjudice du Roy Seigneur Cenſier, & vray Proprietaire des Communes, dont le droit ſeroit bleſſé ſi la diviſion entre les

Ufagers étoit ordonnée contre les défenfes du Droit, *in l. 7. D. comm. divid.* où il eft dit, *vectigalis ager au regionibus dividi poteft videndum; magis autem debet judex abftinere hujufmodi divifione, alioqui præftatio vectigalis confunderetur.* Et que fi bien nul ne pouvoit être forcé de demeurer en Societé, cela fe devoit entendre *in re merè privata*, & non point en cette hypothefe où la confideration de l'utilité publique demandoit que ces trois Communautez gardaffent la Societé qu'elles avoient contractée dépuis plufieurs Siécles, conformément à laquelle il fut dit que ces nouvelles vignes & ces nouveaux prez de défenfe feroient remis au premier état pour fervir au pâturage; Comme au contraire femblable partage ayant été demandé par une Communauté, ayant moins d'Hommes & de Bêtail contre une autre, il fut accordé par Arrêt du Senat de Turin, comme rapporte Antonius Thefaurus en fa Décifion 71. fur ce principal fondement que toutes deux avoient la proprieté des Communes dont il étoit queftion, lequel s'accorde fort bien avec le précedent, en l'efpece duquel la proprieté des paftis n'appartenoit point aux Communautez, mais bien à Sa Majefté, comme il a été dit.

Au refte quand j'ay mis en queftion fi le Seigneur ou Proprietaire d'une Forêt peut reduire les Ufagers à une certaine portion, j'ay entendu parler du Seigneur qui juftifie par Titre fa proprieté contre les Ufagers: car il ne s'enfuit pas que pour être Seigneur Jufticier du Territoire, dans les limites duquel la Forêt eft fituée, il foit Proprietaire de la Forêt, au contraire la préfomption eft pour les Habitans, car comme a dit Imbert en fon Enchiridion, *in verbo. Ufages, combien que les Roys & autres Poffeffeurs des Forêts fe difent être Seigneurs d'icelles, & l'ufage en avoir été baillé aux Voifins ou autres par eux ou leurs Prédeceffeurs, toutefois il eft plus vray-femblable que d'ancienneté & auparavant la création des Roys les Forêts étoient publiques & communes au Peuple,* d'autant que felon le Droit Civil les Bêtes fauvages étoient à qui premier les pouvoit prendre, comme en lieu publics, *ut prob. text. in ſ. Feræ inftit. de rer. divif.* Cela s'induit encore du texte de la Loy, *in tantum 6. §. 1. D. de rer. divif.* & de la Loy, *omne territorium C. de cenſib.* Ce qui a fait dire à Ifidore *lib. 11. Etymol. cap. 13.* que *plerumque olim à diviforibus agrorum, ager compafcuus relictus eft ad pafcendum communiter vicinis.*

Il eft vray que le Roy a quelque droit de proprieté fur des Forêts appartenans à des Particuliers, & notamment fur les Forêts de Normandie, en vertu duquel droit appellé Grurie ou Grairie; il a le tiers de la vente de la coupe, & le dixiéme du total, ce qu'on appelle communément Tiers & Dangers: mais outre qu'il eft fondé en Titre, qui eft la Charte de Loüis Hutin, c'eft un droit qui fait partie du Domaine de fa Couronne, & qui ne peut être tiré en conféquence par les Seigneurs particuliers, comme difcourt très-bien Choppin liv. 1. chap. 14. du Domaine du Roy.

Il eft certain qu'en nulle Province du Royaume, le Seigneur s'il n'a titre ou poffeffion n'a point d'avantage fur les Communautez, foit dans les Forêts & Bois communs, soit dans les lieux destinez au pâturage pour le Bétail des Habitans de la Terre ; J'en excepte seulement la Bourgogne & la Provence : Car en Bourgogne par une vieille usance dont la Coûtume ne fait point mention , le Seigneur Haut-Justicier comme premier Habitant de sa Terre prétend d'avoir droit de prendre le tiers des bois communs lors que le partage vient à s'en faire. Et au regard de la Provence il est à remarquer que les droits d'usage y sont prédiaux & reglez absolument , *pro modo jugerum & possessionum* de chaque Particulier , en conséquence dequoy le Seigneur peut envoyer du Bétail dans les Bois & Pastis communs autant que les deux Habitans plus hauts en estime & allivrement dans le Cadastre ou Registres des biens taillables de la Communauté peuvent faire , comme le témoigne Mourgues sur le Statut de Proyence Titre des Pâturages ; ce qui est conforme à l'usage d'Espagne attesté par Couvar. *Pract. quast. cap. 37. in princip.* disant *Dominum alicujus oppidi ratione jurisdictionis quam illic habet , posse tot propria animalia in pascua publica mittere quot possunt duo incolæ & habitatores quibus lege vel moribus plura immittere licebit.*

Mais aucun de ces usages n'est reçû en Dauphiné où nous suivons le droit écrit , suivant lequel Cravetta Docteur Regent en l'Université de Grenoble , étant consulté dans la même Ville par les Habitans de Miribel & Château-Bernard Terre voisine , sur un different qui étoit entr'eux concernant l'usage des bois & pâturages communs , dit en son Conseil 153. num. 1. & 5. *quod Dominus loci de jure communi non potest prætendere dominium neque proprietatem in bonis publicis seu pascuis §. Universitatis. Instit. de rer. divis. & ita* (dit-il) *alias respondi magnifico Domino Vicenovi,* &c. Il se trouve pourtant des Seigneurs qui nonobstant cela veulent contre raison s'approprier en tout ou en partie les bois communs situez dans leurs Terres , & violer même les concessions faites par leurs Prédecesseurs aux Habitans , ce qui m'oblige de copier icy mot à mot ce que le même Imbert a dit sur ce sujet au lieu sus allegué. *J'ay vû* (dit-il) *une Charte de l'année 1269. par laquelle un Seigneur de certain Bourg du Païs de Poitou , reconnoissant la Forêt qui étoit prés dudit Bourg , être commune aux Habitans du Bourg , & déclaroit que si ses Prédecesseurs avoient fait , ou étoit fait par ses Successeurs quelque chose contre icelle communion, qu'il n'entendoit que ce fut au préjudice des Habitans. A la mienne volonté que les Seigneurs d'aujourd'huy fussent d'aussi bonne affection envers le commun Peuple. Mais on voit le contraire , & que même les Successeurs de ceux-là veulent empêcher la communité accordée au Peuple par leurs Ancêtres , & font pour cette cause évanoüir les Titres & enseignemens qu'ils en ont.*

J'ay lû dans les Registres du Parlement de Grenoble un Arrêt du 20. Mars 1510. donné entre les Habitans d'Ornacieu , & les Seigneurs de la même Terre , par lequel ceux-cy qui avoient albergé une partie de leurs bois au préjudice des Habitans qui étoient Usagers , ensorte qu'il n'en restoit pas suffisamment pour leurs usages & champoyages , furent condamnés à rétablir les Bois & Paſcages en leur premier état, & faute d'y ſatisfaire dans le temps qui leur fut préfigé, que les Habitans ſeroient déchargés à proportion de la redevance qu'ils faiſoient pour les mêmes uſages. Cet Arrêt peut ſervir de prejugé dans les rencontres ; ce qui m'oblige d'en rapporter icy la teneur.

QUIA ex actis conſtat recognitiones tributorum de quibus agitur, & pacto in eiſdem narrato fuiſſe factas tam pro vintenis bladorum, fenagiis, civeragiis quam pro paſqueragiis & aliis tributis, & conſuetudinibus : Conſtat pariter quod tempore primarum recognitionum receptarum per Petrum Varini in Proceſſu productarum prædia & poſſeſſiones ſitas in Territorio du Beſſey, de Jupin & de les Combes, declaratas in quibuſdam articulis, ſeu in quadam Parcella exordiente. Sequuntur illi qui tenent, &c. In Proceſſu incerta fol. 59. erant de ipſis paſcuis communibus ipſorum hominum Ornacevi, & in eiſdem eorum animalia, ſignanter groſſa pro libito voluntatis depaſci faciebant : Quæ quidem poſſeſſiones per certos particulares in Parcella nominatos extirpatæ & cultivatæ fuerunt vigore Albergamentorum tam per Dominos Ornacevi, ſeu ſuos Officiarios, quam dominam Abbatiſſam Vallis Briſſiaci factorum, occaſione quorum Albergamentorum ipſi homines plurimùm comperiuntur damnificati, cum à poſt non potuerunt nutrire animalia groſſa ut priùs faciebant. Propterea ex his & aliis reſultantibus ex Proceſſu CURIA Parlamenti per ſuum Arreſtum ordinavit & ordinat quod ipſi Domini Ornacevi reſpectivè procurent cum effectu hinc ad medium Auguſti proximè futurum, quod prædia & poſſeſſiones in dicta Parcella mentionatæ per ipſos aut eorum Prædeceſſores & Officiarios albergatæ reducantur & relinquantur in paſcuis communibus ipſis hominibus Ornacevi prout erant tempore prædictarum primarum recognitionum receptarum per dictum Varini : Quod ſi infrà dictum tempus non procuraverint cum effectu, dicit & pronunciat de ipſis tributis detrahi debere & diminui ipſa tributa de parte & portione concernente paſqueragia prædictarum poſſeſſionum per ipſos ſeu eorum Officiarios albergatarum, & quæ facta debita peræquatione, & alia onera quæ ſolvebant dicti homines Domino Ornacevi ante dictas recognitiones comperietur concernere ipſa prædia albergata & extirpata eoſdem homines à ſolutione dictæ portionis in caſu prædicto ab inde in antea abſolvendo , & de ipſis tributis detrahi jubendo. Et in ſuper ipſos dominos Ornacevi quatenus quemlibet concerne-re poterit eadem Sententia & Arreſto condemnavit ad reſti-tuendum dictis hominibus partem & portionem de ipſis tribu-tis quæ concernere poterit paſqueragia dictarum poſſeſſionum , facta Peræquatione de qua ſupra , per ipſos ſeu eorum recepto-res exactam & recuperatam à tempore extirpationis ipſorum prædiorum , & citra aut alias evitandum expenſas imputandam in arreragiis ipſorum , ſi quæ eiſdem debeantur , aut in ſolu-tionibus futuris alterius portionis prædictorum tributorum ratam pro rata , electione ipſis dominis quoad hæc ſalva , jus agendi & proſequendi ipſis hominibus contra prædictam dominam Abbatiſſam ad cauſam prædictorum per ipſam albergatorum in dicta Parcella mentionatorum , & quando voluerint & ſua pu-taverint intereſſe reſervando : Et quoad proceſſus adjunctos con-demnationes factas per Judicem Ornacevi ad cauſam aſſerti Ar-reſti facti , attento quod ex tunc ad recurſum venerunt ad Cu-riam , ut ex actis apparet revocando , ordinavit & ordinat pig-nora , ſi quæ prætextu ipſarum condemnationum capta fuerunt, eiſdem reſtitui , & pariter gerberia , animalia & alia pignora capta pro ſolutione eorumdem detracta prædicta portione con-cernente prædia ſupra ſpecificata ſeu paſcua eorumdem , expe-nas hinc inde factas certis de cauſis compenſando.

CHAPITRE XCVII.

De pluſieurs mots uſitez dans les anciens Titres Féodaux de Dauphiné.

AFFARE. Ce mot eſt fréquent dans les anciens Titres de Dauphiné pour ſignifier toutes les dépendances du Fief. Ainſi Jarenton de Plaiſian Chevalier , reconnut en Fief de Jean Dauphin de Viennois , ſon Château de la Roche ſur le Buys , *cum toto ſuo affare* , par Acte du 24. Septembre 1317.
BLACHIA eſt proprement une Terre à Chênes ou Châtaigners ſi diſtans les uns des autres qu'ils n'empêchent pas qu'on n'y laboure. C'eſt un mot du Païs dont-on ne ſçauroit donner l'étimologie. Quel-ques Maiſons tenuës en Fief portent ce nom là ; pour avoir été bâties près d'une Blache.

CABANNARIA

CABANNARIA n'eft pas une Cabane ; c'eft une Ferme ou Metairie, comme il eft employé dans plufieurs Chartes, entr'autres dans les trois fuivantes de l'an 1108. que j'ay tirées d'un ancien Cartulaire de la Bibliotheque de Monfieur de Ponnat Doyen du Parlement de Grenoble.

I. CUM Dominus Guigo Comes vellet peregrè proficifci ad Sanctum Jacobum, recordatus calumniæ quam per aliquot annos fecerat huic Monafterio de Domina (*c'eft le Prioré de Domene*) quam Dominus Ifardus de Vorapia donaverat prædicto Monafterio poft mortem matris fuæ Fecemæ, quæ CABANNARIA eft fita in Mandamento Caftri Vorapiæ, loco qui dicitur ad Pomerium, fecit ad fe venire Gratianopolim Domnum Hugonem Priorem, & reliquit fimul & donavit Domino Deo, & Sanctis Apoftolis Petro & Paulo ad præfatum Monafterium fupra dictam CABANNARIAM per manum Hugonis prædicti Prioris, tali conditione ut deinceps fine ulla calumnia firmiter Monafterio in perpetuum remaneat. Hoc fuit factum anno ab Incarnatione Domini milleſimo feptimo, in præfentia Domnæ Reginæ uxoris Domini Wigonis Comitis, aliorumque virorum Nobilium, fcilicet Berlonis de Moirenco, Rodulfi de Aia, Willelmi de Caffinatico, Wigonis Guarini, Wigonis de Grangis, Wigonis Calnienfis.

II. In nomine Domini Wigo Guarinus veniens ad obitum fecit Teftamentum coram Domno Hugone Epifcopo Gratianopolitano, & Domino Wigone Comite, necnon & aliis Nobilibus viris, donans atque commendans fe Deo, & Sanctis Apoftolis Petro & Paulo ad Monafterium de Domina, ubi dedit pro anima fua unam CABANNARIAM fupra Caftrum Auriacenfe, (*c'eft Uriage*) quam tenet Petrus Cabannellus. Dedit etiam totum Alodum fuum, quod habebat in Savoya, præter unam CABANNARIAM; totum videlicet ex integro (*c'eft-à-dire en Franc-alleu*) cum omnibus appenditiis, ficut ille melius unquam habuerat. Teftes funt Domnus Hugo Epifcopus, Domnus Wigo Comes, Atenulfus cognatus ejus, Berlo de Corb. qui filiam fuam habebat, Bernardus de Auriolo qui habebat filiam ejus, Petrus Aynardus, uxor ipſius Wigonis Agnes, fraterque ejufdem Agnetis Tethbertus de Maureftello.

III. Notum fit omnibus hominibus tam præfentibus quàm futuris, quia Dominus Alamannus de Auriatge, qui in hoc

Monasterio conditus jacet, dedit omnipotenti Deo, & Sanctis Apostolis Petro & Paulo ad locum de Domina pro salute animæ suæ aliquid de sua hæreditate, videlicet CABANNARIAM nostram sitam in loco qui dicitur Villa perdita, quam tenet homo nomine Durannus cum fratre suo Humberto, & alio Lamberto. Ministraliam autem hujus CABANNARIÆ dedit quidam Villicus nomine Willelmus prædicto Monasterio, & accepit à fratribus Monachis quindecim solidos. Posteà verò, cum filii prædicti Alamanni crescerent, scilicet Petrus & Alamannus abstulerunt prædicto Willelmo Ministraliam, & iterum donaverunt Ministraliam & Placita prædicto Monasterio accipientes à Domno Hugone Priore decem solidos. S. Odonis de Auriatge. S. Torencii de Porta. S. Alvisi de Domina. S. Willelmi Presbyteri.

CIVERAGIUM est un droit d'avenage qui est dû communément aux Seigneurs pour les usages qu'ils ont concedés aux Habitans de leurs Terres : Ce mot est si connu en Dauphiné & en Provence, que je n'en aurois pas fait mention, si je n'avois pris garde que Ragueau qui par erreur l'appelle *Cineragium*, en a ignoré l'explication dans son Indice des Droits Royaux & Seigneuriaux, où il cite le Conseil de Guy Pape 91. *nec satis est indicasse*, dit-il, *quare quid sibi hoc nomen velit.*

CONDAMINA. J'estime que ce mot est Celtique, pour signifier une grande Terre destinée au labourage. Voicy une ancienne Charte du même Cartulaire de Monsieur de Ponnat, qui l'employe dans ce sens-là.

TEmpore Domini Petri Prioris de Domina de Gletens fuit quidam Nobilissimus Miles Dominus hujus Villæ, videlicet Guigo de Domina filius Domini Poncii Aynardi, qui dum esset in Italia ad Curiam Imperatoris captus est infirmitate ; qui ut sapiens cognoscens finem suum prope esse, fecit se deferre ad quoddam Castellum quod vocatur Exillium : (*c'est Essilles*) Ibi fecit venire ante se Milites qui secum erant, Widonem de Castellonovo consanguineum suum, & Guigonem Garinum de Geria, & quemdam sapientem virum in domo cui ipse ægrotabat, Willelmum Leuzum, & Mathæum de Petra Armigerum suum, & plures alios quos longum esset enumerare, & antè eos sapienter dimisit omnia quæ habebat. Plura dedit Cluniaco, & reddidit se pro Monacho Deo, & Beatæ Mariæ, & Sanctis Apostolis Petro & Paulo ad Monasterium de Domina , & dedit pro redemptione animæ fuæ aliquantulum de hæreditate fua , totam partem fuam de CONDAMINA , quæ eft fita apud Dominam , & campum quem emerat de Ricardo Surdo , & apud Verfatorium campum de Rofillon. Hanc Eleemofynam & hanc deftinationem laudavit filia fua , uxor Rodulfi de Fulciniaco , & uxor fua nomine Audifia , & Dominus Raymundus Berengarius frater fuus , (*c'étoit fon beaufrere*) & omnes quibus pertinebat hæc laudatio. Factum eft hoc in præfentia Domni Petri de Gletens , & Aymonis Prioris Clauftralis , & omnium Monachorum , Joannis , Ricardi , Poncii Rufi , Hugonis Converfi , Antelmi de Montereculato. Teftes funt Milites hujus Villæ , Wigo & Guigo de Caftellonovo , Giroldus de Lanciaco , Odo Otmarus , Joannes Mufica qui tunc erat Capellanus , Hugo Atenulfus , Willelmus de Verfatorio , Petrus Socus.

Voicy une autre Charte tirée d'un ancien Cartulaire de Monfieur Chorier , qui nous apprend beaucoup de chofes curieufes touchant le Dauphiné , dans laquelle le mot de *Condamina* , fe trouve réiteré en divers endroits.

NOtum fit omnibus fidelibus filiis Gratianopolitanæ Ecclefiæ , quod poft deftructionem Paganorum Ifarnus Epifcopus ædificavit Ecclefiam Gratianopolitanam , & ideò quia paucos invenit habitatores in prædicto Epifcopatu collegit Nobiles , mediocres & pauperes ex longinquis terris ; de quibus hominibus confolata effet Gratianopolitana terra , deditque prædictus Epifcopus illis hominibus Caftra ad habitandum , & terras ad laborandum. In quorum Caftra five in terras Epifcopus jamdictus retinuit dominationem & fervitia ficut utrifque partibus placuit. Habuit autem prædictus Epifcopus & fucceffor ejus Humbertus prædictum Epifcopatum , ficut proprius Epifcopus debet habere propriam terram quam abftraxerat à gente Pagana. Nam generatio Comitum iftorum qui modo regnant per Epifcopatum Gratianopolitanum nullus inventus fuit in diebus fuis , fcilicet in diebus Ifarni Epifcopi , qui Comes vocaretur , fed totum Epifcopatum fine calumnia prædictorum Comitum prædictus Epifcopus in pace per Alodium poffidebat , excepto hoc quod ipfe dederat ex fua fpontanea voluntate. Poft iftum verò Epifcopum fucceffit ei Humbertus Epifcopus in Gratianopolitanam Ecclefiam , & habuit prædicta omnia in pace. Poft Epifco-

Ifarnus Evêque de Grenoble vivoit l'an 906.

V ij

pum autem Humbertum fuit Epifcopus Mallenus prædictæ Ecclefiæ Gratianopolitanæ in cujus diebus Guiguo vetus pater Guigonis Craffi injuftè cœpit poffidere ea quæ modo habent Comites in Gratianopoli , fivè in terris Epifcopatus, fivè in fervitia terrarum prædictarum , fivè in pluribus Ecclefiis , fivè in
CONDAMINIS , fivè in hortis , & ut ita dicam , ex toto
Epifcopatu Gratianopolitano Epifcopus Gratianopolitanus non
habet unum manfum ad fuum dominium. Et ficut fecit prædictus Comes de Ecclefia Gratianopolitana , ita exhæredavit &
expoliavit Ecclefiam Sancti Donati de CONDAMINIS fcilicet , fivè de manfis atque de Villa. De CONDAMINIS
quarum fuperiùs fecimus mentionem , dùm communiter labo-
rabant eas homines Epifcopi atque Comitis , fæpè contentio
exorta eft inter eos. Et ut audivit prædictus Epifcopus quod
pars illius malè & fraudulenter tractaretur ab hominibus Comitis , proclamationem fecerunt homines Epifcopi , & Epifcopus
Hugo , quem divina clementia eum præfecerunt in illis diebus
fuper Gratianopolitanam Ecclefiam Guigoni Comiti filio Guigonis Craffi. Tandem acceperunt confilium Epifcopus Hugo &
Comes Guigo , ut CONDAMINÆ dividerentur , mifit-
que Epifcopus homines fuos per divifionem CONDAMINA-
RUM , & illos quos ipfi in hac divifione vocarent. Mifit
autem Guigonem Converfum & Willelmum Cellerarium fuum ,
& Adonem de Bocoiron Miniftralem fuum ; Et ipfi tres voca-
verunt Humbertum Lovetum filium Adoni de Bocoiron , &
alios amicos quos fecerunt venire , ad dividendum vocave-
runt. Et Comes mifit homines fuos , fcilicet Joannem de Podio , & Benedictum Botelarium fuum fivè Militem fuum , &
Petrum Chalnefium Miniftralem fuum , & Bernardum Retro-
gardam fuam de Gratianopoli , id eft , Bernardum Ruferium.
Et ifti prædicti homines fecerunt venire Gualterium Baban &
Ricardum de Monteyffut : Et fecerunt Guigoni Converfo in
primis dividere duas CONDAMINAS quæ funt juxta Ecclefiam Sancti Victoris de Mejolan , ipfi Guigoni fecerunt dividere & fociis fuis. Et divifit eis Guigo & focii fui prædicti illam peciam de terra quæ eft fuprà viam quæ pergit ad Bi-
veum , & eft fuprà CONDAMINAM Comitis : & divifit
eis omnes hortos ficut exit aqua de puteo , & fluit ufque ad
Charatum , & ufque ad Cœmeterium prædictæ Ecclefiæ. Et
fic dividit hortus Bernardi Efpeliti qui eft Comitis. Et has
prædictas portiones , videlicet terram quam diximus fuprà viam

quæ pergit ad Biveu, & hortos ficut eos prænotavimus ufque
ad Cæmeterium mifit Guigo Converfus & focii fui cum
CONDAMINA quæ eft verfus Bocoironem, fivè contra
occafum folis. Et fic exit via de Villa Meyolanis inter duas
Condaminas, fcilicet iftarum duarum Condaminarum quæ in
hac fcriptione dividuntur, & per medium creftum, & tendit
ufque ad unam arborem quæ vocatur alba fpina, & defcendit
in ftratam publicam, quæ ftrata pergit verfus Romam, & ad
Sanctum-Jacobum. Inde funt præfixi termini. Deinde Guigo
Converfus dixit hominibus Comitis, ut eligerent partem meliorem ex duabus Condaminis divifis quam vellent accipere.
Ipfi verò, fcilicet homines Comitis acceperunt Condaminam
integram verfus aquilonem, fivè contra Ecclefiam de Biveu.
Poftea homines prædicti Comitis diviferunt alias duas Condaminas, illam fcilicet de ulmo, & illam Condaminam quæ eft
ad Corbonan, quæ funt in Parochia Sancti Himerii. Habet verò Epifcopus illam Condaminam de ulmo; Comes autem illam
de Corbonan. Pofteà Epifcopus & Comes iftam divifionem
firmiter tenuerunt.

Ce n'eft pas en Dauphiné feulement que ce mot a été ufité. Je
le trouve dans une Charte d'Hugues I. Archevêque de Bezançon, fils
d'Humbert & d'Hermenburge Seigneur & Dame de Salins, lequel
Hugues fut facré Archevêque l'an 1031. & tint le Siége l'efpace de
40. ans. Cette Charte qui eft rapportée au long dans les preuves de
l'Hiftoire de l'Abbaye de Tournu page 354. porte que cet Archevêque avoit donné entr'autres chofes à l'Eglife de Bezançon qu'il avoit
fait rebâtir, *campum unum indominicatum*, *quem vulgari lingua Condami-*
nam vocant, *undique monte*, *fluminèque circumfeptum.*

DEVESIUM fignifie un lieu défenfable, par exemple un bois
où il n'eft permis qu'au Proprietaire de mener paître le Bétail, ny de
bucherer. Ce mot fe trouve dans plufieurs Titres, & entr'autres
dans une Charte de l'an 1245. par laquelle Raymond Berenger Seigneur indépendant de Beauvoir en Royans, donne au Prieur & aux
Religieux de Saint Roman de Beauvoir la faculté de bucherer dans fes
Forêts, à la referve de fon bois appellé *Devefium*. J'ay rapporté au
long cette Charte à la fuite du Chapitre 59. Je ne fçay fi ce mot ne
vient point du Latin *Devium.*

DESHOMINAMENTUM n'eft autre chofe que la fucceoffin
des gens de Mainmorte dévoluë au Seigneur, quand ils décedoient
fans Hoirs de leurs corps, comme j'ay déja remarqué incidemment
au chap. 32. Jean Berenger fils de Pierre Seigneur de Morges confirma par fon Teftament du 4. Avril 1361. la remife qu'il avoit faite de

ce droit à ſes hommes de Morges, de Puiboſon & de Pipet. *Item*, dit-il, *reductus ad memoriam idem Dominus Teſtator ſe olim vendidiſſe & remiſiſſe omnibus ſuis Mandamentorum Morgiarum, Podii Boſonis & Pipeti DESHOMINAMENTA quæcumque quæ percipiebat & percipere conſuevérat ab eiſdem, ipſam venditionem & remiſſionem, & contenta in eadem laudavit, & approbavit & de novo confirmavit & valere voluit perpetuò omni impedimento ceſſante, & ſi aliquid in contrarium ſe feciſſe reperiebatur, illud ſe feciſſe pænitet, & illud revocat & emendare præcipit ad ordinationem executorum ſui Teſtamenti ſubſcriptorum, & ipſa DESHOMINAMENTA quæcumque quæ percipere conſuevit in dicti Caſtris ſuis, & in tota Terra Triviarum, aut alibi ubicumque tam ab antiqua conſuetudine, quam aliter quovis modo eiſdem hominibus ſuis remiſit pariter & quittavit, & ipſos homines ſuos à dictis DESHOMINAMENTIS eſſe voluit quittos & immunes, prout prædictæ quittationes & remiſſiones inſtrumentis publicis reperientur.*

FILIATICUM. Les Evêques du temps de nos Ancêtres voulans attacher quelqu'un aux interêts de l'Evêché, avoient accoûtumé de lui octroyer des Lettres par leſquelles ils le rendoient participant des Prieres & des ſuffrages de leur Egliſe, & même de le gratifier de quelque portion de leur temporel, laquelle ils tenoient d'eux en Fief, ce qui s'appelloit FILIATICUM, comme étant une eſpece d'adoption Spirituelle, differente de la défenſe & de la protection à laquelle les Vidames & Avoüés ſont obligés à cauſe des bienfaits conſiderables qu'ils ont reçûs de l'Egliſe dont ils ſe qualifioient les Défenſeurs; (*defenſores, Advocatos, Mandeburdes*) En voicy un exemple tiré d'un Cartulaire de l'Evêché de Grenoble.

Feudus Aynardi de Domina fratris Poncii qui fuerunt filii Aynardi, qui Aynardus fuit filius Radulfi eſt talis. Habeo ego Aynardus per Epiſcopum Gratianopolitanum Leges & Batalas de Cocha quæ vocatur de Tehez uſque ad aquam quæ vocatur Domina: Et habeo duos manſos quos dedit Epiſcopus Iſarnus Radulfo avo meo pro FILIATICO: Unus de prædictis manſis eſt in Parochia de Tehez, in loco qui vocatur ad Coyetum, in quo manſo fundatum eſt Caſtrum de Tehez: Et alius manſus eſt in Parochia de Tencinis, qui manſus vocatur, manſus del Chapus, & tenet illum Petrus Bruno: Et habeo duos campos optimos in Parochia de Tehez: Et habeo Cœmeterium de Tencinis: Et habeo decimam quam Dalmatius de Brinino habuit pro Guiguone Abbate: Et eſt illa Decima in Frodias & in Monte Reculato, ſivè in Monte Aymone: Et habeo Villam de Maurianeta totam, & terram quæ vocatur Volta, quæ eſt juxta Iſaram quantum debet eſſe de prædicta Villa, ſivè de ipſa Parochia, excepto ſervitia Epiſcopalia de tribus Cabanariis quæ ſunt in eadem Parochia, de quibus prædictis Cabanariis

ego Aynardus habeo dominicaturam, servitium verò Episcopi
habent Seniores de Torone pro Episcopo Gratianopolitano. Et
habeo unum mansum in eadem Parochia qui fuit de Stephano,
& est in prata, sivè juxta mareschiam, & tenet eam Alois de
Domina sivè filii sui, qui mansus fuit de donatione de Alode
de Lanceu pro censu quem facimus, sivè pro cereo quem offe-
rimus in Festivitate S. Vincentii : Et molendina omnia quæ
sunt in aqua quæ vocatur Vorz, & in aqua quæ vocatur Bri-
nosch, in quibus aquis accipio de Placitamento in unumquod-
que molendinum quando ædificatur quinque solidos, & in bat-
toriam similiter quando ædificatur duos solidos & dimidium :
Et habeo unam portionem Decimæ de aqua quæ vocatur Jeira
usque ad flumen quod dicitur Dravus, videlicet illam decimam
quam habuit Guigo Malus Clericellus pro Mantelmo de Chatonay : Et habeo quartam partem de Alpatico de aqua quæ
vocatur Vorz usque ad Cocham de Tehez, & usque ad altio-
ra loca montium, sicut prædicti termini sunt præfixi, sicut
montes respiciunt & descendunt contra nos : Et habeo unum
campum in Aulane qui vocatur Pratum Aynardi : Et habeo
domum unam in Gratianopoli, ubi stetit Gualterius Chalnesius
Canonicus de Gratianopoli. Sicut enim supra scriptum est,
ita mihi nominavit & dixit idem Aynardus prædictum feudum Episcopi in domo Acelini de Vorz, & neque auxi neque minui, ut credo, unum verbum, quia in tabulis cum
graphio scripsi ante eum præfixum feudum.

GUIDAGIUM veut dire la même chose que Sauvegarde ou
Saufconduit : En effet ces deux mots *Guidagium & Conductus* se trouvent presque toûjours employés conjointement. Un Concile de Narbonne se sert du même mot pour une Patente de conduire. Même
le droit qui se payoit pour cela s'apelloit *Guidagium*, comme il se
voit dans une Epître Decretale du Pape Innocent III. au Comte de
Toulose *cap. super quibusdam. Ext. de verb. signif. Praeterea*, dit-il, *cum
pedagia, guidagia, salinaria tibi Legatus interdixerit memoratus, authoritate
Apostolica duximus memorandum, illa esse Pedagia, Salinaria, Guidagia interdicta, quae non apparent Imperatorum, vel Lateranensis Concilii largione
concessa, vel ex antiqua consuetudine à tempore cujus non extat memoria in-
troducta.* Monsieur d'Hauteserre homme d'un rare sçavoir le définit
ainsi. *Guidagium vectigalis genus est pro securitate viarum asserenda.* C'est
en son Traité *de Ducibus & Comitibus Provincialibus Galliæ lib. 2. capit.*
16. Ce mot est fréquent dans les Titres de Dauphiné.

Je me contenteray d'en rapporter un que j'ay tiré d'un Registre de la
Chambre des Comptes intitulé *Tertius Liber copiarum Graisivodani fol. 39.*

NOs Beatrix Viennæ & Albonis Comitiffa & domina Fucigniaci notum facimus univerfis præfentes Litteras infpecturis, quod nos recepimus in noftra garda, Guidagio &
conductu ad inftantiam dominæ Riffent Abbatiffæ de Aiis
(*c'eft l'Abbaye des Ayes à trois lieües de Grenoble, en la Vallée de
Graifivodan*) domum de Aiis, grangias, familias & poffeffiones,
homines, bona mobilia & immobilia, ac jura omnia ejufdem domus ubicumque fint, & reperiri poffint, & quocumque nomine
cenfeantur per totam Terram noftram, diftrictum & poffe noftrum
& amicorum noftrorum eundo, morando, & redeundo, mandantes & præcipientes Caftellano noftro Gratianopolis, & omnibus
aliis Caftellanis noftris Terræ noftræ & filiorum noftrorum qui fuerint pro futuris temporibus Caftellani, quatenus dictam domum
de Aiis, grangias, homines, poffeffiones, bona mobilia & immobilia, atque jura omnia ejufdem domus ubicumque fint &
reperiri poffint per Terram noftram totam falvent, gardent,
defendant & manuteneant ab omnibus tanquam nos fpecialiter
atque noftra : Et fi ad deliberationem rerum & hominum ipfius domus alicubi impeditæ fuerint vel retentæ, interdant ad
requifitionem ipfius Abbatiffæ vel nuncii ejus efficaciter & in-
tentè juftitia miniftrante. Si quis verò temerarius violator gardam noftram hujufmodi præfumpferit violare, iram & indi-
gnationem noftram fe noverit incurfurum, & illud proindè
vindicaremus ac fi nobis vel rebus noftris factum effet, vel illa-
tum. Pro qua quidem gardia confitemur & recognofcimus nos
à dicta Abbatiffa decem libras bonorum Viennenfium accepiffe :
Et debet nobis dare fingulis annis in nundinis Gratianopolis
quatuor obolos aureos. In cujus rei teftimonium præfentes
Litteras dedimus dictæ Abbatiffæ Sigilli noftri munimine robo-
ratas. Datum Gratianopoli III. Idus Maii Anno Domini
M. CC. LXX.

HABERE LEGES ET BATALAS, C'eft avoir la Juftice Civile
& Criminelle, c'eft-à-dire, Juftice haute, moyenne & baffe. L'Acte que
j'ay rapporté fous le mot *filiaticum*, ufe de ces termes dans ce fens-là.

MAIERIÆ. C'eft un bois deftiné aux clôtures ou à faire d'é-
challas pour les Vignes. Les libertez concedées aux Habitans de Moirans par Berlion de Moirans leur Seigneur de l'an M. C. LXIV.
*Si quis vinearum, hortorum, vel alterius loci fructus vel MAIERIÆ, vel
claufuram, vel tectum domus furatus fuerit, Domino & Vicario tres folidos
dabit, & tres denarios illi qui indicaverit, quos fi folvere nequiverit, nudus
amiffis veftibus de Villa pelletur.* La Coûtume de Bourbonnois ufe du
même mot en l'art. 284. *Autre chofe eft des fruits naturels, comme noix,*

foix , mayeres , pommes , poires & autres semblables ; car ils ne sont reputes meubles , jusques après , qu'ils sont separés des fonds & cuëillis. Ce terme est tiré du Latin *materia*, qu'Ulpian distingue de *lignum* , en la Loy 55. *D. de leg. Ligni appellatio nomen generale est , sed sic separatur , ut sit aliquid materia, aliquid lignum. Materia est quæ ad ædificandum, sulciendum necessaria est , lignum quidquid comburendi causa paratum est.* Le même en la Loy 12. *D. de usufructu: Arboribus evulsis , vel vi ventorum dejectis usque ad usum suum , & Villæ posse usufructuarium ferre Labeo ait , nec materia eum pro ligno usurum , si habeat unde utatur ligno.*

MAGNERIUS. C'est un Sergent , comme nous l'apprenons de l'art. 6. des Libertez Delphinales. *Item voluit , ordinavit , & declaravit ipse Dominus Delphinus numerum Magneriorum seu Servientium Curiæ in quibuscumque Curiis , Castris & Terris ipsius Domini Delphini & successorum suorum moderari , & moderatum teneri secundùm quod ipse Dominus Delphinus aliàs in suis Statutis & Ordinationibus ordinavit , ne propter multitudinem ipsorum Magneriorum graventur nimis subditi Delphinatus.* Et de l'art. suivant. *Item quod Magnerii vel alii Officiales Delphinales in domibus Baronum vel aliorum Nobilium Delphinatus , seu aliarum Terrarum suarum pignorare non possint , nec debeant infrà domos ipsas quandiu pignora sufficientia ipsorum pignorandorum extra domos eorum poterunt reperiri ad evitandum scandala quæ indè possent forsitan evenire.*

MELIORAMENTUM a deux significations selon la nature des Contracts où il est employé. Le plus souvent c'est un Synonime avec celui d'Emphyteose ; mais nos Ancêtres s'en servoient aussi pour signifier l'augment donné par le mary à sa femme. Ainsi je trouve dans mes Archives qu'Humbert de Salvaing fils de Guiffrey Chevalier , par son Testament du mois de Novemb. 1267. use de ce mot au même sens. *Item , dit-il , voluit & ordinavit prædictus Humbertus in ista ultima voluntate sua , quod Alasia dilecta uxor sua haberet tale domum quod prædictus Humbertus eidem Alasiæ quondam fecerat XXX. librarum Viennensium pro melioramento.*

PARATA. Ce mot est assez connu de ceux qui ont lû les Formules de Marculfe avec les Notes excellentes de M. Bignon pag. 445. Il signifie les Vivres qui étoient fournis en espece *Missis & Legatis Principis , Ducibus , Comitibus & eorum Ministris , quibus viaticum pro uniuscujusque dignitate præstabatur*, comme *mansio & mansionaticum* signifie le logement , de sorte que *mansio & parata* se trouvent presque toûjours employés conjointement dans la Patente qui s'appelloit *Tractoria*. La fourniture des Etappes qui se fait aux gens de Guerre par les ordres du Roy est proprement ce que les Chartes anciennes appellent *parata, quasi cœna parata*. S. Hugues Evêque de Grenoble s'étoit reservé le même droit sur quelques Eglises de son Diocese , mais il le convertit en argent , comme justifie la Charte suivante de l'an 1110. que j'ay tirée du tresor de l'Evêché.

EGo Hugo Gratianopolitanus Episcopus rogatu Canonicorum nostrorum concessi Abbati Bosoni Sanctæ Mariæ Crudatensis (c'est Cruas en Vivarais)

& succefloribus suis tres Ecclesias, videlicet Ecclesiam de Cantessa (Chantesse)
cum Parochia sua, & Ecclesiam de Volvredo (Vourey) quæ est juxta Toli-
num cum Parochia sua, & Ecclesiam de Chapeïa (S. Jean de Chepie) cum
Parochia sua : in quibus Ecclesiis retineo mihi succefloribusque meis annuum censum : In Ecclesia de Chantessa duos solidos de censu, & sex denarios de parata ; & in Ecclesia de Volvredo duos solidos de censu, & duodecim denarios de
parata, & in Ecclesia de Chapeïa duodecim denarios de censu, & sex denarios de parata.   Et de hoc censu debent respondere Monachi Ecclesiæ nostræ de
Moirenco, ita ut faciant illum reddere per omne tempus, id est, per unum-
quemque annum.   Et prædictus Abbas Boso definivit mihi Ecclesias de Pollinavo (c'est Pollenas) cum Parochia sua, & succefloribus meis, & promisit
antè nos ut neque ipse Abbas, neque ullus homo per eum ampliùs de Ecclesiis de
Pollinavo non se intromittant, sicut ego Episcopus meliùs intellexi ad utilitatem
meam & succefforum meorum, sine aliqua retentione prædicti Abbatis & succefforum suorum : Nam prædictas Ecclesias de Pollinavo quidam Prior de Moirenco nomine Ardencus simoniacè eas acquisivit, tandiù calumniam super eum
intuli, scilicet excommunicando & ab Ecclesia expellendo donec spontè & pecca-
tum suum cognoscendo in manu nostra prædictas Ecclesias de Pollinavo & totam Parochiam dimisit, sicut meliùs intellexi ad utilitatem meam & succefforum
rum meorum.   Facta est hac donatio de tribus prædictis Ecclesiis, scilicet de
Chantessa, ac de Volvredo, atque de Chapeïa, & definitio de Ecclesiis Polli-
navi IV. Nonas Novembris. Anno incarnationis Dominicæ M. C. X. Anno
Pontificatûs Domini Hugonis Episcopi XXX. S. Rostagni, Guigonis de Laus,
Odolrici, Guigonis Decani, Fulconis, Alberti, Aynardi Canonicorum Gratianopolitanæ Ecclesiæ. S. Radulfi de Lair & Guillelmi de Caffanatico, Odonis in-
fertoris dapium sive Senescalci. Amatus scripsit.

DATIO AD MEDIUM PLANTUM. C'est un Bail de quel-
que fonds sterile & inculte que le preneur s'obligeoit de cultiver à la
charge d'en rendre la moitié au Bailleur dans 5. années, l'autre moitié lui demeurant acquise incommutablement, sauf la préférence au
Bailleur & à ses Succefleurs en cas de vente. J'en rapporteray deux
Titres : l'un d'Isarnus Evêque de Grenoble qui vivoit l'an 960. lequel
en donne l'intelligence ; l'autre d'environ   qui en attribuë
l'usage aux François & aux Bourguignons. *More Galliarum*, *more Burgundionum*.   Ce qui s'appelle en nôtre langue Bail à complant, qui
s'entend communément des Vignes, pour raison dequoy les ventes.
font düës par la Coûtume d'Anjou art. 160. & par celle du Maine
art. 177. en ces termes. *Et pareillement y a ventes en terre baillée à com-*
plant pour planter en Vigne, & s'en doivent payer les ventes incontinent après
le terme du complant fini, à la raison de la valeur, à une fois payer des choses
qui demeurent à celui qui les a complantées, eu égard au temps du Contract de
la baillée à complant. Et semblablement y a retraut aux lignagers du Bailleur,
jusques au dedans de l'an & jour dudit complant fini, en payant les coûts &
mises raisonnables d'icelui complant. Et s'entend ledit complant fini, quand le
terme du Contract & Marché est parachevé & accompli.   Néanmoins il a
été jugé par deux Arrêts du Parlement de Toulouse, qu'en considera-

tion de l'utilité publique qui se rencontre en la culture des Fonds inutiles & infructueux, il n'est point dû de Lods & Ventes au Seigneur d'un Bail à complant. La Coûtume de Nivernois art. 353. au lieu du mot de complant, use de celui de *Carpot*. L'on ne peut appliquer *terres baillées à parciere, & vignes à carpot, à autres usages qu'elles ont été baillées, n'en icelles construire & bâtir aucun Edifice sans le vouloir & congé du Seigneur, à qui la parciere ou carpot appartient, sur peine d'amende & des interêts envers le Seigneur dudit héritage.* Je ne sçay si ce mot *Carpot*, ne vient point du Grec καρπος, puisque le Colon partiaire est appellé par Harmenopulus liv. 3. tit. 8. καρπουςμεριζομενος qui partage les fruits. Loyseau liv. 1. de la distinction des rentes lui donne une autre étimologie. Voicy les Titres dont j'ay fait mention.

IN nomine Domini nostri JESU-CHRISTI. ISARNUS Gratianopolitanensis Sedis Episcopus. *Quandoquidem Adalbertus & soror sua Guittrud nostram expetierunt Paternitatem, quòd & fecerunt, & siquidem petierunt à nobis campum* ad medium plantum : *Et ipse campus est in Comitatu Gratianopolitano in agro Taulianensi* (c'est Tulin) *in Villa similiter, & habet fines & terminationes de uno verò latere Fura aqua voluente, de secundo sylva quæ nominatur Suisey, quantum ædificare potuerint, usque ad annos quinque possideant, ædificent & plantent, & faciant de una medietate quod voluerint post quinque annos, alia verò medietas ad potestatem S. Mariæ & S. Vincentii revertatur : Nec vendere, nec alienare præsumant, nisi successoribus S. Mariæ & & S. Vincentii : Quod si emere noluerint, faciant quod voluerint, hoc est vendendi, habendi, donandi, seu liceat commutandi. Si quis, ego ipse aut Canonici nostri contradicere voluerint, non hoc vindicent, sed componant nobis tantum, & aliud tantum quantum* medius plantus *valere potuerit, & in antea firma & stabilis permaneat cum stipulatione subnixa. Signum Isarni Episcopi qui fieri jussit & firmare in præsentia rogavit. S. Ramoni Præpositi. S. Silvionis Levitæ. S. Ritorii. S. Danielis Capellani S. Vincentii. S. Alberici Sacerdotis. S. Theodorici Sacerd. S. Alterius Theodorici Sacerd. S. Esperantii Sacerd. S. Guitfredi Sacerd. S. Silvionis Sacerd. Datavit Jordanus Presbiter in die Feria* III. *Anno* XXXI. *regnante* Gondrado *Rege.*

In CHRISTI *nomine notum esse volumus quod laboratores quidam Eldradus cum infantibus suis, & Adalgis & Durandus & Guionis venientes postulaverunt domnum* HOTDONUM *Episcopum ut aliquid terræ ex ratione S. Andreæ, quam per precariæ largitatem acquisivimus sibi, uxoribus, & hæredibus eorum traderet* ad medium plantum *secundum* GALLIARUM MOREM, *quod & fecit. Prædicta tepis sita est in Pago Gratianopolitano, in agro Salmor jacense, in Villa Cotoniaco* (c'est Chatonay près de la Côte S. André) *& cingitur undique ex eadem arva. Hanc diffinitionem prædictus Episcopus prælibatis viris tradidit* MORE BURGUNDIONUM *ad* medium plantum. *Si quis verò Chartulam hanc corrumpere tentaverit, non valeat vindicare quod repetit, sed cui rixam moverit argenti libras persolvat septem, sicque hæc inde scriptura jugiter vigeat, cum stipulatione subnixa in posterum. Signum domni Hotdoni Episcopi. S. Humberti Comitis & uxoris suæ.* (c'est Humbert surnommé aux blanches mains Comte de Mauriene) *S. Burcardi. S. Gota-*

*fredi, & alius Gotafredi. S. Anneoni. S. Anfierii. S. Arderii. Actum apud Caf-
trum Bociffello per manum Conftantini Presbyteri. Feria VI. IV. nonas Aprilis.
Anno X. regnante Radulpho Rege.*

POIPIA. C'eſt un Terroir à Bruïere ou à Broſſaille, & parce que quelques Maiſons fortes y ont été bâties, elles ont donné le nom à deux familles nobles de Dauphiné, l'une en Viennois qui ſubſiſte encore en la perſonne des Seigneurs de Serrieres, de Vertrieu & de S. Julien, l'autre en
Graiſivodan qui eſt éteinte dépuis quelques Siécles, laquelle donna conjointement avec Guigues Comte d'Albon à l'Abbaye de Tamiers en Savoye, tout ce qu'ils avoient en la Terre de Filgere au Mandement
d'Avalon, par Acte de l'an 1132. qui s'eſt conſervé dans un Regiſtre
de la Chambre des Comptes de Grenoble intitulé *Liber copiarum civita-
tem Gratianopolim tangentium; fol. 153.* L'Acte eſt en ces termes.

*Anno Domini M. C. XXXII. Guigo Comes de Albione, & quædam tribus vel
familia quæ cognominatur de Popia, videlicet Otmarius, Willelmus, Roſtagnus &
Deſiderius fratres dederunt pro ſalute animarum ſuarum & parentum ſuorum jure
perpetuo ſine omni exceptione S. Mariæ Stamedei titulo donationis factæ Abbati, &
fratribus ejus ibidem habitantibus quidquid habebant in terra quæ vocatur de Filge-
riis. De dono Comitis ſunt teſtes Abbas Bonæ vallis, Amedeus de Altaripa, Boſo &
Otmarus frater ejus, Willelmus Romeſtanni & Deſiderius frater ejus de Popia, &c.*

Guichenon dans ſon Hiſtoire de Breſſe part. 3. pag. 321. fait mention de ce Titre, mais au lieu de *S. Mariæ Stamedei*, il a mis *domui Bonæ
vallis,* contre la verité du Titre.

STARRUM. J'eſtime que ce mot ſignifie la même choſe que Maiſon
ou Manoir. Du moins je le conjecture ainſi d'un Titre de l'an 1215. où il
ſemble qu'il eſt employé dans ce ſens là. *In nomine Domini noſtri Jeſu-Chriſti.
Anno Incarnationis ejuſdem 1211. 4. Kal. Auguſti. Controverſia vertebatur inter
Armandum de Autana & Peleſtortum de Bordelf generum ſuum ex una parte
nomine ſuo & coadjutorum ſuorum litigantes, & inter Roſtagnum de Autana, &
Rollandum & Ripertum fratres ſimiliter nomine ſuo, & coadjutorum ſuorum litigantes ſuper captionibus & injuriis, & ædificiorum deſtructionibus, rapinis,
damnis datis, homicidiis, & omnibus aliis maleficiis de quibus ad invicem prædictæ partes agebant, vel agere poſſent, in manu Domini Dragoneti & Raymundi
de Medullione, quos communes amicos & Arbitros partes ſupra ſcriptæ ſub Sacramento corporaliter præſtito ſub pœna decem millium ſolidorum Viennenſium elege-
runt, & in eos compromiſerunt, prædictis Arbitris ab utraque parte per ſtipula-
tionem ſub obligatione omnium bonorum ſuorum promiſſa & pœna etiam commiſ-
ſa mandatum prædictorum nihilominus debuit obſervari. Dicebant ſiquidem Roſtagnus de Autana, & Rollandus & Ripertus fratres ſui, quod Armandus &
Peleſtortus prædicti prædictum Roſtagnum ceperant, & quod STARRA ipſorum
& hominum ſuorum deſtruxerant, & eos inde expulerant, & quæ quoſdam de hominibus ſuis ipſi vel coadjutores ſui interfecerunt, & quod multa bona ſua & hominum eis rapuerant & abſtulerant, & quod multa alia damna eis intulerant,
& quod pacem & compoſitionem quam ſimiliter cum eis fecerant eis fregerant. E
contra prædicti Armandus & Peleſtortus quædam de prædictis confitebantur, &
quædam negabant, & in ſuper allegabant quod prædictus Roſtagnus prædictum
Armandum ceperat, & eum de STARRI ſuo expulerat, &c.* TABLE

EDIT DU ROY.

Sur l'aliénation de son Domaine en sa Province de Dauphiné.

LOUIS par la Grace de Dieu , Roy de France & de Navarre , Dauphin de Viennois , Comte de Valentinois & Dyois. A tous presens & avenir : SALUT. Chacun sçait que depuis nôtre avenement à la Couronne Nous avons été contrains de suporter de grandes dépenses pour suporter les factions des Ennemis de cet Etat, & comme pour y satisfaire Nous avons de tems en tems fait plusieurs allienations de nos Domaines & Revenus, & lors que Nous esperions une bonne paix , nos Voisins Etrangers, & particulierement le Roy d'Espagne jaloux de la prosperité de nos Armes, ont fait naître de nouveaux sujets qui Nous ont obligé à nôtre grand regret à la continuation de la guerre , & à l'entretenement de diverses Armées que Nous avons mises sus , tant hors nôtre Royaume que près des Places frontieres d'icelui , pour les garantir de leurs entreprises & invasions , pour la solde & entretenement desquelles Armées ne pouvant tirer aucun secours de nos Sujets à cause de leur extrême pauvreté , Nous avons fait voir à nôtre Conseil diverses propositions qui nous ont été faites pour être promptement secourus en la presente nécessité de nos affaires , entre lesquelles celle de l'alliénation de nôtre Domaine de Dauphiné a été trouvée des plus faciles & sans charge à nos Sujets : A CES CAUSES , sçavoir faisons qu'ayant mis cette affaire en déliberation en nôtre Conseil , auquel étoient nôtre très-cher frere le Duc d'Orleans , aucuns Princes de nôtre sang , Princes , Pairs , Officiers de nôtre Couronne , & autres grands & notables personnages, de l'avis de nôtre Conseil & de nôtre pleine puissance & autorité Royale & Delphinale , Nous avons par nôtre present Edit perpétuel & irrévocable , dit, déclaré & statué & ordonné, disons , statuons , déclarons & ordonnons , voulons & nous plaît, que par les Commissaires qui seront par Nous députez , il soit procedé à la vente & alliénation à faculté de rachapt perpétuel de tout le Domaine à Nous appartenant , situé en nôtre Province de Dauphiné , consistant en feux, châteaux , maisons , bâtimens, cens, rentes, seigneuries , fruits & revenus en dépendans , fiefs , arriere-fiefs, hommes vassaux, droits & devoirs Seigneuriaux , fours , moulins & pressoirs bannaux , terres , vignes , bois , forêts , parcs , garennes, prez, pâtis , isles & marais , fontaines , eaux & rivieres , lacs & étangs, montagnes , landes, bruyeres , garrigues , usages , pascages , terres cultes & incultes, vaines & vagues, seigneuries , coûtumes, courvées , lods , ventes de faux & amendes , places, foires , marché , hallage, attelage , trainages , justice haute , moyenne & basse , avec le ressort des Juges subalternes qui appartiennent ausdites terres , places de Clercs au Parlement de Dauphiné , Greffes, places de Clercs & sceaux des Baillages , Sénéchaussées & autres Jurisdictions Royales

II. Partie.   X

& Delphinales, Gabelle de Briançon & Romans, landes, péages, pon-
tonnages, bacs, paffages & traverfes qui fe levent en ladite Province,
tant par eau que par terre, & généralement toutes les parties & portions dudit Domaine, de quelque nature & condition qu'elles puiffent
être, qui appartenoient aux Dauphins, & dépendoient de ladite Province de Dauphiné, lors du tranfport & union d'icelle à nôtre Couronne; comme auffi celles qui font depuis échûës & avenuës, ou qui
ont été réünies pour quelque caufe, titre & maniere que ce puiffe être,
foit que lefdits Domaines foient à prefent en nos mains, ou qu'ils ayent
été ci-devant allienés par vente faite en vertu de nos Edits ou des Rois
nos prédéceffeurs, donations ou autrement en quelque forte & maniere que ce foit, pour en joüir par les acquereurs, leurs revenus, enfans
héritiers & ayant caufe avec les titres & qualitez defdites terres, comme de leur propre héritage, aux honneurs, prérogative, pouvoir &
faculté de nommer efdites terres & Seigneuries, les Officiers néceffaires
pour l'exercice de la Juftice, tout ainfi que les autres acquereurs poffedans terres & Seigneuries dépendans dudit Domaine dont la revente eft
ordonnée par le prefent Edit; & lors du décès d'iceux Officiers, & d'autant
que par la négligence & collufion des Tréforiers, Procureurs & Receveurs dudit Domaine, & autres nos Officiers fous la faveur des guerres
civiles & étrangeres qui ont été en ce Royaume en divers temps depuis
le tranfport & union de ladite Province à nôtre Couronne, il a été pris,
ufurpé & recellé plufieurs Juftices, fiefs, arriere-fiefs, droit de ban, re-
laiffée des eaux, ifles & iflettes, bois & aurues, terres, fermes, vaines
& incultes, châteaux, portions de Jurifdictions, prairies, confeigneu-
ries, regales & autres droits & Domaines de diverfes qualitez & nature;
Nous déclarons, voulons & nous plaît que par lefdits Commiffaires tous
les détenteurs & poffeffeurs defdits droits & Domaines ainfi ufurpez,
foient contraints comme pour nos propres deniers & affaires, à s'en
défifter & vuider leurs mains, avec telle reftitution de fruits qu'ils jugeront raifonnable, nonobftant toutes joüiffances qui en pourroient avoir
été faites par quelques laps de tems que ce foit, oppofitions ou appellations quelconques, pour être iceux Domaines vendus & allienez par
lefdits Commiffaires en la même forme & maniere que les autres Domaines dont nous fommes en paifible poffeffion; & afin que lefdits
Commiffaires puiffent plus certainement & exactement proceder à
l'exécution du prefent Edit; voulons que par ceux qui feront commis
& députez par nôtre Chambre des Comptes de Grenoble, il en foit
dreffé état au vrai dûement figné & certifié fur les comptes des Tréforiers & Receveurs dudit Domaine, & des titres, papiers & reconnoiffances, adveus & dénombremens, étans ès Archives d'icelle qui con-
tiendra par le menu les feux fur le pied defquels la Taille fe payoit anciennement, enfemble les droits & devoirs Seigneuriaux, maifons,
bâtimens, cens, rentes, fiefs, arriere-fiefs, greffe, fceaux, halles,
étaux, minages, fours, moulins, bois, forêts, terres, prés, montagnes, lacs, étangs, rivieres, ifles & iflettes, gabelle de Briançon & Ro-

mans, péages tant par eau que par terre, & autres parties & portions
dudit Domaine de quelque nature & condition qu'ils puissent être, tant
ancien qu'échû & advenu à Nous & à nos prédecesseurs, Rois Dauphins
en ladite Province, depuis le transport & union d'icelle à nôtre Couronne, soit qu'ils ayent été ci-devant allienez, pris & usurpez, ou
qu'ils soient à present en nôtre main, pour sur icelui proceder par lesdits Commissaires à ladite allienation, & en cas qu'il y ait audit état aucunes omissions, ladite Chambre sera tenuë de les faire reformer & am-
plifier si besoin est, sur les Instructions & Memoires qui lui en seront
baillez ; Permettons à tous nos Officiers de nôtre Cour de Parlement,
Chambre des Comptes, Tresoriers de France & autres nos Officiers de
Judicature & Finance de ladite Province de Dauphiné, & autres nos
Sujets, de pouvoir acquerir audit titre d'allienation à faculté de rachapt
telles Terres & Seigneuries, parts & portions dudit Domaine qu'ils désireront, nonobstant nos Ordonnances & Reglemens de ladite Province, qui leur interdisent l'acquisition dudit Domaine, de la rigueur
desquelles Nous les avons dispensé, & en tant que besoin seroit y avons
dérogé & dérogeons pour ce regard ; Permettons aussi à toutes Communautez & Gens de main morte d'acquerir dudit Domaine en l'étenduë de leurs Communautez par préference à tous autres, & à cet effet
que l'adjudication n'en pourra être faite qu'en la presence des Consuls,
ou eux dûëment appellez, & pour donner moyen ausdites Communautez de payer le prix desdites adjudications, leur sera permis d'emprunter toutes les sommes de deniers pour lesquelles lesdites adjudications auront été faites, fraix & loyaux-cousts, & d'hypotequer aux
Créanciers non-seulement les biens desdites Communautez & Particuliers d'icelles, mais aussi lesdits Domaines, dont ils se rendront adjudicataires ; & pour faciliter le payement desdites acquisitions, ou remboursement des sommes qu'ils auront empruntées à cet effet, Nous
leur permettons d'imposer & lever sur eux les sommes necessaires suivant les Ordonnances & Permissions qui leur en seront baillez par lesdits Commissaires que Nous approuvons & validons dès-à-present, dont
le Département sera fait par les Consuls, & la levée par ceux qui seront par eux commis, ou par leurs Créanciers si bon semble à iceux ;
Faisons défenses aux Elûs & Collecteurs d'en prendre aucune connoissance, à peine de dix mille livres d'amende, & de suspension de leurs
Charges ; comme aussi permettons à tous nos Sujets du Tiers-Etat contribuables aux Tailles, soit de ladite Province ou autre de ce Royaume, d'acquerir lesdits Feux, Terres, Justices, Seigneuries & Domaines, & parce qu'aucunes Communautez dépendantes dudit Domaine Delphinal, se sont rachetées des allienations ci-devant ordonnées,
& fait déclarer inallienables ; Nous ordonnons, voulons & nous plaît,
que par lesdits Commissaires soit procedé à la vente & allienation desdites Communautez, nonobstant, & sans avoir égard aux Contracts &
Lettres desdites allienations, en les remboursant des deniers entrez actuellement en nos Coffres pour lesdites allienations ; si mieux lesdites

Communautez n'aiment pour être maintenuës en la joüiſſance deſdits
Domaines payer les taxes qui ſeront moderément faites ſur eux par
leſdits Commiſſaires à leur choix & option, laquelle option ils ſeront
tenus de faire dans un mois après la ſignification qui leur ſera faite au
domicile des Conſuls ou Syndic deſdites Communautez, autrement
ou à faute par eux d'y avoir ſatisfait dans ledit tems, ils n'y ſeront plus
reçûs, & ſera paſſé outre à ladite allienation par leſdits Commiſſaires,
comme des autres Domaines de ladite Province; Voulons auſſi que
les Acquereurs deſdits Domaines ſoient tenus outre les droits qu'ils
Nous payeront, de rembourſer les anciens Acquereurs dudit Domaine à preſent allié, de la finance qu'ils auront pour ce payée en nos
Coffres ſeulement, enſemble les fraix & loyaux-couſts; ſuivant la liquidation qui en ſera faite par leſdits Commiſſaires, ſans qu'ils puiſſent
être obligez de rembourſer aucunes réparations, méliorations & dépen-
ſes que leſdits Acquereurs pourroient avoir faites, ſi elles ne ſont utiles & néceſſaires, & telles verifiées & reconnuës par leſdites Communautez, & pour ceux qui joüiſſent dudit Domaine par dons & conceſſions qui leur peuvent avoir été faites par Nous ou par nos prédécef-
ſeurs Rois Dauphins, tant du fonds, proprieté, que de l'uſufruit à titre uſager ou à quelque tems que ce ſoit, leſdits Acquereurs ne pourront être tenus de leur faire aucun rembourſement, ni recompenſe,
nonobſtant leſdites donations & conceſſions que Nous avons caſſées &
revoquées, caſſons & revoquons par le preſent Edit; Et faiſons défenſes
à toutes perſonnes de s'en ſervir ni prévaloir à l'avenir, troubler, ni
empêcher leſdits Acquereurs en la paiſible joüiſſance deſdits Domaines,
à peine de dix mille livres d'amende, reſtitution de fruits, dépens,
dommages & interêts; ſeront tenus leſdits Acquereurs à ladite faculté
de rachapt, de faire regiſtrer en nôtre Chambre des Comptes & au
Bureau des Tréſoriers de France en Dauphiné, tous les Contracts de
ladite allienation, que Nous avons dès-à-preſent validé & autoriſé,
comme s'ils avoient été paſſez en nôtredit Conſeil, enſemble les quittances de Finance qui leur ſeront délivrées par le Tréſorier de nôtre
épargne, des ſommes contenuës eſdits Contracts, pour leſquels enre-
giſtremens ſera par eux payé les ſommes qui ſeront moderément reglées
par noſdits Commiſſaires, & ne pourront leſdits Acquereurs, leurs
hoirs, ſucceſſeurs ou ayant cauſe, être dépoſſedez deſdits Domaines
qu'en les rembourſant actuellement, & à un ſeul payement, tant du
prix deſdites adjudications, que des fraix & loyaux-couſts; Faiſons défenſes à toutes perſonnes de quelque état & condition qu'ils ſoient, qui
auront pris & uſurpé les noms, titres & qualitez deſd. Feux, Terres, Juſtices & Seigneuries dépendans deſdits Domaines, de les plus prendre &
porter à l'avenir, ni troubler leſdits Acquereurs en la joüiſſance des
honneurs honorifiques, droits, prééminence, homages, vaſſelages & autres afferans & dépendans deſd. Terres & Seigneuries. Enjoignons aux Officiers de nôtredite Chambre des Comptes de délivrer aux Acquereurs des
Copies des Aveus, Dénombremens, Reconnoiſſances, Titres & Enſeig-

nemens qui feront en icelle concernant ledit Domaine dûëment collationnées, lefdits Acquereurs, leurs hoirs ou ayans caufe ne pourront
être obligez ores, ni à l'avenir de compter en la Chambre des Comptes dudit Pays, ni par état devant lefdits Tréforiers de France & ailleurs,
de la joüiffance dudit Domaine alliené, dont Nous les avons déchargé & déchargeons, & faifons très-expreffes inhibitions & défenfes aux
Gens defdits Comptes, Tréforiers de France, nos Procureurs en icelle,
Receveurs & tous autres, de les inquieter ni rechercher pour raifon de
ce, à peine de nullité, caffation de Procedures, dix mille livres d'a-
mende, & d'être tenu en leur propre & privé nom des dépens; dommages & interêts defdits Acquereurs; & d'autant que les Tréforiers
de France dudit Pays de Dauphiné, en confequence de l'Edit de l'année 1627. pourroient prétendre la connoiffance & jurifdiction du fait
dudit Domaine, & fous ce prétexte troubler lefdits Acquereurs, nonobftant que ledit Domaine ne fût plus en nôtre main, Nous faifons
très-expreffes inhibitions & défenfes aufdits Tréforiers de France & autres nos Juges de ladite Province de dorefnavant prendre aucune Cour,
Jurifdiction & connoiffance du fait dudit Domaine, ni troubler lefdits Acquereurs à peine de nullité, caffation de Procedures, dix mille
livres d'amende, & de tous dépens, dommages & interêts; Nous per-
mettrons aux Acquereurs de faire faire Papiers Terriers & Cenfiers, nos
Officiers appellez; & toutes recherches des droits dépendans defdites
Terres qui auront été pris, ufurpez, & fe trouveront injuftement tenus
& poffedez, & iceux réünis à leurfdites Terres & Seigneuries, & à cette fin Nous leurs avons cedé femblablement tous lefdits droits, noms,
raifons & actions refcindans & refcifoires, fans que les ufurpateurs, injuftes poffeffeurs & redevables, foit de droits d'ufages, paffages, pêna-
ges, pêche, chaffe & autres droits, fe puiffent fervir de poffeffions im-
mémoriales, prefcriptions de temps & autres exceptions, s'ils ne font
fondez en bons & valables titres, autres toutefois que d'Arrêts, Jugemens & Tranfactions fondez fur lefdites prefcriptions ou poffeffions fans
titres que ne voulons nuire, ni préjudicier aufdits Acquereurs; & lefquels en tant que befoin feroit, Nous avons caffé & revoqué, caffons
& revoquons par le prefent Edit; & feront lefdits Acquereurs mis en
poffeffion dudit Domaine à commencer du premier jour de Juillet prochain, lequel & toutes les Parties d'icelui, Nous avons déchargé & déchargeons des Epices que ladite Chambre des Comptes & Tréforiers
de France avoient accoûtumez prendre des états & comptes qui étoient
rendus devant eux pour raifon d'icelui; comme auffi des Gages de nos
Officiers, Penfions & Charges qui avoient accoûtumés fe prendre fur
le revenu dudit Domaine, lefquels Gages & Epices Nous voulons être
payez fur le revenu de nos Gabelles dudit Pays, & à ces fins que le
fonds en foit laiffé par chacun an en état, qui feront arrêtez en nôtre
Confeil pour la diftribution des deniers d'icelles. SI DONNONS EN
MANDEMENT à nos amez & feaux les Gens tenant nôtre Cour de
Parlement & Aydes, & Chambre des Comptes à Grenoble, que le

preſent Edit ils faſſent lire, publier & enregiſtrer, & le contenu en icelui garder & obſerver, ſans permettre qu'il y ſoit contrevenu en quelque ſorte & maniere que ce ſoit, même faire joüir les Acquereurs deſdits Domaines, leurs hoirs, ſucceſſeurs & ayans cauſe pleinement & paiſiblement, nonobſtant quelconques Edits & Ordonnances au contraire, auſquelles & aux dérogatoires des dérogatoires Nous avons dérogé & dérogeons: CAR tel eſt nôtre plaiſir. Et afin que ce ſoit choſe ferme & ſtable à toûjours, Nous avons fait mettre nôtre Scel auſdites Preſentes, ſauf en autre choſe nôtre droit & de l'autrui en toutes. Donne' à S. Germain en Laye au mois de Novembre, l'an de Grace mil ſix cens trente-ſept. Et de nôtre Regne le vingt-huit. *Signé*, LOUIS. *Et plus bas :* Par le Roy Dauphin. SUCLET. Et ſcellé en lacs de ſoye du Grand Sceau de cire verte.

EDIT DU ROY,

Portant alienation des Domaines des hautes, moyennes & baſſes Juſtices, par démembrement des Juſtices Royales; érection en Fief des Maiſons & Heritages tenus en Roture & en Franc-Aleu: Et création de Conſeillers du Roy, Inſpecteurs & Vérificateurs des Amendes dans toutes les Cours & Juriſdictions du Royaume.

LOUIS par la grace de Dieu, Roy de France & de Navarre : A tous preſens & à venir, Salut. Nous avons par nos Edits des mois de Mars 1695. & Avril 1702. & par nos Déclarations rendües en conſéquence, ordonné la vente & alienation de nos Domaines, Terres & Seigneuries, Droits & Revenus en dépendans, aux clauſes & conditions, & avec les formalitez preſcrites par leſdits Edits & Déclarations, dont Nous avons fait ſurſeoir l'exécution par les Arrêts de nôtre Conſeil des 13. Juillet 1700. & 27. Avril 1706. Mais comme la continuation de la Guerre nous engage dans des dépens inévitables, & que nous préferons toûjours les moyens de les ſoûtenir par l'alienation de nos propres Fonds & Revenus, à ceux qui peuvent être à charge à nos Sujets; Leſquels nous donnent d'ailleurs aſſez de marques de leur zéle pour le bien de nôtre Service. Nous avons reſolu de continuer pendant le cours de la preſente Guerre l'exécution deſdits Edits & Declarations, & de faire proceder à la vente & alienation de nos Domaines, avec les formalitez ordinaires & accoûtumées. A CES CAUSES, & autres à ce Nous mouvans, de nôtre certaine ſcience, pleine puiſſance & autorité Royale.

ARTICLE PREMIER.

Nous avons par le preſent Edit perpetuel & irrévocable, dit &

ordonné, difons & ordonnons, voulons & Nous plaît, que nos Edits des mois de Mars 1695. & Avril 1702. & nos Déclarations renduës en conféquence concernant la vente & alienation de nos Domaines, foient exécutez felon leur forme & teneur, & que par les Commiffaires qui feront par Nous députez, il foit inceffamment procedé avec les formalitez ordinaires & accoûtumées, conformément aufdits Edits & Declarations, à la vente & alienation des Hautes, Moyennes & Baffes Juftices des Paroiffes dépendantes des Prevôtez, Vicomtez, Châtellenies, Vigueries & autres nos Jurifdictions ordinaires, & par démembrement d'icelles, avec les Droits de Patronage, de Chaffe & de Pêche, & autres Droits Utiles & Honorifiques, tels qu'ils appartiennent aux Seigneurs Hauts-Jufticiers, fuivant les Coûtumes de Lieux, & faculté de faire adminiftrer la Juftice en leurs noms dans lefdites Parroiffes, & d'y établir à cet effet les Officiers néceffaires.

I I. Enfemble à la vente de tous les petits Domaines reftans en nos mains, des Moulins, Fours, Preffoirs, Halles, Maifons, Boutiques, Echopes, Places à étaller, Terres vaines & vagues, Communes, Landes, Brieres, Garrigues, Patis, Palus, Marais, Etangs, Bocteaux, Bacqs, Peages, Landes, Travers, Paffages, Droits de Minage, Mefurage, Aulnage, Poids, Tabellionnages, & generalement de tous les autres femblables Droits dépendans de nos Domaines, pour en joüir par ceux qui s'en rendront adjudicataires, leurs fucceffeurs, heritiers ou ayant caufe, à titre d'inféodation & de proprieté incommutable à perpetuité, fuivant & conformément à nofdits Edits des mois de Mars 1695. & Avril 1702. & ainfi qu'il eft plus au long porté par iceux, & par les Déclarations & Arrêts de nôtre Confeil rendus en conféquence.

I I I. Voulons en outre que par lefdits Commiffaires il foit procedé avec les mêmes formalitez, à la vente & engagement à faculté de rachat perpetuel, des Terres & Seigneuries de nôtre Domaine, avec toutes leurs mouvances, appartenances & dépendances, tant en Terres, Prez, Bois, Maifons, & autres Biens & Revenus fixes, & Droits utiles, qu'en Droits Seigneuriaux & Honorifiques, de Cens, Rentes, Lods & Ventes, Droits d'Echanges, où ils n'auront été vendus, Reliefs, Rachats, Quints & Requints, Ventes & Treiziémes, & autres Fonds & Droits generalement quelconques, dépendans defdites Terres & Seigneuries, à l'exception feulement des Bois de haute-futaye, ou de ceux mis en referve pour recroître en futaye, de l'état defquels il fera fait des Procès verbaux exacts par les Grands Maîtres de nos Eaux & Forêts, conformément à nôtredit Edit du mois de Mars 1695. A l'exception auffi des Hommages de nos Vaffaux, lefquels Nous nous refervons pour Nous être rendus aux Bureaux de nos Finances, ou en nos Chambres des Comptes en la maniere accoûtumée, & des Domaines & Droits Domaniaux qui Nous appartiennent en paréage avec des Ecclefiaftiques, pour par lefdits Acquereurs, leurs fucceffeurs, heritiers ou ayant caufe, joüir defdites Terres & Seigneuries : Enfemble de la nomination aux Offices de Justices d'icelles, du Prest & Annuel des Officiers, Droits de Resignation & Vacans, conformément aux Reglemens de nos Revenus Casuels ; Et en outre des Amendes, Confiscations & autres profits desdites Justices, aux charges, clauses & conditions, & ainsi qu'il est plus au long porté tant par nôtredit Edit du mois de Mars 1695. que par nôtre Déclaration du 4. Septembre 1696. renduë en conséquence.

IV. Voulons pareillement que par les mêmes Commissaires il soit procedé à la revente audit Titre d'Engagement & faculté de rachat perpetuel, de tous nos Domaines, Terres & Seigneuries qui sont actuellement engagez à quelques personnes que ce soit, pour en joüir par les nouveaux acquereurs aux mêmes conditions que dessus, à la charge par Nous de pourvoir ainsi qu'il appartiendra au remboursement des anciens Engagistes suivant les liquidations qui seront faites de leurs Finances par nosdits Commissaires.

V. Et pour d'autant mieux assurer l'état, tant de ceux qui possedent actuellement desdites Terres, Domaines & Seigneuries à Titre d'engagement & faculté de rachat perpetuel, que de ceux qui s'en rendront adjudicataires audit Titre en vertu de nôtre present Edit, & leur donner moyen d'y faire des établissemens plus solides, ou d'ameliorer & augmenter ceux qu'ils y ont faits depuis qu'ils en sont en possession, Nous avons renoncé & renonçons par le present Edit tant pour Nous que pour nos successeurs Rois, au droit & en faculté de rentrer dans lesdits Domaines, Terres & Seigneuries, pour le nombre de trente années, pendant lequel tems Nous ne pourrons ni nos successeurs Rois déposseder ceux qui s'en rendront adjudicataires en vertu du present Edit, ni leurs successeurs, heritiers ou ayant cause, sous quelque prétexte & pour quelque raison que ce soit ou puisse être ; à l'effet de quoi il sera fait mention de nôtre presente renonciation dans les Contrats qui leur en seront passez en nôtre nom par nosdits Commissaires.

VI. Maintenons & confirmons pendant ledit temps lesdits possesseurs & leurs successeurs, heritiers ou ayant cause en la possession & joüissance desdits Domaines, Terres & Seigneuries, appartenances & dépendances, alienez à quelque Titre que ce soit, à l'exception toutefois des possesseurs de Domaine à Titre d'Echanges.

VII. Maintenons pareillement & confirmons à perpetuité les possesseurs des hautes, moyennes & basses Justices que Nous avons alienées à Titre d'infeodation & de proprieté incommutable, tant en exécution de nosdits Edits des mois de Mars 1695. & Avril 1702. qu'en conséquence de nôtre Déclaration du 8. Avril 1672. & tous autres generalement quelconques, ensemble tous les possesseurs & détempteurs des Justices, Seigneuries, Maisons, Moulins, Etangs, Bois, Landes, Brieres, Prez, Vignes, Dixmes, Boutiques, Echopes, Places, Marais, Palus, Communes & Communaux ; Isles, Islots, Garrigues, Patis, Etangs, Bocteaux ; Bacs, Peages, Travers, Ponts &

Paſſages, Pâturages, Eaux & Marais ſalans, & generalement tous autres Biens, Terres, Heritages, & Droits qui ont été alienez.

VIII. Voulons que leſdits poſſeſſeurs & détempteurs, leurs ſucceſ-ſeurs, heritiers ou ayant cauſe, joüiſſent à l'avenir deſdites Juſtices, Seigneuries, Terres, Maiſons, Droits & Revenus paiſiblement & im-mutablement à toûjours, comme s'ils provenoient de leur patrimoine, ſans qu'ils y puiſſent être troublez ni inquietez ſous quelque prétexte & pour quelque raiſon & occaſion que ce ſoit & puiſſe être, à la charge tant par leſdits poſſeſſeurs, que par leſdits Engagiſtes de nos Domaines, Terres & Seigneuries, & par les acquereurs des Juſtices ſans Domaines & autres ci-deſſus mentionnez, de Nous payer les ſommes pour leſquelles ils ſeront compris dans les Rolles qui ſeront à cet effet arrêtez en nôtre Conſeil, ſur les Quittances du Garde de nôtre Treſor Royal, & les deux ſols pour livre d'icelle, ſur les Quit-tances de celui qui ſera par Nous chargé de l'exécution du preſent Edit.

IX. Voulons pareillement que ceux qui poſſedent des Domaines avec Juſtice haute, moyenne & baſſe, & ceux qui poſſedent ſeulement des Juſ-tices ſans Domaines, établiſſent dans leſdites Juſtices (ſi fait n'a été) les Officiers néceſſaires pour l'adminiſtration d'icelles, & qu'ils leur donnent des Gages convenables pour leur faciliter d'autant plus les moyens de rendre la Juſtice à nos ſujets, à l'effet de quoi nous avons attribué & attribuons aux poſſeſſeurs deſdites Juſtices, des Gages que nous ferons employer annuelle-ment à commencer au premier Octobre prochain dans les Etats de nos Do-maines, dont ils nous payeront la Finance & les deux ſols pour livre ſur le pied du denier ſeize, ſuivant les Etats de repartition que nous en ferons ar-rêter en nôtre Conſeil, pour être par eux diſtribuez auſdits Officiers, & les ſommes qui nous ſeront payées par leſdits poſſeſſeurs, leur tiendront lieu d'augmentation de Finance, pour en être rembourſez en cas de dépoſſeſſion, ainſi que la premiere Finance, en un ſeul & actuel payement : Ordonnons que ceux qui acquerreront de ſemblables Juſtices en exécution du preſent Edit, prendront portion deſdits Gages pour les ſommes dont ils feront vo-lontairement leurs offres & ſoûmiſſions, pour être par eux leſdits Gages, ou partie d'iceux, partagez entre les Officiers qu'ils établiront dans leſdites Juſtices, dont à cet effet mention ſera faite dans leurs Contrats & Quit-tances de Finances.

X. Et à l'égard de ceux qui poſſedent des Moulins, Fours, Preſſoirs, Bacs, Peages, Landes, Travers, Ponts, Paſſages, & autres ſemblables Droits, enſemble des poſſeſſeurs des Bois, Prez, Vignes, Iſles, Iſlots, Maiſons, & autres heritages ci-devant dénommez & dépendans de nos Domaines, Nous les avons pareillement maintenus & confirmez en leur poſſeſſion & joüiſſance à perpetuité, à la charge par eux de nous payer les ſommes auſ-quelles ils ſeront moderément taxez par les Rolles que nous ferons à cet effet arrêter en nôtre Conſeil, & les deux ſols pour livre d'icelles, leſ-quelles leur tiendront lieu d'augmentation de Finance.

XI. Avons pareillement maintenu & confirmé, maintenons & confirmons les Redevables des Rentes, Albergues & Redevances dont ils étoient tenus envers nôtre Domaine, & qui nous en ont payé le rachat & amortiſſement à

raison du denier douze, & ceux qui les ont acquises en leur lieu & place à
raison du même denier en exécution de nôtre Déclaration du 13. Août 1697.
& de nôtre Edit du mois d'Avril 1702. ensemble leurs successeurs, heritiers
ou ayant cause, en la possession & joüissance desdites Rentes, Albergues &
Redevances à perpetuité, à la charge par eux de nous payer un suplément de
Finance suivant les Rolles que nous en ferons arrêter en nôtre Conseil, & les
deux sols pour livre d'icelle jusques à concurrence du denier quinze, ainsi
qu'il étoit porté par nôtre Edit du mois de Mars 1695. lequel nous voulons
être exécuté à cet égard selon sa forme & teneur ; & en conséquence nous
avons affranchi & affranchissons pour l'avenir les Engagistes inféodataires &
détempteurs de nos Domaines, à commencer du premier Octobre prochain
des Rentes, Albergues & Redevances annuelles dont ils peuvent être chargez
envers nous, en reservant seulement six deniers de redevance annuelle pour
la conservation des droits de Lods & Ventes qui peuvent nous être dûs aux
mutations, à la charge par eux de nous payer les sommes pour lesquelles ils
seront compris dans les Rolles que nous feront arrêter en nôtre Conseil à
raison du denier quinze du montant desd. albergues & redevance ; Voulons
que ceux qui avant ledit jour premier Octobre prochain, auront amorti
leursdites rentes, albergues & redevances, en demeurent déchargez à commencer du premier Janvier dernier ; Exceptons néanmoins dudit affranchissement les rentes, albergues & redevances de nos Domaines situez dans
nôtre Province de Languedoc, attendu l'affranchissement particulier que
nous avons ordonné par nôtre Déclaration du mois de Juin dernier.

XII. Avons érigé & érigeons en Fiefs les Maisons, Terres & Héritages
en roture qui sont situez dans l'étenduë de nos Directes, ensemble ceux qui
sont dans l'étenduë des Domaines Engagez, & dans les Païs de Franc-Aleu,
Franc-Bourgage, & Franche-Bourgeoisie, pour par les possesseurs desdites
Maisons, Terres & Héritages, joüir desdits Fiefs avec moyenne & basse
Justice à titre d'inféodation & de Proprieté incommutable à perpetuité, avec
faculté d'imposer tels noms que bon leur semblera ausdites Maisons & Héritages, & de porter & faire porter le nom imposé, à la charge de tenir de
nous lesdits Fiefs à foy & hommage dans l'étenduë de nos Domaines étans
en nos mains, & dans les Païs de Franc-Aleu, Franc-Bourgage & Franche-
Bourgeoisie, & de nous en payer les droits Seigneuriaux aux Mutations,
suivant les coûtumes des Lieux, & de payer une Redevance annuelle de cinq
sols dans l'étenduë des Domaines Engagez, & lesdits droits Seigneuriaux
aux Engagistes lors desdites Mutations, sans néanmoins que les Erections
desdits Fiefs puissent changer leur condition ni celle des possesseurs d'iceux
par rapport à nos Tailles, le tout en payant par les possesseurs desdites Maisons & Héritages, les sommes ausquelles nous aurons fixé lesdites Erections
en Fiefs par les Rolles que nous ferons à cet effet arrêter en nôtre Conseil,
& les deux sols pour livre d'icelles, faute de quoi seront toutes sortes de personnes reçuës à payer lesdites sommes pour être Seigneurs desdits Fiefs, &
avoir dans l'étenduë d'iceux, les droits de directe, moyenne & basse Justice,
redevance & droits Seigneuriaux aux Mutations, sans que lesdits possesseurs
puissent prétendre aucune préference ni subrogation à ceux qui en auront
payé la Finance & les deux sols pour livre d'icelle.

XIII. Voulons que ceux qui acquereront lefd. Fiefs , & qui fe rendront adjudicataires des fufd. Domaines & droits Domaniaux, enfemble les poffef-feurs de ceux ci-devant allienez & engagez qui nous payeront les fommes pour lefquelles ils feront compris dans les Rolles que nous ferons arrêter en nôtre Confeil, & dans les termes qui feront reglez par iceux pour être main-tenus & confirmez en la poffeffion & joüiffance defd. Domaines & droits, ne foient fujets au Ban & arriere-Ban , ni aux droits de Franc-Fiefs dont nous les avons affranchis & affranchiffons à perpétuité par le prefent Edit, & n'en-tendons qu'ils y puiffent être impofez à la Capitation à de plus fortes fom-mes fous prétexte defdites acquifitions.

INSPECTEURS DES AMENDES.

XIV. Et comme nous fommes informez que les Receveurs des Amendes établis dans nos Cours & Jurifdictions ne fe donnent pas les foins nécef-faires pour faire adjuger à nôtre profit les Amendes de Confignation du fol appel, Requêtes civiles & Infcriptions de faux pour en garder le plus long-tems qu'ils peuvent, les fonds qui font entre leurs mains, & éluder le païe-ment qu'ils font obligez d'en faire aux Fermiers de nos Domaines auffi-tôt après que lefd. Amendes font jugées, & que d'ailleurs ils négligent & aban-donnent entierement le recouvrement des Amendes arbitraires qui font pro-noncées à nôtre profit dans nofd. Cours & Jurifdictions, fous prétexte que les deux fols pour livre que nous leur avons attribuez fur lefd. Amendes ne font pas fuffifans pour fournir aux frais dudit Recouvrement ; Nous avons de la même autorité que deffus créé & érigé, créons & érigeons en titre d'Offices formez & héreditaires, deux Offices de nos Confeillers Infpec-teurs & Verificateurs fous le titre d'Anciens & My-triennaux ; Alternatifs & My-triennaux des Amendes de nôtre Confeil, & Requête de nôtre Hô-tel, & dans chacune de nos Cours de Parlemens , Chambres des Comptes & Cours des Aydes, Grand Confeil, Prevôté de nôtre Hôtel, Cours des Monnoyes , Bureaux des Finances, Préfidiaux, Baillages , Sénéchauffées , Tables de Marbre , Maîtrifes des Eaux & Forêts ; Elections; Greniers à Sel & autres Juftices ordinaires & extraordinaires dans lefquelles l'établiffe-ment des Receveurs anciens , alternatifs & Triennaux des Amendes a été ordonné par nos Edits des mois de Fevrier 1691. & Novembre 1704. auf-quels Infpecteurs & Verificateurs lefdits Receveurs feront tenus de remettre tous les mois à la fin d'iceux des Etats d'eux certifiez de toutes les Amendes de fol appel , Infcriptions de faux & Requêtes civiles qui auront été con-fignées entre leurs mains , pour être par eux fait une recherche & verifica-tion exacte de celles qui auront été adjugées à nôtre profit ; à l'effet de quoi Nous ordonnons que les Greffiers de nôtre Confeil & autres nos Cours & Jurifdictions feront tenus de leur communiquer fans déplacer les Arrêts , Sentences & Jugemens qui Nous auront adjugé lefd. Amendes , & de certifier aufdits Infpecteurs & Verificateurs les états qu'ils en tireront pour en faire remettre les fonds par les Receveurs des Amendes aux Fer-miers de nos Domaines à l'égard des Amendes confignées, & faire pro-ceder au recouvrement des Amendes arbitraires qui auront été pronon-cées à nôtre profit dans nofdites Cours & Jurifdictions.

XV. Et pour donner moyen à ceux qui acquereront lefd. Offices d'en remplir les fonctions avec tout le soin & tout le désinteressement qui sont nécessaires, Nous leur avons attribué & attribuons deux sols pour livre du montant de toutes les amendes de Consignation, du fol appel, Requêtes civiles & Inscriptions de faux qui seront adjugées à nôtre profit, à commencer du premier Octobre prochain, quoique consignées avant le present Edit, & un quart des amendes arbitraires dont ils seront payez par lesdits Receveurs, ausquelles elles seront passées dans la dépense des comptes qu'ils rendront aux Fermiers de nos Domaines sur les Quittances desdits Inspecteurs Verificateurs, lesquels joüiront en outre de tous les mêmes & semblables honneurs, privileges & exemptions; porteront mêmes & semblables Robes que lesdits Receveurs, & seront comme eux reputez du Corps des Cours & Jurisdictions de leur établissement, & reçûs & installez aux fonctions de leurs Offices par les mêmes Officiers, & en payant les droits que lesdits Receveurs.

XVI. Permettons à toutes personnes d'acquerir un ou plusieurs desdits Offices, & de les exercer sans incompatibilité avec tous autres Offices & Emplois sans déroger à Noblesse.

XVII. Permettons pareillement, tant à ceux qui acqueretont lesdits Offices, qu'à tous ceux qui se rendront adjudicataires des Terres, Justices, Seigneuries, Domaines & Droits Domaniaux dont nous avons ordonné l'allienation par le present Edit, & qui nous payeront la Finance portée par icelui, d'emprunter les sommes dont ils auront besoin, d'affecter & hypotequer lesdits Offices, Domaines & Droits, à la charge d'en faire mention dans leurs Contracts & Quittances de Finance.

XVIII. Et pour donner moyen à tous ceux qui voudront acquerir les Terres, Seigneuries, Justices, Domaines & Droits Domaniaux dont nous ordonnons l'allienation par le present Edit, d'en poursuivre l'adjudication à leur profit avec diligence; Voulons que sur les offres & soûmissions qui en seront par eux faites dans les Provinces & Généralitez du Royaume, il en soit fait trois publications de huitaine en huitaine pardevant les sieurs Intendans & Commissaires départis dans lesdites Provinces & Généralitez, après lesquelles lesdites Terres, Seigneuries, Justices, Domaines & Droits Domaniaux seront par eux adjugez aux plus offrans & derniers encherisseurs en la maniere accoûtumée, sauf une quatriéme publication qui sera faite pardevant les Commissaires Généraux qui seront par nous députez en nôtre Château du Louvre à l'Appartement des Thuilleries avec les formalitez ordinaires & accoûtumées, & ainsi qu'elles sont plus au long exprimées dans nosdits Edits des mois de Mars 1695. & Avril 1702. lesquels, ensemble les Déclarations & Arrêt de nôtre Conseil rendus en consequence seront exécutez selon leur forme & teneur, en ce qu'il n'y est point dérogé par le present Edit. SI DONNONS EN MANDEMENT, &c. DONNE' à Fontainebleau au mois d'Août, l'an de Grace mil sept cens huit. Et de nôtre Regne le soixante-sixiéme. Signé, LOUIS : Et plus bas; Par le Roy Dauphin. CHAMILLARD. Visa, PHELYPEAUX. Vû au Conseil, DESMARETZ. Et scellé du grand Sceau de Cire verte, en lacs de soye rouge & verte.

FIN DE LA SECONDE PARTIE.

TRAITTÉ
DU PLAIT SEIGNEURIAL,
ET DE SON USAGE EN DAUPHINÉ.

I L n'eſt rien de ſi frequent parmi les Droits Seig-neuriaux que la coûtume a reçûs en Dauphiné, que la ſtipulation du Plait ; & néanmoins il y a peu de perſonnes qui en ſçachent l'origine, la na-ture, les differences & l'uſage legitime, que l'ig-norance fait dégenerer en abus. Ce qui m'a don-né la penſée d'en faire un Traitté particulier pour l'éclairciſſement des queſtions que la diverſité des occurrences peut faire naître ſur ce ſujet : En quoi je n'ai eu pour gui-de que ma ſeule curioſité, puiſque c'eſt une matiere où je n'ai point trouvé de route ; & que François Marc, qui écrivoit ſous les Regnes de Loüis XII. & de François I. eſt le ſeul des Areſtographes de cette Province qui en ait parlé ; mais comme il s'eſt contenté de l'effleurer en peu de lignes, il demeure peu de lumiere de ce qu'il en a dit. Et parce que le Plait & les lods ont une même origine, comme je ferai voir ci-après, mon ſujet me preſentera des queſtions qui ſeront com-munes aux deux.

Le *Plait*, que les Latins appellent *Placitum*, eſt un droit Seigneurial qui eſt dû par la mutation du Seigneur ou du poſſeſſeur de la choſe qui y eſt ſujette, ou de tous les deux enſemble, ſelon qu'il eſt ſtipulé : A cauſe de quoi il eſt autrement nommé *Mutagium*, & en nôtre langue *Muage*, ou *Muance*, qui eſt le même droit que le *Relief* ou *Rachat* dans les Provinces de Coûtume, mais l'uſage eſt different. La ſeule Coûtume de Poitou art. 31. 148. 149. 167. 169. 172. uſe du terme de *Plait* ; & aux art. 171. de *Plait de mortemain* ; Entre leſquels Ra-gueau dans ſon Indice ne met point de difference, *Si l'un*, dit-il, *n'eſt dû à la mort du vaſſal, & l'autre quand il y a ouverture de fief autrement que par la mort du vaſſal.* De quoi Theveneau Commentateur de la Coû-tume ne s'éloigne pas beaucoup. Et quelquefois ces deux mots, *Plait*

La dép-niſion du Plait & ſes divers noms.
Muta-gium.
Muance.
Relief.
Plait de mor-main.

A

& *Rachat*, font joints comme fynonimes, dont il fe trouve un exemple dans une tranfaction qui eft au Trefor de Thoüars du mois d'Octobre 1254. entre Emery Vicomte de Rochechoüard, & Emery Vicomte de Thoüars, dont voicy les termes, qui font rapportez par Me Auguftin Galland en fon Traité du Franc-alleu pag. 70. *Il eft à fçavoir que ledit Vicomte de Thoüars nous a quitté icelle partie, que nous douſſant mettre au plait de mortemain fut fait au viage de nous Aymeric devant dit, &c.* Il s'appelle auſſi *Placitum* en la Maurienne frontiere de Dauphiné dans les Eftats de Savoye, comme nous apprenons du Prefident Faure, *C. de dedit. libert. Defin. 23.* en ces mots, qui ne font pas aux premieres éditions : *Alia ratio eft ejus tributi, quod apud Maurianenfes noftros frequens eft, & Placitum vocatur, cujus præftatio ad mutationem cujufcumque, vel domini, vel poſſeſſoris, vel utriufque incumbit.* Et encore *C. de locato. Defin. 2. in allegat. n. 7.* Quelques titres d'Auvergne ufent du terme *Mutagium*; comme un Acte de Dauphin Comte d'Auvergne, & de Guillaume fon fils qui eft au Trefor de l'Eglife Collégiale d'Orcival de l'an 1213. rapporté par Chriftophle Juftel dans les preuves de la Maifon d'Auvergne pag. 138. en la claufe fuivante : *Salvo dominio & homagio, cum* muta-gio *unius marchæ argenti.*

Acaptamentum. Acapitü. Acaptatio. Re-capitum.
　　Le même droit eft nommé en Guyenne & en Languedoc *Acaptamentum, Acapitum, Acaptatio*, qui eft dû par le changement de l'emphyteote, & *Recapitum* par celui du Seigneur, dont il eft fait mention par Gulielmus Benedicti, *in cap. Raynutius. in verbo. Mortuo itaque teftatore art. 2. num. 6.* par Maynard liv. 4. chap. 45. par la Rocheflavin en fon Recuëil d'Arrêts *Tit. des Droits feigneuriaux. chap. 12. art. 2.* Et par Dominicy *lib. de prærogativa Allodiorum cap. 16. n. 7.* Il eft vrai que ce droit ne convient qu'à l'emphiteofe, comme le relief ou rachat ne fe rapporte proprement qu'au fief : Je dis proprement, parce que dans la Coûtume de Theroüenne, art. 11. il eft parlé du *Relief de rente* qui eft dû au Seigneur à la mort du tenant cottier ; c'eft-à-dire, de celui qui tient un héritage en roture. Et par les Coûtumes d'Anjou, du Maine, de Blois, de Chartres, & de pluſieurs autres, le relief appar-

Eſſoigne. tient aux Seigneurs cenfuels. Ce qui s'appelle *Eſſoigne* en la Coûtume de Reims, qui eft un droit feigneurial dû par le nouveau fuccefſeur en toute terre de roture : *Sçavoir d'un denier Pariſis, ou de deux ou douze, ou d'autant, ou le double, ou la moitié d'autant que les héritages doivent de cens annuel, felon l'ufance des terres & des Seigneuries,* comme il eft expliqué au procès-verbal de la même Coûtume. Et par celle du Bourbon-nois il s'appelle *Marciage*, qui eft dû par les habitans des Châtelenies de Verneüil & de Billy, où le Seigneur direct *de trois années prend la dépoüille de l'une en fruits naturels, & la moitié en fruits induftrieux*; muta-tion arrivant par mort du Seigneur, ou du tenancier. Mais le plait qui eft dû par l'ufage de Dauphiné s'applique au fief & à l'emphiteofe. Et par un terme général tous les droits qui font dûs aux Seigneurs, à caufe des tranfmiſſions des fiefs & des héritages emphiteutiques d'une perfonne à l'autre, & pour ufer du terme de l'Empereur Leon, α'ντι της

ἀ'παχε' μτέως, ſoit plait ou relief, ſoit lods & ventes, peuvent être appellez *εἰσδεχίης*, *quod quaſi preſtentur novi poſſeſſoris admittendi, & ſuſci-
piendi cauſa*, ſuivant l'opinion de Cujas en ſes Notes ſur les livres des
fiefs ; nonobſtant que Leon qui les nomme de la ſorte en ſes Novelles, n'ait eu pour objet que l'emphiteoſe ou la libellaire, le plait
n'ayant été introduit que par la Coûtume, non-plus que le relief inconnu des Lombards, puiſque la premiere conceſſion des fiefs étoit
gratuite, & n'avoit autre mouvement que le bienfait, l'honneur & la
recompenſe de la vertu, d'où il ont été appellez non-ſeulement *Beneficia*, mais auſſi *Honores*, comme je ferai voir ailleurs. De ſorte que le
plait ou relief a pris ſon origine du changement de nature qui eſt arrivé aux fiefs, parce que dans leur plus haute antiquité ce n'étoit que de
ſimples uſufruits, revocables à la volonté de ceux qui les avoient concedez : Après il furent annuels : Enſuite on les étendit à la vie du vaſſal, comme ſont encore aujourd'hui les Timars des Turcs, qui tiennent beaucoup de la nature des fiefs ; Puis à l'un des fils du vaſſal au
choix du Seigneur, puis à tous juſqu'à ce que l'Empereur Conrad allant
à Rome, porta leur durée plus avant à la ſupplication des Vaſſaux qui
ſe trouverent à ſa Cour, comme nous apprenons du livre des Fiefs
recüeilli par Gerardus Niger *Tit. 1.* Enfin par ſucceſſion de tems, au
lieu de ſimples uſufruits, il ont été faits patrimoniaux & tranſmiſſibles
à toutes mains, ſoit par ſucceſſion ou par contracts : Mais ce dernier
n'a été reçu en Dauphiné que fort tard, & depuis cent ou ſix vingt
ans ſeulement ; Eſtant certain que du tems de Guy Pape, qui a écrit
ſous les Regnes de Charles VII. & de Loüis XI. les fiefs n'étoient reglez à l'inſtar du patrimoine que pour les droits ſucceſſifs, & pour le
ſurplus qu'ils étoient *Fiefs de danger*, & ſujets à la rigueur des Conſtitutions féodales des Lombards, comme cet Autheur l'aſſure ; *quæſt. 1 9.* **Fiefs de
164. 166.** & plus particulierement, *Conſil. 214. n. 7. & Conſil. 215. n.* **danger.**
2. & 3. où il rapporte un Arrêt donné contre un Roſier de l'Albe.
Voicy ce qu'il en dit : *Et ſi dicatur, quod hodie de conſuetudine feudalia
ſunt redacta ad inſtar patrimonialium, ut dicit Joan. Faber Inſt. de rer. divi-
ſione in prin. & in auth. ingreſſi. C. de Sacroſan. Ecclé. Qua conſuetudo etiam
in feudalibus dominatur. ut in C. Obertus de Orto cum ibi not. de feudi cogni-
tione. Iſtud non obſtat Nob. Jac. quia hoc verum in modum ſuccedendi titulo
univerſali pro hærede. Sed ſecus eſt in modo alienandi ; quia in hac patria
Dalph. in quâ fuit factus dictus contractus donationis, in iſtis alienationibus
ſervantur jura feudorum, ita quod feuda committuntur, quando vaſſalli aliter
circa ipſa feudalia verſantur, quam à Jure feudorum ſit ordinatum, & ſtatu-
tum : & ſuper hoc fuerunt latæ plures Sententiæ in Curia Parlamenti Dalphinalis, & maximè de hoc anno currente 1 4 7 5. & die penultima menſis
Julii contra Roſerii de Albenco, in favorem fiſci Domini noſtri Dalphini, ad
cauſam cujuſdam prati feudalis dudum albergati per dominum quondam Uriatici dicto Roſerii contra diſpoſitionem S. Calidis. in dicta Conſtitutione Frederici. Et Joan. Faber qui dicit quod feudalia ſunt redacta ad inſtar patrimonialium de Conſuetudine debet intelligi, quod volunt loqui de patria de qua eſt*

oriundus quæ non extenditur ad hanc patriam, ut plenè Doct. in l. De quibus ff. de legi. & consuetudo loci contractûs debet attendi in decisoriis, ut plenè per Cyn. in l. 1. C. Quæ sit longa consuetudo. Ainsi les fiefs ayant pris la nature des choses qui tombent en commerce, par un consentement presque universel en toute l'Europe, les Seigneurs se sont reservé deux sortes de droits pour la marque & le symbole de la Seigneurie directe, outre la foy, qui est de la substance du fief (εἰσδεκτικὴ, dit Cujas, *Observat. lib. 8. cap. 14. sunt hominii symbola.*)

L'un des lods qui sont dûs par la vente du fief, & par les autres cas d'alienation, diversement pratiquez suivant l'usage local de chaque Province, si-non qu'ils veüillent user du droit de prélation, ce que les Coûtumes disent retenir *par puissance de fief*; quelques-unes *réünir le fief à sa table*, dequoi nous parlerons ailleurs : *Domino volenti*, dit un Feudiste, *debentur* εἰσδεκτικὴ, *non assentienti integrum est jus* προτιμήσεως.

L'autre droit qu'ils se sont reservé, c'est le plait ou relief en consideration du changement de Seigneur ou de vassal, suivant la convention. Ce n'est pas qu'il n'y ait d'autres devoirs de fief, dont je ferai mention sur quelqu'autre rencontre : Mais ce sont droits particuliers qui dépendent des pactions contenuës aux actes d'inféodation, & investitures primitives. Les lods & le plait sont d'un usage plus général, encore que l'un & l'autre ne soient reçûs en quelques lieux, comme en la Bourgogne. Ceux-là n'étant de mon sujet qu'incidemment, je n'en dirai pas davantage en ce lieu, pour m'arrêter au Plait, qui ne fut pas reglé dans son établissement, mais taxé à discretion par les Seigneurs, *& ex eorum placito*, comme ils parloient : A cause dequoi ce droit est *Plaisir.* appellé *Placitum*, ou *Placitamentum*; Et par quelques titres de Poitou *Plaisir*, dont Me Augustin Gallant au Traitté sus-allegué du Franc-alleu rapporte quelques exemples. De là nous est resté le Plait à merci, dont il sera parlé à la suite. Peut-être aussi qu'on l'a nommé *Placitum* de l'agréement que le Seigneur donne à son nouveau vassal, comme les lods ont été dits *à laudando*, ou bien *à lodo & assensu Domini*, c'est-à-dire, de l'approbation & du consentement qu'il donne à l'alienation du fief ou du fonds emphiteutique. Et même G. Laudunus *in Clement. de jure jurando*, comprend le Plait sous le nom de *Laudimia*, quoique l'un & l'autre droit soient fort differens, comme a remarqué Ferton sur la Coûtume de Bourdeaux *Tit. 2. de retractu §. 20.*

Et parce que ce droit semble relever le fief qui est tombé en caducité par la mort du vassal, il est appellé *Relief* en quelques lieux; & en d'autres *Rachat*, par le payement duquel le fief est comme racheté des mains du Seigneur. Coquille Auteur fort judicieux en parle à peu *Origine du Rachat & Relief.* près de cette sorte la dans son Institution au Droit François ch. des Fiefs. *Le mot de Rachat*, dit-il, *dépend de la très-ancienne usance des fiefs, selon laquelle les fiefs en plusieurs cas retournoient au Seigneur feodal, comme si le vassal mouroit sans enfans, ou s'il alienoit sans congé de son Seigneur feodal ; Et pour racheter cette reversion, fut par composition générale des Estats de chacune Province accordé au Seigneur le revenu d'un an, qui s'appelle Ra-*

chat, *comme en cas de vente on paye le quint denier. En maints lieux on l'ap-*
pelle droit de Relief, *comme si de noveau on reprenoit & qu'on relevât le*
fief, étant tombé en caducité par la reversion. Argentré dit le même sur la
Coûtume de Bretagne. *Tit. des droits du Prince. art.* 74. *Ex eo verò ap-*
pellatio manavit, quod reversum in jus ditionemque patroni feudum vassalli
morte, hæres anni unius fructibus redimit, &c. Relevium Franci appellant non
ab simili sensu, veluti quod interciderat morte relevetur à Domino feudi pretio
convento. Néanmoins l'Ordonnance d'Henry I. Roy d'Angleterre, qui est
rapportée par Mathieu Paris sur l'année 1110. met de la différence *inter*
redemptionem feudi, & justam relevationem. Par l'un elle entend le rachat,
& par l'autre la nouvelle investiture & le serment de fidélité. *Si quis Ba-* *Justa re-*
ronum meorum, dit-elle, *Comitum vel aliorum, qui de me tenent mortuus fue-* *levatio.*
rit, hæres suus non redimet Terram suam, sed justâ & legitimâ relevatione rele-
vabit eam : Similiter & homines Baronum meorum legitimâ & justâ releva-
tione relevabunt terras suas de dominis suis. Il y a quelques Coûtumes qui
usent de cette façon de parler, *relever & droiturer son fief,* comme celle
de Valois, art. 68. Ribemont art. 16. Chauny art. 73. 91. 92. 94.
102. L'ancienne d'Amiens art. 19. Beauquêne art. 19. Quelqu'autres disent *relever & payer droiture,* comme Châlons art. 219. Chauny
art. 78. De là vient aussi que l'investiture s'appelle en beaucoup de
lieux *reprise de fief,* comme en la Coûtume de Lorraine tit. des fiefs,
art. 13. sur laquelle le même Coquille dit : *Ce mot vient de la grande*
antiquité des fiefs, quand ils étoient personnels & retournoient au Seigneur par
la mort du vassal ; & le fils ou autre héritier venoit comme par grace se pre-
senter au Seigneur, pour être investi de nouveau, qui se disoit reprise de fief.
Andreas Isernia *in C. 1. §. Similiter de Ostenditiis col. 1. in usu feud.* M.
Charles du Moulin *in Consuet. Parisiens. tit. des fiefs §. 33.* & quelqu'autres recherchent d'ailleurs l'origine du mot *Relief,* mais ce sont plûtôt
allusions qu'étymologies. C'est enfin de là qu'est procédé cette sorte de
fiefs qui s'appellent *Rendables,* dont j'expliquerai la nature & l'usage en *Fiefs ren-*
quelqu'autre lieu. *dables.*

C'est ainsi qu'a été établi le Plait qui a passé depuis à l'emphyteose
par le rapport & la convenance qui est entr'elle & le fief ; d'où vient
qu'en beaucoup de cas l'on fait induction de l'un à l'autre : Et même
depuis quelques siecles les Notaires ont donné par abus le nom de fief
à l'emphyteose, à cause de quoy ceux qui ont fait des contracts em-
phyteutiques se sont aussi reservé le Plait : Abus qui s'est introduit
sous la troisiéme race de nos Rois, suivant l'opinion de Dominicy,
de prerogativa Allodior. cap. 16. n. 9.

Mais il semble que l'usage du Plait feodal & emphiteutique soit
emprunté du Contract libellaire, qui par sa nature doit être renouvellé de temps en temps, même sans changement de possesseur, moyennant un prix certain ou arbitraire. *Libellaria,* dit Cujas, *in lib. 1. de* *Libella-*
feud. tit. 2. renovatur statis certisque temporibus, etam non mutato possessore, *ria.*
data certa pecunia, vel quam bonus vir arbitratus fuerit, secundum qualitatem
rei in libellum data, quod quidem renovationis pretium Leo εἰσ ΔΕΝΤΙΚΟΝ *vocat.* Et

ce renouvellement s'apelle ἀνακαμψις, qui a donné sujet au titre de la Novelle 13. de Leon περὶ ἀνακαμψεως.

Et de fait, quelque différence qu'il y ait entre le fief, l'emphiteose, la libellaire & le cens, l'usage les a confondus en communiquant les proprietez des uns aux autres : Puisque le fief étant de sa nature pur & sans profit a emprunté les lods de l'emphiteose & le plait de la libellaire : Que l'emphiteose a pris abusivement le nom de fief : Que la libellaire est apellée emphiteose par Leon, comme au contraire l'emphiteose est apellée libellaire par les Lombards : Que le fief est apellé precaire par Marculfe, & par quelques autres : Et que nous donnons le nom de cens, ou de cense, ou de censive, non seulement à cette sorte de prestation qui est du Droit Coûtumier de France pour la marque de la Seigneurie directe, mais aussi à la redevance emphiteutique que Justinian *L. 2, C. de jure emphyt.* apelle *pensionem*, les autres *canonem.* Quoique le cens à proprement parler soit un tribut sur les terres conquises, qui ne se payoit qu'au fisque seul, non pas pour la directe Seigneurie des héritages patrimoniaux, mais seulement pour marque de la Seigneurie universelle & souveraine sur les terres des particuliers, comme a remarqué entr'autres Loiseau dans son Traitté *du Déguerpissement liv. 1. ch. 4.* De sorte, dit-il, que nous avons fort abusé de ce mot en France ; Et même quand la redevance est grande & qu'elle égale à peu près les fruits, elle tient plûtôt du loüage à longues années que de l'emphiteose.

Voilà pour ce qui est de l'origine & de la nature du Plait ; je viens à ses differences & à son usage : Mais pour en parler avec plus d'ordre, je dois auparavant établir deux choses touchant le Plait.

La premiere, qu'il n'est point dû sans stipulation comme dans le finage du Comté de Vienne, & en quelqu'autres Terres dont les reconnoissances n'en disent mot. Et en effet cette sorte de droits étant odieuse n'a point de lieu que là où elle est établie par paction ou par coûtume, suivant la remarque de Joan. Andreas, *in Addit. ad Specul. in rub. de prascrip. col. penult.* de Boërius sur la Coûtume de Bourges *tit. des Fiefs §. 1.* & après eux de Me Charles Dumoulin *tit. 1. des Fiefs §. 33. n. 3.* qui trouve fort raisonnable la Coûtume de Bourgogne, où il n'est point dû de relief ni de lods pour les fiefs, non plus qu'en celle d'Auvergne, sinon qu'il y ait convention expresse dans l'investiture. Et ensuite il n'a pû s'empecher de dire que généralement, *hujusmodi relevia, quinta, subquinta & duodecima pretiorum, tam in feudalibus, quam in censualibus prædiis, sunt graves & odiosa, ne dicam sordidæ servitutes & experientia docente provocant & inducunt homines ad multas fraudes, simulationes, tricas, mendacia, suspiciones, lites, odia & alia conscientiæ onera contra legem Dei, sincerum amorem & legalitatem proximis debitam.* Voilà des termes bien aigres en la plume de celui qui a mieux écrit des droits Seigneuriaux que nul autre qui en a traitté.

C'est donc par la seule stipulation & non par la coûtume que le plait eſt dû en Dauphiné, où il ſe paye en quelques lieux de tous héritages nobles ou roturiers.

En quelques-uns des nobles ou feodaux ſeulement, comme porte la reconnoiſſance de la Terre de la Buiſſiere de l'an 1261. *Item de placitis reſponderunt idem quod in libro Domini continetur, dicentes quod de rebus ruſticalibus non debetur ibi Domino placitum, niſi ipſe imponeret ſpecialiter de novo; ſalvis tamen his quæ emit de feudis Nobilium in quibus habet placitum, ſi Nobiles à quibus emit habeant. In feudis verò Nobilium habet placitum ſicut credunt, ut dictum eſt & continetur in libro.*

En quelques autres le Plait à mercy eſt ſtipulé ſur des fonds exempts de tout autre devoir & ſervitude ; c'eſt-à-dire, qui ne ſont point feodaux ni emphiteutiques & cenſuels, & qui pourtant ne ſont pas de franc-alleu, puiſqu'ils ſont ſujets au Plait, comme il y en a dans les anciens Terriers du Comté d'Albon de l'an 1263.

En quelques endroits on le paye à mutation de Seigneur tant ſeulement comme en la Terre de Voiron & en celle d'Avalon, excepté le Plait qui eſt dû en celle-ci par l'Abbé de Tamiers & par le Prieur de Villars-Benoît, qui ſe paye à mutation d'Abbé & de Prieur.

En d'autres il eſt dû par le changement du ſeul poſſeſſeur, comme aux Châtelenies de Chevrieres, de Chabuëil, & de la Tour du Pin ; Et en d'autres par celui du Seigneur & du poſſeſſeur. En un mot, la diverſité dépend de la convention ; comme a remarqué même en fait de relief And. de Iſernia §. *Similiter. De oſtenditis.* Afflictus *Conſt.* 22. *lib.* 2. Argentré ſur la Coûtume de Bretagne art. 74. n. 4.

La ſeconde choſe que j'établis, c'eſt que le Plait ſe paye en tout ce que la volonté du Seigneur s'eſt propoſé ; mais principalement en argent, en grains, & en plume, par laquelle j'entends les poules, les chapons, les perdrix, & les autres volailles de table ; les oyſeaux de leurre, ou de poing ; ceux de chant, comme un roſſignol, ou ceux de curioſité, comme un perroquet, du chacun deſquels j'ay vû des reconnoiſſances pour le Plait : Ce que la Coûtume de Theroüenne art. 9. appelle *Relief de plume.*

Relief à plume.

DU PLAIT CONVENTIONNEL.

CELA ſupoſé, je trouve trois ſortes de Plait en Dauphiné : Le Plait conventionnel : Le Plait accoûtumé : Le Plait à merci.

Je viens de dire que le Plait en general n'eſt dû que par convention ; mais celui-là s'appelle proprement conventionnel, qui eſt déclaré par le titre, à la difference de celui qui eſt reglé par la coûtume ou par la volonté raiſonnable du Seigneur. Les Regiſtres de la Chambre des Comptes l'appellent auſſi *placitum nominatum, limitatum, taxatum ;* qui eſt ce que la Coûtume du Grand Perche, art. 37. & quelques autres diſent *Rachat abonné,* celle de Mante chap. 1. art. 24. *Fief ameté & abonné ;* c'eſt-à-dire borné & limité à un prix ou à un devoir certain : *ameté,* dis-je, *cui meta poſita eſt.*

J'en raporterai quelques exemples de cette Province.

EN ARGENT.

Dans les hommages reçûs par Humbert Pilati de l'an 1361. fol. 51. Jean de Novache reconnoît en fief du Dauphin ses biens de Novaches sous le Plait de cent sols Viennois, à mutation de Seigneur & de possesseur. Dans le même Pilati fol. 22. du dernier livre, Disdier de Briva en l'année 1334. s'oblige au Plait de quarante sols Viennois au changement de Seigneur & de possesseur, pour les censes qu'il avoit à Parisec. Ainsi le fief d'Aurel doit au Baron de Clerieu treize livres Viennoises de Plait, à mutation de vassal.

EN GRAINS.

Dans les minuttes du même Pilati de l'an 1367. fol. 4. Josserand Cognoz reconnoît le Plait de trois sêtiers de froment, de deux poules, & de six sols à mutation de Seigneur & de vassal ; Et en cette qualité doit être considéré le doublement de la cense, quand il est ainsi reconnu.

EN PLUME.

Dans le même Pilati en l'année 1334. fol. 25. Estienne & Hugues Copiers reconnoissent un esprevier pour Plait à changement de Dauphin. Dans les reconnoissances de la Terre de Tulins le Mistral de Vourey doit une oye de Plait. Et dans le troisiéme livre *Copiarum Graisivodani fol.* 118. il y a un acte du 14. devant les kalendes d'Avril 1288. par lequel Falco de Ceizane reconnoît en fief d'Odon Allemand Seigneur de Vaubonnois & de Ratiers ; quelques heritages situez en la Parroisse de Nantes *& de placito unam aucam* : C'est à dire une oye en la basse Latinité, comme ce mot est employé par Marculfe, qui écrivoit sous le regne de Clovis fils de Dagobert environ l'an 660. quand il dit *aucas tantas fasianos tantos, pullos tantos.* Ceux qui ont fait des Glossaires de semblables dictions, en rapportent d'autres autorisez. Je remarquerai seulement que celle-cy a été reçûë de beaucoup de Nations, puisque les Gascons, les Languedociens, les Provençaux, & une partie des Dauphinois disent *Auque*, les Italiens *Oca*, les Turcs *Oche*, de quois'approche fort le mot Grec accompagné de son article ὁ χὺι qu'Eustathius sur Homere dérive παρα το καίειν καὶ πανδὸι εσθίειν.

Auca.

EN DIVERSES CHOSES.

Dans le même Pilati en l'année 1338. fol. 1. Elise de Briva reconnoît en fief la Viguerie de Peirins sous le Plait de deux draps de toile d'Allemagne. *Cum placito duorum linteaminum tela Alemaniæ.* Dans le même en l'année 1345. fol. 20. Humbert Archimbaud reconnoît sur

ses

ses biens de Moirans, de Peirins & de Voreppe le Plait de trente livres *& duorum linteorum tela Alemania.* Dans le même en l'an 1334.
Jean fils d'Atenulphe de Montmirat Chevalier, tant en son nom,
qu'en celui de Françoise sa femme fille de Lentelme d'Ostun, reconnoît en fief tout ce qu'ils ont dans le Mandement de Beauregard,
sous le Plait d'un voile pour l'usage de la Dauphine, de la valeur de
dix-huit deniers à mutation de Seigneur & de vassal : & dans le même en l'année 1337. Guigues de Lanz en qualité de mary de la
même Françoise fille de Lantelme, Seigneur en partie d'Ostun & de
Clay, fait la même reconnoissance en ces termes : *Item quidquid dicta*
Francesia tanquam heres dicti patris sui, & dictus Guigua ejus vir nomine dic-
tæ uxoris tenent, habent & possident in mandamento Belligardi prope Hostedunum
in quibuscunque consistant, & quocunque nomine censeantur, ad placitum
unius capitergij usque ad valorem decem octo denariorum bonorum Viennen-
sium in mutatione domini & vassalli solvendum dicto domino Dalphino & succes-
soribus suis ad opus dominæ Dalphinæ. De sorte que Pilati nommant *capi-* *Capitergium.*
tergium ce qu'il avoit appellé dans l'hommage precedent *velum*, je ne *Echarpe.*
doute pas que ce ne soit une *écharpe* pour la Dauphine, & que ce
mot *écharpe* ne soit derivé de *capitergium*, & celui-cy *à capite tegendo.*
Ce qu'Homere au troisiéme de l'Odissée appelle χρήδεμνον quand il dit
que la Deesse Leucothée jetta le sien à Ulysse pour le sauver du nau-
frage, & sur ce passage Eustathius explique ce terme pour être non-
seulement Δεσμοικεφαλῆς *un ruban de tête* ; mais aussi κατάπτυσμά τι πλά-
τυ *une grande écharpe ou voile.* Je trouve le terme *d'écharpe blanche ou*
d'écharpette dans Guillaume Guiart qui écrivoit sous le regne de Philippes le Bel environ l'an 1306. en son Roman des Royaux lignages ;
mais il est employé là pour l'écharpe blanche que les François ont
accoûtumé de porter à la guerre, pour se différentier des autres nations.

La rencontre de semblables mots dont l'obscurité peut arrêter le
Lecteur, ou qui ont quelque chose de remarquable en leur origine,
m'oblige d'en donner l'explication, tant pour l'intelligence des droits
qui sont reconnus au Roy, que pour la satisfaction de ceux qui se
plaisent à cette sorte de recherche. Τα δε παίγνια μύσων. Je me contenteray néanmoins d'ajoûter deux exemples aux précedents.

J'ay vû dans la Chambre des Comptes l'original d'un hommage fait
au Dauphin l'an 1107. par Sibuet de Beauvoir à cause d'un fief situé
au Viennois, par lequel il reconnoît *gantos cervinos de placito in mu-*
tatione domini. C'est-à-dire des gans de cerf, le mot *ganti* nous étant
resté de l'ancienne langue Celtique, comme nous apprenons de l'Abbé Jonas, qui écrivoit il y a plus de douze cens ans, en la vie de
S. Columban rapportée par Surius au mois de Novembre. *Tegumenta*
manuum, dit-il, *quæ Galli wantos, id est, chirothecas dicunt.*

J'ay vû aussi l'hommage fait au Dauphin l'an 1203. par Pierre
Aurus Seigneur de la terre de Montbonod, qui est aujourd'huy du Domaine du Roy, par lequel il promet *de placito unam vestem pellis variæ*
valoris triginta solidorum Viennensium in mutatione domini. Ce qui a quel-

que rapport avec la redevance de l'Evêque de Lincolne qui doit au Roy d'Angleterre un manteau de marte Zibeline, comme a remarqué Roger Hoeden en la vie de Richard I. *Pellis varia*, n'est autre chose qu'une riche fourrure de pieces rapportées, qui pour être variée a été appellée de nos ancêtres *vair* ou *vairé*, dont le nom & la façon nous sont demeurez dans le blason des Armes. Il est fait mention de cette sorte d'habillement dans Albertus Aquensis *lib. 3. Histor. Hierosol. cap. 16.* où il dit que les Princes & les Grands de France avoient accoûtumé d'en être parez. Voici le passage. *Imperator autem tam magnifico & honorifico Duce viso* (c'est Godefroy de Boüillon) *ejusque sequacibus in splendore & ornatu preciosarum vestium tam ex ostro, quam aurifrigio, & in niveo opere Harmelino, & ex mardrino griseoque & vario, quibus Gallorum Principes praecipuè utuntur, vehementer admirans honorem ac decorem illum, primum Ducem in osculo benignè suscepit.* Je le trouve aussi dans Guillaume de Nangis *lib. de gestis S. Ludovici*, où il remarque que Saint Loüis quitta ses riches habits dès qu'il fit son expédition outremer. *Ab illo enim tempore*, dit-il, *nunquam indutus est squaleto, vel panno viridi, seu bonneta, nec pellibus variis, sed veste nigri coloris, vel camelini seu persei.*

Pour ce qui est des Coûtumes, je remarquerai seulement que par celle de Senlis art. 198. & par l'ancienne de Mante art. 103. le vassal doit à son Seigneur des éperons dorez pour droit de rachat. Par quelqu'autres, un cheval de service, un destrier, un palefroy, un traversant qui sont abonnez communément à soixante sols. Ce qui me semble venir de l'ancienne reconnoissance que le nouveau vassal étoit en coûtume de faire à son Seigneur d'un cheval & des armes. *Servato usu majorum valuassorum in dandis equis & armis suis Senioribus*, dit le texte de la Constitution de l'Empereur Conrad *tit. de Beneficiis, lib. 5. Feudor.* Il y en a qui doivent une couple de chiens, une hure de sanglier, un chapeau de roses, & autres choses semblables; comme nous apprenons des Registres du Parlement de Paris & de G. Catel en ses Memoires de l'Histoire de Languedoc liv. 4. pag. 715. qu'après la condamnation de Jacques d'Armaignac Duc de Nemours & Comte de Castres, le Roy Loüis XII. donna par Lettres Patentes du mois d'Août 1477. le Comté de Castres & la terre de Lesignan à Bouffil des Juges son Chambellan & Lieutenant aux Comtez de Roussillon & de Sardaigne, sous la foy & hommage lige, & sous la redevance d'une coupe d'argent de vermeil doré du poids de deux marcs, payable au Tresorier de la Sénéchaussée de Carcassonne à mutation de Seigneur & de vassal.

DU PLAIT ACCOUTUME.

LE Plait accoûtumé se rapporte à l'usage & à la coûtume du lieu où il est dû, comme François Marc l'a remarqué *Quest. 188. tom. 2.* en ces termes. *Quaeritur an per mortem Principis vel alterius domini directi, sive five Laïci, five Ecclefiaftici, vel in mutatione novi poffefforis & tenementarij debeantur mutagia feu placita domino directo. Et in effectu ubi talia placita feu mutagia fuerunt recognita, tunc ratione recognitionis feu contractus deberentur, quia debent attendi pacta appofita in contractu emphyteutico l. 2. & fin. C. de Jure emphyt. §. Adeò. Inftit. loca. Et in hoc debet attendi fi per formam recognitionis fuerunt recepta dicta mutagia feu placita nominata, feu non nominata. Et intelligitur quoad mutagia nominata, quando exprimitur valor dictorum mutagiorum, ut quia defignatur taxa in argento vel blado ad rationem fimplicis cenfus vel duplicis vel alterius quantitatis. Mutagia verò non nominata intelliguntur quando non exprimitur quantitas taxata, fed alia promittuntur mutagia feu placita confueta: Et ifto cafu quia confuetudo eft quid facti, oportet declarare talem confuetudinem ad quam rationem eft folitum exigi talia mutagia fecundùm confuetudinem loci.* Mais il n'en dit pas affez. Il faut confiderer la Coûtume comme étant locale & particuliere en quelque Châtelenie, ou comme générale en Dauphiné. Je toucheray cy-deffous la caufe de cette différence. La particuliere eft le plus fouvent déclarée dans la reconnoiffance des droits univerfels de la Terre qui fe fait par la Communauté repréfentée par la plus grande partie de fes habitans, ou par fes Confuls & Syndics; à quoy fe raportent les particuliers quand ils reconnoiffent le Plait accoûtumé: Et fi la taxe ne fe trouve pas déclarée dans les titres, cette Coûtume peut être juftifiée dans les Terres du Domaine du Roy par les anciens comptes des Châtelains qui ont prefque tous un chapitre du Plait aux lieux où il eft dû: Et pour les autres la preuve en peut être tirée des anciens papiers de recette. Ainfi par la Coûtume locale de la Châtelenie de Beaumont en Grefivodan près de la Mure quand le plait n'eft pas conventionnel ou à mercy, les héritiers du poffeffeur doivent pour chacune féterée de pré, de terre ou de bois qui font dans l'emphiteofe du Dauphin une émine d'avoine & une de feigle; pour chaque foſſerée de vigne douze deniers, & femblable fomme pour chaque féterée de pré ou de bois fituée à la montagne, comme j'ay vû dans les anciennes reconnoiffances & dans le compte de la même Châtellenie de l'an 1488.

Et à défaut de titre ou de fuffifante poffeffion, le Plait accoûtumé doit être reglé par la coûtume générale de Dauphiné, dont je parleray à la fuite après avoir témoigné mon étonnement de l'erreur qui a préoccupé beaucoup d'efprits, que le Plait n'eft autre chofe que le double de la cenfe: Erreur qui donne fujet à quelques Seigneurs de l'exiger ainfi de leurs emphiteotes fans titre ni poffeffion, quoique le Plait de cette qualité foit fi rare que dans toutes les Terres du Domaine de cette Province, je n'en trouve que fix où il foit ftipulé; Voreppe en Grefivodan; le Bourg & l'enclos du Château d'Auberive en Viennois; Châteaudouble, Chabueil, Charpey & Rochefort en Valentinois: Je ne fçay s'il en eft échapé quelqu'autre à ma curiofité, mais je fuis affeuré que s'il y a du méconte c'eft de peu: Encore n'eft-il pas univerfellement dû à Voreppe, la reconnoiffance de l'an 1262.

parlant ainfi. *De tafchiis tractatur in libro Domini & de placitis pro majori parte: Et eft fciendum quod ubi placitum non continetur in libro de rebus quæ placitum debent, debet cenfus pro placito duplicari, fcilicet cenfum duplicatum debent pro placito.* Et fol. 19. il eft énoncé que le Dauphin a acquis plufieurs cenfes fpecifiées à la fuite dont le Plait eft conventionnel & déclaré. Il eft vray que l'ancienne reconnoiffance d'Oifans fol. 893. 912. 925. dans le livre intitulé *Probus* porte que ceux qui tiennent en fief doivent le Plait à mercy s'il n'eft déclaré; & que le cens doit être doublé par ceux qui tiennent *ad villanagium*, c'eft-à-dire en roture, comme Boutillier en la Somme rural au chapitre *des bornes & des criées d'héritage* apelle *terre villaine* celle qui n'eft pas en fief, & ailleurs *rente villaine* celle qui n'eft pas tenuë noblement. De forte que la tenure en eft apellée *villenage* dans l'ancienne Coûtume de Mante art. 107. 109. dans le livre intitulé *Li Livres de la Reine Blanche* & ailleurs. Terme qu'on a formé de celui de *villain* qui fignifioit un roturier, témoin la réponfe qui fut faite par le Sire de Joinville à Robert de Sorbon qui lui reprochoit l'excez de fes habits. *L'habit que je porte*, dit-il, *tel que le voyez, m'ont laiffé mes pere & mere, & ne l'ay point fait faire de mon autôrité; mais au contraire eft de vous &c. Car vous qui êtes fils de villain & de villaine, avez laiffé l'habit de vos pere & mere, & vous êtes vêtu de plus fin camelin que le Roy n'eft.* J'ay voulu faire fes remarques fur la rencontre du mot *villanagium* qui n'eft gueres frequent dans nos Regiftres.

La Coûtume générale de Dauphiné pour la recette du Plait eft celle-cy. Quand la cenfe eft dûë en argent, elle doit être doublée pour le Plait; Si c'eft en grains il n'eft dû que quatre fols pour fétier de froment, que trois fols pour celui de feigle, que deux pour celui d'avoine & des autres efpeces à proportion. Je le trouve ainfi remarqué dans un Regiftre de la Chambre des Comptes intitulé *Liber placitorum* de l'an 1436. fol. 78. dont voici les termes.

De modo exigendi placita in hac patria Dalphinatus.

P*LACITA five mutagia recuperantur in hac patria Dalphinatus à debentibus illa fecundum quod funt recognita deberi; quia non omnes debent placita, fed tantum illi qui per recognitiones illa recognoverunt. Et funt diverfa placita; quia quædam funt nominata & expreffata, & alia non exprimuntur confueta, fed tantum dicuntur. Et ifta placita confueta recognita debentur & exiguntur ut fequitur. Primò videlicet quando eft pecunia cenfualis, duplicat cenfum de placito; verbi gratia fi debeatur unus folidus cenfus, folventur duo folidi de placito: Et fi fecundum magis vel minus quod debetur cenfus, femper duplicando ipfum cenfum: Et pro uno feftario feu pro quatuor quartalibus frumenti debentur quatuor folidi Turonenfes: Item pro feftario avenæ duo folidi Turonenfes, & fic de fingulis.*

Eft tamen advertendum, fi in dictis recognitionibus recognofcantur deberi placita

placita de omni genere bladorum & vini, vel tantummodo de aliquibus particularibus granis & pecuniis.

Item etiam est advertendum si dicta placita recognoscantur deberi in mutatione cujuslibet domini & possessoris vel alterius ipsorum: Et tunc debet exigi secundum tenorem ipsarum recognitionum, scilicet in mutatione amborum vel alterius, & si ipsa placita fuerunt limitata vel aliàs non limitata.

La même déclaration se trouve en François dans un autre Registre intitulé *Tarif.*

Sur quoy je dois remarquer qu'autrefois les Châtelains faisoient la recette de tous les revenus des Terres domaniales dont ils rendoient compte en la Chambre, dans lequel ils faisoient un chapitre de la recette des lods & des Plaits, comme il se peut voir dans un grand nombre de comptes de cette nature : Et ensuite la Chambre dressoit un état de ce qu'ils devoient par clôture de leurs comptes qu'elle remettoit entre les mains du Receveur général pour en faire la recette de celles des Châtelains : Mais depuis que le Domaine du Roy a été donné à ferme suivant l'Edit de Moulins, les Receveurs généraux font la recette suivant les Baux à ferme & l'état de Sa Majesté qui leur sont délivrez, & encore à present ils font une remarque de l'ancien usage au commencement du compte qu'ils rendent. De sorte que la Chambre des Comptes avoit une parfaite connoissance de l'usage du Plait resultant des terriers dont elle est dépositaire. Il y a même deux livres touchant les Plaits dûs au Roy, le chacun intitulé *Liber placitorum,* de l'un desquels j'ay tiré la déclaration que je viens de raporter, qui servoit de regle à la Chambre pour l'examen des comptes des Châtelains sur le chapitre du Plait. Et en effet y ayant eu procez en l'année 1473. pour l'usage du Plait accoûtumé qui est dû aux Religieuses de S. Just dans la Terre de Beauvoir, le Parlement suivit l'avis de la Chambre des Comptes en cette sorte. *Fiat provisio juxta advisamentum Dominorum de Camera,* comme il se verra par l'Arrêt que je raporteray cy-dessous, conforme à cette déclaration qui devroit suffire pour l'intelligence du Plait accoûtumé.

Néanmoins pour en justifier plus amplement la verité, j'alleguerai quelques exemples que j'ay tirés des Registres de la Chambre des Comptes, & pour cet effet je commenceray par les Terres de Gresivodan, qui sont proches de Grenoble, capitale de cette Province.

Voicy l'enquête qui fut faite pour le recouvrement du plait en la Châtelenie de Cornillon l'an 1390. qui se trouve dans le premier Livre *Copiarum Graisivodani fol. 391.*

Informatio de recuperatione placitorum in Castellania Cornillionis.

ANno Domini millesimo tercentesimo nonagesimo & die 14. mensis Maij, fuerunt exhibitæ litteræ dominicæ commissionis & supplicationis sibi junctæ nobis Domino Girardo de Grandi

valle militi honorario Regio Caftellano, Johanni Montaffauti Notario Cornillionis & Petro Malchis Notario & Commiffario ibidem defcripto; Quibus receptis cum reverentia qua decet, ipfas
defcribi fecimus in præfenti quaterno; Et volentes mandatis do-
minicis obedire, die fequenti proxima quæ eft dies 16. Maij, nos
perfonaliter tranfportavimus ad locum de Fontanillio, ubi dictus
Caftellanus citari fecit fupplicatos nominatos in fupplicatione ad
videndum recipi juramenta teftium inde examinandorum, necnon & me dictum Johannem Montaffauti, Giraudum Valériani,
Stephanum Mathæi, Petrum Clareti, Gonetum de Vineis & Petrum Burufelli fua fuper prædictis & aliis ab ipfis inquirendis perhi-
bituros teftimonia veritatis quorum juramenta recepimus in præfentia Guillermi Guerij aliàs Coet Procuratoris affertis dictorum
fupplicantium & ad ipfos jurare videndum ut afferuit per eofdem fupplicantes miffi, qui promiferunt fingulariter & divifim
fuis propriis juramentis fuper inquirendis ab eifdem puram &
meram deponere veritatem, & nihil immifcere veritati, & depofuerunt ut fequitur.

Et in primis Stephanus Mathæi Miftralis Dalphinalis Plani
Cornillionis teftis ut fupra juratus &c. dicit fe tantum fcire,
quod ipfe indifferenter recuperavit ab omnibus de Miftralia
fua, & in Miftralia fua degentibus favateriis Dalphinalibus tempore quo ipfe recuperavit placitum, videlicet ab illis qui placitum taxatum non faciebant & cenfum pecuniarium faciebant,
duplum ipfius cenfus pro placito, videlicet pro fingulis duodecim
denariis bonæ monetæ, duos folidos dictæ monetæ; Interrogatus quo tempore & per quam mutationem recuperavit dictum placitum, dixit quod poft mortem recolendæ memoriæ
Domini Humberti Dalphini Viennenfis & pro morte ejufdem
& nunquam aliàs vidit debitum & credit quod ipfa confuetudo
fit per totum mandamentum.

Super debentibus frumentum dixit quod recuperavit pro fingulo quartali frumenti pro placito duodecim denarios bonæ
monetæ exceptis molendinis de quibus nihil recepit; Interrogatus quare non recepit, dixit, quia folvere recufarunt & non
habebat informationes, Et dominus Nicoudus de Glande qui
pro tempore erat Caftellanus, non trahebat moram apud Cor-
nillionem & non habebat qui ipfum Miftralem faceret fortem;
Interrogatus fi fcit vel credit quod ipfi debeant placitum; dixit
& depofuit quod credit prout fupra depofuit; Et ita dixit fore
verum & depofuit; Interrogatus fi aliud advifamentum dare

posset pro contentis in dicta commissione ipsa sibi prius lecta lingua materna, dixit, quod non aliud quod deposuit; Interrogatus si est consuetudo in dicto mandamento quod pecunia census placitet ad duplum, & pro singulo quartali frumenti census debeantur duodecim denarii bonæ monetæ de placito; dixit quod sic, per modum per quem deposuit. Interrogatus si amore, timore &c. dixit quod non.

Dicens ulterius quod dictæ martinetæ non sunt in Mistralia sua.

Item, Nobilis Petrus Clareti testis ut supra productus & juratus &c. & prius lectis dictis supplicatione & littera dominica lingua materna; Interrogatus si vidit & scivit quod placitum deberetur domino nostro Dalphino indifferenter ab omnibus, videlicet de pecunia census duplum & pro singulo quartali frumenti duodecim denarij bonæ monetæ, dixit quod sic, & ita recuperavit hoc anno in sua Mistralia, & non invenit qui contradiceret nisi dictos suplicantes; Interrogatus si gratia, odio &c. dixit quod non nisi pro sola veritate dicenda.

Item, Petrus Burufelli testis ut supra juratus &c. lectis sibi prius lingua materna dictis suplicatione & littera dominica, dixit se tantum scire quod tempore recognitionum Dalphinalium quo conficiebantur, recognoscebantur tria placita, placitum taxatum, placitum consuetum & placitum ad misericordiam, & vidit & audivit dici, quod ij qui non debebant placitum taxatum aut placitum ad misericordiam, solvebant pro placito pecuniæ census duplum, & pro singulo quartali frumenti duodecim denarios dictæ monetæ; Interrogatus quanto tempore, dixit quod lapsi sunt triginta anni salvo pluri; Interrogatus si amore, gratia, odio &c. dixit quod non.

Item Gonetus Laurentij alias de Vivers testis ut supra juratus &c. dixit se tantum scire, quod ipse toto tempore suæ memoriæ audivit dici, quod frumentum census placitat ad rationem duodecim denariorum bonæ monetæ pro singulo quartali frumenti census, & pecunia census ad duplum, & ipse qui loquitur ita solvit, & qui non habet placitum taxatum vel ad misericordiam, debet solvere ipsum ad rationem prædictam, nec scivit nec vidit aliquem alium excusari; Interrogatus si gratia, amore vel odio &c. dixit quod non.

Item Giraudus Valeriani Notarius testis ut supra juratus &c. dixit quod ipse qui loquitur vidit à 18. annis citra quo tempore incœpit facere recognitiones Sancti Roberti usitari in Mandamento Cornillionis pro domino nostro Dalphino, quod eidem folvebantur pro fingulo quartali frumenti cenfus in mutatione domini duodecim denarij bonæ monetæ, & pro pecunia cenfus duplum, & in Prioratu Sancti Roberti in mutatione poffefforis prout vidit ufitando & tales recognitiones faciendo; Interrogatus fi amore, gratia vel odio &c. dixit quod non.

Item Joannes Montaffaudi Notarius teftis ut fupra productus juratus &c. dixit quod ipfe teftis qui loquitur, recuperavit placitum per mortem recolendæ memoriæ excellentis Principis & domini noftri Caroli Dei gratia Francorum Regis & Dalphini Viennenfis nuperrimè defuncti debitum Dominabus Sancti Jufti pro morte dicti domini noftri Dalphini, & pro cenfibus qui de patrimonio Dalphinali proceffferunt, videlicet pro fingulo quartali frumenti duodecim denarios bonæ monetæ; Et pro duodecim denariis bonæ monetæ duos folidos dictæ monetæ fine aliquali contradictione & neminem vidit excufari, & credit quod frumentum & pecunia cenfus quæ tenentur de emphiteufi, debent placitum per totum Mandamentum aliud nefcit; Interrogatus fi gratia &c. dixit quod non nifi fola veritate,

Dans la Châtellenie de Parifet le Plait eft en la forme qui eft déclarée dans le livre intitulé Primus liber Placitorum fol. 43. *en ces termes.*

Facta diligenti perquifitione in Camerâ computorum Dalphinalium ad quam rationem debetur Placitum in Caftellaniâ Parifius, reperitur quod tantumdem debetur de Placito quoad pecuniam quantum de cenfu, hoc. eft qui debet duos folidos cenfus, debet tantumdem de Placito & qui debet unum quartale frumenti de cenfu debet de Placito duodecim denarios bonæ monetæ, & qui debet unum quartale avenæ cenfus debet de Placito fex denarios bonæ monetæ.

En la Terre de Montbonod le Plait doit être payé fuivant la reconnoiffance de l'an 1495. reçûe par Galberti fol. 9.

Ratione autem laudimiorum, venditionum ac placitorum verum eft quod ex antiqua confuetudine, etiam fecundum tenorem recognitionum, informationum & documentorum veterum dictus dominus nofter Dalphinus & fui prædeceffores in Mandamento prædicto Montifbonodi confueverunt recipere laudimia & venditiones ad rationem fexti denarij rerum venditarum, quod eft duorum groffforum pro quolibet floreno pretij ipfarum rerum venditarum, In permutationibus verò & donationibus mediatem, id eft, ad rationem duodecimi denarij five unius groffi pro quolibet floreno valoris & æftimationis talium rerum permutatarum vel donatarum. Placita verò debentur ubi repe-

riuntur recognita in mutatione domini & poffefforis, pro frumento & argento tantum, fcilicet pro quartali frumenti duodecim denarij bonæ monetæ, & pro argento cenfus, duplum
cenfus, nifi reperiatur aliter taxatum & recognitum; Et hoc
quoad cenfus antiquos dictæ Caftellaniæ Montifbonodi: Refpectu verò aliorum cenfuum qui fuerunt domino adjudicati contra Monafterium Montisfluriti debetur placitum de omnibus
bladis, vino & argento ubi reperitur recognitum; & debetur
hoc modo, videlicet pro quolibet feftario frumenti quatuor
folidi bonæ monetæ, pro avena medietas, de vino pro quolibet feftario vini cenfus debentur duo folidi bonæ monetæ de placito; & de argento cenfus, duplum debetur ut fupra. Pro cenfibus autem omnibus five denariis taliarum nullum debetur placitum.

Les reconnoiffances de Montfleury dont le Monaftere eft de fondation Delphina-
le, portent la même chofe.

Pour le Baillage de Vienne je me contenterai d'alleguer l'ufage de la Tour
du Pin, fuivant la reconnoiffance de Bergeronis *de l'an 1488. fol. 22.*

Modus exigendi mutagia five placita in dicta Caftellania
Turris Pini.

*P*Rimo pro qualibet bicheta frumenti debentur	*18. den. Vien.*
Pro bicheta filiginis	*12. den.*
Pro bicheta avena.	*9. den.*
Pro duodecim den. cenf.	*2. fol. Turon.*
Pro gallina cenf.	*6. den.*
Pro pullo.	*3. den.*
Pro capone.	*9. den.*
Pro hemina vini cenf.	*2. fol.*

Quant au Baillage de S. Marcellin l'ufage de la Terre de
Chevrieres eft declaré dans plufieurs comptes, & particulierement dans celui qui fut rendu par Noble Pierre de Carrans Lieutenant de Meffire Antoine de Lay Chevalier Châtelain de la
même Terre; pour l'année commençant à la Fête de S. Jean
1419. où je trouve cette remarque à la marge d'un des feüillets.
Die ultimâ Maij 1425. afferuit Joannes Mathæi computando
de præfenti Caftellaniâ pro anno finito ad Santum Joannem
1422. quod juxta confuetudinem loci recipiuntur placita in
mutatione poffefforis, videlicet per mortem duodecim denarij
pro quartali frumenti, novem denarij pro quartali filiginis, no-

vem denarij pro quartali avenæ, & pro duodecim denariis cenfus duo folidi : vinum & gallinæ non placitant.

A quoy j'ajoûte la coûtume de Tulin qui eft declarée dans les reconnoiſſances
de la même Châtelenie, reçuës par Aſtuyer l'an 1430. aux termes fuivans
fol. 34.

Item dixerunt & recognoverunt &c.

Item dicunt & declarant ac recognofcunt fuper placitis & mutagiis confuetis, quod confuetum eft ufitatum ibidem, quod dominus dicti loci dum videbat & fui prædeceffores habebant &
percipiebant & dictus dominus Dalphinus eorum fucceffor habere & percipere debet pro & fuper rebus & bonis facientibus
cenfum eidem domino & qui ab ipfo domino Tullini immediatè tenentur five in emphiteufim, five de directo dominio aut
aliàs quovis modo, dum tamen faciant cenfum aut redditum
annum videlicet pro quolibet feftario filiginis quatuor folidos
bonæ monetæ, & pro quolibet feftario avenæ tres folidos bonæ
monetæ, & pro quolibet fummata vini fex folidos bonæ monetæ, & fic pro aliis fummis & quantitatibus dictorum bladorum
& granorum majoribus & minoribus ad rationem prædictam, &
de nucleis ficut de frumento, & de caftaneis & nucibus ficut
de avena, & de cenfibus pecuniariis tantumdem quantum afcendit dictus cenfus, videlicet pro denariis, 12. den. fic de aliis:
& debentur dicta placita & folvuntur quotiefcumque evenit
cafus mutationis domini directi morte vel aliàs, & etiam in
qualibet mutatione morte vel aliàs domini utilis feu poffefforis
dictarum rerum & bonorum: Ubi tamen in recognitionibus
dictarum rerum vel aliàs reperiretur placitum taxatum, tunc
debet obfervari dicta taxa & etiam in bonis & juribus feudalibus, nobilibus aut franchis, in quibus funt certa placita declarata; Et ita eft ufitatum & confuetum.

Je remarque en paſſant que cette reconnoiſſance nous apprend la proportion
qu'il y a des noyaux, des noix & des chataignes avec les grains, ce qu'à
peine on trouveroit ailleurs pour pour l'éclairciſſement de ceux qui font la ré-
duction à froment des cenſes dûës en diverſes eſpeces.

Mais pour faire ceſſer toute ſorte de ſcrupule ſur ce ſujet, voici l'Arrêt qui
fut donné l'an 1473. à la requête des Religieuſes de Saint Juſt, pour la
Declaration du Plait accoûtumé, que j'ay tiré du Regiſtre intitulé Tertius
liber ſcripturarum Vienneſii & Valentineſii fol. 197.

Declaratio Dominarum Sancti Justi in Royanis super solutione placitorum.

Ludovicus Dominus de Cruſſolio & de Florenſac Conſilia-rius & Cambellanus Regius, Gubernator Dalphinatus dilec-to noſtro Caſtellano Bellivifus in Royanis aut ejus Locumtenenti necnon cuicumque Servienti & executori Dalphinali, ſalutem. Viſis in Curia Parlamenti Dalphinalis quâ erant Reverendus in Chriſto Pater dominus Abbas Sancti Antonii Viennenſis diœce-ſis. P. Gruelli Præſidens Gaufridus de Eccleſia ; Ja. Roberteti. B. Meurini Auditor computorum , & A. Armueti Præpoſitus Sancti Andreæ Gratianopolis Dalphinales Conſiliarii , binis ſup-plicationibus tam ipſi Curiæ quam dilectis noſtris Auditoribus Dalphinalium computorum pro parte Religioſarum dominarum Abbatiſſæ & Monialium Monaſterii Sancti Juſti in Royanis ſup-plicantium in eiſdem mentionatarum oblatis , necnon relatione ſuper contentis in eiſdem per dictos Dalphinalium computorum Auditores facta , quarum tenor talis eſt. Placeat ſpectabilibus dominis computorum Dalphinalium declarare dominabus Abba-tiſſæ & Monialibus Sancti Juſti in Royanis de fundatione Dal-phinali exiſtentibus ſi poſſint & debeant recuperare placita in mandamenta Bellivifus in Royanis quæ tenementarii ſolvere pro-miſerunt & recognoverunt effectualiter ſub his verbis , videli-cet, talem rem ſub cenſu annuo decem vel duodecim denario-rum cum totidem de placito in mutatione domini noſtri Dal-phini & cujuſlibet novi tenementarii & quantum debetur pro placito conſueto. Tenor ſecundæ ſupplicationis talis eſt. Pla-ceat venerabili Curiæ Parlamenti, pro eo quia domini compu-torum Dalphinalium nolunt procedere ad declarationem ſupra requiſitam providere & in , ... eiſdem ut procedant ad petita & requiſita per ipſas dominas Abbatiſſam & Moniales Sancti Juſti, ne ipſæ pauperes ſupplicantes quæ ſunt de fundatione Dalphi-nali juribus ſuis priventur. Decretatio talis eſt. Videant dó-mini Cameræ & declarent ; Præſid. Vent. Cocti. Relatio domi-norum Cameræ talis eſt. Referunt domini Cameræ quod quoad placitum non eſt dubium quin ſolvi debeat juxta tenorem re-cognitionum , quo verò ad placitum conſuetum, cum non re-periatur aliqua ſuper hoc facta declaratio, videtur eis fore com-mittendum Caſtellano & Notario Dalphinalibus Bellivifus in Royanis ut cum Nobilibus & aliis perſonis cenſus & placita ſi-

milia in ipfo mandamento percipientibus fe informent fuper confuetudine folutionis dicti placiti confueti, & informationes infra
certum diem infigni Curiæ Parlamenti tranfmittant, ut inde
verius poffit dicta declaratio fieri.   Scriptum die duodecima Junii millefimo quatercentefimo feptuagefimo tertio. Bovis. Fiat
provifio juxta advifamentum dominorum Cameræ Præfid. Ecclefia. Advo. Vent. Ja. Ro. Præpof. & Thefaurarius. Actum
12. Junii. Tenor vero dictæ provifionis talis eft. Curia Parlamenti Dalphinalis Gratianopoli refidens, dilectis noftris Caftellano & Notario Dalphinalibus loci Bellivifus in Royanis, falutem. Vifa fupplicatione præfentibus annexa nobis in dicta Curia
pro parte Religiofarum dominarum Abbatiffæ & Monialium
Sancti Jufti in Royanis in eadem fupplicatione mentionatarum
cum relatione Auditorum computorum Dalphinalium in pede
ipfius fupplicationis defcripta, oblata ; Quarum tenoribus inf-
pectis vobis harum ferie præcipimus, committimus & mandamus quatenus cum Nobilibus & aliis perfonis cenfus & placita
fimilia de quibus dicta narrat fupplicatio in mandamento dicti
loci Bellivifus percipientibus vos debitè receptis primitus corpo-
ralibus juramentis in talibus præftari folitis de veritate dicenda
& atteftanda informetis fuper confuetudine folutionis dicti placiti confueti, & informationes veridicas in fcriptis fideliter re-
dactas & debitè tabellionatas claufas & figillatas quàm brevius
fieri poterit dictarum fupplicantium fumptibus moderatis in dicta Curia afferatis feu tranfmittatis ad finem ut ipfis vifis melius
juridicè fuper fupplicatis ordinari poffit. Datum Gratianopoli
die duodecima menfis Junii anno, Domini millefimo quatercentefimo feptuagefimo tertio : Per Curiam quâ erant domini P.
Gruelli Præfidens, Jo. de Ventes, & A. Cocti Prior Sancti Laurentii, A. de Mollena. Vifis infuper informationibus noftri
mandato fuper contentis in dictis fupplicationibus fumptis quarum omnium tenoribus rectè confideratis & in matura confilii
deliberatione pofitis & deductis Curia ipfa declaravit & declarat nofque per præfentes declaramus placita limitata & in recognitionibus dictarum fupplicantium recognitæ folvenda fore
dictis fupplicantibus per modum & ad rationem in dictis recognitionibus declaratam ; Quo vero ad alia placita quæ per dictarum recognitionum tenorem vocantur placita confueta, tenorem dictarum recognitionum infequentes declaramus & ordinamus folvi dictis fupplicantibus per quofcumque emphyteutas qui
placitum confuetum recognoviffe reperientur, ut fequitur, videlicet

licet, primò, pro quolibet ſeſtario frumenti cenſualis per eos debiti & recogniti quatuor ſolidos bonæ monetæ ; Pro quolibet ſeſtario ſiliginis tres ſolidos ſimiles; & pro quolibet ſeſtario avenæ duos ſolidos ejuſdem monetæ ; Pro denariis verò cenſualibus tantum de placito quantum de cenſu annuo ; & hoc in qualibet mutatione domini noſtri Dalphini & etiam in qualibet mutatione poſſeſſoris ; Quocirca vobis & veſtrûm cuilibet in ſolidum tenore præſentium præcipimus, committimus & mandamus quatenus dictas ſupplicantes noſtra præſenti declaratione uti pacificè & gaudere faciatis & patiamini permittatis, eámque de puncto ad punctum obſervetis & obſervari faciatis incuncuſſè nihil in contrarium attentando ſeu à quoquam attentari quomodolibet permittendo. Datum Gratianopoli die quinta decima menſis Julii anno Domini milleſimo quatercenteſimo ſeptuageſimo tertio. Per Dominum Gubernatorem ad relationem Curiæ quâ erant domini ſuperiùs nominati. Conceſſum. Pradelli.

Ces Actes juſtifient que non-ſeulement le Pait accoûtumé n'eſt pas toûjours le double de la cenſe, comme pluſieurs s'imaginent, ſinon qu'elle ſoit en argent, mais auſſi qu'étant dûë en grains, il eſt reglé par la coûtume générale de Dauphiné à un ſol pour quartal de froment, & des autres eſpeces à proportion, oû à quelque ſomme moderée ſelon la diverſité des meſures, en quoi la différence n'eſt pas conſidérable.

J'avoüe pourtant d'avoir vû deux Arrêts ſur le Plait accoûtumé ; l'un du 3. de Mars 1637. en faveur de Dame Catherine du Morret veuve de noble Jacques Auberion contre la Communauté de Murinais ; l'autre donné en la Chambre de l'Edit le 19 de Décembre 1643. à la requête de la Dame de Vinay, par leſquels le Parlement a déclaré que c'eſt le doublement de la cenſe. Je rapporterai le dernier, parce qu'il juge quelqu'autres difficultés dont je ferai mention à la ſuite.

Entre Dame Marguerite de Montany de l'autorité de Meſſire Antoine Marquis de Leſtang ſon Mari, demandereſſe en Requête du 21. Fevrier 1640. tendant à paſſation de nouvelle reconnoiſſance & payement d'arrerages de Plait & cas imperiaux d'une part, Et Demoiſelle Magdelaine Paſchal veuve & adminiſtereſſe des enfans de feu Maître Hugues Robin Avocat à S. Marcelin, défendeur d'autre. Vû, &c.

La Cour ſans s'arrêter aux fins de non-recevoir avancées par ladite Paſchal, deſquelles elle a été déboutée enterinant quant à ce ladite requête, a condamné ladite Paſchal en ladite qualité à paſſer nouvelle reconnoiſſance au profit de ladite demandereſſe du Plait dont s'agit qu'elle déclare être le doublement de la cenſe, & le cas dudit Plait être arrivé par le décès de Gaſpard & Jacques de Montany pere & frere de ladite demandereſſe, & en conſequence a condamné ladite Paſchal à lui payer les arrerages dudit Plait ſuivant la liquidation qui en ſera faite ſur le rapport des gros fruits des années aufquelles lefdits Plaits font échûs, & a déboûté ladite demandereffe du Plait par elle demandé par le decès dudit Robin pere, des enfans de ladite Pafchal: comme auffi a condamné ladite défendereffe à paffer nou-velle reconnoiffance des cas Imperiaux demandez, fuivant les reconnoiffances an-ciennes, l'un defquels ladite Cour déclare être arrivé par le mariage de ladite demandereffe, & avant que proceder à la déclaration de la cotte dudit droit, ordonne que les Confuls de Vinay feront appellez pour eux oüis être pourvû ainfi qu'il appartiendra, dépens compenfez, fauf les épices & expedition du prefent Arrêt, aufquels ladite Pafchal eft condamnée. Fait à Grenoble en Parlement en la Chambre de l'Edit le 19. Decembre 1643.

Ce que je trouve de different en l'Arrêt précédent, c'eft qu'au lieu de ces mots *le doublement de la cenfe*, il y a *le double*, dont le fens eft équi-voque, comme je remarquerai ci-deffous. Mais j'avoüe auffi qu'ayant eu la curiofité de voir les procez fur lefquels ces Arrêts ont été donnez, je n'en ai fçû pénétrer les mouvemens. Les demandereffes n'employent aucune reconnoiffance par laquelle leurs emphyteotes foient obligez au doublement de la cenfe pour le Plait. Elles ne rapportent aucune preu-ve de leur poffeffion & de la coûtume locale de Murinais & de Vinay. L'ufage eft contraire aux Terres voifines, comme je viens de le jufti-fier en celles de Beauvoir, de Chevrieres & de Tulin, étant certain qu'une coûtume douteufe & obfcure doit être éclaircie par celle du voi-finage. *Cap. fuper. eo. de Cenfibus.* Ce n'eft pas la coûtume générale de cette Province. Surquoi donc peuvent être fondez ces Arrêts qui char-gent les habitans de ces deux Terres d'une redevance inconnuë à leurs ancêtres. Eft-il croyable que les précédens Seigneurs ne l'euffent point demandée s'ils euffent crû qu'elle leur fût dûë, puifque ce droit eft fi confiderable en la forte qu'il eft adjugé, que la mutation arrivant de la part du Seigneur, toutes les cenfes doublant en faveur de fon fucceffeur. Enfin peut-on s'imaginer que la Chambre des Comptes fe fût propofé une fauffe regle pour l'examen des comptes des Châtellains, en un temps même où l'on étoit plus exact à la recherche des droits du Domaine. D'où l'on peut facilement juger que l'autorité de ces Arrêts doit être locale fans qu'ils foient tirez à confequence pour établir ailleurs une coûtume onereufe.

Ainfi j'eftime d'avoir rapporté des preuves fuffifantes de l'ufage du Plait accoûtumé par les comptes des Châtellains qui en faifoient la re-cette, par la déclaration de la Chambre des Comptes à qui les Châtel-lains étoient comptables, par une ancienne enquête, par les terriers & reconnoiffances des principales Châtellenies des trois principaux Bail-lages de Dauphiné, & par un ancien Arrêt donné par le Parlement lors que ce droit étoit plus connu qu'il n'eft aujourd'hui, que la mo-dicité l'a mis hors d'ufage en beaucoup de lieux, où la memoire n'en eft demeurée que dans les titres : N'étant pas fans exemple que la cenfe double quand elle eft dûë en deniers, & qu'il en foit autrement de celle qui eft reconnuë en grains ou en autres efpeces, puifque la Coû-tume d'Auvergne chap. 25. art. 15. porte qu'*entre les rivieres de Chier &*
Sioule

Séoule par coûtume locale gardée esdits lieux, la taille és quatre cas est dûë au Seigneur direct, & pour raison de la directe à raison du double en dernier tant seulement.

Je n'ai recherché l'usage du Plait accoûtumé que dans les Terres du Domaine du Roy, qui est la source des fiefs & de tous les droits Seigneuriaux de son Royaume ; Et néanmoins j'ai rapporté les reconnoissances de trois Terres qui ont appartenu à des Seigneurs particuliers : Tulin à la maison de Rossillon, & auparavant à celle de Tulin ; Beauvoir à celle des Berangers, Monbonod à celle d'Aurus.

Peu de jours après la premiere impression de ce Traitté de l'an 1652. la question du legitime usage du Plait accoûtumé s'étant presentée au Parlement, elle y fut examinée avec beaucoup de soin, & après avoir vû les Arrêts de Murinays & de Vinay, & consideré mes raisons contraires, il y eut Arrêt du dernier Juillet de la même année 1652. donné au rapport de Mr de Beauchesne Prunier aujourd'hui très-digne President, entre N. Claude Davity Maître ordinaire en la Chambre des Comptes de Grenoble, & N. Estienne de Lestang Sr de Murat, par lequel le Plait accoûtumé fut declaré suivant les preuves que je viens de rapporter, comme je l'ai remarqué dans mon Traitté des Droits Seigneuriaux chap. 35. à la suite duquel j'ai transcrit l'Arrêt.

Et parce qu'il y a des Coûtumes locales & particulieres, j'ajoûterai que cette difference procede principalement de ce qu'il y a plusieurs Terres qui ne sont pas de l'ancien Domaine de Dauphiné, comme le Comté de Valentinois ; Celles que nos Roys ont euës par échange des Comtes de Savoye, la Baronnie de la Tour du Pin ; Voreppe que Dauphin d'Auvergne Comte de Clermont vendit avec Varacieu à André Dauphin Comte de Vienne & d'Albon pour le prix de ving-deux mille sols Viennois par acte du mois d'Octobre 1225. dont l'original est en la Chambre des Comptes scellé de trois seaux, & la teneur rapportée par Christophle Justel dans les preuves de l'Histoire de la Maison d'Auvergne pag. 159. Delà vient qu'en Valentinois & à Voreppe l'usage du Plait est particulier, & qu'à la Tour du Pin il n'est point dû par la mutation du Seigneur ou de l'emphyteote à titre de succession, mais seulement en cas de vente, de rachat, d'échange ou de donation, comme je ferai voir en son lieu. Je remarque même dans le vû de l'Arrêt qui fut donné l'an 1487. contre les habitans de Châteaudouble, de Charpey & de Rochefort qu'ils se prétendoient exempts des droits de Plait ou muage par les Libertez de Dauphiné auquel le Comté de Valentinois avoit été uni. Voicy les termes : *Item & dum ipse Comitatus fuit unius Patriæ Delphinatus, hoc fuit libertatibus & privilegiis concessis habitantibus ipsius Patriæ Delphinatus. Item & qui Delphinales subditi erant & sunt exempti & immunes ab ipsis assertis mutagiis. Item & ita fuerunt tenti & habiti ipsi habitantes Castri-duplicis & consortes à die quâ fuerunt uniti Delphinatui per spatium quatuor viginti vel centum annorum.* Ce qui doit être entendu du double de la cense à quoi les habitans de ces trois Communautés furent condamnez en suite de leurs reconnoissances par l'Arrêt que je rapporterai au long sur une autre rencontre.

De sorte que la coûtume locale étant *facti* doit être justifiée par titre ou par legitime possession.

DU PLAIT A MERCY.

JE passe à la troisiéme sorte de Plait qui s'appelle *à mercy*, pour l'intelligence de laquelle je reprens ce que j'ai dit ci-dessus, que le Plait, Relief ou Rachat ne fut pas reglé dans son établissement, ayant dépendu long-tems de la volonté des Seigneurs, d'où même ce terme de *Placitum* a pris son origine. A la suite ce droit a été reduit à l'équité par un consentement presque universel, mais diversement : En Dauphiné il a été abonné par convention ou par coûtume, suivant l'usage que j'ai remarqué : Néanmoins la plus commune & générale reduction du Relief a été la joüissance d'une année. Je dis plus générale, parce que non-seulement elle a été reçûë en la plus grande partie des Coûtumes de France, mais aussi à Naples, en Sicile, en Flandres, en Angleterre & en Ecosse par la concession de Malcolme II. qui distribua tout son Domaine à ses sujets, *& nihil sibi retinuit in proprietate nisi dignitatem Regiam & montem Placiti in villâ de Sconâ, & ibi Barones concesserunt Wardam & Relevium de hærede cujusque Baronis defuncti, ad sustentationem domini Regis.* Comme nous apprenons des loix du même Malcolme Tit. 1. de Buchanan *Hist. Scotor. lib. 6. sub finem :* & avant lui d'Hector Boëtius *Histor. Scotor. lib. 2.* où il use de ces termes. *Unius anni ejusdem agri census, quem Relevium vulgò aut Relevatam dicunt.* Ce que les successeurs de Malcolme n'ont pas voulu tenir, suivant le témoignage de Cambdenus en la description de l'Ecosse.

Il y eut pourtant quelques Seigneurs qui n'ayant point voulu souffrir de reduction continuerent de prendre à discretion la taxe de ce droit appellé pour ce sujet *Plait à mercy,* en Latin *Placitum ad misericordiam,* à la difference de celui qui fut reglé. Il y a quelques fiefs en Dauphiné sujets au Plait de cette nature, comme la terre d'Hostun au Baillage de S. Marcellin, suivant l'hommage qui en fut prêté à Humbert Dauphin par Jean de Montmirat & par Françoise d'Hostun sa femme le premier de Janvier 1334. dont l'acte a été reçû par Humbert Pilati, contenant ces mots. *Item confessus fuit idem Joannes nomine suo & dicta uxoris suæ se tenere in feudum & de feudo dicti domini Dalphini jurisdictionem, dominium, merum & mixtum imperium, census, redditus, obventiones, prata, nemora, vineas, terras cultas & incultas, homines, placitamenta, feuda, & generaliter omnia & singula quæ, quos & quas dicti conjuges nunc habent, tenent vel habere possunt quâcumque causâ in Castro, mandamento & toto territorio Hosteduni sub conditionibus infra scriptis, videlicet quod decessis domino & vassallo, videlicet illo domino qui recepit homagium, & illo qui præstat idem homagium successor vassallus in dictis homagio & feudo debet illi successori domino Placitum solvere ad bonam misericordiam præfati successoris domini, in casu illo & alio modo non.*

Ce Jean de Montmirat est qualifié par cet acte *nobilis domicellus filius domini*

domini Atemulphi de Montemirato militis, où le mot de *domicellus* fignifie le
fils du Chevalier, qu'on appelle autrement *Efcuyer*, & autrefois en
Guyenne & en Poictou *Vallet*, l'Hiftoire nous aprenant que les jeunes
Gentils-hommes qui n'étoient pas encore parvenus à l'honneur de la
Chevalerie avoient accoûtumé de porter l'écu & les armes des Chevaliers, à caufe de quoi ils ont été appellés en quelques Provinces de ce
Royaume *Efcuyers*, en d'autres *Damoifeaux ou Donzels*, du terme di-
nutif *Dam* qui fignifie *Sire* ou *Monfieur*, qualité appartenant proprement aux Chevaliers ; Et en quelqu'autres endroits ils ont été appellés *Vallets*, comme a remarqué du Chefne en l'Hiftoire de la Maifon
du Pleffis de Richelieu. A quoy j'ajoûte que nos ancêtres avoient
cette moderation, qu'un Gentil-homme de quelque qualité qu'il fût,
fe contentoit du titre d'Efcuyer, fans ofer prendre celui de Chevalier, jufqu'à ce qu'il fut honoré de la Chevalerie, dont il me fuffira
d'alleguer un exemple de la Maifon de Montmorency que je tire
d'un acte du 19. de Septembre 1522. paffé entre *nobles & puiffans
Seigneurs Meffire Anne de Montmorency Chevalier de l'Ordre du Roy, fon
Confeiller & Maréchal de France, & François de Montmorency Efcuyer fon
frere, émancipés par noble homme Meffire Guillaume de Montmorency leur
pere, Chevalier de l'Ordre du Roy, Seigneur & Baron de Montmorency, fur
la fucceffion de feuë Demoifelle Anne Pot leur mere*, & de leurs autres Parens nommés en cette Tranfaction qui eft au Trefor du Château de
Chantilly, & rapportée par le même du Chefne dans les Preuves de
l'Hiftoire de cette Maifon page 271. D'où vient cette maxime de
nos peres *que nul ne naît Chevalier*. Je reprens mon fujet.

L'an 1347. & le 22. d'Octobre Jean d'Hoftun fit hommage au même Dauphin, receu par Guigues Froment, de fa maifon forte, jurifdiction, hommes & autres chofes qu'il avoit en la même Terre d'Hoftun *ad Placitum, ad voluntatem feu à mercy domini noftri Dalphini in qualibet mutatione domini & poffefforis*. Sur quoy je remarque ἐκ τȣ παρεργȣ,
qu'il n'y a pas *à mercy*, mais *à marcy*, qui eft le dialecte ancien de
Dauphiné retenu par les artifans & villageois, mais depuis le tranfport de Dauphiné nous avons receu la langue Françoife avec la domination.

Les Regiftres de la Chambre des Comptes & les titres des Seigneurs
particuliers juftifient auffi qu'il y a beaucoup d'héritages roturiers qui
font fujets au Plait à mercy, mais comme les corvées à volonté font
reduites à certain nombre. *Si libertus ita juraverit* ; dit Celfus *l. 30. D.
De operis libert. dare fe quot operas patronus arbitratus fit, non aliter ratum
fore arbitrium patroni, quàm fi æquum arbitratus fit : Et ferè ea mens eft
perfonam arbitrio fubftituentium ut, quia fperent eum rectè arbitraturum, id
faciant, non quia vel immodicè obligari velint*. Comme les tailles à difcretion dûës à quelques Seigneurs & les autres devoirs de cette nature,
font moderés par la Coûtume ou par les Arrêts des Parlemens, à caufe de quoy les Coûtumes de Bourbonnois art. 190. Nivernois chap.
8. La Marche art. 130. Chaumont en Baffigny art. 3. ne difent pas

C

simplement *taille à volonté*, mais *taille à volonté raisonnable*: Comme,
dis-je, cette forte d'ayde eft reduite & moderée à un legitime ufage
il étoit jufte auffi que le Plait à mercy fût reglé pour reprimer la licence de ceux qui en abufoient. En la Coûtume locale de Saint Piat
de Seclin fous Lifle, le relief à mercy eft de trois années l'une ; mais
il eft trop dur. Alphonfe fils du Roy Saint Loüis Comte de Poictiers
& de Touloufe fit la reduction du rachat à mercy à la joüiffance d'une
année, par Lettres patentes du mois de May 1269. qui font en original au Trefor des Chartres du Roy dans un fac intitulé *Poictou II.*
num 49. fcellé de quatorze fceaux, dont partie eft fur la fin de l'ancien Coûtumier de Poictou, & la teneur entiere dans le Traité du
Franc-alleu d'Auguftin Galland. Ce que j'ay voulu remarquer, parce
qu'en Dauphiné l'ufage a reglé le Plait à mercy à pareille joüiffance d'une année, comme nous apprenons de deux actes d'hommage
qui font en la Chambre des Comptes dans les minutes de Pilati,
dont l'un eft en cette forme que jay tiré du premier livre de l'an
1334. fol. 30.

In nomine Domini amen. Anno Nativitatis ejufdem 1334.
Indictione fecunda, die nonâ menfis Januarii coram me Notario & teftibus infra fcriptis conftitutus in præfentia illuftris &
magnifici Principis domini Humberti Dalphini Viennenfis,
Viennæ & Albonis Comitis, Joannes de Bardonenchia filius
quondam domini Bonifacii de Bardonenchia Militis nomine fuo
proprio & nomine procuratorio Percevalli fratris fui, idem
Joannes prædicto nomine fecit homagium ligium de perfonâ
dicto domino Dalphino pro fe & fuis recipienti, & confeffus
fuit fe tenere ab eodem in feudum francum, nobile & antiquum partem & pareriam quam habet in Bardonenchia cum
mero & mixto Imperio & jurifdictione omnimodâ, altâ & baf-
sâ, & tenetur contribuere pro ratâ in uno homine...... quem
faciunt domino in calvacatis condomini Bardonenchiæ, & *Pla-*
citum à mercy de redditibus unius anni in mutatione domini
tantùm. Quod quidem homagium fecit idem Joannes nomine quo fupra, &c. Actum apud Gratianopolim in domo
Epifcopali præfentibus teftibus, videlicet dominis Guillelmo Dei
gratiâ Achiepifcopo Brundufino, Amblardo de Bellomonte legum Doctore, & Stephano de Rufo Jurifperito vocatis & rogatis teftibus ad præmiffa. Et ego Humbertus Pilati.

L'autre eft en ces termes dans le Livre de l'an 1352. fol. 31.

In nomine Domini noftri Jefu Chrifti amen. Noverint univerfi & finguli præfentes & futuri, quod anno ejufdem Domini

1352. Indictione quintâ, die quartâ decimâ menfis Augufti, Pontificatûs fanctiffimi Patris & domini noftri domini Clementis divinâ providentiâ Clementis Papæ fexti anno undecimo, conftitutus in præfentiâ reverendi in Chrifto Patris Domini Henrici de Villars Archiepifcopi & Comitis Lugduni, Locumtenentis illuftris Principis domini Caroli Francorum Regis primogeniti Dalphini Viennenfis, & coram me Notario & teftibus infra fcriptis Joannes de Bardonenchia domicellus; ipfe Joannes exhibuit & tradidit eidem domino Archiepifcopo & Locumtenenti præfati domini noftri Dalphini quamdam fcripturam fcriptam in quadam pecia papyri continentem recognitionem quam facere & recognofcere volebat dicto domino Locumtenenti recipienti nomine dicti domini noftri Dalphini, quam fcripturam dictus dominus Locumtenens & Joannes legi fecerunt & voluerunt per me Humbertum Pilati Notarium infra fcriptum coram teftibus infra fcriptis, cujus tenor fequitur & eft talis. Hæc eft recognitio nobilis Joannis de Bardonenchia filii quondam domini Bonifacii de Bardonenchia Militis facta de eis quæ habet, tenet & poffidet feu quafi in territoriis, diftrictibus & mandamentis Bardonenchiæ & Parochiæ Beularii, Cezanæ, Vallis Clufonis, Ultii & Salis-Bertrandi, Exiliarum & Vallis Putæ quoquo modo fint vel exiftant in Baillivia Briançonnefii in feudum & de feudo domini noftri Dalphini, &c. Item jus fuum nemorum avium nobilium, fortunarum fi quæ funt five inveniuntur, & etiam quartam beftiarum ferarum pro fuo confortio in quantum jus fuum valet, de quibus omnibus tenetur facere prædicto domino Dalphino *muagium ad mercedem* de fructibus unius anni tempore mortis poffefforis, hofpitio tamen fuo provifo remanente fecundum fuam facultatem, prout confuetum eft tempore præterito. Item tenetur, &c. Acta fuerunt hæc in Monafterio Ultii præfentibus venerabilibus & nobilibus viris dominis Leuzone de Lemps Præpofito Ultienfi, Odone Alamandi Præceptore Lemovicenfi, Rodulpho de Commeriis, Guillelmo Bigoti, Guillelmo de Bardonenchia Militibus, & Raymundo de Theyfio legum Doctore vocatis & rogatis teftibus ad præmiffa. Et ego Humbertus Pilati.

Ce qui s'entend, le droit de culture déduit, qui emporte la moitié des fruits, fuivant un Arrêt de la Chambre des Comptes de l'an 1628. donné fur la requête du Commandeur de S. Vincent, dont voicy la teneur.

Sur la requête préfentée par noble Jean-Pierre de Ruinat

Chevalier de l'Ordre de S. Jean de Jerusalem, Commandeur de la Commanderie de S. Vincent lez Charpey, tendant à interpretation du droit de Plait à mercy reconnu au suppliant dans les reconnoissances de ladite Commanderie.

Vû ladite requête appointée le 18. du present mois de Juillet; Les conclusions du Procureur général du Roy sur icelle dudit jour; Extrait du proëme des reconnoissances de ladite Commanderie du 26. Juin 1614. Les registres & cartulaires de ceans, & tout ce qui fait à voir & considerer.

La Chambre en enterinant ladite Requête, déclare le Plait à misericorde être la moitié du revenu d'une année de la proprieté reconnuë, détrait la dépense ordinaire, & soit enregistré. Fait en la Chambre le 19. Juillet 1628.

Et quand le Mistral a quelque part au terrier son droit se déduit aussi, commë je trouve qu'il fut fait au compte de la Châtelenie de Beaumont en Graisivodan de l'an 1408. en cette sorte.

Recepta placitorum.

*E*T *primò computat recepisse ab hæredibus Joannis Mignoti pro Placito misericordiæ dicti Joannis Mignoti æstimato per probos, jure Mistralis deducto. 9. grossos.*

Item à Joanne Rebolli pro Placito misericordiæ Petri Rebolli ejus patris æstimato per probos, jure Mistralis deducto. 16. gross.

Summa Placitorum 2. flor. 1. gross. turribil. valent; deducto jure Mistralis 22. gross. dimid. Delphin.

Il y a quantité de comptes semblables à celui-là : Et je n'en trouve point qui justifie que le Seigneur eût eu la joüissance actuelle de la chose sujette au Plait à mercy, mais seulement la valeur au dire de prud'hommes. Ce qui se faisoit le plus souvent par composition, dont voicy quelques exemples. Le premier tiré du livre *Retentionum ab anno 1431. fol. 179.*

Compositio facta per nobilem Alziarium de Bardonenchia pro Placito ad misericordiam debito pro bonis Claudii de Bardonenchia ejus quondam fratris in quibus successit.

*R*Adulphus dominus de Gaucourt Consiliarius & Cambellanus Regius Gubernator Delphinatus universis nostrarum præsentium litterarum tenore notum fieri volumus, quod veniens ad præsentiam nostri seu venerabilis Consilii Delphinalis nostri Locumtenentis & vices nostras gerentis, nobilis Alziarius de Bardonenchia condominus dicti loci & Navachiæ exposuit, qualiter nobilis Claudius de Bardonenchia ejus quondam frater nuper

,dies fuos claufit extremos, relicto fibi dicto eodem nobili Alziario hærede univerfali , ob cujus nobilis Claudii fui fratris
deceffum dixit fe teneri domino noftro Delphino tempore dicti
fui deceffus idem nobilis Claudius ad homagium ligium ; &
fub dicto Placito mifericordiæ tenebat juxta homagia tàm per
ipfos fratres, quàm per eorum prædeceffores inde fuper præmiffis præftita, & penes Cameram Computorum Delphinalium exif-
tantia & reperta, poftulando humiliter & requirendo ipfum ad
compofitionem gratiofam fuper folutione dicti Placiti inde ex
causâ prætacta per ipfum debiti benignè admitti, cujus requef-
tæ tanquam rationi confonæ annuentes, visâ compofitione aliàs
per ipfum nobilem Alziarium exponentem nominibus fuo &
dicti nobilis Claudii quondam ejus fratris in manibus domini
Reinerii Pot tunc Gubernatoris Delphinatûs prædecefforis noftri
die 28. Junii 1412. facta de Placito prædicto per ipfos fratres
tunc debito ad caufam deceffus nobilis Goneti de Bardonenchia
eorum patris, & cujus ipfi fratres hæredes univerfales æquis
portionibus fuerunt , manu Petri Paneti Secretarii Delphinalis
receptâ & fignatâ & in eâdem Camerâ Computorum Delphinalium regiftratâ, à quâ præcedentibus debitis informationibus
tunc fuper valore bonorum dicti quondam nobilis Goneti patris pro quibus dictum Placitum mifericordiæ debetur fumptis
compofuit pro Placito mifericordiæ per ipfos fratres tunc ob
dictam mortem patris ipforum domino noftro Delphino debito
ad centum florenos monetæ currentis, habitâque confideratione
ad contenta in prænarrata compofitione , & quia, ut debitè
fuimus informáti ipfe nobilis Claudius quondam nulla alia bona dicitur acquififfe nec etiam de fuis alienaffe, quæ tamen ad
dictum mifericordiæ Placitum folvendum cenfeantur adftricta :
Idcircò infequendo mentem ipfius jam dictæ compofitionis, &
confideratione habitâ ad motiva & rationes in ipsâ defcriptas ,
quibus fic ad eandem fuit proceffum, eundem nobilem Alziarium
de Bardonenchia fratrém & hæredem univerfalem prædicti quondam nobilis Claudii de Bardonenchia , & prædictum venerabile
Confilium Delphinale pro & ratione dicti Placiti mifericordiæ
per ipfum domino noftro Delphino debiti ob dictam mortem
ipfius Claudii fratris fui admifit & recepit per modum compofitionis , & quem nos authoritate Delphinali tenore præfentium admittimus & recipimus ad fummam quinquaginta florenorum monetæ nunc currentis per eundem folvendam in Thefauraria Delphinali : Et quàm quidem fummam quinquaginta

C iij

florenorum ipfe nobilis Alziarius præmiffa approbando & confirmando promifit & juravit fuper fancta Dei Evangelia per ipfum corporaliter tacta folvere in dicta Thefaurariâ Delphinali, fe & ejus bona quæcumque realiter & perfonaliter Curiæ fupremi Confiftorii Delphinatûs, & alia more fifcalium debitorum, obligando & fubmittendo; Quâ fummâ fic folutâ eundem nobilem Alziarium & fuos in pofterum hæredes & fucceffores quittum & liberum erga quofcumque occafione ipfius Placiti teneri volumus & jubemus, affignato præfentium tenore dicto nobili Alziario ad faciendum particularem denominationem & homagii præftationem de totali hæreditate paternâ hinc ad feftum omnium Sanctorum, & interim quandocumque. Datum Gratianopoli die fecundâ menfis Novembris anno Domini millefimo quatercentefimo tricefimo quarto. Per dominum Gubernatorem ad relationem Confilii, quo erant domini Stephanus Guillonis Præfidens legum Doctor, Stephanus Durandi, Mathæus Thomaffini & Ludovicus Porterii Præfidens in Camera Computorum. Guiffredi.

Le fecond tiré du livre intitulé *Tarif fol.* 128.

Compofitio facta in Curiâ Parlamenti Dalphinatûs cum nobili Balduino Ambrofii nominibus fuo & nobilis Petri Ambrofii ejus fratris filiorum & hæredum nobilis Antonii Ambrofii condominorum Caftri Beularii Mandamenti Bardonenchiæ ad caufam Placiti per eos debiti ob mortem eorum prædicti patris, & c.

ANno Domini 1476. à nativitate fumpto & die 13. menfis Martij in Camerâ pofteriori Curiæ magnifici Parlamenti Dalphinatûs, quâ erant domini P. Gruelli Præfidens, Gaufr. de Ecclefiâ, Joan. de Ventes, Jac. Roberteti, Joan. Raboti, Joan. de Sancto Germano Advocatus fifcalis Dalphinatûs, P. Odoberti Auditor Computorum, & A. Armueti. Cum per dominum Thefaurarium Dalphinatûs compellerentur dicti fratres ad folutionem Placiti ad mifericordiam domini debiti per mortem dicti quondam nobilis Antonii Ambrofii eorum patris, pro quo Placito debent unam annatam valoris fuæ quartæ partis dictæ jurifdictionis, cenfuum & aliorum jurium moventium à domino quæ ipfi fratres habent in dicto loco Beularii, pro quorum jurium annuorû valore vendito fuit per dominos Cameræ Computorum Dalphinalium fumpta informatio cum nobilibus Gabriële de Bardonenchia condomino

dicti Beularii & Bureitono Blanchardi, qui visâ denunciatione dictorum fratrum in Camerâ Computorum reposita cum juramento dixerunt & depofuerunt in verbo veritatis, quod pars dictæ
jurifdictionis & aliorum jurium quæ ipfi fratres habent & perci-
piunt in dicto loco Beularii valent de revenutâ annuâ, uno anno
alium fupportante duodecim florenos & quatuor groffos cum di-
midio parvæ monetæ currentis, qui valent octo libras & quinque
folidos Turonenfes. Super quibus deliberatione per dictam Curiam
fuper hoc præhabitâ, Curia ipfa tractando cum dicto nobili Balduino Ambrofii quo fupra nomine per modum compofitionis ta-
xavit & reduxit dictum Placitum ad centum folidos Turonenfes.
Scriptum anno & die prædicto per me Bovis.

Le troifiéme exemple eft tiré du même Livre intitulé *Tarif fol. 1 4 7.*

Contra nobilem Antonium de Navachia & hæredes nobilis Mi-
chaëlis de Navachia condominos Bardonenchiæ.

ANno Domini 1477. & die 19. menfis Aprilis in Camera
Computorum Dalphinalium quâ erant domini P. Odoberti
& Hugo Cocti Auditores dictorum Computorum & Andreas de Maurogart Thefaurarius & Receptor generalis Dalphinalis. Cum per ipfum Thefaurarium & Receptorem generalem Dalphinalem peteretur à dictis nobilibus Antonio & hæredibus dicti Michaëlis de Navachia, ut eidem folverent Placitum
mifericordiæ per eos domino noftro Dalphino debitum ; *Primo* ob
mutationem præfati domini noftri Dalphini ; *Secundo* pro parte
dictorum hæredum ob deceffum dicti Michaëlis eorum quondam
patris pro eorum parte jurifdictionis, hominum, cenfuum & aliorum jurium, etiam pro omnibus aliis eorum bonis paternis & ma-
ternis quæ habent & poffident in locis & mandamentis Bardonenchiæ, Navachiæ & Beulari particulariter defignatis in deno-
minatione particulari per eos hodie traditâ in Camerâ dictorum
Computorum, tandem per modum compofitionis factæ cum eodem nobili Antonio, tam nomine fuo proprio, quam tutorio &
curatorio nominibus dictorum liberorum & hæredum dicti Michaëlis, convenit ipfe Antonius & promifit folvere in Thefauraria
Dalphinali, habito prius juramento ab eodem Antonio fuper vero
valore annuo dictorum bonorum moventium de feudo Dalphinali, fummam quatuordecim librarum Turonenfium monetæ
regiæ & Dalphinalis. Bovis.

Il est vray que si c'est un heritage emphiteutique pour raison duquel le plait à mercy soit reconnu, je trouve que ce Plait n'est autre chose communément que le double de la cense. L'usage en doit être la regle, & à défaut d'usage ou de titre, j'estime qu'il s'en faut tenir à ce qui est plus favorable au tenancier.

Sur ce sujet il se présente une question digne d'être touchée.

QUESTION. I.

Si les alimens du Vassal, qui n'a pour y subvenir que le fief sujet au Plait à merci, doivent être déduits sur les fruits de l'année destinée au Seigneur.

'Affirmative est fondée sur la maxime des Feudistes, que le vassal est obligé de nourrir son Seigneur qui est pauvre, à l'exemple de l'affranchi qui devoit fournir les alimens à son Patron, comme raisonne Bartole sur la Loy 6. §. 1. *D. De lib. agnoscend.* & avant lui Guillaume Durand surnommé *Speculator in §. 1. verf. Sed nunquid dominus. Tit. Qui filij sint legit.* où il agite la question de part & d'autre par divers argumens. Et puisque le vassal est obligé de défendre la vie & l'honneur de son Seigneur au peril même de la sienne, à plus forte raison le doit-il nourrir s'il est tombé en necessité, dit Godefroy sur la Coûtume de Normandie art. 124. Ainsi nous voyons dans le Rescrit du Pape Clement, *Cap Nobis in fine. De jur. Patron.* au chapitre 51. du Sinode de Tours & dans Archidiac *in can. Si plures 12. Quest.* 7. que les Eglises doivent à leurs fondateurs le même office de pieté. Et parce que l'obligation est reciproque entre le Seigneur & le vassal, & que ce qui est ordonné pour l'un est censé l'être pour l'autre, suivant Alvarottus *in cap. Præt. in 2. not. Quid sit investit.* il s'ensuit que le Seigneur est obligé de sa part à fournir les alimens à son vassal qui est tombé en pauvreté, comme il est décidé formellement par Jean Bapt. de Caccialupis de S. Severino *in Repet. c. 1. art. 6. concord. 15. De feudi cognit. in usib. feud.* A quoy se rapporte cette loy de Paulus 18. *De operis libert. suo victu vestituque operas præstare debere libertum Sabinus ad Edictum Prætoris urbani libro quinto scribit. Quod si alere se non possit, præstanda ei à patrono alimenta.* Et en effet la loy *Ælia Sentia* prive les Patrons des services & de l'heredité de leurs affranchis qu'ils n'ont pas nourris dans leur necessité. Ainsi la Coûtume de la Marche art. 131. porte que le Seigneur peut lever la taille aux quatre cas en une même année pour plusieurs desdits cas *s'ils échéent en une même année, pourveu qu'elle soit imposee sur ses hommes raisonnablement, & deducto ne egeant.* Et sur le sujet de cette question Me Charles du Moulin *Tit. des fiefs §. 3. gloss. 6. num. in verbo Vulquecin.* dit qu'aux fiefs qui se

gouvernent

gouvernent par la Coûtume du Vexin auſquels le Relief eſt dû à toutes mutations, *ſi contingat vaſſallum mori relictis pluribus filiis minoribus,
qui non habent aliundè unde vivant, tunc debent prius alimenta accipere de
fructibus illius anni pro illo anno, dominus pro ſuo relevio contentus eſſe debet
reliquo fructuum dicti anni, deductis illis alimentis.* Sans que le vaſſal ſoit
obligé d'aliener ou d'engager la proprieté du fief pour ſa nourriture,
parce qu'en fait d'alimens ils ne doivent être pris que ſur les fruits. *L.
Qui bonis. D. De ſucceſſione bonorum, & ibi Bartolus & Angelus.*

D'ailleurs s'agiſſant d'un Plait odieux il ſemble juſte de lui donner
une reſtriction favorable, ſuivant quoy Mᵉ Charles du Moulin au lieu
que je viens d'alleguer, dit qu'il a fait donner un Arrêt aux termes
de la Coûtume du Vexin : *Ex quibus apparet,* ajoûte-t'il, *valdè iniquam
eſſe contrariam conſuetudinem Senonenſem. §. 204. in veteri, & §. 200.
in nova, ubi nimis ſegniter ſe ſe geſſerunt Delegati, quod hanc duritiem tranſ-
miſerunt nec corrigendam admonuerunt.* L'article de la Coûtume de Sens
qu'il appelle injuſte eſt en ces termes. *Si le Seigneur feodal tient en ſa
main les Terres des mineurs qui n'ont aucuns meubles, parens, gardes, ne de
quoy vivre, il n'eſt pourtant tenu s'il ne lui plait, de nourrir & gouverner
leſdits enfans, ne de payer la rente ou rentes à vie à une n'a deux filles de
ſon vaſſal trépaſſé, auſquelles leſdites rentes pourroient avoir été conſtituées.* Sur
lequel article le même du Moulin fait cette annotation. *Iniquiſſima eſt
conſuetudo, veu même que ſouffrance eſt dûë aux mineurs, & contrarium ob-
tinui per Arreſtum Parlamenti Pariſienſis, in terminis Conſuetudinis de Chaumont aut Vexin François.*

Au contraire Balde ſur la loy 1. §. *Sed ſcimus C. De Latin. toll.* &
aprés lui Udalricus Zazius *in Epitome feud. part. 7. n. 4.* tiennent que
le vaſſal n'eſt point tenu de nourrir le Seigneur qui eſt tombé en pauvreté, *niſi ex vaſſali facto inops factus eſſet,* en quoy, dit le dernier, la
condition du vaſſal eſt meilleure que celle de l'affranchi. Et à cela ſe
rapporte l'Arreſt du Parlement de Bordeaux dans Boerius *deciſ. 148.*
Ce qui eſt de la pratique de France remarquée par Mᵉ René Choppin ſur la Coûtume d'Anjou livr. 2 chap. 3. n. 3. D'où il s'en ſuit à
plus forte raiſon que le Seigneur n'eſt point obligé de relâcher de ſes
droits par la pauvreté du vaſſal.

Et de fait Berault ſur la Coûtume de Normandie art. 124. rejette
l'opinion contraire de Godefroy dont j'ay fait mention.

Ainſi par la Coûtume de Melun art. 80. *le Seigneur qui a fait ſaiſir
le fief mouvant de lui n'eſt tenu nourrir le proprietaire dudit fief, encore qu'il
fût mineur & qu'il n'eût aucuns biens, & ſi n'eſt tenu payer penſion de Religieuſes, rentes ou autres charges conſtituées ſur ledit fief, ſi leſdites rentes n'é-
toient anciennes, ou infeodées par le Seigneur.* Le Grand Coûtumier liv. 2.
tit. de la Coûtume des fiefs dit auſſi; *Si l'enfant eſt pauvre & qu'il n'ait
de quoy vivre, ne ſera le Seigneur de rien tenu lui ayder à vivre.*

Néanmoins l'uſage de Dauphiné ſemble être conforme à l'Arrêt
dont fait mention Mᵉ Charles du Moulin, puiſque l'hommage de Jean
de Bardonenche ſous le Plait à mercy que j'ay rapporté cy-deſſus,

porte ces mots, *Hospitio tamen suo proviso remanente secundùm suam facul-*
tatem, prout confuetum est tempore præterito. Mais comme cet ufage n'eft
fondé que fur l'équité, le vaffal qui tient le fief à la charge du Plait
à mercy, n'en doit pas retenir tous les fruits fous pretexte qu'ils lui
font neceffaires pour fa nourriture, au préjudice du Seigneur qui ne
peut être privé de tout fon droit par le fait du vaffal, *& ex causâ*
extrinfecus fuperveniente. Ce que je ne trouve point reglé que dans la
Coûtume d'Anjou art. 108. qui porte *qu'en tous les cas où la Terre du*
mineur chet en rachat, le Seigneur qui leve tel rachat fera tenu laiffer le tiers
du revenu d'icelle terre pour la nourriture & entretenement dudit mineur n'a
autres terres cenfives dont convenablement il puiffe être nourri & entretenu fe-
lon fon état. Coûtume qui doit être fuivie de celles qui n'en difpofent point, comme plus équitable fuivant l'avis de M. Tronçon fur
la Coûtume de Paris art. 3. fur le mot *à toutes mutations.*

Il y a des lieux où le Plait à mercy a été moderé au double de la cenfe
par conceffion des Seigneurs, comme à Chabüeil par Lettres patentes
de Jean Dauphin données à Avignon le 10. de Janvier 1314. qui font
inferées dans un livre de la Chambre des Comptes intitulé : *Tertius fcrip-*
turarum Vienn. & Valent. marqué par Y. fol. 220. dont j'ai tiré les
claufes fuivantes.

R Adulphus dominus de Gaucourt; &c. Nos Joannes Dalphinus Viennenfis & Albonis Comes, dominúfque de Tür-
re. Univerfis & fingulis hoc præfens privilegium infpecturis
rei geftæ notitiam cum falute. Noverit univerfitas veftra,
quod nos fubditorum noftrorum hominum de Caftro noftro
Cabeoli, & infra Mandamentum ejufdem Caftri utilitatem &
commodum intuentes pro nobis ac aliis noftris fucceffibus univerfis & fingulis in perpetuum damus, concedimus omnibus
hominibus nunc & in pofterum habitaturis in dicto Caftro de
Cabeolo & infra Mandamentum ejufdem plenas, perfectas libertates, franchifias, & immunitates fecundùm quod inferius
continetur. Imprimis volumus & concedimus, quod ipfi fint liberi & immunes omni taillâ, toltâ, corvatâ, complaintâ, quæf-
tâ, angariâ, parangariâ, operâ, manuoperâ, ab omni fom-
mey & charrey, & quilibet fit immunis fœno paleáque, &
dare, deportare vel facere nullatenus teneatur. Item volumus &
concedimus; quod bona & res hæreditatis, &c. Item volumus
& concedimus quod omnes res & poffeffiones quæ funt infra
Mandamentum Cabeoli quæ à nobis tenentur vel ab alio quocunque fub annuo cenfu, & ad *Placitum de mercy* mutatione
novi domini feu poffefforis, ab inde in antea fint, remaneant,
& effe debeant fub dicto annuo cenfus tantùm in mutatione no-

vi domini & poſſeſſoris. Si verò dictæ res ſeu poſſeſſiones venderentur, quod in illo caſu retinemus nobis, & noſtris ſuccef-
ſoribus & aliis à quibus tenerentur terdecimum denarium tantùm & hoc ab emptore. Item volumus & concedimus omnibus quibuſcunque res & poſſeſſiones habentibus, in dicto Caſtro
Cabeoli, ſeu in Mandamento ejuſdem quod ſine conſenſu vel
requiſitione noſtrâ noſtrorúmque Caſtellanorum dicti loci Cabeoli res & poſſeſſiones eorum poſſint vendere, vel alio modo
quocunque voluerint alienare, ſolvendo tamen nobis vel Caſtellano noſtro dicti loci Cabeoli & aliis à quibus tenerentur terdecimum denarium tantùm, & incontinenti teneantur prius
recepto deveſtimento inveſtire emptorem ſine aliquâ dilatione.
Item volumus & concedimus, quod res & poſſeſſiones feudales,
retrofeudales, franchæ & liberæ remaneant in ſuâ priſtinâ libertate prout & ſicut alias fuit uſitatum, &c. Acta ſunt hæc
apud Ayenionem in domo Magiſtri Hugonis Belmondi anno
Domini 1314. videlicet 10. menſis Januarii. In quorum omnium teſtimonium præmiſſorum, in robur & teſtimonium
veritatis ſigillum noſtrum huic præſenti privilegio duximus apponendum. Expedita per nos ore tenus, aſſiſtentibus nobis venerabili viro domino Priore Sancti Valerii, domino Hugone de Comeriis, domino Hugone de Podio, domino Stephano de Poypa Militibus, domino Humberto Clareti, domino Joanne de Heriis Capellano noſtro, Andreveto Suppi, Alberto Jaquemeto de Clarâ.
Ainſi je ne fais point de doute que ſi les habitans d'une Terre ſont
en poſſeſſion de payer quelque ſomme ou certaine meſure de grains
pour le Plait à mercy, qu'il ne s'y faille tenir : Car quant à la forme
de payer les droits Seigneuriaux, il faut principalement conſiderer la
Coûtume & la poſſeſſion, ſuivant cette loy de Valentinian & de Valens. *C. De agricol. & cenſit. Domini prædiorum id quod terra præſtat acci-*
piant ; pecuniam non inquirant, quam ruſtici optare non audent : niſi conſuetu-
do prædii hoc exigat. Que Bertole explique de cette ſorte. *Si pro certâ*
annuâ penſione frumenti locatio facta eſt, tenetur colonus ad ipſum, non ad præſ-
tationem pecuniæ, niſi conſuetudo ſit, ut non obſtante pacto pecunia tribuatur.
Ce qui eſt plus étendu par Joannes Plateanus & par Rebuffe ſur la
même loy. D'où vient qu'en beaucoup de Provinces les redevances
ſont appellées *Coûtumes* : qui eſt un terme dont a uſé Goffridus Abbé de
Vendôme il y a plus de cinq cens ans. *Epiſt. 2. lib. 1. &* encore *Epiſt.*
20. lib. 5. où il écrit à Guillaume Duc de Guienne. *Hanc ad præſens*
remunerationem quæro, ut conſuetudines, ſeu exactiones, qua terris noſtris Præ-
poſiti veſtri violenter impreſſerunt ; quas tamen terras religioſi Principes præde-
ceſſores veſtri, & Monaſterii noſtri fundatores, abſque conſuetudine vel quali-
bet exactione donaverunt, Deo & loco noſtro relinquatis, &c.

Je paſſe à d'autres queſtions qui ſont de mon ſujet.

QUESTION II.

Si le Plait eſt dû en ſucceſſion directe.

C'Eſt une maxime en Droit tirée de la Loy finale *C. De impuber. & aliis ſubſtit.* que le pere & le fils paſſent pour une même perſonne, à cauſe dequoi la ſucceſſion des enfans n'eſt pas tant une héredité qu'une continuation de ſeigneurie, & que même pendant la vie des peres, ils ſont reputez en quelque façon maîtres de leurs biens, *ſui hæredes,* & comme porte le mot Grec αὐτοκληρονόμοι. *Itaque poſt mortem patris non hæreditatem percipere videntur, ſed magis liberam bonorum adminiſtrationem conſequuntur* dit Paulus *L. In ſuis D. De liber. & poſth.*

C'eſt pourquoi la vingtiéme des héredités introduite par Auguſtin *locupletandi ærarii cauſâ* dont parle Dion livre 55. n'avoit point de lieu en ſucceſſion directe, non plus que le droit de caducité, ni celui qui s'appelloit *Quarta Curiæ,* dont il eſt fait mention *L. 1. & 2. C. Quando & quibus quarta pars debetur ex bonis Decurionum lib. 10.*

Sur ce fondement Tiraqueau *in Repet. L. Si unquam. C. De revocand. donat. in præfat. n. 9* établit cette maxime que le fils après la mort de ſon pere *non dicitur in feudo ſuccedere, ſed illud retinere.*

Tellement qu'en la pluſpart des Coûtumes de France il n'eſt point dû de Relief en ſucceſſion directe. Il me ſuffira de rapporter celle de Paris art. 3. en ces termes. *Quand aucun fief échet par ſucceſſion de pere, mere, ayeul ou ayeule, il n'eſt dû au Seigneur feodal dudit fief par les deſcendans en ligne directe que la bouche & les mains avec le ſerment de fidelité.* Il eſt vray qu'à la ſuite de cet article les fiefs qui ſe gouvernent par la Coûtume du Vexin le François en ſont exceptés, où le Relief eſt dû à toutes mutations, comme à Pontoiſe & au Comté de Chaumont: A quoy ſe trouvent conformes quelques autres Coûtumes locales.

Mais cette ſorte de Relief eſt appellée par Mᵉ Charles du Moulin exorbitante & odieuſe, dont la preuve eſt rejettée ſur celui qui le prétend: Et quoique la Coûtume de Paris uſe de ces mots *à toutes mutations,* Senlis art 156. & Clermont en Beauvoiſis art. 74. de ceux-cy *à toutes mains & mutations,* ſi eſt-ce qu'ils ne doivent être entendus que des mutations venans du côté du vaſſal & non de celui du Seigneur, comme a remarqué le même du Moulin.

En Languedoc les *Acaptes* dont j'ay fait mention au commencement de ce Traité ſont deus par le décès de l'emphyteote, & les *Rierecaptes* par celui du Seigneur, même de pere à fils, comme je l'apprens de Maynard liv. 4. chap. 45. de ſes *Notables queſtions du Droit écrit,* & de Guillelmus Benedicti *in cap. Rainuntius in verbo. Mortuo itaque teſtatore n. 61.*

Il en eſt de même en Dauphiné, où il eſt certain que par l'uſage

le

le Plait eſt dû en ſucceſſion directe par la mutation du Seigneur ou
du poſſeſſeur, ou de tous les deux enſemble ſelon qu'il eſt reconnu,
comme juſtifient à l'égard du poſſeſſeur les actes de compoſition du
Plait à mercy que j'ay rapporté, auſquels j'ajoûteray les deux ſuivans;
L'un tiré du livre *Retentionum ab anno 1484. fol. 219.*

Die 14. menſis Novembris 1498. in Stricto Conſilio magnifici Delphinalis Parlamenti, quo erant domini Joan. Palmerii
Miles & Præſidens, A. Putodi, Jaffr. Caroli, P. Laterii, Joan.
de Ventes legum Doctores, nec non Joan. Sauvage, Steph.
Audrici, & Eyn. Flehardi Auditores Computorum Delphinalium. Cum ex partè domini Theſaurarii & Receptoris finan-
ciarum Delphinalium compellerentur ſupra nominati nobiles
Franciſcus & Joannes Ambroſii fratres, nec non Alziarius Ambroſii ad ſolvendum per eoſdem Placitum ad miſericordiam debitum domino noſtro Regi Delphino ob mortem prædictorum ſuorum patrum, pro quo Placito debent valorem unius
anni ad quem aſcendere poteſt valor quartæ partis dictæ eorum
juriſdictionis, cenſuum & aliorum jurium moventium à præfato domino noſtro Delphino, eidem in prædicto loco Beularii & Bardonenchiæ debitorum & pertinentium plenè deſigna-
torum in quodam quaterno papyri die præſenti per præfatum
Simondum exhibito, inſequendoque compoſitionem nuper per
ſupra nominatos quondam Petrum & Balduinum factam in libro Retentionum ab anno, &c.

L'autre tiré du compte de la recette générale en parchemin rendu
par Meſſire Nicolas Erland en l'année 1472.

P L A I T S.

DE *Guillaume Allemand Eſcuyer Seigneur de Sechiline pour quatre Plaits*
qu'il devoit à Monſieur le Dauphin; le premier par le décès de feu Mon-
ſieur Loüis Duc de Guyenne Dauphin de Viennois; le ſecond par le décès de
feu Monſieur Jean Duc de Berry Dauphin de Viennois; le tiers par le décès
de feu Meſſire Jean Allemand Chevalier ayeul paternel dudit Guillaume; &
le quart par l'obit & décès de Jean Allemand fils dudit Chevalier, & pere du-
dit Guillaume: C'eſt à ſçavoir pour chacun Plait 25. L. Tour. Et ainſi mon-
tent leſdits quatre Plaits 100. l. Tourn. qui receus ont été par les mains de
Pierre Chamoux le 19. jour d'Aouſt 1441.
Pour ce   100. liv. *Tourn.*

Je pourrois alleguer quantité d'autres preuves de cet uſage tirées
des Comptes de la recette générale ou des Châtellenies, ſi le rapport
n'en étoit ennuyeux.

De ſorte qu'il ne faut pas tirer à conſequence l'Arreſt de la Dame

D

de Vinay dont j'ay parlé cy-deſſus, qui porte le déboutement du
Plait par le décès de l'emphiteote, & l'adjuge par celui du Seigneur.
Il faudroit avoir veu les titres ſur leſquels il a été donné.

La Coûtume eſt la principale regle des droits Seigneuriaux : Ce qui
a fait avoüer à Guillelmus Benedicti au lieu ſus-allegué que les Acaptes ſe payent en ligne directe *ex conſuetudine*, contre la diſpoſition du
Droit. Ainſi nous apprenons d'Argentré qu'en Bretagne le Relief eſt
dû même de la ſucceſſion directe du vaſſal.

Quant au Plait dû par la mutation venant du côté du Seigneur,
l'uſage en eſt aſſez juſtifié par l'Arreſt du Conſeil Delphinal que je rapporteray en la queſtion ſuivante, & par celui qui fut donné par le
Parlement l'an 1487. contre les habitans de Château-double, de
Charpey & de Rochefort, dont voici l'extrait que j'ay tiré du ſecond
livre *Copiarum Valentin. & Dienſ.* marqué par CC. fol 194.

PHilippus de Sabaudia Comes Baugiaci, dominus Breyſſiæ,
Gubernator Delphinatûs, univerſis & ſingulis harum ſerie
notum fieri volumus, quod anno & die ſubſcriptis, per Curiam
Parlamenti Delphinatûs, partibus inferius nominatis ad definien-
dum aſſignata, in quadam ſupplicationis cauſa, coram ipſa Curia Parlamenti Delphinatûs mota, & aliquantulùm agitata, inter
incolas & homines Mandamenti Caſtri duplicis ſupplicantes ex
unâ, & egregium virum dominum Procuratorem Fiſcalem gene-
talem Delphinatûs pro juribus & intereſſe Delphinali ſupplicatum
partibus ex altera : Coram dicta Parlamenti Curia horâ audien-
ciæ comparuit Petrus Cabodi procuraror & procuratorio nomine
ſupradictorum incolarum & hominum Mandamenti Caſtri duplicis ſupplicantium, petens & requirens partem adverſam excludi
à dicendo adverſus articulos ſuos, & reſponderi illis & ipſos haberi pro confeſſatis, & terminum ad illos probandum ſibi dari &
aſſignari, & ita ordinari. Comparuit ibidem in oppoſitum ſupra-
dictus egregius Procurator Fiſcalis generalis Delphinatûs petens &
requirens articulis partis adverſæ nonobſtantibus in dicta cauſa
definiri, & Sententiam definitivam pro ejus parte ferri, partemque
adverſam in expenſis in dicta cauſa factis condemnari, & ita interloqui. Et dicta Parlamenti Curia die præſenti aſſignationem
inſequendo. In primis viſis binis ſupplicationibus & Litteris cum
decreto in pede unius ipſarum ſupplicationum deſcripto, ſuper
quibus præſens cauſa exordita extitit pro parte dictorum hominum ſupplicantium tenoris ſequentis. Magnifico Dalphinali Parlamento humiliter exponendo ſupplicatur pro parte hominum &
habitantium Caſtri duplicis in Valentineſio, ſuper eo quod licet
ipſi ſupplicantes non teneantur ad aliqua mutagia propter mor-

tem Francorum Regis domini noftri Delphini quondam ultimo
vita functi, nihilominùs tamen nobilis Caftellanus ejufdem loci
fupplicantes compellit ad folvendum dicta mutagia de rebus quas
tenent de directo domino dicti domini noftri Delphini. Quæ
nunquam folverunt, nec fui anteceffores per mortem alicujus
Principis nec poffefforis, etiam non tenentur ex morte : Et fi tenerentur, prout non tenentur, ex nativitate domini noftri Francorum Regis Delphini, tamen mutatio non foret facta ex morte
defuncti, fed ex nativitate viventis; Quare recurrunt ad ipfum
magnificum Delphinale Parlamentum, ut dignetur eidem nobili
Caftellano inhiberi mandare, & aliis quibus fuerit inhibendum,
ne ulterius contra ipfos occafione præmifforum procedere habeant,
donec cognito per ipfum laudabile Delphinale Parlamentum, Litteras in præmiffis fi placet concedendo opportunas. Videant domini Cameræ & referant. Viderunt domini Computorum, &
referunt vifitaffe antiquas & novas recognitiones Caftellaniæ Caftri duplicis per quas homines dicti loci, & ibidem commorantes,
tenentes poffeffiones de directo dominio domini noftri Delphini indifferenter debent mutagia duplicia in mutatione cujuflibet domini
& poffefforis : Et propterea videtur dictis dominis Cameræ compel-
lendos fore dictos homines ad folvendum dicta mutagia. Scriptum die nonâ Martii 1484. Bovis. Magnifico Dalphinali Parlamento humiliter exponendo fupplicatur pro parte hominum &
habitantium Caftri dublicis fuper eo, quod pridem ipfi fupplicantes eidem magnifico Dalphinali Parlamento fua quæ exhibentur
fupplicata porrexerunt, fuper quibus fuit eifdem provifum quod
domini Cameræ viderent, & referrent, qui referunt, fecundùm
recognitiones, eofdem teneri, ut conftat eorum relatione : Verùm quia nunquam talia mutagia fuerunt foluta in mutatione
alicujus domini nec poffefforis, etiam jura habent & libertates, ut
dicunt, per quæ dicunt fe non teneri; Quare recurrunt ad ipfum
magnificum Dalphinale Parlamentum, ut dignetur ipfos audire
in juribus fuis, & terminum eifdem congruum dare ad ipforum
jura perquirendum, & de illis dicendum, ipfos interim relaxari
mandare ab arreftis quibus detinentur, & aliàs fibi provideri,
prout eidem magnifico Dalphinali Parlamento videbitur providendum, Litteras fi placet concedendo opportunas. Francifcus
Comes Dunenfis & Longueville, dominus de Partenay, Magnus
Chambellanus Franciæ, Gubernator Dalphinatûs, primo Caftellano, Servienti, vel Officiario Dalphinali fuper hoc requirendo
falutem. Visâ per Curiam Parlamenti Dalphinalis fupplicatione

iis annexâ, eidem pro parte hominum & habitantium Caftri
duplicis in eâ nominatorum oblatâ, cujus tenore confiderato,
ipfis fupplicantibus inftantibus vobis harum ferie præcipimus &
mandamus, quatenùs adjornetis Procuratorem Fifcalem Generalem Dalphinalem fupplicatum compariturum apud Gratianopolim in & coram dicta Parlamenti Curia ad certam & competentem diem eidem præfigendam & nobis notificandam, horâ au-
dienciæ refponfurum fupplicatis, & dicturum cur fupplicata fieri
non debeant cum nominatione quod aliàs dictis fupplicantibus
ut juris fuerit, providebimus. Datum Gratianopoli die nonâ
menfis Martii, anno domini millefimo quatercentefimo octava-
gefimo quarto, à Nativitate fumpto. Per dominum Gubernatorem ad relationem Curiæ, quâ erant domini Gaufr. de Ecclefia,
Jacob. Roberteti, Joann. Raboti, Guido de Monteforti, & Claud.
Laterii Doctores. Materonis. Vifo etiam quodam Refcripto Regio, & Dalphinali cum articulis ipfum Refcriptum declaranti-
bus, pro parte dictorum fupplicantium productis, & in dicto
proceffu regiftratis & adjunctis quorum tenores fequuntur. Charles par la grace de Dieu Roy de France, Dauphin de Viennois,
Comte de Valentinois & Diois, à nos amez & feaux Confeillers
les Gens de nôtre Parlement de Dauphiné, Salut & dilection. De
la part de nos bien amez les manans & habitans de Chafteldou-
ble, Charpey & Rochefort, nous a été humblement expofé que
jaçoit que de tous temps & d'ancienneté, & de tel & fi long-
temps qu'il n'eft memoire du contraire, lefdits expofans & leurs
prédéceffeurs habitans defdits lieux ayent accoûtumé & toûjours
été francs, quittes & exempts de payer aucuns muages pour raifon
de leurs héritages à nos prédéceffeurs Dauphins par décès d'aucuns d'iceux nos prédéceffeurs, & n'ayent jamais été contraints à
ce faire, toutefois nôtre Treforier Delphinal ou aucuns nos Officiers Delphinaux qui n'a gueres ont voulu & fe font efforcez contraindre iceux expofans à payer muages par le décès de feu nôtre
très-cher Seigneur & pere que Dieu abfolve, à caufe de leurs héritages ou autrement jaçoit, ce que lefdits Expofans nous payent
tous nos droits anciens & contribuënt à nos Tailles & Aydes comme nos autres fujets dudit pays, qui eft à leur grand préjudice &
dommages, fi comme ils nous ont fait dire & remontrer humblement, requerant fur ce nôtre provifion & remede de juftice,
leur être impartis; Pourquoy Nous, ces chofes confiderées, que
ne voulons nos fujets aucunement être moleftez ne travaillez, ne
aucune nouvelle coûtume, truage ou fubfide être levez ne exigez

sur eux, Vous mandons, commandons & expreſſément enjoignons que appellez nôtre Procureur Delphinal & autres qui pour ce
feront à appeller, s'il vous appert que de tous temps & d'ancienneté leſdits Expoſans ayent été francs, quittes & exempts de payer
leſdits muages, & que jamais aucune choſe ne leur en ait été demandée, & que néanmoins nôtredit Treſorier ou autres Officiers
Delphinaux ſe ſoient efforcez de prendre & lever ſur eux leſdits
muages ſans commiſſion ne mandement émané de nous, vous en
ce cas tenez & faites tenir francs, quittes & exempts, leſdits expoſans de payer leſdits muages, en faiſant faire très-expreſſe inhibition & défenſe de par nous certaines & grands peines à nous
à appliquer auſdits Treſorier & autres nos Officiers Delphinaux
qu'il appartiendra, que dorefnavant ils ne levent, prennent, ne
demandent auſdits expoſans leſdits muages, & ſi leurs corps ou
aucuns de leurs biens ſont ou étoient pour ce pris, ſaiſis, arrêtez
ou autrement empêchez ; mettez les leurs ou faites mettre incontinent & ſans délay à pleine délivrance, en contraignant à ce faire
& ſouffrir nôtredit Treſorier & autres Officiers Delphinaux qu'il
appartiendra, par prinſe de leurs biens en nôtre main, & par toutes autres voyes & manieres dûës & raiſonnables, en faiſant ſur
ce bonne expédition & juſtice : Car ainſi nous plait-il être fait,
nonobſtant quelconques Lettres ſubreptices impetrées ou à impe-
trer à ce contraires. Donné à Montargis le 16. jour d'Octobre l'an
de grace mil quatre cens quatre-vingt quatre, & de nôtre Regne
le ſecond. Par le Roy Dauphin en ſon Conſeil, auquel le Comte
de Clermont, l'Evêque de Perigueux, le Preſident d'Oriole, le
Sire de l'Iſle, Maîtres Charles de la Vernade, Pierre de Sacier-
ges, Eſtienne Paſcal, & Philippes Bodot, Conſeillers & Maîtres des Requêtes ordinaires, & autres étoient. Damon. Pro
declaratione Juris & Reſcripti hominum & habitantium Caſtri
duplicis & conſortium in Valentineſio contra partem nobilem
& dominum Theſaurarium patriæ Delphinatus ex parte ipſorum hominum proponuntur ſequentia, quibus quantùm in facto conſiſtunt, petunt ex adverſo reſponderi, & negata ad probandum admitti, probationi ſuperfluæ minimè ſe aſtringendo ;
Et primò quod pridem ipſi habitantes ante tranſportum Comitatus Valentineſii & priuſquam fuerint uniti Delphinatui ipſi
erant immunes & exempti ab omni vinteno, taliâ, & aliis
ſubſidiis ad quæ nunc contribuunt. Item quod ſi conſtet ipſos
homines aliquo tempore recognoviſſe mutagia aliqua ob mutationem novi domini & poſſeſſoris quod minimè credunt, nec

in sui præjudicium confiteri intendunt, hoc fuit tempore quò
erant subjecti ipsi Comiti quo tempore non ad aliud tenebantur tributum. Item, & quæ mutagia non solvebant per decessum eorum domini cui filius ejus succedebat, quia talis non
dicitur mutatio domini; Imò eadem persona reputatur, & dum
locus erit de Jure deducetur. Item & si constet eorum antecessores aliquo tempore fuisse obnoxios ad ipsa mutagia quod non
credunt, nec in sui præjudicium confiteri intendunt, est tamen
absque eo & præter id quod ipsi illa aliquo tempore solverint
eidem domino Comiti, & quod solverint negant. Item & si
constet de illis mutagiis aliquo tempore fuisse inesse, & ipsos
vel eorum antecessores fuisse astrictos quod minimè credunt,
nec in sui præjudicium fateri intendunt, illa fuerunt per ultimum Comitem Valentinensem remissa, & dum locus erit osten-
detur. Item & dum ipse Comitatus fuit unitus patriæ Delphinatus, hoc fuit libertatibus & privilegiis concessis habitantibus ipsius patriæ Delphinatus. Item & qui Delphinales subditi erant
& sunt exempti & immunes ab ipsis assertis mutagiis. Item &
ita fuerunt tenti & habiti ipsi habitantes Castri duplicis, & consortes à die quâ fuerunt uniti Delphinatui per spatium quater
viginti, vel centum annorum. Item & adeo quod per decessum
alicujus Regis Francorum Delphini domini nostri non fuit aliquid petitum nec exactum ad causam ipsorum assertorum mutagiorum, & quod fuit negatur. Item quod non immerito;
quia non dicitur mutatio domini de patre in filium, vel hæredem, imò eadem censetur persona, ut dum locus erit in Jure
deducetur. Item & alia ratione, quia loco ipsorum assertorum
tributorum, alia eisdem sunt imposita tributa, ad quæ non tenebantur ante hujusmodi unionem factam, velut talliæ Dalphinales;
Francorum Archeriorum, & alia onera vinteni eorum fructuum,
quæ sunt sibi insupportabilia. Item nec obstant eisdem quædam
assertæ recognitiones, quibus se juvare intendit pars fiscalis quia
illæ fuerunt factæ, si de illis appareat; ut non creditur, erroneè,
& insequendo priores factas Comiti Valentinensi, qui non
exigebat ab eisdem in mutatione facta de patre in filium, &
etiam qui eos ab aliis oneribus tenebat exemptos. Et sic pars fiscalis nunquam ab eisdem ipsa asserta mutagia exegit per aliquam
mutationem Regis Francorum Dalphini, à tempore quo uniti
sunt, & satis est grave nunc eos velle inducere ad istud onus,
ubi aliàs non possunt suportare onera, & ista est mens & voluntas serenissimi Principis domini nostri Caroli octavi Francorum

Regis Dalphini. Item quod præmissa sunt vera, notoria & mani-
festa, & de ipsis est vox & fama publica. Ex quibus præmissis
apparet ipsos homines ad ipsa asserta mutagia non teneri, & parti
Fiscali silentium imponi debere, quoad exactionem ipsarum,
eorúmque Rescriptum esse interinandum juxtà ipsius formam &
tenorem : Et ita petunt ordinari , & aliàs debitam sibi ministrari justitiam, officium quod decet, humiliter implorando. A. Gi-
rodi. Visâ pariter quâdam cedulâ pro parte fiscali supplicatâ productâ & processui adjunctâ incipiente. In causa asserti Rescripti.
Consequenter visis attestationibus testium pro parte dictorum hominum supplicantium super dictis articulis examinatorum productis rectè & legitimè publicatis & dicto processui adjunctis, exor-
dientibus. Homines Castri duplicis. Pari modo visâ quâdam cedulâ pro parte fiscali supplicatâ productâ, & processui adjunctâ,
cujus tenor talis est. Pars fiscalis proponit & pro notorio haberi
petit quod tempore decessûs recolendæ memoriæ domini Caroli
septimi Francorum Regis , Delphinatus & Comitatus Valentinensis & Diensis spectabant pleno jure serenissimo domino Ludovico Delphino & inde Francorum Regi effecto, dictúsque
Delphinatus regebatur & gubernabatur nomine ipsius domini
Ludovici Delphini, prout notorium est , per cujus domini Ludovici mortem petuntur Placita & mutagia; de quibus agitur. Item
etiam quod fuit & est absque eo & præter id quod dicti Delphinatus & Comitatus tempore mortis ipsius Caroli Regis Francorum septimi spectarent nec pertinerent nec suo nomine nec per
ejus Officiarios regerentur & gubernarentur. Item & ab ideo nihil habet obstare, quod ex adverso pro parte dictorum hominum
proponitur , quod ad mortem ipsius domini Caroli non solverant
Placita & mutagia, quia non fuerunt ab eis petita, eo quòd tempore
suæ mortis non erat Delphinus nec Comes, sed per antè, dum ipse
dominus Ludovicus erat Delphinus & Comes, prout est notorium,
& pro notorio habere petit , & super hac notorietate petit pars
Fiscalis interloqui, producens recognitiones tàm antiquas quàm
novas in Camerâ Computorum existentes juxtà alia producta citrà binam informationem, & petit definiri & se licentiari, &
Rescriptum non esse interinandum, & aliàs sibi debitam justitiam ministrari, officium vestrum humiliter implorando. C. Laterii Advocatus. Tandem viso quaterno à Camerâ Computorum
Dalphinalium extracto pro dicta parte fiscali producto & sæpedi-
cto processui consueto & adjuncto ; Demùm visis quibusdam articulis pro parte dictorum hominum supplicantium productis ,

& dicto proceſſui adjunctis incipientibus. Licet pro parte fiſ-
cali &c. Poſtremò viſis poteſtatibus Procuratorum partium
jam dictarum, ac juris allegationibus pro ſupplicantibus tra-
ditis ac omnibus aliis hinc inde datis, & quæ partes ipſæ dicere & proponere voluerunt, ſignanter aſſignatione ad definien-
dum in proceſſu hujuſmodi factâ : Sedentes pro tribunali more
majorum non plus ad unam partem quam ad aliam inclinan-
tes, ſed cauſam & partes hujuſmodi æquo libramine æquáque
lance penſantes & adjudicantes, ſervatiſque juris ſolemnitati-
bus in talibus ſervari ſolitis ad ſuam definitivam Sententiam,
ſive Arreſtum proceſſit & procedit in hunc qui ſequitur modum, Dei nomine invocato, & ſigno venerabili Sanctæ Crucis
præmiſſo ſic dicendo ; In nomine Patris & Filii & Spiritûs ſanc-
ti. Amen. Supplicata hominum Caſtri duplicis fieri, Reſcriptum
quoque parte ipſorum, nec non hominum Charpeſii & Rupis
fortis interinari non debere Curia per ſuum Arreſtum dicit &
pronunciat, dictos homines Caſtri duplicis, Charpeyſii & Rupis fortis, illos videlicet qui res emphiteuticarias recognoviſſe
cum Placitis reperientur ſeu earum ipſarum poſſeſſores ad dicta
mutagia ob deceſſum bonæ memoriæ domini noſtri Ludovici
Regis Dalphini debita ſolvenda, juxta formam recognitionum,
in perſonam eorum Procuratoris, & contra condemnando. In
cujus rei teſtimonium ſigillum regiminis Delphinatûs præſentibus duximus apponendum. Datum Gratianopoli die ſeptimâ
menſis Aprilis anno Domini milleſimo quatercenteſimo octua-
geſimo ſeptimo. Per Dominum Gubernatorem ad relationem
Curiæ quâ erant dominus Præſidens, Gau. de Eccleſia, Jo. de
Ventes, Ja. Roberteti, Hen. Gauteronis, Jo. Flehardi, A. Muleti, & C. Laterii Advocatus Conſiliarii Dalphinales ; Eynardus
Pradelli & Steph. Audrici Computorum Dalphinalium Auditores : Beatricis.

Il y a même des lieux où le tenancier eſt obligé de payer les lods
au changement de Seigneur & de poſſeſſeur tant en ligne directe que
collaterale, dont Papon rapporte des Arrêts au Titre *Des droits Seigneuriaux chap. 28.* qu'il appelle ſinguliers & fort notables. A quoy les
habitans de la Terre de Grane en Valentinois ont été ſujets juſqu'au
8. de Septembre 1370. qu'Aymar de Poitiers Comte de Valentinois
les déchargea de ce droit de Lods & de Plait qui leur étoit inſupor-
table, par Lettres regiſtrées en la Chambre des Comptes au même
Livre intitulé *Secundus liber copiarum Valentin. & Dienſ.* marqué par CC,
fol. 206. Ce qui me ſervira d'occaſion pour exhorter les Syndics des
Communautez à qui les anciens Seigneurs ont octroyé des franchiſes

fes & des immunités d'en faire regiftrer les actes en la Chambre des Comptes pour en conferver la memoire contre les accidens de la guerre & du feu, ou même contre l'injuftice de quelques Seigneurs qui les fuppriment pour faire revivre les droits qu'ils trouvent dans leurs anciens titres, dont ils tâchent de couvrir la prefcription qui a lieu en Dauphiné, par les claufes générales que les Notaires ont accoûtumé de mettre au proëme des reconnoiffances qu'ils renouvellent par relation aux précedentes qui remontent aux plus anciennes.

Et en tout cas ils portent le different à un compromis dont il leur demeure toûjours quelque avantage fur leurs jufticiables. Ce que Juftinian en la loy *Cum fatis C. de agricol. & cenfit.* appelle violence par la défenfe qu'il en fait en ces termes. *Caveant autem poffefforum domini in quibus tales coloni conftituti funt, aliquam innovationem vel violentiam eis inferre : Si enim hoc approbatum fuerit, & per judicem pronunciatum, ipfe Provinciæ moderator, in quâ aliquid tale fuerit perpetratum, omnino provideat, & læfionem, fi qua fubfecuta eft eis refarcire, & fic veterem confuetudinem in reditibus præftandis eis obfervare, &c.*

Cette forte de patentes s'appelle communément *Chartres*, à caufe de quoy les Villes qui ont des anciens titres de leurs privileges & franchifes font appellées dans la Coûtume de Hainaut chap 84. *Villes chartrées*, comme dans les Capitulaires *homo chartularius* eft celui qui a le titre de fa franchife, *chartam & epiftolam ingenuitatis.*

Les Habitans de Grane trouveront quelque fatisfaction à voir ici le titre de leur liberté, qui peut-être n'eft plus dans leurs archives. Ce qui pourroit un jour donner fujet aux fermiers du Roy de renouveller le droit de Plait & de Lods à toutes mutations fur les anciennes reconnoiffances, fous pretexte de l'imprefcriptibilité du Domaine. Ceux à qui la lecture en feroit ennuyeufe paferont outre.

IN nomine Domini amen. Noverint univerfi & finguli præfentes pariter & futuri hoc præfens verum & publicum inftrumentum infpecturi, vifuri, lecturi ac etiam audituri, quod anno Incarnationis Domini 1370. & die 8. menfis Septembris fereniffimo Principe & domino domino Carolo Dei gratia Romanorum Imperatore, & fereniffimo Augufto ac Rege Bohemiæ regnante, & fpectabili & magnifico viro, & domino domino Aymaro Comite Comitatuum Valentinenfis & Dienfis etiam exiftente. Exiftentes & perfonaliter conftituti in præfentia dicti domini Comitis, noftrorumque Notariorum publicorum, & teftium fubfcriptorum Guillelmus de Ubaco Notarius, dominus Reynaudus Marcelli Prefbyter, Guillelmus Roberti, Guillelmus Rigoti, Guillelmus Simundi, Petrus Laurentii aliàs Beulayga, Jacobus Creyffentis, Jacobus Baudeti, Bartholomæus Ribaudi, Guillelmus Marfurni, Martinus Creyffentis, Guillelmus Verfani, Aymo

Charalli, Gonetus Aulandi, Petrus Mirabelli, Stephanus Rive, Guillelmus Alhiacii, Petrus Vivarolli, Guillelmus Ferrandi, Petrus Berne, Martinus Marcelli, Joannes Barberii, Guillelmus Boscherle, Joannes Villanova, Guillelmus Ridelli, Michael Vivoti, Pontius Charalli, Gonetus Saurelli, Durandus Rochalfalva, Guillelmus Barberii, Joannes Bertrandi, Stephanus Vineti, Guillelmus Lauzeti, Martinus Raolti, Pontius Vitalis, Joannes Gerbe, Joannes Lauzeti filius Joannis Lauzeti, Giraudus Blandine, Joannes Reynaudi, Joannes Blache, Joannes Porterii, Guillelmus Saralli, Petrus Ferrandi, Matthæus Fellofii, Berthonus Chalan, Mondonus Pernilhart, Guillelmus Barberii aliàs Niquet, Pontius Terme, Petrus Vitalis, Guillelmus Baudeti, & Mondonus Peuchenati loci de Grana Valentinensis Diœcesis nominibus suis propriis & aliorum omnium & singulorum in dicto loco de Grana habitantium & habitatorum in futurum ; dixerunt supra nominati homines & dicto domino Comiti exposuerunt nominibus quibus supra & significaverunt, quod ipsi & eorum prædecessores ab antiquo tenentur & astricti sunt, & obligati dare & præstare in qualibet mutatione domini & tenementarii laudimia, seu jura investitionum rerum seu proprietatum omnium, quæ ab ipso domino Comite tenentur in emphyteusim situatarum infra locum & Mandamentum dicti loci de Grana & de Capriliano. Dixerunt etiam & eidem domino Comiti exposuerunt & significaverunt homines prædicti eidem domino Comiti quod multis aliis Nobilibus & vassalis, Ecclesiis ac Collegiis pro dictis eorum proprietatibus quam plurimas alias servitutes, census & servitia faciunt & serviunt & solvere sunt astricti. Propterea idem dominus Comes pro maxima parte temporis habitationem & residentiam facit & facere consuevit in loco prædicto de Grana. Ex quibus causis & rationibus præfati homines multùm sunt gravati & oppressi ; præsertim etiam quia præfatus dominus Comes in loco prædicto & ejus Mandamento multas habet vineas, prata, terras & proprietates quæ cultivantur & singulis annis laborantur, in quibus & pro quibus infinita jornalia hominum & mulierum implicantur, quorum occasione eorum opera propria, eorumque vineæ & prata remanebunt infertilia & eremi in futurum, propter quod ipsi homines adeò & pro eo sunt gravati & oppressi, quod ad dictas servitutes, census & servitia præstanda & solvenda, & maximè ad præstationem dictorum laudimiorum & investitionum quæ tempestivè veniunt, suo casu solvere non possunt, ob quod dictus locus

Granæ

Granæ gentibus privatus eſt , & multò fortius in futurum privabitur & gentibus diminuetur, niſi idem dominus noſter Comes
ipſas ſervitutes donare & remittere velit & dignetur, maximè veſtitiones prædiⳅas, ad quas ſolvendas aſtriⳅi ſunt ut ſuperiùs eſt ex-
preſſum. Quod ſi facere voluerit diⳅus dominus noſter Comes , in
diⳅo loco fient multi incolæ & habitantes, ex quibus idem dominus noſter Comes & ſui in futurum ſucceſſores maximum commodum reportabunt. Unde petierunt homines prænominati nominibus ſuis & omnium aliorum in diⳅo loco nunc habitantium &
habitaturorum in futurorum, quatenùs ſervitutem prædiⳅam diⳅorum laudimiorum & inveſtitionum donare velit ſibi & ſuis
ſucceſſoribus in futurum ; ut indè ipſi homines qui nunc ſunt &
fuerint pro tempore vivere poſſint & ſibi alimenta miniſtrare,
ſibique domino Comiti & ſuis ſucceſſoribus in futurum pro ſuo
ſtatu tenendo & ſuis guerris poſſint & valeant in futurum deſer-
vire. Et diⳅus dominus Comes auditâ & diligenter intelleⳅâ hu-
mili poſtulatione & ſupplicatione prænominatorum hominum de-
cernenſque eas fore Juri conſonas & etiam rationi, certificatus &
ad plenum informatus ſicut dixit , quod diⳅi homines & cæteri
alii in diⳅo loco habitantes adeò propter cenſus & ſervitia ac
canones quos & quæ ſerviunt & ſervire conſueverunt tam ipſi
domino Comiti, quam aliis Nobilibus , Vaſſallis , Prioribus, Eccleſiis & Collegiis, quam etiam propter veſtitiones ac laudimia
prædiⳅa. Certificatus etiam quod in operibus vinearum & pra-
torum, & in gagnagio quod idem dominus noſter Comes habet
& tenet & tenere proponit in diⳅo loco Granæ tanta & infinita
jornalia hominum, mulierum, & animalium ipſorum implicare
oportet, quod in eorum operibus & negotiis propriis vacare non
poſſint , & ſit eorum hæreditas infertilis & in eremis remane-
bit. Et hoc ideo niſi miſericorditer provideatur per eundem locus prædiⳅus gentibus privabitur. Ex quibus idem dominus noſter damnum non modicum reportaret. Igitur ſupplicationi præ-
diⳅorum hominum annuens attento quod uniuſcujuſque Principis intereſt & expedit plures habere ſubditos, eoſque tenere
locupletes , attendens etiam quod ſi ſupplicationi prædiⳅæ faⳅæ
per diⳅos homines annuat, locus prædiⳅus Granæ gentibus aug-
mentabitur & plures fient incolæ. Ex quibus cauſis maximum commodum reportabit, gratis & liberaliter proprio bono motu ſuo
pro ſe ſuiſque hæredibus & ſucceſſoribus quibuſcumque in futurum prænominatis hominibus & cæteris aliis in diⳅo loco habitantibus & habitaturis in futurum, & nobis Notariis publicis in-

fra fcriptis ut perfonis publicis præfentibus ftipulantibus folemniter & recipientibus nomine vice & ad opus hominum prædictorum nunc in dicto loco habitantium & habitaturorum in
futurum & omnium aliorum & fingulorum quorum intereft
aut poterit intereffe in futurum, fub modis, formis, conditionibus, & retentionibus infra fcriptis, dedit, donavit, ceffit,
quittavit & remifit, & titulo præfentis donationis tradidit, feu
quafi, & conceffit donatione purâ, fimplici ac irrevocabili inter vivos, videlicet dicta laudimia & veftitiones & omne emo-
lumentum proveniens ex ipfis ad ipfum dominum Comitem pertinentes & pertinentia in qualibet mutatione domini & tenementarii unà cum Placitamentis etiam dicto domino noftro Comiti pertinentibus & competentibus, ac fpectantibus quovis titulo five caufa, tam pro inveftitionibus quæ fient & fieri debent
in qualibet mutatione domini & tenementarii quàm etiam pro
quibufcumque venditionibus & permutationibus & aliis quibufcumque alienationibus fiendis aut aliis juribus quibufcumque fibi domino Comitis de Jure, ufu, feu confuetudine permiffis,
juxta ufum & confuetudinem dicti loci de Grana & ejus Mandamenti, nec non quodcumque aliud jus ad ipfum dominum
Comitem five fuos pertinens & competens pro & occafione prædictorum laudimiorum & veftitionum quovis titulo, caufa, feu
quacumque ratione, falvo tamen & retento per dictum dominum Comitem nomine fuo & fuorum, de confenfu & voluntate prædictorum hominum eorum nominibus & aliorum omnium in dicto loco habitantium & habitaturorum in futurum
quod de fingulis venditionibus & permutationibus fiendis inter
partes tantummodo duntaxat & non in cafibus alii idem dominus Comes & fui in futurum fucceffores laudimia debita & folvere confueta habere ab ipfis hominibus & recipere teneatur,
præfenti gratia ac privilegio per eum conceffo in aliquo non
obftante prout ante præfentem contractum facere, & præftare
tenebantur. Rurfus præfatus dominus nofter Comes pro fe &
fuis donatione qua fupra dictis hominibus præfentibus & ut fupra ftipulantibus, & nobis Notariis præfentibus & ftipulantibus
ut fupra omnia & fingula arreragia ipfi domino noftro Comiti
debita, pro & occafione præmifforum inveftitionum de toto
tempore lapfo ufque nunc præfatus dominus nofter Comes donavit, quittavit & remifit eo modo & forma quibus melius fieri
poterit ad utilitatem & commodum dictorum hominum &
fuorum in futurum fuccefforum. Fuit etiam actum, dictum,

&

& retentum per dictum dominum Comitem de consensu &
voluntate dictorum hominum eorum nominibus & quibus supra, quod dicti homines suis & quibus supra nominibus annis
singulis in æternum in Ecclesia beati Joannis de Grana, pro remedio, requie & salute animæ ipsius domini Comitis & anima-
turum parentum & benefactorum suorum pro luminario dictæ
Ecclesiæ, dare, solvere & præstare teneantur, sex rasa nucleo-
rum nihil alius juris actionis ac dominii in predictis cessis, donatis, & remissis per ipsum dominum Comitem, sivè suos reti-
nendo, quùm in dictos homines superiùs nominatos eorum nominibus & quorum supra, & nos Notarios publicos infra scriptos stipulantes & recipientes nomine omnium prædictorum &
aliorum omnium & singulorum quorum interest aut poterit in
futurum interesse, salvis supra retentis & exceptis transferat pleno jure & animo transferendi ipsos homines superius nominatos
nunc habitantes in dicto loco Granæ & habitaturos in futurum,
& nos Notarios publicos infra scriptos præsentes ut supra stipulantes solemniter, & recipientes, veros dominos & procuratores faciens & constituens idem dominus Comes pro se & suis ut
supra pro dictis donatis, cessis & remissis ; Itaque ab inde in
antea possint & valeant pro eis agere in judicio & extra expe-
ririque, jurare de calumnia & de veritate dicenda, & cætera
facere, dicere, & exercere quæ cuilibet verus dominus potest &
debet facere, dicere & exercere de & pro re sua propria justo
legitimo titulo acquisita.   Concedens idem dominus Comes pro
se & suis prænominatis hominibus & cæteris aliis in dicto loco
habitantibus & habitaturis in futurum , & nobis Notariis publicis infra scriptis ut personis publicis præsentibus , stipulantibus
solemniter & recipientibus prout supra, quod authoritate sua
propria possessionem corporalem prædictorum donatorum com-
prehendant ab inde in antea quandocumque fuerit sibi gratum,
quam donec apprehensi sunt constituit se interim idem dominus Comes dictorum hominum nomine precario & non alias
possidere. Volens, mandans, & præcipiens idem dominus
Comes tenore hujus publici instrumenti Castellano Granæ necnon Bajulo dicti loci & Receptori ,& cæteris aliis dictis loci Curialibus qui nunc sunt, & qui fuerunt pro tempore, quatenùs
ab inde in antea in perpetuum dictos homines nunc habitantes
& habitaturos in futurum prædicta sua præsenti gratia & privilegio gaudere pacificè, liberè & impunè uti permittant atque
frui. Inhibendo ipsis Curialibus quibuscumque ne de cætero

E

fub pæna indignationis fuæ & alia quam erga ipfum incurrere poffent, ne ipfos homines ac eorum hæredes & in futurum fucceffores de cætero ad folvendum dicta laudimia, feu inveftitiones compellant ac compellere permittant, nec aliquam faciant feu fieri faciant executionem, quam fi faciant ex nunc prout ex tunc & ex tunc prout ex nunc caffat, irritat atque annullat & irritam atque nullam effe vult & nullius efficaciæ, feu momenti. Promittens idem dominus Comes pro fe & fuis præfentem fuam gratiam ac privilegium ac omnia & fingula in hoc præfenti publico inftrumento contenta habere rata, grata & firma eaque non revocare atque in aliquo annullare, imò ea omnia & fingula attendere, complere & inviolabiliter obfervare, feque nihil dixiffe vel feciffe in præteritum, dicturum, vel facturum aliquid in futurum quominùs prædicta omnia fupra & infra fcripta minus valeant & minorem obtineant firmitatem, imo ea omnia ut fupra promiffum eft attendere & fervare promifit & juravit ad fancta Dei Evangelia per eum gratis manualiter tacta: Renuntians idem dominus Comes fuper prædictis omnibus & fingulis, & etiam infra fcriptis ex ejus certa fcientia in hoc facto, & per pactum expreffum, & in vim fupra per eum præftiti juramenti omni juri Canonico & Civili, errori facti, actionumque in factum, & condictioni indebiti, fine caufa & ex injufta caufa, ob caufam, vel ob turpem & injuftam caufam, & exceptioni doli mali, vis, metus, & deceptionis, petitionique & oblationi libelli, & tranfcripto feu copiæ hujus publici inftrumenti & notæ ejufdem Judicis officio & omnium juftitiarum cognitioni & viæ ordinariæ, cujufcumque facti ignoratione aliter rei geftæ, Jurique dicenti donationem propter ingratitudinem donatarii revocari poffe, & Juri per quod generalis renuntiatio annullatur, & demum omnibus aliis Juribus & facti auxiliis, beneficiis & remediis quibufcumque, quibus mediantibus ad veniendum contra contenta, & aliqua de contentis in præfenti publico inftrumento juvare fe poffet, modo quolibet aut tueri fpecialiter Juri dicenti generalem renuntiationem non valere nifi præcefferit aut fubfequatur claufula fpecialis. De quibus omnibus univerfis & fingulis fupra-dictis præfati omnes fuperius nominati nominibus fuis, & quorum fupra petierunt, & dictus dominus Comes fibi conceffit fieri publicum inftrumentum, & tot quot habere voluerint publica inftrumenta per nos Notarios infra fcriptos facienda, & reficienda, corrigenda, melioranda & etiam emandanda femel & pluries producta in Judicio vel non producta,

& toties quoties neceſſe fuerit ad utilitatem & commodum dictorum hominum, donec & uſque plenam & omnimodam obtineant firmatem ad' dictamen & conſilium cujuſlibet ſapientis,
facti tamen ſubſtantia in aliquo non mutata. Acta fuerunt hæc
apud Granam infra Fortalitium dicti loci in boyna viridarii teſtibus præſentibus egregio & potenti viro domino Hugone Ademari Montilii & Gardæ domino, Petro Guiberti, Guillelmo de
Urro domino de Cheylario, Petro de Inſula, Aymareto de
Urro, Amedeo de Portu de Caſtronovo Dalmaceni, Joanne
de Valino domicellis, Hugone Bajuli de Vallenavigio, Pontio
Vacherii de Savaſſia Notario, Guillelmo Groſſi de Belloforti,
Roſtagno Laurentii de Marſana, & pluribus aliis, & Joanne
Bajuli de Upiano publico Notario qui de prædictis unà mecum
Notario publico infraſcripto requiſitus fuit facere publicum inſtrumentum; Et me Raymundo Vitalis de Meyſſano Vivarien-
ſis Diœceſis Clerico, authoritate Imperiali, & dicti domini Comitis Valentinenſis & Dienſis publico Notario, qui prædictis
omnibus, unà cum dictis teſtibus, & dicto Joanne Bajuli Notario præſens fui, & notavi, de quâ notâ hoc inſtrumentum publicum authoritate Judiciaria mihi conceſſa extrahi feci, &
graſſari per fidelem ſubſtitutum & juratum meum, hicque me
ſubſcripſi manu mea propria & ſigno meo ſolito ſignavi, ip-
ſumque ſigillo majoris Curiæ dicti domini noſtri Comitis tradidi
ſigillandum ad majorem firmitatem omnium præmiſſorum.

QUESTION III.

*Si le Plait eſt dû de toutes les mutations qui arrivent en une
même année, ou s'il n'en eſt dû qu'un ſeul*

J'Ay remarqué cy-deſſus que le Plait à mercy conſiſte au revenu
d'une année, comme le Rachat ou le Relief aux Provinces de Coûtume. Sur quoy l'on demande s'il n'eſt dû qu'un ſeul profit de toutes les mutations qui arrivent en une même année, ou ſi le Seigneur
a droit de prendre le revenu d'autant d'années qu'il y a eu de mutations pendant ſa joüiſſance.

Il y a diverſité d'opinions & d'uſages ſur cette queſtion. Les uns
tiennent qu'il n'eſt dû qu'un ſeul profit; & que toutes les mutations
qui arrivent pendant la joüiſſance du Seigneur ne doivent paſſer que
pour une, *concurſu*, diſent-ils, *fit confuſio.* Ce qu'ils fondent ſur la

nature même qui n'ouvre son sein qu'une fois l'année pour payer le
tribut à ceux qui la cultivent, & qu'ainsi l'on peut dire au Seigneur
qui ne s'en contente pas, ce qui fut dit par Hybreas deputé des Etats
de l'Asie à Antoine qui avoit imposé deux tailles. Εἰ δύνασαι δὶς λαβεῖν
ἑνὸς ἔτιαυῆ φόρον, ce sont les termes de Plutarque en la vie d'Antoine,
δύνασαι ὂ δὶς ἡμῖν ποιῆσαιαυ θέρ@ , ὂ δὶς ὀπώραν. *Si tu veux avoir la puissance de nous imposer deux tailles en une même année, il faut aussi que tu
ayes le pouvoir de nous-donner deux Etés & deux Automnes, deux moissons
& deux vendanges.* Il faudroit avoir le bonheur du Pays dont parle
Pline liv. 6. chap. 17. où il semble qu'il y ait une autre nature. *Alia
illius cœli facies, alii siderum ortus, bina messes in anno, bina æstates.* Ou
que les heritages qui sont sujets à ce droit eussent la fertilité du terroir de Tacape en Barbarie, *felici super omne miraculum riguo solo,* dit
le même Autheur liv. 18. chap. 22. où il ajoûte *super omnia est, bi-
feram vitem bis anno vendimiare.* Ce qui sert d'explication à ce paragraphe de la loy *fructus eos. D. solut. matrim.* qui est d'Ulpian. *Quod in
anno dicitur potest dici & in sex mensibus, si bis in anno fructus capiantur,
ut est in locis irriguis.*

De sorte qu'il semble juste qu'il n'y ait qu'un profit pour le Seigneur, comme il n'y a qu'une dépoüille de fruits. A quoy se peut rapporter la maxime des Canonistes, qu'une seule Annate est düe si le
Benefice vient à vaquer deux fois en une même année, suivant la
Pragmatique-Sanction. *ſ. Item quod si Ecclesia, ubi glossa verbo. solvatur.
Tit. De pignor. cult. diu. c. 1. verbo. trium.* Ainsi la Coûtume d'Orleans
art. 47. déclare *que s'il advient qu'en une même année le fief chée en Rachat plusieurs fois par mort, en est dû un seul Rachat.* Ainsi le droit d'A-
capte en Languedoc, qui n'est autre chose que nôtre Plait emphyteutique, ne peut être demandé qu'une fois dans une même année,
quelques mutations qui arrivent du côté de l'emphiteote, comme a
remarqué Maynard liv. 4. chap. 45. C'est aussi l'avis de M. Charles
du Moulin sur la Coûtume de Paris. *Tit. des fiefs ſ. 33. gloss. 1.*
sur le mot *Droit de Relief. n. 113.* où il fait cette distinction. *Ex quibus etiam infero conclusionem summè notandam, quod si fortè infra annum
à morte vassalli, successivè moriantur plures ei gradatim succedentes à latere,
nullum Relevium propter eorum successiones, quæ non durarunt, debetur ; sed
solùm unicum Relevium per ultimùm mediatum hæredem, etiamsi septimus vel
fortè decimus sit in ordine. Quod æquissimum & justissimum puto in his repen-
tinis mutationibus fato quandoque & casu fortuito intra paucos dies successivè
accidentibus ; secus si ex merâ voluntate & spontaneo facto singulorum succe-
dentium in feudo contingerent, puta si feudum infra annum pluries traditione
semper interveniente venderetur, donaretur, vel permutaretur ; tunc enim contra-
hentibus ipsis, qui facto proprio juribus feudalibus se subjiciunt, imputandum est.*
Plusieurs Coûtumes ont suivi ce temperament que *si durant l'année
que le Seigneur joüit,* ce sont les mots de celle de Blois art. 92. *advient autre profit, la joüissance de la seconde année commencera au temps de
l'échoite dudit second profit, & le premier cessera.* A quoy se trouvent con-

formes Poiĉtou art. 134. le Maine art. 133. Anjou art. 123. Touraine art. 137. qui porte *que tous les Rachats échûs en un an auront lieu, mais le premier finira par l'offre réelle du second.* Ce qu'elles appellent d'un mot fort propre *Rachat de rencontre,* ou *Rachat rencontré.*

Au contraire Argentré fur la Coûtume de Bretagne art. 76. qui appelle cette queſtion *nobilem controversiam,* foûtient fortement que le rachat eſt dû par la mort de chacun, *etiamſi duo, tres vel plures domini feudi anno uno ſucceſſivè moriantur, & invariabilem eſſe conditionem juris ſemel quæſiti ex eventu, ex regulis Juris aĉtu conſummato advenienti, & ſucceſſivè currere, & ſubordinari cum à pluribus mortibus, mutationibus & diverſis cauſis & per ſe ſubſiſtentibus debeantur.* Ce qu'il fonde principalement ſur deux theoremes du droit ; l'un *quo traditur, quoties duæ cauſæ à diverſis fontibus concurrunt, & in idem tempus incidunt, ex tempore eas ordinari, ut una poſt aliam currat, & effeĉtum habeat ſubordinatè.* L'autre que *quoties perſonæ plures non ejuſdem gradus vocantur ad jus aliquod cum temporis limitatione, intelligendum tempus ſubordinari unum poſt aliud, nec confundi.* Il ajoûte enſuite d'autres raiſons de Droit, après leſquelles il répond à celles de du Moulin ſans déferer à l'Arreſt donné contre ſon avis par le Parlement de Rennes, les Chambres aſſemblées du dernier d'Oĉtobre 1562. pour le ſieur des Croix contre le Procureur général du Roy. *Valeant præjudicia,* dit-il, *niſi ratione & Jure nitantur.* Quant aux Coûtumes fus-alleguées il dit qu'elles ſont locales, *ideòque ſuis locis incluſæ, nec ultra vires protendunt.* Et en effet ſi les lods ſont dûs autant de fois que le cas arrive, pourquoi n'en ſera-t'il pas de même du Plait, ſans s'arrêter à la diſtinĉtion que fait du Moulin, ſi la frequence de la mutation eſt fatale ou volontaire, parce que ce droit prend toûjours ſon origine de la volonté, qui a donné cauſe au titre primitif du fief ou de l'emphiteoſe, quelque accident que produiſe la mutation. C'eſt ainſi qu'il fut jugé par l'Arrêt du Parlement de Paris donné en l'Audience du 16. de Juillet 1562. pour un nommé Montmiral ſieur de Verſailles, par lequel il fut ordonné que le Seigneur auroit les fruits & revenus de deux années pour deux mutations arrivées en un même an, comme je le trouve remarqué par Charondas en ſes Réponſes du Droit François liv. 9. Reſp. 76.

J'ay remarqué ces diverſes Coûtumes & divers Prejugés ; parce que je n'ay rien trouvé dans les Regiſtres du Parlement ni dans ceux de la Chambre des Comptes qui puiſſe juſtifier l'uſage de Dauphiné, quoyque la queſtion ſoit importante, non ſeulement pour le Plait à mercy, mais auſſi pour celui qui double la cenſe outre l'annuelle, comme il eſt reconnu en quelques Terres du Valentinois, où il y a des moulins ſujets à la cenſe de quarante ſétiers de froment & au Plait du double ; De ſorte que le poſſeſſeur ſe trouve chargé de ſix vingt ſétiers pour une ſeule mutation, dont la frequence en une même année peut exceder la valeur même des moulins ? tellement que c'eſt une queſtion dont il faut attendre la déciſion du Parlement qui regle l'uſage de ce droit.

J'estime néanmoins que s'il y a stipulation du Plait à mutation de Seigneur & de tenancier, & qu'elle arrive de la part des deux en une même année, il y doit avoir double profit, parce que c'est un cas où doit être appliquée la commune resolution des Docteurs que *duæ causa diversa non extinguuntur concursu, sed subordinantur*. Ainsi nous apprenons de Maynard au lieu sus allegué qu'encore que l'Acapte ne soit dûë en Languedoc qu'une fois l'an pour toutes mutations qui arrivent de la part de l'emphyteote, si est-ce que la Rierecapte est dûë par la mutation du Seigneur lorsqu'elle se trouve stipulée, *ex conventione quæ cohærens contractui emphyteuticario maximè servanda est. l. 1. C. de Jure emphyt.* Mais s'il y a plus que d'une mutation en une même année de la part du Seigneur, ou de celle du possesseur, je fais les remarques suivantes en faveur du déteur du Plait. I. Qu'en chose douteuse il faut suivre le plus doux parti, même contre le Fisque, suivant l'avis de Modestin, *l. non puto. D. De jure fisci*. Ce qui fait conclurre à Rosental qui a touché la même question *Tractatu de feudis. cap. 6. concluf. 66. de Relevio*, que s'il y a Coûtume, Statut ou paction au contraire *ad id quod minimum est, & ut jus feudorum commune minus lædatur, ut unicum saltem præstetur, res dirigenda est*, qui est l'opinion d'Afflictus *in cap. 1. n. 13. in fine*. & de Ludolphus Schraderus *Tractatu de feudis p. 6. chap. n. 26*. II. Que la stipulation de payer le Plait à toute mutation doit être reduite à l'équité, comme il est décidé *l. cum quidam D. De usuris*, en ces mots : *Divus Marcus Fortunato ita rescripsit. Præsidem Provinciæ adi, qui stipulationem de cujus iniquitate questus es ad modum justæ exactionis rediget*. N'étant pas juste que la proprieté du fief ou de l'héritage emphyteutique soit absorbée par la frequence des mutations, comme raisonne Me Charles du Moulin §. 76. n. 33. où il parle du relief à cher prix. *Ulterius*, dit-il, *quantùm ad eos qui ex speciali pacto investituræ ad Relevium cari pretii tenentur (prout quandoque constitit mihi & quibusdam adjudicavi) non est intelligendum quod dicta Relevia, debeant absorbere proprietatem rei censuariæ vel eam reddere prorsus inutilem, nec debent excedere fructus & commodum quod ex re percipi potest per not. in simili supra §. 33. quæst. 38. n. 112. 113. Unde si eodem anno decesserit censuarius, mox ejus filius, deinde nepos & plures successivè hæredes non debent tot hujusmodi Relevia exigi quot fuerunt mortes, non solùm ne absorbeatur proprietas, sed etiam ne in anno ultra reditus anni exigatur. Unde hoc casu pro mortibus omnium eodem anno contingentium quotquot sint, non poterit dominus ultra unum Relevium exigere ab ultimo & superveniente hærede, &c.* III. Qu'il n'y a point de Coûtume qui charge le fief d'autant de Reliefs ou de Rachats entiers, qu'il arrive de mutations en une même année, mais qu'aux unes il n'en est dû qu'un seul, aux autres que le premier cesse par la rencontre du second : Seroit-il raisonnable que l'usage de Dauphiné fût plus rude ? Et comme en fait de Coûtume doûteuse & obscure l'interpretation en doit être prise de la voisine, il y a plus d'équité de se conformer à celle du Languedoc comme à la plus proche & la plus douce. Cette sorte de droit n'est pas de l'usage de Provence.

Il ne faut pas s'étonner si j'employe souvent l'authorité des Coûtumes pour l'éclairciffement des queftions que mon fujet me prefente, puifque la plûpart des droits Seigneuriaux font inconnus au droit Romain, & que c'eft par l'ufage qu'ils font reglez : D'ailleurs fi l'on allegue l'opinion d'un Docteur fur une queftion douteufe, pourquoi non une Coûtume étrangere, qui eft le confentement général du pays où elle a été reçûë.

QUESTION. IV.

Si les arrerages du Plait font fujets à la même prefcription que ceux de la cenfe.

IL y a des droits dont les arrerages ne peuvent être demandez, comme les dixmes, *quæ fi fuo tempore petita non fuerint, poftea pro annis præteritis peti non poffunt, quafi tacito judicio remiffæ,* comme dit Faber, *C. de facrofan. Ecclef.* après la Rote *Decif. de Decimis, in antiq.* Balbus *de prefcript. 1. part. quintæ partis in princ. quæft. 7.* Grimaudet des dixmes liv. 4. chap. 1. Ainfi l'eftimation des œuvres dûës aux Patrons par leurs affranchis, ne peut être demandée fi elles n'ont été indictes & affignées *l. nec patronis. C. de oper. libert.* non-feulement à caufe que cette action defcend de l'Edit du Preteur *l. 2. D. eodem.* & que par confequent elle eft annale, mais auffi par la raifon d'Ulpian. *l. fi quis hac lege ff. judicium. D. eodem.* où il dit, *judicium de operis tunc locum habet, cum operæ præterierint : Præterire autem non poffunt antequam incipiant cedere, & incipiunt pofteaquam fuerint indicta* Et à l'exemple des œuvres de l'affranchy, l'ufage de la pratique de France ne permet pas que l'on puiffe demander les arrerages des corvées qui font dûës aux Seigneurs, comme a remarqué Chaffaneus *in Confuet. Burgundiæ. Tit. Des mainmortes. ff. 18. verbo. corveables à volonté. n. ult.* Ferrier fur la queftion 472. de Guy Pape. Papon liv. 13. tit. 6. §. dernier, Mornac *ad leg. 1. D. De oper. ferv.* Pineau fur l'art. 499. de la Coûtume d'Anjou, finon que les corvées euffent été demandées & refufées, auquel cas *ad æftimationem operarum præteritarum agendum eft, non ad ipfas operas,* comme dit Jacobinus de Sancto Georgio *Tractatu de Roydis.*

Mais pour ce qui eft du Plait, il eft certain qu'il eft de la nature des droits dont les arrerages peuvent être demandez, parce que *rei perfecutionem continent,* & que l'action en eft intentée pour recouvrer *quod ex patrimonio nobis abeft,* comme il eft traité en la loy. *In honorariis. D. De obligat. & action.* Ce qui fe juftifie par un ancien Arrêt du Confeil Delphinal donné fur le compte de Noble Claude Barral Châtelain d'Avalon de l'année 1417. en ces termes.

Die 20. Augufti 1417. in Confilio Dalphinali, quo erant dominus Henricus Caffenatici Gubernator Dalphinatus, domini Joannes Girardi legum Doctor Confiliarius Regius & primus Magifter Requeftarum hofpitii domini noftri Dal-

phini, Gelinus Præfidens, Joannes Generis Licentiatus in legibus, Jac. de Sancto Germano Advocatus Fiscalis Procurator generalis Dalphinatûs, Siffred. Tholoni, A. Fabri Thefaurarius, A. Garini, & ego Joan. de Marolio Dalphinensium Computorum Auditores, Confiliarii Dalphinales, fuit ordinatum & conclufum quod de Placitis & mutagiis debitis in hujufmodi Caftellaniâ, ac in tote Dalphinatu, tam propter mutationem domini dictæ Patriæ de perfona domini noftri Regis moderni tunc Dalphini (C'eft le Roy Charles VI.) *in perfonam domini noftri domini Ludovici primogeniti Ducis Aquitaniæ Dalphini Viennenfis,* (c'eft à caufe que le Roy Charles VI. fon pere lui avoit remis l'adminiftration du Dauphiné fur la quatorziéme année de fon âge le 28. de Janvier 1409.) *quàm propter ejufdem domini Ludovici obitum & mutationem domini in perfonam domini noftri Joannis ejus fratris Ducis Bituriæ ac Comitis Pontivi, Pictaviæ, & ejus fuccefforis in dominio Patriæ Dalphinatûs, & etiam propter ejus obitum & mutationem domini de ejus perfonâ in perfonam domini noftri domini Caroli ejufdem domini noftri Regis unigeniti, Ducis Turoniæ & Bituriæ, ac Comitis Pictaviæ nunc Dalphini Viennenfis* (c'eft Charles depuis Roy VII. du nom) *Caftellani Dalphinales in computis fuis reddendis pro anno finito ad Sanctum Joannem 1417. non onerentur, fed recuperatio ipforum propter fterilitatem de præfenti in dictâ Patriâ vigentem ac populi inopiam & alias caufas quam plurimas ipfos moventes differtur ufque ad annum.*

Mais il n'eft pas fans difficulté de fçavoir fi le Plait eft fujet à la prefcription de fix ans comme les arrerages des cenfes, fuivant l'art. 7. du Reglement de la Cour fur le fait des cenfes du 19. Décembre 1648. en ces termes. *Ordonne en outre que dorefnavant à compter dez la publication d'icelui, on ne pourra demander les arrerages defdites cenfes que de fix années avant l'interpellation, excepté pour raifon des articles defd. cenfes qui ne feront que la fomme de cinq fols & au deffous pour chacun article, defquelles les arrerages pourront être demandez de 29. ans; le tout néanmoins fans préjudice des arrerages échûs avant le prefent Arrêt, dont la demande pourra être faite neuf années avant l'interpellation.*

Le doute eft fondé fur les raifons fuivantes, que le Plait emphiteutique doit fuivre la condition de la cenfe, même qu'étant le double de la cenfe dûë en argent, & en quelques lieux le double de toutes les efpeces, il eft fous-entendu par le Reglement : Que pour preuve de ce fens tacite l'on ne revoqueroit pas en doute que le Plait ne fût compris aux Arrêts du Parlement portans reduction des cenfes à une fomme moderée dans la rencontre des années de difette, quoiqu'il n'en fût pas fait mention expreffe : Enfin que fi la prefcription de fix ans a lieu pour les cenfes qui font dûës annuellement, & pour lefquelles il femble qu'il faudroit autant de prefcriptions qu'il y a d'années, à plus forte raifon doit-elle arrêter la demande du Plait qui n'eft dû qu'accidentellement.

Au contraire l'on dit que les Reglemens & les Statuts dérogeans au Droit commun font interpretés à l'étroit en leur paroles naturelles, propres & effectives fans admettre aucune extenfion : Que le Plait étant

un

un profit casuel de fief ou d'emphiteose, n'a rien de commun avec une prêtation annuelle comme la cense : Qu'il a beaucoup plus de rapport avec les lods, en ce que tous deux ont une même origine, tous deux sont dûs pour le consentement & l'approbation que le Seigneur donne au changement de main, suivant la diversité des cas authorisez par la Coûtume ou resultans du titre : d'où vient que l'un est appellé *Placitum*, l'autre *laudimium* : De sorte que les lods ne reconnoissant point d'autre prescription que celle de trente ans, il en doit être de même du Plait. Enfin que c'est par un équitable mouvement que la Cour n'a pas voulu que les arrerages des censes remontassent au-dessus de six ans pour le soulagement des emphiteotes qui sont chargez de grandes redevances, mais que ce mouvement cesse au Plait dont le droit n'est pas annuel & successif comme la cense.

Cette question ayant été traittée au procès de la Dame de Vinay contre la veuve d'Hugues Robin qui refusoit le Plait échû neuf années avant la demande, suivant la conclusion des Etats de Dauphiné du 9. d'Avril 1609. observé avant le Reglement sus-énoncé, par laquelle on ne pouvoit demander les arrerages des censes excedans la valeur de cinq sols que de neuf ans avant l'interpellation ; il y eut Arrêt en faveur de la demanderesse du 19. de Decembre 1643. que j'ay rapporté ci-dessus page 21.

QUESTION V.

Si le double de la Cense comprend la courante ou non.

CEux qui sont versez en la connoissance des droits Seigneuriaux sçavent que la cense étant la premiere charge du fonds certaine & définie doit être la regle & la mesure des droits incertains & casuels : D'où vient que par l'usage de toute la France le droit de taille seigneuriale, qui s'appelle en plusieurs Coûtumes *loyaux aides*, & dans les anciens titres de Dauphiné *cas imperiaux*, n'est autre chose communément que la double cense, sinon qu'il soit autrement abonné par titre ou par possession. *Si est communément*, dit Bouteiller en la Somme rural liv. 1. chap. 86. l'aide de l'homme fiefvé tenant liegement de dix livres, & du demi liege cent sols, & du tenant en cottiere, c'est-à-dire en roture, *de double rente*, Boyer quest. 28. *De consuetudine plurium locorum Aquitaniæ duplicantur census annui in charitativo subsidio imponendo.* A cause de quoy les Coûtumes du Maine & d'Anjou l'appellent *doublage*. Ce qui donna sujet à Alphonse Comte de Poictiers & de Toulouse de demander aux Rochelois *duplicatum censum, propter belli sacri expeditionem,* dont ils furent déchargez par Lettres de l'an 1269. qui sont dans les Archives de la Rochelle, comme a remarqué Chopin *lib. 3. de Domanio Tit. 4.*

Ainsi les droits qui sont dûs au Seigneur pour le changement de main

autre que par vente sont reglez en beaucoup de lieux à la double cense
comme la Capte & la Rierecapte en Languedoc, suivant le témoignage de Maynard liv. 4. chap. 45. & d'Olive liv. 2. chap. 6. Le Relief en
la Coûtume de Blois, qu'elle appelle à cause de cela *tel Cens, tel Relief*
art. 109. que Mᵉ Charles du Moulin sur la Coûtume de Paris §. 76.
n. 12. explique de cette sorte. *In consuetudine Blesensi quoties res censualis*
mutat manum per obitum sive in linea directa, sive in collaterali simplicia re-
levia debentur ad ratam duplicati censûs, ut si denarius annuatim pro censu de-
beantur, mortuo censuario, ejus filius vel alius hæres solvet duos denarios pro
relevio. De même la Coûtume du Maine art. 139. porte qu'il y a des
Baronnies & des Châtellenies où l'héritier doit par le décès de son prédécesseur un doublage appellé Relief, qui est le double du cens ou de la
rente dont l'héritage est chargé. Et pour le Dauphiné j'ay remarqué cy-
dessus que la cense en argent double pour le Plait ou muage, & en quelques endroits celle-là même qui est dûë en grains *ex stipulatu.* Il y a des
lieux où le droit de lods & ventes est abonné à la double Cense ; & en
quelques autres le Seigneur a le choix de prendre une portion du prix
ou la double cense, comme j'apprends de l'ancienne reconnoissance de
la Châtellenie de Moras de l'an 1263. qui est dans le Registre intitulé
Probus, & à laquelle toutes les suivantes se rapportent, que le Dauphin
a droit de lods & ventes sur toute la Terre, excepté les fiefs des Nobles
& de l'Eglise pour lequel il a le choix de prendre la double cense, ou
la quottité portée par cet article. *Interrogati de vendis & laudibus respon-*
derunt quod dominus capit ibi per totum, exceptis Feudis nobilium & Eccle-
siarum vendas, à venditore scilicet XIII. denar. & ab emptore similiter XIII.
denar. pro laude, vel duplicem censum si ei plus placet. Ce qui justifie que
les lods & ventes étoient en leur origine deux droits differens, quoique Mᵉ Charles du Moulin §. 76. n. 4. sur la Coûtume de Paris ait
estimé que *propriè differunt sicut genus & species ;* en ce que l'un est dû
par le vendeur & l'autre par l'acheteur ; comme il se voit aussi par
quelques Coûtumes, & entr'autres par celle de Troye Tit. 4. art. 52.
Mais l'usage les a confondus depuis long-tems, puisque Joannes Faber qui écrivoit sous le Regne de Philippes de Valois environ l'an
1340. que quelques-uns disent avoir été Chancellier de France, prend
ces deux mots pour synonimes *Instit. de empt. & vendit. in princ. Ali-*
cubi, dit-il, *vocantur venta, alicubi laudimium.*

Quant à la double cense au lieu de lods je trouve quelque chose de semblable en la Coûtume locale de Soesmes art. 3. où il est
dit que l'acheteur d'un héritage tenu en censive ne doit aucun lods
& ventes, à cause de quoy les cens de cette nature sont appellés
Cens truans, & qu'il doit seulement au Seigneur censier le double cens
pour la premiere année au jour que le cens échoit.

Mais aux cas sus-énoncés le payement du double cens est pratiqué
differemment ; car en quelques Coûtumes le double de la cense comprend la courante, comme si la cense est de vingt sols, le doublage
s'entend d'autres vingt sols ; Ce que je trouve exprimé dans les Coû-

tumes locales de la Ferté Auvray art. 6. & d'Antroche art. 1. qui
nomment ce doublement *Tels cens tels Reliefs.* Voici les termes de la
premiere. *Quand aucun va de vie à trépas ayant héritage tenu à droit de
cens & Relief & ventes, & il délaisse ses héritiers soit en ligne directe ou
en ligne collaterale, & en ascendant ou descendant, les héritiers dudit décédé sont tenus de payer les Reliefs audit Seigneur censuel, qui sont tels cens,
tels Reliefs ; C'est à sçavoir qu'au jour que se payent lesdits cens, lesdits héritiers Seigneurs desdits héritages sont tenus payer double cens, qui est pour un
denier dû & ainsi à l'équipollent.*

Et à cela se trouve conforme l'usage de tout le Royaume pour le
droit de taille aux quatre cas, suivant quoy Olive au lieu sus-allegué
dît sur la fin du chapitre, qu'au doublement de la censive l'ordinaire
est comprise.

Au contraire la Coûtume du Grand Perche art. 84. porte que *le
Seigneur censuel auquel appartient cens premier ou inféodé, a droit de prendre double cens à toute mutation de censier, qui est tel que si le cens est d'un
denier, le double cens sera de deux deniers ; lequel double cens se doit payer
dedans quarante jours après ladite mutation. Et néanmoins ledit censier ne
laissera de payer le simple cens au jour qu'il est ordinairement dû.* Ce que la
Coûtume de Poictou art. 160. appelle *double & redouble* quand elle
dit *qu'au Pays & terre de Gastine, quand aucunes terres courent en Rachat,
les cens en argent doublent & redoublent jusqu'à cinq sols : C'est à sçavoir que
ceux qui doivent les cens au Vassal pour raison des choses du fief, les payeront
au Seigneur à qui appartient le Rachat au double & redouble jusqu'à cinq sols,
de cinq sols quinze sols ; Et aussi des autres sommes de cinq sols, les premiers
cinq sols doubleront & redoubleront &c.*

Je trouve aussi qu'il y a diversité d'usage en Dauphiné. Communément le double comprend la cense annuelle, dont il me suffira de
rapporter deux exemples.

L'un de la Terre de Saint Quentin où le double de la cense est dû
en cas de Plait de quelque espece qu'elle soit excepté le Plait limité,
suivant la reconnoissance générale passée à N. Jacques de Beaumont
par dévant Estienne Charmeil Notaire le 17. de Fevrier 1468. où il
est expliqué de cette sorte. *Videlicet dicta Placita cujuscumque censûs ad duplum, id est tantum de Placito quantum de censu pro illa vice duntaxat, exceptis mutagiis taxatis quæ secundum taxam contentam in recognitione solvi
debent pro illa vice tantum.*

L'autre de la Terre de Chevrieres pour le Plait en argent, comme
il est remarqué au compte de l'an 1411. en ces termes. *Recepta laudimiorum & venditionum debitorum ad rationem sexti denarii, ac etiam Placitorum debitorum in mutatione possessoris, scilicet pro quibuslibet 12. denariis
censûs totidem de Placito, pro quolibet sestario frumenti censûs 4. solidi bonæ
monetæ, pro sestario siliginis 3. solidi, & pro sestario avenæ 2. solidi bonæ
monetæ & pro reliquis censibus nullum debetur Placitum.* Ce qui est confirmé par la reconnoissance des droits généraux de la même Terre du
mois de Fevrier 1543. reçuë par Henry Materon Secretaire Delphinal

en faveur de Diane de Poictiers. Voici l'article. *Item étans bien infor-*
mez par lefdits comptes, terriers & autres documens fufdits de ladite Châtel-
lenie extraits de ladite Chambre des Comptes à eux exhibés & baillés par en-
tendre, ont confeffé & reconnu comme deffus, qu'à ladite Dame de Chevrie-
res & fes fucceffeurs font dûs les Plaits des rentes qu'elle prend à caufe de fadite
Seigneurie à fçavoir pour chacun quartal froment un fol de Plait, pour chacun
quartal feigle neuf deniers, & pour la cenfe de l'argent eft dû autant de Plait
que de rente, & pour la cenfe des gelines, vin & poulets n'eft dû aucun Plait,
& fe doivent payer à chacune mutation de poffeffeur en cas d'alienation.

Les mots de *totidem, tantum, & autant* font affez voir que la cenfe
double fimplement : Et ainfi le Parlement l'a jugé par l'Arrêt de la
Dame de Vinay rapporté cy-deffus en la page 23. qui déclare le Plait
être *le double de la cenfe :* Car ce terme *doublement* qui revient à celui de
doublage ufité au Pays du Maine & d'Anjou, fait ceffer le doute que
le mot *double* auroit fait naître. J'ay trouvé même dans les Memoires d'un
ancien Avocat qu'il y avoit des Lettres patentes de Jean Dauphin de
l'an 1314. par lefquelles il a déclaré qu'au double de la cenfe pour
le Plait la courante eft comprife ; mais comme je ne les ay pas vûes
foit qu'elles n'ayent pas été regiftrées en la Chambre des Comptes,
foit que la recherche que j'en ay faite ne m'ait pas réuffi, je ne me
rends pas garant de cette verité.

Il en eft autrement dans le Valentinois où les Seigneurs directs qui
ont droit de double cenfe pour le Plait prétendent que c'eft outre la
courante, ce qu'ils fondent fur les termes des reconnoiffances. Voici
par exemple ce que porte Chabeüil de l'an 1389. reçûë par Jacques
Balbi. *Videlicet ubi ipfa perfonæ & earum quælibet recognofcent cenfum fru-*
menti, facient duplicem cenfum pro Placito & laudimio in qualibet mutatione
novi tenementarii feu poffefforis, & ubi recognofcent denarios, gallinas & cu-
niculos faciunt & facere debent ac tenentur Placitamentum prædictum duplicis
cenfus fimiliter in qualibet mutatione novi tenementarii feu poffefforis ; Et in
cafu venditionis terdecimum denarium pro laudimiis & venditionibus, quem
terdecimum denarium folvere debet & tenetur emptor juxta ufus & confuetu-
dines dicti loci Cabeoli. La même chofe eft portée par les reconnoiffances de Charpey, de Châteaudouble & de Rochefort, dont l'exécution fe voit aux anciens Comptes des Châtellains ; comme en celui
qui fut rendu par Noble François Durand Châtellain de Châteaudouble pour l'année 1432.

Recepta mutagiorum frumenti.

ITem computat magis recepiffe ab hæredibus Guillelmi Martini quondam, & qui hæredes faciunt anno quolibet domino unum feftarium & duas pugnerias pro duplici cenfu pro
præfenti anno de quo computat 2. feftaria. 4. pugnerias frumenti.

Et

Et à la marge de ce chapitre il y a cette remarque. *Nota quod ul-tra censum ordinatum solvitur pro mutagio duplex census.*

Au compte rendu par Noble Pierre Chabert Vi-Châtelain de la même Terre pour l'année 1447.

Item computat recepisse ab hæredibus Durantoni Jalleti pro mutagio eorum patris, videlicet pro dimidia quarta avena censu pro duplici censu 1. quartam avena.

Au compte de Noble Jean Durand Vi-Châtelain pour l'année 1448.

Recepta mutagiorum sive Placitorum.

ET primò computat recepisse ab hæredibus Telmeti Ba-chasson pro mutagio eorum patris, videlicet pro dimidia quartâ hordei census, pro duplici censu I. quartam hordei.

En celui de Noble Gaubert de Massues Châtelain pour l'année 1452.

Recepta mutagiorum frumenti.

ET primò computat recepisse ab Antonio Vachiole pro di-midio mutagio Francisci ejus fratris qui dicto anno deces-sit, qui faciebat domino duas quartas dimid. frumenti pro di-midio mutagio, videlicet I. hominum 3. pugner. frum.

Item plus à Joanne Fabri Mondete pro mutagio Petri Fabri Mondete ejus patris pro 4. quartis frum. quas faciebat domi-no pro pluribus possessionibus pro duplici censu, videlicet II. sestaria frumenti.

Item plus à Jacobo & Odoardo Galerandi pro mutagio Joannis eorum fratris pro duplici censu suæ tertiæ partis cen-sus, videlicet III. heminas 6. pug. frum.

Item plus ab hæredibus Bartholomei Bajardi pro mutagio dicti Bartholomei pro tribus quartis frumenti pro duplici cen-su III. heminas frum.

Item ab hæredibus Maroni & Petri Richardi fratrum pro dimidio mutagio dicti Maronis qui primus decessit, & pro mu-tagio integro dicti Petri pro duplici censu, videlicet VII. quar-tas 4. pugn. frum.

Item ab hæredibus Petri Rochassii pro mutagio dicti Ro-chassii pro duabus quartis, quinque pugneriis frumenti pro du-plici censu, videlicet VI. quartas 4. pugner. frum.

Item ab hæredibus Antonij Cotini pro mutagio dicti Anto-nij Cotini pro una hemina frumenti census pro duplici censu, videlicet I. sestar. frum.

Item plus à Guillermo de Pessulo pro dimidio mutagio Joa. de Pessulo

F

ejus fratris pro tribus quartis, duabus pug. frumenti pro medietate duplicis cenfus ; III. quartas II. pugn. frum.

Item ab hæredibus Petri Fabri de Bartelliona pro mutagio
dicti Fabri pro dimidiâ quartâ frumenti pro duplici cenfu, videlicet I. quartam frum.

J'ay vû auffi dans les reconnoiffances de la même Terre de l'an 1550.
reçûes par Grillet fol. 9. verf. du premier livre *que les Confuls & Pro-*
cureurs de la Communauté s'obligent en cas de permutation faite fans fraude
à la double cenfe outre la cenfe dûe audit an. Et à la fuite il eft dit que
le Châtelain exigeoit anciennement le Baillage à raifon de quatre un,
& les muages à la double cenfe, mais qu'environ l'an 1521. les Confuls avoient acquis l'un & l'autre droit des Commiffaires députez par
le Roy pour le prix de trois cens livres à faculté de rachat perpetuel, & fous les proteftations contenuës au contract de vente reçû
par Loüis Pifard Secretaire Patrimonial.

Les comptes des Châtelains de Charpey juftifient le même ufage,
qui peut être appellé *confuetudo predij,* comme parle la loy *Domini præ-*
diorum. C. D. agricol. & cenfit lib. 11. mais qui eft fi dur aux emphi-
téotes dont les héritages font chargés de grandes redevances, qu'il y
a peu de Seigneurs qui ufent de leur droit à la rigueur. Il y en a
eu même du temps de nos ancêtres qui ont fait remife de tout le Plait
qui feroit dû par leur décès. La pieté d'Hugues de la Tour furnommé
Turpin de Vinay, fils d'Aynard de la Tour Seigneur de Vinay, & celle
de Charles de Poictiers Seigneur de Saint Valier & de Vadans meritent d'être tirées de l'oubly. Le premier par fon teftament du 7. de
Septembre 1393. qui eft dans les regiftres de la Chambre des Comptes, & rapporté par Juftel dans les Preuves de l'Hiftoire d'Auvergne
page 102. donne & legue *omnibus hominibus fuis cenfum & fervitia de-*
bentibus totum mutagium omnium rerum, poffeffionum quæ tenentur & mo-
ventur de dominio dicti Hugonis teftatoris.

L'autre ufe de ces termes dans fon teftament du 18. de Mars 1409.
reçû par Guillaume Boyffon de Valence.

Item do & lego omnibus hominibus & tenementariis meis, ubicumque fint
& fuerint tempore mortis meæ, omnia mutagia & Placita quæ debebuntur ad
caufam mortis meæ, hæredi & hæredibus meis ratione & ad caufam prædio-
rum & poffeffionum quas de me tenebunt tempore mortis meæ ; & prohibeo
atque veto dictis hæredi & hæredibus meis (c'étoit Loüis & Philippes fes
fils) *ne dicta mutagia & Placita, quæ debebuntur ad caufam vel propter*
caufam obitûs mei exigant, habeant vel recipiant, feu exigi, levare & recu-
perare faciant vel permittant quovis modo ab hominibus & tenementariis præ-
dictis, ut ipfi homines & tenementarii habeant Deum rogare pro animâ meâ
confortis meæ & progenitorum meorum.

Ainfi j'eftime que la queftion, fi le double de la cenfe comprend
la courante ou non, doit être refoluë par l'ufage & la poffeffion qui
font les interprêtes d'un droit obfcur & douteux. *Si de interpretatione*

legis quæratur, dit Paulus *l. 37. D. De legib. imprimis inspiciendum est, quo jure Civitas retro in ejusmodi casibus usa fuit : Optima enim est legum interpres consuetudo.* A quoy se rapportent ces mots *consuetudine servatâ regionum*, qui sont dans la loy *C. D. exactorib. tributor. lib. 10.* & le chapitre *Abbate Sancti Sylvani. De verbor. signif.* Principalement lorsqu'il s'agit de la quottité des droits Seigneuriaux, qui se prescrit par trente ans suivant Barthole *ad leg. malè agitur. C. De præscript. 30. vel 40. ann. & in leg. Si prius. D. De aquâ pluv. arcen.* Maïuer très-habile praticien tit. n. 9. & Mornac. *ad leg. Qui semisses. D. De usuris.* & la Coûtume de Paris art. 124. Il ne seroit pas juste que la cense ou les autres devoirs eussent plus de privilege que la dixme dont la quottité peut être prescrite : Néanmoins en Languedoc le sujet ne peut prescrire la redevance féodale contre son Seigneur, comme a remarqué Maynard liv. 4. de ses Questions chap. 47. mais c'est un usage du Ressort de Tholose. En Dauphiné la prescription a lieu, même pour toute la cense par l'espace de cent ans.

Mais si le titre du Plait ne reçoit pas son explication de ses propres termes ou de la Coûtume locale, l'équité veut qu'on lui donne une interprétation favorable à l'emphyteote, & qu'en la double cense l'ordinaire soit comprise.

J'ajoûte ici que ce n'est pas au Roy seul comme Comte de Valentinois que le redouble du cens est dû : Il y a des Seigneurs particuliers qui ont le même droit, & en effet la Terre de Châteaudouble est venuë de la Maison des Berangers par l'acquisition qu'en fit Ademar Comte de Valentinois de Reymond Beranger par acte du mois d'Avril 1221. J'ay vû aussi des reconnoissances de quelques Gentilshommes sans fief de justice, & entr'autres celles de Noble Guillaume Chabert de l'an 1489. reçûës par Borrel Notaire Royal de Charpey, par lesquelles divers emphyteotes de Châteaudouble, de Charpey, de Montelliez, de Chabeüil, d'Alixan & d'autres lieux s'obligent de lui payer *duplicem censum ultra censum annuum in qualibet mutatione novi domini directi & possessoris*, parce que c'est un droit qui ne descend pas de la haute justice, mais de la Seigneurie directe.

QUESTION VI.

S'il se faut tenir à l'ancien titre du Plait, ou à la possession plus avantageuse du Seigneur.

IL s'est présenté une question depuis peu qui vient ensuite de la précédente sur cette hypothese. Un Seigneur direct est en possession de plus de quarante ans, comme il est justifié par ses papiers de recette, de faire doubler les censes qui lui sont dûës en cas de Plait. Il produit même une reconnoissance où ce doublement est stipulé. Les

emphyteotes recouvrent le premier titre, par lequel ce Plait eſt reglé à quelques deniers pour chaque meſure de grains.

Sur quoy l'on demande s'il ſe faut tenir à cet ancien titre, ou à
la poſſeſſion du Seigneur accompagnée d'une reconnoiſſance.

Je ne fais point de doute qu'il ne faille ſe conformer au titre : *Ad
primordium tituli poſterior formatur eventus*, dit la loy 1. ſ. ult. C. de imponenda lucrat. deſcript. lib. 10. Car quant à la poſſeſſion, il eſt bien
vray que les preſtations uniformes d'une même ſomme, ou quantité
pour une même cauſe, induiſent la préſomption du titre, comme
traite Covaruvias *ad cap. Profeßor. De reg. Jur. in 6. 2. parte Relect. ſ.*
4. Ce qui a donné ſujet à Alciat *De præſumpt. reg. 2. præſumpt. 23.*
d'établir cette regle, que chacun eſt préſumé poſſeder *ex præambulo
titulo.*

Mais ſi le titre eſt repréſenté, la préſomption ceſſe, & par conſéquent l'excès de la poſſeſſion doit être retranché par la force de la
verité antécédente.

Ce que nos Praticiens diſent *poſſeſſio determinatur à titulo.* Il y a eu
de la mauvaiſe foy de la part du Seigneur, & une erreur perpetuelle
de la part des emphyteotes, qui détruit le conſentement, au moyen
de quoy le Seigneur n'a ni droit ni poſſeſſion legitime : Etant certain qu'il ne peut *innovationem colonis inferre*, leſquels doivent poſſeder
les héritages *ſub eiſdem modis, eiſdemque conditionibus* que faiſoient leurs
ancêtres, comme il eſt porté par la loy. *Cum ſatis. C. De agricol. & cenſit lib. 11.* C'eſt la reſolution d'Alexandre *lib. 1. Conſil. 113.* où il dit
que *ſi per titulum appareat minus debitum fuiſſe, præſumitur longæva & ſpe-
cifica ſolutio erronea, niſi probetur ex certâ ſcientiâ factâ & continuatâ,* &
de Balbus *De præſcript. 3. parte principali. in princip. verſic. decimò quero
num. 26.* en ces termes. *Si emphyteutæ, ſive homines ſubditi ſolverunt,
nedum per decem, ſed etiam per triginta vel quadraginta annos majorem pen-
ſionem ultra modum in inveſtituris deſcriptum, non poſſunt cogi ad ſolvendum in futurum, quia per tenorem inveſtiturarum conſtat de contrario, &
quod major penſio fuit ſoluta per errorem.* Le premier y apporte cette exception, quand le changement eſt fait *ex certâ ſcientiâ*, parce que les
circonſtances de la ſcience & de la volonté y ſont néceſſaires, la
ſubſtance & la forme de la tenure ne pouvant être changée que du
conſentement des perſonnes qui ſçavent la teneur du titre auquel elles
veulent déroger. A quoy n'eſt contraire ce que Me Charles du Moulin ſur la Coûtume de Paris *ſ. 12. num. 10.* où il traitte de la preſcription en matiere féodale que *patronus & cliens poſſunt ad invicem
præſcribere in novum feudum vel augmentum veteris feudi præſcribendo decem
annis inter præſentes, aut viginti inter abſentes, cum titulo juſto & vero, vel
putativo cum juſto errore facti & bona fide*, & lui-même s'explique mieux
n. 16. où il n'excepte que la preſcription centenaire. *Sed non poterit
præſcribere*, dit-il, *jus ipſum recipiendi vel exigendi aliquid in futurum ratione feudi ; quod non ſit debitum per conſuetudinem, vel quod per conſtitutio-
nem feudi apparet indebitum. Unde ſi appareat ex originali conceſſione feudi*

vel alio justo titulo ex speciali pacto feudum esse vel fuisse liberum à releva-
mentis etiamsi postea patronus probet se exegisse relevamenta contingentia per
spatium 30. 40. vel 80. annorum, puto quod etiam tenebitur restituere quæ
percepit à triginta annis citra, nec proderit nuda & simplex præscriptio, nisi
esset centenaria, ut si ostenderit suos prædecessores illud percepisse centesimo anno
retro, & ex tunc in quasi possessione illius juris fuisse, tunc enim sibi quæsi-
tum esset jus, non obstante quod per vetera instrumenta centum, ducentum,
vel trecentum fortè annorum clarè probaretur de immunitate feudi : quia ex
subsecuti tanti temporis usu & patientiâ præsumitur id oneris legitime fuisse
impositum. Ainsi le Seigneur ne peut tirer à son avantage la faveur
donnée au tenancier qui prescrit la diminution de ses devoirs par
trente ans, comme j'ay dit en la question précédente, parce que
nous devons être plus enclins à la liberation qu'à l'obligation *l. Aria-*
nus. D. De obligat. C'est une différence qui est remarquée par du Pineau en ses Observations sur la Coûtume d'Anjou art. 430.

Quant à la reconnoissance passée contre la teneur du premier titre
sans qu'il y ait été dérogé par un consentement mutuel avec une
parfaite connoissance de l'état de la chose, c'est un acte intermediaire fait par erreur, qui n'empêche pas que l'on ne retourne à la
vérité qui se prouve par la représentation du titre : Comme l'établissement du Plait a été fait en deniers par la volonté des parties qui
ont sçû ce qu'elles faisoient, il faut aussi que le changement se fasse
disertement avec la même science & la même volonté : Cela man-
quant, tout ce qui se fait posterieurement est rejetté, & ne préju-
dicie point au reconnoissant ni à ses successeurs, parce qu'il n'est rien
de si contraire au consentement qui produit l'obligation que l'erreur.
Cum recognitio fundamentum habeat de jure antecedenti, nec ad novum pro-
ducendum emittatur, sed veteris agnitionem, consequitur ut ipsa quoque sit
ex causâ erroris revocabilis, si aliter habere detegitur id quod tanquam tale
recognoscitur, comme dit Argentré sur la Coûtume de Bretagne *art.*
85. not. 4. n. 6. avec tous les Docteurs qui ont traitté la même question : Il me suffira d'alleguer entre les interprêtes Balde qui le premier l'a touchée *in cap. 1. col. fin. De feudo Gardiæ & Gastald.* entre
les Autheurs des Traités *Jacobin. à Sancto Georgio Tractatu de feudis ver-*
bo. dictique Vassali n. 21. entre les Compilateurs du Droit Berberius *in*
Viator. Juris. Tit. De locato. n. 23. 24. entre les Consultans Alexandre
lib. 4. Consil. 55. n. 17. Decius *Consil. 184. 193.* entre les Commentateurs des Coûtumes Rat sur celle de Poictou art. 69. Me Charles
du Moulin sur celle de Paris §. 51. gloss. 1. num. 10. Beraut sur
celle de Normandie art. 185. Ferron sur celle de Bordeaux *Tit. de*
feudis art. 3. où il dit que *si duæ legantur recognitiones, & prior mitior*
sit, ultima durior, oneribusque gravioribus adstringens, prior sequenda est,
nisi ei expressim sit renunciatum : entre les Arrestographes Charondas liv.
8. de ses Réponses chap. 58. qui en rapporte un Arrêt du Parlement de Paris de l'an 1560. & Maynard liv. 8. de ses Questions
chap. 8. qui en allegue un du Parlement de Tholose de l'an 1571.

E iij

par lesquels il a été jugé que fans avoir égard aux nouveaux titres les tenanciers ne font obligez de payer de plus grands devoirs que ceux qui font portés par les anciens titres nonobftant les prêtations faites auparavant trente ans.

La rencontre de cette queftion donne fujet à ceux qui l'ont traittée d'invectiver contre les Seigneurs qui excedent leurs droits legitimes : Balde, même au Commentaire qu'il a fait fur la paix de Conftance, au mot *Passiones*, dit que les devoirs infolites des fujets femblent n'avoir autre fondement que la force & l'extorfion des Seigneurs. Il y en a qui fe prévalans de l'ignorance des tenanciers, ou de leur impuiffance à refifter, fe font paffer des reconnoiffances & des hommages fi differens des anciens titres, qu'à peine y voit-on un feul trait de reffemblance.

QUESTION VII.

Si le Plait eft dû par la mutation du Dauphin, ou de l'Acquereur de fon Domaine.

L'Alienation qui s'eft faite depuis peu d'années du Domaine Delphinal ayant fait naître cette queftion, j'ay répondu que c'eft par la mutation du Roy comme Dauphin, ou du fils aîné de France, fi le Dauphiné lui a été remis, que le Plait eft dû. Mon avis eft fondé fur ce que le Domaine étant le dot que la Republique apporte au Prince, comme à fon époux, & par confequent inalienable & infeparable de la Couronne, & ceux qui en ont acquis quelques dépendances enfuite des Edits vérifiez en Parlement & en la Chambre des Comptes, fuivant les Ordonnances, ne tiennent lieu que de fimples créanciers & engagiftes pour joüir de la chofe engagée, par cette forte de contract que la Jurifprudence Romaine appelle antichrefe, jufqu'à ce que le Roy paye le prix de l'engagement, comme remarquent tous les Docteurs François, & entr'autres Chopin liv. 3. du Domaine tit. 19. n. 3. D'où vient que par l'Ordonnance de Moulins de l'an 1566. art. 15. les acquereurs du Domaine n'ont pas droit de reception en foy & hommage, qui ne peut appartenir qu'au Seigneur direct, mais feulement de retirer les profits, à la referve des enfans de France pour leur Apanage, qui pourtant font obligez par l'art. 16. de la même Ordonnance, d'envoyer par chacun an en la Chambre des Comptes à Paris les doubles & copies dûëment fignées des hommages qui leur ont été faits ou à leurs Officiers. A caufe de quoy la Chambre des Comptes de Grenoble verifiant l'Edit de l'alienation du Momaine Delphinal, par Arrêt du 27. Juillet 1638. a chargé les Acquereurs de renouveller les terriers de trente en trente ans; & d'en rapporter un extrait devers elle : Et par un autre Arrêt du 13. de Mars 1649. elle leur a fait défenfes de faire ce renouvellement fous leurs noms fur peine de reduction des Terres engagées fous la main du Roy.

D'où vient auſſi qu'il ne leur eſt pas permis de mettre leurs armoiries & titres funébres à l'entour des Egliſes, comme s'ils étoient proprietaires & Seigneurs incommutables de la terre, ſauf à eux de mettre leurs armoiries à un poteau ou pilier au-deſſous de celles du Roy, ſuivant l'Arrêt donné par le Parlement de Paris le 5. de Juillet 1554. contre la Dame de Louvres en Pariſis, rapporté par Bacquet au Traitté des droits de Juſtice chap. 20. n. 13. & par Chopin au titre ſus allegué n. 16. Et même leurs créanciers ne peuvent faire ſaiſir & décretter la Terre engagée, mais ſeulement le prix de l'engagement, dont la ſaiſie doit être faite entre les mains du Receveur du Domaine qui compte en la Chambre des Comptes, comme il a été jugé contre la Ducheſſe de Nemours par Arrêt du Parlement de Paris allegué par M. Bouguier en la Lettre D, n. 7. De ſorte que les contracts pignoratifs ne changeans point la proprieté de la choſe, il s'enſuit que le Plait eſt dû par la mutation du Prince, & non par celle de l'engagiſte; A quoy ne peut être oppoſé que ceux qui achettent des acquereurs du domaine du Roy ſont obligez de payer les lods & ventes de leur acquiſition, ſuivant les jugemens rapportez par Bacquet au même Traitté des droits de Juſtice ch. 12. n. 19. 20. 21. 23. & par l'Arrêt de la Chambre des Comptes de Grenoble ſus énoncé du 27. Juillet 1638. parce qu'ils les doivent à cauſe de la tranſlation de la Seigneurie utile, comme Bacquet raiſonne plus au long; mais le Plait n'eſt dû que par le changement du Seigneur direct & proprietaire. Je trouve même dans l'Arrêt du Parlement de Grenoble donné à la requète des Religieuſes de S. Juſt en Royans, que j'ay rapporté en la page 19. que le Plait ne leur eſt pas adjugé à la mutation d'Abbeſſe, mais à celle de Dauphin, non obſtant que les cenſes leur appartiennent incommutablement avec la Seigneurie directe & utile: La raiſon eſt que ce droit n'étant dû par ſon établiſſement qu'à mutation de Dauphin, la ſubſtance de la teneure ne peut être changée, quelque tranſport qui ſoit fait des cenſes, que du conſentement des emphyteotes.

Et à ce propos je reprends ce que j'ay dit cy-devant, que c'eſt par la mutation du Roy comme Dauphin, ou du fils aîné de Sa Majeſté, ſi elle lui a fait tranſport du Dauphiné, que le Plait eſt dû, parce qu'autrement il n'y auroit point de changement en la proprieté, ſuivant ce qui fut dit par Eſtienne Guillon Preſident unique au Conſeil Delphinal, en la harangue qu'il fit aux Etats de Dauphiné l'an 1440. lorſque Loüis qui fut depuis Roy XI. du nom en prit poſſeſſion par Jean Sire de Gamaches Chevalier, & par Gabreli de Bernes Seigneur de Targes Ecuyer, ſes Ambaſſadeurs, *que pluſieurs ont erré en ce qu'ils cuidoient que le premier né du Roy de France, pource qu'il s'appelloit Dauphin, fût vray Seigneur & adminiſtrateur du Dauphiné, mais il ne l'eſt point juſqu'à tant que le Roy lui remette & tranſporte la Seigneurie & adminiſtration d'iceluy.* Cette harangue ſe trouve regiſtrée en la Chambre des Comptes de Grenoble dans un livre intitulé *Octavus liber Memorialium* fol. 54. avec les Lettres patentes du Roy Charles VII. & toute la procedure qui fut faite ſur ce ſujet. Ainſi Charles VI. par Lettres patentes du 18. de Janvier 1409. avoit remis l'adminiſtration

L'Enga-giſte n'a doit de Litres.

Il ſemble pourtant qu'il n'eſt point dû de lods de la vente d'une terre du Domaine du Roy, parce qu'il n'y a point de tranſlation de proprieté, laquelle ſeule donne cauſe aux lods. Cependant deux Arrêts du Conſeil ont jugé que les lods ſont dûs 3 l'un du 26 Février 1704. Le ſecond du 4 Janvier 1724. rendu côtre le Prince de Rohan.

du même pays à Loüis Duc de Guyenne son fils aîné, lequel en prit possession le 19. d'Avril 1410. par Jean Evêque de Valence & de Die, Reynier Pot Seigneur de la Prugne & de la Roche de Nolay Gouverneur de Dauphiné, Girard de Thury Seigneur des Noyers, & Guillaume Guillon Président au Conseil Delphinal, comme il se voit dans le livre intitulé *Copiæ plurium instrumentorum Judicaturæ Græsivodani.* marqué par A, fol. 381.

QUESTION VIII.

Si le Plait est dû en cas de vente outre les lods.

CE n'est pas inutilement que je touche cette question, parce que non seulement il y a des Fermiers, mais aussi des Seigneurs si exacts en leurs interêts qu'au lieu d'user modérément de leurs droits, & de faire quelque remise à leurs nouveaux emphiteotes, ils se font payer double profit en cas de vente, à sçavoir le Plait à cause de la mutation, & les lods à cause de la vente : Je trouve même qu'il en a été usé de la sorte par quelques Châtelains, comme justifie le compte rendu par Antoine Botu Châtelain de Roüon, pour l'année 1411. au chapitre de la recette des lods & des Plaits.

Laudim. vendit. ac Placita.

ET primò recepit idem Castellanus ab Antonia relicta Antonii Cluerieux de Sancto Gervasio pro medietate divisâ cujusdam domus & plassagii ejusdem constructa in Parochia Sancti Gervasii juxta medietatem dictæ domus Petri Bonsort ex unâ parte, & juxta terram hæredum Drevoni de Herbeysio ex alterâ per ipsam empta à Francone Reynaudi pretio sex florenorum auri, quæ tenetur de dominio dicti domini nostri Delphini sub annuo censu quartæ partis unius gallinæ cum Placito consueto. I. floren. Item pro placito III. denar. bonæ monetæ.

Item plus recepit à Petro Pogeti pro medietate pro indiviso cujusdam petiæ nemoris castanareti continentis in se per totum circa unam sestariatam terræ sitæ in dicta parochia Sancti Gervasii loco dicto el Moleyron juxta nemus Castanaretum Petri de Marinest coudurerii ex una parte, & juxta nemus hæredum Andreæ Porcherii cum suis aliis confinibus per ipsum emptæ ab Antonio Rempeyry pretio sex florenorum, quæ tenetur de

dominio

dominio Delphinali fub cenfu octavæ partis unius quartalis avenæ cum Placito confueto, videlicet I. florenum auri.

Et pro Placito III. pittas.

A quoy j'ajoûte celui de Meffire Pierre de Tholon Préfidént de Dauphiné, Châtelain de Chevrieres pour l'année 1424.

De laudimiis & venditionibus.

ET primò inveftivit Termo Martini locum tenens prædicti domini Caftellani prædicto, &c.

Item anno quo fupra inveftivit dictus Termo Guillermetum Vincentii de quadam terra fibi vendita per Michaëlem Lovardelli & fuam uxorem pretio quatuordecim floren. monetæ, quæ tenetur de dominio domini noftri Dalphini fub cenfu annuo duarum pugneriarum avenæ, & habuit idem Termo laudes & vendas, videlicet II. flor. 4. groff.

Et pro Placito I. denar. 1. pitt.

Item anno quo fupra, & die 15. Martii inveftivit dictus Termo Petrum de Boys de quadam terra & prato fibi venditis per Andream de Boys pretio feptem floren. monetæ, quæ tenetur de dominio domini noftri Dalphini fub cenfu annuo octo potorum vini, unius quartalis frumenti & unius feftarii avenæ, & habuit idem Termo laudes & vendas, videlicet 14. groff. mon. Et pro Placito 3. folidos.

J'en ay vû quelques autres femblables mais en petit nombre; Et au contraire il refulte prefque de tous que les Châtelains n'ont fait recette que des lods en cas de vente : Et en effet le Plait & les lods ne font point dûs regulierement pour un même fujet, comme étant deux profits divers qui ont leur objet different : Ce qui eft expliqué nettement au proëme des reconnoiffances de Chabeüil de l'an 1493. où le payement des cenfes eft ftipulé, *fub Placito duplicis cenfus in mutatione novi tenementarii feu poffefforis tantùm, cafu tamen venditionis excepto, quo tunc debetur & folvi confuevit dicto domino noftro Delphino pro laudimiis & vendis decima tertia pars pretii rei quæ venditur, & de dominio directo ipfius domini tenetur.*

J'ay dit regulierement, parce que l'ufage peut être contraire en quelques lieux, comme à la Tour du Pin dont la Coûtume locale me femble bizarre, en ce que le Plait n'y eft point dû par le décès du Seigneur ou de l'emphyteote comme ailleurs, mais feulement en cas de vente, de rachat, d'échange ou de donation : Voicy les termes des reconnoiffance de l'an 1488. reçûes par Bergeron.

De mutagiis sine Placitis in dicta Castellania.

ITem dicunt & declarant quod dictus dominus noster Delphinus etiam percipit in dicta Castellania & percipere consuevit mutagium sive Placitum in omnibus & singulis venditionibus, alienationibus, donationibus, reemptionibus, & aliis quibuscumque permutationibus rerum, bonorum, possessionum, censuum, servitiorum & aliorum quorumcumque jurium & proprietatum de certo feudo & dominio directo moventium, solvendum per modum & formam inferius declaratam. Interrogati si dictus dominus noster Delphinus consuevit percipere mutagium sive Placitum in morte domini directi & emphyteutæ seu tenementarii, dicunt quod nunquam viderunt vel sciverunt uti de præmissis in dicto loco Turris Pini & Mandamento ejusdem.

Le reste concernant la forme de payer le Plait à la Tour du Pin, est rapporté cy-devant page 17. Ainsi par la Coûtume de Normandie art. 171. *Si le fief est vendu à prix d'argent, le treiziéme du prix est dû au Seigneur de qui est tenu, & est dû Relief outre le treiziéme.* Il en est autrement de la terre roturiere par l'art. 173. de la même Coûtume.

QUESTION IX.

Si le Plait est à la charge de l'usufruitier ou du proprietaire.

CEtte Question est considerable à l'égard du Plait à mercy qui consiste au revenu d'une année, ou de celui qui double une cense de plusieurs sestiers de grains comme est celle de quelques moulins, mais aussi n'est-elle pas sans difficulté.

Le proprietaire dit que ce droit regardant l'héritage sur lequel il a été imposé, doit être payé par l'usufruitier ne plus ne moins que les tributs, les impôts & les autres charges réelles suivant l'avis d'Ulpian. *l. usufructu legato 7. D. de usufructu. eum (fructuarium) pertinet : quoniam & alia onera agnoscit usufructu legato : ut puta stipendium vel tributum vel salarium vel alimentâ ab ea re relicta.* Ce qu'il réitere en la Loi *si pendentes* du même titre en ce paragraphe. *Si quid cloacaris nomine debeatur, vel si quid ob formam aquæductus quis per agrum transit pendatur, ad onus fructuarii pertinebit. Sed & si quid ad collationem utæ, puto hoc quoque fructuarium subiturum. Ergo & quod ob transitum exercitus confertur ex fructibus : Sed & si quid Municipio (nam solent possessores certam partem fructuum Municipio viliori pretio addicere, solent & Fisco susiones præstare) hæc onera ad fructuarium pertinebunt.* A quoy se rapporte l'opinion de Modestin en cette Loi du même titre. *Usufructu relicto*

relicto si tributa ejus rei præstantur, ea usufructuarium præstare debere dubium non est : nisi specialiter nomine fideicommissi testatori placuisse probetur hæc quoque ab hærede dari ; Et Paulus dit en termes exprès *l. 13 D. de impensis in res dotales factis,* que ce sont charges des fruits & qu'ainsi le mari qui les a payez pour les biens de sa femme n'a pas droit de les repeter : Voici comme il parle. *Neque stipendium neque tributum ad dotalem fundum præstita exigere vir à muliere potest : Onus enim fructuum hæc impendia sunt.* Mais il semble que le même Jurisconsulte décide la question *l. 28. D. de usufr. leg.* en cette sorte. *Quæro si ususfructus fundi legatus est, & eidem fundo indictiones temporariæ indictæ sunt, quid juris esse & in speciebus quæ postea indicuntur, quod in vestigalibus dependendis responsum est, ideoque hoc onus ad fructuarium pertinet.* Et c'est principalement sur cette loy que du Moulin fonde son opinion contre l'usufruitier sur la Coûtume de Paris § 33. *in verb. droit de Relief* n. 157. En effet par les Coûtumes du Maine, d'Anjou, de Vermandois, de Châlons, de Ribemont, de Peronne, de Chauny & de quelqu'autres lieux, la doüairiere & tout autre usufruitier sont obligez de payer le rachat échû par le décès du proprietaire : Et par l'usage de Naples, l'Adoha, qui est un service militaire, que nous appellons Ban & Arriereban, imposé sur les feudataires quand il y a guerre de longue durée au Royaume de Sicile, est dû par l'usufruitier du fief servant, comme nous apprenons d'Anton. Capycius *Decis. Neapolit. 184. n. 3.*

Au contraire l'usufruitier soutient qu'il ne doit porter que les droits ordinaires, & que la charge des extraordinaires & accidentaires est sur le proprietaire qui l'en doit décharger comme descendans du titre de l'inféodation ou de l'Emphyteose, de même que l'héritier est obligé d'acquitter le legataire des charges qui ont été de sa connoissance, par cette loi d'Ulpian 57. *D. de legat. 1. Si res obligata per fideicommissum fuerit relicta : Si quidem scit eam testator obligatam, ab hærede luenda est, nisi si animo alio fuerit, &c.* II. Que le seul proprietaire est capable regulierement de porter la foy & de prendre l'investiture du fief, ou de passer nouvelle reconnoissance du fonds emphyteutique, & que par consequent c'est à lui seul d'en payer les droits sans lesquels il n'y seroit pas admis, *quia non videtur hæres dedisse quod ita dederat ut habere non possit,* comme parle Labeo en la loi *Qui concubinam ſ. Si hæres D. legat. 3.* sur laquelle Boërius en ses Commentaires sur la Coûtume de Berry art. 9. *tit. des fiefs & censes,* fonde son avis contre le Proprietaire, à quoy se trouve conforme celui de Chassaneus sur la Coûtume de Bourgogne *tit. des fiefs ſ. 1. gloss. 2. in fine.* Je dis regulierement parce qu'en la Coûtume de Meaux art. 188. la veuve doüairiere est obligée de faire hommage au Seigneur, à cause de son simple usufruit, & n'en est pas déchargée par le proprietaire héritier de son mari. III. Que le Jurisconsulte Paulus en la loy *Quæro* parle des charges imposées pour un temps depuis le legs de l'usufruit, & non des charges qui descendent de la loi ancienne des héritages, comme le Plait ou Relief. IV. Que les Coûtumes sus énoncées sont speciales, & qu'aux autres l'usufruitier doit être acquitté par le proprietaire des droits ordinaires de

Relief ou Rachat envers le Seigneur, comme il a été jugé par divers Arrêts du Parlement de Paris raportez par Choppin sur la Coûtume d'Anjou l. 2. ch. 2. n. 4. par M. Loüet en la Lettre V. ch. 9. & par Me Julien Brodeau son Scholiaste, homme très exact en ces citations. La même question est touchée par Godet sur la Coûtume de Châlons art. 55. en faveur de l'usufruitier, & par Argentré sur celle de Bretagne *tit. des droits du Prince art. 77. not. 3.* qui fait différence de l'usufruitier à titre onereux, & de celui qui l'est pour cause lucrative : Au premier cas il estime que le proprietaire doit payer le rachat ; au second que c'est à l'usufruitier. Voilà de fortes raisons & de célébres Autheurs de part & d'autre, en sorte qu'il est difficile de juger quel parti prendra le Parlement de Grenoble en l'occurence de la question, n'ayant rien trouvé qui la préjuge ni qui puisse justifier l'usage de Dauphiné. Pour moi je me porterois facilement à l'opinion de du Moulin contre l'usufruitier, par cette raison qu'en Dauphiné le Plait n'est pas seulement dû par le changement du possesseur en ligne collaterale, comme le Rachat aux Provinces de Coûtume ; mais à toute mutation de Seigneur & de possesseur même en ligne directe, comme j'ay fait voir cy-dessus. Tellement que le cas du Plait arrivant plus frequemment, il y a quelque raison de le mettre au rang des charges ordinaires, encore que ce droit ne soit pas annuel non plus que la contribution des denrées au passage de l'armée dont il est fait mention au §. sus allegué de la loy *si pendentes*, où l'impôt temporaire de la loy *querò* qui pourtant sont rejettez sur l'usufruitier. Je suis aussi fort touché de la distinction que fait la Coûtume d'Anjou par les articles 316. 317. & par celle du Maine art. 329. qui charge la doüairiere du Rachat dû par la mort de l'héritier ou proprietaire ; *& entr'autres cas semblables en quoy il n'auroit pû pourvoir : mais en aucuns cas est tenu l'héritier de dédommager la doüairiere, c'est à sçavoir quand l'héritier de la terre tenuë en doüaire se marie, par quoy droit de Rachat est acquis au Seigneur de fief, est tenu de dédommager la doüairiere des fruits & levées qu'elle pouvoit avoir & prendre si n'eût été ledit Rachat. Et pareillement en autre cas dont l'héritier ou héritiere est en cause ou coulpe, &c.* Et sur la fin de l'article 317. *Et à semblable des autres usufruitiers.* Ce qui est autôrisé de l'avis de Scævola en la loi *fundi Æbutiani. D. de usufr. leg.* où il dit. *Item quæro an compellendus sit hæres reficere prædium. Respondit, si hæredis facto minores redditus facti essent, legatoribus rectè desiderare quod ob eam rem diminutum sit.* Sur quoy du Moulin fonde sa limitation. J'en fais l'application en Dauphiné. Si le cas du Plait arrive par la mort du proprietaire ou par celle du Seigneur, j'estime qu'il doit être porté par l'usufruitier, mais s'il arrive par le fait volontaire du proprietaire, comme s'il a fait donation du fief ou de l'héritage emphyteutique à son fils, il me semble juste qu'il acquitte l'usufruitier de ce droit auquel il a donné cause volontairement : Car en ce cas le Plait est dû par la mutation du proprietaire comme d'une succession directe.

QUESTION

QUESTION X.

Qu'il y a des fiefs purement honoraires qui même ont droit de Plait sur les Seigneurs dominans.

LE mot de *beneficium* en matiére féodale justifie assez que la premiére concession des fiefs étoit gratuite, & n'avoit pour objet que le bienfait, l'honneur & la recompense, comme j'ay dit au commencement de ce Traitté. *Feudum enim non sub pretextu pecuniæ, sed amore & honore domini acquirendum est*, dit le texte *Tit. de feud. dat. in vicem leg. commiss. reprob. lib. 1. Feudor.* De là vient que les grands fiefs, *feuda majorum Valuassorum*, étoient appellez par nos ancêtres *honores.* Ainsi le Comté de Soissons est appellé *Honor* dans un Acte du Trésor de l'Eglise Cathedrale de Soissons de l'an 1141. qui est raporté dans les preuves de l'Histoire de Soissons page 11. Ainsi Goffridus Abbé de Vendôme environ l'an M C. qualifie la Terre de Craon *Honorem Credonensem Epist. 27. lib. 5.* Et sur ce passage le P. Sirmond allegue des titres dans lesquels le Comté d'Anjou est appellé *Honor Andegavensis*, Celui de Vendôme *Honor Vindocinensis.* Les exemples en sont infinis parmi les Autheurs du moyen âge. Et même ceux qui possedoient ces fiefs étoient appellez *Honorati*, comme nous apprenons d'Agobard Evêque de Lyon où il parle de Loüis le Débonnaire, *Omnes Comites*, dit-il, *vel Honorati ejus.* Et pour cette raison les Timars des Turcs qui tiennent beaucoup de la nature des fiefs, sont ainsi appellez de ῥυμαι, *honorer*, comme j'ay remarqué ailleurs.

De là vient encore que dans la plus haute antiquité des fiefs le droit de lods & de Relief étoit inconnu, n'ayant été introduit que lorsque les fiefs ont pris la nature de patrimoine pour succeder au droit de commis qui avoit lieu quand le vassal vendoit son fief sans le consentement du Seigneur. *Sic visum gentibus, ex quo feuda patrimonialia facta sunt, nec dominorum consensu exigi cepit, ut hæc esset contrectati cum primum beneficii alieni auspicatio, & honorarium munus susceptionis*, dit Argentré *Tract. de Laudimiis, cap. 1.* En en effet les livres des fiefs ne font aucune mention de lods qui ne sont point de la nature des fiefs des Lombards. Oldrad. *Conf. 34.* les appelle *incrementum quoddam feudale.*

Il y a même beaucoup de Provinces en France où les fiefs sont purement d'honneur, & sans autre profit envers le Seigneur que de la bouche & des mains, comme la Bourgogne, le Lyonois, le Forest, le Beaujolois, le Mâconnois, l'Auvergne, *Catalaunia.* Tels sont les fiefs des Provinces dont je viens de parler, sur le sujet desquels Mre Augustin Galand, quoiqu'impugnateur de la franchise & de l'exemption des droits Seigneuriaux, n'a pû s'empêcher d'écrire en ces termes pag. 121. de la seconde édition. *Les pays de Lyonois, Forest, Beaujolois, Mâconnois sont regis par le Droit écrit, & néanmoins submis aux Ordonnances du Roy & Regle-*

G

mens du Parlement de Paris. Ils ont jusqu'à maintenant vécu sous la liberté à l'égard des fiefs, sans payement de lods, ventes, reliefs, rachats ; ce sont fiefs d'honneur, feuda honoris, sans autre profit envers les Seigneurs, que de la bouche & des mains ; & en outre envers le Roy du service du Ban & Arriereban.

La rareté de ceux qui ont droit de Plait ou de quelque autre bienfait sur le Seigneur mérite que j'en raporte un exemple.

J'ay vû dans les Registres de la Chambre des Comptes une infeudation passée le 14. de May 1324. par Chabert de Morestel, qui est aujourd'hui représenté par le Roy, à Amedée Guiffrey, d'une maison avec ses appartenances située à Morestel en Gresivodan, à la charge de l'hommage lige, moyennant lequel Chabert s'oblige de donner tous les ans à Amedée, & à ses successeurs au fief un habillement complet de la même étoffe dont luy même sera vêtu n'étant point Chevalier, & en cas qu'il fût élevé à la Chevalerie il promet de le tenir vêtu comme ses autres Escuyers, en sorte qu'il ait toutes les années un habit sortable à la qualité d'Escuyer (ce qui fait voir que du temps de nos peres l'habit des Chevaliers étoit different de celuy des Escuyers.) Et en cas que Chabert & ses heritiers n'y satisferoient pas, Amedée & ses successeurs sont déchargés de l'hommage *Ad hoc tamen*, porte l'acte, *quod dictus Chabertus teneatur prædictum Amedeum inducere singulis annis de unâ raubâ completâ, videlicet de tali panno de quali dictus Chabertus fuerit indutus, dum tamen dictus Chabertus stabit quod non fuerit Miles, in quo casu si contingeret dictum Chabertum effici Militem, fuit actum inter eos quod semper dictus Chabertus teneatur dictum Amedeum manutenere de raubis Scutiferorum suorum, taliter quod singulis annis dictus Amedeus ab eodem raubam Scutiferi habeat competentem. Item fuit actum inter eos quod si contingeret prædictam raubam eidem Amedeo, vel illi ex ejus liberis seu hæredibus vel successoribus eiusdem qui res prædictas teneret non reddisse vel persoluisse prædictum Chabertum vel suos, quod ille qui res prædictas tenuerit ex parte non teneatur recognoscere prædictum homagium eidem Chaberto seu illi ad quem spectabit, donec raubam suam prædictam ab eodem habuerit, seu pro qualibet rauba sibi non soluta decem solidi gross. Turonens. sibi soluti fuerint plenariè & perfectè.* Ce qui fut confirmé par Charles Dauphin qui fut depuis Roy V. du nom à la requête de Jean Guiffrey Chevalier fils d'Amedée par Lettres patentes du mois de Novembre 1358.

FIN.

TABLE
DES MATIERES PRINCIPALES,
Contenuës dans la premiére Partie du Traité des Fiefs
& autres Droits Seigneuriaux.

A.

*

* *

Fin de la Table de la première Partie.

PRIVILEGE DU ROY.

LOUIS PAR LA GRACE DE DIEU ROY DE FRANCE ET DE NAVARRE, Dauphin de Viennois Comte de Valentinois & Dyois : A nos Amez & Féaux Conseillers les Gens tenans nos Cours de Parlement, Maîtres des Requêtes ordinaires de nôtre Hôtel, Grand Conseil, Prévôt de Paris, Baillifs, Sénéchaux, leurs Lieutenants Civils & autres nos Justiciers qu'il apartiendra, SALUT. Nôtre bien Amé FRANÇOIS CHAMP, Libraire à Grenoble, Nous ayant fait remontrer qu'il souhaiteroit faire imprimer & donner au Public un Ouvrage qui a pour Titre de l'Usage des Fiefs par Salvaing, s'il Nous plaisoit lui accorder nos Lettres de Privilege sur ce necessaires, offrant pour cet effet de le faire imprimer en bon Papier & beaux Caracteres suivant la Feüille imprimée & attachée pour modéle sous le Contre-Scel des presentes. A CES CAUSES, Voulant favorablement traiter l'Exposant; Nous lui avons permis & permettons par ces Presentes de faire imprimer ledit Ouvrage cy-dessus specifié, en un ou plusieurs Volumes, conjointement ou separément & autant de fois que bon lui semblera, sur Papier & Caracteres conformes à ladite feüille imprimée & attachée sous Nôtredit contre-Scel, & de le vendre, faire vendre & débiter par tout Nôtre Royaume pendant le temps de huit années consecutives, à compter du jour de la datte desdites Presentes; Faisons défenses à toutes sortes de personnes de quelque qualité & condition qu'elles soient d'en introduire d'Impression étrangere dans aucun lieu de Nôtre obéissance, comme aussi à tous autres Libraires-Imprimeurs & autres, d'imprimer, faire imprimer, vendre, faire vendre, débiter ni contrefaire ledit Ouvrage cy-dessus mentionné en tout ni en partie, ni d'en faire aucuns Extraits sous quelque prétexte que ce soit d'augmentation, correction, changement de Titre ou autrement, sans la permission expresse & par écrit dudit Exposant ou de ceux qui auront droit de lui, à peine de confiscation des Exemplaires contrefaits, de trois mille livres d'amende contre chacun des Contrevenans, dont un tiers à Nous, un tiers à l'Hôtel-Dieu de Paris, l'autre tiers audit Exposant, & de tous dépens, dommages & interêts : à la charge que ces Presentes seront enregistrées tout au long sur le Registre de la Communauté des Libraires & Imprimeurs de Paris dans trois mois de la datte d'icelles, que l'Impression de cet Ouvrage sera faite dans Nôtre Royaume & non ailleurs; Et que l'Impetrant se conformera en tout aux Reglemens de la Librairie & notamment à celui du dixiéme Avril 1725. & qu'avant que de l'exposer en vente le Manuscrit ou Imprimé qui aura servi de Copie à l'Impression dudit Ouvrage, sera remis dans le même état où l'Aprobation y aura été donnée ez mains de Nôtre très-Cher & Féal Chancelier Garde des Sceaux de France le Sieur Chauvelin; & qu'il en fera ensuite remis deux Exemplaires dans Nôtre Bibliotheque publique, un dans celle de Nôtre Château du Louvre, & un dans celle de Nôtredit très-Cher & Féal Chevalier Garde des Sceaux de France le Sieur Chauvelin, le tout à peine de nullité des Presentes, du contenu desquelles vous Mandons & Enjoignons de faire joüir l'Exposant ou ses ayans cause pleinement & paisiblement sans souffrir qu'il leur soit fait aucun trouble ou empêchemens. Voulons que la Copie desdites Presentes qui sera imprimée tout au long au commencement ou à la fin dudit Ouvrage soit tenüe pour düëment signifiée, & qu'aux Copies collationnées par l'un de nos Amez & Féaux Conseillers & Secretaires, foy soit ajoûtée comme à l'Original; COMMANDONS au premier Nôtre Huissier ou Sergent de faire pour l'exécution d'icelles toùs les Actes requis & necessaires sans demander autre Permission, & nonobstant Clameur de Haro Charte Normande & Lettres à ce contraires ; CAR TEL EST NÔTRE PLAISIR. Donné à Paris le vingt-quatriéme jour du mois d'Octobre, l'an de Grace mil sept cent vingt-sept, & de Nôtre Regne le treiziéme. Par le Roy Dauphin en son Conseil. DE SAINT HILAIRE.

Registré sur le Registre VI. de la Chambre Royale des Libraires & Imprimeurs de Paris n°. 723. fol. 587. conformément aux anciens Reglemens confirmés par celui du 28. Février 1723. à Paris le vingt-neuf Octobre mil sept cent vingt-sept. BRUNET ; Syndic.

Ledit François Champ a vendu, cedé, remis & transporté à André Faure Imprimeur ordinaire du Roy à Grenoble, le droit du susdit Privilege, pour par lui en joüir comme l'auroit fait ledit Champ avant ladite vente, cession, remission & transport, suivant les Conventions faites entr'eux le 5. Avril 1728.

Achevé d'imprimer le 15. Septembre 1731.

www.ingramcontent.com/pod-product-compliance
Lightning Source LLC
Chambersburg PA
CBHW031441210326
41599CB00016B/2075